13 WiW 643
166954
10.Expl.

Ausgeschieden im Jahr 2022

Bei Überschreitung der Leihfrist wird dieses Buch sofort gebührenpflichtig angemahnt (ohne vorhergehendes Erinnerungsschreiben).

Renate Buber | Hartmut H. Holzmüller (Hrsg.)

Qualitative Marktforschung

Renate Buber |
Hartmut H. Holzmüller (Hrsg.)

Qualitative Marktforschung

Konzepte – Methoden – Analysen

2., überarbeitete Auflage

Bibliografische Information der Deutschen Nationalbibliothek
Die Deutsche Nationalbibliothek verzeichnet diese Publikation in der
Deutschen Nationalbibliografie; detaillierte bibliografische Daten sind im Internet über
<http://dnb.d-nb.de> abrufbar.

Prof. Dr. Renate Buber lehrt und forscht am Institut für Handel und Marketing der Wirtschaftsuniversität Wien.

Prof. Dr. Hartmut H. Holzmüller ist Inhaber des Lehrstuhls für Marketing an der Universität Dortmund.

M lbb 954

1. Auflage 2007
2. Auflage 2009

Alle Rechte vorbehalten
© Gabler | GWV Fachverlage GmbH, Wiesbaden 2009

Lektorat: Barbara Roscher | Jutta Hinrichsen

Gabler ist Teil der Fachverlagsgruppe Springer Science+Business Media.
www.gabler.de

Das Werk einschließlich aller seiner Teile ist urheberrechtlich geschützt. Jede Verwertung außerhalb der engen Grenzen des Urheberrechtsgesetzes ist ohne Zustimmung des Verlags unzulässig und strafbar. Das gilt insbesondere für Vervielfältigungen, Übersetzungen, Mikroverfilmungen und die Einspeicherung und Verarbeitung in elektronischen Systemen.

Die Wiedergabe von Gebrauchsnamen, Handelsnamen, Warenbezeichnungen usw. in diesem Werk berechtigt auch ohne besondere Kennzeichnung nicht zu der Annahme, dass solche Namen im Sinne der Warenzeichen- und Markenschutz-Gesetzgebung als frei zu betrachten wären und daher von jedermann benutzt werden dürften.

Umschlaggestaltung: Ulrike Weigel, www.CorporateDesignGroup.de
Druck und buchbinderische Verarbeitung: MercedesDruck, Berlin
Gedruckt auf säurefreiem und chlorfrei gebleichtem Papier
Printed in Germany

ISBN 978-3-8349-0976-3

Vorwort zur zweiten Auflage

Die vor etwas mehr als einem Jahr erschienene erste Auflage des vorliegenden Sammelbandes hat eine überaus positive und rasche Aufnahme im Markt erfahren. Dies und die zahlreichen Reaktionen von Lesern und Leserinnen belegen, dass eine große Nachfrage nach der konzeptionellen und methodischen Auseinandersetzung mit Qualitativer Marktforschung besteht. In der vorliegenden Auflage wurden die Beiträge hinsichtlich der bei der Herausgeberin und dem Herausgeber sowie den Autorinnen und Autoren eingegangenen Hinweise modifiziert und die Aktualität der genutzten Literatur überprüft.

Aufgrund der grundsätzlichen Ausrichtung des Bandes war nicht zu erwarten, dass sich in so kurzer Zeit wesentliche Veränderungen in dieser Teildisziplin der Marktforschung ergeben haben. Für die zweite Auflage wurden daher die inhaltliche Struktur beibehalten und die angesprochenen Aktualisierungen in den einzelnen Beiträgen vorgenommen.

Unser besonderer Dank gilt den AutorInnen für die rasche Überarbeitung ihrer Beiträge, den LeserInnen sowie den FachkollegInnen für kritische und konstruktive Hinweise und dem professionellen Verlagsteam bei Gabler für die umsichtige Betreuung sowie den Unternehmen, die Anzeigen geschaltet haben, für die finanzielle Unterstützung des Bandes.

Wien und Dortmund, im Januar 2009 *Renate Buber & Hartmut H. Holzmüller*

Vorwort zur ersten Auflage

Dieses Buch richtet sich an LeserInnen, welche sich mit Forschungsmethoden im Marketingkontext beschäftigen. Wir vermuten, dass wir sie vor allem unter WissenschafterInnen und Studierenden im Marketing sowie gewerblichen MarktforscherInnen, aber auch SozialwissenschafterInnen finden werden, die sich eher einer interdisziplinären Denk- und Arbeitsweise verschrieben haben. Die hier gesammelten Beiträge decken eine breite Palette an methodologischen und methodischen Fragen der qualitativen Markt- und Marketingforschung ab und geben einen Einblick in die Leistungsfähigkeit und Vielfalt der Anwendungsmöglichkeiten der qualitativen Methodik bei der Analyse von Marketingfragestellungen.

Auslöser für die Herausgabe dieses Sammelbands war die in vielen Gesprächen mit FachkollegInnen und Studierenden sowie MarketingmanagerInnen erkennbare Unsicherheit im Umgang mit qualitativen Methoden der Marktforschung und in der Bewertung der entsprechenden Ergebnisse. Zielsetzung des Bandes ist es daher, die in den Sozialwissenschaften seit geraumer Zeit zum zentralen Instrumentarium der Erkenntnisgewinnung gehörenden Methodologien und Methoden möglichst systematisch an die Marketingwissenschaft und die Marktforschungspraxis heranzuführen. Beabsichtigt ist zudem, eine weitere Annäherung zwischen den befassten Disziplinen zu stimulieren.

Insgesamt haben neunundsiebzig AutorInnen an dem Sammelband mitgeschrieben. Ihnen allen danken wir herzlich für die Bereitschaft zur Zusammenarbeit. Für die oftmals spontane Ermunterung, sich der Thematik möglichst umfassend zu widmen und die vielen Anregungen und Empfehlungen aus den jeweiligen Netzwerken, die wir im Laufe der Erstellung erhalten haben, sind wir ebenfalls zu Dank verpflichtet. Besonders freuen wir uns über die Bereitschaft aller AutorInnen, sich mit den Rückmeldungen aus dem verdeckten Begutachtungsverfahren positiv auseinanderzusetzen. Dies war zu Beginn des Herausgabeprozesses nur angedacht, hat sich dann aber nach dem Einlangen der ersten Beiträge, die nicht sehr stark an den Referenzrahmen des durchschnittlichen Marketinginteressierten angenähert waren, als interdisziplinäre Notwendigkeit herausgestellt. Die Reaktion der Mehrzahl der AutorInnen, die in dieser Vorgangsweise einen Mehrwert sahen, hat das Prozedere im Nachhinein gerechtfertigt. Im Einzelnen danken wir den folgenden Personen, die als GutachterInnen ihre Zeit und Expertise zur Verfügung gestellt haben:

Anahid Aghamanoukjan, Wirtschaftsuniversität Wien
Valerie Birklbauer, Statistik Austria
Bettina Böhm, Sparkasse Unna
Karl-Michael Brunner, Wirtschaftsuniversität Wien
Hildegard Enzinger, Alpe Adria Universität Klagenfurt

Johannes Gadner, Institut für Wissensorganisation Wien
Vanessa Hessenkamp, Universität Dortmund
Regina Höld, Institut für Wissensorganisation Wien
Julia Ingwald, Universität Dortmund
Monika Knassmüller, Wirtschaftsuniversität Wien
Andrea Kurz, HiTec Marketing Wien
Patrick Lenz, Universität Dortmund
Florentine Maier, Wirtschaftsuniversität Wien
Mirjana Matiijevic, Universität Dortmund
Michael Meyer, Wirtschaftsuniversität Wien
Debrah Neumann, Universität Dortmund
Aglaja Przyborski, Universität Wien
Thomas Reutterer, Wirtschaftsuniversität Wien
Andi Riege, Griffith University Brisbane
Arnold Schuh, Wirtschaftsuniversität Wien
Jan Schumann, Technische Universität München
Rudolf Sinkovics, University of Manchester
Katharina Srnka, Universität Wien
Markus Stolper, Universität Dortmund
Barbara Stöttinger, Wirtschaftsuniversität Wien
Oliver Vettori, Wirtschaftsuniversität Wien
Florian von Wangenheim, Technische Universität München
Claus Wilke, Universität Dortmund
Thomas Wittkop, Universität Dortmund
David Woisetschläger, Universität Dortmund
Nancy Wünderlich, Technische Universität München
Markus Wübben, Technische Universität München
Miriam Yom, Hochschule für angewandte Wissenschaften Göttingen

Wir haben uns bei personenbezogenen Aussagen zur geschlechtsneutralen Schreibweise entschlossen, konnten aber nicht alle AutorInnen von der Wichtigkeit überzeugen. Pro Beitrag findet sich jedoch eine einheitliche Schreibweise.

Unser Dank gilt der Wissenschaftsförderung der Sparkassen-Finanzgruppe e.V. und den Unternehmen, die Anzeigen geschaltet haben, für die finanzielle Unterstützung des Bandes. *Ursula M. Ernst* danken wir ganz besonders für ihre Übersetzungen, die massive Unterstützung bei der technischen Erstellung des Manuskriptes und die kreative und umsichtige Lektoratsarbeit. Beim Gabler Verlag sind wir Frau *Jutta Hinrichsen* und Frau *Barbara Roscher* für die professionelle und langmütige Betreuung dieses Sammelbandes zu Dank verpflichtet. Ein ganz herzliches Dankeschön geht an JB, Tami-Ibu und die Coole Gang für ihr Verständnis und ihre Unterstützung.

Wien und Dortmund, Februar 2007 *Renate Buber & Hartmut H. Holzmüller*

Renate Buber und Hartmut H. Holzmüller

Einleitung

> *You need to know your horn, know the cords, know all the tunes. Then you forget about all that, and just play.*
>
> *Miles Davis*

Selbst bei einer kursorischen Durchsicht der Handbücher des Bundesverbands der Marktforscher, die das Leistungsangebot der Mitgliedsunternehmen sehr detailliert darstellen, fällt auf, welche große Bedeutung der qualitativen Marktforschung in der Angebotspolitik von Marktforschungsunternehmen zukommt. Vielen der dort angebotenen Methoden wird wohl Flexibilität in der Handhabung, variable Einsatzmöglichkeit und eine vergleichsweise unkomplizierte Nutzung zugeschrieben.

Eine ebenso kursorische Recherche der Webseiten, der von uns als führend und wichtig eingestuften Marketinglehrstühle im deutschen Sprachraum, belegt hingegen, dass Methoden der qualitativen Sozialforschung in den Ausbildungsprogrammen im Marketing an den Universitäten kaum Platz eingeräumt wird und in der überwiegenden Mehrzahl der Fälle diese nicht zum fixen Bestandteil der Standardausbildungsprogramme zählen. Ähnliches spiegelt sich in den gängigen umfassenden Lehrbüchern, die in die Marketinglehre einführen, wider. Auch dort findet eine eher geringe Auseinandersetzung mit qualitativer Methodik und qualitativen Methoden statt.

Daher ist es auch wenig überraschend, dass sich in den letzten zehn Jahrgängen von *Marketing–Zeitschrift für Forschung und Praxis* nur eine Handvoll von Beiträgen mit qualitativer empirischer Forschung befasst hat. Der Eindruck erhärtet sich damit, dass die akademische Marketingforschung im deutschen Sprachraum einen wesentlichen Teil des Instrumentariums der empirischen Sozialforschung nicht umfassend oder in sehr eingeschränkter Weise, nämlich als Hilfsmittel im Rahmen positivistisch angelegter Forschungsvorhaben, nutzt. Wir konstatieren auch, dass die deutschsprachige Forschungsgemeinde damit der angloamerikanischen, britischen und skandinavischen Szene nachsteht.

Begriffe wie Aktivierungsmessung, experimentelles Design, Messgüte, kognitive Schemata, emotionale Konditionierung und dergleichen gehen MarketingwissenschaftlerInnen offensichtlich viel leichter von den Lippen als Begriffe wie Hermeneutik, Phänomenologie, Ethnologie, Triangulation und andere. Das beobachtbare Sprachspiel ist ein Indiz für eine weithin akzeptierte Übernahme von psychologischem Standardwissen in die Marketingdisziplin und eine vergleichsweise geringe Rezeption und Reflexion entsprechender sozialwissenschaftlicher Basiskonzepte.

Die angesprochenen Beobachtungen, nämlich die hohe Praxisbedeutung, die geringe Verankerung in der einschlägigen universitären Ausbildung, die seltene bzw. untergeordnete Nutzung des qualitativen Forschungsinstrumentariums in empirischen Untersuchungen und die vergleichsweise zögerliche Rezeption sozialwissenschaftlicher Forschungsansätze in der Marketingwissenschaft sind Auslöser für die Herausgabe dieses Buches gewesen.

Zielsetzungen dieses Sammelbandes sind, eine stärkere Verankerung qualitativer Methoden der empirischen Sozialforschung in der wissenschaftlichen Marketingforschung entsprechend der vermuteten Praxisbedeutung zu stimulieren, eine vermehrte Berücksichtigung einschlägiger Methoden in den Marketing- und Marktforschungscurricula anzuregen, die Bedeutung des Forschungsinstrumentariums stärker als methodische Option in den Köpfen von Markt- und MarketingforscherInnen zu verankern und schlussendlich zu einer weiteren Öffnung der Disziplin gegenüber sozialwissenschaftlichen Forschungstraditionen einen Beitrag zu leisten.

Um diese Ziele zu erreichen, haben wir uns entschlossen, zwei Arten von Beiträgen vorzusehen. Der Sammelband enthält einerseits kürzere Beiträge, ähnlich einer Schlüsselbegriffsbeschreibung (Teile eins bis sechs), in denen das jeweilige Thema überblicksartig abgehandelt wird. Anderseits sind umfassendere Beiträge enthalten, die über die Anwendung von qualitativer Methodik und den Einsatz von qualitativen Methoden in Markt- und Marketingforschungsstudien berichten (Teil sieben). Mit dieser Zweiteilung wollten wir zu einer uns in der Markt- und Marketingforschung notwendig erscheinenden Übersetzungsarbeit sozialwissenschaftlicher Inhalte beitragen. Es ist uns ein Anliegen, die großteils aus den Sozialwissenschaften bzw. ganz besonders aus der Soziologie „entlehnten" Theorien und Methoden qualitativen Forschens dem Leser bzw. der Leserin nicht isoliert zu präsentieren, sondern deren Applikation auf Forschungsfragestellungen in der KonsumentInnenforschung und im Marketingmanagement zu illustrieren. Der Sammelband ist wie folgt aufgebaut:

Teil eins befasst sich mit der Bedeutung und dem Potential des qualitativen Methodenrepertoires für die aktuelle und zukünftige Situation der akademischen und kommerziellen Marktforschung. Eingangs werden methodische und inhaltliche Optionen einer stärkeren Nutzung qualitativer Methodologie und Methodik diskutiert. Nach einer Verortung der qualitativen Markt- und Marketingforschung im Kontext der sozialwissenschaftlichen Studien zu qualitativer Forschung werden die Ergebnisse einer empirischen Untersuchung über den Stellenwert qualitativer Methoden in der Marktforschungspraxis präsentiert.

Die Diskussion der erkenntnistheoretischen Basis der Marketingwissenschaft steht am Anfang von Teil zwei, der sich mit den theoretischen Wurzeln qualitativer Marktforschung befasst. Anschließend werden die in den Sozialwissenschaften gebräuchlichen und gut eingeführten Theorien auf ihre Relation zur und Bedeutung für die qualitative Marktforschung geprüft. Phänomenologie, Ethnomethodologie, hermeneutische Wissenssoziologie, Konstruktivismus und symbolischer Interaktionismus werden vorgestellt.

Teil drei ist der Methodologie qualitativer Marktforschung gewidmet. Zu Beginn wird die Bedeutung von Hypothesen und Vorwissen in der qualitativen Marktforschung diskutiert. Die Beiträge über objektive Hermeneutik, Grounded Theory, Ethnographie und Netnographie zeigen ausgewählte methodologische Aspekte auf. Danach folgt eine Diskussion von Sampling-Methoden und Mixed Methods zur Systematisierung von Untersuchungsdesigns. Eine Auseinandersetzung mit Fragen der Güte von qualitativer Marktforschung und der Gültigkeit und Zuverlässigkeit von Fallstudien bildet den Abschluss.

Im vierten Teil, der forschungsstrategische Fragen fokussiert, werden hermeneutische Verfahren, dokumentarische Methoden, Konversationsanalyse, diskursanalytische Methoden sowie narratives Interview und Narrationsanalyse besprochen und Fallstudien als forschungsstrategische Entscheidung reflektiert. Abgerundet wird dieser Teil durch einen Beitrag zu Cultural Studies.

Aspekte der Datenerhebung werden im Teil fünf behandelt. Eingeleitet wird er von einem Überblicksbeitrag zu qualitativen Interviews. Vertiefende Beiträge finden sich zu, in der Marktforschungspraxis sehr geläufigen Methoden, wie dem Convergent Interviewing, ExpertInneninterview, problemzentrierten Interview, Fokusgruppeninterview bzw. Gruppendiskussionsverfahren sowie zu seltener verwendeten Methoden, wie der qualitativen Beobachtung, dem projektiven Verfahren, dem Denke-Laut-Protokoll, dem Online Laddering, der Videographie, den Weblogs, dem Blue-Printing und der sequentiellen Ereignismethode. Ein Beitrag diskutiert die Kombination von Sitecovering und Denke-Laut-Protokollen.

Formen der Datenanalyse und Interpretation sind Gegenstand von Teil sechs. Er wird eingeleitet mit einem Beitrag zur Transkription von Audiodaten. Neben der qualitativen Inhaltsanalyse werden die ethnographische Semantik und GABEK vorgestellt. Die computergestützte Datenanalyse wird aus unterschiedlichen Perspektiven betrachtet. Ein Beitrag über die Nutzung ausgewählter, neuer Technologien für das Reporting schließt diesen Teil ab.

Renate Buber und Hartmut H. Holzmüller

Der Illustration von Anwendungen qualitativer Methodologie und Methoden in der Konsumforschung und im Marketingmanagement ist Teil sieben gewidmet. Die hier gesammelten Beiträge befassen sich mit sehr unterschiedlichen Objektbereichen. Die gemeinsame Klammer ergibt sich aus der Betonung methodologischer und methodischer Aspekte bei der Vorstellung der durchgeführten Studien. Zentrale Absicht dieses Teiles ist die Bebilderung von möglichen Fragestellungen und Herangehensweisen an Forschungsaufgaben sowie den entsprechenden Ergebnispräsentationen.

Da die Einleitung zu Sammelbänden aus pragmatischen Gründen immer zuletzt geschrieben wird, ergibt sich für uns die Möglichkeit, an dieser Stelle einige Erfahrungen, die wir bei der Herausgabe gemacht haben, mit den LeserInnen zu teilen. Wir beschränken uns auf vier zentrale Einsichten, die wir für beachtenswert halten.

Erstens ist dies die Beobachtung, dass SozialwissenschaftlerInnen beim Schreiben von Texten, die ein Minimum an Marketingbezug aufweisen sollen, häufig zwischen den Zeilen erkennen lassen, dass diese Annäherung mit beachtlichen emotionalen Kosten verbunden ist. Umgekehrt kann für MarketingwissenschaftlerInnen, die eingeladen wurden, sich an „das Soziologische" heranzuwagen, gesagt werden, dass sie mit ähnlichen Barrieren zu kämpfen hatten. Wir meinen, dass mit dem Sammelband ein Schritt in Richtung einer weiteren Annäherung der beiden Disziplinen gemacht wurde und hoffen, dass die darin vorgestellten Beiträge in der einen oder anderen Weise zu einem regen Austausch führen werden und sich daraus möglicherweise der Anstoß für stärker institutionalisierte Formen der Zusammenarbeit, wie bspw. gemeinsame wissenschaftliche Publikationen oder Veranstaltungen, ergeben.

Eine zweite überraschende Beobachtung ist, dass entgegen der in den Selbstdarstellungen vieler Marktforschungsunternehmen dokumentierten Bedeutung qualitativer Methoden, die Bereitschaft zu einer methodischen Reflexion durch VertreterInnen der Praxis in diesem Buch nur sehr eingeschränkt gegeben war. Gestützt auf anekdotische Ereignisse hat sich in unserer Wahrnehmung festgesetzt, dass der qualitativen Forschungsmethodik gegenüber KundInnen eine Art „geheimwissenschaftlicher" Anstrich gegeben wird, der einen Wettbewerbsvorteil bedeuten soll.

Drittens war unerwartet zu beobachten, dass selbst überaus erfahrene und „lang gediente" AutorInnen, die über geraume Zeit hinweg qualitativ gearbeitet haben, in ähnlicher Weise wie jüngere FachvertreterInnen vergleichsweise wenig Wert auf eine geschlossene und hinreichend detaillierte Dokumentation des Forschungsprozesses legen. Die Offenlegung einzelner Realisationsschritte und methodischer Entscheidungen im Verlauf von Forschungsprojekten erfolgt häufig in unvollständiger Weise. Über Gründe, woran dies liegen mag, soll hier nicht spekuliert werden. Wir stellen lediglich fest, dass der intersubjektiv nachvollziehbaren Dokumentation von Forschungsprozessen, die mit der qualitativen Methodik arbeiten, deutlich größere Aufmerksamkeit gewidmet werden sollte. Möglicherweise hilft hier ein stärkerer Austausch zwischen GutachterInnen und AutorInnen über Bewertungsstandards.

Viertens hat sich bei uns der Eindruck festgesetzt, dass die Ergebnisse vieler qualitativer Forschungsprojekte sehr knapp an der Offensichtlichkeit vorbei schrammen. Sehr ähnlich der quantitativen Forschung, bei der ja auf Grund der häufig im Vordergrund stehenden Überprüfung von Hypothesen keine wirklich überraschenden Ergebnisse erwartet werden, trifft dies auch für viele qualitative Studie im Fachbereich zu. Die Ergebnisse liefern dann nicht mehr an neuen Einsichten, als dies auch Laientheorien – wenngleich natürlich nicht mit der entsprechenden methodischen Fundierung – zutage bringen würden. Dieser kritischen Anmerkung sollte jedoch entgegengehalten werden, dass das Ziel qualitativer Studien im Marketing sehr häufig darin besteht, eine tiefere Einsicht in z.B. das Verhalten von KundInnen zu ermöglichen, was dazu führen kann, dass sich auf einer aggregierten, zusammenfassenden Ebene oftmals das Augenscheinliche ergibt. Betrachtet man aber die Ergebnisse stärker im Detail, so beinhalten sie sehr oft wertvolle Hinweise für die Marketingpraxis oder für die Entwicklung eines im Anschluss an die qualitative Untersuchung einzusetzenden Erhebungsinstruments. Für die akademische Markt- und Marketingforschung, vor allem auf der Ebene der Grundlagenforschung, lassen sich jedoch noch deutliche Mängel hinsichtlich des Innovationsgehalts von Studien in substanzieller wie theoriengenerierender Richtung erkennen. Sind die Ergebnisse zur Hypothesenentwicklung oft äußerst praktikabel und hilfreich, so muss bei der Theorieentwicklung im Marketing das Potential qualitativer Methodik aus unserer Sicht erst noch deutlicher ausgeschöpft werden.

Aus den genannten Erfahrungen lassen sich zusammenfassend programmatische Konsequenzen formulieren. In einem ersten Schritt ist ein weiteres Vorantreiben des interdisziplinären Austausches an den Nahtstellen und im Überlappungsbereich zwischen Sozialwissenschaften und Marketingforschung einzufordern. Des Weiteren ist eine wesentliche künftige Aufgabe im Rahmen des Umgangs mit und der Handhabung von qualitativer Forschungsmethodik die Stimulierung von höherem Qualitätsbewusstsein bei Auftraggebern von Marktforschungsstudien, den involvierten ForscherInnen und schließlich bei HerausgeberInnen und GutachterInnen. Eng damit verknüpft ist die Forderung nach einer durchgängigen Verbesserung der Dokumentation von Forschungsprozessen, bei der Realisierung von qualitativen Studien. Detaillierte nachvollziehbare Prozessdokumentationen scheinen ein wesentliches Mittel zur methodischen „Entmystifizierung" von Forschungspraktiken zu sein. Schließlich fordern wir mehr Mut bei der Themenfindung bzw. der Auswahl der Objektbereiche in der akademischen Forschung. Aus unserer Sicht liegt die besondere Leistungsfähigkeit der qualitativen Herangehensweise in der Auseinandersetzung mit dem Verborgenen, Ungewissen, Unklaren und Verschachtelten. Die qualitative Marketingforschung sollte sich dieses Leistungsprofils stärker bewusst sein und die ausgetretenen Pfade eher der quantitativen Forschung überlassen.

Inhalt

Vorwort zur zweiten Auflage V
Vorwort zur ersten Auflage VII
Einleitung IX

Teil 1: Qualitative Marktforschung in Theorie und Praxis

Hartmut H. Holzmüller und Renate Buber
Optionen für die Marketingforschung durch die Nutzung qualitativer Methodologie und Methodik 3

Katja Mruck und Günter Mey
Der Beitrag qualitativer Methodologie und Methodik zur Marktforschung 21

Renate Buber und Vanessa Klein
Zur Bedeutung qualitativer Methodik in der Marktforschungspraxis 47

Teil 2: Theoretische Wurzeln

Thomas Dyllick und Torsten Tomczak
Erkenntnistheoretische Basis der Marketingwissenschaft 65

Ronald Hitzler
Phänomenologie 81

Thomas S. Eberle
Ethnomethodologie 93

Jo Reichertz
Hermeneutische Wissenssoziologie 111

Hubert Knoblauch und Bernt Schnettler
Konstruktivismus 127

Horst Reiger
Symbolischer Interaktionismus 137

Teil 3: Methodologie

Katharina J. Auer-Srnka
Hypothesen und Vorwissen in der qualitativen Marktforschung 159

Manfred Lueger und Renate E. Meyer
Objektive Hermeneutik 173

Manfred Lueger
Grounded Theory 189

Ronald Hitzler
Ethnographie 207

Suzanne C. Beckmann und Roy Langer
Netnographie 219

Michael Meyer und Thomas Reutterer
Sampling-Methoden in der Marktforschung.
Wie man Untersuchungseinheiten auswählen kann 229

Thomas Foscht, Thomas Angerer und Bernhard Swoboda
Mixed Methods.
Systematisierung von Untersuchungsdesigns ……......................................……247

Ines Steinke
Die Güte qualitativer Marktforschung ……….......................................……….261

Andreas Riege
Gültigkeit und Zuverlässigkeit von Fallstudien ....…..285

Teil 4: Forschungsstrategie

Monika Knassmüller und Oliver Vettori
Hermeneutische Verfahren.
Verstehen als Forschungsansatz 299

Ralf Bohnsack
Dokumentarische Methode 319

Eva Vetter
Konversationsanalyse 331

Veronika Koller
Die diskursanalytische Methode 347

Kritsadarat Wattanasuwan, Renate Buber und Michael Meyer
Das narrative Interview und die narrative Analyse 359

Peter Heimerl
Fallstudien als forschungsstrategische Entscheidung 381

Rainer Winter und Elisabeth Niederer
Cultural Studies 401

Teil 5: Datenerhebung

Anahid Aghamanoukjan, Renate Buber und Michael Meyer
Qualitative Interviews 415

Andreas Riege
Convergent Interviewing.
Eine Methode zur Problemeingrenzung bei Marktforschungsprojekten 437

Michaela Pfadenhauer
Das Experteninterview.
Ein Gespräch auf gleicher Augenhöhe 449

Andrea Kurz, Constanze Stockhammer, Susanne Fuchs und Dieter Meinhard
Das problemzentrierte Interview 463

Wolfgang Mayerhofer
Das Fokusgruppeninterview 477

Ralf Bohnsack und Aglaja Przyborski
Gruppendiskussionsverfahren und Focus Groups 491

Josef Zelger
Regionale Ontologien 507

Bernhart Ruso
Qualitative Beobachtung 525

Andrea Gröppel-Klein und Jörg Königstorfer
Projektive Verfahren in der Marktforschung 537

Renate Buber
Denke-Laut-Protokolle 555

Thorsten Gruber, Rödiger Voss, Ingo Balderjahn und Alexander Reppel
Online Laddering 569

Hubert Knoblauch und Bernt Schnettler
Videographie.
Erhebung und Analyse qualitativer Videodaten 583

Nicole Hoffmann
Weblogs als Medium der qualitativen Marktbeobachtung und –forschung 601

Katja Gelbrich
Blueprinting, sequentielle Ereignismethode und Critical Incident Technique.
Drei Methoden zur qualitativen Messung von Dienstleistungsqualität 617

Miriam Yom, Thorsten H. Wilhelm und Stefanie Gauert
Protokolle lauten Denkens und Site Covering.
Eine Erweiterung der Methode zur detaillierten Bewertung
des Screendesigns von Webangeboten 635

Teil 6: Datenanalyse und Dateninterpretation

Regina Höld
Zur Transkription von Audiodaten 655

Philipp Mayring und Eva Brunner
Qualitative Inhaltsanalyse 669

Christoph Maeder
Ethnographische Semantik.
Die Ordnung der Mitgliedschaftssymbole am Beispiel des Bergsports 681

Josef Zelger
Kundenwünsche verstehen und gewichten durch das
PC-unterstützte Verfahren GABEK® 697

Udo Kuckartz
Computergestützte Analyse qualitativer Daten 713

Silvana di Gregorio
Software-Instrumente zur Unterstützung qualitativer Analyse 731

Debra Neumann und Hartmut H. Holzmüller
Reporting.
Zur Nutzung neuer technologischer Möglichkeiten 761

Teil 7: Exemplarische qualitative Marketingstudien

Konsumforschung

Jörn Lamla
Konsumpraktiken in der virtuellen Alltagsökonomie.
Forschungsdesign und exemplarische Fallskizze 779

Valerie Mayr-Birklbauer
Frauen und Biertrinken.
Auf der Suche nach Motiven und Gewohnheiten 805

Renate Buber, Johannes Gadner und Regina Höld
Wohnen in Passivhäusern.
Der Einsatz des Fokusgruppeninterviews zur Identifikation von
Wohlfühlkomponenten 823

Jörg Königstorfer und Andrea Gröppel-Klein
Projektive Verfahren zur Ermittlung der Akzeptanz technologischer Innovationen.
Eine empirische Studie zu Internetanwendungen auf mobilen Endgeräten 847

Vanessa Hessenkamp
Das Vertrauen von stationären PatientInnen in Krankenhäusern.
Die Planung einer explorativen Studie 863

Renate Buber, Bernhart Ruso und Johannes Gadner
Mixed-Model-Design.
Die Nutzung von Ruhezonen in Einkaufszentren ....…..........................883

Katja Gelbrich, Stefan Wünschmann und Anja Leuteritz
Ein Mixed-Method-Ansatz zur Zufriedenheitsmessung.
Dargestellt am Beispiel des Automobilkaufs 903

Daniela Lobin und Herlinde Maindok
Künstliche Erlebniswelten.
Die Bedeutung der Disneyization für Skihallen ....…..........................929

Ralf Bohnsack
Dokumentarische Bildinterpretation.
Am exemplarischen Fall eines Werbefotos 951

Rudolf R. Sinkovics und Elfriede Penz
Mehrsprachige Interviews und softwaregestützte Analyse.
Problemlösungen und Implementierung mit NVivo ....…….......979

Marketingmanagement

Arnold Schuh
Fallstudien in der Strategieforschung.
Auf der Suche nach dem Strategiewandel im Internationalisierungsprozess 999

Thomas Wittkop

Interkulturelle Kompetenz deutscher Expatriates in China.
Qualitative Analyse und Modellentwicklung 1019

Barbara Stöttinger

Internationale Pricing-Prozesse in der Unternehmenspraxis.
Bestandsaufnahme und Implikationen aus ausgewählten Industriezweigen 1043

Christian Homburg und Ove Jensen

Qualitative Untersuchung von Organisationsstrukturen 1063

Michaela Pfadenhauer

Das Marketing-Event im Dienst der Kirche.
Der XX. Weltjugendtag 2005 in Köln 1081

Ursula Breitenfelder und Eva Zeglovits

Der Einsatz qualitativer Methoden im Forschungsdesign für
wahlwerbende Organisationen..1101

Die Autorinnen und Autoren 1121

Stichwortverzeichnis 1137

Teil 1
Qualitative Marktforschung in Theorie und Praxis

Hartmut H. Holzmüller und Renate Buber

Optionen für die Marketingforschung durch die Nutzung qualitativer Methodologie und Methodik

1 Der blinde Fleck 5
2 Methodische Optionen 6
3 Substanzielle Optionen 9
    3.1 Metakognitionen und Marktplatzintelligenz 11
    3.2 Kaufentscheidungen von Gruppen 12
    3.3 Systemische Erklärungsansätze 13
    3.4 Perspektivenausweitung und -wechsel 14
4 Fazit und Ausblick 16
5 Literatur 17

1 Der blinde Fleck

Das Potenzial qualitativer Methodologie und Methodik wird derzeit in der Markt- und Marketingforschung bei weitem nicht ausgeschöpft. Schon vor etwa sieben Jahrzehnten prägte Wilhelm Vershofen (1940) im Zusammenhang mit der Nutzendiskussion die Begriffe „qualitative Verbrauchsforschung" und „qualitatives Interview"[1]. Eine Sichtung der deutschsprachigen Lehrbücher neueren Datums zum Marketing, Marketing Management und zur Marktforschung zeigt, dass eine allgemeine methodologische Diskussion und die Vorstellung qualitativer Methoden entweder völlig ausgeblendet werden oder in Randbemerkungen bzw. in sehr komprimierter Form und dann meist beschränkt auf einige wenige aus der Tradition der Marktforschung stammenden Methoden Beachtung finden. Vereinzelt finden sich Ausnahmen, wie Fantapié Altobelli (2007), Kepper (2008), Müller (2000) und natürlich das anwendungsorientierte „Schwesterbuch" von Naderer/Balzer (2007), das parallel zur ersten Auflage des vorliegenden Sammelbandes erschienen ist. Ein bescheidener Befund ergibt sich auch bei der kursorischen Analyse von wichtigen deutschsprachigen wissenschaftlichen Zeitschriften in der Marketingdisziplin und in eingeschränktem Maß auch für transferorientierte Fachzeitschriften. Aber gerade in der angewandten, empirischen KonsumentInnenforschung, die hinsichtlich der Offenheit gegenüber anderen Disziplinen und deren methodischer Ausrichtung eine Vorreiterrolle einnimmt, haben qualitative Methoden in den letzten zwei Jahrzehnten einen bedeutenden Beitrag für stärker verstehensorientierte Herangehensweisen geleistet.

In der englischsprachigen Marketingliteratur sieht man eine deutlichere Hinwendung zur qualitativen Forschungsmethodologie und -methode. Seit 1998 erscheint die Zeitschrift *Qualitative Market Research* als ein einschlägiges Publikationsorgan für methodologische und methodische Fragen in der qualitativen Markt- und Marketingforschung. Daneben liefern das siebenbändige Werk von Ereaut, Imms und Callingham (2002) und das von Belk (2006) herausgegebene Handbuch ein eindrucksvolles Bild bezüglich der Bedeutung der qualitativen Forschungstradition, wenn gleich in beiden Werken unmittelbar anwendungsrelevante Themen im Vordergrund stehen. Trotz dieser Evidenzen fokussiert die Wissenschaftsgemeinschaft Forschungsbemühungen aber immer noch verstärkt auf Fragestellungen, die mit positivistischer Methodik beantwortet werden können. Damit bleiben allerdings viele Themenfelder vom wissenschaftlichen Diskurs ausgeklammert und die MarketingwissenschaftlerInnen begeben sich zahlreicher Chancen zur Generierung vertiefenden Wissens über Motive, Beweggründe, Einstellungen, Bewertungen, etc. von KundInnen, Verkaufspersonal, MarketingmanagerInnen und Mitgliedern anderer Stakeholdergruppen.

---

[1] Auch eine Differenzierung in qualitative und quantitative Verbrauchsforschung wurde von Vershofen (1940, 1959) diskutiert. Siehe dazu aktuell Milliken (2001) und Gummesson (2003, 2005).

Kurzum, eine klare Orientierung an Forschungsfragen sollte den Methodeneinsatz determinieren und eine umfassende Kenntnis aller verfügbaren Methoden der empirischen Sozialforschung scheint notwendig zu sein. MarketingforscherInnen beschneiden allerdings ihre forscherische Kompetenz sehr oft durch Überbetonung der positivistischen Forschungstradition. Gesellschaftlicher Wandel und Globalisierung bedingen jedoch Veränderungen des Verhaltens der MarktteilnehmerInnen bzw. der Struktur der Märkte und stellen damit MarketingforscherInnen vor neue Herausforderungen bzw. führen zu neuen Fragestellungen, welche die Anwendung qualitativer Methodologie und Methodik überaus zweckmäßig erscheinen lassen (vgl. dazu die diesbezüglichen Aussagen von Tomczak (1992) und Trommsdorff (1993) von vor bereits 15 Jahren). „Disziplinfremde" Diskussionen, wie z.B. über „Die neue Unübersichtlichkeit" von Habermas (1985) oder die „Risikogesellschaft auf dem Weg in eine andere Moderne" von Beck (1986) haben schon vor geraumer Zeit aus soziologischer bzw. philosophischer Perspektive diese potentiellen Veränderungen anschaulich gemacht. Die Themen der Individualisierung, Enttraditionalisierung von industriegesellschaftlichen Lebensformen oder die Entstandardisierung der Erwerbsarbeit und die damit einhergehenden einschneidenden Veränderungen der Forschungskontexte wurden von der Marketingforschung – wenn auch nur am Rande – rezipiert. Ihre Auswirkungen auf neue Fragestellungen und damit verbunden, auf den Einsatz von für die Markt- und Marketingforschung neuen Methodologien und methodischen Fundierungen von Forschung sind aber größtenteils ausgeblieben.

Zielsetzung des Beitrags ist es, herauszuarbeiten, warum und wie die Markt- und Marketingforschung von einer Öffnung gegenüber der qualitativen Sozialforschung profitieren kann. Dies schließt neben einer Verbreiterung des methodischen Repertoires, also einer gesteigerten Professionalisierung im qualitativen Paradigma, auch eine verstärkte, bewusste Auseinandersetzung mit Nachbardisziplinen ein. Zu diesem Zweck gehen wir auf methodische und inhaltliche (substanzielle) Optionen ein, die sich aus unserer Sicht durch eine verstärkte Anwendung qualitativer Herangehensweise ergeben.

2 Methodische Optionen

Bevor wir uns im Detail mit den spezifischen Leistungsmerkmalen qualitativer Forschung beschäftigen erscheint es uns zweckmäßig, drei zentrale und weit verbreitete Fehleinschätzungen bezüglich dieser Forschungstradition anzusprechen. Erstens findet sich häufig der Vorwurf, qualitative Forschungsvorhaben begnügen sich mit der (beschreibenden) Untersuchung unterschiedlicher Kontexte und tragen damit wenig zur Theorieentwicklung in der KonsumentInnenforschung und im Marketing bei (Simonson et al. 2001). Dem kann man entgegenhalten, dass die qualitative Herangehensweise aus der Einsicht entstanden ist, sich stärker mit den bislang wenig beachteten erfahrungsbezogenen, sozialen und kulturellen Kontextfaktoren von Kauf und Verkauf zu befassen. Der Kontext spielt in interpretativen Forschungsplänen immer eine wesentliche Rolle. Die grundsätzliche Ausrichtung ist es dennoch, theoretischen Fragestellungen in bestimmten Kontexten nachzugehen und damit zur Theorieentwicklung beizutragen (Arnould/Thompson 2005). Zweitens ist die Einschätzung weit verbreitet, dass eine Abgrenzung zwischen hermeneutisch-verstehenden Forschungsbemühungen und anderen methodischen Herangehensweisen ausschließlich über die eingesetzten Methoden erfolgt. Dies stimmt aber nur insoweit, als qualitative Methoden aufgrund des spezifischen Erkenntnisinteresses eingesetzt werden, aber aus der grundsätzlichen schwierigen Zugänglichkeit zu erfahrungsbezogenen und sozialen Phänomenen der Triangulation immer große Bedeutung beigemessen wurde, was die Offenheit der interpretativen Forschung für methodologischen und methodischen Pluralismus erklärt (z.B. Coulter/Price/Feick 2003, Moore/Lutz 2000). Drittens ist ein typischer Vorwurf – der vermutlich noch immer von den hitzig geführten Debatten im Zusammenhang mit der paradigmatischen Ausweitung der KonsumentInnenforschung in den 1980er Jahren stammt (Arnould/Thompson 2005) – an die qualitative Forschungstradition, dass sie wenig Relevanz für praktisch-normative Aufgaben in der Unternehmensführung hat. Diese Sichtweise fußt auf einem sehr engen, unmittelbar auf den Gestaltungs- und Verwertungszusammenhang ausgerichteten, Fokus der Marketingforschung. Jedoch bereits bei der Befassung mit strategischen Entwicklungsplänen wird klar, dass soziokulturelle, erfahrungsbasierte, symbolische und ideologische Aspekte des Marktverhaltens von Anbietern und Nachfragern wesentliche Determinanten der Entscheidungsfindung darstellen.

Die qualitative Marktforschung bietet erfolgreiche Wege zur Erschließung von Gegebenheiten und Prozessen, die unter der vermeintlich sichtbaren „Oberfläche" liegen. Stark komprimiert sind es drei zentrale Leistungsmerkmale – Erkundungs-, Zugänglichkeits- und Komplexitätseignung, welche die qualitative Methodologie und Methodik für die Marktforschung attraktiv machen. Obgleich überlappend und sich gegenseitig bedingend, diskutieren wir diese nacheinander.

Erstens sind qualitative Methoden der empirischen Sozialforschung geeignet, bislang nicht untersuchte Forschungsfelder zu erkunden. Wann immer sich neue Herausforderungen und Konstellationen auf Märkten oder in Bezug auf Marktprozesse stellen, führt methodisch kein Weg an offenen und interpretativen Methoden der Erkenntnisgewinnung vorbei (Mick et al 2004, Sherry 2004). In der Marketingrealität erfolgt die Erforschung neuer bzw. bislang nicht bekannter Sachverhalte durch das befasste Management überwiegend in der Form unsystematischer und intuitiver kognitiver Strukturierungen. Die qualitative Methodologie und Methodik bieten hier einen Weg, die entsprechende Erkenntnisgewinnung profunder, mit höherer Qualität und mit einem größeren Grad an Nachvollziehbarkeit voranzutreiben. Sie sind damit prädestiniert, sich mit neuen Marktphänomenen, wie z.B. dem Entscheidungsverlauf beim Einkaufen in E-Shops, der Akzeptanz und dem Umgang mit neuen Produkten und Dienstleistungen, z.B. dem „Internet der Dinge", und der Prognose von Marktentwicklungen unter volatilen und strukturbrechenden Bedingungen, wie etwa dem Eintritt von chinesischen Firmen in den Markt für Gesundheitsdienstleistungen, zu befassen.

Zweitens sind qualitative Methodologie und Methoden sehr gut geeignet, private Gedanken und Gefühle, vorbewusste Faktoren (intuitive Assoziationen, das Selbstverständliche, habituell und kulturell abgeleitete Einstellungen und Verhaltensweisen) sowie Emotionen in komplexen (sozialen) Bedingungslagen zu erfassen. Eine besondere Stärke einschlägiger Herangehensweisen und Instrumente liegt darin, dass sie es den ForscherInnen ermöglichen, die Einschränkungen der Verbalisierung zu überwinden (Ereaut/Imms/Callingham 2002, viii). Für die Marktforschung ist dieses Leistungsmerkmal in zentralen Aufgabenbereichen überaus bedeutsam, so z.B. bei der Erhebung von KundInnenanforderungen, Analyse von Reaktionen von KundInnen auf komplexe simultane Marketingstimuli und der Erkundung der subjektiven Re-Interpretation und Nutzung von Marktangeboten.

Drittens weisen qualitative Methodologien und Methoden eine hohe Leistungsfähigkeit bei der Generierung von Einsichten und Erkenntnissen im Rahmen komplexer psychischer, physischer und sozialer Bedingungslagen auf. Aufgrund der offenen, empathischen, interpretativen und verstehenden Herangehensweise an lebensweltliche Situationen gelingt es, individuelle und soziale Prozesse zu erschließen, die überaus bedeutsam für das Marktgeschehen sind (Arnould/Thompson 2005). So können einschlägige Methoden, welche in der Strategieforschung eingesetzt werden, helfen zu verstehen, wie Unternehmen ihre Märkte definieren (z.B. Sieht ein Fastfood-Restaurant sich in Konkurrenz zu IT-Anbietern?) und wie sich die Marktkonstruktion des Managements in der Folge auf die Implementierung von Marktnormen (Institutionalisierungsdruck) und Marktpositionierung (Differenzierungsdruck) auswirkt. Im Hinblick auf die KonsumentInnenforschung könnte der zentralen Frage nachgegangen werden, wie KäuferInnen Märkte abgrenzen und kognitiv konfigurieren (z.B. Wird eine Tankstelle als ein Lebensmittelgeschäft wahrgenommen?) und entsprechend den damit verbundenen Erfahrungen und daraus entwickelten Handlungsschemata auf diesen Märkten navigieren.

Aus den bislang genannten Beispielen im Kontext der Leistungsmerkmale von qualitativer Methodologie und Methodik geht deutlich hervor, dass unterschiedliche verhaltensbezogene Aggregationsebenen angesprochen werden. Auch dieses Kennzeichen qualitativer Verfahren, nämlich die zweckmäßige Einsetzbarkeit im Hinblick auf individuelle, gruppenbezogene und systemische Betrachtungsschwerpunkte, macht diese attraktiv für die Marketingforschung. Qualitative Herangehensweisen und Instrumente ermöglichen auf individueller Ebene die Untersuchung von affektiven Befindlichkeiten, kognitiven Mustern und Prozessen sowie das daraus resultierende (soziale) Verhalten oftmals in beeindruckender Reichhaltigkeit zu erschließen. Qualitative Ansätze sind gut geeignet u.a. die Reaktion von Individuen auf Marketingmaßnahmen; die Skripte und Schemata, die KundInnen im Hinblick auf Verhalten in Märkten und gegenüber einzelnen Anbietern entwickeln und nutzen; die Mechanismen längerfristiger KundInnenbeziehungen sowie die Prognose künftigen Verhaltens und damit künftiger Reaktionen auf Anbieteraktivitäten verstehend zu erheben. In ähnlicher Weise gilt dies auch für gruppenbezogene Aspekte des Marktgeschehens, wenn es bspw. darum geht, zu erfassen, welche Bedeutung Referenzgruppen für die Entwicklung neuer Konsummuster haben, welchen Einfluss gleichzeitig anwesende andere KonsumentInnen auf die Zufriedenheit mit Dienstleistungsangeboten ausüben oder welche Mechanismen die Kaufentscheidungen von mehr oder weniger stark organisierten Kollektiven kennzeichnen. Die qualitative Methodologie und Methodik sind aber auch gut geeignet auf gesamte Marktsysteme bezogene Einsichten und Erkenntnisse zu liefern. Interessierende Fragestellungen sind bsph., welche Branchen- und Konkurrenzbedingungen einen Einfluss auf die KundInnenorientierung von Unternehmen haben, ob und wie unterschiedliche Sichtweisen von Konkurrenzsituation und –verhalten die Entwicklung von Marketingstrategien beeinflussen oder einfach die Frage nach der Bedeutung und dem Entstehen von Bandwaggon- und Nachahmeffekten, die durch erfolgreiche Akteure auf einem Markt ausgelöst werden.

3 Substanzielle Optionen

Eine Fülle von sowohl älteren als auch neueren naturalistisch-phänomenologischen Arbeiten im Bereich der KonsumentInnen- und Marketingforschung belegen die Leistungsfähigkeit qualitativer Methodologie und Methodik zur Erschließung der Reichhaltigkeit von Märkten und Marktprozessen und deren zentrale Bedeutung für das menschliche Leben (exemplarisch: Belk 1976, Belk/Sherry/Wallendorf 1988, Thompson/Pollio/Locander 1994, Zaltman 2000, Bazerman 2001, Askegaard/Arnould/Kjeldgaard 2005).

Zunächst soll hier kurz reflektiert werden, in welchen Forschungsbereichen die qualitative Methodologie und Methodik signifikante Beiträge geleistet haben. Arnould und Thompson (2005) haben in einer Beurteilung der einschlägigen Forschungsbemühungen in der KonsumentInnenforschung in den letzten zwanzig Jahren vier Bereiche identifiziert, die sich quer zu den üblicherweise in der Disziplin berücksichtigten Phasen des Konsumzyklus etabliert haben. Erstens fokussieren eine Fülle von Studien auf „Identitätsprojekte" von KonsumentInnen. Es wird der Frage nachgegangen, wie diese die Marketingaktivitäten und Marktangebote aufgreifen, interpretieren und schließlich verwenden, um ihr Selbst zu konstruieren. KonsumentInnen suchen Identität (Haller 2000) und „basteln" u.a. aus Elementen des Marketings und entsprechenden Marktprozessen ihre persönlichen Identitätsgeschichten (aktuelle Beispiele: Schau/Gilly 2003, Kozinets 2001, Belk/Ger/Askegaard 2003, Holt 2002). Zweitens befassen sich Studien mit dem Phänomen der Marktplatz-Kultur. Die Kernfrage ist, wie der Konsum als ein dominanter alltagsweltlicher Lebensbereich die Muster für Verhalten in und Interpretation der Welt verändert und wie dies wieder auf den Konsum rückwirkt. KonsumentInnen werden als KulturproduzentInnen verstanden und ein besonderes Interesse gilt der Kreation von Kulturwelten und Subkulturen durch spezifisches Konsumverhalten (z.B. Belk/Costa 1998, Thompson/Troester 2002, McAlexander/Schouten/ Koenig 2002). Drittens existiert ein Forschungsstrang, der sich mit der sozialhistorischen Prägung von Konsum befasst. Hierbei steht im Vordergrund, wie institutionale und soziale Strukturen (z.B. Schicht, Gruppenzugehörigkeit, Geschlecht und ethnische Wurzeln) Konsummuster systematisch beeinflussen. KonsumentInnen inszenieren soziale Rollen und Positionen und vor diesem Hintergrund wird der Frage nachgegangen, was eine Konsumgesellschaft ausmacht und wie sie aufrecht erhalten wird (aktuelle Beispiele: Allen 2002, Wallendorf 2001, Askegaard/Arnould/Kjeldgaard 2005). Viertens schließlich ist ein Typus von Studien mit über Massenmedien vermittelten Ideologien von KonsumentInnen und deren interpretativen Strategien befasst. Im Zentrum des Interesses stehen die Fragen, welche normativen Inhalte Massenmedien bezüglich des Konsums transportieren, wie KonsumentInnen diese Inhalte verstehen und darauf reagieren? KonsumentInnen werden als interpretierende Akteure gesehen, deren Sinnstiftung von impliziten konformen Adoptionen von massenmedialer Information bis zu bewussten provozierenden Gegenreaktionen reichen kann (aktuelle Beispiele: Kozinet/Handelman 2004, Joy/Sherry 2003, Escalas/Stern 2003, Dobscha/Ozanne 2001).

In der deutschsprachigen Forschungsgemeinschaft wurden diese beachtenswerten Ergebnisse der KonsumentInnenforschung nur am Rande rezipiert (Kroeber-Riel/Weinberg 2003, Foscht/Swoboda 2004, Trommsdorff 2003) und selten in einschlägigen Forschungsbemühungen aufgegriffen. Eine geringe Aufgeschlossenheit gegenüber qualitativen Herangehensweisen in der Marketingforschung führt offensichtlich dazu, dass bestimmte Forschungsfelder bzw. –aufgaben nicht ihrer wissenschaftlichen und praktischen Bedeutung entsprechend bearbeitet werden. In der Folge ist es unsere Absicht, an Hand von vier Bereichen, die über die KonsumentInnenforschung und die von Arnould und Thompson (2005) identifizierten Fragestellungen z.T. hinausgehen und uns aus praktischer wie wissenschaftlicher Sicht besonders bedeutsam erscheinen, zu zeigen, dass eine verstärkte Hinwendung zur qualitativen Forschung für eine Verbreiterung des Fokus in der Marketingforschung sehr wichtig ist und für die weitere Entwicklung der Disziplin lohnenswert sein kann. Wir betrachten zuerst zwei eher inhaltlich motivierte Forschungsfelder und thematisieren danach zwei paradigmatische Ausrichtungen der Marketing- und KonsumentInnenforschung. Mit dieser Diskussion wollen wir neben der methodologischen bzw. methodischen Perspektive vor allem auch die inhaltliche Auseinandersetzung mit diesen Themenfeldern bzw. Sichtweisen anregen.

3.1 Metakognitionen und Marktplatzintelligenz

In einem vielbeachteten „Invited Paper" im *Journal of Consumer Research* hat Peter Wright (2002), stimuliert von Entwicklungen in der Evolutionären Psychologie, den neueren Gedächtnistheorien und den lebensalter-bezogenen Theorien der multiplen Intelligenzentwicklung, vorgeschlagen, dass die Interaktion bzw. der Austausch auf Märkten stärker aus einem sozialen Blickwinkel gesehen werden sollte. Zentraler Anknüpfungspunkt einer verhaltenswissenschaftlichen Marktplatztheorie sind aus seiner Sicht die Überzeugungen von Personen über ihre eigenen mentalen Befindlichkeiten und über die Befindlichkeiten Anderer, sowie deren Strategien und Absichten, soweit diese sich auf die Interaktion auf Märkten beziehen. Diese Marktplatz-Metakognitionen, die das Alltagsdenken von Personen über marktbezogenes Denken umfassen, färben nach Wright alle Reaktionen und Verhaltensweisen von Marktakteuren (Anbieter und KundInnen). Diese Metakognitionen greifen Hand in Hand mit der sozialen Marktplatzintelligenz von Marktakteuren, welche die kognitiven Routinen und Inhalte umfasst, die zur Erzielung von erfolgreichem und effektivem Markthandeln notwendig sind.

Die Beschäftigung mit metakognitiver Marktplatzintelligenz ist aus unserer Sicht in zwei Richtungen für die Marketingforschung interessant. Erstens wird die Untersuchung des sozialen Rahmens in dem Marktakteure agieren, und wie dieser sich auf einzelne Handlungen von KundInnen und Anbietern auswirkt, möglich. So ist im Fach bislang wenig beachtet worden, wie sich die Markterfahrungen bzw. die über die Zeit kumulierten Interpretationen des Marktgeschehens von KonsumentInnen auf deren Reaktion auf Marketingmaßnahmen und ihr Markthandeln auswirken. Völlig unbeachtet blieben zudem metakognitive Prozesse auf Anbieterseite, die bspw. bei Personen im direkten KundInnenkontakt (Frontline Employees) und bei MarketingplanerInnen verhaltensbeeinflussend sein können. Zweitens ermöglicht die Analyse von Marktplatz-Metakognitionen einen tieferen Einblick in die Entwicklung von KonsumentInnenverhalten über einzelne Lebensabschnitte hinweg, in Prozesse der Konsumsozialisation und schließlich in das Selbstverständnis bezüglich der Teilnahme am Marktgeschehen (Wright 2002, 678; Alba/Hutchinson 2000).

In diesem metakognitiven Kontext ergibt sich ein zentrales Untersuchungsfeld, dessen Erforschung wesentlich zu einem besseren Verständnis des Marktgeschehens beitragen wird. Die bisherigen einschlägigen Forschungsbemühungen sind überzeugend, aber überwiegend experimenteller Natur und werden damit der umfassenden Konzeption der metakognitiven Marktplatzintelligenz nur sehr eingeschränkt gerecht. Wir sind der Überzeugung, dass die empirische Weiterentwicklung und Prüfung einer verhaltenswissenschaftlichen Marktplatztheorie ganz wesentlich über qualitative Forschungsmethodologie und –methoden vorangetrieben werden kann, weil die Auseinandersetzung mit komplexen „Hintergrundphänomenen", die das Alltagshandeln färben, in offener, empathischer und interpretativer Weise erfolgen sollte.

3.2 Kaufentscheidungen von Gruppen

Die KonsumentInnenforschung aus Marketingperspektive ist gekennzeichnet von einer starken Fokussierung auf psychologische und sozialpsychologische Determinanten des Konsumverhaltens. Im Hinblick auf die Bedeutung sozialer Einflüsse und Bedingungslagen auf das Kauf- und Konsumverhalten von Wirtschaftsgütern gewinnt man den Eindruck, dass sich die Forschungsbemühungen in den letzten Jahren wenig dynamisch entwickelt haben. Bagozzi (2002) formuliert sehr überzeugend, dass eine stärkere Befassung mit der Analyse von Gruppen und deren Verhalten bzw. Verhaltensrelevanz zu einer wesentlichen Ausweitung des Verständnisses von Marktprozessen führen wird.

Bislang ist die Befassung mit der sozialen Seite bzw. Einbettung des Verhaltens von Akteuren auf Märkten, entgegen der vermuteten Bedeutung für das Verstehen von Marktprozessen in der Marktforschung, nie im Vordergrund gestanden. Drei Aspekte sozial bestimmten Marktverhaltens sind aus traditioneller Sicht von Relevanz, nämlich (a) die Einflüsse von sozialen Bedingungen bzw. Kräften auf intraindividuelle Prozesse, die das Marktverhalten prägen, (b) das interpersonelle Verhalten von Akteuren in sozialen Situationen im Kontext von Angebot, Kauf und Verwendung von Wirtschaftsgütern, und (c) die Beziehungen zwischen einzelnen sozialen Einheiten auf Märkten. Die größte Bedeutung kommt in der KonsumentInnenforschung der Beschäftigung mit sozialen Einflüssen auf das individuelle Verhalten von KundInnen zu, welche sich aus der Zugehörigkeit zu Gruppen, der Bedeutung von Referenzgruppen, der relevanten sozialen Schicht, Subkultur oder Kultur ergeben (siehe dazu im Überblick Kroeber-Riel/Weinberg 2003). Bereits weitaus weniger Interesse haben Fragestellungen gefunden, die auf die Analyse des interpersonellen Verhaltens abstellen, wie bspw. die Untersuchung von Interaktionen zwischen KäuferInnen und VerkäuferInnen in Verkaufsräumen, die Kommunikation zwischen potentiellen KäuferInnen und MeinungsführerInnen in deren Umfeld und die Interaktion von Familienmitgliedern in Kaufprozessen. Die Auseinandersetzung mit Beziehungen zwischen sozialen Entitäten im Marktkontext hat schließlich eher sporadisch und in wenig strukturierter Weise stattgefunden (siehe bspw. Holt 1997). Dieser Befund gilt in einem noch verstärkten Ausmaß für die Marktforschung im deutschsprachigen Raum.

Besondere Bedeutung messen wir künftigen Forschungsbemühungen bei, welche sich mit dem Kauf- und Konsumverhalten von Gruppen beschäftigen, die auf einer neuen aus der Philosophie angestoßenen Sichtweise basieren (Bratman 1999, Gilbert 1992, Tuomela 1995). Im Kontrast zur traditionellen interpersonellen Sicht des Gruppenverhaltens, bspw. von Familien, die postuliert, dass ein Geflecht von sozialen Interaktionen in deren Verlauf die beteiligten Individuen einen Entscheidungsprozess beeinflussen und auch durch diesen beeinflusst werden, geht der Ansatz der Sozialen Fakten bzw. Kollektiven Intentionalität darüber hinaus. Familienmitglieder werden bspw. nicht als Individuen interpretiert, die individuell agieren und reagieren und so koordiniert tätig werden, und somit die Familienhandlungen von den individuellen Merkmalen der Mitglieder und den individuellen Handlungen bestimmt sind. Sondern, Familienentscheidungen werden als sozialer Prozess der gemeinsamen Zielfindung und Absichtsformulierung verstanden (Bagozzi 2000, 391). Damit stehen gegenseitiger Austausch und kollektive Konzepte im Vordergrund. Familienmitglieder entwickeln ein gemeinsames Verständnis und untereinander geteilte Verpflichtungen, die in der Folge auf die Handlung einer Gruppe hinaus laufen. Diese neue Mehr-Personen Perspektive oder „Theorie der sozialen Fakten" geht von kollektiven Konzepten wie Gruppenzielen, Wir-Absichten und sozialer Identität aus und liefert damit einen sehr tragfähigen theoretisch-konzeptionellen Rahmen für die Untersuchung von Gruppenentscheidungen im Marktkontext. Damit besteht die Möglichkeit, neue Dynamik in die Untersuchung von organisierten Kaufprozessen (Organizational Buying) in Industriegütermärkten wie auch im Kontext der Kaufentscheidungen von Familien, Cliquen und Vereinen bzw. losen Freundeskreisen zu bringen.

Wir sind davon überzeugt, dass sich bei der Identifikation und der Erforschung der Bedeutung von Gruppenkonstrukten das qualitative Forschungsinstrumentarium besonders gut eignet. In noch stärkerem Ausmaß, als dies für Forschungsbemühungen der Fall ist, die von traditionellen individualistisch-interpersonellen Gruppenkonzepten ausgehen, werden qualitative Methoden eine zentrale Rolle bei der auf soziale Fakten orientierten Gruppenforschung spielen und damit einen innovativen und interessanten Beitrag zur Weiterentwicklung der Markt- und KonsumentInnenforschung leisten.

3.3 Systemische Erklärungsansätze

In der Management- und Organisationsforschung entwickelt sich eine Herangehensweise, die betriebliche bzw. Managementprozesse im Kontrast zu den traditionellen kausalen Sichtweisen von Führung und Management (z.B. Staehle 1999) basierend auf den Theoriekonzepten der „neuen" Systemtheorie, insbesondere den Theorieentwurf der „Theorie sozialer Systeme" von Niklas Luhmann (1984), zu analysieren versucht (Kasper 1990, Meyer 1994, Mayrhofer 1996). Die Kernüberlegungen dieser Theorie – nämlich die radikale Sozialisierung und Enthumanisierung sozialer Systeme, deren autopoetische Geschlossenheit und Autonomie sowie die Beobachterabhängigkeit und damit Relativität jeglicher „Wirklichkeit" – stehen in diametralen Gegensatz zu den Dogmen des gestaltungsorientierten Management (Kasper/Mayrhofer/Meyer 1999, 162). Die klassischen Grundannahmen der Steuerung und Führung von Organisationen, wie z.B. dass Personen die Kernelemente einer Organisation sind, Organisationen offene Systeme sind und ManagerInnen Organisationen zielgerichtet beeinflussen können, werden zu Gunsten der Konzeption, dass Kommunikationen die Bausteine sozialer Systeme bilden, diese Systeme autopoetisch geschlossen sind und daher einfache „mechanistische" Steuerung von Organisationen, z.B. Führungspersonen, nicht möglich ist, aufgegeben (Seidl 2005). Unternehmen werden u.a. als beschränkt gestaltbar, nicht lenkbar, sondern nur handhabbar und als Systeme mit Formen von Selbststeuerung aufgefasst. Das Verständnis von Führung durch Anweisungen und Sanktionen wird durch die Sichtweise abgelöst, dass Führungsverhalten durch die Einsicht von ManagerInnen in die Autonomie des Systems, durch deren Fähigkeit zur (Selbst-)Reflexion und Selbststeuerung (selbstorganisierende Prozesse) möglich wird (Kasper/Mayrhofer/Meyer 1998, Vos 2005).

Diese Ansätze sind im Marketing bislang nicht rezipiert worden. Wir sind jedoch der Überzeugung, dass die Sichtweisen der neueren Systemtheorie mit ihren radikal neuen Prinzipien zu ganz anderen Einsichten in die Aktivitäten von sozialen Systemen auf Märkten bzw. mit Marktbezug liefern können. So könnten bspw. die Entscheidungen von Anbietern bezüglich der Art und Weise wie sie sich auf Märkten präsentieren, sie diese bearbeiten und die Beziehungen zu ihren KundInnen pflegen, aus neuem Blickwinkel gesehen werden und zu einem differenzierteren Verständnis der Entwicklung von Marketingstrategien beitragen. Umgekehrt scheint die systemische Theorienkonzeption auch viel versprechende Ansätze zu beinhalten, die ermöglichen, andere Einblicke in die Analyse und Beeinflussungsmöglichkeiten des Kaufverhaltens von sozialen Entitäten auf entsprechenden Märkten zu generieren. Damit können Impulse für Forschungsbemühungen im B2B-Marketing aber auch im Hinblick auf die kollektiven Kaufentscheidungen von Haushalten oder anderen organisierten sozialen Systemen erwartet werden.

Die Fokussierung der neueren Systemtheorien auf Kommunikationen als zentrale Elemente von Organisationen, die Rolle von (Selbst-)Reflexion und Selbststeuerung macht deutlich, dass die empirische Forschung, die der Logik der „Theorie Sozialer Systeme" (nicht nur) im Marketingkontext folgt, vorwiegend auf Methodologie und Methoden der qualitativen Sozialforschung rekurrieren muss.

3.4 Perspektivenausweitung und -wechsel

Die von Kotler (1972) angestoßene Ausweitung der Marketingkonzeption auf Bereiche, die den Austausch von Nicht-Wirtschaftsgütern betreffen, ist in der Wissenschaft und in der Praxis fest verankert (Schuh/Holzmüller 2005). Vergleichsweise gering sind hingegen Forschungsbemühungen, die auf unterschiedliche Märkte für Nicht-Wirtschaftsgüter und die entsprechenden Austauschbeziehungen fokussieren. In vielen gesellschaftlich relevanten Bereichen, wie bspw. dem Fund-Raising für unterschiedliche Anlässe wie dauernde karitative Anliegen oder Katastrophenhilfe, den „Marktbeziehungen" zwischen StaatsbürgerInnen und unterschiedlichen Verwaltungseinrichtungen, dem Bildungswesen und den Auszubildenden, Institutionen der Gesundheitsprävention und deren Zielgruppen, sind wenig gesicherte Erkenntnisse über Motive, Einstellungen, Zufriedenheit und damit in Zusammenhang stehenden Wirkmechanismen bekannt. Die Generierung von Einblicken in diese spezifischen Marketingfelder sehen wir als künftige wichtige Marketingforschungsaufgabe an.

Simultan mit der angesprochenen Perspektivenausweitung plädieren wir aber auch für eine größere Bereitschaft zum Perspektivenwechsel in der – zunächst vor allem akademischen – Marketingforschung. Die KonsumentInnenforschung, bspw. festgemacht an den Publikationen im *Journal of Consumer Research* oder den *Advances in Consumer Research*, ist überwiegend auf die Anbietersicht ausgerichtet und hat einen nachhaltigen Effekt auf die Lehre und Forschung an Marketinglehrstühlen sowie die Marketingstrategien großer Markenartikelunternehmen gehabt (Bazerman 2001, 499). Die Überbetonung der Sichtweise der Marketer in der Marketingforschung hat aus unserer Einschätzung zu deutlichen blinden Flecken in der Befassung mit Marktprozessen geführt. Bazerman (2001) fordert eine stärkere Hinwendung zur Berücksichtigung der KonsumentInnenperspektive in der Forschung, da KonsumentInnen bei für sie zentralen und schwierigen Kaufentscheidungen, wie den Erwerb von Eigenheimen, Heizanlagen, Investitionsentscheidungen bezüglich Altersvorsorge etc. so gut wie keine gesicherten Erkenntnisse darüber zur Verfügung stehen, wie sie sich möglichst zweckmäßig verhalten sollen. Über die von Bagozzi (2000) in die Diskussion eingebrachten Gruppenaspekte hinausgehend, sind die besonders herausfordernden Kaufentscheidungen von Haushalten insbesondere dadurch gekennzeichnet, dass sie in einem Umfeld getroffen werden, in dem es gilt zu verhandeln, oftmals gegen andere Nachfrager zu bieten, Geschäfte über Makler abzuwickeln, etc. Damit wird deutlich, dass die Problemlage für die EntscheiderInnen in solchen Situationen eine völlig andere ist, als im konventionellen Paradigma der KonsumentInnenforschung, wo sich ein „einsamer" Konsument bzw. eine „einsame" Konsumentin zwischen eher vergleichbaren Produkten entscheidet (Raiffa 2001).

Über den Perspektivenwechsel auf KundInnen hinausgehend, sind auch die Relationen zu anderen Anspruchsgruppen von Organisationen bedeutsam. Im Kontext einer breiteren Sicht von Markt- und Konsumforschung sind insbesondere die interessanten Beziehungsgeflechte zwischen Unternehmen und deren MitarbeiterInnen, InvestorInnen, AnrainerInnen und einer allgemeinen Öffentlichkeit von Relevanz. In diesem Zusammenhang sind auch die Perspektiven ordnungspolitischer Willlenszentren (z.B. bei Standortgenehmigungen, Entscheidungen über Öffnungszeiten) und gesamtgesellschaftlicher Willenszentren (z.B. Gesundheitsbehörden, Bildungswesen) interessante Forschungsfelder, die theoretisch und empirisch bislang weitgehend vernachlässigt wurden. Die qualitative Methodologie und Methodik scheinen überaus geeignet zu sein, die Komplexität solcher Beziehungen zu erfassen und zu rekonstruieren.

Hartmut H. Holzmüller und Renate Buber

4 Fazit und Ausblick

Zentrale Zielsetzung des Beitrags war es, herauszuarbeiten, warum und wie die Markt- und Marketingforschung von einer Öffnung gegenüber der qualitativen Sozialforschung profitieren kann. In einem ersten Schritt sind wir der Frage nachgegangen, welche methodischen Optionen die qualitative Methodologie und Methodik zur Verfügung stellt. Vor allem relevant ist die Eignung, in neuen bislang nicht oder wenig erforschten Märkten bzw. bezüglich einzelner Facetten des Marktgeschehens Erkundungen zu ermöglichen. Ein weiteres Leistungsmerkmal ist die Zugänglichkeitseignung von qualitativen Verfahren, die ermöglicht mit unterschiedlichen Methoden erfolgreich Sachverhalte oder Inhalte zu Tage zu fördern, die nicht beobachtbar und/oder vorbewusst sind sowie an Verbalisierungsgrenzen der ProbandInnen stoßen. Schließlich ist es die Eignung zur Erfassung von Daten in komplexen Situationen, die physisch, psychisch und/oder sozial determiniert sind. Bezüglich der substanziellen Optionen, die sich aufgrund einer stärkeren Nutzung qualitativer Methodologie und Methodik für die Marketingforschung ergeben, haben wir verstärkte Forschungsbemühungen in den Bereichen Metakognitionen und Marktplatzintelligenz, Kaufentscheidungen von Gruppen, das Aufgreifen systemischer Ansätze und die Perspektivenausweitung bzw. den Perspektivenwechsel als besonders fruchtbar für die Weiterentwicklung der Marketingforschung identifiziert. Die angesprochenen Forschungsfelder sind zum überwiegenden Teil nur mit qualitativen Herangehensweisen befriedigend zu bearbeiten.

Aus der Zusammenschau der angesprochenen methodischen und strukturellen Optionen ergeben sich aus unserer Sicht folgende Entwicklungslinien der qualitativen Methodologie und Methodik im Kontext der Markt- und Marketingforschung:

- Im wissenschaftlichen Bereich wird sich die qualitative Forschung, ähnlich wie das in der Wirtschaftspraxis seit geraumer Zeit der Fall ist, zu einem eigenständigen Methodenkomplex entwickeln. Wir gehen davon aus, dass der traditionelle Methoden-Mix, der bisher der qualitativen Forschung üblicherweise eine „Zulieferfunktion" zugeschrieben hat, von einer Entwicklung in Richtung Multi-Methoden- bzw. Multi-Modell-Ansätze abgelöst wird. Dies bedeutet u.a., dass die Triangulation als Prinzip für die Methodenwahl deutlich stärker in der Planungsphase von Forschung einfließen wird. Tashakkori und Teddlie (2003) haben dafür mit ihrem Handbuch eine Orientierung vorgegeben, die als zweckmäßige Basis für eine Weiterentwicklung der Marktforschungsmethoden und ihrer methodologischen Fundierung dienen kann.

- Aufgrund der spezifischen Leistungsfähigkeit qualitativer Forschungsansätze gehen wir davon aus, dass die qualitative KonsumentInnenforschung im deutschsprachigen Raum, analog der Entwicklung in den USA und Skandinavien, stärker Fuß fassen wird und mehr einschlägige Arbeiten publiziert werden. Im Industriegütermarketing wird der vermehrte Rückgriff auf qualitative Forschung wesentlich zur Überwindung der Stagnation der Forschung bezüglich Kaufentscheidungen von Organisationen (Organizational Buying) beitragen. Darüber hinaus wird ähnlich der Entwicklung in der Organisations- und Managementforschung (Bryman/Bell 2003) verstärkt auf qualitative Methodologie und Methodik in den Forschungsbemühungen bezüglich Marketingstrategien, -implementierung und -organisation zurückgegriffen werden.

- Der technologische Fortschritt wird sich in zwei Formen auf die Entwicklung der qualitativen Marktforschung auswirken. Erstens wird die virtuelle Welt, analog der Entwicklung von E-Commerce und der Nutzung des Internets als öffentliches Kommunikationsforum, als Forschungsfeld zunehmend an Bedeutung gewinnen. Vor allem werden neben der Analyse von elektronischen Marktprozessen auch die vielfältigen Formen an Kommunikation im World Wide Web für Marktforschungszwecke genutzt werden. Zweitens werden neue technologische Entwicklungen, (z.B. neue Analysesoftware und Präsentationstools) und die Etablierung von Marktforschungsinstrumenten im Netz (z.B. Online-Fokusgruppen) die Bedeutung qualitativer Marktforschung erhöhen.

- Im Verlauf einer weiteren Etablierung der qualitativen Methodologie und Methodik – insbesondere in der wissenschaftlichen Marketingforschung – erwarten wir, dass die Hinwendung zu bislang wenig erforschten Themenfeldern dazu führen wird, dass die Vielfalt eingesetzter Forschungsmethoden zunimmt. Wir gehen davon aus, dass eine neue Generation von im Hinblick auf qualitative Methoden gut ausgebildeten WissenschaftlerInnen mehr Mut aufbringen wird, sich neuen, nicht sehr stark beforschten, aber überaus relevanten Themen zu widmen und dabei im Fach als bislang unkonventionell angesehene Forschungsansätze zu nutzen.

Aus unserer Sicht ist ein wichtiges Desiderat für die Praxis und Wissenschaft der Marktforschung insgesamt, dass eine weitere und dynamischere Rezeption der Methodologie und Methodik der qualitativen Sozialforschung stattfindet, die zu einer gesteigerten Professionalisierung durch die Ausweitung des Methodenrepertoires, Fokussierung auf Qualitätsstandards und Hinwendung zu neuen methodisch herausfordernden Fragestellungen führt.

5 Literatur

Alba, Joseph W./Hutchinson, J. Wesley (2000): Knowledge Calibration: What Consumers Know and What They Think They Know. In: Journal of Consumer Research, vol. 27, no. 2, 123-156.

Allen, Douglas (2002): Toward a Theory of Consumer Choice as Sociohistorically Shaped Practical Experience: The Fits-Like-a-Glove (FLAG) Framework. In: Journal of Consumer Research, vol. 28 (March), 515–532.
Arnould, Eric J./Thompson, Craig J. (2005): Consumer Culture Theory (CCT): Twenty Years of Research. In: Journal of Consumer Research, vol. 31 no. 4, 868-882.
Askegaard, Søren/Arnould, Eric J./Kjeldgaard, Dannie (2005): Postassimilation Ethnic Consumer Research: Qualifications and Extensions. In: Journal of Consumer Research, vol. 32 (June), 160-170.
Bagozzi, Richard P (2002): On the Concept of Intentional Social Action in Consumer Behavior. In: Journal of Consumer research, vol. 27, 388- 396.
Bazerman, Max H. (2001): Consumer Research for Consumers. In: Journal of Consumer Research, vol. 27, 499–504.
Beck, Ulrich (1986): Risikogesellschaft. Auf dem Weg in eine andere Moderne. Frankfurt/M.
Belk, Russell W. (1976): It's the Thought That Counts: A Signed Digraph Analysis of Gift-Giving. In: Journal of Consumer Research, vol. 3, 155-162.
Belk, Russel W. (2006, ed.):Handbook of Qualitative Research Methods in Marketing. Cheltenham, UK, Northampton, MA.
Belk, Russell W./Sherry Jr., John F./Wallendorf, Melanie (1988): A Naturalistic Inquiry into Buyer and Seller Behavior at a Swap Meet. In: Journal of Consumer Research, vol. 14, 449–470.
Belk, Russell W./Costa, Janeen Arnold (1998): The Mountain Myth: A Contemporary Consuming Fantasy. In: Journal of Consumer Research, vol. 25 (December), 218–240.
Belk, Russell W./Ger, Guliz/Askegaard, Soren (2003): The Fire of Desire: A Multisited Inquiry into Consumer Passion. In: Journal of Consumer Research, vol. 30 (December), 326–352.
Bratman, Michael E. (1999): Intention, Plans, and Practical Reason. Cambridge, MA.
Bryman, Alan/Bell, Emma (2003): Business Research Methods, Oxford.
Coulter, Robin A./Price, Linda L./Feick, Lawrence (2003): The Origins of Involvement and Brand Commitment: Insights from Postsocialist Central Europe. In: Journal of Consumer Research, vol. 30 no. 2, 170-183.
Dobscha, Susan/Ozanne, Julie L. (2001): An Ecofeminist Analysis of Environmentally Sensitive Women Using Qualitative Methodology: The Emancipatory Potential of an Ecological Life. In: Journal of Public Policy and Marketing, 20 (Fall), 201–214.
Ereaut, Gill/Imms, Mike/Callingham, Martin (2002): Qualitative Market Research: Principles and Practice. London.
Escalas, Jennifer Edson/Stern, Barbara B. (2003): Sympathy and Empathy: Emotional Responses to Advertising. In: Journal of Consumer Research, vol. 29 (March), 566–578.
Fantapié Altobelli, Claudia (2007): Marktforschung. Methoden, Anwendungen, Praxisbeispiele. Stuttgart.
Foscht, Thomas/Swoboda, Bernhard (2004): Käuferverhalten : Grundlagen-Perspektiven–Anwendungen. Wiesbaden.
Gilbert, Margaret (1992): On Social Facts. Princeton, NJ.
Gummesson, Evert (2003): All Research is Interpretive! In: Journal of Business & Industrial Marketing, vol. 18, no. 6/7, 482-492.
Gummesson, Evert (2005): Qualitative Research in Marketing. Road-map for a Wilderness of Complexity and Unpredictability. In: European Journal of Marketing, vol. 39, no. 3+4, 309-327.
Habermas, Jürgen (1985): Die neue Übersichtlichkeit. Frankfurt am Main.
Haller, Max (2000): Was bestimmt Kaufentscheidungen? Ein Vergleich psychologischer Motivationstheorien mit dem soziologischen Modell der Situations- und Identitätsanalyse. In:

Foscht, Thomas/Jungwirth, Georg/Schnedlitz, Peter (Hrsg.): Zukunftsperspektiven für das Handelsmanagement. Frankfurt am Main, 361-384.

Herrmann, Andreas/Homburg, Christian (2000, Hrsg.): Marktforschung. Methoden, Anwendungen, Praxisbeispiele. Wiesbaden.

Herrmann, Andreas/Homburg, Christian/Klarmann, Martin (2008, Hrsg.): Handbuch Marktforschung. 3. Aufl., Wiesbaden.

Holt, Douglas B. (1997): Poststructuralist Lifestyle Analysis: Conceptualizing the Social Patterning of Consumption. In: Journal of Consumer Research, vol. 23 (March), 326-350.

Holt, Douglas B. (2002): Why Do Brands Cause Trouble? A Dialectical Theory of Consumer Culture and Branding. In: Journal of Consumer Research, vol. 29 (June), 70–90.

Joy, Annamma S./Sherry, Jr. John F. (2003): Speaking of Art as Embodied Imagination: A Multi-Sensory Approach to Understanding Aesthetic Experience. In: Journal of Consumer Research, vol. 30 (September), 259–282.

Kasper, Helmut (1990): Die Handhabung des Neuen in organisierten Sozialsystemen. Berlin, Heidelberg.

Kasper, Helmut/Mayrhofer, Wolfgang/Meyer, Michael (1999): Management aus systemtheoretischer Perspektive: eine Standortbestimmung. In: von Eckardstein, Dudo/Kasper, Helmut/Mayrhofer, Wolfgang (Hrsg.): Management. Theorien – Führung - Veränderung. Stuttgart, 161-209.

Kasper, Helmut/Mayrhofer, Wolfgang/Meyer, Michael (1998): Manager-Handeln nach der systemtheoretisch-konstruktivistischen Wende. In: Die Betriebswirtschaft, Jhg. 58, H. 5, 603-621.

Kepper, Gaby (2008): Methoden der qualitativen Marktforschung. In: Herrmann, Andreas/Homburg, Christian/Klarmann, Martin (2008, Hrsg.): Handbuch Marktforschung. Wiesbaden, 175-212.

Kotler, Phillip (1972): A Generic Concept of Marketing. In: Journal of Marketing, vol. 36, 2, 46-54.

Kozinets, Robert V. (2001): Utopian Enterprise: Articulating the Meaning of Star Trek's Culture of Consumption. In: Journal of Consumer Research, vol. 28 (June), 67–89.

Kozinets, Robert V./Handelman, Jay (2004): Adversaries of Consumption: Consumer Movements, Activism, and Ideology. In: Journal of Consumer Research, vol. 31 (Dec), 691–704.

Kroeber-Riel, Werner/Weinberg, Peter (2003): Konsumentenverhalten. München.

Luhmann, Niklas (1984): Soziale Systeme: Grundriß einer allgemeinen Theorie. Frankfurt/M.

Mayrhofer, Wolfgang (1996): Mobilität und Steuerung in international tätigen Unternehmen. Eine theoretische Analyse. Stuttgart.

McAlexander, James H./Schouten, John W./Koenig, Harold (2002): Building Brand Community. In: Journal of Marketing, vol. 66 (January), 38–54.

Meyer, Michael (1994): Ziele in Organisationen. Funktionen und Äquivalente von Zielentscheidungen. Wiesbaden.

Mick, David Glen/Burroughs, James E./Hetzel, Patrick/Yoko Brannen, Mary (2004): Pursuing the Meaning of Meaning in the Commercial World: An international Review of Marketing and Consumer Research Founded on Semiotics. In: Semiotica, vol. 152, no. 1-4, 1-74.

Milliken, John (2001): Qualitative Research and Marketing Management. In: Management Decision, vol. 39, no. 1, 71.

Moore, Elizabeth S./Lutz, Richard J. (2000): Children, Advertising, and Product Experiences: A Multimethod Inquiry. In: Journal of Consumer Research, vol. 27, no. 1, 31-48.

Müller, Stefan (2000): Grundlagen qualitativer Marktforschung. In: Herrmann, Andreas/Homburg, Christian (2000, Hrsg.): Marktforschung. Methoden, Anwendungen, Praxisbeispiele. Wiesbaden, 128-157.

Naderer, Gabriele/Balzer, Eva (2007, Hrsg.): Qualitative Marktforschung in Theorie und Praxis. Wiesbaden.
Raiffa, Howard (2001): Collaborative Decision Making. Cambridge, MA.
Schau, Hope Jensen/Gilly, Mary C. (2003): We Are What We Post? Self-Presentation in Personal Web Space. In: Journal of Consumer Research, vol. 30, 385–404.
Schuh, Arnold/Holzmüller, Hartmut H. (2005): Sektorales Marketing – Impulsgeber für Wissenstransfer und Innovation im Marketing. In: Holzmüller, Hartmut H./Schuh, Arnold (Hrsg.): Innovationen im sektoralen Marketing. Heidelberg, 3-29.
Seidl, David (2005): The Basic Concepts of Luhmann's Theory of Social Systems. In: Seidl, David/Becker, Kai H. (eds.): Niklas Luhmann and Organization Studies. Copenhagen, 21-53.
Sherry, Jr., John F. (2004): Culture, Consumption and Marketing: Retrospect and Prospect. In: Ekström, Karin M./Brembeck, Helene (eds.): Elusive Consumption. Oxford, 45-64.
Simonson, Itamar/Carmon, Ziv/Dhar, Ravi/Drolet, Aimee/Nowlis, Stephen M. (2001): Consumer Research: In Search of Identity. In: Annual Review of Psychology, vol. 52, 249-275.
Staehle, Wolfgang (1999): Management. Eine verhaltenswissenschaftliche Perspektive, 8. Aufl. München.
Tashakkorie, Abbas/Teddlie, Charles (2003, eds.): Handbook of Mixed Methods in Social & Behavioral Research. Thousand Oaks, London, New Delhi.
Thompson, Craig J./Pollio, Howard R./Locander, William B. (1994): The Spoken and the Unspoken: A Hermeneutic Approach to Understanding the Cultural Viewpoints That Underlie Consumers' Expressed Meanings. In: The Journal of Consumer Research, vol. 21, no. 3, 432-452.
Thompson, Craig J./Troester, Maura (2002): Consumer Value Systems in the Age of Postmodern Fragmentation: The Case of the Natural Health Microculture. In: Journal of Consumer Research, vol. 28 (March), 550–571.
Tomczak, Torsten (1992): Forschungsmethoden in der Marketingwissenschaft. Ein Plädoyer für den qualitativen Forschungsansatz. In: Marketing-ZFP, 14. Jhg., Nr. 2, 77-87.
Trommsdorff, Volker (1993): Vernetzte Informationen für komplexe Entscheidungen - neue Anforderungen an die Marktforschung. In: Breunig, Gerhard/Franke, Dieter/Scharioth, Joachim (1993): Orientierung für ein neues Europa durch Markt- und Sozialforschung: soziale Beziehungen, wirtschaftliche Verflechtungen, politische Verantwortung. München, 67-83.
Trommsdorff, Volker (2003): Konsumentenverhalten. Stuttgart: Kohlhammer.
Tuomela, Raimo (1995): The Importance of Us: A Philosophical Study of Basic Social Notions. Stanford, CA.
Vershofen, Wilhelm (1940): Handbuch der Verbrauchsforschung. 1. Band: Grundlegung. Berlin.
Vershofen, Wilhelm (1959): Die Marktentnahme als Kernstück der Wirtschaftsforschung. Berlin-Köln.
Vos, Jan-Peter (2005): Strategic Management from a Systems-Theoretical Perspective. In: Seidl, David/Becker, Kai Helge (eds.): Niklas Luhmann and Organization Studies. Copenhagen, 365-385.
Wallendorf, Melanie (2001): Literally Literacy. In: Journal of Consumer Research, vol. 27 (March), 505–511.
Wright, Peter (2002): Marketplace Metacognition and Social Intelligence. In: Journal of Consumer Research, vol. 28, no. 4, 677-682.
Zaltman, Gerald (2000): Consumer Researchers: Take a Hike! In: Journal of Consumer Research, vol. 26 (March), 423–428.

Katja Mruck und Günter Mey

Der Beitrag qualitativer Methodologie und Methodik zur Marktforschung

1 Einleitung 23
2 Die Pluralität qualitativer Forschung 24
3 … und ihre Einheit? 28
4 Besonderheiten qualitativen Forschens 31
    4.1 Der explorative, (re-) konstruktive, theoriegenerierende Charakter qualitativer Forschung 32
    4.2 Forschen als iterative Strategie 33
    4.3 Forschung im Spannungsfeld zwischen Untersuchungsfrage, Wissenschaftskultur und Praxisanforderungen 37
5 Ausblick 39
6 Literatur 40

Der Beitrag qualitativer Methodologie und Methodik zur Marktforschung

1 Einleitung

Qualitative Forschung hat insbesondere im letzten Jahrzehnt zunehmende Anerkennung erfahren: In der akademischen Lehre und Forschung kommt ein beachtlicher Korpus an Methodologien und Verfahren zum Einsatz. Methoden und empirische Ergebnisse sind in zahlreichen Büchern und Online- und Printzeitschriften dokumentiert und werden auf nationalen und internationalen Fachtagungen präsentiert und diskutiert. Auch die Anzahl verfügbarer Internet-Tools (Mailinglisten, Wikis, Blogs und Webseiten usw.) wächst kontinuierlich. Auf Seiten von Fördereinrichtungen ist ein vermehrter Druck insbesondere in Richtung „mixed methods" zu verzeichnen, und auch in nicht-universitären Anwendungsfeldern, z.B. im Sozial- und Gesundheitswesen oder in der Politikberatung, kommen qualitative Verfahren immer mehr zum Einsatz.

In der deutschsprachigen Markt-, Medien-, Meinungs- und Managementforschung war die Verwendung und Akzeptanz von qualitativen Methoden, zumindest mit Blick auf die Veröffentlichung in renommierten Fachzeitschriften u.ä., lange Zeit vergleichsweise gering. Auch weil nach Ansicht vieler MarktforscherInnen quantitative „Messgrößen wie Mittelwerte oder Prozentanteile mit signifikanten Unterschieden ... die interne Nachvollziehbarkeit und damit Akzeptanz von Marktforschungsergebnissen in einem betriebswirtschaftlich orientierten Umfeld [erleichtern]" (Kaiser 2004, 19), beschränkte sich der Einsatz qualitativer Forschung vor allem auf deren explorative Funktion bzw. es wurden und werden in den Instituten zwar viele qualitative Studien durchgeführt, aber insgesamt wird „noch zu viel ... im Dunkeln ‚gewerkelt'. Nur Teile der spannenden Ergebnisse und teilweise innovativen methodischen Ansätze werden veröffentlicht" (Marlovits/Kühn/Mruck 2004, 14). Hier ist seit einigen Jahren ein Umdenkprozess und eine zumindest in Ansätzen veränderte Praxis erkennbar, von denen etwa die von Kühn, Marlovits und Mruck (2004) in der Online-Zeitschrift *Forum Qualitative Sozialforschung*[1] (FQS) veröffentlichte Schwerpunktausgabe *Qualitative Markt-, Medien- und Meinungsforschung*, das zeitgleich in der Zeitschrift *Planung & Analyse* behandelte Schwerpunktthema „Qualitative Marktforschung: Viele Wege führen nach Rom" oder der 2005 im Bundesverband Deutscher Markt- und Sozialforscher e.V. gegründete *Arbeitskreis qualitative Marktforschung*[2] und die dort veranstalteten Fachtagungen ebenso zeugen wie die wachsende Zahl auch öffentlichkeitswirksam agierender Institute mit einem explizit qualitativen Profil[3]. Im englischsprachigen Raum ist quali-

---

[1] http://www.qualitative-research.net/fqs/
[2] http://www.bvm.org/Arbeitskreis-Qualitative-Marktforschung_625_0_0.html
[3] Z.B. „Deutschland auf der Couch" (Grünewald 2006), rheingold Institut für qualitative Markt- und Medienanalysen [http://www.rheingold-online.de/], das in vielen Medien besprochen wurde (u.a. 27.08.2006 im ZDF Nachtstudio). Neben Instituten, die sich ausschließlich qualitativer Verfahren bedienen (neben rheingold z.B. empirica. Qualitative Marktforschung, Struktur- und Stadtforschung [http://www.empirica-institut.de/]) werden qualitative Verfahren in allen großen Markt- und Meinungsforschungsinstituten verwandt (z.B. Dienstleis-

tative Marktforschung bereits deutlich länger etabliert und breiter vertreten: Exemplarisch erwähnt seien die Arbeit der *Qualitative Research Consultants Association*[4] oder der *Association for Qualitative Research*[5], die seit 1998 bei Emerald herausgegebene Zeitschrift *Qualitative Market Research* oder die Bände von Carson et al. (2001), Mariampolski (2001), Daymon und Holloway (2002), Buber, Gadner und Richards (2004), sowie das siebenbändige *Qualitative Market Research. Principle & Practice* von Ereaut, Imms und Callingham (2002) oder aktuell der Herausgeberband *Qualitative Marktforschung in Theorie und Praxis* von Naderer und Balzer (2007).

In der Verwendung qualitativer Methoden nicht oder nur wenig erfahrene Leserinnen und Leser – aber wohl auch jene, die länger mit der Theorie und Praxis qualitativer Sozialforschung vertraut sind – werden über die Zahl der in diesem Band vorgestellten Erhebungs- und Auswertungsoptionen, Methodologien und Theorien und über die breite Einsatzmöglichkeit qualitativer Methoden in empirischen Marketingstudien überrascht sein.

Im Sinne einer ersten Rahmung und Einordnung wollen wir im Folgenden zunächst einen kurzen Überblick über die Vielfalt und mögliche Einheit qualitativer Forschung geben. Danach sollen einige für die Anwendung qualitativer Methoden in der Forschungspraxis wichtige Fragen zusammenfassend diskutiert werden, nämlich: wann qualitative Methoden induziert sind, was charakteristisch für den qualitativen Forschungsprozess ist und welche Anforderungen hieraus für diejenigen resultieren, die qualitative Forschung betreiben.

2 Die Pluralität qualitativer Forschung

Interessieren sich (Markt-)Forschende für qualitative Verfahren, so sind sie bei ihren Recherchen sehr schnell mit einer zunehmend unübersichtlichen Forschungslandschaft konfrontiert, die unter dem Terminus „qualitativ" firmiert. Die Pluralität qualitativer Verfahren und Methodologien wird v.a. offensichtlich, wenn die Rezeption über bestimmte Anwendungsbereiche und über spezifische disziplinäre oder nationale Kontexte hinausreicht: Interviews, Gruppendiskussionen und Fokusgruppen, Beobachtungs- und Feldforschungsverfahren und viele andere qualitative Methoden werden in unterschiedlichsten (teilweise durch Sprach- und Diskursgrenzen gegeneinan-

---

tungs-Methoden, Institut f. Demoskopie Allensbach [http://www.ifd-allensbach.de/Seiten/Methoden.html].

[4] http://www.qrca.org/
[5] http://www.aqr.org.uk/

der mehr oder weniger abgeschlossenen) Disziplinen und Forschungsfeldern eingesetzt.

Überblicke über die deutschsprachige qualitative Forschung leistet (mit einem Fokus auf die Sozialwissenschaft) vor allem das von Flick, Kardorff und Steinke (2000a) herausgegebene Handbuch; siehe auch Flick (2002), Mey und Mruck (2005) sowie die Überblicksartikel von Hitzler (2007), Mey und Mruck (2007a) oder Reichertz (2007); Eberle und Elliker (2005) skizzieren den Stand der Schweizerischen qualitativen Sozialforschung. Im englischsprachigen Raum ist das mittlerweile in der dritten Auflage erschienene Handbuch von Denzin und Lincoln (2005) sicher weiter federführend, das aber – wie die meisten Überblicke dieser Art – stark disziplin- und sprachraumzentrisch verfasst ist, i.d.R. ohne dass dies hinreichend benannt und reflektiert würde.[6]

Den expliziten Versuch, disziplinäre und nationale Perspektiven als solche kenntlich zu machen und damit Diskurs- und Austauschmöglichkeiten für die internationale interessierte Fachöffentlichkeit zu eröffnen, unternimmt die Open-Access-Zeitschrift[7] FQS: Bisher erschienene Schwerpunktausgaben widmeten sich u.a. qualitativer Methodik in der (deutschsprachigen) Psychologie (Breuer/Mruck/Ratner 2000), in den Kulturwissenschaften (Ratner/Straub/Valsiner 2001), in der (deutschsprachigen) Kriminologie (Löschper/Meuser 2002), in der Sportwissenschaft (Hunger/Sparkes/Stelter (2003) oder – wie bereits erwähnt – in der qualitativen Markt-, Medien- und Meinungsforschung (Kühn/Marlovits/Mruck 2004). Zwei weitere Bände sind darüber hinaus der Bemühung geschuldet, (inter-)nationale Perspektiven nachvollziehbar(er) zu machen, nämlich zum einen durch eine Bestandsaufname qualitativer Forschung (richtiger: qualitativer Soziologie) in Europa (Knoblauch/Flick/Maeder 2005), zum anderen durch eine Bestandsaufnahme qualitativer Forschung in Iberoamerika (Cisneros Puebla/Domínguez Figaredo/Faux/Kölbl/Packer 2006). Überblicksbände für einzelne Forschungsfelder und Subdisziplinen – wir beschränken uns hier auf den deutschen Sprachraum

---

[6] Z.B. handelt es sich bei dem Handbuch von Denzin und Lincoln im Kern um eine Bestandsaufnahme von Teilen der qualitativen nordamerikanischen Soziologie, Anthropologie, Kommunikations- und Erziehungswissenschaft.

[7] Die zunächst in den nordamerikanischen und britischen Naturwissenschaften angesiedelte Forderung nach Open Access, d.h. dem freien Zugang zu Artikeln in referierten wissenschaftlichen Fachzeitschriften, hat mit der *Budapest Open Access Initiative* (http://www.soros.org/openaccess/) und der *Berlin Declaration on Open Access to Knowledge in the Sciences and Humanities* [http://www.zim.mpg.de/openaccess-berlin/berlindeclaration.html] sowohl die Wissenschaften als auch die nicht-wissenschaftliche Öffentlichkeit zu erreichen begonnen und ist mittlerweile weltweit bis in (inter-) nationale Förderinstitutionen und in die (inter-) nationale Politik einflussreich. Im Kern geht es um die Frage, ob wissenschaftliche Informationen als i.d.R. durch öffentliche Mittel subventionierte Ergebnisse der Wissensproduktion und daher als Gemeinschaftsgut – ähnlich wie Gesetze und Urteile – für alle Interessierten ohne Nutzungsentgelte zugänglich sein sollten (Mruck/Gersmann 2004); für einen Überblick zu Geschichte, Stand und Perspektiven von Open Access: Mruck/Gradmann/Mey 2004; aktuelle Informationen bietet die seit September 2006 von der DFG geförderte *Online-Informationsplattform zum Thema Open Access* [http://www.open-access.net/].

– leisten z.B. auch Friebertshäuser und Prengel (1997) oder Schweppe (2003) für die Erziehungswissenschaft/Sozialpädagogik, Bitsch (2001) für qualitative Agrarforschung, für die Psychologie Breuer (1996) und Mey (2005) sowie für die Medienforschung Mikos und Wegener (2005) sowie Ayaß und Bergmann (2006). Die in den Sozialwissenschaften entwickelten qualitativen Methoden haben zudem Eingang auch bspw. in die Organisationsforschung und die Technik- und Gesundheitswissenschaften gefunden.[8]

Zusätzlich finden sich zahlreiche Lehrbücher, die helfen sollen, qualitative Methodik in ihren Grundzügen nachzuvollziehen, um sie für die eigene Forschungsarbeit anzuwenden (Kleining 1995, Lamnek 2005). Eine von Bohnsack, Lüders und Reichertz 1999 initiierte Schriftenreihe *Qualitative Sozialforschung* veranschaulicht und vertieft (vergleichbar der 1986 bei Sage ins Leben gerufenen *Qualitative Research Methods Series*) für die (deutschsprachige) qualitative Sozialforschung zentrale Themen und Ansätze: bisher erschienen sind Bände u.a. zu Abduktion, Diskursanalyse, dokumentarische Methode, Grounded Theory, Gruppendiskussion, Gesprächsanalyse, objektive Hermeneutik, Transkription, Triangulation und Typenbildung.[9]

Hinzu kommen immer mehr genuin qualitative Zeitschriften, so im deutschsprachigen Raum etwa *BIOS – Zeitschrift für Biographieforschung und Oral History* (1987), *Handlung Kultur Interpretation* (1992, eingestellt 2007), *Journal für Psychologie* (seit 1992, ab 2007 im Open Access verfügbar[10]), *Sozialer Sinn, Psychotherapie und Sozialwissenschaft* und *Zeitschrift für qualitative Forschung* (von 1999 bis 2007 unter ZBBS geführt). Von Beginn an kostenfrei zugänglich sind *Gesprächsforschung – Online-Zeitschrift zur verbalen Interaktion*[11] (seit 2000); im englischsprachigen Raum *Qualitative Health Research*, *Qualitative Inquiry* und *Qualitative Research* (als drei der zahlreichen einschlägigen Zeitschriften, die das Attribut „qualitativ" im Titel führen), sowie als kostenfrei zugängliche Zeitschrif-

---

[8] Siehe bspw. Nothnagel (1993), Schwartzman (1993), Kühl/Strodtholz (2002). Einen Überblick über qualitative Untersuchungen im Rahmen der so genannten „Workplace Studies" bieten Heath/Knoblauch/Luff (2000). Zu qualitativer Gesundheitsforschung siehe exemplarisch Grbich (1999), Schaeffer/Müller-Mundt (2002) oder die Zeitschrift *Qualitative Health Research*.

[9] Für weitere, jenseits der disziplinären oder nationalen Gebundenheit relevante Themen siehe FQS mit Bänden z.B. zu Fragen der Archivierung, Re-Analyse und Sekundäranalyse (Corti/Kluge/Mruck/Opitz 2000, Bergman/Eberle 2005, Corti/Bishop/Witzel 2005); zum Verhältnis qualitativer und quantitativer Forschung (Schreier/Fielding 2001); zum Technikeinsatz im qualitativen Forschungsprozess (Gibbs/Friese/Mangabeira 2002); zum Umgang mit Subjektivität und Selbstreflexivität (Mruck/Roth/Breuer 2002, Roth/Breuer/Mruck 2003). Für bestimmte auch unter einer internationalen Perspektive besonders relevante Ansätze wird die Literaturlage unübersichtlich, bspw. für die Grounded Theory Methodology (GTM): neben dem ersten (und einzigen methodologischen) Buch von Glaser und Strauss (1967, dt. 1998) sind im deutschsprachigen Raum die deutschen Übersetzungen von Strauss (1991) sowie Strauss und Corbin (1996) bekannt. Faktisch wäre es längst richtiger, statt von „der" GTM von „den multiplen" GTMs zu sprechen (Charmaz 2006, Suddaby (2006), Bryant/Charmaz 2007, Mey/Mruck 2007b).

[10] http://www.journal-fuer-psychologie.de/

[11] http://www.gespraechsforschung-ozs.de/

ten neben *FQS*[12] (seit 2000, dreisprachig: deutsch, englisch, spanisch), *The Qualitative Report*[13] (seit 1990), das *International Journal for Qualitative Methods*[14] (seit 2002) und *The Qualitative Sociology Review*[15] (seit 2005).

In vielen Fachgesellschaften gibt es Arbeitsgruppen und Sektionen, so – neben dem o.g. *Arbeitskreis qualitative Marktforschung* – v.a. in der Soziologie als in Deutschland und unter einer internationalen Perspektive sicher am weitesten entwickelten qualitativen „Leitdisziplin" in der Deutschen Gesellschaft für Soziologie die Sektionen *Wissenssoziologie*[16], *Biographieforschung*[17] und *Methoden der Qualitativen Sozialforschung*[18] oder in der europäischen soziologischen Fachvereinigung z.B. die Research Networks *Qualitative Methods*[19] und *Biographical Perspectives on European Societies*[20].

Hinzukommen diverse Online-Kommunikationsmedien zum Austausch für qualitative Forschende oder an qualitativer Forschung Interessierte. Für das Feld der qualitativen Sozialforschung sind hier insbesondere zu nennen die seit 1991 an einer nordamerikanischen Universität angesiedelte Mailingliste *Qualitative Research for the Human Sciences*[21] (QUALRS-L), die britische Liste *Qual-Software*[22]; siehe auch bspw. für einzelne Programme *Atlas.ti*[23] oder das *MAXQDA User-Forum*[24] sowie von australischen Wissenschaftler(inne)n organisierten Mailinglisten zu *Action Research*[25]. Für den deutschsprachigen Raum erwähnt seien insbesondere die Mailinglisten für *Qualitative Sozialforschung*[26] (QSF-L), *Gesprächsforschung*[27] und *Biographieforschung*[28].

---

[12] http://www.qualitative-research.net/fqs/
[13] http://www.nova.edu/ssss/QR/
[14] http://www.ualberta.ca/~ijqm/
[15] http://www.qualitativesociologyreview.org/
[16] http://www.wissenssoziologie.de/
[17] http://www.soziologie.de/sektionen/b02/index.htm
[18] http://www.soziologie.de/sektionen/m04/index.htm; für einen Überblick über die deutschsprachige Soziologie: Hitzler 2002; für die Frage nach den Zentren und Peripherien qualitativer Forschung: Mruck/Mey (2005), Mruck/Cisneros Puebla/Faux (2005).
[19] http://www.valt.helsinki.fi/esa/qual.htm
[20] http://www.valt.helsinki.fi/esa/biog.htm
[21] http://listserv.uga.edu/archives/qualrs-l.html
[22] http://www.jiscmail.ac.uk/lists/qual-software.html
[23] http://www.atlasti.de/maillist.shtml
[24] http://www.maxqda.com/5_foren.htm
[25] http://www.scu.edu.au/schools/gcm/ar/arhome.html
[26] http://www.qualitative-forschung.de/mailingliste/
[27] http://www.gespraechsforschung.de/liste.htm
[28] http://www.uni-magdeburg.de/iew/zbbs/zbbs-maillist.html

Katja Mruck und Günter Mey

3 ... und ihre Einheit?

Wenn – über Länder- und Disziplingrenzen hinweg, in der akademischen wie in der angewandten Forschung – eine solche Fülle an Arbeiten existiert, die sich selbst das Attribut „qualitativ" zuordnen (die zuvor erwähnte Literatur und die zuvor erwähnten Ressourcen sind lediglich eine beschränkte Auswahl), wäre es nicht ganz abwegig zu vermuten, dass dieses Attribut auf etwas Gemeinsames verweist. Diese Vermutung ist in einiger Hinsicht zur gleichen Zeit richtig und falsch.

Die wahrscheinlich größte Überschneidung beim Versuch nachzuvollziehen, was mit dem Terminus „qualitativ" bezeichnet werden soll, ist die Abgrenzung der hier versammelten Methodologien, Theorien, Verfahren und empirischen Arbeiten gegen die entgegengesetzte Verfahrensgruppe – vor allem ist qualitative Forschung *nicht* quantitative Forschung: Es geht *nicht* um das Testen von Theorien bzw. um das Verifizieren/Falsifizieren von aus Theorien abgeleiteten Hypothesen mittels experimenteller Settings oder statistischer Verfahren, *nicht* um Signifikanztests, *nicht* um Testgütekriterien wie Objektivität, Validität und Reliabilität. Diese Definition ex negativo durchzieht die Klassiker qualitativer Forschung und ist bis zum heutigen Tag wirksam als einheitsstiftendes Moment für die Identität qualitativer Forschung und vieler qualitativer ForscherInnen. Sie ist allerdings zunehmend problematisch, weil die hier bezeichnete, intendierte und teilweise gelebte Opposition/Nicht-Vereinbarkeit qualitativer und quantitativer Verfahren in Teilen der Forschungspraxis, der aktuellen Förderpraxis und der Weiterentwicklung qualitativer *und* quantitativer Methodologien hinterherhinkt. Es häufen sich auch aus diesem Grund – und wegen der etwas schwierigen bzw. unscharfen Konnotation der Bezeichnung „qualitativ" zumindest beim Umgang mit nicht in den Verfahrens(bezeichnungs)spielen Vertrauten: „Gibt es denn auch nicht-qualitative Forschung?" ist eine wiederkehrende Frage von „Außenstehenden" – zunehmend Vorschläge, die alte Dichotomie qualitativ vs. quantitativ durch andere Begriffspaare zu ersetzen[29], verbunden mit Versuchen präziser zu formulieren, wann welche Verfahren(sgruppen) aus welchen Gründen induziert sein sollten.

Versucht man eine positive Bestimmung, so lassen sich unter dem Begriff qualitative Forschung Ansätze zusammenfassen, die einen sinnverstehenden Zugang zu psychischen, sozialen und kulturellen Wirklichkeiten favorisieren, und die von herausragender Bedeutung für alle Bereiche sind, in denen es um die Rekonstruktion, Verdichtung, Analyse und Bewertung alltagsweltlichen Materials geht. Nach Hitzler (2002) ist die „Rekonstruktion von Sinn" der gemeinsame Nenner qualitativer Sozialforschung; ähnlich definiert von Kardorff (1991, 4) als zentral für qualitative Forschung das methodische Grundprinzip eines „deutenden und sinnverstehenden Zugangs zu der interaktiv

---

[29] Exemplarisch erwähnt seien die Vorschläge von Kromrey (2005) und Hitzler (2007), die (aus allerdings unterschiedlichen Perspektiven) von „offenen" und „standardisierten" bzw. von „standardisierten" und „nicht standardisierten" Methoden reden.

,hergestellt' und in sprachlichen wie nicht-sprachlichen Symbolen repräsentiert gedachten sozialen Wirklichkeit". In diesem Sinne gehen Flick, von Kardorff und Steinke (2000b) unter Rekurs u.a. auf Berger und Luckmann, Schütz und Blumer davon aus, dass soziale Wirklichkeit aus Bedeutungen und Zuschreibungen resultiert, die in sozialen Interaktionen hergestellt werden und in konkreten Interaktionen von den handelnden Subjekten vor dem Hintergrund ihrer je individuellen Relevanzsetzungen hinzugezogen, geteilt und verändert werden: Gemeinsame Bedeutungsherstellung und -zuschreibung, subjektive Relevanzsetzungen, Prozesshaftigkeit, Reflexivität und Kommunikation werden hiernach als geteilte theoretische Grundannahmen qualitativer Sozialforschung über die wesentlichsten Charakteristika sozialer Wirklichkeit definiert. Aus dieser Annahme über die Verfassung der sozialen Welt folgt, dass auch den Methoden, die zu ihrer Untersuchung verwendet werden, ein kommunikativ-dialogischer und reflexiver Charakter zukommen sollte, sie sollten offen für Prozesse und Veränderung in der sozialen Welt und für subjektive Sinnzuschreibungen und –deutungen sein mit dem Ziel der (perspektivischen und reflexionsbedürftigen) Re-Konstruktion der interessierenden Wirklichkeitsbereiche.

Auch ein solcher Versuch einer vorsichtigen Bestimmung der zentralen Grundannahmen ist nicht unproblematisch: Ob soziale Wirklichkeit(en) z.B. unter einer eher realistischen oder unter einer sozial- oder radikalkonstruktivistischen Perspektive konzeptualisieren, hängt von den epistemologischen und methodologischen Vorannahmen ab, vor deren Hintergrund Forschung betrieben wird. Über die Frage, in welcher Weise die (Re-) Konstruktion von Sinn welchen Zugang zu der (als mehr oder weniger veränderbar angenommenen) individuellen oder sozialen Handlungspraxis erlaubt, geben die verschiedenen qualitativen Forschungsansätze teilweise sehr unterschiedliche Antworten: Während z.B. die Ethnomethodologie davon ausgeht, dass „die objektive Wirklichkeit sozialer Tatsachen als eine fortwährende Hervorbringung und Leistung der gemeinsamen *Tätigkeiten* des Alltagslebens ein fundamentales Prinzip" sozialwissenschaftlicher Forschung sein sollte (Garfinkel 1967, VII, unsere Hervorhebung), begrenzt die dokumentarische Methode den Zuständigkeitsbereich anderer interpretativer (auch ethnomethodologischer) Unterfangen auf die Ebene des *theoretischen Welt-Erkennens*, verbunden mit der Annahme, nur die eigene Methodologie sei für die Analyse von *Handlungspraxis* prädestiniert (Bohnsack 2005).

Abgrenzungsversuche wie der vorgenannte bzw. die Behauptung, nur das je eigene Verfahren sei im Besitz der für den jeweiligen Kontext relevanten Alleinstellungsmerkmale, durchziehen die qualitativ-methodologischen Diskurse[30]: Hitzler (2002, 9) schreibt in diesem Zusammenhang mit Blick auf das Sprachengewirr der deutschspra-

---

[30] Dies ist ein Grund, weshalb die Annahme, qualitative Forschung bzw. das qualitative „Paradigma" habe den Status einer Normalwissenschaft im Kuhnschen Sinne erreicht, wie z.B. von Flick/von Kardorff/Steinke (2000b), Hitzler (2006) oder uns selbst vertreten (Mruck/Mey 2005), vermutlich etwas optimistisch ist. (Siehe zu den Charakteristika der „normalen Wissenschaft": Kuhn 1973; zur Präzisierung des Paradigma-Begriffs: Kuhn 1992).

chigen Soziologie: „Jeder versucht jedem einzureden, worüber schon immer, jetzt aber endlich wirklich einmal – und zwar ernsthaft – geredet werden müsse. Keiner versteht, wie der andere überhaupt tun kann, was er tut, ohne das geklärt zu haben, was längst hätte geklärt werden müssen. ... Viele erfinden manches neu. Manche monieren, dass vieles Neue altbekannt sei. Niemand begreift, warum niemand ihm folgt auf dem richtigen Weg zu den verlässlichen Daten, zu den gültigen Deutungen, zu den relevanten Erkenntnissen. Fast alle reden über Regeln. Fast keiner hält sich an die, die andere geltend zu machen versuchen. Alle reden ‚pro domo'. Und alle reden durcheinander ...".

Obwohl sich solche Phänomene, genau betrachtet, natürlich nicht nur in der qualitativen Forschung finden und obwohl die je getätigten Abgrenzungen wissenschaftsintern über Theorien und deren Gegenstände und über die Verfasstheit der jeweiligen Methodologien und Methoden selbst begründet werden, dürften „externe" Gründe, insbesondere ein fortdauernder Rechtfertigungsdruck vor dem Hintergrund anhaltender Konkurrenz um weiter knappe Ressourcen und „KundInnen", hier eine nicht unwesentliche Rolle spielen. In diesem Zusammenhang mehren sich derzeit auch Bemühungen um eine Standardisierung qualitativer Forschung insbesondere in Teilen der nichtstandardisierten deutschen Soziologie bzw. Erziehungswissenschaft. Reichertz (2007, 3) konstatiert hier eine „verstärkte Kanonisierung der Methoden bei gleichzeitiger Zersplitterung und Beliebigkeit". Er selbst unterscheidet „elaborierte" von „ad-hoc-Methoden", und das Prädikat „elaboriert" kommt hiernach denjenigen Methoden zu, die über eine „mehr oder weniger explizite Grundlagentheorie" verfügen, „der Selbstreflexion grundsätzlich verpflichtet und zugleich darum bemüht [sind], die eigene theoretische und methodische Arbeit immer wieder selbst in die Forschung miteinzubeziehen" (Reichertz 2007, 8) – die Grounded Theory, das narrative Interview (und die Narrationsanalyse), die Ethnografie, Konversations- und Gattungsanalyse, objektive Hermeneutik, dokumentarische Methode, Diskursanalyse und hermeneutische Wissenssoziologie. Bohnsack (2005, 72) entwirft eigens Standards, um dann „jene Verfahrensweisen, die den bisher formulierten Qualitätsstandards ... gerecht werden und somit den Namen Methode zurecht tragen, als rekonstruktive Verfahren" von „standardisierten" Verfahren einerseits und „offenen" andererseits zu unterscheiden.

Obwohl derartige Bemühungen vor dem Hintergrund der Heterogenität qualitativer Forschung nachvollziehbar sind, greifen sie angesichts der Breite der disziplinären Konstitution qualitativer Forschung und angesichts der Breite der faktischen Anwendung qualitativer Verfahren zu kurz: (nicht nur) in der Psychologie weit verbreitete Verfahren wie das problemzentrierte Interview, die qualitative Inhaltsanalyse, aber auch (ethno-) psychoanalytische Ansätze, Fokusgruppen, Metaphernanalyse oder z.B. in der Marktforschung bereits vertretene psychodynamische und kognitionspsychologische Verfahren wären so im Niemandsland zwischen quantitativen und „echten" qualitativen Verfahren verloren bzw. – Bohnsacks Terminologie folgend – als „offene" Verfahren qualitative Bürger 2. Klasse. Mit Blick auf die sich vollziehende Globalisierung und Internationalisierung auch von Wissenschaft und auch von qualitativer Sozialforschung sind solche Kriterien, die „guter Methodik" ausschließlich zurechnen, was im eigenen – soziologischen, deutschen – Kontext beheimatet ist, schwer haltbar (Mruck 2007).

Für eine deutsche (Markt-) Forschungspraxis, die an der Breite der transdisziplinär und international verfügbaren Wissensbestände interessiert ist, ist die Kenntnisnahme derartiger Definitionsversuche und aktueller Debatten insoweit zwar unbedingt anzuraten, auch um die eigene Arbeit vor diesem Hintergrund einordnen oder abgrenzen zu können. Ob aber z.B. soziologische oder psychologische Hintergrundtheorien sinnvoll hinzugezogen werden sollen (und welche), ob ausschließlich qualitative Verfahren (und welche) oder ob eine Kombination standardisierter und nicht-standardisierter Verfahren zum Einsatz kommt, sollte mit Blick auf die konkrete Forschungsfrage und auf den konkreten Kontext (und die in diesem verfügbaren zeitlichen, finanziellen, und personellen Ressourcen) entschieden werden. Hiervon wird auch abhängen, ob das Forschungsdesign im Sinne der je gewählten Methodologie oder Methodik „rein" ist oder ob Methoden eher pragmatisch als „Tools" verwendet werden (zu qualitativen Forschungsdesign Schreier 2007). Wichtig erscheint uns, die hier notwendigen Entscheidungen möglichst informiert zu treffen, d.h. sich einerseits einen möglichst breiten Überblick über das Repertoire qualitativer Methodologie und Methodik zu verschaffen und sich nicht zu schnell mit dem gerade Verfügbaren oder Bekannten zu bescheiden: hier bieten Bände wie die von Flick, Kardorff und Steinke (2000a) sowie von Denzin und Lincoln (2005), Zeitschriften wie *FQS* und die mit dem Internet erheblich erweiterten Recherchemöglichkeiten wichtige Einsichten und Entscheidungshilfen. Und es ist andererseits wichtig, sich jenseits der konkreten Methodologien und Methoden mit den Besonderheiten qualitativen Forschens vertraut zu machen, von denen einige im nächsten Abschnitt zusammenfassend skizziert werden sollen.

4 Besonderheiten qualitativen Forschens

Was nun sind die Besonderheiten qualitativer Sozialforschung? Wir beschränken uns an dieser Stelle auf eine kurze Skizze einiger uns besonders zentral erscheinender Aspekte. Hierzu gehört insbesondere die Frage, wann qualitative Forschung induziert ist, die Frage nach möglichen Charakteristika des qualitativen Forschungsprozesses und die damit verbundene Frage einer angemessenen Dokumentation, sowie die Frage nach dem Erwerb von für qualitative Forschung erforderlichen Qualifikationen.

4.1 Der explorative, (re-) konstruktive, theoriegenerierende Charakter qualitativer Forschung

Die Frage, wann qualitative Forschung induziert ist, enthält implizit die Frage nach dem besseren „Fit" qualitativer *oder* quantitativer Verfahren für eine je gegebene Forschungsfrage. Dabei sind methodologische Diskurse um die Frage der (Un-) Vereinbarkeit beider Verfahrensfamilien, ihrer Eigenständigkeit/Komplementarität und der Über-/Unterordnung, die über Jahrzehnte zu heftigen Debatten geführt haben, derzeit mehr oder weniger in den Hintergrund getreten: Während jedoch *qualitative Sozialforschung* den Einsatz der eigenen Methodik i.d.R. aus dem Charakter des Gegenstands-(feldes) ableitet (und insoweit Theorien eine eminent wichtige Bedeutung für die Konstitution von Methodologien zukommt) und vor allem mit der Elaboration, Begründung und Etablierung eigener Ansätze (häufig in Abgrenzung zu anderen qualitativen Ansätzen) beschäftigt ist[31], fordern vor allem VertreterInnen eines an der statistischen Prüfbarkeit orientierten *quantitativen Paradigmas* vermehrt, qualitative und quantitative Methoden zu kombinieren: „Across Method Triangulation"[32] bzw. „Mixed Methods"-Designs werden hier mittlerweile als drittes Forschungsparadigma neben dem quantitativen und dem qualitativen diskutiert" (Tashakkori/Teddlie 1998, 2003).[33]

---

[31] Debatten mit Vertreter(inne)n eines quantitativen Ansatzes finden derzeit vor allem in umgrenzten Themenfeldern statt wie z.B. dem der Neurowissenschaften (vgl. Laucken 2004, Reichertz/Zaboura 2006).

[32] Der Begriff der Triangulation wurde von einem dezidert qualitativen Forscher, nämlich Norman Denzin (1970), in die Sozialwissenschaften eingeführt, als Möglichkeit, verschiedene Datenquellen, Beobachter(innen), Theorien oder Methoden systematisch zu kombinieren. Ursprünglich noch der (positivistischen) Hoffnung nahe, auf diesem Weg zu nicht durch die methodischen Prozeduren „kontaminierten" Ergebnissen zu kommen, vertritt Denzin in aktuellen Arbeiten eine dezidert postmodernistische Position, die den klassischen Wahrheitsbegriff zugunsten eines (ko-) konstruktiven Modells von Wissenschaft zurückweist. Der Begriff der Triangulation wurde im Laufe der Jahrzehnte mehrfach ausgearbeitet und präzisiert, so u.A. durch Kelle (2001), der mit Blick auf das Ziel des Methodeneinsatzes ein Validierungsmodell der Triangulation (Ziel ist die Validierung der Untersuchungsergebnisse) von einem Komplementärmodell (Ziel ist das Generieren eines facettenreicheres Modells für den interessierenden Untersuchungsausschnitt) und einem trigonometrischen Modell (Ziel ist es, überhaupt Ergebnisse zu generieren) unterscheidet (siehe zu Triangulation auch Flick 2004). Fielding und Schreier (2001) nennen zusätzlich zu Triangulation „sequentielle" und „hybride" Formen der Methodenkombination, wobei sich erstere auf die Abfolge der Verwendung von qualitativen und quantitativen Methoden innerhalb einer Studie beziehen, letztere auf Ansätze, für die die Kombination von quantitativen und qualitativen Elementen konstitutiv ist, so z.B. das qualitative Experiment (Kleining 1986) oder das Forschungsprogramm Subjektive Theorien (Groeben/Scheele 2000).

[33] Mixed Methods-Designs sind in der Konzeption des Forschungsprozesses, mit Blick auf die den Prozess leitende Orientierung an den klassischen Testgütekriterien und insgesamt durch die Perspektive, von der aus Methoden und deren Einsatz diskutiert werden, oft einer quantitativen Rezeption und Denkweise verpflichtet sind.

In der Forschungspraxis spielt beides – theoretische Hintergrundannahmen über die zu untersuchende soziale Wirklichkeit und die hinter den Gütekriterien stehende Frage nach dem Wert der ermittelnden Befunde – eine Rolle für die (Explizitheit der) Methodenwahl. Denn in gewisser Weise können sich Marktforscher(innen) mit Blick auf Kosten und Kunden weder exakte (durch Signifikanzen plausibilisierte), aber triviale und praxisferne Resultate, noch komplexe, aber in ihrer Güte und Reichweite nicht einschätzbare Befunde leisten. Auch deshalb findet, wie Marlovits, Kühn und Mruck (2004) beschreiben, sehr viel qualitative Marktforschung „im Dunkeln" statt; nach außen kommen dann die durch Zahlen belegten und so den Auftraggebern vermittelbaren Ergebnisse. Hier wäre es wünschenswert, dass der Einsatz qualitativer Methoden zumindest dort offensiver und selbstbewusster vertreten würde, wo der Zuständigkeitsbereich quantitativer Forschung (auch von wichtigen VertreterInnen dieses Feldes akzeptiert[34]) endet, dann also, wenn es um das Fehlen von Theorien oder Modellen, wenn es um die Generierung neuen Wissens geht oder um Wissen, das für standardisierte Erhebungsformen ganz unzugänglich ist – in der Marktforschung betrifft dies Bereiche wie Consultancy bzw. strategische Beratung, die Entwicklung neuer Produkte und die Erschließung neuer Absatzmärkte oder prinzipieller das Verstehen globalisierter Wirtschafts- und Wissensmärkte.

4.2   Forschen als iterative Strategie

Wie verläuft qualitative Forschung? Anders als im Falle quantitativer Forschung, die idealtypisch einem sequentiellen Schema[35] folgt – nach Deduktion einer Hypothese aus einer „starken" Theorie und Planung des Falsifikationsversuches folgen die inferenzstatistische Auswertung und die Erhöhung oder Verringerung des Bestätigungsgrades – können in qualitativ-empirischen Studien Datenerhebung, -analyse und Theoriebildung (und -prüfung) in einem zeitlich, thematisch und forschungspraktisch

---

[34] Exemplarisch erwähnt sei Rost, für den die differentielle Indikation von qualitativen oder quantitativen Verfahren von dem Zustand der zu untersuchenden Theorie abhängig ist: „Ist sie zu einfach, unvollständig, trivial oder praxisfern, so sind ... [qualitative Verfahren] anzuwenden" (Rost 2005, 3; vgl. Rost 2003). Rost, selbst langjähriger Herausgeber der quantitativen Methodenzeitschrift „MPR online", merkt zur Frage der Nützlichkeit qualitativer Methoden lapidar an: "Qualitative Methoden für eine wissenschaftliche Disziplin pauschal abzulehnen heißt, die Mängel der dort vorhandenen Theorien nicht zu erkennen (Rost 2005, 3).

[35] Auch im Falle quantitativ-empirischer Forschungsarbeiten unterscheidet sich das, was das Forschungsschema idealtypisch verlangt, von dem, was in der Forschungspraxis tatsächlich getan wird, wie insbesondere im Bereich der Wissenschaftsforschung für naturwissenschaftliche Untersuchungen hinlänglich belegt ist (z.B. Knorr-Cetina 1984 zur „Fabrikation der Erkenntnis").

integrierten Prozess zusammenfallen, wie Strauss (1991, 46) dies in Abbildung 1 für die Grounded Theory Methodologie (GTM) illustriert[36].

Abbildung 1: Forschung als iterativer Prozess

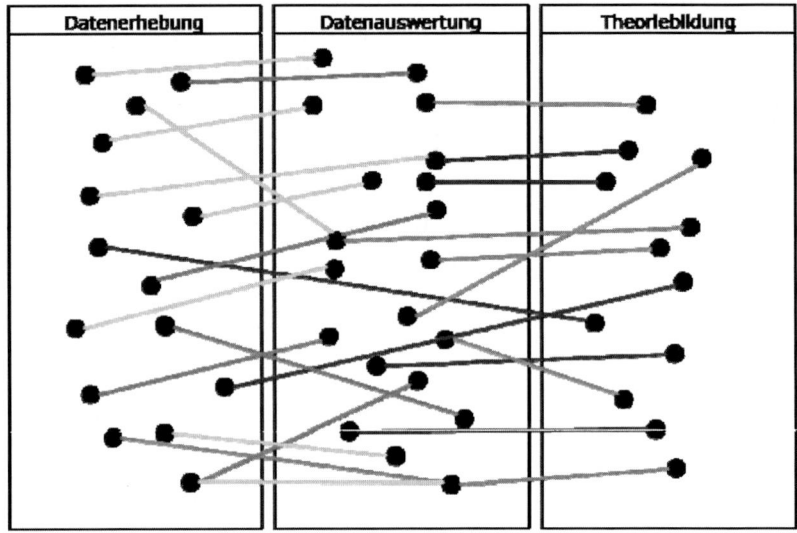

Hier folgt nach einer initialen Datenerhebung (z.B. einem ersten Interview) unmittelbar die Datenauswertung – in der GTM die Anwendung unterschiedlicher Kodierprozeduren –, begleitet von dem beginnenden Prozess der *Theoriegenerierung* (in sog. Memos dokumentiert, die auch bereits im Vorfeld der Auswertung, im Verlauf der Erhebung und während der Transkription verfasst werden). Im Verlaufe dieser Beschäftigung mit dem ersten Fall und angesichts der ersten Verallgemeinerungen werden – begründet aus der sich entwickelnden Theorie – Kriterien für die Wahl des nächsten zu erhebenden/auszuwertenden Falles festgelegt, usw. Ein solches Vorgehen ist erforderlich, weil/wenn Forschende für das sie interessierende Gegenstandsfeld eben nicht über eine „starke" Theorie verfügen, sondern Konzepte, Modelle oder Theorie mittels qualitativer Methoden aus der Empirie generieren wollen. Wissen, das im Forschungsprozess z.B. in Kategorien verdichtet wird, bleibt insoweit notwendig vorläufiges Wissen, das entlang der fortschreitenden Abstraktion neu geprüft wird/sich bewähren

---

[36] Die Grafik folgt der leicht veränderten Fassung von Strübing (2004, 15). Nach Witt (2001) ist genau dieser Unterschied zwischen einer „linearen" und einer „zirkulären" Forschungsstrategie ein wesentliches Argument gegen den unkritischen gemeinsamen Einsatz von qualitativen und quantitativen Verfahren in *einem* Forschungsprojekt.

muss, z.B. durch das Wiederzurückgehen zu den empirischen Daten, durch zusätzliche Datenerhebungen im Lichte neuen Wissens, usw. [37]

Dies bedeutet, dass im Verlauf qualitativer Forschung kontinuierlich Entscheidungen getroffen werden müssen. Die Notwendigkeit, im Forschungsprozess Entscheidungen zu treffen – Entscheidungen, die allesamt konsequenzenreich für die Anlage und Umsetzung einer Studie und für deren Ergebnisse sind – ist per se keine Besonderheit qualitativer Forschung. Während jedoch in der quantitativ-empirischen Sozialforschung bereits verfügbare Theorien und standardisierte Erhebungs-, Auswertungs- und Prüfroutinen zum Einsatz kommen, erwachsen in qualitativ-empirischen Studien – mit der Betonung der Rekonstruktion von subjektivem oder sozialem Sinn mittels im weitesten Sinne nicht-standardisierter/offener Verfahren, mit der hiermit einhergehenden Erfordernis, die eigenen theoretischen Vorannahmen und methodischen Entscheidungen transparent zu machen und das eigene Forschungshandeln zu reflektieren – besondere Anforderungen für die Gestaltung des Forschungsprozesses und die Dokumentation der Ergebnisse (Anforderungen an die Forschenden selbst wenden wir uns im nächsten Abschnitt zu).

Eine detaillierte Diskussion der im *Forschungsprozess* zu treffenden Entscheidungen – von der Festlegung einer Fragestellung über die Annäherung an das Forschungsfeld, Datenerhebung, -fixierung und -interpretation bis hin zu Fragen der Geltungsbegründung und Dokumentation – kann hier nicht geleistet werden; Interessierte seien auf den nach wie vor lesenswerten Artikel von Uwe Flick (1991) verwiesen, in dem er den qualitativen Forschungsprozess als Abfolge von Entscheidungen beschreibt. Hervorhebenswert scheint uns an dieser Stelle jedoch der Hinweis, dass qualitativ Forschende angesichts der Quantität und Qualität der erforderlichen Entscheidungen noch mehr als im Falle quantitativ-empirischer Studien auf die Rückmeldung von KollegInnen bzw. auf kritische Diskussionen im Team in allen Phasen des Forschungsprozesses angewiesen sind. Hier ist ein Problem, dass die gemeinsame Sozialisation/Praxis in einem Team, die Präferenz für bestimmte Ansätze, kurz dass das Teilen kaum hintergehbarer Selbstverständlichkeiten aus dem gemeinsamen Berufsalltag verhindern kann, die „entdeckende" Potenz qualitativer Verfahren mit einem echten Nutzen für das jeweilige Untersuchungsinteresse auszuschöpfen. Wenn irgend möglich, sollten deshalb externe Perspektiven systematisch Eingang in die (Diskussion der) Forschungsarbeit und in deren Ergebnissen finden.

Ansprüche an die *Dokumentation* qualitativer Forschung ergeben sich u.a. aus der Tatsache, dass selbst zentrale Termini teilweise sehr nahe an alltagssprachlichen Begriffen sind.[38] Sie werden mithin von dem einzelnen Forscher bzw. von der einzelnen For-

---

[37] Siehe zum Untersuchungseinstieg, also zur Entscheidung über die Auswahl des ersten Falles und zur Umsetzung der Strategie des Theoretical Sampling Truschkat/Kaiser/Reinartz (2005), allgemeiner zur GTM Strauss (1991), Bryant/Charmaz (2007), Mey/Mruck (2007b).
[38] Auch aus diesem Grund erleben viele AnfängerInnen das Lernen qualitativer Methoden aus Lehrbüchern als überfordernd: Begriffsverwendungen variieren zum einen von Methodologie

scherin vor dem Hintergrund des eigenen Vorwissens und der hinzugezogenen Literatur neu interpretiert und in der eigenen Praxis verwendet. Es reicht also z.B. nicht darauf zu verweisen, dass *die* GTM eingesetzt wurde, sondern Forschende müssen zeigen, auf welche der „multiplen GTM" sie zurückgreifen aus welchen Gründen, auf welche Weise und mit welchen Ergebnissen – nur durch eine solche systematische Dokumentation haben Dritte die Möglichkeit, die Entstehung und damit die Güte und Reichweite der generierten Theorie einzuschätzen. Dieser akademischen Erfordernis steht in der Marktforschungspraxis allerdings entgegen, dass Auftraggeber und KundInnen i.d.R. wenig an einer ausführlichen, den Ansprüchen qualitativer Gütekriterien genügenden Dokumentation interessiert sind, sondern an den Ergebnissen als Grundlage für weitere Entscheidungen. Das hier angesprochene Problem der Vermittelbarkeit und Nachvollziehbarkeit qualitativer Marktforschung führt dann dazu, dass MarktforscherInnen die verwendete Methodik nicht hinreichend theoretisch fundieren, woraus Geltungsprobleme für die so gewonnenen Ergebnisse resultieren (Frank/ Riedel 2004). Hier könnte es helfen, wenn Forschende zwei Logiken – die Logik des Forschens und die der Darstellung von Forschung zu einem bestimmten Zweck und für bestimmte Adressaten – bewusst zu trennen versuchen: Für den Forschungsprozess ist es wichtig, dass je mehr der Besonderheit qualitativer Forschung (natürlich innerhalb des jeweils konkreten zeitlichen, sozialen und finanziellen Rahmens) Rechnung getragen wird, desto mehr die Chance besteht, deren explorative, (re-)konstruktive, theoriegenerierende Potenz für die eigene Forschungsfrage/das eigene Untersuchungsinteresse wirksam werden zu lassen. Gespräche mit Auftraggebern bzw. die Ergebnispräsentation müssen dann an deren Wissensstand/Interessen anschließen. Anstelle einer Schein-Quantifizierung des Qualitativen, die notwendig zu kurz greift und irritieren muss, scheint es dabei sinnvoll, die Alleinstellungsmerkmale qualitativer Methodik und deren Nützlichkeit deutlich zu benennen, Besonderheiten qualitativer Forschung und deren Gründe (kurz) zu erläutern, (kurz) zu verdeutlichen, was Hintergrund und damit Reichweite der eigenen Studie ist und welche Ergebnisse/Empfehlungen hieraus resultieren. Auftraggeber, denen an einer im Sinne ihrer Interessen sinnvollen Verwendung ihrer Mittel liegt, werden meist verstehen, dass signifikannte Verteilungen und Messgrößen aus qualitativen Untersuchungen ableiten zu wollen ebenso „verrückt" wäre wie die statistische Prüfung z.B. von Theorien, die (noch) nicht existieren.

---

zu Methodologie, von Verfahren zu Verfahren, bei teilweise nur ungenügender wechselseitiger Bezugnahme und unscharfer Explikation. Zum anderen kommt es aufgrund der alltagssprachlichen Nähe methodischer Termini selbst in einem einzelnen Buch/Beitrag oft zu inkonsistenten, notwendigerweise verwirrenden Begriffsverwendungen, so z.B. in der GTM im Falle von Begriffen wie Konzept, Kategorie oder Kode.

4.3 Forschung im Spannungsfeld zwischen Untersuchungsfrage, Wissenschaftskultur und Praxisanforderungen

Kann jede/r qualitative Forschung betreiben? Jede Forschung findet in einem komplexen und spannungsreichen Prozess statt zwischen 1. Forschungsfrage/Untersuchungsfeld, 2. der Persönlichkeit der Forschenden und der von ihnen (berufs-)biografisch erworbenen Fertigkeiten und Kompetenzen, 3. dem (nationalen, disziplinären, lokalen) Wissenschaftskontext, aus dem Theorien und Methoden entlehnt werden und in dem die Forschenden sozialisiert wurden und 4. – im Falle von Marktforschung – dem konkreten beruflichen Umfeld, in dem sie tätig sind sowie 5. dem (Praxis-) Feld, das die Forschung beauftragt, finanziert und ggf. evaluiert. Das Ausmaß an Komplexität und Spannungen, die erforderlichen Ressourcen/anfallenden Kosten und die Anforderungen, die sich hieraus für die Forschenden ergeben, variieren je nach konkreten Kontextbedingungen. Dennoch hat die Art und Weise, wie sich Forschende in diesem Spannungsfeld bewegen und zu welchen Entscheidungen sie kommen, Konsequenzen für die Güte der Forschung, für die materielle, soziale und persönliche Lage der Forschenden (und mitunter derer, die sie beforschen), für ihre Reputation und die ihrer Institution und für die Zufriedenheit der Auftraggeber. Je mehr bewährte und standardisierte Routinen des Forschens zum Einsatz kommen, desto selbstverständlicher scheint diese subtile Balance ohne zusätzlichen Reflexionsbedarf „zu funktionieren". Dass diese Selbstverständlichkeit mitunter trügerisch ist, kommt i. d. R. dann zum Vorschein, wenn Routinen nicht greifen, Methoden nicht in der Lage sind, Unvorhergesehnes „einzufangen", Messgrößen zwar exakt, aber für den interessierenden Wirklichkeitsausschnitt irrelevant sind und deren Versagen (mit teilweise erheblichen Kosten und im Nachhinein) erklärt werden muss.

Die Reflexion auf den Forschungsprozess – auf (zwischen Untersuchungsfeld, Forschenden sowie Wissenschafts- und Praxiskulturen) re- bzw. ko-konstruierte Lesarten von Wirklichkeit – ist ein zentraler Grundbestandteil fast aller qualitativer Forschungsansätze: Qualitativ Forschende sollen nicht per se von einem geteilten (Vor-) Verständnis, von geteilten Verstehensmöglichkeiten und Konzepten ausgehen (König 1984). Sie sollen, dem Prinzip der Offenheit (Hoffmann-Riem 1980) folgend, mittels möglichst wenig vorstrukturierender Methoden im Rahmen einer sukzessiven Annäherung an das jeweils interessierende Forschungsfeld zu einer Theorie- bzw. Hypothesenbildung gelangen. Und sie sollen, weil Forschung immer in bestimmten Kontexten und zwischen bestimmten Personen stattfindet und aus dieser Kontextualität ihre Gültigkeit bezieht, auf diesen kontextuellen und kommunikativen Charakter ihrer Forschung und seiner Produkte reflektieren.[39] Die hieraus erwachsenden Anforderungen an Kon-

---

[39] Das ist, was z.B. Freshwater (2005, 311) als „inevitability of bias in any research" bezeichnet; wir selbst haben vom „Phantom der Störungsfreiheit" gesprochen (Mruck/Mey 1996). Zur

zeption und Durchführung von Forschung und die Forschenden sind immens, die Kontexte für den Erwerb der erforderlichen Qualifikationen und Kompetenzen hingegen begrenzt: Zwar ist qualitative Forschung der (Selbst-) Reflexion „grundsätzlich verpflichtet", zugleich ist selbst die Verwendung des Terminus (Selbst-) Reflexion ebenso inflationär wie uneinheitlich[40]. Das Problem ist nicht nur ein terminologisches: Da zum einen die Möglichkeit, qualitative Methoden in der universitären Ausbildung zu erlernen, nach wie vor von der lokalen (Nicht-)Verfügbarkeit angemessener Lehrangebote abhängt, und zum anderen die auf Reflexion und Praxis ausgerichteten qualitativen Methodologien schlecht in dem traditionellen Kanon akademischer Lehre vermittelbar sind,[41] und da zusätzlich Methoden der qualitativen Markt-, Medien- und Meinungsforschung kaum in das akademische Lehrangebot aufgenommen sind, sind viele MarktforscherInnen auf sich selbst und auf mitunter teuer erkaufte Erfahrungen angewiesen in einem Berufsfeld, das ohnehin der scheinbar akademischen Auflage der (Selbst-)Reflexion teilweise zurückhaltend gegenüberzustehen scheint: „Handeln regiert. Reflexion – auch selbstkritische – sowie Systematisierung und Modifikationen folgen, wenn Zeit dazu ist" […] „Dies hat Folgen sowohl für durchgehende Qualitäts- und Wissensstandards der qualitativen MarktforscherInnen als auch für das eigene Selbstbewusstsein und die eigene Identität der vielen Quereinsteiger in diesen Bereich" (Marlovits/Kühn/Mruck 2004, 1, 16). Hier scheint die zunehmende Sichtbarkeit qualitativer (Markt-)Forschung auch zu einer schrittweisen Anerkenntnis der Notwendigkeit des Vermittelns/Erwerbens einer angemessenen qualitativen Methodenkompetenz zu führen: z.B. die Qualitative Research Consultants Association und die dort formulierten *Professional Competencies for Qualitative Research Professionals*[42] oder die AG

Frage des „Reizwertes", den Forschende für Beforschte notwendig haben (prinzipieller: jede Person für eine andere hat): Devereux 1992 (orig. 1967).

[40] Zum Umgang mit Subjektivität und Selbstreflexivität in der qualitativen Forschung: Mruck/ Roth/Breuer (2002) und Roth/Breuer/Mruck (2003). Wie zentral und zugleich wenig konsensuell das Verständnis von Reflexivität ist, wird u.a. darin deutlich, dass drei bei Sage publizierte Glossare („Dictionary of Qualitative Inquiry", Schwandt 2001, „Sage Dictionary of Social Research Methods", Jupp 2006; „Keywords in Qualitative Methods", Bloor/Wood 2006) den Begriff zwar aufgenommen haben, allerdings ohne eine einzige gemeinsame Literaturreferenz. Zu „Grounded Theory and Reflexivity" und Hinweisen auf Reflexionshilfen im Forschungsverlauf: Mruck/Mey (2007).

[41] Zu Fragen der Lehr- und Lernbarkeit qualitativer Methoden siehe das Symposium während des 2. Berliner Methodentreffens Qualitative Forschung [http://www.berliner-methodentreffen.de/material/2006/BMT_abstracts_SYM.php] und die gleichnamige FQS-Debatte [http://www.qualitative-research.net/fqs/fqs-d/debate-4-d.htm] sowie Mey 2008. Mittlerweile wird offensiver für eine fundierte qualitative Methodenausbildung in den Human- und Sozialwissenschaften in einem Memorandum geworben, das von den Referentinnen und Referenten des Berliner Methodentreffens getragen und von vielen Fachgesellschaften unterstützt wird; siehe http://www.qualitative-forschung.de/methodentreffen/memorandum/

[42] http://www.qrca.org/displaycommon.cfm?an=1&subarticlenbr=9

"Aus- und Weiterbildung" des *Arbeitskreises qualitative Marktforschung*[43], die sich neben internen Weiterbildungsangeboten mit der Frage beschäftigt, "wo und wie ... man zum/zur qualitativen ForscherIn" wird und wie ein „neuer Ausbildungsberuf Markt- und SozialforscherIn" gestaltet werden müsste. Es ist zu wünschen, dass mit Blick auf die Güte der Ergebnisse und auf die Zufriedenheit aller in diesem Prozess Beteiligten Möglichkeiten der systematischen Reflexion und – wo erforderlich – der externen Supervision hinreichend berücksichtigt und implementiert werden.[44]

5 Ausblick

Lange Zeit war das Verhältnis zwischen akademischer Sozialwissenschaft und angewandter Marktforschung durch wechselseitige Wissensdefizite, Vorbehalte und Zuschreibungen gekennzeichnet, „so dass vielfach eine sinnvolle Einbindung" unterblieben und „die Versäulung zwischen ‚Elfenbeinturm' und ‚schnödem Mammon'" (Kritzmöller 2004) aufrechterhalten wurde. Insbesondere qualitativ Forschende, oft in einer kritischen Tradition sozialisiert und zumindest dem Anspruch nach der eigenen Verstrickungen und Vorurteile bewusst, wollten nicht „in die Verantwortungs- und Entscheidungswelt etwa von Produkt- oder ProgrammmanagerInnen" (Marlovits/Kühn/Mruck 2004, 12) hinuntergezogen werden. Umgekehrt führten die Komplexität akademischer Modelle, die (vermeintliche?) Praxis-, Alltags- und Entscheidungsferne universitärer Forschung und die Detailliebe und der Formenreichtum qualitativer Forschung zu einiger Skepsis auf Seiten derer, die, mitunter in kurzer Zeit, praktikable Lösungen und Entscheidungshilfen generieren sollten.

Die langdauernde Randständigkeit qualitativer Forschung und deren teilweise hieraus resultierende Unübersichtlichkeit einerseits und die durch Konkurrenz und Exklusivitätsanspruch charakterisierte Auftragsforschung andererseits (Diaz-Bone 2004) haben diese ohnehin schwierige Ausgangslage nicht einfacher gemacht. Kühn (2004) hat in diesem Zusammenhang das ungenutzte „Austauschpotenzial zwischen akademischer und angewandter qualitativer Forschung" und die wichtige „Rolle von qualitativ Forschenden mit ‚doppeltem' Blick" unterstrichen. Ähnlich Marlovits, Kühn und Mruck (2004, 14): „Würde in der Fachöffentlichkeit der Wettstreit um die besten Konzepte und Ansätze mehr als bisher gesucht, dann würde auch der ganze Bereich der ange-

---

[43] http://www.bvm.org/Ziele-AKQua_673_0_0.html?PHPSESSID=3ae0ae503aa1a9161f87df0ba12d7dee

[44] Zur Nutzung des Konzepts der Themenzentrierten Interaktion (Cohn 1991) als Rahmenkonzept zur Organisation und Reflexion des Forschungsprozesses im Falle qualitativer Qualifizierungsarbeiten Mruck/Mey (1998; für Hinweise einer internetbasierten Methodenbegleitung im Rahmen der NetzWerkstatt siehe http://www.methodenbegleitung.de/).

wandten Forschung noch mehr an Gewicht gewinnen. Auch betriebliche Marktforscher und Marktforscherinnen könnten von der Veröffentlichung ausgewählter Problemstellungen profitieren, indem sie in Form von Feedbacks neue Kontakte und vielfältige Anregungen gewinnen".

Die aktuelle gewachsene Sichtbarkeit der deutschsprachigen qualitativen Marktforschung könnte wichtige Schritte in diese Richtung eröffnen. Ob es gelingen wird, den „Nibelungenschatz" qualitative Forschung zu bergen, wie Kühn (2005) es optimistisch nach der vom Berufsverband der deutschen Markt- und Sozialforscher e.V. organisierten Fachtagung „Qualitative Marktforschung – State of the Art und Ausblick" formulierte, wird die Zukunft zeigen. Zu hoffen ist auf jeden Fall, dass die Vielfalt und Heterogenität qualitativer Forschung nicht nur verunsichert, sondern dass umgekehrt ihr Reichtum anregt und zur gemeinsamen Weiterentwicklung einlädt.

6 Literatur

Ayaß, Ruth/Bergmann, Jörg (2006): Qualitative Methoden der Medienforschung. Reinbek: Rowohlt.
Bergman, Manfred Max/Eberle, Thomas S. (2005, Hrsg.): Qualitative Forschung, Archivierung, Sekundärnutzung: Eine Bestandsaufnahme. Forum Qualitative Sozialforschung/Forum: Qualitative Social Research, 6(2), http://www.qualitative-research.net/fqs/fqs-d/inhalt2-05-d.htm.
Bitsch, Vera (2001): Qualitative Forschung in der angewandten Ökonomie. Schwerpunkt Landwirtschaft. Aachen: Shaker.
Bloor, Michael/Wood, Fiona (2006): Keywords in Qualitative Methods. A Vocabulary of Research Concepts. London: Sage.
Bohnsack, Ralf (2005): Standards nicht-standardisierter Forschung in den Erziehungs- und Sozialwissenschaften. In: Zeitschrift für Erziehungswissenschaft, Jg. 8, 4, 63-81.
Breuer, Franz (1996, Hrsg.): Qualitative Psychologie: Grundlagen, Methoden und Anwendungen eines Forschungsstils. Opladen: Westdeutscher Verlag.
Breuer, Franz/Mruck, Katja/Ratner, Carl (2000, Hrsg.): Disziplinäre Orientierungen I: Qualitative Psychologie. In: Forum Qualitative Sozialforschung/Forum: Qualitative Social Research, 1(2), http://www.qualitative-research.net/fqs/fqs-d/inhalt2-00-d.htm.
Bryant, Anthony/Charmaz, Kathy (2007, eds.): The SAGE Handbook of Grounded Theory. London: Sage.
Buber, Renate/Gadner, Johannes/Richards, Lyn (2004, eds.): Applying Qualitative Methods to Marketing Management Research. Houndsmill: Palgrave Macmillan.
Carson, David J./Gilmore, Audrey/Gronhaug, Kjell/Perry, Chad (2001): Qualitative Marketing Research. London: Sage.
Charmaz, Kathy (2006): Constructing Grounded Theory. A Practical Guide through Qualitative Analysis. London: Sage.
Cisneros Puebla, César A./Domínguez Figaredo, Daniel /Faux, Robert /Kölbl, Carlos/Packer, Martin (2006, Hrsg.): Qualitative Forschung in Iberoamerika. Forum Qualitative Sozialfor-

schung/Forum: Qualitative Social Research, 7(4), http://www.qualitative-research.net/fqs/fqs-d/inhalt4-06-d.htm.

Cohn, Ruth C. (1991) Von der Psychoanalyse zur themenzentrierten Interaktion. Von der Behandlung einzelner zu einer Pädagogik für alle (10. Ausgabe). Stuttgart: Klett-Cotta.

Corti, Louise/Witzel, Andreas/Bishop, Libby (2005, Hrsg.): Sekundäranalyse qualitativer Daten. Forum Qualitative Sozialforschung/Forum: Qualitative Social Research, 6(1), http://www.qualitative-research.net/fqs/fqs-d/inhalt1-05-d.htm.

Corti, Louise/Kluge, Susann/Mruck, Katja/Opitz, Diane (2000, Hrsg.): Text . Archiv . Re-Analyse. Forum Qualitative Sozialforschung/Forum: Qualitative Social Research, 1(2), http://www.qualitative-research.net/fqs/fqs-d/inhalt3-00-d.htm.

Daymon, Christine/Holloway, Immy (2002): Qualitative Research Methods in Public Relations and Marketing Communications. London: Routledge.

Denzin, Norman K. (1970): Strategies of Multiple Triangulation. In: Denzin, Norman K. (ed.): The Research Act in Sociology: A Theoretical Introduction to Sociological Method. New York: McGraw-Hill, 297-313.

Denzin, Norman K./Lincoln, Yvonna S. (2005, eds.): The Sage Handbook of Qualitative Research. 3rd ed. Thousand Oaks: Sage.

Devereux, Georges (1992): Angst und Methode in den Verhaltenswissenschaften. 3. Auflage. Frankfurt/M.: Suhrkamp.

Diaz-Bone, Rainer (2004): Milieumodelle und Milieuinstrumente in der Marktforschung. Forum Qualitative Sozialforschung/Forum: Qualitative Social Research, 5(2), Art. 28, http://www.qualitative-research.net/fqs-texte/2-04/2-04diazbone-d.htm.

Eberle, Thomas S./Elliker, Florian (2005): A Cartography of Qualitative Research in Switzerland. Forum Qualitative Sozialforschung / Forum: Qualitative Social Research, 6(3), Art. 24, http://www.qualitative-research.net/fqs-texte/3-05/05-3-24-e.htm.

Ereaut, Gill/Imms, Mike/Callingham, Martin (2002, eds.): Qualitative Market Research. Principle & Practice (7 Bde.) London: Sage.

Fielding, Nigel/Schreier, Margrit (2001): Introduction: On the Compatibility between Qualitative and Quantitative Research Methods. Forum Qualitative Sozialforschung/Forum: Qualitative Social Research, 2(1), Art. 4, http://www.qualitative-research.net/fqs-texte/1-01/1-01hrsg-e.htm.

Flick, Uwe (1991): Stationen des qualitativen Forschungsprozesses. In: Flick, Uwe/Kardorff, Ernst von/Keupp, Heiner/Rosenstiel, Lutz von/Wolff, Stephan (Hrsg.): Handbuch Qualitative Sozialforschung. München: Psychologie Verlags Union, 147-173.

Flick, Uwe (2002): Qualitative Sozialforschung. Eine Einführung. 6. Auflage. Reinbek: Rowohlt.

Flick, Uwe (2004): Triangulation. Eine Einführung. Wiesbaden: VS Verlag für Sozialwissenschaften.

Flick, Uwe/von Kardorff, Ernst/Steinke, Ines (2000a, Hrsg.): Qualitative Forschung. Ein Handbuch. Reinbek: Rowohlt.

Flick, Uwe/von Kardorff, Ernst/Steinke, Ines (2000b): Was ist qualitative Forschung? Einleitung und Überblick. In: Flick, Uwe/von Kardorff, Ernst/Steinke, Ines (Hrsg.): Qualitative Forschung. Ein Handbuch. Reinbek: Rowohlt, 13-29.

Frank, Dirk/Riedl, Peter (2004): Theoretical Foundations of Contemporary Qualitative Market Research. Forum Qualitative Sozialforschung / Forum: Qualitative Social Research, 5(2), Art. 30, http://www.qualitative-research.net/fqs-texte/2-04/2-04frankriedl-e.htm.

Freshwater, Dawn (2005): Commentary: Writing, Rigour and Reflexivity in Nursing Research. In: Journal of Research in Nursing, vol. 10, no. 3, 311-315.

Friebertshäuser, Barbara/Prengel, Annedore (1997, Hrsg.): Handbuch qualitative Forschungsmethoden in der Erziehungswissenschaft. Juventa: Weinheim und München.

Garfinkel, Harold (1967): Studies in Ethnomethodology. Englewood Cliffs, NJ: Prentice Hall.
Gibbs, Graham R./Friese, Susanne/Mangabeira, Wilma C. (2002, Hrsg.): Technikeinsatz im qualitativen Forschungsprozess. Forum Qualitative Sozialforschung/Forum: Qualitative Social Research, 3(2), http://www.qualitative-research.net/fqs/fqs-d/inhalt2-02-d.htm.
Glaser, Barney G./Strauss, Anselm L. (1967): The Discovery of Grounded Theory. Strategies for Qualitative Research. New York: Aldine de Gruyter.
Grbich, Carol (1999): Qualitative Research in Health. An Introduction. London: Sage.
Groeben, Norbert/Scheele, Brigitte (2000): Dialog-Konsens-Methodik im Forschungsprogramm Subjektive Theorien. Forum Qualitative Sozialforschung/Forum: Qualitative Social Research, 1(2), Art. 10, http://www.qualitative-research.net/fqs-texte/2-00/2-00groebenscheele-d.htm.
Grünewald, Stephan (2006): Deutschland auf der Couch. Eine Gesellschaft zwischen Stillstand und Leidenschaft. Frankfurt/M.: Campus.
Heath, Christian/Knoblauch, Hubert/Luff, Paul (2000): Technology and Social Interaction: the Emergence of „Workplace Studies". In: British Journal of Sociology, vol. 51, no. 2, 299-320.
Hitzler, Ronald (2002): Sinnrekonstruktion. Zum Stand der Diskussion (in) der deutschsprachigen interpretativen Soziologie. Forum Qualitative Sozialforschung/Forum: Qualitative Social Research, 3(2), http://www.qualitative-research.net/fqs-texte/2-02/2-02hitzler-d.htm.
Hitzler, Ronald (2007): Wohin des Wegs? Ein Kommentar zu neueren Entwicklungen in der deutschsprachigen „qualitativen" Sozialforschung. In: Forum Qualitative Sozialforschung/Forum: Qualitative Social Research, Jg. 8, H. 3, Art. 4, http://www.qualitative-research.net/fqs-texte/3-07/07-3-4-d.htm.
Hoffmann-Riem, Christa (1980): Die Sozialforschung einer interpretativen Soziologie. Der Datengewinn. In: Kölner Zeitschrift für Soziologie und Sozialpsychologie, 32, 339-372.
Hunger, Ina/Sparkes, Andrew/Stelter, Reinhard (2003, Hrsg.): Disziplinäre Orientierungen IV: Sportwissenschaft. Forum Qualitative Sozialforschung/Forum: Qualitative Social Research, 4(1), http://www.qualitative-research.net/fqs/fqs-d/inhalt1-03-d.htm.
Jupp, Victor (2006, eds.): The SAGE Dictionary of Social Research Methods. London: Sage.
Kaiser, Werner (2004): Die Bedeutung von qualitativer Marktforschung in der Praxis der betrieblichen Marktforschung. Forum Qualitative Sozialforschung / Forum: Qualitative Social Research, 5(2), Art. 31, http://www.qualitative-research.net/fqs-texte/2-04/2-04kaiser-d.htm.
Kardorff, Ernst von (1991): Qualitative Forschung – Versuch einer Standortbestimmung. In: Flick, Uwe/Kardorff, Ernst von/Keupp, Heiner/Rosenstiel, Lutz von/Wolff, Stephan (Hrsg.): Handbuch Qualitative Sozialforschung. München: Psychologie Verlags Union, 3-8.
Kelle, Udo (2001): Sociological Explanations between Micro and Macro and the Integration of Qualitative and Quantitative Methods. Forum Qualitative Sozialforschung/Forum: Qualitative Social Research, 2(1), Art. 5, http://www.qualitative-research.net/fqs-texte/1-01/1-01-kelle-e.htm.
Kleining, Gerhard (1986). Das qualitative Experiment. In: Kölner Zeitschrift für Soziologie und Sozialpsychologie, vol. 38, 724-750.
Kleining, Gerhard (1995): Lehrbuch entdeckende Sozialforschung, Bd. I: Von der Hermeneutik zur qualitativen Heuristik. München: PVU.
Knoblauch, Hubert/Flick, Uwe/Maeder, Christoph in Zuammenarbeit mit Iain Lang (2005, eds.): The State of the Art of Qualitative Research in Europe. Forum Qualitative Sozialforschung/Forum: Qualitative Social Research, 6(3), http://www.qualitative-research.net/fqs/fqs-e/inhalt3-05-e.htm.
Knorr-Cetina, Karin (1984): Die Fabrikation von Erkenntnis. Zur Anthropologie der Naturwissenschaft. Frankfurt/M.: Suhrkamp.

König, Rene (1984): Soziologie und Ethnologie. In: Kölner Zeitschrift für Soziologie und Sozialpsychologie, Sonderheft 26: Ethnologie als Sozialwissenschaft, 17-35

Kritzmöller, Monika (2004): Theoria cum praxi? Über die (Un-?) Vereinbarkeit wissenschaftlicher und ökonomischer Anforderungen. Forum Qualitative Sozialforschung/Forum: Qualitative Social Research, 5(2), Art. 32, http://www.qualitative-research.net/fqs-texte/2-04/2-04-kritzmoeller-d.htm.

Kromey, Helmut (2005): „Qualitativ" versus „quantitativ" – Ideologie oder Realität? Symposium: Qualitative und quantitative Methoden in der Sozialforschung: Differenz und/oder Einheit? Symposium, 1. Berliner Methodentreffen Qualitative Forschung, 24.-25. Juni 2005, Freie Universität Berlin, http://www.qualitative-forschung.de/methodentreffen/archiv/texte/texte_2005/kromrey.pdf.

Kühl, Stefan/Strodtholz, Petra (2002, Hrsg.): Handbuch: Methoden der Organisationsforschung. Reinbek: Rowohlt. [„Qualitative Methoden der Organisationsforschung" http://www.qualitative-research.net/organizations/]

Kühn, Thomas (2004): Das vernachlässigte Potenzial qualitativer Marktforschung. Forum Qualitative Sozialforschung/Forum: Qualitative Social Research, 5(2), Art. 33, http://www.qualitative-research.net/fqs-texte/2-04/2-04kuehn-d.htm.

Kühn, Thomas (2005): Qualitative Forschung: ein Nibelungenschatz, den es zu bergen gilt. Tagungsbericht BVM-Fachtagung „Qualitative Marktforschung – State of the Art und Ausblick". Forum Qualitative Sozialforschung/Forum: Qualitative Social Research, 6(3), Art. 5, http://www.qualitative-research.net/fqs-texte/3-05/05-3-5-d.htm.

Kühn, Thomas/Marlovits, Andreas M./Mruck, Katja (2004, Hrsg.): Qualitative Markt-, Medien- und Meinungsforschung. Forum Qualitative Sozialforschung/Forum: Qualitative Social Research, 5(2), http://www.qualitative-research.net/fqs/fqs-d/inhalt2-04-d.htm.

Kuhn, Thomas S. (1973): Die Struktur wissenschaftlicher Revolutionen. Frankfurt/M.: Suhrkamp.

Kuhn, Thomas S. (1992): Die Entstehung des Neuen. Studien zur Struktur der Wissenschaftsgeschichte. 4. Auflage. Frankfurt/M.: Suhrkamp.

Lamnek, Siegfried (2005): Qualitative Sozialforschung. Ein Lehrbuch. Weinheim: Beltz/PVU.

Laucken, Uwe (2004): „Gibt es Willensfreiheit?" Möglichkeiten der psychologischen Vergegenständlichung von „Willens-, Entscheidungs- und Handlungsfreiheit". Forum Qualitative Sozialforschung/Forum: Qualitative Social Research, 6(1), Art. 8, http://www.qualitative-research.net/fqs-texte/1-05/05-1-8-d.htm.

Löschper, Gabi/Meuser, Michael (2002, Hrsg.): Disziplinäre Orientierungen III: Qualitative Kriminologie. Forum Qualitative Sozialforschung/Forum: Qualitative Social Research, 3(1), http://www.qualitative-research.net/fqs/fqs-d/inhalt1-02-d.htm.

Mariampolski, Hy (2001): Qualitative Market Research: A Comprehensive Guide. London: Sage.

Marlovits, Andreas M./Kühn, Thomas/Mruck, Katja (2004): Wissenschaft und Praxis im Austausch – Zum aktuellen Stand qualitativer Markt-, Medien- und Meinungsforschung. Forum Qualitative Sozialforschung/Forum: Qualitative Social Research, 5(2), Art. 23, http://www.qualitative-research.net/fqs-texte/3-05/05-3-5-d.htm .

Mey, Günter (2005, Hrsg.): Handbuch Qualitative Entwicklungspsychologie. Köln: Kölner Studien Verlag.

Mey, Günter (2008): Lehre (in) der Qualitativen Forschung – eine Leerstelle? In: Journal für Psychologie, Jg. 16, H. 1, http://www.journal-fuer-psychologie.de/jfp-1-2008-1.html.

Mey, Günter/Mruck, Katja (2005, Hrsg.): Qualitative Sozialforschung – Methodologische Reflexionen und disziplinäre Anwendungen. Ausgewählte Aufsätze aus dem Forum Qualitative Sozialforschung/Forum: Qualitative Social Research. Historical Social Research, Sonderband 30(1).

Mey, Günter/Mruck, Katja (2007a): Qualitative Research in Germany: A Short Cartography. In: International Sociology, vol. 22, no. 2, 138-154.
Mey, Günter/Mruck, Katja (2007b/im Druck, Hrsg.): Grounded Theory Reader (Reihe: HSR Supplement, Band 19). Köln: ZHSF.
Mikos, Lothar/Wegener, Claudia (2005, Hrsg.): Qualitative Medienforschung. Konstanz: UVK.
Mruck, Katja (2007): Qualitative Forschung: Notizen aus der Unübersichtlichkeit. Kommentar zu: Jo Reichertz: Qualitative Sozialforschung – Ansprüche, Prämissen, Probleme. Erwägen-Wissen-Ethik, Jg. 18, H. 2, 258-260.
Mruck, Katja/Gersmann, Gudrun (2004, Hrsg.): Neue Medien in den Sozial-, Geistes- und Kulturwissenschaften. Elektronisches Publizieren und Open Access: Stand und Perspektiven. Historical Social Research, Sonderband 29(1).
Mruck, Katja/Mey, Günter (1996): Qualitative Forschung und das Fortleben des Phantoms der Störungsfreiheit. In: Journal für Psychologie, vol. 4, 3, 3-21.
Mruck, Katja/Mey, Günter (1998): Selbstreflexivität und Subjektivität im Auswertungsprozeß biographischer Materialien - zum Konzept einer „Projektwerkstatt qualitativen Arbeitens" zwischen Colloquium, Supervision und Interpretationsgemeinschaft. In: Jüttemann, Gerd/Thomae, Hans (Hrsg.): Biographische Methoden in den Humanwissenschaften Weinheim: Beltz/PVU, 284-306.
Mruck, Katja/Mey, Günter (2005): Qualitative Forschung: Zur Einführung in einen prosperierenden Wissenschaftszweig. In: Historical Social Research, vol. 30, 1, 5-27.
Mruck, Katja/Mey, Günter (2007): Grounded Theory and Reflexivity. In: Bryant, Anthony/Charmaz, Kathy (eds.): The Handbook of Grounded Theory. London: Sage, 487-510.
Mruck, Katja/Gradmann, Stefan/Mey, Günter (2004): Open Access: Wissenschaft als Gemeingut. Neue Soziale Bewegungen, 17(2), 37-49 [online, leicht überarbeitet: http://www.qualitative-research.net/fqs-texte/2-04/2-04mrucketal-d.htm]
Mruck, Katja/Roth, Wolff-Michael/Breuer, Franz (2002, Hrsg.): Subjektivität und Selbstreflexivität im qualitativen Forschungsprozess, Teil I. Forum Qualitative Sozialforschung/Forum: Qualitative Social Research, 3(3), http://www.qualitative-research.net/fqs/fqs-d/inhalt3-02-d.htm.
Mruck, Katja/Cisneros Puebla, César A./Faux, Robert (2005): Editorial: Editorial: Über Zentren und Peripherien qualitativer Forschung. Forum Qualitative Sozialforschung/Forum: Qualitative Social Research, 6(3), Art. 49, http://www.qualitative-research.net/fqs-texte/3-06/06-3-49-d.htm.
Naderer, Gabriele/Balzer, Eva (2007, Hrsg.): Qualitative Marktforschung in Theorie und Praxis. Grundlagen, Methoden und Anwendungen. Wiesbaden: Gabler.
Nothnagel, Detlev (1993): Anthropologische Feldforschung in Organisationen. Überlegungen zu einer Kulturanthropologie der „modernen" Welt. In: Anthropos, vol. 88, 459-476.
Planung & Analyse (2004): Qualitative Marktforschung: Viele Wege führen nach Rom, 3.
Ratner, Carl/Straub, Jürgen/Valsiner, Jaan (2001, Hrsg.): Disziplinäre Orientierungen II: Kulturwissenschaften. Forum Qualitative Sozialforschung/Forum: Qualitative Social Research, 2(3), http://www.qualitative-research.net/fqs/fqs-d/inhalt3-01-d.htm.
Reichertz, Jo (2007): Qualitative Sozialforschung – Ansprüche, Prämissen, Probleme. Erwägen-Wissen-Ethik, Jg. 18, H. 2, 195-208. [Siehe auch die ausführlichere Vorabfassung unter http://www.uni-essen.de/kowi/reichertz/downloads/qualsozproblem.pdf].
Reichertz, Jo/Zaboura, Nadia (2006): Akteur Gehirn – oder das vermeintliche Ende des handelnden Subjekts. Eine Kontroverse. Wiesbaden: VS Verlag für Sozialwissenschaften.
Rost, Jürgen (2003): Zeitgeist und Moden empirischer Analysemethoden. Forum Qualitative Sozialforschung / Forum: Qualitative Social Research, 4(2), Art. 5. http://www.qualitative-research.net/fqs-texte/2-03/2-03rost-d.htm.

Rost, Jürgen (2005): Differentielle Indikation und gemeinsame Qualitätskriterien als Probleme der Integration von qualitativen und quantitativen Methoden. Symposium, 1. Berliner Methodentreffen Qualitative Forschung, 24.-25. Juni 2005, Freie Universität Berlin, http://www.berlinermethodentreffen.de/material/2005/rost.pdf.

Roth, Wolff-Michael/Breuer, Franz/Mruck, Katja (2003, Hrsg.): Subjektivität und Selbstreflexivität im qualitativen Forschungsprozess, Teil II. Forum Qualitative Sozialforschung/Forum: Qualitative Social Research, 4(2), http://www.qualitative-research.net/fqs/fqs-d/inhalt2-03-d.htm.

Schaeffer, Doris/Müller-Mundt, Gabriele (2002, Hrsg.): Qualitative Gesundheits- und Pflegeforschung. Handbuch Gesundheitswissenschaften. Bern: Huber.

Schreier, Margrit (2006): Qualitative Stichprobenkonzepte. In: Naderer, Gabriele/Balzer, Eva (Hrsg.): Qualitative Marktforschung in Theorie und Praxis. Grundlagen, Methoden und Anwendungen. Wiesbaden: Gabler, 231-245.

Schreier, Margrit/Fielding, Nigel (2001, Hrsg.): Qualitative und quantitative Forschung: Übereinstimmungen und Divergenzen. Forum Qualitative Sozialforschung/Forum: Qualitative Social Research, 2(1), http://qualitative-research.net/fqs/fqs-d/inhalt1-01-d.htm.

Schwandt, Thomas A. (2007): Dictionary of Qualitative Inquiry. 3. Auflage. Thousand Oaks: Sage.

Schwartzman, Helen B. (1993): Ethnography in Organizations. Newbury Park: Sage.

Schweppe, Cornelia (2003, Hrsg.): Qualitative Forschung in der Sozialpädagogik. Opladen: Leske + Budrich.

Strauss, Anselm L. (1991): Grundlagen qualitativer Sozialforschung. München: Fink.

Strauss, Anselm L./Corbin, Juliet (1996): Grounded Theory: Grundlagen qualitativer Sozialforschung. Weinheim: Beltz, Psychologie Verlagsunion.

Strübing, Jörg (2004): Grounded Theory. Zur sozialtheoretischen und epistemologischen Fundierung des Verfahrens der empirisch begründeten Theoriebildung. Wiesbaden: VS Verlag.

Suddaby, Roy (2006): From the Editors: What Grounded Theory Is Not. In: Academy of Management Journal, vol. 49, no. 4, 633-642.

Tashakkori, Abbas/Teddlie, Charles (1998): Mixed Methodology: Combining Qualitative and Quantitative Approaches. Thousand Oaks: Sage.

Tashakkori, Abbas/Teddlie, Charles (2003, eds.): Handbook of Mixed Methods in the Social and Behavioral Research. Thousand Oaks: Sage.

Truschkat, Inga/Kaiser, Manuela/Reinartz, Vera (2005): Forschen nach Rezept? Anregungen zum praktischen Umgang mit der Grounded Theory in Qualifikationsarbeiten. Forum Qualitative Sozialforschung/Forum: Qualitative Social Research, 6(2), Art. 22, http://www.qualitative-research.net/fqs-texte/2-05/05-2-22-d.htm.

Witt, Harald (2001): Forschungsstrategien bei quantitativer und qualitativer Sozialforschung. Forum Qualitative Sozialforschung/Forum Qualitative Social Research, 2(1), Art. 8, http://www.qualitative-research.net/fqs-texte/1-01/1-01witt-d.htm.

Renate Buber und Vanessa Klein

Zur Bedeutung qualitativer Methodik in der Marktforschungspraxis

1 Zielsetzung 49
2 Methodische Herangehensweise 49
   2.1 Online-Befragung 49
   2.2 Persönliche und telefonische Interviews mit ExpertInnen 50
3 Ergebnisse 51
   3.1 Polarisierung zwischen qualitativer und quantitativer Methodik ... 51
   3.2 Breite und Tiefe des Methodenspektrums 53
   3.3 Fragestellungen und Marktforschungsbereiche 54
   3.4 Güte qualitativer Forschung 55
   3.5 Einfluss methodischer Aspekte bei der Akquisition 56
   3.6 Entwicklung der Methodenvielfalt 57
   3.7 Zukunft qualitativer Marktforschung 59
4 Empfehlungen 60
5 Literatur 61

1 Zielsetzung

Dieser Beitrag gibt Einblick in die Sichtweisen, Einschätzungen und Beurteilungen von ExpertInnen hinsichtlich des Stellenwerts qualitativer Methoden in der Marktforschungspraxis. Dazu wird eingangs der Prozess der Datengewinnung skizziert und im Anschluss daran werden die Ergebnisse aus Online-, telefonischer und persönlicher Befragung der ExpertInnen präsentiert. Folgende Themenschwerpunkte waren Gegenstand der Untersuchung: Grenzen bzw. Polarisierung zwischen qualitativer und quantitativer Methodik, Breite und Tiefe des in einer Beratung favorisierten Methodenspektrums, typische Fragestellungen für die Applikation qualitativer Methoden, Güte qualitativer Forschung, Einfluss methodischer Aspekte bei der Akquise und Einschätzung der zukünftigen Entwicklung qualitativer Marktforschung.

2 Methodische Herangehensweise

Sucht man nach Informationen zu Struktur und Bedeutung qualitativer Methoden in der deutschsprachigen gewerblichen Marktforschung und nach potentiellen ExpertInnen für eine empirische Untersuchung, so bietet sich für Deutschland das Handbuch des Berufsverbandes Deutscher Markt- und Sozialforscher an. Für den österreichischen Markt stehen Informationen auf der homepage der Wirtschaftskammer Österreich (Firmen A-Z), den Gelben Seiten und des Verbandes der Marktforscher Österreichs (VMÖ) zur Verfügung[1]. Im Rahmen dieser Studie wurden die ExpertInnen aus den angeführten Datenbanken bewusst ausgewählt und online sowie in persönlich und telefonisch durchgeführten Interviews befragt. Der Methoden Mix wurde gewählt, um einen möglichst umfassenden Einblick in den Stellenwert der qualitativen Methoden in der Marktforschungspraxis zu erhalten.

2.1 Online-Befragung

Zur Teilnahme an der Online-Befragung (Decker 2001, 32) wurden 645 (davon 374 deutsche und 271 österreichische) Marktforschungsunternehmen[2] eingeladen. Die Be-

---

[1] http://firmena-z.wko.at/relaunch/SucheStart5.asp?MOD=DS; www.herold.at; www.vmoe.at.
[2] Als Adressenbasis dienten das BVM Handbuch (2005), das Online-„Firmen A-Z" der Wirtschaftskammer Österreich und die „Gelben Seiten" online.

fragung wurde mit Hilfe des Softwarepaketes von „Globalpark"[3] durchgeführt. Der Fragebogen bestand aus elf offenen und drei geschlossenen Fragen sowie abschließenden Angaben zum demografischen Hintergrund der Befragten.

Als Basis für die Datenauswertung lieferte „Global Park" einen Feldbericht, dem zentrale Kennzahlen wie Beendigungsquote, mittlere Bearbeitungszeit oder durchschnittliche TeilnehmerInnenanzahl sowie Zugriffsdaten zu entnehmen sind.[4] Die Rücklaufquote[5] betrug 14.3% (n=92). Innerhalb der ersten Woche haben 93,5% der 92 Personen die Befragung beendet. Die mittlere Bearbeitungszeit des Fragebogens betrug 19 Minuten. Zusätzlich stellte „Global Park" ein Excel-Sheet mit den Rohdaten pro TeilnehmerIn zur Verfügung. Die Antworten auf die offenen Fragen wurden dann so programmiert, dass zur Auswertung des Textmaterials die qualitative Software QSR N6 herangezogen werden konnte. Aufgrund des hohen Grades der Strukturiertheit der schriftlich vorliegenden Antworten konnte mittels Command Files (Richards 2002. 109ff) automatisch eine erste themenbasierte Kategorisierung vorgenommen werden. Im Anschluss daran erfolgte eine Feincodierung des Textmaterials in 77 Hauptkategorien (Tree Nodes), wobei die Auswertung auf der Ebene manifester Inhalte erfolgte (Mayring 2003).

2.2 Persönliche und telefonische Interviews mit ExpertInnen

Anhand eines Leitfadens (Gläser/Laudel 2004, 39; Bogner/Littig/Menz 2005) wurden im Durchschnitt sechzigminütige Interviews (Froschauer/Lueger 2003) mit zehn ExpertInnen (je fünf aus österreichischen und deutschen Marktforschungsunternehmen) geführt. Bei der Auswahl der ExpertInnen war ein qualitativer Tätigkeitsschwerpunkt zwar gewünscht, jedoch nicht Bedingung. Die Bereitschaft zur Teilnahme an der Befragung war groß, und der Rekrutierungsprozess konnte rasch abgeschlossen werden. Die Gespräche mit den österreichischen ExpertInnen erfolgten persönlich in den Instituten, mit den deutschen ExpertInnen telefonisch. Alle Interviews wurden – nach mündlicher Einholung des Einverständnisses der GesprächspartnerInnen – aufgezeichnet. Die mittels wortwörtlicher Transkription aufbereiteten Textdaten wurden wiederum auf ihre manifesten Inhalte hin unter Verwendung des qualitativen Softwarepaketes QSR N6 ausgewertet.

---

[3] www.globalpark.de, www.unipark.de.
[4] Der Online-Fragebogen war vom 11. September 2006 bis 7. Oktober 2006 freigeschaltet.
[5] Der Nettorücklauf betrug 25.4% (164 von 645 eingeladenen Unternehmen; dies umfasst alle Interviews, die beendet sowie während der Beantwortung abgebrochen wurden). 92 Personen haben die Befragung bis zum Ende mitgemacht. Der Abbruch der Befragung erfolgte zum überwiegenden Ausmaß gleich zu Beginn bei der Begrüßungsformel, jedoch spätestens bei Frage 2.

3 Ergebnisse

In der Folge werden Meinungen von ExpertInnen zu den in der Befragung angesprochenen Themen zusammengefasst und mit ausgewählten Statements illustriert.

3.1 Polarisierung zwischen qualitativer und quantitativer Methodik

Liest man in der einschlägigen Literatur oft von einer Polarisierung zwischen qualitativer und quantitativer Marktforschung, so lässt sich in der Praxis ein zunehmendes Verschwimmen der Grenzen zwischen diesen beiden Bereichen beobachten (Abbildung 1).

Abbildung 1: Polarisierung zwischen qualitativer und quantitativer Marktforschung

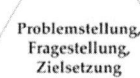

Als Gründe für die Polarisierung werden die vermehrt kombinierte Anwendung verschiedener Methoden, der geringe Wunsch einer Polarisierung auf KundInnenseite sowie finanzielle und zeitliche Restriktionen genannt.

„Sicherlich ist die grundsätzliche Unterscheidung sinnvoll, da sie ja tatsächlich existiert. In der Praxis allerdings geht es weniger um die Polarisierung als um den komplementativen Charakter beider Methoden. Auch und vor allem, da eine Kombination qualitativer und quantitativer Methoden zumeist der erfolgversprechendste Weg zur Beantwortung von Kundenfragen ist." (OL 121)[6]

„Wir als Institut sind gefragt, das optimale Instrument zu entwickeln oder den optimalen Ansatz zu entwickeln [...]. Also, da gehts auch nicht um ne forscherische Optimalität, sondern da gehts in erster Linie um [...] effizienzgesteigerte, optimale Lösung. Sprich, wir müssen ganz stark auf Zeitbudgets achten und auf Kostenbudgets achten." (I 9_Ger)

In der Marktforschungspraxis lässt sich also eine Art „zweckmäßige" Polarisierung erkennen, die vor allem dann zum Einsatz kommt, wenn es darum geht, den qualitativen Bereich vom quantitativen rein begrifflich abzugrenzen und zu differenzieren. Doch auch als Orientierungshilfe für KundInnen und zur Positionierung des Instituts kann eine Polarisierung als durchaus sinnvoll und hilfreich betrachtet werden.

„... hilfreich ist es nur insofern, als dass es für jemanden Außenstehenden relativ [...] gut deutlich macht, wo die Unterschiede in der Vorgehensweise sind. Es ist aber nicht hilfreich, diese Trennung, wenn sie in Diskussion führt, ist es, in so eine Wertigkeitsdiskussion: was ist nun besser, qualitativ oder quantitativ [...] es gibt einfach auch unterschiedliche Gründe, warum das eine oder das andere eher zielführend ist." (I8_Ger)

Angesprochen wird auch, dass Polarisierung durchaus zur Stärkung des Ansehens der Marktforschung beitragen kann: *„Die Unterscheidung ist extrem hilfreich, da beide Disziplinen ganz unterschiedlich arbeiten und jeweils für ganz unterschiedliche Fragestellungen zweckdienlich sind. Die in der Praxis gebräuchliche Vermischung (z.B. pures Abfragen offener Fragen als Tiefeninterview zu deklarieren oder aus Gruppendiskussionen quantitative Auszählungen zu generieren) halte ich für schädlich für das langfristige Ansehen der Mafo." (OL 139)*

Entscheidend bei der Methodenwahl ist nicht die grundsätzliche Frage nach einer qualitativen oder quantitativen Orientierung. Es geht vielmehr um die der Untersuchung zu Grunde liegende Problemstellung und Zielsetzung (Abbildung 1).

„... es gibt einfach unterschiedliche Aufgaben, wo einfach der Zugang unterschiedlich ist. Und wenn ich Marktpotenziale schätzen will, dann ists Humbug, wenn ich mit einer Gruppendiskussion anfang. Und wenn ich keine Ahnung hab, wie, warum, und wenn ich ein Gfühl für die Materie bekommen möchte, wie genau argumentiert wird, dann ists gscheiter, man macht irgendwas Qualitatives. Man muss sich nur die Aufgabenstellung anschauen." (I 1_Aut)

---

[6] Bei kursiv gedrucktem Text handelt es sich um Statements der Befragten. Der „OL-Vermerk" verweist auf eine TeilnehmerIn an der Online-Befragung; die Nummerierung ergibt sich, da auch Statements jener Auskunftspersonen einbezogen werden, die die Befragung vorzeitig abgebrochen haben. Der Vermerk I_Ger steht für eine Expertin bzw. einen Experten aus Deutschland und I_Aus für eine Expertin bzw. einen Experten aus Österreich.

3.2 Breite und Tiefe des Methodenspektrums

Anhand einer Liste wurden die ExpertInnen gebeten, die Wichtigkeit ausgewählter Methoden und Instrumente qualitativer Marktforschung aus ihrer Erfahrung heraus einzuschätzen (1 = sehr wichtig, 5 = nicht wichtig)[7]. Abbildung 2 zeigt das Ergebnis.

Abbildung 2: Wichtigkeit qualitativer Methoden und Instrumente

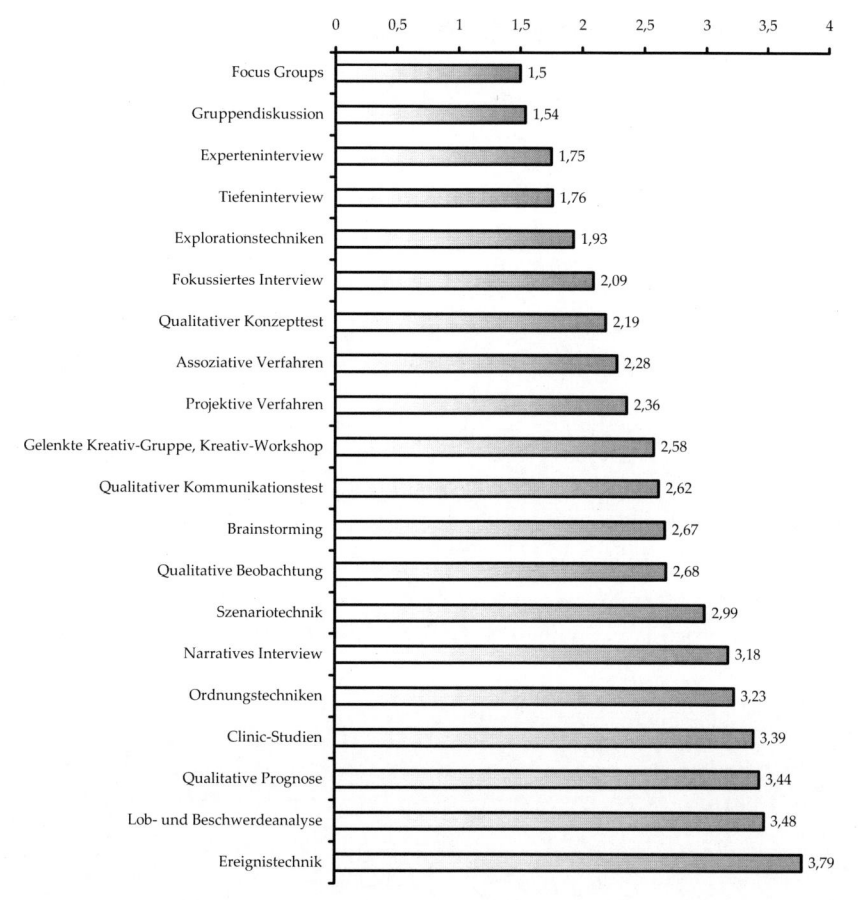

---

[7] Die Stichprobengröße variiert zwischen 72 und 77; d.h., nicht jede abgefragte Methode bzw. jedes abgefragte Instrument wurde von jedem Teilnehmer bzw. jeder Teilnehmerin bewertet.

Die Mittelwertsvergleiche zeigen, dass Focus Groups, Gruppendiskussionen und ExpertInneninterviews die ersten drei Plätze belegen und daher als besonders wichtig eingestuft werden. Ergänzend zu der den Befragten vorgelegten Liste wurden als weitere in der Praxis gebräuchliche Methoden und Instrumente qualitativer Marktforschung genannt: ethnographisches Interview, Laddering-Technik, Laufweganalyse, Mystery Shopping, psychometrische und tiefenpsychologische Verfahren.

3.3 Fragestellungen und Marktforschungsbereiche

Im Rahmen der empirischen Untersuchung wurde deutlich, dass MarktforschungsexpertInnen ihren KundInnen eine qualitative Herangehensweise besonders für folgende Fragestellungen bzw. Zielsetzungen empfehlen: zur Einhaltung von Budgetrestriktionen oder zur Einholung von ExpertInnenmeinungen; bei geringen Vorkenntnisse im Untersuchungsbereich; zu einer ersten Sondierung des zu untersuchenden Themas; zur Grundlagenforschung, Ideensammlung oder Hypothesengenerierung; wenn Informationstiefe im Gegensatz zu großflächiger Meinungseinholung gefragt ist, z.B. zum Verständnis für neue Inhalte bzw. des Verhaltens von KundInnen; bei der Einbeziehung des Kunden bzw. der Kundin z.B. in die Produktentwicklung; wenn quantitative Daten nicht angestrebt werden; bei kleiner Grundgesamtheit oder bei komplexen bzw. erklärungsbedürftigen Fragen bzw. Themenstellungen; wenn Daten rasch verfügbar sein sollen (Zeitrestriktionen); bei speziellen (innovativen) Forschungsbereichen und Problemstellungen im Rahmen einer Vorstudie; wenn Motive, Werte bzw. Einstellungen gefragt sind.

Das Ergebnis der Reihung der fünf in der Literatur immer wieder genannten typischen Einsatzgebiete der qualitativen Marktforschung nach dem Stellenwert, den diese nach Meinung der Befragten in der Praxis allgemein einnehmen, ergibt folgende Plätze für den Rang 1:

1. Motivforschung,
2. Imageforschung,
3. Produktforschung,
4. Zielgruppenforschung,
5. Werbeforschung.

Bei einer ungestützten Abfrage jener Bereiche, die sich für eine qualitative Herangehensweise besonders eignen, wurden folgende 13 Themen genannt (alphabetische Reihung):

- Imageforschung,
- Innovationsforschung,
- Kommunikationsforschung,
- KonsumentInnenverhalten, Consumer Insight Studies;
- KundInnenzufriedenheit,
- Markenforschung/Branding,
- Planung und Konzeption,
- Positionierungsforschung,
- Produktforschung (Entwicklung und Konzeption, Einführung),
- Ursachen- und Motivforschung,
- Usability-Forschung,
- Werbeforschung (Werbewirkung, Werbemittel, Werbekonzeption),
- Zielgruppenforschung.

3.4 Güte qualitativer Forschung

KritikerInnen qualitativer Marktforschung führen als Nachteil häufig die mangelnde Gültigkeit qualitativer Ergebnisse ins Treffen. Mit Vorbehalten hinsichtlich fehlender statistischer Repräsentativität, geringer Fallzahlen, der Art des erhobenen Datenmaterials sowie der Subjektivität im Forschungsprozess sieht sich auch die Marktforschungspraxis konfrontiert.

„Also, es gibt da, glaub ich, schon große Vorbehalte in der Wirtschaft, ob qualitative Methoden nicht einfach so Kaffeesatzleserei sind und die geringen Fallzahlen nicht aussagekräftig genug sind und man eventuell ganz schief liegen kann oder auch das Marktforschungsunternehmen, wenn das jetzt nicht als kompetent angesehen würde, könnte es viel hineininterpretieren, was man vielleicht nicht hören will [...] es ist schon viel Kritik damit verbunden, und man muss das wirklich überzeugend machen, darstellen, dass man wissenschaftlich arbeitet und sich an Qualitätskriterien hält, damit das auch eine Berechtigung hat." (I 4_Aut)

Einer intensiven Informations- und Aufklärungsarbeit sowie der Schaffung von Transparenz gegenüber den KundInnen kommt daher ein ganz besonderer Stellenwert zu. Vorrangiges Ziel ist es also, die Möglichkeiten, aber auch Grenzen qualitativer Marktforschung aufzuzeigen und den Fokus auf die der Untersuchung zu Grunde liegende Fragestellung zu richten. Argumentiert wird in diesem Zusammenhang häufig auch damit, dass sich qualitative Marktforschung mit ihren Stärken und auch Schwächen für ganz andere Einsatzgebiete eignen kann als quantitative und weniger die statistische als vielmehr die so genannte „psychologische" Gültigkeit im Vordergrund steht.

„... hier spricht man dann oft von dieser psychologischen Repräsentativität. Das heißt also, das ist nicht im Sinne der Zahl repräsentativ, aber die Struktur, dieser Wirkmechanismus, der sich da über diese Studie letztendlich darstellt, der ist letztendlich immer derselbe, und insofern eben, ja, eine Repräsentativität gewährleistet ist." (I 10_Ger)

Allerdings muss jedoch darauf hingewiesen werden, dass die Kritik mangelnder Gültigkeit qualitativer Ergebnisse auch dazu führen kann, dass Institute qualitative Methoden weniger aktiv oder nur beschränkt bzw. im Rahmen eines Methoden Mix anbieten.

3.5 Einfluss methodischer Aspekte bei der Akquisition

Hinsichtlich der Frage, ob der Verkauf qualitativer Forschungsstudien besonders begründungsintensiv ist, lässt sich folgendes Meinungsspektrum skizzieren:

- Mangelnde Erfahrung und geringes Interesse an den methodischen Aspekten einer Studie auf KundInnenseite erfordern eine verstärkte Begründung.
- Vorzüge und Kriterien quantitativer Marktforschung wie Repräsentativität und Stichprobengröße machen es oft schwer, KundInnen vom Einsatz qualitativer Erhebungsmethoden zu überzeugen.
- Kritik qualitativer Marktforschung hinsichtlich der weitgehenden Subjektivität und mangelnden Wiederholbarkeit der Ergebnisse sind erschwerend.
- Kostenaspekt: *„Offensichtlich ist es für viele Auftraggeber leichter verständlich, für eine große Anzahl von Interviews einen bestimmten Betrag zu bezahlen als für das geistige Know How der Experten, das sie über die Quali-Forschung mitkaufen [...] Das stimmt nur bedingt: für die ‚Klassik', d.h. Gruppendiskussionen, trifft das i.a.R. nicht zu, wenn der Aufwand/Kostenrahmen überschaubar bleibt; aufwändigere Ansätze, z.B. explorative Einzelinterviews, vielleicht auch noch international durchgeführt, sind deutlich begründungsintensiver, weil teurer." (OL 67)*
- Unternehmenskultur, KundInnenbeziehungen und Erfahrungen, die KundInnen mit qualitativen Studien gemacht haben, beeinflussen die Begründungsintensität.
- Jene ExpertInnen, die in der Begründungsintensität qualitativer Marktforschung keine Unterschiede zur quantitativen sehen, argumentieren damit, dass es im Gespräch mit den KundInnen nicht um Methoden geht, sondern um Lösungen. In einzelnen Fällen muss man KundInnen sogar davon überzeugen, dass die Fragestellung nicht mit qualitativen Methoden beantwortbar ist – weil die KundInnen „*qualiforschungsaffin*" (OL 131) sind.

3.6 Entwicklung der Methodenvielfalt

Dem Statement „Die Vielfalt der Marktforschungsmethoden hat in den letzten Jahren stark zugenommen" stimmen 55% bedingt zu, 35% zu und 10% nicht zu (n=92). In der Folge werden die dafür angebotenen Erklärungen zusammengefasst:

- Keine innovativen Methoden

Die ExpertInnen vertreten einerseits die Ansicht, dass sich ein solches Methodenwachstum in der Praxis nicht beobachten lässt, sondern dass es sich schlicht um eine Erweiterung und Verfeinerung des bereits bestehenden Angebots handelt. Anderseits wird argumentiert, dass sich die Vielzahl der zum Einsatz gelangenden Methoden auf Entwicklungen wie die zunehmende Individualisierung und Komplexität, eine vermehrte Kombination qualitativer und quantitativer Herangehensweisen zur Problemlösung oder auch die wachsende Medien- und Kommunikationsvielfalt zurückführen lässt.

- Medien- und Kommunikationsvielfalt

Die rasche Entwicklung im Bereich der Medien und technischen Kommunikationsmöglichkeiten verändert die Marktforschung maßgeblich. Hervorzuheben ist die Verfügbarkeit von Online-Tools, die einerseits etwa die Kontaktherstellung zu Befragten beschleunigt und anderseits etwa die Erhebung von schriftlichen Antworten auf offene Frage erleichtert.

*„In der qualitativen Marktforschung hat die Vielfalt der Methoden in den letzten Jahren nicht zugenommen. Alles war schon einmal da, und vieles ‚Neue' hat nur einen neuen Namen und ist ‚alter Wein in neuen Schläuchen'. Insgesamt hat aber die Vielfalt der Methoden (insbesondere im quantitativen und apparativen Bereich) zugenommen, vor allem bedingt durch neue technische Möglichkeiten. Beispiele: Online Research (die qualitativen Methoden haben sich hier bisher als weitgehend realitätsfern und nicht praktikabel erwiesen), mobile Marktforschung […], Data Warehouse […] und neuerdings apparative Verfahren […]."
(OL 29)*

- Individualisierung

Aufgrund der verschiedensten Trends (z.B. verstärkter Medieneinsatz und damit verbunden rasche Adaptierbarkeit von Messinstrumenten sowie rasche Verfügbarkeit von Datenauswertungen) und Entwicklungen in Richtung maßgeschneiderte Angebote bzw. Lösungen entwickelt sich die klassische Marktforschung hin zu einer spezifisch an den Wünschen der KundInnen orientierten Marktforschung.

- Komplexität

Die zunehmende Komplexität der Problemstellungen und Differenzierung der zu untersuchenden Themengebiete bzw. Fragestellungen haben einen nachhaltigen Einfluss auf die eingesetzten Analysemethoden. Mehrstufige Designs und Mixed Methodology Konzepte werden immer wichtiger.

■ Neue Herausforderungen

Die steigenden Anforderungen von Seiten des Marktes wie zunehmender Wettbewerb oder zeitliche und budgetäre Rahmenbedingungen führen häufig dazu, dass neue Methoden entwickelt und eingesetzt werden.

■ Kombination qualitativer und quantitativer Marktforschung

Diese entwickeln sich aus der Praxis heraus, wie folgendes Statement illustriert. *„Mehr Mischformen aus Quali/Quanti Mafo; mehr ‚Quasi-Quantitative' Quali Mafo (z.B. größere Stichproben), da kein Budget für Quanti einerseits und Quali andererseits vorhanden ist. Es werden mehr Selbstausfüll-Fragebogen/Zettel (handouts) in Gruppendiskussionen verteilt. Die Grenze zwischen Quali und Quanti verwischt. Der Kunde denkt pragmatisch, er ist an kostengünstigen Lösungen interessiert, nicht an der ‚Reinheit' der Methode." (OL113)*

■ Einsatz „neuer" qualitativer Methoden

Das bestehende Spektrum wird bspw. erweitert um Online-Fokusgruppen oder ethnographische Interviews. Auch Gruppeninterviews erfreuen sich zunehmender Beliebtheit.

■ Institutsspezifische Methoden

Eine Vielzahl neuer Bezeichnungen, laufende Tool-Entwicklungen sowie eigene Ansätze der Marktforschungsinstitute prägen die Methodenvielfalt. Als institutsspezifische Tools sind bspw. Deep, das Validierungsinterview oder der A-/B-Split-Test[8] zu nennen. Eine Anfrage beim Anbieter konnte die Bedeutung des Tools klären. Man versteht z.B. unter Deep eine institutsspezifische, qualitative Erhebungsmethode, die ähnlich wie eine Gruppendiskussion durchgeführt wird, jedoch ausschließlich unter Anwendung projektiver Verfahren. Unter einem Validierungsinterview wird ein institutsspezifisches Erhebungsverfahren verstanden, das ähnlich wie ein Posttest erst nach der Durchführung qualitativer Interviews eingesetzt wird, um qualitativ erarbeitete Dimensionen auf einer breiteren Basis abzubilden. In der Praxis sieht dies so aus, dass der Testgegenstand (z.B. Marke, Verpackung) nach einer ersten Erhebungsphase entsprechend abgeändert und weiterentwickelt und die Umsetzung anschließend entsprechend überprüft wird.

---

[8] Der Begriff A-/B-Split-Test bezeichnet ein institutsspezifisches Erhebungsverfahren quantitativer Ausrichtung. Dabei handelt es sich um einen Website-Test, bei dem zwei oder mehr Versionen oder Alternativangebote überprüft und die Ergebnisse anschließend hinsichtlich bestimmter Kriterien verglichen werden.

3.7 Zukunft qualitativer Marktforschung

Die Frage nach der Zukunft qualitativer Marktforschung liefert ein facettenreiches Bild, das sich auf einem Kontinuum zwischen positiven und negativen Vorhersagen darstellen lässt. In Abbildung 5 sind die Ergebnisse im Überblick zusammengefasst und mit Statements illustriert.

Abbildung 3:   Einschätzung der Zukunft qualitativer Marktforschung

Positiv	Neutral	Negativ
▪ Medien- und Kommunikationsvielfalt ▪ Kombinierte Anwendung, Methoden-Mix ▪ Methodenvielfalt ▪ Individualisierung ▪ Transparenz, Beratung ▪ Zunehmendes Bewusstsein	▪ Strömungen, Trends ▪ Keine Differenzierung und Polarisierung ▪ Outsourcing	▪ Geringes Umsatzpotenzial ▪ Finanzielle und zeitliche Restriktionen ▪ „Alibi"-Funktion ▪ Mangelnde Erkenntnisse wissenschaftlicher Forschung
„Wird sich gut entwickeln, Nachfrage steigt ‚trotz allem'. Bei dem immer vielschichtiger, komplexer und auf den ersten Blick ‚unlogischer' werdenden Konsumentenverhalten reicht es nicht mehr, Sachverhalte festzustellen, sondern man muss Motivstrukturen erkennen und möglichst auch Trends vorhersehen." (OL 67)	„Sie wird wichtiger Bestandteil des gesamten Marktforschungsportfolios bleiben. Große Steigerungsraten sehe ich aber nicht." (OL 134)	„[…] Für Marktforschungsunternehmen spielen natürlich Umsatz- und Gewinnstreben eine bedeutende Rolle. Wenn diese Unternehmen mehr über Verkaufszahlen und damit verbunden geringere eigene Tätigkeitsaufwände zu Gewinn kommen wollen, dann wird die qualitative Marktforschung in Zukunft einen noch geringeren Stellenwert einnehmen als es schon jetzt der Fall ist." (OL 91)

Die stetig steigende Medien- und Kommunikationsvielfalt, die Erweiterung des Methodenspektrums der Marktforschung und die zunehmende Individualisierung der KonsumentInnen sind nur einige wenige Gründe, warum die qualitative Marktforschung auch in Zukunft durchaus an Bedeutung gewinnen kann. Auch dem wachsenden Bewusstsein für qualitative Methoden auf KundInnenseite, dem verstärkten Bemühen um Transparenz und Beratung der Institute und dem vermehrt kombinierten Einsatz von Methoden wird in diesem Zusammenhang ein besonderer Stellenwert beigemessen.

Betrachtet man die künftige Entwicklung qualitativer Marktforschung jedoch aus einem pessimistischen Blickwinkel heraus, so können das geringe Umsatzpotenzial qualitativer Dienstleistungen, finanzielle und zeitliche Restriktionen von Seite der KundInnen oder auch mangelnde wissenschaftliche Forschungstätigkeit dazu führen, dass der qualitative Zweig der Marktforschung eine geringere Rolle spielen wird als bisher. Ebenso betont wird die Gefahr, dass qualitative Methoden missbräuchlich eingesetzt werden und nur eine „Alibi"-Funktion erfüllen, wenn sie – aus Kostengründen oder infolge mangelnder Information – auch für jene Fragestellungen herangezogen werden, die sich eigentlich nur oder besser quantitativ bearbeiten lassen.

4 Empfehlungen

Vor dem Hintergrund der im Rahmen der empirischen Studie gewonnenen Erkenntnisse soll abschließend aufgezeigt werden, welche Potenziale und Chancen eine gezielte Integration qualitativer Methoden in das marktforscherische Angebotsspektrum zur Positionierung eines Marktforschungsinstituts mit sich bringen kann. Denn infolge der steigenden Komplexität, der zunehmenden Individualisierung und der wachsenden Methodenvielfalt wird es auch in Zukunft immer wichtiger, Insights zu generieren, d.h. z.B. das Verhalten von KonsumentInnen oder VerhandlungspartnerInnen besser zu verstehen.

- Eine „zweckmäßige" Polarisierung zwischen qualitativer und quantitativer Marktforschung dient nicht nur dem Kunden bzw. der Kundin als Orientierungshilfe und Wegweiser im breiten Leistungsspektrum, sondern ermöglicht dem Institut auch eine klare Positionierung.

- Selbst wenn eine bestimmte Fragestellung die Methodenentscheidung bedingt, so sollten Marktforschungsinstitute versuchen, sich auch über die von ihnen angebotenen methodischen Lösungen einen USP zu erarbeiten. Die Entwicklung institutsspezifischer Methoden sollte vorangetrieben werden, allerdings ist dabei auch auf die Kommunizierbarkeit der Methoden zu achten. Eine große Chance zur Positionierung liegt in der zielgerechten, transparenten Argumentation von Methodenkombinationen.

- Betrachtet man die wachsende Methodenvielfalt, so eröffnen sich für Marktforschungsinstitute neue Möglichkeiten und Spielräume. Für eine klare Positionierung ist es jedoch von besonderer Bedeutung, das Leistungsspektrum für die KundInnen überschaubar zu halten und trotzdem eine umfassende Betreuung zu gewährleisten.

- Besonders wichtig ist es, ein Bewusstsein dafür zu entwickeln, dass sich eine qualitative Herangehensweise für bestimmte Fragestellungen besonders gut eignet und daher – wie auch eine quantitative Herangehensweise – nicht universell empfohlen werden kann. Handelt es sich um die Erkundung von ExpertInnenmeinungen, möchte man ein tieferes Verständnis für das Verhalten, die Beweggründe, Motive, Erwartungen etc. von KonsumentInnen erhalten oder stehen komplexe, erklärungsbedürftige Sachverhalte im Mittelpunkt, so kann ein qualitativer Zugang wertvolle Inputs leisten.

- Wurde soeben darauf hingewiesen, dass es bestimmte Fragestellungen und Forschungsbereiche gibt, die sich für eine qualitative Herangehensweise besonders eignen, so kommt der Aufklärungsarbeit und Schaffung von Transparenz in diesem Zusammenhang eine große Bedeutung zu. Wichtig ist es daher, potentielle KundInnen über die Stärken und Schwächen des jeweiligen Forschungszugangs zu informieren und die Möglichkeiten, aber auch Grenzen abzustecken. Dies kann dazu beitragen, den Vorbehalten gegenüber der Leistungsfähigkeit und Zweckmäßigkeit der Anwendung qualitativer Marktforschungsmethoden erfolgreich entgegenzutreten.

5 Literatur

Bogner, Alexander/Littig, Beate/Menz, Wolfgang (2005, Hrsg.): Das Experteninterview. Theorie, Methode, Anwendung. Wiesbaden: VS.

BVM Berufsverband Deutscher Markt- und Sozialforscher e.V. (2005/2006): BVM Handbuch. Wiesbaden.

Decker, Dominik (2001): Marktforschung im Internet. Einsatzmöglichkeiten, Grenzen und Entwicklungspotenziale. Marburg: Tectum Verlag.

Froschauer, Ulrike/Lueger, Manfred (2003): Das qualitative Interview. Wien: WUV Universitätsverlag.

Gläser, Jochen/Laudel, Grit (2004): Experteninterviews und qualitative Inhaltsanalyse. Verlag für Sozialwissenschaften, Wiesbaden.

Mayring, Philipp (2003): Qualitative Inhaltsanalyse. Grundlagen und Techniken. Weinheim und Basel: Beltz.

Richards, Lyn (2002): Using N6 in Qualitative Research. Doncaster, VIC: QSR International Pty Ltd.

○ Großes Fragezeichen.

○ Große Katastrophe.

✗ Große Herausforderung.

Zugegeben, es gibt leichteres als technische Formeln. Aber wenn Sie Spaß an solchen und anderen Herausforderungen haben, sollten Sie sich bei uns melden. Als einer der weltweit führenden Technologiekonzerne bieten wir Ihnen eine Vielzahl von Aufgabenfeldern im Bereich der Ingenieurs- und Wirtschaftswissenschaften – und das mit internationalen Auf- und Umstiegschancen: Entwicklung von Hochleistungswerkstoffen, Aufbau einer Niederlassung in Asien, Implementierung eines globalen Wissensnetzwerkes oder Vermarktung richtungweisender Produktentwicklungen. Was Sie bei ThyssenKrupp nicht erwartet: Ein alltäglicher Job.

Interessiert? Dann besuchen Sie uns im Internet unter www.thyssenkrupp.com/karriere oder schreiben Sie uns eine E-Mail: karriere@thyssenkrupp.com

Wir entwickeln die Zukunft für Sie.

ThyssenKrupp

Weitere Informationen unter www.thyssenkrupp.com

Teil 2

Theoretische Wurzeln

Thomas Dyllick und Torsten Tomczak

Erkenntnistheoretische Basis der Marketingwissenschaft

1 Einleitung 67
2 Erkenntnisziele 67
3 Theoretische Zugänge 68
4 Praktische Relevanz 70
5 Forschungsparadigmen und -methoden 73
6 Fazit 76
7 Literatur 77

1 Einleitung

Das Marketing - als eine Teildisziplin der Betriebswirtschaft - beschäftigt sich speziell mit *Austauschprozessen*, bei denen Individuen, Gruppen und Organisationen ihre Bedürfnisse befriedigen, indem sie materielle und immaterielle Leistungen (Sachgüter, Dienste und/oder Rechte) anbieten und/oder nachfragen (Kotler/Bliemel 2001, 24; Kuss/Tomczak 2004, 4-5; Esch/Herrmann/Sattler 2006, 3-4). Diese Austauschprozesse finden unter Wettbewerbsbedingungen statt (Plinke 2000, Backhaus 2006). Dickson (1996, 102) definiert Marketing in diesem Sinn als Wissenschaft zur Generierung von Veränderungen (Ungleichgewichten) in Märkten in der Weise, dass die Veränderung dem Unternehmen (oder einer Allianz von Unternehmen) nutzt und – konsequenterweise - Konkurrenten im Vergleich dazu benachteiligt. Aufgabe der Marketingwissenschaft ist es somit, Erkenntnisse über *menschliches Konsum- sowie Kaufverhalten* und die Ursache sowie Entstehung von *Wettbewerbsvorteilen* zu gewinnen und miteinander zu verbinden, wobei je nach Forschungsparadigma Erklärungs-, Verstehens- oder Gestaltungsziele im Vordergrund stehen.

Diese unterschiedlichen wissenschaftlichen Zielkategorien werden im Rahmen dieses Beitrages in einem ersten Schritt näher beleuchtet. Darauf basierend werden die verschiedenen theoretischen Zugänge der Marketingwissenschaft aufgezeigt und deren Beitrag zur Bewältigung gegenwärtiger und zukünftiger Herausforderungen in der Praxis diskutiert, um im letzten Schritt die der Marketingwissenschaft zugrundeliegenden Forschungsparadigmen und -methoden kritisch diskutieren zu können.

2 Erkenntnisziele

Wissenschaftliches Bemühen ist grundsätzlich darauf ausgerichtet, *Erkenntnisfortschritt* zu erzielen. Drei verschiedene Erkenntnisziele lassen sich unterscheiden: Erklären, Verstehen und Gestalten. Das *Erklärungsziel* ist eng mit den Arbeiten von Karl Popper und seiner Konzeption des kritischen Rationalismus verknüpft. Demnach besteht das oberste Erkenntnisziel aller Wissenschaft darin, die Wirklichkeit kausal zu erklären. Hierzu sind Theorien zu entwerfen, welche als ein System empirisch überprüfter und verallgemeinerbarer kausaler Aussagen über einen Forschungsbereich angesehen werden. Theorien bauen dabei auf Beschreibungen und Klassifizierungen (Begriffssysteme, Typologien, Modelle) als Vorstufen von Theorien auf, gehen aber über sie hinaus. Obwohl Popper seine Konzeption im Kontext der Naturwissenschaften entwickelt hat, ist sie für alle Wissenschaften verallgemeinert worden und spielt heute auch für die Sozialwissenschaften und die Betriebswirtschaftslehre eine sehr große Rolle (Popper

1984/1935, 33, Anm. 1; Albert 1967). Die Suche nach wissenschaftlich begründeten Erklärungen und die Gewinnung möglichst allgemeingültiger Theorien stehen für einen Großteil der akademischen Marketingforschung im Vordergrund (siehe Punkt 4). Das *Verstehensziel* ist eng verknüpft mit interpretativen Ansätzen wie Phänomenologie, Hermeneutik oder Konstruktivismus und speziell im Kontext der Human- und Sozialwissenschaften entwickelt worden. Das Verstehensziel wird im Rahmen sozialwissenschaftlicher Ansätze dem Erklärungsziel als angemessenes Erkenntnisziel gegenüber gestellt, da vorschnelle Verabsolutierungen und Verallgemeinerungen, wie sie im Rahmen theoretisch-erklärender Forschung angestrebt werden, weder als sinnvoll noch als möglich angesehen werden (Punkt 4; Lamnek 1988, 202ff). Das *Gestaltungsziel* ist im Kontext der angewandten Wissenschaften (z.B. Technische Wissenschaften, Betriebswirtschaftslehre) entwickelt worden und ist darauf ausgerichtet, wissenschaftliche Anleitung und Unterstützung praktischen Handelns in Form von Methoden, Modellen, Entscheidungs- oder Reflexionshilfen zu liefern (Schön 1983). Im betriebswirtschaftlichen Kontext ist es vor allem den Beiträgen Hans Ulrichs zu verdanken, hierfür ein von den theoretischen Wissenschaften abweichendes, eigenes Selbstverständnis und eine *Konzeption angewandter Managementlehre* entwickelt zu haben (Ulrich 1981, 1982).

Eine *angewandte Marketingforschung* verfolgt mit dem Gestaltungsziel nicht nur ein anderes Erkenntnisziel als die *theoretische Marketingforschung* mit dem Erklärungsziel. Sie ist zugleich viel unmittelbarer an den Anforderungen der Managerial Community ausgerichtet, als an denen der Scientific Community. Sie unterliegt damit auch anderen Gütekriterien und der Forschungsprozess weist eine abweichende Gestalt auf. Dossabhoy und Berger (2002, 312) haben empirisch herausgearbeitet, inwiefern die *Anforderungen und Gütekriterien der Scientific Community* an Forschungsergebnisse von denen der *Managerial Community abweichen*. Während Erstere vor allem die theoretische Fundierung und methodische Strenge der Forschung gewichten sowie den Beitrag zur Theoriebildung (Erklärungskraft), stehen für die Anwender des Wissens vor allem die Praxisrelevanz der Fragestellung und die Anwendbarkeit der Forschungsergebnisse (Problemlösungskraft) im Vordergrund. Betreffen die Gütekriterien theoretischer Forschung vor allem den Forschungsprozess und verlangen diesbezüglich die Einhaltung hoher wissenschaftlicher Standards (rigour), so betreffen die Letzteren vor allem die praktische Relevanz der Forschungsfrage und der Forschungsergebnisse.

3 Theoretische Zugänge

Menschliches Verhalten stellt generell ein *komplexes* Forschungsgebiet dar, mit dem sich zahlreiche Wissenschaftsdisziplinen, wie u.a. Psychologie, Soziologie, Sozialpsychologie, Philosophie, Biologie und Ökonomie sowie andere Teildisziplinen der Betriebswirtschaftslehre, teilweise schon seit Jahrhunderten beschäftigen. Die Marketingwissenschaft bedient sich aus dem reichen Fundus dieser Disziplinen, indem sie Erkenntnisse übernimmt, überprüft und weiterentwickelt (Chmielewicz 1988). Eine der zentralen Herausforderungen für die Marketingwissenschaft besteht daher darin, eine Fülle von Erkenntnissen, die zudem aus unterschiedlichen und hoch dynamischen Wissensgebieten stammen, aufzunehmen und zu integrieren. Als relativ junge Disziplin steht die Marketingwissenschaft bei dieser Aufgabe offenbar am Anfang. So konstatieren FachvertreterInnen immer wieder, dass die Marketingwissenschaft über eine *geringe theoretische Reife* verfüge (Desphandé 1983, Raffée 1984, Wells 1993, Armstrong/Brodie/Parsons 2001). Dies äussert sich insbesondere darin, dass kein eigenständiges integrierendes Theoriegebäude vorliegt, welches von größeren Kreisen der Scientific Community akzeptiert und genutzt wird. Der *Status quo* der Marketingwissenschaft ist eher durch ein weitgehend isoliertes Nebeneinander verschiedener theoretischer Zugänge geprägt (Kaas 2000, 73). Angesichts des komplexen Gegenstandes der Marketingwissenschaft bleibt hierbei zu fragen, ob ein solch (sub-)disziplinärer Zugang ausreichend ist und ob nicht umfassendere (interdisziplinäre) Zugänge gewählt werden müssen.[1]

Traditionelle theoretische Zugänge der Marketingdisziplin sind neben den beschreibenden und kategorisierenden institutions-, funktions- und warenorientierten Ansätzen der *Systemansatz* (Beschreibung und Strukturierung von Marketingsystemen und -prozessen), der *verhaltenswissenschaftliche Ansatz* (Erkenntnisse über das Verhalten von Konsumenten und Organisationen) und der weitgehend in der neoklassischen Theorie verankerte *entscheidungsorientierte Ansatz* (zielorientierte Gestaltung von Marketingprozessen). Der sogenannte verhaltenswissenschaftliche Ansatz - von Kaas (2000) unter dem Begriff des neobehavioristischen Paradigmas zusammengefasst - besitzt zweifellos eine gewisse Dominanz in der Marketingdisziplin, was aufgrund der zentralen Aufgabenstellung der Marketingwissenschaft, nämlich Erkenntnisse über das menschliche Kauf- und Konsumverhalten zu sammeln, auch naheliegend ist. Allerdings stellt der verhaltensorientierte Ansatz keinesfalls eine „General Theory" dar, sondern ist interdisziplinär ausgerichtet (Psychologie, Soziologie, Sozialpsychologie, Neuropsychologie etc.) und umfasst theoretische Konzepte, die in mehr oder weniger friedlicher Koexistenz nebeneinander stehen (z.B. emotionale Konditionierung und Wahrnehmungstheorie oder Kundenzufriedenheits- und Präferenzforschung). Ende der 80er Jahre stellte der *situative Ansatz* einen interessanten Zwischenschritt in der Entwicklung der Marketingdisziplin dar, indem er versuchte, die verschiedenen Theorieansätze zu kombinieren und kontextbezogen Ansatzpunkte für die Gestaltung von Marketingprozessen abzuleiten (Meffert 1989, 341). Neben diesen Zugängen, die weiterhin

---

[1] Andere Disziplinen der Betriebswirtschaftslehre scheinen hier zumindest einen Schritt weiter. So schuf der Ansatz der „resource based view of the firm" für die Strategieforschung ein theoretisches Fundament, auf dem offenbar zahlreiche Forschungsbemühungen der letzten Jahre verankert sind und welches zudem ausreichend Raum für theoretische Weiterentwicklungen lässt (u.a. Ansatz der „dynamic capabilities", „knowledge based view"; siehe Müller-Stewens/Lechner 2003).

grundlegend und von Relevanz für die Marketingdisziplin sind (Esch/Herrmann/Sattler 2006, 16-20), haben sich in jüngerer Zeit - ebenso wie in anderen betriebswirtschaftlichen Disziplinen - insbesondere Zugänge der *neueren mikroökonomischen Theorie*, wie Informationsökonomik, Prinzipal-Agent-Theorie und Transaktionskosten-Theorie als weitere und teilweise spezifischere theoretische Zugänge etabliert (Kaas 1995, 2000). Zu erwähnen sind weiterhin Ansätze, die auf der *„resource based view of the firm"* gründen, wie die von Hunt und Morgan entwickelte Resource-Advantage-Theorie, die einen interessanten Vorschlag auf dem Weg zu einer geschlossenen Marketingtheorie („General Theory") darstellt (Hunt/Morgan 1995, 1997; Hunt 2000, 2002).

Fazit: Die Marketingwissenschaft ist durch ein Nebeneinander unterschiedlicher theoretischer Zugänge gekennzeichnet, was dazu führt, dass zwar zahlreiche wertvolle Teilerkenntnisse vorliegen, deren Beitrag zum Erkenntnisfortschritt - wie z.B. Sheth, Gardner und Garrett (1988, 18) feststellen - durch die mangelnde Einbindung in eine übergeordnete Theorie eingeschränkt ist oder zumindest unzureichend genutzt wird. Dieser Einschätzung kann einerseits tendenziell zugestimmt werden, sie bedarf andererseits aber auch der Relativierung. So betont u.a. Schanz den positiven Wert eines *wissenschaftlichen Pluralismus* (Feyerabend 1976): „Wenn uns unsere Sinne mehrere Erfahrungen vermitteln, dann benötigen wir auch mehrere Theorien, um diese Erfahrungen zu systematisieren" (Schanz 1975, 327). Mit anderen Worten, ein Sachverhalt (Explanandum) sollte nicht nur mit Hilfe einer Theorie erklärt werden. Ein Erkenntnisfortschritt wird sich allerdings erst dann erzielen lassen, wenn ein solcher Pluralismus als *kritisch-konstruktive Ideenkonkurrenz* organisiert ist. Weder ein unverbindliches noch ein kritisch-destruktives Nebeneinander leistet einen Beitrag zum Erkenntnisfortschritt (Schanz 1990, 92f).

4 Praktische Relevanz

Jeder/jede anwendungsorientierte MarketingforscherIn muss seine/ihre Arbeit an dem Kriterium der Praxisrelevanz messen lassen. Nach Thomas und Tymon (1982) und in Übereinstimmung mit den empirischen Ergebnissen von Dossabhoy und Berger (2002) sind wissenschaftliche Erkenntnisse praxisrelevant, wenn sie die folgenden Anforderungen erfüllen: Die Forschungsergebnisse müssen der erlebten Realität der anvisierten praktischen Akteure entsprechen (descriptive relevance). Sie müssen deren effektive Zielgrössen als abhängige Variable (goal relevance) und deren beeinflussbare Mittel als unabhängige Variable behandeln (operational validity). Sie sollten im Unterschied zu populärwissenschaftlichen Rezepten nicht trivial sein (nonobviousness) und zeitgerecht vorliegen, also dann wenn sich das behandelte Problem praktisch stellt (timeliness). Hiermit sind grundlegende Aspekte der behandelten *Forschungsfrage,* aber auch des *Forschungsdesigns* angesprochen. Mit dem Kriterium „timeliness" werden aber auch *forschungspragmatische* Aspekte hervorgehoben. Hierunter fallen die Zugänglichkeit der Forschungsergebnisse und die Verständlichkeit der Ausführungen. Ein Problem für die Zugänglichkeit der Forschungsergebnisse ergibt sich daraus, dass sich die Veröffentlichung akademisch respektabler Forschung zunehmend auf möglichst hochrangige Zeitschriften konzentriert, die ein ausschließlich akademisches Publikum ansprechen und auch erreichen. Zugänglichkeit für die Praxis heißt deshalb, Mittel und Medien zu finden, die auch von der angestrebten Zielgruppe gesehen und gelesen werden. Mit der zunehmenden Spezialisierung aller Wissenschaften sind nicht nur ausdifferenzierte Fachsprachen entstanden, sondern auch die Anforderungen an mathematische und statistische Kenntnisse haben stark zugenommen. Dies dient zwar der wissenschaftlichen Präzision, schadet aber i.d.R. der allgemeinen Verständlichkeit. Zudem sind Fristen von zwei bis drei Jahren zwischen Einreichung eines Manuskriptes bei einer wissenschaftlichen Zeitschrift und dem Abdruck eines angenommenen Beitrags nicht die Ausnahme, sondern eher die Regel. Forschungsergebnisse aber, die zu spät kommen für die Probleme, die sie lösen sollen, haben in der Welt der Praxis ihren Wert verloren. „Time-to-audience" ist somit im Falle praxisrelevanter Forschung ein nicht zu übersehendes Gütekriterium.

So führte auch Dichtl (1989, 70). schon vor knapp zwei Jahrzehnten aus: „Die Kluft zwischen dem, was die akademische Welt leistet, und dem, was ihr Pendant in der Praxis erwartet, scheint sich zu vergrössern". Angesichts der erheblichen Veränderungen im marktlichen Umfeld (u.a. weltweit weiter fallende Handelsbarrieren, Medienkonvergenz, Fortschritte im Feld der Informationstechnologie) ist festzustellen, dass die Situation sich in den letzten Jahren nicht verbessert hat. Vielmehr ist es offenbar noch anspruchsvoller geworden, einerseits valide Messungen vorzunehmen („rigour"), andererseits aber auch der Praxis „rechtzeitig" nutzbare Erkenntnisse zur Verfügung zu stellen („relevance") (Craig/Douglas 2001).

Nicht nur in der Praxis, sondern auch bei zahlreichen Wissenschaftlern bestehen zunehmend Bedenken, ob die Marketingwissenschaft in der Lage ist, Unternehmen wirkungsvoll bei der Bewältigung gegenwärtiger und zukünftiger Herausforderungen zu unterstützen (Baker/Erdogan 2000). Vor dem Hintergrund von Ergebnissen einer mit ca. 50 führenden MarketingwissenschaftlerInnen durchgeführten Brainstorming Session[2] zum Thema „In search of relevance and rigour for research in marketing" heben Katsikeas, Robson und Hulbert (2004, 574-575) hervor: „While it is imperative that research methods are systematic and critically applied, this is inconsequential if the research issue itself fails to address an important marketing phenomenon in an original fashion. Accordingly, the first and most important step in conducting efficacious marketing research is to select a promising area. " Anknüpfend an Day und Montgomery (1999) plädieren sie daher dafür, dass in der Marketingwissenschaft eine Umorientierung statt finden müsse. Es sei nicht ausreichend, nur zu fragen „What can we say to our peers?", sondern es sei vielmehr notwendig, auch zu fragen "What can we

---

[2] Beteiligt waren MarketingwissenschaftlerInnen aus Europa (v.a. GB) und den USA.

say to the broader academic community?" und insbesondere „How can managers make use of what we have found?" (Katsikeas/Robson/Hulbert 2004, 575).

Die Frage stellt sich somit, ob und inwiefern sich die unterschiedlichen Anforderungen von theoretischer und angewandter Marketingforschung an methodische Strenge (rigour) und praktische Relevanz (relevance) miteinander vereinbaren lassen? *Prozedural* wird hier unmittelbar ein Lösungsansatz sichtbar, der beide Anforderungen miteinander zu vereinbaren vermag. Solange die Forschung im Zuge ihrer Durchführung an den strengen Anforderungen methodischer Rigorosität ausgerichtet wird, erfüllt sie zentrale Gütekriterien theoretischer Forschung, ohne dass hierdurch die Anforderungen angewandter Forschung tangiert werden. Kritisch wird es aber am Anfang und am Ende des Forschungsprozesses.

Am Anfang des Forschungsprozesses stellt sich die Frage, inwiefern es gelingt, die *Forschungsfrage* sowohl auf die wissenschaftliche Diskussion wie auch auf die Probleme der Praxis abzustimmen. Erstere bedarf einer intensiven Auseinandersetzung mit der aktuellen wissenschaftlichen Literatur und auf wissenschaftlichen Kongressen, letztere bedarf demgegenüber einer möglichst tiefen Einsicht in die Situation der Praxis. Hier geht es darum, die aktuellen Probleme im Praxisfeld sowie deren institutionellen und historischen Kontext kennen und verstehen zu lernen. Beides ist zeitaufwändig und anspruchsvoll und stellt deutlich unterschiedliche Anforderungen. Kompromisse sind deshalb unvermeidlich. Dennoch gilt, dass angewandte Forschung, die diesen Namen verdient, ihren Ausgangspunkt und ihre Begründung in der Praxis finden muss. Nachträgliche Übertragungen von Forschungsergebnissen auf die Praxis, deren Fragestellung nicht von Anfang an aus der Praxis heraus entwickelt wurde, dürften höchstens in Ausnahmefällen als relevant erachtet werden.

In *inhaltlicher Hinsicht* machen Dossabhoy und Berger (2002, 312ff) einen Vorschlag, wie sich die Kluft zwischen Wissenschaft und Praxis überbrücken lässt, ohne dass sich damit die bestehenden Unterschiede aus der Welt schaffen ließen. Sie schlagen hierfür fünf Kriterien vor, an denen sich eine sowohl relevante wie auch stringente Forschung orientieren sollte: Forschung sollte kritische Probleme behandeln, welche reale Probleme der Praxis betreffen (criticality). Forschung sollte nützliche Ergebnisse produzieren, die sowohl zur Lösung realer Probleme beitragen wie auch das theoretische Wissen bereichern (utility). Forschung sollte valide Erkenntnisse produzieren, die objektiv gewonnen wurden und als gültig angesehen werden können (validity). Forschung sollte überprüfbare Erkenntnisse produzieren, die durch glaubwürdige Daten empirisch belegt sind (verifiability). Und Forschung sollte sich schließlich auch durch Klarheit und Kohärenz auszeichnen (clarity). Während die ersten beiden Kriterien zentrale Anliegen der Praxis betreffen, geht es in den beiden nächsten Kriterien um zentrale Anliegen der Wissenschaft und im letzten Kriterium um ein übergreifendes Anliegen.

5 Forschungsparadigmen und -methoden

Die drei Grundelemente empirischer Forschung sind Realität, Theorie und Methoden. Für die wissenschaftliche Betrachtungsweise von Realität ist es typisch, dass in sich widerspruchsfreie Systeme von Aussagen (Theorien) aufzustellen sind, deren Entsprechung zur Realität unter Verwendung geeigneter Methoden zu überprüfen ist (Kuss 1987, 53-66). Die Methoden stellen eine Verbindung zwischen Theorie und Realität her. Mit Hilfe welcher Methoden wissenschaftliche Erkenntnisse über die Realität zu gewinnen sind, ist einer der zentralen Streitpunkte der wissenschaftstheoretischen Diskussion in der Marketingdisziplin. VertreterInnen, die sich dem *positivistischen Forschungsparadigma* verpflichtet fühlen, bevorzugen eine *quantitative Forschungsmethodik*. Anhänger des *konstruktivistischen Paradigmas* hingegen neigen eher einer *qualitativen Forschungsmethodik* zu.

Während quantitative Forschung in der Regel quantitative Daten (Zahlen, Statistiken) unter Verwendung standardisierter Erhebungsinstrumente - zumeist Fragebogen und standardisierte Interviews - sammelt und mittels statistischer Verfahren auswertet, erfasst qualitative Forschung qualitative Daten (verbale Aussagen, Qualifikationen) unter Verwendung offener Erhebungsinstrumente - zumeist Textanalysen oder offene Interviews - und verarbeitet diese mittels interpretativer Verfahren. Weil die Verwendung quantitativer Daten und statistischer Verfahren zu zahlenmäßig „härteren" Ergebnissen im Vergleich zur Verwendung qualitativer Daten und interpretativer Verfahren führt, spricht man auch von „harten" im Gegensatz zu „weichen" Methoden, ohne dass damit auch gesagt wäre, dass die Ergebnisse auch eine höhere Gültigkeit beanspruchen können.

Hildebrandt und Wagner (2000) weisen auf Basis einer Untersuchung führender Marketing- und Management-Journale nach, dass in den letzten Jahren der *quantitative Forschungsansatz* und mit ihm Ansätze aus Operations Research und Management Science zunehmend die Marketingwissenschaft dominieren.

Im Rahmen quantitativer Forschung wird typischerweise davon ausgegangen, dass die Realität objektiv gegeben ist wie z.B. im Falle der Ausgaben für Marketingmaßnahmen. Häufiger noch wird - bewusst oder unbewusst - einfach unterstellt, dass die Realität objektiv gegeben sei, wenn z.B. die Erwartungen der Kunden erfasst werden, unabhängig von der Frage, ob diese tatsächlich auch objektiv gegeben sind. Die „Mainstream-Marketingforschung" - sowohl im angelsächsischen wie im deutschsprachigen Raum - wird überwiegend von einem solchermaßen *positivistischen Forschungsparadigma* geprägt (Desphandé 1983, Anderson 1986, Easton 2002).[3]

---

[3] Spielformen des Positivismus sind „Logical Empirism", „Falsificationism" oder „Classical Realism" (Hunt 1991).

Der Positivismus geht in seinem Kern von einer einzigen (objektiven) Realität aus. Das Gegebene, Tatsächliche, unbezweifelbar Vorhandene soll Gegenstand der Forschung sein, um auf diesem Weg zu Erkenntnissen (Theorien) zu gelangen, die empirisch überprüft werden können (Bewährung/Falsifikation von Hypothesen; vgl. die zusammenfassende Darstellung bei Kruthoff 2005, 19). Engel, Blackwell und Miniard (1995, G11) bringen die Grundidee des Positivismus auf den Punkt, wenn sie definieren. „Positivism: the research theory in which rigorous empirical techniques are used to discover generalized explanations and laws." Die in der Marketingdisziplin vorherrschende *deduktiv-nomologische Variante* ist zudem dadurch gekennzeichnet, dass Hypothesen, die aus vorhandenen Theorien abgeleitet werden, unter Verwendung eines häufig relativ aufwendigen Instrumentariums überprüft werden. Die standardisierten Arbeitsschritte sind: Aufstellen einer Hypothese (möglichst abgeleitet aus der Theorie), Konfrontation mit der Realität und Entschluss über Bewährung oder Verwerfung der Hypothese.[4]

Die „Mainstream-Marketingforschung" ist darauf fokussiert, zumeist vorhandene Theorien in unterschiedliche Kontexte zu übertragen und dort auf ihre Gültigkeit zu untersuchen, was dazu geführt hat, dass zwar vorhandene Erkenntnisse weiter differenziert, spezifiziert und überprüft werden konnten (Levy 2005), der Theoriezuwachs im Hinblick auf Fragestellungen und Probleme, die gegenwärtige und zukünftige Herausforderungen des Marketing betreffen, aber eher gering ausfällt (Srnka 2006, 3). Kritisch lässt sich daher feststellen, dass die in der heutigen Forschungspraxis verbreitete formal-verfahrenstechnische Orientierung „echten" Erkenntnisfortschritt eher behindert (Desphandé 1983, 101). Ein solcher lässt sich vorrangig durch ein Mehr an Verständnis und nicht durch einen Zuwachs an Erkenntnissicherheit erzielen („Sichere Erkenntnisse werden noch sicherer") (Levy 2005, 341). Angesichts der komplexen, in weiten Feldern ungelösten und in einem stetigen Wandel begriffenen Problemstellungen in der Marketingpraxis scheint es fruchtbarer, „neue" Hypothesen in den Forschungsprozess einzubringen, als bestehende - wenn auch „empirisch-gehaltvolle" – Hypothesen stringent zu prüfen (Tomczak 1992, 83; Wollnik 1977, 43). Raffée stellte hierzu schon vor zwei Jahrzehnten fest: *„In jedem Fall begrenzt die geringe theoretische Reife der Betriebswirtschaftslehre die Brauchbarkeit der deduktiv-nomologischen Erklärungsmethode für die Lösung aktueller betriebswirtschaftlicher Aufklärungs- und Steuerungsprobleme"* (Raffée 1984, 21). So fordert auch Wells (1993, 499), dass die Marketingwissenschaft die Entwicklung neuer Theorien und Hypothesen ins Zentrum des forscherischen Bemühens stellen sollte.

Angesichts von „geringer theoretischer Reife" und „mangelnder Praxisrelevanz" der Marketingdisziplin entwickelte sich beginnend in den 80er Jahren des letzten Jahrhun-

---

[4] Repräsentativität, möglichst große Stichproben, Operationalisierung von Konstrukten, der Einsatz multivariater Analysemethoden (in den letzten Jahren insbesondere Kausalanalysen), hochsignifikante Testergebnisse etc. sind die Indikatoren, die „gute" von „weniger guter" Marketingforschung unterscheiden.

derts eine kritische Diskussion über das die Marketingwissenschaft dominierende positivistische Forschungsparadigma (Anderson 1986; Peter/Olson 1983, Deshpandè 1983), die darin gipfelte, das mit dem *Relativismus bzw. Konstruktivismus* ein alternatives Forschungsparadigma vorgeschlagen wurde. Demnach sind nur die Beziehungen der Dinge zueinander, nicht aber diese selbst erkennbar. Jede Erkenntnis ist nur relativ (bedingt durch den Standpunkt des Erkennenden) richtig, jedoch nie allgemein gültig. Darüber hinaus wird Wissenschaft als ein sozialer Prozess verstanden, der nicht losgelöst von kulturellen, sozialen, politischen und ökonomischen Einflüssen gesehen werden kann (Kruthoff 2005, 20-24). Insbesondere Desphandé (1983) streicht die Notwendigkeit heraus, explorativ ausgerichtete Forschung zu forcieren, um *innovative Theorieansätze entwickeln* zu können, und betont in diesem Zusammenhang den Wert qualitativer Forschungsmethoden. Quantitative Forschung muss letztlich darauf bauen können, dass die relevanten Akteure und Bedingungen vorgängig hinreichend genau bestimmt werden können, damit sie unter Anwendung ihres Instrumentariums – großzahlig, vergleichend und losgelöst von deren spezifischen Kontexten - untersucht werden können. Qualitative Forschung untersucht demgegenüber Zusammenhänge in ihren natürlichen Kontexten und verwendet dabei die Interpretationen der relevanten Handelnden selber, um Zusammenhänge zu erklären. Sie greift hierfür auf Worte und Texte der Handelnden zurück und versucht diese in ihrem Kontext zu deuten, ohne sie sogleich zu kodieren, zu zählen und statistisch zu verarbeiten. Sie führt damit häufig zu konkreten, „dichten" Beschreibungen und Interpretationen von Interaktionen, Prozessen und Bedeutungen und vertieft primär einmal das Verständnis der untersuchten Zusammenhänge. Sie erlaubt aber in der Regel keine einfachen Verallgemeinerungen über den Untersuchungskontext hinaus (Denzin/Lincoln 2000, Gephart 2004).

Die qualitative Forschungsmethodik wird von Vertretern der „Mainstream-Marketingforschung" traditionell kritisch beurteilt, da es ihr an methodischer Strenge fehle. So stellen Ruigrok, Gibbert und Kaes (2005) aufgrund einer umfangreichen Analyse von im Zeitraum von 1995-2000 in führenden Management-Journals publizierten Artikeln, die auf Fallstudienforschung basieren, fest: „..., it appears to us that in many cases, the researchers had simply not considered some of the more fundamental requirements for establishing rigor. In general, the links between data and theory were not sufficiently discussed. The rationale for data triangulation was not made explicit, and selection procedures for key informants were not tied to the design approach and research question. In many cases, the data collection method was ambiguous and it was not clear how conclusions were derived." (Ruigrok/Gibbert/Kaes 2005, 33-34) Bei qualitativer Forschung besteht die Gefahr, reine Deskription zu betreiben, sich jedem „Experten" begeistert auszuliefern, anekdotischen Ballast anzuhäufen und die Untersuchung ungenügend zu fundieren. Dies ist aber kein genereller konzeptioneller Makel qualitativer Forschungsmethodik, sondern erfasst lediglich den - allerdings verbreiteten und bedenklichen - Status quo ihrer Umsetzung im Forschungsalltag. Auch qualitative Forschung kann und muss den Anforderungen methodischer Strenge entsprechend durchgeführt werden. Es gelten aber andere Regeln und Gütekriterien als bei einem hypothesenprüfenden quantitativen Vorgehen. Hierfür haben z.B. Mayring (2002, 144ff) und Maxwell (2002) prozessuale sowie inhaltliche Gütekriterien qualitativer Forschung entwickelt. Darüber hinaus finden sich auch methodenspezifische Gütekriterien qualitativer Forschung (Mayring 2002, 142ff; Yin 1989, 40ff; Yin 1993). Eine besondere Herausforderung qualitativer Forschungsansätze stellt die Anforderung *intersubjektiver Nachprüfbarkeit* der Erkenntnisse dar (Köhler 1976, 158).[5]

6 Fazit

Eine angewandte Wissenschaft, wie es die Marketingwissenschaft aufgrund ihres Erkenntnisgegenstandes sein sollte, muss Erkenntnisse liefern, die einen Beitrag zur Lösung von wichtigen und aktuellen Problemen der Praxis leisten. Die mit dem positivistischen Forschungsverständnis einhergehende Spezialisierung im „Mainstream" der Marketingdisziplin hat dazu geführt, dass die praktische Problemlösungskraft der Marketingforschung insgesamt begrenzt geblieben ist. Zudem weist die Marketingwissenschaft aber auch Defizite im Bereich erklärungskräftiger Theorien auf, so dass hier ein stärkerer Fokus auf Theorieentwicklung anstelle von Theorieprüfung gelegt werden sollte.

Dieser Beitrag verdeutlicht die je spezifischen Merkmale und Beiträge, welche eine angewandte und eine theoretische Marketingwissenschaft leisten können, und zeigt Ansätze zu einer möglichen Integration der beiden Ansätze auf. Einen wichtigen Beitrag auf dem Weg zu mehr Praxisrelevanz und theoretischer Weiterentwicklung der Marketingdisziplin können und werden dabei qualitative Ansätze und Forschungsmethoden leisten. Dabei sind die spezifischen Regeln und Gütekriterien qualitativer Forschung zu beachten, um methodische Strenge zu gewährleisten. Ein Mix qualitativer und quantitativer Forschungsmethoden ist dabei überhaupt nicht auszuschließen, können doch so die jeweiligen Möglichkeiten und Stärken der Ansätze bewusst und gezielt, z.B. durch den Einsatz von sogenannten Mixed-Design-Modellen, zur Geltung gebracht werden (Srnka 2006).

---

[5] Anzumerken bleibt, dass sich insbesondere im Journal of Consumer Research immer wieder Beiträge finden lassen, die auf mit grosser methodischer Strenge durchgeführten qualitativen Forschungen beruhen (siehe z.B. den Beitrag von Martin (2004) „Using the Imagination: Consumer Evoking and Thematizing of the Fantastic Imaginary", der auch exemplarisch veranschaulicht, dass sich bestimmte Fragestellungen nur mit Hilfe qualitativer Forschungsmethoden beantworten lassen).

7 Literatur

Albert, Hans (1967): Probleme der Wissenschaftslehre in der Sozialforschung. In: König, Rene (Hrsg.): Handbuch der empirischen Sozialforschung. 2. Auflage, Bd. 1. Stuttgart, 38-63.

Anderson, Paul F. (1986): On Method in Consumer Research: A Critical Relativist Perspective. In: Journal of Consumer Research, vol. 13, no. 2, 155-173.

Armstrong, J. Scott/Brodie, Roderick J./Parsons, Andrew G. (2001): Hypotheses in Marketing Science: Literature Review and Publication Audit. In: Marketing Letters, vol. 12, no. 2, 171-187.

Backhaus, Klaus (2006): Vom Kundenvorteil über die Value Proposition zum KKV. In: Thexis, 3, 7-10.

Baker, Michael J./Erdogan, Zafer B. (2000): „Who we are and what we do – 2000", in: Journal of Marketing Management, vol. 16, no. 7, 679-696.

Brett, A.S. Martin (2004): Using the Imagination: Consumer Evoking and Thematizing of the Fantastic Imaginary. In: Journal of Consumer Research, vol. 31, June, 136-149.

Chmielewicz, Klaus (1988): Theoriebildung in der Betriebswirtschaftslehre. In: Albers, Sönke (Hrsg.): Handwörterbuch der Wirtschaftswissenschaft. Bd. 9. Stuttgart, 446-469.

Craig, C. Samuel/Douglas, Susan P. (2001): Conducting International Marketing Research in the Twenty-First Century. In: Journal of Management Studies, vol. 18, no. 1, 80-90.

Day, Georg S./Montgomery, David B. (1999): Charting New Directions for Marketing. In: Journal of Marketing, vol. 58, no. 4, 37-54.

Denzin, Norman K./Lincoln, Yvonna S. (2000): Introduction: The Discipline and Practice of Qualitative Research. In: Denzin, N.K./Lincoln, Y.S. (eds.): Handbook of Qualitative Research. 2nd edition. Thousand Oaks, 1-28.

Desphandé, Rohit (1983): „Paradigms Lost": On Theory and Method in Research in Marketing. In: Journal of Marketing, vol. 47, no. 4, 101-110.

Dichtl, Erwin (1989): Symptome einer Fehlentwicklung. In: Marketing-ZFP, Heft 1, 70-71.

Dickson, Peter R. (1996): The Static and Dynamic Mechanics of Competition: A Comment on Hunt and Morgan's Comparative Advantage Theory. In: Journal of Marketing, vol. 57, no. 1, 23-37.

Dossabhoy, Nasswan S./Berger, Paul D. (2002): Business School Research: Bridging the Gap between Producers and Consumers. In: Omega, vol. 30, 301-314.

Easton, Geoff (2002): Marketing - A Critical Realist Approach. In: Journal of Business Research, vol. 55, no. 2, 103-109.

Engel, James F./Blackwell, Roger D./Miniard, Paul W. (1995): Consumer Behavior. 8th edition. Orlando.

Esch, Franz-Rudolf/Herrmann, Andreas/Sattler, Henrik (2006): Marketing - Eine managementorientierte Einführung. München.

Feyerabend, Paul K. (1976): Wider den Methodenzwang - Skizze einer anarchistischen Erkenntnistheorie. Frankfurt am Main.

Gephart, Robert P. Jr. (2004): From the Editors. Qualitative Research and the Academy of Management Journal. In: Academy of Management Journal, vol. 47, no. 4, 454-462.

Hildebrandt, Lutz/Wagner, Udo (2000): Marketing and Operations Research - A Literature Survey. In: OR Spectrum, vol. 22, no. 1, Feb., 5-18.

Hunt, Shelby/Morgan, Robert (1995): The Comparative Advantage Theory of Competition. In: Journal of Marketing, vol. 59, no. 2, 1-15.

Hunt, Shelby/Morgan, Robert (1997): Resource-Advantage Theory: A Snake Swallowing Its Tail or a General Theory of Competition? In: Journal of Marketing, vol. 61, no. 4, 74-82.
Hunt, Shelby (1991): Modern Marketing Theory: Critical Issues in the Philosophy of Marketing Science. Cincinnati, OH
Hunt, Shelby (2000): A General Theory of Competition. Thousand Oaks, CA.
Hunt, Shelby (2002): Foundations of Marketing Theory. Armonk, N.Y., London.
Kaas, Klaus Peter (1995): Informationsökonomik. In Tietz, Bruno/Köhler, Richard/Zentes, Joachim (Hrsg.): Handwörterbuch des Marketing. 2. Auflage. Stuttgart, 971-978.
Kaas, Klaus Peter (2000): Alternative Konzepte der Theorieverankerung. In: Backhaus, K. (Hrsg.): Deutschsprachige Marketingforschung. Bestandsaufnahme und Perspektive. Stuttgart, 55-78.
Katsikeas, Constantine S./Robson, Matthew J./Hulbert, James M. (2004): In Search of Relevance and Rigour for Research in Marketing. In: Marketing Intelligence & Planning, vol. 22, no. 5, 568-578.
Köhler, Richard (1976): „Inexakte Methoden" in der Betriebswirtschaftslehre. In: Ulrich, Hans (Hrsg.): Zum Praxisbezug in der Betriebswirtschaftslehre. Bern, Stuttgart, 153-169.
Kotler, Philipp/Bliemel, Friedhelm (2001): Marketing-Management. 10. Auflage. Stuttgart.
Kruthoff, Kai (2005): Der Umgang mit Trends im Marketing. Dissertation Universität St. Gallen.
Kuss, Alfred (1987): Information und Kaufentscheidung. Berlin, New York.
Kuss, Alfred/Tomczak, Torsten (2004): Marketingplanung. 4. Auflage. Wiesbaden.
Lamnek, Siegfried (1988): Qualitative Sozialforschung. Band 1: Methodologie. München, Weinheim.
Levy, Sidney J. (2005): The Evolution of Qualitative Research in Consumer Behavior. In: Journal of Business Research, vol. 58, 341-347.
Maxwell, Joseph A. (2002): Understanding and Validity in Qualitative Research. In: Huberman, Michael/Miles, Matthew B.: The Qualitative Researcher's Companion. Thousand Oaks, 37-64.
Mayring, Philipp (2002): Einführung in die Qualitative Sozialforschung. 5. Auflage. Weinheim.
Meffert, Heribert (1989): Marketing und allgemeine Betriebswirtschaftslehre - Eine Standortbestimmung im Lichte neuerer Herausforderungen der Unternehmensführung. In: Kirsch, Werner/Picot, Arnold (Hrsg.): Die Betriebswirtschaftslehre im Spannungsfeld zwischen Generalisierung und Spezialisierung. Wiesbaden, 339-357.
Müller-Stewens, Günter/Lechner, Christoph (2003): Strategisches Management. 2. Auflage. Stuttgart.
Peter, J. Paul/Olson, Jerry C. (1983): Is Science Marketing? In: Journal of Marketing, vol. 47, no. 4, 111-125.
Plinke, Wulff (2000): Grundlagen des Marktprozesses. In: Kleinaltenkamp, M./Plinke, W. (Hrsg.): Technischer Vertrieb: Grundlagen des Business-to-Business Marketing. 2. Auflage. Berlin, 3-100.
Popper, Karl (1984/1935): Logik der Forschung. 8. Auflage. Tübingen (erstmals publiziert 1935).
Raffée, Hans (1984): Gegenstand, Methoden und Konzepte der Betriebswirtschafts-lehre. In: Vahlens Kompendium der Betriebswirtschaftslehre. Bd. 1. München 1984, 1-46.
Ruigrok, Winfried/Gibbert, Michael/Kaes, Barbara (2005): In Search of Rigorous Case Studies: Patterns of Validity and Reliability across Ten Management Journals 1995-2000. Working paper, University of St. Gallen.
Schanz, Günther (1975): Zwei Arten des Empirismus. In: Zeitschrift für betriebswirtschaftliche Forschung, 27. Jg., 307-331.

Schanz, Günther (1990): Methodologische Anmerkungen zur neueren deutschen Betriebswirtschaftslehre. In: Schanz, G. (Hrsg.): Die Betriebswirtschaftslehre als Gegenstand kritisch-konstruktiver Betrachtungen. Stuttgart, 89-98.

Schön, Donald A. (1983): The Reflective Practitioner. New York

Sheth, Jagdish N./Gardner, David M./Garrett, Dennis E. (1988): Marketing Theory: Evolution and Evaluation. New York.

Simon, Hermann (1986): Herausforderungen an die Marketingwissenschaft, in: Marketing-ZFP, Heft 3, 205-213.

Srnka, Katharina (2006): Integration qualitativer und quantitativer Methoden in der Marketingforschung: Ein Beitrag zur Förderung der Theorieentwicklung in der Betriebswirtschaftslehre. Unveröffentlichtes Manuskript der Universität Wien.

Thomas, Kenneth W./Tymon, Walter G. (1982): Necessary Properties of Relevant Research: Lessons from Recent Criticisms of the Organizational Sciences. In: Academy of Management Review, vol. 7, no. 3, 345-352.

Tomczak, Torsten (1992): Forschungsmethoden in der Marketingwissenschaft - Ein Plädoyer für den qualitativen Forschungsansatz. In: Marketing-ZFP, Heft 2, 77-87.

Ulrich, Hans (1981): Die Betriebswirtschaftslehre als anwendungsorientierte Sozialwissenschaft. In: Geist, M./Köhler, R. (Hrsg.): Die Führung des Betriebs. Stuttgart, 1-25.

Ulrich, Hans (1982): Anwendungsorientierte Wissenschaft. In: Die Unternehmung, 36. Jg., Heft 1, 1-10.

Wells, William D. (1993): Discovery-Oriented Consumer Research. In: Journal of Consumer Research, vol. 19, 489-503.

Wollnik, Michael (1977): Die explorative Verwendung systematischen Erfahrungswissens – Plädoyer für einen aufgeklärten Empirismus in der Betriebswirtschaftslehre. In: Köhler, R. (Hrsg.): Empirische und handlungstheoretische Forschungskonzeptionen in der Betriebswirtschaftslehre. Stuttgart, 37-64.

Yin, Robert K. (1989): Case Study Research. Design and Methods. Revised edition. Newbury Park, CA.

Yin, Robert K. (1993): Applications of Case Study Research. Thousand Oaks, CA.

Ronald Hitzler

Phänomenologie

1 Einleitung 83
2 Grundlegung und Entwicklung 84
3 Mundanphänomenologie als Proto-und Parasozialwissenschaft 85
4 Die (mundan)phänomenologische Methode der eidetischen Erkenntnis 87
5 Der bescheidene Begründungsanspruch der Phänomenologie 89
6 Literatur 90

1 Einleitung

Auf den ersten Blick scheint die Phänomenologie ein im Marketing keineswegs ‚fremder' Ansatz zu sein: Bereits ein 1989 im „Journal of Consumer Research" publizierter Aufsatz (Thompson/Locander/Pollio 1989) beruft sich auf Existenzialphänomenologie und fordert eine ‚verstehende' Konsum*erlebens*forschung statt der herkömmlichen psychologisch-szientistischen Konsum*verhaltens*forschung. In diesem programmatischen Text wird – entlang den Metaphern von Muster, Figur und Gewahrwerden – die Differenz cartesianisch-objektivistischer und existentialphänomenologischer ‚Welt'-Beschreibung auf- und ein dementsprechend alternatives Forschungsinteresse angezeigt. Allerdings wird bereits in diesem Artikel, auf den sich später erschienene, einschlägige Beiträge immer wieder beziehen (Thompson/Haytko 1997), die für Phänomenologie erkenntnistheoretisch zentrale Frage, *wie* die subjektive Perspektive überhaupt erfasst und beschrieben werden kann, übergangen zugunsten einer Pragmatik der expliziten Selbst-Auskunftei mittels Interviews (ganz deutlich wird dies in Thompson/Locander/Pollio 1990). Diese sogenannten „existenzialphänomenologischen Interviews", erweisen sich schnell als ‚normale', stark narrationsevozierende Erkundungsgespräche. Auch die – ‚an sich' ausgesprochen plausiblen – Anweisungen zur *Interpretation* dieser Interviews entsprechen völlig dem, was wir in der Diskussion über interpretative Forschungsmethoden als Regeln bzw. Standards sozialwissenschaftlicher Hermeneutik kennen, haben aber mit Phänomenologie wenig zu tun.

Kurz: So interessant und zustimmungsfähig das von den vorgenannten Autoren gehaltene Plädoyer für eine nondirektive Gesprächsführung und für die hermeneutische Interpretation der dadurch erzeugten Daten bis heute ist, so wenig werden die einer (existential-) *phänomenologischen* Beschreibung subjektiven Erlebens inhärenten Probleme auch nur benannt, geschweige denn forschungstechnisch angegangen. Da dieser Befund durch *keinen* der mir aus dem Marketing bekannten (späteren), sich als „phänomenologisch" gerierenden Beiträge irritiert oder gar revidiert wird[1], dienen die weiteren Ausführungen dazu, die Grundprinzipien der Phänomenologie als einer sozialwissenschaftlichen Methodologie und einer Methode zur Beschreibung evidenter Erlebensdaten zu skizzieren.

---

[1] Schon gar nicht irritiert wird dieser Eindruck durch solche eher der klinischen, unter Umständen auch der forensischen Psychologie zuzuordnenden, angeblich „phänomenologischen Erkundungen" wie die von O'Guinn und Faber (1989) oder die ebenfalls unter ‚Phänomenologie' aufscheinende Werbewirkungsanalyse von Larsen, Wright und Hergert (2004).

Ronald Hitzler

2 Grundlegung und Entwicklung

Bekanntlich hat Edmund Husserl (1954) schon Mitte der 1930er Jahre konstatiert, die entscheidende Ursache der „Krisis der Europäischen Wissenschaften" liege darin, dass die Protagonisten des Szientismus vergessen hätten, dass alle Wissenschaft in der Lebenswelt gründet: In ihren *konkreten* Ausformungen ist die Lebenswelt dem jeweiligen Subjekt zugeordnet als dessen je einzig wirkliche Welt. Diese Variationen bauen sich jedoch auf aus allgemeinen, unwandelbaren Grundstrukturen, dem 'Reich ursprünglicher Evidenzen', dem Apriori der Geschichte. Peter Berger und Hansfried Kellner (1984, 69) weisen völlig richtig darauf hin, „daß diese Ebene der conditio humana sehr abstrakt ist. Sie transzendiert Zeit und Raum und bringt daher die historisch konkreten Bedeutungssysteme in ihrer Relativität nicht zum Ausdruck." Sie ist die primordiale Sphäre, der selbstverständliche, unbefragte Boden sowohl jeglichen alltäglichen Handelns und Denkens als auch jeden wissenschaftlichen Theoretisierens und Philosophierens.

Das so verstandene lebensweltliche Apriori der Wissenschaften aufzuklären, war für Husserl dementsprechend der Weg, um die von ihm konstatierte Krise der Wissenschaften zu beheben. Denn wenn das Sinnfundament der Lebenswelt (wieder) freigelegt ist, dann werden, so Husserl, die wissenschaftlichen Idealisierungen nicht mehr reifiziert, und die Wissenschaften können zu einem adäquaten methodologischen Selbstverständnis gelangen (Eberle 1999, Marx 1987, v.a. 95ff). Ausgearbeitet für die *Sozialwissenschaften* wurde diese methodologische Grundlegung dann wesentlich in der durch Alfred Schütz initiierten Tradition der Lebensweltanalyse.[2]

Schütz arbeitete zeitlebens am Problem einer ‚sicheren' philosophischen Basis verstehender Sozialwissenschaften. Dieses Anliegen hat er bereits 1932 in seinem ersten systematischen Werk, „Der sinnhafte Aufbau der sozialen Welt" (Schütz 1974), deklariert und durch alle biographischen Wirrungen hindurch auch konsequent weiterverfolgt (zum Lebenswerk: Endreß 1999, 2006). Als Ausgangs- und Bezugspunkt nahm er Max Webers Definition der Soziologie als einer "Wissenschaft, welche soziales Handeln deutend verstehen und *dadurch* in seinem Ablauf und seinen Wirkungen ursächlich erklären will" (Weber 1972, 1; kursiv von R.H.). Verstanden werden soll gemäß Weber der "subjektiv gemeinte Sinn", den die Handelnden mit ihrem Handeln verbinden. Folgerichtig erkennt Schütz das Hauptproblem einer methodologischen Grundlegung der Sozialwissenschaften darin, den Sinnsetzungs- und Sinndeutungsprozess sowie die stufenweise Konstitution menschlichen Wissens zu analysieren.

---

[2] Vgl. dazu – neben den nunmehr in einem Band zusammengefassten, von Thomas Luckmann aus dem Nachlass von Alfred Schütz heraus weiterbearbeiteten und anders ‚pointierten' „Strukturen der Lebenswelt" (Schütz/Luckmann 2003) – die beiden in der Alfred Schütz Werkausgabe (ASW) erschienenen, von Martin Endreß und Ilja Srubar und von Hubert Knoblauch, Ronald Kurt und Hans-Georg Soeffner hervorragend edierten Bände „Theorie der Lebenswelt 1" (Schütz 2003a) und „Theorie der Lebenswelt 2" (Schütz 2003b).

Phänomenologie

Seit über vierzig Jahren wird die Relevanz dieser von Schütz geleisteten Pionier- und Grundlagenarbeiten zu einer mundanphänomenologischen Prototheorie bzw. zu einer Methodologie verstehender Sozialwissenschaften zwar nicht sonderlich ‚breit', aber intensiv diskutiert – beginnend etwa mit Maurice Natanson, Thomas Luckmann und Harold Garfinkel; im deutschsprachigen Raum forciert – exemplarisch – von Hansfried Kellner, Richard Grathoff und Hans-Georg Soeffner, von Ilja Srubar, Elisabeth List und Thomas S. Eberle, und in jüngerer Zeit weitergeführt von – um wiederum lediglich exemplarisch einige Namen zu nennen – Hubert Knoblauch, Anne Honer, Ronald Kurt, Martin Endreß und Bernt Schnettler.

3 Mundanphänomenologie als Proto- und Parasozialwissenschaft

Mehr oder weniger alle in den und für die Sozialwissenschaften ‚heute' auch *methodisch* konsequent bedachte Phänomenologie *ist* die in dieser Tradition betriebene – explizit sowohl von der Transzendental- als auch von der Existenzialphänomenologie abgegrenzte – *Mundanphänomenologie* (Hitzler/Eberle 2000). In ihr geht es zuvörderst darum, die allgemeinsten Wesensmerkmale der Lebenswelt – im Hinblick auf die besondere Problemstellung der Sozial- gegenüber den Naturwissenschaften – zu rekonstruieren. Die erkenntnistheoretische Grundfrage der Sozialwissenschaften lässt sich demnach so stellen: Wie können andere Menschen verstanden werden, wenn kein direkter Zugang zu ihrem Bewusstsein möglich ist? Und die phänomenologische Analyse zeigt, dass das alter ego eben nur „signitiv", also über Zeichen und Anzeichen vermittelt, verstanden werden kann. Der Verstehensakt besteht daher stets in einer Selbstauslegung des Deutenden auf der Basis *seines* biographisch bestimmten Wissensvorrates und ausgerichtet an *seinem* situativen Relevanzsystem. Infolgedessen sind dem Deutenden stets nur fragmentarische Ausschnitte des fremden subjektiven Sinnzusammenhangs zugänglich. Jede Sinndeutung kann daher nicht *mehr* sein als ein Näherungswert, dessen Qualität vom Ausmaß der Vertrautheit mit und der ‚Gegenwärtigkeit' von alter ego abhängt.

Weil die Sozialwissenschaften somit notwendig die subjektiv sinnhafte Konstitution als Voraussetzung der sozialen Welt und der gesellschaftlichen Konstruktion der Wirklichkeit methodologisch in Rechnung stellen müssen, bzw. da für die Sozialwissenschaften Sinnrekonstruktion als unabdingbar erscheint, lautet der phänomenologische ‚Auftrag' folgerichtig, auf dem Wege kontrollierter Abstraktion zu den fundierenden Schichten von Bewusstseinsprozessen vorzudringen, diese mit der Methode eidetischer Reduktion so, wie sie dem subjektiven Bewusstsein unter Ausklammerung sowohl soziohistorischer Variationen als auch der Frage nach ihrem Wirklichkeitsstatus erscheinen, herauszuarbeiten und dergestalt *die universalen Strukturen* subjektiver Konstitutionsleistungen aufzudecken.[3] Mit anderen Worten: Mundanphänomenologie als Methode *ist* Konstitutionsanalyse.

Der laut Thomas Luckmann (1980) darin implizierte Anspruch, eine Universalmatrix für die Sozialwissenschaften bereitzustellen, basiert auf der Grundannahme, dass alle gesellschaftlich konstruierte Wirklichkeit (Berger/Luckmann 1969) aufruht auf der subjektiven Orientierung *in* der Welt und auf dem sinnhaften Aufbau der *sozialen* Welt (Schütz 2004). Im Gegensatz zu den ‚normalen' Wissenschaften, die kosmologisch orientiert sind und induktiv verfahren, nimmt die Phänomenologie also eine egologische Perspektive ein und ist reflexiv. Mithin ist die Mundanphänomenologie von Schütz und in der Nachfolge von Schütz wesentlich eine *proto*-sozialwissenschaftliche Unternehmung, die der sozialwissenschaftlichen Arbeit im engeren Sinne zugrunde liegt (Luckmann 1993, Knoblauch 1996, Hitzler/Honer 1984). D.h., es geht vor allem um die *epistemologische* Klärung des lebensweltlichen Fundaments, das zum einen den Referenzpunkt und zum andern die Grundlage sozialwissenschaftlicher Forschungsbemühungen darstellt.

So impliziert etwa das – wiederum die Methoden der nichtstandardisierten bzw. der als „qualitativ" bezeichneten Sozialforschung begründende – sogenannte interpretative Paradigma die Aufgabe, Sinn *deutend* zu verstehen (d.h. also etwas zu tun, was das – zumindest – gemein-menschliche Vermögen des sozusagen ‚alltäglichen' Verstehens überschreitet, indem es sich diesem Verstehen in der Absicht zuwendet, dessen Sinn zu *re*-konstruieren), epistemologisch durchaus *nicht* per se den Rekurs auf Phänomenologie, sondern eben auf Hermeneutik – auf die sich ja auch Weber selber (z.B. 1973) in kritischer Auseinandersetzung etwa mit Wilhelm Dilthey bezogen hat (Soeffner/Hitzler 1994).

Gleichwohl dient die mundanphänomenologische Beschreibung der ‚Strukturen der Lebenswelt' (Schütz/Luckmann 2003) de facto nicht *nur* als ein protosoziologischer Bezugsrahmen, als eine „mathesis universalis" (Luckmann 1979), sondern auch als parasoziologische ‚Anleitung' zur Reflexion sozialwissenschaftlicher Interpretationen im Vollzug. Denn solange und insofern es in ihnen generell darum geht, gesellschaftliche Konstruktionen der Wirklichkeit zu rekonstruieren, ist die Frage nach den Möglichkeiten und Grenzen der Erfassung der Erfahrungen der Subjekte ein keineswegs *marginales* Thema der Sozialwissenschaften, sondern ihr systematisches Kernproblem: Da Erleben, Erfahren, Handeln im phänomenologisch strengen Sinne eine primordiale, ausschließlich dem erlebenden, erfahrenden, handelnden Subjekt selber ‚wirklich' zu-

---

[3] Zur ‚Programmatik' der mundanphänomenologischen Lebensweltanalyse vgl. z.B. Schütz 1971, Luckmann 1978, 2002; dazu auch Soeffner 1999, Eberle 1984, 2000; Honer 2000; für eine eher anthropologische Lesart von Lebenswelt: Srubar 1988; für eine eher ‚sozialphänomenologische' Deutung: z.B. Grathoff 1989, Matthiesen 1983, Kurt 2002; für die Idee einer explizit ‚phänomenologischen *Soziologie*': Psathas 1989, Eberle 1993).

gängliche Sphäre ist, sind sogenannte objektive Faktizitäten auch nur als subjektive Bewusstseinsgegebenheiten überhaupt empirisch (evident) fassbar.

Anders ausgedrückt: Der von Schütz erkannte Bedarf nach einer phänomenologischen Fundierung der Sinn-Deutung resultiert aus der ‚schlichten' Einsicht, dass Handeln, genau genommen, sich *weder* beobachten, *noch* ‚sicher' erfragen, sondern nur erleben und erfahren lässt, da „es sich beim Handeln um eine Bewusstseinsleistung und nicht um eine objektive Kategorie der natürlichen Welt handelt" (Schütz/Luckmann 2003, 454). D.h., genau genommen weiß (letztlich) nur der Handelnde, *ob* er handelt. Aber wer handelt, weiß auch, *dass* er handelt; er – und tatsächlich letztlich *nur* er – weiß überdies, woraufhin er handelt, woraufhin er gehandelt hat und ob bzw. inwiefern das, was er sich damit eingehandelt hat, dem (hinlänglich) entspricht, was er erhandeln wollte; und er weiß schließlich sogar, *weshalb* er gehandelt hat bzw. *warum* er so und nicht anders gehandelt hat. Das bedeutet allerdings keineswegs, dass er sich für all dieses Wissen interessieren, geschweige denn, dass er sich dazu oder darüber Gedanken machen oder gar äußern müsste.[4] Und noch weniger bedeutet das, dass andere Menschen – aufgrund welcher Erinnerungen, Theorien oder Offenbarungen auch immer – nicht der *Meinung* sein könnten, sie wüssten besser als der Handelnde selber, ob und gegebenenfalls woraufhin und/oder weshalb er handelt.

Wesentlich für die *Relevanz* der Phänomenologie ist dabei ‚lediglich', dass die sozialwissenschaftliche Zentralkategorie des (sozialen) Handelns sinnhaft nur in Selbstgegebenheit (also vom Handelnden selber) erfasst, ansonsten aber lediglich ‚typischerweise' über Appräsentationen und Externalisierungen, also z.B. auch über Interviews, typischerweise *erschlossen* – und *gedeutet* – werden kann. Damit aber geht es nicht mehr um Evidenzen, sondern um (kommunikative) Typisierungen, also auch nicht mehr um Phänomenologie, sondern um Hermeneutik.

4 Die (mundan)phänomenologische Methode der eidetischen Erkenntnis

Aber nicht nur die Sozialwissenschaften haben, sondern *auch* die Mundanphänomenologie hat den Anspruch, *empirisch* zu sein. Allerdings besteht das spezifisch ‚Andere' an *phänomenologischer* Empirie eben darin, dass hierbei der Forscher – erkenntnistheo-

---

[4] Selbstverständlich und wohlvertraut ist uns allen jenes „Handeln, das durch einen bestimmten Habitus, Fähigkeiten oder Rezepte geleitet wird. Dabei handelt es sich noch immer um entworfene Handlungen, obwohl der Entwurf dem Vollzug des konkreten Aktes nicht unmittelbar vorausliegt. Aber es gab früher eine Reihe bewusst entworfener Akte, die vollzogen wurden, um den Habitus zu formen, die Fähigkeit zu erwerben oder das Rezept zu erfinden" (Schütz in Schütz/Parsons 1977, 55).

retisch begründet *exklusiv* – ansetzt bei seinem *eigenen, subjektiven* Erleben, seinen eigenen, subjektiven Erfahrungen. Ansonsten ist die phänomenologische Methode der eidetischen Erkenntnis keineswegs etwas ‚Geheimnisvolles'. Im Gegenteil: Unter der Voraussetzung hinlänglicher Handlungsentlastetheit kann bzw. könnte sie (zumindest) von jedem ‚normalen', hellwachen, erwachsenen Menschen angewandt werden. Wenn überhaupt, so erscheint sie nur insofern als etwas Besonderes, als sie gewisse – plausible, ja lebensnotwendige – Gewohnheiten bzw. Eigenschaften des Alltagsverstandes hinterfragt. Denn augenscheinlich resultieren die dem Alltagsverstand impliziten erkenntnistheoretischen Schwierigkeiten und Widersprüche *nicht* (jedenfalls nicht im Wesentlichen) daraus, dass diesem zu *wenig* Wissen eignen würde, sondern (eher) daraus, dass ihm zu viele *Gewissheiten* inhärent sind (Soeffner 1989). Anders gesagt: Mit ihrem jeweiligen Alltagsverstand sehen Menschen sozusagen ‚selbstverständlich' in die ‚Dinge' etwas – bzw. genauer: vielerlei – hinein (Hitzler 1993).

Die Mundanphänomenologie verfolgt demgegenüber nun eben das Erkenntnisinteresse, den Gegenstand *direkt* zu erfassen, d.h. also ihn *weder* diskursiv, *noch* ihn theoretisch zu ‚begründen'. Phänomenologie, soweit sie für die Sozialwissenschaften von grundlegender Bedeutung ist, ist vielmehr *Wesensschau* der „Sachen selbst" – zu denen zurückzukehren Husserl (1954) gefordert hat. „Schauen" in diesem Sinne können wir evidentermaßen nur das Gegebene; alles andere können wir nur schlussfolgern – und dadurch indirekt er-schließen.

Die phänomenologische Rekonstruktion zielt infolgedessen darauf ab, Bewusstseinsgegenstände genau zu beschreiben – ansetzend bei ihren *besonderen* Erscheinungsweisen und hinarbeitend auf ihre *wesentlichen* Elemente bzw. ihre *allgemeinen* Strukturen. D.h., die mentale Vergegenwärtigung (die ‚Repräsentation') des Gegenstandes bildet die materiale bzw. die ‚empirische' Grundlage der Phänomenologie. Dieser Gegenstand ist konkret gegeben. Und methodisch betriebene Phänomenologie besteht darin, den Gegenstand von ihm ‚zufällig' anhaftenden Eigenschaften (insbesondere von allen vorgefassten Meinungen) zu ‚reinigen' dadurch, dass alle subjektiven Attribuierungen des Gegenstandes ausgeklammert werden (um so eine ausschließlich dem Gegenstand selber zugewandte Haltung zu gewinnen) und dadurch, dass alles, was wir nur wissen (können), weil andere es uns (auf irgendeine – z.B. auch auf *theoretische* – Art) mitgeteilt haben, ausgeklammert wird (um so den Gegenstand in seiner ‚reinen' – und vortheoretischen – Evidenz zu erfahren).

Am dergestalt ‚gereinigten' Phänomen wird im weiteren dann alles für die Wesensbestimmung des Phänomens *nicht* zwingend Erforderliche und schließlich auch noch die (metaphysisch-ontologische) Frage ausgeklammert, ob das Phänomen ‚wirklich' oder nur ‚scheinbar' ist (es sei denn, es geht eben gerade um das Phänomen ‚Wirklichkeit' bzw. ‚Scheinbarkeit'). Und ausgeklammert wird schließlich jegliche normative Aussage, jegliches Werturteil darüber, wovon im Hinblick auf das Phänomen ‚abgesehen' bzw. wovon das Phänomen ‚gereinigt' worden ist.

Unter Absehung von allen somit ausgeklammerten Elementen werden die eidetischen Strukturen des (als Phänomen gegebenen) Gegenstandes der Betrachtung sichtbar, welche aus phänomenologischer Sicht eben die (einzig) sichere Basis darstellen für die Rekonstruktion aller möglichen ‚Systeme' von Wirklichkeitsansprüchen, Wissensbeständen, Erinnerungsablagerungen, Sinnverweisungen und Gegebenheitsweisen, in welche unser Erleben und unsere Erfahrungen eingewoben sind, aus denen wiederum Wirklichkeit sozial aufgebaut ist.

5 Der bescheidene Begründungsanspruch der Phänomenologie

Der Rückgriff auf Phänomenologie als *Methodologie* beansprucht, den Wirklichkeitszugang des Sozialwissenschaftlers dadurch zu klären, dass dieser bestimmte Gegebenheiten seines eigenen Bewusstseins reflektiert angesichts der Aufgabe, sich mit den Gegebenheiten des Bewusstseins anderer Subjekte zu befassen. Theoriebautechnisch heißt ‚Fremdverstehen' nämlich, aufgrund typischer Muster eines beobachteten Handlungsablaufs ein rationales Modell eines Handelnden zu konstruieren, dem ein Bewusstsein mit typischen Um-zu- und Weil-Motiven zugeordnet wird. Das bedeutet aber auch: Konstruktionen auf höherer Aggregatebene, wie sie für sozialwissenschaftliche Analysen unumgänglich sind, müssen aus phänomenologischer Sicht so konzipiert sein, dass sie grundsätzlich in subjektive Handlungszusammenhänge rückübersetzt werden können. Solche sozialwissenschaftlichen Konstruktionen zweiter Ordnung müssen für den Akteur – prinzipiell – subjektiv verständlich sein und sein Handeln (im Sinne Webers) ‚typisch' zutreffend erklären bzw. bescheidener formuliert: plausibel erläutern.

Fazit: Phänomenologie stellt zum ersten die epistemologische Frage nach den Voraussetzungen und nach der inneren Systematik sozialwissenschaftlicher Deutungen, Deskriptionen und Erklärungen. Zum zweiten klärt sie das methodologische Problem der Rekonstruktion der Konstruktionen erster Ordnung – und verhindert dadurch eine naive Reifizierung der sozialen Welt mittels szientistischer Kausalmodelle. Infolgedessen erscheint sie, zum dritten, als unmittelbar fundierungs- und orientierungsrelevant zumindest für jegliche Idee von Sozialwissenschaft, die – im Sinne des Thomas-Theorems – auf der Maßgabe basiert, dass unser *Erleben*, und nicht ein (wie auch immer zu bestimmender) ‚objektiver' Sachverhalt, entscheidend ist für unsere Situationsdefinitionen – und somit auch, im Sinne Max Webers, für die Erklärung (oder eben: die plausible Erläuterung) daraus sich ergebender Konsequenzen (vgl. dazu Hitzler 1999).

Die Frage, ob eine in diesem Sinne ‚ernst' genommene Phänomenologie überhaupt ein für Marketinginteressen *relevanter* Erkenntnisansatz ist bzw. sein kann, bleibt damit naheliegender Weise ‚bis auf weiteres' unbeantwortet bzw. muss *im* Marketing selber geklärt werden, denn zumindest all das, was nach meiner Kenntnis in der (englischsprachigen) Marketing-Literatur als „phenomenological studies" etikettiert wird (z.B. bei Coupland/Iacobucci/Arnould 2005), hat mit einem phänomenologischen Ansatz im hier skizzierten Sinne wenig bzw. nichts zu tun. Was in der unter dem Etikett „phenomenological" im Marketing be- und vertrieben wird, das sind eher – als solche zum Teil hoch interessante – ethnographische Fallstudien. Im Rahmen solcher Fallstudien wiederum ist die phänomenologische Beschreibung der Strukturen der Korrelate des Erlebens des Forschers im Feld dann notwendig *und* der ‚Logik' des Ansatzes nach stimmig, wenn es um die spezifischen Daten beobachtender Teilnahme, wenn es also tatsächlich um *Erlebensdaten* geht, welche die Zugriffsmöglichkeiten der Hermeneutik transzendieren, weil sie für den Forscher zwar evident, *als* evidente jedoch nur unzulänglich fixierbar sind.

6 Literatur

Berger, Peter L./Kellner, Hansfried (1984): Für eine neue Soziologie. Frankfurt am Main.
Berger, Peter L./Luckmann, Thomas (1969): Die gesellschaftliche Konstruktion der Wirklichkeit. Frankfurt am Main.
Coupland, Jennifer Chang/Iacobucci, Dawn/Arnould, Eric (2005): Invisible Brands: An Ethnography of Households and the Brands in Their Kitchen Pantries. In: Journal of Consumer Research, vol. 32, no. 1, 106-118.
Eberle, Thomas S. (1984): Sinnkonstitution in Alltag und Wissenschaft. Bern.
Eberle, Thomas S. (1993): Schütz' Lebensweltanalyse: Soziologie oder Protosoziologie? In: Bäumer, Angelica/Benedikt, Michael (Hrsg.): Gelehrtenrepublik - Lebenswelt. Wien, 293-320.
Eberle, Thomas S. (1999): Sinnadäquanz und Kausaladäquanz bei Max Weber und Alfred Schütz. In: Hitzler, Ronald/Reichert, Jo/Schröer, Norbert (Hrsg.): Hermeneutische Wissenssoziologie. Konstanz, 97-119.
Eberle, Thomas S. (2000): Lebensweltanalyse und Handlungstheorie. Konstanz.
Endreß, Martin (1999): Alfred Schütz. In: Kaesler, Dirk (Hrsg.): Klassiker der Soziologie. Band 1. München.
Endreß, Martin (2006): Alfred Schütz. Konstanz.
Grathoff, Richard (1989): Milieu und Lebenswelt. Frankfurt am Main.
Hitzler, Ronald (1993): Verstehen: Alltagspraxis und wissenschaftliches Programm. In: Jung, Thomas/Müller-Doohm, Stefan (Hrsg.): ‚Wirklichkeit' im Deutungsprozeß. Frankfurt a.M., 223-240.
Hitzler, Ronald (1999): Konsequenzen der Situationsdefinition. In: Hitzler, Ronald/Reichertz, Jo/Schröer, Norbert (Hrsg.): Hermeneutische Wissenssoziologie. Konstanz, 289-308.
Hitzler, Ronald/Eberle, Thomas S. (2000): Phänomenologische Lebensweltanalyse. In: Flick, Uwe/von Kardoff, Ernst/Steinke, Ines (Hrsg.): Qualitative Forschung - Ein Handbuch. Reinbek bei Hamburg, 109-118.
Hitzler, Ronald/Honer, Anne (1984): Lebenswelt - Milieu - Situation. In: KZfSS, Jg. 36, H. 1, 56-74.

Honer, Anne (2000): Lebensweltanalyse in der Ethnographie. In: Flick, Uwe/von Kardoff, Ernst/Steinke, Ines (Hrsg.): Qualitative Forschung - Ein Handbuch. Reinbek bei Hamburg, 194-204.

Husserl, Edmund (1954): Die Krisis des europäischen Menschentums und die Philosophie. In: Husserl, Edmund (Hrsg.): Die Krisis der europäischen Wissenschaften und die transzendentale Phänomenologie (Husserliana Bd. VI). Den Haag, 314-348.

Knoblauch, Hubert (1996): Soziologie als strenge Wissenschaft? In: Preyer, Gerhard/Peter, Georg/Ulfig, Alexander (Hrsg.): Protosoziologie im Kontext. Würzburg, 93-105.

Kurt, Ronald (2002): Menschenbild und Methode der Sozialphänomenologie. Konstanz.

Larsen, Val/Wright, Newell D./Hergert, Thomas Robert (2004): Advertising Montage: Two Theoretical Perspectives. In: Psychology & Marketing, vol. 21, no. 1, 1-15.

Luckmann, Thomas (Hrsg.) (1978): Phenomenology and Sociology. Harmondsworth.

Luckmann, Thomas (1979): Phänomenologie und Soziologie. In: Sprondel, Walter/Grathoff, Richard (Hrsg.): Alfred Schütz und die Idee des Alltags in den Sozialwissenschaften. Stuttgart, 196-206.

Luckmann, Thomas (1980): Philosophie, Sozialwissenschaft und Alltagsleben. In: Luckmann, Thomas: Lebenswelt und Gesellschaft. Paderborn, 9-54.

Luckmann, Thomas (1993): Schützsche Protosoziologie? In: Bäumer, Angelica/Benedikt, Michael (Hrsg.): Gelehrtenrepublik - Lebenswelt. Wien, 321-326.

Luckmann, Thomas (2002): Lebenswelt: Modebegriff oder Forschungsprogramm? In: Luckmann, Thomas (Hrsg.): Wissen und Gesellschaft. Konstanz, 45-54.

Marx, Werner (1987): Die Phänomenologie Edmund Husserls. München.

Matthiesen, Ulf (1983): Das Dickicht der Lebenswelt und die Theorie des kommunikativen Handelns. München.

O'Guinn, Thomas/Faber, Ronald J. (1989): Compulsive Buying: A Phenomenological Exploration. In: Journal or Consumer Research, vol. 16, no. 2, 147-157.

Psathas, George (1989): Phenomenology and Sociology. University Press of America.

Schütz, Alfred (1971): Phänomenologie und die Sozialwissenschaften. In: Schütz, Alfred (Hrsg.): Gesammelte Aufsätze. Band 1. Den Haag, 136-161.

Schütz. Alfred (1974): Der sinnhafte Aufbau der sozialen Welt. Frankfurt am Main.

Schütz, Alfred (2003a): Theorie der Lebenswelt 1 (ASW, Bd. V.1). Konstanz.

Schütz, Alfred (2003b): Theorie der Lebenswelt 2 (ASW, Bd. V.2). Konstanz.

Schütz. Alfred (2004): Der sinnhafte Aufbau der sozialen Welt (ASW, Bd. II). Konstanz.

Schütz, Alfred/Luckmann, Thomas (2003): Strukturen der Lebenswelt. Konstanz.

Schütz, Alfred/Parsons, Talcott (1977): Zur Theorie sozialen Handelns. Frankfurt am Main.

Soeffner, Hans-Georg (1989): Alltagsverstand und Wissenschaft. In: Soeffner, Hans-Georg: Auslegung des Alltags – Der Alltag der Auslegung. Frankfurt am Main, 10-50.

Soeffner, Hans-Georg (1999): ‚Strukturen der Lebenswelt' - ein Kommentar. In: Hitzler, Ronald/Reichertz, Jo/Schröer, Norbert (Hrsg.): Hermeneutische Wissenssoziologie. Konstanz, 29-38.

Soeffner, Hans-Georg/Hitzler, Ronald (1994): Hermeneutik als Haltung und Handlung. In: Schröer, Norbert (Hrsg.): Interpretative Sozialforschung. Opladen, 28-55.

Srubar, Ilja (1988): Kosmion. Frankfurt am Main.

Thompson, Craig J./Haytko, Diana L. (1997): Speaking of Fashion: Consumer's Uses of Fashion Discourses and the Appropriation of Countervailing Cultural Meanings. In: Journal of Consumer Research, vol. 24, no. 1, 15-28.

Thompson, Craig J./Locander, William B./Pollio, Howard R. (1989): Putting Consumer Experience Back into Consumer Research: The Philosophy and Method of Existential-Phenomenology. In: Journal of Consumer Research, vol. 16, no. 2, 133-148.

Thompson, Craig J./Locander, William B./Pollio, Howard R. (1990): The Lived Meaning of Free Choice: An Existential-Phenomenological Description of Everyday Consumer Experiences of Contemporary Married Women. In: Journal of Consumer Research, vol. 17, no. 3, 346-363.

Weber, Max (1972): Wirtschaft und Gesellschaft. Tübingen.

Weber, Max (1973): Roscher und Knies und die logischen Probleme der historischen Nationalökonomie. In: Weber, Max (Hrsg.): Gesammelte Aufsätze zur Wissenschaftslehre. Tübingen, 1-145.

Thomas S. Eberle

Ethnomethodologie

1 Einleitung 95
2 Entstehungsgeschichte 95
3 Beispiele ethnomethodologischer Studien 97
4 Theoretische und methodologische Prämissen 100
5 Weitere Entwicklungen 103
6 Relevanz für die Marktforschung 104
7 Literatur 107

1 Einleitung

Die Ethnomethodologie hat in den Lehr- und Handbüchern der Qualitativen Sozialforschung eine prominente Stellung inne. Es handelt sich hierbei allerdings nicht einfach um eine Methode, die man – wie etwa Interviews oder Fokus-Gruppen – zur Datengewinnung auch in der Marktforschung einsetzen könnte, sondern es geht um einen eigenständigen soziologischen Forschungsansatz. Ziel der Ethnomethodologie ist es, das „Sense-making" von AkteurInnen in ihren alltäglichen Situationen bis in die subtilsten Details zu untersuchen. Dazu hat sie eine Reihe verschiedener Verfahrensweisen entwickelt, die alle auf anspruchsvollen theoretischen und methodologischen Prämissen beruhen und daher nicht einfach zu erlernen und anzuwenden sind.

In der Marktforschung wurde die Ethnomethodologie bisher noch kaum beachtet. Je mehr sich die qualitative Marktforschung jedoch verbreitet und professionalisiert, desto mehr wird auch der ethnomethodologische Ansatz rezipiert werden. Die vorliegende Einführung ist für Novizen und soziologische Laien konzipiert und besteht in folgenden didaktischen Schritten: Erstens wird die Entstehungsgeschichte erläutert, damit die Fragestellung und die neuartigen theoretischen und methodologischen Prämissen verständlich werden. Zweitens wird der Ansatz an einigen klassischen Studien illustriert. Drittens werden einige zentrale Konzepte und Vorgehensweisen erläutert und viertens die neueren Entwicklungen skizziert. Fünftens schließlich wird nach der Relevanz für die Marktforschung gefragt.

2 Entstehungsgeschichte

Begründet wurde die Ethnomethodologie von Harold Garfinkel (1967) mit dem Buch „Studies in Ethnomethodology". Es besteht aus einer Reihe von empirischen Studien und theoretischen Überlegungen, die er teilweise bereits vorher veröffentlicht hatte, und einem programmatischen Aufsatz: „What is Ethnomethodology"? Das Buch eignet sich allerdings nicht als Einstiegslektüre, denn der Schreibstil ist kryptisch und der Inhalt schwer verständlich. Garfinkel war vor allem ein ausgezeichneter Lehrer, und seine Wirkung vollzog sich über seine Schüler; so blieb er einer der meistzitierten Soziologen, obwohl er seither kaum mehr etwas veröffentlicht hat. Es blieb seinen Schülern vorbehalten, Lehrbuchtexte zu schreiben (Leiter 1980, Handel 1982, Heritage 1984, Livingston 1987, Rawls 2002, 2006, 2008), und einigen von ihnen gelang es, ihn zu weiteren Publikationen zu verleiten (Garfinkel/Lynch/Livingston 1981, Garfinkel 1986, 2002, 2006, 2008). Im deutschen Sprachraum sind vor allem die Einführungstexte von Jörg Bergmann (2000a, b) und Patzelt (1987) zu empfehlen; vgl. auch Eberle (2007). Das

Thomas S. Eberle

neueste Einführungsbuch stammt von Francis und Hester (2004), und über die neuesten Entwicklungen, Publikationen und Kongresse informiert die Homepage des „International Institute for Ethnomethodology and Conversation Analysis" (www.iiemca.org).

Eine theoriegeschichtliche Rekonstruktion der Entstehungsgeschichte führt uns von der Modellkonstruktion des homo oeconomicus über jene des homo sociologicus zum Bild von AkteurInnen, die laufend damit beschäftigt sind, die Welt zu interpretieren, sich darin zu orientieren und zu entscheiden, was als Nächstes zu tun ist. Diese Entwicklungsgeschichte widerspiegelt sich auch in Garfinkels Biographie. Garfinkel studierte bei Talcott Parsons an der Harvard University, als dessen „strukturfunktionalistische Theorie" gerade zum Triumphzug ansetzte und die amerikanische Soziologie für Jahrzehnte dominierte. Ausgangspunkt von Parsons' Überlegungen bildete die Hobbes'sche Fragestellung, wie soziale Ordnung möglich ist. Mit dem homo oeconomicus, also dem Modell des Nutzen maximierenden Handelnden, lässt sich dies gemäß Parsons nicht befriedigend erklären. Dazu musste vielmehr auf das Konzept der sozialen Normen zurückgegriffen werden, die von der Gesellschaft mit Sanktionen versehen sind, überindividuellen Charakter besitzen und gemäß dem soziologischen Klassiker Emile Durkheim eine „Realität sui generis" bilden. Die gesellschaftliche Ordnung wird – so Parsons – durch ein System von Grundwerten und Normen gesichert, die mittels Mechanismen der sozialen Kontrolle durchgesetzt werden. Die Schnittstelle zwischen Gesellschaft und Individuum bildet dabei die soziale Rolle: Der Inhaber einer sozialen Position verhält sich entsprechend den normativen Rollenerwartungen, die von der Bezugsgruppe an ihn gerichtet und mittels Sanktionsandrohung durchgesetzt werden. Die Internalisierung von Werten und Normen im Laufe des Sozialisationsprozesses stellt dabei sicher, dass sich die (meisten) Rollenspieler mit den normativen Erwartungen identifizieren und ihr Verhalten entsprechend selbst kontrollieren (Selbststeuerung).

Parsons' homo sociologicus stellte einen grossen Entwicklungsfortschritt sozialwissenschaftlicher Theoriebildung dar, und die zugehörige Terminologie gehörte bald zum Standardrepertoire soziologischer Lehr-, Fach- und Handbücher. Garfinkels entscheidende Entdeckung war nun, dass auch die Modellkonstruktion des Rollenspielers reichlich schematisch anmutete: Die Handelnden waren als „judgmental dopes" konzipiert – als Trottel also, die ihre Handlungen aufgrund eines normativen Konsenses eher mechanistisch ausführten und keine eigenen Beurteilungen, Einschätzungen und Wertungen vornahmen. Beobachtete man dagegen AkteurInnen in natürlichen Alltagssituationen, zeigte sich rasch, dass sie dauernd mit Wahrnehmungsakten, mit Räsonieren und mit „making sense" beschäftigt waren. Selbst wenn Normen verschriftlicht sind, müssen sie laufend ausgelegt und auf den Kontext ihrer Anwendung bezogen werden – aus der Norm allein kann nicht abgeleitet werden, wie man sich im einzelnen verhalten soll. Der Soziologie musste es gelingen – so Garfinkels Vorsatz –, adäquatere Beschreibungen der sozialen Wirklichkeit zu produzieren.

Die entscheidenden theoretischen Ideen fand Garfinkel bei Alfred Schütz, der Husserls Phänomenologie für die Sozialwissenschaften fruchtbar zu machen versuchte (Schütz 1974) und dessen Korrespondenz mit Parsons soeben in einem Fiasko gegenseitigen Unverständnisses geendet hatte (Schütz/Parsons 1977). Mit dem Ruf „Zurück zu den Phänomenen!" hatte die Phänomenologie sich von den abstrakten Konzepten ab- und den Akten der natürlichen Anschauung in lebensweltlichen Situationen zugewandt. In Anlehnung an Husserls Konstitutionsanalysen beschrieb Schütz die konstitutiven Leistungen des subjektiven Bewusstseins als zeitlichen Prozess und zeigte auf, dass Handelnde ihre Umwelt und sich selbst (bzw. ihre Handlungen) stets basierend auf ihrem jeweiligen biographiespezifischen Wissensvorrat und ihrem subjektiven Relevanzsystem interpretieren. Interpretationen erfolgen stets aus einem Hier und Jetzt und So und machen etwas thematisch, das in einem Horizont unexplizierter Sinnzusammenhänge steht. Die Lebenswelt bildet den unbefragten Boden der natürlichen Weltanschauung; ihre Strukturen phänomenologisch herauszuarbeiten, blieb das Lebensprojekt von Schütz (Schütz/Luckmann 2003).

Garfinkel transformierte die phänomenologische Lebensweltanalyse von Schütz in ein soziologisches Forschungsprogramm: Statt den subjektiven Bewusstseinsstrom zu beschreiben, gilt es den interaktiven Handlungsstrom zu beobachten; statt die subjektiven Konstitutionsleistungen des Bewusstseins zu analysieren, sollen die kommunikativen Leistungen von AkteurInnen untersucht werden (Garfinkel 2006). Dabei soll den Sinnmodifikationen und den subtilsten Details von Kommunikationsverläufen dieselbe Aufmerksamkeit gewidmet werden, wie dies die Phänomenologen gegenüber den Phänomenen im subjektiven Bewusstsein tun. Damit war ein radikal neuer Ansatzpunkt gefunden: Die Ausgangsfragestellung blieb wie bei Parsons das Problem sozialer Ordnung, doch die Antwort sollte sich nicht in einer weiteren Homunculus-Konstruktion wie dem Rollenspieler erschöpfen, sondern möglichst empirienah ausfallen. Die soziale Ordnung ist nicht einfach ein gesellschaftlicher Gleichgewichtszustand als Resultat eines relativ stabilen normativen Konsenses, sondern muss laufend durch kommunikative Leistungen der AkteurInnen in situ erzeugt und aufrechterhalten werden. Ein neues Forschungsfeld war definiert, ein neuer Forschungsansatz sollte entwickelt werden.

3 Beispiele ethnomethodologischer Studien

Inspiriert von den Schriften von Schütz, später von Merleau-Ponty, startete Garfinkel eine Suchbewegung, wie diese Interpretations- und Kommunikationsleistungen konzeptionell und empirisch erforscht werden können als „phenomena in their own

Thomas S. Eberle

right" (1967, 1). Hatte Schütz (1974) immer die Distanz zwischen sozialwissenschaftlichen Homunculus-Konstruktionen – Konstruktionen zweiter Ordnung – und der lebendigen Fülle alltäglicher Handlungs- und Interpretationszusammenhänge – Konstruktionen erster Ordnung – betont, entschloss sich Garfinkel, in der Erforschung der Alltagswelt die primäre Aufgabe der Soziologie zu sehen. Es mag die Attraktivität seines Ansatzes bei den Studierenden der späten 1960er Jahre gefördert haben, dass er die konventionelle Soziologie als „folk sociology" bezeichnete und zum radikalen Neuanfang aufrief – nur Ethnomethodologie schien jetzt die „wahre" Soziologie darzustellen. Es galt nun aber auch, empirische Studien vorzulegen, und das erforderte ein gehöriges Maß an Kreativität.

In welchen Feldern sich Garfinkel auch bewegte, immer versuchte er seinem Gegenstand neue Aspekte abzugewinnen. Hatte er mit quantitativen Daten zu tun, fragte er sich, wie denn die Gegenstände, die da zusammengezählt wurden, so vereinheitlicht wurden, dass sie quantitativ prozessiert werden konnten. So untersuchte er bspw. die Kodierpraktiken in soziologischen Forschungsprojekten (Garfinkel 1967, 18ff) und entdeckte, dass ForscherInnen, welche Daten kodierten, laufend in „practical sociological reasoning" verstrickt waren – Überlegungen, die in der praktischen Tätigkeit des Kodierens notwendig waren, im wissenschaftlichen Schlussbericht aber nicht mal im methodischen Teil näher reflektiert wurden. Eigentlich sind – so die These der Ethnomethodologen – diese Interpretationspraktiken das soziologisch Spannende: Sie transformieren sinnhaft Ungleiches in Vergleichbares; sie erst erzeugen eine Datenordnung, die dann mit quantitativen Methoden bearbeitet werden kann. Dem Diktum von Emile Durkheim, dass die Soziologie sich mit den objektiven Tatsachen der sozialen Realität befassen soll, hält Garfinkel die Frage entgegen, wie denn diese Tatsachen konkret konstituiert werden. Hatte Durkheim (1897) aufgrund der Korrelation der Selbstmordstatistiken mit anderen sozialen Phänomenen nach soziologischen Erklärungen gesellschaftlicher Zusammenhänge gesucht, beschäftigte sich Garfinkel (1967, 11ff) in einer teilnehmend beobachtenden Studie nun mit der Frage, mit welchen situativen, praktischen Verfahren ein „Coroner" (Untersuchungsrichter oder Leichenbeschauer) zur Schlussfolgerung gelangt, es handle sich in einem konkreten Fall um einen „Suizid". Angeregt durch diese Beobachtungen hat Cicourel (1964) sein berühmtes Buch „Methode und Messung in der Soziologie" verfasst, das die impliziten Hintergrundsannahmen und Interpretationsprozeduren der empirischen Sozialforschung aufzuzeigen versucht. Dieses Buch hat wesentlich dazu beigetragen, die Ethnomethodologie vor allem als Methodenkritik wahrzunehmen; zum Teil wurde auch suggeriert, die Erforschung der (bis anhin übersehenen) Interpretationsprozeduren helfe die Datenqualität empirischer Forschungen zu verbessern.

Thema der Ethnomethodologie sind also all jene Praktiken, welche in der herkömmlichen Soziologie und Sozialforschung, aber auch im Alltagsleben als unreflektierte Ressourcen Verwendung finden. Diese Praktiken sind „seen but unnoticed", gehören also zu den lebensweltlichen Selbstverständlichkeiten, an denen sich die Handelnden orientieren, können von diesen selbst indes nicht diskursiv expliziert werden. Man kann sie also nicht einfach per Interview erfragen. Garfinkel entwickelte verschiedene Verfahren, um die Hintergrundserwartungen sichtbar zu machen, die bei alltäglichen Situationen gegenseitig unterstellt werden. Berühmt geworden sind insbesondere die „incongruity" oder „breaching experiments", ins Deutsche als „Krisenexperimente" übersetzt: Über die Mechanismen sozialer Ordnung – so die zugrunde liegende Idee – lässt sich am meisten lernen, wenn man sie stört und die Bedingungen ihres Zusammenbrechens untersucht. Garfinkel (1967, 37ff) ließ seine Studierenden in ungewohnte Rollen schlüpfen und ungewohnte Verhaltensweisen annehmen – zum Beispiel sich zuhause wie ein Gast aufführen, in Supermärkten über die Preise feilschen, Alltagsgespräche durch hartnäckiges Nachfragen nach der Bedeutung des Gemeinten auf die Probe stellen u.v.a.m. Dadurch wurden die Alltagsroutinen sichtbar, aber auch die virtuosen Praktiken der AkteurInnen, mit Störungen umzugehen. Selbstverständlich braucht man Alltagssituationen nicht selbst zu stören, man kann auch Störenfriede beobachten und Störungsfälle untersuchen, die in der Alltagsrealität vorgefunden werden.

Ist man einmal auf die Konstitutionsproblematik sensibilisiert, steht auch der „positive" Zugang zum empirischen Datenmaterial offen: Man stellt detaillierte ethnographische Beobachtungen an, die man möglichst auf Bild- und/oder Tonträger festhält, und analysiert sie unter der Fragestellung, durch welche Praktiken sie in konzertierter Aktion erzeugt wurden. Dies ist mittlerweile zur gängigsten Form ethnomethodologischer Analyse geworden. Garfinkel (1974) illustriert die Genese der Ethnomethodologie denn auch mit seiner Untersuchung von Geschworenen-Verhandlungen (Garfinkel 1967, 104ff), welche er in einem Forschungsprojekt Fred Strodtbecks anhand heimlicher Tonbandaufzeichnungen durchführte. Zur damaligen Zeit war es üblich, nach allgemeinen Gesetzmässigkeiten von Gruppenprozessen zu suchen, so dass jeder Gruppenprozess als partikulärer Ausdruck von etwas Allgemeinem interpretiert wurde. Garfinkel beschloss, die Frage umzukehren und nicht zu fragen, was die Geschworenen zu einer Gruppe macht, sondern umgekehrt: was Geschworene zu Geschworenen macht. Denn Geschworene müssen sich durch die Art und Weise, wie sie sich bewegen, benehmen und verhalten, einander immer als Geschworene zu erkennen geben. Garfinkel beobachtete, wie sie den zu verhandelnden Tatbestand „adäquat" feststellten, wie sie zum „richtigen" Urteil gelangten und wie sie dieses als „evident" begründeten – mit Hilfe allerlei unthematisierter, selbstverständlicher Wissensbestände, Verfahrens- und Begründungsstrategien, die sie nie explizierten, deren Kenntnis sie einander aber wechselseitig unterstellten.

Die Ethnomethodologie untersucht also die prozesshafte Konstitution des Partikulären. Daher betrachtet sie jede Bezeichnung eines sozialen Phänomens zunächst mal als Umschreibung (gloss); bei genauerer Analyse findet man immer eine Reihe situierter Praktiken, mit denen das Phänomen konstituiert wird. Das gilt sogar für derart grundsätzliche Unterscheidungen wie jene zwischen Mann und Frau. In alltäglichen Situationen erkennen wir routinemäßig und auf den ersten Blick, ob wir einen Mann oder eine Frau vor uns haben. Doch genau besehen handelt es sich auch hierbei um einge-

Thomas S. Eberle

übte Praktiken der Darstellung und des Wahrnehmens von Geschlechtsidentität. Garfinkel entdeckte diesen Sachverhalt wiederum anhand eines „Störfalls", nämlich am Beispiel einer transsexuellen Person, die als Knabe geboren und erzogen worden war, in der Pubertät aber Brüste bekam und zur Überzeugung kam, „eigentlich" eine Frau zu sein. Sie zog in eine andere Stadt und führte fortan ein Leben als Frau. Nun realisierte sie, wie schwierig es ist, sich derart unverkennbar als Frau darzustellen, dass man für die anderen immer sofort und unbezweifelbar als Frau erkannt wird. Es genügt nicht, sich die nötigen Rollenattribute (Kleider, Frisur, Maniküre, Schmuck) zuzulegen, man muss sich auch in jedem Augenblick und bis ins kleinste Detail wie eine Frau benehmen und verhalten. Garfinkel (1967, 116ff) hatte von der Universitätsklinik den Auftrag, die „wahre" Geschlechtsidentität dieser Person zu bestimmen, damit ein Entscheid darüber gefällt werden konnte, ob ihre männlichen primären Geschlechtsmerkmale operativ in weibliche transformiert werden sollen. Seine Abklärungen zeigten, wie virtuos die situierten Praktiken der Geschlechtsdarstellung sind, auch wenn uns das im eigenen Alltagsleben gar nicht auffällt. Wie neuartig diese Studie war, wurde erst in den 1980er Jahren erkannt, als sie dem Diskurs der Geschlechtersoziologie eine ganz andere, sozialkonstruktivistische Wende gab.

4 Theoretische und methodologische Prämissen

Auf der Basis dieser illustrativen Untersuchungsbeispiele sollten nun die theoretischen und methodologischen Prämissen leicht verständlich sein. „[Ethnomethodological studies] seek to treat practical activities, practical circumstances, and practical sociological reasoning as topics of empirical study, and by paying to the most commonplace activities of daily life the attention usually accorded extraordinary events, seek to learn about them as phenomena in their own right" (Garfinkel 1967, 1). Die Ethnomethodologie ist ein soziologischer Forschungsansatz, der eine neuartige Antwort auf die herkömmliche Frage nach der sozialen Ordnung gibt: Sie untersucht jene Methoden, welche die Alltagshandelnden in fragloser und unanalysierter Weise verwenden, um eine gemeinsame soziale Welt zu erzeugen. Gegenstand sind mit anderen Worten die Ethnomethoden, die Methoden des Volkes (ethnos), mit denen dieses den Alltag bewältigt. In Anlehnung an Parsons spricht Garfinkel von „Mitgliedern" (members), und zwar nicht im Sinne von Gesellschaftsmitgliedern, sondern von Mitgliedern eines sozialen Settings, denen ein gewisser Bestand an Ethnomethoden gemeinsam ist.

Zentrale theoretische und methodologische Prämissen der Ethnomethodologie sind:

- Die gesellschaftliche Wirklichkeit wird als Prozesswirklichkeit betrachtet. Was uns im Alltag als evidente objektive Sachverhalte erscheint, wird de facto durch soziale

Handlungen konstituiert. Bezeichnungen für solche Fakten (Suizid, Geschworene, Frau) werden daher lediglich als Umschreibungen (glosses) betrachtet, die den zugrunde liegenden Konstitutionsprozess verdecken. Da SozialwissenschaftlerInnen wie Alltagshandelnde stets mit solchen Umschreibungen operieren, werden ihre Konstruktionen mit Skepsis beobachtet und als explikationsbedürftig erachtet.

- Die gesellschaftliche Wirklichkeit hat deshalb eine beobachtbare Struktur, weil sie von den Mitgliedern methodisch erzeugt wird. Ethnomethoden sind kommunikative Leistungen, sie bestehen aus gegenseitigen Anzeigehandlungen. Sinn entsteht also nicht im Kopf der AkteurInnen, sondern lässt sich anhand der Praktiken konzertierten Sense-makings beobachten. Mittels Ethnomethoden werden Handlungen als solche „accountable", d.h. erkennbar, verstehbar, beschreibbar, berichtbar und erklärbar gemacht (Garfinkel 1967, vii).

- Der Prozess der Wirklichkeitskonstitution ist nie abgeschlossen. Soziale Wirklichkeit besteht so lange, wie sie durch Handlungen und Interaktionen fortlaufend hervorgebracht wird. Sie ist daher nicht nur flüchtig, sondern auch stets prekär und kann in jedem Moment zusammenbrechen. Das zeigt sich besonders in Momenten, wo Störungen des Routinegeschehens auftreten.

- Die soziale Wirklichkeit wird stets lokal (in situ) und sequenziell produziert. Jedes Element eines Handlungs- und Interaktionsverlaufs bildet einen konstitutiven Bestandteil desselben und kann nur durch methodische Bezugnahme auf den jeweiligen Kontext verstanden werden. Umgekehrt gehört es seinerseits auch wieder zum Kontext dessen, was vorher war und was nachher folgt. (So interpretieren wir jedes Wort eines geäußerten Satzes immer im Lichte der vorangegangenen und der noch folgenden Wörter.) Diesen Sachverhalt bezeichnen die Ethnomethodologen mit dem Begriff der Indexikalität: Jedes Element eines sozialen Geschehens ist stets „indexiert", d.h. auf den spezifischen Kontext bezogen, in dem es stattfindet. Die Versuche von Sozialwissenschaftlern, soziale Ereignisse zu entindexikalisieren, sie also von ihrer Kontextgebundenheit zu befreien, sind nach Ansicht der Ethnomethodologen zum Scheitern verurteilt.

- Jedes soziale Geschehen hat daher etwas Einmaliges und Besonderes, und die Ethnomethodologie interessiert sich gerade für dieses Partikuläre. Daher wird jedes Detail eines Interaktionsablaufs peinlich genau beachtet: jede Sprechpause, jede Körperbewegung, jede Änderung der Blickrichtung wird notiert, da sie eine konstitutive Bedeutung haben könnte. Während die Datenerhebung bei einem Großteil der ethnomethodologischen Untersuchungen oft mittels (teilnehmender) Beobachtung stattfand, hat sich später auch unter den Ethnomethodologen eine Präferenz für die Aufzeichnungspraktiken und Transkriptionsmethoden der —> Konversationsanalyse entwickelt. Nur Audio- und Video-Aufzeichnungen erlauben es, ein soziales Geschehen immer wieder in Echtzeit anzuschauen und dabei auf jedes Detail zu achten, welches das Material hergibt. Eine conditio sine qua non ethnomethodologischer Forschung ist dabei, dass es sich in jedem Fall um „natürliche" Situationen, also um Alltagssituationen handeln muss, nicht etwa um simulierte Geschehnisse in einem Laborexperiment (denn dort dürfte nicht vom spezifischen Kontext des Labors abstrahiert werden).

- Die Ethnomethodologie fragt stets nach dem „Wie" und versucht zu beschreiben, wie ein beobachteter Geschehensablauf hervorgebracht wurde. Dabei beschäftigt sie sich vorab mit impliziten oder non-diskursiven Wissensbeständen, an denen sich die AkteurInnen zwar demonstrierbar orientieren, über die sie aber nicht verbal Auskunft geben können. Es geht dabei vor allem um alltägliche Routinehandlungen, die von den Handelnden quasi „automatisch" vorgenommen werden. Entsprechend schwierig ist es allerdings auch für die Forschenden, „seen but unnoticed practices" zu erkennen, denn auch sie verstehen alltägliche Situationen zunächst intuitiv, ohne die zugrunde liegenden Ethnomethoden zu sehen. Einen methodischen Kunstgriff hat Harvey Sacks vorgeschlagen, nämlich vor jede Handlungsbeschreibung ein „doing" zu setzen: „doing buying", „doing selling", „doing writing", aber auch „doing being a juror", „doing being a woman", „doing being a market researcher" – wodurch der Blick darauf frei wird, dass dies alles durch konkrete Praktiken der AkteurInnen erst hergestellt („accomplished") wird.

- Ethnomethodologische Analysen beschränken sich strikt auf das vorliegende Datenmaterial. Hat man einen Geschehensablauf aufgezeichnet, werden ihm nicht noch weitere Kontextinformationen hinzugefügt – z.B. die Aufzeichnung habe dort und dort stattgefunden unter diesen und jenen Bedingungen, die es zu berücksichtigen gelte –, sondern Kontextelemente werden nur insofern in der Analyse berücksichtigt, als sie im Datenmaterial selbst ersichtlich werden, also indem bspw. beobachtbare Kontextbezüge hergestellt werden. Ein Gespräch darf also nicht aufgrund des Kontextwissens der Forschenden als „Käufer-Verkäufer"-, „Arzt-Patient"- oder „Chef-Mitarbeiter"-Interaktion bezeichnet werden; wenn dies nicht in der aufgezeichneten Interaktion selbst ersichtlich ist, gilt es für die vorliegende Gesprächssequenz als irrelevant. Hierin liegt ein wesentlicher Unterschied zur —> Ethnographie, die meist möglichst viele Informationen aus ganz unterschiedlichen Quellen sammelt und dann irgendwie zusammenfügt. Dieses „Irgendwie" ist für die Ethnomethodologen ein Graus, da es nicht mehr methodisch kontrolliert ist. Man mag diesen Punkt unterschiedlich bewerten – unbestritten ist jedoch, dass diese Selbstrestiktion des ethnomethodologischen Analyseverfahrens zu äußerst sorgfältigem, detailtreuem Arbeiten am Material der empirischen Aufzeichnungen erzieht.

- Schließlich sei auf das Postulat der „ethnomethodologischen Indifferenz" verwiesen. Jedes Sense-making geschieht stets „for all practical purposes", d.h. für spezifische, situierte Zwecke. Diese werden von den jeweiligen AkteurInnen bestimmt. Ethnomethodologen mischen sich nicht ein und nehmen keine Stellung zur Erwünschtheit, Angemessenheit oder Bedeutung dieser Zwecke. Sie bleiben möglichst neutrale BeobachterInnen, die zu verstehen versuchen, wie die Handelnden das tun, was sie tun.

Diese Liste könnte endlos erweitert werden. Die acht Punkte machen indes deutlich, dass es sich bei der Ethnomethodologie nicht einfach um eine Forschungsmethode, sondern um einen Forschungsansatz mit einer ganzen Reihe konstitutiver theoretischer und methodologischer Prämissen handelt. Entsprechend gespannt ist das Verhältnis der Ethnomethodologie zu den übrigen Ansätzen qualitativer Sozialforschung: Allein die Forderung, alltägliche Geschehensverläufe in natürlichen Situationen zum Gegenstand zu machen, verbietet eine Datenerhebung durch Interviews oder Fokus-Gruppen – alles, was man dort nach Auffassung der Ethnomethodologen adäquat untersuchen könnte, ist die Art und Weise, wie Interviews durchgeführt werden bzw. wie Gespräche in Fokus-Gruppen verlaufen. Viele methodische Verfahren haben in den Augen der Ethnomethodologen zudem den Makel, dass sie die Daten zu wenig detailtreu erheben und zu wenig tiefschürfend analysieren. Auch Bücher über „Ethnomethodologie und Qualitative Sozialforschung" (Ten Have 2004) beschränken sich denn auch ausschließlich auf die Frage, wie man aus einer ethnomethodologischen Perspektive forscht.

5 Weitere Entwicklungen

In Auseinandersetzung mit der Ethnomethodologie entwickelte Harvey Sacks die —> Konversationsanalyse, welche sich mit „normalen Konversationen" beschäftigt und deren sequenziell organisierten sowie interaktiv und lokal produzierten Strukturen untersucht. Von Sacks stammt das Diktum, nur noch Audio- und Video-Aufzeichnungen als zulässiges Datenmaterial zu betrachten und dieses in Form von fein säuberlichen Transkripten zu verschriftlichen. Der rasche Erkenntnisfortschritt bezüglich der Konversationspraktiken ließ seit den 1970er Jahren den Großteil der Ethnomethodologen zu Konversationsanalytikern mutieren: Die Konversationsanalyse schien das ethnomethodologische Forschungsprogramm am erfolgreichsten einzulösen.

Andererseits wurde zunehmend klar, dass sie es durch die weitgehende Reduktion des Gegenstandsbereichs auf sprachliche Interaktionen und durch die zunehmende Formalisierung auch stark verwässerte. Als Gegenbewegung entstanden in der Folge die Studies of Work (Garfinkel 1986), mit denen eine neue Studenten-Generation um Garfinkel dessen ursprüngliches Forschungsprogramm fortsetzte und erneuerte. Terminologisch spricht Garfinkel nun nicht mehr von „Ethnomethoden", sondern in Anlehnung an Merleau-Ponty von „verkörperten Praktiken" (embodied practices). Das Ziel der „Studies of Work" besteht in einer exakten Beschreibung von konkreten Arbeitsvollzügen und der dabei inkorporierten Kenntnisse und Fähigkeiten. Die gängigen Umschreibungen (glosses) von Arbeitsaktivitäten (z.B. Lehrbuchdarstellungen, Stellenbeschreibungen, Gebrauchsanweisungen, Arbeitsanleitungen, Verhaltensregeln usw.) bleiben nämlich stets „theoretisch": Was sie im einzelnen bedeuten, wird immer erst im praktischen Vollzug der Tätigkeiten erkennbar, also in der „Praxis". Erst im Laufe der praktischen Tätigkeit entwickelt der Akteur bzw. die Akteurin die Kompetenz, Arbeitsvollzüge „richtig" auszuführen, mit Unwägbarkeiten und Unvorhergesehenem fertig zu werden und situativ „vernünftige" Entscheidungen zu fällen. Beispiele solcher Forschungen, die in Konzeption und Diktion eng an Garfinkels (1986) programmatische Schriften anschließen, betreffen etwa die Entdeckungstätigkeit von AstronomInnen in einem Observatorium (Garfinkel/Lynch/Livingston 1981), die Labortätigkeit von NeurobiologInnen (Lynch 1985), die Beweisführungstätigkeit von MathematikerInnen (Livingston 1987) oder die in wissenschaftlichen Einführungstätigkeiten enthaltenen Pädagogisierungspraktiken (Morrison 1981), aber auch die Arbeit des Klavierspielens (Sudnow 1978, 1979). Weitere Analysen in diese Richtung folgten.[1]

Eine spezielle Entwicklung, sowohl angeregt durch die Konversationsanalyse als auch die Studies of Work, sind die so genannten „Workplace Studies", die sich vor allem mit der Analyse der Arbeitsvollzüge an hoch technisierten Arbeitsplätzen beschäftigen (Knoblauch/Heath 1999, Heath/Knoblauch/Luff 2000, Luff/Hindmarsh/Heath 2000). Im Gegensatz zu den bisherigen Forschungen versuchen sie zur Beschreibung der Maschinen-Computer-Interaktion nicht allgemeine Schemata zu entwickeln, sondern untersuchen im Detail die lokalen Praktiken der Ausführung von Arbeitsvollzügen und der darin eingebetteten Handhabung von Gegenständen. Diese Studien haben den Forschungsstand in den Bereichen der Human-Computer-Interaction (HCI) und des Computer-Supported-Cooperative-Work (CSCW) nachhaltig bereichert.

6 Relevanz für die Marktforschung

Die Ethnomethodologie zählt heutzutage, wie erwähnt, zu den renommiertesten Forschungsansätzen innerhalb der qualitativen Sozialforschung. Wie die bisherigen Ausführungen gezeigt haben, verfolgt sie eindeutig soziologische Fragestellungen – Fragestellungen, die immer mit dem Wie der prozesshaften sozialen Ordnung zu tun haben. Im Unterschied zur akademischen qualitativen Sozialforschung versteht sich die Marktforschung dagegen als anwendungs- und praxisorientierte Forschung. Ihr Ziel sind die Diagnose und Prognose von Marktchancen sowie die Generierung neuer Ideen oder Lösungen. Marktforschung ist grundsätzlich kommerziell orientiert, ihre Ergebnisse sollen zur besseren Erreichung der Unternehmensziele (z.B. der Gewinnerzielung) beitragen. Auch wenn heute nicht nur Kunden, sondern auch andere Stake-

---

[1] Zur theoretischen Fundierung vgl. Lynch (1993).

holder erforscht werden und Marktforschung nicht nur von Unternehmungen, sondern auch von Non-Profit-Organisationen und öffentlichen Verwaltungen eingesetzt wird, geht es immer darum, einen nützlichen Beitrag für praktische Zwecke zu leisten. Aufgrund der allgemeinen Beschleunigung der Produktezyklen und Geschäftsprozesse steht auch die Marktforschung zunehmend unter Zeitdruck, so dass aufwändige Forschungen wenig zum Zuge kommen und eine Präferenz für „quick and dirty methods" besteht. MarktforscherInnen sind daher pragmatisch orientiert, verlassen sich auf oral vermitteltes Erfahrungswissen und nehmen gegenüber sozialwissenschaftlichen Theorien eine eklektische Haltung ein (Imms/Ereaut 2002, 1-30). In diesem Kontext überrascht es nicht, dass sich die qualitative Marktforschung v.a. auf Interviewtechniken und Fokus-Gruppen beschränkt hat. In bisherigen Einführungsbüchern zur qualitativen Marktforschung lassen sich jedenfalls keine Ausführungen zur Ethnomethodologie finden (Gordon/Langmaid 1988, Kepper 1996, Mariampolski 2001, Ereaut/Imms/Callingham 2002). Auch in der Forschungsliteratur gibt es lediglich einige oberflächlichen Verweise auf diesen Forschungsansatz (Goulding 1999, Parker und Roffey 1997), aber es scheint keine einzige ethnomethodologische Marktforschungsstudie zu existieren. Eignet sich die Ethnomethodologie überhaupt für die Zwecke der Marktforschung?

Prima vista scheint man die Frage negieren zu müssen. Denn erstens ist die Ethnomethodologie ein akademischer Forschungsansatz, der in Bezug auf theoretische und methodologische Stringenz höchste Ansprüche stellt und ein methodisch streng kontrolliertes Verfahren verlangt. Sie duldet weder einen theoretischen Eklektizismus noch ein „quick and dirty"-Vorgehen. Ethnomethodologische Studien sind daher anspruchsvoll und zeitaufwändig, mit anderen Worten kostenintensiv, und sie liefern keine schnellen Resultate. Zweitens widerspricht schon das Postulat der „ethnomethodologischen Indifferenz" einer zweckbezogenen Anwendungsorientierung, erfordert dieses doch eine Einklammerung aller praktischen Zwecke und damit eine Abstinenz von praktischem Involviertsein. Drittens sind die von der Ethnomethodologie verfolgten Fragestellungen am Problem der sozialen Ordnung ausgerichtet und betreffen daher die soziologische Grundlagenforschung. Doch wie immer, wenn eine allzu direkte Anwendungs- und Praxisorientierung verlangt wird, neigt man zu Kurzschlüssen. Im Folgenden sollen daher wenigstens ansatzweise Möglichkeiten skizziert werden, wie auch die Marktforschung von ethnomethodologischen Analysen profitieren könnte.

Erstens geht es wie bei allen qualitativen Verfahren um ein Verstehen des Sensemakings der AkteurInnen. Man will sie nicht mit vorgefertigten Kategorien beforschen, sondern ihre lebensweltlichen Erfahrungen und ihre eigenen Sinnkonstruktionen in Erfahrung bringen. Ethnomethodologische Analysen sind immer dann eine viel versprechende Option, wenn es um die Erforschung von Routinehandlungen und impliziten bzw. non-diskursiven Wissensbeständen geht – also wenn diskursive Verfahren wie Interviews oder Fokus-Gruppen versagen. Ein illustratives Beispiel sind etwa die Untersuchungen von Mensch-Maschine-Kommunikationen durch Lucy Suchman (1987). Die am Xerox Palo Alto Research Center durchgeführten Studien beobachteten

Thomas S. Eberle

mit einem ethnomethodologischen Forschungsdesign, wie sich Menschen an Kopiermaschinen verhielten, wohin ihr Blick schweifte, woran sie sich orientierten, wie sie an den Bedienungsknöpfen herumdrückten und wie sie auf Instruktionen von Seiten der Maschine reagierten, usw. Studien solcher Art haben erheblich dazu beigetragen, Kopiermaschinen benutzerfreundlicher zu gestalten und das Design von Hard- und Software nicht von der Maschinenlogik bzw. der Logik der Ingenieure her zu denken, sondern an der Interaktionslogik zwischen Maschine und Mensch auszurichten. Die Steigerung der Benutzerfreundlichkeit von (elektronischen) Apparaten in den letzten zwei Jahrzehnten hat zweifellos deutliche Marktvorteile erbracht. Allerdings: Ob ethnomethodologische Studien direkt zu Design-Verbesserungen führen können und sollen, bleibt weiterhin heftig umstritten. Sharrock und Randell (2004) bspw. bestreiten dies nach wie vor vehement und betonen das Selbstverständnis der Ethnomethodologie als Grundlagenforschung, während etwa Crabtree (2004) direkte Anwendungsmöglichkeiten erkennt, insbesondere durch „breaching experiments", und für eine hybride Disziplin „Technomethodology" eintritt – ebenfalls unter Berufung auf Garfinkel. Welches Selbstverständnis man auch immer zugrunde legt – es bestehen hier zweifellos Möglichkeiten einer fruchtbaren Zusammenarbeit zwischen Ethnomethodologie und Marktforschung.

Zweitens kann man sich ähnliche Erkenntnisgewinne überall dort vorstellen, wo es um soziale Interaktionen geht, beispielsweise in Bezug auf Verkäufer-Käufer-Interaktionen, bei Service-Leistungen oder bei personenbezogenen Dienstleistungen. Seit den Untersuchungen von Goodwin und Goodwin (1996) über den Air Traffic Control Tower gab es viele Studien, die durch die sorgfältige Analyse der Interaktionen zwischen den Piloten im Cockpit und den Fluglotsen Grundlagenerkenntnisse lieferten, um die Sicherheit des Flugverkehrs zu verbessern. Auch die NASA beschäftigt seit längerer Zeit Ethnomethodologen und Konversationsanalytiker, um die Kommunikation zwischen dem Bodenpersonal und den Astronauten im Weltall zu optimieren. Man darf auf ähnlich produktive Beiträge zur Qualitätsverbesserung hoffen bei der Analyse von Verkaufs- oder Dienstleistungsinteraktionen. Diesbezüglich zeigen sich deutliche Affinitäten zur —> Ethnographie, die in der Marktforschung schon verschiedentlich eingesetzt wurde (z.B. von Nokia zum Studium des Handy-Gebrauchs bei Jugendlichen). Eine ethnomethodologische Studie der sozialen Konventionen in einem Fast-Food-Restaurant wurde von Schau und Gilly (1997) vorgelegt.

Ein besonders fruchtbares Feld bilden die „Studies of Work". Aufschlussreich wären daher – drittens – ethnomethodologische Analysen der Arbeit von Marktforscherinnen und Marktforschern. Was macht MarktforscherInnen zu MarktforscherInnen? Wenn zutrifft, dass Marktforschung weitgehend auf impliziten Wissensbeständen, nämlich auf erfahrungsbasiertem Know-How beruht (Imms/Ereaut 2002), müsste eine Analyse der verkörperten Praktiken zumindest insofern neue Erkenntnisse zeitigen können, als Implizites deskriptiv expliziert wird. Statt Marktforschungstätigkeiten lediglich mit Umschreibungen (glosses) darzustellen, könnte man mit genauen Beschreibungen aufwarten, was MarktforscherInnen tun, wenn sie Marktforschung treiben.

Viertens eignet sich ein ethnomethodologisches Training – wie auch andere strenge Verfahren sozialwissenschaftlicher Hermeneutik (Hitzler/Honer 1997) – hervorragend zur Schulung der methodischen und methodologischen Sensibilität von MarktforscherInnen. Wer einmal die nicht hintergehbare Sequenzialität sowie die Indexikalität sämtlicher Handlungs- und Situationselemente erkannt hat, kann nicht mehr anders als die durchgehende Kontextgebundenheit von Sinnkonstruktionen in ihrem jeweiligen Hier und Jetzt und So in Rechnung zu stellen, und damit ist viel gewonnen. Wer sich an Umfragen von Marktforschungsinstituten beteiligt und immer wieder hautnah erlebt, wie oft man eine Frage nicht schlüssig beantworten kann, weil es „auf die Situation ankommt", der weiß, dass hier laufend Äpfel und Birnen zusammengezählt werden. Trotzdem werden Durchschnitte gebildet und Käuferprofile erstellt, die dann der Legitimation bestimmter Marketingstrategien dienen, obwohl die Validität der Daten mehr als zu wünschen übrig lässt. Kleinere Samples, aber bessere Datenqualität bilden daher ein Grundprinzip qualitativer Marktforschung. Nun sollte das Bewusstsein für kontextspezifische Sinnmodifikationen zwar jeden Ansatz qualitativer Sozialforschung auszeichnen, in der Ethnomethodologie ist dieses indes besonders ausgeprägt. Ein ethnomethodologisch geschulter Blick könnte MarktforscherInnen daher helfen, Entindexikalisierungsstrategien und verborgene Interpretationsprozeduren auch dann zu erkennen und in Rechnung zu stellen, wenn sie andere methodische Verfahren anwenden.

7 Literatur

Bergmann, Jörg R. (2000a): Harold Garfinkel und Harvey Sacks. In: Flick, Uwe/von Kardorff, Ernst/Steinke, Ines (Hrsg.): Qualitative Forschung, 51-62.
Bergmann, Jörg R. (2000b): Ethnomethodologie. In: Flick, Uwe/von Kardorff, Ernst/Steinke, Ines (Hrsg.): Qualitative Forschung, 118-136.
Cicourel, Aaron V. (1964): Method and Measurement in Sociology. New York.
Crabtree, Andy (2004): Taking Relationship Seriously: Hybrid Change in the Ethnomethodology-Design Relationship. In: European Journal of Information Systems, vol. 13, no. 3, 195-209.
Durkheim, Emile (1897): Le Suicide. Paris.
Eberle, Thomas S. (2007): Ethnomethodologie und Konversationsanalyse. In: Schüzteichel, Rainer (Hrsg.): Handbuch Wissenssoziologie und Wissenschaftsforschung. Konstanz, 139-160.
Ereaut, Gill/Imms, Mike/Callingham, Martin (2002): Qualitative Market Research: Principle and Practice. Series of Seven Volumes. Thousand Oaks.
Francis, David/Hester, Stephen (2004): An Invitation to Ethnomethodology: Language, Society and Interaction. London.
Garfinkel, Harold (1967): Studies in Ethnomethodology. Englewood Cliffs.
Garfinkel, Harold (1974): The Origins of the Term „Ethnomethodology". In: Turner, Roy (ed.). Ethnomethodology. Selected Readings. London, 15-18.
Garfinkel, Harold (1986): Ethnomethodological Studies of Work. London.

Garfinkel, Harold (2002): Ethnomethodology's Program. Working Out Durkheim's Aphorism. Boulder.
Garfinkel, Harold (2006): Seeing Sociologically. The Routine Grounds of Social Action. Boulder.
Garfinkel, Harold (2008): Toward a Sociological Theory of Information. Boulder.
Garfinkel, Harold/Lynch, Michael/Livingston, Eric (1981): The Work of Discovering Science Construed with Materials from the Optically Discovered Pulsar. In: Philosophy of the Social Sciences, vol. 11, 131-158.
Goodwin, Charles/Goodwin, Marjorie Harness (1996): Seeing as Situated Activity: Formulating Planes. In: Engeström, Yrjö/Middleton, David (eds.): Cognition and Communication at Work. Cambridge, 61-95.
Gordon, Wendy/Langmaid, Roy (1988): Qualitative Market Research. A Practitioner's and Buyer's Guide. Aldershot.
Goulding, Christina (1999): Consumer Research, Interpretive Paradigms and Methodological Ambiguities. In: European Journal of Marketing, vol. 33, no. 9/10, 859-873.
Handel, Warren (1982): Ethnomethodology. How People Make Sense. Englewood Cliffs.
Heath, Christian/Knoblauch, Hubert/Luff, Paul (2000): Technology and Social Interaction: The Emergence of „Workplace Studies". In: The British Journal of Sociology, vol. 51, no. 2, 299-320.
Heritage, John (1984): Garfinkel and Ethnomethodology. Cambridge.
Hitzler, Ronald/Honer, Anne (1997, Hrsg.): Sozialwissenschaftliche Hermeneutik. Stuttgart.
International Institute for Ethnomethodology and Conversation Analysis (2004). http://www.iiemca.org, abgerufen am 3. 12. 2006.
Imms, Mike/Ereaut, Gill (2002): An Introduction to Qualitative Market Research. Thousand Oaks.
Kepper, Gaby (1996): Qualitative Marktforschung. Methoden, Einsatzmöglichkeiten und Beurteilungskriterien. 2. Auflage. Wiesbaden.
Knoblauch, Hubert/Heath, Christian (1999): Technologie, Interaktion und Organisation: Die Workplace Studies. In: Schweizerische Zeitschrift für Soziologie, vol. 25, no. 2, 163-181.
Leiter, Kenneth (1980): A Primer on Ethnomethodology. Oxford.
Livingston, Eric (1987): Making Sense of Ethnomethodology. London.
Luff, Paul/Hindmarsh, Jon/Heath, Christian (2000): Workplace Studies. Recovering Work Practice and Informing System Design. Cambridge.
Lynch, Michael (1985): Art and Artifact in Laboratory Science. A Study of Shop Work and Shop Talk in a Research Laboratory. London.
Lynch, Michael (1993): Scientific Practice and Ordinary Action. Ethnomethodology and Social Studies of Science. Cambridge.
Mariampolski, Hy (2001): Qualitative Market Research. A Comprehensive Guide. Thousand Oaks.
Parker, Lee D./Roffey, Bet H. (1997): Methodological Themes. Back to the Drawing Board: Revisiting Grounded Theory and the Everyday Accountant's and Manager's Reality. In: Accounting, Auditing & Accountability Journal, vol. 10, no. 2, 212-247.
Patzelt, Werner (1987): Grundlagen der Ethnomethodologie. Theorie, Empirie und politikwissenschaftlicher Nutzen einer Soziologie des Alltags. München.
Rawls, Anne Warfield (2002): Editors' Introduction. In: Garfinkel, Harold: Ethnomethodology's Program. Working Out Durkheim's Aphorism. Boulder, 1-64.
Rawls, Anne Warfield (2008): Editor's Introduction. In: Garfinkel, Harold: Toward a Sociological Theory of Information. Boulder, 1-100.

Rawls, Anne Warfield (2006): Respecifying the Study of Social Order – Garfinkel's Transition from Theoretical Conceptualization to Practices in Details. In: Garfinkel, Harold: Seeing Sociologically. The Routine Grounds of Social Action. Boulder, 1-97.

Schau, Hope J./Gilly, Mary C. (1997): Social Conventions of a Fast Food Restaurant: An Ethnomethodological Analysis. In: Advances of Consumer Research, vol. 24., no. 1, 315-321.

Schütz, Alfred (1974): Der sinnhafte Aufbau der sozialen Welt. Frankfurt am Main.

Schütz, Alfred (2004): Common-Sense und wissenschaftliche Interpretation menschlichen Handelns. In: Strübing, Jörg/Schnettler, Bernt (Hrsg.): Methodologie interpretativer Sozialforschung. Klassische Grundlagentexte. Konstanz, 155-197.

Schütz, Alfred/Luckmann, Thomas (2003): Strukturen der Lebenswelt. Stuttgart.

Schütz, Alfred/Parsons, Talcott (1977): Zur Theorie sozialen Handelns. Ein Briefwechsel. Frankfurt am Main.

Sharrock, Wes/Randall, Dave (2004): Ethnography, Ethnomethodology and the Problem of Generalisation in Design. In: European Journal of Information Systems, vol. 13, no. 3, 186-194.

Suchman, Lucy (1987): Plans and Situated Action: The Problem of Human-Machine Communication. Cambridge.

Sudnow, David (1978): Ways of the Hand: The Organization Of Improvised Conduct. London.

Sudnow, David (1979): Talk's Body: A Meditation Between Two Keyboards. New York.

Ten Have, Paul (2004): Understanding Qualitative Research and Ethnomethodology. London.

Jo Reichertz

Hermeneutische Wissenssoziologie

1 Umgrenzung und Anspruch 113
2 Einsatzgebiete 114
3 Sozialtheoretischer Ausgangspunkt 115
4 Prämissen 117
5 Strategien des empirischen Vorgehens 119
6 Zur Forschungslogik 120
7 Zur Konstruktion von Intersubjektivität 121
8 Literatur 124

„The world is a world of meaning" (Mead 1983, 347)

1 Umgrenzung und Anspruch

Die hermeneutische Wissenssoziologie ist ein (in der Entwicklung begriffenes) komplexes *theoretisches, methodologisches* und *methodisches* Konzept, das im wesentlichen auf die Arbeiten von Hans-Georg Soeffner zurückgeht und u.a. von Thomas Eberle, Ronald Hitzler, Anne Honer, Hubert Knoblauch, Michaela Pfadenhauer, Jürgen Raab, Jo Reichertz, Bernt Schnettler und Norbert Schröer weiterentwickelt und ausdifferenziert wurde und das zum Ziel hat, die gesellschaftliche Bedeutung jeder Form von Interaktion (sprachlicher wie nichtsprachlicher) und aller Arten von Interaktionsprodukten (Kunst, Religion, Unterhaltung etc) zu (re)konstruieren. Anfangs wurde für diese Methode auch häufiger der Name ‚sozialwissenschaftliche Hermeneutik' verwendet. Die hermeneutische Wissenssoziologie hat sich in dieser Form zum einen durch die Kritik an der ‚Metaphysik der Strukturen' der objektiven Hermeneutik Oevermanns (Reichertz 1988) zum anderen durch die Auseinandersetzung mit der sozialphänomenologischen Forschungstradition herausgebildet (Schütz 1972).

Ziel dieses Beitrags ist es, die hermeneutische Wissenssoziologie auch außerhalb der üblichen qualitativen Sozialforschung vorzustellen: ihre Grundlagen, ihre Verfahren und ihre Voraussetzungen zu skizzieren und auf mögliche Anwendungsbereiche hinzuweisen. Allerdings wird es nicht möglich sein, diesen Ansatz vor dem Hintergrund einer Marketing-Perspektive neu zu entwerfen.

Die hermeneutische Wissenssoziologie ist vom theoretischen Selbstverständnis her Teil einer Soziologie des Wissens und methodisch/methodologisch Teil einer *hermeneutisch,* die Daten analysierenden, *strukturanalytisch* modellbildenden, qualitativen Sozialforschung. Dieses *theoretische, methodologische* und *methodische* Konzept hat zum Ziel, die *gesellschaftliche* Bedeutung jeder Form von Interaktion (sprachlicher wie nichtsprachlicher; face-to-face wie institutionell geformter) und aller Arten von Handlungsprodukten (Kunst, Religion, Unterhaltung, Geschäftsordnungen, Gegenständen, Produkten, Dienstleistungen, Organisationen etc.) zu (re)konstruieren.

All dies leistet die hermeneutische Wissenssoziologie nicht nur, um auf lange Sicht eine Sozial- und Gesellschaftstheorie zu entwerfen, sondern auch, um das Handeln von Menschen und (Menschen in) Organisationen zu verstehen und zu erklären – was auch zu einer Prognose genutzt werden kann. Hermeneutische Wissenssoziologie zielt also in gleicher Weise auf den Einzelfall wie auf den Typus, in gleicher Weise auf die Praxis wie auf die Theorie.

Untersucht wird, wie Handlungssubjekte – hineingestellt und sozialisiert in historisch und sozial entwickelte und abgesicherte Routinen und Deutungen des jeweiligen Handlungsfeldes (Muster, Typen, Ordnungen, Strukturen) – diese einerseits *vor*finden und sich aneignen (müssen), andererseits diese immer wieder neu ausdeuten und damit auch ‚eigen-willig‘ *er*finden (müssen). Diese selbständigen Neuauslegungen des vorgefundenen Wissens werden (ebenfalls als Wissen) ihrerseits wieder in das gesellschaftliche Handlungsfeld eingespeist und verändern es.

Das Handeln der Akteure bzw. Akteurinnen gilt in dieser Perspektive erst dann als verstanden, wenn der Interpret bzw. die Interpretin in der Lage ist, es aufgrund der erhobenen Daten (Interviews, Beobachtungen, Dokumente etc.) in Bezug zu dem vorgegebenen und für die jeweilige Handlungspraxis relevanten Bezugsrahmen zu setzen und es in *dieser* Weise für *diese* Situation als *eine* (für die Akteure bzw. Akteurinnen) sinn-machende (wenn auch nicht immer zweck-rationale) ‚Lösung‘ nachzuzeichnen.

2 Einsatzgebiete

Eingesetzt wird die hermeneutische Wissenssoziologie vor allem in der (Kultur-)Soziologie, den Erziehungswissenschaften, der Psychologie und der Kommunikationswissenschaft. Zunehmend stößt sie auch in der *Organisationsanalyse* und der qualitativen *Marktforschung* auf großes Interesse, vor allem weil sie Organisationen, Produkte und deren Design, aber auch Dienstleistungen als gestaltete Praxis (also als sinnhaftes Handeln) und Handeln in Ordnungen ansieht. Dieses Handeln ist immer auch Teil der internen und externen Kommunikation, wirkt also und kann (und muss) deshalb auch interpretiert werden. Hier ergeben sich auch eine Reihe von theoretischen Gemeinsamkeiten und Anknüpfungspunkten zur Strukturationstheorie von Giddens (1992) und deren Weiterführung durch Ortmann (1984), die beide in der organisationssoziologischen Literatur von beachtlicher Bedeutung sind.

Markenauftritte, Organisationen, Artefakte, das Design und auch Service-Konzepte u.v.a.m. sind nämlich nie allein nur das außen Sichtbare eines Produktes: sie treten immer in Formen auf (vgl. auch Reichertz 2007, 252). Und Formen - und das gilt für alle von Menschen geschaffenen Produkte - sagen stets auch etwas darüber, wie das von der Form Umschlossene als Ganzes zu verstehen ist. Produkte, Dienstleistungen und Organisationen bedeuten (uns) etwas, weil sie eine Form haben. Form ist deshalb immer Kommunikation. Die Form ist immer Gestaltetes, ist Kommunikation.

Formen bedeuten etwas. Das haben sie mit den Bildern und der Sprache gemein. Bestimmte Formen bedeuten Bestimmtes in bestimmten Kontexten. Was sie bedeuten, ist geschichtlich erarbeitet und aufgeschichtet und in der Kultur einer Gesellschaft verankert. Jeder kompetente Kulturangehörige weiß um die Bedeutung der Formen, ohne allerdings immer die Bedeutung genau explizieren zu können. Er reagiert auf die Bedeutung, ohne sie verbalisieren zu müssen und oft auch ohne sie verbalisieren zu können.

Insbesondere lohnt es sich, qualitative Verfahren in der Marktforschung einzusetzen, wenn es darum geht, zu verstehen und zu erklären, welche ‚Botschaft' eine Organisationsform, ein Produkt, eine Leistung, eine Form kommuniziert, um so *vorab* einschätzen zu können, ob Form oder Produkt zu der Zielgruppe passen, also auch von ihr angenommen werden könnten, und ob ein Kommunikationsauftrag sachgerecht ausgeführt wurde. Insofern ist die hermeneutische Wissenssoziologie besonders gut zur Unterstützung von Markenführungen geeignet – sowohl zum Entwurf einer Strategie als auch der Prüfung ihrer Umsetzung und auch ihrer Evaluation.

Möglich ist aber auch (dem Programm der cultural studies folgend, Bromley/Göttlich/Winter 1999), den kommunikativen und interaktiven Umgang mit den Produkten und Dienstleistungen eines Unternehmens, also deren Aneignung und weitere Verwendung durch die VerbraucherInnen zu bestimmen, also zu klären, ob ein unternehmerisches Angebot irgendwelche Folgen hat und wenn ja, welche, und durch welche Faktoren diese bedingt waren?

Da die hermeneutische Wissenssoziologie schwerpunktmäßig Interaktionsanalyse ist, eignet sie sich ebenfalls sehr gut für die Analyse und Vorbereitung von Verkaufs- und Einstellungsgesprächen, Geschäftsverhandlungen, Präsentationen und Steuerungsprozessen.

3 Sozialtheoretischer Ausgangspunkt

Es gibt keine soziale Konstellation, die notwendigerweise an jedem Ort dieser Welt bestimmte Ereignisse oder Dinge produziert und auf eine bestimmte Bahn schickt. Ereignisse wie Produkte und Organisationen entstehen an jedem Ort und zu jeder Zeit in anderer Form. Die Entwicklung von Ereignissen und die Entstehung von Produkten (und deren Aneignung) sind jeweils einzigartig und will man sie verstehen, muss man die Entwicklung nachzeichnen.

Geschichte entwickelt sich nicht gradlinig, eine Stufe nach der anderen nehmend, sondern sprunghaft – dabei auch die Richtung wechselnd. Sie entwickelt sich durch die Handlungen, Interpretationen, Hoffnungen, Problemlagen und Gelegenheiten von individuellen wie kollektiven AkteurInnen, die darauf hoffen, durch ihr Handeln ihre Probleme zu bearbeiten oder gar zu lösen. So entsteht auch eine Form von sozialer Ordnung, aber in dieser gibt es ebenfalls Löcher: Ungenauigkeiten, Widersprüche, Rücknahmen, Irrtümer, Selbsttäuschungen und Zufälle.

Jo Reichertz

Qualitative Sozialforschung im Sinne einer wissenssoziologischen Hermeneutik kann all dies *nachzeichnen* und *festhalten*, sie kann die typische Gestalt des konkret Gewordenen, das Muster oder die Figur rekonstruieren, aber sie kann hinter all dem keinen Sinn, keine Rationalität und auch keine Funktion (zum Nutzen des Großen Ganzen) erkennen. Geschichte entfaltet sich nicht, sie reproduziert in der Aktion nicht immer wieder die gleiche Struktur, sondern Geschichte und Interaktion sind entwicklungsoffene, einander bedingende und einander durchdringende Prozesse, die immer einmal wieder Muster bilden, dann jedoch immer wieder sich ihren eigenen Weg suchen bis zum nächsten Muster, dass jedoch wieder ein völlig anderes sein kann.

Die Grundfrage der *wissenssoziologischen* Hermeneutik fasst Hans-Georg Soeffner in folgende Worte: „Welches Problem wurde aus der Sicht der Akteure wahrgenommen und durch die daran anschließenden gesellschaftlichen Konstruktionen bewältigt, also welche Motive verbanden die Handelnden mit ihrer Selbstzuordnung zu einer Institution, zu einem Verband, zu einer bestimmten Wahrheit?" (Soeffner 2004, 40). Um auf diese Frage eine Antwort geben zu können, muss der wissens-soziologische Interpret bzw. die Interpretin sukzessive die Praxis des Handelns und des Lebens Schritt für Schritt nachzeichnen, um so beschreiben und erklären zu können, wie es zu dem kam, was gekommen ist, und weshalb etwas in welcher Situation für wen eine ‚Lösung' darstellte (ausführlicher Reichertz 2007, 243ff).

Handlungen, und so viel scheint aus soziologischer Sicht recht gewiss zu sein, verbinden sich nicht von selbst (also aus sich heraus) zu einer übergeordneten Gesamthandlung. Die Einzelhandlungen tragen nicht ein zwingendes Gesetz in sich, das ein Weiterhandeln aus sich heraus in einer bestimmten Reihenfolge in eine bestimmte Richtung weitertreibt. Handlungen müssen stattdessen von sinnhaft interpretierenden und entscheidenden Akteuren bzw. Akteurinnen vorangetrieben und miteinander verknüpft werden. In der face-to-face-Interaktion weben dabei die TeilnehmerInnen im ‚Hier und Jetzt' eine aufeinander abgestimmte (wenn nicht immer, so doch meist abgeschlossene) Gesamthandlung - wie z.B. ein Gespräch, ein Billardspiel, aber auch einen handfesten Streit. Der interaktive Webvorgang entsteht allerdings keineswegs aus dem Nichts, sondern die Beteiligten greifen bei ihrer wechselseitigen Arbeit auf teils bewusstes, teils ‚schweigendes' (tacit) Wissen um historisch und sozial entstandene und oft auch massiv sanktionierte Praktiken, Routinen, Rahmen, Gattungen, Regeln des ‚Webens' zurück. Insofern kommt einerseits bei jeder Interaktion die Erinnerung an die gesellschaftliche Vorarbeit (und das Wissen um die Sanktionen) zum Tragen, andererseits ist die Vorarbeit wegen der Sinnorientiertheit der Akteure bzw. Akteurinnen notwendigerweise offen für Variationen und Revisionen des Erinnerten.

Das Besondere der Handlungsverknüpfung in face-to-face-Interaktionen besteht nun darin, dass die TeilnehmerInnen in der Situation des ‚Hier und Jetzt' verbleiben. Wird die face-to-face-Interaktion beendet, müssen die TeilnehmerInnen - falls sie erneut zusammentreffen - an ein ‚Dort und Damals' anknüpfen und stets aufs Neue das ‚Dort und Damals' Gesagte aufgreifen, bekräftigen, abschwächen oder abändern. Was sie auch immer tun, sie werden ihre Handlungen in irgendeiner Weise miteinander verbinden, verketten müssen, so dass Kontinuität und Identität entstehen. Auch hierzu stehen ihnen gesellschaftlich erarbeitete Praktiken, Gattungen und Regeln zur Verfügung.

Oft binden sich jedoch auch andere Akteure bzw. Akteurinnen (gefragt oder ungefragt, mit Macht und ohne Macht) in die Handlungen des ‚Hier und Jetzt' ein: Andere von einem ‚Dort' haben von einem Handeln im ‚Hier und Jetzt' gehört oder es beobachtet und schließen ihr Handeln daran an, beteiligen sich, kommentieren es. Oder sie erwarten ein bestimmtes Handeln von bestimmten Personen im ‚Bald und Hier' oder im ‚Bald und Dort' und entwerfen ihr Handeln auf das in der Zukunft Erwartete hin. So kann ein Bystander ein laufendes Billardspiel lediglich kommentieren oder aber seine Absicht kundtun, gegen den Sieger bzw. die Siegerin der Partie entweder heute oder morgen antreten zu wollen. All diese AkteurInnen produzieren Handlungsketten über die Zeit und über den Raum hinweg, wenn sie sich wahrnehmen oder genauer: weil sie sich wahrnehmen und weil ihre Handlungen Auswirkungen aufeinander haben.

Die Anzahl der Menschen, die regelmäßig ihre Handlungen miteinander verknüpfen, kann nun sehr stark variieren, auch gibt es Unterschiede in der Intensität der Handlungsabstimmung oder bei der Konstanz des Personals. Liebespaare werden dabei zu den kleinsten Gruppen zählen, Demonstrationen oder die Loveparade zu den größeren. Einige Gruppen werden sehr oft und immer wieder ihr Handeln über Raum und Zeit miteinander verbinden (z.B. Ehepartner), andere nur gelegentlich (z.B. NachbarInnen), wieder andere werden nur zu bestimmten Zwecken sich in das Handeln der anderen einklinken (DemonstrantInnen) oder nur für wenige Male (ImmobilienmaklerIn) oder zu bestimmten Zeiten (KirchenbesucherInnen) und mit manchen will man nie oder höchstens einmal zu tun haben (Schlägerei).

Verbinden Menschen wiederholt ihr Handeln miteinander oder begeben sie sich (oft mittels Kontrakt) in Sozialformen (Organisationen), in denen ihr Handeln immer wieder in spezifischer, aufeinander abgestimmter Weise miteinander verknüpft wird, dann bilden sich bald eher mehr als weniger feste Akteurkonstellationen und eher mehr als weniger verbindliche Formen der dort üblichen, weil bewährten Handlungsverkettung heraus.

4 Prämissen

Wissenssoziologisch ist die Perspektive, weil sie diesseits von Konstruktivismus und Realismus die Großfragestellung untersucht, wie Handlungssubjekte - hineingestellt und sozialisiert in historisch und sozial entwickelte Routinen und Deutungen des je-

Jo Reichertz

weiligen Handlungsfeldes - diese einerseits *vor*finden und sich aneignen (müssen), andererseits diese immer wieder neu ausdeuten und damit auch *er*finden (müssen). Diese Deutungen und Routinen werden ihrerseits den Mitgliedern eines Handlungsfeldes als *Wissen* zur Verfügung gestellt, und neue Deutungen und Routinen werden ebenfalls als Wissen in das Handlungsfeld wieder eingespeist.

Unter ‚Wissen' wird dabei *keinesfalls* die korrekte Widerspiegelung einer objektiv gegebenen und unabhängig existierenden äußeren Wirklichkeit verstanden, sondern alles Wissen ist Ergebnis eines spezifischen gesellschaftlichen Konstruktionsprozesses. Das jeweils nur historisch gültige Wissen dient den Mitgliedern einer Interaktionsgemeinschaft als das wichtigste Handwerkszeug (Medium), sich ihre problematische Umwelt ‚passend' und handhabbar zu machen. Was für ‚wahr' gehalten wird und was als ‚wirklich' gilt, ist demnach Resultat eines gesellschaftlichen Austauschprozesses (Berger/Luckmann 1977, Soeffner 1992, 2004). Wissen ist in dieser Perspektive immer mehr als Information (= etwas ist so oder so; etwas verhält sich so), sondern Wissen hat immer einen Bezug zum Handeln von Menschen. Wissen sagt nämlich immer auch, was es in einer bestimmten Welt für das Handeln bedeutet, dass etwas so oder so ist: Wissen enthält damit immer eine pragmatische Komponente und damit auch: *Sinn*. Zu wissen, was eine gemachte Erfahrung für mich und mein Handeln bedeutet, heißt, dieser Erfahrung Sinn zu verleihen (allgemein zur Wissenssoziologie siehe Schützeichel 2007).

Hermeneutisch ist diese Perspektive, weil sie auf die (Re-)konstruktion von Sinn zielt und weil sie bei der methodisch angeleiteten Auswertung der erhobenen Daten den Prämissen der ‚sozialwissenschaftlichen Hermeneutik' (Soeffner 2004, Hitzler/Honer 1994) folgt, welche sich in dieser Form durch die Kritik an der ‚Metaphysik der Strukturen' der objektiven Hermeneutik (z.B. Oevermann et al. 1979, Reichertz 1988) herausgebildet hat. Im Kern bezeichnen die Begriffe ‚sozialwissenschaftliche Hermeneutik' und ‚hermeneutische Wissenssoziologie' die gleiche Forschungsperspektive (Soeffner 2004, Soeffner/Hitzler 1994; Reichertz 1997, Schröer 1994, 1997; Hitzler/Reichertz/Schröer 1999). Allerdings ist aus meiner Sicht der zweite Name besser, weil er die Fragerichtung in den (substantivischen) Mittelpunkt rückt und diesem eine Methode als Attribut zur Seite stellt.

Strukturanalytisch ist diese Perspektive, weil das Verhalten der Individuen erst dann als verstanden gilt, wenn der Interpret bzw. die Interpretin in der Lage ist, beobachtetes Verhalten in Bezug zu dem vorgegebenen und für den jeweiligen Handlungstyp relevanten Bezugsrahmen zu setzen und es in dieser Weise als sinnvoll nachzuzeichnen. Folglich geht es bei der Rekonstruktion des Handelns um die Sichtbarmachung der (als Wissen abgelagerten) strukturellen, vorgegebenen Handlungsprobleme und -möglichkeiten, die bei der Herausbildung der ‚egologischen Perspektive' dem Protagonisten bzw. der Protagonistin *mit guten Gründen zugeschrieben werden können*. Es handelt sich also gerade nicht um eine verkappte intentionalistische Handlungstheorie.

Um es zu präzisieren und nahe liegenden Missverständnissen vorzubeugen: Im Zentrum steht selbstverständlich *nicht* die Rekonstruktion der von den jeweiligen Handelnden *gewussten singulären Perspektive*. Ein solches Unternehmen wäre von vornherein zum Scheitern verurteilt. Es geht vielmehr um die rationale Konstruktion der Perspektive, die Akteure bzw. Akteurinnen in Bezug auf (a) eine bestimmte Aufgabenstellung und (b) nicht hintergehbare Rahmenbedingungen zu ihrer Bewältigung in einer bestimmten Gesellschaft zwangsläufig einnehmen müssen. Angestrebt wird also die rationale Konstruktion egologischer Perspektiven*typen* (Schütz 1972, Soeffner 1980).

Oder anders: Es geht (1) um die Rekonstruktion der strukturellen Probleme, die Individuen bewältigen müssen, wenn sie in einem bestimmten Rahmen handeln (im übrigen unabhängig davon, ob sie von diesen Problemen wissen) und (2) um die Rekonstruktion der durch diese spezifische Struktur eröffneten (aber auch verschlossenen) Handlungsmöglichkeiten zur ‚Lösung' dieser Probleme.

5 Strategien des empirischen Vorgehens

Die hermeneutische Wissenssoziologie gewinnt ihre Erkenntnisse durchweg aus empirischer Forschung. Untersucht werden alle Formen sozialer Interaktion sowie alle Arten von Kulturerzeugnissen. Der systematischen ‚Findung' des Neuen gilt dabei ein besonderes Interesse. Eine Reihe von methodischen Vorkehrungen soll dies erleichtern.

So soll bereits in der ersten Forschungsphase der Forscher darum bemüht sein, eine ‚abduktive Haltung' (Reichertz 1991, 2003) aufzubauen. D.h. er muss seine Forschung so gestalten, dass ‚alte' Überzeugungen ernsthaft auf die Probe gestellt werden und ggf. ‚neue', tragfähigere Überzeugungen gebildet werden können. Dieses ‚Programm' lässt sich jedoch nur sinnvoll umsetzen, wenn die erhobenen Daten so beschaffen sind, dass ihre Verrechenbarkeit mit den abgelagerten Überzeugungen nicht von vorn herein gewährleistet ist. Die Daten müssen widerständig sein können.

Am widerstandfähigsten dürften m.E. *nicht-standardisiert* erhobene Daten, also audiovisuelle Aufzeichnungen und Tonbandprotokolle, sein (Reichertz 2003). Da solche Daten von den InteraktantInnen nicht in Anbetracht der/einer forschungsleitenden Fragestellung produziert und die Erhebung selbst nicht von subjektiven Wahrnehmungsschemata geprägt wurden, ist die Wahrscheinlichkeit recht groß, dass sie nicht von vornherein mit den abgelagerten Überzeugungen zur Deckung zu bringen sind.

Wenn die Erhebung nicht-standardisierter Daten nicht möglich ist oder keinen Sinn macht, dann ist der Forscher bzw. die Forscherin genötigt, selbst Daten zu produzieren: er/sie muss Beobachtungsprotokolle anfertigen und Interviews führen - und er/sie

Jo Reichertz

tut gut daran, dies nach wissenschaftlich verbindlichen Standards zu tun; mithin produziert er/sie Daten, die ihrerseits von (wissenschaftlichen) Standards geprägt sind.

Dabei sind folgende zwei Erhebungsprinzipien zu beherzigen: (1) Der Forscher bzw. die Forscherin sollte (*nur!*) in Bezug auf den zu untersuchenden Sachverhalt möglichst *naiv* ins Feld gehen und Daten sammeln (Hitzler 1991). (2) Gerade in der Einstiegsphase sollte eine möglichst *unstrukturierte* Datenerhebung gewährleistet sein. Der Grund: Eine frühzeitige analytische und theoretische Durchdringung des Materials und eine sich daran anschließende gezielte Erhebung von Daten in der Eingangsphase würde nur dazu führen, den Datenwetzstein, an dem sich später Theorien bewähren und entwickeln lassen sollen, frühzeitig zu entschärfen. Setzt der Forscher bzw. die Forscherin bei der Erhebung standardisierter Daten diese beiden Prinzipien um, dann ist zumindest strukturell die Möglichkeit eröffnet, dass die Daten 'ihn/sie ins Grübeln bringen', ihn an seinen/ihren 'alten' Überzeugungen zweifeln lassen (Reichertz 1997).

6 Zur Forschungslogik

Methodisch verfolgt eine wissenssoziologische Hermeneutik folgenden Weg: In der Anfangsphase wird das Datenprotokoll 'offen kodiert' (Strauss 1994), will sagen: das jeweilige Dokument wird sequentiell, extensiv und genau analysiert und zwar Zeile um Zeile oder sogar Wort für Wort. Entscheidend in dieser Phase ist, dass man noch keine (bereits bekannte) Bedeutungsfigur an den Text heranführt, sondern mit Hilfe des Textes möglichst viele (mit dem Text kompatible) Lesarten konstruiert. Diese Art der Interpretation nötigt den Interpreten bzw. die Interpretin, sowohl die Daten als auch seine (theoretischen Vor-)Urteile immer wieder aufzubrechen - was ein gutes Klima für das Finden neuer Lesarten schafft.

Sucht man in der Phase des 'offenen Kodierens' nach Sinneinheiten (die natürlich immer schon theoretische Konzepte beinhalten bzw. mit diesen spielen und auf sie verweisen), so sucht man in der zweiten Phase der Interpretation nach höher aggregierten Sinneinheiten und Begrifflichkeiten, welche die einzelnen Teileinheiten verbinden. Außerdem lassen sich jetzt gute Gründe angeben, weshalb man welche Daten neu bzw. genauer nach erheben sollte. Man erstellt also im dritten Schritt neue Datenprotokolle, wenn auch gezielter. So kontrolliert die Interpretation die Datenerhebung, aber zugleich, und das ist sehr viel bedeutsamer, wird die Interpretation durch die nach erhobenen Daten falsifiziert, modifiziert und erweitert.

Am Ende ist man angekommen, wenn ein hoch aggregiertes Konzept, eine Sinnfigur gefunden bzw. konstruiert wurde, in das *alle* untersuchten Elemente zu einem sinnvollen Ganzen integriert werden können und dieses Ganze im Rahmen einer bestimmten Interaktionsgemeinschaft verständlich (sinnvoll) macht. Die Frage, ob die so gewonnene Deutung mit der ‚Wirklichkeit im Text' tatsächlich korrespondiert, ist sinnlos, da eine wissenssoziologische Forschung sich stets und immer nur mit der ‚*sozialen Realität*' beschäftigt (Beispiele dazu: Soeffner 1992).

7 Zur Konstruktion von Intersubjektivität

Die Vorstellung von einem Ich, welches bei der Geburt bereits keimhaft im Organismus vorhanden ist und welches sich im Laufe der Jahre zur vollen Form ausblüht, ist lediglich eine romantische Fiktion, aus der u.a. auch die erkenntnistheoretisch so folgenschwere Trennung zwischen Subjekt und Objekt resultiert. Unterstellt man jedoch, dass am Anfang des Prozesses der Subjektwerdung die Sozialität und die von ihr vorgenommene Deutung der Welt stehen, dann schließt sich die Kluft zwischen Subjekt und der es umgebenden Welt. Denn im Prozess der Sozialisation nimmt der Organismus die sozial erarbeitete und geteilte Ordnung der Welt nach ‚innen' – er inkorporiert sie. Mit ‚Ordnung der Welt' sind dabei *alle* bekannten und bewährten Beziehungen von Subjekten zu anderen Subjekten oder Objekten gemeint. Alle diese Beziehungen sind sozial konstruiert und - was sehr wichtig ist - *zeichenhaft*. Intersubjektivität ist stets zeichenhaft vermittelt, und sie wird konstituiert über die Aneignung einer Kultur, welche von einer historisch gewachsenen Interaktionsgemeinschaft sukzessive erarbeitet wurde und immer wieder von ihr verbürgt wird (ausführlicher hierzu Reichertz 2007, 291ff).

Der Organismus wird mit der Geburt in ein ausgearbeitetes ‚Universum von Bedeutungen' gesetzt. Dieses ‚Universum' ist Ergebnis eines langen und sehr komplexen Bemühens der Sozialität um eine Deutung von Welt, welche wegen der prinzipiellen ‚Weltoffenheit' des Menschen notwendig ist. Ein einmal konstruiertes ‚Universum von Bedeutungen' und die daraus resultierenden Institutionen entlasten die einzelnen Subjekte, sowohl bei Handlungs- als auch bei Wahrnehmungsaufgaben, und sie schaffen auf diese Weise Freiraum - auch den Freiraum, das ‚Universum' in Teilen umzustrukturieren. *Indem der Organismus die symbolisch geordnete Welt nach innen nimmt, nimmt er die Deutung seiner Sozialität nach innen und wird in dieser Sozialität ein von dieser Sozialität gedeutetes und damit auch ein sich selbst deutendes Subjekt.* Wie das Subjekt sich selbst oder andere Subjekte oder Dinge seiner Um-Welt im Einzelnen deutet, ist erst einmal nichts anderes als das Erinnern und Repetieren gesellschaftlich erarbeiteter Formen der Selbst- und Fremdthematisierung. Spricht das Subjekt von ‚Subjekten' oder ‚Objekten', dann spricht es nicht über eigenständige Entitäten, sondern es aktiviert durch diesen Sprachgebrauch soziale Perspektiven und Umgangsweisen mit

Jo Reichertz

Symbolen.[1] Doch weil das Subjekt diese Formen nicht nur zwanghaft und immer wieder repetiert bzw. ‚aufsagt', sondern wegen seiner ‚exzentrischen Positionalität' (Plessner 1975) an ihnen arbeiten muss (d.h. diese wahrnimmt und erneut ausdeutet), findet und erfindet es sich stets aufs Neue.

Das Subjekt - und das ist hier der springende Punkt - ist also *nicht* gefangen in der nur von ihm entworfenen und allein ihm bekannten Welt, seiner *individuellen Welttheorie* (Ungeheuer 1987)[2], sondern seine Welt war schon immer die der anderen. Nur weil die subjekteigene individuelle Weltdeutung bereits sozial war, konnte sie individuell werden, und deshalb sichert die individuelle Aneignung kollektiver Symbolwelten eine gewisse Intersubjektivität. Der individuelle Solipsismus lässt sich auf diese Weise auflösen, doch da in dieser Konzeption von Intersubjektivität die Innensicht der kollektiven Weltdeutung nicht verlassen werden kann, tauscht man den individuellen Solipsismus gegen einen sozialen ein. Doch mit diesem kann man leben, weil man miteinander sprechen und sich verständigen kann.

Die hermeneutische Wissenssoziologie geht nun (wie die meisten SozialwissenschaftlerInnen) davon aus, dass alles Handeln von Menschen, also das symbolfreie wie das symbolgebundene, also Interaktion und Kommunikation, (für andere Menschen) nicht zufällig generiert wird, sondern in einer solchen Weise, dass es Bedeutung (in der Fläche und in der Zeit) besitzt. Das Bedeutung-Haben ist ja gerade das Spezifische am Handeln, das was es vom puren Verhalten unterscheidet. Diese Bedeutung wird (und auch da sind sich wohl die meisten und natürlich alle explizit hermeneutisch verfahrenden SozialwissenschaftlerInnen einig) konstituiert durch spezifische Verfahren,

---

[1] Gleiches gilt natürlich für den Umgang mit allen Begriffen, also auch für den Gebrauch von ‚Genauigkeit'. So wird mit ‚Genauigkeit' eine symbolische Perspektive in Geltung gesetzt, die u.a. implizit die Subjekt-Objekt-Trennung und eine krude Abbildtheorie enthält und (zumindest im Bereich der Wissenschaft) hohe Anschlussfähigkeit gewährleistet.

[2] Das Konzept Ungeheuers zur individuellen Welttheorie ist allein schon deshalb unplausibel, weil eine solche ‚Theorie' sich über das Miteinander-Handeln und dessen Erfolgssicherung schnell in eine soziale Welttheorie verwandeln würde. Ohne Zweifel besitzt nicht jedes Mitglied einer Interaktions- und Sprachgemeinschaft das gleiche Wissen über die gemeinsame Welt: Abhängig von z.B. Alter, Ort, Soziallage, Geschlecht, Ausbildung, Gesundheit, Beruf, Hobbys, guten wie schlechten Erfahrungen wissen einige mehr, andere weniger. Das ist weder überraschend noch neu (die Wissenssoziologie untersucht das seit gut hundert Jahren): Wissen ist unterschiedlich verteilt, wenn auch nicht zufällig, sondern in Abhängigkeit von der jeweiligen sozialen Lage. Auch das Wissen um das richtige Sprechen und Antworten. Individuell ist dieses Wissen nur insofern, als das dessen Ausmaß und dessen Spezifik sich bei jedem von uns unterscheiden, sozial ist all dies Wissen hingegen, weil es sozialen Ursprungs ist und sozial geteilt ist. Jeder hat an der sozialen Welt also einen einzigartigen, seinen individuellen Anteil, einfach deshalb, weil sein sozialer Ort einzigartig ist. Dennoch ist dieses (wenn man so will) individuelle Wissen um die Welt genau das, was ihn mit der Welt der Anderen verbindet, weil es auch das Weltwissen der Anderen ist. In diesem Verständnis ist eine individuelle Welttheorie, gerade nicht das, was mich von den Anderen trennt (was Ungeheuer behauptet), sondern was mich mit ihnen verbindet. Deshalb sichert dieses Wissen Kommunikation, es macht sie also nicht fehlerhaft.

also Praktiken, und Regeln, die Ausdruck der Geordnetheit von Grammatik, Semantik und vor allem der Pragmatik einer Sprach- und Interaktionsgemeinschaft sind. Grammatik meint hier die mehr oder weniger codifizierten Regeln der Verknüpfung von Zeichen, die auf Bedeutungseinheiten verweisen, Semantik die Verweisungen auf den gesellschaftlich geschaffenen Raum von Bedeutungseinheiten und den dadurch eröffneten Raum logischer (Sellars 1999) legaler und legitimer Gründe. Pragmatik meint dagegen (durchaus im Sinne Brandoms) das Geflecht von Unterstellungen, Erwartungen und Verpflichtungen, das sich in einer spezifischen Gesellschaft aus Handlungen mehr oder weniger verbindlich ergibt (Brandom 2001, Habermas 1999, 138ff). Interaktion und Kommunikation sind somit *geordnet*, und zwar von den Regeln der Sinnzuschreibung und von den Regeln der Bedeutungsproduktion. Sinn und Geordnetheit sind deshalb überall dort anzutreffen, wo menschliches Handeln anzutreffen ist – unabhängig davon, wie sinnvoll und wie widerspruchsfrei eine solche Ordnung ist.

Diese Position richtet sich ganz entschieden gegen eine intentionalistische Handlungs- und Kommunikationstheorie und gegen die (unerfüllbare) Forderung, Sozialwissenschaft habe das ‚bewusst Intendierte' oder (mit Schütz gesprochen) die ‚Um-Zu-Motive' menschlichen Handelns zu erkennen und zu benennen. Diese vor allem von überzeugten InteraktionistInnen vertretene Forderung impliziert die Vorstellung vom freien, ständig Entscheidungen treffenden, *bewußt* die Welt aus sich selbst spinnenden Subjekt. Zwar enthält sie ein gutes Maß an romantischer Wehmut, jedoch wenig an Überzeugungskraft.

Denn es ist gewiss naiv (nicht nur nach Karl Marx und Sigmund Freud allein das für handlungsbedeutsam zu halten, das dem sicheren Griff des klaren Bewusstseins verfügbar ist. Bedeutung für das Handeln hat sehr vieles, das von dem Handelnden bzw. der Handelnden selbst nicht *sofort* benannt werden kann. So sind z.B. in ‚kommunikative Gattungen' Formen der Thematisierung und Darstellung von Ereignissen eingelassen, die dem einzelnen Erzähler bzw. der Erzählerin kaum bewusst verfügbar sind. Gleiches gilt sowohl für die durch bestimmte soziale settings in Kraft gesetzten Formen und Regeln der Gesprächsorganisation als auch für die in Sprechroutinen eingelagerten Entscheidungen - weder kennt der Sprecher bzw. die Sprecherin diese Entscheidungen noch kann er/sie sie bewusst nachvollziehen. Gewiss verengt auch der permanente Handlungs- und Entscheidungszwang die Möglichkeit der Subjekte, sich ihre Handlungssituation in ihrer Komplexität zu vergegenwärtigen und mögliche Handlungsoptionen und deren Folgen hochzurechnen.

Aber dass diese Fälle (und andere) zu benennen sind, resultiert allein daraus, dass sie als (wenn auch normale) Abweichung vor dem zugrunde liegenden Normalfall herauskonturiert werden können. Auch wenn die ‚Handlungsmotivierung' oft im ‚Untergrund' bleibt, kann sie doch bei Bedarf (und mit bestimmten Verfahren) ans Licht des Bewußtseins gebracht bzw. rekonstruiert werden.

Hinter all den oben genannten Abkürzungsformen und Routinen stehen sinnhafte (oft auch langwierige und interaktiv ausgehandelte) Entscheidungen handelnder Menschen. Indem andere Menschen später und andernorts diese Formen und Routinen übernehmen, schließen sie sich auch den darin eingelagerten Entscheidungen an (und sie haben sich diese Entscheidungen auch zurechnen zu lassen). Die hermeneutische Wissenssoziologie bemüht sich also *nicht* um die ‚gewussten Bewusstseinsinhalte' von Subjekten, auch für die Wissenssoziologie bleiben die Subjekte intransparent, ihr geht es statt dessen um die Rekonstruktion der gesellschaftlichen Bedeutung von (auch in Formen und Routinen eingelassenen) Entscheidungen und damit um die Rekonstruktion von Sozialität: wie sie entsteht, wie sie gesichert wird, wie sie auf Veränderungen reagiert. Im Zentrum dieser Sozialforschung steht das gesellschaftlich individuierte Subjekt, das sich im Laufe seiner Ontogenese erst in (und mithilfe) der Sozialität findet, um dann sich und die Gesellschaft neu zu ‚erfinden'. Eine Soziologie ohne menschliches Subjekt ist zwar denkbar und auch aufschreibbar, aber sie ist eine Soziologie ohne Inhalt. Entfernen SoziologInnen das Subjekt und sein Handeln aus ihrem Geschäftsbereich, dann eröffnen sie ein neues Geschäft: fraglich ist jedoch, was man dort erhält.

8 Literatur

Berger, P./Luckmann, T. (1977, 1966): Die gesellschaftliche Konstruktion der Wirklichkeit. Frankfurt am Main.
Bourdieu, P. (1989): Satz und Gegensatz. Berlin.
Brandom, R. (2001): Begründen und Begreifen. Frankfurt am Main.
Bromley, R./Göttlich, U./ Winter, C. (1999, Hrsg.): Cultural Studies. Grundlagentexte zur Einführung. Lüneburg.
Cicourel, A. (1974): Methode und Messung in der Soziologie. Frankfurt am Main.
Foucault, M. (1977): Die Ordnung des Diskurses. München.
Giddens, A. (1992): Die Konstitution der Gesellschaft. Frankfurt am Main.
Habermas, J. (1999): Wahrheit und Rechtfertigung. Frankfurt am Main.
Hitzler, R./Honer, A. (1997, Hrsg.): Sozialwissenschaftliche Hermeneutik. Opladen.
Hitzler, R./Reichertz, J./Schröer, N. (1999, Hrsg.): Hermeneutische Wissenssoziologie. Standpunkte zur Theorie der Interpretation. Konstanz.
Kellner, H./Heuberger, F. (1988): Die Einheit der Handlung als methodologisches Problem. In: List, E./Srubar, I. (Hrsg.) Alfred Schütz - Neue Beiträge zur Rezeption seines Werkes. Amsterdam, 257-284.
Kelle, U. (1994): Empirisch begründete Theoriebildung. Weinheim.
Mead, G. H. (1973): Geist, Identität und Gesellschaft. Frankfurt am Main.
Mead, G. H. (1983): Gesammelte Aufsätze Bd. 2. Frankfurt am Main.
Oevermann, U./Allert, T./Konau, E./Krambeck, J. (1979): Die Methodologie einer ‚objektiven Hermeneutik' und ihre allgemeine forschungslogische Bedeutung in den Sozialwissenschaften. In: Soeffner, H. G. (Hrsg.): Interpretative Verfahren in den Sozial- und Textwissenschaften. Stuttgart, 352-433.
Ortmann, G. (1984): Der zwingende Blick. Frankfurt am Main.

Peirce, C. S. (1976, (1967/1970)): Schriften zum Pragmatismus und Pragmatizismus, hrsg. von K. O. Apel, übersetzt von G. Wartenberg. Frankfurt am Main.
Plessner, H. (1975): Die Stufen des Organischen und der Mensch. Berlin, New York.
Reichertz, J. (1986): Probleme qualitativer Sozialforschung. Frankfurt am Main.
Reichertz, J. (1988): Verstehende Soziologie ohne Subjekt. In: Kölner Zeitschrift für Soziologie und Sozialpsychologie, 2, 207-221.
Reichertz, J. (1991): Aufklärungsarbeit - Kriminalpolizisten und Feldforscher bei der Arbeit. Stuttgart.
Reichertz, J. (1997). Plädoyer für das Ende einer Methodologiedebatte bis zur letzten Konsequenz. In: Sutter, T. (Hrsg.): Beobachtung verstehen - Verstehen beobachten. Opladen, 98-133.
Reichertz, J. (2003): Die Abduktion in der qualitativen Sozialforschung. Opladen.
Reichertz, J. (2007): Die Macht der Worte und der Medien. Wiesbaden.
Reichertz, J./Schröer, N. (1994): Erheben, Auswerten, Darstellen. Konturen einer hermeneutischen Wissenssoziologie. In: Schröer, N. (Hrsg.): Interpretative Sozialforschung. Auf dem Weg zu einer hermeneutischen Wissenssoziologie. Opladen, 56-84.
Sellars, W. (1999). Der Empirismus und die Philosophie des Geistes. Paderborn.
Schröer, N. (1994, Hrsg.): Interpretative Sozialforschung. Auf dem Wege zu einer hermeneutischen Wissenssoziologie. Opladen.
Schröer, N. (1997): Wissenssoziologische Hermeneutik. In: Hitzler R./Honer, A. (Hrsg.): Sozialwissenschaftliche Hermeneutik. Opladen, 109-132.
Schütz, A. (1971/1972): Gesammelte Aufsätze. 3. Band. Den Haag.
Schützeichel, R. (2007, Hrsg.): Handbuch Wissenssoziologie und Wissensforschung. Konstanz.
Soeffner, H. G. (1992): Die Ordnung der Rituale. Frankfurt am Main.
Soeffner, H. G. (2004, 1989): Auslegung des Alltags - Der Alltag der Auslegung. Frankfurt am Main.
Soeffner, H. G./Hitzler R. (1994). Hermeneutik als Haltung und Handlung. In: Schröer, N. (Hrsg.): Interpretative Sozialforschung. Opladen, 28-55.
Strauss, A. (1994): Grundlagen qualitativer Forschung. München.
Ungeheuer, G. (1987): Kommunikationstheoretische Schriften I: Sprechen, Mitteilen, Verstehen. Aachen.

Hubert Knoblauch und Bernt Schnettler

Konstruktivismus

1 Einleitung 129
2 Die sozialwissenschaftlichen Disziplinen des Konstruktivismus 130
3 Der Konstruktivismus in den Sozialwissenschaften 131
4 Vom sozialen und radikalen zum kommunikativen Konstruktivismus 133
5 Der kommunikative Konstruktivismus 134
6 Literatur 135

1 Einleitung

Der Beitrag gibt einen knappen Überblick über die Hauptvarianten konstruktivistischer Ansätze in den Sozialwissenschaften und deren Konvergenz in der Kommunikation. Die Übersicht verschafft eine für die qualitative Forschung relevante Orientierung, weil sich zahlreiche interpretative Methoden auf die epistemologischen Grundlagen „konstruktivistischer" Grundlagentheorien berufen.

Der Begriff des Konstruktivismus wird in einer breiten Palette von Kontexten gebraucht: In der bildenden Kunst spricht man von Konstruktivismus ebenso wie in der Biologie, in der Literatur wie in der Architektur, und auch die Sozialwissenschaften pflegen diesen Begriff seit einigen Jahrzehnten sehr intensiv.

Gerade aus sozialwissenschaftlicher Sicht dürfte der Aufschwung des Begriffes keineswegs Zufall sein. Vielmehr kann man vermuten, dass die gegenwärtige Gesellschaft in einem besonderen Maße für den Konstruktivismus empfänglich ist: so gilt das Selbst bzw. die eigene Identität als etwas, das ebenso von Grund auf „neu erfunden werden kann" - wie ganze Nationen. Auch Geschlechter lassen sich offenbar so frei konstruieren wie Städte oder Landschaften, und wie das Wissen insgesamt gehört es bald schon zum Common Sense, dass auch die Wahrheit letzten Endes eine Konstruktion sei.

Die Popularität des Begriffes dürfte sicherlich damit zusammenhängen, dass etwas in den Begriff hineingedacht wird, was gar nicht wesentlich zu ihm gehört. So wird das Einsteinsche Diktum, alles sei relativ, sicherlich leicht dazu verleiten, dass dieses Relative dann eben auch konstruierbar sei.

Die Plausibilität des Begriffes hat nicht nur zu seiner Breite und Popularität beigetragen – sie hat auch eine Inflationierung und Verwässerung des Begriffes bewirkt, die seine ursprünglichen Intentionen zuweilen regelrecht umkehrt. So hat man den Eindruck, dass die Alltagssprache den Konstruktivismus in einer engen Nachbarschaft zur Technologie sieht: So wie die moderne Dingwelt eigentlich weitgehend nach den Skizzen des Ingenieurs bildbar ist, denkt man sich auch die Sozialwelt als sozialtechnologisch formbar. Diese Bild- und Formbarkeit scheint ein wichtiger semantischer Aspekt dessen, was im Alltag unter Konstruktivismus verstanden wird.

Ursprünglich haften dem Begriff jedoch ganz andere Bedeutungen an, die in diesem Beitrag kurz rekonstruiert werden sollen. Dabei konzentrieren wir uns auf die sozialwissenschaftlichen und daran angrenzenden Aspekte dieser Bedeutungen.[1]

---

[1] Dieser Beitrag übernimmt Elemente aus einem früheren Beitrag von Knoblauch (1999).

Hubert Knoblauch und Bernt Schnettler

2 Die sozialwissenschaftlichen Disziplinen des Konstruktivismus

In den Sozialwissenschaften und ihren benachbarten Disziplinen ist der Konstruktivismus seit den 1960er-Jahren aufgekommen. In der Philosophie erlangte vor allem der Erlanger philosophische und *wissenschaftstheoretische Konstruktivismus* eine besondere Prominenz. Dabei handelt es sich um einen Ansatz, der die „Gemachtheit", Kontextualität und Konstruiertheit logischer Kategorien von vornherein anerkennt und deswegen die Logik in der alltäglichen Praxis des Unterscheidens gründet. Die elementaren Unterscheidungen der Philosophie werden hier als vorsprachlich anerkannt und deswegen auch durch Zeigehandlungen eingeführt (Kamlah/Lorenzen 1967).

Auch in der Psychologie setzte sich zu dieser Zeit ein Konstruktivismus durch, der große Popularität erreichte. Dieser *psychologische Konstruktivismus* wurde vor allem von Paul Watzlawick geprägt. Seiner Meinung nach werden wissenschaftliche, gesellschaftliche und individuelle Wirklichkeiten dadurch erfunden bzw. konstruiert, „dass wir an die vermeintlich ›da draußen‹ objektiv bestehende Wirklichkeit immer mit gewissen Grundannahmen herangehen, die wir für bereits feststehende ›objektive‹ Aspekte der Wirklichkeit halten, während sie nur Folgen der Art und Weise sind, in der wir nach der Wirklichkeit suchen" (Watzlawick 1984:10). Wirklichkeit ist aus dieser Sicht eine Art der selbsterfüllenden Prophezeiung, die wesentlich auf dem Glauben der Einzelnen aufbaut.

Eine radikalere Variante dieser Vorstellung, die sich in der naturwissenschaftlich arbeitenden Psychologie, in der Hirnforschung und der Biologie durchsetzte, wurde von dem chilenischen Physiologen Humberto Maturana begründet. Der *radikale Konstruktivismus* sieht Wirklichkeit als ein Produkt von Konstruktionen an, die vor allem im Wahrnehmungsapparat und im Gehirn vorgenommen werden. Im Grunde weiß der Mensch nichts über die Wirklichkeit; er macht sich „sein" Bild vom „Außen" aufgrund der unüberwindbar immanenten Prozesse des eigenen Körpers und seines Wahrnehmungsorgans. Wissende und Erkennende werden damit als eigenständige Systeme betrachtet, die sich grundlegend von der wahrgenommenen Wirklichkeit unterscheiden. Ihre Erkenntnis bleibt sozusagen systemimmanent und kann nur durch das Funktionieren der immanenten Annahmen – im Grunde als durch das Überleben – bestätigt oder widerlegt werden. „Das heißt, dass die ›wirkliche‹ Welt sich ausschließlich dort offenbart, wo unsere Konstruktionen scheitern (von Glasersfeld 1984, 37).

Freilich haben sich zahlreiche Varianten konstruktivistischer Vorstellungen ausgebildet, die mehr oder weniger begründet Originalität beanspruchen. So bezeichnet Wikipedia Luhmanns Adaption des radikalen Konstruktivismus als „operationalen Konstruktivismus" und führt einen „interaktionistischen Konstruktivismus" an, der im Bereich der Pädagogik und der Didaktik auftritt. Wenn wir uns in der gebotenen Kürze auf die wichtigsten Ansätze konzentrieren, dann müssen wir eine dezidiert soziologische Theorie nennen, die zumindest das begründet, was wir als „sozialen Konstruktivismus" bezeichnen.

3 Der Konstruktivismus in den Sozialwissenschaften

Während die Wirtschaftswissenschaften unseres Wissens keine nennenswerte Ausprägung des Konstruktivismus kennen[2], ist der Sozialkonstruktivismus gerade in der Soziologie besonders prominent geworden. Es gibt gute Gründe für die Annahme, dass die Soziologie zu den ersten Wissenschaften überhaupt gehört, die den Begriff des Konstruktivismus analytisch ausformulieren (Hacking 1999). Peter Berger und Thomas Luckmann sind zweifellos diejenigen, die den Begriff der „social construction of reality" als erste prägen. Ähnlich wie Watzlawick gehen sie davon aus, dass es Menschen sind, welche die Wirklichkeit konstruieren, und auch sie betonen – allerdings mit Bezug auf die Phänomenologie –, dass die Grundlagen dieser Konstruktion im Bewusstsein liegen. Allerdings vertreten sie die Auffassung, dass sich der Charakter der Wirklichkeit nicht *allein* dem Bewusstsein, sondern auch und vor allem sozialen Vorgängen verdankt: Wirklichkeit ist nur das, was Menschen gemeinsam im sozialen Handeln erzeugen. Sie wird also nicht von einzelnen Handelnden oder gar deren Bewusstsein erzeugt, sondern ist Ergebnis sozialen Handelns, also gleichsam Gemeinschaftsarbeit. Doch auch diese „Gemeinschaftsarbeit" erfolgt nicht im freien Raum, sondern im Rahmen historisch schon geschaffener und damit „objektiv" vorgegebener (als Wissen sedimentierter und durch Wissen legitimierter) Institutionen menschlichen Handelns.

Diese Vorstellung der sozialen Konstruktion der Wirklichkeit kann als *Sozialkonstruktivismus* bezeichnet werden, hat doch das Buch über die „gesellschaftliche Konstruktion der Wirklichkeit" (Berger/Luckmann 1966) eine Welle von Publikationen ausgelöst, in denen beinahe alles als konstruiert gelten kann. Eine Sammlung der Titel findet sich bei Hacking (1999), der allerdings auch zu Recht betont, dass der Begriff der sozialen oder gesellschaftlichen Konstruktion häufig in anderen Bedeutungen verwendet wird, als der von dem Autorenduo intendierten oder gar zu einer reinen Leerformel verkommt. Wir möchten hier nicht die soziale Konstruktion der Wirklichkeit nachzeichnen (für eine Rekonstruktion der Theorie vgl. Knoblauch 2005a, 153-167). Vielmehr sollen zunächst einige Varianten dieses Begriffes skizziert werden, um die Besonderheit des Sozialkonstruktivismus herauszustellen:

---

[2] Zweifellos wird der Begriff spätestens seit Friedrich von Hayek bekannt, der ihn jedoch im sozialtechnologischen Sinne versteht, wie er in der Einleitung angedeutet wurde.

Im Gefolge der Rezeption von Diskurstheorien hat sich im angelsächsischen Raum eine besondere Form des Sozialkonstruktivismus ausgebreitet. Diese betrachtet den Diskurs (im Sinne Foucaults) als die wesentliche Kraft in der Konstruktion der Wirklichkeit. Zwar setzt sich auch innerhalb des Soziakonstruktivismus immer mehr die Ansicht durch, kommunikative Vorgänge und „Diskurse" als wesentliche Medien der Wissensvermittlung zu betrachten, so dass zuweilen auch von einer „kommunikativen Konstruktion", ja von einem „kommunikativen Konstruktivismus" die Rede ist (Knoblauch 1995, Bergmann/Luckmann 2000, Knoblauch 2001). Während hier aber Kommunikation immer auf kommunikatives Handeln zurückgeführt wird, erscheint die soziale Konstruktion bei den Vertretern der Diskurstheorien nicht mehr als „Gemeinschaftswerk" – dieser Theorie zufolge ist selbst das handelnde Subjekt ein Ergebnis von Diskursen, so dass die Konstruktion vollständig entindividualisiert und überpersönlich erfolgt (Gergen/Davis 1985). Zwar räumen auch Berger und Luckmann ein, dass die persönlichen Identitäten in allen Gesellschaften sozial konstruiert werden (ein guter Indianer ist eben etwas anderes als ein guter Katholik); allerdings bildet für sie das Handeln Einzelner die methodologische Grundlage, um überhaupt von Konstruktionsprozessen sprechen zu können. Ohne ihre Bewusstheit, Intentionalität und ihre Potentiale zur Sozialität gäbe es für sie keine soziale Konstruktion.

Von einigen Autoren wird dieser Unterschied durchaus erkannt. Sie tragen ihm mit der Begriffschöpfung des sozialen Konstrukt*ionismus* Rechnung, der vom sozialen Konstrukt*ivismus* unterschieden wird (Burr 1995, Shotter 1989, Parker 1998, Velody/Williams 1998).

Ein weiterer sozialwissenschaftlicher Ansatz ist sicherlich erwähnenswert, der von Knorr-Cetina (1989) als *empirischer Konstruktivismus* bezeichnet wird. Für Knorr-Cetina besteht der Vorzug dieses Ansatzes vor allem darin, dass er die Konstruktion der Wirklichkeit in Prozessen sozialen Handelns sozusagen mikroskopisch nachzuzeichnen versucht. Dies gelingt ihr besonders im Rahmen der neueren Wissenschafts- und Techniksoziologie, in der Wahrheit und Funktionalität sehr anschaulich als Merkmale einer situativen Handlungsrationalität herausgestellt werden. Dazu schließt sie vor allem an der Ethnomethodologie an, die Wirklichkeit ohnehin als etwas ansieht, das alleine in der Situation des Handelns erzeugt wird. Besonders von Seiten des Neoinstitutionalismus wird diesem Ansatz häufig vorgeworfen, er übergehe die Rolle der sozialen Institutionen. Da der empirische Konstruktivismus häufig als das empirische Programm des Sozialkonstruktivismus angesehen wird, überträgt man diese Kritik zuweilen auf den Sozialkonstruktivismus insgesamt und übersieht dessen entschiedene Unterstreichung der Rolle von Institutionen und Legitimationen (Gerhards 1995).

4 Vom sozialen und radikalen zum kommunikativen Konstruktivismus

Der neben Berger und Luckmann zweifellos bedeutendste Vertreter eines sozialwissenschaftlichen Konstruktivismus ist Niklas Luhmann. Luhmann gilt zwar vor allem als Systemtheoretiker; er rechnet sich jedoch erkenntnistheoretisch entschieden dem radikalen Konstruktivismus zu (Luhmann 1997, 156). Luhmann polemisiert sogar gegen den „halben sozialen Konstruktivismus" Bergers und Luckmanns, den er als einen „Kompromiss zwischen Objektivismus und Subjektivismus" bezeichnet (Luhmann 1996, 25).

Neben den gerade erwähnten Merkmalen, die den Sozialkonstruktivismus auch vom radikalen Konstruktivismus unterscheiden, kann man aus dem Vergleich noch weitere Unterschiede zwischen diesen beiden Hauptformen des Konstruktivismus ausmachen.

Einer der grundlegenden Unterschiede dieser Theorien nun besteht in der erkenntnistheoretischen Bedeutung, die dem *Akt des Unterscheidens* selbst eingeräumt wird. Für die Systemtheorie ist die Unterscheidung eine Basisoperation. Erkennen heißt im Wesentlichen Unterscheiden. Der Sozialkonstruktivismus basiert dagegen auf einer Phänomenologie, die Erkennen vor allen Dingen als Typisieren betrachtet. Freilich spielt auch für die Typisierung das Unterscheiden eine gewisse Rolle. Bedeutsamer aber sind hier sozusagen die intensionalen Merkmale: Der Hund wird nicht dadurch typisiert, dass er von der Katze unterschieden wird, sondern dadurch, dass er vier Beine hat, eine Schnauze, dass er bellt etc.[3]

Auch der soziologische radikale Konstruktivismus macht Anleihen bei der Phänomenologie insbesondere Edmund Husserls (Luhmann 1996). Allerdings setzt er sich auch durch ein besonderes Merkmal davon ab: Das Subjekt spielt, als außerhalb des „sozialen Systems" angesiedeltes verankertes „psychisches System", keine Rolle; das aus Kommunikation konstruierte soziale System funktioniert ganz ohne Subjekt, denn nur die Kommunikation kommuniziert.

Kommunikation spielt auch im Sozialkonstruktivismus eine entscheidende Rolle.[4] Die Frage, wie Bedeutung überhaupt sozial werden und wie also Erfahrungen zu Wissen werden und Wissen sozial vermittelt werden kann, lässt sich nur unter Rückgriff auf die Kommunikation beantworten. Allerdings wird Kommunikation in beiden Ansätzen sehr unterschiedlich gefasst: Der radikale Konstruktivismus geht nicht nur davon

---

[3] Nur am Rande sei auf ein hübsches kleines Motiv in der Wissenschaftsgeschichte der Typisierung verwiesen: Schütz illustriert die Typisierung anhand eines Irischen Setters; Husserl dagegen griff auf den Pudel zurück, der sich tatsächlich schon bei Kant findet – im berühmten Schematismus-Abschnitt der ›Kritik der reinen Vernunft‹.

[4] Dies geht insbesondere auf Mead (1956) zurück, der Kommunikation als Grundlage des Sozialen ansah – eine Ansicht, die schon Schütz teilte (Knoblauch/Soeffner/Kurt 2003).

aus, dass sich Psychisches und Soziales deutlich unterscheiden lassen; er setzt auch voraus, dass sich das Körperliche von diesen beiden Systemen grundlegend unterscheidet. Dagegen betont der Sozialkonstruktivismus gerade die Verbindung zwischen den Systemen. Der Körper etwa gilt ihm nicht als etwas, das dem Sozialen äußerlich wäre und lediglich eigenen Operationen folge. Vielmehr wird der Körper durch soziale Prozesse ganz wesentlich gestaltet, und zwar einerseits durch die alltäglichen und wissenschaftlichen Muster des Wahrnehmens und Erkennens wie auch durch die sozialen Aktivitäten von Alltagsmenschen (Joggen, Sporttreiben, fett essen etc.) und Experten (ausführlicher in: Knoblauch 2005b).

5 Der kommunikative Konstruktivismus

So unterschiedlich die beiden Ansätze sind, treffen sie sich doch in der Betonung der Kommunikation. Diese Gemeinsamkeit kann genutzt werden in einem Ansatz, den Knoblauch (1995) als *kommunikativen Konstruktivismus* bezeichnet. Mit diesem Begriff soll einerseits die wachsende Bedeutung der Kommunikation berücksichtigt werden. Diese Bedeutung geht auf die empirische Beobachtung zurück, dass sich Handelnde in modernen Gesellschaften auf immer weniger gemeinsames Wissen stützen können. Die rasante Differenzierung des Handelns führt zu einer Kompartmentalisierung des Wissens, die durch die Segmentierung der Medienkommunikation und die Individualisierung der Kultur noch verstärkt wird. Auch wenn kommunikatives Handeln analytisch weiterhin als eine Form des (von Wissen geleiteten) Handelns angesehen wird, geht der kommunikative Konstruktivismus davon aus, dass sich aus kommunikativen Handlungen Strukturen ausbilden, die gegenüber den Handlungen ein Eigenleben entwickeln. Kommunikatives Handeln ist weder im Grunde ein rationales Handeln, wie Habermas glaubt, noch ist es ein subjektfreier Prozess, wie Luhmann annimmt. Wie alles Handeln unterliegt vielmehr auch die Kommunikation den Gesetzen der Institutionalisierung, sie gerinnt zu „Institutionen" eigener Art (unter denen exemplarisch die Gattungen hervorgehoben werden können), die eine eigene „Objektivität" beanspruchen können. Das Bewusstsein ist an diesen Konstruktionen durchaus aktiv beteiligt. Allerdings vollzieht sich diese Beteiligung in gesellschaftlich konventionalisierten Formen, die „wie von selbst" als Praxis vollzogen werden können. Wissen etwa tritt als kommunikativ realisierte Form auf – als interaktiv realisierte Powerpointpräsentation von Angesicht zu Angesicht, als anonym ausgehandelter Lexikoneintrag bei Wikipedia – oder eben als Beitrag in einem Sammelband.

6 Literatur

Berger, Peter L./Luckmann, Thomas (1966): The Social Construction of Reality. A Treatise in the Sociology of Knowledge. New York: Doubleday.
Bergmann, Jörg/Luckmann, Thomas (2000, Hrsg.): Kommunikative Konstruktion von Moral. 2 Bände. Opladen: Westdeutscher.
Burr, Vivien (1995): An Introduction to Social Constructionism. London/New York: Routledge.
Gergen, Kenneth J./Davis, Keith (1985, Hrsg.): The Social Construction of the Person. New York: Springer.
Gerhards, Jürgen (1995): Für eine Erneuerung der institutionalistischen Wissenschaftssoziologie. In: Zeitschrift für Soziologie, 24, 1, 42-57.
Hacking, Ian (1999): Was heißt ›soziale Konstruktion‹? Zur Konjunktur einer Kampfvokabel in den Wissenschaften. Frankfurt/M: Fischer.
Kamlah, Wilhelm/Lorenzen, Paul (1967): Logische Propädeutik. Vorschule des vernünftigen Denkens. Mannheim: Bibliographisches Institut.
Knoblauch, Hubert (1995): Kommunikationskultur. Die kommunikative Konstruktion kultureller Kontexte. Berlin/New York: De Gruyter.
Knoblauch, Hubert (1999): Zwischen System und Subjekt? Methodologische Unterschiede und Überschneidungen zwischen Systemtheorie und Sozialkonstruktivismus. In: Hitzler, Ronald/Reichertz, Jo/Schröer, Norbert (Hrsg.): Hermeneutische Wissenssoziologie. Eine methodologisch-theoretische Positionsbestimmung. Konstanz: UVK, 213-235.
Knoblauch, Hubert (2000): Die Rhetorizität kommunikativen Handelns. In: Kopperschmidt, Josef (Hrsg.): Rhetorische Anthropologie. Studien zum Homo rhetoricus. München: Wilhelm Fink, 183-204.
Knoblauch, Hubert (2005a): Wissenssoziologie. Konstanz: UVK/UTB.
Knoblauch, Hubert (2005b): Kulturkörper. Die Bedeutung des Körpers in der sozialkonstruktivistischen Wissenssoziologie. In: Schroer, Markus (Hrsg.): Soziologie des Körpers. Frankfurt am Main: Suhrkamp, 92-113.
Knoblauch, Hubert/Soeffner, Hans-Georg/Kurt, Ronald (2003): Zur kommunikativen Ordnung der Lebenswelt. Alfred Schütz' Theorie der Zeichen, Sprache und Kommunikation. In: Knoblauch, Hubert/Soeffner, Hans-Georg/Kurt, Ronald (Hrsg.): Alfred Schütz. Die kommunikative Ordnung der Lebenswelt. Konstanz: UVK, 7-33.
Knorr-Cetina, Karin (1989): Spielarten des Konstruktivismus. In: Soziale Welt, 40, 86-95.
Luhmann, Niklas (1996): Die neuzeitlichen Wissenschaften und die Phänomenologie. Wien: Picus.
Luhmann, Niklas (1997): Die Gesellschaft der Gesellschaft. 2 Bände. Frankfurt/M.: Suhrkamp.
Mead, George Herbert (1956): The Social Psychology of George Herbert Mead. Edited by Anselm Strauss. Chicago: University of Chicago Press.
Parker, Ian (1998): Social Construction, Discourse and Realism. London: Sage.
Shotter, John (1989): Conversational Reality. Constructing Life through Language. London: Sage.
Velody, Irving/Williams, Robin (Hrsg.) (1998): The Politics of Constructionism. London: Sage.
von Glasersfeld, Ernst (1984): Einführung in den radikalen Konstruktivismus. In: Watzlawick, Paul (Hrsg.): Die erfundene Wirklichkeit. Wie wissen wir, was wir zu wissen glauben. Beiträge zum Konstruktivismus. München: Piper, 16-38.
Watzlawick, Paul (1984): Vorwort. In: Watzlawick, Paul (Hrsg.): Die erfundene Wirklichkeit. Wie wissen wir, was wir zu wissen glauben. Beiträge zum Konstruktivismus. München: Piper, 9-11.

Horst Reiger

Symbolischer Interaktionismus

1 Einleitung 139
2 Zur Entstehungsgeschichte 139
3 Inhaltliche Kernbereiche 141
    3.1 Erkenntnisinteresse 141
    3.2 Soziale Interaktion 141
    3.3 Gesten und signifikante Symbole 142
    3.4 Handlung und Bedeutung 143
    3.5 Rollenspiel und Rollengestaltung 145
    3.6 Die soziale Konstruktion 147
4 Methodologische und forschungsstrategische Überlegungen 150
5 Ausblick 153
6 Literatur 154

1 Einleitung

Unter dem Chiffre Symbolischer Interaktionismus firmieren in der heutigen Soziologie mehr oder weniger unterschiedliche theoretische, methodologische und forschungsstrategische Ansätze und Zugänge. Ihre Gemeinsamkeit besteht darin, dass sie Gesellschaft als aus permanenten Interaktionsprozessen bestehend verstehen, in denen andauernd subjektive und sich gegenseitig beeinflussende Interpretations- und Definitionsleistungen erfolgen. Mit dieser Perspektive rücken die AkteurInnen, ihre unmittelbaren sozialen Erfahrungen und ihre Identitätsentwürfe, ihre Handlungen in konkreten Interaktionssituationen sowie die gegenseitigen und vielschichtigen Verschränkungen von Individuum und Gesellschaft in den Mittelpunkt des wissenschaftlichen Interesses. Durch das hier erkennbare grundlegende Verständnis von menschlicher Interaktion als einem interpretativen Prozess wird die Theorie der symbolischen Interaktion den interpretativen Ansätzen (Habermas 1981, Giddens 1984) bzw. dem „interpretativen Paradigma" (Wilson 1973) zugerechnet.

Im Folgenden werden zunächst die wesentlichen Grundgedanken des symbolischen Interaktionismus vorgestellt. Anschließend werden einige methodologische und forschungsstrategische Implikationen skizziert, die sich aus der spezifischen theoretischen Perspektive ergeben. Am Schluss des Beitrages wird die Frage nach der Anschlussfähigkeit und nach möglichen Anwendungsoptionen des symbolischen Interaktionismus in der Marketing- und Marktforschung erörtert.

2 Zur Entstehungsgeschichte

Der symbolische Interaktionismus begann sich um die Wende vom 19. zum 20. Jahrhundert in den USA zu entwickeln. Die Vereinigten Staaten hatten damals mit drei großen gesellschaftlichen Problemen zu kämpfen: einmal mit dem rapide und weitgehend unkontrolliert fortschreitenden Prozess der Industrialisierung, mit einem damit in unmittelbarem Zusammenhang stehenden, sich stetig verbreiternden Strom der Einwanderung sowie der rasant zunehmenden Verstädterung. Eine besondere Bedeutung bei der Entstehung des symbolischen Interaktionismus spielte Chicago. Hier kamen die sozialen, politischen und ökonomischen Folgen von ungebändigter Industrialisierung, Masseneinwanderung und Urbanisierung in extremster Form zum Vorschein. Es kam zu erheblichen sozialen Unruhen, aber auch zu bis dahin völlig neuen sozialen Problemen wie Bandenbildung, organisierte Kriminalität usw.

In dieser Zeit entstand die „Chicago School of Sociology", die ab etwa 1910 bis in die 1930er Jahre die amerikanische Soziologie maßgeblich bestimmte. Diesem Kreis gehörten Forscherpersönlichkeiten wie William I. Thomas, Charles H. Cooley, Robert E. Park und George H. Mead an. Ihr Denken war besonders vom amerikanischen Pragmatismus (Charles S. Peirce, William James, John Dewey) beeinflusst, einer philosophischen Richtung, die die situativen, problemlösenden und kreativen Momente menschlichen Handelns betont (Joas 1988). Die Arbeit am Department of Sociology der Chicagoer Universität konzentrierte sich auf sozialpolitische Reformen, die angesichts der anstehenden gesellschaftlichen Probleme dringend nötig erschienen. Anders als heute verbanden die WissenschaftlerInnen ihre Rolle mit der konkreten Praxis: sie sahen sich als Anwälte sozialer Reformen und waren in zahlreichen politischen Funktionen tätig. Das Augenmerk richteten sie auf die konkreten Lebens-, Arbeits- und Wohnbedingungen der Menschen in den Großstädten der USA, auf ihre alltäglichen Probleme. Um die „social problems" adäquat verstehen und beschreiben zu können, wurden umfangreiche „naturalistische" Feldforschungsstudien mit qualitativen, aus der Kulturanthropologie entlehnten Methoden betrieben. D.h. die ForscherInnen gingen *selbst* zu den Betroffenen und erkundeten deren soziale Lebensumstände, Wohn- und Arbeitsverhältnisse sozusagen „aus erster Hand"– ein in der damaligen akademischen Soziologie einmaliger und völlig neuer Stil.

In diesem Kontext der Erforschung des praktischen Verständnisses von sozialen Problemen begann sich also ein neues Konzept von sozialer Realität, der symbolische Interaktionismus, zu entwickeln. Als dessen philosophischer Begründer gilt George Herbert Mead (1863-1931), der am Department of Philosophy an der Universität von Chicago arbeitete. Er versuchte, die Zusammenhänge von Bewusstsein, Erfahrung, Denken und interpersonaler sozialer Umwelt nachzuvollziehen und das Bild eines aktiv handelnden und sich - durch die Teilnahme an Kommunikationsprozessen - ständig verändernden Individuums zu entwerfen (Joas 1978). Darüber hinaus war er auf der kommunalen Ebene politisch tätig und verband die Rolle des Sozialwissenschaftlers mit der des Sozialreformers. Sein Hauptwerk „Mind, Self and Society" erschien posthum und bestand aus den Mitschriften seiner Vorlesungen. Der bedeutendste Schüler Meads ist Herbert Blumer (1900-1987), von dem auch der Begriff „Symbolischer Interaktionismus" stammt. Ihm kommt das Verdienst zu, die zentralen Bestandteile der Meadschen Lehre als fixen Bestandteil in die herrschende soziologische Theorie implementiert und weiterentwickelt zu haben[1].

---

[1] Anzumerken ist, dass die Arbeiten Herbert Blumers nicht mit dem Symbolischen Interaktionismus in seiner Gesamtheit gleichzusetzen sind. So hat sich z.B. Sheldon Stryker (1980) strikt gegen die von Blumer entwickelte Synthese bzw. Weiterentwicklung gewandt.

3 Inhaltliche Kernbereiche

3.1 Erkenntnisinteresse

Der symbolische Interaktionismus interessiert sich vornehmlich dafür, wie soziale Interaktionen zwischen Individuen vor sich gehen, wie im Handlungsprozess soziale Wirklichkeit durch die Handelnden konstruiert wird und wie Menschen ihre Identität entwickeln und ausbilden. Im Unterschied zum relativ starren Handlungsmodell der funktionalistischen Rollentheorie sieht der symbolische Interaktionismus Menschen nicht als bloße Erfüller von Rollenerwartungen und normativen Vorgaben, sondern gesteht ihren subjektiven Interpretationen, Deutungen und Handlungsentwürfen einen deutlich größeren Spielraum zu. Soziales Handeln ist wesentlich davon abhängig, wie Menschen eine Situation definieren und eine gemeinsame Sichtweise der Wirklichkeit aushandeln. Wenn ein/e Interaktionist/in Handlungsabläufe untersucht, dann will er/sie herausfinden, „was da eigentlich vor sich geht und wie man da Sinn hineinbringen kann" (Steinert 1977, 79). Aufgabe der Soziologie ist es also, diese Situationsdefinitionen und Interaktionen zu verstehen und die Verkettungen dieser Handlungen als ständige Neuerschaffung von Gesellschaft und der Sozialisierung der Individuen zu analysieren.

3.2 Soziale Interaktion

Im Mittelpunkt des symbolischen Interaktionismus steht die Theorie des Handelns. Ihr Fundament bildet – im Unterschied zum einzelnen Individuum im Neo-Utilitarismus bzw. zum individuellen Handlungsakt im Strukturfunktionalismus - die soziale Interaktion. Damit sind die wechselseitigen Beziehungen und Austauschprozesse zwischen Personen und Gruppen, die mittels Kommunikation (z.B. Sprache) bewerkstelligt werden, gemeint. Für Blumer kommt der sozialen Interaktion in der Gesellschaft deshalb eine zentrale Bedeutung zu, weil sie ein Prozess ist, „der menschliches Verhalten formt, der also nicht nur ein Mittel oder einen Rahmen für die Äußerung oder die Freisetzung menschlichen Verhaltens darstellt" (Blumer 1973, 87). Das bedeutet: Die Handlungen anderer sind schon immer Teil des individuellen Handelns, sie sind untrennbar mit den eigenen Handlungen verbunden. Um dies zu verdeutlichen, spricht Blumer statt von „social act" auch von „joint action" (Blumer 1969, 70).

Mead (1978) unterscheidet zwei Arten sozialer Interaktion in der Gesellschaft:

- die Konversation von Gesten, bei der die Koordination der Sozialbeziehungen mittels reflexartiger bzw. instinkthafter Reaktionen, jedoch ohne Interpretationsleistungen der Personen erfolgt. Blumer (1973, 87) bezeichnet sie deshalb als nichtsymbolische Interaktion. Beispiele wären etwa ein Boxer, der automatisch seinen Arm hochreißt, um einen Schlag seines Gegners zu parieren oder ein Hundekampf, bei dem das Zähnefletschen des einen mit einer Flucht oder ebenfalls Zähnefletschen des anderen Hundes „beantwortet" wird;

- den Gebrauch signifikanter Symbole, wobei die Bedeutung der Handlungen der jeweils anderen nicht von vornherein feststeht, sondern durch einen Interpretationsprozess der Gesten, die die Bedeutung tragen und die Handlung charakterisieren, erst festgelegt werden muss. Um sich gegenseitig verstehen zu können, muss die Bedeutung der Geste für die Interaktionspartner (annähernd) gleich sein. In diesem Fall spricht Blumer (1973, 87) von symbolischer Interaktion. Nach Mead (1978) bewegt sich die Bedeutung einer Geste entlang dreier Linien (triadischer Charakter der Bedeutung):

    - sie zeigt erstens an, was die Person, an die die Handlung gerichtet ist, tun soll;

    - sie zeigt zweitens an, was die Person, die die Handlung zu vollziehen beginnt, zu tun beabsichtigt; und

    - sie zeigt drittens die gemeinsame Handlung an, die aus der Verbindung der Handlungen beider hervorgehen soll.

Ein Beispiel wäre die Bitte eines Kunden an einen Autoverkäufer der Marke Mercedes, ihm die verschiedenen Ausstattungsvarianten der neuen E-Klasse zu erläutern; dies ist (a) ein Hinweis auf das, was der Autoverkäufer tun soll, (b) ein Hinweis auf das, was der Kunde zu tun beabsichtigt, nämlich sich ein Bild davon zu machen, wie die Produktpalette der neuen E-Klasse aussieht und in welchem Preis-Leistungs-Verhältnis die einzelnen Ausstattungsstufen stehen, und (c) ein Hinweis auf die sich entwickelnde gemeinsame Handlung, in diesem Beispiel ein Beratungs- und Informationsgespräch mit eventuellem Autokauf.

3.3   Gesten und signifikante Symbole

Die symbolisch vermittelte Interaktion ist nach Mead die für menschliche Gesellschaften typische Form, weil nur der Mensch in seinem sozialen Handeln Symbole, d.h. Zeichen, die für etwas anderes stehen, verwendet. Er sieht die symbolische Interaktion als „eine Präsentation von Gesten und eine Reaktion auf die Bedeutung solcher Gesten" (Blumer 1973, 88). Eine Geste ist jener Teil einer ablaufenden Handlung, der von anderen wahrgenommen wird und meistens eine unvermittelte Reaktion in ihnen auslöst. Sie wird dann zu einem „signifikanten Symbol", wenn sie im Rahmen eines Interpretationsprozesses sowohl im handelnden Individuum als auch im Individuum, an das die Handlung gerichtet ist, dieselben Reaktionen bzw. Bedeutungen hervorruft und dadurch für beide derselbe Sinn entsteht. Menschliches Handeln ist somit nur als symbolvermittelte Interaktion zu begreifen, „als ein Handeln, das auf Symbolsysteme wie Sprache oder Gebärden angewiesen ist" (Joas/Knöbl 2004, 193).

Als signifikante Symbole können sowohl non-verbale (z.B. Winken, Blicke) als auch sprachliche Gesten auftreten. Mead hat auf die herausragende Bedeutung der Sprache für die – ausschließlich - menschliche Kommunikation hingewiesen (1978, 52). Sie ist als das Symbolsystem schlechthin Trägerin gemeinsam geteilter Bedeutungen und intersubjektiven Wissens, indem sie menschliche Erfahrungen symbolisiert und „uns mit den Erklärungen für Situationen (versorgt), wie wir sie normalerweise brauchen" (Abels 2006, 258). Wenn mir beispielsweise mein Freund, der mich zum Mercedeshändler begleitet, zuflüstert: „Ich glaube, da ist noch ein Satz Winterreifen drinnen", verstehe ich den Sinn dieses Satzes, ich kann die Bedeutung dieser Symbole entschlüsseln und mein Handeln danach ausrichten. Hier wird ein weiteres wichtiges Merkmal signifikanter Symbole deutlich: sie haben keinen situationsspezifischen, sondern einen allgemeinen Charakter, d.h. die Bedeutung derartiger Gesten geht über eine Einzelsituation hinaus, ist Bestandteil eines bestimmten sozialen Kreises, manchmal sogar einer ganzen Gesellschaft.

Durch den Gebrauch gemeinsamer „signifikanter Symbole" wird für Mead die innere Repräsentanz der Gesellschaft im Bewusstsein, die soziale Bedingtheit des Ichs und des Handelns deutlich. Für ihn sind Individuum und Gesellschaft in den inneren Bewusstseins- und Erfahrungsprozessen permanent aufeinander bezogen, ist Gesellschaft an Handlungsabläufen und sozialen Interaktionen sozusagen stets beteiligt, wobei das Symbolsystem Sprache als Medium der Vergesellschaftung fungiert (Weiss 1991, 68). Mead steht damit im krassen Gegensatz etwa zur phänomenologischen Bewusstseinsphilosophie Edmund Husserls (1985) und seines Schülers Martin Heidegger, die Erleben und persönliche Identität aus dem Individuum selbst erklären, oder auch zur Anthropologie Arnold Gehlens (1956), in der dem Menschen aufgrund seiner biologischen Bestimmung als Mängelwesen archaische Institutionen gegenübergestellt werden, die umso effektiver sind, je mehr sie von jeglicher kommunikativen Kontrolle abgeschirmt werden.

3.4 Handlung und Bedeutung

Indem die Menschen in sozialen Interaktionen ihre Vorstellungen über Objekte kreieren, verändern, umformen und verwerfen, konstruieren sie Realität. Es gibt also aus der Sicht des symbolischen Interaktionismus keine objektive Wirklichkeit, vielmehr wird bei situativen Begegnungen der Sinn der Interaktion permanent ausgehandelt, es kommt zu einer – nicht immer bewussten - gemeinsamen Definition der Situation, die den Fortgang der weiteren Interaktion strukturiert. Die Macht dieser Situationsdefinition wird im berühmten Thomas-Theorem (Thomas/Thomas 1928, 571) so ausgedrückt: „If men define situations as real, they are real in their consequences."

Horst Reiger

Ausgehend von dieser Idee einer situativ hergestellten Wirklichkeit formulierte Herbert Blumer (1973, 81ff) seine „drei einfachen Prämissen" über den Charakter menschlicher Handlungsfähigkeit und Kommunikation.[2] Demnach geht der symbolische Interaktionismus davon aus, dass Individuen (meistens) auf Grundlage der Bedeutung handeln, die Dinge für sie haben. Mit „Ding" ist dabei alles gemeint, was man wahrnehmen kann: physische Gegenstände wie Bäume oder Steine, produzierte Objekte wie Staubsauger oder Stühle, aber auch andere Menschen, Institutionen und deren Handlungen. Diese Dinge können für die TeilnehmerInnen an einer Interaktion unterschiedliche Bedeutungen - je nach Einstellungen und Intentionen - haben. Bspw. kann in einer Diskussion über die Auswirkungen des Autoverkehrs das Objekt „Auto" für einen Pendler etwas gänzlich anderes darstellen als für die Marketingleiterin einer renommierten Automarke, dem Besitzer eines Transportunternehmens oder für jemanden, der 400 Meter neben einer Autobahn wohnt. Damit eine Interaktion ablaufen kann, ist es unumgänglich, dass jede/r Beteiligte weiß, welche Bedeutung er/sie und die anderen einem Objekt beimessen, damit alle verstehen, wovon z.B. beim Thema Auto(verkehr) die Rede ist. Um handeln zu können, ist es also notwendig, dass die Objekte vorher definiert, d.h. in ihrer Bedeutung festgelegt werden. Die „Bedeutungen von Dingen" kommen mit Hilfe signifikanter Symbole zum Ausdruck.

Die zweite Annahme der Theorie symbolischer Interaktion behandelt den Ursprung und die Entwicklung der Bedeutungen. Sie besagt, dass die Bedeutungen von Dingen ein Produkt miteinander interagierender Personen sind, sie also aus der Interaktion entstammen: „Die Bedeutung eines Dinges für eine Person ergibt sich aus der Art und Weise, in der andere Personen ihr gegenüber in Bezug auf dieses Ding handeln. Ihre Handlungen dienen der Definition dieses Dinges für diese Person. Für den symbolischen Interaktionismus sind Bedeutungen daher soziale Produkte, sie sind Schöpfungen, die in den und durch die definierenden Aktivitäten miteinander interagierender Personen hervorgebracht werden" (Blumer 1973, 83).

Bedeutungen von Objekten sind also nicht „aus ihrem Wesen" herleitbar, sondern entstehen durch Beobachtung dessen, was und wie andere über sie denken, welche Wertschätzung sie ihnen beimessen bzw. wie sie sich ihnen gegenüber verhalten. Die Verwendung von technischen Geräten, der Gebrauch von sprachlichen Floskeln, Begrüßungsrituale und Vorstellungen über Gesundheit z.B. sind inter- und intrakulturell zumeist unterschiedlich und hängen darüber hinaus von konkreten situationellen Faktoren ab. In diesem Sinn sind die Bedeutungen sowie die mit ihnen verbundenen Symbolisierungen sozial konstruiert und nicht auf Dauer fixiert.

Wenn das Individuum die Bedeutung eines Dinges aus der sozialen Interaktion ableitet, dann heißt das nicht, dass es die gewonnene Bedeutung in seinem Handeln nur mehr anwendet. Die dritte Prämisse besagt, dass die Bedeutungen in den interpretati-

---

[2] Kritisch durchleuchtet, v.a. bezogen auf interne Stimmigkeit und Plausibilität, werden die Blumer'schen Prämissen bei Balog (2001, 93ff); für weitere Vertiefungen und theoretische Schlussfolgerungen vgl. die Arbeit von Joas/Knöbl (2004, 195ff).

ven Prozessen ständig weiterentwickelt werden. Insbesondere vorgegebene Bedeutungen werden von den TeilnehmerInnen in Interaktionen aktualisiert, erneuert, abgeändert oder ins Gegenteil gekehrt. Nach Meinung der InteraktionistInnen müssen die Bedeutungen vom bzw. von der Handelnden stets interpretiert werden, da nie ganz klar, nie zur Gänze eindeutig ist, was mittels signifikanter Symbole letztlich ausgedrückt werden soll. Eine Handlung erscheint hier als ein Prozess der Anwendung von Bedeutungen, die mittels signifikanter Symbole in verschiedener Art und Weise interaktiv erzeugt, tradiert und modifiziert, also interpretiert werden.

3.5 Rollenspiel und Rollengestaltung

Wie bereits angedeutet, stehen die symbolischen InteraktionistInnen sowohl der neo-utilitaristischen Handlungstheorie, die von gegebenen Zielen, Präferenzen und Nutzenkalkülen und deshalb rational zu wählenden Handlungsmitteln ausgeht, als auch der strukturfunktionalistischen Theorie des Handelns, in der vorgegebene feste und nicht bzw. kaum wandelbare Normen und Werte, also allgemeine und bezugsgruppenspezifische Erwartungen postuliert werden, die dann im Alltagshandeln umgesetzt werden, äußerst skeptisch gegenüber. Es ist besonders Herbert Blumer gewesen, der den Rollenbegriff, wie er in der Theorie von Talcot Parsons verwendet wird, kritisiert, nämlich, dass es feste Rollenerwartungen gibt, die vom Individuum einfach nur erfüllt werden müssen bzw. nach denen es seine Rolle zu spielen hat (Blumer 1969, 73f). Im Gegensatz dazu werden bei ihm die extern vorgegebenen Handlungs- und Verhaltensanforderungen als zu widersprüchlich, zu diffus bzw. zu allgemein angesehen, um als konkrete Handlungsanleitungen dienen zu können. Das Individuum hat vielmehr Eigenleistungen in der Form zu erbringen, dass es sich bestimmten Verhaltenserwartungen gegenüber sieht und in Interaktionssituationen diese Vorgaben gestalten und mit den anderen Individuen aushandeln kann. Bereits Mead (1978, 113) hat darauf hingewiesen, dass der Prozess der Rollenübernahme („taking the role of the other") zentraler Bestandteil symbolischer Interaktion ist. Dies bedeutet, dass sich die an einer Interaktion Beteiligten in die Rolle des jeweils anderen hineinversetzen und mit deren Augen die Situation sehen. Damit kann jeder die Erwartungen der anderen, deren Perspektiven und Interessenlagen antizipieren und entsprechend seine Handlungslinie entwerfen.[3]

---

[3] Armin Nassehi hat auf die *Reziprozität* des Rollenhandelns, an dem sich die Aufmerksamkeit der Handelnden orientiert, hingewiesen. Demnach wird erst durch wechselseitig aufeinander abgestimmte Verhaltenserwartungen praktisches Rollenhandeln ermöglicht (Nassehi 2008, 60f.).

Horst Reiger

Für die InteraktionistInnen ist also das „role taking" eine unabdingbare Voraussetzung dafür, dass Interaktion stattfinden kann.[4] Ralph Turner (1956) hat sich damit aber nicht zufrieden gegeben. Bei seinen Analysen streicht er heraus, dass das Sich-Hineinversetzen in den anderen den eher „passiven" Teil des Rollenhandelns bezeichnet, während die „aktive" Seite des Individuums zu kurz kommt. Er führte zu diesem Zweck den Begriff des „role making" ein (Turner 1962). In den wenigsten Fällen führt die Rollenübernahme dazu, dass sich Person A gänzlich den Erwartungen von Person B unterordnet und somit die von B vorgeschlagene Rolle spielt. Genauso selten wird A die von B vorgeschlagene Rolle für ihn ablehnen und damit den Abbruch der Interaktion riskieren. Die Regel wird eine Mischform sein, bei der A den Erwartungen von B nicht ganz entspricht, sondern eigene Vorstellungen über die zu spielende Rolle einbringt. „Role making" meint nun dieses individuelle Ausgestalten der angepeilten Rolle. Alltägliches Rollenhandeln erfordert von den Beteiligten also nicht nur das Hineinversetzen in den anderen, sondern gleichzeitig auch einen aktiven Beitrag zur Gestaltung von Rollen – der eigenen und der der anderen.

Um in Interaktionssituationen überhaupt handeln zu können, ist es unabdingbar, die Rollenerwartungen zu konkretisieren. Das bedeutet, aus einer meist großen Menge von Rollengestaltungsmöglichkeiten wird eine bestimmte Auswahl getroffen, um die abstrakten Rollenvorgaben festmachen, also definieren zu können und damit den Personen ihr Rollenhandeln zu ermöglichen. „Role taking" kann also nur in Form eines „role making" erfolgen, bedarf also der konkreten Ausgestaltung durch die Individuen.

Man kann beim Rollenspiel auch Rollendistanz („role distance") zeigen, wie Erving Goffman (1922-1982) dargelegt hat. Damit ist der Umstand gemeint, dass man innerhalb einer Rolle bestimmten Rollenverpflichtungen nicht nachkommt bzw. eigenwillige Handlungen setzt (Goffman 1973). Rollendistanz hat einen durchaus funktionalen Charakter. Goffman bringt als Beispiel einen Chirurgen, der während einer Operation Rollendistanz übt, indem er Witze erzählt, vom letzten Urlaub berichtet oder von der feschen Nachtschwester schwärmt; dies dient dazu, die angespannte Situation „Operation" aufzulockern und den Druck von seinen MitarbeiterInnen zu nehmen, sodass die Operation ohne Zwischenfälle fortgeführt werden kann. Hier wird auch deutlich, dass das Ausüben (oder das Fehlen) von „role distance" darüber informiert, ob der Rollenspieler seine Rolle kennt und ob er über die Kompetenz verfügt, sich davon bewusst und kalkuliert zu distanzieren, d.h. über Rollenautonomie verfügt. Das Beispiel zeigt aber auch, wie Rollendistanz mit der sozialen Position der RollenspielerInnen korrespondiert: leisten kann sich die Rollendistanz der Chirurg, nicht aber die OP-Schwester.

---

[4] Ein weiterer Aspekt des role-taking, die Entstehung von Identität bzw. eines Selbst, wird im nächsten Abschnitt thematisiert. Heinz Abels (2006, 255) hat das in aller Kürze folgendermaßen ausgedrückt: „Wir sehen uns mit den Augen des anderen, und erst auf diesem Umweg über den anderen werden wir uns unser selbst bewusst!"

Eine weitere Funktion von Rollendistanz kann darin bestehen, die Diskrepanz zwischen sozialer und persönlicher Identität sowohl darzustellen als auch auszuhalten: Wenn eine Marketingassistentin einen Werbespot, der ihr absolut nicht gefällt, in Auftrag geben muss, kann sie diese Anweisung ihres Chefs entweder „vergessen", „falsch verstanden" bzw. die Formulare irrtümlich „verlegt" haben oder sagen: „Es ist schade, aber so lautet nun mal die Anordnung". In beiden Fällen - Wegsehen und persönliche Distanzierung - bleibt die Anweisung gültig und die Marketingassistentin löst ihren inneren Konflikt.

3.6 Die soziale Konstruktion

Ein erheblicher Teil des gesellschaftlichen Lebens konkretisiert sich in sozialen Rollen. Deshalb ist das Erlernen und Beherrschen des Rollenspiels für die Gesellschaftsmitglieder von zentraler Bedeutung. Der Prozess der Rollenübernahme ermöglicht den Individuen den Erwerb dieser wesentlichen interaktiven Kompetenz. Gleichzeitig macht sich das Individuum dadurch, dass es sich mit den Augen der anderen sieht, zum Objekt seiner selbst, d.h. es wird sich seiner Identität bewußt. Der bzw. die Einzelne kontrolliert durch die Übernahme der Rolle des anderen seine bzw. ihre eigenen Reaktionen (Mead 1978, 299ff) und löst durch das Sprechen zu anderen bei sich selber jene Haltungen aus, die er/sie bei den anderen mittels signifikanter Symbole auslösen will. In diesem Sinne ist Kommunikation immer sowohl an andere als auch an mich selbst gerichtet. Eine Vorstellung bzw. ein Bewußtsein von mir selbst kann ich also nur durch die Bezugnahme auf andere bekommen.

Das ständige Ineinandergreifen von Interaktion und Identität ermöglicht es der Person, mit sich selbst in einen inneren Dialog zu treten. Mead bezeichnet diese Fähigkeit[5] zur Selbstreflexion als Denken, „ein nach innen verlegtes oder implizites Gespräch des einzelnen mit sich selbst" (1978, 86). Diese Art innerer Kommunikation ermöglicht es dem Individuum, über sich selbst nachzudenken, sich selbst zuzuschauen, kurz: sich selbst zum Objekt zu machen und mit sich selbst zu interagieren. „Mead's principle of adopting different viewpoints, which he terms ‚role taking', creates the basis not only for intersubjective dialogue between individuals but also for intra-individual dialogue, i.e. the reflective process by which one ‚talks to oneself'. Man no longer needs to react only to physical stimuli: through internal dialogue he can analyze and interpret his own situation and subsequently take action, which is based on a careful consideration and assessment of possible consequences" (Helle 2005, 61).

---

[5] Für Mead ist diese Fähigkeit, sich selbst auf verschiedene Art und Weise betrachten zu können, ein wesentlicher Unterschied zwischen Mensch und Tier. Tiere können sich bei ihrem Tun sozusagen nicht selbst beobachten und darüber reflektieren.

Horst Reiger

Für Mead besitzt daher die Identität einer Person – auch - eine sozial geprägte Struktur, da sie durch symbolisch vermittelte Interaktion hergestellt wird. Wenn sich z.B. jemand als „Marketingleiterin" sieht, dann übernimmt sie einen von ihr unabhängig existierenden Rollenbegriff, wobei sie durch die Anwendung auf sich selbst eine eigene berufsspezifische Identität entwickelt, die wiederum in Interaktionen mit anderen erworben, bestätigt und weiterentwickelt wird.

Mead hat eine höchst einflussreiche Entwicklungspsychologie und Sozialisationstheorie vorgestellt, in der er der Frage nachgeht, wie es Kinder zuwegebringen, sich in andere hineinzuversetzen und wie sie dadurch eine eigene Identität und somit die Fähigkeit zum Rollenhandeln erwerben. Er unterscheidet dabei zwei Phasen oder Stufen, „play" und „game" (Mead 1969). Das Kind schlüpft beim „play" zunächst spielerisch in eine spezifische Rolle, die es zumeist aus seiner Umgebung kennt und die von besonderer Bedeutung für ihn/sie ist: es spielt Vater, die einkaufende Mutter, die VerkäuferIn etc. und nimmt sich so aus der Sicht dieser „bedeutsamen Anderen" wahr. Es denkt und handelt von deren jeweiligen Perspektive aus und hat an den Reaktionen der anderen erfahren, was es mit seinen Handlungen in ihnen ausgelöst hat; damit lernt es, wie in ihm durch die Übernahme von Rollenperspektiven und den damit verbundenen Erwartungen ein Bewusstsein von sich selbst entsteht.

In der nächsten Phase, dem „game", eignet sich das Kind die Rollen aller „MitspielerInnen" an und erwirbt so die Fähigkeit, sich selbst vom Blickwinkel der anderen zu sehen. An die Stelle der Übernahme einzelner Rollen tritt die Kenntnis der Haltung aller am Spiel beteiligten Personen. „Wenn sich das Kind an einem Baseballspiel beteiligt, muss es wissen, was jeder andere tun wird. Es muss diese Rollen ganz in sich aufnehmen. Nicht alle müssen gleichzeitig in seinem Bewusstsein gegenwärtig sein. Aber in manchen Augenblicken müssen in seiner eigenen Haltung drei oder vier Individuen gegenwärtig sein, eines, das den Ball werfen, eines, das ihn fangen will usw. Diese Reaktionen müssen sich bis zu einem gewissen Grad in der eigenen Haltung niederschlagen" (Mead 1969, 279). Bei einem solchen geregelten Spiel muss jedes Kind um die Rollen, die Erwartungen und die Perspektiven wissen, die jedem anderen zugedacht sind oder die sie beanspruchen (bei Mead der „verallgemeinerte Andere"); es muss die Haltung aller anderen TeilnehmerInnen sozusagen in sich haben und den „Geist" des Spieles erfassen, um sich selbst richtig verhalten zu können. Das Kind trägt also die gemeinsamen organisatorischen Tätigkeiten mit und begreift sich als Teil der Gruppe, mit der und für die es spielt. Damit entwickelt es eine Identität, die auf die Gruppe bezogen ist und Bestandteil der eigenen Identität wird.

Einen wesentlichen Schritt in der kindlichen Sozialisation stellt die Fähigkeit dar, die Differenz zwischen dem „bedeutsamen Anderen" und dem „verallgemeinerten Anderen" zu erkennen, also zu verstehen, dass hinter den konkreten Perspektiven und Erwartungen z.B. der KäuferInnenrolle letztlich allgemeine gesellschaftliche Vorstellungen über Normen und Werte stehen, die vorgeben, „was ‚man' in einer bestimmten Situation gewöhnlich so tut und was man deshalb auch von allen Beteiligten mit Fug und Recht erwarten kann" (Abels 2006, 263).

Identität entsteht nach interaktionistischer Auffassung beim Erlernen des Rollenspieles durch Rollenübernahme und ist damit wesentlich, aber nicht ausschließlich sozial vermittelt. Die Menschen sind, obwohl sie in bestimmten Subkulturen oder in Teilen der Gesellschaft meistens gleiche signifikante Symbole und Perspektiven verwenden, auch völlig unterschiedlich und einzigartig. Mead (1969, 293ff) unterscheidet zwei Teile oder Seiten der Identität, die er mit „me" und „I" benennt. Mit „me" bezeichnet er die durch Rollenübernahme erworbenen Einstellungen und Erwartungen der anderen, die innere Präsentation der anderen und damit den von der Gesellschaft bestimmten Teil der Identität. Auf dieser Seite des Ichs werden sozusagen die Bilder, die andere von uns entwerfen und mit uns in Verbindung bringen, reflektiert. Dagegen verweist das „I" auf den quasi persönlichen Teil der Identität; es reagiert gleichsam spontan und impulsiv, aber auch verantwortlich in konkreten Situationen auf die Haltungen und Erwartungen der Gruppe bzw. Gesellschaft, die im „me" repräsentiert sind. Das „I" ist praktisch nicht völlig sozialisier- und damit kontrollierbar; es reagiert auf die vielfältigen sozialen Erwartungen des „me" widerspenstig und verändernd und tendiert permanent dazu, Neues und Kreatives in die Situation einzubringen. Bei einem Spaziergang durch die Stadt entdecke ich in der Auslage eines Bikershops ein tolles Motorrad, das ich gerne haben möchte („I"); ich werde es mir aber nicht kaufen, denn nach meinem letzten Bankbesuch weiß ich, wie es auf meinem Konto ausschaut; außerdem steht demnächst der Geburtstag meiner Tochter ins Haus, und ich habe ihr ein neues Fahrrad versprochen („me").

Aus der Differenz zwischen dem spontanen „I" und den Erwartungen der anderen im „me" muss – damit (halbwegs) konsistentes Handeln möglich wird - eine Synthese zu einem Selbstbild oder einem Selbst erfolgen. Dieses Selbst ist also ein Resultat sozialer Interaktion und unterliegt einem permanenten Prozess des ständigen Hin und Her zwischen „I" und „me". Nach Mead bedingen beide Teile des Selbst einander: ohne ein „me" ist keine Identität möglich - anders ausgedrückt: ohne Gesellschaft bzw. ohne soziale Gruppen könnte kein individuelles Bewusstsein existieren; andererseits benötigt das „I" die sozialen Erwartungen und Interpretationen, um sich artikulieren zu können. Dabei kann es diese beeinflussen und verändern, indem z.B. durch Reflexion neue Rollenerfordernisse ins „me" aufgenommen und wieder abgeändert werden können.

Dieses Selbst hat keine feste Struktur, sondern ist eher als ein Prozess zu begreifen. Es war insbesondere Erving Goffman, den man höchstens am Rand des symbolischen Interaktionismus verorten kann[6], der auf die Fragilität und die Situationsabhängigkeit

---

[6] Zu dieser Diskussion: Hettlage/Lenz (1991), Reiger (2000), Helle (2005). Nach letzterem hängt es vom Verständnis dessen ab, was man unter der Theorie des symbolischen Interaktionismus versteht: „the answer to the question of whether Erving Goffman is a symbolic interactionist will be ‚yes', if the term is understood the way Arnold Rose used it, and ‚no', if the narrower

des Selbst hingewiesen hat (Goffman 1972). Das Selbst(bild) befindet sich nicht im Besitz der Person, sondern ist vielmehr als eine gemeinsame Anstrengung aller an der Interaktionssituation Beteiligten zu sehen; es bedarf der permanenten und von allen TeilnehmerInnen zu erbringenden, ausbalancierten „Selbst-Arbeit", zu dessen Zweck „Techniken der Imagepflege" und verschiedene Interaktionsrituale wie Gelassenheit und spontanes Engagement taktisch und strategisch angewandt werden (Reiger 2000, 125ff). Damit ist gewährleistet, dass jede/r seine/ihre Handlungsstrategie durchsetzen und die Rolle spielen kann, die er/sie für sich gewählt zu haben scheint (Goffman 1986). Genauso wie auf der Theaterbühne wird auch im Alltag das Selbst mit verschiedensten Techniken, Praktiken und Tricks kunstvoll und raffiniert inszeniert und dargestellt, wozu auch Täuschungs-, Verbergungs- und Ablenkungsmanöver zählen (Goffman 1985).[7]

4 Methodologische und forschungsstrategische Überlegungen

Im symbolischen Interaktionismus wird Gesellschaft als Verkettung sozialer Handlungen verstanden, als ein Interaktionszusammenhang, in dem symbolisch vermitteltes und damit immer interpretationsbedürftiges Handeln stattfindet, in dem „der Hervorbringung, Reproduktion und Transformation von Bedeutungen" (Balog 2001, 99), die ständig auszuhandeln sind, breiter Raum gewidmet und in dem das Bild eines aktiven und gestaltenden, Probleme lösenden Subjekts und seiner prinzipiell niemals abgeschlossenen Identitätsentwicklung gezeichnet wird. Wie kann eine derart beschaffene soziale Welt empirisch untersucht werden?

Sicherlich nicht mit den methodologischen Konzepten und Instrumenten der herkömmlichen, also quantitativen Sozialforschung – darin sind sich die symbolischen InteraktionistInnen einig.[8] Prototypisch ist hier Erving Goffman zu erwähnen, der Anfang der 1970er Jahre eine von Skepsis und z.T. spöttelnder Kritik durchsetzte Einschätzung am Vorgehen, an den Ergebnissen und den Möglichkeiten konventioneller Sozialforschung vorgenommen hat. Für ihn sind die Ergebnisse von experimentellen Laborstudien „weitgehend Produkte solcher Untersuchungsverfahren und haben au-

---

definition is applied, since, obviously, what Goffman did is not the same as what Blumer did" (Helle 2005, 123).

[7] Zu den Konzepten von Inszenierung und Theatralität vgl. Willems/Jürga (1998) sowie Willems (2007): zur sozialen Dimension von „Reden" bzw. „Sprechen" vgl. Goffman (2005).

[8] Zu neueren Bemühungen einer Integration von quantitativen und qualitativen Methoden in der empirischen Sozialforschung aus einer akteurstheoretischen Perspektive vgl. Kelle (2007).

ßerhalb des Rahmens, in dem die Instrumente und Versuchspersonen lokalisiert sind, keine Existenz oder höchstens eine sehr kurzlebige, wenn unter günstigen Vorzeichen und bei Vollmond eine Reproduktion oder ‚Kontinuität' zustande kommt. Konzepte werden in großer Eile ersonnen, damit man rasch zum Aufbau von Versuchsanordnungen übergehen und die Wirkungen kontrollierter Variationen der einen oder anderen Art messen kann. ... Die Arbeit beginnt mit dem Satz: ‚Wir stellen die Hypothese auf, daß...'; dann kommt eine eingehende Diskussion über die in der vorgeschlagenen Versuchsanordnung enthaltenen Unterstellungen und Grenzen, gefolgt von Gründen dafür, wieso die Versuche dadurch nicht sinnlos werden; das Ganze gipfelt schließlich in einer bemerkenswerten Anzahl von hinreichend signifikanten Korrelationen, die einige der Hypothesen weitgehend bestätigen – als ob die Aufdeckung von Strukturen des sozialen Lebens so einfach wäre. Es scheint sich hier um eine Art kongeniale Magie zu handeln, der die Überzeugung zugrunde liegt, daß, wenn man die Handlungen vollzieht, die der Wissenschaft zugeordnet werden, das Resultat Wissenschaft sein müsse. Das ist aber nicht der Fall. ... Von einem Anwachsen des Verstehens alltäglichen Verhaltens kann keine Rede sein – zugenommen hat höchstens die Distanz davon" (Goffman 1982, 18f).

Gegenüber einer derartigen (vermeintlichen) Methodologie, die die empirische Lebens- und Interaktionswirklichkeit der Menschen offenbar aus den Augen verloren hat (siehe die Diskussion bei Willems (1997, 291ff)), hat Herbert Blumer einige wesentliche methodologische Prinzipien formuliert, nach denen das thematische Programm des symbolischen Interaktionismus empirisch untersucht und sein spezifischer Blickwinkel auf die empirische soziale Welt angemessen berücksichtigt werden soll (1973, 103ff). Er spricht von „sensitizing concepts", also gegenstandserschließenden Konzepten und Begrifflichkeiten[9], für deren Gewinnung der Forscher bzw. die Forscherin in einen engen Kontakt mit dem zu untersuchenden sozialen Feld persönlich eintreten muss; weiters soll er bzw. sie „durch das – zumindest zeitweise – ständige Zusammenleben mit den Teilnehmern ihre alltägliche Erfahrung teilen, durch die längerfristige und flexible Aufrechterhaltung eines direkten Kontaktes eine Kenntnis aus erster Hand und Vertrautheit mit dem untersuchten empirischen Bereich gewinnen" (Spöhring 1989, 67f). Um jedoch nicht bei einer bloß deskriptiven und essayistischen Betrachtung stehen zu bleiben, ist nach Blumer eine wechselseitige Rückkoppelung zwischen den „Daten" und den konzeptuellen Überlegungen (theoretischen Fragestellungen, Konstrukten und Interpretationen), damit eine analysierende Vorgehensweise

---

[9] Was man darunter genauer verstehen soll und wie man solche gegenstandsadäquaten Begriffe im Detail entwickelt, wird bei Blumer nicht näher ausgeführt. Dies blieb Barney Glaser und Anselm Strauss vorbehalten, die mit ihrer „Grounded Theory" ein Modell bzw. ein Verfahren einer empirisch begründeten und stufenweisen Generierung von Theorien entwickelt haben (Glaser/Strauss 1967, Strauss 1991). Die „Grounded Theory" gilt gleichsam als *die* Konkretisierung und Weiterführung der allgemeinen methodologischen Grundlagen des symbolischen Interaktionismus schlechthin und nimmt einen herausragenden Platz innerhalb der qualitativen Sozialforschung ein.

notwendig; die theoretischen Vorstellungen und Konzeptionen, die dem empirischen Vorhaben zugrunde liegen, sind während des gesamten Forschungsverlaufs offen und flexibel zu halten bzw. zu handhaben und „unterliegen einer allmählichen Strukturierung durch das Füllen mit Inhalten" (Lamnek 2005, 38).

Nach dieser „naturalistischen" Methodologie (Blumer 1969, 47) besteht der empirische Forschungsprozess im Wesentlichen aus zwei Vorgehensweisen, die einander bedingen und fließend ineinander übergehen:

- Bei der „Exploration" macht sich der Forscher bzw. die Forscherin zunächst mit dem zu untersuchenden Forschungsfeld bekannt. Aufgrund erster Informationen und Kontaktnahmen entsteht eine bestimmte Vertrautheit mit den spezifischen Gegebenheiten des Untersuchungsgegenstandes. Parallel dazu können die weiteren Untersuchungsschritte geplant, verfeinert, konkretisiert und somit das Forschungsthema eingeengt werden, und zwar in der Form, dass „seine (des Forschers; H.R.) Untersuchungsausrichtung, seine Daten, seine analytischen Beziehungen und seine Interpretationen aus dem zu untersuchenden empirischen Leben hervorgehen und in ihm begründet bleiben. Exploration ist ... eine flexible Vorgehensweise, in der der Wissenschaftler von einer zu einer anderen Untersuchungsmethode wechselt, im Verlauf seiner Studie neue Beobachtungspositionen einnimmt, in der er sich in neue Richtungen bewegt, an die er früher nicht dachte, und in der er seine Meinung darüber, was wichtige Daten sind, ändert, wenn er mehr Informationen und ein besseres Verständnis erworben hat" (Blumer 1973, 122).

- Als weiteres Element nennt Blumer die „Inspektion", die den analysierenden Aspekt des empirischen Arbeitens fokussiert. Er versteht darunter die „intensive, konzentrierte Prüfung des empirischen Gehalts aller beliebigen analytischen Elemente, die zum Zweck der Analyse benutzt werden, wie auch eine entsprechende Prüfung der empirischen Beschaffenheit der Beziehungen zwischen solchen Elementen" (Blumer 1973, 126). Die analytischen Begriffe werden aus den unterschiedlichen empirischen und theoretischen Perspektiven betrachtet, indem verschiedene Fragen an sie gestellt werden.

Empirische Forschung ist also ein ständiger Prozess des Überprüfens, Adaptierens und Korrigierens von theoretischen Entwürfen und Daten zu verstehen, wobei die reale empirische Welt als Prüfinstanz fungiert. Die darin zum Teil implizit angesprochenen methodologischen Grundprinzipien wie Gegenstandsadäquatheit, Offenheit, Kommunikation, Reflexivität und Flexibilität waren und sind für die Entstehung und Entwicklung der qualitativen Forschung in den Sozial- und Wirtschaftswissenschaften von grundlegender Bedeutung und zählen heute zu den wenigen, außer Streit stehenden Voraussetzungen des qualitativen Paradigmas (Kleining 1982, Lamnek 2005, Flick 2007).

Der Einsatz qualitativer Methoden und Techniken hat im symbolischen Interaktionismus seit jeher Tradition. Im Rahmen von teilnehmenden Beobachtungsstudien sind bereits zu Zeiten der Chicagoer Schule persönliche Dokumente wie schriftliche autobiografische Darstellungen, Briefe, Tagebücher und amtliche Akte verwendet und unsystematische informelle Interviews durchgeführt worden. Die Entwicklung qualitativer Erhebungsformen verlief aber keineswegs linear und zielgerichtet und ist nicht das alleinige Verdienst der VertreterInnen der interaktionistischen Theorie. Beiträge anderer interpretativer Strömungen wie der Ethnomethodologie, der Phänomenologie oder der Hermeneutik haben wesentlich die Ausgestaltung und Verfeinerung der qualitativen Methodik mitbestimmt. Festzustellen ist, dass durch den symbolischen Interaktionismus der Boden für die Entwicklung qualitativer Verfahren aufbereitet und somit eine zentrale Grundlage für die heute anzutreffende Bandbreite qualitativer Arbeitsweisen geschaffen worden ist. Sie umfassen sowohl qualitative Designs wie die Einzelfallstudie, qualitative Erhebungsmethoden wie unterschiedliche Formen der teilnehmenden Beobachtung, verschiedene Arten des qualitativen Interviews (narratives, problemzentriertes, rezeptives, ethnographisches, episodisches Interview, Tiefen- und ExpertInneninterview), das Gruppendiskussionsverfahren und die Photo- und Filmanalyse als auch Auswertungsstrategien wie die Konversationsanalyse und die qualitative Inhaltsanalyse (Flick 2007, Lamnek 2005, Mayring 2000, Schröer 1994, Hitzler/Honer 2002, Brüsemeister 2000, Gläser/Laudel 2006).

5 Ausblick

Die bisher durchgeführten empirischen Forschungen in der Tradition des symbolischen Interaktionismus konzentrieren sich auf Themen wie abweichendes Verhalten, die Generierung und Bedeutungsentwicklung von Symbolen in gesellschaftlichen Subkulturen sowie Interaktionsprozesse und Identitätsbildung in familialen Netzwerken und anderen Organisationen. Diese Arbeiten zeichnen sich dadurch aus, dass vernachlässigte Dimensionen und Perspektiven ins Zentrum der wissenschaftlichen Aufmerksamkeit treten wie etwa subjektive Situationsdefinitionen und Handlungsplanung, die Bedeutung biographischer Merkmale für menschliches Handeln, die funktionale Wichtigkeit informeller Strukturen in Institutionen bzw. der soziale Prozess des Definierens biographisch relevanter Kennzeichnungen (wie z.B. „arm" oder „modebewusst"). Im Sinne der skizzierten methodologischen Prinzipien wird vor allem der kommunikative Charakter von praktischer Sozialforschung betont, dass also wissenschaftliches Handeln selbst ein Produkt sozialer Interaktion ist. Die symbolischen InteraktionistInnen forcieren die Methode der teilnehmenden Beobachtung, ergänzt durch qualitative Interviewformen und qualitativen inhaltsanalytischen Verfahren, weil damit individuelle und gruppenspezifische Deutungs- und Handlungsmuster am adäquatesten zugänglich und analysierbar sind.

Horst Reiger

Für den Bereich der Marketing- und Marktforschung lassen sich bis dato vornehmlich indirekte Einflüsse des symbolischen Interaktionismus feststellen.[10] Einige theoretische Aspekte der Theorie symbolischer Interaktion haben über den Umweg der Consumer Culture Theory Eingang in die Konsumentenforschung gefunden, „addressing the sociocultural, experiential, symbolic, and ideological aspects of consumption" (Arnould/Thompson 2005, 868). Darunter verstehen die beiden Autoren eine interdisziplinäre Forschungsrichtung, „that has advanced knowledge about consumer culture (in all its heterogeneous manifestations) and generated empirically grounded findings and theoretical innovations that are relevant to a broad constituency in the base social science disciplines, public policy arenas, and managerial sectors" (Arnould/Thompson 2005, 869). Thematische Anschlüsse wie z.B. die Analyse von consumer behaviour als symbolischer Handlungszusammenhang, subjektive Perspektiven verschiedener Akteure bei Branding-Prozessen bzw. Fragen nach dem Symbolcharakter von Werbungsmaßnahmen sind bislang noch rar und werden in Zukunft bedeutsamer werden.

Neben diesen theoretischen und thematischen Aspekten dürften einige methodologische Prämissen und Überlegungen des symbolischen Interaktionismus im Marketing- und Marktforschungsbereich am deutlichsten Spuren hinterlassen haben - wieder indirekt, diesmal über die steigende Bedeutung von qualitativen Methoden bzw. der qualitativen Forschung im allgemeinen. Dies zeigt sich in der Marketingforschung durch eine verstärkte Berücksichtigung qualitativer Elemente sowie der Adaptierung bzw. Weiterentwicklung von qualitativen Designs und Methoden, die auf Erfassung und Verstehen des subjektiven Sinns abzielen, und zwar sowohl im Bereich der Profitwirtschaft wie bspw. beim „accompanied shopping" oder dem „mystery shopping" (Hartmann/Steffens 2004, 10f) als auch im Nonprofit-Sektor wie z.B. dem Erstellen von SpenderInnenprofilen im Rahmen des Fundraising. Hier lässt sich ein potentielles, weitreichendes Betätigungsfeld ausmachen. Beispielsweise könnten innovative Methoden der Feldforschung wie das Fotointerview und die Wohnstilanalyse (Apel et al. 1995) im Rahmen der Marketingforschung z.B. zur Analyse von Gestaltungsmöglichkeiten von Geschäftsräumen, Schaufenstern bzw. auch ganzer Einkaufszentren eingesetzt werden. Diese Trends dürften sich in den kommenden Jahren fortsetzen.

6 Literatur

Abels, Heinz (2006): Identität. Über die Entstehung des Gedankens, dass der Mensch ein Individuum ist, den nicht leicht zu verwirklichenden Anspruch auf Individualität und die Tat-

---

[10] Mit einer Ausnahme: Die Grundgedanken und Auswertungsprinzipien der bereits erwähnten „Grounded Theory" finden immer wieder Eingang in empirische Forschungen, die thematisch der Marketing- und Marktforschung zuzuordnen sind.

sache, dass Identität in Zeiten der Individualisierung von der Hand in den Mund lebt. Wiesbaden.

Apel, Helmut/Engler, Steffani/Friebertshäuser, Barbara/Fuhs, Burkhard/Zinnecker, Jürgen (1995): Kulturanalyse und Ethnographie. In: König, Eckard/Zedler, Peter (Hrsg.): Bilanz qualitativer Forschung. Band II: Methoden. Weinheim, 343-375.

Arnould, Eric/Thompson, Craig (2005): Consumer Culture Theory (CCT): Twenty Years of Research. In: Journal of Consumer Research, vol. 31, March, 868-882.

Balog, Andreas (2001): Neue Entwicklungen in der soziologischen Theorie. Auf dem Weg zu einem gemeinsamen Verständnis der Grundprobleme. Stuttgart.

Blumer, Herbert (1969): Symbolic Interactionism. Perspective and Method. Englewood Cliffs.

Blumer, Herbert (1973): Der methodologische Standort des Symbolischen Interaktionismus. In: Arbeitsgruppe Bielefelder Soziologen (Hrsg.): Alltagswissen, Interaktion und gesellschaftliche Wirklichkeit. Band 1. Reinbek bei Hamburg, 80-146.

Brüsemeister, Thomas (2000): Qualitative Sozialforschung. Wiesbaden.

Flick, Uwe (2007): Qualitative Sozialforschung. Theorie, Methoden, Anwendungen in Psychologie und Sozialwissenschaften. Reinbek bei Hamburg.

Gehlen, Arnold (1956): Urmensch und Spätkultur. Bonn.

Giddens, Anthony (1984): Interpretative Soziologie. Frankfurt am Main.

Glaser, Barney/Strauss, Anselm (1967): The Discovery of Grounded Theory. Strategies for Qualitative Research. Chicago.

Gläser, Jochen/Laudel, Grit (2006): Experteninterviews und qualitative Inhaltsanalyse. Wiesbaden.

Goffman, Erving (1972): Asyle. Über die soziale Situation psychiatrischer Patienten und anderer Insassen. Frankfurt am Main.

Goffman, Erving (1973): Interaktion: Spaß am Spiel/Rollendistanz. München

Goffman, Erving (1982): Das Individuum im öffentlichen Austausch. Mikrostudien zur öffentlichen Ordnung. Frankfurt am Main.

Goffman, Erving (1985): Wir alle spielen Theater. Die Selbstdarstellung im Alltag. München.

Goffman, Erving (1986): Interaktionsrituale. Über Verhalten in direkter Kommunikation. Frankfurt am Main.

Gottman, Erwing (2005): Rede-Weisen. Hrsg. von Knoblauch, Hubert/Leuenberger, Christian/Schnettler, Bernt. Konstanz.

Habermas, Jürgen (1981): Theorie des kommunikativen Handelns. Band I: Handlungsrationalität und gesellschaftliche Rationalisierung. Frankfurt am Main.

Hartmann, Adriane/Steffens, Aurelie (2004): Qualitative Marketingforschung. Überblick und Anbieterverzeichnis. Research Paper. Universität Hamburg.

Helle, Horst Jürgen (2005): Symbolic Interaction and Verstehen. Frankfurt am Main.

Hettlage, Robert/Lenz, Karl (1991, Hrsg.): Erving Goffman – ein soziologischer Klassiker der zweiten Generation. Bern, Stuttgart.

Hitzler, Ronald/Honer, Anne (2002, Hrsg.): Sozialwissenschaftliche Hermeneutik. Stuttgart.

Husserl, Edmund (1985): Die phänomenologische Methode. Stuttgart.

Joas, Hans (1978): George Herbert Mead. In: Käsler, Dirk (Hrsg.): Klassiker des soziologischen Denkens. 2. Band: Von Weber bis Mannheim. München, 7-39.

Joas, Hans (1988): Symbolischer Interaktionismus. Von der Philosophie des Pragmatismus zu einer soziologischen Forschungstradition. In: Kölner Zeitschrift für Soziologie und Sozialpsychologie, 3, 417-446.

Joas, Hans/Knöbl, Wolfgang (2004): Sozialtheorie. Frankfurt am Main.

Kelle, Udo (2007): Die Integration qualitativer und quantitativer Methoden in der empirischen Sozialforschung. Wiesbaden.
Kleining, Gerhard (1982): Umriß zu einer Methodologie qualitativer Sozialforschung. In: Kölner Zeitschrift für Soziologie und Sozialpsychologie, 2, 224-253.
Lamnek, Siegfried (2005): Qualitative Sozialforschung. Weinheim, Basel.
Mead, George Herbert (1969): Sozialpsychologie. Neuwied/Berlin.
Mead, George Herbert (1978): Geist, Identität und Gesellschaft. Frankfurt am Main.
Mayring, Philipp (2000): Qualitative Inhaltsanalyse. Grundlagen und Techniken. Weinheim.
Nassehi, Armin (2008): Soziologie. Wiesbaden.
Reiger, Horst (2000): Face-to-face Interaktion. Ein Beitrag zur Soziologie Erving Goffmans. Frankfurt am Main.
Schröer, Norbert (1994, Hrsg.): Interpretative Sozialforschung. Auf dem Weg zu einer hermeneutischen Wissenssoziologie. Opladen.
Spöhring, Walter (1989): Qualitative Sozialforschung. Stuttgart.
Steinert, Heinz (1977): Das Handlungsmodell des Symbolischen Interaktionismus. In: Lenk, Hans (Hrsg.): Handlungstheorien interdisziplinär IV. München, 79-101.
Strauss, Anselm (1991): Grundlagen qualitativer Sozialforschung. Datenanalyse und Theoriebildung in der empirischen soziologischen Forschung. München.
Stryker, Sheldon (1980): Symbolic Interactionism. A Social Structural Version. Menlo Park.
Thomas, William Isaac/Thomas, Dorothy (1928): The Child in America. New York.
Turner, Ralph (1956): Role-Taking, Role Standpoint, and Reference-Group Behavior. In: American Journal of Sociology, 61, 316-328.
Turner Ralph (1962): Role-Taking: Process Versus Conformity. In: Rose, Arnold (ed.): Human Behavior and Social Process. London, 20-40.
Willems, Herbert (1997): Rahmen und Habitus. Zum theoretischen und methodischen Ansatz Erving Goffmans: Vergleiche, Anschlüsse und Anwendungen. Frankfurt am Main.
Willens, Herbert (2007): Theatralität. In: Österreichische Zeitschrift für Soziologie, 2, 53-71.
Willems, Herbert/Jürga, Martin (1998, Hrsg.): Inszenierungsgesellschaft. Opladen/Wiesbaden.
Wilson, Thomas B. (1973): Theorien der Interaktion und Modelle soziologischer Erklärung. In: Arbeitsgruppe Bielefelder Soziologen (Hrsg.): Alltagswissen, Interaktion und gesellschaftliche Wirklichkeit. Band 1. Reinbek bei Hamburg, 54-79.

Teil 3
Methodologie

Katharina J. Auer-Srnka

Hypothesen und Vorwissen in der qualitativen Marktforschung

1 Einleitung 161
2 Forschungsziel und Ausmaß vorhandenen Wissens 162
3 Hypothesen und Vorwissen im qualitativen Forschungsprozess 163
    3.1   Problemdefinition: Hypothesen 164
    3.2   Datenerhebung und -analyse: Vorwissen 165
4 Prinzipien der Offenheit, Explizierung des Vorwissens, Strukturiertheit, Dokumentation und Theorieintegration 168
5 Zusammenfassung 169
6 Literatur 170

1 Einleitung

In dynamischen und international immer stärker vernetzten Märkten steigt der Bedarf nach Wissen über die sich laufend wandelnden KundInnenbedürfnisse, den Mitbewerb sowie die eigene Positionierung am Markt. Immer öfter erkennen Unternehmen, dass klassische, voll standardisierte Erhebungen v.a. bei komplexen und neuartigen Problemstellungen unzureichend sind. Dementsprechend gewinnen in der akademischen wie auch der kommerziellen Markt- und Marketingforschung qualitative Methoden an Bedeutung. Sie liefern „reichhaltige Daten" und den Kontext, in dem diese interpretiert werden können (Kromrey 2000, Morgan/Smircich 1980). Als Folge dessen sind seit Beginn der 1990er Jahre zahlreiche Werke zu den wissenschaftstheoretischen Grundlagen sowie zu den praktischen Methoden der Erhebung und Analyse qualitativer Daten in der Marktforschung erschienen. Bezogen auf die Marktforschung kaum diskutiert wurde dabei eine wesentliche Frage, mit der sich qualitative ForscherInnen bereits zu Beginn eines Forschungsprojekts konfrontiert sehen: Was dürfen bzw. müssen MarktforscherInnen an inhaltlichem Vorwissen in ein qualitatives Forschungsprojekt einbringen?[1] Diese Fragestellung geht mit einem weiteren wesentlichen Problem einher: Sind für ein qualitatives Marktforschungsprojekt *ex ante*-Hypothesen aufzustellen? Der Begriff der *ex ante*- (bzw. vorab-)Hypothese bezieht sich hierbei auf die im quantitativen Paradigma gängige Praxis, vor Beginn einer empirischen Studie inhaltliche Vermutungen über das zu untersuchende Phänomen zu formulieren. Im qualitativen Forschungszugang wird diese vielfach ebenso in Frage gestellt wie die grundsätzliche Zulässigkeit eines wissensgeleiteten Vorgehens.

In *Qualitative Market Research*, dem einzigen Journal mit Schwerpunkt auf Fragen der qualitativen Marktforschung, werden überwiegend empirische Studien vorgestellt bzw. Vor- und Nachteile verschiedener Untersuchungsmethoden diskutiert; die Rolle von Hypothesen und Vorwissen wird darin nicht explizit thematisiert. Diese Fragestellung wird vornehmlich in Handbüchern zur qualitativen Sozialforschung aufgegriffen (z.B. Flick/Kardorff/Steinke 2005). Eine systematische Analyse entsprechender Beiträge verdeutlicht, dass die Aussagen und Positionen zu dieser Thematik, in Abhängigkeit vom spezifischen Forschungsfeld (die Soziologie steht hier dem Marketing gegenüber), auseinander gehen und sich auch im Zeitablauf verändert haben. Ursprünglich dominierte in der Soziologie, aus der sich die qualitative Forschung in den verschie-

---

[1] Die Frage nach dem eingebrachten Vorwissen sowie dem Vorliegen von Hypothesen stellt sich grundsätzlich nicht nur auf Seite der ForscherInnen, sondern auch für die Beforschten. *Wissen über das untersuchte Problem bzw. das Forschungsvorhaben* einerseits und *Hypothesen über den Untersuchungszweck, die Ergebnisse bzw. deren Verwendung* andererseits können die Aussagen und das Verhalten der Beforschten nachhaltig beeinflussen. Die Problematik resultierender Verzerrungen stellt einen Themenkomplex dar, der in der Literatur in unterschiedlichem Zusammenhang (z.B. als sozial erwünschtes Verhalten von RespondentInnen) diskutiert wird. Die Betrachtungen in diesem Beitrag beschränken sich auf die ForscherInnenseite.

Katharina J. Auer-Srnka

denen sozialwissenschaftlichen Disziplinen entwickelt hat (Kepper 1996, 10f), eine Ablehnung vorab formulierter Hypothesen und der Standpunkt, dass ForscherInnen jegliches Vorwissen auszublenden haben. Die Realität solle, so der Grundtenor, in ihren spezifischen Strukturen erfasst werden, ohne ihr die eigenen Wahrnehmungsschemata überzustülpen (Glaser/Strauss 1967). Diese Sicht erscheint im Hinblick auf die Zielsetzungen der Marktforschung unbefriedigend und wird heute mehrheitlich bzw. gänzlich revidiert (Meinefeld 1997, Hopf 1983).

In diesem Beitrag wird dargelegt, dass die Rolle von Hypothesen und Vorwissen in der qualitativen Marktforschung von zwei grundlegenden Faktoren abhängt: dem *Forschungsziel* und dem *Ausmaß des vorhandenen Wissens*. Betrachtet man dabei den Forschungsprozesses nach Churchill und Iacobucci (2005), so beschränkt sich die Frage nach dem Einfluss des Vorwissens nicht nur auf die erste Stufe der *Problemdefinition*, also ob das Forschungsproblem offen formuliert oder in Form von Hypothesen konkretisiert wird; sie ist auch in den Stufen der *Datenerhebung und -analyse* von großer Bedeutung, deren Ausgestaltung wesentlich vom Vorverständnis und den theoriebegründeten Erwartungen der ForscherInnen geprägt ist. In der Umsetzung des qualitativen Forschungsprozesses, sind – vor dem Hintergrund des bisherigen Theoriestands und des entsprechenden Vorwissens der ForscherInnen – verschiedene Prinzipien zu befolgen, um einerseits den Erkenntnisgewinn zu maximieren und andererseits die gewonnenen Erkenntnisse für Andere nachvollziehbar und beurteilbar zu machen.

2 Forschungsziel und Ausmaß vorhandenen Wissens

Die in der Praxis oft aufgeworfene Frage nach der Notwendigkeit bzw. Zulässigkeit von Hypothesen-Bildung im Vorfeld sowie Nutzung vorhandenen Wissens im Zuge einer qualitativen Marktforschungsstudie ist eng mit dem Forschungsziel verbunden. Primäres Ziel qualitativer Forschung ist typischerweise der Erkenntnisgewinn durch tiefer gehendes Verstehen des untersuchten Phänomens (Holbrook/O'Shaughnessy 1988, Durgee 1986). Folglich ist qualitative Marktforschung im Regelfall explorativer oder deskriptiver Natur (Kepper 1996). Im Hinblick auf die Rolle von Hypothesen und Vorwissen im Forschungsprozess entscheidend ist, ob ein Marktforschungsprojekt (a) im *Entdeckungszusammenhang* erfolgt, also ein Mangel an Wissen durch die Gewinnung von Einsichten und Erkenntnissen in einem Problembereich behoben werden soll, oder (b) im *Begründungszusammenhang* durchgeführt wird, d.h. bekanntes theoretisches Wissen über die interessierenden Phänomene überprüft werden soll. Während im Entdeckungszusammenhang Hypothesen und theoretisches Wissen vornehmlich als *Ergebnis* des qualitativen Marktforschungsprozesses akzeptiert werden, sollten

Untersuchungen im Begründungszusammenhang nach gängiger Auffassung stets *von beidem ausgehen*. Oft werden in der qualitativen Marktforschung zwar Problem und Ausgangssituation beschrieben, nicht aber das konkrete Forschungsziel. Ob Exploration oder Deskription bzw. Entdeckung oder Begründung das Ziel sind, sollte in jedem Forschungsbeitrag klar dargelegt werden, sonst bleibt auch die Rolle von Hypothesen und Vorwissen im konkreten Markforschungsprojekt unklar.

Paradoxerweise steht das Forschungsziel selbst wiederum in engem Zusammenhang mit dem Ausmaß des vorhandenen Wissens. Ist das Vorwissen zum gegenständlichen Problem gering, so wird das Ziel Exploration und Entdeckung sein. Besteht hingegen bereits relativ konkretes Vorwissen, so werden die Forschungsbemühungen eher auf Deskription und Begründung gerichtet sein. In Anlehnung an Meinefeld (2004, 273f) sind drei Ausprägungen des Vorwissens zu unterscheiden: (1) *Allgemeines Vorverständnis*: Dieses umfasst alltagsweltliches Wissen, auf das ForscherInnen v.a. bei aktuellen, wenig bekannten Problemen mangels besser fundierten Wissens zurückgreifen müssen. (2) *Allgemein-theoretische Konzepte*: Darunter werden allgemeine Konzepte aus verschiedenen Forschungsbereichen verstanden (in der Marktforschung sind dies insbesondere die verwandten Bereiche der Soziologie, Psychologie oder Kommunikationsforschung), die bei der Annäherung an ein wenig strukturiertes Forschungsproblem herangezogen werden können. (3) *Gegenstandsbezogen-theoretisches Wissen*: Dieses beinhaltet sehr konkrete, problembezogene theoretische Inhalte aus dem unmittelbaren Bereich des Marketings. Alle drei Ausprägungsformen des Wissens können, wie nachfolgend noch näher dargelegt wird, Ausgangspunkt qualitativer Forschung sein.

3 Hypothesen und Vorwissen im qualitativen Forschungsprozess

In der früheren sozialwissenschaftlichen Forschung galt die Primärerfahrung der ForscherInnen in der unvoreingenommenen, explorativ ausgerichteten Annäherung an den Forschungsgegenstand als wichtigste Erkenntnisquelle. Folglich wurde empfohlen, ForscherInnen sollten sich möglichst „naiv" (also ohne Hypothesen und theoretische Konzepte) in die Datenerhebung und -analyse, die als untrennbar miteinander verbunden gesehen wurden (Flick 1998, 61), begeben. Die im Hinblick auf die Lösung des Forschungsproblems relevanten Konzepte würden so aus dem Datenmaterial emergieren (Lamnek 1995, 121ff). Die ablehnende Haltung gegenüber dem Einbringen von Vorwissen in den Forschungsprozess gründete vornehmlich in der Überzeugung, dass dadurch Unvermutetes ausgeblendet würde. Die (mehr oder minder bewusste) Suche nach Bestätigung der eigenen Annahmen in den Daten würde den Blick zu stark ein engen („Tunnelblick") und damit ein Eintauchen in das Material verhindern, woraus, dieser Sichtweise zufolge, verzerrte Ergebnisse resultieren (Bohnsack 1991). Heute ist weitgehend anerkannt, dass jede Forschung Vorwissen voraussetzt und von diesem nachhaltig bestimmt wird. Marktforschung zielt, wie jedes Forschungsbemühen, auf neue Einsichten zur Lösung aktueller Probleme der menschlichen Praxis (Gummesson 2004, Wells 1993, Strauss/ Corbin 1990, Eisenhardt 1989). Die auf Erkenntnisgewinn gerichtete Forschung ist dabei ein selbstbezüglicher Prozess, der vom bereits Bekannten ausgeht. Jeder Wissenszuwachs bedingt also ein Mindestmaß an Grundwissen, an das angeknüpft werden kann (Mayring 2002, Glaser/Strauss 1967). So wie es keine Beobachtung ohne Vorverständnis gibt, kann man andererseits vertraute theoretische Perspektiven auf die Welt nicht einfach ignorieren. Das Vorwissen leitet und prägt die Wahrnehmung der Realität (Habermas 1970). Die Forderung nach einem generellen Verzicht auf die Einbeziehung von Vorwissen gilt folglich als nicht haltbar (Hopf 1983). In der jüngeren Literatur zur empirischen Sozialforschung wird dementsprechend wissensgeleitetes Vorgehen in qualitativen Studien gefordert (Meinefeld 2004, Mayring 2002). In der qualitativen Marktforschung ist ein systematisches Einbeziehen von und Anknüpfen an bereits bekannte Konzepte und Theorien ebenso sinnvoll und notwendig für den gewünschten Erkenntnisfortschritt. Betrachtet man die Forschungspraxis in der Marketingwissenschaft[2], so wird (auch) qualitativen Studien i.d.R. eine mehr oder minder umfassende Literaturrecherche vorangestellt, um mit allgemein-theoretischem bzw. gegenstandsbezogen-theoretischem Vorwissen ausgestattet in ein Projekt zu gehen. Je nach Umfang des Vorwissens ergeben sich im Hinblick auf die Gestaltung des qualitativen Forschungsprozesses Unterschiede in den Stufen der Problemdefinition bzw. der Datenerhebung und -analyse.

3.1 Problemdefinition: Hypothesen

Mit der Problemdefinition wird „die zu schließende Wissenslücke" benannt (Gläser/ Laudel 2004, 60). Auf Grundlage eines allgemeinen Vorverständnisses kann im Rahmen der Problemdefinition zumindest eine *allgemeine Forschungsfrage* formuliert werden, die es zu untersuchen gilt. Diese bestimmt dann den Verlauf des Forschungsprozesses. Wissen bezüglich allgemein-theoretischer Konzepte erlaubt es bereits, (meist mehrere) *konkrete Untersuchungsfragen* zu formulieren. Anhand dieser kann das Problem strukturiert und systematisch untersucht werden. Zudem lassen sich auf Basis grundlegenden theoretischen Wissens Einflussfaktoren, die in der Untersuchung zu berücksichtigen sind, identifizieren. Gegenstandsbezogen-theoretisches Wissen erlaubt das Aufstellen von *Hypothesen*. Wie bereits angeführt, wurde in der früheren Li-

---

[2] Dies ergibt die Durchsicht der in den letzten 20 Jahren publizierten marktbezogenen qualitativen Studien im J. of Marketing, J. of Marketing Research, J. of Consumer Research, J. of Retailing, J. of the Academy of Marketing Science, Marketing Science, Harvard Business Review, J. of Business Research, J. of Advertising, J. of Advertising Research.

teratur (im Sinne eines entdeckungsorientierten, explorativen Vorgehens) vielfach für den Verzicht auf vorab formulierte Hypothesen in der qualitativen Marktforschung plädiert. Demgegenüber resultieren aus dem aktuell wachsenden Interesse an einer Integration qualitativer Methoden in den traditionellen (begründungsorientierten, deskriptiven) Forschungszugang mittels *mixed design*-Forschung bedeutende neue Möglichkeiten im Hinblick auf ein hypothesenprüfendes Vorgehen in der qualitativen Marktforschung (Auer-Srnka 2008, Srnka 2007).[3]

3.2 Datenerhebung und -analyse: Vorwissen

Die *Datenerhebung* in der qualitativen Marktforschung ist oft phänomenologisch ausgerichtet, d.h. auf eine möglichst breite Erfassung des Problembereichs gerichtet.[4] Theoretisches Vorwissen fließt in die Datenerhebung schon durch die Auswahl der Untersuchungssubjekte ein. So wird in der Literatur zur qualitativen Forschung typischerweise eine theoriegeleitete Vorgehensweise bei der Auswahl der TeilnehmerInnen gefordert.[5] Im qualitativen wie auch im quantitativen Forschungsparadigma gilt es, die TeilnehmerInnen nach dem Erkenntnisinteresse auszusuchen. Während dieses in quantitativen Studien vornehmlich durch „statistische Repräsentativität" definiert ist, sollte die erkenntnisorientierte Auswahl in qualitativen Studien mittels so genanntem *theoretical sampling* (Glaser/Strauss 1967) und *sample matching* (Newman/Benz 1998) erfolgen. Dieser Forderung wird in der Marktforschungspraxis typischerweise entsprochen, indem für den Untersuchungszweck geeignete TeilnehmerInnen zumeist nach theoretischen Gesichtspunkten auf Basis demografischer oder verhaltensbezogener Kriterien ausgewählt bzw. in Gruppen eingeteilt werden. Untersuchungsziel und Vorwissen bestimmen das methodische Wissen und Vorgehen der ForscherInnen im Erhebungsprozess aber noch in weiterem Maße. Je nach dem, ob Exploration oder Deskription das Ziel ist und ob Alltagswissen oder allgemein-theoretisches bzw. gegenstandsbezogen-theoretisches Wissen vorhanden sind, kann die Datenerhebung

---

[3] Manche AutorInnen sind der Ansicht, dass *vorab-Hypothesen auch bei explorativen Forschungsprojekten und relativ geringem Wissensstand* formuliert werden können (Barton/Lazarsfeld 1979). Dadurch würde das Vorwissen offen gelegt und die unvermeidbare Theorieladung der Wahrnehmung einer Kontrolle unterworfen. Die Explizierung des Vorwissens stellt eine bedeutende Anforderung dar, die aber von der Hypothesendefinition getrennt zu sehen ist. Gelegentlich findet sich in der qualitativen Forschung auch der Begriff der *Interpretationshypothese* (Oevermann 1979). Er ist irreführend, als es sich nicht um Hypothesen im üblichen Sinne handelt, sondern um Annahmen, die ausgehend vom Datenmaterial im Zuge der Analyse aufgestellt und laufend adaptiert bzw. verworfen werden (Lamnek 1995).

[4] Die *Phänomenologie* ist ein Denkansatz, der darauf abzielt, „zu den Sachen selbst" vorzudringen und das interessierende Phänomen möglichst ganzheitlich zu ergründen (Cope 2004, Arnould/Wallendorf 1994).

[5] Bei der *theoriegeleiteten Stichprobenauswahl* werden die TeilnehmerInnen nach theoretisch bedeutsamen Kriterien ausgewählt (Lamnek 1995, 194).

mehr oder weniger strukturiert erfolgen. Etwaige Fragen (etwa bei Interviews) können entsprechend spezifisch formuliert werden. Zur Strukturierung der Datenerhebung steht ein breites Spektrum von ganz offenen Frageformulierungen (z.B. narratives Interview; zu dieser und anderen *Methoden qualitativer Datenerhebung* siehe Mayring (2002)) bis hin zu sehr konkreten Frageformulierungen (verschiedene Formen des leitfadengestützten Interviews) zur Auswahl. Sollen Hypothesen nicht nur tendenziell untersucht (Hopf 1983), sondern statistisch überprüft werden, ist eine Quantifizierung des qualitativen Materials notwendig. Um quantifizierbar zu sein, müssen die Daten weitgehend vollständig und strukturiert sowie mit einem gewissen Maß an Kontrolle erhoben werden (Srnka/Koeszegi 2007).[6]

Der *Analyseprozess* in der qualitativen Marktforschung ist auf die Ermittlung zugrunde liegender Strukturen und Konzepte gerichtet und folgt in der Erkenntnissuche typischerweise dem iterativen Zugang der Hermeneutik (*hermeneutischer Zirkel*).[7] Vorwissen wird dabei mit steigendem Ausmaß und zunehmender Konkretheit des theoretischen Wissens in Form von *a priori* definierten Annahmen, Konzepten und Kategorien einbezogen (Stiles 2003). Letztere stellen vorläufige Sichtweisen auf den Untersuchungsgegenstand dar, die es zu erweitern bzw. zu vertiefen gilt (Flick 1998, 61). Sie dienen (als *sensitizing concepts*) der Strukturierung der Analyse (Denzin 1970). Alltagswissen bzw. theoretische Erwartungen haben also Orientierungscharakter und sollen den Blick für relevante Aspekte schärfen. Sie verhindern, dass ForscherInnen begriffs- und völlig konzeptlos in die Analyse gehen (Witzel 1982).

In Hinblick auf das Ausmaß des einbezogenen Vorwissens kann grundsätzlich zwischen drei Varianten der Analyse qualitativer Daten unterschieden werden (ähnlich Mayring 2002, 109ff): (a) *rein induktiv* – dieses Vorgehen folgt dem *Grounded Theory*-Ansatz, (b) *rein deduktiv* – dieses Vorgehen wird bei der quantitativen Inhaltsanalyse (Merten 1995) angewendet, und (c) *kombiniert* – dabei resultiert die Wissensentwicklung aus einem kontinuierlichen Wechselspiel von induktiven und deduktiven Schritten (Köckeis-Stangl 1980). Frank und Riedl (2004) bezeichnen dies als *Open-minded Grounded Theory*. Es können zwei Varianten unterschieden werden: induktiv-deduktiv und deduktiv-induktiv. In qualitativen Marktforschungsstudien, die, wie dargelegt

---

[6] *Entsprechendes Datenmaterial* steht in der qualitativen Marktforschung bspw. in Form von fokussierten oder problemzentrierten Interviews zur Verfügung. Volltranskripte solcher Interviews können für die quantitative Analyse kategorisiert und kodiert werden. Geeignet sind auch theoriebasiert ausgewählte Dokumente (z.B. Werbeanzeigen) oder Video-Aufzeichnungen non-verbaler Kommunikation (Srnka/Ebster/Koeszegi 2006). Für hypothesenprüfendes Vorgehen kaum nutzbar hingegen sind Fokusgruppen und Fallstudien. Diese sind wegen relativ geringer Breite und oft mangelnder Kodierbarkeit mehr für die Exploration geeignet.

[7] Der so genannte *Hermeneutische Zirkel* charakterisiert dabei einen Verstehensprozess, dessen Ausgangspunkt das eigene (Vor-)Wissen darstellt, das in einem iterativen Prozess der Bildung und Überprüfung von Vermutungen über den Sinn des Textes zur Änderung und Weiterentwicklung des ursprünglichen Wissens führen soll (Heidegger 1927/1995). Umfassend zur Methode der Hermeneutik: Oevermann et al. (1979), Reichertz (2004) und Soeffner (2004).

wurde, im Erkenntnisprozess explizit von bereits vorliegendem theoretischem Wissen ausgehen sollten, erscheint ein *kombiniertes deduktiv-induktives Vorgehen* am besten geeignet, einen Erkenntnisbeitrag zu leisten. Diese Methode, die in der Literatur als *qualitative Inhaltsanalyse* (Mayring 2000) bezeichnet wird, hat sich dementsprechend auch mehrheitlich in der Marketingforschung durchgesetzt. Die ForscherInnen identifizieren zunächst in einem deduktiven Schritt bereits bekannte theoretische Konzepte und fassen diese in einem vorläufigen Kategorienschema zusammen. Das Start-Schema wird anschließend in einem induktiven Prozess am Material so lange schrittweise erweitert, bis alle Elemente des qualitativen Datenmaterials auf Basis des derart weiterentwickelten Kategorienschemas zugeordnet werden können. Diese Methode setzt die Bereitschaft, akzeptierte Konzepte zu überdenken und zu adaptieren, voraus.

Mit zunehmendem Vorwissen kann der Wissenszuwachs unterschiedlich ausgeprägt sein und entweder die Identifikation eines oder mehrerer neure Konzepte umfassen, sich auf die Spezifizierung bzw. Operationalisierung eines bekannten Konzepts beziehen, in der Offenlegung von Zusammenhängen bestehen, oder aus der Prüfung vermuteter Zusammenhänge resultieren. Die Verknüpfung von deduktiver und induktiver Analyse erlaubt tiefer gehende Einsichten in vorliegende theoretische Konzepte in der Literatur. So können einerseits bereits bekannte Konzepte näher spezifiziert bzw. operationalisiert und andererseits hierarchische Beziehungen zwischen konzeptbezogenen Kategorien bestimmt werden. Diese manifestieren sich in einem mehrstufigen („hierarchischen") Kategorienschema das Haupt- und Sub- (sowie eventuell Über-)Kategorien umfasst. Weiters können Beziehungen zwischen den verschiedenen Konzepten identifiziert werden, woraus sich wiederum neue Hypothesen für Folgeuntersuchungen ableiten lassen (Lamnek 1995). Bei Einbeziehung bereits bekannter Kategorien im Rahmen einer kombinierten deduktiv-induktiven Analyse verdeutlicht eine anschließende Gegenüberstellung der Ergebnisse mit den Ausgangskategorien, welcher Ausschnitt des Problembereichs im Forschungsprojekt abgedeckt wird bzw. wie groß der Wissenszuwachs durch die qualitative Studie ist. Dies zeigt sich darin, welche der ursprünglich bekannten Kategorien sich als nicht relevant erwiesen haben (d.h., zu welchen keine Einheiten des Datenmaterials zugeordnet werden konnten) und welche Kategorien neu hinzugekommen sind. Durch Kodierung des qualitativen Datenmaterials auf Basis des deduktiv-induktiv entwickelten Kategorienschemas werden Daten auf nominalem Niveau generiert. In vielen Fällen ist es möglich, diese Daten auf metrisches Niveau zu bringen und damit (soweit die zugrunde liegenden Verteilungsannahmen erfüllt sind) parametrischen Testverfahren zugänglich zu machen. Diese können in Marktforschungsprojekten als Ausgangspunkt für weiterführende Analysen und statistische Hypothesentests dienen.[8]

Sollen der Erkenntnisgewinn maximiert und die gewonnenen Erkenntnisse für Außenstehende nachvollziehbar gemacht werden, sind bei der qualitativen Datenerhebung

---

[8] Dies erfolgt durch Umrechnung der kodierten Nennungen in jeder Kategorie in *Häufigkeiten pro Teilnehmer bzw. Teilnehmerin* (Srnka/Koeszegi 2007).

und -analyse mehrere Prinzipien zu beachten: Es gilt *Offenheit* zu bewahren, das *Vorwissen explizit* zu machen, den *Forschungsprozess zu strukturieren und zu dokumentieren* sowie die gewonnenen *Erkenntnisse in die bestehende Theorie zu integrieren*. Auf die einzelnen Prinzipien wird nachfolgend jeweils näher eingegangen.

4 Prinzipien der Offenheit, Explizierung des Vorwissens, Strukturiertheit, Dokumentation und Theorieintegration

Kennzeichnend für qualitative Forschung ganz allgemein ist das *Prinzip der Offenheit*. Die meisten AutorInnen beziehen die Anforderung der Offenheit auf das *methodische Vorgehen* in der Datenerhebung und -analyse. In diesem Zusammenhang bedeutet Offenheit, beobachtete Tatbestände nicht vorschnell unter bekannte Kategorien zu subsumieren, sondern in der Analyse aktiv nach neuen theoretischen Konzepten zu suchen (Gläser/Laudel 2004). Andere Verfasser hingegen verstehen unter diesem Prinzip Offenheit im *theoretischen Sinne* als kategorischen Verzicht auf die Einbeziehung von Vorwissen und die Formulierung von *ex ante*-Hypothesen (Hoffmann-Riem 1980). Diese radikale Forderung nach Offenheit beruht auf der Annahme, dass Empfänglichkeit für unerwartete Informationen nur durch Verzicht auf Vorüberlegungen und Suspendierung allen theoretischen Vorwissens gewährleistet werden kann. Dieser Meinung treten die meisten AutorInnen heute entgegen. Wie bereits dargelegt wurde, ist in der jüngeren Literatur unbestritten, dass es eine von jeglichem Vorverständnis freie empirische Untersuchung gar nicht geben kann. Die Forderung nach der Offenheit und aktiven Bereitschaft, vorläufig als gültig erachtete Kategorien zu verändern und durch neue zu ergänzen, bleibt davon aber unberührt.

Zur Darlegung des Vorverständnisses und der theoretischen Erwartungen, von denen im Forschungsprozess ausgegangen wird, bedarf es einer *Explizierung des Vorwissens*. Diese erfolgt zunächst durch Beschreibung der allgemein-theoretischen sowie der gegenstandsbereichsbezogenen Literatur, auf die rekurriert wird, sowie weiters durch nachvollziehbare Darlegung der eigenen theoretischen Perspektive des Forschers bzw. der Forscherin. Die komprimierteste Darstellung des relevanten Vorwissens besteht in einem deduktiv erstellten Kategorienschema bzw. Modell und dessen theoretischer Herleitung bzw. Begründung. Die nachträgliche Gegenüberstellung des Ausgangsschemas bzw. -models mit dem überarbeiteten und induktiv angereicherten Ergebnis verdeutlicht unmittelbar den Wissenszuwachs sowie die Einordnung der neu gewonnenen Einsichten in die zugrunde gelegte Theoriebasis.

Um intersubjektiv nachvollziehbar und damit einer Beurteilung der Qualität zugänglich zu sein, muss Erkenntnisgewinn mittels eindeutiger Regeln *strukturiert* erfolgen und durch systematische Beschreibung der einzelnen Schritte *dokumentiert* werden. Nur so können andere Wissenschafter rekonstruieren, auf welchem Wege die präsentierten Ergebnisse und Schlussfolgerungen gewonnen wurden, und diese auch entsprechend beurteilen. In der qualitativen Marktforschungspraxis wird der Prozess der Kategorienbildung bzw. der Zuordnung von Datenelementen zu Kategorien (Kodierung) bislang selten systematisiert und expliziert. Oft wird nicht dargelegt, ob für die Auswertung das gesamte Datenmaterial oder nur Teile davon herangezogen werden. Sofern ausgewählte Teile in die Auswertung eingehen, ist auch das Auswahlkriterium darzulegen. Nicht selten findet sich bei der Beschreibung der Methodik einer qualitativen Marktforschungsstudie auch kein Hinweis auf die gewählte Analyseeinheit[9]. Dieser Aspekt ist für das Verständnis und die Evaluation der Ergebnisse qualitativer Marktforschung wesentlich und daher ebenfalls darzustellen.

Die Entwicklung neuer Kategorien und Konzepte, wie sie die qualitative Inhaltsanalyse erlaubt, stellt einen Beitrag zur Wissenserweiterung dar. Allerdings sollte der Konzeptemergenz im Zuge der deduktiv-induktiven Auseinandersetzung mit dem Datenmaterial eine weitere Stufe der *Theorieintegration* folgen. Darunter versteht man die Rückführung der gewonnenen Erkenntnisse in die bestehende Theorie (Richards/Richards 1998, 216). Erst durch explizite Anknüpfung der neu gewonnenen Erkenntnisse an den Stand des vorhandenen Wissens findet wirkliche Wissenserweiterung statt (Meinefeld 2004, 266). Die Spiegelung induktiv entwickelter Kategorien an der Literatur und die Verknüpfung der Ergebnisse mit der Theorie ermöglichen, „weiße Flecken" aufzudecken bzw. zu beseitigen. Die Verknüpfung neuer Befunde, Kategorien und Hypothesen und deren Einbindung in ein Gesamtbild ist erforderlich, um nicht ein bloßes Nebeneinander von Einzelergebnissen, sondern ein zusammenhängendes theoretisches Gefüge – das für weitere Veränderungen und Weiterentwicklungen durchaus offen bleibt – zu erhalten (Lamnek 1995, 122). Nutzen und konkreter Wissensbeitrag des qualitativen Marktforschungsprojekts sollten daher in einer abschließenden Stufe der Theorie-Rückkoppelung bestimmt und dargelegt werden.

5 Zusammenfassung

Qualitative Marktforschungsstudien sind auf die Gewinnung neuer Erkenntnisse in aktuellen und neuartigen Problembereichen gerichtet. Bei deren Konzeption und Durchführung stellt sich vorweg die fundamentale Frage, inwieweit vorab Hypothe-

---

[9] Unter der *Analyseeinheit* versteht man jene Elemente, die im Zuge der Datenanalyse kodiert (einer Kategorie zugeordnet) werden (daher der englische Begriff *coding unit*).

sen zu formulieren und vorhandenes Wissen in den Prozess einzubeziehen sind. Die Antwort darauf hängt von vielen Faktoren ab, die in dem Beitrag aufgezeigt wurden.

Zwei grundlegende Bestimmungsgrößen stellen das Forschungsziel und das Ausmaß des vorhandenen Vorwissens dar. Steht Exploration im Vordergrund und ist nur alltagsbasiertes Vorverständnis bzw. allgemein-theoretisches Wissen vorhanden, empfiehlt sich das Aufstellen einer allgemeinen Forschungs- bzw. spezifischer Untersuchungsfragen. Konkrete Hypothesen können unter diesen Bedingungen nicht ausreichend begründet formuliert werden. Außerdem könnten sie die Wahrnehmung und Interpretation des noch weitgehend zu erforschenden Problembereichs einschränken, etwa wenn zu enge Erklärungen der Daten „aufgezwungen" werden. Ist ein qualitatives (bzw. qualitativ-quantitatives) Projekt nicht auf Exploration bzw. Entdeckung, sondern auf Deskription bzw. Begründung ausgerichtet und liegt gegenstandsbezogentheoretisches Wissen vor, können bei der Problemdefinition *ex ante*-Hypothesen formuliert werden, die die folgenden Stufen der Datenerhebung und -analyse steuern. Das sich bereits in der Problemdefinition manifestierende Vorwissen fließt auch unmittelbar auf die Datenerhebung und -analyse ein. Die Konstruktion deskriptiver Systeme (Kategorien) erfolgt stets im Spannungsverhältnis zwischen Vorwissen und Empirie, wobei der Schwerpunkt unterschiedlich gesetzt werden kann. Für Zwecke der Marktforschung am besten geeignet erscheint ein kombiniertes, deduktiv-induktives Vorgehen. Bei diesem werden zunächst (deduktiv) nur grob festgelegte Klassifizierungen (induktiv) weiterentwickelt; durch die schrittweise Adaption ausgehend vom empirischen Material werden neue Einblicke und Erkenntnisse gewonnen. Das Vorgehen der Forschenden in diesem Prozess sollte durch Offenheit gekennzeichnet sein. Diese besteht in der Bereitschaft, bereits bekannte Konzepte nicht nur schrittweise besser verstehen zu wollen, sondern solche auch zugunsten neuer, besser geeigneter aufzugeben bzw. durch solche zu ergänzen. Das Vorwissen, von dem in diesem iterativen Analyseprozess ausgegangen wird, ist im Forschungsbeitrag zu explizieren.

Um zuverlässige Ergebnisse zu gewinnen, das Zustandekommen des Datenmaterials, den Analyseprozess und die Ergebnisse einem Verständnis und der Evaluation durch Dritte zugänglich zu machen, gilt es, im Forschungsprozess strukturiert vorzugehen und sämtliche Schritte und Zwischenergebnisse zu dokumentieren. Durch systematische Rückführung der Ergebnisse in die Theorie wird schließlich die Gewinnung relevanter Forschungsergebnisse möglich.

6 Literatur

Arnould, Eric J./Wallendorf, Melanie (1994): Market-Oriented Ethnography: Interpretation Building and Marketing Strategy Formulation. In: Journal of Marketing Research, vol. 31, no. 4, 484-504.

Auer-Snrka, Katharina J. (2008): Einsatz qualitativer und kombinierter Methoden in der wissenschaftlichen Marketingforschung. Theoretische Betrachtung und Literaturanalyse. In. der markt, special issue: Qualitative Marketing-Forschung - konzeptionelle Entwicklungen und methodische Trends (forthcoming).

Barton, Allen H./Lazarsfeld, Paul F. (1979): Einige Funktionen von qualitativer Analyse in der Sozialforschung. In: Hopf, Christel/Weingarten, Elmar (Hrsg.): Qualitative Sozialforschung. Stuttgart, 41-89.

Bohnsack, Ralf (1991): Rekonstruktive Sozialforschung. Einführung in die Methodologie und Praxis qualitativer Forschung. Opladen.

Churchill, Gilbert A. Jr./Iacobucci, Dawn (2005): Marketing Research. 9. Auflage. Mason.

Cope, Chris (2004): Ensuring Validity and Reliability in Phenomenographic Research Using the Analytic Framework of a Structure of Awareness. In: Qualitative Research Journal, vol. 4, no. 2, 5-18.

Denzin, Norman K. (1970): The Research Act: A Theoretical Introduction to Sociological Methods. Chicago.

Durgee, Jeffrey F. (1986): Richer Findings from Qualitative Research. In: Journal of Advertising Research, vol. 26, no. 4, 36-44.

Eisenhardt, Kathleen M. (1989): Building Theories from Case Study Research. In: Academy of Management Review, vol. 14, 532-550.

Flick, Uwe (1998): Qualitative Forschung: Theorie, Methoden, Anwendung in Psychologie und Sozialwissenschaften. Reinbek bei Hamburg.

Flick, Uwe/Kardorff, Ernst von/Steinke, Ines (2005): Qualitative Forschung: Ein Handbuch. 4. Auflage. Reinbek bei Hamburg.

Frank, Dirk/Riedl, Peter (2004): Theoretical Foundations of Contemporary Qualitative Market Research - An Overview and an Integrative Perspective. In: Forum Qualitative Social Research, vol. 5, no. 2, http://www.qualitative-research.net/.

Glaser, Barney G./Strauss, Anselm L. (1967): The Discovery of Grounded Theory. New York.

Gläser, Jochen/Laudel, Grit (2004): Experteninterviews und qualitative Inhaltsanalyse. Wiesbaden.

Gummesson, Evert (2004): The Practical Value of Adequate Marketing Management Theory. In: Buber, Renate/Gadner, Johannes/Richards, Lyn (eds.): Applying Qualitative Methods to Marketing Management Research. Houndsmill et al., 3-31.

Habermas, Jürgen (1970): Zur Logik der Sozialwissenschaften. Frankfurt/Main.

Heidegger, Martin (1927/1995): Sein und Zeit. 15. überarbeitete Auflage. Tübingen.

Hoffmann-Riem, Christa (1980): Die Sozialforschung einer interpretativen Soziologie: Der Datengewinn. In: Kölner Zeitschrift für Soziologie und Sozialpsychologie, Jg. 32, 339-372.

Holbrook, Morris B./O'Shaughnessy, John (1988): On the Scientific Status of Consumer Research and the Need for an Interpretative Approach to Studying Consumption Behavior. In: Journal of Consumer Research, vol. 15, no. 3, 398-402.

Hopf, Christel (1983): Die Hypothesenprüfung als Aufgabe qualitativer Sozialforschung. In: ASI-News, vol. 6, 33-55.

Kepper, Gaby (1996): Qualitative Marktforschung: Methoden, Einsatzmöglichkeiten und Beurteilungskriterien. Wiesbaden.

Köckeis-Stangl, Eva (1980): Methoden der Sozialisationsforschung. In: Ulich, Dieter/Hurrelmann, Klaus (Hrsg.): Handbuch der Sozialisationsforschung. Weinheim, 321-370.

Kromrey, Helmut (2000): Empirische Sozialforschung: Modelle und Methoden der standardisierten Datenerhebung und Datenauswertung. 9. Auflage. Opladen.

Lamnek, Siegfried (1995): Qualitative Sozialforschung. Band 1: Methodologie. 3. A. Weinheim.

Mayring, Philipp (2000): Qualitative Inhaltsanalyse. In: Forum Qualitative Sozialforschung, 2, 1, http://www.qualitative-research.net/.

Mayring, Philipp (2002): Einführung in die Qualitative Sozialforschung. Weinheim, Basel.

Meinefeld, Werner (1997): Ex-ante Hypothesen in der Qualitativen Sozialforschung: zwischen „fehl am Platz" und „unverzichtbar". In: Zeitschrift für Soziologie, Jg. 26, 22-24.

Meinefeld, Werner (2004): Hypothesen und Vorwissen in der qualitativen Sozialforschung. In: Flick, Uwe/Kardorff, Ernst von/Steinke, Ines (Hrsg.): Qualitative Forschung: Ein Handbuch. Reinbek bei Hamburg, 265-275.

Merten, Klaus (1995): Inhaltsanalyse: Einführung in Theorie, Methode und Praxis. Opladen.

Morgan, Gareth/Smircich, Linda (1980): The Case for Qualitative Research. In: The Academy of Management Review, vol. 5, no. 4, 491-500.

Newman, Isadore/Benz, Carolyn R. (1998): Qualitative-Quantitative Research Methodology. Exploring the Interactive Continuum. Carbondale, Edwardsville.

Oevermann, Ulrich (1979): Die Methodologie einer „objektiven Hermeneutik" und ihre allgemeine forschungslogische Bedeutung in den Sozialwissenschaften. In: Soeffner, Hans-Georg (Hrsg.): Interpretative Verfahren in den Sozial- und Textwissenschaften. Stuttgart, 352-434.

Oevermann, Ulrich/Allert, Tilman/Konau, Elisabeth/Krambeck, Juergen (1979): Die Methodologie einer „objektiven Hermeneutik" und ihre allgemeine forschungslogische Bedeutung in den Sozialwissenschaften. In: Soeffner, Hans-Georg (Hrsg.): Interpretative Verfahren in den Sozial- und Textwissenschaften. Stuttgart, 352-434.

Reichertz, Jo (2004): Objektive Hermeneutik und hermeneutische Wissenssoziologie. In: Flick, Uwe/Kardorff, Ernst von/Steinke, Ines (Hrsg.): Qualitative Forschung: Ein Handbuch. Reinbek bei Hamburg, 514-523.

Richards, Thomas J./Richards, Lyn (1998): Using Computers in Qualitative Research. In: Denzin, Norman K./Lincoln, Yvonna S. (eds.): Collecting and Interpreting Qualitative Materials. Thousand Oaks, London, New Delhi, 211-245.

Soeffner, Hans-Georg (2004): Sozialwissenschaftliche Hermeneutik. In: Flick, Uwe/Kardorff, Ernst von/Steinke, Ines (Hrsg.): Qualitative Forschung: Ein Handbuch. Reinbek b. H., 164-174.

Srnka, Katharina J. (2007): Integration qualitativer und quantitativer Forschungsmethoden: Der Einsatz integrierter Forschungsdesigns als Möglichkeit zur Theorieentwicklung in der Marketingforschung als betriebswirtschaftliche Disziplin. In: Marketing ZFP, vol. 29, no. 4, 247-260.

Srnka, Katharina J./Ebster, Claus/Koeszegi, Sabine T. (2006): Lässt sich Sympathie im persönlichen Verkauf erfolgreich vortäuschen? Eine Analyse nonverbaler und verbaler Kommunikation. In: Marketing Zeitschrift für Forschung und Praxis, Jg. 28, Nr. 1, 39-58.

Srnka, Katharina J./Koeszegi, Sabine T. (2007): From Words to Numbers - How to Transform Rich Qualitative Data into Meaningful Quantitative Results: Guidelines and Exemplary Study. In: Schmalenbach Business Review (to appear in vol. 1).

Stiles, Janine (2003): A Philosophical Justification for a Realist Approach to Strategic Alliance Research. In: Qualitative Market Research, vol. 6, no. 4, 263-271.

Strauss, Anselm/Corbin, Juliet (1990): Basics of Qualitative Research. Grounded Theory Procedures and Techniques. Newbury Park, London, New Delhi.

Wells, William D. (1993): Discovery-Oriented Consumer Research. In: Journal of Consumer Research, vol. 19, no. 4, 489-503.

Witzel, Andreas (1982): Verfahren der qualitativen Sozialforschung - Überblick und Alternativen. Frankfurt am Main.

Manfred Lueger und Renate E. Meyer

Objektive Hermeneutik

1 Einleitung 175
2 Methodologische Prinzipien 176
3 Verfahrenstechnische Implikationen 178
4 Die praktische Vorgangsweise 181
    4.1 Allgemeine Verfahrensprinzipien 181
    4.2 Die sequentielle Feinanalyse 182
    4.3 Sequenzanalyse: Textinterpretation als Kunstlehre 183
5 Anwendungsfeld Marktforschung 183
6 Literatur 185

1 Einleitung

Im deutschsprachigen Raum ist die objektive Hermeneutik aus der Diskussion qualitativer Methoden nicht mehr wegzudenken. Als ein theoretisch begründetes methodologisches Konzept schafft sie die Grundlage für ein Verfahren zur methodisch kontrollierten Fallrekonstruktion. Mehrere Faktoren führen zu dieser besonderen Position innerhalb der qualitativen Sozialforschung und machen sie zu einem inzwischen bedeutenden Ausgangspunkt verschiedenster sozialwissenschaftlicher Studien: die Orientierung an der Rekonstruktionslogik in Abgrenzung zur subsumtionslogisch vorgehenden Fallbeschreibung; die Fokussierung auf objektiv-latente Bedeutungs- bzw. Sinnstrukturen in Abgrenzung zur Analyse subjektiv-gemeinten Sinnes; und die Schwerpunktsetzung auf neue Erkenntnis und die Bevorzugung natürlichen Datenmaterials.

Die Entwicklung der objektiven Hermeneutik (auch strukturale Hermeneutik genannt) geht auf Ulrich Oevermann zurück. Den Ausgangspunkt bildete die Unzufriedenheit mit einer einseitig psychologisch orientierten Sozialisationsforschung. Will man – so die Grundüberlegung – die Entwicklung eines Subjekts genuin soziologisch interpretieren, so kann man soziale Faktoren nicht bloß als kontingente Rahmenbedingungen einbeziehen, sondern muss sie als konstitutive Strukturen betrachten. Den zentralen Ansatzpunkt dafür verorteten Oevermann u.a. (1977) in der Rekonstruktion latenter Sinnstrukturen. So lautet auch die zentrale These: „Die Struktur der konkreten sozialisatorischen Interaktion konstituiert sich relativ unabhängig von den Motiven, Dispositionen und Intentionen der beteiligten Personen als objektive Struktur sozialer Differenzierung und als objektive Struktur eines latenten Sinnzusammenhangs" (Oevermann et al. 1977, 372). Insofern können Interaktionsdeutungen nicht im Rekurs auf den vom Subjekt gemeinten Sinn erschlossen werden, sondern nur anhand der Rekonstruktion der interaktionsstrukturierenden Regeln.

Seit dem gemeinsam mit einigen MitarbeiterInnen veröffentlichten und viel beachteten Grundlagenartikel zur Methodologie einer objektiven Hermeneutik und ihrer forschungslogischen Bedeutung (Oevermann u.a. 1977, 1979), in dem auch das Interpretationsverfahren als nachvollziehbare Technik dargestellt wurde, wurde die Methodologie systematisch erweitert, modifiziert und in Hinblick auf die Anwendung verallgemeinert (Oevermann 1983, 1991, 1993; zur Entwicklung Reichertz 1986, 1997; Matthes-Nagel 1982). Die mittlerweile zentrale Stellung der objektiven Hermeneutik manifestiert sich in mehrerlei Hinsicht:

- in den vielen einschlägigen Beiträgen, die sich in Methodenbüchern zur qualitativen Sozialforschung finden (Heinze 1992, Hitzler/Honer 1997, Jung/Müller-Doohm 1993, Brüsenmeister 2000, Reichertz 1991, 1997, Wernet 2000, Lamnek 2005);
- in der theoretischen Auseinandersetzung mit der Methodologie (Sutter 1997, Schneider 2004);

Manfred Lueger und Renate E. Meyer

- in den von ihr angeregten Methodenentwicklungen (etwa die Deutungsmusteranalyse, siehe Lüders 1991, Matthiesen 1994, Lüders/Meuser 1997, Oevermann 2001, Plaß/Schetsche 2001; oder die Bildanalyse bei Englisch 1991, Müller-Dohm 1997).

- Nicht zuletzt sind seit den frühen Entwicklungsphasen eine Vielfalt an Studien durchgeführt worden, in denen die methodische Vorgangsweise exemplarisch nachvollzogen werden kann (Garz/Kraimer 1994, Heinze-Prause/Heinze 1996, Reichertz/Schröer 1996, Kraimer 2000, Tykwer/Oevermann 1996, Oevermann 2005, Münte 2005).

Um die Idee der objektiven Hermeneutik und die damit verbundene methodische Vorgangsweise nachvollziehbar zu machen, befassen sich die nachfolgenden Ausführungen im ersten Schritt mit den grundlegenden methodologischen Prinzipien. Anschließend wird gezeigt, welche Folgen sich daraus für entsprechende Forschungsverfahren ergeben. Zur Verdeutlichung der Vorgangsweise werden zwei Verfahrensvarianten in Kurzform vorgestellt. Im Rahmen einer zusammenfassenden Reflexion werden abschließend Anwendungsmöglichkeiten im Marketingbereich skizziert.

2 Methodologische Prinzipien

Die objektive Hermeneutik untersucht Texte und deren Generierungsregeln als Ausdrucksgestalten (darunter sind Handlungsobjektivierungen bzw. Verkörperungen menschlicher Praxis unterschiedlichster Art zu verstehen) objektiv latenter Sinnstrukturen. Im Folgenden werden die methodologischen Grundgedanken anhand verschiedener Schlüsselbegriffe kurz erläutert:

- Die Bezeichnung „objektive Hermeneutik" verweist auf die lange Tradition der Hermeneutik, grenzt sich jedoch mit dem Zusatz „objektiv" vehement von der Subjektorientiertheit der geisteswissenschaftlich orientierten Hermeneutik ab. Letztere fasst Oevermann (1993) inhaltlich als Nachvollzugshermeneutik auf, weil sie sich auf das Verständnis subjektiver Dispositionen oder des subjektiv gemeinten Sinns konzentriert (etwa durch Hineinversetzen in die Lage einer anderen Person). In der objektiven Hermeneutik erhalten Strukturen hingegen einen objektiven Status, der auf die Regelgeleitetheit des Handelns Bezug nimmt und durch ihren intersubjektiv zwingenden Charakter sowie ihren methodisch kontrollierten Nachweis konstituiert ist.

- Latente Sinnstrukturen bilden den zentralen Gegenstand der objektiv-hermeneutischen Methodologie. Dabei sind mehrere Begriffskomponenten zu unterscheiden:

    (a) Der Sinnbegriff beruht auf der Regelgeleitetheit sozialen Handelns. Universelle Regeln umgrenzen demzufolge den Möglichkeitsraum des Handelns und durch die Definition von Anschlussmöglichkeiten bestimmen sie dessen konkreten sozialen Ablauf. In diesem Sinne sind Bedeutungen Ausdruck interaktiv erzeugter objektiver sozialer Strukturen. Dieses Modell regelgeleiteten Handelns ist zentral für die Generierung von Sinn und Bedeutung, die unabhängig von subjektiven Intentionen erfolgt (diese sind nach Oevermann (1993) ein Derivat von regelerzeugten Sinnstrukturen). Daher bildet eine sequenzanalytische Rekonstruktionsweise dieser regelbestimmten Sinnstrukturen den analytischen Zugang zu deren Verständnis.

(b) Strukturen repräsentieren in diesem Verständnis eine eigene Realität. Hinter der Konstitution objektiv-latenter Sinnstrukturen stehen nicht Konstitutionsleistungen der handelnden Subjekte, sondern interaktionsstrukturierende Regeln (etwa syntaktische oder pragmatische Regeln, Regeln der Sequenzierung von Interaktion oder der Verteilung von Redebeiträgen; Oevermann u.a. 1979). Diese versteht Oevermann (1993, 115) in Abgrenzung zu Regularität oder Regelmäßigkeit als Äquivalent zu einem Algorithmus, der wie „ein ‚Naturgesetz im Kopf' des regelbefolgenden Handlungsobjekts operiert, ohne in dessen abfragbarem, bewusst verfügbarem Wissensvorrat repräsentiert zu sein". Deutlich wird an dieser Stelle, dass der Strukturbegriff der objektiven Hermeneutik weit über die Definition als eine abgrenzbare Menge von Elementen, die in spezifischen Relationen zueinander stehen, hinausgeht und in eine dynamische Sichtweise mündet (Oevermann 2002): Von Struktur (die sich generativ entfaltet) lässt sich erst sprechen, wenn man den Prozess ihrer Reproduktion und deren Transformationsgesetze kennt. Diese Vorstellung des Strukturbegriffs, „der in sich historisch konzipiert ist, weil er nur bezüglich konkreter historischer Gebilde einen Sinn macht" (Oevermann 1991, 273ff), hat zur Folge, dass die Verlaufsstruktur im Sinne der Rekonstruktion eines Reproduktionszyklus in den Vordergrund tritt.

(c) Latente Sinnstrukturen sind zugleich objektive und abstrakte Gegenstände: Abstrakt sind sie insofern, als nur ihre materialen Ausdrucksformen sinnlich wahrnehmbar sind (Protokolle). Objektiv sind sie insofern, als sich in ihnen eine Bedeutung unabhängig von subjektiven Intentionen und auch unabhängig von einer bewussten oder unbewussten Repräsentanz auf psychischer Ebene realisiert. Der Latenzbegriff wiederum verweist auf die Lösung des objektiven Sinnes von seinem Kontext. Jeder Text birgt dabei eine Fülle potentiell möglicher Lesarten dieser latenten Struktur.

Fallrekonstruktionen als Mittelpunkt einer objektiv-hermeneutischen Analyse sind Strukturgeneralisierungen. Als solche befassen sie sich mit dem Zusammenspiel von Erzeugungsregeln und Auswahlmaximen: Erstere zeigen, nach welchen Regeln im Interaktionsverlauf Möglichkeiten eröffnet oder verschlossen werden; letztere geben an, was den Fall in seiner Besonderheit charakterisiert. Insofern ist es irrelevant, wie häufig ein Phänomen vorkommt – entscheidend ist, was einen spezifischen Typus überhaupt ausmacht. Die Erkenntnis von Neuem ist genau dadurch möglich, dass man analytisch nicht auf bereits Bekanntes (etwa vorgegebene Hypothesen) zurückgreift, wie dies in der Subsumtion von Fallbeschreibungen geschieht. Neue Erkenntnisse gewinnt man auf der Basis abduktiver Schlüsse (vgl. Peirce 1991, Reichertz 2003). Im Zuge der Strukturrekonstruktion werden über den vorliegenden Fall hinausgreifend gleichzeitig auch andere Fälle bestimmt, die in einem spezifischen Milieu (als historisches, kulturelles und soziales Umfeld) grundsätzlich möglich wären, sich aber nicht realisiert haben. Darüber hinaus legt die Fallrekonstruktion auch die Grundlage für eine wietere Verallgemeinerung, weil jeder konkrete Fall (etwa eine Werbebotschaft oder eine handelnde Person) auf einer höher aggregierten Fallstrukturebene in eine allgemeinere Fallstruktur (etwa eine Werbelinie oder eine Organisation bzw. überhaupt in eine historisch-konkrete Gesellschaftsformation) eingebettet ist, über die er Erkenntnisse liefert. Fallrekonstruktionen unterscheiden sich folglich grundsätzlich von Fallbeschreibungen, die einen konkreten Fall unter bekannte Allgemeinbegriffe subsumieren (Oevermann 2000, 2002).

Im Zentrum der Analyse stehen nicht Routinen, sondern Krisen. Der Alltag ist zwar zumeist durch Routinehandlungen geprägt, die vielfach so selbstverständlich sind, dass nicht mehr auffällt, dass auch sie ursprünglich als bewährte Bewältigung von Krisen erzeugt wurden. Nur der Grenzfall des Scheiterns von Routinen macht diese Krisen erneut sichtbar. Die objektive Hermeneutik fokussiert nun die Dynamik von Fallstrukturen, indem sie diese als routinisierte Lebenspraxis (mit den dahinter stehenden Krisenbewältigungen) und als Transformationen im Zuge manifester Krisen zum Thema macht. Dadurch rückt die Historizität und Zukunftsoffenheit menschlicher Praxis in den Mittelpunkt der Analyse (Oevermann 2000, 2002).

3 Verfahrenstechnische Implikationen

Aus der methodologischen Positionierung der objektiven Hermeneutik ergibt sich eine Reihe von Besonderheiten für ihre forschungspraktische Umsetzung. Dabei bildet die Orientierung am Fall den Ausgangspunkt, wobei methodisch die sequenzielle Analyse der regelgeleiteten Verknüpfung von Einzelhandlungen den entscheidenden Schritt zur Rekonstruktion der sinnlogischen Struktur sozialen Handelns darstellt.

In dieser sequenziellen Verknüpfung werden zwei Parameter wirksam (Oevermann 2000, 2002): (a) Der erste bezieht sich auf die bedeutungserzeugende Verknüpfung von Anschlussmöglichkeiten. Im Zuge dessen werden gedankenexperimentell die in einem Interakt eröffneten objektiven Möglichkeiten und deren pragmatische Erfüllungsbedingungen ausgearbeitet. An jeder Sequenzstelle wird also der Spielraum an Optionen sichtbar, aus denen in der Handlungspraxis eine konkrete Auswahl getroffen werden muss. (b) Der zweite Parameter bestimmt, welche Auswahl daraus realisiert wird. Er repräsentiert jene Auswahlkriterien, welche die Entscheidung in einer konkreten Lebenspraxis anleiten. In diesem Schritt wird die objektive Bedeutung der im nächsten Interakt tatsächlich gewählten Möglichkeit bestimmt. Dabei wird die Bedeutung nicht aus dem Kontext abgeleitet, sondern aus den Regeln der Interaktionsdynamik. Der Kontext wird erst anschließend herangezogen, um zu sehen, ob die pragmatischen Erfüllungsbedingungen auch tatsächlich eingehalten wurden. In die sequenzielle Analyse ist folglich ein strenger Falsifikationsmechanismus eingebaut, denn „an jeder nächsten Sequenzstelle kann grundsätzlich der Möglichkeit nach die bis dahin kumulativ aufgebaute Fallrekonstruktion sofort scheitern" (Oevermann 2002, 9).

Durch dieses Vorgehen zeigt sich dann auch das Besondere und das Allgemeine einer Fallstruktur: (a) Besonders ist sie, weil sich darin die Entscheidungsautonomie und Selektivität der Lebenspraxis äußert. Konkrete soziale Abläufe werden einerseits durch jene Regeln, die Anschlussmöglichkeiten definieren, und andererseits durch die Determinanten einer Selektionsentscheidung im Rahmen der konkreten Lebenspraxis strukturiert. (b) Allgemein ist sie durch die Einbettung in bedeutungsgenerierende Regeln, die den Spielraum sinnstrukturierter sozialer Verläufe abstecken, sowie durch die exemplarische Realisierung der Bewegungsgesetzlichkeit eines Milieus.

Damit dieses Vorgehen funktioniert, muss das Analyseverfahren immer der realen Sequentialität von Abläufen folgen. Da eine solche sequenzielle Analyse auf der Eröffnung und Beschließung von Möglichkeiten im Übergang von einer Protokollstelle zur nächsten beruht, kann sie prinzipiell an jeder beliebigen Stelle ansetzen (Oevermann 2000). Allerdings finden sich in Interaktionen eigene Prozeduren, die solche Eröffnungen (z.B. Begrüßung) und Beschließungen (z.B. Verabschiedung) besonders hervorheben und daher einen relevanten Ansatzpunkt für die Analyse bieten: Es ist daher nahe liegend, die Analyse eines Interviews bei der Gesprächseröffnung zu beginnen, weil hier die Weichenstellungen besonders folgenreich sind. Ähnliches gilt für das Gesprächsende, weil hier vor dem Hintergrund des Gesprächsverlaufs die Beschließung als solche markiert wird.

Als Analysematerial sind alle Arten von Daten bzw. Protokollen denkbar, die Materialisierungen menschlicher Praxis sind (Bilder, Interviewtranskripte, Videos, Gegenstände, aufgeschriebene Erinnerungen, Musik etc.) und die als Träger latenter Sinnstrukturen behandelt werden. Allerdings sind das soziale Arrangement der protokollierten Praktiken sowie die Technik der Protokollierung zu berücksichtigen (Oevermann 2002), d.h. in der Analyse muss der pragmatische Kontext der Erzeugung einbezogen werden (etwa ein Interview zum Einkaufsverhalten oder das Video eines alltäglichen Einkaufsgesprächs; ein später angefertigtes Gedächtnisprotokoll des Interviews oder eine Tonaufzeichnung). Insofern ist in natürlichen Lebenssituationen produziertes Material meist vorzuziehen, weil es unverbrüchlich auf die Strukturen der Lebenspraxis verweist.

Manfred Lueger und Renate E. Meyer

Die Menge des Datenmaterials ist für die Analyse unerheblich, weil keine statistische Repräsentation angestrebt wird. Da sich viele wissenschaftliche Fragestellungen aber nicht nur auf einen einzigen Fall beziehen, stellt sich die Frage, nach welchem Kriterium weitere Fälle ausgewählt werden sollten. Ähnlich wie im theoretischen Sampling der Grounded Theory (Glaser/Strauss 1967; dort findet sich als Kriterium auch die Inklusion nach Ähnlichkeit) nennt Oevermann das „Kriterium des maximalen Kontrasts" (Oevermann 2002, 16). Zu diesem Zweck wird erst die Analyse eines Falles vorangetrieben, um dann zu einem Fall überzugehen, der sich vom ersten in einem größtmöglichen Ausmaß unterscheidet. Oevermann (2002) verweist an dieser Stelle darauf, dass sich der Analyseaufwand für jeden weiteren Fall deutlich verkürzt. Sobald die Strukturerkenntnis und -generalisierung hinreichend abgesichert und detailliert sind, kann die Analyse abgeschlossen werden (analog zur theoretischen Sättigung der Grounded Theory; Glaser/Strauss 1967).

Eine besondere Herausforderung bei einem solchen Verfahren ist letztlich die Sicherung der Interpretationsqualität und die Zuverlässigkeit der erzielten Erkenntnisse. Wie bereits oben erwähnt, bildet den Ausgangspunkt der Analyse die Annahme, dass die latenten Sinnstrukturen einer Interaktion jene Regeln konstituieren, die an der Texterzeugung beteiligt sind. Die Interpretation muss nun diese Regeln explizieren, wobei sich die Praxis der Interpretation nicht wesentlich vom Verfahren des Alltagswissens unterscheidet. Deshalb lässt sich die Interpretation auch keinen formalen Regeln unterwerfen. Allerdings gilt es, das Alltagsverfahren zu unterstützen und zu systematisieren. Dazu müssen bestimmte Anforderungen erfüllt sein (Oevermann u.a. 1979, 392f): (a) So sollte die Sozialisation der InterpretInnen abgeschlossen sein, sie sollten mit der untersuchten Lebenswelt, aus der das Datenmaterial stammt, vertraut sein und über umfassendes Theoriewissen verfügen, um dieses als Heuristiken einfließen lassen zu können (ohne diese als Autorisierung von Schlüssen zu missbrauchen). (b) Die Probleme, die sich bei der Interpretation durch eine Einzelperson ergeben, können durch eine Gruppeninterpretation ausgeglichen werden, in der die Mitglieder ihre Argumente verteidigen und nicht vorschnelle Kompromisse eingehen. (c) Da vorschnelle Ergebnisse eine umfassende Sinnauslegung behindern, soll die Ökonomisierung des Verfahrens durch drei Vorkehrungen hintan gehalten werden: das Prinzip extensiver Sinnauslegung, indem gerade nicht treffsicher und schnell die Absichten und Strukturen entschlüsselt werden und unwahrscheinliche Lesarten unter Auslassung des Kontextwissens Berücksichtigung finden sollten; Arbeit ohne Zeitdruck; sowie die vollständige Entlastung der InterpretInnen von Handlungsdruck.

Mit schnellen Ergebnissen kann die objektive Hermeneutik nicht dienen. Dennoch lässt Oevermann (1986) den Einwand, dass das forschungspraktische Verfahren dieser Methodologie für empirische Anwendungen zu zeitraubend und umständlich sei, nur gelten, wenn man die Anforderungen des quantitativen Forschungsparadigmas über Fallzahlen und Datenmengen zum Dogma erhebt. Betrachtet man die Relation von Aufwand und Erkenntnisgewinn, so ist das Verfahren durchaus ökonomisch, weil typischerweise die intensive Auswertung kurzer Textausschnitte bereits zu einer konvergierenden und expliziten Fallrekonstruktion führen und das übrige Material zu gezielten Falsifikationsversuchen verwendet werden kann.

4   Die praktische Vorgangsweise

4.1   Allgemeine Verfahrensprinzipien

Da kein erkenntnislogischer Unterschied zwischen Alltagsinterpretationen und der Interpretation im Rahmen der objektiven Hermeneutik gemacht werden kann, muss das Verfahren nach Oevermann u.a. (1979, 391) als Kunstlehre abgesichert werden. Die konkreten Interpretationsverfahren beziehen sich in der Regel auf sehr kleine Texteinheiten (z.B. mehrere Textzeilen), die wiederum in kleinste Sinneinheiten (bzw. Interakte) unterteilt werden. Typisch ist jene Textstelle, die Oevermann (1983; hier findet sich auch eine exemplarische Interpretation der Stelle) für die unten angeführte Sequenzanalyse einer Fernsehansage heranzog: „Guten Abend/meine Damen und Herren/und willkommen im ersten Programm./Vor allem die Tierfreunde unter Ihnen begrüßen wir herzlich./Es gibt nämlich gleich wieder einmal ‚Tiere vor der Kamera' zu sehen, wobei heute Felsenkängurus die Hauptrollen spielen." Die einzelnen Sinneinheiten (hier durch Schrägstriche getrennt) werden einzeln interpretiert, wobei die der jeweilig interpretierten Sequenz nachfolgenden Sinneinheiten für die Interpretation strikt außer Acht gelassen werden müssen. Generell gilt, dass die erste Sinneinheit (dies gilt auch für die erste ausgewählte Textstelle) am intensivsten zu interpretieren ist, weil zu deren Analyse noch kein innerer Kontext verfügbar ist. Die Analyse der ersten Sinneinheit legt den Grundstein für die Interpretation der Folgestellen, die in ihrer Einbettung in einen sequentiellen Ablauf untersucht werden.

Insgesamt lassen sich die allgemeinen Verfahrensprinzipien nach Wernet (2000; vgl. Oevermann 2000) folgendermaßen zusammenfassen:

- Wörtlichkeit bzw. Totalität: Grundsätzlich muss jedes auch noch so kleine Partikel in die Analyse einbezogen werden. Daher muss auch das Protokoll „unselektiv total" sein (Oevermann 2000, 101) und alle Besonderheiten (Versprecher, Pausen, Dialekte etc.) wiedergeben, um die Lückenlosigkeit der Sequentialität zu garantieren.

- Sequentialität: Man folgt konsequent der Abfolge im Protokoll, in der sich die Strukturlogik des Falles darstellt. Mit jeder analysierten Einheit vergrößert sich der erschlossene innere Kontext des Falles, bis die Fallstruktur genügend konturiert und gesättigt ist und die Analyse abgeschlossen werden kann. Das Zurückkehren und Reinterpretieren einer früheren Textstelle auf Basis der durch die Interpretationen späterer Stellen gewonnenen Erkenntnisse ist jedoch ausgeschlossen.

- Kontextfreiheit: Äußere Kontexte (d.h. alle Informationen zum Fall außerhalb des analysierten Protokolls) werden zur Vermeidung einer Subsumtionslogik weggelassen, um sich nicht vorschnell auf Bedeutungen festzulegen und mögliche Lesarten auszuschließen. Äußere Kontexte werden erst nach vollzogener Analyse zur Kontrastierung der Ergebnisse einbezogen.

- Extensivität: Sie erfordert die erschöpfende Würdigung der verschiedenen Lesarten einer Stelle (als Rekonstruktion der eröffneten und verschlossenen Möglichkeiten, der Erfüllungsbedingungen für die Selektion einer Möglichkeit, der Bedeutungen gewählter Anschlussoptionen etc.).

- Sparsamkeit: Es sollen zwar durchaus riskante Annahmen getroffen bzw. Lesarten gebildet werden, aber nur solche, die ohne externe Zusatzinformationen allein aus dem Protokoll heraus Gestalt annehmen und begründet werden können.

Im Laufe der Entwicklung der objektiven Hermeneutik kristallisierten sich eine Reihe unterschiedlicher Praxisformen der Kunstlehre heraus (Reichertz 1991, 225f). Dazu zählen insbesondere zwei Verfahren.

4.2 Die sequentielle Feinanalyse

Das Verfahren der sequentiellen Feinanalyse ist nicht nur aufgrund der intensiven Rezeption durch andere AutorInnen von Interesse, sondern vor allem, weil Oevermann u.a. (1979, 394) eine Art „check list" für InterpretInnen zur Verfügung stellen. Das macht dieses Verfahren nicht nur gut nachvollziehbar, sondern auch zu einem Hilfsmittel, sich die Interpretation anzueignen und für die Interpretationsweise der objektiven Hermeneutik sensibel zu werden. In diesem Sinne formulieren Oevermann u.a. (1979) folgende (in der Praxis nur schwer voneinander trennbare) Interpretationsschritte für die einzelnen Sinneinheiten:

1. Explikation des unmittelbar voraus laufenden Kontextes;

2. Paraphrasierung der Bedeutung einer Sinneinheit;

3. spekulative Explikation möglicher Intentionen und Funktionen der Sinneinheit;

4. Explikation der objektiven Motive und objektiven Konsequenzen der Sinneinheit (dies ist die entscheidende Interpretationsebene);

5. Explikation der Funktion einer Sinneinheit in der Verteilung von Interaktionsrollen;

6. Charakterisierung der sprachlichen Merkmale der Sinneinheit (Besonderheiten);

7. resümierende Beurteilung der bisherigen Interpretation zur Herausarbeitung der generativen Struktur, die den Reproduktionsmechanismus der Interaktion charakterisiert;

8. Explikation allgemeiner Zusammenhänge in Hinblick auf die generalisierte Behandlung des Themenfeldes.

4.3 Sequenzanalyse: Textinterpretation als Kunstlehre

Die Sequenzanalyse lässt sich noch weniger als die Feinanalyse als verfahrenstechnisches Regelsystem explizieren. Das Verfahren ist jedoch anhand eines von Oevermann (1983) publizierten Beispiels der Rekonstruktion der Strukturgesetzlichkeit eines „Protokolls sozialer Wirklichkeit" (es handelt sich um die oben zitierte Fernsehansage) gut nachvollziehbar. Der Kern dieser Vorgangsweise umfasst drei auf die Sinneinheiten anzuwendenden Interpretationsschritte:

1. Überlegung von Geschichten über vielfältige kontrastierende Situationen, die zu einer Äußerung passen;

2. Verallgemeinerung dieser Geschichten hinsichtlich ihrer gemeinsamen Struktureigenschaften;

3. Vergleich dieser Struktureigenschaften mit den Kontextbedingungen einer Äußerung.

In den Ausführungen Oevermanns (1983) wird deutlich, dass die Analyse sehr schnell grundlagentheoretische Züge annimmt und wie sich Strukturgesetzlichkeiten unabhängig von bestimmten Inhalten in den Gestaltungsformen eines Textes reproduzieren, ohne dass dies den Beteiligten bewusst wäre. Eine solche Vorgangsweise erfordert ein radikales Sicheinlassen auf den Gegenstand, das nur über eine sorgfältige Explikation und nicht durch Subsumtion unter theoretische Begrifflichkeiten und Konzepte erreicht werden kann.

5 Anwendungsfeld Marktforschung

Im Marketingbereich ist die objektive Hermeneutik derzeit bestenfalls in Spuren nachweisbar, obwohl Oevermann (2002: 32) selbst die Analyse von Werbeträgern und –mitteln, von Marketing- oder Corporate Identity-Konzeptionen, von Logos und Emblemen oder von Werbelinien explizit als ein Einsatzgebiet der objektiven Hermeneutik aufzählt. Sie kann aus mehreren Gründen wesentliche Impulse in diesem Forschungsfeld liefern:

- Als forschungspraktische Kunstlehre eignet sie sich speziell für die Analyse noch wenig erforschter sozialer Phänomene und ist somit überall dort von Bedeutung, wo Neuland betreten werden soll.

- Die Analyse objektiv-latenter Sinnstrukturen eröffnet das Verständnis für die soziale Logik jener Prozesse, die unterschiedlichen Marketingphänomenen zugrunde liegen, und ist damit sowohl für Grundlagenforschung als auch für angewandte Forschung von Bedeutung.

- Als Analysetechnik zeigt sie, wie man Untersuchungsmaterialien systematisch verwerten kann, um zuverlässige und generalisierbare Erkenntnis über einen Falltypus zu erlangen.

- Darüber hinaus überwindet sie durch die Verkoppelung der Theoriebildung mit konkreten Fällen die Trennung zwischen Theorie und Empirie.

Publikationen und konkrete Anwendungsbeispiele, die die Einsatzmöglichkeiten der objektiven Hermeneutik in der Marktforschung aufzeigen, sind nur sehr spärlich vorhanden. Zu den Ausnahmen zählen bspw. der Beitrag von Behrend und Romatowski (2001), in dem die Folgen der BSE-Krise für den Lebensmittelkonsum und mögliche daraus resultierende Konsequenzen für die Marken- und Kommunikationsstrategien der Lebensmittelproduzenten analysiert werden, sowie der Beitrag von Kemmerzell und Saalow (2003), in dem eine Analyse des komplexen Gefüges zwischen Text- und Bildelementen anhand der – misslungenen – Anzeige eines Versicherungsunternehmens präsentiert wird. Romatowski (2002), der die Beziehung zwischen Markenführung und einzelnen Spots in der Schokoladewerbung sequenzanalytisch untersucht, bezeichnet die objektive Hermeneutik als „eines der innovativsten und tiefgründigsten Verfahren in der qualitativen Marketingforschung", da sie in der Lage ist, von vordergründigen Einzelmeinungen, die von den Befragten geäußert werden, zu tief liegenden, den Befragten selbst nicht reflexiv verfügbaren Deutungsmustern und Basisannahmen vorzustoßen. Dadurch lässt sich „das Bauchgefühl" sowohl von MarketingexpertInnen als auch von KonsumentInnen, was das „gewisse Etwas" einer Anzeige, eines Produktes, eines Werbemittels, einer Marke, etc. ausmacht, erklärbar und für weiterführende Marketinganalysen zugänglich machen.

Die objektive Hermeneutik kann viel versprechende Perspektiven zur Erforschung des KonsumentInnenverhaltens in Bereichen einbringen, die herkömmlichen Methoden der Marktforschung üblicherweise verschlossen bleiben – und dies mit einer geringen Menge an Datenmaterial. Durch die Rekonstruktion der latenten Bedeutungs- und Sinnstrukturen trägt sie zur Erklärung jener lebensweltlichen Routinen und Orientierungsmuster bei, die wiederum die Wahrnehmungen und Entscheidungen der Zielgruppe wesentlich prägen. Die Analyse individueller Motive und Intentionen ist dezidiert nicht das Ziel objektiv-hermeneutischer Verfahren. Allerdings sind Rückschlüsse von den rekonstruierten objektiven Sinn- und Bedeutungsstrukturen auf die Bewusstseinsrealität der beteiligten Subjekte und die subjektiven Intentionen möglich, weil sie ein Derivat dieser regelerzeugten Strukturen sind. Oevermann (2002: 5) betont, dass solche Rückschlüsse auf Motive und Intentionen weit zuverlässiger sind als mit anderen Methoden gewonnene.

Da jeder einzelne Fall in abstraktere Strukturen eingebettet ist, liefert eine objektiv hermeneutische Analyse immer auch über die Fallrekonstruktion (z.B. der Wirkungen einer Anzeige oder eines anderen Werbemittels auf eine spezifische Zielgruppe) hinausgehende generelle Erkenntnisse über das spezifische Feld oder den Phänomenbereich (Marktsegment, eine Zielgruppe, Marke etc.) und kann in diesem Zusammenhang Fragen nach der Dynamik von Markt- und Konsumentscheidungen, aber auch Stimmigkeiten oder etwaigen Widersprüchen (z.B. zwischen Markenpolitik und konkreter Werbelinie) thematisieren. Indem eine solche strukturrekonstruierende Vorgangsweise sich von theoretischen Modellen oder vorgegebenen Kriterien abkoppelt, bietet sie einen Zugang zu neuen theoretischen Sichtweisen, insbesondere was Prozesse der Markterschließung, Marktdurchdringung, Markenführung oder die spezifische Funktionsweise und Genese der Werbewirksamkeit oder allgemein marketingrelevante Entscheidungen anbelangt.

6 Literatur

Behrend, Olaf/Romatowski, Arnd von (2001): Der objektive Sinn von Konsumentenentscheidungen. Objektive Hermeneutik und subjektive Konsumenten. In: planung & analyse, Nr. 3, 52-59.
Brüsenmeister, Thomas (2000): Qualitative Sozialforschung. Ein Überblick, Wiesbaden.
Englisch, Felicitas (1991): Bildanalyse in strukturalhermeneutischer Einstellung. Methodische Überlegungen und Analysebeispiele. In: Garz, Detlef/Kraimer, Klaus (Hrsg.): Qualitativ-empirische Sozialforschung. Konzepte, Methoden, Analysen. Opladen, 133-176.
Garz, Detlef/Kraimer, Klaus (1994, Hrsg.): Die Welt als Text. Theorie, Kritik und Praxis der objektiven Hermeneutik. Frankfurt/M.
Glaser, Barney G./Strauss, Anselm L. (1967): The Discovery of Grounded Theory: Strategies for Qualitative Research. New York.
Heinze, Thomas (1992): Qualitative Sozialforschung. Erfahrungen, Probleme und Perspektiven. 2. Auflage. Opladen.
Heinze-Prause, Roswitha/Heinze, Thomas (1996): Kulturwissenschaftliche Hermeneutik. Fallrekonstruktion der Kunst-, Medien- und Massenkultur. Opladen.
Hitzler, Ronald/Honer, Anne (1997, Hrsg.): Sozialwissenschaftliche Hermeneutik. Eine Einführung. Opladen.
Jung, Thomas/Müller-Doohm, Stefan (1993, Hrsg.): „Wirklichkeit" im Deutungsprozeß. Verstehen und Methoden in den Kultur- und Sozialwissenschaften. Frankfurt/M.

Kemmerzell, Petra/Saalow, Ulf (2003): Versicherungswerbung: Kommunikation mit dem Kunden. Eine Werbemittelanalyse mit der Methode der Objektiven Hermeneutik. In: planung & analyse, Nr. 3, 14-19.

Kraimer, Klaus (2000, Hrsg.): Die Fallrekonstruktion. Sinnverstehen in der sozialwissenschaftlichen Forschung. Frankfurt/M.

Lamnek, Siegfried (2005): Qualitative Sozialforschung. 4. Auflage. Weinheim, Basel.

Lüders, Christian (1991): Deutungsmusteranalyse. Annäherungen an ein risikoreiches Konzept. In: Garz, Detlef/Kraimer, Klaus (Hrsg.): Qualitativ-empirische Sozialforschung. Konzepte, Methoden, Analysen. Opladen, 377-408.

Lüders, Christian/Meuser, Michael (1997): Deutungsmusteranalyse. In: Hitzler, Ronald/Honer, Anne (Hrsg.): Sozialwissenschaftliche Hermeneutik. Eine Einführung. Opladen, 57-79.

Matthes-Nagel, Ulrike (1982): Latente Sinnstrukturen und objektive Hermeneutik. Zur Begründung einer Theorie der Bildungsprozesse. München.

Matthiesen, Ulf (1994): Standbein – Spielbein. Deutungsmusteranalysen im Spannungsfeld von objektiver Hermeneutik und Sozialphänomenologie. In: Garz, Detlef/Kraimer, Klaus (Hrsg.): Die Welt als Text. Theorie, Kritik und Praxis der objektiven Hermeneutik. Frankfurt/M., 73-113.

Müller-Doohm, Stefan (1997): Bildinterpretation als struktural-hermeneutische Symbolanalyse. In: Hitzler, Ronald/Honer, Anne (Hrsg.): Sozialwissenschaftliche Hermeneutik. Eine Einführung. Opladen, 81-108.

Münte, Peter (2005): Institutionalisierung der Erfahrungswissenschaften in unterschiedlichen Herrschaftskontexten. Zur Erschließung historischer Konstellationen anhand bildlicher Darstellungen. In: sozialersinn. Zeitschrift für hermeneutische Sozialforschung, 1, 3-43.

Oevermann, Ulrich (1983): Zur Sache. Die Bedeutung von Adornos methodologischem Selbstverständnis für die Begründung einer materialen soziologischen Strukturanalyse. In: Friedeburg, Ludwig von/Habermas, Jürgen (Hrsg.): Adorno-Konferenz 1983. Frankfurt/M., 234-289.

Oevermann, Ulrich (1986): Kontroversen über sinnverstehende Soziologie. Einige wiederkehrende Probleme und Missverständnisse in der Rezeption der „objektiven Hermeneutik". In: Aufenanger, Stefan/Lenssen, Margit (Hrsg.): Handlung und Sinnstruktur: Bedeutung und Anwendung der objektiven Hermeneutik. München, 19-83.

Oevermann, Ulrich (1991): Genetischer Strukturalismus und das sozialwissenschaftliche Problem der Erklärung der Entstehung des Neuen. In: Müller-Doohm, Stefan (Hrsg.): Jenseits der Utopie. Frankfurt/M., 267-336.

Oevermann, Ulrich (1993): Die objektive Hermeneutik als unverzichtbare Grundlage für die Analyse von Subjektivität. Zugleich eine Kritik der Tiefenhermeneutik. In: Jung, Thomas/Müller-Doohm, Stefan (Hrsg.): „Wirklichkeit" im Deutungsprozeß. Verstehen und Methoden in den Kultur- und Sozialwissenschaften. Frankfurt/M., 106-189.

Oevermann, Ulrich (2000): Die Methode der Fallrekonstruktion in der Grundlagenforschung sowie der klinischen und pädagogischen Praxis. In: Kraimer, Klaus (Hrsg.): Die Fallrekonstruktion. Sinnverstehen in der sozialwissenschaftlichen Forschung. Frankfurt/M., 58-156.

Oevermann, Ulrich (2001): Die Struktur sozialer Deutungsmuster. Versuch einer Aktualisierung. In: sozialersinn. Zeitschrift für hermeneutische Sozialforschung, Nr. 1, 35-81.

Oevermann, Ulrich (2002): Klinische Soziologie auf der Basis der Methodologie einer objektiven Hermeneutik – Manifest der objektiv-hermeneutischen Sozialforschung, http://www.ihsk.de/publikationen/manifest.pdf, abgerufen am 23. 9. 2006.

Oevermann, Ulrich (2005): Freuds Studie zum Moses des Michelangelo im Kontext biographischer Krisenkonstellationen. Untersuchungen zur Struktur ästhetischer Erfahrung und zur Methodik von Werkanalysen. In: sozialersinn. Zeitschrift für hermeneutische Sozialforschung, 2, 181-230.

Oevermann, Ulrich (2006): Wissen. Glauben. Überzeugung. Ein Vorschlag zu einer Theorie des Wissens aus krisentheoretischer Perspektive. In: Tänzler, Dirk/Knoblauch, Hubert/Soeffner, Hans-Georg (Hrsg.): Neue Perspektiven der Wissenssoziologie. Konstanz, 79-118.

Oevermann, Ulrich/Allert, Tilman/Gripp, Helga/Konau, Elisabeth/Krambeck, Jürgen/Schröder-Caesar, Erna/Schütze, Yvonne (1977): Beobachtungen zur Struktur der sozialisatorischen Interaktion. Theoretische und methodologische Fragen der Sozialisationsforschung. In: Auwärter, Manfred/Kirsch, Edit/Schröter, Klaus (Hrsg.): Seminar: Kommunikation, Interaktion, Identität. 2. Auflage. Frankfurt/M., 371-403.

Oevermann, Ulrich/Allert, Tilman/Konau, Elisabeth/Krambeck, Jürgen (1979): Die Methodologie einer „objektiven Hermeneutik" und ihre allgemeine forschungslogische Bedeutung in den Sozialwissenschaften. In: Soeffner, Hans-Georg (Hrsg.): Interpretative Verfahren in den Sozial- und Textwissenschaften. Stuttgart, 352-434.

Peirce, Charles S. (1991): Schriften zu Pragmatismus und Pragmatizismus. Frankfurt/M.

Plaß, Christine/Schetsche, Michael (2001): Grundzüge einer wissenssoziologischen Theorie sozialer Deutungsmuster. In: sozialersinn. Zeitschrift für hermeneutische Sozialforschung, Nr. 3, 511-536.

Reichertz, Jo (1986): Probleme qualitativer Sozialforschung. Zur Entwicklungsgeschichte der Objektiven Hermeneutik. Frankfurt/M., New York.

Reichertz, Jo (1991): Objektive Hermeneutik. In: Flick, Uwe/Kardorff, Ernst v./Keupp, Heiner/von Rosenstiel, Lutz (Hrsg.): Handbuch Qualitative Sozialforschung. München, 223-228.

Reichertz, Jo (1997): Objektive Hermeneutik. In: Hitzler, Ronald / Honer, Anne (Hrsg.): Sozialwissenschaftliche Hermeneutik. Eine Einführung. Opladen, 31-55.

Reichertz, Jo (2003): Die Abduktion in der qualitativen Sozialforschung. Opladen.

Reichertz, Jo/Schröer, Norbert (1996, Hrsg.): Qualitäten polizeilichen Handelns. Beiträge zu einer verstehenden Polizeiforschung. Opladen.

Romatowski, Arnd von (2002): Entschlüsselung der Bauchgefühle. Objektive Hermeneutik in der qualitativen Marketingforschung. Absatzwirtschaft online 27.9.2002., http://www.absatzwirtschaft.de/psasw/fn/asw/SH/0/sfn/buildpage/cn/cc_vt/ID/24535, abgerufen am 25. 9. 2006.

Schneider, Wolfgang L. (2004): Grundlagen der soziologischen Theorie. Band 3: Sinnverstehen und Intersubjektivität – Hermeneutik, funktionale Analyse, Konversationsanalyse und Systemtheorie. Wiesbaden.

Sutter, Hansjörg (1997): Bildungsprozesse des Subjekts. Eine Rekonstruktion von Ulrich Oevermanns Theorie- und Forschungsprogramm. Opladen.

Sutter, Hansjörg (2004): Entwicklungsorientiertes Fallverstehen. Eine hermeneutisch-rekonstruktive Fallstudie zur Entwicklung moralischer Urteilsfähigkeit. In: sozialersinn. Zeitschrift für hermeneutische Sozialforschung, 3, 335-386.

Tykwer, Jörg/Oevermann, Ulrich (1996): Sinnrekonstruktive Auswertung von Spurentexten. „Mehrfacher Einbruch ins Bootsheimer Schloß" – Eine Feinanalyse von Tatortbeschreibungen und kriminalistischem Ermittlungshandeln. In: Reichertz, Jo/Schröer, Norbert (Hrsg.): Qualitäten polizeilichen Handelns. Beiträge zu einer verstehenden Polizeiforschung. Opladen, 236 -262.

Wernet, Andreas (2000): Einführung in die Interpretationstechnik der Objektiven Hermeneutik. Opladen.

Manfred Lueger

Grounded Theory

1 Einführung 191
2 Entwicklung 191
3 Methodologische Grundlagen 194
4 Die konkrete Vorgangsweise 196
5 Empirische Anwendung in der Marktforschung 200
6 Abschließende Anmerkung 202
7 Literatur 203

1 Einführung

Verfolgt man die bisherige Entwicklung der Grounded Theory, so offenbart sich eine Erfolgsgeschichte. Begründet von Barney Glaser und Anselm Strauss vor etwa 60 Jahren hat sie seither innerhalb der qualitativen Sozialforschung nicht nur ständig an Bedeutung gewonnen sondern sich von der Soziologie auch in andere Wissenschaftsdisziplinen ausgebreitet. Die heutige Präsenz der Grounded Theory läßt sich an mehreren Faktoren ablesen: So wurde das 1967 verfasste Ursprungswerk „Discovery of Grounded Theory" erst 1998 ins Deutsche übersetzt, was dessen ungebrochene Aktualität unterstreicht; in den letzten Jahren sind eine Reihe von Einführungswerken in die Grounded Theory erschienen, die sich kritisch mit diesem Ansatz auseinandersetzen und ihn teilweise weiterentwickeln (Dey 1999, Strübing 2004, Clarke 2005, Charmaz 2006; mit Bezug auf Management: Locke 2001; mit Bezug auf Marketing: Goulding 2002); und in vielen Einführungen und Handbüchern zur qualitativen Sozialforschung sind Darstellungen der Grounded Theory aufgenommen (Creswell 1998, Denzin/Lincoln 1998, Flick, von Kardorff/Steinke 2000, Brüsenmeister 2000, Lamnek 2005); in vielen empirischen Beiträgen zur qualitativen Sozialforschung wird methodisch auf diese Forschungsstrategie verwiesen (Breuer 1996).

Die breite Anwendung hat jedoch auch eine zweifelhafte Seite: Der in vielen Arbeiten vorzufindende Hinweis auf die Anwendung von Grounded Theory fungiert als methodisches Gütesigel, das sich bei näherem Hinsehen häufig als methodisches Feigenblatt erweist. Dieser Missstand, auf den die jüngere Literatur (Dey 1999, Strübing 2004) mitunter hinweist, macht deutlich, dass offenbar die Vorstellung eines systematischen, konsequent an empirischen Daten ausgerichteten Forschens nach einem allgemeinen Verfahren vergleichender Analyse zur Theorieentwicklung in seiner vollen Tragweite nicht hinreichend erfasst wurde. Gerade weil die Grounded Theory nicht als technisches Regelwerk konzipiert ist, sondern als flexible Forschungsstrategie, in der die konsequente Analyse systematisch die Datenerhebung antreibt, ist die Versuchung groß, die einer solchen Methodologie zugrunde liegenden Verfahrensweisen der Beliebigkeit anheim fallen zu lassen. Deshalb sollen die folgenden Ausführungen die methodologische Position und die methodischen Schlüsselelemente darstellen. Insofern sollte der Beitrag allen, die an Grounded Theory interessiert, aber damit nicht vertraut sind, einen Einblick in die Grundprinzipien dieser Vorgangsweise geben.

2 Entwicklung

Die Frühphase der Entwicklung markieren eine Studie über die Psychiatrie (Strauss et al. 1964) und eine über das Sterben (Glaser/Strauss 1965, 1968), die bereits die Hauptmerkmale der später voll entwickelten Methodologie enthalten. Sie bilden auch den Anlass für die bis heute grundlegende systematische Darstellung der Methodologie: „The Discovery of Grounded Theory. Strategies for Qualitative Research" (Glaser/-Strauss 1967), die drei Zielsetzungen verfolgte: Sie sollte (1) vor dem Hintergrund der damals relativ geringen wissenschaftlichen Akzeptanz qualitativer Forschungsmethoden diese methodologisch fundieren, (2) einen systematischen Weg zeigen, Theorien auf der Basis von Felddaten systematisch abzuleiten, was den gängigen Forschungsprozess (von theoretischen Annahmen zu deren Prüfung) umkehrte, und (3) strategisch diese Art der unmittelbaren Verankerung der Forschung im Feld fördern. Im Zentrum steht also die Begründung und Ausarbeitung einer systematischen Forschungsstrategie, um die qualitative Sozialforschung auf ein sicheres Fundament zu stellen.

Auf dieser bis heute durchaus aktuellen Grundlage entstanden in der Folge verschiedene Richtungen in denen die spätere Ausdifferenzierung der beiden Gründer einen herausgehobenen Stellenwert einnimmt:

- Unter der Federführung von Strauss folgten der ersten methodologischen Auseinandersetzung zwei weitere Bücher mit den Zielen, diese Methodologie unter Darstellung vieler praktischer Beispiele einem breiteren Publikum zugänglich zu machen und die technische Vorgangsweise der Analyse zu präzisieren. Dabei nimmt in der Kooperation mit Corbin das Kodierverfahren einen zentralen Stellenwert ein (Strauss 1991a, Strauss/Corbin 1990). Diese Entwicklung ist die bislang am intensivsten rezipierte, weil sie aufgrund der Betonung der praktischen Umsetzung im Forschungsprozess speziell für EinsteigerInnen eine gute Orientierung bietet.

- Glaser dagegen stellt die methodologischen Prinzipien des Ursprungswerks in den Vordergrund und konzentriert sich auf die Entwicklung spezifischer Kompetenzen von ForscherInnen im Feld und arbeitet solcherart die Basisprozesse der Grounded Theory auf (Glaser 1978). Die Abgrenzung zur Entwicklungsrichtung von Strauss verdeutlicht er in seiner massiven Kritik an den oben genannten Werken (Strauss 1991a; Strauss/Corbin 1990), die er für eine Abkehr von den Prinzipien der Grounded Theory hält (Glaser 1992).

Die von Glaser (1978) in überaus polemischem Ton geführte Kritik an Strauss und Corbin (Kommentare dazu von Stern 1994, Strübing 2004, Charmaz 2006) machen die wichtigsten Unterschiede beider Entwicklungen sehr deutlich. Die methodologische Differenz zwischen den beiden Entwicklungslinien setzt Glaser (1992) an der Unterscheidung von Emergenz wissenschaftlicher Erkenntnis aus der Datenanalyse (seine eigene Sicht) und dem Forcieren von Erkenntnis durch eine von außen angeleitete systematische Erkundung (sein Vorwurf an Strauss) an. Letzteres verleiht seiner Meinung nach den Daten eine dem Feld nicht gemäße Struktur, und läuft somit im Sinne einer „full conceptional description" den grundlegenden Anforderungen einer Grounded Theory zuwider. Um einer übereilten perspektivischen Verengung des analytischen Blicks zu entgehen, fordert er, sich einem Forschungsthema konsequent ohne

Problemstellung anzunähern: Man muss darauf vertrauen, dass sich im Zuge der Beschäftigung mit einem Bereich die relevanten Fragen von selbst ergeben, selbst wenn die Versuchung einer thematischen Begrenzung am Beginn groß sein mag (Glaser 1992). Während Glaser das Emergenzprinzip betont, stellt Strauss wiederum eine gedankenexperimentelle Vorgangsweise in das Zentrum. Dafür macht er ein pragmatisch ausgerichtetes Schema verfügbar, wonach die Daten „nach ihrer Relevanz für die Phänomene, auf die durch eine gegebene Kategorie verwiesen wird, kodiert werden, und zwar nach: den Bedingungen, der Interaktion zwischen den Akteuren, den Strategien und Taktiken, den Konsequenzen"(Strauss 1991a, 57).

Neben diesen beiden Hauptströmungen haben sich zumindest zwei weitere Entwicklungsrichtungen herausgebildet, die ebenfalls interessante analysestrategische Ansätze eröffnen und daher an dieser Stelle erwähnt werden sollten:

- Dimensional Analysis: Leonard Schatzman, der bereits frühzeitig in die Entwicklung der Grounded Theory eingebunden war (Strauss et al. 1964) und sich lange Zeit in Kooperation mit Strauss der Datenerhebung im Rahmen von Feldforschung widmete (Schatzman/Strauss 1978), stellte später die zugrunde liegende Forschungslogik ins Zentrum (Schatzman 1991). In seiner Zusammenarbeit mit Studierenden stellte er fest, dass diesen häufig ein methodologisches Paradigma zur Analyseorientierung fehlte und sie daher teilweise schlecht mit der Datenanalyse zurechtkamen.

  Nach Schatzman (1991) liegt der Kern dieses Problems in den kognitiven Prozessen der Interpretation. Der entscheidende Punkt hierbei ist, dass jegliche menschliche Aktivität Dimensionalisierung erfordert und man auch keine Aktivität koordinieren kann, wenn man nicht die Existenz bestimmter Dimensionen unterstellt (z. B. die dimensionale Koordinierung von Zeit und Raum, damit zwei Menschen sich treffen können). Die dimensionale Analyse beschäftigt sich entsprechend mit den Prinzipien und der Logik, die diesem Dimensionalisierungsprozess zugrunde liegt, um soziale Phänomene in ihrer Komplexität analysieren zu können.

- Situational Analysis: Adele Clark war in ihrer frühen Begegnung mit Grounded Theory bei Schatzman und Strauss in jene Gruppensitzungen integriert, welche eine Grundlage für das Werk „Qualitative Analysis for Social Scientists" (Strauss 1987) bildeten. In ihren Ausführungen greift sie verschiedene Aspekte der Grounded Theory auf, die sie im Zuge deren Weiterentwicklung als vernachlässigt erachtet (Clarke 2005): die Betonung der Komplexität von Situationen als Basis sozialen Lebens, der Einbezug marginalisierter Perspektiven, die Konzentration auf diskursive Praktiken als Konstituens der Subjektivität sowie die Hervorhebung von Unterschieden (anstelle von Homogenität).

  Clark versteht ihre Analyse als Ausweitung und Ergänzung der traditionellen Grounded Theory, wie sie von Glaser und Strauss entwickelt wurde. Zu diesem Zweck stellt sie drei Typen situierter Karten als methodisches Instrumentarium und Experimentierfeld der Analyse in das Zentrum: (1) „Situational Maps", die aufzeigen, welche Elemente in einer Situation bedeutsam sind und in welcher Beziehung diese zueinander stehen; (2) „Social World/Arenas Maps" als Handlungsfeld-Karten, in denen das Muster von Handlungsfeldern und deren Substrukturen aufgezeigt werden; und (3) „Positional Maps", welche diskursive Positionen zweidimensional verorten. Diese verschiedenen Darstellungsformen sollen helfen, das Feld in seiner Organisiertheit und Heterogenität zu verstehen.

Die zentralen Unterschiede zur ursprünglichen Grounded Theory bestehen vorrangig darin, dass sie einen konstruktionistischen Ansatz vertritt und sich pointiert gegen eine positivistische Grundhaltung stellt. Konsequenterweise zieht sie daher in Hinblick auf die zu generierenden Erkenntnisse das Verständnis lokaler situierter Praktiken einer Generalisierbarkeit von Erkenntnissen (etwa im Sinne formaler Theoriebildung) vor und betont die Vielfalt und Differenziertheit sozialer Prozesse (anstelle von Basisprozessen und deren Subprozesse). Dabei bezieht sie sich nicht bloß auf empirisch Vorfindbares, sondern auch auf Mögliches (etwa als nicht besetzte Felder in den „Positional Maps").

3 Methodologische Grundlagen

Da die praktische Vorgangsweise erst anhand der methodologischen Position nachvollziehbar wird, weil sich daraus die methodischen und verfahrenstechnischen Entscheidungen ableiten, soll diese zumindest kurz angesprochen werden. Schon der Begriff „Grounded Theory" verweist auf die Idee, dass empirische Fakten den Ausgangspunkt der Forschung und der Theoriegenerierung, und nicht den Bezugspunkt empirischer Prüfung darstellen – eine Sichtweise, auf die Glaser und Strauss bereits in ihrem Vorwort zur ersten systematischen Darstellung hinweisen (Glaser/Strauss 1967). Damit wird das in der quantitativen Empirie übliche Verfahren, nämlich die aus den Fragestellungen abgeleiteten Hypothesen zu testen, gleichsam umgedreht: Theorie steht nicht am Beginn, sondern am Ende der Forschung. Diese Vorgangsweise hat entscheidende Auswirkungen auf das Verhältnis von Empirie und Theorie, aber auch auf die Steuerung des Analyseprozesses insgesamt:

- Forschungslogisch steht eine Verknüpfung verschiedener Schlussverfahren im Zentrum: Demnach führen induktive Schlüsse zu vorläufigen Vermutungen, die häufig aus Erfahrungen stammen und für deren Generierung sich daher keinerlei Regeln angeben lassen. Strauss (1991a) verweist am Rande auf die Bedeutung der Abduktion bei Peirce (1991), die als waghalsige Schlussform in der ersten Forschungsphase eine zentrale Rolle einnimmt. In einem nächsten Schritt werden deduktiv Implikationen aus den abduktiv gewonnenen Hypothesen abgeleitet, wobei das Untersuchungsmaterial einer theoretischen Reflexion unterzogen wird. Verifikation bezieht sich im letzten Schritt auf Verfahren der Überprüfung dieser Hypothesen auf ihre Richtigkeit. Eine vergleichbare Struktur findet sich schon bei Peirce (1991) und Dewey (1991) und begründet die vielen qualitativen Forschungsdesigns zugrunde gelegte zyklische Organisierung des Forschungsprozesses (z.B. Marshall/Rossman 1989, Lueger 2000). Eine solche Vorgangsweise macht es unmöglich, zuerst Daten zu erheben, die man anschließend interpretiert, was auch eine funktionale Arbeitsteilung verhindert (etwa zwischen InterviewerInnen und DateninterpretInnen). Im Rahmen der permanenten vergleichenden Analyse verbinden sich Erhebung, Analyse und auch das Festhalten vorläufiger Ergebnisse in Form von Memos zu einer integrierten Forschungsstrategie. In dieser stehen die verschiedenen Teilprozesse in funktionaler Abhängigkeit und sind zeitlich parallel angeordnet, wobei die kontinuierliche Entwicklung der Theorie mit deren Prüfung einhergeht (Strauss 1991a).

- Diese zyklische Struktur führt zur Frage, nach welchen Kriterien der Prozess der Theorieentwicklung vorangetrieben wird. Da die Idee der Theoriegenerierung aus empirischen Daten keine vorgängig definierten inhaltlichen Kriterien zulässt, müssen diese aus der Analyse abgeleitet sein. Die fortlaufende vergleichende Analyse ist daher eine zweite methodologische Grundlage, die im theoretischen Sampling als Erhebungsstrategie umgesetzt wird. Demzufolge leitet der Entwicklungsstand der Theorie die Auswahl der in die Analyse einbezogenen Fälle an, indem man aus den vorläufigen theoretischen Überlegungen die jeweiligen Anforderungen für deren Weiterentwicklung und Prüfung ableitet (Glaser/Strauss 1967).

- Im Hintergrund steht aber auch ein spezifisches Verständnis des Verhältnisses von Theorie und Wirklichkeit: So meinen etwa Strauss und Corbin (1994) mit Bezug auf den Pragmatismus, dass eine Theorie nicht bloß eine äußere Realität beschreibt (wie dies im Positivismus behauptet wird), sondern sie eine perspektivische (und fehlbare) Interpretation der erhobenen Daten repräsentiert. Charmaz (2006) spitzt diese Überlegungen zu einem konstruktivistischen Theorieverständnis zu, das in scharfer Abgrenzung zu Glaser steht, der einem positivistischen Theorieverständnis näher steht und sich gegen diese konstruktivistische Vereinnahmung vehement wehrt (Glaser 2002). Konstruktivistische Interpretationen versuchen ein Phänomen begrifflich zu fassen, in abstrakte Kategorien zu transformieren und beschäftigen sich mit der Konstruktion von Bedeutungen und Handlungen in konkreten Situationen, wobei sie die Forschungsaktivität selbst in Rechnung stellen. Soziale Schlüsselprozesse erlangen hierbei für die Theoriekonstruktion eine zentrale Stellung, weil sie nicht nur einen hohen Erklärungswert für das Geschehen im Untersuchungsfeld haben und viele Einzelkonzepte integrieren, sondern das Augenmerk auch auf strukturelle Bedingungen lenken. Dabei unterscheidet sich das wissenschaftliche Handeln vom Alltagshandeln nicht strukturell, sondern durch seinen höheren Explizitheitsgrad und der weitgehenden Handlungsentlastung wissenschaftlichen Handelns. Die Ergebnisse sind folglich keine unumstößlichen Theorien, sondern unterliegen - wie die untersuchte Realität - Veränderungen und Modifikationen, die auch auf den wissenschaftlichen Wandel Bezug nehmen (Offenheit wissenschaftlicher Begriffsbildung).

Warum in den Schlüsselwerken zur Grounded Theory die methodologischen Basisüberlegungen nur rudimentär ausgeführt sind, mag an den unterschiedlichen Theorietraditionen liegen, in denen die beiden Urheber verwurzelt sind: Strauss kommt von der University of Chicago mit ihrer einflussreichen Tradition in qualitativer Sozialforschung, die ihn mit dem Pragmatismus (insbesondere der Forschungslogik von Dewey 1991) eng verbindet und in seiner Arbeit den symbolischen Interaktionismus (z.B. Mead 1987, Blumer 1969) durchscheinen lässt (dies zeigt sich stärker in anderen Werken: Strauss 1991b, 1997). Glaser hingegen entstammt der Columbia University und ist mit den Entwicklungen von Lazarsfeld als Innovator im Bereich quantitativer Sozialforschung aber auch mit den dort vertretenen Ansätzen (methodisch z.B. Lazarsfeld/Rosenberg 1955, Berelson/Lazarsfeld/McPhee 1968; theoretisch z.B. Merton 1957) gut vertraut (Glaser 1992). Diese Ausbildung führte in eine eher positivistische Denkweise und eine starke Orientierung am Verfahren ständigen Vergleichens. Während aber die gemeinsamen Arbeiten diese Differenzen in den Hintergrund stellten, rückten sie in den o.g. getrennten späteren Entwicklungslinien wieder in den Vordergrund.

4 Die konkrete Vorgangsweise

Die Ausführungen zur Methodologie münden in eine empirische Vorgangsweise, in der drei Schlüsselelemente zu verzeichnen sind (analytische Triade): (1) das theoretische Sampling, welches die Analyse anhand der an den Ergebnissen orientierten fortlaufenden Datenerhebung vorantreibt, (2) das Kodieren, welches konzeptionell dichte Beschreibungen liefert und so die Voraussetzung für die systematische Theorieentwicklung bildet, welche wiederum die Entscheidungen im theoretischen Sampling strukturiert; und (3) das Verfassen von Memos, um nicht nur die Theorie zu formulieren, sondern auch den Reflexionsprozess zu unterstützen.

a) Die Organisierung des Forschungsprozesses: Theoretisches Sampling
Ausgangspunkt ist ein allgemeines Problemfeld (etwa: Was passiert mit Studierenden während ihrer Ausbildung zu Marketing-Spezialisten?), das möglichst nicht durch Vorkenntnisse präformiert ist (d.h. keine Hypothesen): So gesehen benötigen ForscherInnen kein Vorwissen über ihr Forschungsgebiet, sondern haben sich an den Daten über das Feld zu orientieren (Glaser 1978). Aber auch wenn man über theoretisches Vorwissen verfügt, ist es wichtig, sich davon nicht beschränken zu lassen. Dabei ist es im ersten Schritt egal, womit man bei der Analyse beginnt – alles kann relevant sein

und es gibt keine Grenzen für Daten aus dem Feld: Gespräche, Interviews, Beobachtungen, Materialien oder auch Forschungsarbeiten und Statistiken.

Theoretisches Sampling beginnt mit den ersten Analyseergebnissen, die einen konzeptuellen Bezugsrahmen abgeben, wo man weiter erheben kann. Auf diese Weise ist es der Schlüssel zur Gestaltung des Forschungsprozesses, in dem die laufenden Interpretationen die Kriterien für den Fortgang einer Studie liefern. Diese Kriterien orientieren sich an (Glaser/Strauss 1967):

- der Relevanz für die theoretische Weiterentwicklung;

- der Logik einer fortschreitenden Inklusion ähnlicher Fälle (Unterschiedsminimierung), um die Zuverlässigkeit der entstehenden Theorie zu steigern;

- der Logik einer fortschreitenden Inklusion von Fällen auf der Basis maximaler struktureller Variation, um die Reichweite und damit die Generalisierbarkeit der Theorie zu kontrollieren.

Es handelt sich also um eine Systematik der Erweiterung des Verständnisses eines sozialen Feldes im Rahmen der komparativen Analyse. Unterschiedsminimierung bzw. maximale strukturelle Variation ist folglich auf die inhaltlichen Anforderungen der konkreten Theoriebildung bezogen. Dabei unterscheiden Glaser und Strauss (1967, 32f) zwischen gegenstandsorientierten Theorien, die spezifische und sozial umgrenzbare Phänomene fokussieren (z.B. umweltbewusster Lebensmittelkonsum in Österreich) und formale Theorien mit hohem Abstraktionsgrad (z.B. Konsumsozialisation). Insofern erfordern gegenstandszentrierte Theorien den Einbezug von Fällen innerhalb eines eng definierten Gegenstandsbereichs (z.B. verschiedene Geschäfte und Lebensmittel), während formale Theorien eine Vielzahl heterogener inhaltlicher Anwendungsfelder abdecken müssen (z.B. Einbezug verschiedener Lebensphasen oder Kulturen).

Theoretisches Sampling hat also die Funktion, die konzeptionelle Dichte der entstehenden Theorie zu erhöhen sowie deren Zuverlässigkeit und Reichweite zu kontrollieren. Grundsätzlich könnte der Analyseprozess unendlich weitergeführt werden. Daher braucht es ein Entscheidungskriterium, das der Begriff „theoretische Sättigung" umschreibt: Man beendet die Analyse, wenn nicht mehr zu erwarten ist, dass die Untersuchung neuer Daten noch etwas zur Weiterentwicklung der Kategorien bzw. der Theorie beitragen können (Glaser/Strauss 1967, 61).

b) Die Analyse als Kernstück der Grounded Theory: Kodierparadigma

Die Interpretationsarbeit erfolgt im Rahmen der Grounded Theory im Zuge der Kodierung. Im Zentrum stehen Fragen wie: Worüber gibt das zu interpretierende Material Auskunft? In welche Kategorie lässt sich ein Ereignis oder ein Vorgang begrifflich fassen und in welchem Bezug steht diese zur theoretischen Konzeption? Was sind die im Material feststellbaren sozialen Prozesse? (siehe auch Glaser 1978, 57) Der Kodiervorgang ist der Türöffner zu einer sinnerschließenden Interpretation des Materials und

Manfred Lueger

damit der entscheidende Zugang für die Entwicklung einer in Daten fundierten Theorie. Das Kodieren beruht auf einem (stark induktiv gesteuertem) Konzept-Indikator-Modell, wonach aus den im Material vorfindbaren empirischen Sachverhalten (Indikatoren) sukzessive theoretische Konzepte abgeleitet werden. Dafür werden die Indikatoren zuerst systematisch auf Ähnlichkeiten, Unterschiede usw. verglichen, und anschließend mit dem daraus generierten Konzept kontrastiert, um eine entsprechende konzeptionelle Dichte zu gewährleisten (Glaser 1978, Strauss 1987).

Die folgenden Ausführungen orientieren sich vorrangig an Strauss (1991), weil er einige Anleitungen gibt, wie dieser Prozess des Kodierens gehandhabt werden kann. Die Faustregeln für diesen Prozess lassen sich folgendermaßen skizzieren (Strauss 1991a): Im Zuge der Interpretation des Datenmaterials müssen die InterpretInnen nach genuinen Kategorien suchen und vorläufig benennen. Diese Kategorien werden hinsichtlich tatsächlicher und möglicher Bedingungen, Konsequenzen, Strategien und Interaktionen analysiert und in einen Zusammenhang mit Subkategorien gebracht werden (systematische und dichte Analyse). Wenn Schlüsselkategorien identifiziert wurden, so sollten alle Kategorien und Subkategorien untereinander sowie zur Schlüsselkategorie in Bezug gesetzt werden (vom offenen über das axiale zum selektiven Kodieren). Untergeordnete Kategorien (und die dazugehörigen Hypothesen) ohne oder mit geringem Bezug zu anderen Kategorien können beiseite gelegt werden, auch wenn sie für sich genommen interessant sein könnten. Generell erfolgt das Kodieren auf drei Arten (Strauss 1991a, Strauss/Corbin 1990):

- Offenes Kodieren: Darunter ist der Prozess der ersten Datenanalyse zur Entwicklung provisorischer Konzepte und Dimensionen zu verstehen, deren Reflexion nicht nur vorläufige Antworten auf Forschungsprobleme bringt, sondern eine Fülle von Fragen zur weiteren Generierung und Analyse von Daten stellt. Zu diesem Zweck unterzieht man das Material zunächst wort- oder satzweise einer genauen Interpretation, wobei Kodes identifiziert und in ihren Eigenschaften untersucht werden. In dieser ersten Forschungsphase ist zu klären, welche Art von Studie den vorliegenden Daten angemessen ist, auf welche Kategorien die Ereignisse verweisen und welche Vorgänge die Daten repräsentieren. Bereits in dieser Phase sollte der Kodierungsprozess öfters unterbrochen werden, um Memos zum jeweiligen Interpretationsstand zu verfassen und für später verfügbar zu machen.

- Axiales Kodieren: Nach der offenen Kodierung werden die in Kategorien gegossenen Daten in einen neuen Zusammenhang gebracht, indem die Kategorien miteinander verknüpft werden. Hier ist es sinnvoll, zuerst die Kausalbedingungen und deren Eigenschaften aufzuschlüsseln, die zu einem Phänomen führen. Danach kann man das Phänomen in seinen Ausprägungsformen genau charakterisieren und mögliche Kontexte angeben, in denen dieses Phänomen in verschiedenen Ausprägungen auftreten kann. Danach werden Strategien im Umgang mit dem Phänomen erkundet und intervenierende Aspekte aufgeschlüsselt (wie auch Interaktionen). Schließlich analysiert man die Konsequenzen aus diesen Umgangsstrategien

(Strauss/Corbin 1990, 96ff). Das Produkt axialen Kodierens sind dichte Beschreibungen und Hypothesen um die im Fokus stehenden Kategorien, deren Dimensionen und Kontextspezifika.

- Selektives Kodieren: Diese Kodierform ist angebracht, wenn bereits die für das Forschungsprojekt zentralen Kategorien identifiziert wurden. In diesem nachgeordneten Schritt werden systematisch die Subkategorien zur Schlüsselkategorie in Bezug gesetzt. „Die Schlüsselkategorie wird jetzt zur Richtschnur für Theoretical Sampling und Datenerhebung. Der Forscher sucht nach Bedingungen, Konsequenzen usw., die in Bezug zur Schlüsselkategorie stehen, indem er nach diesen kodiert" (Strauss 1991a, 63). Dieser Prozess dient der theoretischen Integration der gefundenen Erkenntnisse.

c) Von der Analyse zum Bericht: Memos

Memos sind ein wichtiger Bestandteil der gesamten Forschungsarbeit. Vom Beginn des Projekts an bis zum Abschluss wird die Abfassung solcher Memos empfohlen, um den jeweiligen Forschungsstand zu reflektieren und festzuhalten. Insbesondere die Ergebnisse von Projektsitzungen sollten auf diese Weise für die weitere Arbeit verfügbar gehalten werden. In drei Hauptwerken zur Grounded Theory finden sich ausführliche Hinweise zur Gestaltung solcher Memos (Glaser 1978, Strauss 1991a, Strauss/Corbin 1990). Dazu gehören etwa:

- die Notwendigkeit, alle Memos einzuordnen (Datierung, Angaben zu den entsprechenden Datenquellen, Überschriften);

- die klare Trennung von Daten und Memos, da Memos als Reflexionen über das Material die Wirklichkeit durch einen spezifischen Filter repräsentieren;

- das Festhalten aller Ideen in Memos oder Notizen, damit diese nicht im Strom der Analyse untergehen;

- die Ergänzung von Memos mit Materialbeispielen, die in später abzufassenden Berichten der Illustration dienen können;

- die Erstellung einer Liste der Kategorien, um einen Überblick über die differenzierte Analyse und deren Querverbindungen (auch Probleme dabei) zu haben.

Grundsätzlich sollten die Memos theoretischen Konzeptionen folgen, die das Beziehungsnetz zwischen AkteurInnen und deren Handlungsweisen spiegeln. Die AkteurInnen spielen dabei eine untergeordnete Rolle als Indikatoren; sie sind nicht als Personen relevant. Letztlich sollte daher das Verständnis sozialer Schlüsselprozesse im Zentrum der Theorie stehen, weil sie die Organisation sozialen Handelns durchdringen. Schlüsselprozesse deshalb, weil sie nicht nur mit vielen Kategorien und Konzepten der Theorie verbunden sind, sondern auch einen entscheidenden Betrag zum (prozessualen) Verständnis des Untersuchungsfeldes liefern (Glaser 1978, 100ff).

Manfred Lueger

5 Empirische Anwendung in der Marktforschung

Auf Grounded Theory basierende Anwendungsbeispiele finden sich in der Literatur viele. So veröffentlichte etwa Glaser Sammelwerke mit Fallbeispielen (Glaser 1993, 1996) und verlegt auch eine Zeitschrift (*The Grounded Theory Review: An International Journal*); auch bei Strauss finden sich Beispiele (Strauss 1991b). Aber wenngleich die Forschungsstrategie den Anwendungsfeldern gegenüber indifferent ist, so befasst sich doch eine Unzahl von Publikationen mit Teilbereichen des Gesundheitswesens, also mit Bereichen, in denen Glaser und Strauss selbst sehr aktiv waren.

Im Marketing gibt es ebenfalls eine (wenngleich eher schwach ausgeprägte) Auseinandersetzung mit dieser Forschungsströmung (Goulding 2000, 2005, Gummesson 2005). Darüber hinaus verweist zwar eine Reihe von Arbeiten methodisch auf die Anwendung von Grounded Theory, aber häufig bloß als Legitimation für die Vorgangsweise bei der Erhebung oder Analyse. Nur bei wenigen finden sich zumindest zentrale Ansätze der Grounded Theory (Ashill/Frederikson/Davies 2003, Mallalieu/Palan 2006). Daher wird für den vorliegenden Zweck ein Fallbeispiel angeführt, das in ein Lehrbuch über Grounded Theory eingebunden wurde (Goulding 2005; auf dieses Werk beziehen sich die folgenden Ausführungen). Außerdem hat die Autorin mehrere Beiträge in Fachzeitschriften zur Grounded Theory und deren Anwendungen veröffentlicht (Goulding 1999a, b; 2001). Die kurze Darstellung soll exemplarisch zeigen, inwiefern sich Grounded Theory für Fragen der Marketingforschung eignet, welche Vorgangsweise dies erfordert und mit welchem Typus von Ergebnissen man rechnen kann:

a) Die Fragestellung

Um zu klären, warum die Autorin überhaupt die Grounded Theory als Forschungsstrategie wählte, wird zuerst die Art der Fragestellungen der Studie zum Konsumverhalten betrachtet. Im Zentrum stehen Museumsbesuche, in deren Zusammenhang drei Fragen fokussiert werden: die motivationalen Faktoren, die sich hinter einem Museumsbesuch verbergen; die dabei auftretenden Unterschiede zwischen Individuen und Gruppen; sowie die Charakteristik der aus solchen Besuchen abgeleiteten Erfahrungen (und damit einhergehenden Unterschieden zwischen Individuen und Gruppen). Die Fragestellungen begründet Goulding mit entsprechenden Forschungsdefiziten (Perspektive der MuseumsbesucherInnen weitgehend ausgeblendet, verfügbare Motivationsforschung vorrangig quantitativ ausgerichtet, greifbare ethnographische Studien fokussieren vorrangig die Erfahrungen der BesucherInnen). Darüber hinaus spielte eine Rolle, dass die meisten Studien nicht in einen theoretischen Rahmen eingebettet waren. Grounded Theory bot sich daher aus drei Gründen an: (1) Das Ziel war die systematische Entwicklung eines theoretischen Bezugsrahmens; (2) dieser sollte in den Aussagen, Handlungsweisen und Erfahrungen der Zielgruppe fundiert sein; und (3) versprach eine solche Vorgangsweise die Eröffnung neuer Perspektiven bezüglich der bearbeiteten Fragestellungen. Da diese Anforderungen für die Grounded Theory geradezu maßgeschneidert sind, ist die gewählte Vorgangsweise überaus plausibel.

b) Die Vorgangsweise

In diesem Schritt soll gezeigt werden, wie diese Forschungsstrategie in die Praxis umgesetzt wurde.

Bezüglich der Datenerhebung stellt sich zuerst die Frage nach dem Fall. Wenngleich Goulding diese Frage nicht diskutiert, bezieht sich der Fall auf das Museum (nicht die BesucherInnen). Im Entscheidungsprozess griff die Autorin auf eine Differenzierung von Museumstypen zurück, die verschiedene Besuchsinteressen ansprechen. Innerhalb dieses Bezugsrahmens wählte sie als ersten Standort das Freilichtmuseum „Blist Hill" (Ortschaft Ironbridge in Shropshire; dieses soll neben der Industrieentwicklung in der Region auch das Leben in einer viktorianischen Ortschaft veranschaulichen).

Erhebungstechnisch eröffneten zwei Interviews mit Museumsangestellten den Feldzugang. Darauf folgten 18 Gespräche mit MuseumsbesucherInnen (meist mit Tonaufzeichnungen), die einem flexibel umgesetzten Leitfaden folgten. Wurde am Interviewbeginn über allgemeine Freizeitaktivitäten geredet, so fokussierte sich im weiteren Verlauf das Gespräch zunehmend auf die Wahl besuchter Museen, die Gründe dafür und die Erfahrungen mit Ausstellungen. Diese Gespräche wurden zuerst im Rahmen eines zeilenweisen Codierens analysiert und daraus eine Fülle von Codes entwickelt, die sukzessive in Cluster zusammengefasst wurden. Daraus entstand ein konzeptives Gerüst, das erste Muster, Ähnlichkeiten und Unterschiede verdeutlichte, wobei die Fülle der generierten Codes immer wieder Rückgriffe auf das Material erforderten.

Im nächsten Schritt wurden Beobachtungen an verschiedenen Stellen des „Blist Hill"-Museums durchgeführt (z.B. Videodokumentation). Diese Beobachtungsdaten (z.B. Interaktionssettings, Körpersprache) sollten die aus den Interviews abgeleiteten Konzepte einer Überprüfung an einem anderen Materialtyp unterziehen. Das ermöglichte die Identifikation unterschiedlicher Verhaltenstypen.

Um die in diesem Analyseschritt entwickelten theoretischen Konzepte abzusichern, wurde anschließend die Analyse auf zwei zusätzliche Fälle erweitert, die nach dem Kriterium der Differenz zum ersten untersuchten Museumstyp ausgewählt wurden. Die von „Blist Hill" verschiedenen Museumstypen waren: „Buildwas Abbey" (die Überreste einer für die Besucher kaum kommentierten Zisterzienserabtei), sowie „Birmingham Museum and Art Gallery" (ein traditionelles Museum mit unterschiedlichen Sammlungen). Diese breitere Kontextualisierung des Museumsbegriffs erhöhte die Bandbreite verschiedenartiger Besucherinteressen, ermöglichte dadurch Vergleiche zu den Ergebnissen aus „Blist Hill" und unterzog die Ergebnisse einer vertieften Reflexion.

Im letzten Schritt wurden Diskussionen mit Fokusgruppen geführt. Dadurch wurde der Erhebungskontext in zweierlei Hinsicht völlig verändert: Zum einen erfolgte eine

Manfred Lueger

Distanzierung zu den Fällen (Museen), indem die Gespräche an einem neutralen Ort stattfanden. Zum anderen stimulieren sich die GesprächsteilnehmerInnen in solchen Diskussionsrunden wechselseitig, was zu veränderten Sichtweisen führt.

c) Ergebnisse

Ergebnisse entwickeln sich bei dieser Vorgangsweise systematisch aus den in den verschiedenen Forschungsphasen erstellten Memos und Konzepten, die sukzessive zusammengeführt werden. Im Zuge dessen konnten erst einmal drei unterschiedliche Typen von BesucherInnen identifiziert werden („existential", sie agieren stark befindlichkeitsorientiert; „aesthetic", sie ästhetisieren in hohem Maße Geschichte; „social", sie sehen ihren Besuch unter Freizeit- oder Bildungsaspekten).

Darüber wurden im Zuge des axialen Kodierens die verschiedenen mit dem Museumsbesuch verbundenen theoretischen Teilkonzepte herausgearbeitet. Dazu zählt bspw. die zentrale Bedeutung des Selbstkonzeptes von BesucherInnen im Zusammenhang mit Geschichtsbetrachtung und dem Besuch von Museen. In diesem Zusammenhang ergaben sich eine Reihe von wichtigen Komponenten, die zum Verständnis der ursprünglichen Forschungsfragen beitragen: die Körperlichkeit (z.B. die mit dem Alter verbundenen Handlungsrestriktionen), die subjektive Erfahrung (etwa als aktives Einbringen in den Museumsbesuch), der kognitive Aufbau von Wirklichkeit (z.B. die Bewertung des Gesehenen), Prozesse sozialer Abstimmung (z.B. interaktive Meinungsabstimmung), die Rolle des Unbewussten (z.B. unterschwellige Gefühlsauslöser) oder insgesamt der Sinngenerierung (als Zusammenführung der Erlebnisse). Die Integration dieser konzeptiven Elemente mündete dann letztlich in eine verstärkte theoretische Aufarbeitung mit Blick auf die Konsumforschung.

In Hinblick auf ein modernes Museumsmanagement macht die Studie deutlich, dass traditionelle Vorstellungen über passive MuseumsbesucherInnen, deren Erinnerungen man aktualisiert oder die man mit einer Erlebniswelt versorgt, zu kurz greifen. BesucherInnen sind eben keine passiven KonsumentInnen, sondern integrieren das Museumserleben vor dem Hintergrund ihrer Erwartungen in ihre eigene Erfahrungsgeschichte. Daher ist es wichtig zu wissen, wie man bei verschiedenen Typen von BesucherInnen deren Vorstellungskraft aktivieren und sie zum eigenen Nachdenken anregen kann.

6 Abschließende Anmerkung

Als eine Basisstrategie qualitativer Sozialforschung kann Grounded Theory auch auf Fragestellungen des Marketings übertragen werden. Eine Voraussetzung dafür ist eine hinreichend offene Fragestellung, die Berücksichtigung der Perspektive des Feldes und das Interesse an einer datenbasierten Theorieentwicklung zum Verständnis sozialer Prozesse im untersuchten Bereich.

Vielfach wird Grounded Theory als Datenerhebungsverfahren und Kodiertechnik missverstanden. Selbst wenn diese Einzeltechniken auch in anderen Forschungsdesigns durchaus Sinn machen können, haben sie mit der Idee einer Grounded Theory wenig zu tun. Diese umfasst als integriertes Gesamtkonzept den vollständigen Forschungsprozess von der Fragestellung bis hin zur Berichterstattung, wobei theoretisches Sampling, die komparative Analyse, das Kodierparadigma und die Verfassung von Memos in Abhängigkeit zueinander stehen und die Theorieentwicklung vorantreiben.

Ein genauerer Blick auf den vorgestellten Fall offenbart auch einige Schwierigkeiten in der Umsetzung: So spielte etwa im Zuge der Erhebung das theoretische Sampling bei der Auswahl der InterviewpartnerInnen offenbar nur partiell eine Rolle, wobei die Auswahlselektivität nicht weiter diskutiert wird; auch wird die selektive Dokumentation des Materials nur beiläufig erwähnt; die sozialen Schlüsselprozesse bleiben eher im Hintergrund. Dennoch zeigt der Fall das Potential dieser Forschungsstrategie im Marketingbereich, und veranschaulicht eine Reihe zentraler Designelemente, die bei der praktischen Umsetzung dieser Forschungsstrategie zu berücksichtigen sind, aber in diesem Beitrag nur ansatzweise dargestellt werden konnten.

7 Literatur

Ashill, Nicholas J./Frederikson, Mark/Davies, John (2003): Strategic Marketing Planning: A Grounded Investigation. In: European Journal of Marketing, vol. 37, no. 3/4, 430-460.
Berelson, Bernard R./Lazarsfeld, Paul F./McPhee, William N. (1968): Voting. A Study of Opinion Formation in a Presidential Campaign. Chicago.
Blumer, Herbert (1969): Symbolic Interactionism. Perspective and Method. Berkeley, Los Angeles, London.
Breuer, Franz (1996, Hrsg.): Qualitative Psychologie. Grundlagen, Methoden und Anwendungen eines Forschungsstils. Opladen.
Brüsenmeister, Thomas (2000): Qualitative Sozialforschung. Ein Überblick. Wiesbaden.
Charmaz, Kathy (2006): Constructing Grounded Theory. A Practical Guide through Qualitative Analysis. London, Thousand Oaks, New Delhi.
Clarke, Adele E. (2005): Situational Analysis. Grounded Theory after the Postmodern Turn. London, Thousand Oaks, New Delhi.
Cresswell, John W. (1998): Qualitative Inquiry and Research Design. Choosing among Five Traditions. London, Thousand Oaks, New Delhi.
Denzin, Norman K./Lincoln, Yvonna S. (1998, eds.): Strategies of Qualitative Inquiry. London, Thousand Oaks, New Delhi.
Dewey, John (1991): How we Think. Amherst, N.Y.

Dey, Ian (1999): Grounding Grounded Theory. Guidelines for Qualitative Inquiry. San Diego, Ca.
Flick, Uwe/von Kardorff, Ernst/Steinke, Ines (2000, Hrsg.): Qualitative Sozialforschung. Ein Handbuch. Reinbek bei Hamburg.
Glaser, Barney G. (1978): Theoretical Sensitivity. Mill Valley, Ca.
Glaser, Barney G. (1992): Basics of Grounded Theory Analysis. Mill Valley, Ca.
Glaser, Barney G. (1993, ed.): Examples of Grounded Theory: A Reader. Mill Valley, Ca.
Glaser, Barney G. (1996, ed.): Gerund Grounded Theory: The Basic Social Process Dissertation. Mill Valley, Ca.
Glaser, Barney G. (2002): Constructivist Grounded Theory. In: Forum Qualitative Sozialforschung. On-line Journal 2002/3: http://www.qualitative.research.net/fqs/fqs-eng.htm (06.06.2006).
Glaser, Barney G./Strauss, Anselm L. (1965): Awareness of Dying. Chicago.
Glaser, Barney G./Strauss, Anselm L. (1967): The Discovery of Grounded Theory: Strategies for Qualitative Research. New York.
Glaser, Barney G./Strauss, Anselm L. (1968): Time for Dying. Chicago.
Goulding, Christina (1999a): Heritage, Nostalgia, and the „Grey" Consumer. In: Journal of Marketing Practice, vol. 5, no. 6/7/8, 177-199.
Goulding, Christina (1999b): Consumer Research, Interpretive Paradigms and Methodological Ambiguities. In: European Journal of Marketing, vol. 33, no. 9/10, 859-873.
Goulding, Christina (2000): Grounded Theory Methodology and Consumer Behaviour. Procedures, Practice and Pitfalls. In: Advances in Consumer Research, vol. 27, no. 1, 261-266.
Goulding, Christina (2001): Romancing the Past: Heritage Visiting and the Nostalgic Consumer. In: Psychology & Marketing, vol. 18, no. 6, 565-592.
Goulding, Christina (2002): Grounded Theory. A Practical Guide for Management, Business and Market Researchers. London, Thousand Oaks, New Delhi.
Goulding, Christina (2005): Grounded Theory, Ethnography and Phenomenology. A Comparative Analysis of Three Qualitative Strategies for Marketing Research. In: European Journal of Marketing, vol. 39, no. 3/4, 294-308.
Gummesson, Evert (2005): Qualitative Research in Marketing. Road-map for a Wilderness of Complexity and Unpredictability. In: European Journal of Marketing, vol. 39, no. 3/4, 309-327.
Lamnek, Siegfried (2005): Qualitative Sozialforschung. 4. Auflage. Weinheim, Basel.
Lazarsfeld, Paul F./Rosenberg, Morris (1955, eds.): The Language of Social Research. Glencoe.
Locke, Karen (2001): Grounded Theory in Management Research. London, Thousand Oaks, New Delhi.
Lueger, Manfred (2001): Auf den Spuren der sozialen Welt. Methodologie und Organisierung interpretativer Sozialforschung, Frankfurt am Main et al.
Mallalieu, Lynnea/Palan, Kay M. (2006): How Good A Shopper Am I? Conceptualizing Teenage Girls' Perceived Shopping Competence, In: Academy of Marketing Sciences Review, On-line Journal 2006/5: http://www.amsreview.org/article/mallalieu05-2006.pdf (060 6.2006).
Marshall, Catherine/Rossman, Gretchen B. (1989): Designing Qualitative Research. Newbury Park, London, New Delhi.
Mead, George H. (1987): Gesammelte Aufsätze. Bd. 1, 2 (Hrsg.: Joas, Hans). Frankfurt am Main.
Merton, Robert K. (1957): Social Theory and Social Structure. Glencoe.
Peirce, Charles S. (1991): Schriften zu Pragmatismus und Pragmatizismus. Frankfurt am Main.
Schatzman, Leonard/Strauss Anselm L. (1973): Field Research. Strategies for a Natural Sociology. Englewood Cliffs, New Jersey.

Schatzman, Leonard (1991): Dimensional Analysis: Notes on an Alternative Approach to the Grounding of Theory in Qualitative Research. In: Maines, David R. (ed.): Social Organization and Social Process. Essays in Honour of Anselm Strauss. New York, Maine, 303-314.
Stern, Phyllis N. (1994): Eroding Grounded Theory. In: Morse, Janice M. (ed.): Critical Issues in Qualitative Research. Thousand Oaks, London, New Delhi, 212-223.
Strauss, Anselm L. (1991a): Grundlagen qualitativer Sozialforschung. Datenanalyse und Theoriebildung in der empirischen soziologischen Forschung. München.
Strauss, Anselm L. (1991b): Creating Sociological Awareness. Collective Images and Symbolic Representations. New Brunswick, London.
Strauss, Anselm L. (1997): Mirrors and Masks. The Search for Identity. New Brunswick-London.
Strauss, Anselm L./Corbin, Juliet (1990): Basics of Qualitative Research. Grounded Theory Procedures und Techniques. Newbury Park, London, New Delhi.
Strauss, Anselm L./Corbin, Juliet (1994): Grounded Theory Methodology. An Overview, In: Denzin, Norman K./Lincoln Yvonna S. (eds.): Strategies of Qualitative Inquiry. Thousand Oaks, London, New Delhi, 158-183.
Strauss, Anselm/Schatzman, Leonard/Bucher, Rue/Ehrlich, Danuta/Sabshin, Melvin (1964): Psychiatric Ideologies and Institutions. London.
Strübing, Jörg (2004): Grounded Theory. Zur sozialtheoretischen und epistemologischen Fundierung des Verfahrens der empirisch begründeten Theoriebildung. Wiesbaden.

Ronald Hitzler

Ethnographie

1 Einleitung 209
2 Die übersehene Fremde 210
3 Ethnographien und Mikrostudien 211
4 Methodologie und Methodik 212
5 Vom Nutzen der Ethnographie 215
6 Literatur 216

1 Einleitung

Ethnographie ist investigative (aufspürende), explorative (erkundende), interpretative (deutende) und deskriptive (beschreibende) Forschung (Douglas 1976). Und die wichtigste Erkenntnis sowohl *aus* der als auch *für* die ethnographische Arbeit in der eigenen Gesellschaft findet sich (auch) in einem für die einschlägige Konsumforschung zentralen Text über die sogenannte „Harley Owners Group" (HOG): „In our consumer culture people do not define themselves according to sociological constructs. They do so in terms of the activities, objects, and relationships that give their lives meaning" (Schouten/McAlexander 1995, 59). Auch wenn die Autoren in diesem Aufsatz das von ihnen drei Jahre lang zunächst intensiv beobachtete und dann auch als Biker *mit-erlebte* Phänomen noch durchgängig unter ein – allerdings sehr vages – „Subkultur"-Konzept subsumieren und folgerichtig als „Harley-Davidson-oriented subculture of consumption (HDSC)" etikettieren[1], gilt diese Studie zwischenzeitlich als nachgerade paradigmatisch für die ethnographische Erkundung von Brand Communities (Halbrock 1997, Mark 2001, Holt 2004, Hellmann 2005, Loewenfeld 2006).

Jenseits dieser prominenten Arbeit von Schouten und McAlexander sind Brand Communities im – insbesonere von Muniz/O'Guinn 2001, aber auch bereits von Cova 1997, dargelegten – sachlogisch genaueren Verstande zwar nach wie vor untererforscht, Ethnographie im Sinne der prinzipiell multimethodischen und dabei *auch* teilnehmenden bzw. teilhabenden Erkundung und Rekonstruktion hinlänglich abgrenzbarer Teil- und Sonderwelten aber ist ein durchaus approbierter Ansatz *auch* in der Konsumforschung.[2]

Im Folgenden werde ich – auch im Rekurs auf die von uns vor allem betriebene *Szenen*-Forschung (Pfadenhauer 2005) – die Konzeption, die Methodologie und die Methodik eines in diesem Sinne verstandenen ethnographischen Ansatzes skizzieren, bei

---

[1] In ihrer Darstellung, in der sie explizit und dezidiert auf die Notwendigkeit hinweisen, im Rahmen ethnographischer Studien *zusätzlich* zu den ‚üblichen' Methoden der nichtstandardisierten Forschung sich auf das beobachtete und erfragte Geschehen auch einzulassen, konzentrieren sich Schouten und McAlexander auf die interne Sozialstruktur, auf die – durchaus *nicht* einheilligen – Wertsetzungen und Wertorientierungen und auf die komplexen Zeichen- und Symbolsysteme in der Harley Owners Group. Den Autoren zufolge unterstützt die Harley-Davidson Motor Company die HOG in vielfältiger Weise, ohne darüber hinaus erkennbar auf die Community einwirken zu wollen. Der Benefit für den Hersteller scheint mithin vor allem darin zu liegen, dass diese Kern-Konsumenten innovative Ideen in die Produktion zurückspielen.

[2] Z.B. Celsi/Rose/Leigh 1993, Stewart 1998, Keim 1999, Kozinets 2002, McAlexander/Schouten/Koenig 2002, diverse Beiträge in Neumann-Braun/Richard 2005. Zur marketingstrategischen Radikalisierung der der ethnographischen Exploration inhärenten ‚Logik': Liebl 2000, das Gesamtkonzept in Düllo/Liebl 2005 und generell die – unter http://www.gwk-udk-berlin.de/e4/e18/e87/e840/e9765/e9768/index_ger.html aufgelisteten – neueren Publikationen von Liebl.

Ronald Hitzler

dem es wesentlich darum geht, (relativ) fremde soziale (Lebens-) Welten auf ihren Eigen-Sinn hin zu erkunden (Hitzler 1999).

2 Die übersehene Fremde

Der gemeine Alltagsverstand – auch mancher Sozialwissenschaftler – pflegt üblicherweise zu übersehen, „daß die Herstellung von Intersubjektivität nicht nur ein Problem für den Anthropologen in einer fremden Kultur darstellt, sondern auch für die Teilnehmer der Alltagswelt" (Knorr Cetina 1984, 44). Deshalb muss der sozialwissenschaftliche Ethnograph jene Fremde(n) mitten in seinem modernen Alltag überhaupt erst einmal wieder *entdecken* bzw. *sehen lernen*, die der ethnographisch arbeitende Ethnologe gemeinhin fast zwangsläufig existenziell erfährt, weil und indem seine alltäglichen Routinen im Feld genuin als fremdartig vermeinter Kulturen oft ziemlich brachial erschüttert werden.

Der seiner eigenen Gesellschaft zugewandte Ethnograph muss sich typischerweise also der Fremdheit des scheinbar Bekannten und Vertrauten in dieser seiner eigenen Gesellschaft durch eine artifizielle Einstellungsänderung erst (wieder) bewusst werden. Er muss selber begreifen und auch Dritten begreiflich *machen*, dass er die Sprache, die Sitten, Regeln und Gewohnheiten des von ihm je untersuchten Feldes tatsächlich *nicht* ohnehin und selbstverständlich beherrscht und dass seine Auslegung solcher Kulturmuster eben *nicht*, jedenfalls nicht ohne weiteres, „mit derjenigen zusammenfällt, die unter den Mitgliedern der in-group gebräuchlich ist. Im Gegenteil, er muß", so Alfred Schütz (1972, 63), „mit fundamentalen Brüchen rechnen, wie man Dinge sieht und Situationen behandelt."

Diese „Befremdung der eigenen Kultur" (Hirschauer/Amann 1997) dient dazu, die Relativität von sozialen Konstruktionen jedweder Art zu erkennen, und sie geschieht, erkenntnistheoretisch gesprochen, wesentlich durch artifizielles, methodisches Ausklammern vorgängiger Alltagsgewissheiten, also durch so etwas wie „künstliche Dummheit" (Hitzler 2001): Ethnographie als Forschungskonzept impliziert grundsätzlich eine quasi-ethnologische Gesinnung des Sozialwissenschaftlers gegenüber wie auch immer besonderen Kulturfeldern, d.h. die Bereitschaft und die Befähigung, soziale Praktiken in den mannigfaltigen Sinnwelten moderner Gesellschaften so unverwandt anzuschauen, als ginge es dabei um exotische Sitten, Gebräuche und Weltanschauungen. Durch einen solchen befremdenden Blick (vgl. auch Wolcott 1999) auf die ihn je interessierende soziale Lebens-Welt vermag der sozialwissenschaftliche Ethnograph gelingender weise, sein eigenes, fragloses Vor-Wissen über diese Welt zu *explizieren* und reflexiv in seine Untersuchung einzubeziehen.

3 Ethnographien und Mikrostudien

Ethnographien – sowohl sozialwissenschaftliche als auch ethnologische – lassen sich unter vielerlei Gesichtspunkten binnendifferenzieren (Honer 2000, Schweizer 1999). Im Hinblick auf das je dominante Erkenntnisinteresse unterscheide ich vor allem zwei Arten von Ethnographie: Charakteristisch für das, was man *„exotische"* Ethnographie nennen könnte, ist die Betonung der Einzelfallspezifik. Dabei geht es darum, die Besonderheit (bzw. die Exotik) der je untersuchten Welt herauszuarbeiten. Dem entsprechen im wesentlich die eingangs erwähnten Konsum- und Marketingstudien, und dem entsprechen auch unsere eigenen Langzeitstudien zu diversen Jugendszenen (vgl. z.B. Bemerburg 2001; Bucher 2000; Hitzler/Bemerburg/Niederbacher 2006; Hitzler/Pfadenhauer 2001; Peters 2005; Tepe 2003). Bei einer als *„komparativ"* charakterisierbaren Ethnographie geht es demgegenüber um die Betonung struktureller Ähnlichkeiten und Gleichartigkeiten von – oberflächlich betrachtet mitunter hochgradig unterschiedlichen – Welten. Dem folgen z.B. Versuche, symptomatische Strukturen verschiedener Brand Communities herauszuarbeiten, und dem folgt auch unsere Idee zu einer Art ‚Kartographie' von Jugendszenen (vgl. unser Internet-Portal www.jugendszenen.com, Hitzler/Bucher/Niederbacher 2005, Hitzler/Pfadenhauer 2007).

Demgegenüber gibt es in der Literatur immer wieder als „ethnographisch" etikettierte Konzepte, die auf die Erschließung von Routine-Elementen alltäglicher und organisationaler Interaktion und Kommunikation abzielen. Das Erkenntnisinteresse solcher, nicht selten eben auf das ethnographische *Methodenrepertoire* – und insbesondere auf textstrukturell interessierte Verfahren, wie z.B. die der Konversationsanalyse, der Gattungsanalyse und der ethnographischen Semantik – rekurrierender, in aller Regel nichtstandardisiert angelegter Untersuchungen[3] richtet sich zumeist auf immer wieder aufweisbare *strukturelle* Aspekte (z.B. auf Gattungen des Miteinander-Redens, auf Formen des Tanzens, auf den beiläufigen Umgang mit technischen Geräten u.v.a.).

Der in der aktuellen Methodendiskussion prominente Vorschlag von Hubert Knoblauch (2001) zu einer „fokussierten Ethnographie" impliziert nicht nur im Kern dieses Erkenntnisinteresse, dessen Verfolg in den Sozialwissenschaften unzweifelhaft jene von ihm nachgezeichnete, lange und bedeutsame Tradition hat, sondern er impliziert auch, das Konzept des Mit(er)lebens durch das der schnelleren und technisch objektivierteren Datenerhebung zu ersetzen. Das, was dabei geschieht bzw. geschehen soll, grenzt Knoblauch dezidiert von dem ab, was er als ethnologische bzw. als herkömmliche Variante der Ethnographie begreift, was ich jedoch nach wie vor als *essentiell* für

---

[3] In der englischsprachigen Sozialforschung wird ohnehin bereits die Verwendung sog. qualitativer Methoden als ‚Ethnography' bezeichnet (Atkinson/Coffey 2001).

Ethnographie schlechthin ansehe, nämlich dass „eine Feldforscherin sich über längere Zeit in einer fremden Kultur aufhält" (Knoblauch 2001, 125).[4]

Was die auf wiederkehrende bzw. stereotype kommunikative Situationen, Interaktionsarten, Tätigkeitsformen, Verhaltensmuster usw. fokussierten, methodisch i.d.R. überaus sensiblen und zunehmend auch aufzeichnungstechnisch armierten Erhebungen leisten, auf die Knoblauch zur Herleitung und Begründung seines Vorschlags verweist, das sind unzweifelhaft detaillierte Beschreibungen und präzise Analysen sozialen Handelns mit essentieller Bedeutung für die gesellschaftliche Konstruktion von Wirklichkeit. Insofern erfüllen sie – teilweise „avant la lettre" – den von Peter L. Berger und Thomas Luckmann (1969) theoretisch begründeten ‚Auftrag', die alltäglichen Praktiken zum vorzüglichen Gegenstand sozialwissenschaftlicher Aufmerksamkeit zu machen, tatsächlich ‚getreuer' als die für Ethnographien symptomatischen Rekonstruktionen außergewöhnlicher bzw. exotischer kleiner sozialer (Lebens-)Welten (für Beispiele zu letzteren: Honer 1985, Hitzler 1993, Niederbacher 2004, Ludwig 2005, Saerberg 2006 und die hervorragenden Studien von Knoblauch (1991) und von Schmidt/Neumann-Braun (2004)).

Auf wie und wofür auch immer typische Interaktionsstrukturen und Sozialpraktiken fokussierte *Mikrostudien* (Goffman 1971, 1963) sind für die Rekonstruktion gesellschaftlicher Wirklichkeitskonstruktionen sehr wertvoll.[5] Sie als „Ethnographien" zu etikettieren, führt semantisch gleichwohl in die Irre bzw. bewirkt vermeidbare Konfusionen beim Verständnis alternierender Forschungskonzepte, denn m.E. ist Ethnographie ein eben prinzipiell *holistisches* Unternehmen, das ein Sich-Einlassen des Forschers auf die Welt(sicht)en der – und damit zwangsläufig ein entsprechend langes und *teilnehmendes* Verweilen bei den – ihn interessierenden Akteuren impliziert, was immer *aus* diesen Welt(sicht)en dann auch letztlich im Fokus seiner *Darstellung* stehen mag.[6]

4 Methodologie und Methodik

Im Unterschied zu solcherlei Mikrostudien ist den beiden zuvor genannten Varianten der Ethnographie *gemeinsam*, dass der Forscher möglichst intensiv in sein Feld hinein-

---

[4] Als Bezug und Beleg ausgerechnet auf Erving Goffmans ethnographische Arbeit auf den Shetland Islands zu verweisen, ist schon deshalb wenig probat, weil Goffman meines Wissens zwei Jahre dort forschend zugebracht hat (vgl. Goffman 1953).

[5] Als illustratives Beispiel für viele einschlägige Studien zum alltäglichen bzw. quasi-natürlichen Konsumverhalten nenne ich hier die Untersuchung von Coupland/Iacobucci/Arnould (2005) zu „Invisible Brands", d.h. zu für ihre Nutzer unscheinbaren bzw. als solchen übersehenen Markenartikeln im Haushalt bzw. in der Küche.

[6] Zum Problem der Darstellung bzw. Darstellbarkeit ethnographischer Arbeit: Reichertz (1992).

geht, am Leben in seinem Feld teilhat und zugleich im Feld so agiert, dass er es – im Gegensatz etwa zum sogenannten Aktionsforscher – möglichst wenig von *äußeren* Wertsetzungen her beeinflusst und verändert. Und symptomatisch ist die prinzipiell feldbedingungs- und situationsflexible Form der Datenerhebung, bei der – im Gegensatz etwa zu Repräsentativbefragungen – die Subjektivität des Forschenden nicht durch technische Maßnahmen maximal eliminiert, sondern reflexiv als Datum anerkannt und berücksichtigt wird: Der Forscher muss hier einerseits (auch emotional) möglichst nahe an sein Feld heran, um es optimal explorieren zu können, andererseits aber darf er naheliegender weise sein wissenschaftsbezogenes Relevanzsystem nicht aufgeben, ohne Gefahr zu laufen, zu „verkaffern", also nicht mehr aus dem Feld herauszufinden (Honer 1993).

Die besondere methodische Kompetenz des Ethnographen besteht mithin darin, dass er in der Lage ist, erkenntnisoptimierend zwischen existentieller Nähe und analytischer Distanz zu changieren; dies umso mehr, als Datenerhebung, Datenauswertung und Theoriebildung nicht in einer vorweg festgelegten, linearen Abfolge, sondern – nach dem Prinzip des „Theoretical Sampling" (Glaser 1978) – in einer zirkulären bzw. spiralförmigen Bewegung stattfinden. D.h., auf das – wie auch immer entstandene – Forschungsinteresse bezogen, werden zunächst möglichst viele, möglichst mannigfaltige Daten zusammengetragen und analysiert. Und auf der Basis dieser Datenauswertung werden dann gezielter, nämlich im Hinblick auf ihre mutmaßliche theoretische Relevanz, weitere Daten gesammelt und interpretiert – und zwar so lange, bis das Erkenntnisinteresse befriedigt ist oder der Forschungsprozess aus anderen Gründen abgebrochen bzw. zu einem Ende gebracht werden muss. Der Ethnographie eignet mithin ein zunehmend fokussierender bzw. trichterförmiger Forschungsprozess.[7]

Dabei nutzen Ethnographen *prinzipiell* das gesamte Methoden-Arsenal empirischer Sozialforschung. Allerdings hat sich gezeigt, dass sich nichtstandardisierte Verfahren für ethnographische Erkenntnisinteressen in der Regel besonders gut eignen, weil Standardverfahren nicht oder nur ungenügend greifen – zum Beispiel und vor allem, wenn es darum geht, (relativ) unerforschte Phänomene zu entdecken und zu erkunden, wenn das Feld sich als ‚sperrig' erweist gegenüber standardisierten Methoden, wenn sich das Erkenntnisinteresse auf typologische Konstruktionen (statt auf kategoriale Zuordnungen) oder auf die empirisch begründete Bildung von Theorie (statt auf die Prüfung von Hypothesen) richtet, und vor allem wenn der Forscher geneigt ist, sich von „the natives' point of view" (Geertz 1984), d.h. von den in seinem Untersuchungsfeld geltenden statt von seinen professionellen Relevanzsystemen leiten zu lassen.

---

[7] Dieses allgemeingültige Prinzip impliziert allerdings etwas dezidiert anderes als das, was Knoblauch als „fokussierte Ethnographie" propagiert: Es impliziert – entgegen dem Knoblauchschen Konzept – dass a priori im Feld *alles* beachtenswert ist, weil man erst im Verlauf des Forschungsprozesses erkennen kann, was hier – aus den Relevanzsetzungen der Untersuchten heraus oder diese eben *explizit* konterkarierend – *besonders* beachtenswert, deutungs- und erklärungsbedürftig ist.

Ronald Hitzler

Die grundlegenden Techniken der *Datenerhebung* im Rahmen ethnographischer Forschung bestehen darin, das, was geschieht, wahr- und möglichst auch aufzunehmen (d.h., zu beobachten), Materialien aller möglichen Art einzusammeln, mitzunehmen und zu ‚studieren' (d.h., Dokumente zu sichern) sowie mit den Leuten zu reden (d.h. Interviews zu führen). Die damit angedeutete, breite Verfahrenspalette einschlägig geeigneter, vorzugsweise nichtstandardisierter Methoden wird in der von uns auch für unsere Szenenforschung übernommenen Variante der ursprünglich insbesondere von Anne Honer (1989) entwickelten, sogenannten lebensweltlichen bzw. *lebensweltanalytischen* Ethnographie ergänzt durch eine verfahrenstechnisch reflektierte Form des Mit-Erlebens, die wir als „beobachtende Teilnahme" bezeichnen:

Beobachtende Teilnahme bedeutet, in das zu explorierende soziale Feld möglichst intensiv hineinzugehen und – bis hinein in sprachliche und habituelle Gewohnheiten – zu versuchen, den in diesem Feld agierenden Menschen möglichst ähnlich zu werden. Das gelingt natürlich – aus vielerlei Gründen – nicht immer und schon gar nicht immer gleich gut. In dem Maße aber, *wie* es gelingt, erlangen wir eine Art und Qualität von Daten, wie wir sie mit anderen Forschungsmethoden nur schwerlich bekommen: Daten darüber, wie man und was man in kleinen sozialen Lebens-Welten tatsächlich erlebt, Daten darüber also, was hier wichtig, problematisch, angenehm, interessant, langweilig ist. Obwohl bzw. gerade weil Teilnahme per se vorwissenschaftlich bzw. sozusagen alltagspraktisch trivial ist, kann sie nicht (vollständig) durch (andere) Methoden der Datenerhebung kompensiert bzw. substituiert werden. Allerdings sind die mittels beobachtender Teilnahme gewonnenen Erlebensdaten *prinzipiell* nur teilweise und auch dann eher unzulänglich fixierbar. Ihre Analyse erfordert deshalb, will man psychologisierende „Betroffenheitslyrik" vermeiden, den Rekurs auf Techniken phänomenologischer Reflexion und Deskription

Die *Datenauswertung* beginnt, genau genommen, bereits mit der Herstellung künstlicher Dokumentationen, insbesondere also mit Transkriptionen von Interviews und von Aufzeichnungen natürlicher Kommunikationsvorgänge. Aber auch nichtverbale Objektivationen (wie Filme bzw. Videos, Bilder, Fotos und andere Artefakte, evtl. sogar Musikaufzeichnungen) sind so gut wie möglich zu verschriftlichen – zum einen, weil (z.B. bei Film- und Musikaufnahmen) die Interpretationszeit gegenüber der der Objektivation eigensinnigen Verlaufszeit typischerweise divergiert, zum anderen wegen des unumgänglichen Versprachlichungsvorganges bei der Interpretation, der damit selber besser kontrollierbar, d.h. für andere Interpreten rekonstruierbar und v.a. nachvollziehbar wird (Reichertz 2000, 46-55).

Zur Analyse *aller* – wie auch immer – *fixierten* Daten, d.h. sowohl solcher Daten, die im Feld und über das Feld in fixierter Form vorfindbar sind, als auch solcher, deren Fixierung vom Forscher evoziert wird, oder die vom Forscher in intersubjektiv zugänglicher Form produziert werden, stehen verschiedene Methoden der *sozialwissenschaftlichen Hermeneutik* zur Verfügung (vgl. dazu die Beiträge in Hitzler/Honer 1997). Diese zielen – bei aller Heterogenität – wesentlich darauf ab, methodisch kontrolliert durch den oberflächlichen Informationsgehalt von – wie auch immer gearteten – Texten hindurchzustoßen zu tieferliegenden Sinn- und Bedeutungsschichten und dabei diesen Rekonstruktionsvorgang intersubjektiv nachvollziehbar zu machen bzw. zu halten. D.h., zusammengehalten werden die ansonsten durchaus divergenten Richtungen der Sozialwissenschaftlichen Hermeneutik durch das Prinzip, quasi-naturwüchsiges, alltägliches Verstehen methodisch zu problematisieren, theoretisch zu hinterfragen und epistemologisch zu reflektieren; kurz: durch das Prinzip, Verstehen zu *verfremden*.[8]

5 Vom Nutzen der Ethnographie

Das entscheidende *Qualitätskriterium* für Erhebungsverfahren wie für Analysemethoden im Rahmen *ethnographischer* Forschungsarbeit ist, ob bzw. in welchem Maße sie geeignet sind, Relevanzen, Wissen und Praktiken der je Untersuchten, kurz: die Arten und Weisen, wie Menschen im Zusammenleben mit anderen *ihre* jeweilige Welt konstruieren, ihrem typisch gemeinten Sinn nach zu rekonstruieren. Denn die Idee der ethnographischen Sozialforschung als einer Art Ethnologie der eigenen Gesellschaft (Hitzler 1999) stellt uns vor allem anderen die Aufgabe, das, was Menschen tun, für andere Menschen, die das nicht tun, nachvollziehbarer, verständlicher zu machen bzw. Nichtbeteiligten wenigstens ein paar Einblicke und Eindrücke in ihnen mehr oder weniger *fremde* Welten zu vermitteln – in fremde Welten, die sich keineswegs in größerer räumlicher Entfernung befinden müssen, sondern die sich oft auch in der unmittelbaren Nähe auftun können.

Die in all solchen fremden Welten ganz in der Nähe sich entwickelnden habituellen Eigen- und Besonderheiten, die je speziellen Praktiken und Riten, die identitätsstiftenden Deutungsschemata und Distinktionsmarkierungen sind keineswegs nur von exotischem Interesse, sondern sie werden zu zentralen Gegenständen einer individualisierungstheoretisch orientierten Diagnose gesellschaftlicher Umstrukturierungen im Rah-

---

[8] Das reflexive Grundproblem des interpretierenden Ethnographen besteht folglich darin, für sich selbst und für andere durchsichtig zu machen, *wie* er das versteht, was er zu verstehen glaubt, und wie *er* das weiß, was er zu wissen meint (Soeffner/Hitzler 1994). Bei unserer Szenenforschung haben wir uns mit Blick hierauf auf eine relativ einfach zu erlernende Grund-Deutungstechnik verständigt, die wir als „quasi-sokratisch" bezeichnen, weil sie sich an das Prinzip des von Sokrates so kunstvoll gehandhabten maeutischen Fragens anlehnt: Die quasi-sokratische Deutungstechnik besteht im Durchlaufen mehrerer hermeneutischer Schleifen. Sie beginnt damit, dass wir uns beim Interpretieren wechselseitig dazu zwingen, das, was wir (z.B. beim Lesen einer Textpassage) zu lesen meinen, darzulegen und (gegen den – methodischen – Deutungswiderstand der anderen Interpreten) zu plausibilisieren, aufgrund welcher (wiederum zu erläuternder) Kriterien wir zu sehen meinen, was wir zu sehen meinen. In den weiteren hermeneutischen Schleifen geschieht verfahrenstechnisch gesprochen das gleiche, aber eben immer im Rückgriff auf die zuvor erarbeiteten Interpretationen.

Ronald Hitzler

men aktueller Modernisierungsprozesse (zur *konsumistischen* Modernisierung: Prisching 2006). Im mit herkömmlichen Sozialstrukturmodellen immer weniger fassbaren Pluriversum der Spät- und Postmoderne[9] fungiert die sozialwissenschaftliche Ethnographie deshalb sozusagen als professionelles *Grenzgängertum* zwischen all diesen eigensinnigen, symbolisch mehr oder weniger deutlich voneinander abgegrenzten Welten – die in aller Regel eben auch Welten sind des distinkten und des distinktiven *Konsums* (Knoblauch 1988, Frank 1997, Miles 2000, Chin 2001, Geisler 2004).

6 Literatur

Atkinson, Paul/Coffey, Amanda (2001, eds.): Handbook of Ethnography. London.
Bemerburg, Ivonne (2001): „Wie man einen Trick steht." Eine Rekonstruktion der Skateboarderszene. Dortmund: unveröffentlichte Diplomarbeit.
Berger, Peter L./Luckmann, Thomas (1969): Die gesellschaftliche Konstruktion der Wirklichkeit. Frankfurt am Main.
Bucher, Thomas (2000): Die Härte. Sportkletterer und die Schwierigkeitsskala. Neuried.
Celsi, Richard L./Rose, Randall L./Leigh, Thomas W. (1993): An Exploration of High Risk Leisure Consumption through Skydiving. In: Journal of Consumer Research, vol. 20, no. 1, 1-23.
Chin, Elizabeth (2001): Purchasing Power: Black Kids and American Consumer Culture. Minneapolis, MN.
Coupland, Jennifer Chang/Iacobucci, Dawn/Arnould, Eric (2005): Invisible Brands: An Ethnography of Households and the Brands in Their Kitchen Pantries. In: Journal of Consumer Research, vol. 32, no. 1, 106-118.
Cova, Bernard (1997): Community and Consumption: Towards a Definition of the Linking Value of Product of Services. In: European Journal of Marketing, vol. 31, no. 3/4, 297-316.
Douglas, Jack D. (1976): Investigative Social Research. Beverly Hills.
Düllo, Thomas/Liebl, Franz (2005, Hrsg.): Cultural Hacking. Kunst des strategischen Handelns. Wien.
Frank, Thomas (1997): The Conquest of Cool: Business Culture, Counterculture, and the Rise of Hip Consumerism. Chicago.
Geertz, Clifford (1984): From the Native's Point of View. In: Shweder, Richard A./LeVine, Robert A. (eds.): Culture Theory. Cambridge, 123-136.
Geisler, Tobias (2004): Szenesport, Medien und Marketing. Jugendliche Erlebniswelten zwischen Kult und Kommerz. Düsseldorf.
Glaser, Barney G. (1978): Theoretical Sensitivity. San Francisco.
Goffman, Erving (1953): Communication Conduct in an Island Community. University of Chicago: unpublished Dissertation.
Goffman, Erving (1963): Behavior in Public Places: Notes on the Social Organization of Gatherings. New York.
Goffman, Erving (1971): Relations in Public. Microstudies of the Public Order. New York.

---

[9] Hitzler (2006) und das im ersten Absatz dieses Textes vorfindliche Zitat aus Schouten/Mc Alexander (1995, 59).

Halbrock, Rosmarie (1997): Frau fährt Harley. Marke als geschlossene Gesellschaft. In: Brandmeyer, Klaus/Deichsel, Alexander (Hrsg.): Jahrbuch Markentechnik 1997/98. Frankfurt am Main, 65-72.
Hellmann, Kai-Uwe (2005): Die Magie einer Marke. Harley-Davidson als prototypische „brand community". In: Fischer, Wolfgang/Eckstein, Manuela/Blenk, Georg (Hrsg.): Markenmanagement in der Motorradindustrie. Die Erfolgsstrategien der Motorradhersteller. Wiesbaden, 67-86.
Hirschauer, Stefan/Amann, Klaus (Hrsg.) (1997): Die Befremdung der eigenen Kultur. Frankfurt am Main.
Hitzler, Ronald (1993): Die Wahl der Qual. Ein Einblick in die kleine Lebens-Welt des Algophilen. In: Zeitschrift für Sexualforschung, Jg. 6, H. 3, 228-242.
Hitzler, Ronald (1999): Welten erkunden. In: Soziale Welt, Jg. 50, H. 4, 473-483.
Hitzler, Ronald (2001): Künstliche Dummheit. In: Franz, Heike/Kogge, Werner/Möller, Torger/Wilholt, Torsten (Hrsg.): Wissensgesellschaft. IWT-Papier 25. Bielefeld 2001, http://bieson.ub.uni-bielefeld.de/volltexte/2002/90/html/index.htm (29.11.2006).
Hitzler, Ronald (2006): Individualisierte Wissensvorräte. Existenzbastler zwischen posttraditionaler Vergemeinschaftung und postmoderner Sozialpositionierung. In: Tänzler, Dirk/Knoblauch, Hubert/Soeffner, Hans-Georg (Hrsg.): Zur Kritik der Wissensgesellschaft. Konstanz, 257-276.
Hitzler, Ronald /Bemerburg, Ivonne /Niederbacher, Arne (2006): Globalisierungskritiker: Eine ‚bewegte Szene'? Dortmund: unveröffentlichter Projekt-Abschlussbericht an die DFG.
Hitzler, Ronald/Bucher, Thomas/Niederbacher, Arne (2005): Leben in Szenen. Wiesbaden.
Hitzler, Ronald/Honer, Anne (Hrsg.) (1997): Sozialwissenschaftliche Hermeneutik. Opladen.
Hitzler, Ronald/Pfadenhauer, Michaela (2001) (Hrsg.): Techno-Soziologie. Erkundungen einer Jugendkultur. Opladen.
Hitzler, Ronald/Pfadenhauer, Michaela (2007): Kompetenzen durch Szenen. Wiesbaden.
Holt, Douglas B. (2004): How Brands become Icons. The Principles of Cultural Branding. Cambridge.
Honer, Anne (1985): Beschreibung einer Lebens-Welt. Zur Empirie des Bodybuilding. In: Zeitschrift für Soziologie (ZfS), Jg. 14, H. 2, 131-139.
Honer, Anne (1989): Einige Probleme lebensweltlicher Ethnographie. Zur Methodologie und Methodik einer interpretativen Sozialforschung. In: Zeitschrift für Soziologie (ZfS), Jg. 18, H. 4, 297-312.
Honer, Anne (1993): Lebensweltliche Ethnographie. Wiesbaden.
Honer, Anne (2000): Lebensweltanalyse in der Ethnographie. In: Flick, Uwe/von Kardoff, Ernst/Steinke, Ines (Hrsg.): Qualitative Forschung. Reinbek, 194-204.
Keim, Gerhard (1999): Magic Moments. Ethnographische Gänge in die Konsumwelt. Frankfurt am Main, New York.
Knoblauch, Hubert (1988): Wenn Engel reisen... Kaffeefahrten und Altenkultur. In: Soeffner, Hans-Georg (Hrsg.): Kultur und Alltag (SB 6 von ‚Soziale Welt'). Göttingen, 397-412.
Knoblauch, Hubert (1991): Die Welt der Wünschelrutengänger und Pendler. Frankfurt am Main, New York.
Knoblauch, Hubert (2001): Fokussierte Ethnographie. In: Sozialer Sinn, Jg. 2, H. 1, 123-141.
Knorr Cetina, Karin (1984): Die Fabrikation von Erkenntnis. Frankfurt am Main.
Kozinets, Robert V. (2002): Can Consumers Escape the Market? Emancipatory Illuminations from Bunring Man. In: Journal of Consumer Research, vol. 29, no. 1, 20-38.
Liebl, Franz (2000): Der Schock des Neuen. München.

Ludwig, Volker (2005): „Wenn der nicht will, dann will der nicht". Lebensweltanalyse von Spielern an Unterhaltungsautomaten mit Gewinnmöglichkeiten. Dortmund: unveröffentlichte Dissertation.
Loewenfeld, Fabian von (2006): Brand Communities. Wiesbaden.
Mark, Margaret/Pearson, Carol S. (2001): The Hero and the Outlaw. Building Extraordinary Brands Through the Power of Archetypes. New York.
McAlexander, Kames H./Chouten, John W./Koenig, Harold F. (2002): Building Brand Community. In: Journal of Marketing, vol. 66, no. 1, 38-54.
Miles, Steven (2000): Youth Lifestyles in a changing world. Buckingham, Philadelphia.
Muniz, Albert M. Jr./O'Guinn, Thomas C. (2001): Brand Community. In: Journal of Consumer Research, vol. 27, no. 4 (March), 412-432.
Neumann-Braun, Klaus/Richard, Birgit (2005, Hrsg.): Coolhunters. Jugendkulturen zwischen Medien und Markt. Frankfurt am Main.
Niederbacher, Arne (2004): Faszination Waffe. Eine ethnographische Feldstudie über die kleine soziale Lebens-Welt der Schützen. Neuried.
Peters, Thomas (2005): „Harte Schule". Das unsichtbare Bildungsprogramm der Hiphop-Szene. Dortmund: unveröffentlichte Diplomarbeit.
Pfadenhauer, Michaela (2005): Ethnography of Scenes. Towards a Sociological Life-world Analysis of (Post-traditional) Community-building [31 paragraphs]. In: Forum Qualitative Sozialforschung/Forum: Qualitative Social Research [Online Journal], vol. 6, no. 3, art. 43, http://www.qualitative-research.net/fqs-texte/3-05/05-3-43-e.htm, 29.11.2006.
Prisching, Manfred (2006): Die zweidimensionale Gesellschaft. Ein Essay zur neokonsumistischen Geisteshaltung. Wiesbaden.
Reichertz, Jo (1992): Beschreiben oder zeigen. Über das Verfassen ethnographischer Berichte. In: Soziale Welt, Jg. 43, H. 3, 331-350.
Reichertz, Jo (2000): Die frohe Botschaft des Fernsehens. Konstanz.
Saerberg, Siegfried (2006): „Geradeaus ist einfach immer geradeaus". Lebensweltanalytische Rekonstruktion der Raumorientierung eines Blinden. Konstanz.
Schmidt, Axel/Neumann-Braun, Klaus (2004): Die Welt der Gothics. Spielräume düster konnotierter Transzendenz. Wiesbaden.
Schouten, John W./McAlexander, James H. (1995): Subcultures of Consumption: An Ethnography of the New Bikers. In: Journal of Consumer Research, vol. 22, no. 1, 43-61.
Schütz, Alfred (1972): Der Fremde. In: Schütz, Alfred: Gesammelte Aufsätze. Band 2. Den Haag, 53-69.
Schweizer, Thomas (1999): Wie versteht und erklärt man eine fremde Kultur? In: Kölner Zeitschrift für Soziologie und Sozialpsychologie, Jg. 51, H. 1, 1-33.
Soeffner, Hans-Georg/Hitzler, Ronald (1994): Hermeneutik als Haltung und Handlung. In: Schröer, Norbert (Hrsg.): Interpretative Sozialforschung. Opladen, 28-55.
Stewart, Alex (1998): The Ethnographer's Method. Thousand Oaks, Cal.
Tepe, Daniel (2003): LAN-Partys. Die Organisation multimedialer Events in der Gaming-Szene. Dortmund: unveröffentlichte Diplomarbeit.
Wolcott, Harry F. (1999): Ethnography – A Way of Seeing. Walnut Creek.

Suzanne C. Beckmann und Roy Langer

Netnographie

1 Einleitung 221
2 Methode: Netnographie als online Ethnographie 221
    2.1   Zugang 222
    2.2   Datenerhebung 223
    2.3   Datenanalyse 224
    2.4   Feedback und „member check" 225
3 Forschungsethische Überlegungen 225
4 Literatur 226

1 Einleitung

Netnographie ist eine interpretative Methode, die in Anlehnung an Prinzipien der Ethnographie zur Erforschung von Verbraucherverhalten in Konsum(sub)kulturen und -gemeinschaften auf dem Internet entwickelt wurde. Damit spiegelt sie die Möglichkeiten und Herausforderungen für Forschung im digitalen Zeitalter wider (Stempel/Stewart 2000). Netnographie ist im Wesentlichen eine schriftliche Dokumentation von Feldarbeit, deren Daten auf online, computervermittelter oder internetbasierter Kommunikation beruhen. Die Datenerhebung besteht aus den Notizen des Forschers bzw. der Forscherin, häufig kombiniert mit Artefakten der Subkultur oder Gemeinschaft. Die Daten sind daher hauptsächlich textlich, z.B. heruntergeladene Dokumente von News-Gruppen, Transkripte von MUDs (multi-user dungeons) oder IRC (internet relay chat) „Sitzungen" und E-Mails.

Netnographie wird hauptsächlich für folgende Forschungsziele verwendet: (1) als Methodologie zur Erforschung von reinen Cyberkulturen und virtuellen Gemeinschaften, die nicht offline und nur über computervermittelte Kommunikation existieren; (2) als methodisches Instrument, um Cyberkulturen und virtuelle Gemeinschaften zu untersuchen, die auch offline agieren; und (3) als ein exploratorisches Hilfsmittel zur Untersuchung mehr genereller Themen.

2 Methode: Netnographie als online Ethnographie

Der Begriff Netnographie wurde Ende der 1990er in die Marketing- und Verbraucherforschung von Kozinets eingeführt (Kozinets 1998), die Methode als solche ist jedoch schon früher benutzt worden (z.B. Correll 1995, Hamman 1997). Angesichts der stetig wachsenden Verbreitung des Internets und seiner in jeder Beziehung grenzüberschreitenden Eigenschaften war es nahe liegend, die Vielfalt der in diesem Medium enthaltenen Daten für die Forschung nutzbar zu machen. Bereits einige Jahre zuvor waren die ersten Forschungsarbeiten über computer- und internetvermittelte Identitätsbildung, interpersonale Aspekte, gemeinschaftsbasierter Interaktion und Konsumkultur erschienen (Fischer 1996, Bristor/Gainer 1996, Hagel/Armstrong 1997, Maignan/Lukas 1997, Tambyah 1996, Walther 1992).

Das Internet bietet VerbraucherInnen die Möglichkeit, sich virtuell über Produkte und Erlebnisse (in Verbindung mit Produkten jedweder Art, z.B. Kulturgütern wie Museen, Filme und Theateraufführungen oder Reisen/Reiseführern) auszutauschen. In vielen

Fällen führt dies zu virtuellen Gemeinschaften (Blanchard/Horan 1998), sogenannten „virtual consumption communities" und „brand communities" (Muniz/O'Guinn 2001), die für die Marketingforschung (Kozinets 1999, 2006; Maclaran/Catterall 2002), auch über kulturelle Grenzen hinweg (Nicovich/Cornwell 1998), relevant sind.

Netnographie adaptiert ethnographische Forschungsmethoden, um Kulturen und Gemeinschaften zu untersuchen, die durch computervermittelte, internetbasierte Kommunikation entstehen und existieren. Datengrundlage sind Informationen, die entweder unmittelbar in verschiedenen online Foren oder mittels Mitgliedschaft in Gemeinschaften quasi-öffentlich zugänglich sind. Von besonderem Interesse für die Marketing- und Verbraucherforschung sind dabei Einstellungen, Meinungen, Gefühle und Vorstellungen sowie Symbole und Rituale, die durch quantitative Methoden nur schwer zu erfassen sind (Lee/Broderick 2007). Netnographie ermöglicht deshalb „thick descriptions" (Geertz 1973), d.h. reichhaltige und tiefgehende Beschreibungen, sowohl der individuellen als auch der sozialen Lebens- und Erlebniswelt im Konsumkontext. Darüber hinaus ermöglicht die Netnographie nicht nur sensitive Themen, sondern auch Gemeinschaften und Subkulturen zu erforschen, zu denen der Zugang mit konventionellen Methoden sehr schwierig ist (Langer 2003a, Pires/Stanton/Cheek 2003).

Kozinets (2002) hat die grundlegenden methodischen Gemeinsamkeiten und Unterschiede zwischen Ethnographie und Netnographie diskutiert und die Feldarbeit in folgende Stufen eingeteilt: (1) Zugang, (2) Datenerhebung, (3) Datenanalyse und (4) Feedback der Informanten. Darüber hinaus diskutiert er ethische Fragestellungen. Im Folgenden werden diese Stufen präsentiert, mit anderen Perspektiven abgeglichen, ergänzt und diskutiert.

2.1 Zugang

Die Identifikation relevanter online Fora ist der zentrale einleitende Schritt, um sicher zu stellen, dass geeignete Quellen für die Beantwortung der gegebenen Forschungsfragen gefunden werden. Online Suchmaschinen sind dafür geeignet, einige von ihnen haben „group search options" (google.com, MSN.com, Yahoo.com). Seit kurzem gibt es auch spezielle „blog search engines" (feedster.com, bloglines.com, technorati.com).

Die wichtigsten Kommunikationsfora sind „chat rooms", „bulletin boards", „playspace dungeons" (MOGs: multiplayer online games), (moderierte) E-mail Listen und miteinander vernetzte Websites. Immer größere Verbreitung erfahren auch web logs (blogs), und es ist anzunehmen, dass die technische Entwicklung weitere Formen der virtuellen Kommunikation hervorbringt. Zunehmend vermischen sich die verschiedenen Typen, und diese Vielfalt macht eine genaue Recherche vor der eigentlichen Datenerhebung besonders wichtig.

Grundsätzlich kann man drei Typen von virtuellen Gemeinschaften aufgrund ihrer vorrangigen Zielsetzung unterscheiden: Information, sozialer Austausch und Spiel/Unterhaltung. Online Gemeinschaften können entweder von VerbraucherInnen gegründet und betrieben werden, von Unternehmen initiiert oder eine Koproduktion zwischen kommerziellen Anbietern und Mediennutzern sein. Viele verbraucherinitiierte Gemeinschaften wünschen keine Einmischung von Seiten der Unternehmen, andere interagieren in mehr oder weniger begrenztem Umfang mit Markeneigentümern.

Darüber hinaus gilt es, zwischen für alle Interessierten öffentlich zugänglichen Räumen und mitgliedschaftsbedingten Gemeinschaften zu unterscheiden. Eher informationsgeprägte Websites sind in der Regel für jeden öffentlich zugänglich, viele von ihnen auch auf interaktive Weise, wo Nutzer eigene Beiträge veröffentlichen können (z.B. wikepedia.com). Von sozialem Austausch motivierte Gruppen bieten i.d.R. sowohl öffentliche als auch zugangsbegrenzte Räume an, so z.B. wissenschaftliche Vereinigungen. Hier werden generelle Informationen allen Interessierten zur Verfügung gestellt, während mehr spezifische, wissensrelevante Daten ausschließlich zahlenden Mitgliedern vorbehalten sind (z.B. www.emac-online.org).

Andere wichtige Aspekte, die es beim Zugang und der Beurteilung des Inhalts und der potentiellen InformantInnen zu berücksichtigen gilt, sind die unterschiedliche Internetverbreitung und –nutzung in verschiedenen Ländern, nationale versus globale Gemeinschaften (typisch mit Englisch als lingua franca), und demographische Faktoren wie Alter und Geschlecht.

Generell gilt, dass neben dem engen Bezug zur Forschungsfrage virtuelle Gemeinschaften vorzuziehen sind, die aktiv sind, starken „Verkehr" aufweisen, vielfältige Ausdrucksformen besitzen, und häufige soziale Interaktion zwischen den Mitgliedern aufweisen, da dies alles eine reichhaltigere Datengrundlage ermöglicht.

2.2 Datenerhebung

Grundsätzlich gilt, dass Netnographie in den meisten Fällen multimethodisch angelegt ist, sowohl in der Datenerhebung als auch in der Datenanalyse. Dabei können drei Typen von Daten unterschieden werden: (1) direkte Kopien der textuellen Kommunikation zwischen Gruppenmitgliedern, (2) Feldnotizen über die Observation der Gruppe, ihrer Mitglieder, ihrer Interaktionen und die eventuelle Partizipation des Forschers bzw. der Forscherin und (3) Interviews mit ausgewählten Gruppenmitgliedern (i.d.R. online via E-Mail, aber auch offline).

I.d.R. ist Netnographie observierend angelegt, wobei zwischen vier Varianten zu unterscheiden ist: (1) Einige Studien beruhen ausschließlich auf nicht-teilnehmender Beobachtung (Beaven/Laws 2007, Brown/Kozinets/Sherry 2003, Hewer/Brownlie 2007, Langer/Beckmann 2005, Sandlin 2007), (2) andere kombinieren Observation und Teilnahme in online Gesprächsfora (Nelson/Otnes 2005), (3) wieder andere beginnen mit Observation, wählen dann bestimmte InformantInnen aus und führen anschließend Interviews online oder auch offline durch (Askegaard/Gertsen/Langer 2002, Cova/Pace 2006, Maulana/Eckardt 2007, Muniz/ Schau 2005, 2007; Schau/Gilly 2003); und (4) insbesondere Kozinets vertritt eine ausgeprägt partizipatorische Perspektive (1997, 2001, 2002), die nicht nur persönliche Mitgliedschaft in der Gemeinschaft beinhaltet, sondern auch offline Interaktionen zwischen ForscherInnen und InformantInnen umfasst. Dazu gehören nicht nur Interviews, sondern auch die Teilnahme an Treffen zwischen Gruppenmitgliedern und direkter persönlicher Kontakt.

Diese vier Varianten veranschaulichen die enge methodische Verwandtschaft zwischen Netnographie und Ethnographie. Während in der ersten und zweiten Variante das Internet die ausschließliche Datenquelle darstellt, und damit als „reine" Netnographie aufgefasst werden kann, ist die vierte Variante eher der Ethnographie zuzuordnen, da sie das Internet im wesentlichen in der Anfangsphase einer Untersuchung als Zugang zu einer gegebenen Gemeinschaft nutzt oder auch iterativ zwischen online und offline Datenerhebung wechselt. Die dritte Variante stellt eine Zwischenform dar, in der ein wesentlicher Teil der Daten internetbasiert ist, während vertiefende Fragestellungen dann offline beantwortet werden und so das Datenmaterial vertiefend ergänzen.

Welche der Varianten gewählt wird, hängt von der Forschungsfrage ab und damit von der Art der Daten, die benötigt werden, und dem Zugang zu InformantInnen.

Schließlich sollte noch die Möglichkeit der „Auto-Netnographie" erwähnt werden, die grundlegend einen weblog über individuelle Erfahrungsbildung darstellt. Pionier der Auto-Netnographie war Bruce Weinberg, der seine Erfahrungen mit der Entscheidung, nur noch online einzukaufen, in einem Tagebuch beschrieb (www.internetshopping247.com, analysiert von Levy 2001). Dieses Beispiel ist bislang aber ein Einzelfall und wird daher im Folgenden nicht weiter berücksichtigt. Allerdings ist damit zu rechnen, dass mit der stark anwachsenden Popularität von weblogs oder blogs diese fünfte Variante in der Zukunft auch forschungsmäßig in größerem Umfang Anwendung erfährt (Kozinets 2007).

2.3 Datenanalyse

Da das in netnographischen Studien erhobene Datenmaterial vorwiegend textlich ist, sind quantitative und qualitative Inhaltsanalyse und Diskursanalyse die hervortretenden Analysemethoden (Krippendorf 1980, Langer 2002).

Bei der Inhaltsanalyse ist zwischen einer quantitativen und einer qualitativen Ausrichtung zu unterscheiden, wobei die erstere eine der am meisten etablierten Methoden der Kommunikations- und Medienforschung darstellt. Wesentliche Analyseschritte der quantitativen Inhaltsanalyse umfassen Kategorienbildung, Kodierung und Kontextualisierung, und ihre primären Ergebnisse sind typisch Frequenzanalysen, die das Auftreten von Kategorien, Argumenttypen u.ä. im Datenmaterial dokumentieren.

Qualitative Inhaltsanalysen sind interpretierende Lesarten, die sich auf bspw. ideologiekritische, semiotische oder kulturanalytische Ansätze berufen. Quantitative und qualitative Inhaltsanalysen sowohl verschiedene Ansätze zur Diskursanalyse können schließlich auch miteinander kombiniert werden, wobei sich die analytischen Vorteile der verschiedenen methodischen Ansätze fruchtbar ergänzen und somit die Analysentiefe erhöhen können (vgl. Langer 2003b). Eine ähnliche Vielfalt existiert bei diskursanalytischen Analysestrategien, wobei insbesondere die methodischen Ansätze von Fairclough (1996), Foucault (1969), Laclau und Mouffe (1985), van Dijk (1985) und Wodak (1996) große Verbreitung erfahren haben.

Da sowohl der qualitativen Inhaltsanalyse als auch der diskursanalytischen Methode in diesem Band eigene Beiträge gewidmet sind, verweisen wir auf diese für eine nähere Inhaltsbestimmung.

2.4 Feedback und „member check"

Kozinets (2002) fordert, dass InformantInnen den Forschungsbericht mit allen Ergebnissen oder denen sie betreffenden Teilergebnissen erhalten, um auf diese Weise InformantInnen die Möglichkeit der Kommentierung einzuräumen. Dadurch würden nicht nur zusätzliche Daten gewonnen, sondern auch forschungsethische Aspekte berücksichtigt werden. Wir sind der Auffassung, dass diese Anforderung insbesondere für die dritte und vierte Variante der Netnographie sinnvoll ist, da hier direkter Kontakt zwischen ForscherInnen und InformantInnen besteht. Eine Rückmeldung auf die Dateninterpretation dient somit der Erhöhung der Validität, so wie sie für jede Studie gilt, die sich qualitativer Interviews als Methode der Datenerhebung bedient.

Für die erste Variante der reinen Interneterhebung macht diese Forderung jedoch weniger Sinn, und wohl auch kaum für die zweite, in der die Interaktion in chat rooms oder bulletin boards den kleineren Teil der Datenmenge ausmacht.

3 Forschungsethische Überlegungen

Der Zugang zu internetbasierten Daten und damit gegebenenfalls auch zu InformantInnen ist abhängig davon, welche der oben genannten vier Varianten gewählt wird. Damit ergeben sich zwei Fragestellungen, die für die Forschungsethik der Netnographie relevant sind: (1) beinhalten die gewählten websites öffentliche oder private Informationen? und (2) worin besteht „informed consent" im Internet?

Kozinets (2002) hat vier Grundregeln für netnographische Studien formuliert, denen zufolge die/der ForscherIn den Mitgliedern einer Gemeinschaft mitteilen soll, dass sie/er anwesend sind und Forschung betreiben, dass Vertraulichkeit und Anonymität gewahrt sind (z.B. durch die Verwendung von Pseudonymen), dass Rückmeldungen (s.o.) erhoben werden, und dass die Erlaubnis zur Verwendung von Zitaten eingeholt werden soll.

Ausgehend von der Unterscheidung zwischen öffentlichem und privatem Raum haben wir vorgeschlagen, dass diese Regeln nicht für solche Untersuchungen gelten, die ausschließlich öffentlich zugängliche Kommunikation als Datengrundlage verwenden (Langer/Beckmann 2005; siehe auch Paccagnella 1997, Shoham 2004, Sudweeks/Rafaeli 1996). Als öffentlich zugänglich gilt in diesem Kontext jede Art von Kommunikation, deren Publizität und Zugänglichkeit nicht durch Mitgliedschaften und Zugangscodes eingeschränkt ist. Wie jede andere Inhalts- oder Diskursanalyse in der Medien- und Kommunikationsforschung auch, verwendet die erste Netnographie-Variante keine privaten Daten und bedient sich ausschließlich des öffentlichen Raums. Inwieweit man die von Kozinets aufgestellten Regeln in den anderen Varianten befolgt, hängt unserer Auffassung nach vom Ausmaß der Interaktion ab, die sich besonders bei Variante drei und vier nicht von den forschungsethischen Anforderungen an ethnographische Untersuchungsmethoden unterscheidet (siehe auch Hair/Clark 2007).

4 Literatur

Askegaard, Søren/Gertsen, Martine C./Langer, Roy (2002): The Body Consumed: Reflexivity and Cosmetic Surgery. In: Psychology & Marketing, vol. 19, no. 10, 793-812.

Beaven, Zuleika/Laws, Chantal (2007): 'Never Let Me Down Again': Loyal Customer Attitudes towards Ticket Distribution Channels for Live Music Events: A Netnographic Exploration of the US Leg of the Depeche Mode 2005-2006 World Tour. In: Managing Leisure, vol. 12, no. 2/3, 120-142.

Blanchard, Anita/Horan, Tom (1998): Virtual Communities and Social Capital. In: Social Science Computer Review, vol. 16, no. 3, 293-307.

Brown, Stephen/Kozinets, Robert V./Sherry Jr., John F. (2003): Teaching Old Brands New Tricks: Retro Branding and the Revival of Brand Meaning. In: Journal of Marketing, vol. 67, 19-33.

Correll, Shelley (1995): The Ethnography of an Electronic Bar: The Lesbian Café. In: Journal of Contemporary Ethnography, vol. 24, no. 3, 270-298.

Cova, Bernard/Pace, Stefano (2006): Brand Community of Convenience Products: New Forms of Customer Empowerment - the case "my Nutella The Community". In: European Journal of Marketing, vol. 40, no. 9/10, 1087-1105.

Geertz, Clifford (1973): The Interpretation of Cultures. Basic Books, New York (NY).

Fairclough, Norman (1995): Critical Discourse Analysis: The Critical Study of Language. Longman, London.

Fischer, Eileen/Bristor, Julia/Gainer, Brenda (1996): Creating or Escaping Community? An Exploratory Study of Internet Consumers' Behaviors. In: Advances in Consumer Research, vol. 23. Provo, UT, 178-182.

Foucault, Michel (1969): L' archólogie du Savoir. Gallimard, Paris.

Hagel III, John/Armstrong, Arthur G. (1997): Net Gain: Expanding Markets through Virtual Communities. Harvard Business School Press, Cambridge, MA.

Hair, Niel/Clark, Moira (2007): The Ethical Dilemmas and Challenges of Ethnographic Research in Electronic Communities. In: International Journal of Market Research, vol. 49, no. 6, 781-800.

Hamman, Robin (1997): The Application of Ethnographic Methodology in the Study of Cybersex. In: Cybersociology, www.socio.demon.co.uk/magazine/1/plummer.html, 04/06/2006.

Hewer, Paul/Brownlie, Douglas (2007): Cultures of Consumption of Car Aficionados: Aesthetics and Consumption Communities. In: International Journal of Sociology and Social Policy, vol. 27, no. 3/4, 106-119.

Kozinets, Robert V. (1997): I Want to Believe: A Netnography of the X-Philes' Subculture of Consumption. In: Advances in Consumer Research, vol. 24. Provo, UT, 470-475.

Kozinets, Robert V. (1998): On Netnography: Initial Reflections on Consumer Research Investigations of Cyberculture. In: Advances in Consumer Research, vol. 25. Provo, UT, 366-371.

Kozinets, Robert V. (1999): E-Tribalized Marketing? The Strategic Implications of Virtual Communities of Consumption. In: European Management Journal, vol. 17, no. 3, 252-264.

Kozinets, Robert V. (2001): Utopian Enterprise: Articulating the Meanings of Star Trek's Culture of Consumption. In: Journal of Consumer Research, vol. 28, 67-88.

Kozinets, Robert V. (2002): The Field Behind the Screen: Using Netnography for Marketing Research in Online Communities. In: Journal of Marketing Research, vol. XXXIV, 61-72.

Kozinets, Robert V. (2006): Click to Connect: Netnography and Tribal Advertising. In: Journal of Advertising Research, vol. 46, no. 3, 279-288.

Kozinets, Robert V. (2007): Netnography 2.0. In: Belk, Russell W. (ed.): Handbook of Qualitative Research Methods in Marketing. Edward Elgar Publishing, 129-142.

Krippendorf, Klaus (1980): Content Analysis. An Introduction to its Methodology. Sage, Beverly Hills, CA.

Laclau, Ernesto/Mouffe, Chantal (1985): Hegemony and Socialist Strategy: Towards a Radical Democratic Politics. Verso, London.

Langer, Roy (2002): Talk on TV: Sequentiality Meets Intertextuality and Interdiscursivity. In: Fetzer, Anita/Meierkord, Christiane (eds.): Rethinking Sequentiality. John Benjamins Publishing Company, Amsterdam, 181-206.

Langer, Roy (2003a): Sharpening the Knife: Consumers' Fleshing out Plastic Surgeons in Internet Discussion Group. In: Saren, Michael (ed.): Proceedings of the 32rd EMAC-Symposium: Marketing Responsible and Relevant?, Glasgow, May 20th-23rd, 2003.

Langer, Roy (2003b): Zur Darstellung Deutschlands in dänischen Medien – eine Mediendiskursanalyse. Deutscher Universitätsverlag, Wiesbaden.

Langer, Roy/Beckmann, Suzanne C. (2005): Sensitive Research Topics: Netnography Revisited. In: Qualitative Market Research, vol. 8, no. 2, 189-203.

Lee, Nick/Broderick, Amanda J. (2007): The Past, Present and Future of Observational Research in Marketing. In: Qualitative Market Research: An International Journal, vol. 10, no. 2, 121-129.

Levy, Sidney (2001): The Psychology of an Online Shopping Pioneer. In: Advances in Consumer Research, vol. 28. Provo, UT, 222-226.

Maclaran, Pauline/Catterall, Miriam (2002): Researching the Social Web: Marketing Information from Virtual Communities. In: Marketing Intelligence & Planning, vol. 20, no. 6, 319-326.

Maignan, Isabelle/Lukas, Bryan A. (1997): The Nature and Social Uses of the Internet: A Qualitative Investigation. In: The Journal of Consumer Affairs, vol. 31, no. 2, 346-371.

Maulana, Amalia E./Eckhardt, Giana M. (2007): Just Friends, Good Acquaintances or Soul Mates? An Exploration of Web Site Connectedness. In: Qualitative Market Research: An International Journal, vol. 10, no. 3, 227-242.

Muñiz Jr., Albert M./O'Guinn, Thomas (2001): Brand Community. In: Journal of Consumer Research, vol. 27(4), 412-433.

Muñiz Jr., Albert M./Schau, Hope Jensen (2005): Religiosity in the Abandoned Apple Newton Brand Community. In: Journal of Consumer Research, vol. 31, 737-747.

Muñiz Jr., Albert M./Schau, Hope Jensen (2007): Vigilante Marketing and Consumer-created Communications. In: Journal of Advertising, vol. 36, no. 3, 35-50.

Nelson, Michelle R./Otnes, Celes C. (2005): Exploring Cross-Cultural Ambivalence: A Netnography of Intercultural Wedding Message Boards. In: Journal of Business Research, vol. 58, 89-95.

Nicovich, Stef/Cornwell, T. Bettina (1998): An Internet Culture? Implications for Marketing. In: Journal of Interactive Marketing, vol. 12, no. 4, 22-33.

Paccagnella, Luciano (1997): Getting the Seats of Your Pants Dirty: Strategies for Ethnographic Research on Virtual Communities. In: Journal of Computer-Mediated Communication (online), vol. 3, no. 1, visited 06/07/2006.

Pires, Guilherme/Stanton, John/Cheek, Bruce (2003): Identifying and Reaching an Ethnic Market: Methodological Issues. In: Qualitative Market Research, vol. 6, no. 4, 224-235.

Sandlin, Jennifer A. (2007): Netnography as a Consumer Education Research Tool. In: International Journal of Consumer Studies, vol. 31, no. 3, 288-294.

Schau, Hope Jensen/Gilly, Mary C. (2003): We are What We Post? Self-Presentation in Personal Web Space. In: Journal of Consumer Research, vol. 30, 385-404.

Shoham, Aviv (2004). Flow Experiences and Image Making: Online Chat-Room Ethnography. In: Psychology & Marketing, vol. 21, no. 10, 855-882.

Stempel III, Guido H./Stewart, Robert K. (2000): The Internet Provides Both Opportunities and Challenges for Mass Communication Researchers. In: Journalism and Mass Communication Quarterly, vol. 77, no. 3, 541-548.

Sudweeks, Fay/Rafaeli, Sheizaf (1996): How Do You Get a Hundred Strangers to Agree? Computer-Mediated Communication and Collaboration. In: Harrison, T. M./Stephen, T. D. (eds.): Computer Networking and Scholarly Communication in the Twenty-First Century. State University of New York Press, New York, 115-136.

Tambyah, Siok Kuan (1996): Life on The Net: The Reconstruction of Self and Community. In: Advances in Consumer Research, vol. 23. Provo, UT, 172-177.

van Dijk, Teun A. (1985): Discourse and Communication. New Approaches to the Analysis of Mass Communication. Walter de Gruyter, Berlin.

Walther, Joseph B. (1992): Interpersonal Effects in Computer-Mediated Interaction. A Relational Perspective. In: Communication Research, vol. 19, no. 1, 52-90.

Wodak, Ruth (1996): Disorders of Discourse. Longman, London.

Michael Meyer und Thomas Reutterer

Sampling-Methoden in der Marktforschung
Wie man Untersuchungseinheiten auswählen kann

1 Einleitung 231
2 Über die Verallgemeinerbarkeit 232
3 Traditionelle Sampling-Verfahren 236
4 Spezifische Verfahren für die qualitative Marktforschung 240
    4.1   Theoretical Sampling 241
    4.2   Starke theoretische Annahmen 242
    4.3   Fallstudien 243
5 Ausblick und Empfehlungen 244
6 Literatur 245

1 Einleitung

Der Frage nach passenden Verfahren zur Auswahl von Untersuchungsobjekten in der qualitativen Marktforschung wird hier in mehreren Schritten nachgegangen:

- Beim Auswahlproblem handelt es sich um ein sekundäres: Dahinter steht die Frage nach der Reichweite von Aussagen bzw. der Verallgemeinerbarkeit von Ergebnissen. Klassisches Sampling auf der Basis der Wahrscheinlichkeitstheorie ist hiefür nur einer von mehreren Möglichkeiten. Welche grundsätzlichen Alternativen gibt es, um zu Aussagen zu kommen, die über den empirisch untersuchten Bereich hinausgehen? Dieser Frage widmet sich der erste Abschnitt.

- Soll der Weg zu Aussagen über Grundgesamtheiten via nachvollziehbare Auswahl von Analyseeinheiten laufen, müssen auch qualitative ForscherInnen mit der Herausforderung umgehen, aus großen Grundgesamtheiten klassische Stichproben zu ziehen. So werden bspw. große Textmengen erhoben, und es geht um die Auswahl jener Stellen, die dann bspw. hermeneutisch analysiert werden. Oder es werden viele einzelne Kaufentscheidungen und Verhaltenssequenzen von Individuen beobachtet, und es geht es um die Frage, welche dieser Entscheidungen nun im Detail analysiert werden sollen. Die Analyseeinheit ist hier nicht das Individuum (die Gruppe, die Organisation), sondern die Bedeutungseinheit in einem Text, die Einzelhandlung in der Beobachtung oder die Interaktion in der Gruppendiskussion. In all diesen Fällen können klassische Samplingverfahren bei der Auswahl der Analyseeinheiten helfen. Da qualitative Marktforschung keineswegs mit der Auflage verbunden ist, quantitative Verfahren immer und überall zu meiden, sollen im zweiten Abschnitt klassische Zugänge zum Sampling vorgestellt werden.

- Unter „spezifischen Verfahren für die qualitative Marktforschung" versteht man jene, die Lösungen für folgendes Problem anbieten: Aus einer großen Grundgesamtheit sollen wenige Analyseeinheiten ausgewählt werden. Deren Zahl muss klein bleiben, da der mit den (qualitativen) Erhebungs- und Analysemethoden verbundene Aufwand sonst zu hoch würde. Damit scheiden klassische Samplingverfahren aus, weil sie allesamt auf einem mit großer Stichprobe fallendem Stichprobenfehler beruhen und daher bestimmte Mindeststichprobengrößen voraussetzen. Wie können nun nicht-probabilistisch Analyseeinheiten in kleiner Zahl so ausgewählt werden, dass ein Schluss von der Stichprobe auf die Grundgesamtheit nicht völlig beliebig, sondern nachvollzieh- und argumentierbar wird? Solche Verfahren werden im dritten Abschnitt vorgestellt.

Michael Meyer und Thomas Reutterer

2 Über die Verallgemeinerbarkeit

Hinter der Sampling-Frage steht eine ganz andere: Die Frage nach der Reichweite von Aussagen. Wissenschaftliche, aber auch kommerzielle Marktforschung soll ja tunlichst Aussagen formulieren, die über den konkret untersuchten Einzelfall hinausgehen. Gerade der qualitativen Marktforschung wird oft vorgeworfen, dass sie dazu nicht in der Lage ist. Um die Reichweite von Aussagen zu erhöhen, gibt es im allgemeinen drei Wege (Firestone 1993):

1. Der Schluss von einer Stichprobe auf eine Grundgesamtheit auf wahrscheinlichkeitstheoretischer Basis,

2. die analytische Verallgemeinerung oder Extrapolation auf Basis einer substanzwissenschaftlichen Theorie und

3. die Übertragung von einem Fall auf einen anderen Fall.

Ad 1: Bei der in der quantitativen Marktforschung weit verbreiteten Generalisierung auf Basis der induktiven Statistik und Wahrscheinlichkeitstheorie gibt es strenge, in der Marktforschungspraxis selten erfüllbare Voraussetzungen. So muss die Grundgesamtheit bekannt sein und eine Zufallsstichprobe daraus gezogen werden können. Die logarithmische Beziehung zwischen der Größe der Grundgesamtheit, der Stichprobengröße und dem Stichprobenfehler (Diekmann 2002, 347ff) erlaubt dann die Bestimmung einer effizienten Stichprobengröße. Freilich ist selbst bei einer Erfüllung dieser Voraussetzungen der Erkenntnisgewinn aufgrund der Induktionsproblematik beschränkt (Popper 1966, 3ff), denn streng genommen verbessern große Zufallsstichproben nur die (Vertrauens-) Wahrscheinlichkeit, mit der Hypothesen verworfen oder vorläufig angenommen werden können – immerhin.

Ad 2: Erfolgt die Verallgemeinerung analytisch-theoretisch, geht es bei empirischer Forschung darum, einzelne Fälle auf Basis allgemeingültiger Theorien zu erklären. Aus der Theorie deduzierte Hypothesen werden an der Empirie überprüft, zur Erklärung angewendet und jede einzelne Bestätigung, sei es durch eine große Zufallsstichprobe, sei es durch eine solide Fallstudie stärkt die Theorie.

Ad 3: Bei der dritten Variante handelt es sich streng genommen nicht um Generalisierung, sondern um den Transfer von Erkenntnissen aus einem Fall auf einen anderen. Wenn die Forschung reichhaltige, detaillierte und dichte Beschreibungen einzelner Fälle bringt, ermöglicht dies den Analogieschluss auf einen anderen Fall, für den die im Ausgangsfall beschriebenen Wirkungsfaktoren gelten.

In der Markt- und Meinungsforschungspraxis finden sich oft Kombinationen dieser unterschiedlichen Wege: So basieren reine Zufallsstichproben auf (1), die Quotenauswahl auf einer Kombination von (1) und (2).

Die drei Wege zeigen Parallelen mit den Erkenntnismethoden Induktion, Deduktion und Abduktion, also dem Schluss von einer Stichprobe auf die Grundgesamtheit, dem Schluss von der (theoretischen) Grundgesamtheit auf die Stichprobe, und das, was Charles S. Peirce (1986, 1990) als „educated guess" bezeichnet, also einen Schluss von vollkommen anderer Qualität – eben Abduktion oder Vorhersagen allein aufgrund von Einzelerfahrung. Nachfolgendes Beispiel illustriert diese drei grundlegend verschiedenen Arten des Schließens: Wenn alle Kugeln in einer Urne rot sind und daraus eine Stichprobe gezogen wird, lässt sich schließen, dass auch alle Kugeln dieser Stichprobe rot sind (Deduktion). Hat man eine Stichprobe aus lauter roten Kugeln vor sich, könnte man daraus auch schließen, dass alle Kugeln der Urne, aus der die Stichprobe gezogen wurde, rot sind (Induktion). Dieser Schluss ist genauso fehlerbehaftet wie die dritte Möglichkeit, die Abduktion: Alle Kugeln in der Urne sind rot. Ich habe auch eine Stichprobe vor mir, die aus lauter roten Kugeln besteht. Der abduktive Schluss lautet dann, dass die vorliegende Stichprobe aus dieser Urne gezogen wurde (zur Abduktion siehe Eco 1992, 295ff, 301ff; Rohr 1993, 86ff). Wenngleich fehleranfällig, können also nur Induktion und Abduktion neue Erkenntnisse generieren – deduktive Schlussfolgerungen bestätigen (oder widerlegen) Bekanntes.

Ziel jeglichen Sampling ist es, die Fehleranfälligkeit induktiver Schlüsse durch Rückgriffe auf Theorien zweiter Ordnung, also beispielsweise auf die Wahrscheinlichkeitstheorie, zu verringern. Wenn KritikerInnen der qualitativen Marktforschung vorwerfen, dass sie allgemeingültige Aussagen auf Basis kleiner Stichproben tätigt, wird unterstellt, dass es keine Alternativen zur Wahrscheinlichkeitstheorie gibt, um aus Populationen auszuwählen. Der Vorwurf greift nur dann, wenn man die Generalisierungsalternativen (2) und (3) vollkommen ausblendet, wovon aber auch ein Großteil der naturwissenschaftlichen Erkenntnisse betroffen wäre. Dann müsste man nämlich Galilei ernsthaft vorwerfen, dass er vor Durchführung seiner Fallexperimente keine Zufallsstichprobe von Türmen gezogen hat. Gerade in den Naturwissenschaften ersetzt die starke theoretische Annahm von der universellen Gültigkeit von Naturgesetzen die Wahrscheinlichkeitstheorie.

Bevor die Frage der Verallgemeinerbarkeit von Aussagen und der Repräsentativität der Auswahl von Stichproben und damit die Methode der Stichprobenziehung beantwortet werden kann, braucht man Klarheit über das Forschungsanliegen auf Basis der folgenden Fragen:

- Werden ein oder mehrere Einzelfälle als solche oder als RepräsentantInnen größerer Gruppen (Populationen) untersucht? Sollen also überhaupt Aussagen über eine Grundgesamtheit getroffen werden? Nur bei Bejahung dieser Frage stellt sich das Problem der Schlussfolgerung von der Auswahl auf die Population, deren genaue Beschreibung erforderlich ist.

- Handelt es sich um explorative oder konfirmative Fragestellungen, sollen also Hypothesen, also Aussagen über Zusammenhänge und Unterschiede, und in der Folge Theorien überprüft oder erst entwickelt werden? Gerade für die Exploration dürfte Abduktion die fruchtbarste Methode sein – und damit die Analogie von Fall zu Fall auf der Basis dichter Beschreibungen von Einzelfällen.

- Für den Fall der konfirmativen Forschung: Sind die theoretisch deduzierten Aussagen von einer derartigen Reichweite, dass eine induktiv-statistische Überprüfung überflüssig ist? So ist das im Fall vieler Naturgesetze, aber auch bei bestimmten psychologischen und für die Marktforschung durchaus relevanten Zusammenhängen (z.B. zwischen Aktivierung und Informationsaufnahme).

- Und schließlich sowohl für explorative als auch für konfirmative Ziele, wenn Einzelfälle eine Grundgesamtheit repräsentieren sollen: Gibt es Alternativen zur herkömmlichen (frequentistisch geprägten) Wahrscheinlichkeitstheorie, um eine Stichprobe ziehen zu können, die diese Grundgesamtheit möglichst gut abbildet?

Wir wollen in der Folge zwar zwischen den im Rahmen des qualitativen Paradigmas entwickelten Auswahlmethoden und jenen in der quantitativen Forschung üblichen traditionelleren Stichprobenmethoden unterscheiden (Abbildung 1), gleichzeitig aber darauf hinweisen, dass auch in der qualitativen Marktforschung nicht selten „quantitative" Samplingverfahren angebracht sein können. Insofern ist die strikte Trennung zwischen qualitativer und quantitativer Forschung fragwürdig. Viele Erhebungsmethoden arbeiten mit großen Textmengen (z.B. Fokusgruppeninterviews, qualitative Interviews, Dokumentenanalyse), aus denen zwangsläufig eine Auswahl getroffen werden muss. Hierfür kommt ein reichhaltiger Vorrat an konventionellen Verfahren der Stichprobenziehung in Betracht, die nachfolgend näher erörtert werden.

Der Frage nach passenden Verfahren zur Auswahl von Untersuchungsobjekten in der qualitativen Marktforschung wird hier in mehreren Schritten nachgegangen:

- Beim Auswahlproblem handelt es sich um ein sekundäres: Dahinter steht die Frage nach der Reichweite von Aussagen bzw. der Verallgemeinerbarkeit von Ergebnissen. Klassisches Sampling auf der Basis der Wahrscheinlichkeitstheorie ist hiefür nur einer von mehreren Möglichkeiten. Welche grundsätzlichen Alternativen gibt es, um zu Aussagen zu kommen, die über den empirisch untersuchten Bereich hinausgehen? Dieser Frage widmet sich der erste Abschnitt.

- Soll der Weg zu Aussagen über Grundgesamtheiten via nachvollziehbare Auswahl von Analyseeinheiten laufen, müssen auch qualitative ForscherInnen mit der Herausforderung umgehen, aus großen Grundgesamtheiten klassische Stichproben zu ziehen. So werden bspw. große Textmengen erhoben, und es geht um die Auswahl jener Stellen, die dann bspw. hermeneutisch analysiert werden. Oder es werden viele einzelne Kaufentscheidungen und Verhaltenssequenzen von Individuen beobachtet, und es geht es um die Frage, welche dieser Entscheidungen nun im Detail analysiert werden sollen. Die Analyseeinheit ist hier nicht das Individuum (die Gruppe, die Organisation), sondern die Bedeutungseinheit in einem Text, die Einzelhandlung in der Beobachtung oder die Interaktion in der Gruppendiskussion. In all diesen Fällen können klassische Samplingverfahren bei der Auswahl der

Analyseeinheiten helfen. Da qualitative Marktforschung keineswegs mit der Auflage verbunden ist, quantitative Verfahren immer und überall zu meiden, sollen im zweiten Abschnitt klassische Zugänge zum Sampling vorgestellt werden.

▪ Unter „spezifischen Verfahren für die qualitative Marktforschung" versteht man jene, die Lösungen für folgendes Problem anbieten: Aus einer großen Grundgesamtheit sollen wenige Analyseeinheiten ausgewählt werden. Deren Zahl muss klein bleiben, da der mit den (qualitativen) Erhebungs- und Analysemethoden verbundene Aufwand sonst zu hoch würde. Damit scheiden klassische Samplingverfahren aus, weil sie allesamt auf einem mit großer Stichprobe fallendem Stichprobenfehler beruhen und daher bestimmte Mindeststichprobengrößen voraussetzen. Wie können nun nicht-probabilistische Analyseeinheiten in kleiner Zahl so ausgewählt werden, dass ein Schluss von der Stichprobe auf die Grundgesamtheit nicht völlig beliebig, sondern nachvollzieh- und argumentierbar wird? Solche Verfahren werden im dritten Abschnitt vorgestellt.

Abbildung 1:   Auswahlmethoden (Quelle: Titscher et al. 2000, 37)

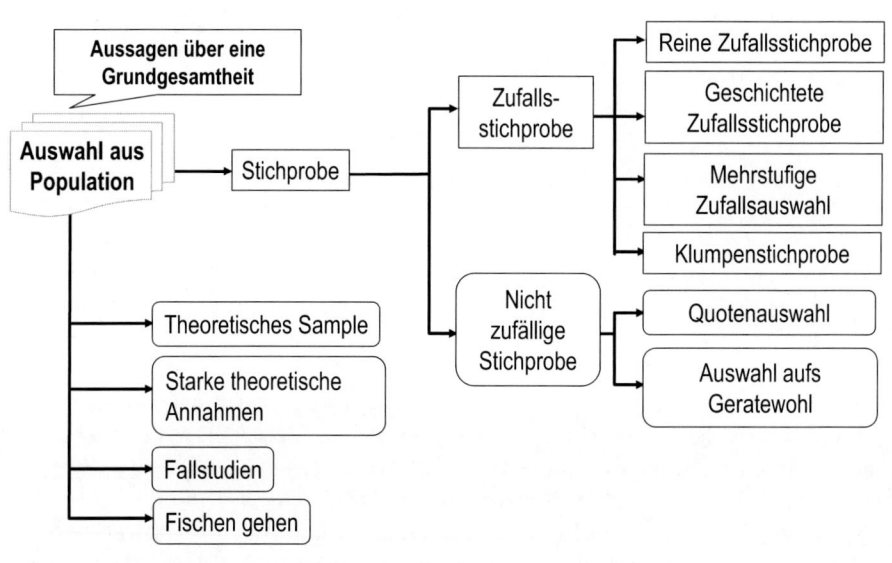

Michael Meyer und Thomas Reutterer

3 Traditionelle Sampling-Verfahren

Den in Abbildung 1 unter Verfahren der Stichprobenziehung subsumierten Auswahlmethoden ist die erkenntnistheoretische Position gemeinsam, dass auf Basis des verfügbaren Datenmaterials nicht nur gültige Aussagen über die jeweilige Stichprobe sondern auch über eine bekannte Population bzw. Grundgesamtheit angestrebt sind (Bortz/Döring 2006, 397ff). Eine solche induktive Verallgemeinerung von Analyseergebnissen wird in der einschlägig bekannten Literatur zur empirischen Sozialforschung (Yates 1981, Kalton 1983, Friedrichs 1990, Atteslander 2008) sowie in der traditionellen Marktforschungsliteratur (Green et al. 1988, Decker/Wagner 2002, Hammann/Erichson 2004, Hüttner/Schwarting 2003, Malhotra 2007) auch als Repräsentativität bzw. als Repräsentationsschluss bezeichnet. Diese Anforderung kann in der Forschungspraxis allerdings nur näherungsweise erfüllt werden, da jede Stichprobenselektion mit einem Stichprobenfehler behaftet ist (Decker/Wagner 2002, 184ff). Um diesen zu minimieren, wurden diverse Auswahlprinzipien entwickelt, die sich unter anderem auch hinsichtlich der Gewichtung der Nebenbedingung einer möglichst zeit- und kosteneffizienten Stichprobenkonstruktion unterscheiden.

Grundlegende Voraussetzung für die Anwendung des Konzepts der Repräsentativität ist zunächst eine exakte Definition des Untersuchungsgegenstandes (Merkmale, Eigenschaften, Ereignisse) und der Grundgesamtheit der interessierenden Untersuchungseinheiten (Personen, Objekte, soziale Einheiten, etc.). Sofern die Grundgesamtheit nicht hinreichend klein und heterogen ist, liegt aus Effizienzgründen die „Ziehung" einer Stichprobe nahe. Die Bezeichnung einer raum-zeitlich stabilen Grundgesamtheit bereitet aber nicht selten beträchtliche Schwierigkeiten (Friedrichs 1990, 128f; Bortz/Döring 2006, 400ff). Dies ist insbesondere im Kontext der qualitativen Marktforschung der Fall, wenn die Untersuchung einer Vielzahl recht unterschiedlicher Merkmale von Interesse ist (in der klassischen Marktforschungsterminologie spricht man in diesem Zusammenhang auch von sog. „Omnibusuntersuchungen"). Von einer „repräsentativen" Stichprobe wäre dann zu fordern, dass diese für eine breite Palette an Merkmalen der Populationszusammensetzung äquivalent ist. Da aber meist genau über diese Merkmale jegliche sichere Information in der Population fehlt (wäre diese bekannt, würde sich die Notwendigkeit einer Stichprobenziehung erübrigen), entzieht sich jede Stichprobe einer exakten und eindeutigen Qualitätsüberprüfung. Dieses auch als Paradoxon der klassischen Stichprobenziehung (Stuart 1984, 4) bezeichnete Problem hat unter anderem zur Folge, dass Repräsentativität kein objektiver Tatbestand, sondern einen unter dem jeweils zugrunde liegenden Forschungsproblem subjektiv und individuell definierten Gütebegriff darstellt (vgl. Bausch 1990, 31ff).

Ungeachtet dieser Probleme unterscheidet ein geläufiges Einteilungsschema der verschiedenen Strategien der Stichprobenkonstruktion zwischen zufälligen und nicht-zufälligen Auswahlverfahren (Abbildung 1), deren wesentliche Charakteristika nachfolgend kurz erläutert werden.

Von einer *reinen Zufallsauswahl* („Random Sample") wird gefordert, dass jedes Element der als bekannt vorausgesetzten Grundgesamtheit vom Umfang N die gleiche von Null verschiedene Wettchance $1/N$ hat, in der Stichprobe vertreten zu sein. Letzteres kann durch die auf einem Zufallsmechanismus (z.B. Erzeugung von Zufallszahlen im Intervall von 1 bis N) basierende Bestimmung der Untersuchungseinheiten gewährleistet werden. Nur durch die Realisierung einer solchen Zufallsstichprobe ist es möglich, mit Hilfe des inferenzstatistischen Instrumentariums anhand der beobachteten Stichprobenwerte die Ausprägungen der korrespondierten Populationsparameter zu schätzen und auf Basis eines wahrscheinlichkeitstheoretischen Modells anzugeben, mit welcher Sicherheit bzw. innerhalb welcher Vertrauensbereiche dieser Repräsentationsschluss gerechtfertigt ist. Dies setzt die Existenz einer Liste sämtlicher Elemente der Grundgesamtheit voraus. Nicht selten bestehen allerdings nur vage bis wenige konkrete Vorstellungen über die Zusammensetzung der Grundgesamtheit, sodass mit systematischen Auswahlfehlern zu rechnen ist und hinsichtlich einer Repräsentativitätsbeurteilung die oben angeführten Bedenken auch für ein Zufallsauswahlverfahren gelten.

Sofern eine solche Liste – aus welchen Gründen auch immer – nicht verfügbar oder unvollständig ist, besitzen nicht mehr alle Auswahleinheiten dieselbe Chance, in die Stichprobe zu gelangen. Damit wird zugleich eine strenge Bedingung der Zufallsstichprobe verletzt, das Auswahlverfahren ist nicht mehr probabilistisch und unterliegt einer gewissen Willkür. Derartige „Pseudo-Zufallsstichproben" werden auch als *Auswahl aufs Geratewohl* („Convenience Sample") bezeichnet (Bausch 1990, 37ff). In diesem Zusammenhang sei angemerkt, dass die reale Existenz einer Population keinesfalls Voraussetzung für die Anwendbarkeit der Methodik des statistischen Schließens ist. Grundsätzlich kann nämlich für jede beliebige und wie auch immer zustande gekommene Stichprobe a posteriori eine hypothetische Grundgesamtheit konstruiert werden, für welche eine solche Ad-hoc-Stichprobe repräsentativ bzw. zufällig ist. Aus Interpretationsgesichtspunkten stellt sich dann allerdings die Frage nach dem wissenschaftlichen Nutzen einer solchen fiktiven „Inferenzpopulation" (Bortz/Döring 2006, 404), der sich wohl auf einen explorativen Charakter beschränken dürfte.

Gelegentlich gelingt es, aufgrund von Vorinformationen – etwa als Ergebnis vergangener Studien oder einer hinreichend bewährten theoretischen Basis – kategoriale Merkmale (z.B. Lebensalter, Familienstand, Ausbildung) zu identifizieren, die mit den interessierenden Merkmalen des Untersuchungsgegenstandes (z.B. diverse Einstellungsvariablen) hoch korreliert sind, verhältnismäßig einfach zu erheben sind und deren Verteilung in der Grundgesamtheit bekannt ist. In solchen Fällen bietet es sich an, die Population nach Maßgabe der Ausprägungen dieser Unterteilungsmerkmale in disjunkte Teilgesamtheiten zu zerlegen und aus jeder dieser auch als Schichten („Strata") bezeichneten Teilpopulationen eine einfache Zufallsstichprobe zu ziehen. Die Stichprobenumfänge können proportional oder disproportional (z.B. gleiche Anzahl von Elementen je Teilstichprobe) zum Anteil der Schichten an der Grundgesamtheit gezogen werden. Das Ergebnis einer solchen *geschichteten Zufallsstichprobe* („Stratified Sample") setzt sich dementsprechend aus mehreren Teilstichproben zusammen, die jeweils hinsichtlich der Schichtungsmerkmale intern homogene Teilgesamtheiten repräsentieren. Für Rückschlüsse auf die Grundgesamtheit sind die einzelnen Stichprobenwerte (Anteile, Mittelwerte, Varianzen) entsprechend der Verhältnisse der Schichten zur Grundgesamtheit zu gewichten. Als Vorteile einer geschichteten Zufallsstichprobe gegenüber einer einfachen Zufallsauswahl wird die präzisere und effizientere Schätzung von Populationsparametern angeführt (sog. „Schichtungseffekt"; Decker/Wagner 2002, 193f).

Analog zur geschichteten Auswahl erfolgt auch bei einer *Klumpenstichprobe* („Cluster Sample") eine Aufteilung der Grundgesamtheit in Teilgesamtheiten. Im Unterschied zur geschichteten Stichprobe handelt es sich hierbei aber meist um sehr viele und heterogene Subgruppen bzw. Teilgesamtheiten („Klumpen"), die ihrerseits Auswahleinheiten bilden und einer einfachen Zufallsauswahl unterzogen werden. Innerhalb der gezogenen Klumpen wird eine Vollerhebung durchgeführt. Eine Klumpenauswahl gilt in der Forschungspraxis besonders dann als beliebte und ökonomische Form der Stichprobenziehung, wenn es sich bei den Klumpen um „quasi-natürliche" Gruppierungen (wie etwa Betriebsstätten, Regionen, Haushalte) handelt, deren Mitglieder (Mitarbeiter, Personen) zur interessierenden Grundgesamtheit zählen. Als besondere Form der Klumpenauswahl gelangt das sog. Flächenstichprobenverfahren, bei welchen geographisch abgegrenzte Flächenraster die Klumpen darstellen, auch für die Erstellung amtlicher Statistiken zum Einsatz (vgl. näheres dazu bei Yates 1981). Ein weiterer Vorteil des Klumpenauswahlverfahrens besteht darin, dass die Auswahlbasis der Klumpen meist wesentlich einfacher zugänglich ist und auf eine – häufig nur sehr schwer zu beschaffende – vollständige Liste aller Populationselemente daher verzichtet werden kann. In der Forschungspraxis erweisen sich die in den Klumpen enthaltenen Untersuchungseinheiten gegenüber einer einfachen Zufallsauswahl hinsichtlich der interessierenden Untersuchungsmerkmale aber häufig als vergleichsweise homogener, was eine Vergrößerung des Stichprobenfehlers bewirkt und mit höheren Stichprobenumfängen kompensiert werden muss (sog. „Klumpungseffekt"; Hammann/Erichson 2004, 145).

Eine verallgemeinerte Form des Schichtungs- bzw. Klumpungsprinzips gelangt bei der *mehrstufigen Zufallsauswahl* („multistage sample") zur Anwendung. Dabei werden auf jeder von wenigstens zwei Auswahlstufen für die jeweils vorliegende Auswahlbasis besonders angemessen erscheinende Verfahren der Stichprobenziehung hintereinander geschaltet bzw. von Stufe zu Stufe abwechselnd miteinander kombiniert. Forschungsökonomische Vorteile bringt eine mehrstufige Zufallsauswahl vor allem dann, wenn die Grundgesamtheit in eine vor dem Hintergrund des interessierenden Untersuchungsgegenstandes sinnvolle hierarchische Struktur zerlegt werden kann. Kennzeichnen beispielsweise die in Deutschland zu einem bestimmten Themenbereich erschienen Zeitungsartikel das Untersuchungsinteresse eines Forschungsprojektes, könnte aus den Verwaltungsbezirken (erste Schicht) des Bundesgebietes zunächst eine Zufallsauswahl erfolgen und innerhalb der gezogenen Bezirke eine weitere zufällige Auswahl von dort erscheinenden Tageszeitungen (zweite Schicht) erfolgen. Die in diesen Zeitungen (Klumpen) publizierten Artikel könnten dann als Auswahlbasis für die Analyse herangezogen werden. Wie das Beispiel zeigt, gelangen dabei im Unterschied zur herkömmlichen geschichteten Stichprobe nicht notwendigerweise Elemente aus allen Schichten bzw. nicht alle Elemente der ausgewählten Klumpen in die Auswahl. Durch geeignete Kombination einer Abfolge von geschichteten und Klumpenstichproben kann darüber hinaus auch der Stichprobenfehler reduziert werden (Bausch 1990, 61ff; Bortz/Döring 2006, 484).

Abgesehen von der bereits im Zusammenhang mit dem Repräsentationsschluss problematisierten Auswahl aufs Geratewohl (Ad-hoc-Stichprobe) sind in der angewandten Marktforschung eine Reihe weiterer nicht-zufälliger bzw. bewusster Verfahren der Stichprobenkonstruktion gebräuchlich (Decker/Wagner 2002, 196ff). Eine besonders beliebte – wenngleich nicht unumstrittene – Technik ist das *Quotenverfahren* („quota sampling"). Dabei weist die Quotenstichprobe zunächst gewisse Ähnlichkeiten zur Vorgehensweise bei einer geschichteten Stichprobenauswahl auf. Um eine verkleinerte Abbildung der Zielpopulation zu konstruieren, werden auch hier zunächst sog. Quotierungsmerkmale für die Auswahl der Untersuchungseinheiten herangezogen, von denen man – nach Möglichkeit sachlogisch begründet – annimmt, dass diese mit den interessierenden Untersuchungsmerkmalen in engem Zusammenhang stehen. Häufig werden dabei auch mehrere Merkmale miteinander zu Quotenplänen kombiniert. Im Gegensatz zur geschichteten Stichprobe erfolgt die Selektion der Auswahleinheiten innerhalb dieser Schichten aber nicht aufgrund eines Zufallsmechanismus, sondern wird mehr oder weniger willkürlich vorgenommen und entzieht sich daher jeder intersubjektiv nachvollziehbaren Kontrolle. Die einzige Bedingung ist die Erfüllung der Vorgaben aufgrund der Quotenpläne. Somit beziehen sich auch inferenzstatistische Aussagen für Quotenstichproben nicht auf die ursprüngliche Zielpopulation, sondern auf eine fiktive und selten genauer charakterisierbare Grundgesamtheit (Bortz/Döring 2006, 487). Die Hauptgründe für die dennoch große Beliebtheit der Quotenstichprobe dürften in erster Linie in der vergleichsweise einfach handhabbaren und kostengünstigen Durchführung zu finden sein.

Abschließend sei angemerkt, dass bestenfalls die verschiedensten Varianten einer Zufallsauswahl dem erkenntnistheoretischen Ziel der Repräsentation einer hinreichend exakt definierten Grundgesamtheit Rechnung zu tragen imstande sind. Wie angedeutet, können die dabei auftretenden Schwierigkeiten allerdings nicht selten beträchtlich sein und deren Beseitigung nur durch einen erheblichen erhebungstechnischen Aufwand bewerkstelligt werden.

Michael Meyer und Thomas Reutterer

4 Spezifische Verfahren für die qualitative Marktforschung

Auch am Beginn qualitativer Sampling-Verfahren stehen die Identifizierung der Grundgesamtheit und die genaue Festlegung der Analyseeinheiten. Auch hier soll durch eine geeignete Auswahl die Generalisierung von Aussagen ermöglicht werden, aber eben unter Rückgriff auf andere als wahrscheinlichkeitstheoretische Grundlagen und mit allen Facetten der Generalisierung (Abschnitt 1). In der Literatur finden sich dazu verschiedene Alternativen, die einen bestimmten Zweck verfolgen („purposeful sampling") und sich damit vom „random sampling" unterscheiden. So unterscheidet Patton (2005, 230) gar 15 unterschiedliche Zugänge zum Sampling in der qualitativen Forschung, ohne dass sich diese klar voneinander abgrenzen lassen:

Die *Auswahl extremer bzw. abweichender Fälle* sei ganz besonders gehaltvoll – hier werden also Ausnahmen von der Regel gesucht, z.B. besonders erfolgreiche Unternehmen oder außerordentlich gescheiterte Produkteinführungen. Das Problem dabei ist aber, dass dazu die Regel bzw. das Muster der Population bekannt sein muss. Das gleiche gilt auch für die *Auswahl besonders typischer, informationsträchtiger Fälle*, aber auch *kritischer Fälle* (*intensity sampling, typical case sampling, critical case sampling*) – auch hier muss das Muster, für das man Beispiele sucht, vorab bekannt sein.

Man kann auch das Ziel verfolgen, eine *möglichst heterogene Auswahl* zu treffen – dazu muss aber vorher plausibel festgelegt werden, in Hinblick auf welche Merkmale Heterogenität erzielt werden soll, womit auch Hypothesen über Einflussfaktoren formuliert sind. Vorab kann aber niemals geklärt werden, ob diese Merkmale in Hinblick auf das Untersuchungsziel passen, ob also die Hypothesen zutreffen. Auf der anderen Seite kann man eine möglichst *homogene Auswahl* zusammenstellen, um bestimmte Phänomene ganz genau analysieren zu können, also möglichst wenig durch die Streuung der Merkmale abgelenkt zu sein, um nicht die groben, sondern die feinen Unterschiede zu entdecken.

Das *Schneeballprinzip* gibt einen Prozessvorschlag: Um bspw. ExpertInnen für eine Einschätzung von Innovationen zu finden, kann man sich mit der Frage „Wer ist Ihrer Meinung nach ein besonders guter Experte für _____" an potenzielle ExpertInnen wenden. Stichproben können weiters nach *theoretischen Kriterien* zusammengestellt, Fälle je nach ihrer Bestätigung bzw. Widerlegung (*confirming/disconfirming*) bisheriger Annahmen gewählt werden.

Hinter Systematiken wie dieser stehen u.E. genau drei bzw. vier grundlegende Prinzipien, die sich als Alternative zur Zufallsstichprobe anbieten und auf die nun näher eingegangen werden soll: (1) Das theoretische Sampling aus der Grounded Theory, das ganz wesentlich auf Variation in Bezug auf Homogenität und Heterogenität, Typik und Abweichung von Untersuchungseinheiten Wert legt. (2) Starke theoretische Annahmen, die Kriterien für die Auswahl bestimmter Untersuchungseinheiten liefern. (3) Die Auswahl und intensive Analyse von dichten und informationsträchtigen Einzelfällen und schließlich - weniger empfehlenswert – (4) das Fischen im Trüben.

4.1 Theoretical Sampling

Das bekannteste und populärste Verfahren ist das sog. *„Theoretical Sampling"*, welches im Rahmen der Grounded Theory (Glaser/Strauss 1967, Strauss/Corbin 2003) entwickelt wurde. Theoretisches Sampling empfiehlt die Auswahl von Stichproben auf der Basis von Konzepten der sich entwickelnden Theorie und ist damit weniger ein konkretes Verfahren als vielmehr eine Konsequenz der Methodologie. Diese bedeutet ein permanentes Pendeln zwischen Empirie und Theorie, wobei zuerst theoretische Aussagen aus der Empirie entwickelt und in dieser verankert werden („grounded"), die dann wiederum zur Analyse der Empirie herangezogen und auf diesen neuen Erkenntnisse weiter entwickelt werden. Ziel ist es, Indikatoren für die bereits entwickelten Konzepte gezielt zu suchen und zu erkennen. Basis dafür sind jene relevanten Konzepte, die beim Vergleichen immer wieder auftauchen oder auch ganz offensichtlich abwesend sind. Analog zu den Kodierstrategien der Grounded Theory werden folgende Sampling-Strategien empfohlen (Strauss/Corbin 2003, 176ff):

- Prinzipiell sollte mit möglichst offenem Sampling in die Forschung eingestiegen werden (offenes Kodieren), sind einmal Beziehungen zwischen Konzepten entwickelt, sollte

- gezieltes Sampling von Beziehungen und Variationen erfolgen, um möglichst extreme Unterschiede in der dimensionalen Ebene zu finden (axiales Kodieren), und im Anschluss daran

- diskriminierendes Sampling mit dem Ziel, den „roten Faden" zu bestätigen, die Beziehungen zwischen den Kategorien zu maximieren und spärlich entwickelte Kategorien zu füllen (Strauss/Corbin 2003, 148ff).

Zuerst werden also Fälle gesammelt, die zu den sich entwickelnden Hypothesen passen, dann solche, die möglichst weit abweichen. Dabei wird eine Besonderheit der Grounded Theory deutlich, nämlich die Aufhebung der sonst üblichen Trennung von Datenerhebung und –analyse. Die durch die Bezeichnung „Theoretical Sampling" angedeutete Nähe zu traditionellen Sampling Methoden führt in die Irre: Es geht ja der Grounded Theory nicht um Schlüsse auf eine Population, sondern immer nur um Theorien mittlerer Reichweite, nicht um Hypothesenprüfung, sondern um Hypothesenentwicklung. Ausgangspunkt ist eine Forschungsfrage (z.B. welche Informationen werden von Managern für die Entscheidungsfindung über eine Neuproduktalternative tatsächlich herangezogen?), auf deren Basis dann konkrete Phänomene ausgewählt werden, die es zu beobachten gilt.

Das wichtigste Kriterium für die Auswahl heißt maximale Perspektivenvariation („extreme/deviant case sampling"; vgl. Patton 2005, 230ff), um so die Forschungsfrage mit möglichst vielen Kontrasten und Extremfällen beleuchten zu können. Konkret kann man beispielsweise bei Erhebungen in Gruppen und Organisationen einen Schneeballeffekt dergestalt auslösen lassen, indem man sich von den gerade untersuchten Personen (z.B. MarketingmanagerInnen) jeweils andere Gruppen- oder Organisationsmitglieder (z.B. Ingenieure, F&E-, Finanzverantwortliche, etc.) mit möglichst unterschiedlicher Perspektive zur Frage nennen lässt. Diese werden dann solange ausgewählt und bspw. interviewt, bis die Auswahl derart gesättigt ist, dass keine neuen Perspektiven zur Forschungsfrage auftauchen.

4.2 Starke theoretische Annahmen

Damit unterscheidet sich das „theoretische Sampling" doch wesentlich vom folgenden Verfahren. Das, was es in der Bezeichnung andeutet, leistet es nämlich gerade nicht: die Anwendung theoriebasierter Auswahlkriterien. Dies passiert bei der *Verwendung starker theoretischer Annahmen* zur Auswahl von Untersuchungseinheiten. Im Unterschied zur Grounded Theory sind es hier nicht Konzepte, die gerade erst entwickelt werden, sondern existente Theorien (z.B. zur „bounded rationality" von Entscheidungsprozessen; vgl. March/Simon 1958), die äquivalent zur Wahrscheinlichkeitstheorie die Auswahl bestimmter Elemente legitimieren. Theoretisch wohlbegründete Erklärungen können die Zusammenstellung einer Stichprobe ohne Rückgriff auf statistische Aspekte der Repräsentativität anleiten, und zwar in zweierlei Hinsicht (Titscher et al. 2000): Entweder helfen sie bei der Begründung, warum jegliche Auswahl auf das gleiche hinausläuft, weil sich das Ganze quasi holographisch auch in jedem einzelnen Teil befindet, oder die Theorie liefert Auswahlkriterien.

Ein prominentes Beispiel für die erste Strategie ist die Methodik der Objektiven Hermeneutik (Oevermann et al. 1979), die in der Aufzeichnung von Interaktionen latente Sinnstrukturen finden will. Die theoretische Annahme hinter dieser Methode ist, dass diese latenten Strukturen sich in jedem kleinen Interaktionsdetail niederschlagen. Daher kann beispielsweise aus einem Interviewtranskript jeder beliebige Teil ausgewählt und analysiert werden, was bei der intensiven Analyse, die diese Methodik vorschlägt, oft bedeutet, dass aus einem hunderte Seiten umfassenden Transkript nur wenige Zeilen analysiert werden.

Die zweite Strategie, starke theoretische Annahmen einzusetzen, findet sich häufiger und in unterschiedlichen Spielarten. Eine Gemeinsamkeit mit der geschichteten Zufalls- und der Quotenauswahl im quantitativen Zutritt zeigt sich insofern, als auch hier die Verteilung der theoretisch postulierten Einflussfaktoren in der Stichprobe kontrolliert werden soll, um eine quasi-experimentelle Situation zu simulieren (z.B. Vergleich von Angehörigen unterschiedlicher sozialer Schichten). Eine starke Theorie wie bspw.

jene der kognitiven Dissonanz (Festinger 1957) kann helfen, bestimmte Interviewsequenzen zu analysieren: jene, die um Bestätigung einer Kaufentscheidung bitten, jene, die die selektive Informationsverarbeitung belegen. Die Dissonanztheorie legt aber auch nahe, bei der Analyse von KundInnen-Loyalitätsprogrammen (Downling/Uncles 1997) nicht Mitglieder, sondern auch Aussteiger und vor allem solche KonsumentInnen, die gerade vor der Entscheidung stehen, zu befragen, um ein entsprechendes Spektrum an Einstellungen zu solchen Programmen abzubilden.

Starke theoretische Annahmen können auch dazu beitragen, besonders relevante Passagen aus großen Textmengen auszuwählen. So können in einer Gruppendiskussion nur jene Redebeiträge analysiert werden, die sich in der Folge als besonders anschlussfähig erwiesen haben, auf die also andere Sprecher direkt Bezug nehmen. Diese könnten dann mit jenen Redebeiträgen verglichen werden, auf die nie oder nur selten Bezug genommen wird, die also in der ausgewählten Gruppe nicht oder nur wenig anschlussfähig sind.

4.3 Fallstudien

Die *Fallstudie* ist ein dritter Weg der Auswahl von Untersuchungseinheiten in der qualitativen Forschung. Damit ist eine Forschungsstrategie gemeint, die ein bestimmtes Phänomen anhand eines oder mehrere Objekte im „natürlichen" Kontext, also quasi in freier Wildbahn untersuchen will (Ragin/Becker 2000). Im Rahmen von Fallstudienuntersuchungen sollen unterschiedliche Erhebungsmethoden eingesetzt werden. So könnten bspw. bei einer Studie zum Konsumverhalten in Familien Verbrauchsprotokolle geschrieben, Einkaufslisten und Rechnungen analysiert und Einzel- sowie Gruppeninterviews geführt werden. Fallstudien versuchen Phänomene quasi mikroskopisch und sehr genau zu untersuchen und können sowohl mit explorativer als auch mit konfirmativer Absicht eingesetzt werden. Gemeinsam ist Fallstudienuntersuchungen, dass die Fälle nicht aus einer Grundgesamtheit gezogen werden, um diese in ihrer ganzen Bandbreite zu repräsentieren, sondern dass sie gerade aufgrund ihrer Typik ausgewählt werden. Es handelt sich bei Fällen also um für ein bestimmtes Problem besonders typische Fälle. Insofern verfolgen Fallstudienuntersuchungen andere Generalisierungsstrategien (Abschnitt 1) als Stichproben. Seriös durchgeführte Fallstudienuntersuchungen sind sehr aufwändig, weil sie eine möglichst vollständige Beschreibung, ein genaues Verstehen und möglichst vollständiges Erklären implizieren – und dazu eben eines multimethodischen Ansatzes bedürfen.

Das Design einer Fallstudie sollte folgende fünf Punkte berücksichtigen (Yin 2003):

1. Die Forschungsfrage,
2. die theoretischen Annahmen,

3. die Analyseeinheiten (Personen, Gruppen, Familien, Entscheidungen u.a.),
4. die logische Relation zwischen Annahmen und Daten sowie
5. die Kriterien für die Ergebnisinterpretation.

Die Forschungsfrage bestimmt dabei die Analyseeinheit. Normalerweise wird ein Unterschied zwischen „single-case-study" und „multiple-case-study" gemacht. Einzelfallstudien unterliegen dem großen Risiko, dass die ForscherInnen allzu überzeugt sind, ihren Fall vollständig durchschaut und alle Facetten beleuchtet zu haben, daher braucht es gerade hier eine strikte Methodik (Yin 2006). Aber auch multiple Case-Studies zielen nicht auf statistische, sondern eher auf theoretische Generalisierung ab. Auch wenn es auf den ersten Blick nicht so scheint, braucht gerade Fallstudien-Forschung eine sehr gute theoretische Fundierung, um aus der Vielfalt der Phänomene, die sich bei realen Fällen zur Untersuchung anbieten, die Orientierung zu behalten: „The typical atheoretic statement ‚Let's collect information about everything' does not work, and the investigator without descriptive theory will soon encounter enormous problems in limiting the scope of the study" (Yin 2006, 21).

Damit unterscheidet sich die Fallstudien-Strategie deutlich von jener Vorgehensweise, die zuletzt besprochen werden soll: Ganz einfach fischen zu gehen – irgendetwas wird schon im Netz hängen bleiben. Derartige Auswahlverfahren werden dann als „self-selected sample" oder „convenience or haphazard sample" bezeichnet (Maisel/Persell 1996, 4). Dieses Verfahren hat leider zwei gewichtige Nachteile: Zum einen kann man in den Sozialwissenschaften und auch in der Marktforschung nicht immer gut zwischen einem alten Schuh und einem delikaten Fisch unterscheiden. Zum zweiten: Selbst wenn es ein Fisch ist, der im Netz hängen bleibt, bleibt vollkommen unklar, ob dieser Fisch irgendwie für die Population des entsprechenden Gewässers steht.

Nichtsdestotrotz stellt das Fischen eine weit verbreitete Methode dar, um in der qualitativen Forschung zu Analyseobjekten zu kommen, und unter bestimmten Umständen ist diese auch akzeptabel: Zum ersten muss man sich klar sein, wie die Maschen des Netzes gestrickt sind, und das muss in der Studie auch transparent gemacht werden. Zum zweiten muss sich der Forscher bzw. die Forscherin der Beschränkungen, die mit dieser Auswahl einhergehen, bewusst sein und gewagte Schlussfolgerungen vermeiden. Insofern kann das Fischen für Vorstudien durchaus angemessen sein.

5 Ausblick und Empfehlungen

Das Sampling wird von vielen für die Achillesferse der qualitativen Marktforschung gehalten. Was dabei aber oft vergessen wird: Es handelt sich um die Achillesferse jeglicher Sozialforschung. Zufallsstichproben ohne Ablehnungsraten, also mit hundertprozentigem Rücklauf, gibt es nicht. Der erhebungstechnische Aufwand, dann noch in die Nähe eines einigermaßen chancengleichen Auswahlprinzips zu gelangen, ist enorm. Selten werden Populationen präzise definiert, selten wird auch exakt überprüft, welche systematischen Fehler in den für die Marktforschung verfügbaren Datenbanken liegen.

Ganze Forschungstraditionen – man denke nur an die klassisch-experimentelle Sozialpsychologie – basieren auf höchst eingeschränkten Stichproben: US-amerikanische, weiße Collegestudierende. Insofern legt man an die qualitative Marktforschung Maßstäbe an, die die quantitative Marktforschung nie erfüllen würde.

Wir haben darzustellen versucht, dass es sowohl bei den traditionellen wie auch bei den qualitativen Auswahlverfahren „bessere" und „schlechtere" gibt, dass also die Generalisierbarkeit von Aussagen auf der Grundlage bestimmter Stichprobenverfahren plausibler sein wird als auf Basis von „convenient samples" oder von Fischfang. Zentrales Gütekriterium jeglicher Forschung ist auch bei der Wahl einer angemessenen Sampling-Strategie die Nachvollziehbarkeit. Konsequenterweise richten sich auch beim qualitativen Sampling viele Empfehlungen in Richtung Dokumentation der Vorgehensweise (Miles/Huberman 1984, 36ff; Werner/Bernard 1994). Sudman (1976, 27) präsentiert eine Glaubwürdigkeitsskala für die Darstellung von quantitativen Samples mit folgenden Kriterien:

- Verallgemeinerbarkeit: geographische Reichweite, Diskussion von Beschränkungen, Verwendung ganz spezifischer Population;

- Größe des Samples,

- Ausschöpfung des Samples.

Insbesondere die ausführliche und seriöse Diskussion der Beschränkungen, die sich aus der eigenen Stichprobe für die gewonnenen Erkenntnisse ergeben, ist zentral. Eine entsprechende theoretische Fundierung des Gesamtkonzeptes sollte dann verhindern, den Wald vor lauter Bäumen aus dem Auge zu verlieren – sei es, indem man den Wald als arithmetisches Mittel einer Zufallsauswahl von Bäumen hinreichend beschrieben meint, sei es, dass man sich in einer besonders schönen Fichte verliert und dort die Essenz des Waldes zu erkennen glaubt. Beides ist ein Kurzschluss – den Wald wird man ohne Theorie nicht finden.

6 Literatur

Atteslander, P. (2008): Methoden der empirischen Sozialforschung. Berlin.
Bausch, T. (1990): Stichprobenverfahren in der Marktforschung. München.

Bortz, J./Döring, N. (2006): Forschungsmethoden und Evaluation für Human- und Sozialwissenschaftler. Heidelberg.
Decker, R./Wagner, R. (2002): Marketingforschung: Methoden und Modelle zur Bestimmung des Käuferverhaltens. München.
Downling, G. R./Uncles, M. (1997): Do Customer Loyalty Programs Really Work? In: Sloan Management Review, 38, 4, 71-82.
Eco, U. (1992): Die Grenzen der Interpretation. München.
Festinger, L. (1957): A Theory of Cognitive Dissonance. Stanford.
Firestone, W. A. (1993): Alternative Arguments for Generalizing from Date as Applied to Qualitative Research. In: Educational Researcher, 22, 4, 16-23.
Friedrichs, J. (1990): Methoden der empirischen Sozialforschung. Opladen.
Glaser, B. G./Strauss, A. (1967): The Discovery of Grounded Theory: Strategies for Qualitative Research. Chicago.
Green, P. E./Tull, D. S./Albaum, G. (1988): Research for Marketing Decisions. Englewood Cliffs, NJ.
Hammann, P./Erichson, B. (2004): Marktforschung. Stuttgart.
Hüttner, M./Schwarting, U. (2003): Grundzüge der Marktforschung. München, Wien.
Kalton, G. (1983): Introduction to Survey Sampling. Newbury Park, CA.
Maisel, R./Persell, C. H. (1996): How Sampling Works. Thousand Oaks.
Malhotra, N. K. (2007): Marketing Research: An Applied Orientation. Upper Saddle River, NJ.
March, J. G./Simon, H.A. (1958): Organizations. New York.
Miles, M. B./Huberman, A. M. (1984): Qualitative Data Analysis. Newbury Park.
Oevermann, U./Allert, T./Konau, E./Krambeck, J. (1979): Die Methodologie einer „objektiven Hermeneutik" und ihre allgemeine forschungslogische Bedeutung in den Sozialwissenschaften. In: Soeffner, H.-G. (Hrsg.): Interpretative Verfahren in den Sozial- und Textwissenschaften. Stuttgart, 352-434.
Patton, M. Q. (2005): Qualitative Research and Evaluation Methods. Thousand Oaks, CA.
Peirce, C. S. (1986): Semiotische Schriften 1865-1903. Frankfurt am Main.
Peirce, C. S. (1990): Semiotische Schriften 1903-1906. Frankfurt am Main.
Popper, K. (1966): Logik der Forschung. Tübingen.
Ragin, C. C./Becker, H. S. (Hrsg.). (2000): What is a Case? Exploring the Foundations of Social Inquiry. Cambridge, UK.
Rohr, S. (1993): Über die Schönheit des Findens. Die Binnenstruktur menschlichen Verstehens nach Charles S. Peirce: Abduktionslogik und Kreativität. Stuttgart.
Strauss, A./Corbin, J. (2003): Basics of Qualitative Research. Newbury Park.
Stuart, A. (1984): The Ideas of Sampling. London.
Sudman, S. (1976): Applied Sampling. New York.
Titscher, S./Meyer, M./Wodak, R./Vetter, E. (2000): Methods of Text and Discourse Analysis. London.
Werner, O./Bernard, H.R. (1994): Ethnographic Sampling. In: Cultural Anthropology Methods, 6, 2, 7-9.
Yates, F. (1981): Sampling Methods for Census and Surveys. London.
Yin, R. K. (2003): Case Study Research: Design and Methods. Beverly Hills.
Yin, R. K. (2006): Applications of Case Study Research. Newbury Park.

Thomas Foscht, Thomas Angerer
und Bernhard Swoboda

Mixed Methods
Systematisierung von Untersuchungsdesigns

1 Der Forschungsprozess als Bezugsrahmen 249
2 Untersuchungsdesigns im Rahmen von Mixed Methods 251
    2.1 Untersuchungsdesigns im Überblick 251
    2.2 Mix in einer Phase des Forschungsprozesses (Methodendesign) 255
    2.3 Mix in mehreren Phasen des Forschungsprozesses (Forschungsdesign) 255
    2.4 Mix mehrerer Untersuchungsdesigns 257
3 Zusammenfassung und Ausblick 258
4 Literatur 259

1 Der Forschungsprozess als Bezugsrahmen

Häufig werden der quantitative und der qualitative Forschungszugang gegensätzlich aufgefasst bzw. dargestellt. Gerade aber die gezielte und systematische Kombination beider Zugänge kann für die umfangreiche und tiefgehende Beantwortung vieler Forschungsfragen zielführend sein. Vor diesem Hintergrund wurden die Mixed Methods entwickelt, die im anglo-amerikanischen Raum mittlerweile – neben dem quantitativen und dem qualitativen – bereits als drittes Forschungsparadigma diskutiert werden. Im Rahmen des folgenden Beitrages sollen der Begriff definiert, die Einsatzbereiche von Mixed Methods strukturiert sowie die Anwendungsmöglichkeiten an Hand eines Beispiels dargestellt werden.

Jede empirische Forschungsarbeit folgt grundsätzlich einem mehr oder weniger starren idealtypischen Schema. Dieses *Schema* hat sich in unzähligen Forschungsarbeiten bewährt und kann als Standard für die Durchführung von Forschungsarbeiten betrachtet werden. Wenngleich manche Teilabfolgen grundsätzlich nicht anders möglich sind (z.B. Datenanalyse erst nach der Datenerhebung) und eine Diskussion eines solchen Schemas vordergründig als überflüssig erscheinen könnte, dürfte in manchen Fällen der Hinweis auf das Schema durchaus angebracht sein, wenn etwa die Datenerhebung erfolgt bevor noch die Fragestellungen exakt formuliert wurden.

Ausgangspunkt des Forschungsprozesses ist ein Phänomen, das der Forscher beobachtet bzw. erkannt hat. Das Wissen über das Phänomen wird durch eine Reihe von Aussagen – im Idealfall bereits durch eine Reihe von Hypothesen – repräsentiert (Foscht/Swoboda 2007, 10). Dem kritischen Rationalismus zufolge geht es im Forschungsprozess dann darum, diese Aussagen zu überprüfen. Die grundsätzlichen Aussagen zum Phänomen werden in Verbindung mit dem aktuellen Stand des Wissens sowie der Definition der relevanten Begriffe im Rahmen der *Konzeptionsphase* zur zentralen Fragestellung zusammengeführt (Hildebrandt 2000, 38). Lässt es allerdings der Stand der Forschung noch nicht zu, gut begründete Hypothesen zu formulieren, muss eine alternative Vorgehensweise gewählt werden. Beim Betreten von wissenschaftlichem Neuland wird zunächst eine erkundende Untersuchung durchgeführt, deren Ziel insbesondere die Entwicklung neuer Hypothesen darstellt (Bortz/Döring 2006, 31 und 50). Die Fragestellung und der Zweck der Untersuchung bilden das Konzept der Untersuchung, wobei bei der Konzeptbildung zwischen den drei Ebenen theoretische und gedankliche Konzepte (Welt des Denkens), Beobachtungen (Welt der Objekte) sowie linguistische Terme (Welt der Sprache) zu unterscheiden ist (Hildebrand 2000, 38).

Nachdem die Konzeptbildungsphase abgeschlossen ist, beginnt die *Empiriephase* mit der Datenerhebung. Im Rahmen der Datenerhebung stehen sämtliche Möglichkeiten offen, die die Marktforschung bietet, wobei zwischen Primärerhebung und Sekundärerhebung unterschieden werden kann (Decker/Wagner 2002, 21). Im Rahmen der Primärerhebung unterscheidet man grundsätzlich die Erhebungsformen Befragung und Beobachtung, im Bereich der Sekundärforschung steht meist die Sammlung von bereits erhobenen Daten (u.a. auch in Datenbanken) im Mittelpunkt (Bortz/Döring 2006, 365ff). Im Anschluss an die Datenerhebung erfolgt die Analyse der erhobenen Daten. Zu diesem Zweck existiert eine Reihe von Möglichkeiten, die von statistischen Tests bis zu interpretativen Analysen reichen und zunehmend softwareunterstützt durchgeführt werden können.

Am Ende des Prozesses steht die *Schlussfolgerungsphase* und häufig das Ziel möglichst generalisierbares Wissen zu erzeugen und Phänomene zu erklären (Hildebrandt 2000, 39, Decker/Wagner 2002, 52ff). Der gesamte Forschungsprozess ist im Überblick in Abbildung 1 schematisch dargestellt.

Abbildung 1:   Grundsätzlicher Ablauf des Forschungsprozesses

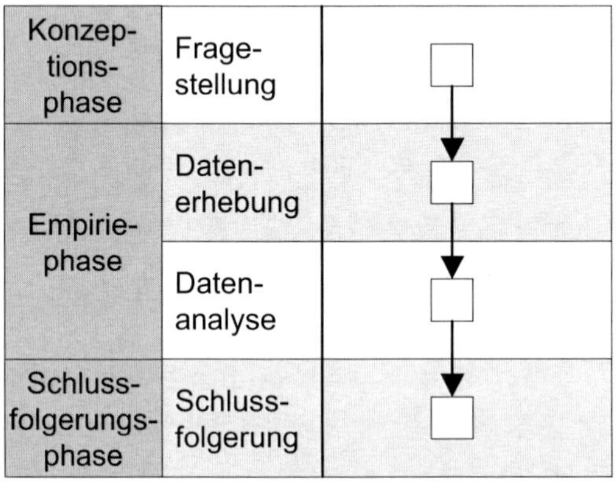

Konzeptionsphase	Fragestellung	□
Empiriephase	Datenerhebung	□
	Datenanalyse	□
Schlussfolgerungsphase	Schlussfolgerung	□

Wenngleich der Forschungsprozess hinsichtlich der zeitlichen logischen Abfolge einen engen Rahmen vorgibt, lässt der grundsätzliche Ablauf von Forschungsarbeiten hinsichtlich des Einsatzes von unterschiedlichen Methoden eine Reihe von Gestaltungsmöglichkeiten offen, auf die in den folgenden Kapiteln eingegangen werden soll.

2 Untersuchungsdesigns im Rahmen von Mixed Methods

2.1 Untersuchungsdesigns im Überblick

Wenn man Untersuchungsdesigns im Mixed Methods-Zugang genauer beschreiben und von anderen empirischen Designs abgrenzen möchte, so kann man prinzipiell *eingleisige* und *mehrgleisige Forschungsprozesse* unterscheiden (Abbildung 2).

Eingleisige Untersuchungsdesigns (Monostrand Designs) sind dadurch gekennzeichnet, dass in der Empiriephase nur eine Methode zur Datenerhebung oder Datenanalyse in Bezug auf die jeweilige Fragestellung zum Einsatz gelangt (Tashakkori/Teddlie 2002, 683ff; Tashakkori/Teddlie 2006). Sinngemäß wird dabei dem Motto „entweder – oder" gefolgt. Dies bedeutet, dass Forschungsfragen durch den Einsatz jeweils nur einer Methode beantwortet werden. Werden für die Beantwortung explorativer Fragestellungen qualitative Methoden oder zur Beantwortung konfirmatorischer Fragestellungen quantitative Methoden eingesetzt, spricht man von *monomethodischen* Designs. Umgekehrt ist es prinzipiell auch möglich, zur Beantwortung quantitativer Fragestellungen qualitative Methoden einzusetzen oder umgekehrt. In diesem Fall spricht man von *gemischten* Designs. Dabei können zwei Typen unterschieden werden. Beim konzeptionell gemischten Design sind die Konzeptionsphase und die Schlussfolgerungsphase demselben Paradigma (qualitativ oder quantitativ), die gesamte Empiriephase ist hingegen dem anderen Paradigma (quantitativ oder qualitativ) zuzurechnen. Dies bedeutet z.B., dass konfirmatorische Forschungsfragen durch den Einsatz qualitativer Methoden in der Empiriephase beantwortet werden sollen. Der zweite Typ im Rahmen der gemischten Designs wird als datenkonvertierendes Design bezeichnet. In diesem Design sind die Konzeptionsphase, die Datensammlungsphase und die Schlussfolgerungsphase demselben Paradigma zuzurechnen (qualitativ oder quantitativ), lediglich die Datenanalysephase entspricht dem anderen Paradigma (quantitativ oder qualitativ). In datenkonvertierenden Designs werden z.B. durch Interviews erhobene qualitative Daten für die Analyse in quantitative Daten konvertiert, indem beispielsweise bestimmte Merkmale nach der Häufigkeit ihrer Nennung ausgezählt werden (Greene/Caracelli 1997, 5ff).

Mehrgleisige Untersuchungsdesigns (Multistrand Designs) sind im Gegensatz zu eingleisigen dadurch gekennzeichnet, dass einerseits in der Empiriephase mehrere Methoden zur Beantwortung derselben Fragestellung parallel zum Einsatz kommen können und andererseits diese Parallelität nicht nur auf die Empiriephase beschränkt bleiben muss, sondern auch die beiden anderen Phasen des Forschungsprozesses betreffen kann. Im Rahmen mehrgleisiger Designs können monodisziplinäre und gemischte Typen unterschieden werden. Im Bereich der *monodisziplinären* Designs wird im Forschungsprozess nur im Rahmen eines Paradigmas gearbeitet, d.h. die Studie ist entweder als eindeutig quantitativ oder als eindeutig qualitativ zu klassifizieren. Demzufolge können multimethodische quantitative und multimethodische qualitative Designs unterschieden werden. Die Mehrgleisigkeit entsteht dadurch, dass mehrere Methoden zur Beantwortung derselben Forschungsfrage eingesetzt werden. *Gemischte* Designs sind demgegenüber dadurch gekennzeichnet, dass qualitative und quantitative Methoden gemeinsam zum Einsatz gelangen. Je nachdem, in welcher Phase des Forschungsprozesses und in welcher Art die Integration von qualitativem und quantitativem Paradigma erfolgt, können unterschiedliche Typen von Untersuchungsdesigns im Rahmen von Mixed Methods unterschieden werden (Greene/Caracelli 1997, 5ff).

Mehrgleisige gemischte Untersuchungsdesigns sind dadurch gekennzeichnet, dass das qualitative und das quantitative Paradigma im Forschungsprozess verbunden werden. Die Verbindung folgt dabei dem Motto „sowohl – als auch". In diesem Zusammenhang können zwei grundsätzliche Typen unterschieden werden. Der Mix kann einerseits nur in der Empiriephase erfolgen, andererseits aber auch zumindest eine der beiden anderen Phasen im Forschungsprozess betreffen. Zur Betonung dieser Unterschiede kann man im ersten Fall von *Methodendesigns* und im zweiten Fall von *Forschungsdesigns* sprechen. In Abb. 3 wird ein Überblick über den typologischen Bezugsrahmen in Hinblick auf mehrgleisige gemischte Untersuchungsdesigns gegeben. Darin wird auch eine zeitliche Dimension in die Betrachtung aufgenommen, indem die Vorgehensweise bei der Integration von qualitativem und quantitativem Zugang zusätzlich Berücksichtigung findet, und dem Schema des klassischen Forschungsprozesses gefolgt.

Von diesen Begriffen abzugrenzen ist der Begriff *Triangulation*, der von Denzin (1989) eingeführt wurde und grundsätzlich etwas breiter gefasst ist (Tashakkori/Teddlie 1998, 41). Von Triangulation spricht man, wenn Befunde mehrerer Arten von Probanden (Data Triangulation), unterschiedlicher Forscher (Investigator Triangulation), unterschiedlicher Theorien (Theorien-Triangulation) oder unterschiedlicher Methoden (methodologische Triangulation) miteinander verglichen werden (Flick 1995). Ergebnisabweichungen werden als Anlass zur Verbesserung von Untersuchungsmethoden genommen. Während man im qualitativen Ansatz von Triangulation spricht, wird im quantitativen Ansatz die sog. Multitrait-Multimethod-Methode eingesetzt, um im Rahmen sog. Methodenvergleiche abzuschätzen, inwieweit die gewählte Methode die mit dem Untersuchungsgegenstand verbundenen Erkenntnisse bestimmt (Bortz/Döring 2006, 365). Während Triangulation begrifflich den Mix in mehreren Phasen des Forschungsprozesses umfassen kann, betrifft die Multitrait-Multimethod-Methode den Mix verschiedener Methoden in lediglich einer Phase des Forschungsprozesses. Diese Unterscheidung wird im Folgenden weiter vertieft.

Abbildung 2: Untersuchungsdesigns im Überblick (nach Tashakkori/Teddlie 2002, 681-690)

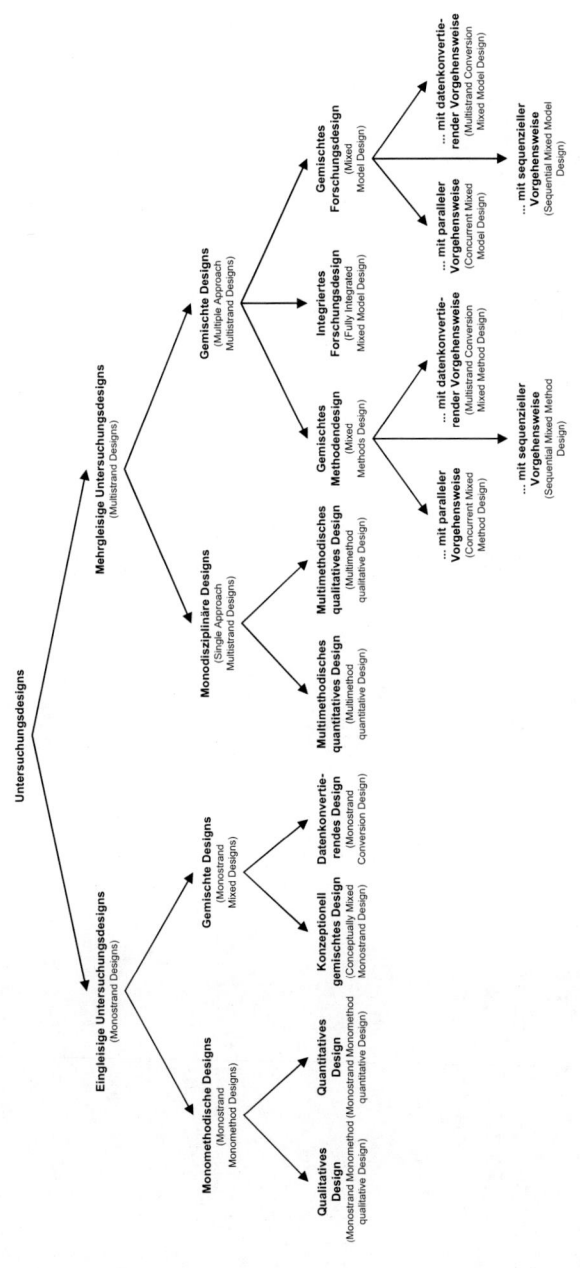

Abbildung 3: Typen von mehrgleisigen gemischten Designs im Überblick
(Multistrand Mixed Designs)

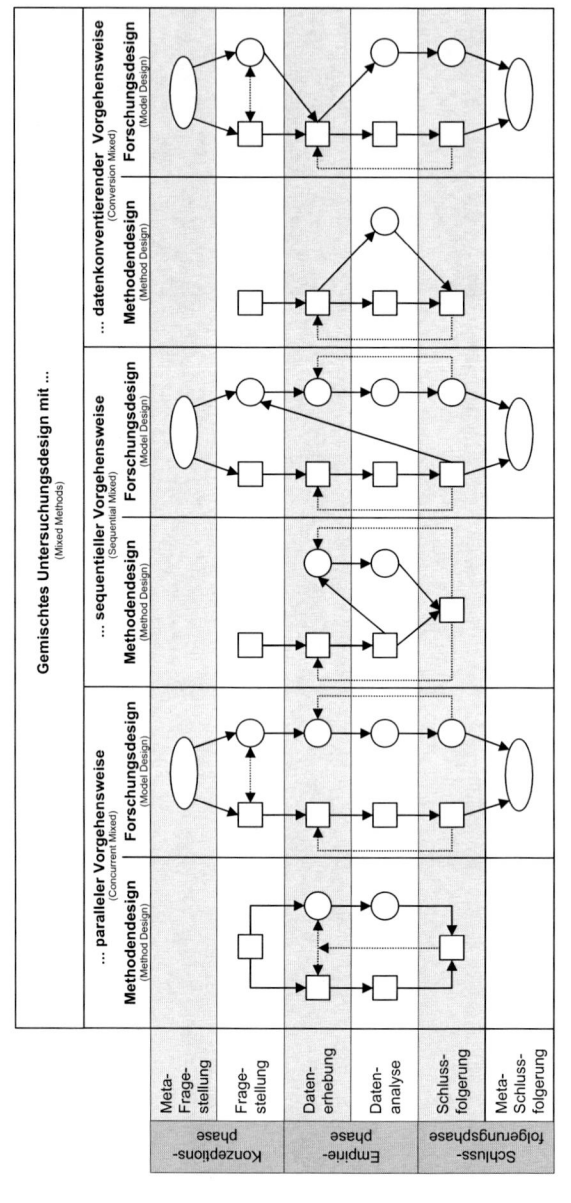

2.2 Mix in einer Phase des Forschungsprozesses (Methodendesign)

Mehrgleisige gemischte *Methodendesigns* (Multistrand Mixed Method Designs) sind dadurch gekennzeichnet, dass in der Empiriephase der qualitative und der quantitative Zugang im Bereich der Datenerhebung und/oder der Datenanalyse nebeneinander untersucht werden. Im Bereich der beiden anderen Phasen des Forschungsprozesses gilt allerdings, dass nur einem Paradigma entsprechend vorgegangen wird und entweder konfirmatorische oder explorative Forschungsfragen verfolgt werden und die Schlussfolgerungen dementsprechend entweder deduktiver oder induktiver Art sind. Entsprechend der Art der Integration des qualitativen und quantitativen Zuganges können drei Typen unterschieden werden (Tashakkorie/Teddlie 2002, 686ff):

- Gemischtes Methodendesign mit paralleler Vorgehensweise (MP-Design) (Concurrent Mixed Method Design),
- gemischtes Methodendesign mit sequenzieller Vorgehensweise (MS-Design) (Sequential Mixed Method Design) und
- gemischtes Methodendesign mit datenkonvertierender Vorgehensweise (MC-Design) (Conversion Mixed Method Design).

Beim MP-Design (1) wird einer Forschungsfrage durch prinzipiell gleichzeitiges Vorgehen nachgegangen, es werden sowohl qualitative als auch quantitative Daten erhoben, ihrem Typ entsprechend analysiert und in einer Schlussfolgerungsart (deduktiv oder induktiv) zusammengefasst. Das MS-Design (2) ist dadurch gekennzeichnet, dass eine Forschungsfrage verfolgt wird, die Sammlung und Analyse quantitativer (oder qualitativer) Daten als Vorstudie dient und in die Empiriephase der Hauptstudie einfließt (z.B. Analyse von Extremfällen). Die Ergebnisse werden in einer Schlussfolgerungsart zusammengefasst. Der dritte Typ, das MC-Design (3), unterscheidet sich von den beiden zuvor genannten dadurch, dass der Mix nicht in der gesamten Empiriephase, sondern nur im Bereich der Datenanalyse erfolgt. In diesem Untersuchungsdesign werden quantitative (oder qualitative) Daten in qualitative (oder quantitative) umgewandelt, entsprechend dem Datentyp analysiert und in einer Schlussfolgerungsart zusammengefasst.

2.3 Mix in mehreren Phasen des Forschungsprozesses (Forschungsdesign)

Im Unterschied zum ausschließlichen Mix in der Empiriephase kann dieser auch in den anderen Phasen des Forschungsprozesses erfolgen, d.h. in der Konzeptionsphase (explorative und konfirmatorische Forschungsfragen), in der Datenerhebungs- und/ oder -analysephase (qualitativ und quantitativ) und in der Schlussfolgerungsphase (induktiv und deduktiv) (Angerer 2004, 38ff). Im Bereich der Konzeptionsphase werden in Bezug auf Hypothesen zwei Zugangsweisen unterschieden: die deduktive oder hypothesenprüfende und die induktive oder hypothesenerkundende. Im erstgenannten Fall geht es zumeist darum, formulierte Hypothesen zu überprüfen, dementsprechend stellen Hypothesen den Ausgangspunkt der empirischen Untersuchung dar. Im zweiten Fall werden auf Basis von empirischen Untersuchungen häufig neue Hypothesen formuliert, weshalb im Falle der induktiven Vorgehensweise Hypothesen letztlich auch das Resultat einer Untersuchung darstellen (Bortz/Döring 2006, 30f). Entsprechend der Art der Integration können auch bei den gemischten *Forschungsdesigns* drei Typen unterschieden werden (Tashakkorie/Teddlie 2002, 686ff):

- Gemischtes Forschungsdesign mit *paralleler* Vorgehensweise (FP-Design) (Concurrent Mixed Model Design),

- gemischtes Forschungsdesign mit *sequenzieller* Vorgehensweise (FS-Design) (Sequential Mixed Model Design) und

- gemischtes Forschungsdesign mit *datenkonvertierender* Vorgehensweise (FC-Design) (Conversion Mixed Model Design).

Beim FP-Design (1) werden zwei Forschungsstränge in zumindest zwei Phasen des Forschungsprozesses gleichzeitig verfolgt und die Ergebnisse der Untersuchungen in einer sog. Meta-Schlussfolgerung, bei der induktive und deduktive Schlussfolgerungen zusammengeführt werden, zusammengefasst. Anders gestaltet sich die Vorgehensweise beim FS-Design (2), bei dem die Ergebnisse und Schlussfolgerungen einer qualitativen oder quantitativen Vorstudie in die Konzeptionsphase der quantitativen oder qualitativen Hauptstudie einfließen. Die Vorgehensweise, dass einer qualitativen Vorstudie eine quantitative Hauptstudie folgt, findet sich häufig in der Marketingforschung, um durch die Vorstudie zu einer Hypothesenstruktur (Hildebrandt 2000, 156), zu einer Grobkonzeptualisierung des zu untersuchenden Konstrukts und zu einer Ausgangsmenge an Indikatoren für dessen Operationalisierung zu gelangen (Homburg/Giering 1996, 11f), die dann in der Hauptstudie einer empirischen Überprüfung unterzogen werden. Das FC-Design unterscheidet sich wiederum von den beiden zuvor beschriebenen Typen dadurch, dass in der Empiriephase nur Daten eines Typs (quantitativ oder qualitativ) erhoben werden. Die entweder numerischen (oder nichtnumerischen) Daten werden in weiterer Folge in nichtnumerische (oder numerische Daten) umgewandelt und entsprechend dem Datentyp analysiert. Die Ergebnisse der Analysen werden in einer Meta-Schlussfolgerung zusammengeführt.

2.4 Mix mehrerer Untersuchungsdesigns

Neben den Kombinationen in der Methodenphase (Punkt 2.2) und in mehreren Phasen des Forschungsprozesses (Punkt 2.3) kann auch die Kombination mehrerer Typen von Untersuchungsdesigns für die Beantwortung von Forschungsfragen zielführend sein. So kann z.B. ein sequenzielles mit einem parallelen Untersuchungsdesign oder ein paralleles mit einem daten-konvertierenden Untersuchungsdesign kombiniert werden. Wenn immer zumindest zwei Typen von Untersuchungsdesigns miteinander kombiniert werden, spricht man von *integrierten Forschungsdesigns* (Fully Integrated Mixed Model Design).

Da dieser Zugang die komplexeste Kombinationsmöglichkeit ist, soll sie anhand eines Beispiels aus der Zufriedenheitsforschung vertieft werden. Im Folgenden sollen anhand der konkreten *Meta-Fragestellung* „Wie zufrieden sind Kunden eines bestimmten Unternehmens bzw. wie kann der Grad der Zufriedenheit erklärt werden?" die Möglichkeiten der Kombination verschiedener Untersuchungsdesigns dargestellt werden. Konkret wird im ersten Schritt des Untersuchungsbeispiels sequenziell vorgegangen, im zweiten Schritt wird ein paralleles Untersuchungsdesign gewählt.

Im Rahmen des *sequenziellen* Untersuchungsdesigns wird damit begonnen, ein grundlegendes Verständnis dafür zu entwickeln, woraus sich das Zufriedenheitsurteil der KundInnen im untersuchten Unternehmen zusammensetzt. Konkret wird dafür ein qualitatives Design gewählt, bei dem in der Methodenphase z.B. Literaturauswertungen, Experteninterviews, Inhaltsanalysen, Einzelfallstudien und Gruppendiskussionen eingesetzt werden. Ergebnis dieser Vorgangsweise sind einerseits Faktoren, die relevanter Bestandteil des Zufriedenheitsurteils von Kunden sind (z.B. Ladenatmosphäre, Wartezeiten, Qualität der Produkte). Andererseits erhält man eine Ausgangsmenge an Indikatoren, die für die Messung der einzelnen Faktoren eingesetzt werden können (z.B. für die Ladenatmosphäre: Farben, Gerüche und Musik). Diese Indikatoren werden im zweiten Schritt (des sequenziellen Vorgehens) in einem quantitativen Design in einem Pretest auf ihre Eignung hin untersucht, die Zufriedenheit des Kunden zu messen.

Auf der Basis der Ergebnisse der sequenziellen Vorgehensweise werden im Rahmen des *parallelen* Untersuchungsdesigns zwei weitere Fragen verfolgt. Die erste Frage, die im Rahmen des quantitativen Designs beantwortet werden soll, ist jene nach dem Grad der Zufriedenheit und dem Einfluss einzelner Teilzufriedenheiten (z.B. Zufriedenheit mit der Ladenatmosphäre) auf die Gesamtzufriedenheit. Dabei werden häufig Befragungen mit multi-attributiven Messmodellen eingesetzt. Im Rahmen des qualitativen Designs können grundsätzlich die gleichen Fragen beantwortet, insbesondere aber vertieft werden. Bei der Vertiefung steht vor allem der Aspekt der gesamthaften Erklärung des Erlebens und Verhaltens der Kunden im Vordergrund. Dabei können vor allem Einzelexplorationen, in denen für die Befragten besonders bedeutsame und problematische Erfahrungen mit dem Unternehmen im Mittelpunkt stehen (die sog.

Critical Incident Technique), eingesetzt werden. Es sind aber auch Gruppeninterviews oder Einzelfallstudien denkbar.

Schließlich soll die zugrunde gelegte Meta-Fragestellung im Rahmen der *Meta-Schlussfolgerung* beantwortet werden. Die Frage „Wie zufrieden sind Kunden eines bestimmten Unternehmens bzw. wie kann der Grad der Zufriedenheit erklärt werden?" kann nun durch die dargestellte zielführende Kombination von Untersuchungsdesigns in einem integrierten Forschungsdesign wesentlich umfassender und gehaltvoller beantwortet werden als bei rein isolierter Vorgehensweise.

3 Zusammenfassung und Ausblick

Die ursprünglich in unterschiedlichen Paradigmen und isoliert voneinander entwickelten quantitativen und qualitativen Forschungszugänge haben jeweils spezifische Vor- und Nachteile aufzuweisen. Auch wenn die beiden Zugänge häufig alternativ aufgefasst werden, kann gerade ihre Kombination neue Impulse für die empirische Marketingforschung liefern. Die *Mixed Methods* gehen allerdings noch darüber hinaus und stellen vor allem die *Integration* der beiden Zugänge in den Mittelpunkt. Mixed Methods integrieren also qualitative und quantitative *Forschungsmethoden*. Vordergründig könnte der Eindruck entstehen, dass dabei den Prinzipien „je höher der Integrationsgrad, umso besser das Ergebnis" oder „je vielfältiger der Mix, umso besser das Ergebnis" gefolgt wird. Dies ist aber grundsätzlich nicht die Intention von Mixed Methods. Vielmehr geht es darum, dass Forschungsergebnisse objektiver, verlässlicher und „richtiger" werden und aus der Vielfalt der Kombinationsmöglichkeiten jene ausgewählt werden, die diese Anforderungen am besten erfüllen und darüber hinaus auch forschungsökonomische Aspekte berücksichtigen (Johnson/Onwuegbuzie 2004, 21).

Im Bereich der Mixed Methods ist bereits viel an Vorarbeiten geleistet worden. Dennoch scheint das *Potenzial*, das dieser Zugang beinhaltet, noch lange nicht ausgeschöpft zu sein. Vielmehr dürfte es zutreffen, dass Mixed Methods in der Marketingforschung erst am Beginn ihrer Entwicklung stehen. Zu hoffen bleibt, dass mit diesem Zugang, der insbesondere im anglo-amerikanischen Raum bereits als drittes Forschungsparadigma bezeichnet wird, der Streit zwischen quantitativer und qualitativer Schule überwunden und das Wissen aus beiden Bereichen in einer konstruktiven Form zusammengeführt wird.

4   Literatur

Angerer, T. (2004): Analyse von Verkaufsinteraktionen im beziehungsorientierten persönlichen Verkauf. In: Jahrbuch der Absatz- und Verbrauchsforschung, 50. Jg., Nr. 1, 31-51.
Bortz, J./Döring, N. (2006): Forschungsmethoden und Evaluation für Human- und Sozialwissenschaftler, 4. Auflage. Berlin.
Decker, R./Wagner, R. (2002): Marketingforschung, Methoden und Modelle zur Bestimmung des Käuferverhaltens. München.
Denzin, N. K. (1989): The Research Act. 3rd edition. Englewood Cliffs.
Flick, U. (1995): Triangulation. In: Flick, U./von Kardorff, E./Keupp, H./Rosenstiel, L./Wolff, S. (Hrsg.): Handbuch Qualitativer Sozialforschung. München, 432-434.
Foscht, T./Swoboda, B. (2007): Käuferverhalten, 3. Auflage. Wiesbaden.
Greene, J.C./Caracelli, V. J. (1997): Defining and Describing the Paradigm Issue in Mixed-Method Evaluation. In: Greene, J. C./Caracelli, V. J. (eds.): Advances in Mixed-Method Evaluation: The Challenges and Benefits of Integrating Diverse Paradigms. San Francisco, 5-18.
Hildebrandt, L. (2000): Hypothesenbildung und empirische Überprüfung. In: Herrmann, A./Homburg, C. (Hrsg.): Marktforschung. 2. Auflage. Wiesbaden, 33-57.
Homburg, C./Giering, A. (1996): Konzeptualisierung und Operationalisierung komplexer Konstrukte. In: Marketing ZFP, 18. Jg., Nr. 1, 5-24.
Johnson, B. J./Onwuegbuzie, A. J. (2004): Mixed Methods Research: A Research Paradigm Whose Time Has Come. In: Educational Researcher, vol. 33, no. 7, 14-26.
Tashakkori, A./Teddlie, C. (1998): Mixed Methodology: Combining Qualitative and Quantitative Approaches. Thousand Oaks.
Tashakkori, A./Teddlie, C.(2003): The Past and Future of Mixed Methods Research: From Data Triangulation to Mixed Model Designs. In: Tashakkori, A./Teddlie, C. (eds.): Handbook of Mixed Methods in Social & Behavioral Research. Thousand Oaks et al., 671-701.
Tashakkori, A./Teddlie, C. (2006): Mixed Methods-Glossar. http://www.fiu.edu/bridges/glossary.htm.
Teddlie, C./Tashakkori, A. (2003): Major Issues and Controversies in the Use of Mixed Methods in the Social and Behavioral Sciences. In: Tashakkori, A./Teddlie, C. (eds.): Handbook of Mixed Methods in Social & Behavioral Research. Thousand Oaks, 3-50.

Ines Steinke

Die Güte qualitativer Marktforschung

1 Einleitung 263

2 Gütekriterien und Prüfverfahren quantitativ-standardisierter Forschung
  in der qualitativen Forschung..264
  2.1 Übertragbarkeit 264
  2.2 Überschneidungen 266

3 Das Besondere der Qualitätskriterien für qualitative Marktforschung...................268

4 Basiskriterien zur Qualitätssicherung..270
  4.1 Indikation der Methoden 270
  4.2 Empirische Verankerung..274
  4.3 Verallgemeinerbarkeit 275
  4.4 Intersubjektive Nachvollziehbarkeit 277
  4.5 Relevanz 278

5 Fazit 280

6 Literatur 280

1 Einleitung

Ob sich qualitative Marktforschung auf dem Markt weiter durchsetzt, wird auch davon abhängen, wie gut sie sich rechtfertigen lässt. „It is the inability to validate qualitative research which causes some consternation in the market research camp" (Hague & Jackson, 1999, 70). Böhler (2004, 88) beschreibt das Problem der Gütekriterien für nichtstandardisierte, d. h. qualitative, Befragungen in der Marktforschung wie folgt: „Die Zuverlässigkeit und die Gültigkeit der Ergebnisse wird durch die geringe Standardisierbarkeit und dem damit verbundenen Interviewereinfluss stark beeinträchtigt". Neben Interviewereinflüssen (Dannenberg/Barthel 2004, 220) wird häufig die fehlende Exaktheit (Schnettler/Wendt 2006, 302) und Verallgemeinerbarkeit (Kuß 2005, 112, Weis/Steinmetz 2005, 31) qualitativer Marktforschungsmethoden moniert. Mitunter wird das Thema Bewertungskriterien qualitativer Verfahren ausgeklammert (Broda 2006). Die Frage nach der Güte des methodischen Vorgehens und der daraus hervorgegangenen Ergebnisse muss beantwortbar werden. Es sind Kriterien erforderlich, an hand derer sich die Wissenschaftlichkeit, Gültigkeit und Qualität qualitativer Marktforschung nachweisen lässt. Bisher gibt es nur wenige Ansätze für Gütekriterien qualitativer Marktforschung (Ereaut 2002, Gummesson 2001, Griggs 1987, Jackson 1997, Gabriel 1990, Wallendorf/Belk 1989). Sie beleuchten eher Einzelaspekte oder lassen ein nachvollziehbares methodologisches Fundament missen. Eine systematische Auseinandersetzung mit dem Thema steht noch aus (Callingham 2004, 105). Auch die Diskussion zu Gütekriterien qualitativer Forschung jenseits der Marktforschung ist vergleichsweise jung und noch nicht abgeschlossen (Helsper/Herwatz-Emden/Terhart 2001, Lüders 2004, 635; Bohnsack 2005).

Auf den ersten Blick allerdings scheint die Frage nach geeigneten Bewertungskriterien bereits beantwortet. Es gibt die weithin bekannten klassischen Gütekriterien aus der quantitativ-standardisierten Forschung. Was spricht dagegen, diese heranzuziehen? Die (Un-)Angemessenheit dieser Kriterien wird im ersten Teil dieses Beitrages behandelt. Im Anschluss wird diskutiert, welchen besonderen Herausforderungen sich qualitative Marktforschung stellen muss. Im dritten Teil wird ein Katalog geeigneter Basiskriterien zur Bewertung der Güte qualitativer Marktforschung vorgestellt.

Ines Steinke

2 Gütekriterien und Prüfverfahren quantitativ-standardisierter Forschung in der qualitativen Forschung

Die klassischen Gütekriterien Objektivität, Reliabilität und Validität und deren Unterkriterien haben eine lange Tradition in der Testtheorie und quantitativ-experimentellen Forschung (Lienert 1969, Campbell 1957, Campbell/Stanley 1963). Sie werden bis heute in der quantitativ-standardisierten Forschung angewendet und zunehmend erweitert (Bortz/Döring 2003, Lienert/Raatz 1994, Berekoven 2006). Sind sie auch angemessen für qualitative Studien?

2.1 Übertragbarkeit

Die unmittelbare Übertragung klassischer Gütekriterien auf qualitative Methoden ist eine einfache, naheliegende Lösung. Bei genauerer Betrachtung resultieren daraus jedoch Probleme. Sie entstehen dann, wenn der methodologische Hintergrund der jeweiligen Kriterien nicht mit qualitativer Forschung vereinbar ist. Dies lässt sich exemplarisch am Kriterium der Objektivität demonstrieren.

■ Beispiel Objektivität

In der empirischen Forschung bedeutet Objektivität, dass die Untersuchung unabhängig von den Untersuchenden ist. Individuelle Einflüsse des Forschers bzw. der Forscherin, wie z.B. persönlicher Stil, Fragen zu stellen, sind auszuschließen. Objektivität soll garantieren, dass jeder Forscher bzw. jede Forscherin in der Datenerhebung und Datenauswertung zu den gleichen Ergebnissen kommt. Der Objektivitätsanspruch gilt für alle quantitativ-standardisierten Verfahren, wie z.B. psychologische Tests (Lienert 1969), Fragebögen (Bortz/Döring 2003), Messungen (Wottawa 1977, 86) und Beobachtungen mit festen Beobachtungskategorien (Erdfelder 1994, 51ff). Es stellt sich die Frage, warum dieses Kriterium nicht mit qualitativer Forschung vereinbar ist.

Objektivität widerspricht einigen methodologischen Prinzipien qualitativer Forschung und würde daher ihr Potenzial gefährden: Voraussetzung für die Herstellung von Objektivität ist, dass die Erhebungs- und Auswertungsinstrumente standardisiert sind. So sind beispielsweise die Beobachtungskategorien oder der genaue Wortlaut für Fragen und Antwortalternativen und von einleitenden Worten für die Studie genau festgelegt. Nicht vorab genau definierte Interaktionen zwischen ForscherIn und UntersuchungsteilnehmerIn sind möglichst zu vermeiden. Eine Standardisierung der Erhebungsmethoden setzt wiederum voraus, dass der Untersuchungsgegenstand vor der Untersuchung bereits theoretisch sehr tief ausgearbeitet ist. Auf Basis derartiger theoretischer Vorannahmen werden Operationalisierungen des Gegenstandes in Form von eindeutigen Fragen, Beobachtungskategorien etc. deduktiv abgeleitet.

Diese starke Vorstrukturierung der Untersuchungsgegenstände widerspricht dem *Prinzip der Offenheit* (Hoffmann-Riem 1980) in der qualitativen Forschung. Dieses Prinzip besagt, dass die subjektive, alltägliche Sicht der UntersuchungsteilnehmerInnen nicht vorschnell unter die theoretischen Vorannahmen subsummiert werden darf. Das ist keinesfalls damit gleichzusetzen, dass qualitative ForscherInnen frei von jeglichem theoretischem Vorwissen, frei von Hypothesen und vorab definierten Methoden ihre Erhebungen oder Auswertungen starten. Vielmehr kommt es darauf an, den Forschungsprozess so offen zu gestalten, dass das Vorwissen auch erweitert werden kann. In der quantitativ-standardisierten Forschung basiert eine Erkenntniserweiterung auf einer Vielfalt von Fragen (Soeffner 1989, 60), Beobachtungskategorien oder Untersuchungssettings, die aus den theoretischen Annahmen abgeleitet werden. In der qualitativen Forschung hingegen erfolgt Theorieentwicklung, indem den UntersuchungspartnerInnen Raum gegeben wird, um überraschende, nicht vom Forscher bzw. von der Forscherin vorab bedachte persönliche Sichtweisen, Bedeutungen, Aspekte bezüglich des Untersuchungsthemas einzubringen. Dies wird methodisch durch die Konstruktion der Erhebungsinstrumente abgesichert, z.B. indem offene Fragen gestellt werden, die vielfältige Assoziationen erlauben. Zugleich ist eine gewisse Flexibilität in der Handhabung der Erhebungsmethoden erforderlich. So kann die Fragereihenfolge im Interviewleitfaden spontan dem Gesprächsverlauf angepasst werden, vertiefende Nachfragen sind, sofern sie thematisch relevant sind, angebracht. Subjektive Einflüsse des Forschers bzw. der Forscherin im Forschungsprozess sind kein Störfaktor, sondern ein Element qualitativer Forschung (Denzin/Lincoln 2000, King 1996, Breuer 1996). Die konstituierende Rolle des Forschers bzw. der Forscherin ist durch verschiedene Techniken methodisch zu kontrollieren (Nadig 1997, Devereux o.J., Steinke 1999, 231ff.). Mit diesem offenen Herangehen kommen im Unterschied zur quantitativ-standardisierten Forschung *subjektive Bedeutungen und Relevanzsetzungen* zum Ausdruck, die sich nicht mit dem theoretischen Vorwissen decken und daher nicht Teil der Erhebungsinstrumente (z.B. in Form von Interviewfragen oder Beobachtungskategorien) waren. Mit einem standardisierten, dem Ideal der Objektivität folgenden Vorgehen würde qualitative Forschung ihr Potenzial für das *Generieren von neuen Theorien* verschenken.

Neben der Objektivität sind auch die klassischen Gütekriterien wie Retest-Reliabilität, Split-Half Technik und interne Validität nicht unmittelbar auf qualitative Forschung übertragbar (Steinke 1999). Werden diese 1:1 auf qualitative Forschung angewendet, wird sie im Vergleich zur quantitativ-standardisierten Forschung schlechter abschneiden, und zwar immer dann, wenn die methodologischen Positionen hinter den Kriterien oder deren Prüfverfahren zwischen den beiden Forschungstraditionen differieren. Damit lässt sich zusammenfassend festhalten, dass eine *direkte* Übertragung der Kriterien quantitativ-standardisierter Forschung auf qualitative infolge methodischer Differenzen unangemessen ist.

Ines Steinke

2.2 Überschneidungen

Obwohl die Gütekriterien der quantitativ-standardisierten Forschung nicht direkt auf qualitative Forschung übertragbar sind, müssen sie nicht komplett über Bord geworfen werden (Steinke 1999). Wo sich methodologische Ziele und Annahmen quantitativ-standardisierter und qualitativer Forschung überschneiden, können beide Forschungslinien gleiche Kriterien heranziehen. Diese haben den Charakter von *Gütestandards*. Sie sind eher allgemein gehalten und für die quantitativ-standardisierte und die qualitative Forschungslinie jeweils weiter zu operationalisieren durch die Anwendung bzw. Entwicklung methodologisch angemessener Verfahren zur Prüfung der Einhaltung der Standards. Der Ansatz gemeinsamer Gütestandards lässt sich am Beispiel des Kriteriums der Verallgemeinerbarkeit aufzeigen.

- Beispiel Verallgemeinerbarkeit

Die Verallgemeinerbarkeit (externe Validität, Gültigkeit, Repräsentativität) der Untersuchungsergebnisse ist ein Gütekriterium für die quantitativ-standardisierte Forschung (Bortz/Döring 2003). Auch in der qualitativen Forschung werden zumeist verallgemeinerbare Ergebnisse gewünscht. Beide Forschungslinien formulieren hier einen gemeinsamen Bewertungsmaßstab für die Forschung. Studienergebnisse sollten nicht nur für einen sehr eingeschränkten Kontext oder Personenkreis gültig, sondern auch darüber hinaus generalisierbar sein. Unterschiedlich sind jedoch die methodologischen Herangehensweisen, um dieses Kriterium zu erfüllen. Hier, bei den konkreten Prüfverfahren, teilen sich die Wege wieder. In der quantitativ-standardisierten Forschung wird Verallgemeinerbarkeit (externe Validität) über die Repräsentativität der Stichprobe, Umgebungen und Variablen hergestellt (Gadenne 1976). Dabei sind alle Bedingungen, die Einfluss auf die abhängige Variable nehmen, theoretisch zu identifizieren, in der Untersuchungssituation systematisch zu variieren, zu kontrollieren und ggf. zu eliminieren. Dieses Vorgehen, das „künstliche" Untersuchungsbedingungen kreiert, reduziert die alltägliche Komplexität von Kontexten, in die der Untersuchungsgegenstand eingebettet ist. Das widerspricht dem methodologischen Prinzip der Alltagsnähe der Untersuchungssituation und Methoden in der qualitativen Forschung. Auch die im quantitativ-standardisierten Vorgehen enthaltenen Kausalitätsannahmen über abhängige und unabhängige Variablen lassen sich nicht mit qualitativer Forschung vereinen (Kelle 2006). Dennoch liegen hinter den konkreten Prüfprozeduren der Verallgemeinerbarkeit im quantitativ-standardisierten Umfeld Konzepte, die auf qualitative Forschung übertragbar sind. So kann das Konzept, verschiedene Untersuchungsvariablen in die Untersuchungen einzubeziehen, annäherungsweise für qualitative Forschung adaptiert werden. Statt mit operationalisierten Variablen kann man mit verschiedenen Theorien an den Untersuchungsgegenstand herantreten.

Eine genaue Analyse der Kriterien für quantitativ-standardisierte Methoden zeigt auf, dass zahlreiche Kriterien (und Unterkriterien) Ziele oder dahinter liegende Konzepte enthalten, die entsprechend angepasst für die Qualitätsbewertung qualitativer Forschung geeignet sind (Steinke 1999, 131-204). Dafür können neben den sogenannten Hauptkriterien (Objektivität, Reliabilität und Validität) und deren Unterkriterien (z.B. Konstruktvalidität) auch die sogenannten Nebenkriterien der quantitativ-standardisierten Forschung (z.B. Nützlichkeit, Fairness, Ökonomie) herangezogen werden. Gütestandards, die sowohl für quantitativ-standardisierte als auch für qualitative Forschung angemessen sind, sind in Tabelle 1 zusammengestellt.

Tabelle1: *Gütestandards quantitativ-standardisierter und qualitativer Forschung*

Gütestandard	Beschreibung
Nutzen der Studie	▪ Ist die Fragestellung relevant? ▪ Leistet sie inhaltlich und in der Darstellung einen Beitrag zur Problemlösung oder Wissensentwicklung?
Angemessenheit der Theorien	▪ Wurden die relevanten Theorien zum Untersuchungsthema berücksichtigt?
Angemessenheit der Methodenwahl	▪ Passen die Methoden und Samplingstrategien zum Untersuchungsgegenstand, zur Fragestellung und den Untersuchten? ▪ Begründungen für die Methodenwahl?
Dokumentation des Vorgehens	▪ Wurde das Vorgehen in einer Weise dokumentiert, dass es für Dritte nachvollziehbar ist?
Kritische Theorieprüfung mittels Falsifikation	▪ Wurde versucht, die theoretischen Vorannahmen zu widerlegen?
Verallgemeinerbarkeit	▪ Sind die Ergebnisse über die konkrete Untersuchungssituation hinweg verallgemeinerbar?
Ethisches Vorgehen	▪ War der Umgang mit den UntersuchungspartnerInnen respektvoll?

Zusammenfassend lässt sich festhalten, dass qualitative Forschung teilweise mittels der Kriterien beziehungsweise den dahinter stehenden Konzepten und Techniken der quantitativ-standardisierten Forschung bewertet werden kann (Steinke 1999). Die Identifikation des Übertragbaren kann wertvolle Beiträge zur Kriterienentwicklung für qualitative Methoden liefern. Die quantitativ-standardisierte und qualitative Forschung übergreifenden Gütestandards sind das Ergebnis der Auseinandersetzung mit den übertragbaren Aspekten der Kriterien quantitativ-standardisierter auf qualitative Forschung. Eine weitere Basis dieser Standards sind Analysen, inwiefern Gütekriterien, die ausschließlich für qualitative Methodologien entwickelt wurden, in gemeinsame Gütestandards einfließen können. Die Anwendung bzw. die konkrete methodi-

Ines Steinke

sche Umsetzung der Gütestandards sollte unter Bezug auf die methodologischen Besonderheiten qualitativer Forschung geschehen. Zentrale methodologische Kennzeichen qualitativer Forschung sind Kontextualität von Erhebung und Auswertung, Orientierung am Alltagswissen bzw. Alltagsgeschehen der Untersuchten, das Prinzip der Offenheit, Fallanalysen, Gegenstandsangemessenheit der Methoden, Zirkularität der Forschung, Reflexivität des Forschers bzw. der Forscherin und Theoriebildung mittels induktivistischer Orientierung und abduktiver Haltung (Steinke 1999, Flick/von Kardorff/Steinke 2004).

3 Das Besondere der Qualitätskriterien für qualitative Marktforschung

Etwas provokant lässt sich fragen, ob Qualitätskriterien für die „akademische qualitative Hochschulforschung" und Qualitätskriterien für qualitative kommerzielle Marktforschung überhaupt vereinbar sind.[1] Bei der Diskussion von Gütekriterien für qualitative Marktforschung ist die Besonderheit des Rechtfertigungs- und Verwertungszusammenhanges der Marktforschung zu beachten. Die Zielgruppe ist nicht wie bei der „akademischen Hochschulforschung" die scientific community, sondern zumeist ManagerInnen aus dem strategischen Marketing, ProduktmanagerInnen oder Marketing- und WerbeexpertInnen aus der Wirtschaft.

Es handelt sich um ein in mehrfacher Hinsicht pragmatisches und ökonomisches Umfeld, das für die Absicherung der Güte qualitativer Marktforschung verschiedene Herausforderungen mit sich bringt.

- Die Auftraggeber haben rein pragmatische und keine wissenschaftlichen Interessen. Die Ergebnisse der Marktforschung sollen eine Basis für marketing-strategische Entscheidungen liefern. Der Nutzen wird anders definiert als in der „akademischen Hochschulforschung". Entsprechend wird die Relevanz der Forschung auch anders bewertet.

- Ein hoher Kosten- und Zeitdruck stellt Forschende vor die Frage, wie trotz eines engen finanziellen und zeitlichen Rahmens die Qualität gesichert werden kann. Das ökonomische Verhältnis von Aufwand und Ergebnis bzw. Kosten und Nutzen hat Konsequenzen für den Entstehungszusammenhang qualitativer Marktforschung. Es sind geeignete Abkürzungsstrategien erforderlich, die methodisch kontrolliert und unter Einhaltung von Qualitätskriterien entwickelt werden sollten.

---

1 Diese Frage stellt sich bei jeder Art von qualitativer Auftragsforschung, so auch bei Evaluations-, Drittmittel- oder Politikforschung.

- Im Managementumfeld herrscht eine Tradition der Ergebnisdarstellung im Stile statistischer Diagramme, die auf quantitativ-standardisierten Daten beruhen (vgl. auch Skinner/Tagg/Holloway 2000). Diese Erwartung an Präsentationen kann qualitative Forschung kaum bedienen, da die Fallzahlen zumeist zu gering sind. Ausnahmen bilden hier Methoden der qualitativen Online Marktforschung. Qualitative Marktforschung muss durch alternative Ergebnisdarstellungen überzeugen.

- Qualitative Forschung bringt häufig Ergebnisse vor, die sich kaum auf einer Powerpoint-Folie für eine „management summary" zusammenfassen lassen. Derartige platz- und zeitökonomische Ergebnisdarstellungen sind neben längeren Ergebnisberichten häufig gefordert. Sie kollidieren mit der Komplexität der Zusammenhänge und der möglichen Tiefe qualitativer Marktforschung. Damit steht qualitative Marktforschung vor der Aufgabe, Anschlussfähigkeit an Präsentationsgewohnheiten und -erwartungen sowie den mitunter zeitlich stark begrenzten Rahmen für die Vorstellung der Ergebnisse zu entwickeln. Dafür sind entsprechende Darstellungsstrategien zu erarbeiten.

Die Besonderheiten der Entstehung und Verwertung qualitativer Marktforschung haben zur Konsequenz, dass systematisch bzw. generalistisch überwiegend im akademischen Kontext diskutierte Kriterien qualitativer Forschung (Seale 1999, Flick 2004a, Steinke 2004, 1999) jener anzupassen bzw. entsprechend zu erweitern sind.[2]

Einige generalistische Kriterien qualitativer Forschung sind nur eingeschränkt umsetzbar. Dies betrifft beispielsweise das Kriterium der reflektierten Subjektivität (Steinke 1999, 231ff). Einige Prüfverfahren sind nicht zu empfehlen. Hierzu zählt das Verfahren der dichten Beschreibung („thick description"), welches das Kriterium Verallgemeinerbarkeit unterstützt. Dieses Konzept aus der Ethnographie wurde von Geertz (1983, 1988) entwickelt und von Lincoln und Guba (1985, 316) sowie Seale (1999, 108) aufgegriffen. Detaillierte (dichte) Beschreibungen der Fallstudie(n) sollen dem *Leser* bzw. der *Leserin* ermöglichen, eigene Schlussfolgerungen darüber zu ziehen, inwiefern die Ergebnisse verallgemeinerbar, d.h. auf einen anderen Kontext übertragbar sind.

---

[2] Dies soll nicht nahe legen, dass Qualitätskriterien nicht in Anwendungsfeldern diskutiert und entwickelt werden. Viele Kriterien sind gerade in diesem Kontext entstanden, z.B. die kommunikative Validierung in der Aktions- und Handlungsforschung. Gemeint ist hier, dass sich systematische Auseinandersetzungen (z.B. Seale 1999, Flick 2004a, 2005; Steinke 1999, 2004; Helsper/Herwartz-Emden/Terhart 2001), eher generalistisch auf viele Rechtfertigungs- und Verwertungskontexte (eingeschlossen den der scientific community) beziehen. Immer wieder wird dabei thematisiert, dass es angesichts der Vielfalt unterschiedlichster Verwertungskontexte schwierig oder sogar fraglich wird, allgemeingültige Kriterien für qualitative Forschung zu formulieren. Diese Problematik sollte nicht dazu führen, die Diskussion einzustellen oder zu verkürzen, sondern als Herausforderung betrachtet werden, eher generalistische Kriterien unter Einbezug der vielfältigen Verwertungskontexte zu erarbeiten. Für diese Kriterien wäre dann anzugeben, in welchen Kontexten der Verwertung sie angemessen sind. Umgekehrt könnte auch – wie in diesem Beitrag - der Verwertungskontext als Filter auf die generalistischen Kriterien qualitativer Forschung gelegt werden.

Ines Steinke

Da in der Marktforschung die Berichte stark auf den Verwendungskontext, d.h. marktrelevante Informationen zugeschnitten sind, spielt dieses Verfahren nur eine untergeordnete Rolle. LeserInnen bzw. AbnehmerInnen der Marktforschungsergebnisse erwarten i.d. R. eine Aufbereitung der Ergebnisse, die keiner weiteren Deutungs- und Übersetzungsprozesse bedürfen, sondern aus denen sich konkrete marktbezogene Maßnahmen und Entscheidungen ableiten lassen. Unpassend sind umfassende, viele Seiten füllende Berichte im Sinne der „thick description" zudem allein durch ihre Länge.

4 Basiskriterien zur Qualitätssicherung

Im Folgenden werden zentrale Kriterien, so genannte Basiskriterien, für die Bewertung qualitativer Forschung beschrieben, wobei Konsequenzen des spezifischen Verwertungszusammenhangs der qualitativen Marktforschung für die Gütekriterien berücksichtigt und zu jedem Kriterium geeignete Prüfverfahren angeführt werden.

4.1 Indikation der Methoden

Dieses Kriterium prüft die Angemessenheit (Indikation) der Methodenwahl. Es handelt sich um einen Gütestandard für quantitativ-standardisierte und qualitative Methoden. Es ist nachzuweisen, dass die verwendeten Methoden dem Untersuchungsgegenstand gerecht werden. In der qualitativen Forschung gibt es folgende Prüfverfahren zur Absicherung dieses Bewertungskriteriums:

- Ausreichender Spielraum für subjektive Perspektiven der Untersuchten

Wurde mit den verwendeten Methoden und deren praktischer Umsetzung den Äußerungen und Bedeutungssetzungen der Untersuchten hinsichtlich des Untersuchungsgegenstandes ausreichend Spielraum eingeräumt? Geprüft wird hier, inwiefern die subjektiven Perspektiven und Relevanzsetzungen sowie Handlungsweisen der Untersuchten nicht zu stark durch methodische Strukturen eingeschränkt werden. Erfahrbar wird die persönliche Perspektive bspw. dadurch, dass ForscherInnen ins Feld gehen und die Personen in ihrem alltäglichen Umfeld aufsuchen und begleiten. Um die subjektiven Bedeutungen zu erfassen, ist zudem eine flexible Handhabung der Erhebungsinstrumente erforderlich. So sollte z.B. in einem Leitfadeninterview die Fragereihenfolge dem Gesprächsfluss angepasst werden. Überraschend auftretende Themen, die zur Erhellung des Untersuchungsgegenstandes beitragen könnten, aber nicht vorab bedacht wurden, sind im Interview zu verfolgen (z.B. Erzählen-Lassen oder

Nachfragen). Im Auswertungsprozess ist darauf zu achten, nicht vorschnell die subjektive Perspektive des bzw. der Untersuchten den theoretischen Vorannahmen zuzuordnen. Alternative Erklärungen sind zu suchen.

- Arbeitsbündnis

Besteht zwischen Forscher bzw. Forscherin und Informant bzw. Informantin ein Arbeitsbündnis? Sind die Interaktionen zwischen ForscherInnen und Untersuchungspartnerlnnen von einem geringen Machtgefälle zwischen beiden Parteien, Vertrauen, Offenheit und Arbeitsbereitschaft gekennzeichnet (Legewie 1987)? Hinweise auf ein gelungenes Arbeitsbündnis sind z.B. angemessener Blickkontakt, eine stimmige Atmosphäre, freies Sprechen der UntersuchungsteilnehmerInnen über sehr persönliche Themen und keine sozial erwünschten, einsilbigen, ausweichenden oder sehr allgemein gehaltenen Antworten.

- Gegenstandsangemessene Methodenwahl

Wurden dem Gegenstand angemessene Methoden ausgewählt oder entwickelt? Zunächst ist zu überprüfen, ob eine qualitative Vorgehensweise überhaupt angemessen ist und ob nicht quantitativ-standardisierte Verfahren besser zur Untersuchung des Gegenstandes geeignet wären. Wird qualitative Forschung als passender Zugang identifiziert, sind weitere Aspekte der Gegenstandsangemessenheit zu prüfen:

- Angemessenheit der Datenerhebung (Anhaltspunkte zur Klärung dieser Frage für die Datenerhebung gibt Tabelle 2).

- Angemessenheit des Sampling, d.h. der adäquaten Auswahl der zu untersuchenden Fälle (Personen, Kontexte etc.). Das Sampling sollte möglichst informationsreiche Fälle beinhalten. Welche Samplingstrategie geeignet ist, hängt stark von der Fragestellung und dem Untersuchungsgegenstand ab (zu Samplingstrategien: Patton 1990, Strauss 1991, Steinke 1999, 219f).

- Angemessenheit der Verfahren zur Datenauswertung (Tabelle 3).

- Ressourcenangemessenheit der Methodenwahl

Da Marktforschung zumeist unter stärkeren Budget- und Zeitzwängen arbeitet, ist hier i.d.R. ein zeitökonomisches Herangehen indiziert. Daher sind Abkürzungsstrategien erforderlich. Eine Voraussetzung für die nachfolgend vorgeschlagenen Abkürzungsstrategien ist eine systematische Auseinandersetzung mit dem Untersuchungsgegenstand vor dem Aufsetzen des methodischen Designs. Zugleich implizieren die Abkürzungsstrategien eine stärkere Vorstrukturierung des Forschungsprozesses.

- Eine mögliche Abkürzungsstrategie berücksichtigt das Vorwissen über das Untersuchungsphänomen und die vermutete Priorität der Aspekte des Untersuchungsphänomens für die Beantwortung der Fragestellung. Die Aspekte des Untersuchungsphänomens, zu denen schon mehr bekannt ist und die in der Priorität für die Analyse des Untersuchungsgegenstandes eher niedrig sind, werden mit quan-

Ines Steinke

titativ-standardisierten Methoden oder Elementen analysiert. Denkbar ist z.B. der Einsatz eines flankierenden Fragebogens oder ein Ranking von vorgefertigten Meinungen durch Verteilung von Klebepunkten zu den Meinungen der TeilnehmerInnen einer Fokusgruppe mit anschließender Diskussion der extrem positiven oder negativen Meinungen. Die Themen, zu denen wenig Vorwissen vorhanden ist und die in ihrer Wichtigkeit hoch priorisiert sind, werden mit qualitativen Methoden untersucht. Diese ermöglichen dann die subjektiven Perspektiven der TeilnehmerInnen an der Untersuchung zu erheben bzw. zu rekonstruieren und Theorien zu entwickeln. Zugleich ist idealer weise ein methodischer qualitativer Methodenblock enthalten, der es in kurzer Zeit ermöglicht, die Aspekte des Untersuchungsphänomens, die hoch priorisiert sind und zu denen bereits viel Vorwissen vorhanden ist, in Frage zu stellen. Das Vorgehen impliziert, dass, während einer Erhebung unterschiedliche Methoden eingesetzt werden, z.B. auch Elemente unterschiedlicher qualitativer Methoden. Prinzipiell sind verschiedene Varianten der Kombination qualitativen und quantitativen Herangehens möglich (Flick 2004b, Kelle/Erzberger 2004).

- Flick (2004c, 264) diskutierte eine Abkürzungsstrategie für Transkriptionen. Sie sieht vor, nur die Teile des qualitativ erhobenen Datenmaterials zu transkribieren, die für die Fragestellung relevant sind und auch tiefer ausgewertet, d.h. nicht nur zusammengefasst, werden (Kowal/O'Connell 2004, Strauss 1991).

- Damit ist eine weitere Abkürzungsstrategie angesprochen, die darin besteht, verschiedene Auswertungsmethoden für einen Text (z.B. Interviewtext) anzuwenden. So könnten einige Teile z.B. mit der Grounded Theory (Strauss 1991) tiefer analysiert werden, andere Teile eher oberflächlich (z.B. mit der Inhaltsanalyse).

Die vorgeschlagenen Abkürzungsstrategien ermöglichen es, die in qualitativer Marktforschung erforderliche thematische Breite bei gleichzeitiger Ressourcenknappheit zu untersuchen. Abkürzungsstrategien sollen auch verhindern, dass Transkriptions- und Datenmaterial zunächst unnötig erzeugt wird und dann brach liegt (z.B. umfassende Datenerhebungen mit qualitativen Daten, die angesichts des Zeitlimits nie ausgewertet werden oder detailliert transkribierte Texte, die nur oberflächlich ausgewertet werden). Da dennoch zumindest Teile der Studie eine Offenheit bezüglich der Strukturierung von ausgewählten Aspekten beinhalten, können auf diesem Wege die Untersuchten ihre subjektiven Sichtweisen einbringen. Zumindest Teile der Daten werden tiefer ausgewertet. Damit bleibt das Potenzial qualitativer Forschung zur Theoriegenerierung, d.h. zur Erweiterung der Vorannahmen, zumindest zu einigen Aspekten des Untersuchungsgegenstandes, die vorab auf theoretischer Basis (Tiefe der Vorkenntnisse und Priorität) bestimmt wurden, erhalten. Die eingesetzten Verfahren sind idealer weise genau auf die Priorität und theoretische Bekanntheit der Aspekte des Untersuchungsphänomens abgestimmt.

Die Güte qualitativer Marktforschung

Tabelle 2: Indikation der Erhebungsmethoden aus Flick (2004a, 190f.)

Verfahren	Indikation/Anwendungsbereich
Fokussiertes Interview	Analyse von subjektiven Bedeutungen
Halbstandardisiertes Interview	Rekonstruktion Subjektiver Theorien
ExpertInneninterview	Rekonstruktion von ExpertInnenwissen
Ethnographisches Interview	Analyse offener Felder im Rahmen von Feldforschung
Narratives Interview	Analyse biographischer Verläufe
Episodisches Interview	Rekonstruktion von Routinen, Wandel und Situationen im Alltag
Gruppendiskussion	Analyse von Meinungen und Einstellungen
Gemeinsames Erzählen	Familienforschung

Tabelle 3: Indikation der Auswertungsverfahren aus Flick (2004, 310f.)

Verfahren	Indikation/Anwendungsbereich
Theoretisches Kodieren	Theoriebildung in allen möglichen inhaltlichen Bereichen
Thematisches Kodieren	Vergleichen von Gruppen
Qualitative Inhaltsanalyse	Bearbeitung großer Datenmengen in verschiedensten inhaltlichen Feldern
Konversationsanalyse	Formale Analyse von Alltags- und institutionellen Gesprächen
Diskursanalyse	Inhaltliche Analyse von Alltagsgesprächen und anderen Diskursen
Narrative Analysen	Biographieforschung
Objektive Hermeneutik	Aufdeckung von „objektiven" Strukturen, anwendbar auf Texte und Bilder

Ines Steinke

Unter ressourcen-ökonomischer Perspektive ist bei der Studienplanung zu prüfen, ob Elemente des Untersuchungsdesigns (z.B. Anzahl der UntersuchungsteilnehmerInnen, mehr oder weniger aufwändige Erhebungs- und Auswertungsmethoden) zur Anzahl und Qualifikation der ProjektmitarbeiterInnen und zur verfügbaren Zeit passen.

4.2 Empirische Verankerung

Dieses Kriterium soll absichern, dass die Ergebnisse der empirischen Studie kein Zufallsprodukt oder frei erfunden, sondern in den Daten begründet sind. Zur Überprüfung gibt es verschiedene Möglichkeiten:

- Lassen sich hinreichende Textbelege für die entwickelte Theorie nachweisen?

Mehrere Textstellen/Äußerungen oder Beobachtungen sollten die Theorie belegen.

- Falsifikation (vgl. Gütestandards)

Wurde explizit nach negativen Fällen, Gegenbeispielen und alternativen Interpretationen gesucht? Wurde versucht, die Theorie zu widerlegen? Derartige Falsifikationsversuche sollten als Teilelemente des qualitativen Forschungsprozesses eingebaut werden. Zumeist ist es empfehlenswert, Falsifikationen im bereits fortgeschrittenen Stadium der Theorieentwicklung anzuwenden. In das Sampling sollten Fälle (Personen, Situationen) aufgenommen werden, bei denen nicht davon auszugehen ist, dass sie mit hoher Wahrscheinlichkeit die theoretischen Annahmen bestätigen.

- Angemessenheit des Umgangs mit negativen Fällen

    Wurde angemessen mit negativen, d.h. der Theorie widersprechenden, Fällen umgegangen? Negative Fälle sollten nicht ignoriert werden. Vielmehr sollte die in der Studie entwickelte Theorie so modifiziert werden, dass auch der negative Fall damit erklärt werden kann.

- Kommunikative Validierung

    Die kommunikative Validierung der Ergebnisse (Scheele/Groeben 1988, Kvale 1995), im englischen Sprachraum als „member check" bezeichnet (Lincoln/Guba 1985, 314) dient der Absicherung, dass der Forscher bzw. die Forscherin die Untersuchten auch „richtig" verstanden hat. Dazu legt der Forscher bzw. die Forscherin sein/ihr Verständnis des Untersuchten bzw. die Interpretationen dem/der UntersuchungspartnerIn vor. Gemeinsam diskutieren sie über die Gültigkeit des Vorgelegten. Diese Technik dient insofern der Überprüfung des Theorie-Empirie-Verhältnisses, als hier eine Rückbindung der entwickelten Theorie über den Untersuchungsgegenstand an die untersuchten Personen, d.h. deren Sichtweisen, Deutungen und Relevanzsetzungen erfolgt. Kommunikative Validierung ist dann sinnvoll, wenn es um die Beschreibung der Welt durch die Augen der Untersuchten und die Kopplung der Interpretationsprozesse an die Eigenperspektive der Untersuchten geht (Terhart 1981, 772). Griggs (1987) beschreibt diese Technik im Kontext der Marktforschung als kollaborative Verifikation der Ergebnisse und schlägt dazu auf praktischer Ebene vor, Ergebnisse aus einer Fokus Gruppe in einer folgenden zu prüfen. Chrzanowska (2002) erweitert diese Technik, indem bereits während des Interviewens, die TeilnehmerInnen mit den Schussfolgerungen konfrontiert werden, welche die ModeratorInnen aus den Aussagen der InterviewpartnerInnen ziehen. Der Auswertungsprozess und die Güteabsicherung sollten sich nicht auf diese Technik reduzieren. Nicht anwendbar ist die kommunikative Validierung auf im Forschungsprozess generierte Theorien, die jenseits der Zustimmungsfähigkeit durch die Untersuchten liegen. Dies ist bei einem hohen Abstraktionsgrad der Theorien gegeben (z.B. tiefer liegende Bedürfnissen oder Wünsche).

4.3 Verallgemeinerbarkeit

Mit diesem Gütestandard wird geprüft, inwiefern die Theorie, d.h. die Ergebnisse, die im Forschungsprozess entwickelt wurden, auf andere Kontexte (Personen, Situationen, Bedingungen) übertragbar ist. Ziel ist herauszufinden, wofür die Analyseergebnisse repräsentativ sind, d.h. wo die Grenzen der Gültigkeit der generierten Theorie liegen. Verallgemeinerungen sind im unterschiedlichen Ausmaß erforderlich. Dies hängt bspw. davon ab, ob die Ergebnisse der Marktforschung für eine breite Bevölkerungsschicht oder nur für eine umgrenzte Zielgruppe, für den nationalen, internationalen oder globalen Markt, für bestimmte Produkte und Services oder aber ganze Produktlinien repräsentativ sein sollen. Unabhängig von der jeweiligen Fragestellung wird an qualitative Marktforschung ein vergleichsweise hoher Anspruch an die Verallgemeinerbarkeit der Ergebnisse gestellt (Ereaut 2002). Die qualitative Forschung kennt mehrere Vorgehensweisen zur Prüfung der Verallgemeinerbarkeit, die zugleich Techniken zur Generalisierung sind[3].

■ Herausfiltern der relevanten Elemente der theoretischen (Zwischen-)Ergebnisse

Die zwei folgenden Techniken haben zum Ziel, diejenigen Ereignisse und Bedingungen zu identifizieren, die den Untersuchungsgegenstand hervorrufen bzw. modifizieren. Dabei sollen die Elemente (Personen, Kontexte wie Situationen, Bedingungen, Interaktionen) herausgefiltert werden, die nur zufällig in der im Forschungsprozess entwickelten Theorie enthalten waren. Die zufälligen Theoriebestandteile werden dann aus der Theorie ausgeschlossen. Ergebnis ist eine im Vergleich zur dichten, umfassen-

---

[3] Zur hier nicht weiter vorgestellten Technik der Typenbildung vgl. Kelle/Kluge 1999; zu Erfahrungen und Nachteilen der Typenbildung in der qualitativen Marktforschung vgl. Ereaut 2002, 146.

Ines Steinke

den Fallbeschreibung „schlanke" Theorie. Damit ist die Transferierbarkeit der Ergebnisse besser einschätzbar.

- Gedankenexperiment

Nachdem im Forschungsprozess eine (vorläufige) Theorie über den Untersuchungsgegenstand entwickelt wurde, wird ein Gedankenexperiment durchgeführt (in Anlehnung an Weber (1930) und Gerhardt (1986). Dabei werden die vorliegenden Fälle daraufhin analysiert, welche Elemente, Ursachen und Bedingungen letztlich essentiell sind, d.h. für das Hervorbringen der vorläufigen Theorie ausreichen.

- Fallkontrastierung

Es werden Fälle gesucht, die maximal und minimal verschieden zur generierten Theorie sind (Glaser & Strauss 1967). Das kontrastierende Vergleichen der Fälle ermöglicht eine Identifikation der Elemente, die gleichartige Fälle miteinander teilen und so die relevanten Elemente (Bedingungen, Interaktionen, Situationen, Ereignisse etc.) selektieren (Strauss 1991).

- Triangulation und Mixed Methods

Die Technik der Triangulation (Denzin 1978, 1989; Denzin/Lincoln 2000, Lamnek 1988, Marotzki 1994, Flick 2004b) ist ein bewusster Mix von Methoden, Theorien, ForscherInnen und Datenquellen. Dafür wurde das Konzept der Multitrait-Multimethod-Matrix (Campbell/Fiske 1959) zur Absicherung der Konstruktvalidität herangezogen, erweitert und an qualitative Forschung angepasst. Triangulation hat zum Ziel, Einseitigkeiten zu kompensieren, die daraus resultieren, dass lediglich ein/e UntersucherIn Daten erhebt und auswertet, lediglich eine Methode, lediglich eine Datensorte und lediglich eine Theorie angewendet wird. Eine parallele Entwicklung zum Ansatz der Methoden-Triangulation wird in den letzten Jahren unter dem Namen „Mixed Methods" diskutiert (Tashakkori/Teddlie 1998, 2003; Creswell 2003). Im Vordergrund steht dabei die Kombination von quantitativen und qualitativen Methoden. Die Kombinationen erfolgen zumeist aus pragmatischen Erwägungen, d.h. die methodologischen Voraussetzungen für die Verbindung beider Forschungslinien oder der Verschränkung von qualitativer und quantitativer Forschung innerhalb eines Forschungsdesigns werden kaum diskutiert (Flick 2004b, 69). Der Beitrag von Triangulation (und auf der Methodenebene von „Mixed Methods") für die Qualitätssicherung qualitativer Forschung besteht darin, dass Daten oder Ergebnisse, die mit *einer* bestimmten Methode, *einer* Datensorte, durch *einen* bestimmten Forscher bzw. eine bestimmte Forscherin oder *eine* zugrunde gelegte Theorie entstehen, durch die Hinzunahme weiterer Daten, Theorien, Methoden oder ForscherInnen überprüft werden können. Zugleich dienen sie infolge der vielgestaltigen Perspektiven auf den Untersuchungsgegenstand der „Erweiterung der Erkenntnismöglichkeiten" (Flick 2004b, 98). Dadurch kann Triangulation zur Generalisierung von Ergebnissen (dem klassischen Kriterium der externen Validität) beitragen (Flick 2004b, 99). Eine Variante von Methodentriangulation bzw. „Mixed Methods" ist die Überführung der qualitativen Daten über dimensionale Analysen in quantitative Daten (Variablen und Werte), was sich technisch sehr effizient mit entsprechender Software für qualitative Datenanalysen umsetzen lässt. Über die so gewonnenen quantitativen Daten lässt sich die Repräsentativität der qualitativen Ergebnisse statistisch absichern. Sofern die kritischen Fallzahlen in der qualitativen Analyse nicht erreicht wurden, wäre, ggf. unter Einsatz standardisierter Verfahren, eine größere Stichprobe zu untersuchen.

4.4 Intersubjektive Nachvollziehbarkeit

Mit der intersubjektiven Nachvollziehbarkeit der Studie wird die Voraussetzung für die Bewertung der Forschung durch Dritte geschaffen. Die Entstehung der Ergebnisse wird rekonstruierbar. Dazu dient in erster Linie die *Dokumentation* des Vorgehens, ein quantitativ-standardisierte und qualitative Forschung übergreifender Gütestandard. Im Kontext qualitativer Marktforschung ist dieses Kriterium nach Außen, d.h. gegenüber dem Auftraggeber nur eingeschränkt umzusetzen. Bei einer umfangreichen Dokumentation von Methoden und Daten im Abschlussbericht würde dieser zu lang. Die Dokumente würde der Auftraggeber kaum sichten und nachprüfen. Erforderlich ist die Dokumentation vor allem für mögliche kundenseitige Nachfragen zum Entstehungshintergrund der Forschungsergebnisse. Das Dokumentierte ist ein gutes Nachschlagewerk, wenn ggf. nach Fertigstellung des Berichtes tiefere Informationen oder Belege gewünscht werden. Daher sollte für die Daten eine angemessene Aufbewahrungsfrist (z.B. 5 Jahre) eingehalten werden. Intern, d.h. für die eigene Abteilung oder das eigene Institut, dient Dokumentation in verschiedener Hinsicht der Qualitätssicherung. Sie verringert die Gefahr, dass das methodische Design „aus dem Bauch heraus" entwickelt wird. Dokumentation diszipliniert zum methodisch bewussten Vorgehen. Dokumentation ist eine zentrale Voraussetzung für die Zusammenarbeit in größeren, internationalen und virtuellen Teams. Dokumentation unterstützt Abkürzungsstrategien, denn sie führt zudem zu einen Pool von Daten, Methoden, Entscheidungen und Kriterien, die – bei Beachtung der Indikation - partiell für andere, ähnlich gelagerte Studien, wieder verwendet werden oder eine Orientierung geben können. Die Dokumente sind für Best-Practice-Analysen nutzbar. Zu dokumentieren sind die in der qualitativen Marktstudie realisierten Methoden zur Datenerhebung und –auswertung, Samplingstrategien, Transkriptionsregeln, methodische Entscheidungen, zugrunde liegende Daten, Bewertungskriterien.

Die Dokumentation der Theoriegenerierung aus den Daten wird erleichtert, wenn softwarebasierte Auswertungsmethoden verwendet werden.

Ines Steinke

4.5 Relevanz

Das Kriterium der Relevanz (Nutzen) zählt zu den allgemeinen Gütestandards. In der qualitativen Marktforschung ist die Fragestellung schon vorgegeben. Dies gilt auch für andere qualitative Auftragsforschung, wie die Evaluationsforschung (Kuckartz 2006). Der Untersuchungsgegenstand kann bei der Beauftragung qualitativer Marktforschung unterschiedlich stark bekannt bzw. vorstrukturiert sein. Das Spektrum reicht von bereits definierten Untersuchungsgegenständen wie z.B. eine Evaluation der Wirksamkeit einer Marketingkampagne nach dem Rollout bis hin zu nicht näher spezifizierten Untersuchungsgegenständen, wie z.B. die Entwicklung von Szenarien und Anwendungsfällen für zukünftige, noch zu spezifizierende Produkte oder Services. Häufig sind in der qualitativen Marktforschung sehr viele Aspekte des Untersuchungsgegenstandes zu analysieren, da verallgemeinerte Aussagen (z.B. über Märkte, Produkte, Werbemittel, Zielgruppen und deren Bedürfnisse, Bedenken etc.) gefordert sind. Relevanz kann wie folgt überprüft werden:

- Analyse der vereinbarten Breite des Untersuchungsphänomens

Die bei Beauftragung vereinbarte Breite des Untersuchungsphänomens (z.B. bezüglich der Zielgruppe, für welche die Ergebnisse Gültigkeit haben sollen), darf im Verlauf der Studie nicht reduziert werden. Unangemessen wären beispielsweise Eingrenzungen des Untersuchungsphänomens im Verlauf der Studie etwa indem das Untersuchungsphänomen angesichts widersprüchlicher Fälle umdefiniert wird.

- Theorieentwicklung/Innovation

Das Design des Forschungsprozesses muss methodisch so angelegt sein, dass neue, überraschende Ergebnisse möglich sind, die mit weniger aufwändigen quantitativ-standardisierten Methoden nicht zu erzielen wären.

- Darstellung der Ergebnisse

In der qualitativen Marktforschung müssen nicht nur qualitätshaltige Ergebnisse produziert werden. Die Qualität muss auch gegenüber den Auftraggebern vermittelt werden. Relevanz wird so auch durch die Art der Ergebnisdarstellung erzielt. Sie muss anschlussfähig, d. h. auf den Verwertungszusammenhang, die Erwartungen der Auftraggeber, abgestimmt sein. Dazu folgende Empfehlungen:

- Die Studienergebnisse müssen so aufbereitet sein, dass Konsequenzen für das Auftreten des Produktes oder Services am Markt ableitbar sind, z.B. für die Entwicklung eines zielgruppenadäquaten Marketing-Mix oder die Festlegung von Produktfeatures mit hoher Akzeptanz bei der Zielgruppe.

- Methodische Kompetenz ist zu vermitteln. Dafür bietet sich eine Darstellung des Prozesses und verwendeten methodischen Designs an. Die Darstellung sollte knapp sein, da sich KundInnen dafür zumeist wenig interessieren (Lillis 2002). Fotos, Videosequenzen oder Textausschnitte aus der Datenerhebung belegen, dass der Forscher bzw. die Forscherin tatsächlich mit (potentiellen) KundInnen in Kontakt war und beleben die Präsentation.

- Die Relevanz der qualitativen Forschung als vergleichsweise aufwändiger methodischer Zugang zum Untersuchungsgegenstand muss erkennbar werden. Möglich ist dies bspw. über die exponierte Präsentation neuer, überraschender, innovativer Erkenntnisse, die mit anderen Zugängen nicht möglich gewesen wären. Die mit qualitativen Methoden identifizierten Strukturen, Kontexte, Zusammenhänge bzw. Phänomene, die hinter der Oberfläche der Äußerungen bzw. des Verhaltens der UntersuchungspartnerInnen liegen, sollten Bestandteil der Ergebnisdarstellung sein.

- Es empfiehlt sich auch eine knappe Darstellung der Inhalte, die der Auftraggeber bereits wusste und die durch die Daten bestätigt werden (Patton 1990, 154).

- Auf Verständlichkeit der Darstellungen für die jeweilige Abnehmergruppe (ManagerInnen unterschiedlicher Hierarchien und Abteilungen, Marketingfachleute etc.) ist zu achten.

- Die Länge der Präsentationen und Berichte ist den unterschiedlichen Verwendungssituationen der Auftraggeber anzupassen. In jedem Fall sollte neben ausführlicheren Präsentationen auch eine stark zusammenfasste (im Sinne einer „management summary") Version geliefert werden.

Auf zwei weitere Qualitätskriterien sei an dieser Stelle nur verwiesen. Der Gütestandard *ethisches Vorgehen* beinhaltet Fragen wie: Werden die Datenschutzrichtlinien beachtet? Werden die Daten ausreichend anonymisiert? Werden die Untersuchungspartner über Ziele und Vorgehensweise der Studie informiert? Werden TeilnehmerInnen an einer Untersuchung womöglich geschädigt, z.B. psychische Krisen durch eine Befragung ausgelöst? (Elliott/Fisher/Rennie 1999, 220; Hopf 2004, Widmer 2004, 95f). Das Kriterium *„reflektierte Subjektivität"* (Steinke 1999, 231ff.) behandelt die Reflexionen von ForscherInnen über die Rolle ihrer eigenen subjektiven Anteile im Forschungsprozess. Die Zulassung dieser Subjektivität ist ein Kennzeichen qualitativer Marktforschung (vgl. Ablehnung der Objektivität quantitativ-empirischer Forschung in 2.1). Der eigene biographische und kulturelle Hintergrund, Ängste, Barrieren, Störungen, Irritationen, die den Forschungsprozess begleiten und die persönliche Beziehung zum Forschungsthema sollen dokumentiert und analysiert werden. Dies kann einerseits durch Selbstreflexion erfolgen. Empfehlenswert sind hierfür auch Supervisionen mit anderen ForscherInnen. Damit werden auftretende subjektive Einflüsse der ForscherInnen nicht eliminiert, sondern *reflektiert* in den Forschungsprozess integriert. Dieser Anspruch ist wegen der Zeitknappheit in der qualitativen kommerziellen Marktforschung nicht immer umfänglich zu realisieren.

Ines Steinke

5 Fazit

Qualitative Marktforschung sollte nicht ohne Qualitätsprüfung durchgeführt werden. Die Prüfung der Güte des Vorgehens bezieht sich auf alle Phasen des Forschungsprozesses von der Entwicklung theoretischer Vorannahmen bzw. Hypothesen über das Sampling, die Datenerhebung und –auswertung bis hin zur Darstellung der Ergebnisse. Dafür wurden fünf Basiskriterien vorgestellt. Dem Auftraggeber können damit zentrale Fragen zur Güte der Studie beantwortet werden:

- Wie sind die Ergebnisse zustande gekommen? Diese Frage kann vor allem dann relevant werden, wenn die aus der Marktforschungsstudie abgeleiteten marktbezogenen Maßnahmen nicht den Effekt (z.B. Umsatz) gebracht haben, der anzunehmen war. (→ Kriterien: Intersubjektive Nachvollziehbarkeit und Indikation)
- Warum hat es sich gelohnt, dafür Geld auszugeben? (→ Kriterien: Relevanz, Indikation)
- Sind die Ergebnisse überprüft? (→ Kriterium: Empirische Verankerung)
- Wofür (für welche Zielgruppen, Länder, Produkte etc.) haben diese Ergebnisse Gültigkeit? (→ Kriterium Verallgemeinerbarkeit)

Welche Verfahren zur Kriterienprüfung herangezogen werden, ist im Einzelfall von der konkreten Fragestellung, dem Untersuchungsgegenstand, den eingesetzten Methoden sowie vom Zeit- und Kostenrahmen abhängig. Für die Weiterentwicklung von geeigneten Qualitätskriterien für qualitative Marktforschung muss die Diskussion zu Abkürzungsstrategien weiter geführt werden, die bereits in anderen Anwendungsfeldern qualitativer Forschung begonnen hat (z.B. Evaluations- und Drittmittelforschung, Kuckartz 2006, Flick 2004c, 264; Kelle 2006). Die Abkürzungsstrategien sind methodisch kontrolliert unter Einhaltung von Qualitätskriterien zu entwickeln.

6 Literatur

Berekoven, L./Eckert, W./Ellenrieder, P. (2006): Marktforschung. Methodische Grundlagen und praktische Anwendung. Wiesbaden: Gabler.
Böhler, H. (2004). Marktforschung: Stuttgart: Kohlhammer
Bohnsack, R. (2005). Standards nicht-standardisierter Forschung in den Erziehungs- und Sozialwissenschaften. Zeitschrift für Erziehungswissenschaft, 8. Jhg., Beiheft 4, 63-81.
Bortz, J./Döring, N. (2003): Forschungsmethoden und Evaluation für Human- und Sozialwissenschaftler. Berlin: Springer.

Breuer, F. (1996). Theoretische und methodische Grundlinien unseres Forschungsstils. In: Breuer, F. (Hrsg.): Qualitative Psychologie. Grundlagen, Methoden und Anwendungen eines Forschungsstils. Opladen: Westdeutscher Verlag, 14-40.

Broda, S. (2006): Marktforschungs-Praxis. Konzepte, Methoden, Erfahrungen. Wiesbaden:Gabler

Callingham, M. (2004): Market Intelligence. How and Why Organisations use Market Research. London: Kogan

Campbell, D. T. (1957): Factors Relevant to the Validity of Experiments in Social Settings. In: Psychological Bulletin, 54, 297-312.

Campbell, D. T./Fiske, D. W. (1959): Convergent and Discriminat Validation by the MultitraitMultimethodMatrix. Psychological Bulletin, Vol. 56, No. 2, 81-105.

Campbell, D. T./Stanley, J. C. (1963): Experimental and Quasiexperimental Designs for Research on Teaching. In: Gage, N. L. (ed.): Handbook on Research on Teaching. Chicago: Rand McNally, 171-246.

Cresswell, J. W. (2003): Research Design – Qualitative, Quantitative, and Mixed Methods Approaches. Thousand Oaks: Sage.

Chrzanowska, J. (2002): Interviewing Groups and Individuals in Qualitative Market Research. Book 2. In: Ereaut, G./Imms, M./Callingham, M. (eds). Qualitative Market Research (7 volumes). London: Sage.

Dannenberg, M./Barthel, S. (2004): Effiziente Marktforschung. Fachkompetenz. Bonn: Moderne Industrie.

Denzin, N. K. (1978): The Research Act. 2nd edition. New York: McGraw-Hill.

Denzin, N. K./Lincoln, Y. S (2000): Handbook of Qualitative Research .Thousand Oaks: Sage.

Devereux, G. (o. J): Angst und Methode in den Verhaltenswissenschaften. München: Hanser (im Original 1967).

Elliot, R./Fisher, C. T./Rennie, D. L. (1999): Evolving Guidelines for Publication of Qualitative Research Studies in Psychology and Related Fields. In: British Journal of Clinical Psychology, 38, 215-299.

Eraut, G. (2002). Analysis and Interpretation in Qualitative Market Research. Book 4 In: Ereaut, G./Imms, M./Callingham, M. (Eds). Qualitative Market Research (7 volumes). London: Sage.

Erdfelder, E. (1994): Erzeugung und Verwendung empirischer Daten. In: Herrmann, Th./Tack, W. (Hrsg.): Methodologische Grundlagen der Psychologie (= Enzyklopädie der Psychologie, Themenbereich B, Methodologie und Methoden, Serie I Forschungsmethoden der Psychologie, Bd. 1). Göttingen: Hogrefe, 604-648.

Flick, U. (2004a): Qualitative Sozialforschung – Eine Einführung. Reinbek: Rowohlt.

Flick, U. (2004b): Triangulation. Eine Einführung. Wiesbaden: VS Verlag für Sozialwissenschaften.

Flick, U. (2004c): Design und Prozess qualitativer Forschung. In: Flick, U./von Kardorff, E./Steinke, I. (2004): Qualitative Forschung. Ein Handbuch. Reinbek: Rowohlt, 252-265.

Flick, U./von Kardorff, E./Steinke, I. (2004): Was ist qualitative Forschung? In: Flick, U./von Kardorff, E./Steinke, I. (2004): Qualitative Forschung. Ein Handbuch. Reinbek: Rowohlt, 13-29.

Flick, U. (2005): Standards, Kriterien, Strategien – zur Diskussion über Qualität qualitativer Sozialforschung. ZBBS 6. Jg, Heft 2/2005

Gabriel, C (1990): The Validity of Qualitative Market Research. In: Journal of the Market Research Society, 32 (4): 507-519.

Gadenne, V. (1976): Die Gültigkeit psychologischer Untersuchungen. Stuttgart: Kohlhammer.

Geertz, C. (1983): Dichte Beschreibung. Beiträge zum Verstehen kultureller Systeme. Frankfurt am Main: Suhrkamp.

Geertz, C. (1988): Works and Lives: The Anthropologist as Author. Stanford, CA: Stanford University Press.

Gerhardt, U. (1986): Verstehende Strukturanalyse: Die Konstruktion von Idealtypen als Analyseschritt bei der Auswertung qualitativer Forschungsmaterialien. In: Soeffner, H. G. (Hrsg.): Sozialstruktur und soziale Typik. Franfurt am Main: Campus, 31-83.

Glaser, B. G./Strauss A. L. (1967): The Discovery of Grounded Theory: Staregies for Qualitative Research. Chicago: Aldine Publishing Co.

Griggs, S. (1987): Analysing Qualitative Data. In: Journal of the Market Research Society, 29 (1), 15-35.

Gummesson, E. (2001): Are Current Research Approaches Leading us Astray? In: Marketing Theory. Volume I (I), 27-48.

Helsper, W./Herwartz-Emden, L./ Terhart, E. (2001): Qualität qualitativer Forschung in der Erziehungswissenschaft. Ein Tagungsbericht. In: Zeitschrift für Pädagogik, 47. Jg., Nr. 2, 251-268.

Hoffmann-Riem, C. (1980): Die Sozialforschung einer interpretativen Soziologie. Der Datengewinn. In: Kölner Zeitschrift für Soziologie und Sozialpsychologie, Jg. 32, 339-372.

Hague, P./Jackson, P. (1999): Market Research. A Guide to Planning, Methodology and Evaluation. London: Kogan.

Hopf, C. (2004): Forschungsethik und qualitative Forschung. In: Flick, U./von Kardorff, E./Steinke, I. (Hrsg. 2004). Qualitative Forschung. Ein Handbuch. Reinbek: Rowohlt, 589-600.

Jackson, P. (1997): Quality in Market Research. London: Kogan.

Kelle, U./Kluge, S. (1999): Vom Einzelfall zum Typus: Fallvergleich und Fallkontrastierung in der qualitativen Sozialforschung. Opladen: Leske & Budrich.

Kelle, U./Erzberger, C. (2004): Qualitative und quantitative Methoden: kein Gegensatz. In: Flick, U./von Kardorff, E./Steinke, I. (2003): Qualitative Forschung. Ein Handbuch. Reinbek: Rowohlt, 299-309.

Kelle, U. (2006): Qualitative Evaluationsforschung und das Kausalitätsparadigma. In: Flick, U. (Hrsg.) Qualitative Evaluationsforschung. Konzepte, Methoden, Umsetzungen. Hamburg: Rowohlt, 117–134.

King, E. (1996): The Use of Self in Qualitative Research. In: Richardson, J. T. E. (ed.): Handbook of Qualitative Research for Psychology and Social Sciences. Leicester: BPS Books, 175-188.

Kowal, S./O'Connell, D. C. (2004): Zur Transkription von Gesprächen. In: Flick, U./von Kardorff, E./Steinke, I. (2003). Qualitative Forschung. Ein Handbuch. Reinbek: Rowohlt, 437-447.

Kuckartz, U. (2006): Quick and Dirty? – Qualitative Methoden in der drittmittelfinanzierten Evaluation der Umweltforschung. In: Flick, U. (Hrsg.): Qualitative Evaluationsforschung. Konzepte, Methoden, Umsetzungen. Hamburg: Rohwolt, 267–283.

Kuß, A. (2004): Marktforschung. Grundlagen der Datenerhebung und –analyse. Wiesbaden: Gabler.

Kvale, S. (1995): The Social Construction of Validity. In: Qualitative Inquiry, 1, 19-40.

Lamnek, S. (1988): Qualitative Sozialforschung, Bd. 1. München: Psychologie Verlags Union.

Legewie, H. (1987): Interpretation und Validierung biographischer Interviews. In: Jüttemann, G./ Thomae, H. (Hrsg.): Biographie und Psychologie. Berlin, Heidelberg: Springer, 138-150.

Lienert, G. A. (1969): Testaufbau und Testanalyse. Weinheim, Berlin, Basel: Verlag Julius Beltz.

Lienert, G. A./Raatz, U. (1994): Testaufbau und Testanalyse. Weinheim: Psychologie Verlags Union.

Lillis, G. (2002). Delivering Results in Qualitative market Research. Book 7. In: Ereaut, G./Imms, M./Callingham, M. (eds). Qualitative Market Research (7 volumes). London: Sage.

Lincoln, Y. S./Guba, E. G. (1985): Naturalistic Inquiry. Beverly Hills: Sage.

Lüders, C. (2004): Herausforderungen qualitativer Forschung. In: Flick, U./von Kardorff E./Steinke, I. (Hrsg.): Qualitative Forschung. Ein Handbuch. Reinbeck: Rowohlt, 632-642.

Marotzki, W. (1994): Forschungsmethoden der erziehungswissenschaftlichen Biographieforschung. In: Krüger, H. H./Marotzki, W. (Hrsg.): Erziehungswissenschaftliche Biographieforschung. Opladen: Leske & Budrich, 55-89.

Nadig, M. (1997): Ethnopsychoanalytische Sozialforschung. Vortrag an der Freien Universität Berlin, Juli, mimeo.

Patton, M. Q. (1990): Qualitative Evaluation and Research Methods, 2nd edition. London: Sage.

Scheele, B./Groeben, N. (1988): Dialog-Konsens-Methoden zur Rekonstruktion Subjektiver Theorien. Münster: Aschendorff.

Schnettler, J./Wendt, G. (2006). Marketing und Marktforschung. Lehr- und Arbeitsbuch für die Aus- und Weiterbildung. Berlin: Cornelsen.

Seale, C. (1999): The Quality of Qualitative Research. London: Sage.

Skinner, D./Tagg, C./Holloway, J. (2000): Managers and Research. The Pros and Cons of Qualitative Approaches. In: Management Learning, vol. 31, 2, 163-179.

Soeffner, H. G. (1989): Auslegung des Alltags – Der Alltag der Auslegungen. Zur wissenssoziologischen Konzeption einer sozialwissenschaftlichen Hermeneutik. Frankfurt am Main: Suhrkamp.

Steinke, I. (1999): Kriterien qualitativer Forschung. Ansätze zur Bewertung qualitativ-empirischer Sozialforschung. Weinheim und München: Juventa.

Steinke, I. (2004): Gütekriterien qualitativer Forschung. In: Flick, U./von Kardorff, E./Steinke, I. (Hrsg.): Qualitative Forschung. Ein Handbuch. Reinbek: Rowohlt, 319-331.

Strauss, A. (1991): Grundlagen qualitativer Sozialforschung – Datenanalyse und Theoriebildung in der empirischen soziologischen Forschung. München: Fink.

Tashakkori, A./Teddlie, C. (1998): Mixed Methodology. Combining Qualitative and Quantitative Approaches. Thousand Oaks: Sage.

Tashakkori, A./Teddlie, C. (2003): Handbook of Mixed Methods in Social and Behavioral Research. Thousand Oaks: Sage.

Terhart, E. (1981): Intuition – Interpretation – Argumentation. Zum Problem der Geltungsbegründung von Interpretationen. In: Zeitschrift für Pädagogik, 27, 769-793.

Wallendorf, M./Belk, R. W. (1989): Assessing Trustworthiness in Naturalistic Consumer Research. In: Interpretive Consumer Research, 69-84.

Weber, M. (1920): Wirtschaft und Gesellschaft. Tübingen: Mohr.

Weiss, H. C./Steinmetz, P. (2005): Marktforschung. Modernes Marketing für Studium und Praxis. Ludwigshafen: Kiehl.

Widmer, T. (2004): Qualität der Evaluation – Wenn Wissenschaft zur praktischen Kunst wird. In Stockmann, R. (Hrsg.): Evaluationsforschung. Grundlagen und ausgewählte Forschungsfelder. Opladen: Leske & Budrich, 83-109.

Wottawa, H. (1977): Psychologische Methodenlehre. München: Juventa.

Andreas Riege

Gültigkeit und Zuverlässigkeit von Fallstudien

1 Einleitung 287
2 Maßnahmen zur Qualitätssicherung 288
   2.1 Bestätigbarkeit 288
   2.2 Glaubwürdigkeit 290
   2.3 Übertragbarkeit 291
   2.4 Stabilität 293
3 Anwendungen und Ausblick 295
4 Literatur 295

1 Einleitung

Unabhängig davon, ob AkademikerInnen und MarktforscherInnen Fallstudien als Einstiegsmethode für die Definition, Eingrenzung und Evaluierung eines anfangs breiter gefassten Forschungsentwurfes verwenden, oder als Hauptmethode zur Datenerhebung einsetzen, das Ziel bleibt die Entwicklung einer neuen Theorie oder der weitere Ausbau einer bestehenden Theorie (Carson et al. 2001). Dahingehend erwarten akademische ForscherInnen nicht nur fundierte Ansätze, auch KundInnen erwarten praktische Lösungen und Empfehlungen, die auf validen und zuverlässigen Resultaten, auf denen sie ihre Entscheidungsfindung oder Entwicklung von Marketingstrategien stützen können, basieren. Dennoch herrscht in der qualitativen Forschung wenig Einigkeit über Gütekriterien und bestimmte Massnahmen zur Qualitätssicherung (Steinke 2005). Dieser Beitrag befasst sich mit der Anwendung und Nützlichkeit von vier Kontroll- und Bestätigungsansätzen, mit denen sich ein höheres Mass an Gültigkeit und Zuverlässigkeit in der Fallstudienforschung erreichen lässt. In der Fallstudienforschung werden zur Datengewinnung vorwiegend leitfadengestützte executive interviews, relativ unstrukturierte konvergierende Interviews (convergent interviews), Gruppendiskussionen, Beobachtungen oder eine Kombination dieser Methoden eingesetzt (Carson et al. 2001, Riege 2003). Dieser Beitrag konzentriert sich auf die Auswertung von Fallstudien, deren Datenbasis interviewgestützt generiert wurde. Der Einsatz ausgewählter Maßnahmen aus der qualitativen Marktforschung in verschiedenen Phasen der Arbeit mit Fallstudien (Forschungsdesign, Datenerhebung, Datenanalyse und Berichtverfassung) wird vorgeschlagen, um die Glaubwürdigkeit von Ergebnissen zu verbessern und die Gesamtqualität der Theoriebildung sowie Aussagekraft von analytischen Fallstudien besser beurteilen zu können.

Der Schwerpunkt von Fallstudienforschung im Marketing liegt darauf, sich einen Einblick in eine dynamische Realität zu verschaffen und ein Verständnis von zeitgenössischen Geschehnissen und wenig strukturierten, komplexen Sachverhalten in einem bestimmten realen Kontext zu entwickeln, insbesondere in der Anfangs- oder Vorphase von Marktforschungsprojekten (Carson et al. 2001, Mariampolski 2001, Yin 2003).

Zahlreiche Publikationen befassen sich mit der Aussagekraft und Güte qualitativer Forschung (De Ruyter/Scholl 1998, Ereaut 2002, Gummesson 2000, Mariampolski 2001, Rust/Cooil 1994), nur wenige Studien geben Hinweise zu deren Verbesserung im Rahmen von Fallstudienforschung (Guba/Lincoln 1994, Perry/Riege/Brown 1999, Riege 2003). Es besteht allgemein Einigkeit darüber, dass es weitgehend unmöglich ist, qualitative Ergebnisse mit statistischen Methoden zu validieren. Dahingegen gibt es eine Reihe von qualitativen Kontroll- und Bestätigungsansätzen, mit denen sich ein höheres Maß an Gültigkeit und Zuverlässigkeit von qualitativen Daten erreichen lässt. Der Beitrag konzentriert sich auf folgende vier Ansätze, mit denen sich in unterschiedlichen Phasen des Forschungsprozesses ein höheres Maß an Gültigkeit und Zuverlässigkeit in der Fallstudienforschung erreichen lässt: Bestätigbarkeit, Glaubwürdigkeit,

Übertragbarkeit, Stabilität. Einige der Ansätze versuchen unterschiedliche Zielanforderungen in der Vorgehensweise der Fallstudienerhebung sicherzustellen und damit die Unanfechtbarkeit und Aussagekraft in unterschiedlichen Forschungsphasen zu gewährleisten (z.B. Gummesson 2000, Hirschman 1986, Riege 2003).

2 Maßnahmen zur Qualitätssicherung

Es wird gezeigt, inwieweit die vorgeschlagenen Maßnahmen dazu geeignet sind, die Aussagekraft von Fallstudienergebnissen zu verbessern. Dabei wird zu jeder Maßnahme auch angegeben, in welcher Phase des Forschungsprojekts sie angewandt werden sollte. Es kann auch sein, dass einige Massnahmen zur Qualitätssicherung von zwei oder mehr Ansätzen beitragen können. Zudem sind Forschungsphasen nicht unbedingt in sequentieller Weise durchzuführen, vielmehr kann man zwischen den einzelnen Phasen vor- und zurückspringen. Diese Iteration geschieht insbesondere zwischen der Datenerhebung und -analyse, so dass die vorherigen Schritte die nachfolgenden formen (Spiggle 1994). Es muss auch nicht unbedingt immer jede Maßnahme geeignet oder gleich bedeutend sein. Das hängt vom Charakter und der Komplexität des jeweiligen Fallstudienforschungsprojekts ebenso ab wie davon, ob mit dem Ansatz von Einzel- oder Mehrfachfallstudien gearbeitet wird. Jedenfalls sollte der erste Schritt im Evaluierungsprozess immer die Gewährleistung einer guten Urteilsfähigkeit und eines Common Sense sein (Gummesson 2005).

2.1 Bestätigbarkeit

Die *Bestätigbarkeit* (im Englischen: confirmability) entspricht dem Begriff der Neutralität und Objektivität in der quantitativen Forschung und hängt somit eng mit der Konstruktvalidität zusammen. Dieser Ansatz evaluiert, ob die Interpretation der Ergebnisse in logischer und unvoreingenommener Weise durchgeführt wurde, und ob die daraus gezogenen Schlussfolgerungen die logischste Möglichkeit darstellen, die aus den Ergebnissen gewonnen werden konnte. Einige nützliche Fragen (Miles/Huberman 1994, 278f), die über eine Fallstudie im Hinblick auf die Bestätigbarkeit gestellt werden müssen, lauten: Wie detailliert und explizit sind die allgemeinen Schritte, Methoden und Verfahren der Fallstudie beschrieben?, Wie vollständig sind die erhaltenen Ergebnisse der Fallstudie, einschließlich Hintergrundinformationen?, Wie werden die gespeicherten Fallstudiendaten für die Re-analyse durch andere ForscherInnen zugänglich gemacht?. Maßnahmen, die die Bestätigbarkeit (sowie Neutralität) von Fallstudien gewährleisten sind:

Phase: *Forschungsdesign*

- Vermeidung persönlicher Beurteilungen über die Befragten sowie Meinungen über das zu erforschende Thema, da diese die Fallstudienergebnisse verzerren können (Mariampolski 2001).

Phase: *Datenerhebung*

- Vermeidung jeglicher Parteilichkeit und voreingenommenen Beziehungen zwischen KundInnen und Befragten (Mariampolski 2001).

- Verwendung mehrerer Belegquellen, wie z.B. die Triangulation von Dokumenten, Akten, Artefakten, als Schutz gegen die Voreingenommenheit der ForscherInnen (Darlington/Scott 2002, Denzin 1978).

- Aufstellung einer Belegkette durch Verwendung wortgetreuer Interviewtranskripte und Aufzeichnungen über die Feldbeobachtungen. Diese können dann ausreichend Zitate und Querprüfungen für einzelne Belegquellen liefern (Hirschman 1986, Yin 1994).

Phase: *Datenanalyse*

- Durchführung eines Fallstudienaudits, das die Untersuchung der Rohdaten, Interpretationen, Empfehlungen und Lösungen umfasst (Darlington/Scott 2002, Lincoln/Guba 1985): (1) Aufbewahrung von Rohdaten wie Feldaufzeichnungen, Interviewtranskripte, Firmenberichte und sonstige Dokumente für spätere Überprüfungen; (2) Beurteilung, ob Inferenzen anhand der Daten logisch sind sowie Überprüfung der Genauigkeit und Stärke der Interpretationen; (3) Gewinn eines umfassenden Verständnisses davon, was die Ergebnisse aussagen sollen.

Phase: *Datenanalyse / Berichtverfassung*

- Kommunikative Evaluierung von vorläufigen Berichten, indem WissenschafterInnen und HauptinformantInnen die Transkripte der Interviews, Teile der Datenanalyse und wesentliche Ergebnisse durchsehen und beurteilen; und bei Bedarf unklare Aspekte überarbeiten (Klüver 1979, Lincoln/Guba 1985, Yin 1994).

Phase: *Alle Forschungsphasen*

- ForscherInnen sollten immer intuitiv bleiben und sich von ihren Erfahrungen leiten lassen, aber zugleich auch systematisch und rigoros vorgehen, durch eine Kombination von menschlichen Qualitäten wie Urteilsvermögen, Einsichts- und Einfühlungsvermögen sowie Ethik (Gummesson 2005).

Andreas Riege

2.2 Glaubwürdigkeit

Die *Glaubwürdigkeit* (im Englischen: credibility) entspricht der Inhaltsvalidität von quantitativen Testverfahren. Die Befragten, ihre KollegInnen und/oder ExpertInnen, evaluieren und approbieren die Forschungsergebnisse, weil von den ForscherInnen anerkannt wird, dass Realitäten auf verschiedene Weise interpretiert werden können. Das Ziel besteht darin, zu demonstrieren, dass die Forschung in möglichst glaubwürdiger Weise durchgeführt wurde. Einige nützliche Fragen, die zur Klärung dieses Kriteriums beitragen können, lauten: Wie umfassend und inhaltsreich sind die Fallbeschreibungen?, Wie kohärent sind die Ergebnisse untereinander?, Wie systematisch sind die Schlüsselkonzepte aufeinander bezogen? Massnahmen, die die Glaubwürdigkeit von Fallstudien aufbauen sind:

Phase: *Forschungsdesign*

- Berücksichtigung von Prämissen, Erwartungen und Weltbild der ForscherInnen (z.B. interpretivistisch) als auch der theoretischen Ausrichtung (Gummesson 2000, Mariampolski 2001, Merriam 1988).

Phase: *Datenerhebung*

- Datentriangulation durch verschiedene Belegquellen und Integrierung verschiedener Forschungsmethoden wie Convergent oder Executive Interviews, Gruppendiskussionen und Beobachtungen (Denzin 1978, Lincoln/Guba 1985).

- Verwendung von Selbstbeobachtungstechniken (Ereaut 2002, Merriam 1988) und persönlicher Reflexion (Gummesson 2000).

- Gewährleistung, dass die InterviewerInnen, sofern mehrere an dem Projekt beteiligt sind, und BeobachterInnen sich über ihre Eindrücke und ähnliche Meinungen und Eindrücke der Befragten austauschen sowie Diskrepanzen und Informationslücken ansprechen.

- Sicherung von Datenäquivalenz im internationalen Forschungsrahmen und der Vergleichbarkeit von Antworten (Sinkovics/Penz/Ghauri 2005).

Phase: *Datenanalyse*

- Übereinstimmung von Strukturen, Prozessen und Mustern für die Analyse innerhalb einer Fallstudie, verschiedener Fallstudien untereinander und verschiedener Länder untereinander (Miles/Huberman 1994).

- Darstellung in Tabellen und Diagrammen, um Erklärungsbildungen und Fallstudienvergleiche zu unterstützen (Miles/Huberman 1994).

- Absicherung interner Kohärenz der Fallstudienerkenntnisse durch mehrmalige Querüberprüfung der Ergebnisse (Yin 1994).
- Darstellung von alternativen Interpretationen und widersprüchlichen Daten sollte ehrlich und ohne Beschönigungen sein (Gummesson 2000).
- Sicherung logischer externer Folgerichtigkeiten durch eingehende Befragung von FallstudienakteurInnen, Fachleuten, Peergruppen oder KollegInnen, indem diesen die Dateninterpretationen und Schlussfolgerungen regelmäßig vorgestellt werden (Gummesson 2000, Lincoln/Guba 1985).

Phase: *Berichtverfassung*

- Ausarbeitung eines Führers zum Diskussionsthema, in dem Überzeugungen und Fragestellungen des Forschungsgebiets, alle wichtigen Aspekte des Projekts sowie sonstige Fragen und Sachverhalte geklärt werden, die im Verlauf des Projekts aufgetreten sind und denen weiter nachgegangen werden muss (Ereaut 2002).
- Evaluierung mehrfacher Perspektiven durch möglichst öffentliche und offene Durchführung des Fallstudienanalyse- und Interpretationsprozesses (Spiggle 1994).
- Abschlussbeurteilung der Hauptbelegquellen und der wichtigsten Fallstudienergebnisse mit ausgewählten Befragten und Berücksichtigung deren Reaktionen (Gummesson 2005, Klüver 1979, Lincoln/Guba 1985).
- Anbieten möglicher alternativer Interpretationen und Diskussion des Für und Wider jener Alternativen (Gummesson 2005).

Phase: *Alle Forschungsphasen*

- ForscherInnen sollten immer kritisch bleiben und Fallstudien ständig einer genauen Überprüfung unterziehen, insbesondere bei der Datenauswertung und –sinngebung. Des Weiteren sollten alle Informationen über teilnehmende Befragte und Ergebnisse ständig überprüft werden, um alle möglichen Details aufzudecken. ForscherInnen sollten ihre eigene Arbeit und sich selbst mit derselben Skepsis betrachten (Mariampolski 2001).

2.3 Übertragbarkeit

Die *Übertragbarkeit* (im Englischen: transferability) ist analog zur Funktion der Repräsentativität oder statistischen Verallgemeinerung in der quantitativen Forschung zu verstehen. Prinzipiell kann angenommen werden, dass die Übertragbarkeit hoch ist, wenn die Forschung ähnliche bzw. abweichende Ergebnisse eines Phänomens unter ähnlichen bzw. verschiedenen Befragten oder Organisationen aufweist, so dass eine analytische oder erfahrungsbasierte Verallgemeinerung möglich wird. Die folgenden Fragen können gestellt werden, um zu klären, inwieweit die Ergebnisse der Studie übertragbar sind: Enthalten die Ergebnisse ausreichend detaillierte Beschreibungen und komplexe Charakteristika des Falles, damit die LeserInnen die potenzielle Übertragbarkeit auf ihre eigenen Settings einschätzen können?, Inwiefern sind die Ergebnisse kongruent mit, verbunden mit oder bestätigend für die zu Grunde gelegte Theorie? Massnahmen, die die Übertragbarkeit (sowie Vertrauenswürdigkeit) von Fallstudien herstellen sind:

Phase: *Forschungsdesign*

- Verwendung einer sinngemässen und/oder theoretischen Replikationslogik in mehreren Fallstudien. Bspw. 20 Fallstudien in zwei Branchen (z.B. Automobil- und Stahlindustrie) und drei Ländern (z.B. Deutschland, USA, Japan) (Eisenhardt 1989).
- Aufstellung einer klaren Definition des Umfangs und der Reichweite des Forschungsprojekts um zu vernünftigen analytischen und erfahrungsbasierten Verallgemeinerungen der Forschungsergebnisse zu kommen, anstatt statistischer Hochrechnungen (Marshall/Rossman 1989).
- Aufführen wesentlicher Einschränkungen des Forschungsprojekts und möglicher Auswirkungen von Problemen durch den beschränkten oder verweigerten Zugang zu Daten und InformantInnen (Gummesson 2000).
- Angemessenheit ausgewählter Erhebungsmethoden (Flick 2004) hinsichtlich des Untersuchungsgegenstandes in der Fallstudienforschung (Steinke 2005).
- Zweckmässige Auswahl der Befragten aufgrund ihrer Erfahrung, ihres Wissens und des möglichen Beitrags zu den Fallstudienzielen (Patton 2002).
- Gewährleistung einer angemessen genauen Repräsentation der Zielgruppe (Mariampolski 2001).

Phase: *Datenerhebung*

- Befragung einer ausreichenden Anzahl von InformantInnen, um sinnvolle Vergleiche und Queranalysen zwischen Gruppen und/oder Einzelpersonen anstellen zu können. Der Sättigungspunkt ist erst dann erreicht, wenn die Daten konvergieren und/oder divergieren (Mariampolski 2001, Sinkovics/Penz/Ghauri 2005).
- Aufbau einer Fallstudiendatenbank, in die ausführliche Beschreibungen und strukturierte in Hierarchien, Matrizen und Graphen dargestellte Daten aufgenommen werden, damit die Handlungen und Überlegungen des Forschers bzw. der Forscherin nachvollzogen werden können (Gummesson 2005, Lincoln/Guba 1985).

Phase: *Datenanalyse*

- Abwägung und eventuelle Anwendung bestimmter Verfahren für die Kodierung großer Datenmengen, z.B. durch die Verwendung von Symbolen, Zeichen und einer computergestützten Auswertungssoftware für qualitative Daten, z.B. NVivo (Marshall 2001, Sinkovics/Penz/Ghauri 2005, Yin 1994).

- Evidenzvergleich mit verschiedenen Literaturquellen, um den Erkenntnisbeitrag der Resultate klar beschreiben zu können und diesen innerhalb des Forschungsumfangs und dessen Reichweite zu verallgemeinern (Yin 1994).

- Angabe einer auf Daten und Beobachtung beruhenden informierten Perspektive darüber, was derzeit in der „realen Welt" abläuft. Im Gegensatz zur akademischen Forschung liegt das Interesse der kommerziellen Marktforschung oft nicht an der Übertragbarkeit der Studienergebnisse, sondern eher an deren Nützlichkeit (oder Gültigkeit im eigentlichen Sinne) und damit an der Vertrauenswürdigkeit, um eine Entscheidungsgrundlage zu einem spezifischen Problem anzubieten (Ereaut 2002).

Phase: *Berichtverfassung*

- Hervorhebung von wesentlichen Themen, Eindrücken und Ideen. Dabei sollte z.B. nicht einfach nur das Verhalten der VerbraucherInnen dargestellt werden, sondern Gründe für dieses Verhalten erklärt werden, um die Ergebnisse nachvollziehbar zu machen (Carson et al. 2001, Mariampolski 2001).

- Ausarbeitung der Fallstudienergebnisse sollte eher nach Themen als nach Segmenten geordnet werden. Nach Segmenten organisierten Diskussionen fehlt es manchmal an vergleichenden Analysen sowie Beschreibungen von Gemeinsamkeiten und Unterschieden zwischen diversen Segmenten. Im Gegensatz dazu kann ein segmentierter Berichtstil nützlich sein, wenn zu den Empfehlungen hochdifferenzierte Marketingstrategien gehören (Mariampolski 2001).

2.4 Stabilität

Die *Stabilität* (im Englischen: dependability) ist analog zum Begriff der Reliabilität. Der Zweck dieses Ansatzes besteht darin, das Stabilitäts- und Kohärenzniveau im Umfrageprozess anzuzeigen. Es geht darum zu klären, ob die im Forschungsprozess angewandten Massnahmen kohärent sind. Für die Evaluierung der Stabilität können bspw. folgende Fragen gestellt werden: Wie klar sind die Forschungsfragen und inwieweit sind die Eigenschaften des Studiendesigns kongruent?, Wie sorgfältig wurden einzelne Forschungsschritte geplant und durchgeführt?, Wie erfahren waren die InterviewerInnen und wie wurden sie geschult? Massnahmen, die die Stabilität von Fallstudien gewährleisten sind:

Phase: *Forschungsdesign*

- Untersuchung darüber, ob die in den Fallstudien befolgten Prozesse geordnet, transparent, verständlich und gut dokumentiert sind und so Mechanismen zum Schutz gegen Fehler und Verzerrungen einschließen (Gummesson 2005).
- Klärung theoretischer Positionen, Forschungsmotive und Voreingenommenheiten von ForscherInnen (Gummesson 2000, Hirschman 1986).
- Einsatz mehrerer ForscherInnen. KundInnen beauftragen manchmal verschiedene Forschungsinstitute mit demselben Projekt, um auf ähnliche Schlussfolgerungen zu kommen und so das Vertrauen und die Stabilität in die Forschungsergebnisse zu stärken (Mariampolski 2001, Sinkovics/Penz/Ghauri 2005).
- Genaue Beschreibung des Hintergrunds, der theoretischen Grundlagen, und des Forschungsansatzes (LeCompte/Goetz 1982).
- Sicherung der Kongruenz zwischen den Fragestellungen des Forschungsprojekts und den Eigenschaften des Fallstudiendesigns (Yin 1994, Steinke 2005).
- Entwicklung und Präzisierung des Interviewleitfadens anhand mehrerer Pilotstudien, bei denen die Struktur, Abfolge der Fragen und die Art zu fragen getestet werden (Eisenhardt 1989, Yin 1994).
- Verwendung eines strukturierten oder semistrukturierten Interviewleitfadens, um die Kohärenz zu gewährleisten (Yin 1994).

Phase: *Datenerhebung*

- Möglichst genaue Aufzeichnung von Beobachtungen und Handlungen (Le Compte/Goetz 1982).
- Aufbau einer Fallstudiendatenbank, in der eine charakteristische Art der Datenorganisation und -dokumentation gewährleistet wird (Lincoln/Guba 1985).
- Aufzeichnung von Daten digitale Aufnahmegeräte, soweit möglich, und/oder persönliche Speichersysteme.

Phase: *Datenanalyse*

- Sicherung einer genauen und sinnvollen Parallelität von Ergebnissen innerhalb mehreren Datenquellen (Yin 1994).
- Abschlussprüfung und Gesamtbeurteilung der Untersuchungsergebnisse durch ExpertInnen und KollegInnen (LeCompte/Goetz 1982).

Phase: *Alle Forschungsphasen*

- Darauf achten, dass die ForscherInnen die nötigen methodologischen Fähigkeiten, politische Unabhängigkeit und Sensibilität für das Forschungsproblem und die Befragten aufweisen (Mariampolski 2001).

- Einsatz mehrerer ForscherInnen, die wiederholt miteinander über methodologische Untersuchungsentscheidungen kommunizieren (LeCompte/Goetz 1982).

- Der Forschungs- bzw. Projektbericht sollte eine umfassende Beschreibung des gesamten Forschungsprozesses enthalten, damit die Leser ihre eigenen Schlussfolgerungen ziehen können (Gummesson 2000, Lincoln/Guba 1985).

3 Anwendungen und Ausblick

Die Gültigkeit und Zuverlässigkeit der Fallstudienforschung ist sowohl für die akademische wie kommerzielle Marktforschung ein wichtiges Thema. Ein hohes Maß an Gültigkeit und Zuverlässigkeit sorgt nicht nur für erhöhtes Vertrauen in die erhobenen Daten, sondern insbesondere in die erfolgreiche Anwendung der Ergebnisse und die Auswirkungen auf strategische und operative Marketingentscheidungen. Testverfahren der Konstrukt-, Inhaltsvalidität, externen Validität und Reliabilität, die üblicherweise in der quantitative Forschung angewandt werden, differieren von Gütekriterien für qualitative Forschung. Letztere geben Aufschluss über die Eigentümlichkeit der Fallstudienforschung in bezug auf die Angemessenheiten der Methodenauswahl, Samplingauswahl, der Datenerhebung und -auswertung, des ethischen Vorgehens, und des Verfassens des Abschlussberichts. Deshalb wird die Anwendung von vier Kontroll- und Bestätigungsansätzen, sprich Bestätigbarkeit, Glaubwürdigkeit, Übertragbarkeit, und Stabilität, zur Verbesserung der Fallstudiengüte empfohlen.

4 Literatur

Carson, David/Gilmore, Audrey/Perry, Chad/Grønhaug, Kjell (2001): Qualitative Marketing Research. Sage, London.
Darlington, Yvonne/Scott, Dorothy (2002): Qualitative Research in Practice: Stories from the Field. Allen & Unwin, Crows Nest.
Denzin, Norman K. (1978): The Research Act: A Theoretical Introduction to Sociological Methods. 2nd edition. McGraw-Hill, New York.

Eisenhardt, Kathleen M. (1989): Building Theories from Case Study Research. In: Academy of Management Review, vol. 14, no. 4, 532-550.
Ereaut, Gill (2002): Analysis and Interpretation in Qualitative Market Research. Sage, London.
Gummesson, Evert (2000): Qualitative Methods in Management Research. 2nd edition. Sage, Thousand Oaks.
Gummesson, Evert (2005): Qualitative Research in Marketing. In: European Journal of Marketing, vol. 39, no. 3/4, 309-327.
Hirschman, Elizabeth C. (1986): Humanistic Inquiry in Marketing Research: Philosophy, Method, and Criteria. In: Journal of Marketing Research, vol. 23, 237-249.
Klüver, Jürgen (1979): Kommunikative Validierung. In: Heinze, Thiemann F. (Hrsg.): Lebensweltanalyse von Fernstudenten. Fernuniversität Hagen, 69-84.
LeCompte, Margaret/Goetz, Judith (1982): Problems of Reliability and Validity in Ethnographic Research. In: Review of Educational Research, vol. 52, no. 1, 30-60.
Lincoln, Yvonna S./Guba, Egon G. (1985): Naturalistic Inquiry. Sage, Newbury Park.
Mariampolski, Hy (2001): Qualitative Market Research. Sage, London.
Marshall, Catherine/Rossman, Gretchen B. (1989): Designing Qualitative Research. Sage, Newbury Park.
Marshall, Helen (2001): Rigour or Rigidity? The Role of CAQDAS in Qualitative Research, www.latrobe.edu.au/apr/offer/papers/HMarshal.htm, abgefragt: 12.3.2006.
Merriam, Sharan B. (1988): Case Study Research in Education: A Qualitative Approach. Jossey-Bass, San Francisco.
Miles, Matthew B./Huberman, Michael A. (1994): Qualitative Data Analysis. An Expanded Sourcebook. 2nd edition. Sage, Thousand Oaks.
Patton, Michael Quinn (2002): Qualitative Research & Evaluation Methods. Sage, Thousand Oaks.
Perry, Chad/Riege, Andreas/Brown, Les (1999): Realism's Role among Scientific Paradigms in Marketing Research. In: Irish Marketing Journal, vol. 12, no. 2, 16-23.
Riege, Andreas (2003): Validity and Reliability Tests in Case Study Research: A Literature Review with 'Hands-On' Applications for each Research Phase. In: Qualitative Market Research: An International Journal, vol. 6, no. 2, 75-86.
Rust, Roland T./Cooil, Bruce (1994): Reliability Measures for Qualitative Data: Theory and Implications. In: Journal of Marketing Research, vol. 31, no. 1, 1-14.
Ruyter de, Ko/Scholl, Norbert (1998): Positioning Qualitative Market Research: Reflections from Theory and Practice. In: Qualitative Market Research: An International Journal, vol. 1, no. 1, 7-14.
Sinkovics, Rudolf/Penz, Elfriede/Ghauri, Pervez (2005): Analysing Textual Data in International Marketing Research. In: Qualitative Market Research, vol. 8, no. 1, 9-38.
Spiggle, Susan (1994): Analysis and Interpretation of Qualitative Data in Consumer Research. In: Journal of Consumer Research, vol. 21, Dec., 491-503.
Steinke, Ines (2005): Qualitätssicherung in der qualitativen Forschung. In: Kuckartz, Udo (Hrsg.): Computergestützte Analyse Qualitativer Daten: Tagungsband zur CQAD, Philipps-Universität Marburg, 9-20.
Tsoukas, Haridimos (1989): The Validity of Idiographic Research Explanations. In: Academy of Management Review, vol. 14, no. 4, 551-561.
Yin, Robert K. (1994): Case Study Research: Design and Methods. Applied Social Research Methods. Sage, Newbury Park.
Yin, Robert K. (2003): Case Study Research: Design and Methods. 3rd edition. Sage, Thousand Oaks.

Teil 4
Forschungsstrategie

Monika Knassmüller und Oliver Vettori

Hermeneutische Verfahren
Verstehen als Forschungsansatz

1 Einleitung 301
2 Zentrale Konzepte hermeneutischer Interpretation 302
3 Eine Einführung in verfahrenstechnische Prinzipien 304
4 Zur Erleichterung des *Verstehens* – praktisch orientierte
   Hinweise zur Ergebnisqualität 310
5 Hermeneutik für die Marktforschung? 312
6 Literatur 314

1 Einleitung

Hermeneutische Ansätze zählen zu den bestetablierten und meistrezipierten qualitativen Forschungsansätzen im deutschsprachigen Raum. In der Marktforschung hat sich vor allem in der englischsprachigen Literatur und dort insbesondere im Bereich Consumer Research eine intensivere Auseinandersetzung zum Einsatz von „klassischen" hermeneutischen Verfahren entwickelt (z.B. Murray 2002, Thompson 1998, Thompson/Haytko 1997, Thompson 1997, 1996; Thompson/Pollio/Locander 1994, 1990; Arnold/Fischer 1994, O'Shaughnessy 1985; abseits von Consumer Research z.B. Gummesson 2005, Woodside/Pattinson/Miller 2005).

Nach einer langen und reichhaltigen Ideengeschichte, die bis in die Antike zurückreicht, hat sich der Ansatz in den vergangenen Jahren je nach Erkenntnisinteresse, Forschungsziel und methodologischem Standpunkt zunehmend ausdifferenziert (Hitzler 2002, Hitzler/Reichertz/Schröer 1999, Hitzler/Honer 1997, Garz/Kraimer 1994, Schröer 1994, Jung/Müller-Doohm 1993). Es ist daher nicht bzw. immer weniger möglich von *der* Hermeneutik zu sprechen.

Einen auch nur annähernd vollständigen Überblick über die ungeheure Vielzahl hermeneutischer Verfahrensvarianten und –subvarianten zu geben ist im Rahmen dieses Beitrages daher ebenso wenig möglich wie eine adäquate Abhandlung der methodologischen Prämissen. Anstelle dessen haben wir uns für eine Annäherung aus einer eher pragmatischen Perspektive entschieden: Welche Fragen und Probleme stellen sich den ForscherInnen, noch ehe, aber vor allem während sie sich einen neuen Methodenkomplex zu erschließen suchen? Nicht zuletzt versuchen wir dabei einigen Vorbehalten zu begegnen, die dem hermeneutischen Ansatz gemeinhin entgegengebracht werden, und die vor der Entscheidung für eine empirische Vorgangsweise ausführlich reflektiert werden sollten.

Ziel dieses Beitrags ist somit eine praxisorientierte und –geleitete Einführung in hermeneutische Verfahren der Datenanalyse und –interpretation. Neben der grundlegenden Frage, worum es sich bei diesen Verfahren überhaupt handelt und einer exemplarischen Darstellung wesentlicher Verfahrensprinzipien, soll nicht zuletzt auch das Potential des Ansatzes für die Marktforschung beleuchtet werden: In welchen Fällen ist es überhaupt sinnvoll eine Strategie zu wählen, die wohl zu den zeit- und arbeitsintensivsten Formen der Dateninterpretation zählt?

Monika Knassmüller und Oliver Vettori

2 Zentrale Konzepte hermeneutischer Interpretation

Hermeneutik – abgeleitet vom griechischen Verb hermeneuein (deuten, auslegen, erklären) – wird gemeinhin als *Lehre vom Verstehen* übersetzt. Allgemein betrachtet geht es darum ein Phänomen (vor einem bestimmten Kontext) als *sinnhaft* zu deuten und diesen Sinn auszulegen, zu entschlüsseln, zu rekonstruieren – eben *zu verstehen*. Ursprünglich stark theologisch orientiert (als Verfahren zur Auslegung der Heiligen Schrift), fand die Hermeneutik ab dem 17. Jahrhundert verstärkt auch auf profane Texte Anwendung. Als philosophische – und später vor allem auch sozialwissenschaftliche – Denkrichtung ist die „klassische" Hermeneutik eng mit den Namen Dilthey, Heidegger und Gadamer verbunden (für einen Überblick über die chronologische Entwicklung und wesentliche Grundlagen hermeneutischer Ansätze vgl. Kurt 2004, Jung 2001, Hufnagel 2000, Vedder 2000, Nassen 1982, für eine Aufarbeitung aus Marktforschungsperspektive vgl. Arnold/Fischer 1994). Stark verkürzt dargestellt versuchen HermeneutInnen auf Basis eines umfassenden Vorwissens eine kontinuierliche Annäherung an den *Sinn* eines Textes zu erreichen. Wichtiges Hilfsmittel dabei ist der so genannte *Hermeneutische Zirkel*: Die vorentworfenen Vorannahmen über den Sinn eines Text(teil)es werden im Zuge der Erarbeitung desselben permanent verändert und weiterentwickelt. Das dadurch vertiefte (Vor)Verständnis kann demselben Prozess unterworfen werden, der Zirkel ist prinzipiell endlos. Voraussetzung ist, dass der/die Deutende, „[…] die in ihm lebenden Vormeinungen ausdrücklich auf ihre Letigimation, und das ist: auf Herkunft und Geltung prüft" (Gadamer 1960, 252) und zu revidieren bereit ist (für eine marktforschungsorientierte empirische Aufarbeitung des Ansatzes vgl. Thompson 1997, Thompson/Pollio/Locander 1994).

Aus forschungspraktischen Gründen widmet sich der vorliegende Beitrag jedoch den „jüngeren" Varianten hermeneutischer Interpretation, die sich nicht zuletzt durch einen stärker kontrollierten Umgang mit dem eigenen Vor- und Kontextwissen und eine detaillierter ausgearbeitete Verfahrenstechnik auszeichnen. Wesentliche Grundlagen dafür bilden in erster Linie die Arbeiten Ulrich Oevermanns, des „Begründers" der *Objektiven Hermeneutik* (einführend vgl. Oevermann 2002, 1993; Oevermann et al. 1979, Reichertz 1997) und der in jüngerer Vergangenheit verstärkt auftretenden hermeneutischen Wissenssoziologie (Soeffner 2003, Hitzler/Reichertz/Schröer 1999, Schröer 1994). Den verfahrenstechnischen Prinzipien wird sich der folgende Abschnitt widmen, zuvor sei jedoch noch auf einige zum Verständnis notwendige *Schlüsselkonzepte* hingewiesen.

■ Verstehen

In der diesem Artikel zugrunde liegenden Perspektive zielen hermeneutische Verfahren auf das Verstehen und die Rekonstruktion objektiver latenter Sinn- und Bedeutungsstrukturen ab. *Verstehen* bildet auch im Alltag eine wesentliche Grundlage unserer Aktionen und Interaktionen, indem wir das Handeln anderer immer als sinnhaft erleben und interpretieren. Hermeneutisch arbeitende WissenschaftlerInnen setzen sich nun zum Ziel dieses *Verstehen zu verstehen*. Das Was? ist dabei weit weniger wichtig als das Wie?, es geht um „[...] Verfahren, >Regeln<, >Muster<, implizite Prämissen, sozialisatorisch vermittelte Aneignungs-, Unterweisungs- und Überlieferungsweisen des Deutens und Verstehens" (Soeffner 2003, 165). Wissenschaftliches Verstehen unterscheidet sich vom alltäglichen Verstehen vor allem durch die kontinuierliche Reflexion der eigenen Methoden und Grundlagen, sowie durch das Bewusstsein, dass die eigenen Daten immer schon vorinterpretiert und die eigenen Konstruktionen eben Konstruktionen von Konstruktionen sind (Soeffner 2003, 167).

- Objektive latente Sinn- und Bedeutungsstrukturen

Das Hauptaugenmerk gilt also dem *Sinn*, der mit bestimmten Handlungen und Äußerungen verbunden ist. Da *Sinn* nicht direkt beobachtet werden kann, muss er im Zuge des Deutungsprozesses erst (re)konstruiert werden. Mit Hilfe komplexer Interpretationsverfahren soll sichtbar gemacht werden, was sich „hinter" den Äußerungen und Handlungen individueller Akteure verbirgt, in welche Sinnzusammenhänge diese Äußerungen und Handlungen eingebettet sind: „Ausgangspunkt der Objektiven Hermeneutik ist die Überzeugung, daß Strukturelles die menschliche Gesellschaft bis in die letzten Verästelungen prägt" (Schröer 1994, 10), und zwar unabhängig vom subjektiven Sinn, den eine Person mit ihrem Handeln verfolgt/verbindet und welcher der Analyse prinzipiell unzugänglich bleibt. Der Objektivitätsbegriff bezieht sich also auf die Subjektunabhängigkeit der jeweiligen Strukturen und ist keineswegs gleichbedeutend mit einem ‚objektiven Gültigkeitsanspruch' (Reichertz 1997).

Somit reicht es auch nicht aus, eine Person nur nach ihrem Sinnerleben zu *befragen*. Da der individuelle Akteur in dieser Perspektive mehr aussagt, als er zu sagen vermeint (Bude 1994), müssen die überindividuell bedingten und überindividuell wirksamen Sinnzusammenhänge erst mühsam und zeitaufwändig erschlossen werden. Die Fokussierung und Kategorisierung des manifesten Bedeutungsgehalts im Sinne zahlreicher inhaltsanalytischer Verfahren greift hier zu kurz: Jede Äußerung und Handlung beinhaltet unterschiedliche Bedeutungen auf ebenso unterschiedlichen Ebenen, die den Handelnden zumeist nicht einmal bewusst sind. Auf der manifesten Ebene zu verbleiben hieße, auf die Erkundung dieser Bedeutungsvielfalt zu verzichten, die aber wiederum eine notwendige Voraussetzung zum Verstehen einer bestimmten Situation darstellt.

- Text und Kontext

Ausgangspunkt der meisten Analysen ist ein *Text* oder zumindest die *Vertextung* bestimmter Phänomene oder Beobachtungen. Im Gegensatz zu vielen inhaltsanalytischen Verfahren ist in hermeneutischen nicht die Struktur des Textes an sich entscheidend, vielmehr dient die Textanalyse der Erschließung der Produktions- und Rezeptionsbedingungen: Warum wurde genau diese oder jene Formulierung gewählt? Welchen Bedingungen verdankt sich ein bestimmter Ausdruck oder ein spezifisches Strukturmerkmal? So werden etwa die Wahl bestimmter Begriffe, die Anordnung von Worten oder bestimmte Interpunktionsvarianten als Hinweise auf dahinter liegende Bedeutungsstrukturen gelesen.

Im Fokus der Interpretation steht also nicht der Text per se, sondern dessen *Kontext*, er ist es, der letztlich abgebildet werden soll. Dabei ist auch gleich auf den *Möglichkeitscharakter* jeder Interpretation hinzuweisen: generell sind für jeden Text natürlich mehrere Kontexte denkbar – und sollten auch entsprechend gedacht werden (Punkt 4). Überdies ist zumindest die Unterscheidung zwischen dem unmittelbaren *situativen Kontext* (z.B. der Situation in der ein Interview oder Gespräch geführt wird) und einem allgemeineren, *lebensweltlichen Kontext* (z.B. der Handlungsregeln, Normen und Strukturen, die ein bestimmtes System/Feld/Milieu kennzeichnen) sinnvoll– in der Analyse sollten beide Berücksichtigung finden.

Schon um der Komplexität des jeweiligen Kontexts gerecht zu werden und entsprechend tief in die unterschiedlichen Bedeutungsschichten eines Textes einzudringen, werden hermeneutische Interpretationen üblicherweise als *Einzelfallanalysen* geführt. Im Sinne der strukturtheoretischen Grundlagen des Ansatzes werden die Besonderheiten einer beobachtbaren Handlung als *typische Besonderheiten* begriffen (Flick 2000, Schröer 1994): Einerseits sollen die Spezifika eines Falles herausgearbeitet werden, andererseits gilt es, die vorgefundenen Strukturen vorsichtig generalisierend von diesen abzuheben. Das Ziel sind also Ergebnisse, die über den spezifischen Fall hinaus Anspruch auf Gültigkeit erheben können – wiewohl auch zu bedenken ist, dass die Ergebnisse hermeneutischer Analysen aufgrund der Einbettung aller Aspekte des Deutungsprozesses in jeweils eigene Sinnzusammenhänge stets *relativ* sind und nur in Relation zu diesen Geltung erlangen (Soeffner 2003).

3 Eine Einführung in verfahrenstechnische Prinzipien

„Viele erfinden manches neu. Manche monieren, dass vieles Neue altbekannt sei. Niemand begreift, warum niemand ihm folgt auf dem richtigen Weg zu den verlässlichen Daten, zu den gültigen Deutungen, zu den relevanten Erkenntnissen"; diese Bilanzierung Hitzlers (2002, Abs. 9) stellt deutlich heraus, wie heterogen und zersplittert sich die Landschaft hermeneutischer Verfahren BetrachterInnen darstellt. Gleichzeitig lassen sich auch etliche gemeinsame Elemente konstatieren, wie wir gleich aufzeigen werden.

Hermeneutische Verfahren sind nicht als beliebig übertragbare Methoden im Sinne eines Handlungsrezeptes zu betrachten, die als konkrete Anleitung fungieren, wie ForscherInnen zu spezifischen (Er)Kenntnissen über den eigenen Forschungsgegenstand gelangen, sondern eher als genereller Forschungsansatz, der Ideen und Prinzipien bereitstellt, wie man sich diesem Gegenstand überhaupt nähern kann. Damit wird auch klar, was dieser Beitrag *nicht* leisten kann: Nach der Lektüre des Textes wird es nicht einmal annähernd möglich sein, einfach loszulegen und hermeneutisch zu arbeiten. Dies liegt zum einen an der bewussten Heterogenität der Ansätze: Es gibt kein Interpretationsverfahren „für alle Fälle", der konkrete interpretative Zugang ist abhängig vom jeweiligen Forschungsziel und den zur Verfügung stehenden Daten. Situations- und interessegeleitete methodische Variationen sind also nicht nur üblich, sondern notwendig.

Zum anderen lässt sich keine dieser Variationen exakt beschreiben, also operationalisieren: „Die Bedeutungsrekonstruktion im Sinne der objektiven Hermeneutik versteht sich als eine Kunst (handlungsentlastet durch den Umgang mit Symbolen neue Sichtweisen zutage fördern) die vom Meister erlernbar (Lehrjahre der Interpretation) ist" (Reichertz 1994, 128). Für einen erfolgreichen Einstieg in das weite Feld hermeneutischer Interpretationsverfahren wird es also kaum ausreichen, sich ausgiebig mit den literarischen Grundlagen zu beschäftigen, zumal die Praxis der eingesetzten Deutungsverfahren vielen AutorInnen als etwas Unbeschreibbares gilt (Reichertz/Soeffner 1994, 310). Weit empfehlenswerter ist ein kontinuierlicher Wechsel von Phasen praktischer Erprobung und Phasen systematischer Reflexion auf Basis verfügbarer Literatur, im Idealfall ergänzt durch gemeinsame Interpretationsrunden mit bereits erfahrenen InterpretInnen oder Diskussionen mit bewährten SupervisorInnen. Eine solche Strategie begünstigt nicht nur den eigenen Lernprozess, sondern gewährleistet in vielerlei Hinsicht auch die Qualität der Ergebnisse (Punkt 4).

Vor diesem Hintergrund ist wenig überraschend, dass verfahrenstechnische Übersichten auf diesem Gebiet rar sind, obgleich die Hermeneutik in vielen Standardwerken qualitativer Forschung (z.B. Lamnek 2005, Flick 2003) vertreten ist. Eine sehr gute – wenn auch verständlicherweise alles andere als vollständige – Zusammenschau wichtiger Verfahrensrichtungen bieten Hitzler und Honer (1997), die in ihrem Sammelband zwischen kulturtheoretisch orientierten, biographieanalytisch applizierten und textstrukturell interessierten Verfahren unterscheiden und sehr schön hervorheben, dass die dargestellten Verfahren trotz ihrer Unterschiede im Detail alle auf eine methodisch kontrollierte Rekonstruktion latenter Sinn- und Bedeutungsschichten abzielen.

Ebenso rar sind verfahrenstechnische Einführungen, was sich großteils der (begründeten) Abneigung hermeneutisch arbeitender ForscherInnen gegenüber methodischen Anleitungen oder „Rezepten" verdankt. Sehr gute und praktische Ausnahmen stellen die Monographien von Wernet (2001) für die Objektive Hermeneutik und von Froschauer und Lueger (2003) mit ihrer Adaption dieses Ansatzes für die Analyse sozialer Systeme (z.B. Organisationen) dar. Aus empirischen Studien lassen sich hingegen eher selten konkrete Handlungshinweise ableiten – zu knapp fällt in der Regel die Beschreibung der Vorgehensweise aus. Außerdem sollte die retrospektive Darstellung der Analyse keineswegs mit deren tatsächlichem Prozess verwechselt werden. Da sich die erwähnten Einführungen hauptsächlich auf Texte beziehen, sei hier noch auf die Arbeiten von Froschauer/Lueger (2007), Müller-Doohm (1997, 1993) und Englisch (1991) verwiesen, die auch Bilder bzw. Artefakte als Träger gesellschaftlichen Sinns betrachten und den Ansatz entsprechend adaptiert haben.

Aber auch wenn sich hermeneutische Verfahren – darauf haben wir mittlerweile ausgiebig hingewiesen - selten konkret operationalisieren lassen, gibt es doch bestimmte Strategien und Prinzipien, die in nahezu allen Varianten Anwendung finden und deshalb in diesem Abschnitt beschrieben werden sollen: „Das Basisprocedere ist [.] die sequentielle extensive Sinnauslegung und die anschließende Selektion und Prüfung der Bedeutungsvarianten, um den Blick für die enthaltenen Strukturierungsleistungen zu schärfen" (Froschauer/Lueger 2003, 89). Die unserer Ansicht nach wesentlichen Komponenten sollen nachfolgend beschrieben werden.

- Daten

Obwohl die Besonderheit des Verstehens als einer sozialwissenschaftlichen Methode eher auf der Ebene der Daten*interpretation* denn der Daten*erhebung* angesiedelt ist (Hitzler 1993), lassen sich Analyse und Interpretation doch niemals von den übrigen Schritten eines Forschungsprozesses trennen. Im Sinne einer zyklischen Organisation des Forschungsprozesses (Lueger 2000) sind die Entwicklung der Fragestellung, die Gewinnung der Daten und deren Auswertung/Interpretation wechselseitig aufeinander bezogen. Aber nicht nur, dass Erhebungs- und Auswertungsphasen (ergänzt um zusätzliche Reflexionsphasen) im permanenten Wechsel stehen sollten, um etwa mittels einer *Theoretical Sampling* Strategie (Glaser/Strauss 1998) die kontinuierliche Anpassung des Forschungsprozesses an den aktuellen Erkenntnisstand zu gewährleisten, kann und darf die Erhebung gar nicht erst getrennt von der Auswertung gedacht werden: Die Art der Daten und ihr Zustandekommen sind von zentraler Bedeutung für die Interpretation und müssen in deren Verlauf als eigene Ebene mit berücksichtigt werden.

Die Daten selbst können vielfältiger Natur sein. Voraussetzung ist allerdings, dass sie *manifest fixiert* sind: Erst wenn die Daten *vertextet* sind (oder – wie bei der Bild- und Artefaktanalyse – zumindest eine kontinuierliche Beobachtung unter gleich bleibenden Bedingungen erlauben) sind sie der Interpretation zugänglich. Als Text werden aus hermeneutischer Perspektive prinzipiell alle Ausdrucksgestalten menschlicher Praxis betrachtet (Kraimer 2000). Je natürlicher die Daten sind, desto weniger voraussetzungsreich ist in der Regel die Analyse: Werden die Daten von den ForscherInnen im Zuge der Erhebung nämlich erst konstruiert, muss dieser Konstruktionsprozess im Zuge der Interpretation Beachtung finden (Hitzler/Honer 1997). Damit eignet sich der hermeneutische Zugang in erster Linie für unstrukturierte, nicht-standardisierte Da-

Hermeneutische Verfahren

ten, die es den Sinnstrukturen gestatten, nahezu unbeeinflusst vom Wirken der erhebenden ForscherInnen zur Geltung zu kommen.

■ Dekonstruktion und Sequentialisierung

Vor Beginn der eigentlichen Interpretation steht eine Spezifizierung des betrachteten Phänomens, also eine Klärung dessen, was denn eigentlich der Fall ist und um welche Art von Text es sich handelt; auf diese Weise wird – gemeinsam mit der/den forschungsleitenden Frage/n – der Bezugsrahmen für die nachfolgende Analyse aufgespannt. Im Gegensatz zur „klassischen" Hermeneutik wird der Text nachfolgend nicht als Ganzes betrachtet (und z.B. vorab gelesen/studiert), sondern regelrecht „zerstückelt": Durch seine weitgehende *Dekonstruktion* soll die offenkundige Kontextualisierung eines Textes aufgebrochen werden. Der hermeneutischen Logik zufolge sind die objektiven Bedeutungen latent bereits in der kleinsten Sinneinheit repräsentiert (nicht in ihrer Gesamtheit natürlich, aber zumindest in Ansätzen).

Der Text bzw. Teile davon werden daher in kleine und kleinste Sinneinheiten zerteilt. Diese Sinneinheiten (was eine Sinneinheit ist und wie groß sie gewählt wird, ist in erster Linie eine forschungspraktische und zielabhängige Frage und an dieser Stelle zweitrangig) bilden gewissermaßen das Basismaterial der Analyse und werden nun schrittweise und in der chronologischen Reihenfolge ihres Auftretens im Text ausinterpretiert. Dieses Sequentialitätsprinzip – Sinneinheit für Sinneinheit, Äußerung für Äußerung und zwar streng der zeitlichen Abfolge entsprechend – verdankt sich der Annahme eines sequenzartigen Aufbaus von Sinnzusammenhängen (spätere Handlungen schließen in der Regel an frühere an, und auch ein Kommunikationsfluss entwickelt sich einer bestimmten chronologischen Ablauflogik folgend). Im Idealfall hat kein einziges Mitglied eines Interpretationsteams Kenntnis von Informationen, welche über die eine, derzeit betrachtete Sinneinheit hinausreichen (d.h. niemand kennt den ganzen Text), und jede Möglichkeit auf das Wissen um seinen weiteren Verlauf vorzugreifen, sollte ausschaltet werden. Auf diese Weise soll vermieden werden, dass aufgrund des Vorwissens über die weitere Entwicklung eines Falles sämtliche Deutungen subsumtionslogisch einem bestimmten Interpretationsstrang untergeordnet werden.

Damit wird es im Zuge des Interpretationsprozesses allerdings unmöglich, im Text zurückzuspringen und frühere Sinneinheiten *nach* den späteren zu analysieren, ohne einer Subsumtionslogik anheim zu fallen. Nur durch ein sequenzhaftes Vorgehen kann der Versuch gelingen (aus einer prozessorientierten Perspektive heraus) die Strukturierung einer Handlung/Mitteilung selbst zu verstehen, anstatt sie aus der Logik ihrer Ergebnisstruktur zu erklären und dieser unterzuordnen.

■ Extensive Sinnauslegung und der Umgang mit Kontextwissen

Hermeneutische Verfahren zielen nicht darauf ab, *die* Bedeutung einer Aussage/Handlung zu entschlüsseln, zumal von einem wesentlich komplexeren Sinngeflecht aus diversen Bedeutungen auszugehen ist. Über die Sammlung und Diskussion vieler verschiedener prinzipiell möglicher Lesarten wird versucht, das Typische, Verallgemeinerbare in einem spezifischen Fall sichtbar zu machen und zu verstehen. Lesarten können als gedachte Zusammenhänge verstanden werden, „in denen die aus ihrem Kontext herausgelöste Sequenz sinnvoll erscheint" (Kurt 2004, 246). Dabei werden gedankenexperimentell möglichst viele Kontextbedingungen („Geschichten") formuliert, unter denen eine bestimmte Äußerung Sinn macht.

Die Intentionen der TextproduzentInnen finden (als „typisch gemeinter" subjektiver Sinn) nur am Rande Beachtung - was jemand *tatsächlich* gemeint haben könnte, gilt als prinzipiell unzugänglich. Je nach Datenlage, Forschungsfokus und Fragestellung können allerdings unterschiedliche Schwerpunkte gesetzt und eine Vielzahl an Fragen an den Text angelegt werden (z.B. Welche Funktionen kann dieser Text erfüllen? Welche Rollenverteilung kommt darin zum Ausdruck? Wie werden bestimmte Themen bewertet? Welcher „Logik" folgt der Kommunikationsverlauf?). Hinweise auf die Kontextbedingungen werden in vielen Verfahren – ausgehend von der Annahme, dass keine Formulierung zufällig zustande kommt – noch in den kleinsten sprachlichen Auffälligkeiten und Besonderheiten (z.B. Wiederholungen, Versprecher, Generalisierungen) vermutet und gesucht. Einige besonders detailliert herausgearbeitete Hilfskonstruktionen finden sich etwa bei Froschauer und Lueger (2003).

Die Lesarten müssen überdies nur *in sich* stimmig sein und keineswegs untereinander. Im Gegenteil: Um auszuschließen, dass wesentliche Bedeutungsvarianten systematisch ausgeblendet werden, wird gezielt nach möglichst heterogenen und durchaus widersprüchlichen Lesarten gesucht. Wichtigstes Kriterium für die Annahme einer Lesart ist dabei deren Begründbarkeit: Die Lesart muss nicht von allen InterpretInnen geteilt, aber zumindest für alle nachvollziehbar sein. Grundsatz ist, dass es für jede Sinneinheit mehr als eine Deutung gibt. Die Wahrnehmungsfähigkeit/Sensibilität für alternative Bedeutungsmöglichkeiten wird damit zur notwendigen Voraussetzung für qualitativ hochwertige Ergebnisse.

Einmal mehr liegt die Schwierigkeit im Umgang mit dem Vorwissen und der Beachtung der Konstruktionsbedingungen eines Textes: Einerseits sollte der konkrete situative Rahmen einer Handlung (z.B. der Kontext, in dem ein Interview zustande kommt) besonders berücksichtigt und sorgfältig geprüft werden, andererseits muss es den InterpretInnen auch immer gelingen ihn auszublenden, damit bestimmte Interpretationen und ihre Begründungen nicht von vornherein verloren gehen. Ein entsprechend umfangreiches Vorwissen ist für die Deutung einerseits notwendig – je umfassender der eigene „Wissensvorrat" desto vielfältiger sind meist die aufgefundenen Lesarten –, gleichzeitig müssen die mit diesem Vorwissen verbundenen Vorannahmen und scheinbaren Selbstverständlichkeiten kritisch hinterfragt werden: „[So] kann man einerseits aus >Daten< nur >herauslesen<, was man als Möglichkeit hineinlegt, muß dieses jedoch einer gewissenhaften Prüfung unterwerfen" (Froschauer/Lueger 2003, 85). Auf dieselbe Weise ist mit dem ExpertInnenwissen der InterpretInnen umzugehen. Je umfassender das theoretische und fachspezifische Wissen der an der Analyse Beteiligten, desto höher ist in der Regel der Gewinn für die aufgestellten Lesarten, die Zwischen- und Ergebnisthesen und die Argumentationen auf allen Ebenen. Allerdings ist abermals ein vorsichtiger und reflektierter Umgang empfohlen: Begründungen sollten prinzipiell textlich gestützt und theoretische Präferenzen kritisch hinterfragt werden; die Interpretation eines Textes unter z.B. primär machttheoretischen Gesichtspunkten bietet kaum den gewünschten Mehrwert.

- Kritische Prüfung und Thesenbildung

Die bereits angesprochene gewissenhafte Prüfung – etwas präziser die genaue Selektion und Überprüfung der vorgefundenen Bedeutungsvarianten – zählt zu den wichtigsten Elementen einer hermeneutischen Analyse, lassen sich doch (nur) so eine Verdichtung der Fallstruktur und eine abermalige Sicherung der Ergebnisqualität erzielen. Die Prüfung kann sich dabei sowohl (und primär) auf den inneren als auch auf den äußeren Kontext einer Handlung/Mitteilung beziehen. Ersteres wird erreicht, indem am Ende jedes Analyseblocks (für eine einzelne Sinneinheit, aber auch immer wieder für größere Textsequenzen) Prüfkriterien für die aufgestellten Lesarten definiert werden: Wie muss sich der Fall (Text) weiter entwickeln, um eine Interpretationsvariante zu bestärken bzw. zu widerlegen? Anders formuliert: Für jede Deutung werden immer auch Bedingungen formuliert, die in weiterer Folge getestet werden. Das Hauptinteresse gilt dabei Strukturelementen, die eine Deutungsvariante oder gar eine These widerlegen und nicht etwa bestätigen können; das Prüfverfahren ist im Kern also eine *Falsifikationsstrategie*. Im Zuge der Analyse jeder neuen Sinneinheit, werden nun die vorab aufgestellten Bedingungen überprüft und die neu hinzu gekommenen Lesarten mit den bereits vorhandenen kontrastiert. Im Fallverlauf nicht realisierte Deutungen werden ausgeschlossen. Vorab soll jedoch eine Vielzahl unterschiedlicher Varianten zugelassen werden, ohne eine davon zu favorisieren.

Aus diesem Grund erfolgt auch die Kontrastierung der Lesarten mit dem konkreten Äußerungs- oder Handlungskontext eines Textes – die zweite Prüfmöglichkeit – immer erst im Nachhinein: Andernfalls würde das Wissen um den tatsächlichen Kontext die Bildung vieler Lesarten gar nicht erst zulassen. Insbesondere viele der latenten Momente würden keine Berücksichtigung finden, die Interpretation wäre dann keine Text-, sondern eine Kontextanalyse, die der Komplexität der sich entfaltenden Fallstruktur nicht gerecht werden kann und sich – da textlich nicht überprüfbar – dem Vorwurf der Spekulation aussetzen würde. Im Nachhinein kann der Einbezug von Kontextwissen jedoch einiges zur Erhellung von Details und Klärung noch offener Fragen beitragen – sofern der Einbezug weiterhin kritisch-reflexiv erfolgt. Auf den Punkt bringen lässt sich diese Strategie folgendermaßen: „Die objektiv-hermeneutische Textinterpretation erfordert einerseits die Bereitschaft, riskante und folgenreiche Hypothesen aus einer akribischen Textanalyse zu gewinnen, und verlangt andererseits weitestgehende Zurückhaltung bezüglich textlich nicht zwingend indizierter Mutmaßungen" (Wernet 2001, 38).

Monika Knassmüller und Oliver Vettori

4 Zur Erleichterung des *Verstehens* - praktisch orientierte Hinweise zur Ergebnisqualität

Die für jede Forschung zentrale Sicherung der Ergebnisqualität ist den hermeneutischen Verfahren auf Basis der strikten methodologischen und methodischen Prinzipien in vielerlei Hinsicht bereits inhärent, dennoch ist die zusätzliche Verankerung im Forschungsdesign und –prozess empfehlenswert und notwendig, will man dem Vorwurf von Spekulativität und mangelnder Nachvollziehbarkeit vorbeugen. Dieser Abschnitt widmet sich dieser Problematik unter primär forschungspraktischen Gesichtspunkten: Welche Maßnahmen zur Qualitätssicherung sollten bereits bei der Forschungsorganisierung, d.h. vom Beginn des Forschungsprozesses an, mitbedacht werden (auch in Hinblick auf benötigte Ressourcen), um die Zuverlässigkeit/Aussagekraft der Ergebnisse zu erhöhen und die Akzeptanz innerhalb der *scientific community* sicherzustellen. Auf die vieldiskutierte Frage nach möglichen Qualitäts- und Gütekriterien für qualitative Forschung kann an dieser Stelle allerdings nicht eingegangen werden (für eine Positionierung aus der Perspektive sinnrekonstruierender Verfahren: Steinke 2000, Reichertz 1999). Stattdessen wird aufgezeigt, mittels welcher Strategien die Vielfalt der Lesarten und ihre Rückbindung an das Datenmaterial gewährleistet werden kann:

■ Interpretationen im Team

Generell eher problematisch sind Einzelinterpretationen. Zu schnell fixiert man sich auf einen favorisierten Interpretationsstrang und blendet – da kaum zur Argumentation oder zum Perspektivenwechsel gezwungen – andere Möglichkeiten weitgehend aus. Obwohl auch SupervisorInnen wichtige Qualitätssicherungsaufgaben wahrnehmen können, empfehlen wir doch – insbesondere am Beginn der Auswertungen, aber nach Möglichkeit überhaupt – der Interpretation im Team den Vorzug zu geben. Zum einen kann dadurch das Spektrum an möglichen Lesarten qualitativ und quantitativ erheblich verbessert werden (insbesondere wenn es gelingt, InterpretInnen mit unterschiedlichem Erfahrungsgrad und -hintergrund zu vereinen), zum anderen ist die Notwendigkeit, die eigene Deutung argumentativ zu verteidigen, deutlich höher, und diese Argumentation ist nicht zuletzt eines der informationsreichsten Elemente der ganzen Analyse. Zudem bietet die Arbeit im Team die Möglichkeit, Datenerhebung und -interpretation personell zu trennen, was insbesondere im Zusammenhang mit dem heiklen Einbezug von Vor- und Kontextwissen von großem Vorteil ist.

Aus diesem Grund sollten die einzelnen InterpretInnen auch entsprechend konfliktfähig sein. Das Bemühen um einen raschen Konsens ist der Ergebnisqualität eher abträglich, nicht selten werden so die eigenen unhinterfragten Selbstverständlichkeiten perpetuiert und die Suche nach möglichen Alternativen wird vorschnell aufgegeben. Die Menge der Interpretationsvarianten wird in einem solchen Fall schnell beliebig, aber genau dies gilt es zu vermeiden, sollen die aufgestellten Thesen vor dem Vorwurf reiner Spekulation bewahrt werden. Die Deutungsvarianten müssen streng geprüft werden und sollen prinzipiell immer auf das Ausgangsmaterial zurückgeführt werden können – so verlockend es auch sein mag, die eigenen Gedankengebäude auszubauen. In bestimmten Fällen mag es daher zusätzlich hilfreich sein, die Rollen der einzelnen Teammitglieder auszudifferenzieren, also etwa ProtokollantInnen zu bestimmen, die das bisher Diskutierte in regelmäßigen Abständen laut zusammenfassen und evt. Nochmals zur Diskussion stellen (die Notwendigkeit zur Verschriftlichung erzwingt ja einerseits eine Präzisierung, bedingt durch die damit verbundene Reduktion allerdings immer einen gewissen Informationsverlust) oder einen *advocatus diaboli* einzusetzen, der bewusst alle Deutungsvarianten erst einmal kritisch hinterfragt und die Argumentationen zu widerlegen sucht. Zur verstärkten Reflexion und Generierung neuer Ideen mag es überdies hilfreich sein, mitunter ein- und dieselbe Analyseeinheit von zwei unterschiedlichen Teams interpretieren zu lassen und die Ergebnisse im Nachhinein zu vergleichen (Froschauer/Lueger 2003): sowohl die Übereinstimmungen als auch die Unterschiede können höchst aufschlussreich sein und zur nochmaligen Auseinandersetzung mit den im Team geteilten Fraglosigkeiten auffordern.

- Kein Ergebnis- und Zeitdruck

So paradox dies auf den ersten Blick wirken mag: Konkrete Zielsetzungen sind bei diesem Ansatz eher kontraproduktiv. Nicht die Menge des Materials, die in einer Analyseeinheit durchgearbeitet wurde, bestimmt deren Erfolg, sondern die *Durchdringung* des Materials, d.h. die Vielfalt der zutage geförderten Lesarten bzw. die Qualität und Dichte der Argumentationen. Es gilt, möglichst viele alternative (aber plausible) Perspektiven zu berücksichtigen und auf den Text anzulegen. Auf diese Weise kann ein Interpretationsteam durchaus mehrere Stunden mit der Deutung einiger weniger Formulierungen und Sinneinheiten zubringen. Was zuerst wie eine Verschwendung von Zeit und Energie anmuten mag, ist tatsächlich eine der wichtigsten Qualitätssicherungsstrategien innerhalb des Verfahrens. Nur durch ein Ausloten möglichst vieler Alternativen (und dies erfordert Geduld und Beharrungsvermögen, insbesondere wenn man den vermeintlich „hundertsten Blick" auf eine Textstelle wirft) und die permanente Diskussion und Reflexion im Team kann gewährleistet werden, dass eben nicht einfach die eigenen Vorannahmen in abstrakte Sprache gekleidet reproduziert oder unbelegbare Spekulationen in einer zentralen These verarbeitet werden. Jede Form von Ergebnis- und Zeitdruck ist bei diesem Vorgehen nachvollziehbar hinderlich. Es geht weit weniger darum, systematisch einen bestimmten Interpretationsleitfaden abzuarbeiten (was einen der wichtigsten Gründe darstellt, warum erfahrene HermeneutInnen sich oft weigern, einen solchen Leitfaden überhaupt zur Verfügung zu stellen und eher auf die Bedeutung praktischer Erfahrungen verweisen), sondern dem Material in kreativer Weise immer neue Facetten abzugewinnen – was die Vermittelbarkeit zugegebenermaßen nicht erleichtert.

- Reflexion und Dokumentation

Die umfassende Reflexion sämtlicher Elemente des Analysevorgangs zählt mit Sicherheit zu den wichtigsten Qualitätssicherungsmaßnahmen – nicht nur hermeneutischer Ansätze – und kann in Form festgelegter *Reflexionsphasen* in den Forschungsprozess integriert werden. Diese können sich etwa sowohl auf die Interpretationsstrategie und die Interpretationsergebnisse als auch auf die Zusammenarbeit in der Gruppe beziehen. Gleichzeitig lässt sich durch eine frühzeitige Bilanzierung und eine regelmäßige Unterbrechung des Analyseprozesses vermeiden, in der Flut des produzierten Materials zu ertrinken.

Um den Prüf-/Reflexionsvorgang zu systematisieren und zusätzlich abzusichern, empfiehlt sich eine frühzeitige Thesenbildung und umfassende Dokumentation derselben. Eine erste Zwischenbilanz kann bereits nach der Analyse weniger Sinneinheiten, bzw. am Ende jedes Analyseblocks gezogen werden. Dabei ist es auch durchaus schon möglich, erste Strukturthesen über den Fall selbst aufzustellen – solange klar ist, dass es sich dabei nicht etwa um erste Ergebnisse, sondern eine Art *work in progress* handelt: Einige Analyseeinheiten später kann das Bild nämlich schon wieder ganz anders aussehen und es mag des öfteren notwendig sein, sich von besonders lieb gewonnenen Thesen besonders schnell wieder zu trennen. Um den Entwicklungsprozess auch im Nachhinein nachvollziehbar und durchschaubar zu halten (nicht nur für Dritte sondern in erster Linie für sich selbst) ist es oft hilfreich, sämtliche Selektionsentscheidungen, Reflexionsbeobachtungen und Auffälligkeiten, aber auch offene Fragen und Diskussionen von Aspekten, die auf den ersten Blick unwichtig erscheinen, in separaten Protokollen und Memos festgehalten werden. Im weiteren Verlauf der Analyse können aus diesen „Nebenbemerkungen" dann zusätzliche Prüfkriterien oder Ideen für die Fallstrukturierung abgeleitet werden.

5 Hermeneutik für die Marktforschung?

(Angewandte) Marktforschung dient in erster Linie der Erkundung des Konsumentenverhaltens, um Unternehmen ein möglichst marktadäquates und damit erfolgreiches Agieren zu ermöglichen. Ihre forschungsleitenden Fragestellungen unterscheiden sich durch den marketing-spezifischen Phänomenbereich nicht grundsätzlich von typischen Fragestellungen empirischer Sozialforschung – „Marketingfragen sind Gesellschaftsfragen" (Kritzmöller 2004, Abs. 5) –, entscheidend ist vielmehr der Untersuchungsfokus. Das herausragende Erkenntnispotenzial hermeneutischer Verfahren liegt in der Fokussierung auf die latenten Bedeutungsebenen. Wer an bewusst geäußerten Meinungen oder Wissensvorräten (z.B. ExpertInnenwissen) interessiert ist, ist mit Verfahren zur Sichtung, Organisation und Beschreibung manifester Inhalte sicher besser bedient. Besonders in zunehmend komplexen und/oder dynamischen Umwelten (Kühn 2004, Abs. 57ff) ist das erfolgreiche Interpretieren – *Verstehen* – sozialer Phänomene aber bedeutsam und die Erschließung objektiver latenter Sinn- und Bedeutungsstrukturen gewinnbringend.

Hermeneutische Fragestellungen vermeiden eine frühzeitige Einschränkung auf (unmittelbar anwendungsorientierte bzw. entscheidungsrelevante) Teilfragen zugunsten einer allgemein gehaltenen Ausgangsfrage, um den Phänomenbereich nicht unzulässig vorzustrukturieren und die Relevanzstrukturen der AkteurInnen dadurch „zuzudecken". Selbst wenn der Anlassfall für eine Analyse z.B. ein Verfehlen von Absatzzielen oder eine geplante Produkteinführung ist, zielt die hermeneutische Fragestellung auf generelle Erkenntnisse über das interessierende Feld (etwa ein bestimmtes Marktsegment oder spezifische Zielgruppe) ab und formuliert die Forschungsfrage entsprechend allgemein: Wodurch sind die Sinn- und Bedeutungsstrukturen der relevanten AkteurInnen bzw. ihrer Lebenswelt gekennzeichnet? Wie erleben sie ihre Welt und wie sind Konsummuster in dieser Lebenswelt repräsentiert, verortet, verknüpft? Was bedeutet Konsum für diese Akteursgruppe/n und wie erhält er bestimmte Bedeutungen? Welche (möglicherweise sehr widersprüchlichen) Funktionen erfüllt Konsum auf unterschiedlichsten Ebenen bzw. in unterschiedlichsten Lebenszusammenhängen? Wie im beschriebenen Analyseverfahren selbst kann dann ausgehend von generellen Sinn- und Bedeutungsstrukturen auf spezifischere Relevanzstrukturen hingearbeitet werden, wobei ihre Differenziertheit und Komplexität verfahrensinhärent respektiert bzw. berücksichtigt wird.

Statt explizierte (manifeste) Motiv- oder Präferenzstrukturen in ein theoretisches (Erklärungs)Modell zu integrieren und dadurch mit Bedeutung und Sinn zu versehen, wird also versucht, die in einem bestimmten Kontext bereits wirksamen Sinn- und Bedeutungszusammenhänge empirisch zu erarbeiten. Eventuell relevanten theoretischen Modellen wird im Zuge der Analyse und Interpretation zwar ausreichend Raum gegeben, sie bilden aber nicht den Rahmen, dem die Ergebnisse subsumtionslogisch zu- und untergeordnet werden. Die aus hermeneutischen Analysen gewonnenen Einsichten können selbstverständlich zu konkreteren, anwendungsspezifischen Fragestellungen weiterverarbeitet bzw. verdichtet werden, nicht als eine Art „explorativer" Ideensammlung sondern als wissenschaftlich generierte, empirisch verankerte Erkenntnisse über den betrachteten Phänomenbereich.

Im Rahmen dieses Beitrags können selbstverständlich nur allgemeine Überlegungen zu Anwendungsfeldern für hermeneutische Verfahren im Marktforschungskontext skizziert werden. Insbesondere die dargestellten jüngeren Ansätze haben bislang kaum Eingang in die einschlägige Forschungspraxis gefunden (sehr anwendungsorientierte Ausnahmen bilden z.B. Kemmerell/Saalow (2003), Romatowski (2002) und

Behrend/Romatowski (2001), könnten jedoch vielfach neue und gewinnbringende Perspektiven auf bekannte Problem- und Fragestellungen eröffnen – und zwar mit einer durchaus attraktiven Aufwand-Nutzen-Relation.

6 Literatur

Arnold, Stephen J./Fischer, Eileen (1994): Hermeneutics and Consumer Research. In: Journal of Consumer Research, vol. 21, June, 55-70.

Behrend, Olaf/Romatowski, Arnd von (2001): Der objektive Sinn von Konsumentenentscheidungen. Objektive Hermeneutik und subjektive Konsumenten. In: planung & analyse, Heft 3, 52-59.

Bude, Heinz (1994): Das Latente und das Manifeste. Aporien einer „Hermeneutik des Verdachts". In: Garz, Detlef/Kraimer, Klaus (Hrsg.): Die Welt als Text. Theorie, Kritik und Praxis der objektiven Hermeneutik. Frankfurt am Main, 114-124.

Englisch, Felicitas (1991): Bildanalyse in strukturalhermeneutischer Einstellung. Methodische Überlegungen und Analysebeispiele. In: Garz, Detlef/Kraimer, Klaus (Hrsg.): Qualitativ-empirische Sozialforschung. Konzepte, Methoden, Analysen. Opladen, 133-176.

Flick, Uwe (2000): Konstruktion und Rekonstruktion. Methodologische Überlegungen zur Fallrekonstruktion. In: Kraimer, Klaus (Hrsg.): Die Fallrekonstruktion. Sinnverstehen in der sozialwissenschaftlichen Forschung. Frankfurt am Main, 179-200.

Froschauer, Ulrike/Lueger, Manfred (2007): Film-, Bild- und Artefaktanalyse. In: Straub, Jürgen/Weidemann, Arne/Weidemann, Doris (Hrsg.): Handbuch interkulturelle Kommunikation und Kompetenz. Grundbegriffe – Theorien – Anwendungsfelder. Stuttgart, Weimar, 428-439.

Froschauer, Ulrike/Lueger, Manfred (2003): Das qualitative Interview. Zur Praxis interpretativer Analyse sozialer Systeme. Wien.

Gadamer, Hans-Georg (1960): Wahrheit und Methode. Grundzüge einer philosophischen Hermeneutik. Tübingen.

Garz, Detlef/Kraimer, Klaus (1994, Hrsg): Die Welt als Text. Theorie, Kritik und Praxis der objektiven Hermeneutik. Frankfurt am Main.

Glaser, Barney G./Strauss, Anselm L. (1998): Grounded Theory: Strategien qualitativer Forschung. Bern.

Gummesson, Evert (2005): Qualitative Research in Marketing. Road-Map for a Wilderness of Complexity and Unpredictability. In: European Journal of Marketing, vol. 39, no. 3/4, 309-327.

Hitzler, Ronald (2002): Sinnrekonstruktion. Zum Stand der Diskussion (in) der deutschsprachigen interpretativen Soziologie [35 Absätze]. Forum Qualitative Sozialforschung/Forum Qualitative Social Research [Online Journal], 3(2). Verfügbar über: http://www.qualitative-research.net/fqs/fqs.htm.

Hitzler, Ronald (1993): Verstehen: Alltagspraxis und wissenschaftliches Programm. In: Jung, Thomas/Müller-Doohm, Stefan (Hrsg.): „Wirklichkeit" im Deutungsprozeß. Verstehen und Methoden in den Kultur- und Sozialwissenschaften. Frankfurt am Main, 223-240.

Hitzler, Ronald/Honer, Anne (Hrsg.) (1997): Sozialwissenschaftliche Hermeneutik. Eine Einführung. Opladen.
Hitzler, Ronald/Reichertz, Jo/Schröer, Norbert (Hrsg.) (1999): Hermeneutische Wissenssoziologie. Standpunkte zur Theorie der Interpretation. Konstanz.
Hufnagel, Erwin (2000): Einführung in die Hermeneutik. St. Augustin.
Jung, Matthias (2001): Hermeneutik zur Einführung. Hamburg.
Jung, Thomas/Müller-Doohm, Stefan (Hrsg.) (1993): „Wirklichkeit" im Deutungsprozeß. Verstehen und Methoden in den Kultur- und Sozialwissenschaften. Frankfurt am Main.
Kemmerzell, Petra/Saalow, Ulf (2003): Versicherungswerbung: Kommunikation mit dem Kunden. Eine Werbemittelanalyse mit der Methode der Objektiven Hermeneutik. In: planung & analyse, Heft 3, 14-19.
Kraimer, Klaus (2000): Die Fallrekonstruktion – Bezüge, Konzepte, Perspektiven. In: Kraimer, Klaus (Hrsg.): Die Fallrekonstruktion. Sinnverstehen in der sozialwissenschaftlichen Forschung. Frankfurt am Main, 23–57.
Kritzmüller, Monika (2004): Theoria cum praxi? Über die (Un-?)Vereinbarkeit wissenschaftlicher und ökonomischer Anforderungen. [27 Absätze]. Forum Qualitative Sozialforschung/Forum Qualitative Social Research [Online Journal], 5(2), Art. 32 (http://www.qualitative-research.net/fqs/fqs.htm).
Kühn, Thomas (2004): Das vernachlässigte Potenzial qualitativer Marktforschung. [81 Absätze]. Forum Qualitative Sozialforschung/Forum Qualitative Social Research [Online Journal], 5(2), Art. 33 (http://www.qualitative-research.net/fqs/fqs.htm).
Kurt, Ronald (2004): Hermeneutik. Eine sozialwissenschaftliche Einführung. Konstanz.
Lamnek, Siegfried (2005): Qualitative Sozialforschung. Weinheim.
Lueger, Manfred (2000): Grundlagen qualitativer Feldforschung: Methodologie - Organisierung – Methoden. Wien.
Müller-Doohm, Stefan (1997): Bildinterpretation als struktural-hermeneutische Symbolanalyse. In: Hitzler, Ronald/Honer, Anne (Hrsg.): Sozialwissenschaftliche Hermeneutik. Eine Einführung. Opladen, 81–108.
Müller-Doohm, Stefan (1993): Visuelles Verstehen. Konzepte kultursoziologischer Bildhermeneutik. In: Jung, Thomas/Müller-Doohm, Stefan (Hrsg.): „Wirklichkeit" im Deutungsprozeß. Verstehen und Methoden in den Kultur- und Sozialwissenschaften. Frankfurt am Main, 438-457.
Murray, Jeff B. (2002): The Politics of Consumption: A Re-Inquiry on Thompson and Haytko's (1997) „Speaking of Fashion". In: Journal of Consumer Research, vol. 29, Dec, 427-440.
Nassen, Ulrich (Hrsg.) (1982): Klassiker der Hermeneutik. Paderborn.
O'Shaughnessy, John (1985): A Return to Reason in Consumer Behavior: An Hermeneutical Approach. In: Advances of Consumer Research, vol. 12, no. 1, 305-311.
Oevermann, Ulrich (2002): Klinische Soziologie auf der Basis der Methodologie einer objektiven Hermeneutik – Manifest der objektiv-hermeneutischen Sozialforschung, http://www.ihsk.de/publikationen/Ulrich_Oevermann-Manifest_der_objektiv_hermeneutischen_Sozialforschung.pdf, abgerufen am 06.12.2006.
Oevermann, Ulrich (1993): Die objektive Hermeneutik als unverzichtbare Grundlage für die Analyse von Subjektivität. Zugleich eine Kritik der Tiefenhermeneutik. In: Jung, Thomas/Müller-Doohm, Stefan (Hrsg.): „Wirklichkeit" im Deutungsprozeß. Verstehen und Methoden in den Kultur- und Sozialwissenschaften. Frankfurt am Main, 106-189.
Oevermann, Ulrich/Allert, Tilman/Konau, Elisabeth/Krambeck, Jürgen (1979): Die Methodologie einer „objektiven Hermeneutik" und ihre allgemeine forschungslogische Bedeutung in

den Sozialwissenschaften. In: Soeffner, Hans-Georg (Hrsg.): Interpretative Verfahren in den Sozial- und Textwissenschaften. Stuttgart, 352-434.

Reichertz, Jo (1999): Über das Problem der Gültigkeit von Qualitativer Sozialforschung. In: Hitzler, Ronald/Reichertz, Jo/Schröer, Norbert (Hrsg.): Hermeneutische Wissenssoziologie. Standpunkte zur Theorie der Interpretation. Konstanz, 319-346.

Reichertz, Jo (1997): Objektive Hermeneutik. In: Hitzler, Ronald/Honer, Anne (Hrsg.): Sozialwissenschaftliche Hermeneutik. Eine Einführung. Opladen, 31-55.

Reichertz, Jo (1994): Von Gipfeln und Tälern. Bemerkungen zu einigen Gefahren, die den objektiven Hermeneuten erwarten. In: Garz, Detlef/Kraimer, Klaus (Hrsg.): Die Welt als Text. Theorie, Kritik und Praxis der objektiven Hermeneutik. Frankfurt am Main, 125-152.

Reichertz, Jo/Soeffner, Hans Georg (1994): Von Texten und Überzeugungen. In: Schröer, Norbert (Hrsg.): Interpretative Sozialforschung. Auf dem Wege zu einer hermeneutischen Wissenssoziologie. Opladen, 310-327.

Romatowski, Arnd von (2002): Entschlüsselung der Bauchgefühle. Objektive Hermeneutik in der qualitativen Marktforschung. Absatzwirtschaft online 27.9.2002, www.absatzwirtschaft. de/Content/_pv/_p1003378/_t/fthighlight/highlightkey/Romatowski/_b/31805/default.asp x/objektive-hermeneutik-in-der-qualitativen-marketingforschung.html, abgerufen am 15. 5.2008.

Soeffner, Georg (2003): Sozialwissenschaftliche Hermeneutik. In: Flick, Uwe/von Kardorff, Ernst/ Steinke, Ines (Hrsg.): Qualitative Sozialforschung. Ein Handbuch. Reinbek bei Hamburg, 164-175.

Schröer, Norbert (1994, Hrsg.): Interpretative Sozialforschung. Auf dem Wege zu einer hermeneutischen Wissenssoziologie. Opladen.

Steinke, Ines (2000): Geltung und Güte. Bewertungskriterien für qualitative Forschung. In: Kraimer, Klaus (Hrsg.): Die Fallrekonstruktion. Sinnverstehen in der sozialwissenschaftlichen Forschung. Frankfurt am Main, 201-236.

Thompson, Craig J. (1996): Caring Consumers: Gendered Consumption Meanings and the Juggling Lifestyle. In: Journal of Consumer Research, vol. 22, March, 388-407.

Thompson, Craig J. (1997): Interpreting Consumers. A Hermeneutical Framework for Deriving Marketing Insights from the Texts of Consumers' Consumption Stories. In: Journal of Marketing Research, vol. 34, Nov, 438-455.

Thompson, Craig J. (1998): A Hermeneutic Interpretation of „Ella". In: Advances in Consumer Research, vol. 28, 105-108.

Thompson, Craig J./Haytko, Diana L. (1997): Speaking of Fashion: Consumers' Uses of Fashion Discourses and the Appropriation of Countervailing Cultural Meanings. In: Journal of Consumer Research, vol. 24, June, 15-42.

Thompson, Craig J./Pollio, Howard R./Locander, William B. (1994): The Spoken and the Unspoken. A Hermeneutic Approach to Understanding the Cultural Viewpoints that Underlie Consumers' Expressed Meanings. In: Journal of Consumer Research, vol. 21, Dec, 432-452.

Thompson, Craig J./Pollio, Howard R./Locander, William B. (1990): The Lived Meaning of Free Choice: An Existential-Phenomenological Description of Everyday Consumer Experiences of Contemporary Married Women. In: Journal of Consumer Research, vol. 17, Dec, 346-361.

Vedder, Ben (2000): Was ist Hermeneutik? Ein Weg von der Textdeutung zur Interpretation der Wirklichkeit. Stuttgart.

Wernet, Andreas (2001): Einführung in die Interpretationstechnik der Objektiven Hermeneutik. Qualitative Sozialforschung. Band 11. Opladen.

Woodside, Arch G./Pattinson, Hugh M./Miller, Kenneth E. (2005): Advancing Hermeneutic Research for Interpreting Interfirm New Product Development. In: Journal of Business & Industrial Marketing, vol. 20, no. 7, 364-379.

Ralf Bohnsack

Dokumentarische Methode

1 Der methodische Zugang zum handlungsleitenden Wissen 321
2 Interpretatives Paradigma und praxeologische Wissenssoziologie 322
3 Konjunktion/Kommunikation: Doppelstruktur alltäglicher Verständigung 323
4 Methodik und empirische Verfahrensweise 325
    4.1 Formulierende Interpretation: die Frage nach dem Was 325
    4.2 Reflektierende Interpretation: die Frage nach dem Wie 326
    4.3 Typenbildung und Generalisierung 327
        4.3.1 Sinngenetische Typenbildung 327
        4.3.2 Soziogenetische Typenbildung und die Mehrdimensionalität
                dokumentarischer Interpretation 328
5 Literatur 329

1 Der methodische Zugang zum handlungsleitenden Wissen

Die Relevanz sozialwissenschaftlicher Forschungsmethoden für die Marktforschung ist zu einem wesentlichen Teil davon abhängig, ob und inwieweit uns diese Methoden einen Zugang zur Handlungspraxis der KundInnen oder KonsumentInnen zu eröffnen vermögen. Die dokumentarische Methode ist im Unterschied zu anderen qualitativen Methodologien hierfür prädestiniert. Dies wird im Folgenden begründet. Der Weg der dokumentarischen Methode führt über die Rekonstruktion jener Wissensbestände, welche die Praxis orientieren, also über das *handlungsleitende Wissen*. Dessen empirische Rekonstruktion ist Voraussetzung für einen verstehenden Zugang zur Handlungspraxis und für eine mögliche Einflussnahme auf diese.

Mit der von ihm begründeten „Wissenssoziologie" hat Karl Mannheim (1952b) in den 20er Jahren des 20. Jahrhunderts sowohl einen theoretischen wie auch methodologisch-methodischen Zugang zu dieser Ebene des handlungsleitenden Wissens eröffnet. Mannheim (1964a) bezeichnet dieses in die Alltagspraxis eingelassene Wissen auch als *atheoretisches* Wissen – im Unterschied eben zum *theoretischen* Wissen, also zu den Alltags-Theorien oder Common Sense-Theorien. Das atheoretische Wissen lässt sich mit einem Begriff von Michael Polanyi (1985) auch als „tacit knowledge", als stillschweigendes oder *implizites* Wissen bezeichnen. Die „dokumentarische Methode der Interpretation" (Mannheim 1964a) eröffnet den methodisch kontrollierten Zugang zu diesem handlungsleitenden Wissen.

Mannheim (1980, 73) erläutert den Charakter dieses Wissens am Beispiel (der Herstellung) eines Knotens. Das handlungsleitende Wissen, welches mir ermöglicht, einen Knoten zu knüpfen, ist ein implizites Wissen. Diese Handlungspraxis vollzieht sich intuitiv, d.h. vorreflexiv oder atheoretisch. Das, was ein Knoten ist, *verstehe* ich, indem ich mir jenen Bewegungsablauf (von Fingerfertigkeiten) einschließlich der motorischen Empfindungen vergegenwärtige, „als dessen ‚Resultat' der Knoten vor uns liegt" (Mannheim 1980, 73). Es erscheint ausgesprochen kompliziert, wenn nicht sogar unmöglich, diesen Herstellungsprozess in adäquater Weise *begrifflich-theoretisch zu explizieren*.[1] Diese begrifflich-theoretische Explikation nennt Mannheim „Interpretieren" (1980, 272).

Es geht hier um die Unterscheidung zwischen einer *theoretischen* und einer *praktischen* Beziehung zur Welt, um das Verhältnis der „theoretischen Logik" zur „praktischen Logik", wie man mit Bourdieu (1976, 228) sagen könnte. Erst die genaue Kenntnis dieser praktischen Logik – der Logik des Handelns jenseits der *Theorien* und der begrifflichen

---

[1] Adäquater lässt sich dieser Herstellungsprozess, also das atheoretische Wissen, auf dem Wege der Abbildung, des Bildes, der bildlichen Demonstration vermitteln. Das Bild erscheint in besonderer Weise prädestiniert als Medium des atheoretischen oder impliziten Wissens.

Ralf Bohnsack

Konstruktionen und Definitionen, welche die AkteurInnen in Wissenschaft und Alltag *über* ihre eigene Praxis haben – schafft die Bedingungen der Möglichkeit für eine umfassende Erkenntnis des alltäglichen Handelns und eine Einflussnahme auf dieses. Da die Wissenssoziologie im Sinne von Mannheim uns den Zugang zur Praxis eröffnet, habe ich sie auch als praxeologische Wissenssoziologie bezeichnet.

2 Interpretatives Paradigma und praxeologische Wissenssoziologie

Auf beiden Ebenen, derjenigen eines theoretisierenden und definitorischen oder allgemeiner: *interpretativen* Verhältnisses zur Welt ebenso wie derjenigen des *handlungspraktischen* Verhältnisses zur Welt, haben wir es mit *Herstellungs-* und *Konstruktions*prozessen zu tun. Das sog. *interpretative Paradigma,* also die Phänomenologie, der Symbolische Interaktionismus, die Ethnomethodologie[2] und der in diesen Traditionen stehende Konstruktivismus, erfasst allerdings lediglich die *interpretative* und *definitorische* Konstruktion oder Herstellung von Wirklichkeit (Bohnsack 2006b). Damit ist dieses Paradigma wesentlich eingegrenzt auf die Ebene des „theoretischen Welt-Erkennens", wie man dies mit einem Begriff von Heidegger (1986, 67) nennen könnte. Demgegenüber handelt es sich bei der praxeologischen Wissenssoziologie und auch der Praxeologie im Sinne von Bourdieu um einen Konstruktivismus im *erweiterten* Sinne. Dieser erweiterte Konstruktivismus erfasst nicht nur die interpretative, sondern auch die *handlungspraktische* Herstellung und Konstruktion von Welt (Bohnsack 2001a, 2006a)[3] und vermag diese beiden Ebenen in ihrem Spannungsverhältnis zueinander zu analysieren.

Die Fixierung auf das theoretische Welt-Erkennen, auf die theoretische Vernunft der AkteurInnen, wird ganz wesentlich dadurch befördert, dass der methodische Zugang zu dieser Ebene des Handelns unkomplizierter ist und somit die empirische Forschung vor größeren Anstrengungen bewahrt. Denn auf dieser Ebene kann die sozial-

---

[2] Der Begründer der Ethnomethodologie, Harold Garfinkel (1961, 1967), hat die dokumentarische Methode der Interpretation von Mannheim in den 60er Jahren wieder entdeckt, ihren theoretischen Hintergrund allerdings in der skizzierten Weise eingeengt.

[3] Im Bereich der Evaluationsforschung hat Thomas A. Schwandt (1997; 2002, 47) in einer Argumentation, die der unsrigen, also derjenigen der praxeologischen Wissenssoziologie, verwandt ist, eine „praktische Hermeneutik" gefordert. Er hat kritisiert, dass das gegenwärtig dominante Verständnis von Evaluation in weiten Bereichen an ein Konzept von theoretischem Wissens und theoretischer Intelligenz gebunden sei, welches der Praxis unseres alltäglichen Handelns und der damit verbundenen praktischen Beziehung zur Welt nicht gerecht zu werden vermag (Bohnsack 2006a).

wissenschaftliche Empirie sich darauf beschränken, die Common Sense-Theorien der AkteurInnen zu rekonstruieren. Sie braucht lediglich das von diesen selbst bereits zur begrifflichen Explikation gebrachte Wissen zu systematisieren und neu zu formulieren. Die Aussagen der AkteurInnen können ‚wörtlich' genommen werden.

3 Konjunktion/Kommunikation: Doppelstruktur alltäglicher Verständigung

Das die Praxis orientierende, das handlungsleitende Wissen ist also nicht ein Wissen *über* etwas, sondern ein Wissen *um* und *innerhalb* von etwas. Letzteres wird in der selbst erlebten *Praxis*, also in einer Praxis, in welche die AkteurInnen jeweils selbst eingebunden sind, erworben, eben er-lebt. Sofern den AkteurInnen dieses Erleben gemeinsam ist, sie somit über „Gemeinsamkeiten der Erlebnisschichtung" verfügen, verstehen sie einander unmittelbar, ohne einander erst interpretieren zu müssen. Sie bilden einen gemeinsamen Erfahrungsraum, einen *„konjunktiven Erfahrungsraum"* (Mannheim 1980, v.a. 230f; Bohnsack/Schäffer 2002) und zeichnen sich aus durch Übereinstimmungen ihres Habitus.

Den beiden unterschiedlichen Arten des Wissens, dem theoretischen einerseits und dem atheoretischen oder impliziten andererseits, entsprechen somit auch zwei unterschiedliche Arten der *Verständigung* und der *Sozialität*. Obschon Bourdieu einen entscheidenden Beitrag zur Praxeologie des Handelns geleistet hat, hat er die Konsequenzen für eine Differenzierung unterschiedlicher Modi der Verständigung und der Sozialität nicht herausgearbeitet.[4] Ein unmittelbares *Verstehen* ist unter denjenigen möglich, denen dieselben konjunktiven Erfahrungsräume gemeinsam sind, die also sozialisationsbedingt über gemeinsames atheoretisches Wissen verfügen. Die Mutter/Kind-Beziehung und die Familie stellen konjunktive Erfahrungsräume par excellence dar. Allerdings sind konjunktive Erfahrungsräume nicht allein an gruppenhafte Beziehungen oder an direkte Interaktion gebunden. Gemeinsamkeiten der Erlebnisschichtung finden wir auch auf abstrakterer Ebene im Sinne von bspw. milieu-, generations- und geschlechtsspezifischen Erfahrungsräumen (Bohnsack/Schäffer 2002).

Diese Verständigung auf der Basis konjunktiver Wissensbestände, also dieses unmittelbare *Verstehen*, nennen wir auch *konjunktive* Verständigung. Eine Verständigung

---

[4] Ein weiteres Problem bei Bourdieu besteht darin, dass er den Habitus lediglich unter dem Aspekt der Distinktion, nicht aber unter dem der Konjunktion betrachtet und dass er keinen systematisch-methodischen Zugang zur Mehrdimensionalität des Habitus hat (Punkt 4.3.2).

Ralf Bohnsack

über die Grenzen unterschiedlicher (konjunktiver) Erfahrungsräume oder Milieus hinweg ist auf dem Wege des *Interpretierens* möglich. Dort, wo wir uns im Medium von Theorien, von theoretischen Wissensbeständen verständigen, *interpretieren* wir einander. In Anlehnung an Mannheim (1980, 285ff) sprechen wir hier auch von „*kommunikativer*" Verständigung, einer Verständigung auf der Basis kommunikativ-generalisierender Wissensbestände.

Um diesen beiden Arten des Wissens gerecht zu werden, ist es notwendig, die Doppelstruktur alltäglicher Erfahrungs- und Begriffsbildung zu beachten bzw. die „Doppelheit der Verhaltensweisen in jedem einzelnen, sowohl gegenüber Begriffen als auch Realitäten" (Mannheim 1980, 296). Denn Bezeichnungen und Äußerungen haben einerseits eine öffentliche oder gesellschaftliche und andererseits eine nicht-öffentliche oder milieuspezifische Bedeutung. So ist uns die öffentliche oder ‚wörtliche' Bedeutung des Begriffs ‚Familie' unproblematisch gegeben, da wir alle über ein Wissen um die Institution Familie verfügen. Dieses kommunikative oder auch kommunikativ-generalisierende Wissen ermöglicht uns aber noch keinen Zugang zum Erfahrungsraum der je konkreten Familie in seinem milieuspezifischen oder auch individuell-fallspezifischen Eigensinn, der auf Gemeinsamkeiten der Sozialisationsgeschichte nach Art eines „kollektiven Gedächtnisses" (Halbwachs 1985) basiert, durch welches sich das konjunktive Wissen auszeichnet.

Während für uns als SozialforscherInnen der methodische Zugang zum kommunikativen Wissen relativ unproblematisch ist, da dieses direkt erfragt werden kann, erschließt sich uns das konjunktive Wissen nur dann, wenn wir uns (auf dem Wege von Erzählungen und Beschreibungen oder auch der direkten Beobachtung) mit der Handlungspraxis vertraut gemacht haben. Es handelt sich um ein Wissen, welches von den Erforschten selbst nicht so ohne weiteres auf den Begriff gebracht, also *begrifflich-theoretisch expliziert* werden kann. Die begrifflich-theoretische Explikation ist die Aufgabe und Leistung der dokumentarischen Interpretation. Die dokumentarische Methode eröffnet mit der Kategorie des „atheoretischen Wissens" den Blick auf eine Sinnstruktur, die bei den AkteurInnen selbst wissensmäßig repräsentiert ist, ohne aber Gegenstand der Reflexion zu sein. Somit gehen die Beobachter – und dies ist entscheidend – nicht davon aus, dass sie *mehr* wissen als die Akteure oder Akteurinnen, sondern davon, dass letztere selbst nicht wissen, was sie da eigentlich alles wissen. Die dokumentarische Methode stellt sich ganz wesentlich die Aufgabe, *implizites Wissen explizit zu machen*.

Das implizite Wissen ist zugleich das handlungsleitende, das die Handlungspraxis orientierende Wissen. Zwar habe ich in der (teilnehmenden) Beobachtung einen unmittelbaren und direkten Zugang zur Handlungspraxis (Vogd 2005), und entsprechend formulieren Buber, Gadner und Ruso (2004, 163): „Observation gives the researcher the chance to obtain data on real behaviour, unbiased by rationalisation and verbalisation". Allerdings interessiert den sozialwissenschaftlichen Interpreten bzw. die Interpretin (wie dargelegt) nicht nur (und zumeist auch gar nicht im Kern) die Faktizität dessen, was dort passiert, sondern die von den AkteurInnen mit diesen Ereignissen verbundenen *Orientierungen*. Denn nur diese Orientierungsmuster, also die das Handeln leitenden und orientierenden (individuellen oder kollektiven) Wissens- und Erfahrungsbestände, sind es, die diesem Handeln Dauer und Kontinuität verleihen. Nur wenn ich diese handlungsleitenden Wissensbestände kenne, kann ich prognostizieren, ob und wie dieses Handeln auch in Zukunft verlaufen wird. Hier liegen dann auch Chancen „einer theoriebasierten Ableitung von Implikationen für das marketingpolitische Handeln" (Buber 2005, 190).

4 Methodik und empirische Verfahrensweise

Die Leitdifferenz von kommunikativem und konjunktivem Sinngehalt bestimmt auch die Arbeitsschritte der dokumentarischen Methode. Wir beginnen mit der Rekonstruktion der Ebene des kommunikativ-generalisierten Wissens, der *formulierenden Interpretation* und entfalten auf dieser Basis dann den Zugang zum konjunktiven Erfahrungswissen mit Hilfe des Arbeitsschritts der *reflektierenden Interpretation*, auf den dann schließlich derjenige der *Typenbildung* folgt.

4.1 Formulierende Interpretation: die Frage nach dem Was

Im Bereich der Textinterpretation ist der erste Schritt derjenige der (Re-) *Formulierung* dessen, was von den Erforschten selbst expliziert, also *wörtlich* mitgeteilt wurde. Wir sprechen deshalb auch von *formulierender* Interpretation. Im Falle der Bildinterpretation bewegt sich die formulierende Interpretation auf der *ikonografischen* Ebene (hier wird formuliert, was Thema oder Sujet des Bildes ist). Hinzu kommt hier aber die *vor-ikonografische* Ebene (hier wird formuliert, was auf dem Bild zu sehen ist).

Im Bereich der Textinterpretation bildet die thematische Gliederung, die Entschlüsselung der thematischen Struktur der Texte das Grundgerüst der formulierenden Interpretation. Es gilt das, was *thematisch* wird und als solches Gegenstand der formulierenden Interpretation ist, von dem zu unterscheiden, *wie* ein Thema, d.h. in welchem *Rahmen* oder in welchem modus operandi, es behandelt wird. Während also die formulierende Interpretation der Frage nachgeht, *was* mitgeteilt wird, geht die *reflektierende Interpretation* der Frage nach, *wie* das Mitgeteilte hergestellt wird, welcher *Orientierungsrahmen* oder welcher *Habitus* (zu den Begriffen: Bohnsack 1998) sich in dem Gesagten

Ralf Bohnsack

oder bildhaft Dargestellten über eine Gruppe, ein Milieu, eine Generation oder auch ein Individuum *dokumentiert* (Bohnsack 2001a, 2003a).[5]

4.2 Reflektierende Interpretation: die Frage nach dem Wie

Im Bereich der *Textauswertung* folgt die reflektierende Interpretation der *Sequenzanalyse*, in der Ausprägung, wie sie für die dokumentarische Methode spezifisch ist: Grundlegend konstituiert sich in der Relation von (empirisch beobachtbarer) erster Äußerung und (empirisch beobachtbarer) zweiter Äußerung, also: der Anschlussäußerung (oder, wenn wir es im Sinne von Mead (1968) formulieren, in der Relation von Geste und Reaktion) eine Regelhaftigkeit, die es zu erschließen gilt, wenn die Bedeutung, die Signifikanz der ersten Äußerung herausgearbeitet werden soll. Die Rekonstruktion dieser Regelhaftigkeit oder Signifikanz vollzieht sich – im Sinne der dokumentarischen Methode – nun derart, dass der Interpret nach (alternativen) *Anschluss*äußerungen sucht, die genauso gut als sinnvolle Reaktionen auf die vorherige Äußerung gelten können. Der Interpret sucht also nach funktionalen Äquivalenten zu der Art und Weise, *wie*, also in *welchem Rahmen* das mit der ersten Äußerung gesetzte Thema durch die (empirisch gegebene) Anschlussäußerung bearbeitet wird. Der Interpret bildet auf diese Weise eine *Klasse* oder *Reihe* von Anschlussäußerungen, die *homolog* sind, die also derselben ‚Regel' oder Orientierung zuzuordnen sind. Dies ist der Weg, *abduktiv* (Bohnsack 2001a, 336; 2003a, 197f) eine Regel zu erschließen und zur Explikation zu bringen. – Im Bereich der Gesprächsanalyse der dokumentarischen Methode, wie sie v.a. im Zusammenhang mit dem Gruppendiskussionsverfahren angewandt wird, wird die Art und Weise der Bezugnahme von Äußerung und Anschlussäußerung(en) auch in ihrer formalen Struktur rekonstruiert, die ich *Diskursorganisation* genannt habe (Bohnsack 1989, Bohnsack/Przyborski 2006).[6]

Wesentlich dabei ist allerdings, dass diese Suche nach funktionalen Äquivalenten immer auch einen *Vergleichshorizont,* eine Kontrastfolie nicht dazugehöriger, d.h. zu anderen ‚Klassen' von Orientierungen gehörender, Anschlussäußerungen voraussetzt. Dieser Vergleichshorizont bleibt implizit: „Alles Beobachten ist Benutzen einer Unterscheidung zur Bezeichnung der einen (und nicht der anderen) Seite. Die Unterscheidung fungiert dabei unbeobachtet" (Luhmann 1990, 91). Dieser „blinde Fleck" (Luhmann 1990, 85) ist das, was wir in der praxeologischen Wissenssoziologie im Sinne von

---

[5] Der Übergang von der Frage nach dem Was zur Frage nach dem Wie entspricht dem Übergang von „Beobachtungen erster Ordnung" zu „Beobachtungen zweiter Ordnung" bei Niklas Luhmann (1990, 86).

[6] Im Bereich der dokumentarischen Bildinterpretation geht es um die Rekonstruktion der formalen Komposition des Bildes.

Mannheim (1952b, 227) auch die Standortgebundenheit oder auch Seinsverbundenheit der InterpretInnen nennen. Sie kann und muss im Sinne der dokumentarischen Methode derart einer methodischen Kontrolle zugeführt werden, dass *empirisch überprüfbare* Vergleichshorizonte in Form eines Fallvergleichs dagegengehalten werden (Wie wird dasselbe Thema in anderen Fällen – Gruppendiskussionen oder Interviews – in einer anderen Art und Weise, d.h. innerhalb eines anderen Orientierungsrahmens, bearbeitet?). – Diesen kontrollierten Fallvergleich bezeichnen wir in Anknüpfung an die Chicagoer Schule (Glaser/Strauss 1967) auch als *komparative Analyse* (Bohnsack 2001b, Nohl 2001). Deren Bedeutung für die dokumentarische Methode besteht u.a. darin, dass der (empirisch fundierte) Fallvergleich möglichst frühzeitig in die Analyse einbezogen werden sollte.

4.3 Typenbildung und Generalisierung

4.3.1 Sinngenetische Typenbildung

Die Typenbildung (Bohnsack 2001b) vollzieht sich in einander aufbauenden Stufen der Abstraktion bzw. der Abduktion auf der Grundlage der komparativen Analyse – nach Art der Rekonstruktion von Gemeinsamkeiten im Kontrast und von Kontrasten in der Gemeinsamkeit. Das den (Fall-) Vergleich strukturierende Dritte, das tertium comparationis, ist zunächst ein gemeinsames *Thema*. Die erste Stufe der Typenbildung ist dann erreicht, wenn durch die Kontraste zwischen den Fällen hindurch ein ihnen *allen* gemeinsamer Orientierungsrahmen bzw. ein gemeinsames Orientierungsproblem identifizierbar ist. In unserer Untersuchung von Jugendlichen türkischer Herkunft, die als Beispiel dienen soll, ist dies das Orientierungsproblem der „Sphärendifferenz", das Problem der Differenz zwischen der Sphäre der Familie und Verwandtschaft einerseits und der gesellschaftlichen Öffentlichkeit andererseits. Dieser allen Fällen gemeinsame Orientierungsrahmen kann als *Basistypik* bezeichnet werden. In unserem Beispiel ist die Basistypik die Migrationstypik, ein in den Gemeinsamkeiten der Migrationsgeschichte, des Erfahrungsraums der Migration fundiertes Orientierungsproblem. In der unterschiedlichen Art und Weise der Bewältigung dieses gemeinsamen Bezugsproblems der Basistypik zeigt sich die besondere Charakteristik der Fälle, der je fallspezifische *Erfahrungsraum*.

Ralf Bohnsack

4.3.2 Soziogenetische Typenbildung und die Mehrdimensionalität dokumentarischer Interpretation

Das konjunktive (Orientierungs-) Wissen als ein in die Handlungspraxis eingelassenes und diese Praxis orientierendes und somit vorreflexives oder implizites Erfahrungswissen ist dem Interpreten bzw. der Interpretin nur zugänglich, wenn er sich den dazugehörigen Erfahrungsraum erschließt. Die Komplexität dieser Erfahrungswirklichkeit und somit die Komplexität der empirischen Analyse stellen uns allerdings vor das Problem, dass das Individuum bzw. die konkrete Gruppe, welche jeweils den zu untersuchenden Fall bilden, immer schon teilhaben an *unterschiedlichen* Erfahrungsräumen. Mit Bezug auf unser Beispiel bedeutet dies, dass uns der migrationsspezifische Erfahrungsraum (Migrations- oder Basistypik) immer schon in der Überlagerung bzw. wechselseitigen Durchdringung unterschiedlicher Erfahrungsräume bzw. Dimensionen begegnet – beispielsweise bildungs-, geschlechts- und generations*typischer*, aber auch alters*typischer*, d.h. lebenszyklischer Erfahrungsräume (Bohnsack 1989).

Somit lässt sich das rekonstruierte Orientierungsmuster erst dann als eines der Migrationstypik validieren und generalisieren, nachdem wir kontrolliert haben, ob es sich nicht etwa um Orientierungen handelt, die ganz allgemein typisch sind für die junge Generation (Generationstypisches) oder für die Adoleszenzphase (Alters- oder Entwicklungstypik) oder für männliche Jugendliche (Geschlechtstypik). Es ist also erst dann in valider Weise möglich, das beobachtete Orientierungsmuster dem ‚migrationstypischen Erfahrungsraum' zuzuordnen und es somit als eine *migrationstypische* Orientierung zu generalisieren, nachdem in *komparativer Analyse* kontrolliert wurde, ob diese Orientierung bei (Migranten-) Jugendlichen unterschiedlichen Alters, Geschlechts und unterschiedlicher Milieuzugehörigkeit, also durch milieu- und entwicklungsspezifische Variationen oder Modifikationen von Erfahrungsräumen hindurch bzw. in der Überlagerung durch andere Dimensionen oder Erfahrungsräume, auf einer abstrakten Ebene als Gemeinsamkeit identifizierbar bleibt. Mit der dokumentarischen Methode eröffnet sich die Möglichkeit zur Bewältigung des Problems der *Generalisierung* in der qualitativen Sozialforschung (Bohnsack 2005). Das Niveau der Validität der einzelnen Typik und die Möglichkeit ihrer Generalisierung sind davon abhängig, inwieweit sie von anderen, auf der Grundlage der fallspezifischen Beobachtungen ebenfalls möglichen, Typiken unterscheidbar sind, d.h. wie vielfältig bzw. multidimensional der einzelne Fall innerhalb einer ganzen Typologie verortet werden kann.

Die dokumentarische Methode hat in den Sozial- und Erziehungswissenschaften bis hin zur Informatik und Medizin ein weites und vielfältiges Anwendungsfeld gefunden (Bohnsack 2003a, Bohnsack/Nentwig-Gesemann/Nohl 2001, Bohnsack/Pfaff/Weller 2008). Dieses reicht von der Kindheits-, Jugend-, Gender- und Migrationsforschung und der Erwachsenenbildung über die Medizinsoziologie, die Polizei- und die Organisationskulturforschung bis hin zur Mediennutzungsanalyse. Das methodische Spektrum umfasst u.a. die Gesprächsanalyse und das Gruppendiskussionsverfahren, die Bild- und Videoanalyse, die Auswertung von Interviews (Nohl 2006), die teilnehmende Beobachtung (Vogd 2005) und die Evaluationsforschung (Bohnsack 2006, Nentwig-Gesemann 2006).

5 Literatur

Bohnsack, Ralf (1989): Generation, Milieu und Geschlecht. Ergebnisse aus Gruppendiskussionen mit Jugendlichen. Opladen.
Bohnsack, Ralf (1998): Rekonstruktive Sozialforschung und der Grundbegriff des Orientierungsmusters. In: Siefkes, Dirk/Eulenhöfer, Peter/Stach, Heike/Städtler, Klaus (Hrsg.): Sozialgeschichte der Informatik - Kulturelle Praktiken und Orientierungen. Wiesbaden, 105-121.
Bohnsack, Ralf (2001a): Dokumentarische Methode. Theorie und Praxis wissenssoziologischer Interpretation. In: Hug, Theo (Hrsg.): Wie kommt Wissenschaft zu Wissen? Einführung in die Methodologie der Sozial- und Kulturwissenschaften. Baltmannsweiler, 326-345.
Bohnsack, Ralf (2001b): Typenbildung, Generalisierung und komparative Analyse. Grundprinzipien der dokumentarischen Methode. In: Bohnsack, Ralf/Nentwig-Gesemann, Iris/Nohl, Arnd-Michael (Hrsg.): Die dokumentarische Methode und ihre Forschungspraxis. Grundlagen qualitativer Sozialforschung. Opladen, 225-252.
Bohnsack, Ralf (2003a): Rekonstruktive Sozialforschung. Einführung in qualitative Methoden. 5. Auflage. Opladen.
Bohnsack, Ralf (2003b): Qualitative Methoden der Bildinterpretation. In: Zeitschrift für Erziehungswissenschaft (ZfE), Jg. 6, Heft 2, 239-256.
Bohnsack, Ralf (2003c): Dokumentarische Methode und sozialwissenschaftliche Hermeneutik. In: Zeitschrift für Erziehungswissenschaft (ZfE), Jg. 6, Heft 4, 550-570.
Bohnsack, Ralf (2005): Standards nicht-standardisierter Forschung in den Erziehungs- und Sozialwissenschaften. In: Zeitschrift für Erziehungswissenschaft (ZfE), Jg. 7, Beiheft Nr. 3 (Standards und Standardisierung in der Erziehungswissenschaft), hrsg. von Ingrid Gogolin, Heinz-Hermann Krüger, Dieter Lenzen, Thomas Rauschenbach, 65-83.
Bohnsack, Ralf (2006a): Qualitative Evaluation und Handlungspraxis. Grundlagen dokumentarischer Evaluationsforschung. In: Flick, Uwe (Hrsg.): Qualitative Evaluationsforschung. Reinbek bei Hamburg, 135-155.
Bohnsack, Ralf (2006b): Mannheims Wissenssoziologie als Methode. In: Tänzler, Dirk/Knoblauch, Hubert/Soeffner, Hans-Georg (Hrsg): Neue Perspektiven der Wissenssoziologie. Konstanz, 271-291.
Bohnsack, Ralf/Nentwig-Gesemann, Iris/Nohl, Arnd-Michael (2001, Hrsg.): Die dokumentarische Methode und ihre Forschungspraxis. Grundlagen qualitativer Sozialforschung. Opladen.
Bohnsack, Ralf/Schäffer, Burkhard (2002): Generation als konjunktiver Erfahrungsraum. Eine empirische Analyse generationsspezifischer Medienpraxiskulturen. In: Burkart, Günter/Wolf, Jürgen (Hrsg.): Lebenszeiten. Erkundungen zur Soziologie der Generationen (Martin Kohli zum 60. Geburtstag). Opladen, 249-273.
Bohnsack, Ralf/Przyborski, Aglaja (2006): Diskursorganisation, Gesprächsanalyse und die Methode der Gruppendiskussion. In: Bohnsack, Ralf/Przyborski, Aglaja/Schäffer, Burkhard (Hrsg.): Das Gruppendiskussionsverfahren in der sozialwissenschaftlichen Praxis. Opladen, 233-248.
Bohnsack, Ralf/Pfaff, Nicolle/Weller, Wivian (2008, eds.): Qualitative Analysis and Documentary Method in International Educational Research. Opladen, Farmington Hills.

Ralf Bohnsack

Bourdieu, Pierre (1976): Entwurf einer Theorie der Praxis. Frankfurt am Main.
Bourdieu, Pierre (1996): Die Praxis der reflexiven Anthropologie. In: Bourdieu, Pierre/Loic, J. D. W.: Reflexive Anthropologie. Frankfurt am Main, 251-294.
Buber, Renate (2005): Zur qualitativen Konsumentenforschung. In: Holzmüller, Hartmut H./Schuh, Arnold (Hrsg.): Innovationen im sektoralen Marketing. Festschrift zum 60. Geburtstag von Fritz Scheuch. Heidelberg, 183-198.
Buber, Renate/Gadner, Johannes/Rusco, Bernhart (2004): Consumer Behaviour in Recreational Areas of Shopping Malls: A Mixed-Model Research Design. In: Buber, Renate/Gadner, Johannes/Richards, Lyn (2004, Hrsg.): Applying Qualitative Methods to Marketing Management Research. Chippenham, Eastbourne, 157-174.
Garfinkel, Harold (1961): Aspects of Common Sense Knowledge of Social Structures. In: Transactions of the Fourth World Congress of Sociology, vol. IV, 51–65 (deutsch (1973): Das Alltagswissen über soziale und innerhalb sozialer Strukturen. In: Arbeitsgruppe Bielefelder Soziologen (Prozess): Alltagswissen, Interaktion und gesellschaftliche Wirklichkeit. Reinbek bei Hamburg, 189–260).
Garfinkel, Harold (1967): Studies in Ethnomethodology. Englewood Cliffs, New Jersey.
Glaser, Barney G./Strauss, Anselm (1967): The Discovery of Grounded Theory. Chicago.
Halbwachs, Maurice (1985): Das kollektive Gedächtnis. Frankfurt am Main.
Heidegger, Martin (1986): Sein und Zeit. Tübingen (1. Auflage 1927).
Holzmüller, Hartmut H./Schuh, Arnold (2005, Hrsg.): Innovationen im sektoralen Marketing. Festschrift zum 60. Geburtstag von Fritz Scheuch. Heidelberg.
Luhmann, Niklas (1990): Die Wissenschaft der Gesellschaft. Frankfurt am Main.
Mannheim, Karl (1952a): Ideologie und Utopie. Frankfurt am Main (Erste Auflage 1929).
Mannheim, Karl (1952b): Wissenssoziologie. In: Mannheim, Karl (Hrsg.): Ideologie und Utopie. Frankfurt/Main (erstmals erschienen 1931 in: Vierkandt, A. (Hrsg.): Handwörterbuch der Soziologie. Stuttgart, 227-267).
Mannheim, Karl (1964a): Beiträge zur Theorie der Weltanschauungsinterpretation. In: Mannheim, Karl: Wissenssoziologie. Neuwied, 91-154 (Erste Auflage 1921-1922).
Mannheim, Karl (1964b): Das Problem der Generationen. In: Mannheim, Karl: Wissenssoziologie, Neuwied, 509–565 (1. Aufl. 1928, in: Kölner Vierteljahreshefte für Soziologie, 7. Jg. H. 2).
Mannheim, Karl (1980): Strukturen des Denkens. Frankfurt/Main (unveröff. Man. 1922-1925).
Mead, George Herbert (1968): Geist, Identität und Gesellschaft. Aus der Sicht des Sozialbehaviorismus. Frankfurt am Main (Engl. Original: Mind, Self and Society. Chicago 1934).
Nentwig-Gesemann, Iris (2006): Dokumentarische Evaluationsforschung. In: Flick, Uwe (Hrsg.): Qualitative Evaluationsforschung. Reinbek bei Hamburg, 159-182.
Nohl, Arnd-Michael (2001): Komparative Analyse: Forschungspraxis und Methodologie dokumentarischer Methode. In: Bohnsack, Ralf/Nentwig-Gesemann, Iris/Nohl, Arnd-Michael (Hrsg.): Die dokumentarische Methode und ihre Forschungspraxis. Grundlagen qualitativer Sozialforschung. Opladen, 253-275.
Nohl, Arnd-Michael (2006): Interview und dokumentarische Methode. Wiesbaden
Polanyi, Michael (1985): Implizites Wissen. Frankfurt am Main.
Schütz, Alfred (1971): Gesammelte Aufsätze. Bd. 1: Das Problem der sozialen Wirklichkeit. Den Haag. (Original 1962: Collected Papers, vol. 1: The Problem of Social Reality. Den Haag).
Schwandt, Thomas. A. (1997): Evaluation as Practical Hermeneutics. In: Evaluation, 3 (1), 69-83.
Schwandt, Thomas A. (2002): Evaluation Practice Reconsidered. New York et al.
Vogd, Werner (2005): Teilnehmende Beobachtung. In: Schmitz, Sven-Uwe/Schubert, Klaus (Hrsg.): Einführung in die Politische Theorie und Methodenlehre. Opladen, 89-109.

Eva Vetter

Konversationsanalyse

1 Welche Konversationsanalyse? 333
2 Entstehungs- und Wirkungszusammenhang 334
    2.1 Ausgangspunkt Ethnomethodologie 334
    2.2 Kommunikative Gattungen 336
3 Vorgehen bei der Analyse 338
    3.1 Datenerhebung und -umformung 338
    3.2 Die analytische Mentalität 339
    3.3 Die Datenanalyse 340
4 Anwendungen: Rück- und Ausblick 342
5 Literatur 344

1 Welche Konversationsanalyse?

Konversationsanalyse, die deutsche Übersetzung für „Conversation Analysis", bezeichnet zumeist jene Forschungsrichtung, die eine Gruppe amerikanischer Soziologen um Harvey Sacks und Emanuel Schegloff in den 1960er Jahren initiiert hat, mit dem Ziel Harold Garfinkels Ethnomethodologie zu konkretisieren und anzuwenden. Diese strikt empirisch arbeitende Konversationsanalyse (KA) untersucht soziale Interaktion als einen fortwährenden Prozess der Hervorbringung und Absicherung sinnhafter sozialer Ordnung (Bergmann 2007, 525) und siedelt sich an der Schnittstelle von Soziologie und Linguistik an (Schegloff 1991). Besonders im deutschen und romanischen Sprachraum trifft man allerdings auch auf linguistische Analysen von Gesprächen, die sich als konversationsanalytisch bezeichnen, ohne im ethnomethodologischen Paradigma verhaftet zu sein.[1] Unter „Konversation" kann weiters sehr Unterschiedliches verstanden werden. Emanuel Schegloff präferiert überhaupt „talk-in-interaction", um soziale Interaktionen als Untersuchungsobjekt der Konversationsanalyse vom Gespräch in seiner umgangssprachlichen Bedeutung zu unterscheiden (zuletzt Schegloff 2007, XIV). Unter dem konversationsanalytischen Etikett hat sich folglich eine Reihe von – nicht immer völlig kompatiblen – Forschungsansätzen entwickelt, die mitunter auch ihre Unterschiede und Gegensätzlichkeiten streitbar diskutieren. Für den deutschen Sprachraum ist außerdem zu beachten, dass sich als Gesprächs- oder Diskursanalyse bekannt gewordene Ansätze mit dem konversationsanalytischen Programm überschneiden können (Kallmeyer 2005, 1213; Gülich 2001, 197).

Das Ergebnis der hier angedeuteten verwirrenden begrifflichen Unschärfe, die von Bergmann bereits 1981 prognostiziert wurde, ist ein gewisses Unbehagen hinsichtlich des Terminus „Konversationsanalyse". In wertenden Differenzierungen wie jener zwischen einer „orthodox-soziologischen und einer linguistisch-adaptierten (teils auch miss-adaptierten) Konversationsanalyse" (Auer 1999, 137) zeigt sich der auch in der Option für den Terminus „ethnomethodologische Konversationsanalyse" ausgedrückte konsequente Rückbezug der Konversationsanalyse auf ihr ethnomethodologisches Erbe (Eberle 1997, 2007, sowie Bergmann 1981, 1994, 2007). Dem steht auf der anderen Seite die Hoffnung gegenüber, dass sich gerade durch theoretische Offenheit und in der Interaktion mit Linguistik und Interaktionstheorien oder Ethnographie fruchtbare

---

[1] Schon zu Beginn der 1980er Jahre übt Bergmann Kritik an der schlampigen Rezeption der Konversationsanalyse im deutschsprachigen Raum, die im Disput mit Helmut Henne und Helmut Rehbock (Bergmann 1981, 36) gipfelt. Während Autoren wie Kallmeyer (2005, 1212) vom amerikanischen „conversation" ausgehen, präferieren Brinker/Sager „Gespräch" als weiter gefassten und neutraleren Begriff und ziehen ihn deshalb dem „ernsthaften Dialog" oder der „unverbindlichen und oberflächlichen Konversation" vor (Brinker/Sager 2001, 9f.). Ihre eigene „linguistische Gesprächsanalyse" integriert wiederum eine Verfahrensanalyse, die dem ethnomethodologischen Programm folgt (Brinker/Sager 2001, 116-128) und setzt sich Aufgaben, die ebenfalls ethnomethodologische Charakteristika erkennen lassen (Brinker/Sager 2001, 18-20).

Entwicklungsperspektiven für eine zukünftige KA ergeben (Kallmeyer 2005, 1221f., Bergmann 2007, 536f.). Eine Einführung in die KA ist allerdings nicht der Ort, solche Potenziale zu entwickeln und so grenzt sich die vorliegende Darstellung auf die enge Definition von KA ethnomethodologischer Orientierung ein, wie dies auch in anderen einführenden Texten vorgeschlagen wird (Bergmann 2007; Eberle 2007; Charaudeau 2002, 37-39; Gülich 2001, 197; Heritage 1995).

Der Beitrag gliedert sich in drei Abschnitte: Der nun folgende zweite Abschnitt (Entstehungs- und Wirkungszusammenhang) beginnt mit einer Beschreibung des ethnomethodologischen Hintergrunds der KA und weitet dann den Blick auf die kommunikativen Gattungen als Verbindung zwischen dem einzelnen kommunikativen Ereignis und der sozialen Welt. Der dritte Abschnitt beschreibt die wichtigsten Aspekte, die bei der konkreten Analyse zu beachten sind: Festlegungen bezüglich Datenaufnahme und Transkription des Datenmaterials, prinzipielle Herangehensweise an die Daten und (mögliche) Analyseschritte. Den Abschluss bildet Abschnitt vier mit einem schwerpunktmäßigen Überblick über bisherige Studien und der Anregung, davon ausgehend über zukünftige (marktforschungsrelevante) Anwendungsgebiete nachzudenken.

2 Entstehungs- und Wirkungszusammenhang

2.1 Ausgangspunkt Ethnomethodologie

Wie sehr das Entstehen der KA mit Harvey Sacks[2] verbunden ist, betont Emanuel Schegloff im Vorwort des ersten von mehreren geplanten Grundlagenwerken zum Thema, das der Sequenzorganisation in Interaktionen gewidmet ist (Schegloff 2007). Als Schüler Goffmans teilte Sacks dessen Interesse für alltägliche Interaktionen und studierte die interaktionsanalytischen Arbeiten. Sein Zusammentreffen mit Harold Garfinkel setzte allerdings erst den entscheidenden Impuls für die Gründung der Conversation Analysis und bis heute wird Garfinkels Ethnomethodologie, die in seiner Auseinandersetzung mit Parsons' Strukturfunktionalismus und in Anknüpfung an

---

[2] Besonders Sacks posthum veröffentlichte Vorlesungen (Sacks 1992), die er von 1964 bis zu seinem frühen Tod an kalifornischen Universitäten gehalten hat, sowie die Arbeiten von Emanuel Schegloff und Gail Jefferson stehen am Anfang der KA. „Who knows where we would be in this work had he not died in 1975" (Schegloff 2007, XVI).

die Phänomenologie Alfred Schütz' entstanden ist (Eberle 2007, 142f.), der wichtigste theoretische Einfluss auf die KA zugeschrieben. Sacks selbst suggeriert sogar Identität, wenn er das neu gegründete Forschungsgebiet als ethnomethodology/conversation analysis bezeichnet.[3] Eine klare Abgrenzung ist nach wie vor schwierig. Als Folge dieser Verwobenheit ist jedenfalls die Kenntnis der Basisprinzipien des ethnomethodologischen Forschungsprogramms Voraussetzung für jede Beschäftigung mit KA.

Die Ethnomethodologie interessiert sich ganz allgemein für die Methoden, mit denen die Gesellschaftsmitglieder in ihrem alltäglichen Handeln intersubjektive Wirklichkeit und soziale Organisation herstellen. Mit der Annahme, dass erst die Handlungen und (Vor-)Interpretationen der Gesellschaftsmitglieder soziale Tatsachen erzeugen, widersetzt sich die Ethnomethologie allen Ansätzen normativer Soziologie, die soziale Ordnung als gegeben annehmen. Das ethnomethodologische Forschungsprogramm postuliert, dass alltagsweltliche Sinnzuschreibungen situativ und ad hoc – also vor Ort und in der jeweiligen singulären Situation – vorgenommen werden. Die InteraktionteilnehmerInnen folgen dabei einer praktischen Rationalität, die sich von der wissenschaftlichen unterscheidet und auf interpretativen Verfahren wie Reziprozität der Perspektiven, prospektiv-retrospektive Sinnzuschreibung, etcetera- und Normalformen-Annahme beruht.[4]

Für ihre Beschäftigung mit der Sinnkonstitution im alltäglichen Handeln, also mit der Frage, mit welchen Methoden die Menschen der sie umgebenden Welt beständig Sinn verleihen,[5] können sich EthnomethodologInnen nicht auf objektive und dekontextualisierte Konzepte stützen. Die Bedeutung von Handlungen ist immer indexikalisch, weil an konkrete interagierende Personen in konkreten situativen Kontexten gebunden. Diesen indexikalischen Handlungen wird durch die Interpretation der Interaktionsteil-

---

[3] „The domain is one that those who are pursuing it have come to call ethnomethodology/conversation analysis" (Sacks 1984, 21). Diese Gleichsetzung nimmt übrigens auch die vom Amsterdamer Soziologieprofessor Paul ten Have regelmäßig betreute Website http://www.paultenhave.nl/about.htm vor, auf der umfangreiche und aktuelle ETHNO/CA NEWS zu finden sind. Abgesehen von pragmatischen Gründen, die für eine solche Verbindung sprechen, ist die Beziehung zwischen Ethnomethodologie und KA differenzierter zu sehen. In der Literatur wird sie unterschiedlich dargestellt, als Kontinuität, wie etwa in Clayman/Maynard 1995 oder Bergmann 1981, 1994, 2007 oder als von Brüchen gekennzeichnet (Lynch 1993).

[4] *Reziprozität der Perspektiven* (Schütz 1971): Die InteraktionsteilnehmerInnen nehmen voneinander an, dass ihre Deutungsmuster pragmatisch ausreichend übereinstimmen. *Prospektiv-retrospektive Sinnzuschreibung*: Die interagierenden Personen gehen davon aus, dass noch unklare Bedeutungen rückwirkend Sinn erhalten. *Etcetera-Annahme*: Die InteraktionsteilnehmerInnen nehmen voneinander an, dass sie das geteilte Alltagswissen zur Sinnzuschreibung heranziehen. *Normalformen-Annahme*: Die Interaktionssituation wird als normaler Ereignistyp interpretiert (Cicourel 1973). Garfinkel zeigt in den Breaching-Experimenten (Garfinkel 1967, 1972), dass die Interaktion bei Missachtung eines dieser Verfahren zusammenbricht.

[5] Dies formuliert Garfinkel in seiner Dissertation (1952, 1 zitiert nach Bergmann 1994, 5; ebenso Garfinkel 1972, 30). Die Grundlinien des ethnomethodologischen Forschungsprogramms waren allerdings bereits im 1948 entstandenen und jüngst veröffentlichten Dissertationsvorschlag Garfinkels (2006) angelegt (Eberle 2007, 142).

nehmerInnen in ihren situativen Kontexten Sinn zugewiesen. Die situativen Kontexte wiederum existieren nur als immanente Bestandteile des Interaktionsprozesses und somit konstituieren sich Handlungen und Kontext gegenseitig. Aufgrund dieser als Indexikalität und Reflexivität bezeichneten Eigenschaften verschließt sich die sogenannte Vollzugwirklichkeit jeder Erklärung von außen. Die alltagspraktische Rationalität der InteraktionsteilnehmerInnen steht folglich im Zentrum des ethnomethodologischen Interesses.

Mitte der 60er Jahre überträgt Sacks die ethnomethodologischen Vorstellungen auf eine ganz spezifische Interaktionssituation, nämlich das alltägliche Gespräch.[6] Er sucht nach jenen Prinzipien und Verfahren, mit Hilfe derer die KommunikationsteilnehmerInnen die Struktur und Geordnetheit der Kommunikationssituation herstellen. Sein Interesse gilt somit nicht dem singulären Gespräch, sondern Gesprächen als Produkt eines „Apparats", den es zu rekonstruieren gilt (Sacks 1984, 26).

Die Orientierung am ethnomethodologischen Forschungsprogramm hat bedeutende Auswirkungen auf die weitere Entwicklung der Konversationsanalyse. Mit der kommunikativen Gattung entsteht ein Konzept, das einerseits den Eigenschaften der Vollzugswirklichkeit gerecht wird, andererseits die Verbindung zum sozialen Umfeld schafft. Weitere Konsequenzen ergeben sich besonders für das konkrete Vorgehen bei der Analyse und hier sowohl für die Phase der Datenerhebung als auch der Datenanalyse, wie im Folgenden zu zeigen sein wird.

2.2 Kommunikative Gattungen

Konversationsanalyse und Gattungsanalyse sind mehrfach miteinander verwoben: Zum einen kann das zunehmende und auch in der KA konkretisierte Interesse an kommunikativen Prozessen als ein Ausgangspunkt für die Entwicklung der Gattungsanalyse betrachtet werden (Knoblauch/Luckmann 2007, 538). Zum anderen arbeiten konversationsanalytische Studien zunehmend mit dem Konzept der kommunikativen Gattung[7], um Gespräche im sozialen Umfeld ihres Vorkommens zu verorten. Als „historisch und kulturellspezifische, gesellschaftlich verfestigte und formalisierte Lösungen kommunikativer Probleme" (Luckmann 1986) stellen Gattungen die Verbindung

---

[6] Die Entscheidung für Gespräche stellt er selbst in einem bekannten Zitat als zufällig und nicht theoriegeleitet dar: „I started to play around with tape recorded conversations, for the simple virtue that I could replay them; that I could type them out somewhat, and study them extendedly, (…). It wasn't from any large interest in language, or from some theoretical formulation of what should be studied, but simply by virtue of that; I could get my hands on it, and I could study it again and again" (Sacks 1992, 1, 622).

[7] Das Konzept der kommunikativen Gattung basiert auf den Arbeiten von Luckmann (1986; 1988), Bergmann und Luckmann (1995), Anwendungen und Weiterentwicklungen finden sich in Günthner (1995), Kotthoff (2002) sowie Gülich (2005).

zwischen der Ebene der Sprache und jener der Sozialstruktur her (Bergmann/Luckmann 1995, 289). Gemeinsam mit allen anderen kommunikativen Formen bilden sie das kommunikative Budget einer Gesellschaft, welches die höchste Abstraktionsebene im analytischen Begriffsapparat von Luckmann darstellt.

Im Unterschied zu konkurrierenden Konzepten, wie beispielsweise Textsorte, sind Gattungen soziologisch begründet, weil ihre gesellschaftliche Funktion in der Tradierung und Vermittlung bestimmter gesellschaftlich relevanter Wissensbestände liegt. Außerdem stellen sich Gattungen nie als festgeformte Texte dar: Die Handelnden beziehen sich zwar auf verfestigte Formen, ihr Rückgriff auf diese ist aber immer nur im situativen Kontext verständlich und kann diesen Kontext gleichzeitig mitkonstituieren. Schließlich lässt sich nicht jeder kommunikative Prozess einer Gattung zuordnen, da im Luckmannschen Begriffsapparat auch Raum für die spontane Erfüllung kommunikativer Absichten ist (Bergmann/Luckmann 1995, Auer 1999, 177).

Luckmann grenzt Gattungen von Institutionen ab: Während letztere Lösungen für grundlegende und recht klar umschriebene Probleme des gesellschaftlichen Lebens darstellen, konzentriert sich der Gattungsbegriff auf die besonderen Probleme der Kommunikation, wobei Überschneidungen möglich sind (Luckmann 1988). Eine wichtige Funktion der kommunikativen Gattung liegt in der Erleichterung der Kommunikation und der Entlastung der KommunikationsteilnehmerInnen, da der Interaktionsablauf zumindest teilweise erwartbar wird und die Lösungen für die kommunikativen Probleme nicht immer neu ausgehandelt werden müssen. „Gattungen bilden somit Orientierungsrahmen für die Produktion und Rezeption kommunikativer Handlungen" (Knoblauch/Luckmann 2007, 539).

Die Analyse kommunikativer Gattungen setzt auf drei Ebenen an: Auf der Binnenstruktur konkretisiert sich die „materiale Struktur" des gattungsspezifischen Handelns durch den sprachlichen Stil, die passende Varietät, die prosodische Gestaltung etc. Die Außenstruktur legt die Bindung an die sozialen Rollen, die räumlich umgrenzten sozialen Einheiten (wie z.B. Nachbarschaft) und die kommunikativen Situationen fest (Luckmann 1986, 204 und 1995). Die strukturelle Zwischenebene, die Verbindung zwischen den beiden Ebenen, umfasst sequenzielle Ablaufschemata, Teilnehmerkonstellation, thematische Strukturregularitäten, Regelmäßigkeiten der Zuteilung des Rederechts etc., also die typischen Interessensgebiete einer an der strukturellen Geordnetheit von Gesprächen interessierten KA. Merkmale der Binnenstruktur und der Zwischenebene geben Kontextualisierungshinweise für die Beantwortung der Frage: „Was tun wir gerade miteinander?" und indizieren damit die Gattung.

Die Gattungsanalyse vergleicht kommunikative Handlungen, indem sie typische Ähnlichkeiten und Unterschiede herausarbeitet. Veränderungen kommunikativer Vorgänge und interkulturelle Unterschiede werden sichtbar. Mit der kommunikativen Gattung steht der KA ein Konzept zur Verfügung, das weitreichende Anknüpfungsmöglichkeiten bietet und sich in empirischen Studien als fruchtbar gezeigt hat. Die Auswahl des Datenmaterials und die Verortung von konversationsanalytischen Studien im

Eva Vetter

gesellschaftlichen und kulturellen Gesamtzusammenhang erhalten einen Rahmen, ohne den ethnomethodologischen Zugang zu gefährden.

3 Vorgehen bei der Analyse

3.1 Datenerhebung und -umformung

Grundsätzlich stellen die in den natürlichen Kontexten ihres Vorkommens erhobenen interaktionalen Praktiken die konversationsanalytischen Daten dar. Daten, die für die Analyse erzeugt werden, sind eine seltene Ausnahme, da sie sich aufgrund fehlender Authentizität nur mit Einschränkungen für eine konversationsanalytische Studie eignen (Heritage 1995, 396). Welche gattungsspezifischen oder spontanen kommunikativen Ereignisse ausgewählt werden, hängt vom jeweiligen Forschungsinteresse ab. Die KA ist jedenfalls für eine Vielfalt von Untersuchungsobjekten offen (Abschnitt 4).

Um die kommunikativen Praktiken dem wiederholten Zugriff der wissenschaftlichen Analyse zugänglich zu machen, werden sie aufgenommen und verschriftet, also in sogenannte Sekundärdaten (Ton- und zunehmend Videoaufnahmen) und Tertiärdaten (Transkriptionen) umgeformt (Brinker/Sager 2001, 35). Diese Datentransformationen bedeuten einen erheblichen Arbeitsaufwand und eine Reduktion der Daten, sodass jeder einzelne Schritt wohlüberlegt und eng an die Forschungsinteressen gebunden sein muss.

Welchen Anforderungen die Aufnahmen genügen müssen, hat Auswirkungen auf die Gestaltung der Aufnahmesituation und legt die erforderliche technische Ausrüstung (Anzahl der Aufnahmegeräte, Reichweite des Mikrofons, etc.) fest (Brinker/Sager 2001, 37). Alle weiteren Entscheidungen bezüglich der Transformation der Sekundär- in Tertiärdaten erfordern eine erste Analyse und Interpretation der Daten. Da kein Detail a priori als möglicherweise irrelevant ausgeschlossen werden kann, ist eine möglichst vollständige Transkription theoretisch gefordert (Bergmann 1994, 10). Eine unkontrollierte Selektion der Daten kann außerdem zu einer Verschiebung der Theoriebildung führen, wenn bspw. Phänomene aufgrund ihrer guten Abbildbarkeit übermäßige Bedeutung bekommen (Kallmeyer 2005, 1215). Der Forderung nach möglichst umfassender und vollständiger Transkription der aufgenommenen Daten stehen häufig forschungsökonomische Gründe gegenüber, die sich in der Empfehlung konkretisieren, nur so viel, wie wirklich notwendig zu transkribieren (Brinker/Sager 2001).

Für die Verschriftung der Aufnahmen stehen heute verschiedene Transkriptionskonventionen zur Verfügung, die alle nach möglichst guter Lesbarkeit und Berücksichtigung non-verbaler Daten streben. Die Lesbarkeit wird zumeist mit einer modifizierten orthographischen Transkription erreicht, wobei phonetische Abweichungen mit den Mitteln der Standardorthographie darstellt werden. (Brinker/Sager 2001, 48). Die Erfassung non-verbaler Informationen hängt mit der Entscheidung für ein Transkriptionssystem zusammen: Die klassische konversationsanalytische Transkriptionsform wurde hauptsächlich von Jefferson entwickelt und arbeitet mit der Textnotation (Schenkein 1978b, XI). Sie ist auch Grundlage des in Hannover entwickelten gesprächsanalytischen Transkriptionssystems GAT.[8] Mit der Partiturschreibweise und eigenen Zeilen für Kommentare arbeiten die halbinterpretative Arbeitstranskription HIAT von Konrad Ehlich und Jochen Rehbein (1976) und die Diskursdatenbank DIDA (Bodmer/Fach/Schmitt/Schütte 2002), die für die Archivierung der Textkorpora am Institut für Deutsche Sprache in Mannheim verwendet wird. Eine Einführung in die Transkription und ihre Konventionen bieten die Website des Gesprächsanalytischen Informationssystems (http://gais.ids-mannheim.de), sowie Einführungen in Buchform (Schmidt 2005; Dittmar 2004; Deppermann 2001).

Der Zugang zum Datenmaterial und die Umformung der Daten in analysierbare Formate sind bereits wichtige Schritte im Analyseprozess und wirken auf den weiteren Analysevorgang. Alle hier zu treffenden Entscheidungen sind am ethnomethodologischen Prinzip möglichst großer Offenheit zu orientieren. Sie müssen außerdem immer wieder auf das konkrete Forschungsinteresse rückbezogen werden.

3.2 Die analytische Mentalität

Aus der ethnomethodologischen Fundierung der Konversationsanalyse (Abschnitt 2.1) leitet sich die Zielsetzung ab, jene Methoden zu rekonstruieren, mit denen die KommunikationsteilnehmerInnen die Geordnetheit ihrer Interaktion herstellen. Das Vorgehen muss also in besonderem Maße situationsadäquat sein, da es an das spezifische Untersuchungsobjekt und die Sicht der InteraktionsteilnehmerInnen gebunden ist. Damit widersetzt es sich der Formulierung allgemeiner methodischer Regeln (Bergmann 1981, 16). Dem Versuch, dennoch einzelne Analyseschritte zu identifizieren (Abschnitt 3.3), wird in diesem Abschnitt eine Beschreibung der geforderten Grundhaltung der ForscherInnen vorgeschaltet. Diese sogenannte „analytische Mentalität" verlangt von allen, die KA betreiben wollen, eine „offene, auf die Wahrnehmung von Strukturiertheit im Material ausgerichtete Auseinandersetzung mit dem Phänomen" (Kallmeyer 2005, 1215). Ihre Grundlage findet sich in Schenkein (1978a), weitere Beschreibungen

---

[8] http://www.mediensprache.net/de/medienanalyse/transcription/gat/, 17.6.2008.

Eva Vetter

und Konkretisierungen bieten Bergmann (1981, 18-24 und 2007) und die erwähnten gängigen Transkriptionssysteme.

Hilfreiche Forschungsempfehlungen binden sich an die „analytische Mentalität": Aus der Annahme, dass die Geordnetheit der Interaktionen interaktiv von den GesprächsteilnehmerInnen hervorgebracht wird, leitet sich die strikte Empirie-Orientierung ab: Die Fragestellungen und Kategorien sind aus dem Material selbst zu entwickeln und dürfen nicht von außen unterstellt werden. Die Annahme von der Geordnetheit der Interaktionen impliziert weiters, dass das Material in seiner Gesamtheit in die analytische Rekonstruktion einbezogen werden soll. Die Geordnetheit ist nämlich prinzipiell überall zu entdecken und damit kann kein Detail a priori als irrelevant ausgeblendet werden. Der Vollzugscharakter der sozialen Wirklichkeit verlangt, dass sich die Analyse an die von den InteraktionsteilnehmerInnen vorgegebene lineare Ablaufstruktur der Ereignisse hält. Dies soll verhindern, dass die AnalytikerInnen von einem Punkt zum nächsten springen und den Text sozusagen als zeitlos betrachten. Die letzte Forschungsempfehlung bezieht sich auf den Kontext: Jeder Gesprächsbeitrag wird vom Kontext seines Auftretens geprägt und stellt gleichzeitig den Kontext für den nächsten folgenden Beitrag dar. Der Kontext ist somit Resultat des interaktiven Handelns und soll in der Analyse in dem Maße Berücksichtigung finden, als die InteraktionsteilnehmerInnen selbst aktiv auf ihn zurückgreifen. Als Kontext zählt also nur, was in den Daten selbst manifest wird.[9]

Die analytische Mentalität formuliert bestimmte Erwartungen an die Forschenden. Sie zeigt außerdem, dass das konversationsanalytische Vorgehen nicht willkürlich ist: Die geforderte offene und mehrdimensionale Perspektive stellt sich trotz des theoretisch begründeten Fehlens einer expliziten Methodik als systematisch und rigoros dar.

3.3 Die Datenanalyse

Auch wenn sich die konversationsanalytische Datenanalyse gegenüber einer konkreten Handlungsanweisung für ForscherInnen verschließt, gibt es Versuche, Arbeitsschritte zu identifizieren und eher allgemeine Beschreibungen des Analysevorgangs vorzunehmen. Diese Systematisierungsansätze können trotz ihres notwendigerweise hohen Abstraktionsgrades zukünftigen Studien eine Orientierung geben.

Am Beginn der Analyse steht die Frage des Datenmaterials: Unabhängig von der Qualität der Transkriptionen darf sich die Analyse nicht allein auf die verschrifteten Daten

---

[9] Dies widerspricht nicht der Forderung, ethnographische Informationen über das Untersuchungsgebiet zu erheben. Die Kontextinformationen dürfen nur nicht vorab mit den Daten verbunden werden. Erst nach der Analyse ist es sinnvoll zu fragen, inwieweit sich soziologische Faktoren wie Geschlecht oder ethnische Zugehörigkeit möglicherweise in den Daten ausdrücken (Heritage 1995, 396).

stützen. Verschriftungen stellen nur eine Annäherung an die Aufnahmen dar – ebenso wie die Aufnahmen nur eine Annäherung an die tatsächlich statt findenden Interaktionen sein können. Aus diesem Grund warnt Heritage davor, die aufgenommenen Daten durch Transkriptionen zu ersetzen und fordert, trotz der unbestreitbaren Notwendigkeit von Verschriftungen, die Sekundärdaten als Ausgangspunkt der Analyse ein (Heritage 1995, 395).

Das weitere konversationsanalytische Vorgehen lässt sich nach Kallmeyer (2005, 1219f.) in sechs Arbeitsschritte untergliedern, die relevante Aufgaben des Forschungsprozesses wiedergeben, auch wenn sie nicht immer in der aufgelisteten Reihenfolge durchgeführt werden: 1. In der heuristischen Vorphase wird das gesamte Material gesichtet, die globale Ordnung wird überblickshaft rekonstruiert. 2. Bestimmte Sequenzen aus dem Material, wie beispielsweise Reparaturen oder Eröffnungssequenzen, werden gesammelt. Jedes einzelne Beispiel einer solchen Datenkollektion wird als Fall analysiert, was besonders bei komplexeren Strukturen mit hohem Aufwand verbunden ist.[10] Auf die 3. schrittweise Sequenzanalyse zur Bestimmung der Verlaufsstruktur, folgt 4. die Kontrolle der Analyseperspektive durch die Prüfung von Analysealternativen, wie beispielsweise den Wechsel der Perspektiven der Akteure. 5. Die Befunde werden schematisiert, Hypothesen über die Herstellungsverfahren können gebildet werden. 6. Die Hypothesen werden durch Überprüfung an neuem Material und durch den Nachweis der systematischen Problemlösung überprüft.[11]

Diese Beschreibung der Analyse zeigt deutlich das streng induktive Vorgehen. Ob die AnalytikerInnen allein oder im Team arbeiten, ist nicht festgelegt. Besonders für die Kontrolle der Analyseperspektive und die Validierung der Hypothesen scheint die Arbeit im Team zumindest hilfreich. Den aufgezeigten Schritten und ihrer Reihenfolge

---

[10] Für die Notwendigkeit, dass auch die von den identifizierten Herstellungsverfahren abweichenden Fälle in die weitere Analyse miteinbezogen werden müssen, gibt Heritage zwei Gründe an: Abweichende Fälle geben häufig über die Normativität kommunikativer Praktiken Auskunft und können außerdem können systematische internale Unterschiede aufweisen (Heritage 1995, 399).

[11] Ein bekanntes Beispiel für eine solche systematische Problemlösung ist das System des Sprecherwechsels (Sacks/Schegloff/Jefferson 1974): Auf der Suche nach den einfachsten Mechanismen, die das Problem der Zuweisung von Redebeiträgen (,turn') in Gesprächen lösen, geht die Analyse sequenziell, also Schritt für Schritt dem realzeitlich-linear vorgegebenen Ablauf folgend, vor und entwickelt Hypothesen. Ergebnis der Analyse ist die Identifikation einer Turnkonstruktions- und einer Turnzuweisungskomponente und der Regeln ihres Zusammenwirkens: Das Ende der Turnkonstruktionskomponente Satz kann bspw. eine übergaberelevante Stelle anzeigen, an der sich folgende Möglichkeiten für die Weiterführung der Interaktion anbieten: Die bzw. der aktuell Sprechende kann die nächste bzw. den nächsten auswählen (Fremdselektion), die nächste Sprecherin bzw. der nächste Sprecher wählt sich selbst (Selbstwahl) oder die aktuell bzw. der aktuell Sprechende setzt fort. Diese möglichen Reaktionen sind nicht gleichwertig, sondern unterliegen einem komplexen Regelmechanismus, der sogenannten Präferenzorganisation. Die Beziehung der Turns zueinander kann zur Herausbildung von Paarsequenzen (adjacency pairs) führen und wird im Konzept der konditionellen Relevanz gefasst.

Eva Vetter

liegt kein normatives Verständnis zu Grunde, sie bieten jedenfalls eine Hilfe für die Systematisierung der offenen Auseinandersetzung mit dem Datenmaterial, wie sie die KA fordert. Um KA zu „lernen", bedarf es jedenfalls der Übung und der Auseinandersetzung mit vorhandenen Studien.

4 Anwendungen: Rück- und Ausblick

Die KA ist heute nicht mehr aus dem Kanon der linguistischen und soziologischen Methoden zum Studium von Interaktionen wegzudenken. Zu ihren Pionierleistungen zählt die Erforschung bestimmter formaler Eigenheiten von Gesprächen,[12] wie Sprecherwechselorganisation (Sacks/Schegloff/Jefferson 1974; Quasthoff 1990; Schegloff 2007), Präferenzstrukturen (Pomerantz 1984; Kotthoff 1993), Korrekturen und Reformulierungen (Schegloff/Jefferson/Sacks 1977; Gülich/Kotschi 1986) und Gesprächsbeendigungen (Schegloff/Sacks 1973). Darüber hinausgehend haben sich, aus Sicht der Marktforschung sicherlich interessantere, inhaltliche Schwerpunkte entwickelt, bspw. Beratungsgespräche (Gülich/Kastner 1999; Baker/Emmison/Firth 2005), Wirtschaftskommunikation (Brünner 2000), Gespräche in Institutionen (Becker-Mrotzek/Fickermann 1994) oder auch Humor (Kotthoff 1998), Arzt-Patienten-Kommunikation (z.B. Kallmeyer 2000; Heritage/Maynard 2006), Konfliktgespräche (Nothdurft 1996, Gruber 1996), Medienkommunikation (Heritage 1985) und kulturelle Unterschiede (Kotthoff 2002).

Ohne den Anspruch auf Vollständigkeit zu erheben, zeigt die Auflistung doch, dass mündliche Interaktionen aus den unterschiedlichsten Kontexten, sowohl alltäglich als auch gattungsspezifisch und institutionell, nach wie vor das beliebteste Untersuchungsobjekt der KA darstellen. Zu beachten ist allerdings, dass die Konzentration auf die Mündlichkeit schriftliche Texte nicht prinzipiell ausschließt. Gerade die Entwicklung der Internetkommunikation eröffnet neues Datenmaterial und kann Anlass zu konversationsanalytischen Untersuchungen geben, wie im Sammelband von Mourlhon-Dallies, Rakotonoelina und Reboul-Touré (2004). Als weitere Anwendungsbereiche zeichnen sich klassisch linguistische Themen wie Syntax-, Prosodie- oder Phonetikforschung und die interaktionale Linguistik (Deppermann 2000, 97; Selting/Couper-Kuhlen 2000, 2001) ab.

Die große Vielfalt an Anwendungsgebieten kann nicht verdecken, dass Fragen der Marktforschung (bislang) nicht im Zentrum des konversationsanalytischen Interesses standen. Wenn man davon ausgeht, dass für die betriebliche Marktforschung Ergebnisse und nicht die Methode wichtig sind (Kaiser 2004, 10), so muss an die Stärken

---

[12] Einen Überblick darüber geben Levinson (1990, 283ff.) und Hutchby/Wooffitt (1998).

konversationsanalytischer Ergebnisse angeknüpft werden: Aufgrund des ethnomethodologisch fundierten Anspruchs, die Konstruktion sozialer Ordnung in den Kategorien der Interagierenden zu erfassen, ist die Konversationsanalyse in besonderem Maße geeignet, Kategorien der Handelnden (neu) aufzudecken und nutzbar zu machen. Dabei kann es sich durchaus auch um marktforschungsrelevante Kategorien, die das Kaufverhalten oder Einstellungen zu einem Produkt und Alternativprodukten betreffen, handeln.[13] Das offene und mehrdimensionale Vorgehen der KA ist in besonderem Maße geeignet, Spuren von Formulierungsprozessen aufzudecken. Damit macht sie handlungsrelevante Kategorien sichtbar, die anderen Methoden nicht zugänglich sind, weil diese bestimmte Kategorien, beispielsweise Geschlecht und Macht, als gegeben annehmen (Wooffitt 2005).

Unter dieser Voraussetzung ist durchaus anzunehmen, dass sich für eine ethnomethodologische Konversationsanalyse in der Marktforschung neue Perspektiven eröffnen. Diese konversationsanalytische Stärke kann die Marktforschung bspw. für Fragen der Bedeutungskonstitution nutzbar machen, wenn etwa relevante Variablen nicht ausreichend vorhanden sind oder Ergebnisse quantitativer Marktforschung vor- oder nachbereitet werden müssen. Auch hier ist eine Vielfalt an Anwendungsbereichen denkbar, wie jene, für die Kühn (2004, 72) ein integriertes Vorgehen von qualitativen und quantitativen Methoden fordert: (1) Customer Relationship Management (CRM) – Was macht Kundenbindung, Loyalität und Kundenzufriedenheit aus? – Wie können verschiedene biografische Ausgangssituationen berücksichtigt werden, wie der Umgang mit Unsicherheit und Ambivalenzen erfasst werden? (2) Konsumforschung – Biografische Verortung und Systematisierung von Vergleichs-, Informations- und Kaufprozessen, (3) Finanzmarktforschung – verändertes Informations-, Auswahl- und Kaufverhalten.

Die Vorteile, die KA der Marktforschung bringt, hängen eng mit den in diesem Beitrag behandelten Aspekten zusammen: Der ethnomethodologisch fundierte theoretische Zugang macht die KA von anderen Textanalysemethoden unterscheidbar und ist für die besondere Qualität der Ergebnisse mitverantwortlich. Nicht unabhängig davon ist die spezifische Herangehensweise an die Datenerhebung und –analyse zu denken, in der sich die analytische Mentalität konkretisiert. Unter diesen Rahmenbedingungen ist erwartbar, dass sich in der Marktforschung neue Perspektiven für die KA ergeben.

---

[13] Welche Interaktionen letztlich zur Analyse ausgewählt werden, hängt natürlich vom Forschungsinteresse ab, die Bandbreite ist groß. Mögliche Anknüpfungspunkte bieten die Analysen von Verkaufsgesprächen (Brünner 2000), von Gesprächen zwischen Einkäufern und Produktionsmitarbeitern eines Betriebes (Müller 2002), von Bewerbungsgesprächen (Spiegel/Spranz-Fogasy 1999) oder jene spontaner Gespräche unter Freundinnen (Branner 2004).

Eva Vetter

5 Literatur

Auer, P. (1999): Sprachliche Interaktion. Eine Einführung anhand von 22 Klassikern. Tübingen.
Baker, C./Emmison, M./Firth, A. (2005): Calling for Help: Language and Social Interaction in Telephone Helplines. Amsterdam.
Becker-Mrotzek, M./Fickermann, I. (1994): Beratungen im Arbeitsamt und im Versicherungsamt. In: Redder, A./Ehlich, K. (eds.): Gesprochene Sprache. Transkripte und Tondokumente. Tübingen, 91-136.
Bergmann, J. R. (1981): Ethnomethodologische Konversationsanalyse. In: Schröder, P./Steger, H. (eds.): Dialogforschung. Düsseldorf, 9-52.
Bergmann, J. R. (1994): Ethnomethodologische Konversationsanalyse. In: Fritz, Gerd/Hundsnurscher, P. (eds.): Handbuch der Dialoganalyse. Tübingen, 3-16.
Bergmann, J. R. (2007): 5.17 Konversationsanalyse. In: Flick, U./Kardorff, E. von/Steinke, I. (eds.): Qualitative Forschung. Ein Handbuch. Reinbek bei Hamburg, 524-537.
Bergmann, J./Luckmann, T. (1995): Reconstructive Genres of Everyday Communication. In: Quasthoff, U. M. (ed.): Aspects of Oral Communication. Berlin, 289-304.
Bodmer, F./Fach, M. L./Schmidt, R./Schütte, W. (2002): Von der Tonbandaufnahme zur integrierten Text-Ton-Datenbank. Instrumente für die Arbeit mit Gesprächskorpora. In: Pusch, C. D./Raible, W. (eds.): Romanistische Korpuslinguistik: Korpora und gesprochene Sprache. Tübingen, 209-243.
Branner, R. (2004): Humorous Disaster and Success Stories among female Adolescents in Germany. In: Quasthoff, U. M./Becker, T. (eds.): Narrative Interaction. Amsterdam, 113-147.
Brinker, K./Sager, S. F. (2001): Linguistische Gesprächsanalyse. Eine Einführung, 3. A. Berlin.
Brünner, G. (2000): Wirtschaftskommunikation: linguistische Analyse ihrer mündlichen Formen. Tübingen.
Charaudeau, P. (2002): Dictionnaire d'analyse du discours. Paris.
Cicourel, A. V. (1973; deutsch 1975): Sprache in der sozialen Interaktion. München.
Clayman, S./Maynard, D. (1995): Ethnomethodology and Conversation Analysis. In: Have, P./Psathas, G. (eds.): Situated Order: Studies in the Social Organization of Talk and Embodied Activities. Washington, 1-30.
Deppermann, A. (2000): Ethnographische Gesprächsanalyse: Zu Nutzen und Notwendigkeit von Ethnographie für die Konversationsanalyse. In: Gesprächsforschung, 1, 96-124.
Deppermann, A. (2001): Gespräche analysieren. Opladen.
Dittmar, N. (2004). Transkription. Ein Leitfaden mit Aufgaben für Studenten, Forscher und Laien. Wiesbaden.
Eberle, T. S. (1997): Ethnomethodologische Konversationsanalyse. In: Hitzler, R./Honer, A.(Hrsg.): Sozialwissenschaftliche Hermeneutik. Opladen, 245-279.
Eberle, T. S. (2007): Ethnomethodologie und Konversationsanalyse. In: Schützeichel, R. (Hrsg.): Handbuch Wissenssoziologie und Wissensforschung. Konstanz, 139-160.
Ehlich, K./Rehbein, J. (1976): Halbinterpretative Arbeitstranskriptionen (HIAT). In: Linguistische Berichte, 45, 21-41.
Garfinkel, H. (1952): The Perception of the Other: A Study in Social Order. Ph.D. dissertation. Harvard University.
Garfinkel, H. (1967): Studies in Ethnomethodology. Englewood Cliffs.
Garfinkel, H. (1972): Studies of the Routine Grounds of Everyday Activities. In: Sudnow, D. (ed.): Studies in Social Interaction. New York, 1-30.
Garfinkel, H. (2006): Seeing Sociologically. The Routine Grounds of Social Action. Lanham.

Gruber, H. (1996): Streitgespräche. Zur Pragmatik einer Diskursform. Opladen.
Gülich, E. (2001): Konversationsanalyse. Analyse Conversationelle. In: Holtus, G./Metzeltin, M./ Schmitt, C. (Hrsg.): Lexikon der romanistischen Linguistik, Bd. 1, 2. Tübingen, 196-251.
Gülich, E./Kastner, M. (1999): Rollenverständnis und Kooperation in Gesprächen der Telefonseelsorge. In: Brünner, G./Fiehler, R./Kindt, W. (Hrsg.): Angewandte Diskursforschung Band 1: Grundlagen und Beispielanalysen. Wiesbaden, 197-214.
Gülich, E./Kotschi, T. (1986): Reformulierungshandlungen als Mittel der Textkonstitution. Untersuchungen zu französischen Texten aus mündlicher Kommunikation. In: Motsch, W. (Hrsg.): Satz, Text, sprachliche Handlung. Berlin, 199-261.
Gülich, E. (2005): Unbeschreibbarkeit: Rhetorischer Topos – Gattungsmerkmal – Formulierungsressource. In: Gesprächsforschung, 6, 222-244.
Günthner, S. (1995): Gattungen in der sozialen Praxis. Die Analyse kommunikativer Gattungen als Textsorten mündlicher Kommunikation. In: Deutsche Sprache, 25, 1, 193-218.
Heritage, J. (1985): Analyzing news interviews: Aspects of the production of talk for an overhearing audience. In: Van Dijk, T. (ed.): Handbook of Discourse Analysis. London, 95-117.
Heritage, J. (1995): Conversation Analysis: Methodological Problems. In: Quasthoff, U. M. (ed.): Aspects of Oral Communication. Berlin, 391-418.
Heritage, J./Maynard, D. W. (eds.) (2006): Communication in Medical Care: Interaction Between Primary Care Physicians and Patients. Cambridge.
Hutchby, I./Wooffitt, R. (1998): Conversation Analysis. Principles, Practices and Applications. Cambridge.
Kaiser, W. (2004): Die Bedeutung von qualitativer Marktforschung in der Praxis der betrieblichen Marktforschung. In: Forum Qualitative Sozialforschung/Forum: Qualitative Social Research [On-line Journal], 5(2), Art. 31. Verfügbar unter: http://www.qualitative-research.net/fqs-texte/2-04/2-04kaiser-d.htm [17.8.2006].
Kallmeyer, W. (2000): Frau Erle und ihr Arzt. Zur gesprächsrhetorischen Analyse eines Arzt-Patient-Gesprächs. In: Psychotherapie und Sozialwissenschaft, 4, 302-311.
Kallmeyer, W. (2005): Konversationsanalytische Beschreibung/Conversational Analysis. In: Ammon, U./Dittmar, N./Mattheier, K. J. (eds.): Sociolinguistics: an International Handbook of the Science of Language and Society, Band 2. Berlin, 1212-1225.
Knoblauch, H./Luckmann, T. (2007): 5.18 Gattungsanalyse. In: Flick, U./Kardorff, E. von/Steinke, I. (Hrsg.): Qualitative Forschung. Ein Handbuch. Reinbek bei Hamburg, 538-546.
Kotthoff, H. (1993): Disagreement and Concession in Disputes: On the Context Sensitivity of Preference Structures. In: Language in Society, 22, 2, 193-216.
Kotthoff, H. (1998): Spaß verstehen. Zur Pragmatik von konversationellem Humor. Tübingen.
Kotthoff, H. (ed.) (2002): Kultur(en) im Gespräch. Tübingen.
Kühn, T. (2004). Das vernachlässigte Potenzial qualitativer Marktforschung [81 Absätze]. In: Forum Qualitative Sozialforschung/Forum: Qualitative Social Research [On-line Journal], 5 (2), Art.33: http://www.qualitative-research.net/fqs-texte/2-04/2-04kuehn-d.htm [17.8.06].
Levinson, S. C. (1990): Pragmatik. Tübingen.
Luckmann, T. (1986) Grundformen der gesellschaftlichen Vermittlung des Wissens: Kommunikative Gattungen. In: Kölner Zeitschrift für Soziologie und Sozialpsychologie, Sonderheft 27, 191-211.
Luckmann, T. (1988): Kommunikative Gattungen im kommunikativen „Haushalt" einer Gesellschaft. In: Smolka-Koerdt, G./Spangenberg, P. M./Tillmann-Bartylla, D. (Hrsg.): Der Ursprung von Literatur. Medien, Rollen, Kommunikationssituationen zwischen 1450 und 1650. München, 279-288.

Luckmann, T. (1995): Der kommunikative Aufbau der sozialen Welt und die Sozialwissenschaften. Annali di Sociologia/Soziologisches Jahrbuch 11, I-II, 45-71.
Lynch, M. (1993): Scientific Practice and Ordinary Action. Cambridge.
Mourlhon-Dallies, F./Rakotonoelina, F./Reboul-Touré, S. (2004) (eds.): Les discours de l'internet: nouveaux corpus, nouveaux modèles?, Paris.
Müller, A. P. (2002): Aspekte kommunikativer Stilistik in organisationalen (Sub-)Kulturen. In: Kotthoff, H. (ed.): Kultur(en) im Gespräch. Tübingen, 181-209.
Nothdurft, W. (1996): Konfliktstoff. Gesprächsanalyse der Konfliktbearbeitung in Schlichtungsgesprächen Band 2. New York.
Pomerantz, A. (1984): Agreeing and Disagreeing with Assessments: Some Features of Preferred/ Dispreferred Turn Shapes. In: Atkinson, M./Heritage, J. (eds.): Structures of Social Action: Studies in Conversation Analysis. Cambridge, 57-101.
Quasthoff, U. (1990): Das Prinzip des primären Sprechers, das Zuständigkeitsprinzip und das Verantwortungsprinzip. Zum Verhältnis von „Alltag" und „Institution" am Beispiel der Verteilung des Rederechts in Arzt-Patient-Interaktionen. In: Ehlich, K./Koerfer, A. /Redder, A. (Hrsg.): Medizinische und therapeutische Kommunikation. Diskursanalytische Un tersuchungen. Opladen: Westdeutscher Verlag, 66-81.
Sacks, H. (1984): Notes on Methodology. In: Atkinson, J. M./Heritage, J. C. (eds.): Structures of Social Action. Studies in Conversation Analysis. Cambridge, 21-27.
Sacks, H. (1992): Lectures on Conversation. 2 Volumes. Edited by Gail Jefferson. Cambridge.
Sacks, H./Schegloff, E. A./Jefferson, G. (1974): A Simplest Systematics for the Organization of Turn Taking for Conversation. In: Language 50, 696-735. Leicht verändert in: Schenkein, J. (ed.) (1978): Studies in the Organization of Conversational Interaction. New York, 7-35.
Schegloff, E. (1991): Reflections on Talk and Social Structure. In: Boden, D./Zimmermann, D. H. (eds.): Talk and Social Structure: Studies in Ethnomdethodology and Conversation Analysis. Cambridge, 44-70.
Schegloff, E./Jefferson, G./Sacks, H. (1977): The Preference for Self-correction in the Organization of Repair in Conversation. In: Language, 53, 361-382.
Schegloff, E./Sacks, H. (1973): Opening up Closings. In: Semiotica, 8, 289-327.
Schegloff, E. (2007): Sequence Organization in Interaction. A Primer in Conversation Analysis. Volume 1. Cambridge.
Schenkein, J. (1978a): Sketch of an Analytic Mentality for the Study of Conversational Interaction. In: Schenkein, J. (ed.): Studies in the Organization of Conversational Interaction. New York, 1-6.
Schenkein, J. (ed.) (1978b): Studies in the Organization of Conversational Interaction. New York.
Schmidt, T. (2005): Computergestützte Transkription: Modellierung und Visualisierung gesprochener Sprache mit texttechnologischen Mitteln. Frankfurt am Main.
Schütz, A. (1971): Das Problem der sozialen Wirklichkeit. In: Schütz, A. (ed.): Gesammelte Aufsätze I. Den Haag.
Selting, M./Couper-Kulen, E. (2000): Argumente für die Entwicklung einer ‚interaktionalen Linguistik'. In: Gesprächsforschung, 1, 76-95.
Selting, M./Couper-Kulen, E. (eds.) (2001): Studies in Interactional Linguistics. Studies in Discourse and Grammar. Amsterdam.
Spiegel, C./Spranz-Fogasy, T. (1999): Selbstdarstellung im öffentlichen und beruflichen Gespräch. In: Brünner, G./Fiehler, R./Kindt, W. (Hrsg.): Angewandte Diskursforschung Band 1: Grundlagen und Beispielanalysen. Wiesbaden, 215-232.
Wooffitt, R. (2005): Conversation Analysis and Discourse Analysis: A Comparative and Critical Introduction. London.

Veronika Koller

Die diskursanalytische Methode

1 Diskurs und Diskursanalyse 349
2 Diskursanalyse als Methode in der Markt- und Marketingforschung 350
3 Beispielanalyse 353
4 Literatur 356

Ziel dieses Beitrages ist es, eine vorläufige Definition des Diskursbegriffes zu geben, einen Überblick über die bisherige Verwendung dieser Herangehensweise in der Markt- und Marketingforschung zu bieten und die Vorteile der Diskursanalyse gegenüber anderen Methoden anhand eines kurzen Beispieles hervorzuheben.

1 Diskurs und Diskursanalyse

Angesichts der verwirrenden Vielfalt der Definitionen von ‚Diskurs' (Weiss/Wodak 2003) erscheint es notwendig, den Begriff Diskurs klar zu umreissen als den Gebrauch von Sprache als soziale Praxis. In einem Diskursgemeinschaft, z.B. einer bestimmten Zielgruppe, werden die Rollen der DiskursteilnehmerInnen und ihre Beziehungen untereinander durch gesprochene und geschriebene Texte umgesetzt. Als Projektionsmedium eines idealen Selbst sind diese Texte eingebettet in größere soziale und ökonomische Zusammenhänge. Wir haben es also mit drei Ebenen der Analyse zu tun:

- dem Text selbst,
- dem Kontext der Produktion, Verbreitung und Rezeption des Textes in einer Diskursgemeinschaft,
- dem dynamischen sozio-ökonomischen Kontext, in dem die Diskursgemeinschaft verortet werden kann.

Dieser Diskursbegriff erweitert frühere Definitionen, die Diskurs lediglich als zusammenhängende Spracheinheit sahen, die über einzelne Sätze hinausgeht (Stubbs 1983). Ausgehend von dieser Definition wurde Diskursanalyse mit Konversationsanalyse gleichgesetzt und, in Kombination mit ethnographischen Ansätzen, auch in der Erforschung von Unternehmenskommunikation verwendet (Boden/Zimmerman 1991, Drew/Heritage 1992, Sarangi/Roberts 1999).

Die hier verwendete Definition ist vor dem Hintergrund des sozialen Konstruktivismus zu sehen, demzufolge Diskurse, realisiert in konkreten Texten, ihr Objekt durch die Zirkulation von Texten innerhalb einer Diskursgemeinschaft nicht nur beschreiben, sondern überhaupt erst erschaffen (Hardy 2001, 26). In systematischer Weise werden dabei bestimmte Interpretationen und Wertigkeiten gegenüber anderen bevorzugt, wobei sich die Frage stellt, wer die Macht hat, die eigene Ideologie zu kommunizieren und wie der Kontext der Textproduktion, -verbreitung und –rezeption als auch der weitere sozio-ökonomische Hintergrund beschaffen sein muss, damit diese in den Texten reproduzierte Ideologie einen möglichst großen Einfluss haben kann.

Besondere Bedeutung kommt dabei dem Phänomen der Interdiskursivität zu, d.h. der Integration anderer Diskurse und Textsorten in die untersuchten Texte. Interdiskursi-

Veronika Koller

vität wird oft strategisch — wenn auch nicht immer bewusst — eingesetzt; so dient z.B. die Anleihe bei Managementdiskursen der versuchten Vermittlung von Kompetenz der eigenen Person, und ein textueller Bezug auf ökologische Diskurse signalisiert bestimmte Werte und Überzeugungen. Die diskursanalytische Textarbeit ist in diesem Zusammenhang daran interessiert, wie Texte und Diskurse Realität schaffen (Hardy 2004, 1351). Diskursanalyse lässt Rückschlüsse auf kognitive Kategorien wie Selbst- und Fremdbilder, Haltungen und Wertigkeiten zu, wobei die dadurch gewonnenen Resultate verlässlicher als Fragebögen sind, in denen allzuoft sozial erwünschte Angaben gemacht werden. Da die Produktion v.a. gesprochener Texte im sozialen Mikrokontext stattfindet, bietet ihre diskursanalytische Untersuchung weiters Vorteile gegenüber der in der kognitiven Psychologie vorherrschenden dekontextualisierten Datengewinnung unter Laborbedingungen. Die durch die Diskursanalyse gewonnenen Ergebnisse bieten einen Einblick in die Selbstwahrnehmung, die Selbstdarstellung und die Werte von KonsumentInnen im sozialen Kontext und können daher eine Hilfe bei der gezielten Markenbildung und –vermittlung sein.

2 Diskursanalyse als Methode in der Markt- und Marketingforschung

Im Folgenden soll argumentiert werden, dass die diskursanalytische Methode sowohl in der Markt- als auch in der Marketingforschung nutzbringend eingesetzt werden kann. Marktforschung bezeichnet hier die Untersuchung bestimmter Gruppen von KonsumentInnen bezüglich ihrer sozialen Positionierung und Wertvorstellungen, und ihrem daraus folgenden Konsumverhalten. Mit ‚Marketingforschung' ist der theoretische Überbau gemeint, der solchen Untersuchungen einen theoretischen Rahmen gibt — z.B. die behavioristischen, kognitiven oder sozial-konstruktivistischen Ansätze (Tsoukas 2005) oder die Theorie des Realismus (Perry 2004) — und die praktische Forschung so zu verbessern versucht.

Sowohl die Theorie als auch die Methode der Diskursanalyse sind derzeit jedoch noch sehr viel stärker in der Organisationsforschung als in der Markt- und Marketingforschung verankert. In der wissenschaftlichen Untersuchung von Unternehmen und anderen Organisationsformen wird sie meist mit Konzepten aus der Soziologie, Philosophie, Psychologie und Semiotik kombiniert (Fairclough 2005, Grant et al. 2004, Iedema/Wodak 1999, 2005; Jablin/Putnam 2001, Tietze/Cohen/Musson 2003). Hier sind besonders die entsprechenden Studien im Bereich des Veränderungsmanagement zu nennen, die sich diesem in Organisationen inhärenten Prozess aus diskursanalytischer Sicht nähern (Doolin 2003, Heracleous/Marshak 2004, Iedema 2003). Auch der Frage nach Diskurs und Geschlecht in Unternehmen ist nachgegangen worden, sowohl hinsichtlich geschlechtsspezifischen Sprachverhaltens (Holmes 2006, Mullany 2007) als auch der Konstruktion von Geschlechter- und beruflichen Identitäten im Unternehmens- und Wirtschaftsmediendiskurs (Baxter 2003, 128-180; Koller 2004, Krefting 2002).

Im Gegensatz zu der breiten Diskussion und Verwendung der Diskursanalyse in der Organisationsforschung finden sich in der Marketingliteratur nur verstreut Hinweise auf diese qualitative Methode. In den meisten Nachschlagewerken zu qualitativer Markt- und Marketingforschung kommt die Textanalyse lediglich als Marginalie vor, und die darüber hinausgehende Diskursanalyse fehlt oft ganz (z.B. Carson et al. 2001, Mariampolski 2001). Auch die Suche nach dem Begriff ‚Sprache' bleibt oft erfolglos, und diese Leerstelle betrifft sowohl theoretische Standardwerke als auch die Publikationen von Fachverbänden. So finden sich die Einträge ‚Diskurs' oder ‚Sprache' weder in den Forschungsrichtlinien der Market Research Society, noch im Glossar der Association for Qualitative Research.[1] Auch beliebte Lehrbücher ignorieren die Begriffe weitestgehend; so führt Gordon (1999, 335) lediglich den Begriff der Semiotik an, um ihm die folgende rudimentäre und unzulässig verkürzte Definition zuzuordnen: „[Semiotik ist] die Theorie von Zeichen in der Sprache. In der Forschung wird sie verwendet, um die wahre Bedeutung der sprachlichen Antworten von KonsumentInnen zu benennen und zu bewerten, und um ihre kulturellen Bezugsrahmen zu entschlüsseln".

Vor diesem Hintergrund wurde der diskursanalytische Ansatz bisher v.a. von Richard Elliott (Elliott 1996, Elliott/Wattanasuwan 1998, Woodruffe-Burton/Elliott 2005) aufgegriffen und für die Marketingforschung adaptiert. (Um Missverständnissen vorzubeugen, sei angemerkt, dass was Elliott als ‚Diskursanalyse' bezeichnet, in der Sprachwissenschaft eher unter dem Begriff ‚diskursive Psychologie' bekannt ist.) Der von ihm verwendete Diskursbegriff ist dem Konstruktivismus entlehnt (siehe den Beitrag von Knoblauch und Schnettler im vorliegenden Band), in dem Diskurs als ein System von Aussagen verstanden wird, das soziale Institutionen, Rollen und Identitäten konstruiert sowie die Machtbeziehungen zwischen ihnen festschreibt oder in Frage stellt. Weiters beruft sich Elliott (1996) auf Sprechakttheorie, Rhetorik und Ethnomethodologie, um seine Theorie von Diskurs als situationsbezogener symbolischer Handlung zu etablieren (siehe auch Heracleous/Marshak 2004). Im Gegensatz zu Arbeiten in jenen Bereichen verzichtet der Großteil der MarketingtheoretikerInnen jedoch auf eine detaillierte linguistische Datenanalyse.

Diese beginnt mit der Transkription gesprochener Texte (Interviews, Fokusgruppen etc.). In einer Abkehr von den in der Konversationsanalyse vorherrschenden Standards wird die genaue Transkription von Pausen, Unterbrechungen und Überlagerungen, Lautstärke und Sprechgeschwindigkeit sowie paralinguistischen Äußerungen (Räuspern, Husten, Lachen etc.) zwar prinzipiell gutgeheißen, aber letztlich doch als zu zeitraubend, kompliziert und irrelevant abgetan (Alvesson/Kärreman 2000, 1130;

---

[1] http://www.marketresearch.org.uk/standards/downloads/2006%20Qualitative%20Research%20Guidelines.pdf und http://www.aqr.org.uk/ (Zugriff: 04.08.2008).

Veronika Koller

Elliott 1996). Dies führt zu einer Verflachung der Analyse, die sich dann oft auf die inhaltliche Untersuchung einiger aus ihrem textlichen Umfeld gerissener Schlüsselwörter beschränkt. Die durchaus übliche Rückkopplung an den Kontext der Textproduktion und -rezeption sowie das weitere institutionelle und sozio-ökonomische Umfeld (Alvesson/Kärreman 2000) geht zwar über das simple ‚Was wurde gesagt' hinaus, um zu untersuchen, *warum* etwas gesagt wurde (Heracleous/Marshak 2004, 1306-1307). Was jedoch fehlt, ist eine Antwort auf die Frage, *wie* etwas gesagt oder geschrieben wurde, und welche Funktion die spezielle Form des Textes in der Konstrukton sozialer Rollen, Identitäten und Beziehungen einnimmt.

Die detaillierteste Analyse linguistischer Parameter wie Personalpronomina, Modalität und Zeitformen findet sich noch bei Hopkinson (2001, 2003). Hopkinsons Studien zur Konstruktion von Konsumenten- und Verkäuferidentität in einem Franchise-Unternehmen greifen auf die Methode der Narrationsanalyse zurück, die hier jedoch nicht eine ursprünglich in der Literaturwissenschaft verwendete Form der Textdeutung bezeichnet (Stern/Thompson/Arnould 1998), sondern vielmehr auf einem konstruktivistischen Genre- und Diskursbegriff aufbaut, der Textproduktion in Beziehung zu ihrem Kontext und den dort vorherrschenden Ideen setzt (Czarniawska/Gagliardi 2003, Czarniawska-Joerges 1997, Hopkinson 2005; für Methoden der Narrationsanalyse: Boje 2001).

Anknüpfend an andere textbezogene qualitative Methoden wie der Konversations- oder Narrationsanalyse (Titscher et al. 1998; siehe auch den Beitrag von Vetter im vorliegenden Band) soll hier für eine detaillierte linguistische Analyse plädiert werden, die Texte im Kontext ihrer Produktion, Verbreitung und Rezeption, sowie in ihrem sozio-ökonomischen Umfeld versteht. Einige Entwicklungen im Verhalten und den Werten von KonsumentInnen — und damit im Marketing — sprechen für eine verstärkte Verwendung der diskursanalytischen Methode. So hat die wachsende Bedeutung der Öffentlichkeitsarbeit im Vergleich zur klassischen Werbung zu Bestrebungen von Unternehmen geführt, durch größere Transparenz, gesellschaftliches Engagement und soziale Verantwortung den ideellen Firmenwert zu erhöhen. Diese Strategie basiert auf der Verwendung bestimmter Textsorten, deren kontextgebundene Analyse (De Graaf 2001, Pollach 2003) maßgeblich dazu beitragen kann, optimale Verfahren zu erkennen und in der Unternehmenskommunikation zu implementieren.

Weiters hat die voranschreitende Kolonisierung weiter Bereiche des öffentlichen und privaten Lebens durch Gesetze des Marktes (Fairclough 1993) eine Verbreitung des Marketingdiskurses mit sich gebracht. In der Folge finden sich typische Merkmale des Marketingdiskurses (persuasive Rhetorik, explizit positive Bewertung, direkte Ansprache: Bhatia 2004, 81-84) in einer wachsenden Anzahl von Genres, z.B. in Jahresberichten und anderen Formen der Investorenkommunikation (Jameson 2000), Pressemitteilungen (Jacobs 1999) sowie Firmenprofilen und Leitbildern (Gurau/McLaren 2003, Isaksson 2005, Koller 2008, Swales/Rogers 1995).

Die diskursanalytische Methode lässt sich also auf sehr viel umfangreichere und v.a. detailliertere Weise anwenden als dies bisher in der Markt- und Marketingforschung geschehen. Der nächste Abschnitt demonstriert die Verwendung der Methode an einem kurzen Beispiel.

3 Beispielanalyse

Der Beitrag soll nun durch eine kurze exemplarische Analyse abgerundet werden. Die Daten stammen von einer einstündigen Fokusgruppe, die mit vier Mitgliedern der Wiener Abteilung von ATTAC Österreich (einem Netzwerk globalisierungskritischer Gruppen, siehe Pasqualoni/Scott 2006, Treichl i.E.) im Juni 2005 durchgeführt wurde. In dem unten widergegebenen Ausschnitt diskutieren die TeilnehmerInnen das als Stimulusmaterial verwendete Leitbild der HSBC Bankengruppe (M=Moderatorin).[2]

1   **M**: Mögt ihr was zu der Bank sagen?

2   **A**: Also ich hab . ganz stark das . ich es war es ist ist <u>völlig</u> offensichtlich dass ich

3   <u>nie</u>mals in dieser Zielgruppe sein werd   also . vermögender Privatkunde

4   **M**:   mhmh

5   **A**: anspruchsvoller Firmenkunde erfahrener institutioneller Kunde ja für diese

6   drei drei

7   **M**: mhmh

8   **A**: Zielgruppen ist dieser Text geschrieben . und dass ich diesen Text . schlecht

9   geschrieben . hausbacken . langweilig und . völlig redundant finde ist deshalb

10 komplett irrelevant ja weil ich nie zu der Zielgruppe zählen werd aber

---

[2]   Das Transkript liest sich wie folgt:
\ leiser werdend \
Betonung
{lachend}
-(Selbst-)Unterbrechung
. Mikropause < eine Sekunde
0.x Pause von x Sekunden
| Hintergrundgeräusche, paralinguistische Äusserungen |
Phonetische Besonderheiten wurden nicht transkribiert, doch ist festzuhalten, dass B mit einem wesentlich ausgeprägteren Wiener Akzent als A spricht, und dass die Moderatorin einen norddeutschen Akzent hat.
Siehe: http://www.hsbctrinkaus.de/global/tiles/display?def=04,01,01 (Zugriff: 04.08.2008).

Veronika Koller

11 **M**: mhmh

12 **A**: die Zielgruppe findet das eh vielleicht cool also sie wiederholen sich ständig

13 und sagen in Wirlichkeit immer nur eine-

14 **B**: |lacht|

15 **A**: also sie sagen in Wirklichkeit nur . eh . dass man sozusagen (0.1) persönlich

16 betreut wird weil sie eine Privatbank sind das heißt . Elite Elite Elite Elite Elite

17 **M**: mhmh

18 **A**: und gleichzeitig haben sie eben   die Rückbindung an einen . an einen

19 **M**:   mhmh.

20 **A**: großen Konzern was halt sozusagen in einer- in der jetzigen . eh im jetzigen

21 Kapitalismus halt auch extrem wichtig ist das heisst sie werben damit dass man

22 gleichzeitig sich vorkommt wie die . Elite wie die persönliche kleine und

23 gleichzeitig die die Macht des Großen hinter sich hat . und das wiederholen sie

24 eigentlich in zehn verschiedenen Sätzen

25 **M**: Kommt ja auch im Slogan vor . die Welt kennt uns persönlich . \ein bisschen . oder?\

27 **A**: Naja . ja (0.4)

28 **B**: Steht das irgendwo?

29 **M**: {Ganz oben gross in rot} |allgemeines Gelächter|

Die Daten wurden ausgewählt, da die grossen ideologischen Unterschiede zwischen den TextproduzentInnen (HSBC) und –rezipientInnen (GlobalisierungskritikerInnen) eine besonders klare Positionierung hinsichtlich sozialer Identitäten, Rollen und Beziehungen versprechen, die sich auch in der Art der Sprachverwendung beobachten lassen.

Nach der einleitenden allgemeinen Aufforderung der Moderatorin — aus Höflichkeitsgründen als Frage, d.h. als indirekter Sprechakt formuliert — ergreift A das Wort in einem Redebeitrag, der sich insgesamt über 17 Zeilen erstreckt, ohne dass nennenswerte Unterbrechungen erfolgen würden. Zwar lässt B.s unmotiviert erscheinendes Lachen (Zeile 14) A etwas stocken (Wiederholung, Füllwörter ‚eh', ‚sozusagen' und Pause in Zeile 15), doch kann A auch an dieser Stelle ihren Redebeitrag fortsetzen. (Das wiederholt eingeworfene ‚mhmh' der Moderatorin ist als Hörersignal zu verstehen, das Aufmerksamkeit vermittelt.) Eine weitere Unebenheit im Gesprächsfluss ergibt sich in Zeile 25-29, wo die Moderatorin einen weiteren Aspekt des diskutierten Textes erwähnt, sich gleich danach jedoch wieder zurücknimmt, indem sie die eben erst gemachte Aussage durch Leiserwerden, das modifizierende ‚ein bisschen' und die *tag question* wieder in Zweifel zieht. Dies vermittelt Unsicherheit, die sich in A.s Zögern und der Pause in Zeile 27 widerspiegelt. Erst die Antwort der Moderatorin auf B.s Frage und das darauffolgende Gelächter lösen die Spannung wieder. Die langen ungestörten Redebeiträge sind besonders auffällig in einer Gruppenunterhaltung, in der eher Unterbrechungen, Einzelgespräche und Überlagerungen zu erwarten sind. Dass diese in den Daten nicht erscheinen, kann nur teilweise mit der besonderen Situation der Fokusgruppe erklärt werden. Diese Art der Kommunikation ist weiters auch Ausdruck der Werte und Diskussionskultur in dieser bereits bestehenden Gruppe.

In Hinblick auf die soziale Positionierung lässt sich beobachten, dass A mit einer expliziten Einordnung der eigenen Person — sprachlich realisiert durch die erste Person Singular — im Gegensatz zu einer als ‚Zielgruppe' bezeichneten Gruppe beginnt. Die klare Abgrenzung wird verstärkt durch die sprachlichen Mittel der Betonung und Intensivierung (‚ganz stark', ‚völlig offensichtlich', Zeile 2), sowie auch durch die wiederholten absoluten Aussagen in der Zukunftsform (‚dass ich niemals in dieser Zielgruppe sein werd', ‚weil ich nie zu der Zielgruppe zählen werd', Zeile 2-3 und 10). A verwendet einen Begriff aus dem Marketing (‚Zielgruppe') zur Bezeichnung der anderen Gruppe, und im Folgenden wird klar, dass sie dem diskutierten Leitbild und, so kann angenommen werden, anderen Marketinginstrumenten sehr kritisch gegenübersteht. Der interdiskursive Gebrauch des Wortes ‚Zielgruppe' stellt somit an sich schon eine Abgrenzung dar.

Die ‚Zielgruppe' ist in verschiedener Form Teil von A.s Redebetrag; nicht nur durch direkte Benennung, sondern auch durch Zitate aus dem Text, deren ideale LeserInnen die Gruppe darstellt (Zeile 3-5), sowie durch zugeschriebene Werte und Wertigkeiten. So nimmt A an, dass die Zielgruppe den Text und was er vermittelt ‚eh vielleicht cool' (Zeile 12) findet, wobei die hier zur Bewertung verwendete Vokabel vermutlich nicht von der Gruppe, der sie zugeschrieben wird, gebraucht würde. A stellt auch Überlegungen zur Wichtigkeit ihrer Meinung für die andere Gruppe an (‚komplett irrelevant', Zeile 10). Dieser angenommenen Unwichtigkeit ihrer Auffassung wirkt A entgegen, indem sie ihre Meinung explizit äußert. In ihrer Textkritik tut sie dies in Form einer Reihe negativer konnotierter Adjektiva (Zeile 8-9), denen sie durch Mikropausen und das intensivierende Adverb vor dem letzten Adjektiv (‚völlig redundant') noch zusätzliches Gewicht verleiht. Interessanterweise kann das Gegenteil den gleichen Zweck verfolgen: Die fünfmalige Wiederholung des Wortes ‚Elite' ohne Pausen in Zeile 16 dient ebenfalls dazu, die zentrale Bedeutung dieses Konzepts für die ‚Zielgruppe' zu veranschaulichen.

Es konnte beobachtet werden, dass die Verwendung eines Terminus' aus dem Marketingbereich (‚Zielgruppe') zur Abgrenzung diente. Eine ähnliche Positionierung findet sich in den Spuren des ökonomischen Diskurses, auf den sich A bezieht, wenn sie von ‚Rückbindung an einen ... großen Konzern' und dem ‚jetzigen Kapitalismus' spricht (Zeile 18-20 und 20-21). Diese Textbausteine können als (Eigen-)Zitate verstanden werden, die aller Wahrscheinlichkeit nach bereits zu früheren Anlässen und in anderen

Textsorten (z.B. Artikel, Weblog) verwendet wurden. Die hier verwendete sprachliche Strategie ist somit sowohl intertextuell als auch interdiskursiv und dient der Verortung der Sprecherin in einer bestimmten Gruppe und ihrem Wertgefüge.

Obwohl die oben analysierten Daten nicht aus einer Marktforschung stammen, erlauben sie doch inhaltliche Rückschlüsse auf die Wichtigkeit bereits bestehender Werte auf die Ausbildung von Meinungen und Haltungen zu z.B. Firmenmarken in der untersuchten Gruppe. Weiters zeigt die kurze Analyse, wie Meinungsbildung in der Interaktion sowohl mit anderen Gruppenmitgliedern als auch mit bereits früher produzierten und rezipierten Texten (z.B. Werbung, Firmenbroschüren) passiert. In praktischer Form kann die Methode auf gesprochene und auch geschriebene Texte angewandt werden, um Einblicke in das Selbstbild der InformantInnen zu gewinnen, das oft in Abgrenzung zu einer anderen Gruppe formuliert wird. Marken dienen als symbolische Ressourcen zur Konstruktion und Erhaltung von Identität für die KonsumentInnen sowie zur Vermittlung eines bestimmten Bildes von sich selbst in sozialen Zusammenhängen (Elliott/Wattanasuwan 1998, 132). Eine genaue Kenntnis des Selbstbildes im sozialen Kontext ist daher unerlässlich. Die in diesem Beitrag vorgestellte Methode kann dazu beitragen, dieses Selbstbild genauer zu bestimmen als eine bloße Inhaltsanalyse es könnte. Der Nachteil des größeren Zeitaufwandes wird dabei aufgewogen durch die tieferen Einsichten in die Prozesse der Meinungsbildung, die durch eine Analyse ihres sprachlichen Ausdrucks gewonnen werden. Dies ist besonders dann der Fall, wenn Form und Inhalt divergieren, d.h. wenn InformantInnen gewisse Werte und Weltbilder für sich beanspruchen, diese jedoch in sprachlich unstimmiger Weise realisieren, z.B. durch Signale von Unsicherheit wie Modifikation, Selbstunterbrechung oder starken Gebrauch von Frageformen. In theoretischer Hinsicht bezieht die diskursanalytische Methode sich auf den sozial-konstruktivistischen Ansatz in der Marketingforschung, der durch die in konkreter Textanalyse gewonnenen Resultate verstärkt werden kann.

4   Literatur

Alvesson, Mats/Kärreman, Dan (2000): Varieties of Discourse: On the Study of Organizations through Discourse Analysis. In: Human Relations, vol. 53, no. 9, 1125-1149.
Baxter, Judith (2003): Positioning Gender in Discourse: A Feminist Methodology. Basingstoke.
Bhatia, Vijay K. (2004): Worlds of Written Discourse. London.
Boden, Deirdre/Zimmerman, Don H. (1991, eds.): Talk and Social Structure: Studies in Ethnomethodology and Conversation Analysis. Berkeley.
Boje, David M. (2001): Narrative Methods for Organizational and Communication Research. Thousand Oaks.
Carson, David/Gilmore, Audrey/Perry, Chad/Gronhaug, Kjell (2001): Qualitative Marketing Research. London.

Czarniawska, Barbara/Gagliardi Pasquale (2003, eds.): Narratives We Organize By. Amsterdam.
Czarniawska-Joerges, Barbara (1997): Narrating the Organization: Dramas of Institutional Identity. Chicago.
De Graaf, Gjalt (2001): Discourse Theory and Business Ethics: The Case of Bankers' Conceptualizations of Customers. In: Journal of Business Ethics, vol. 31, no. 4, 299-319.
Doolin, Bill (2003): Narratives of Change: Discourse, Technology and Organization. In: Organization, vol. 10, no. 4, 751-770.
Drew, Paul/Heritage John (1992, eds.): Talk at Work: Interaction in Institutional Settings. Cambridge.
Elliott, Richards (1996): Discourse Analysis: Exploring Action, Function and Conflict in Social Texts. In: Marketing Intelligence & Planning, vol. 14, no. 6, 65-68.
Elliott, Richards/Wattanasuwan, Kritsadarat (1998): Brands as Symbolic Resources for the Construction of Identity. In: International Journal of Advertising, vol. 17, no. 2, 131-144.
Fairclough, Norman (1993): Critical Discourse Analysis and the Marketization of Public Discourse: The Universities. In: Discourse & Society, vol. 4, no. 2, 133-168.
Fairclough, Norman (2005): Discourse Analysis in Organization Studies: the Case for Critical Realism. In: Organization Studies, vol. 26, no. 6, 915-939.
Gordon, Wendy (1999): Goodthinking: A Guide to Qualitative Research. Henley-on-Thames.
Grant, David/Hardy, Cynthi/Oswick, Cliff/Putnam, Linda (eds.) (2004): The Handbook of Organizational Discourse. London.
Gurau, Calin/McLaren, Yvonne (2003): Corporate Reputations in UK Biotechnology: An Analysis of On-Line Company Profile Texts. In: Journal of Marketing Communication, vol. 9, no. 4, 241-256.
Hardy, Cynthia (2001): Researching Organizational Discourse. In: International Studies of Management & Organization, vol. 31, no. 3, 25-47.
Hardy, Cynthia (2004): Scaling up and Bearing down in Discourse Analysis: Questions Regarding Textual Agencies and their Context. In: Organization, vol. 11, no. 3, 415-425.
Heracleous, Loizos/Marshak, Robert J. (2004): Conceptualizing Organizational Discourse as Situated Symbolic Action. In: Human Relations, vol. 57, no. 10, 1285-1312.
Holmes, Janet (2006): Gendered Talk at Work: Constructing Gender Identity through Workplace Discourse. Oxford.
Hopkinson, Gillian C. (2001): Influence in Marketing Channels: A Sense-Making Investigation. In: Psychology & Marketing, vol. 18, no. 5, 423-444.
Hopkinson, Gillian C. (2003): Stories from the Front-Line: How they Construct the Organization. In: Journal of Management Studies, vol. 40, no. 6, 1943-1969.
Hopkinson, Gillian C. (2005): Discourse Analysis. In: Littler, Dale (ed.): Blackwell Encyclopaedia of Management: Marketing. Oxford, 107-108.
Iedema, Rick (2003): Discourses of Post-Bureaucratic Organization. Amsterdam.
Iedema, Rick/Wodak, Ruth (1999): Analysing Organizational Discourses and Practices. In: Discourse & Society, vol. 10, no. 1, 5-19.
Iedema, Rick/Wodak, Ruth (2005): Communication in Institutions. In: Ammon, Ulrich/Dittmar, Norbert/Mattheier, Klaus J./Trudgill, Peter (eds.): Sociolinguistics: An International Handbook, vol. 2, 2nd edition. Berlin, 1602-1615.
Isaksson, Maria (2005): Ethos and Pathos Representations in Mission Statements: Identifying Virtues and Emotions in an Emerging Business Genre. In: Trosborg, Anna/Jørgersen, Poul E. F. (eds.): Business Discourse: Texts and Contexts. Bern, 111-138.
Jablin, Fredric M./Putnam, Linda L. (2001): The New Handbook of Organizational Communication: Advances in Theory, Research, and Methods. Thousand Oaks.

Jacobs, Geert (1999): Preformulating the News: An Analysis of the Metapragmatics of Press Releases. Amsterdam.

Jameson, Daphne A. (2000): Telling the Investment Story: A Narrative Analysis of Shareholder Reports. In: Journal of Business Communication, vol. 37, no. 1, 7-38.

Koller, Veronika (2004): Businesswomen and War Metaphors: ‚Possessive, Jealous and Pugnacious'? In: Journal of Sociolinguistics, vol. 8, no. 1, 3-22.

Koller, Veronika (2008): „Our Customers Embrace us as an Essential Partner": Corporate Brands as Socio-Cognitive Representations. In: Kristiansen, Gitte/Dirven, René (eds.): Cognitive Sociolinguistics: Language Variation, Cultural Models, Social Systems. Berlin.

Krefting, Linda A. (2002): Re-Presenting Women Executives: Valorization and Devalorization in US Business Press. In: Women in Management Review, vol. 17, no. 3/4, 104-119.

Mariampolski, Hy (2001): Qualitative Market Research: A Comprehensive Guide. Thousand Oaks.

Mullany, Louise (2007): Gendered Discourse in the Professional Workplace. Basingstoke.

Pasqualoni, Pier-Paolo/Scott Alan (2006): Capitalism and the Spirit of Critique: Activism and Professional Fate in a Contemporary Social Movement. In: Max Weber Studies, vol. 6, no. 1, 147-170.

Perry, Chad (2004): Realism Also Rules OK: Scientific Paradigms and Case Research in Marketing. In: Buber, Renate/Gadner, Johannes/Richards, Lyn (eds.): Applying Qualitative Methods to Marketing Management Research. Basingstoke, 46-57.

Pollach, Irene (2003): Communicating Corporate Ethics and the World Wide Web: A Discourse Analysis of Selected Company Websites. In: Business and Society, vol. 42, no. 2, 2277-2287.

Sarangi, Srikant/Roberts Celia (1999, eds.): Talk, Work and Institutional Order: Discourse in Medical, Mediation and Management Settings. Berlin.

Stern, Barbara/Thompson, Craig J./Arnould, Eric J. (1998): Narrative Analysis of a Marketing Relationship: The Consumer's Perspective. In: Psychology and Marketing, vol. 15, no. 3, 195-214.

Stubbs, Michael (1983): Discourse Analysis. Chicago.

Swales, John/Rogers, Priscilla S. (1995): Discourse and the Projection of Corporate Culture: The Mission Statement. In: Discourse & Society, vol. 6, no. 2, 223-242.

Tietze, Susanne/Cohen, Laurie/Musson, Gillian (2003): Understanding Organizations through Language. London.

Titscher, Stefan/Wodak, Ruth/Meyer, Michael/Vetter, Eva (1998): Methoden der Textanalyse: Leitfaden und Überblick. Opladen.

Treichl, Helga (i.E.): Körpertechniken des Politischen: Karnevaleske Ausdrucksformen in neuen „sozialen Bewegungen". In: Harrasser, Karin/Riedmann, Sylvia/Scott, Alan (Hrsg.): Die Politik der Cultural Studies, Cultural Studies der Politik. Wien.

Tsoukas, Haridimos (2005): Afterword: Why Language Matters in the Analysis of Organizational Change. In: Journal of Organizational Change Management, vol. 18, no. 1, 96-104.

Weiss, Gilbert/Wodak, Ruth (2003, eds.): Critical Discourse Analysis: Theory and Interdisciplinarity. Basingstoke.

Woodruffe-Burton, Helen/Elliott, Richard (2005): Compensatory Consumption and Narrative Identity Theory. In: Advances in Consumer Research, vol. 32, 461-465.

Kritsadarat Wattanasuwan, Renate Buber
und Michael Meyer

Das narrative Interview und die narrative Analyse

1 Einführung 361
2 Definition und Philosophie 361
3 Durchführung 364
   3.1 Narratives Interview 364
   3.2 Narrative Analyse 367
4 Über die Güte 370
5 Anwendung in der Marketingforschung 373
6 Literatur 375

1 Einführung

Der *narrative Zugang* versteht sich als eine Strategie, um zu Informationen zu kommen, die mit anderen Methoden nicht oder nur schwer erhoben werden könnten (Bonsu/Belk 2003, Joy/Sherry 2003, Muniz/O'Quinn 2001, Penaloza 2001, Price/Arnould/Curasi 2000, Thompson/Haytko 1997).[1] Narrative Erhebungs- und Analysemethoden zählen somit (gemeinsam z.B. mit Tiefeninterviews und hermeneutischen Analysen) zu jenen, die Latenz beobachten, also in Texten Tiefstrukturen entdecken wollen. Persönliche Geschichten, Familiengeschichten, Graffiti oder Lebensgeschichten bringen kulturelle und soziale Muster durch die Linse von persönlichen Erfahrungen zum Vorschein. Alles Gesprochene kann Material für narrative Analysen sein (Graham 1993). Die „biographische Wende in den Sozialwissenschaften" (Chamberlayne/Bornat/Wengraf 2000) oder die „narrative Wende in der qualitativen Befragung" (Bochner 2001) würdigt die Geschichten von Menschen als Daten, die für sich allein als pure Beschreibung von Erfahrung gesehen werden können, als narrative Dokumentation von Erfahrung (dem Herz der Phänomenologie) oder analysiert diese nach Zusammenhängen mit psychologischen, soziologischen, kulturellen und politischen Aspekten menschlicher Erfahrung (Patton 2002, 115f).[2] In diesem Beitrag stellen wir das narrative Interview als eine qualitative Methode der Marketingforschung vor. Zuerst präsentieren wir Definitionen und zugrunde liegende Philosophien des narrativen Interviews und der narrativen Analyse. Danach diskutieren wir, wie das narrative Interview vorteilhaft durchgeführt und interpretiert werden kann. Anschließend gehen wir auf die Grenzen der narrativen Methode ein und schlagen vor, wie man die Qualität narrativer Interviews rechtfertigen und verbessern kann. Abschließend untersuchen wir Besonderheiten in der Marketingforschung, für die der Einsatz des narrativen Interviews zweckmäßig erscheint und bringen Beispiele für Marketingstudien, die mit dem narrativen Interview gearbeitet haben.

2 Definition und Philosophie

Narrative Methoden beschäftigen sich mit Erzählungen, und diese haben einen Beginn, einen Mittelteil und ein Ende, welches eine Konklusion oder eine Erfahrung des Erzählers oder der Erzählerin beinhaltet. Erzählen hängt dabei meist mit einem einzig-

---

[1] „Todorov coined the term narratology in 1969 in an effort to elevate the form ‚to the status of an object of knowledge for a new science'" (Riessman 1993, 1).
[2] Wertvolle Hinweise findet man z.B. unter http://web.lemoyne.edu/~hevern/nr-basic.html, einem Internet und Resource Guide zu narrative psychology.

artigen Ereignis und einer Komplikation im Ablauf der Ereignisse zusammen. Das narrative Genre beruht auf temporalen Ordnungsprinzipien (Labov/Waletzky 1967, Gülich/Quasthoff 1985).[3] Grundannahme des narrativen Zuganges ist es nun, dass solche Geschichten nicht nur an der Oberfläche eine Erzähllinie mit spezifischer Zeitleiste und Dramaturgie beinhalten, sondern auch über Erfahrungen, Gefühle und Meinungen einer Person (Langellier 1989, Mishler 1986, Polkinghorne 1995) berichten, dass Geschichten illustrieren, wie eine Person agiert und mit anderen interagiert und wie sie der eigenen Welt Sinn gibt (Ricoeur 1981, Smith 1981, White 1981). Weiters wird angenommen, dass der Erzählmodus der entwicklungspsychologisch „ältere" ist und daher im Unterschied zu anderen Genres weniger durch den kognitiv-rationalisierenden Apparat des Sprechers bzw. der Sprecherin überformt wird. Folglich ist das narrative Interview nicht nur der beste Weg, die Erfahrungen einer Person mit bestimmten Ereignissen phänomenologisch zu untersuchen, sondern auch für ganz andere Analyseziele geeignet: emotionale Färbungen, Motive und Motivkonflikte, Bewertungen bestimmter Objekte oder sozialer Beziehungen (Einstellungen), Entscheidungsabläufe (zumindest in deren narrativer Rekonstruktion), kognitive Landkarten und schließlich konkretes Verhalten und Handeln. Obwohl Erzählungen auf unterschiedlichste Art und Weise ermittelt werden können, bevorzugen MarktforscherInnen das Interview als Erhebungsmethode.

Das narrative Interview[4] ist eine Datengewinnungsmethode, bei der wir Befragte bitten, eine Geschichte zu etwas zu erzählen, das für unsere Studie von Interesse ist. Damit versuchen wir, den Standpunkt und die Erfahrung aus der Perspektive jener, die sie gemacht haben, zu verstehen (Polkinghorne 1988, Ricoeur 1981). Das narrative Interview erlaubt den Befragten, die Geschichte so zu entwickeln, wie sie sich und ihre Welt sehen. Meist enthalten Geschichten persönliche Meinungen von Befragten über ein bestimmtes Ereignis und die komplexen Motive, die ihr Verhalten bestimmen. Das narrative Interview ermöglicht ForscherInnen, mit der Komplexität menschlichen Verhaltens und Handels, insb. der Vielschichtigkeit des Selbst, umzugehen. Der narrative Zugang weist nämlich den sich selbst und anderen mitgeteilten Geschichten und Erzählungen eine zentrale Funktion bei der Konstruktion individueller Identitäten zu.

Nicht nur die wissenschaftliche, auch die laienhafte Rekonstruktion und Begründung des Alltagsverhaltens (Heider 1958) basiert zunehmend auf analytischer Dekonstruktion: „Social saturation in postmodernity has decentred human experience into pieces" (Firat/Venkatesh 1995). Daher streben AkteurInnen danach, verschiedene Elemente zu einem integrierten Ganzen zusammenzufügen, um sinnvoll zu leben (Gergen 1991). Dabei versuchen sie unter anderem, ihr „saturated self" zu reorganisieren und es mit dem „narrative self" zu vereinigen (Giddens 1991, McAdams 1997) und bemühen sich,

---

[3] Zur Systematik von Genres, Schemata oder Frames: Sandig/Rothkegel (1984), Swales (1991). Oft werden narrative, argumentative, deskriptive und instruktive Textsorten unterschieden.

[4] Das narrative Interview als Erhebungsinstrumentarium wurde von Fritz Schütze (1976, 1977) entwickelt. Für einen Überblick zu „narratives" siehe Flick (2006, 172ff).

die vielfältigen und konfliktären Facetten ihres Lebens in einer Geschichte zu rahmen, die Vergangenheit, Gegenwart und erwartete Zukunft verbindet und ihrem Leben ein Gefühl der Gleichförmigkeit und Kontinuität verleiht (McAdams 1988). Ricoeur (1984, 1992) nimmt an, dass das Individuum für sein Selbst eine narrative Identität benötigt, d.h. es gibt sich und seinem Leben mit den Geschichten, die es erzählen kann (oder nicht erzählen kann), Sinn. Vermutlich lernen Menschen sich selbst durch die Geschichten, die sie konstruieren, kennen, um sich selbst zeitlich und räumlich zu verorten. Coyle (1992) geht ausführlich darauf ein, dass eine Person eine Lebensgeschichte, Biographie oder persönliche Geschichte kreiert, um ihren oft schlecht zusammenpassenden oder gar widersprüchlichen Lebenserfahrungen Bedeutung und Geschlossenheit zu vermitteln. Durch das Herstellen von Verbindungen und Kausalitäten in ihrer Geschichte gelingt oft die Unterstellung einer sinnvollen Entwicklung. Die Lebensgeschichten, die sich Individuen zurechtlegen, sind nicht nur eine Form, um anderen oder einem selbst über das Leben zu erzählen, sondern auch das Mittel, durch das deren Identität gebildet wird (Rosenwald/Ochberg 1992). Individuen können nicht nur die Chronik erzählen, wer sie sind (oder waren), sondern auch eine Imagination dessen, was sie werden wollen oder müssen. Gabriel und Lang (1995) beobachten, dass Identität nicht nur ein geschönter Bericht menschlicher Abenteuer, Tugenden und Widerwärtigkeiten ist, sondern auch das lebensnotwendige Netz von Wahrheiten, Halbwahrheiten und Wünsche erfüllenden Fiktionen, die Individuen aufrechterhalten. Um ihren Daseinssinn fortzuführen, müssen sie ihre Kompetenz aufrechterhalten, eine ganz spezifische Erzählung am Leben zu halten. Giddens (1991) behauptet, dass Individuen nicht nur eine vollständig fiktive Geschichte erzählen können; sie müssen beharrlich Ereignisse aufnehmen, die in der „realen" Welt passieren und arrangieren diese in die laufende Geschichte ihres Selbst. Obwohl sie versuchen, eine kohärente und kontinuierliche Geschichte ihres Lebens zu konstruieren, erzählen sie in unterschiedlichen Kontexten häufig ganz unterschiedliche Geschichten über sich (Harre 1998, McAdams 1997). Offensichtlich ist das narrative Selbst nicht nur eine Geschichte, die einem allgemeinen und anonymen Publikum erzählt wird. Tatsächlich besteht die Geschichte aus einigen Episoden unseres Lebens. Wie die Qualität, der Wert, die Details und das Arrangement dieser Episoden dargestellt werden, hängt von der Person ab, der die Geschichte erzählt wird, vom Kontext, in dem erzählt wird und vom Ziel des Geschichtenerzählers bzw. der Geschichtenerzählerin im Moment der Erzählung (Harre 1998). Nichtsdestotrotz sind einzelne Lebensepisoden keine hermetisch abgeschlossenen Geschichten – zwar teilen sich alle Episoden den Hauptdarsteller bzw. die Hauptdarstellerin, also jene Person, von der die Lebensgeschichte handelt, diese tritt aber möglicherweise in verschiedenen Gestalten auf, und jede davon umfasst besondere Facetten des Selbst des Erzählers bzw. der Erzählerin (McAdams 1997). Tatsächlich gelingt es manchen Individuen besser, manchen schlechter, ihre Lebensepisoden in eine narrative Identität als vereinheitlichtes und andauerndes Thema zu integrieren.

Legt man dieses Verständnis von narrativer Identität zugrunde, ist das narrative Interview eine Methode, die darauf abzielt, das in Erzählform ausgedrückte Organisationsschema dieser Identität zu entdecken (Polkinghorne 1988, 13). Polkinghorne (1988) argumentiert, dass nicht nur das Ergebnis des Prozesses, die Geschichte oder Lebenshistorie, sondern auch der Prozess der Entwicklung der Geschichte und das kognitive Schema, welches die Geschichte enthält, von Interesse ist. Wie auch immer, Geschichten umfassen mehr als bloß Ereignisse im Zeitablauf. So haben nach Mishler (1995, 91) die Grenzen solcher Passagen, also etwa die Eröffnung oder der Schluss eine besondere Funktion, weil sie einer Geschichte oder einem Text erst Zusammenhang geben. Eine Geschichte verfolgt immer eine chronologische Sequenz und arrangiert Ereignisse in einem Zeitablauf (Labov/Waletzky 1967, Polkinghorne 1988, Riessman 1993). Ergänzend dazu betont Bruner (1990), dass eine Erzählung aus einer einzigartigen Reihenfolge von Ereignissen zusammengesetzt ist, in die Individuen als AkteurInnen oder DarstellerInnen involviert sind. Scheinbar bekommen diese Ereignisse nur durch ihren Platz in der ganzen Sequenz eine Bedeutung. Doch während Erzählungen sich im Zeitverlauf entfalten, ist die Reihenfolge mehr als nur eine simple Sequenz, sie offenbart auch einen Sinn des Ganzen (Ricoeur 1984). Darüber hinaus kann eine Erzählung auch eine Form sein, wie man einer Divergenz Bedeutung verleiht. Bruner (1990, 49) zeigt, dass dann, wenn man auf eine Ausnahme von der Regel stößt und eine Person dazu befragt, diese Person regelmäßig eine Geschichte erzählen wird, die Begründungen enthält. Nach Denzin (1989a, 37) ist eine Erzählung eine Geschichte über eine Sequenz von Ereignissen, die für ErzählerIn und ZuhörerIn bedeutsam sind. Sie hat eine interne Logik, die für den/die ErzählerIn sinnvoll ist. Ein Erzähler bzw. eine Erzählerin bringt Ereignisse in einen zeitlichen Ablauf, aber auch in einen kausalen Zusammenhang. Jede Geschichte beschreibt eine Abfolge von Geschehnissen. Riessman (1993) folgt dieser Definition und beschreibt die „narrative Analyse" als einen Akt der Untersuchung der Geschichte, die von der bzw. dem Befragten erzählt wurde. Ihr Ziel ist es, herauszufinden, wie Befragte den Ereignissen und Aktionen in ihrem Leben Sinn zuschreiben. Polkinghorne (1995) definiert narrative Analyse auch als die Verwendung von Geschichten, um menschliche Erfahrungen und Handlungen darzustellen. Schließlich hat die narrative Analyse das Ziel, die Bedeutung solcher Erfahrungen und Aktionen zu entdecken.

3 Durchführung

3.1 Narratives Interview

Da narrative Interviews zum Ziel haben, die Erfahrungen und deren Bedeutungen in der Geschichte einer Person zu erfassen, ist es entscheidend, dass das Interview geführt wird, um dem/der Befragten eine persönliche Erzählung zu „entlocken" – eine eigenwillige und einzigartige Geschichte, die durch den Gesichtspunkt des bzw. der Befragten entsteht (Langellier 1989).[5] Riessman (1993, 2) beschreibt eine persönliche Erzählung als eine Rekapitulation jeder Nuance eines Moments, der eine besondere Bedeutung hatte. Daher ist es wichtig, die richtige Interviewfrage zu stellen, um eine Erzählung zu generieren (Mishler 1986, Riessman 1993). Mishler (1986) vermutet, dass es mit einem unstrukturierten Interview wahrscheinlicher ist, eine Geschichte zu produzieren, da diese Interviewform dem/der Befragten erlaubt, freiere Antworten zu geben. Riessman (1993) schlägt vor, dass die offene Frage, die zu einer Erzählung führt, breit gestellt sein sollte. Z.B. ist es besser zu fragen „Erzählen Sie mir über Ihr neues Auto" oder „Wie war denn das mit Ihrem neuen Auto", als „Wann haben Sie Ihr neues Auto gekauft?" Grundsätzlich sollte der Interviewer bzw. die Interviewerin einen Interviewleitfaden vorbereitet haben - mit einigen Fragen zum Untersuchungsthema und Ergänzungsfragen, für den Fall, dass der/die Befragte Schwierigkeiten mit dem Erzählen hat. Beispiele für Ergänzungsfragen: „Können Sie mir mehr erzählen?" oder „Können Sie mir ein Beispiel geben?" Ergänzungsfragen können aber nicht nur zur Erweiterung der Geschichte verwendet werden, sondern auch, um die Erzählung zu initiieren (Riessman 1993).

Wie bei allen qualitativen Interviews empfiehlt es sich, es zu einer für beide InterviewpartnerInnen angenehmen, ablenkungs- und störungsfreien Zeit anzusetzen. Es ist entscheidend, dass sich die Befragten wohlfühlen und nicht in Eile sind. Wichtig ist auch, dass das Interview in einer Umgebung geführt wird, die eine entspannte und vertrauensvolle Atmosphäre unterstützt. Empfehlenswert ist ein „one-to-one" Interview. Die Anwesenheit einer dritten Person, auch einer nahestehenden Person (z.B. der Parnter bzw. die Partnerin), kann ein offenes Gespräch hemmen oder beeinflussen. Der Interviewort sollte ruhig genug sein, um dem bzw. der Befragten bequem zuhören zu können. Es ist erforderlich, dass das Gespräch mittels Tonbandes oder Videos aufgezeichnet wird, um die Erzählung vollständig dokumentiert zu haben.[6] Auf jeden Fall muss sich der Interviewer bzw. die Interviewerin bewusst sein, dass das Equipment die Befragten irritieren kann. Aus diesem Grund sollte es kompakt und unauffällig sein. Aus ethischen Gründen muss der bzw. die Befragte über die Aufzeichnung informiert werden. Im Falle der Tonaufzeichnung können zusätzliche schriftliche Aufzeichnungen gemacht werden, um bspw. Beobachtungen der Mimik und Gestik festzuhalten.

Zu Beginn sollte der Interviewer bzw. die Interviewerin ein harmonisches Verhältnis mit dem bzw. der Befragten aufbauen (Fontana/Frey 1994). Zuerst sollte der Intervie-

---

[5] Glinka (1998, 10-19) differenziert zwischen Aushandlungsphase, Haupterzählung und Nachfrageteil eines narrativen Interviews und erläutert anhand eines Beispiels seine Vorbereitung und Durchführung.

[6] Generell muss genau überlegt werden, wofür die einzelnen Dokumentationen später benötigt werden; z.B. eine Videoaufzeichnung ist nur dann vonnöten, wenn für die Auswertung auch atmosphärische und/oder nonverbale Informationen benötigt werden.

wer bzw. die Interviewerin den Zweck des Interviews erklären. Es ist wichtig zu betonen, dass das Interview darauf ausgerichtet ist, Einblicke in Standpunkte des bzw. der Befragten zu gewinnen (Spradley 1979). Ein gutes Interview verläuft natürlich, spontan und lebendig. Der Interviewer bzw. die Interviewerin sollte den Befragten erlauben „sie/er selbst zu sein". Ein Zuviel an Vorbereitung (z.B. ein Drehbuch) kann die Vorzüge von Erzählungen zunichte machen. In erster Linie sollte der Interviewer bzw. die Interviewerin versuchen, den bzw. die Befragten zum Erzählen zu bringen. Zu Beginn des Interviews sollte „das Eis gebrochen werden" mit allgemeiner Konversation (small talk), danach sollte es sich allmählich in ein Interview verwandeln (Fontana/Frey 1994).[7] Die Anfangsfrage(n) sollten lose und nicht steuernd formuliert sein (Mc Cracken 1988), um zum Erzählen zu ermuntern. Nachfolgende Fragen sollten spontan während des Erzählens der Erfahrungen, Gedanken und Gefühle gestellt werden. Der Interviewer bzw. die Interviewerin sollte sensibilisiert sein und genau zuhören und nicht unterbrechen. Ergänzungsfragen sollten verwendet werden, um Motive und mehrschichtige Meinungen zu erkunden.

Obwohl der bzw. die Befragte gebeten wird, eine Geschichte über seine bzw. ihre Erfahrungen zu erzählen, ist es nicht ungewöhnlich, dass sie bzw. er möglicherweise komplexe oder paradoxe Phänomene nicht vollständig erzählen kann.[8] Polkinghorne (1995, 18) meint dazu, „the problem confronting the researcher is to construct a display of the complex, interwoven character of human experience as it unfolds through time". In der Tat können sogar enthusiastische Befragte, die sich gut ausdrücken können, Schwierigkeiten haben, die Vielschichtigkeit ihres Selbst und ihrer Erfahrungen während des Verlaufs des Interviews zu verbalisieren. Aus diesem Grund schlägt McCracken (1988) „auto-driving" als ergänzende Methode vor, um eine Erzählung zu generieren. Das ist eine Strategie, Erfahrungen der Befragten in den Vordergrund zu rücken und zu vergegenständlichen (McCracken 1988, 36f). So kann, wenn der bzw. die Befragte gebeten wird, über seine bzw. ihre Identität zu erzählen, der Interviewer bzw. die Interviewerin einladen, eine Collage zum Thema „Wer bin ich?" anzufertigen (Abbildung 1). Diese Collage wird dann zur weiteren Interviewführung verwendet. Auch Bilder eignen sich gut zum auto-driving. So wird der bzw. die Befragte gebeten, Bilder aus der Kindheit oder alte Bilder mitzubringen, die die Generierung von Erzählungen über ihren bzw. seinen „nostalgischen Konsum" unterstützen. Auch eine Frage nach den Lieblingsgegenständen ist geeignet, über das Konsumverhalten zu erzählen.

Nach dem Interview muss Zeit sein, sich zu bedanken und die Zustimmung zur Analyse und Publikation einzuholen. Dabei ist es besonders wichtig, dass die Privatheit der Befragten respektiert wird. Die Dokumente (z.B. Interviewtranskripte, Bilder, Collagen) sowie alle persönlichen Informationen der Befragten müssen unter ethischen Gesichtspunkten verwendet werden (Fontana/Frey 1994).

---

[7] Um den Beginn des Interviews nach dem small talk nicht zu stören, sollte das Tonband von Beginn an eingeschaltet sein.

[8] Zu den Grenzen des narrativen Interviews siehe Glinka (1988, 41-44).

Abbildung 1:   Beispiel einer Collage

3.2   Narrative Analyse

Die narrative Analyse sollte auf die Geschichte selbst als Untersuchungsobjekt fokussiert sein. Zweck ist also, herauszufinden, wie die Befragten den Ereignissen und Aktionen in ihrem Leben Sinn zuschreiben (Polkinghorne 1995, Riessman 1993). Ein phänomenologischer Zutritt (Thompson/Pollio/Locander 1989) kann gewählt werden, um die persönlichen Erfahrungen und die konstruierte „reality of meanings" zu untersuchen.

Es gibt viele Ansätze der narrativen Analyse (Langellier 1989, Lieblich/Tuval-Mashiach/Zilber 1998, Mishler 1995, Polkinghorne 1995, Riessman 1993)[9] in ganz verschiedenen methodischen Ausprägungen, die sich sowohl hinsichtlich Formalisierungsgrad als auch Position im Kontinuum zwischen deduktiver und induktiver Vorgehensweise unterscheiden. Deduktive Varianten gehen von einem Set von Regeln und Prinzipien

---

[9]   Dazu Küsters (2006, 76ff), die die Auswertungsverfahren nach Schütze (1983) und Fischer-Rosenthal (1997) beschreibt und auf andere texthermeneutische Analyseverfahren (Grounded Theory, objektive Hermeneutik, dokumentarische Methode der Interpretation) hinweist.

aus und versuchen, anhand dieser die Bedeutung einer Erzählung zu klären. Induktive Varianten sind meist ethnographischer Provenienz und versuchen, in der Erzählung kontextabhängige Einheiten zu identifizieren und die Struktur sowie den Effekt der Erzählung zu rekonstruieren. Zu einem überwiegenden Teil zeigen sich narrative Methoden „rather loosely formulated, almost intuitive, using terms defined by the analyst" (Manning/Cullum-Swan 1994, 464f).

Den einen exakten und immer passenden Weg, Erzählungen zu analysieren, gibt es nicht (Mishler, 1995). Nach Langellier (1989) gibt es fünf Perspektiven, mit denen man an eine narrative Analyse herangehen kann: (1) Geschichtentext, (2) Leistung (story performance), (3) Interaktion in einer Konversation, (4) sozialer Prozess und (5) politische Praxis. Sieht man die Erzählung als Text einer Geschichte, dann fokussiert die Analyse auf die Suche nach der Beziehung zwischen den Eigenschaften und den Funktionen der Geschichte, z.B. referentiell oder evaluierend. Bei der narrativen Leistung einer Geschichte sucht man nach sprachlichen Eigenschaften und literarischen Qualitäten und betrachtet dabei die Dynamik der Erzählung. Um eine Erzählung von der dialogischen Interaktion her zu analysieren, bietet sich die Konversationsanalyse (Sacks 1986) an. Die Analyse der Erzählung kann auch unter Betrachtung ihrer Einbettung in soziale Prozesse geschehen. Schließlich sollte man bei der Analyse auch beachten, dass die Normen, die das Erzählen erlauben oder verbieten, in verschiedenen sozialen Kontexten (z.B. Kulturen) verschieden sind.

Eine wichtige theoretische und methodische Quelle der narrativen Analyse liegt im russischen linguistischen Formalismus, insbesondere in der Analyse russischer Märchen durch Vladimir Propp (1958). Propp analysiert die Rolle der Form bei der Übertragung der Bedeutung von Geschichten. Märchen etablieren dabei narrative Strukturen, die archetypisch für alle Erzählungen sind. Bei seiner Analyse von über hundert Märchen identifiziert Propp einunddreißig „Funktionen" (z.B. Verletzung, Verhinderung), die von unterschiedlichen RollenträgerInnen übernommen werden können. Diese Funktionen stehen zueinander in bestimmter Beziehung und konstituieren auf diese Weise sieben Aktionssphären (z.B. Schurke, Unterstützer, richtiger und falscher Held), deren An- oder Abwesenheit sich auf einige wenige Plots für Märchen reduzieren lässt (Silverman 1993, 74).

In dieser Tradition stehen auch die Arbeiten des französischen Linguisten Algirdas Greimas (1966, 1968, 1983, 1987), der die Anzahl der möglichen Funktionen und Aktionssphären reduziert und sog. „actants" einführt, worunter er die jede Erzählung treibenden sechs Rollen bzw. Kräfte meint: Subjekt und Objekt, EmpfängerIn bzw. Zielobjekt, bestimmende, unterstützende und behindernde Kraft. Diese actants nehmen in Geschichten meist die Form von Personen oder AkteurInnen an, dahinter liegen aber allgemeine, erzählungstreibende Prinzipien. Dabei bezieht sich Greimas (1983, 215ff) auch auf psychoanalytische und psychodramatische Konzepte. Hier liegt also eine stark formalisierte, deduktive Methodik narrativer Analyse vor.

Das narrative Interview und die narrative Analyse

Insgesamt unterscheidet Mishler (1995) drei Haupstoßrichtungen der narrativen Analyse: (1) inhaltliche und zeitliche Abfolge, (2) textuale Kohärenz und Struktur sowie (3) narrative Funktion. Polkinghorne (1995, 1988) unterstützt die auf die narrative Funktion ausgerichtete Analyse. Dabei liegt der Fokus auf der Handlung, dem Handlungsschema der Geschichte (plot), das „the organizing theme that identifies the significance and the role of the individual events (Polkinghorne 1988, 18)" erkennen lässt. Polkinghorne (1995) führt weiter aus, dass eine narrative Analyse auf zwei Arten durchgeführt werden kann: (1) Die paradigmatische Vorgangsweise reicht von besonderen Geschichten (Sets der Interviewdaten) zu allgemeinen Themen, die quer über alle Geschichten auftreten, einschließlich von Figuren (characters) und Settings, um allgemeine Konzepte zu generieren. (2) Die narrative Vorgangsweise verwendet Handlungsschemata, um individuelle Erfahrungen und den Kontext für eine profunde Bedeutung der Erfahrungen der Befragten zu rekonstruieren. Im Grunde führen diese beiden Modi der narrativen Analyse nicht nur zum Verstehen der Erzählung der einzelnen Befragten, sondern sprechen auch die Unterschiede und Gemeinsamkeiten quer über alle Erzählungen an. Um die Erzählungen profund nachvollziehen zu können, ist es wichtig, dass der Forscher bzw. die Forscherin hinsichtlich des kulturellen Hintergrundes der Befragten aufmerksam ist und die kontextualen Aspekte der Geschichte beachtet (Polkinghorne 1995). Das Verstehen der Sprache der Befragten und der sozio-linguistischen Perspektive des Interviews ist entscheidend (Emden 1998, Hirschman/Holbrook 1992, Mishler 1995). Gleichzeitig sollte die Analyse auf diskursive und rhetorische Aspekte der Erzählungen achten, die von den Erzählenden verwendet wurden, um die Bedeutung der Geschichte zu erläutern oder zu verstärken (Bennett 1986, Labov/Waletzky 1967). Das schließt die Verwendung von Metaphern, Wort- oder Ideenwiederholung, direkte Zitate und Variationen im Tonfall oder Stil der Geschichtenerzählung ein. Schemata wie jenes der actants von Greimas (s.o.) können helfen, die hinter den Narrationen liegenden Tiefenstrukturen zu veranschaulichen und vergleichbar zu machen.

Wie bei allen qualitativen Interviews müssen auch für die narrative Analyse die Tonbandmitschnitte wortwörtlich transkribiert vorliegen, nicht nur die gesprochenen Wörter, sondern durchaus auch paraverbale Elemente und gesprächsrelevante Hinweise, wie z.B. Lachen oder Stöhnen. Die Analyse von Erzählungen ist ein aufwändiger Vorgang. Er verlangt eine Menge an Ressourcen und Imagination, um sich zu bemühen, andere zu verstehen (Geertz 1988). Da gewisse Erzählungen verborgene Geschichten über Widersprüche, Inkonsistenzen und Divergenzen beinhalten können, braucht die Analyse der kulturell eingebetteten Erzählungen „an ability to watch for inconsistencies, contradictions and misunderstandings and to make theoretical interpretations of them" (Willis 1980, 91). Notwendigerweise verlangt die Analyse das Lesen und Wieder-Lesen der Texte, um thematische Kategorien und bedeutungsvolle Verbindungen zwischen den Erzählungen zu finden. Dieser Analyseprozess wird iterativ durchgeführt, indem ein Teil der Erzählung analysiert und hinsichtlich der Entwicklung der Bedeutung des Ganzen re-analysiert wird (Spiggle 1994, Thompson 1996, Thompson/Pollio/Locander 1994).

4 Über die Güte

Wenn geforscht wird, dann besteht immer der Bedarf nach glaubwürdigen, genauen und verwertbaren Ergebnissen (Creswell 1998). Es stellt sich die Frage, ob und wie klassische Gütekriterien wie Reliabilität und Validität eingeschätzt werden bzw. wohl eher: welche Ersatzkriterien sich für die Beurteilung der Qualität narrativer Forschung anwenden lassen.

Dazu kann man zuerst einmal bei der Nachvollziehbarkeit der Datengenerierung und Analyse ansetzen (Stiles 1993, Lincoln/Guba 1985, Wallendorf/Belk 1989). Um die Qualität zu verbessern, werden verschiedene Techniken vorgeschlagen, wie z.B. profundes Engagement, Reflexivität des Forschers bzw. der Forscherin, Feedback der bzw. des Befragten, Triangulation oder unabhängiges Audit (Lincoln/Guba 1985, Wallendorf/Belk 1989).

Beim narrativen Interview und bei der narrativen Analyse hängt die Zuverlässigkeit von der Bedeutung der Interview- und Analyseprozeduren wie auch seiner Eigenschaften, den bzw. der Befragten, dem Forscher bzw. der Forscherin, den Interviewfragen und Transkripten sowie der Analyse ab. Es ist entscheidend, die „richtigen" Befragten auszuwählen – jene, die Erzählungen von Erfahrungen generieren, mit denen die Forschungsfragen beantwortet werden können. Eine wichtige Frage für die Beurteilung der Gültigkeit der Ergebnisse ist, ob und inwieweit die Methode der Forschungsfrage angemessen ist. Geht es bspw. nicht um Einstellungen oder Kognitionen, sondern um Verhalten in konkreten Interaktionen, sind Interviews nicht die Methode der Wahl. Genauso kann, wenn die Forschungsfrage bspw. auf Konsumnormen in Peergruppen abzielt, ein individuelles Interview Ergebnisse geringer Validität bringen, weil es dem Konstrukt unangemessen ist. ForscherInnen müssen mit den Interviewdaten ausreichend vertraut sein, um in der Lage zu sein, diese aus der Perspektive des bzw. der Befragten zu rekonstruieren. Die profunde Auseinandersetzung des Interviewers bzw. der Interviewerin mit dem sozio-kulturellen Hintergrund des bzw. der Befragten (z.B. Verstehen ihrer bzw. seiner Sprache) erhöht die Wahrscheinlichkeit, das Erfahrungsnahe (Geertz 1973) zu erhalten – die Sichtweise des Insiders bzw. der Insiderin oder die Perspektive der Realität des bzw. der Befragten. Trotzdem kann der Forscher bzw. die Forscherin, der bzw. die vertraut mit dem sozio-kulturellen Hintergrund des bzw. der Befragten ist, gewisse Nuancen und Zweideutigkeiten der Daten übersehen. Deswegen ist es auch wichtig, eine „experience-far"-Haltung (Geertz 1973) einzunehmen – die Sichtweise des Ousiders bzw. der Outsiderin; damit der Forscher bzw. die Forscherin sich die Fähigkeit erhält, die untersuchten Phänomene mit „naiven Ohren" (nicht objektiven Ohren) wahrzunehmen, die nichts voraussetzen (Wallendorf/ Belk 1989). Dazu dienen dann theoretisch deduktive Analysekonzepte. Narrative Analyse muss – wie viele Verfahren qualitativer Datenanalyse – permanent im hermeneutischen Zirkel zwischen diesen beiden Positionen pendeln. Während in der quantitativen Forschung regelmäßig die Objektivität des Forschers bzw. der Forscherin betont wird, beinhaltet Qualität in der qualitativen Forschung, wie z.B. in der narrativen Analyse, ironischerweise Subjektivität. Offensichtlich limitiert das Bestreben „objektiv" zu sein die Fähigkeit, die Komplexität menschlicher Erfahrung zu erfassen (Agar 1980). Willis (1980, 91) erläutert: „If we wish to represent the subjective meanings, feelings and cultures of others, it is not possible to extend to them less than we know of ourselves. The 'object' of our inquiry is in fact, of course, a subject and has to be understood and presented in the same mode as the researcher's own subjectivity - this is the true meaning of 'validity' in the 'qualitative' zone". Um dies zu manifestieren, sollte der Forscher bzw. die Forscherin seine bzw. ihre Subjektivität während des Prozesses der Reflexivität anerkennen (Wallendorf/Belk 1989, Willis 1980) – was aber in heftigem Konflikt zur Nachvollziehbarkeit von Forschung steht. Hier gilt es, auf einem schmalen Grat zu wandern.

Obwohl qualitativ anspruchsvolle Forschung oft das Ziel hat, Ergebnisse jenseits der Interpretationen der Untersuchten zu erzielen, wird mancherorts vorgeschlagen, die Qualität der narrativen Analyse durch Feedback zu verbessern (Lincoln/Guba 1985, Wallendorf/Belk 1989). Das bezieht sich darauf, dass ForscherInnen ihre Interpretationen mit den Befragten besprechen. Dadurch können die Befragten die Interpretationen „prüfen", abändern/ergänzen und Feedback geben, ob diese gut fundierte, mit ihren Erfahrungen konsistente Darstellungen sind (Bryman 2001). Dabei sollte der narrative Analyseprozess demokratische Interventionen zwischen den Befragten und den ForscherInnen beinhalten, um im Wechselspiel eine Art dialektisch kreierter Bedeutung zu erreichen (Hirschman/Holbrook 1992). Jede „respondent validation" ist aber mit großen Problemen verbunden (Silverman 1993, 159): Oftmals ist es schwierig, eine für die InterviewpartnerInnen anschlussfähige Form der Mitteilung von Forschungsergebnissen zu finden. Offene Formen sind außerdem nur dann möglich, wenn die Ergebnisse mit dem Selbstkonzept der Befragten kompatibel sind. Insgesamt werden Ergebnisse nicht „gültiger", wenn ihnen die untersuchten Personen zustimmen.

Gerade weil Erzählungen als sozial konstruiert betrachtet werden, sollten auch mehrfache und widersprüchliche Interpretationen zulässig sein (Atkinson 1990, Ricoeur 1976). Um Komplexität von und Inkonsistenzen in Texten fassen zu können, sollten ForscherInnen ermutigt werden, nach „bewusstem Pluralismus" (conscious pluralism) (Morgan 1983) zu streben. Das heißt, die ForscherInnen sollten den Interpretationsprozess so anlegen, dass sie sich der „KonsumentInnenkultur" mit der Erwartung zuwenden können, vielseitige Bedeutungen und eine reichhaltige Konstruktion der Realität und Illusion hinter dem bloßen Rationalen zu finden (Elliott 1999, 121).

Triangulation ist eine weitere Technik, um die Güte qualitativer Forschung zu verbessern (Lincoln/Guba 1985, Wallendorf/Belk 1989). Unter Triangulation versteht man die Kombination von zwei oder mehreren Datenquellen, Methoden, theoretischen Perspektiven oder die Zusammenarbeit von zwei oder mehreren ForscherInnen.[10] Wallendorf und Belk (1989) ermutigen zu Triangulationen, da sie nicht nur die Glaubwürdigkeit aufwerten, sondern auch eine Vielzahl an Perspektiven über das Verhalten und die Kontexte der Phänomene generieren. Deshalb ist die Anwendung verschiedener Arten der narrativen Analyse empfohlen. Triangulation zwischen ForscherInnen, d.h. das Einbringen unterschiedlicher Standpunkte, könnte die Interpretation erweitern sowie das Verstehen der untersuchten Phänomene verbessern. Holt (1991) bestätigt auch, dass Triangulation die Qualität der Interpretation verbessert und deshalb die Zuverlässigkeit in den Augen des/der LeserIn erhöht wird. Tatsächlich sind auch wissenschaftliche Gütekriterien sozial konstruiert und hängen von der in einer Gemeinschaft geteilten Interpretation ab. Auch Triangulation ist somit kein Königsweg und wird vielfach kritisiert. Insbesondere die von Denzin vorgeschlagene Triangulation durch verschiedene Datenquellen und den Einsatz unterschiedlicher Methoden ignoriere ein Stück weit die Kontextbezogenheit sozialer Interaktion (Silverman 1993, 158). „One should not, therefore, adopt a naively ‚optimistic' view that the aggregation of data from different sources will unproblematically add up to produce a more complete picture" (Hammersley/Atkinson 1995, 232). Wenn gerade eine spezifische Methode für eine bestimmte Forschungsfrage die bestgeeignete ist, werden Ergebnisse durch den Einsatz einer schlechter passenden Methode nicht gültiger.

Als „Restkriterium" bleibt, dass das Interview, der Analyseprozess und die Ergebnisse für andere ForscherInnen nachvollziehbar sein sollten – ob dies in Form einer Prüfung und Verifizierung stattfinden kann, sei dahingestellt (Lincoln/Guba 1985, Wallendorf/Belk 1989). Das Führen von Tagebüchern (journals) mit Aufzeichnungen über Entscheidungen, die während des Forschungsprozesses getroffen wurden, stellt eine Grundlage für die Projektbeurteilung dar. Weiters ist für die Projektbeurteilung eine der Analysemethode angemessene Genauigkeit beim Aufzeichnen und transkribieren der Interviews unterlässlich. Qualitative Software, wie z.B. NVivo kann eine standardisierte Auswertung der Interviewtranskripte unterstützen. MarketingforscherInnen sollten darauf achten, dass eine Überbetonung der Standardisierung, etwa zum Wohle „eines geordneten Reporting für den Auftraggeber", die Gefahr in sich birgt, den Bedeutungsgehalt der Daten und das Ziel einer verstehenden Analyse aus dem Auge zu verlieren (Burton 2000). Stern (1995) und Stern, Thompson und Arnould (1988) bieten hilfreiche Beispiele für eine strukturierte und systematische narrative Analyse in den Bereichen KonsumentInnenverhalten und Beziehungsmarketing.

---

[10] Dabei sind auch Genderaspekte zu berücksichtigen. Kiecker, Palan und Areni (2000) zeigen, wie das Geschlecht der KodiererInnen die Inhaltsanalyse von Erzähltexten beeinflusst.

5 Anwendung in der Marketingforschung

Mit dem „narrative turn" in vielen Human- und Sozialwissenschaften wurde auch den potentiellen Möglichkeiten des Erzählens in der Marketingwissenschaft verstärkte Aufmerksamkeit gewidmet (Deighton/Narayandas 2004). Insbesondere zum Thema „postmodern consumer culture" (Elliott 1999, Cova 1999) wird verstärkt nach alternativen Methoden zur Informationsgewinnung gesucht. Die Beachtung des kulturellen Kontextes, in dem sich KonsumentInnen verhalten, ist für ein tieferes Verständnis ihrer Meinungen, Motivationen, Einstellungen und emotionalen Beweggründe wichtig. Das Verhalten ist z.B. durch Mythen, Rituale, Regeln, Symbole beeinflusst. Kultur ist nichts Statisches. So können KonsumentInnen z.B. die Bedeutung von Symbolen „umdeuten" und dadurch auch ihre Selbst-Identität verändern. Durch diesen Prozess der „DIY consumption" (Elliott 1999) setzen sich KonsumentInnen „dynamisch" mit Gesellschaft und Kultur auseinander. Sie verwenden Produkte, um ihre soziale Zugehörigkeit zu manifestieren, wobei die Bedeutung der Produkte erlernt wird; etwa durch Konfrontation mit Werbung (vgl. dazu das Kultur-/Konsum-Wörterbuch bei Domzal/Kernan (1992, 49)).

Folgen MarketingforscherInnen nun dem interpretativen Paradigma, so haben sie das Ziel, eine Marketingsituation aus der Perspektive der in dieser Situation Beteiligten zu verstehen und die Mittel (Sinnzuschreibungen, Bedeutungen), mit denen diese ihre Realität konstruieren, zu untersuchen. Dies führt, wie Holbrook (1987, 173) empfiehlt, zu einer Ausweitung der konventionellen KonsumentInnenforschung[11], die sich als „neue" KonsumentInnenforschung wie folgt charakterisieren lässt: (1) Konsum (versus Kauf), (2) Erfahrung (versus Entscheidung), (3) Produkte benutzen (versus Marken auswählen), (4) intangible Dienstleistungen und Ideen (versus tangible Güter), (5) haltbare (versus abnutzbare) Produkte, (8) Anstrengung und der Einsatz von Zeit und KonsumentInnen-Expertise (versus Geld), (7) vielschichtige emotionale Aspekte (versus enge Affekte), (8) Konsum-„Fehlverhalten" (versus Verhalten), (9) wechselseitig abhängige Ganzheiten (versus deren Teile), and (10) Konsum im KonsumentInneninteresse (versus Relevanz für das Management). Daraus ergeben sich „neue" Themen für die KonsumentInnenforschung, was ForscherInnen ermutigen sollte, dem story telling stärker zu vertrauen als den verschiedenen hypothetisch-deduktiven Diktaten.

Die komplexen Eigenschaften der Erfahrungen der KonsumentInnen berücksichtigend, treten inzwischen viele ForscherInnen dafür ein, qualitative Methoden – wie das Interview – zur Wissenssuche zu verwenden (Ahuvia 2005, Arnould/Price 1993, Bonsu/Belk 2003, Joy/Sherry 2003, Muniz/O'Quinn 2001, Penaloza 2001, Price/Arnould/Cu-

---

[11] Konventionelle, positivistische KonsumentInnenforschung untersucht vorrangig Kaufentscheidungen, die zu einer Markenwahl in einer bestimmten Produktklasse materieller nicht langlebiger Güter führt, für die KäuferInnen Geld ausgeben, nach rationaler Überlegung und kognitiver Beeinflussung der Verhaltensintention (Holbrook 1987, 173).

rasi 2000, Rose/Wood 2005, Schouten 1991, Wallendorf/Arnould 1991, Tian/Belk 2005, Thompson 1996, Thompson/Arsel 2004). Im Grunde streben sie danach, die vielschichtigen Bedeutungen der untersuchten Phänomene zu verstehen. Offensichtlich kann durch narrative Interviews überraschendes und reichhaltiges Wissen generiert werden. Im Mittelpunkt der Betrachtung stehen demnach Geschichten bzw. Erzählungen von KonsumentInnen („consumption stories").

Gerade narrative Methoden sind in der Lage, die Kurzsichtigkeit konventioneller kognitiver und einstellungsorientierter Konsumverhaltensforschung zu überwinden, indem der Forscher bzw. die Forscherin eine Erzählung nicht als etwas Gegebenes hinnimmt, sondern diese als eine zu untersuchende Entität betrachtet. Die Suche nach Erzählmustern (Stern 1994, 1995) hilft zu einem tieferen Verständnis des Konsumverhaltens. Analysiert wird die Art und Weise, wie die Untersuchten ihre Geschichten erzählen: was sie betonen oder auslassen, ihre Rolle als Helden, Bösewichte oder Opfer im Handlungsschema, wie sie über sich sprechen und wie sie über andere sprechen. In diesem Sinne sind Erzählungen nicht einfach als „a way of telling someone (or oneself) about one's life" (Rosenwald/Ochberg 1992, 1) zu sehen, sondern auch als Form der Erzählung über die Beziehung des Erzählers bzw. der Erzählerin zu anderen und deren Wahrnehmung. Es sollte dadurch gelingen, KonsumentInnen und ihr Verhalten im entsprechenden (sozialen und kulturellen) Kontext besser und tiefer verstehen und dadurch auch besser erklären zu können. Z.B. benutzt die Werbung Mythen in Werbespots: ein Produkt erinnert an „die guten alten Zeiten" oder an die Figur des Helfenden – in Form einer Marke, die einem hilft, etwas zu erreichen; hier erzählt die Werbung Geschichten, die an Geschichten der KonsumentInnen andocken wollen und damit deren kritische Urteilsfähigkeit unterlaufen.

Es sind also zahlreiche aktuelle Themen vorstellbar (z.B. Wahrnehmungen und narrative Konstruktion kultureller Einflüsse auf das KonsumentInnenverhalten, von Lebensstil und Kultur, Identität und Kaufverhalten), die sich für narrative Interviews und Analysen anbieten. In der Folge werden einige Marketingthemen angeführt, in denen narrative Methoden und narrative Analyse zur Anwendung gelangten:

- Aufspüren von Konsumriten und Konsumritualen (z.B. die beziehungsdefinierende Bedeutung von Geschenken, „the climber's ritual" (Varley/Crowther 1998),

- Suche nach (archetypischen) Konsummythen (z.B. Belk/Wallendorf/Sherry 1989; Wallendorf 2001, Stern 1995) und deren Kategorisierung als „comedy, romance, tragedy, and irony" (Escalas/Bettman 2000, 252),

- Konsumkultur bzw. Konsumverweigerung (Holt 2002),

- Bewertung von Beziehungsmarketing aus KundInnensicht (Stern/Thompson/Arnould 1998),

- Anwendungen in der internationalen, kulturübergreifenden Marktforschung (Mattingly/Lawlor 2000).

Interessant ist auch die Verwendung von Geschichten und Erzählungen im Aufbau der Beziehung zwischen VerkäuferInnen und KäuferInnen, wie Varley und Crowther (1998, 313f) für den Kontext eines Outdoor-Sporthändlers illustrieren:[12]

„At the retail site, a variety of sources, including point of sale displays, merchandise assortment, and sales staff develop and extend the narratives relating to the Great Outdoors. As a result the process of acculturation for participants is assured with the active participation of the staff who, even when not eulogising about the benefits of rope X or boots Y, act as narrators, promoting a cultural script, heightening hedonic responses, and developing communitas, the bond of common experience. The retailer serves as a funnel for narrative transmission from a variety of sources including suppliers and consumers; indeed certain outlets use the medium of a customer newsletter for this diffusion. Shields (1992) makes the important point that the retail experience of place, narrative etc., comprises both the opportunities for feelings of belonging and also the enjoyment of the 'texture' of the gathering. This may enable the individual to be individual; to shape their own private consumption experiences, but also to ascribe themselves to a consumption neo-tribe".

Konsumverhalten spielt wohl in vielen „narrativen Identitäten" eine wichtige Rolle, man denke bloß an den Stellenwert „des ersten Autos" oder „der ersten selbsteingerichteten Wohnung". Aber auch viele Mikro-Episoden werden heute durch Konsumereignisse angereichert bzw. gruppieren sich sogar um diese herum. Narrative Interviews und Analysen sind dann probate Mittel, jene nur aufgrund dieser symbolischen und rituellen Aufladung heraus verstehbaren Konsumhandlungen in einen entsprechenden Rahmen zu stellen.

6 Literatur

Agar, M. (1980): The Professional Stranger: An Informal Introduction to Ethnography. New York: Academic Press.
Ahuvia, A. (2005): Beyond the Extended Self: Love Objects and Consumers' Identity Narratives. In: Journal of Consumer Research, vol. 32, June, 171-184.
Arnould, E./Price, L. L. (1993): „River Magic": Extraordinary Experience and the Service Encounter. In: Journal of Consumer Research, vol. 20, 24-46.
Atkinson, P. (1990): The Ethnographic Imagination: Textual Constructions of Reality. London: Routledge.
Bates, J. A. (2004): Use of Narrative Interviewing in Everyday Information Behavior Research. In: Library & Information Science Research, vol. 26, no. 1, 15-28.

---

[12] Storytelling kann auch als Technik im strategischen Management eingesetzt werden (Denning 2006).

Belk, R. W./Wallendorf, M./Sherry, J. F. Jr. (1989): The Sacred and the Profane in Consumer Behavior: Theodicy on the Odyssey. In: Journal of Consumer Research, vol. 16, June, 1-38.

Bennett, G. (1986): Narrative as Expository Discourse. In: Journal of American Folklore, vol. 99, 415-434.

Brownlie, D. (1997): Beyond Ethnography. Towards Writerly Accounts of Organizing in Marketing. In: European Journal of Marketing, vol. 31, no. 3/4, 264-284.

Bochner, A. P. (2001): Narrative's Virtues. In: Qualitative Inquiry, vol. 7, no. 2, 131-157.

Bonsu, S. K./Belk, R. W. (2003): Do Not Go Cheaply into That Good Night: Death-Ritual Consumption in Asante, Ghana. In: Journal of Consumer Research, vol. 30, June, 41-55.

Bruner, J. (1990): Acts of Meaning. Cambridge: Harvard University Press.

Bryman, A. (2001): Social Research Methods. Oxford: Oxford University Press.

Burton, D. (2000): Research Training for Social Scientists. London: Sage.

Chamberlayne, P./Bornat, J./Wengraf, T. (2000): The Turn to Biographical Methods in Social Sciences. London: Routledge.

Cova, B. (1999): From Marketing to Societing: When the Link is More Important than the Thing. In: Brownlie, D./Saren, M./Wensley, R./Wittington, R. (eds.): Rethinking Marketing: Towards Critical Marketing Accountings. London: Sage, 64-83.

Coyle, A. (1992): My Own Special Creation?: The Construction of Gay Identity. In: Breakwell, G. M. (ed.): Social Psychology of Identity and the Self Concept. London: Academic Press Limited, 187-220.

Creswell, J. (1998): Qualitative Inquiry and Research Design: Choosing among Five Traditions. Thousand Oaks: Sage.

Deighton, J./Narayandas, D. (2004): „Stories and Theories". An Invited Commentary on „Evolving to a New Dominant Logic for Marketing". In: Journal of Marketing, vol. 68, no. 1, 10-20.

Denning, S. (2006): Effective Storytelling: Strategic Business Narrative Techniques. In: Strategy & Leadership, vol. 34, no.1, 42-48.

Denzin, N. K. (1989a): Interpretive Interactionism. London: Sage.

Denzin, N. K. (1989b) The Research Act: A Theoretical Introduction to Sociological Methods. Englewood Cliffs. Prentice Hall. 3. Aufl.

Domzal, Teresa J./Kernan, Jerome B. (1992): Reading Advertising: The What and How of Product Meaning. In: Journal of Consumer Marketing, vol. 9, Summer, 48-64.

Escalas, J. E./Bettmann, J. R. (2000): Using Narratives to Discern Self-Identity Related Consumer Goals and Motivations. In: Ratneshwar, S./Mick, David G./Huffman, C. (eds.): The Why of Consumption. Contemporary Perspectives on Consumer Motives, Goals, and Desires. London, New York: Routledge, 237-258.

Elliott, R. (1999): Symbolic Meaning and Postmodern Consumer Culture. In: Brownlie, D./Saren, M./Wensley, R./Wittington, R. (eds.): Rethinking Marketing: Towards Critical Marketing Accountings. London: Sage, 112-125.

Emden, C. (1998): Conducting a Narrative Analysis. In: Collegian, vol. 5, 34-39.

Firat, A. F./Venkatesh, A. (1995): Liberatory Postmodernism and the Reenchantment of Consumption. In: Journal of Consumer Research, vol. 22, Dec., 239-267.

Fischer-Rosenthal, W./Rosenthal, G. (1997): Narrationsanalyse biographischer Selbstpräsentation. In: Hitzler, R./Honer, A. (Hrsg.): Sozialwissenschaftliche Hermeneutik. Opladen, 133-164.

Flick, U. (2006): An Introduction to Qualitative Research. London: Sage.

Fontana, A./Frey, A. (1994): Interviewing: The Art of Science. In: Denzin, N./Lincoln, Y. (eds.): Handbook of Qualitative Research. London: Sage, 361-376.

Gabriel, Y./Lang, T. (1995): The Unmanageable Consumer: Contemporary Consumption and its Fragmentations. London: Sage.
Geertz, C. (1973): The Interpretation of Cultures: New York: Basic Books.
Geertz, C. (1988): Works and Lives: The Anthropologist as Author. Cambridge: Polity Press.
Gergen, K. J. (1991): The Saturated Self: Dilemmas of Identity in Contemporary Life. USA: Basic.
Giddens, A. (1991): Modernity and Self-Identity: Self and Society in the Late Modern Age. Cambridge: Polity Press.
Glinka, H.-J. (2003): Das narrative Interview. Weinheim, München: Juventa.
Greimas, A. J. (1983) [1966]: Structural Semantics. An Attempt at a Method. Lincoln: University of Nebraska Press. [orig.: Sémantique structurale: Recherche de méthode. Paris: Larousse].
Greimas, A. J. (1987): On Meaning. Selected Writings in Semiotic Theory. London: Frances Pinter.
Greimas, A. J./Rastier, F. (1968): The Interaction of Semiotic Constraints. Yale French Studies: Game, Play and Literature. New Haven: Eastern Press.
Gülich, E./Quasthoff, U. M. (1985): Narrative Analysis. In: van Dijk, T. A. (ed.): Handbook of Discourse Analysis. Vol. 2: Dimensions of Discourse. London: Academic Press, 169-197.
Hammersley, M./Atkinson, P. (1995): Ethnography. Principles in Practice. 2nd edition. London: Routledge.
Harre, R. (1998): The Singular Self: An Introduction to the Psychology of Personhood. London: Sage.
Heider, F. (1958): The Psychology of Interpersonal Relations. New York: Wiley.
Hirschman, E. C./Holbrook, M. B. (1992): Postmodern Consumer Research. Newbury Park: Sage.
Holbrook, Morris B. (1987): O, Consumer, How You've Changed: Some Radical Reflections on the Roots of Consumption. In: Firat, A. F./Dholakia, N./Bagozzi, R. B. (eds.): Philosophical and Radical Thought in Marketing. Lexington, MA: Lexington Books, 157-177.
Holt, D. (1991): Rashomon Visits Consumer Behavior: An Interpretive Critique of Naturalistic Inquiry. In: Holman, R. H./ Solomon, M. (eds.): Advances in Consumer Research, vol. 18. Provo, UT: Association for Consumer Research, 57-62.
Holt, D. B. (2002): Why Do Brands Cause Trouble? A Dialectical Theory of Consumer Culture and Branding. In: Journal of Consumer Research, vol. 29, no. 1, 70-90.
Kiecker, P./Palan, K. M./Areni, C. S. (2000): Different Ways of ‚Seeing': How Gender Differences in Information Processing Influence the Content Analysis of Narrative Texts. In: Marketing Letters, vol. 11, no. 1, 49-65.
Küsters, I. (2006): Narrative Interviews. Grundlagen und Anwendungen. Wiesbaden: VS Verlag für Sozialwissenschaften.
Joy, A./Sherry, J. (2003): Art as Embodied Imagination. In: Journal of Consumer Research, vol. 30, June, 259-282.
Labov, W./Waletzky, J. (1967): Narrative Analysis: Oral Version of Personal Experience. In: Helm, J. (ed.): Essays on the Verbal and Visual Arts. Seattle: Univ. of Washington Press, 12-44.
Langellier, K. M. (1989): Personal Narratives: Perspectives on Theory and Research. In: Text and Performance Quarterly, vol. 9, no. 4, 243-276.
Lieblich, A./Tuval-Mashiach, R./Zilber, T. (1998): Narrative Research. Reading, Analysis, and Interpretation. Applied Social Research Methods Series, Vol. 47. Thousand Oaks: Sage.
Lincoln, Y. S./Guba, E. G. (1985): Naturalistic Inquiry. Beverly Hills, CA: Sage.
Marcus, G./Fischer, M. (1986): Anthropology as Cultural Critique: An Experimental Moment in the Human Sciences. London: University of Chicago Press.
Mattingly, C./Lawlor, M. (2000): Learning from Stories: Narrative Interviewing in Cross Cultural Research. In: Scandinavian Journal of Occupational Therapy, vol. 7, 4-14.

Manning, P. K./Cullum-Swan, B. (1994): Narrative, Content, and Semiotic Analysis. In: Denzin, N. K./Lincoln; Y. S. (eds.): Handbook of Qualitative Research. Thousand Oaks: Sage, 463-477.

McAdams, D. P. (1988): Power, Intimacy and the Life Story: Personological Inquiries into Identity. New York: The Guilford Press.

McAdams, D. P. (1997): The Case for Unity in the (Post)Modern Self. In: Ashmore, R. D./Jussim, L. (eds.): Self and Identity: Fundamental Issues. Oxford: Oxford University Press, 46-78.

McCracken, G. (1988): The Long Interview. London: Sage.

Mick, D. (1986): Consumer Research and Semiotics: Exploring the Morphology of Signs, Symbols, and Significance. In: Journal of Consumer Research, vol. 13, Sep., 196-213.

Mishler, E. G. (1986): Research Interviewing Context and Narrative. London: Harvard Univ. Press.

Mishler, E. G. (1995): Models of Narrative Analysis. In: Journal of Narrative and Life History, vol. 5, 87-123.

Morgan, G. (1983): Beyond Method: Strategies for Social Research. Beverly Hill: Sage.

Muniz, A./O'Quinn, T. (2001): Brand Community. In: Journal of Consumer Research, vol. 27, March, 412-432.

Ogilvy, J. (1990): This Postmodern Business. In: Marketing and Research Today, Feb, 4-22.

Patton, M. Q. (2002): Qualitative Research & Evaluation Methods. Thousand Oaks: Sage.

Penaloza, L. (2001): Consuming the West. In: Journal of Consumer Research, vol. 28, 369-398.

Price, L. L./Arnould, E./Curasi, C. F. (2000): Older Consumers' Disposition Behavior. In: Journal of Consumer Research, vol. 27, no. 2, 179-201.

Propp, V. I. (1958) [1928]: Morphology of the Folktale. The Hague: Mouton.

Polkinghorne, D. E. (1988): Narrative Knowing and the Human Sciences. Albany: University of New York Press.

Polkinghorne, D. E. (1995): Narrative Configuration in Qualitative Analysis. In: Hatch, J. A./Wisniewski, R. (eds.): Life History and Narrative. London: The Falmer Press, 5-23.

Ricoeur, P. (1976): Interpretation Theory: Discourse and the Surplus of Meaning. Fort Worth: The Texas Christian University Press.

Ricoeur, P. (1981): Narrative Time. In: Mitchell, W. J. (ed.): On Narrative. Chicago: The University of Chicago Press, 165-186.

Ricoeur, P. (1984): Time and Narrative. Chicago: Chicago University Press.

Ricoeur, P. (1992): Oneself as Another. Chicago: Chicago University Press.

Riessman, C. K. (1993): Narrative Analysis. Newbury Park, CA: Sage

Rose, R./Wood, S. (2005): Paradox and the Consumption of Authenticity through Reality Television. In: Journal of Consumer Research, vol. 32, 284–296.

Rosenwald, G./Ochberg, R. (1992): Storied Lives: The Cultural Politics of Self-Understanding. New Haven: Yale University Press.

Sacks, H. (1986): Some Considerations of a Story Told in Ordinary Conversations. In: Poetics, vol. 15, 127-138.

Sandig, B./Rothkegel, A. (1984, Hrsg.): Text - Textsorten - Semantik: linguistische Modelle und maschinelle Verfahren. Hamburg: Buske.

Scholes, R. (1981): Afterthoughts on Narrative: Language, Narrative and Anti-narrative. In: Mitchell, W. (ed.): On Narrative. Chicago: The University of Chicago Press, 200-208.

Schouten, J. W. (1991): Selves in Transition: Symbolic Consumption in Personality Rites of Passage and Identity Reconstruction. In: Journal of Consumer Research, vol. 17, no. 2, 412-430.

Schütze, F. (1976): Zur Hervorlockung und Analyse von Erzählungen thematisch relevanter Geschichten im Rahmen soziologischer Feldforschung. In: Arbeitsgruppe Bielefelder Soziologen (Hrsg.): Kommunikative Sozialforschung. München: Fink, 159-260.

Schütze, F. (1977): Die Technik des narrativen Interviews in Interaktionsfeldstudien, dargestellt an einem Projekt zur Erforschung von kommunalen Machtstrukturen. Manuskript der Universität Bielefeld, Fakultät für Soziologie.

Schütze, F. (1983): Biographieforschung und narratives Interview. In: Neue Praxis. Kritische Zeitschrift für Sozialarbeit und Sozialpädagogik, Jg. 13, 283-293.

Shields, R. (1992): The Individual, Consumption Cultures and the Fate of Community. In: Shields, R. (ed.): Lifestyle Shopping – the Subject of Consumption. Routledge, London, 99-113.

Silverman, D. (1993): Interpreting Qualitative Data. Methods for Analysing Talk, Text and Interaction. London: Sage.

Spiggle, S. (1994): Analysis and Interpretation of Qualitative Data in Consumer Research. In: Journal of Consumer Research, vol. 21, Dec., 491-503.

Spradley, J. (1979): The Ethnographic Interview. New York: Holt, Rinehart & Winston.

Smith, B. (1981): After Thoughts on Narrative. In: Mitchell, W. (ed.): On Narrative. Chicago: The University of Chicago Press, 207-231.

Stern, B. B. (1994): Classical and Vignette Television Advertising Dramas: Structural Models, Formal Analysis, and Consumer Effects. In: Journal of Consumer Research, 20, March, 601-615.

Stern, B. B. (1995): Consumer Myths: Frye's Taxonomy and the Structural Analysis of Consumption Text. In: Journal of Consumer Research, vol. 22, Sep., 165-184.

Stern, B. B./Thompson, C. J./Arnould, E. J. (1998): Narrative Analysis of a Marketing Relationship: The Consumer's Perspective. In: Journal of Consumer Research, vol. 15, no. 3, 195-214.

Stiles, W. (1993): Quality Control in Qualitative Research. In: Clinical Psychology Review, vol. 13, no. 6, 593-618.

Swales, J. M. (1991): Genre Analysis: English in Academic and Research Settings. Cambridge: University Press.

Tian, K./Belk, R. (2005): Extended Self and Possessions in the Workplace. In: Journal of Consumer Research, vol. 32, Sep., 297-310.

Thompson, C. J./Pollio, H. R./Locander, W. B. (1994): The Spoken and the Unspoken: A Hermeneutic Approach to Understanding the Cultural Viewpoints That Underline Consumers' Expressed Meanings. In: Journal of Consumer Research, vol. 21, December, 432-452.

Thompson, C. J. (1996): Caring Consumers: Gendered Consumption Meanings and Juggling Lifestyle. In: Journal of Consumer Research, vol. 22, March, 388-407.

Thompson, C./Haytko, D. (1997): Speaking of Fashion: Consumers' Uses of Fashion Discourses and the Appropriation of Countervailing Cultural Meanings. In: Journal of Consumer Research, vol. 24, June, 15-42.

Thompson, C./Arsel, Z. (2004): The Starbuck Brandscape and Consumers' (Anticorporate) Experiences of Glocalization. In: Journal of Consumer Research, vol. 31, Dec., 631-642.

Varley, P./Crowther, G. (1998): Performance and the Service Encounter: An Exploration of Narrative Expectations and Relationship Management in the Outdoor Leisure Market. In: Marketing Intelligence & Planning, vol. 16, no. 5, 311-317.

Wallendorf, M. (2001): Literally Literacy. In: Journal of Consumer Research, vol. 27, March, 505-511.

Wallendorf, M./Arnould, E. J. (1991): We Gather Together: Consumption Rituals of Thanksgiving Day. In: Journal of Consumer Research, vol. 18, 13-31.

Wallendorf, M./Belk, R. W. (1989): Assessing Trustworthiness in Naturalistic Consumer Research. In: Hirschman, E. (ed.): Interpretive Consumer Research. Provo, UT: Association for Consumer Research, 69-84.

White, H. (1981): The Value of Narrativity in the Presentation of Reality. In: Mitchell, W. (ed.): On Narrative. Chicago: The University of Chicago Press, 1-24.
Willis, P. (1980): Notes on Method. In: Hall, S./Hobson, D./Lowe, A./Willis, P. (eds.): Culture, Media, Language: Working Papers in Cultural Studies 1972-1979. London: Hutchinson.

Peter Heimerl

Fallstudien als forschungsstrategische Entscheidung

1 Fallstudien in der Marketingforschung 383
2 Was ist eine Fallstudie? 384
3 Erkenntnisgewinn durch Fallstudien 386
    3.1 Didaktische Fallstudien 386
    3.2 Forschungsfallstudien 388
4 Anwendungen in der Marketingforschung 393
    4.1 Fallanalysen 393
    4.2 Typisierung 394
    4.3 Qualitative Trendanalysen 395
5 Resümee 396
6 Literatur 398

1 Fallstudien in der Marketingforschung

Marketing ist traditionell ein fall-lastiges Fach der Betriebswirtschaftslehre. Dies mag mit der angloamerikanischen Wissenschaftstradition ebenso zusammenhängen wie mit dem anwendungsorientierten Charakter dieser Disziplin. Dabei steht der illustrierende, didaktisch orientierte Einsatz von Fallbeispielen und Fallstudien im Vordergrund. Charakteristisch dafür ist die Gestaltung des Standard-Lehrbuches von Kotler/Bliemel (2005). Mit Fällen werden komplexe Zusammenhänge anschaulich gemacht bzw. werden Übungssituationen für Studierende und Trainees geschaffen.

Fallorientierter Forschung wird seitens der scientific community nicht selten vorgeworfen, zu wenig objektive und valide Daten zu liefern. Daraus als Forschende/r den Schluss zu ziehen, diese Methode zu meiden, würde unter bestimmten Voraussetzungen den Weg zu Erkenntnissen und den Zugang zu weiteren, „härtere" Daten liefernde Zusammenhänge verschließen. Diesen Vorwurf gilt es daher hier zu relativieren.

Sehr vereinfacht formuliert, sind Fallstudienmethoden am Beginn und am Ende von themenbezogenen Forschungsprogrammen gut geeignet. Einem neu auftretenden Forschungsthema liefern sie tiefgreifende, genaue, aber spezifische Analysen von Zusammenhängen und fördern damit die Theoriebildung. Bestehen später bereits quantitativ-empirisch abgesicherte Kenntnisse über die allgemeinen Merkmale des Forschungsgegenstandes, kann mit Hilfe von Fallstudienansätzen eine detaillierte Ausdifferenzierung, z.B. in bestimmte Sektoren hinein vorgenommen werden und damit die Genauigkeit allgemeiner Erkenntnisse erhöht werden.

Noch grundsätzlicher stellt sich im Zusammenhang mit Fallstudienmethoden als Forschungsstrategie die Frage nach Kriterien der Wertigkeit von Erkenntnis. In der rationalistischen Tradition bedeutet Wissen vorläufig gesicherte Erkenntnis, Abbildung der entdeckten Welt. Im Konstruktivismus dagegen ist Wissen die Grundlage im Prozess der Kognition. Für die einen ist Wissen wert, wenn es möglichst viele Falsifikationsversuche überlebt hat. Für die anderen ist Wissen wert, wenn es neue Handlungen und neues Denken ermöglicht. Für die einen hat Wissenschaft „hartes" Wissen zu generieren und als „richtig" zu speichern. Für die anderen hat sie Neues zu generieren, zukünftig Mögliches zu beschreiben, Probleme zu lösen (von Glasersfeld 1987, 408; Hejl 1987, 304; Köck 1987, 364).

In diesem Beitrag werden folgende Fragestellungen erörtert: (1) Was ist eine Fallstudie? (2) Welchen wissenschaftlichen Kriterien hat eine Fallstudie zu entsprechen? (3) Welche Arten von Fallstudien gibt es? (4) Was kann Fallstudienforschung leisten? (5) Welche Anwendungsbereiche kann Fallstudienforschung im Marketing abdecken?

Qualitative Fallstudienforschung arbeitet an der Nahtstelle von Theorie und Praxis: Durch die Herstellung von Fallbeschreibungen und -analysen wird nach implizitem Wissen der „Praktiker" bzw. „Praktikerinnen" geforscht, um es wissenschaftlich fassbar zu machen. Das Ergebnis erfolgreicher Fallstudienforschung können neue Instrumente oder theoretische Modelle des Marketings sein: Instrumente („Tools") sind konkrete, anwendbare Handlungsempfehlungen wie z.B.: Checklisten, Vorgehensrichtlinien, Diagnosemethoden. Theoretische Modelle („Theories") generieren allgemeine Erklärungen empirisch beobachtbarer Zusammenhänge wie z.B. Typologien und Phasenmodelle.

Diesem Beitrag liegt ein konstruktivistisch-systemischer Zugang zugrunde[1]. Danach ist Objektivität nicht möglich, es kann nur Intersubjektivität hergestellt werden. Auch Wahrheit ist unmöglich, es kann nur (vorläufige) Verifikation geben (Rusch 1987, 382). Es wird davon ausgegangen, dass Wirklichkeit stets von Beobachtern gestaltet wird. Ziel der Erkenntnis ist nicht die Übereinstimmung mit der Wirklichkeit, sondern die Nutzung des Wissens im Prozess der Kognition (Kasper 1990, 81). Es ist demnach eine Illusion, Realität in Fallschilderungen abbilden zu wollen. Objektivität ist daher nicht gegeben oder angestrebt. Fallstudien können in der (Marketing-) Forschung dennoch in hohem Maß erkenntnisfördernd wirken. Die Objekte der Fallstudienforschung – d.h. Organisationen, Märkte etc. – sind ex definitionem hochkomplex, also nicht durchschaubar und nicht linear lenkbar. Fallstudienforschung im gegenständlichen erkenntnistheoretischen Sinn finden meist in Form von Aktionsforschung statt: Diese fußt auf der Erkenntnis, dass soziale Gebilde nur mit Hilfe derer Akteure erforscht werden können und sich der Forschende daher um eine verstehende Annäherung zu bemühen habe (Kasper 1990, 90). Jede kommunikative Auseinandersetzung des Forschenden mit dem beforschten System ist Intervention und beeinflusst dieses (oder eben nicht).

Anknüpfend an die didaktisch orientierte Tradition von Fallstudien im Marketing soll im Folgenden der Bogen hin zur Marketing- und Markt*forschung* gespannt werden.

2   Was ist eine Fallstudie?

Die Fallstudie ist die Beschreibung eines Phänomens aus didaktischen oder die Forschung unterstützenden Zwecken (Bolz 2002, 8ff). Damit wird die Fallstudie nicht ausschließlich als Medium in Lernprozessen gesehen, sondern auch als Instrument, das in Forschungsprozessen zum Einsatz kommt. Diese Zweideutigkeit des Begriffes spiegelt sich auch im Englischen wider, wo „case study" auch als Synonym für „case study research" (Easton 1992, 1) oder „research case" (Lynn 1999, 15) verwendet wird. Im Un-

---

[1]   In Punkt 4 wird differenziert, unter welchen Bedingungen auch eine objektivistische Positionierung möglich ist.

terschied zum illustrierenden Fallbeispiel folgt die Fallstudie einer wissenschaftlichen Methode (Lamnek 1995, 8ff).

Im Forschungsprozess wird die Fallstudie dabei überwiegend zur Generierung von Forschungsfragen und Hypothesen eingesetzt, mitunter auch zur Falsifizierung von Hypothesen (Boos 1992, 5ff; Easton 1992, 1; Yin 1994, 13). Ihr Zweck ist der Erkenntnisgewinn (Specht/dos Santos/Bingemer 2004, 542). Besonders in der qualitativen Sozialforschung (Lamnek 1995, 4ff) und in der Psychologie (Rudolf 1993, 17ff) kommen Fallstudien in dieser Ausprägung zur Anwendung.

Die didaktische Fallstudie wird als Methode begriffen, um die „Behandlung von Entscheidungsfällen aus der Unternehmenspraxis in den Mittelpunkt unterrichtlichen Geschehens" (Speth 2002, 401) zu stellen. Hierbei steht die Entscheidungssituation aus der Sicht des Managements im Vordergrund. Das setzt voraus, dass neben Informationen zum in der Fallstudie dargestellten Unternehmen auch Informationen zu dessen Unternehmensumfeld angeführt sind (Wagner et al. 1997, 11). Das Erfordernis der Darstellung der Organisation einerseits und ihres Umfeldes andererseits, deckt sich mit der diesem Beitrag zugrunde liegenden ganzheitlichen Betrachtungsweise. Da Unternehmen und ihre Umgebung aber komplexe Systeme mit einer Vielzahl von Einflussfaktoren sind, können Fallstudien reale Sachverhalte stets nur unvollständig abbilden (Wagner et al. 1997, 11). Diese Ansicht teilen jene AutorInnen nicht, die im Rahmen von Fallstudien eine Schilderung der Realsituation verlangen. Gemäß dieser Definition von Fallstudien ist bspw. „ein Fall (case) ... die möglichst wirklichkeitsgetreue[!] Aufzeichnung eines[!] Problems, mit dem ein oder mehrere Manager tatsächlich konfrontiert wurden" (Staehle 1974, 116). Die Fallstudie wird zu einem „praxisrelevanten Realitätsausschnitt" (Beck 1995, 63). Der wirklichkeitsnahe Kontext, die „möglichst wirklichkeitsgetreue Beschreibung einer realen Entscheidungssituation" (Schneider 1994, 1) erlangt in diesem Zugang vorrangige Bedeutung. Voraussetzung ist daher, dass die beschriebenen Sachverhalte auch tatsächlich in einem existierenden Betrieb beobachtet wurden, also „Darstellung einer konkreten Situation aus dem wirtschaftlichen Leben" sind (Kosiol 1957, 49). Zusammengefasst sollten Fallstudien dieser Ansicht nach ausschließlich auf der betrieblichen Praxis basieren (Dahlke 1960, 16; Thom 2003, 5).

Ein konstruktivistisch geprägter Zugang zur Erkenntnisgewinnung kann das Postulat der Realitätsabbildung nicht aufrechterhalten. Jede Fallstudie ist ein In-Form-Bringen, eine Wirklichkeitskonstruktion eines Beobachters. Gerade die Konstruktion von Wirklichkeit stellt die Quelle für den Erkenntnisgewinn dar. Im Gegensatz zu didaktischen Fällen sind Forschungsfallstudien jedoch der Wirklichkeitsorientierung verpflichtet. Fiktion ist somit im Regelfall ausgeschlossen.

Auch das Erfordernis einer Entscheidung, der Handlungsorientierung, schränkt die Anwendungsmöglichkeiten von Fallstudien ein. Es könnte doch Ziel einer Fallstudie sein, lediglich Problemfelder zu erkennen und diese zu diskutieren. Auch kann es Sinn machen, methodisches, strukturiertes Vorgehen zu erforschen. Bei der Klassifizierung

Peter Heimerl

von Fallstudien wird aufgezeigt werden, dass manche Falltypen tatsächlich nicht das Treffen einer Entscheidung als Voraussetzung beinhalten.

Zusammenfassend kann eine Fallstudie (Fall, case) als eine für didaktische und/oder Forschungszwecke erstellte Schilderung einer Situation und ihrer Einflussfaktoren beschrieben werden, welche durch sich selbst oder durch die induzierte Auseinandersetzung mit den Inhalten auf seiten eines Beobachters erkenntnisfördernd wirkt.

3 Erkenntnisgewinn durch Fallstudien

3.1 Didaktische Fallstudien

In der Didaktik werden Fallstudien in folgende Kategorien differenziert (Ahl 1974, 123). Dementsprechend ergeben sich unterschiedliche Einsatzmöglichkeiten.

1. Kategorie: Die Verfügbarkeit der Information über die für die Bearbeitung der Fallstudie relevanten Daten. Die für die Falllösung relevanten Daten können vollständig, lückenhaft oder auch gar nicht gegeben sein. Als Erkenntniszugewinn entstehen Hypothesen über Zusammenhänge und verborgene Informationsaspekte.

2. Kategorie: Die Findung des Kernproblems bzw. der Problembereiche, welche(s) einer Lösung zugeführt werden soll(en). Das der Fallstudie zugrunde liegende Problem zu identifizieren und Hypothesen über ihre Relevanz zu generieren.

3. Kategorie: Die Lösung des Problems durch detaillierte Analyse der Falldaten. Häufig ist dabei das Treffen einer Entscheidung erforderlich. Lösungsalternativen sind zu generieren und einer Entscheidung zuzuführen. Ebenso kann aber die Lösung vorweggenommen und zum Reflexionsgegenstand gemacht werden.

Entsprechend diesen drei Kategorien gibt es fünf Arten bzw. Einsatzmöglichkeiten von Fallstudien (Aghte 1960, 29ff; Ahl 1974, 122; Eschenbach et al. 1994, 11ff; Grohmann 1997, 55ff; Schneider 1994, 4ff; Stähli 2001, 17ff; Thom 2003, 5ff):

- Problemfindungsfall (case study method)

Der Sachverhalt wird hier sehr umfangreich dargestellt, die Informationen umfassen häufig 30 Seiten oder mehr. Zwar enthalten die Materialien alle erforderlichen Informationen, doch die Problemstellung wird nicht explizit angeführt, auch nicht Möglichkeiten der Lösung. Daher liegen die Schwerpunkte der Aufgabe (1) im Erkennen, Beschreiben und Analysieren der teils offensichtlichen, teils latenten Probleme sowie (2) in der Erarbeitung von Lösungsvorschlägen (Grohmann 1997, 55).

- Entscheidungsfall (case method)

Auch beim „klassischen Harvard-Fall" werden umfangreiche Informationen zur Falllösung zur Verfügung gestellt. Der Falltext kann unwichtige Details enthalten, womit die Selektion entscheidungsrelevanter Informationen notwendig ist. Häufig wird dabei eine konkrete Situation aus dem wirtschaftlichen Leben dargestellt, die von den betroffenen Entscheidungsträgern bestimmte Entscheidungen verlangt (Thom 2003, 6f). Zusätzlich erhalten die LeserInnen eine exakte Aufgabenstellung, das Problem/die Problemkreise werden benannt. Ziele sind (1) die Erarbeitung von durchdachten und gut begründeten Vorschlägen bzw. Lösungsalternativen, (2) die Evaluierung dieser sowie (3) das Fällen einer Entscheidung für die vermeintlich beste Lösung.

- Beurteilungsfall (case problem method, stated problem method)

Hinsichtlich des Beurteilungsfalles gibt es zwei verschiedene Anschauungen. Für die erste Ausprägung (case problem method) steht die Problemanalyse im Mittelpunkt. Der Fall und seine Informationen sind so zurechtgeschnitten, dass die Problemanalyse in der Regel zu einer einzigen Lösung führt (Schmidt 1958, 26; Thom 2003, 5). Solche Fälle kommen häufig im juristischen aber auch im betriebswirtschaftlichen Bereich im Rahmen der Auseinandersetzung mit hard facts vor. Im Vergleich zum Entscheidungsfall sind die Beurteilungsfälle „recht einfach gestrickt", die Darstellung des Sachverhaltes ist deutlich knapper (Aghte 1960, 29). Die zweite Ausprägung des Beurteilungsfalles (stated problem method) geht davon aus, dass im Falltext nicht nur die relevanten Informationen und Probleme genannt werden. Obendrein wird auch die Lösung mitgeliefert. Ziel ist es dann, die gegebene Lösung und, so fern mitgegeben, die Begründung dafür kritisch zu reflektieren und zu bewerten. Auch nach denkbaren Lösungsalternativen soll gesucht werden (Thom 2003, 6).

- Informationsfall (case incident method)

Ein solcher Fall beschreibt ein Ereignis, einen Vorfall (incident). Zwar wird das Problem umrissen und eine Aufgabe gestellt, die diesbezüglichen Angaben sind jedoch lückenhaft. Daher werden die Bearbeitenden vor der Erarbeitung von Lösungsvorschlägen dazu veranlasst, sich in die Lage der Betroffenen zu versetzen und den Informationsbedarf zu erheben. Schließlich ist zur Vorbereitung und zur Lösung des Falles die Ermittlung der dafür relevanten Daten notwendig, im Mittelpunkt steht demnach die Informationsbeschaffung (Thom 2003, 6).

- Untersuchungsfall (project method)

Bei dieser Art der Fallstudie wird die Informationssuche im Feld notwendig, weshalb auch von der Projektmethode gesprochen wird. Ähnlich wie beim Informationsfall sind die Informationen lückenhaft. Da im Feld, also bei einem oder mehreren Unternehmen recherchiert werden soll, werden hohe Ansprüche an Planung und Koordina-

Peter Heimerl

tion gestellt. Der Untersuchungsfall stellt eine oder mehrere reale Organisationen als Informationsquelle in den Mittelpunkt. Es ist also notwendig, vor Ort zu forschen, mit Menschen zu interagieren und Prozesse zu analysieren. Eine solche Arbeit im Feld setzt das formelle Einverständnis der betroffenen Organisation voraus. Ob die Organisation tatsächlich bereit ist, ausreichend Einblick zu gewähren, kann nicht voraus gesagt werden. Unabhängig davon, ob die untersuchte Organisation tiefe Einblicke gewährt oder aber verschlossen auf die Intervention von außen reagiert, der Erkenntnisgewinnungseffekt kann, dem Trial-and-error-Prinzip folgend, sehr hoch sein. Da es im Marketing bei den Fragestellungen auch um „weiche" Faktoren wie um Kultur und Einstellungen geht, muss mit unvorhergesehenen Reaktionen in der Organisation zu rechnen. Der Untersuchungsfall ist die Grundlage der Fallstudienforschung. Bemerkenswert ist dabei aus systemisch-konstruktivistischer Perspektive der Aktionsforschungscharakter: Jede Untersuchung ist ja gleichzeitig auch Intervention; die Untersuchung selbst beeinflusst das Forschungsobjekt; kein Forscher kann nicht nicht intervenieren, wenn er mit seinem Forschungsfeld kommuniziert. Der Untersuchungsfall weist also forschenden Charakter auf.

3.2 Forschungsfallstudien

Fallstudienforschung ist imstande, unterschiedliche Erkenntnisebenen zu adressieren (Nienhüser/Magnus 2003, 4ff): *Beschreibung, Erklärung, Prognose, Gestaltung* und *Evaluierung* in Form der *falsifizierenden* und der *Pilotfallstudien*.

Yin (1993, 5) unterscheidet beschreibende, erforschende, falsifizierende und erklärende Fallstudien. Alle Typen von Forschungsfallstudien können singulär oder multipel gestaltet sein. Multiple Fallstudien wiederum können entweder als Längsschnitt eines einzelnen Forschungsobjektes oder als Querschnitt mehrerer Objekte (z.B. Unternehmen) aufgebaut sein. Die erste Variante vergleicht unterschiedliche Zustände im Zeitverlauf, die zweite Form vergleicht die Objekte zu einem bestimmten Zeitpunkt miteinander (Stake 1995, 4). Multiple Fallstudien gelten grundsätzlich als valider als Einzelfallstudien.

- Beschreibende (illustrative) Fallstudien

dienen der erstmaligen Beschreibung eines Phänomens, das bislang theoretisch nicht gefasst ist. Dass ein bestimmtes Unternehmen so und nicht anders am Markt agiert, ist vorerst wissenschaftlich irrelevant. Eine Fokussierung auf die Beschreibung ist nur dann erkenntnisgewinnend, wenn damit ein völlig unerschlossenes Gebiet in das Blickfeld kommt. Man könnte bspw. beobachten, dass ein Unternehmen besonders stark wächst und prosperiert, obwohl es gegen alle „Branchengesetze" verstößt. Eine beschreibende Darstellung der Handlungen dieses Unternehmens am Markt kann den ersten Schritt zur Bildung erklärender Hypothesen des Phänomens darstellen und in der Folge auch über Änderungen des Marktes ermöglichen.

Tabelle 1: Forschungsfrage ist nicht Forschungsfrage (nach Nienhüser/Magnus 2003, 4)

Fragetyp	Charakteristische Leitfragen	Beispiele aus der Marketingforschung
Beschreibung, Fest-Stellung	*Was* ist der Fall? Was hat sich hier zugetragen?	Welche Unternehmen betreiben in welchem Umfang welche Art von Marktforschung? Wie verhalten sich bestimmte KonsumentInnengruppen im Vergleich zu anderen? Wann kommt welche Kaufentscheidungsstrategie zur Anwendung?
Erklärung	*Warum* ist etwas der Fall?	Warum entscheidet ein/e KonsumentIn so und nicht anders? Warum ist die einfache und kostengünstige Werbestrategie eines Diskonters erfolgreicher als die differenzierte Strategie eines Markenartikelunternehmens?
Prognose	Was wird zukünftig der Fall sein? Welche Veränderungen kommen?	Was macht Unternehmen in einem bestimmten Markt erfolgreich? Welche strategischen oder strukturellen Merkmale kennzeichnen zukünftige Misserfolge? (Frühwarnindikatoren) Wie wird sich ein Markt entwickeln? Wie werden sich die Bedürfnisse der KonsumentInnen verändern?
Gestaltung	Welche Maßnahmen sind geeignet, um ein bestimmtes Ziel zu erreichen?	Welche Werbung ist angemessen, um eine Zielgruppe bestmöglich zu erreichen? Wie ist bei der Diagnose der Bedürfnisse von KonsumentInnen vorzugehen? Wie erreicht man Erfolg?
Evaluierung	Wie ist ein bestimmter Zustand vor dem Hintergrund explizit genannter Kriterien zu bewerten?	Wie ist eine bestimmte Marktstrategie in Hinblick auf Nachhaltigkeit des Erfolges zu bewerten?

■ Erklärende Fallstudien

Dieser Typ dient der wissenschaftlichen Entdeckung. Ein existierender Theorieansatz oder eine Zusammenhangshypothese wird im Fall analysiert und weiterentwickelt. Sie verbindet damit teilnehmende oder nichtteilnehmende Beobachtung mit systematischen empirischen Analysen qualitativer und/oder quantitativer Art. Beispiel: Anhand eines Fallunternehmens wird in Form eines Längsschnittes ein Phasenmodell der Unternehmensentwicklung untersucht: Folgen die einzelnen Phasen aufeinander wie es das Modell beschreibt oder überlappen sie? Sind die Phasen überhaupt nachvollziehbar? Wie kann das Modell verbessert werden, um empirische Phänomene abzubilden?

- Prognosefallstudien

Dieser Typ dient der Vorhersage zukünftiger Entwicklungen. So können durch systematische Analysen besonders erfolgreicher bzw. besonders unglücklicher Fälle (Miss-)Erfolgsfaktoren in bestimmten strategischen, markt- oder unternehmensbezogenen Zusammenhängen identifiziert werden. Damit entstehen Kriterien zur Abschätzung zukünftigen Erfolges. Neben diesen best-/worst practice-Analysen zur Identifikation von Frühwarnindikatoren für Erfolg oder Misserfolg können prognostische Aussagen durch die Erarbeitung visionärer Fälle gewonnen werden: Welche Fälle werden zukünftig erfolgreich sein? Ähnlich dem Informationsfall in der Didaktik steht hier die Generierung von Informationsbedarfen, die –beschaffung bzw. deren hypothetische Deckung. Damit entstehen – z.B. mittels ExpertInnenbefragungen - Bilder zukünftiger Erfolgsstrategien in bestimmten, veränderten Umweltbedingungen.

Gestaltungsempfehlungen lassen sich aus erklärenden und aus prognostizierenden Fallstudien ableiten.

- Erforschende Fallstudien (Pilotfallstudien)

Dieser Typ verfolgt den methodischen Zweck der bestmöglichen Konzeption nachfolgender empirischer Forschungen. Im Rahmen einer Pilotfallstudie sollen zugrundeliegende theoretische Modelle auf empirische Machbarkeit bzw. Zweckmäßigkeit geprüft werden. Beispiel: Bevor der Erfolg bestimmter Werbestrategien anhand der „AIDA-Formel" statistisch untersucht wird, werden die unterschiedlichen Strategien einzelner Unternehmen fallartig (meist multipel und querschnittsartig) untersucht: Sie werden systematisch anhand von marktbezogenen und betriebswirtschaftlichen Erfolgsgrößen miteinander verglichen, um herauszufinden, ob die „AIDA-Formel" überhaupt ein probates Untersuchungsmodell zur Erfassung von Werbeerfolg darstellt. Diese Art der Forschungsfallstudie unterzieht eine theoretische Forschungsgrundlage einer empirischen Prüfung. Damit erhöht sie die Validität der nachfolgenden Untersuchung, trägt also indirekt zur Gewinnung neuer Erkenntnisse über das Forschungsobjekt bei.

- Falsifizierende (critical-instance) Fallstudien

dienen der Widerlegung von Hypothesen und Theoremen. Im „kritischen Beispiel" wird nachgewiesen, dass eine bestimmte Behauptung unrichtig ist. Beispiel: Diversifizierungsstrategien streuen Risiken und sind somit sicherer als Konzentrationsstrategien. Es lassen sich unschwer viele diversifizierte Konzerne, die aufgrund der strategischen „Verzettelung" in existenzielle Krisen geraten sind, als widerlegende Beispiele finden und beschreiben und ggf. mit erfolgreichen Nischenanbietern vergleichen. Die

Grenze zur erklärenden Fallstudie ist unscharf, da auch diese theoretische Modelle einer Prüfung unterzieht, um sie weiterentwickeln zu können.

Die Fallstudienmethode hat ihre Stärken im Entdeckungszusammenhang. Sie bietet dabei eine Alternative zur schöpferischen Intuition eines Forschers, indem sie theorie- und methodengeleitet Erkenntnisgewinn verfolgt: Bestimmte, im Fall beobachtbare Zusammenhänge werden verallgemeinert. Sie bietet damit einen induktiven Weg zur Entdeckung neuer Zusammenhänge (Specht/dos Santos/Bingemer 2004, 548ff). Konkrete und einfache Aussagen sind meist das Ergebnis von Fallstudienforschungen. Bloß wie weit reicht der Gültigkeitsbereich über die konkreten Fallkontexte hinaus?

Der spezifische Nachteil der Fallstudienmethoden liegt im unklaren Gültigkeitsbereich. Wenn einige wenige so sind, sind dann alle so? Induktive Fallstudienansätze sind grundsätzlich nicht imstande, hier Klarheit zu schaffen. Eine Erhöhung der Anzahl der untersuchten Fälle trägt zur Klärung der Gültigkeitsfrage erfahrungsgemäß weniger bei als dadurch neue Hypothesen über Differenzen geschaffen werden können. Lediglich die falsifizierende Fallstudie widmet sich dem Begründungszusammenhang, also der empirischen Absicherung bzw. Falsifizierung existierender Hypothesen über Zusammenhänge. Damit begibt sie sich in Konkurrenz zu quantitativ-statistischen Methoden, die hinsichtlich Objektivität, Validität und Reliabilität der Fallstudienmethode überlegen sind. Falsifikationsfallstudien sind allerdings auch dann einsetzbar, wenn eine Quantifizierung nicht möglich ist.

Die Fallstudienforschung unterliegt den Basiskriterien der Wissenschaftlichkeit:

1. Es muss die Absicht vorliegen, zu neuer Erkenntnis zu gelangen. Kein Fall ist wissenschaftlich an sich interessant. Auch Fallstudienforschung verfolgt Erkenntnisziele, die in Form einer forschungsleitenden Fragestellung zu formulieren sind (Mayring 1999, 29).

2. Es muss am theoretischen state of the art angesetzt werden. Auch Fallstudienforschung ist grundsätzlich theoriegeleitet. Zum einen ist das Forschungsinteresse in Abgrenzung zum vorhandenen Wissen zu definieren, zum anderen ist auch von Fallstudienforschung zu fordern, dass sie in Datengenerierung und -interpretation theoriegeleitet vorgeht.

3. Der Prozess der Erkenntnisgewinnung muss präzise und nachvollziehbar dargestellt sein. „Präzise" meint detailliert, „nachvollziehbar" und weiters die konkludente Herleitung des methodischen Vorgehens aus der Theorie bzw. aus den Forschungsfragestellungen. Die Güte qualitativer Forschung misst sich vor allem an diesem Kriterium. Dieses Erfordernis bietet FallstudienforscherInnen die Möglichkeit, dem Vorwurf der Willkürlichkeit zu begegnen. Auf die nachvollziehbare Dokumentation der Fallauswahl, der Erhebungs- und Analysemethoden ist besonderer Wert zu legen.

Peter Heimerl

In Hinblick auf die zugrundeliegende Erkenntnistheorie kann die Fallstudienmethode auch objektivistisch positioniert sein, also beispielsweise bestimmte Hypothesen logisch und objektiv falsifizieren. Jedoch entsprechend ihrem Hauptanwendungsfeld, der Entdeckung, und ihren Stärken im Vergleich zu quantitativ-statistischen Methoden liegt die konstruktivistische Positionierung näher: Damit kommt der schöpferische Prozess gegenüber dem überprüfenden in den Vordergrund, Induktion ist dabei zulässig und vor allem wird die Forschenden explizit als Teil des Prozesses gesehen.

Die Ausgangspunkte des Forschungsprozesses (Vorbereitungsphase) sind die Erarbeitung eines theoretischen Bezugsrahmens und eines Untersuchungsmodells sowie die projektartige Planung der Datensammlungs- und Interpretationsphase. Die Praxis der Fallstudienforschung macht es insbesondere in der Informationssammlungsphase nahezu unmöglich, das Forschungsobjekt nicht zu beeinflussen. In der folgenden Interpretationsphase ist die Forschende auf ihre Erfahrungen und ihre Intuition angewiesen und beeinflusst damit das Ergebnis. Die Wahrnehmung, Reflexion und Handhabung dieser Wechselwirkungen zwischen Subjekt und Objekt gilt als eine der größten Anforderungen an die Person des Forschers. In der abschließenden Phase werden die Ergebnisse in Berichtsform niedergelegt (Specht/dos Santos/Bingemer 2004, 558f), der die theoretischen Grundlagen, den Prozess und die Ergebnisse dokumentiert und dabei eine lebendige Geschichte des Falles erzählt.

Die Einflussnahme der Forschenden auf die Ergebnisse erschwert die Erfüllung des drittgenannten Basiskriteriums. Die Darstellung des Erkenntnisgewinnungsprozesses kann daher nur in Form einer umfassenden und begleitenden Dokumentation erfolgen (Specht/dos Santos/Bingemer 2004, 559f). Umfassend bedeuten die vollständige und meist chronologische Ablage aller verwendeten Dokumente sowie die Protokollierung der Entscheidungen jeder einzelnen Phase, dass auch Veränderungen mitdokumentiert werden und somit auch verworfene Aspekte in der Dokumentation erhalten bleiben sollen.

Fallstudien in der Marketingforschung lassen sich folgendermaßen charakterisieren:

- Sie sind in ihrer erkenntnistheoretischen Grundlage eher konstruktivistisch-interpretativ und entwicklungsorientiert als objektivistisch, „Tatsachen" fest-stellend. Forschende sind somit als Teil des Forschungsprozesses zu betrachten.
- Fallstudienmethoden sind eher im entdeckend-hypothesengenerierenden Kontext vorteilhaft denn im beweisführenden bzw. falsifizierenden.
- Fallstudien nehmen eher Zusammenhänge ins Blickfeld als sie eine analytische Isolierung bestimmter Einflüsse möglich machen.

4 Anwendungen in der Marketingforschung

Fallanalysen und Typisierungen sind schwerpunkthaft beschreibenden und erklärenden Fragen, qualitative Trendanalysen prognostischen Fragen zuzuordnen.

4.1 Fallanalysen

Fallanalysen sind beschreibende oder (meist) erklärende Fallstudien bzw. Untersuchungsfälle. Der Vorteil dieser Methode ist die Tiefe der Analyse und der Erhalt von komplexen Zusammenhängen. Hinsichtlich der Genauigkeit und der Tiefe sind Fallanalysen quantitativen Zugängen überlegen, da diese auf bestimmte Hypothesen und Variablen fokussieren müssen. Verbreitet sind Analysen von besonders gut gelungenen bzw. misslungenen Vorhaben. Die zentrale Forschungsfrage lautet dabei häufig: *Was kann aus der Analyse von Erfolgs- bzw. Misserfolgsgeschichten* eines Unternehmens bzw. eines Projektes *abgeleitet werden*? Ein bekanntes Beispiel aus der Sozialpsychologie sind die Analysen der missglückten Invasion der USA in Kuba 1961 („Schweinebucht-Debakel") sowie der Challenger-Katastrophe im Jahr 1986. Dadurch gelang es, weit verbreitete risikofördernde und wahrnehmungsbeeinträchtigende soziale Phänomene in Entscheidungsgruppen zu identifizieren (z.B. das „Groupthink"-Phänomen) und präventive Maßnahmen abzuleiten (die sogenannten „Janis"-Regeln; Janis (1972)). Analog gilt das für die Analyse von Firmen- oder Markengeschichten im Marketing. Prototypisch ist dazu die Beschreibung der Erfolgsfaktoren des Einzelhandelsunternehmens „ALDI" von Brandes (2003) zu nennen.

- Methodik

Bei Fallanalysen werden einzelne oder einige wenige Fälle teilstrukturiert dargestellt und in Hinblick auf Besonderheiten untersucht. Potenzielle Themenaspekte sind dabei vorab definiert: z.B. Marktbedingungen, Organisationsstrukturen, Fähigkeiten. Die Analyse kann als Zeitpunktsbetrachtung (Querschnittsanalyse) angelegt sein. Häufig kommt jedoch auch eine Zeitraumbetrachtung (Längsschnittsanalyse) zum Einsatz. Damit werden Hypothesen über Erklärungszusammenhänge gewonnen und ggf. auch Gestaltungshinweise abgeleitet.

- Forschungsstrategische Beurteilung

Beschreibende (Einzel-)Fallanalysen sind forschungsstrategisch geeignet, wenn neuartige Phänomene noch eher selten vorkommen oder in einem Einzelfall besonders deutlich sind. Die Bedeutung dieser Methode liegt in der Hypothesengenerierung. Der zentrale Kritikpunkt der Einzelfallanalyse liegt in der Spezifität, z.B. des Unternehmens „ALDI", die die Relevanz für andere Unternehmen bzw. Märkte weitgehend beschränken könnte. Dem Nachteil der Spezifität steht also das Innovationspotenzial der Methode gegenüber.

4.2 Typisierung

Ziel ist die inhaltliche Ausdifferenzierung eines komplexen Phänomens (z.B. „hybrider KonsumentInnen"). Durch eine strukturierte Analyse von Fällen sollen relevante Unterscheidungen gefunden werden, um klären zu können, *wie ein* empirisch beobachtbares *Phänomen ausdifferenziert werden kann*. Dabei handelt es sich um erklärende Fallstudien multiplen und querschnittartigen Zuschnitts: Mehrere Fälle werden erhoben und theoriegeleitet bzw. hypothesengenerierend typisiert, um z.B. festzustellen, dass sich das KonsumentInnenverhalten nicht eindeutig durch Qualitäts- bzw. Preisorientierung erklären lässt. Viele KonsumentInnen kaufen einmal sehr marken- bzw. qualitätsbewusst, dann wieder bei Diskontern. Vorerst sei das Phänomen als „hybrides Kaufverhalten" benannt. Für die Fallanalysen interessieren jedoch die unterschiedlichen Verhaltensmuster und daher die Fragen nach den Kriterien (z.B. Qualitätserwartungen, Produktgruppen), die das Kaufverhalten in die eine oder in die andere Richtung leiten. In der Folge könnte die Frage gestellt werden, ob es überhaupt hybride KonsumentInnen als homogene Gruppe gibt. Diese Frage ist geleitet von der Hypothese, dass es mehrere Kategorien derartiger Hybride gibt, die sich an bestimmten Unterschieden wie z.B. den Motiven festmachen lassen. In weiterer Konsequenz kann nach adäquaten Marketingstrategien für die einzelnen Typen hybrider KonsumentInnen geforscht werden (Gestaltungsanspruch). Der Vorteil des fallorientierten im Vergleich zum quantitativ statistischen Vorgehen, das in diesem Thema mit anderen Forschungszielsetzungen durchaus auch zweckmäßig sein kann, liegt im Erhalt der Ganzheit und Komplexität und damit in genaueren und tiefer greifenden Ergebnissen (Mayring 1999, 29).

- Methodik

Auf Basis der Definition des Erkenntnisinteresses werden Hypothesen zu möglichen relevanten Unterschieden definiert: z.B. soziodemografische Variablen, Motive, Einkaufskontexte. Daraus wird eine Fallstruktur entwickelt, in der die untersuchten Fälle aufbereitet werden. Ein Vergleich der Unterschiede und Gemeinsamkeiten soll zu Gruppierungen (Cluster) ähnlicher Fälle führen. Auf der Grundlage einer derartigen qualitativen Multifallanalyse kann in der Folge eine engere Strukturierung und eine quantitative Untersuchung mittels multivariater Methoden aufgesetzt werden.

- Forschungsstrategische Beurteilung

Strukturierte Multifallanalysen erheben zwar keinen Anspruch auf Objektivität und Repräsentativität, setzen sich aber in geringerem Umfang der Kritik der Spezifität aus.

Der Erkenntnisgewinn entsteht dabei weniger aus dem einzelnen Fall als aus der Feststellung bestimmter Muster über mehrere Fälle hinweg. Gemeinsamkeiten und Unterschiede werden identifiziert und reflektiert. Ziel ist es, differenzierte Wirklichkeitsbeschreibungen über die Fallkohorte anzufertigen. Multifallanalysen sind für den Konstruktivismus charakteristische Verifikationsverfahren.

4.3 Qualitative Trendanalysen

Trendanalysen zielen auf die Prognose zukünftiger Zustände. Qualitative, fallorientierte Trendforschung erhebt den Anspruch, in empirischen Fällen beobachtbare Phänomene, z.B. auf eine Branche hin, zu generalisieren und ein möglichst genaues, konkretes Zukunftsbild, z.B. dieser Branche, zu entwerfen. Entsprechende Forschungsfragen können sein: „Wie entwickelt sich mittel- bis langfristig der ...-Markt?" oder „Wie sieht der ...-Markt in 10 Jahren aus?". Dabei handelt es sich ebenso meist um erklärende Fallstudien multipler und querschnittartiger Ausprägung, meist innerhalb einer definierten Population von Objekten.

■ Methodik

Qualitative Trendanalysen werden häufig als so genannte „Delphi-Befragung" (Häder 2002), d.h. in einer zwei- oder mehrstufigen ExpertInnenbefragungen durchgeführt. Beispiel: Strukturierte Fallbeschreibungen bemerkenswerter „Player" in einem Markt werden einer ExpertInnenevaluierung in Hinblick auf zukunftsorientierte Erfolgskriterien unterzogen, die theoretisch abgeleitet sind. Auswahlkriterien für die Untersuchungsfälle können dabei beispielsweise sein: Marktmacht, Innovationsorientierung, Dauer der Branchenzugehörigkeit. Die Ergebnisse werden zu einem Gesamtbild zusammengefasst und denselben ExpertInnen nochmals vorgelegt mit dem Ziel, eine möglichst konkretes Zukunftsbild des Untersuchungsgegenstandes zu generieren.

■ Forschungsstrategische Beurteilung

Qualitative, fallorientierte Trendanalysen gehen von Fallbeschreibungen aus, um daraus allgemeingültige Aussagen für ein bestimmtes Feld zu generieren. Erkenntnisquelle ist auch dabei nicht der einzelne Fallinhalt, sondern die zukunftsrelevanten Muster im interessierenden Feld, die mittels Expertise generiert werden.

Peter Heimerl

5 Resümee

Diesem Beitrag ist ein konstruktivistischer Zugang zugrundegelegt. Fallstudien sind gestaltete Bilder von Wirklichkeit, die nicht „die Realität" in einem objektiven Sinn abbilden können. Fallstudien sind Schilderungen einer Situation und ihrer Einflussfaktoren. Dieses Methodenbündel hat im Vergleich zu anderen qualitativen Zugängen tendenziell einen innovationsorientierten, hypothesen- bzw. modellbildenden Charakter und nimmt systemische Zusammenhänge stärker ins Blickfeld.

Fallstudien leisten einen wichtigen Beitrag zum Erkenntnisgewinn auf beschreibender, erklärender, prognostizierender, gestaltender und unter Einschränkungen auch auf evaluierender Ebene. Fallstudienforschung hat ihre Bedeutung vor allem im Entdeckungszusammenhang und nur in geringem Ausmaß im Begründungszusammenhang. Diese Methoden stellen eine Alternative zum „schöpferischen Einfall" einer Forschenden dar, um neue Hypothesen über Zusammenhänge zu bilden, neue Wissensgebiete zu erschließen, bestehende theoretische Modelle weiterzuentwickeln etc. Die Person des Forschenden ist dabei Teil des Prozesses und ist meist Wechselwirkungen mit dem Forschungsobjekt ausgesetzt. Dies begründet hohe Anforderungen an Erfahrung und Reflexionsfähigkeiten des Forschenden sowie die Forschungsdokumentation. Werden sie dagegen im Begründungszusammenhang eingesetzt, sind sie quantitativ-statistischen Methoden hinsichtlich Objektivität, Repräsentativität und Reliabilität meist unterlegen.

Jede Forschungsstrategie ist eine Festlegung im Trilemma von Allgemeingültigkeit, Genauigkeit und Einfachheit. (Weick 1985, 55 nach Thorngate 1976) Nach diesem Modell kann jede Forschungsstrategie entweder zu einfachen und genauen oder genauen und allgemeinen oder allgemeinen und einfachen Ergebnissen führen. Niemals können alle drei Ideale zugleich erreicht werden. Dies gilt auch für die qualitative Fallstudienforschung. Dementsprechend wurden die in Punkt 4 angeführten Anwendungsbeispiele ausgewählt:

- Best- bzw. worst practice Analysen zielen auf Einfachheit und Genauigkeit der Schlussfolgerungen und setzen sich dem Vorwurf der Spezifität aus.

- Typisierungen wollen einfache und allgemeine Differenzierungen generieren. Sie werden aber niemals alle (möglichen) Fälle genau erfassen können.

- Trendanalysen schließlich streben nach Allgemeingültigkeit und Genauigkeit zuungunsten der Einfachheit.

Insgesamt ist Fallstudienforschung im Marketing dann angemessen, wenn neuartige Fragestellungen, wenig bekannte Phänomene und eine hohe Komplexität im Forschungsobjekt vorliegen.

Wie eingangs erwähnt, hat Fallstudienforschung in der scientific community mit Akzeptanzproblemen zu kämpfen. Sie sei nicht wissenschaftlich, weil willkürlich, ihre Ergebnisse beinhalten zu wenig „harte", meint zumeist quantitativ belegbare Fakten und obendrein nur im untersuchten Fall „nachweisbar".

Möglicherweise liegt dieses Image auch daran, dass viele HochschullehrerInnen im Laufe ihrer Tätigkeit allzu häufigen Kontakt mit wissenschaftlichen Abschlussarbeiten hatten, die etwa folgenden Titel tragen: *„Die Marketingstrategie internationaler Unternehmen dargestellt am Beispiel der XY Corporation."* Dann findet sich unter der Überschrift „*theoretischer Teil*" eine allgemeine zusammenfassende Darstellung der Literatur zum Thema *Strategisches Marketing internationaler Unternehmen*. Darauf folgt der „*empirische Teil*" als Beschreibung dessen, was gerade in jenem Unternehmen im *strategischen Marketing* (nicht) passiert, zu dem der/die AutorIn gerade einen guten Zugang hat. Die Arbeit schließt mit dem Kapitel „*Schlussfolgerungen*", in dem das Fallgeschehen mit den „Theorien" verglichen wird und möglicherweise auch festgestellt wird, *wo die Theorie „irrt", weil die „Praxis" anders ist.*

Daher seien abschließend zehn konkrete Hinweise für Fallstudienforschende formuliert, die zur wissenschaftlichen Wertschätzung von Fallstudienforschung beitragen sollen:

1. Keine Fallstudienforschung ohne forschungsleitender Fragestellung. Kein Fall, sei er aus Sicht der Autorin bzw. des Autors auch noch so „praxisrelevant", ist wissenschaftlich per se interessant. Dazu braucht es eine wissenschaftlich relevante und aktuelle Forschungsfrage.

2. Forschung ist nicht Beratung. Insbesondere Fallanalysen werden häufig erstellt, um dem auftraggebenden Unternehmen Stärken, Schwächen, Chancen und Risiken am Markt aufzuzeigen. Warum soll das jemand anderen als das auftraggebende Unternehmen interessieren? Welchen Erkenntnisnutzen zieht ein Dritter bzw. eine Dritte aus den Ergebnissen?

3. Empirie folgt Theorie. Gerade bei der Fallstudienforschung macht häufig die „Gelegenheit Diebe": Als „PraktikerIn" könnte man verführt sein zu meinen, dass man aufgrund langjähriger Erfahrung als InsiderIn gleichsam den empirischen Teil bereits erarbeitet habe. Zu einer wissenschaftlichen Arbeit braucht man also nur den Fall zu beschreiben und einen Theorieteil dazu abzufassen. Theorie lässt sich der Empirie jedoch meist nicht überstülpen.

4. Keine Fallstudienforschung ohne vorherige Recherche des state of the art. Ohne diesem ist 5. und 6. nicht leistbar.

5. Theoriegeleitetes Vorgehen: Wie jede empirische Forschung ist auch die Forschende bzw. der Forschende angehalten, die zugrundeliegenden Untersuchungstheoreme, -hypothesen und –modelle offenzulegen und zu begründen.

6. Keine Fallstudienforschung ohne Prüfung der Zweckmäßigkeit anderer methodischer Zugänge. Die Frage „Warum gerade Fallstudienforschung?" muss schlüssig begründbar sein.

7. Direkte Konkurrenz mit quantitativen Forschungsansätzen sollte vermieden werden. Theoretische Aussagen mit Fallanalysen beweisen zu wollen, ist ein Holzweg. Selbst eine relativ hohe Zahl sorgfältig recherchierter Fallstudien bedeutet meist in Bezug auf Gütekriterien der quantitativen empirischen Sozialforschung nichts. Dagegen ist Fallstudienforschung i.d.R. in explorativen Kontexten überlegen.

8. Theorie folgt aus Empirie: Die Interpretation des Datenmaterials ist bei Fallstudien meist aufwändig und theoretisch anspruchsvoll. Gute Fallstudienforschung generiert neue, adaptierte, differenzierte Theorien.

9. Ergebnisse von Fallstudienforschung sind meist relativ. Vorsicht beim induktiven Schluss von einigen wenigen Fällen auf Merkmale der Grundgesamtheit sowie auf die „Richtigkeit" der vorhandenen theoretischen Aussagen. I.d.R. erfordert dies auch eine quantitative Prüfung.

10. Sorgfalt in der Forschungsplanung und in der Forschungsdokumentation: Wie ist man genau vorgegangen und warum so und nicht anders?

6 Literatur

Aff, Josef/Wagner, Margret (1997, Hrsg.): Methodische Bausteine der Wirtschaftsdidaktik. Wien.
Aghte, Klaus (1960): Möglichkeiten und Grenzen der Fallmethode. In: Rationalisierungs-Kuratorium der Deutschen Wirtschaft e.V. (Hrsg.): Die Fallmethode. RKW-Schriftenreihe Betriebsführung und Fortbildung 3. Frankfurt am Main, 29-41.
Ahl, Peter (1974): Möglichkeit und Grenzen der Fallmethode im Betriebswirtschaftskundeunterricht an der kaufmännischen Berufsschule. In: Pilz, Roland (Hrsg.): Entscheidungsorientierte Unterrichtsgestaltung in der Wirtschaftslehre. Paderborn, 119-126.
Beck, Herbert (1995): Schlüsselqualifikationen: Bildung im Wandel. 2. Auflage. Darmstadt.
Bolz, André (2002): Multimedia-Fallstudien in der betriebswirtschaftlichen Aus- und Weiterbildung: Konzeption und empirische Untersuchung. Lohmar.
Boos, Margarete (1992): A Typology of Case Studies. München.
Brandes, Dieter (2003): Die 11 Geheimnisse des ALDI-Erfolgs. Wiesbaden.
Dahlke, Gerhard (1960): Das Wesen der Fallmethode. In: Rationalisierungs-Kuratorium der Deutschen Wirtschaft e.V. (Hrsg.): Die Fallmethode. RKW-Schriftenreihe Betriebsführung und Fortbildung 3. Frankfurt am Main, 15-27.
Deneke, Friedrich Wilhelm/Stuhr, Ulrich (1993, Hrsg.): Die Fallgeschichte: Beiträge zu ihrer Bedeutung als Forschungsinstrument. Heidelberg.
Easton, Geoff (1992): Learning from Case Studies. 2. Auflage. New York.

Eschenbach, Rolf/Kreuzer, Christian/Neumann, Katharina (1994, Hrsg.): Fallstudien zur Unternehmensführung. Stuttgart.
Glasersfeld, Ernst von (1987): Siegener Gespräche über Radikalen Konstruktivismus. In: Schmidt, Siegfried J. (Hrsg.): Der Diskurs des Radikalen Konstruktivismus. Frankfurt am Main, 401-440.
Grohmann, Susanne (1997): Die Fallmethode. Theoretische Grundlagen. In: Aff, Josef/Wagner, Margret (Hrsg.): Methodische Bausteine der Wirtschaftsdidaktik. Wien, 55-77.
Häder, Michael (2002, Hrsg.): Delphi-Befragungen. Wiesbaden.
Hejl, Peter M. (1987): Konstruktion der sozialen Konstruktion: Grundlinien einer konstruktivistischen Sozialtheorie. In: Schmidt, Siegfried J. (Hrsg.): Der Diskurs des Radikalen Konstruktivismus. Frankfurt am Main, 303-330.
Janis, Irving. L. (1972): Victims of Groupthink. A Psychological Study of Foreign Policy Decisions and Fiascos. Boston.
Kasper, Helmut (1990): Die Handhabung des Neuen in organisierten Sozialsystemen. Berlin, Heidelberg.
Köck, Wolfram K. (1987): Kognition – Semantik - Kommunikation. In: Schmidt, Siegfried J. (Hrsg.): Der Diskurs des Radikalen Konstruktivismus. Frankfurt am Main, 340-373.
Kosiol, Erich (1957): Die Behandlung praktischer Fälle im betriebswirtschaftlichen Hochschulunterricht (Case Method). Ein Berliner Versuch. Berlin.
Kotler, Philip/Bliemel, Friedhelm (2005): Marketing-Management. Analyse, Planung und Verwirklichung. Stuttgart.
Lamnek, Siegfried (1995): Qualitative Sozialforschung. Band 2: Methoden und Techniken. Weinheim.
Lamnek, Siegfried (2005): Qualitative Sozialforschung. Lehrbuch. Weinheim.
Lynn, Laurence (1999): Teaching and Learning with Cases: A Guidebook. New York.
Rationalisierungs-Kuratorium der Deutschen Wirtschaft e.V. (1960, Hrsg.): Die Fallmethode. RKW-Schriftenreihe Betriebsführung und Fortbildung 3. Frankfurt am Main.
Mayring, Philipp (1999): Einführung in die qualitative Sozialforschung. Weinheim.
Mayring, Philipp (2002): Einführung in die qualitative Sozialforschung. Weinheim.
Nienhüser, Werner/Magnus, Marcel (2003): Die wissenschaftliche Bearbeitung personalwirtschaftlicher Problemstellungen. In: Essener Beiträge zur Personalforschung, 2, 3-12.
Rudolf, Gerd (1993): Aufbau und Funktion von Fallgeschichten im Wandel der Zeit. In: Deneke, Friedrich Wilhelm/Stuhr, Ulrich (Hrsg.): Die Fallgeschichte: Beiträge zu ihrer Bedeutung als Forschungsinstrument. Heidelberg, 17-33.
Rusch, Gebhard (1987): Autopoiesis, Literatur, Wissenschaft. Was die Kognitionstheorie für die Literaturwissenschaft besagt. In: Schmidt, Siegfried J. (Hrsg.): Der Diskurs des Radikalen Konstruktivismus. Frankfurt am Main, 374-400.
Pilz, Roland (1974, Hrsg.): Entscheidungsorientierte Unterrichtsgestaltung in der Wirtschaftslehre. Paderborn.
Schmidt, Herbert B. (1958): Die Fallmethode (Case Study Method). Eine einführende Darstellung. Essen.
Schneider, Wilfried (1994): Materialien zur Didaktik der Betriebswirtschaftslehre: Die Fallmethode. Wien.
Specht, Günter/dos Santos, Amaro/Bingemer, Stephan (2004): Die Fallstudie im Erkenntnisprozess: Die Fallstudienmethode in den Wirtschaftswissenschaften. In: Wiedmann, Klaus-Peter (Hrsg.): Fundierung des Marketing. Verhaltenswissenschaftliche Erkenntnisse als Grundlage einer angewandten Marketingforschung. Wiesbaden, 539-563.
Speth, Hermann (2002): Theorie und Praxis des Wirtschaftslehre-Unterrichts. Rinteln.

Staehle, Wolfgang (1974): Zur Anwendung der Fall-Methode in den Wirtschafts- und Sozialwissenschaften. In: Pilz, Roland (Hrsg.): Entscheidungsorientierte Unterrichtsgestaltung in der Wirtschaftslehre. Paderborn.
Stähli, Albert (2001): Managementandragogik 1. Harvard Anti Case. 2. Auflage. Berlin.
Stake, Robert E. (1995): The Art of Case Study Research. Thousand Oaks.
Thom, Norbert (2003): Die Fallstudie als didaktisches Ausbildungsinstrument. In: Thom, Norbert/ Wenger, Andreas P./Zaugg, Robert J. (2003, Hrsg.): Fälle zu Organisation und Personal: Didaktik – Fallstudien – Lösungen – Theoriebausteine. Bern.
Thorngate, Warren (1976): „In general" vs. „it depends": Some Comments on the Gergen-Schlenker Debate. In: Personality and Psychological Bulletin, 2, 404-410.
Wagner, Udo/Reisinger, Herbert/ Schwand, Christopher/Hoppe, Daniel (1997, Hrsg.): Fallstudien aus der österreichischen Marketingpraxis 2: Ein Arbeitsbuch zu den Grundzügen des Marketing. Wien.
Weick, Karl E. (1985): Der Prozess des Organisierens. Frankfurt am Main.
Wiedmann, Klaus-Peter (2004, Hrsg.): Fundierung des Marketing. Verhaltenswissenschaftliche Erkenntnisse als Grundlage einer angewandten Marketingforschung. Wiesbaden.
Yin, Robert K. (1993): Applications of Case Study Research. Newbury Park.
Yin, Robert K. (1994): Case Study Research. Thousand Oaks.

Rainer Winter und Elisabeth Niederer

Cultural Studies

1 Einleitung 403
2 Transdisziplinarität und Konstruktionismus 403
3 Kulturelle Praktiken und kontextuelle Analysen 405
4 Ethnographische und reflexive Methoden 407
5 Ein Beispiel: Die Vermarktung von Subkultur in der Mode 409
6 Schluss 410
7 Literatur 411

1 Einleitung

Unabhängig davon, ob man qualitative Marktforschung aus der rein wissenschaftlichen oder eher praktischen Perspektive betrachtet, befasst sie sich jedenfalls mit verschiedenartigsten Produkten unserer (populären) Kultur. In vielen Bereichen der Erforschung von wirtschaftlichen und organisatorischen Prozessen lässt sich ein „cultural turn" beobachten. Es wird die Auffassung vertreten, dass nur ein Verständnis der Kultur, der Art und Weise, wie sie das Denken, Fühlen und Handeln von Menschen bestimmt, einen tieferen Einblick in diese Prozesse ermöglicht. Kultur führt dazu, dass Menschen ihre Sicht der Dinge und der Welt verändern. Zudem existieren starre Grenzen zwischen Ökonomie und Kultur im 21. Jahrhundert nicht mehr, sie durchdringen sich auf vielfältige Weise. Es ist daher erforderlich, mit den Mitteln der Kulturtheorie und –analyse ökonomische Prozesse zu erforschen (DuGay/Pryke 2002), wie dies die Cultural Studies praktizieren. Sie sind keine unveränderliche Disziplin, sondern nach Grossberg, einem der bedeutendsten Vertreter der Gegenwart, als *„intellektuelle Praxis"* zu begreifen (Grossberg 1999, 47), die ihre Fragestellungen an den Erfordernissen sozialer und historischer Kontexte ausrichtet. Forschungsprojekte der Cultural Studies sind stets inter- bzw. transdisziplinär angelegt, bedienen sich unterschiedlicher Methoden und haben sich einer radikalen Kontextualität verschrieben. So bemühen sie sich um ein Verständnis konkreter ökonomischer Kontexte, richten den Prozess der Forschung, die verwendeten Theorien und Methoden, pragmatisch an ihm aus, um Bedeutungen und Praktiken in ihrer Komplexität und Vielfalt zu verstehen.

2 Transdisziplinarität und Konstruktionismus

Zentrales Merkmal der qualitativen Forschung im Kontext von Cultural Studies ist die theoretische und empirische Untersuchung des Verhältnisses von Erfahrungen, kulturellen Objekten, sozialen Praktiken und Kontexten. Anders formuliert, ihr transdisziplinär orientiertes Forschungsinteresse gilt dem komplexen und vielschichtigen Zusammenhang von alltäglich erlebter, diskursiver und gesellschaftlicher Wirklichkeit in der globalen Ära des 21. Jahrhunderts. Diese dreiseitige Ausrichtung bringt unterschiedliche methodologische Orientierungen mit sich, deren wechselseitige Verknüpfung Cultural Studies seit ihren Anfängen bestimmen. Die Singularität und Kreativität dieses Forschungsansatzes, der sich der Erforschung des „whole way of life" im Sinne von Raymond Williams (1958) verschrieben hat, beruhen auf der gegenseitigen Ergänzung und Bereicherung, aber auch auf den nicht vermeidbaren und produktiv genutzten Widersprüchen, die aus den differenten methodologischen Optionen und Betrachtungsweisen resultieren.

So hat z.B. die qualitativ-empirische Erforschung der Medienrezeption oder anderer Formen des Konsums einen phänomenologischen und hermeneutischen Schwerpunkt, da es um das Verständnis von „lived realities", von Erfahrungen und Praktiken, geht (Winter 1995). Die Analyse medialer Texte stützt sich auf strukturalistische bzw. poststrukturalistische Ansätze. Denn die Logik eines Spielfilms oder einer Fernsehserie kann sich erschließen durch das Aufzeigen der Werte, die sich in der binären Logik von medialen Texten verstecken, der diskursiven Rahmungen, die mediale Wirklichkeiten strukturieren, oder der intertextuellen Bezüge, die ein medialer Text unterhält und die den mediatisierten Charakter unserer Wirklichkeitserfahrung und unseres Wissens hervorheben. Dagegen hat die Analyse der sozialen und politischen Kontexte, in der kulturelle Objekte produziert, konsumiert, rezipiert und angeeignet werden, notwendigerweise einen „realistischen" Charakter, so z.B. in der Deskription des situationalen Settings, in der sich Konsumpraktiken vollzogen, oder der zunehmenden globalen Vernetzung.

Cultural Studies zeichnen sich nun dadurch aus, dass sie die auf diese Weise entstehenden Spannungen, Konflikte und durch die Verknüpfung unterschiedlicher Perspektiven manchmal überraschenden Einsichten ins Zentrum ihrer Analysen rücken. Die Bricolage des Forschungsprozesses (Göttlich et al. 2001), die Triangulation unterschiedlicher Methoden und Theorien je nach Forschungsfrage, veranschaulichen, dass diese transdisziplinär ausgerichtete Forschungstradition mit der positivistischen Agenda gebrochen hat, dass es das Ziel von Forschung sei, Hypothesen oder Theorien darüber aufzustellen, was in der Welt „wirklich" vor sich geht, und dann durch die methodisch erzeugte und kontrollierte Analyse von (harten) Daten herauszufinden, ob dies „wirklich" so ist. Dagegen zeigen Cultural Studies, dass Forschungsfragen, -methodologien und –interessen durch soziale, politische und historische Kontexte geprägt werden. In der Forschung wird nicht Realität „objektiv" analysiert, vielmehr ist die Forschung Teil der Wirklichkeit, die sie erzeugt und sozial konstruiert. Da Methodologien und Schreibweisen der ForscherInnen die Wirklichkeit nicht widerspiegeln, ist es angebracht, durch unterschiedliche Methoden auch verschiedene Wirklichkeiten zu erzeugen und zur Darstellung zu bringen. So wird die Partikularität von Perspektiven deutlich und deren differenten Wirklichkeitskonstruktionen wird Rechnung getragen. Das gewonnene Wissen ist immer sozial und politisch lokalisiert, so dass der Forscher bzw. die Forscherin auch dazu aufgefordert werden, die Diskurse und Positionen, die ihr Denken prägen, kritisch zu hinterfragen. Dabei haben die neueren Ansätze von Cultural Studies einen „performance turn" vollzogen (Denzin 1999, 2003; Winter/Niederer 2008). Sie sind sich dessen bewusst, dass sie Gesellschaft und Kultur in ihren Widersprüchen und Konflikten „zur Aufführung" bringen, wenn sie über sie forschen und schreiben. Reflexive Forschungsstrategien und (Auto-)Ethnographie rücken ins Zentrum der neueren qualitativen Forschung.

3 Kulturelle Praktiken und kontextuelle Analysen

Seit ihren Anfängen haben Cultural Studies sich mit Konsumpraktiken auseinandergesetzt. So handelt Richard Hoggarts „The Uses of Literacy" (1958) von den Gefahren des „Amerikanismus", der Vereinnahmung und Fragmentierung der Praktiken der Arbeiterklasse durch die amerikanische Kulturindustrie und die neuen Muster des Konsums. In der Arbeit des Centre for Contemporary Cultural Studies (CCCS), das 1964 von Hoggart an der Universität Birmingham gegründet wurde, war ein Schwerpunkt eine differenzierte Analyse des Alltagslebens. So rückten die Praktiken und Stilschöpfungen jugendlicher Subkulturen, die Bedeutungen des Medienkonsums und die Dimensionen populärkultureller Erfahrungen, die auf dem Gebrauch kultureller Waren basiert, ins Zentrum des Interesses. Die KonsumentInnen wurden als Bricoleure betrachtet, die Waren und Zeichen auswählen, neu zusammenstellen und so vielfältige Identitäten schaffen (Chambers 1986, Hebdige 1988). Zum einen wurde das vielfältige Angebot des Marktes, dessen Polysemie und Multifunktionalität herausgearbeitet, zum anderen gezeigt, dass der Konsum nicht passiv, sondern aktiv ist. Er führt zur Fabrikation von Bedeutungen, zur Zirkulation affektiver Energie und zu unterschiedlichen Formen des Vergnügens. Dabei sind es die Momente der Selbstermächtigung, der Produktivität und des Eigensinns in alltäglichen Praktiken, denen im Kontext von Cultural Studies die besondere Aufmerksamkeit gilt (Winter 2001). Da ihre kritische Analyse des Alltagslebens von den modernen Machtstrukturen und der ideologischen Durchdringung der Erfahrung ausgeht, präferieren sie, insbesondere in ihrer Frühphase, Formen des (symbolischen) Widerstands gegen das Vorgegebene. Gerade im alltäglichen Gebrauch kultureller Objekte, in der Rezeption und (produktiver) Aneignung von Medien, finden sich die Merkmale und Spuren widerspenstiger Praxis und kreativen Eigensinns, die kulturelle Objekte gegen den Strich lesen, kreativ nutzen und zur Artikulation eigener Perspektiven nutzen. Die Analysen von Cultural Studies beschäftigen sich mit auf den ersten Blick trivialen, unbedeutenden alltäglichen Erfahrungen und Praktiken, die in ihrer Eigenart untersucht werden.

In seinen Analysen des Populären in der Gegenwart knüpft John Fiske (1989) (Winter/Mikos 2001) eng an Foucaults (1976) Unterscheidung zwischen Macht und Widerstand an. ‚Widerstand' kann in spezifischen historischen Situationen im Verhältnis von diskursiven Strukturen, kultureller Praxis und subjektiven Erfahrungen entstehen. Fiske begreift den Alltag als kontinuierliche Auseinandersetzung zwischen den Strategien der „Starken" und den Guerillataktiken der „Schwachen". Im Gebrauch der Ressourcen, die das System z.B. in Form von kulturellen Waren, von Konsumobjekten zur Verfügung stellt, versuchen die alltäglichen AkteurInnen ihre Lebensbedingungen selbst zu definieren und ihre Interessen auszudrücken. Dabei interessiert er sich nicht für die Aneignungsprozesse, die zur sozialen Reproduktion beitragen, sondern für den heimlichen und verborgenen Konsum, der im Sinne von Michel de Certeau (1988) eine Fabrikation, eine Produktion von Bedeutungen und Vergnügen ist, in der den KonsumentInnen ihre eigenen Angelegenheiten deutlicher werden und die (vielleicht) zur allmählichen kulturellen und sozialen Transformation beitragen kann (Winter 2001). Der Konsum wird zu einer kontextuell verankerten gesellschaftlichen Praxis, in der die Objekte in ihrer Bedeutungs- und in ihrer affektiven Dimension nicht vorgegeben, sondern erst auf der Basis kultureller Erfahrungen und Interessen produziert werden. Damit gelingt es Fiske die situative Einzigartigkeit und Signifikanz kultureller Praktiken aufzuzeigen, die an einem besonderen Ort zu einer besonderen Zeit realisiert werden. In seiner Lesart entsteht Populärkultur durch die Bedeutungen und die affektiven Energien, die nicht durch die kulturellen Waren vorgegeben sind, sondern in deren Gebrauch geschaffen werden. Deshalb unterscheidet er auch zwischen der finanziellen Ökonomie, in der es um Geld und den Tauschwert von Waren geht, und der kulturellen Ökonomie des Konsums (Fiske 1987). Auch Paul Willlis (1991) betont, dass Bedeutungen nicht Waren inhärent sind, sondern im Konsum produziert werden. Auf diese Weise schaffen Jugendliche mittels elementarer Ästhetiken ihre eigene „common culture".

Ein für die qualitative Marktforschung wichtiges multidimensionales Modell ist der „circuit of culture", das von einer Gruppe um Stuart Hall (DuGay et al. 1997) am Beispiel der Geschichte des Sony Walkman entwickelt wurde. Kulturelle Prozesse beruhen auf der Artikulation der Ebenen von Produktion, Konsumtion, Repräsentation, Regulation und Identität, auf denen jeweils Bedeutung produziert wird, die relevant, aber nicht determinierend für die nächste Ebene ist. Auf diese Weise sind sie miteinander verbunden. Es lässt sich aber nicht vorab bestimmen, welche Bedeutungen auf der nächsten Ebene produziert werden. DuGay et al. (1997) legen in ihrer Fallstudie dar, wie und warum kulturelle Praktiken eine wichtige Rolle in der Gegenwart einnehmen. Sie zeigen, wie Sony die Erforschung des alltäglichen Gebrauchs des Walkmans in einer Pilotgruppe von jungen Leuten bei der Einführung, Weiterentwicklung und Vermarktung des Produkts nutzte (DuGay et al. 1997, 58ff). Entgegen den ursprünglichen Erwartungen stellte sich heraus, dass die neue kulturelle Technologie weniger interaktiv als individualistisch und solitär genutzt wurde. In der Folge untersuchte Sony immer wieder, wie das Produkt im Alltag angeeignet wurde. Erst durch die Artikulation von Produktion und Konsumtion bekam der Walkman ein Design, das ihn erfolgreich machte. Hier wird auch deutlich, welche wichtige Rolle die DesignerInnen als „KulturvermittlerInnen" („cultural intermediaries") an der Schnittstelle von Produktion und Konsumtion spielen (DuGay et al. 1997, 59). In einem weiteren Schritt arbeiten sich die KonsumentInnen dann an den Bedeutungen ab, die auf den Ebenen der Produktion und der Repräsentation geschaffen werden.

4 Ethnographische und reflexive Methoden

Das „circuit of culture" Modell macht deutlich, dass Cultural Studies sich bemühen, Phänomene aus verschiedenen Blickwinkeln und Ebenen zu betrachten, um ihr methodologische Instrumentarium sensibel zu gestalten. Dabei steht bei der Analyse kultureller Praktiken, insbesondere bei der Erforschung von Rezeptions- und Aneignungsprozessen, die ethnographische Perspektive im Vordergrund. Damit ist nicht eine ausgedehnte ethnographische Feldarbeit wie in der Ethnologie gemeint, sondern die teilnehmende Beobachtung kultureller Praktiken des modernen und postmodernen Lebens, die einen Zugang zur Zirkulation von Bedeutungen (Fiske 1999) und so einen Einstieg in kulturelle Kreisläufe (Johnson et al. 2004) ermöglichen soll. Kultur und Ökonomie befinden sich im Fluss und sind global strukturiert. Wie eine ethnographische Studie zur Modewelt in Hong Kong zeigt, in der die Arbeitserfahrungen und Karrieren einheimischer ModedesignerInnen untersucht werden, kann dies sowohl zu Prozessen des „empowerment" als auch zu Erfahrungen von Ohnmacht angesichts bestehender Strukturen und Mentalitäten führen (Skov 2002). In ihrer Arbeit, der Vermittlung von Produktion und Konsumtion, versuchen die DesignerInnen, die Polaritäten zwischen West und Ost zu überwinden und die Grenzen zwischen Ökonomie und Kultur aufzulösen.

Die ethnographische Perspektive ermöglicht eine Untersuchung der unterschiedlich strukturierten Kontexte und eine deskriptive sowie interpretative Analyse alltäglicher kultureller Erfahrungen und Praktiken aus der Sicht der Untersuchten. Sie kann auch mit autobiographischen Elementen verknüpft sein. So hat Ang (1986) in ihrer Studie zu *Dallas* die Analyse der Reaktionen von Zuschauerinnen mit ihrer eigenen Einschätzung der Serie verbunden. Die persönliche Affinität zu einem Untersuchungsobjekt, bisweilen auch das eigene Fantum, und die Selbstreflexion sind wichtige Ressourcen im Forschungsprozess von Cultural Studies. „My existence as a fan, my experiences, along with whatever other resources are available for describing the field of popular practices and their articulations to social and political positions, are the raw material, the starting point critical of research" (Grossberg 1988, 68). In neueren ethnographischen Arbeiten entstanden zudem die Forderung und die ethische Verpflichtung, den Welten der Anderen möglichst gerecht zu werden. Eine Möglichkeit hierfür ist der Dialog zwischen den Forschenden und den Untersuchten, in dem Vorurteile abgebaut und die Grenzen des eigenen Verständnisses überwunden werden sollen. Der Textur gelebter Leben soll so aus der Sicht der Beteiligten (mehr) Gerechtigkeit widerfahren. In einem weiteren Schritt sollen auch im Alltag bestehende Machtbeziehungen in Frage gestellt werden. „Research that is more fully participatory will aim to use the research process itself to empower those who are being researched" (Johnson et al. 2004, 215).

Ein weiteres wichtiges Merkmal dieser neuen Formen von Ethnographie ist die Selbstreflexivität. Der/die Forschende soll sich über seine/ihre eigene Situiertheit, sozialen und politischen Verpflichtungen sowie theoretischen Vorannahmen, klar werden, damit er/sie leichter Zugang zu den Welten der Untersuchten findet. Dabei impliziert Selbstreflexivität aber nicht, dass ein „wahreres" Wissen der Welt möglich ist (Haraway 1997, 16). Eher zeigt sie die Begrenzungen unserer Weltsicht auf und, dass verschiedene Interpretationen unserer eigenen Welt und der der Anderen möglich sind. In den Formen kritischer Autoethnographie führt Selbstreflexivität dazu, dass der Forscher bzw. die Forscherin untersucht, welche Erlebnisse und sozialen Diskurse seine/ihre Erfahrung bestimmt haben (Bochner/Ellis 2002).

Zudem ist es wichtig, die Polyvokalität des Feldes in ethnographischen Untersuchungen einzufangen. So zeigt die Forschung z.B., dass Produkte des Konsums oder mediale Texte ganz unterschiedlich gebraucht werden können. Gelebte Erfahrungen sollen von verschiedenen Stimmen wiedergegeben werden, um zu vermeiden, dass eine Stimme für die „Wahrheit" einer Erfahrung steht und um die Besonderheit einzelner Erfahrungen angemessen zu erfassen (Saukko 2003, 64ff). Auch in den Darstellungen der Forschungsergebnisse kommt es zu einer Interaktion zwischen den Stimmen der Anderen und der Stimme des Forschers bzw. der Forscherin. Die Berücksichtigung autobiographischer Erfahrungen führt auch zu Experimenten in der Darstellung der Forschungsergebnisse, die bis zur „performance" von Erfahrungen und Praktiken reichen kann.

In der qualitativen Forschung kommt dieser methodologischen Neuorientierung eine wichtige Bedeutung zu. Zum einen fordern dialogische Beziehungen den Forscher bzw. die Forscherin dazu auf, über seine/ihre eigenen Erfahrungen und Praktiken, Vorlieben und Abneigungen, nachzudenken und sie kritisch zu hinterfragen. Zum anderen werden nicht nur die ProduzentInnen oder DesignerInnen, sondern auch die KonsumentInnen als Subjekte akzeptiert, die eine eigene Sicht der Welt, Interessen und Praktiken entwickelt haben. Zudem werden sie aufgefordert, diese zur Darstellung zu bringen. Der Forscher bzw. die Forscherin nimmt nicht die Rolle des unabhängigen Beobachters bzw. der Beobachterin ein. Er/sie ist eher ein/e unterstützende/r MitspielerIn. Seine/ihre Subjektivität wird wie die der Untersuchten durch die kulturellen und medialen Praktiken der heutigen Gesellschaften, insbesondere durch die Populärkultur, geprägt, worüber er/sie sich im Forschungsprozess klar werden sollte. „Popular culture matters...precisely because its meanings, effects, consequences, and ideologies can't be nailed down. As consumers and as critics, we struggle with this profileration of meanings as we make sense of our own social lives and cultural identities" (Jenkins et al. 2002, 11).

Cultural Studies

5 Ein Beispiel: Die Vermarktung von Subkultur in der Mode

Anhand eines Beispiels aus der Modeforschung soll veranschaulicht werden, in welcher Weise Cultural Studies qualitative Marktforschung betreiben und versuchen, das Verhältnis von Wirtschaft, Konsum, sozialen Beziehungen und Kultur, kontextspezifisch zu analysieren. Ähnlich wie bei anderen Produkten der Populärkultur wie Fernsehserien, Frauenzeitschriften oder Computerspielen geht der öffentliche Diskurs, was Mode anbelangt, in die Richtung von Trivialität und Oberflächlichkeit. Tatsächlich nehmen Mode und die damit verbundenen Praktiken (z.B. „shopping", Modemagazine lesen, das Ausleihen oder Tauschen von Kleidern und Accessoires, über Mode sprechen) im Alltag einen beträchtlichen Raum ein. Ausgehend von Simmels Modesoziologie (1904/2000) beschäftigen sich heute Vertreterinnen und Vertreter unterschiedlichster Disziplinen mit Mode. Denn Kleidung ist mehr als eine bloße Notwendigkeit, um den Körper zu schützen und zu bedecken, nämlich die Darstellung von Individualität und Identität im Sinne von Klasse, Gender, sexueller und sozialer Zugehörigkeit in unserer Gesellschaft. Barnard (1996) beschreibt Mode als postmoderne Kommunikationsform und als Ausgestaltung kultureller Produktion, und Barthes (1985) spricht von semiotischen Codes, durch welche verschiedene Bedeutungen zum Ausdruck gebracht werden könne. Davis (1994) zeigt außerdem auch auf, inwiefern anhand der Analyse von Mode soziale und kulturelle Strukturen offen gelegt werden können. Im folgenden möchten wir exemplarisch eine sehr innovative und sehr erfolgreiche Marketingstrategie näher betrachten, die „Ed Hardy Fashion".

Der französische Designer Christian Audigier gilt in Modekreisen als kreativer Schöngeist und Marketing-Genie. Er wurde vor allem durch den bahnbrechenden Erfolg der Modefirma „Von Dutch" berühmt. Heute ist er Eigentümer und Chefdesigner des Vintage-Labels „Ed Hardy" und vereint, inspiriert von Tattoo-Legende Don Ed Hardy, in seinen Produkten (Bekleidung, Accessoires, Kosmetika) subversive Ikonographie, unverwechselbare Designdetails und innovative Marketingkonzepte. In einem persönlichen Interview, angelehnt an Denzins' Methode des „reflexiven Interviews" (2003), das Forscher und Erforschten in ein kreatives und (selbst-)reflexives Gespräch verwickeln möchte, betont Audigier die Relevanz seines selbst entworfenen Marketingkonzeptes:

My idea is not to spend one buck in taking out ads in fashion magazines. I think magazines are read by people because they want to know what celebrities wear. Fashion is lifestyle and not a high gloss advertising campaign. The ads are just aesthetical padding. The basic concept to promote Ed Hardy is to make famous pop stars, jocks or actresses wearing my fashion in public. I have my own folks- in hotels, for example. A concierge is giving me a buzz, that Madonna or David Beckham are arriving this afternoon. So I grab a bag with one or two funny shirts and a gorgeous cap and bring in to the hotel. Frequently they call me to say thanks and come afterwards to shop at Melrose Avenue. But more important for my marketing concept is that celebri-

Rainer Winter und Elisabeth Niederer

ties usually wear the fashion I send them and are shot by own freelancer photographers. These pictures are sent to fashion magazines- people read it and want to wear the same cool cap as Victoria Beckham or Madonna (Interview im Mai 2006 in der Melrose Avenue in Los Angeles).

Audigier setzt darauf, dass Stars seine Produkte in ihrem Alltag genießen und tragen (Ebene des Konsums), sie dabei fotografiert werden können (Ebene der Repräsentation) und ihr privater „lifestyle" wiederum von KonsumentInnen angeeignet wird. Am Beispiel „Ed Hardy Fashion" lassen sich unterschiedliche Bereiche, die allesamt zur Popularisierung eines Produktes beitragen, veranschaulichen, indem man das Modell des „circuit of culture" (DuGay et al. 1997) in einen „cycle of fashion" (Davis 1994) modifiziert und zur Anwendung bringt. Die Elemente Design, Produktion, Konsum, Regulation, Repräsentation und Identität müssen miteinander kontextualisiert werden, um den Erfolg und die Popularität dieses Labels verstehen zu können. Welche Bedeutung die Mode letztendlich im Alltag gewinnt, ob ihre Ikonographie vielleicht auch als subversiv erlebt wird und in manchen sozialen und kulturellen Kontexten zum „empowerment" beiträgt oder als Trivialisierung subkultureller Elemente strikt abgelehnt wird, kann durch eine Analyse der Ebenen des alltäglichen Konsums und der Identitätsbildung bestimmt werden.

Lange Zeit lag der Schwerpunkt der Cultural Studies in der Erforschung und Analyse der symbolischen Formen und Elemente der Populärkultur (Winter 2001, 331). Heute rücken aber immer mehr ökonomische Prozesse, insbesondere die Rolle der „Kulturvermittler", ins Zentrum des Interesses (Nixon/DuGay 2002).

6 Schluss

Wie die Beispiele zeigen, sind Cultural Studies immer an der Analyse von Kontexten und der Vermittlung der verschiedenen Ebenen kultureller Prozesse orientiert. Die Analyse eines einzelnen kulturellen Elements beinhaltet seine komplexen Beziehungen zu anderen kulturellen Objekten und gesellschaftlichen Kräften. Im Rahmen der qualitativen Marktforschung ermöglicht die methodologische Orientierung der Cultural Studies, die auf Interdisziplinarität, Bricolage und Reflexivität setzt, die Singularität und Besonderheit von kulturellen Objekten, Technologien und Praktiken in ihren jeweiligen Kontexten zu verstehen.

7 Literatur

Ang, Ien (1986): Das Gefühl Dallas. Zur Produktion des Trivialen. Bielefeld: Daedalus.
Barnard, Malcolm (1996): Fashion as Communication. London: Routledge.
Barthes, Roland (1985): Die Sprache der Mode. Frankfurt a. M: Suhrkamp.
Bochner, Arthur P./Carolyn Ellis (2002, Hrsg.): Ethnographically Speaking. Autoethnography, Literature, and Aesthetics. Walnut Creek, CA.: Altamira Press.
Chambers, Iain (1986): Popular Culture: The Metropolitan Experience. London: Routledge.
De Certeau, Michel (1988): Kunst des Handelns. Berlin: Merve.
Davis, Fred (1994): Fashion, Culture, and Identity. Chicago: University of Chicago Press.
Denzin, Norman K. (1999): Ein Schritt voran mit den Cultural Studies. In: Hörning, Karl H./Winter, Rainer (Hrsg.): Widerspenstige Kulturen. Cultural Studies als Herausforderung. Frankfurt a. M.: Suhrkamp, 116-145.
Denzin, Norman K. (2003): Performance Ethnography. Critical Pedagogy and the Politics of Culture. London, Thousand Oaks, New Delhi: Sage.
Fiske, John (1987): Television Culture. London, New York: Routledge.
Fiske, John (1989): Understanding Popular Culture. London, Sidney, Wellington: Unwin Hyman.
Fiske, John (1999): Wie ein Publikum entsteht: Kulturelle Praxis und Cultural Studies. In: Hörning, Karl H./Winter, Rainer (Hrsg.): Widerspenstige Kulturen. Cultural Studies als Herausforderung. Frankfurt a. M.: Suhrkamp, 238-263.
Fiske, John (2001): Die britischen Cultural Studies und das Fernsehen. In: Winter, Rainer/Mikos, Lothar (Hrsg.): Die Fabrikation des Populären. Der John Fiske Reader. Bielefeld: Transcript, 17-68.
Foucault, Michel (1976): Überwachen und Strafen. Die Geburt des Gefängnisses. Frankfurt am Main: Suhrkamp.
DuGay, Paul/Hall, Stuart/Janes, Linda/Mackay, Hugh/Mackay, Keith (1997): Doing Cultural Studies. The Story of the Sony Walkman. London: Sage.
DuGay, Paul/Pryke, Michael (2002, eds.): Cultural Economy. London: Sage.
Göttlich, Udo/Mikos, Lothar/Winter, Rainer (2001, Hrsg.): Die Werkzeugkiste der Cultural Studies. Perspektiven, Anschlüsse und Interventionen. Bielefeld: Transcript.
Grossberg, Lawrence (1988): It's a Sin. Essays on Postmodernism, Politics & Culture. Sidney: Power Publications.
Grossberg, Lawrence (1999): Was sind Cultural Studies? In: Hörning, Karl H./Winter, Rainer (Hrsg.): Widerspenstige Kulturen. Cultural Studies als Herausforderung. Frankfurt am Main: Suhrkamp, 43-83.
Haraway, Donna (1997): Modest_witness@second_millenium. Feminism and Technoscience. London: Routledge.
Hebdige, Dick (1988): Hiding in the Light. London: Comedia.
Hörning, Karl H./Winter, Rainer (1999, Hrsg.): Widerspenstige Kulturen. Cultural Studies als Herausforderung. Frankfurt a. M.: Suhrkamp.
Hoggart, Richard (1958): The Uses of Literacy. London: Penguin.
Jenkins, Henry/McPherson, Tara/ Shattuc, Jane (2002, eds.): Hop on Pop. The Politics and Pleasures of Popular Culture. Durham: Duke University Press.
Johnson, Richard/Chambers, Deborah/Raghuram, Parvati/Tincknell, Estella (2004): The Practice of Cultural Studies. London, Thousand Oaks, New Delhi: Sage.
Lincoln, Yvonna S./Denzin, Norman K. (2003, eds.). Turning Points in Qualitative Research. Walnut Creek: Altamira Press.

Nixon, Sean/DuGay, Paul (2002, eds.): Who Needs Cultural Intermediaries? In: Cultural Studies, vol. 16, no. 4, special issue.

Saukko, Paula (2003): Doing Research in Cultural Studies. London, Thousand Oaks, New Delhi: Sage.

Simmel, Georg (1904/2000): Philosophie der Mode. In: Simmel, Georg: Gesamtausgabe, Band 10. Frankfurt am Main: Suhrkamp, 7-38.

Skov, Lise (2002): Hong Kong Fashion Designers as Cultural Intermediaries out of Global Garment Production. In: Cultural Studies, vol. 16, 553-569.

Williams, Raymond (1958): Culture and Society 1780-1950. London: Chatto & Windus.

Willis, Paul und Team (1991):. Jugend-Stile. Berlin: Argument.

Winter, Rainer (1995): Der produktive Zuschauer. Medienaneignung als kultureller und ästhetischer Prozess. München: Quintessenz.

Winter, Rainer (2001): Die Kunst des Eigensinns. Cultural Studies als Kritik der Macht. Weilerswist: Velbrück Wissenschaft.

Winter, Rainer/Mikos, Lothar (2001, Hrsg.): Die Fabrikation des Populären. Der John Fiske Reader. Bielefeld: Transcript.

Winter, Rainer/Niederer, Elisabeth (2008, Hrsg.): Ethonographie, Kino und Interpretation – die performative Wende der Sozialwissenschaften. Der Norman K. Denzin Reader. Bielefeld: Transcript.

Teil 5

Datenerhebung

Anahid Aghamanoukjan, Renate Buber und Michael Meyer

Qualitative Interviews

1 Überblick 417
2 Tiefenrausch? Qualitative Interviews in der Marktforschung 418
3 Über Äpfel, Birnen und Liegestühle: gängige Systematiken
  zum qualitativen Interview 420
  3.1 Interviewformen und -begriffe 421
  3.2 Systematiken in der Marktforschung und der Soziologie 423
4 Eine kurze Theorie der Kommunikation, drei Dimensionen
  und fünf Kriterien 426
5 Empfehlungen 431
6 Literatur 434

1 Überblick

Unter der Bezeichnung „Qualitative Interviews" rubrizieren in der empirischen Sozialforschung ganz unterschiedliche Erhebungsmethoden, die nur wenige Gemeinsamkeiten aufweisen: Es handelt sich um speziell für die Erhebungssituation evozierte Kommunikation, und die Methoden grenzen sich explizit zum traditionellen standardisierten Fragebogen ab, erheben also primär keine quantitativen Daten, sondern Texte. Meistens handelt es sich um persönliche, mündliche Formen der Befragung, es sind aber auch telefonische oder sonst wie technisch unterstützte qualitative Interviews denkbar. Damit sind die Gemeinsamkeiten erschöpft. Methoden wie das narrative Interview, ExpertInneninterviews, strukturierte oder teilstrukturierte mündliche Interviews, Tiefeninterviews, projektive Interviews – sie allesamt werden großzügig als Formen qualitativer Interviews genannt, orientieren sich aber in ihrer Spezifität an ganz unterschiedlichen Dimensionen und Kriterien. Diese Dimensionen auseinander zu halten ist ein Ziel dieses Beitrages. Ein zweites ist, den bisherigen Stellenwert qualitativer Interviews in der Markt- und Marketingforschung zu skizzieren. Da dieser Abschnitt methodengeschichtlich nicht vollkommen neu geschrieben werden kann, sollen dann gängige Systematiken vorgestellt werden, um – nach Einführung einer eigenen Systematik – mit Empfehlungen für die Anwendung qualitativer Interviews in der Marktforschung zu schließen.

Dass es ganz unterschiedliche Facetten qualitativer Interviews gibt, hat nicht zuletzt mit heterogenen methodologischen Ausgangspositionen zu tun. Die Unterscheidung zwischen nomothetischem, kausalem Erklären – der naturwissenschaftlichen Erkenntnismethode – und hermeneutischem Verstehen – dem geisteswissenschaftlichen Erkenntnisweg – prägt die Sozialwissenschaften seit Max Weber (Opp 1999, 63ff; Kruse 2006). Sehr oft, aber nicht zwingend, ist mit dem Einsatz qualitativer Erhebungsmethoden ein Naheverhältnis zum interpretativen Paradigma der Sozialforschung verbunden (Lamnek 2005a, 40ff); sei es nun auf Basis des Sozialkonstruktivismus, des symbolischen Interaktionismus, der Ethnomethodologie oder ethnographischer Theorietraditionen. Da mit qualitativen Erhebungsmethoden i.d.R. Texte produziert werden, die einer Auswertung harren, setzt sich dieser Einfluss der methodologischen Ausrichtung bei der Analyse fort. So können Texte, um zwei Extrempositionen zu nennen, klassisch deduktiv-erklärend inhaltsanalysiert oder tiefenhermeneutisch interpretiert werden (Titscher et al. 1998). Einen wesentlichen Unterschied macht es, ob man den Mitteilungen der InterviewpartnerInnen schlicht vertraut und damit an der Oberfläche der Textinhalte bleibt oder ob man zugrunde liegende Tiefenstrukturen entdecken will, was schon in der Interviewführung seinen Niederschlag findet, indem man entweder Informationen abfragt oder den Erzählungen und Assoziationen der Interviewten freien Lauf lässt.

Anahid Aghamanoukjan, Renate Buber und Michael Meyer

2 Tiefenrausch? Qualitative Interviews in der Marktforschung

Im letzten Jahrzehnt ist eine verstärkte Repräsentanz von qualitativen Methoden in der Markt- und Marketingforschung zu verzeichnen. Dies liegt zum einen an der Weiter- und Neuentwicklung qualitativer Forschungsmethoden sowie zum anderen an der noch immer anhaltenden „Individualisierung von Lebenslagen und Biographiemustern" (Beck 1986, 205-219) von KonsumentInnen bzw. den Folgen der „neuen Unübersichtlichkeit (Habermas 1985)" in einer postmodernen Gesellschaft (Jencks 1990) und der damit einhergehenden zunehmenden Bedeutung konstruktivistischer Theorien (Mayer 2004, 21). Die daraus resultierenden hoch komplexen Marketingsituationen verlangen immer stärker nach multidisziplinären Forschungsdesigns und damit der Nutzung von Synergieeffekten durch die Suche nach Lösungsalternativen aus verschiedenen theoretischen Blickwinkeln. Dennoch dominiert nach wie vor das positivistische Denken vor allem die akademische Marketingforschung. Allerdings findet man in einigen Bereichen, wie z.B. der KonsumentInnenforschung verstärkt Studien, die sich dem interpretativen Paradigma verschreiben. Trotzdem dauerte es von der Etablierung der KonsumentInnenforschung in den Sechziger Jahren etwa drei Jahrzehnte bis die ForscherInnen dem Einsatz des klassischen Fragebogens (vollstrukturierte Befragung) die Verwendung des qualitativen Interviews oder anderer qualitativer Methoden entgegen setzten.

Dem qualitativen Interview wird im Rahmen der akademischen und kommerziellen qualitativen Marktforschung sehr viel Aufmerksamkeit gewidmet (Ketelsen-Sontag 1988). Es hat eine lange Tradition, als zwangloses Gespräch wurde es in Deutschland erstmals von Wilhelm Vershofen als sogenanntes „Nürnberger Befragungsgespräch" in die Verbrauchsforschung, die ihren Ursprung im 1919 gegründeten Institut für Wirtschaftsbeobachtung der deutschen Fertigware an der Nürnberger Hochschule hat (Vershofen 1959, 76), eingeführt (Berekoven/Eckert/Ellenrieder 2006, 95). Das Tiefeninterview (projektive/indirekte, „open-end"-Fragen) folgt der Annahme, „dass dem/der Interviewten bestimmte Sachverhalte, z.B. Wirklichkeitskonstruktionen, nicht bewusst sind", er/sie „ihnen insofern auch nicht erzählend, beschreibend oder argumentierend Ausdruck zu verleihen vermag" (Bohnsack/Marotzki/Meuser 2003, 158). Es wird eingesetzt, um „systematisch Material zu erheben, das Rückschlüsse auf solche unbewussten Gehalte erlaubt" (Bohnsack/Marotzki/Meuser 2003, 158), „um die unterschwelligen Triebkräfte" der KonsumentInnen „bei ihren Entscheidungen freizulegen" (o. Verf. 2006). Es wurde bereits 1938 von Ernest Dichter, dem Begründer der Motivforschung bzw. der psychologischen Marktforschung entwickelt. Er war es auch, der in den KonsumentInnen nicht mehr die homines oeconomici, die durch rationale Entscheidungen ihre Nutzen maximieren, gesehen hat, sondern Wesen, die vor allem von ihren Emotionen und unbewussten Motiven beeinflusst werden, die man als MarketingmanagerIn kennen muss, um verkaufen zu können (o. Verf. 2006).

Auch in der, die KonsumentInnenforschung bereichernden und methodisch sowie vom Umfang her beeindruckenden Studie „Theodicy in Odyssey" von Belk, Wallendorf und Sherry (1989) wurden – neben der Beobachtung – qualitative Interviews zur Interpretation des alltäglichen Verhaltens der amerikanischen Bevölkerung beim Einkaufen, Spielen, Wohnen usw. durchgeführt.

Wie bei allen qualitativen Erhebungsmethoden in der Marktforschung ist mit dem Einsatz eines qualitativen Interviews intendiert, eine „andere Qualität von Informationen" zu erhalten. So geht es „in psychologischer Sicht [...] beim Interview weniger um die Erfassung von Verhaltensweisen, sondern um die Ermittlung von Einstellungen, Images, Verhaltensmotiven, Barrieren und Blockaden" (Schub von Bossiazky 1992, 87) von Angehörigen bestimmter Marktsegmente; das sind häufig KonsumentInnen, aber z.B. auch WählerInnen einer politischen Partei, BürgerInnen einer Stadt, PatientInnen eines Krankenhauses oder MitarbeiterInnen eines Unternehmens, deren verhaltensbegründende Variablen für Markt- bzw. MarketingforscherInnen von Interesse sind.

Der Hauptanwendungsbereich des qualitativen Interviews liegt dort, wo es gilt, die Anpassung des Interviewers bzw. der Interviewerin an die Individualität des bzw. der Befragten zur Herstellung einer gewissen Vertrauensbeziehung zu erzielen, was zu gesteigerter Aussagewilligkeit, spontanen Äußerungen und damit entsprechend vielfältigen Einsichten in die Denk-, Empfindungs- und Handlungsweise der Interviewten führt; die dem Einzelfall angepasste Formulierung und Frageabfolge verbessert insbesondere die Chancen, auch halb bewusste und heikle Probleme anzusprechen (Berekoven/Eckert/Ellenrieder 2006, 95).

Es wäre allerdings zu vermuten, dass die aus Verhaltensbeobachtungen der MarktteilnehmerInnen gewonnenen Daten, etwa durch die elektronische Abwicklung von Zahlungsvorgängen sowie die verstärkten Bemühungen der Anbieter zur Etablierung von ausgefeilten Loyalitäts- und Bindungsprogrammen für KundInnen oder auch den Einsatz der RFID-Technolgie, nicht nur rasch und i.d.R. tagaktuell verfügbar sind, sondern auch in „entsprechender Qualität" vorliegen, um Verhaltensvorhersagen zu stützen bzw. um etwa Wissen über die wichtigsten Erklärungsvariablen des KonsumentInnenverhaltens zu generieren. Allerdings wird es aus Gründen der Marktdynamik im allgemeinen und der zunehmenden Bedeutung der Phänomene rund um den „hybriden Kunden bzw. die hybride Kundin" im speziellen immer wichtiger, über die Motivationen und Einstellungen sowie „dahinter liegenden" Ursachen für das Verhalten der KonsumentInnen Bescheid zu wissen – wofür das qualitative Interview mit all seinen Facetten geeignet ist. Es erlaubt einen „tiefen Einblick" in die Verhaltensweisen, Meinungen und Einstellungen von KonsumentInnen.

Im Gegensatz dazu „eignet sich die Gruppendiskussion besser dafür, in relativ kurzer Zeit ein möglichst breites Spektrum von Meinungen, Ansichten und Ideen über bestimmte Themenbereiche bzw. Produkte zu erhalten" (Berekoven/Eckert/Ellenrieder 2006, 96f): Es wird angenommen, dass während der Diskussion bestimmte Hemmungen schwinden, die TeilnehmerInnen sich gegenseitig zu detaillierten Äußerungen anregen und die Auswertung Rückschlüsse auf verborgene Kaufmotive, Einstellungen u.ä. zulässt.

Wo immer auf ein „tieferes Verständnis" für das Verhalten von MarktteilnehmerInnen abgezielt wird und die Verbalisierung bei der Datengewinnung im Vordergrund stehen soll, gehört das qualitative Interview in die engere Methodenwahl gezogen. Seine wichtigsten Anwendungsfelder lassen sich in Anlehnung an Berekoven, Eckert und Ellenrieder (2006, 95) wie folgt umreißen:

- Motiv- und Einstellungsstudien (zu Produktanmutungen, Preiswahrnehmungen, Markenpräferenzen, bestimmtem Kauf- und Verwendungsverhalten, Kaufhemmnissen, konsumentInnentypologischen Merkmalen),
- Imagestudien,
- Usability-Studien (z.B. im Rahmen der Produktentwicklung die Durchführung von Produktkonzepttests oder Packungstests),
- Werbetests.

Eine besondere Herausforderung stellt der Einsatz des qualitativen Interviews in kulturübergreifenden Marktstudien dar. Aufgrund der meist bestehenden Unsicherheiten über das Verhalten der MarktteilnehmerInnen in fremden Kulturen, z.B. hinsichtlich der für das Kauf- und Verwendungsverhalten relevanten Untersuchungsvariablen und der damit einhergehenden Schwierigkeit einer Fragebogenkonzeption, wird der Einsatz des Interviews oft als alternative Methode in der Phase der Exploration herangezogen. Dabei gilt es, die kulturellen Besonderheiten im jeweiligen Land zu beachten und zu bedenken, dass in manchen Ländern, z.B. in China, das Führen eines Interviews über die Motive zu Kaufentscheidungen nicht erfolgreich sein wird. Alles in allem wird dem qualitativen Interview in der wissenschaftlichen und kommerziellen Marktforschung ein fixer Platz im Methodenkanon eingeräumt.

3 Über Äpfel, Birnen und Liegestühle: gängige Systematiken zum qualitativen Interview

In der Marktforschung und in den Sozialwissenschaften umfasst der Begriff „qualitatives Interview" unterschiedlichste Formen, Definitionen und Zugänge. Nicht überraschend haben sich Anzahl und Vielfalt von Interviewbezeichnungen in den vergangenen Jahrzehnten deutlich erhöht. Bereits 1971 fand Molinari rund 240 Begriffe, darunter auch Frageformen und andere Attribute von Interviews allein zum Begriff „Tiefeninterview". Diese Begriffsunschärfe ruft ein Bedürfnis nach Struktur und Vereinheitlichung hervor. Dem versuchten bereits einige AutorInnen zu folgen. Wir wollen zuerst gängige Interviewformen kurz vorstellen und auf die wichtigsten VertreterInnen verweisen, und im Weiteren unterschiedliche Systematiken zur Kategorisierung und/oder Definition qualitativer Interviewformen sowohl in der Marktforschung als auch in der Soziologie darstellen.

3.1 Interviewformen und -begriffe

Der Begriff „offenes" Interview wird als neutral verstanden, er wird dadurch vom „geschlossenen" und „standardisierten" unterschieden (Kohli 1978). Im offenen Interview ist der Anteil an offenen Fragen höher, damit sind die Befragten auch aktiver in das Geschehen eingebunden (Heinze 2001, 153f). Das Interview wird durch lockere Hypothesen geleitet und das ForscherInnenteam selbst führt es aus (Hopf 1978, 99).

Das *strukturierte* bzw. *standardisierte Interview* folgt einem Fragenkatalog. Abhängig vom Grad der Strukturierung (voll- oder teilstrukturiert), gibt es einen mehr oder weniger hohen Anteil an geschlossenen Fragen mit Antwortvorgaben, die in einer festgelegten Reihenfolge gestellt werden (Diekmann 2005, 374). Typischerweise wird das strukturierte bzw. standardisierte Interview in quantitativen Studien eingesetzt.

Das herausragende Merkmal des *narrativen Interviews*, entwickelt von Fritz Schütze in den 1970ern, ist die Art des produzierten Texts. Erfragt werden Erzählungen erlebter Erfahrungen (Schütze 1977)[1] und dem gemäß wird Erzähltext produziert (im Gegensatz zu Argumentations- oder Beschreibungstexten) (vgl. Jovchelovitch/Bauer 2000, 57ff). Damit beinhaltet das Erzählen implizit eine retrospektive Interpretation (Lamnek 2005a, 357ff).

Das *problemzentrierte Interview* wurde von Witzel (1985) als ein mulitmethodisches Instrument entwickelt, das Interview, Fallanalyse, biographische Methode, Gruppendiskussion und Inhaltsanalyse beinhaltet. Als Einzelmethode unterscheidet sich diese Interviewform im Vorwissen und der Herangehensweise. Die ForscherInnen bereiten sich durch Literaturstudium und Erforschung des Feldes auf das Interview vor. Auch hier gilt das Erzählprinzip, allerdings folgt auf die Erzählung die Sondierungsphase, in der der Forscher bzw. die Forscherin spezifische Bereiche hinterfragt, zurückspiegelt und mit aufgetretenen Widersprüchen konfrontiert (Lamnek 2005a, 363ff).

---

[1] In Abgrenzung dazu ist das episodische Interview stärker auf situationsbezogene („small-scale") Erzählungen hin orientiert (Flick 2000, 88). Vgl. auch die ausführliche Besprechung des „Forschungsverfahrens narratives Interview" von Glinka (2003).

Merton und Kendall (2003) etablierten das *fokussierte Interview* als eine eigenständige wissenschaftliche Forschungsmethode. Ausgangspunkt ist das Erleben einer bestimmten, konkreten, nicht-simulierten Situation durch die Interviewten. Die ForscherInnen haben diese Situation beobachtet und hinsichtlich ihrer sozialen Struktur analysiert und Hypothesen zu Mustern und Determinanten der Situation abgeleitet. Auf Basis dieser Beobachtung wird ein Interviewleitfaden entwickelt. Das Interview selbst erfragt die subjektiven Erfahrungen und Eindrücke der Person zur Testung der Validität der Hypothesen bzw. Erfassung unerwarteter Antworten.

Im *Tiefeninterview* (depth interview, in-depth-interview) ist der/die ForscherIn auf der Suche nach Bedeutungsstrukturen, die dem bzw. der Befragten möglicherweise nicht bewusst sind. Die so erfragten Texte werden vor dem Hintergrund bestimmter theoretischer Vorstellungen interpretiert, bspw. der Psychoanalyse (Lamnek 2005a, 371). Zur Vielfalt des Begriffs des Tiefeninterviews vgl. z.B. Molinari (1971, 10ff).

Schub von Bossiazky (1992, 88f) betont hingegen nicht die Erforschung unbewusster Bedeutungsmuster sondern die Art der Durchführung des Tiefeninterviews; so ist der Begriff für ihn etwa identisch mit dem des *Leitfadeninterviews*. Typisch dafür ist die freie Gesprächsführung, die sich lediglich an einer Liste (einem Leitfaden) an Themen orientiert (Mayer 2004, 36ff).

Ein offenes und größtenteils unstandardisiertes Befragungsgespräch ist das *explorative Interview*. Anders als im Tiefeninterview sind nicht tiefer liegende Bewusstseinsstrukturen, sondern subjektiv relevante Informationen, Meinungen und Einstellungen zum Untersuchungsproblem im Mittelpunkt der Befragung (Kepper 1995, 40).

ExpertInneninterviews werden oftmals im Rahmen explorativer Gespräche angewandt. Dabei werden „ExpertInnen" zum Untersuchungsgegenstand befragt. Der ExpertInnenstatus ist in erster Linie abhängig vom jeweiligen Forschungsinteresse und wird in gewisser Hinsicht vom Forscher bzw. von der Forscherin „verliehen" (Meuser/Nagel 2005). Die Frage der Definition des Experten- bzw. Expertinnenstatus und Auswertungsprobleme sind die Gründe, warum ExpertInneninterviews methodisch umstritten sind. Einige wenige Beiträge versuchen, diesen „Mangel an methodischer Reflexion" zu beheben (Meuser/Nagel 2005).

Beim *Laddering-Interview* handelt es sich um eine Methode der Datenerhebung und -analyse. Diese explorative Technik wird in erster Linie in der qualitativen Marktforschung angewandt, um persönliche Meinungen und Einstellungen zu untersuchen.[2] Sie wird abgeleitet von der Means-End-Theory, die besagt, dass Produktattribute, Folgen der Produktanwendung und persönliche Werte zu einer hierarchisch angelegten Pyramide bzw. Kette, genannt „ladder", verbunden werden können. Zuerst werden interaktive und repetitive Fragen zu Produkteigenschaften, dann zu den Folgen ihrer Anwendung und schließlich zum persönlichen Nutzen gestellt (Veludo-de-Olivei-

---

[2] Vgl. dazu die Zaltman-Metaphor-Technique, die das Prinzip des „laddering" integriert hat (Zaltman/Zaltman 2008).

ra/Ikeda/Campomar 2006, 298f). In der Interpretation werden die Antworten grafisch als „ladders" dargestellt (siehe dazu die Ziel-Mittel-Analyse einer Kaufmotivation nach der Leitertechnik von Reynolds und Gutman (1988)).

Die *Critical-Incident-Technik* wurde von Flanagan (1954) als sozialwissenschaftliche Befragungsmethode eingeführt. Dabei werden ProbandInnen über ein signifikantes Ereignis befragt. Es interessiert, wie die Befragten damit umgingen und welche Folgen und Effekte sie dabei wahrgenommen haben. Ziel der ForscherInnen ist es, ein Geschehnis aus der persönlichen Perspektive geschildert zu bekommen, um daraus kognitive, affektive und konative Aspekte zu identifizieren (Chell 1998, 56) und somit das kritische Ereignis besser verstehen zu können.

Fokusgruppeninterview, Gruppendiskussion und Gruppeninterview sind Spezialformen des Interviews, in dem ein/e InterviewerIn mehrere Personen gleichzeitig befragt. Die Unterschiede zwischen diesen Methoden sind in der Literatur und der Praxis nicht eindeutig (Boddy 2005). Lamnek (2005a, 413) fasst unter einer Gruppendiskussion z.B. alle „Gespräche einer Gruppe von Untersuchungspersonen zu einem bestimmten Thema unter Laborbedingungen" zusammen, dabei kann je nach methodologischer Ausrichtung die Erkundung der Einstellungen der einzelnen TeilnehmerInnen bzw. die der ganzen Gruppe eine Rolle spielen, ebenso wie die Erforschung gruppenspezifischer Verhaltensweisen. Zu weiteren Abgrenzungen vgl. Lamnek (2005b).

Rubin und Rubin (2005, 9ff) unterscheiden zwischen *cultural interview* und *topical interview* als Idealtypen: In einem cultural interview hört der Interviewer bzw. die Interviewerin mehr aktiv zu als dass er bzw. sie aktiv (aggressiv) Fragen stellt. Die interviewte Person wird gebeten, z.B. einen typischen Tag oder ein gewöhnliches Ereignis zu beschreiben. Sie hat viel Zeit, das auszuführen was für sie wichtig ist. Mit einem topical interview suchen ForscherInnen nach Erläuterungen von „rätselhaften" Situationen zu einer bestimmten Zeit und an einem bestimmten Ort.

3.2 Systematiken in der Marktforschung und der Soziologie

Die Systematisierung der unterschiedlichen Interviewformen kann anhand verschiedenster Kriterien vorgenommen werden. Exemplarisch werden einige Systematiken vorgestellt.

Schub von Bossiazky (1992, 88ff) klassifiziert die „Typen" von Interviews nach dem Forschungsproblem, das damit gelöst werden soll. Für die psychologisch-qualitative Forschung sind dies demnach Leitfaden- und Tiefeninterviews. Das offene Interview wird in qualitativen, selten auch in quantitativen Studien angewandt. Explorative Interviews, in denen auch eine Reihe von psychologischen Techniken (z.B. assoziative und projektive Verfahren) eingesetzt werden können, zählen ebenfalls zu den Methoden der qualitativen Forschung, wohingegen das voll strukturierte Interview das typische „Mittel" für eine quantitative Studie ist.

Lamnek (2005a) stellt eine Vielzahl von Einteilungsgesichtspunkten als Dimensionen zur Differenzierung der Befragungstypen vor (Tabelle 1). Darüber hinaus systematisiert Lamnek (2005a, 382ff) Interviewformen im Hinblick auf die methodologischen Kriterien des interpretativen Paradigmas, wie Offenheit, Kommunikation, Prozesshaftigkeit, Flexibilität, Explikation, theoretische Voraussetzungen und danach, ob Hypothesen generiert oder geprüft werden sollen.

Tabelle 1: Arten von Befragungen (Quelle: Lamnek 2005a, 331)

Dimensionen der Differenzierung	Form des Interviews
1. Intention des Interviews	▪ Ermittelndes ▪ Vermittelndes, evtl. Aktionsforschung
2. Standardisierung	▪ Standardisiertes ▪ Halb-Standardisiertes ▪ Nicht-Standardisiertes
3. Struktur der zu Befragenden	▪ Einzelinterview ▪ Gruppeninterview, evtl. Gruppendiskussion ▪ Paper & Pencil
4. Form der Kommunikation	▪ Mündliches ▪ Schriftliches
5. Stil der Kommunikation, Interviewerverhalten	▪ Hartes ▪ Weiches ▪ Neutrales
6. Art der Fragen	▪ Geschlossenes ▪ Offenes
7. Kommunikationsmedium bei mündlichen Interviews	▪ Face-to-face, persönliches ▪ Telefonisches
8. Versandmedien bei schriftlicher Befragung	▪ Postalisches, mit persönlicher Adresse ▪ Postwurfbefragung ▪ Beilagenbefragung (Zeitung etc.)

Mayring (2002, 66f) nimmt in seiner Begriffsbestimmung qualitativer Interviewformen Bezug auf drei Kriterien: den Freiheitsgrad des bzw. der Befragten, den Freiheitsgrad des Interviewers bzw. der Interviewerin und die Auswertung des Materials. So bezieht sich das offene (im Unterschied zum geschlossenen) Interview auf die Freiheitsgrade des bzw. der Befragten. Er bzw. sie kann ohne Vorgaben frei antworten, frei formulieren, und erwähnen, was ihm bzw. ihr in Bezug auf das Thema bedeutsam ist. Das unstrukturierte (vs. strukturierte) bzw. unstandardisierte (vs. standardisierte) Interview bezieht sich auf die Freiheitsgrade des Interviewers bzw. der Interviewerin. Er bzw. sie hat keinen starren Fragenkatalog und kann Fragen und Themen je nach Interviewsituation frei formulieren. Das qualitative (vs. quantitative) Interview bezieht sich auf die Auswertung des Interviewmaterials, die mit qualitativ-interpretativen Techniken erfolgt.

Problemzentriertes und fokussiertes Interview, wie auch exploratives Interview und Tiefeninterview, sind demnach offene, halbstrukturierte, qualitative Methoden. Schwächer strukturiert ist das narrative Interview, wobei in der Offenheit der Fragen und der Auswertung „sich die qualitativ orientierten Interviewformen weitgehend einig sind" (Mayring 2002, 67ff).

Zur Auswahl einer Interviewtechnik für einen konkreten Untersuchungsfall schlägt Wiedemann (1987) folgende Kriterien vor: Ist der interessierende Sachverhalt überhaupt im subjektiven Erleben repräsentiert, bzw. mit welchem kognitiven Aufwand ist eine Befragungen für den Interviewpartner bzw. die Interviewpartnerin verbunden? Zeitaufwand, Rollenstruktur und Kontext müssen für die Befragten ebenfalls akzeptabel sein. Die Art der Dokumentation und Auswertung von Daten sollten auch im Vorhinein festgelegt sein. Die Art der subjektiven Erfahrung, die erfasst werden soll, hat ebenfalls einen großen Einfluss auf die Wahl der Interviewform (vgl. Bortz/Döring 2006, 309f; Diekmann 2005). Zur Differenzierung der subjektiven Erfahrungen können sechs Dimensionen (Wiedemann 1987) herangezogen werden:

1. Realitätsbezug (z.B. Fantasien vs. Beschreibungen),
2. Zeitdimension (z.B. Erinnerungen vs. Zukunftspläne),
3. Reichweite (z.B. Tagesablauf vs. Lebensgeschichte),
4. Komplexität (z.B. einfache Personenbeschreibung vs. Charakterisierung),
5. Gewissheit (z.B. Vermutungen vs. Erfahrungswissen),
6. Strukturierungsgrad (z.B. freie Assoziationen vs. Erklärungen).

Außerdem lassen sich fünf zentrale Erfahrungsgestalten unterscheiden: Episoden (Dramen), Konzeptstrukturen, Geschehenstypen, Verlaufsstrukturen und Theorien (mentale Modelle).

Auch die theoretische Position stellt ein Kriterium der Systematisierung dar: so wird dem Positivismus eher die Methode der strukturierten, standardisierten Befragung zugerechnet, wohingegen in der sozial-konstruktivistischen Forschung eher offene, unstandardisierte Interviews verwendet werden. Auch einzelnen soziologischen Theoriepositionen können bestimmte Erhebungsmethoden und Interviewtypen zugerechnet werden. So werden etwa im symbolischen Interaktionismus vor allem Leitfaden- und narrative Interviews angewandt (Flick/von Kardoff/Steinke 2004, 18).

Mey und Mruck arbeiten anhand von drei Typen qualitativer Interviews - (1) narratives Interview, (2) diskursiv-dialogisches Interview und (3) ExpertInneninterview - den den zahlreichen Systematiken gemeinsamen „Grundbestand" heraus und präsentieren eine synoptische Übersicht zu Interviewverfahren hinsichtlich der Ziele und Methodik (Mey/Mruck 2007, 250-257).

4 Eine kurze Theorie der Kommunikation, drei Dimensionen und fünf Kriterien

Den vielen unterschiedlichen Systematiken qualitativer Interviews soll keine weitere hinzugefügt werden. Vielmehr sollen Interviews kommunikationstheoretisch verortet werden, um dann einzelne Dimensionen zu identifizieren, hinsichtlich derer sich die Spielarten qualitativer Interviews unterscheiden. Schließlich handelt es sich beim Interviewen um Kommunikation. Eine schlüssige Systematik oder gar eine vollständige Typologie lassen sich entlang der drei Dimensionen und fünf Kriterien mit einer jeweils offenen Anzahl von Ausprägungen nicht konstruieren.

Im Marketing gängige Kommunikationstheorien differenzieren ja im Anschluss an das technische Modell von Shannon und Weaver (1949, 1964) und dessen Übernahme in die Kommunikationswissenschaften durch Schramm (1961) noch immer zwischen SenderIn, EmpfängerIn und Botschaften. Codierung und Dekodierung sind dabei die zentralen Prozesse. Es wird unterstellt, dass Kommunikation gelingen kann, wenn es nur gelingt, das Signal in all dem Rauschen zu erkennen und entsprechend der durch den Sender bzw. die Senderin durchgeführten Codierung wieder zu entziffern. Die Botschaft ist ein Paket, welches mehr oder weniger unverstümmelt beim Empfänger bzw. bei der Empfängerin ankommen kann.

An dieser, einem positivistischen Realismus verpflichteten, Anschauung von Kommunikation halten auch viele Positionen qualitativer Marktforschung mehr oder weniger fest. Hier soll im Anschluss an Luhmann (1984, 193ff) ein anderer Begriff von Kommunikation zugrunde gelegt werden. Nicht die unversehrte Übermittlung ist Erfolgskriterium – wer soll über das Ausmaß der Verstümmelung schlussendlich entscheiden? Im Mittelpunkt steht die Selektion und die Anschlussfähigkeit: Kommunikation ist demzufolge ein dreifach selektiver Prozess, bestehend aus den Schritten Information, Mitteilung und Verstehen. Kommunikationen sind aus dieser Perspektive nicht mehr die möglichst gute Übertragung von Informationen von einem Sender bzw. einer Senderin zu einem Empfänger bzw. einer Empfängerin, sondern die emergente Einheit der Differenz von Information, Mitteilung und Verstehen. Anders formuliert: Kommunikation ist eine eigenständige Operation, die drei verschiedene Selektionen - Information, Mitteilung, Verstehen – miteinander zu einer Einheit verknüpft, an die weitere Kommunikationen anschließen können. Aus einem bekannten oder unbekannten Vorrat an Möglichkeiten wird etwas, was mitgeteilt werden soll, ausgewählt (Information). Dann muss ein bestimmtes Verhalten gewählt werden (absichtlich oder unabsichtlich), um die Information zu überbringen (Mitteilung). Schließlich wird in einer dritten Selektion, auf der Basis der Differenz von Information und Mitteilung, Verstehen auf der Seite des Empfängers bzw. der Empfängerin produziert, d.h. aus vielen Möglichkeiten des Verstehens eine ausgewählt (Luhmann 1984, 196f). Es bleibt also festzuhalten, „daß drei Selektionen zur Synthese gebracht werden müssen, damit Kommunikation als emergentes Geschehen zustande kommt" (Luhmann 1984, 196).

Kommunikation ist nicht direkt beobachtbar. Die verschiedenen Selektionen und ihre Synthese können nur erschlossen werden (Luhmann 1984, 226). Indem vom Kommunikationssystem via mitlaufender Selbstbeobachtung bzw. -beschreibung Kommunikationen einem bestimmten Adressaten bzw. einer bestimmten Adressatin zugeschrieben werden, produziert es Handlungen, d.h. zurechenbare Einzelselektionen.

Insofern wollen alle Methoden empirischer Sozialforschung Mitteilungen verstehen, also die zugrunde liegende Information erkunden. Dabei schränken sie das, was jeweils zulässig ist, mehr oder weniger ein: Mehr bei standardisierten schriftlichen Befragungen, weniger bei teilnehmender Beobachtung. Das qualitative Interview liegt hier in der Mitte. Es beschränkt sich auf sprachliche Mitteilungen und versucht diesen durch Analyse und Interpretation Informationen zu unterstellen. Auf die Informationen lässt sich lediglich aufgrund der beobachteten, gehörten und aufgezeichneten Mitteilungen schließen, und dieser Rückschluss bleibt allemal Hypothese. Es sind Spezifika dieser Mitteilungshandlungen, die die Formen qualitativer Interviews unterscheiden und die wiederum durch Erwartungen der InterviewerInnen eingeschränkt werden.

Die Struktur der Interviewsituation lässt sich in sachlicher, zeitlicher und sozialer Hinsicht beschreiben:

- *Sachlich* geht es um die Frage, was Inhalt und Thema des Interviews ist und wie stark diesbezüglich selegiert wird. Manchmal ist alles möglich und es ist verpönt, den Redefluss der/des Interviewten zu bremsen, auch wenn er bzw. sie zu vollkommen anderen Themen schweift, ein anderes Mal wiederum gibt ein präziser Leitfaden klare Orientierung.
- In der *Sozialdimension* stellt sich die Frage, wie die Beziehung zwischen Interviewtem bzw. Interviewter und InterviewerIn gestaltet wird: Gilt der bzw. die Inter-

viewte als Experte bzw. Expertin, steht er bzw. sie als RepräsentantIn für eine soziale Gruppe oder eine Organisation, oder gilt die Idiosynkrasievermutung? Gibt der Interviewer bzw. die Interviewerin Regeln vor, und wenn ja, unterwirft sich der Interviewte bzw. die Interviewte oder gestaltet er bzw. sie mit? Mit welchen Zuschreibungen müssen Interviewte leben, welche psychischen Prozesse, die ja unbeobachtbar sind, werden ihnen unterstellt? Versteht sich der Interviewer bzw. die Interviewerin als InquisitorIn oder als BeobachterIn, als investigativer Journalist bzw. investigative Journalistin, der bzw. die den bzw. die Befragte/n in eine Falle locken will, oder als freundschaftlicher Gesprächspartner oder freundschaftliche Gesprächspartnerin?

Zeitlich stellt sich nicht nur die offensichtliche Frage nach der Dauer der Interviews, sondern auch nach deren Taktung: Welche Interpunktionen werden von wem gesetzt? Was ist „genug", wann ist ein Themenbereich abgeschlossen oder das Interview beendet? Wer vereinbart mit wem welchen Termin? Darf sich die Kommunikation im Kreis drehen oder muss ein Fortschritt, ein Erkenntnisgewinn diagnostiziert werden?

Die folgenden Unterscheidungskriterien betreffen jeweils alle drei Dimensionen und stecken den Spielraum ab, in dem sich qualitative Interviews i.d.R. bewegen:

1. Redundanz, Varietät und Freiraum

Interviewkommunikation bedeutet im Vergleich zur freien Kommunikations-Wildbahn immer eine Einschränkung an Möglichkeiten.

Im Extrem der voll standardisierten schriftlichen Befragung zeigt sich sachlich, zeitlich und sozial hohe Redundanz, das Mitteilungshandeln des/der Interviewten ist eingeschränkt und prognostizierbar: Beantworten oder nicht Beantworten, Ankreuzen und Ausfüllen oder nicht – das sind die Optionen, die Varianten des Antwortverhaltens werden über Skalierungen unter Kontrolle gehalten.

Unterschiedliche Spielarten qualitativer Interviews unterscheiden sich im Ausmaß der Einschränkung und Disziplinierung, die sie den Interviewten zumuten. Bei themenzentrierten, strukturierten oder teilstrukturierten Varianten ist diese stärker als bei Tiefeninterviews oder narrativen Interviews, im anderen Extremfall beginnt der Interviewer bzw. die Interviewerin mit „Erzählen Sie mir etwas – ganz egal worüber" – was aber noch immer bedeutet, dass verbale Kommunikation erwartet wird. Stärkere Redundanz, also eine Situation, bei der die Kenntnis weniger Elemente eine gute Prognose der Mitteilungen erlaubt (vgl. zu diesem Verständnis von Redundanz Luhmann 1988), impliziert präzisere Erwartungen des Interviewers bzw. der Interviewerin bezüglich der Mitteilungen und birgt weniger Überraschungsmomente und heuristisches Potenzial. Andererseits erfordert stärkere Redundanz auch mehr an Vorbereitungsarbeiten, bringt aber dann mehr Sicherheit für den Interviewer bzw. die InterviewerIn.

2. Zuschreibungen und Rollenerwartungen

Die Erwartungen, die Interviewpersonen in qualitativen Interviews zugemutet werden, sind ganz unterschiedlich. In Interviews mit ExpertInnen wird ihnen eine ganz besondere, qualifizierte und kompetente Beobachtung unterstellt, die letztendlich das Manko der geringen Zahl kompensieren soll. Dann interessieren weniger ihre Emotionen, Motive oder Einstellungen, sondern vielmehr ihre kognitive Beurteilung eines Sachverhaltes, der eine besondere Qualität unterstellt wird.

Ganz allgemein werden Personen entweder als Individuen oder als RepräsentantInnen sozialer Gruppen (bzw. Organisationen) interviewt. Wenn daraus Aussagen über diese Gruppen oder Organisationen getroffen werden sollen, z.B. über das organisationale Kaufverhalten, wird mutig unterstellt, dass Mitteilungen in der spezifischen Interviewsituation etwas mit einem gänzlich anderen Kommunikationskontext, nämlich der Organisation zu tun haben. Diese Zusammenhänge sind meist theoretisch unterdeterminiert. Andererseits werden in der Marktforschung oft „Gruppeninterviews" durchgeführt, ohne dass die Gruppe als soziales Aggregat Erkenntnisobjekt ist. Bei „Fokusgruppeninterviews" soll die Interviewsituation mit mehreren anwesenden Interviewten anregen und besondere Assoziationen auslösen. In Bezug auf Individuum bzw. Gruppe sind somit beim Interviewen Spielarten denkbar:

- individuelle Interviews, um etwas über psychische Konstrukte zu erfahren (z.B. Einstellungen, Motive, Emotionen, Verhalten),

- individuelle Interviews, um etwas über Gruppen zu erfahren (Normen, Kommunikation in Gruppen),

- „Gruppeninterviews" – meist werden dabei aber keine Gruppen im soziologischen Sinn interviewt, um etwas über individuelle psychische Konstrukte und individuelles Verhalten zu erfahren,

- Gruppeninterviews, um etwas über Gruppen zu erfahren.

Auch die Rolle des Interviewers bzw. der Interviewerin kann ganz unterschiedlich angelegt werden: Versteht er bzw. sie sich als GesprächspartnerIn oder investigative/r VerhörspezialistIn, als ImpulsgeberIn und ModeratorIn oder als dominante/r GestalterIn der Interviewsituation? Derartig unterschiedliche Rollenverständnisse können in interkulturellen Gesprächssituationen, in denen nicht auf ein gemeinsames Repertoire sozialer Regeln zurückgegriffen werden kann, kritisch werden.

3. Textsorten

Mitteilungen in Interviews konstituieren Texte verschiedener Textsorten. Der Begriff *Textsorten* stammt aus der Linguistik und bezeichnet eine Gruppe von Texten, die sich durch spezifische Merkmale auszeichnen, bspw. Protokolle, Erzählungen, Erfahrungsberichte, Personenbeschreibungen, politische Kommentare (Kern 1968/1976, Franke 1987). Qualitative Interviews produzieren – zumindest in einer bestimmten Bandbreite

– unterschiedliche Textsorten. Narrative Interviews evozieren Erzählungen, biographische Interviews Lebensläufe, ExpertInneninterviews Einschätzungen und Situationsbeurteilungen. Die InterviewpartnerInnen werden dann die mit diesen Textsorten assoziierten Regeln beachten, sie werden also bspw. ihre Lebensläufe subjektiv und expost umschreiben, um den Status-quo zu rechtfertigen, sie werden, wenn sie als ExpertInnen gefragt werden, Expertisen liefern, sie werden bei Anfrage möglichst klare Beurteilungen liefern und sie ausreichend begründen, sie werden bei Erzählungen einen Spannungsbogen aufbauen und einen Witz mit einer mehr oder weniger gelungenen Pointe beenden. Auf Seite der InterviewerInnen steht dahinter meist eine bestimmte Vermutung in Bezug auf die Information, insbesondere eine konkrete Erwartung über manifeste und latente Inhalte.

4. Informationsunterstellung

Am Anfang jedes qualitativen Interviews steht eine auf den ersten Blick gewagte Unterstellung – die im Übrigen jegliche empirische Sozialforschung trifft: In den Mitteilungen einer ganz spezifischen Interviewsituation werden Informationen über die Psyche der bzw. des Interviewten oder über die Strukturen und Eigenheiten sozialer Systeme vermutet. Jedenfalls ist Latenzbeobachtung sehr oft das Ziel der InterviewerInnen, selbst wenn keine tiefenhermeneutischen Verfahren zur Analyse herangezogen werden. Meist werden aus den Mitteilungen Informationen gewonnen, die dem Mitteilenden so nicht bewusst waren: über Emotionen, Motive und Einstellungen oder soziale Strukturen, die aus den Texten nur mit bestimmten theoretischen Brillen gelesen werden können. Hier unterscheiden sich unterschiedliche Varianten qualitativer Interviews ganz beträchtlich. Insbesondere jene Verfahren mit großem Freiraum und geringer Redundanz versuchen, aus den so generierten Erzählungen und Beschreibungen Informationen zu gewinnen, die auch dem bzw. der Interviewten verborgen sind – sie sind also schlauer als der Interviewpartner bzw. die Interviewpartnerin. Am anderen Ende des Spektrums liegen jene Verfahren, die der Mitteilung voll vertrauen, die also bspw. kognitiv geladene Einschätzungen abfragen und diese so verstehen, wie sie mitgeteilt wurden – so diese Möglichkeit (aus unserer theoretischen Perspektive naiv) unterstellt wird.

5. Medien und technische Unterstützung

Das Medium des qualitativen Interviews ist die Sprache und das verbale und paraverbale Verhalten (obschon sich mit kombinierter Beobachtung auch nonverbale Kommunikation erheben und analysieren lässt). Ein großer Teil qualitativer Interviews in der Forschungspraxis bedient sich mündlicher und persönlicher Erhebung – also Primärkommunikation. Dennoch sind auch andere Erhebungsmodi denkbar – und mit den je spezifischen Vor- und Nachteilen behaftet: telephonisch, via E-mail und Internet, Video- und Internettelephonie. Je gewagter die Informationsunterstellung, desto wichtiger ist es, die Erhebungssituation jener Situation anzugleichen, über die Aussagen getroffen werden sollen bzw. sie dem bzw. der Interviewten möglichst vertraut zu machen. So wie es wenig schlüssig ist, Gruppenprozesse über standardisierte Individualfragebögen zu erheben, so fragwürdig wäre es, Emotionen über eine Befragung per E-Mail auf den Grund zu gehen.

5 Empfehlungen

Qualitative Interviews werden in der Marktforschung weiter an Bedeutung gewinnen – diese Prognose ist nicht sehr gewagt und basiert nicht zuletzt auf der abnehmenden Compliance gegenüber standardisierten Erhebungsmethoden. MarktforscherInnen, die qualitativ interviewen wollen, kann natürlich eine Reihe von Empfehlungen mit auf den Weg gegeben werden (Froschauer/Lueger 2003, 51ff) – einige wenige sollen aus unserer Sicht hier zusammengestellt werden:

- Theoriebezug und Forschungsfrage

Methodenentscheidungen sowohl im Erhebungs- als auch im Auswertungsbereich sind eng an die Forschungsfrage und die theoretische Basis gekoppelt. MarktforscherInnen sollten sich klar sein, was sie erheben wollen – und ob die Methode zu dieser Frage passt.

- Respekt vor den Interviewten

Einer der Hauptgründe für die hohe Akzeptanz qualitativer Interviews ist die Tatsache, dass sich Interviewte in derartigen Situationen respektiert fühlen. Dieses Kapital darf nicht verspielt werden. Das bedeutet z.B., die InterviewpartnerInnen vorab ausreichend zu informieren und respektvoll mit deren Zeit umzugehen. Das heißt aber auch, mit den Interviews höchst vertraulich umzugehen, sie bei Weitergabe an Dritte oder Publikation zu anonymisieren und jedenfalls nur so zugänglich zu machen, dass eine Zuordnung von Texten zu konkreten Personen unmöglich ist.

- Offenheit und Zurückhaltung

Auch wenn hier im Unterschied zu Froschauer und Lueger (2003, 35) die Strukturierung durch die befragte Person nicht als zentrales Differenzkriterium qualitativer Interviews herangezogen werden soll, gilt es für die befragende Person, nicht nur offen für Inhalte, sondern auch für Prozessvorschläge der Befragten zu bleiben und bei Interventionen zurückhaltend zu sein. Noch immer sind das journalistische Interview oder gar das investigative Verhör bei vielen als Hintergrundfolie zum Thema Interview verankert. Hievon muss scharf abgegrenzt werden: Weder stellen qualitative InterviewerInnen Fallen, noch wollen sie jemanden festnageln oder gar zu einem Geständnis bringen. Die Beeinflussung der Befragten, auch durch nonverbale oder paraverbale Kommunikation des Interviewers/der Interviewerin, sollte möglichst gering sein – ausgeschlossen kann sie freilich nie werden –, ohne dadurch eine unnatürliche und ungewohnte Situation entstehen zu lassen. Blasses, wohlwollendes Verständnis ist in den meisten Fällen die passende Haltung der InterviewerInnen. Metakommunikation im Vorfeld ist angebracht, um die Befragten auf diese spezifische Rolle der Fragenden hinzuweisen.

- Nachvollziehbarkeit

Genaue Dokumentation ist für die Nachvollziehbarkeit qualitativer Forschung unerlässlich und trägt dazu bei, dass die Akzeptanz des Einsatzes qualitativer Interviews in der scientific community und in der kommerziellen Marktforschung erhöht wird. Dazu zählen nicht nur Tonbandaufzeichnung und Transkription, sondern auch Interviewprotokolle, die Beobachtungen und Eindrücke erfassen sollen. Das bedeutet nicht, dass jedem Forschungsbericht die Transkripte beigelegt werden müssen. Ergebnisse aus den Interviews sind aber zumindest durch (anonymisierte) Textpassagen zu dokumentieren, die Interpretation ist Schritt für Schritt nachvollziehbar zu machen.

- Ökonomie

Beim persönlichen qualitativen Interview handelt es sich um eine aufwändige Erhebungsmethode, sie erfordert viel Zeit für die Erhebung, Verschriftung und Analyse. Es ist ein Gebot der Forschungsökonomie, nach möglichst effizienten Alternativen Ausschau zu halten. Oftmals werden auch e-mail- oder Telefonbefragungen angemessen sein, mailing lists und blogs können neue Möglichkeiten bieten, zu relevanten Texten zu kommen.

- Rechtliche Aspekte

Nicht nur bei der Veröffentlichung von personenbezogenen Daten, sondern auch bei der Erfassung von Daten (sei es via persönlichem, telephonischem Interview oder mittels Internet) sind eine ganze Reihe von datenschutzrechtlichen Bestimmungen zu beachten. Gerade, weil über das Internet auf einfachste Weise Daten weltweit für Millionen von Menschen publiziert werden können, und ebenso leicht Personendaten über das Internet abgerufen werden können, gelten dafür eine ganze Reihe von gesetzlichen Bestimmungen (z.B. für Deutschland: Bundesdatenschutzgesetz BDSG, Mediendienste-Staatsvertrag MDStV, Teledienstgesetz TDG, Markengesetz MarkenG, § 12 Bürgerliches Gesetzbuch BGB). Eine entsprechende Information über die rechtlichen Rahmenbedingungen ist jedenfalls unerlässlich.

- (Fremd-)Sprachenkompetenz

Insbesondere in der internationalen Marktforschung (Marschan-Piekkari/Welch 2004), aber angesichts der ethnischen Durchmischung auch bei rein nationalen Projekten, stellt sich vermehrt die Frage nach der Sprachkompetenz von InterviewerInnen und Interviewten. Bei den qualitativen Interviews ist es in der Mehrzahl der Fälle zu empfehlen, Interviewte in ihrer Muttersprache antworten zu lassen und gegebenenfalls nachher für Übersetzungen zu sorgen, ist doch die individuelle Ausdrucksfähigkeit und sprachliche Spontaneität meist eine der impliziten Grundvoraussetzungen qualitativen Interviewens, die nicht durch die Erfordernis, sich in einer Zweitsprache schlechter mitteilen zu müssen, eingeschränkt werden sollte. Das setzt auch eine entsprechende Sprachkompetenz der InterviewerInnen voraus.

Technik

ForscherInnen, die qualitativ interviewen wollen, sollen sich über den letzten Stand der Technik (Aufzeichnung, Abhören und Transkription, Analyse) informieren. Es können und sollen hier keine konkreten Produktempfehlungen gegeben werden, in einschlägigen Web-Communities sind technische Fragen laufend Thema. Leider ist die Spracherkennung noch nicht soweit fortgeschritten, dass eine automatische Verschriftung von Interviews möglich ist, ohne dass die entsprechende Software langwierig auf spezifische Stimmen trainiert wurde. Die technische Entwicklung in diesen Gebieten ist aber rasant.

Leitfaden und Erwartungskonkretisierung

Auch wenn qualitative Interviews vielfach explorativen, entdeckenden Charakter und damit ein hohes Überraschungspotenzial haben, hegen InterviewerInnen regelmäßig Erwartungen bezüglich der Antworten und Mitteilungen, die sie auf ihre Fragen erhalten. Diese sollten präzisiert und dokumentiert werden. Wir empfehlen dazu dreispaltige Interviewleitfäden:

1. In der ersten Spalte sind jene (wenigen) Fragen formuliert, die jedenfalls gestellt werden.
2. In der zweiten Spalte finden sich jene Erwartungen über die Antworten und Mitteilungen, die von den Interviewten auf die jeweiligen Fragen kommen sollen.
3. In der dritten Spalte werden optionale Zusatzfragen zum Nachfragen formuliert, die gestellt werden, wenn bestimmte Erwartungen enttäuscht werden, also bestimmte Mitteilungen nicht erfolgen.

Dadurch entsteht ein „Trichtermodell", welches zusätzliche Information bietet: Es macht bspw. einen Unterschied, ob jemand eine bestimmte Imagedimension (z.B. ökologische Verträglichkeit bei Autos) von sich aus erwähnt oder erst auf Nachfrage. Derartig umfangreiche Leitfäden sollten bei Einsatz mehrerer InterviewerInnen und insbesondere im internationalen Kontext in Teams entwickelt, konsensuell abgesichert und damit quasi „geeicht" werden.

Aller Anfang ist dennoch ...

Perfekte InterviewerInnen fallen nicht vom Himmel, und trotz hervorragender Anleitungen zur Gestaltung des Interviewablaufes (bei Froschauer/Lueger 2003, 63ff) gilt für das Interviewen „learning by doing". Personen mit der viel beschworenen sozialen Kompetenz und der seltenen Paarung von Kontaktfähigkeit und Zurückhaltung, werden sich beim Lernen wohl leichter tun. Innerhalb eines Projektes empfiehlt es sich immer, die unwichtigeren und unsensiblen Interviews als eine Art Pretest zuerst zu führen. Das erste Interview sollte dann sofort angehört und verschriftet werden, um aus eigenen Fehlern (kein Nachfragen, Unterbrechungen, paraverbale Zustimmungen etc.) zu lernen bzw. den Leitfaden zu adaptieren (Lamnek 2005a, Opp 1999, Beck 1986).

6 Literatur

Beck, Ulrich (1986): Risikogesellschaft. Auf dem Weg in eine andere Moderne. 1. Auflage. Frankfurt am Main.
Belk, Russell W./Wallendorf, Melanie/Sherry, John F. Jr. (1989): The Sacred and the Profane in Consumer Behavior: Theodicy on the Odyssey. In: Journal of Consumer Research, vol. 16, June, 1-38.
Berekoven, Ludwig/Eckert, Werner/Ellenrieder, Peter (2006): Marktforschung. Methodische Grundlagen und praktische Anwendung. 11. überarb. Auflage. Wiesbaden.
Boddy, Clive (2005): A Rose by Any Other Name May Smell as Sweet but „Group Discussion" is not Another Name for a „Focus Group" Nor Should It Be. In: Qualitative Market Research, vol. 8, no. 3, 248-255.
Bohnsack, Ralf/Marotzki, Winfried/Meuser, Michael (2003, Hrsg.): Hauptbegriffe Qualitativer Sozialforschung. Opladen.
Bortz, Jürgen/Döring, Nicola (2006): Forschungsmethoden und Evaluation für Human- und Sozialwissenschaftler. Berlin.
Chell, Elizabeth (1998): Critical Incident Technique. In: Symon, Gillian/Casell, Catherine (eds.): Qualitative Methods and Analysis in Organizational Research: A Practical Guide. Thousand Oaks, 51-72.
Diekmann, Andreas (2005): Empirische Sozialforschung. Grundlagen, Methoden, Anwendungen. 13. Auflage. Hamburg.
Flanagan, John C. (1954): The Critical Incident Technique. In: Psychological Bulletin, vol. 51, no. 4, 327-358.
Flick, Uwe (2000): Episodic Interviewing. In: Bauer, Martin W./Gaskell, George (eds.): Qualitative Researching with Text, Image and Sound. London, Thousand Oaks, New Delhi, 75-92.
Flick, Uwe/von Kardoff, Ernst/Steinke, Ines (2004): Was ist qualitative Forschung? Einleitung und Überblick. In: Flick, Uwe/von Kardoff, Ernst/Steinke, Ines (Hrsg.): Qualitative Forschung. 3. Auflage. Reinbek bei Hamburg, 11-29.
Franke, Wilhelm (1987): Texttypen - Textsorten - Textexemplare. Ein Ansatz zu ihrer Klassifizierung und Beschreibung. In: Zeitschrift für germanistische Linguistik, Heft 15.3, 263–281.
Froschauer, Ulrike/Lueger, Manfred (2003): Das qualitative Interview - zur Praxis interpretativer Analyse sozialer Systeme. Wien.
Glinka, Hans-Jürgen (2003): Das narrative Interview. Weinheim, München.
Habermas, Jürgen (1985): Die Neue Übersichtlichkeit. Frankfurt am Main.
Heinze, Thomas (2001): Qualitative Sozialforschung. München, Wien.
Hopf, Christel (1978): Die Pseudo-Exploration - Überlegungen zur Technik qualitativer Interviews in der Sozialforschung. In: Zeitschrift für Soziologie, 7, 2, 97-115.
Jencks, Charles (1990): Was ist Postmoderne? Zürich, Wien.

Jovchelovitch, Sandra/Bauer, Martin W. (2000): Narrative Interviewing. In: Bauer, Martin W./Gaskell, George (eds.): Qualitative Researching with Text, Image and Sound. London, Thousand Oaks, New Delhi, 57-74.
Kepper, Gaby (1995): Qualitative Marktforschung. Methoden, Einsatzmöglichkeiten und Beurteilungskriterien. Köln.
Kern, Peter (1968/1976): Bemerkungen zum Problem der Textklassifikation. In: Engel, Ulrich/Stikkel, Gerhard (Hrsg.): Forschungsberichte des Instituts für deutsche Sprache. Unveränderter Nachdruck der 1. Auflage. Tübingen, 3–24.
Ketelsen-Sontag, Hannelore (1988): Empirische Sozialforschung im Marketing: Theorie und Praxis der Marktforschung. Hamburg.
Kohli, Martin (1978): „Offenes" und „geschlossenes" Interview. Neue Argumente zu einer alten Kontroverse. In: Soziale Welt, Jg. 29, 1-25.
Kruse, Jan (2006): Reader „Einführung in die Qualitative Interviewforschung". Freiburg.
Lamnek, Siegfried (2005a): Qualitative Sozialforschung. Lehrbuch. 4. Auflage. Weinheim-Basel.
Lamnek, Siegfied (2005b): Gruppendiskussionen. Theorie und Praxis. Weinheim, Basel.
Luhmann, Niklas (1984): Soziale Systeme. Grundriss einer allgemeinen Theorie. Frankfurt am Main.
Luhmann, Niklas (1988): Organisation. In: Küpper, Willi/Ortmann, Günther (Hrsg.): Mikropolitik. Opladen, 165-185.
Marschan-Piekkari, Rebecca/Welch, Catherine (2004, eds.): Handbook of Qualitative Research. Methods for International Business. Cheltenham.
Mayer, Horst O. (2004): Interview und schriftliche Befragung. 2. Auflage. München.
Mayring, Philipp (2002): Einführung in die qualitative Sozialforschung. Weinheim.
Merton, Robert K./Kendall, Patricia L. (2003): The Focused Interview. In: Fielding, Nigel (ed.): Interviewing. Volume I. London, Thousand Oaks, New Delhi, 232-260.
Meuser, Michael/Nagel, Ulrike (2005): ExpertInneninterviews - vielfach erprobt, wenig bedacht. Ein Beitrag zur qualitativen Methodendiskussion. In: Bogner, Alexander/Littig, Beate/Menz, Wolfgang (Hrsg.): Das Experteninterview. Theorie, Methode, Anwendung. Wiesbaden, 71-93.
Mey, Günter/Mruck, Katja (2007): Qualitative Interviews. In: Naderer, Gabriele/Balzer, Eva (Hrsg.): Qualitative Marktforschung in Theorie und Praxis. Wiesbaden, 247-278.
Molinari, Gianfranco F. (1971): Das Tiefeninterview in der Absatzforschung. St. Gallen.
o. Verf. (2006): Ernest Dichter Institut, http://www.edichter.de/deutsch/business/werk.html, abgerufen am 21.07.2008 (16:36 MEZ).
Opp, Karl-Dieter (1999): Methodologie der Sozialwissenschaft. 4. Auflage. Opladen.
Reynolds, Thomas J./Gutman, Jonathan (1988): Laddering Theory Method, Analysis, and Interpretation. In: Journal of Advertising Research, vol. 28, no. 1, 27-37.
Rubin, Herbert J./Rubin, Irene S. (2005): Qualitative Interviewing. The Art of Hearing Data. Thousand Oaks, London, New Delhi.
Schramm, Wilbur (1961): How Communication Works. In: Schramm, Wilbur (ed.): The Process and Effects of Mass Communication. Urbana, Ill., 5-6.
Schub von Bossiazky, Gerhard (1992): Psychologische Marketingforschung: qualitative Methoden und ihre Anwendung in der Markt-, Produkt- und Kommunikationsforschung. München.
Schütze, Fritz (1977): Die Technik des narrativen Interviews in Interaktionsfeldstudien – dargestellt an einem Projekt zur Erforschung von kommunalen Machtstrukturen. Universität Bielefeld, Fakultät für Soziologie, unveröff. Manuskript.

Shannon, Claude/Weaver, Warren (1949/1964): The Mathematical Theory of Communication. Urbana, Ill.
Veludo-de-Oliveira, Tânia Modesto/Ikeda, Ana Akemi/Campomar, Marcos Cortez (2006): Laddering in the Practice of Marketing Research: Barriers and Solutions. In: Qualitative Market Research, vol. 9, no. 3, 297-306.
Titscher, Stefan/Wodak, Ruth/Meyer, Michael/Vetter, Eva (1998): Methoden der Textanalyse. Opladen.
Vershofen, Wilhelm (1959): Die Marktentnahme als Kernstück der Wirtschaftsforschung. Berlin, Köln.
Wiedemann, Peter Michael (1987): Entscheidungskriterien für die Auswahl qualitativer Interviewstrategien. In: Forschungsbericht aus dem Institut für Psychologie der Technischen Universität Berlin, Bd. 87.
Witzel, Andreas (1985): Das problemzentrierte Interview. In: Jüttemann, Gerd (Hrsg.): Qualitative Forschung in der Psychologie. Grundfragen, Verfahrensweisen, Anwendungsfelder. Weinheim, 227-306.
Zaltman, Gerald/Zaltman, Linsay (2008): Marketing Metaphoria. What Deep Metaphors Reveal about the Minds of the Consumers. Boston, MA.

Andreas Riege

Convergent Interviewing
Eine Methode zur Problemeingrenzung bei Marktforschungsprojekten

1 Einleitung 439
2 Convergent Interviewing in der Marktforschung 439
3 Der Prozess der CI Methode 440
4 Die Bedeutung von Vorkenntnissen 443
5 Stichprobenauswahl 444
6 Vor- und Nachteile der CI Methode 445
7 Literatur 446

1 Einleitung

Dieser Beitrag beschäftigt sich mit einer speziellen Interviewmethode, die als Convergent Interviewing (CI) bezeichnet wird. CI unterstützt die Entwicklung, Eingrenzung und Präzisierung von Forschungsproblemen in neuen Forschungsgebieten oder Branchenumgebungen, in denen MarktforscherInnen noch keine Erfahrungen gesammelt haben und nur wenige Vorkenntnisse über die Branche oder das firmenspezifische Umfeld haben. Die CI-Methode umfasst die Durchführung mehrerer Interviews zur Entdeckung von wichtigen Themenbereichen und Kernpunkten in bezug auf ein unbekanntes Forschungsproblem. Diese kristalliserien sich aber nach Ablauf einiger iterativer Interviews immer mehr heraus, indem sich wichtige Themenbereiche und Kernpunkte langsam einander annähern (konvergieren) oder aber voneinander abweichen, (divergieren). Dabei befasst sich CI typischerweise mit einem unstrukturierten Inhalt von neuen Forschungsthemen, einem strukturierten zyklischen Interviewprozess und einer dialektischen Analyse.

Befragte sind i.d.R. sowohl AkademikerInnen als auch ExpertInnen aus der Industrie und/oder dem Öffentlichkeitssektor, müssen aber nicht unbedingt Positionen im Mittel- oder Spitzenmanagement bekleiden. Jedoch sollte man sicherstellen, dass sie sich im untersuchten Forschungsgebiet besonders gut auskennen. Über die letzten 15 Jahre hat CI immer häufiger Anwendung in Forschungsprojekten gefunden (Riege 2004), trotzdem ist die Methode unter AkademikerInnen noch relativ unbekannt. Erfahrene qualitative MarktforscherInnen in der Industrie wenden die CI-Methode des Öfteren an, wenn sie sich mit einem neuen oder unzureichend definierten Forschungsgebiet oder –problem konfrontiert sehen.

2 Convergent Interviewing in der Marktforschung

Die kommerzielle Marktforschung unterscheidet sich deutlich von der akademischen, insofern sie zum Nutzen des Auftraggebers durchgeführt wird und diesem ein an seine speziellen Bedürfnisse angepasstes Wissen liefert. Die Projekte sind im Hinblick auf Methode, Umfang, Kosten und Zeitrahmen tendenziell eng gefasst und zielen darauf ab, ein spezifisches und klar umrissenes Forschungsproblem zu verstehen und zu erklären, um Entscheidungsprozesse zu unterstützen. Kommerzielle Projekte unterscheiden sich von akademischen, da jene tendenziell eher lose definiert sind und ihr Umfang im Verlauf der ersten Projektphasen oft noch genauer geklärt werden muss. Während akademische ForscherInnen gezwungen sind, hauptsächlich akademische

Literatur heranzuziehen (da die Vertraulichkeit kommerzieller Daten oft den Zugang zu Berichten aus der Branche beschränkt), um das Wissen zu bereits erforschten Gebieten abzugrenzen, neigen private Firmen und MarktforscherInnen dazu, ihren eigenen Erfahrungsschatz und Kenntnisstand als Ausgangspunkt und Kontext für die Projekt- und Problemdefinition einzusetzen. Zusätzlich können sie eine Reihe theoretischer Quellen durchsehen, wie z.B. Marketing- und Verbrauchertheorien oder sozialwissenschaftliche Publikationen (Imms/Ereaut 2002). Als ersten Schritt bereiten Firmen i.d.R. eine Forschungsskizze vor, in der der Hintergrund des Geschäftsproblems und die von dem Forschungsprojekt erwarteten Ergebnisse im Verhältnis zum Budget und Zeitrahmen beschrieben werden. Anschließend wird eine Einsatzbesprechung mit wichtigen Mitgliedern der betreffenden Organisation bzw. des Teams einberufen, um das Forschungsproblem zu diskutieren, zu entwickeln oder genauer zu formulieren, sowie damit verbundene Probleme und wesentliche Forschungsfragen zu erfassen. Schließlich einigen sich die Beteiligten auf einen Entwurf, in dem das Forschungsprojekt beschrieben und begründet wird.

Es gibt allerdings zahlreiche Situationen, in denen es sowohl den Auftraggebern als auch den MarktforscherInnen an Erfahrung, Grundkenntnissen und dem nötigen Kontextwissen fehlt, um ein Forschungsproblem klar zu definieren und die Art der Information, die messbaren Ergebnisse und deren mögliche Implementation sowie Nutzung für zukünftige Entscheidungsprozesse zu klären. Dafür ist es erforderlich, Kernfragen hinsichtlich des Forschungsproblems zu entwickeln. Dazu sind Einzelinterviews und/oder Gruppendiskussionen mit VerbraucherInnen nicht geeignet, weil zunächst einmal ein *besseres Verständnis des unbekannten Problems* entwickelt werden muss, um die wichtigsten Forschungsfragen herauszufiltern (Carson et al. 2001, Riege 2004). Genau hier kann CI, ein von Dick (1990) entwickelter, strukturierter und iterativer Ansatz für „in-depth interviews" oder Tiefeninterviews hilfreich sein kann. Schon nach 6 bis 12 Interviews kann der Einsatz von CI zu Ergebnissen führen, die viele der Wissenslücken füllen, die für frühe Phasen von Projekten charakteristisch sind. Damit können MarktforscherInnen eine erste Lösung anbieten, die es den AuftraggeberInnen ermöglicht, sich im weiteren Verlauf des Forschungsprojekts (sei es qualitativ oder quantitativ) auf eines oder mehrere der identifizierten Probleme zu konzentrieren.

3 Der Prozess der CI Methode

Die CI Methode ist eine iterative und zyklische Interviewmethode für die Einholung, Analyse und Interpretation großer Mengen unstrukturierter und reichhaltiger Interviewdaten über Erfahrungen, Kenntnisse, Meinungen und Überzeugungen von ExpertInnen (Dick 1990). Diese kristallisieren sich nach Ablauf einiger Interviews immer mehr heraus, indem sich wichtige Themenbereiche und Kernpunkte langsam einander annähern (konvergieren) oder aber voneinander abweichen (divergieren).

CI ist besonders hilfreich in der „action research" (Stringer 1999) und am Anfang von Pilotstudien in der Marktforschung sowie in der qualitativen Forschung und Evaluierung in Bereichen, für die es keine etablierte Methode und theoretische Grundlage gibt (Carson et al. 2001). Auch für Prozesse der Organisationsverbesserung oder für Einstellungsstudien bei der Neuproduktentwicklung kann CI verwendet werden (Riege 2003). Es hilft auch, akademische Forschungsprojekte zu definieren (Riege 2004) und Forschungslücken aufzudecken, die von etablierten Methoden oder Theorien noch nicht vollständig eruiert werden konnten. Die Stärke und Flexibilität von CI beruht auf drei Punkten (Dick 1990, 11):

1. *unstrukturierter Inhalt von Forschungsthemen* (die unstrukturierten Fragen im Interviewprozess legen die Antworten nicht fest);
2. *strukturierter Prozess* (der Einsatz von CI mindert die Gefahr der Verzerrung von Daten);
3. *dialektische Analyse* (Forschungsfragen können nach jedem Interview weiter präzisiert werden, indem Konvergenzen und Divergenzen über wesentliche thematische Bereiche des Forschungsprojekts herausgearbeitet werden).

Zu Beginn des Projekts ist jedes Interview fast völlig unstrukturiert. Im Verlauf des Projekts werden dann spezifischere Fragen durch den Interviewer bzw. die Interviewerin hinzugefügt, da diese bzw. dieser sich während des Führens der Interviews eventuell vorhandener Unterschiede bei Meinungen, Überzeugungen und Einstellungen bewusst wird und so über die Hauptthemenbereiche und Schwerpunkte des Forschungsproblems dazulernt. Dieser zyklische Charakter ermöglicht die weitere Präzisierung von Fragen und Antworten und sogar der Methode selbst. Er gilt für jede Phase des CI Prozesses: Design, Datensammlung, Interpretation, Neudesign, Datensammlung, Neuinterpretation, Neudesign usw. Am Ende jedes Interviews erstellt der Interviewer bzw. die Interviewerin eine detaillierte Zusammenfassung (ca. ein bis zwei Seiten) über die von den ExpertInnen angesprochenen Hauptforschungsfragen und sortiert diese nach Prioritäten (Dick 1990). Es können auch mehrere InterviewerInnen eingesetzt werden, diese sollten dann aber gleichzeitig, im selben Interview, teilnehmen. Ein Vorteil des Einsatzes von mehreren InterviewerInnen liegt in der Möglichkeit des Vergleichs von Aufzeichnungen und Diskussionen über Übereinstimmungen und Verschiedenheiten in den Aufzeichnungen.

Die Flexibilität von CI ergibt sich demnach aus dieser kontinuierlichen Präzisierung des Forschungsinhalts und -prozesses. Nach dem ersten Interview entwickelt der Interviewer bzw. die Interviewerin zunächst eine vorläufige Interpretation der Daten. In dem Maße, wie der Forschungsprozess voranschreitet, werden vertiefende Fragen entwickelt, um übereinstimmende und unterschiedliche Interpretationsmuster zu testen (Dick 1990, Chrzanowska, 2002). Vertiefende Fragen sollen Konvergenzen und Divergenzen erklären (Guba 1978). Dabei muss darauf geachtet werden, dass der ge-

Andreas Riege

samte Interviewprozess und die Interpretation der Daten noch überschaubar bleiben (Riege 2004). Dies erfordert eine gewisse Erfahrung des Interviewers bzw. der Interviewerin. Kommerzielle MarktforscherInnen haben i.d.R. über das Forschungsgebiet gewisse Vorkenntnisse, die ihnen helfen, die Bedeutung von Abweichungen einzuschätzen und zu entscheiden, ob sie diese weiter verfolgen oder verwerfen werden. Bei der Suche nach der „besten" vertiefenden Frage kann zwischen Informationsfragen, nonverbalen Vertiefungen, reflektierenden und konfrontierenden sowie kreative Vertiefungsfragen unterschieden werden (Mariampolski 2001, 197ff).

Abbildung 1:   Prozess der CI-Methode

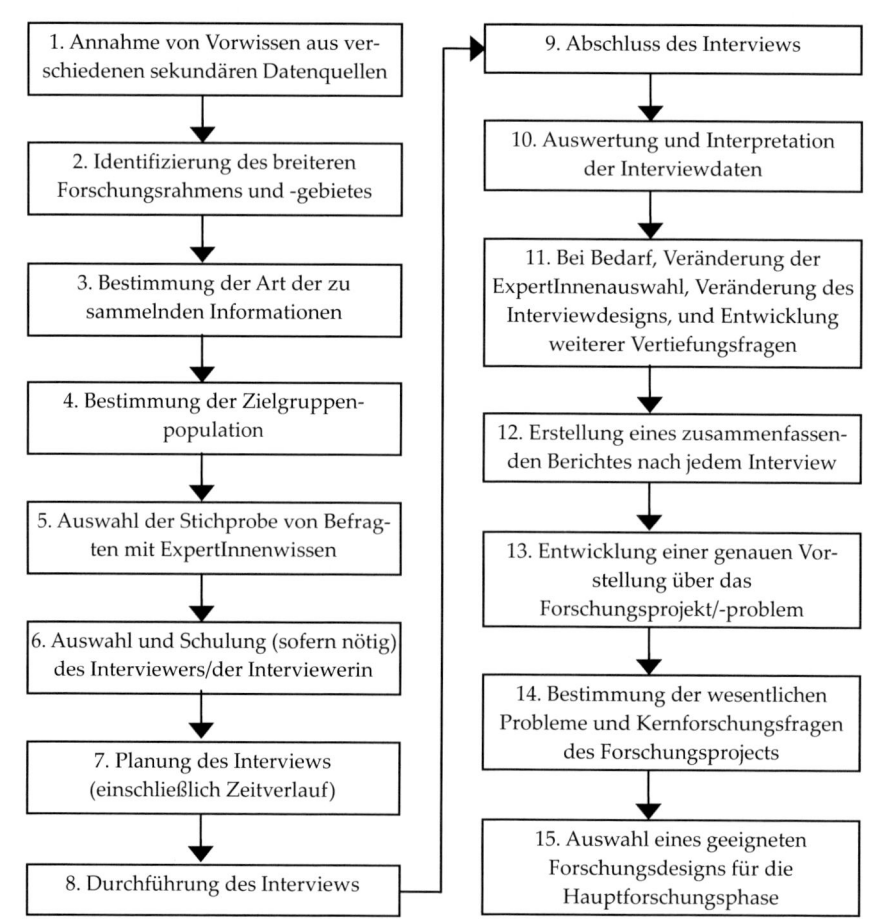

Die Interviewserie wird abgeschlossen, wenn sich ein stabiles Muster aus Übereinstimmungen oder Verschiedenheiten über wesentliche Forschungsfragen zwischen allen oder den meisten InformantInnen abzeichnet, und wenn diese erklärt werden können (Dick 1990, Carson et al. 2001).

Ein typischer Prozess der CI-Methode besteht aus mehreren Schritten (teilweiser Bezug auf Dick 1990, 13f; Abbildung 1). Die Schritte 7 bis 12 haben zyklischen Charakter und werden in den einzelnen Interviewserien wiederholt angewandt bis sich klare Konvergenzen und Divergenzen herausstellen.

4 Die Bedeutung von Vorkenntnissen

Die Methode des CI ist für MarktforscherInnen von Vorteil, die sich schnell mit einem unbekannten Forschungsbereich vertraut machen wollen. Ihnen kann CI helfen, schon in den frühen Phasen eines Forschungsprojekts ein Teil- oder Kernproblem zu definieren, weiterzuentwickeln und/oder die wesentlichen Forschungsfragen klarer zu identifizieren (Carson et al. 2001, Riege 2003). Eine wichtige Frage dabei ist, wieviel Vorkenntnisse zu Beginn des Interviewprozesses erforderlich sind. Die Sichtung relevanter Sekundärdaten, der Einsatz von Brainstorming und Mindmapping zur Wissensgenerierung/-strukturierung sowie Diskussionen zwischen MarktforscherInnen, AuftraggeberInnen und/oder akademischen ForscherInnen über anfängliche Ideen können dabei unterstützen. Diese Exploration von ExpertInnenwissen kann in fünffacher Hinsicht hilfreich sein (Riege 2003, 2004):

1. Sie erhöht das Vertrauen bei der Durchführung der ersten Interviews, da die ForscherInnen nicht auf völlig unbekannten Gebieten arbeiten müssen. InterviewerInnen werden dadurch zu Beteiligten am Forschungsprojekt.
2. Durch Vorkenntnisse kann eine geeignete Eröffnungsfrage[1] formuliert werden, die es Befragten ermöglicht oder sie motiviert, ohne Hemmungen frei und ungezwungen zu sprechen, ohne dass zusätzliche Fragen gestellt werden müssen.
3. Vorkenntnisse helfen auch beim Aufbau einer vertrauensvollen Beziehung zu InformantInnen und bei der Aufrechterhaltung der Interviewdynamik, da der Interviewer bzw. die Interviewerin in der Lage ist, die Erfahrungen, Meinungen und Ansichten des bzw. der Befragten zu teilen und die wesentlichen Probleme besser

---

[1] Nach Versuchen mit Alternativen zur Eröffnungsfrage in verschiedenen Forschungsprojekten zu Wissensübertragung, Eintritt in ausländische Märkte, Marktwert von Marken, Franchising und Werbung hat sich eine Eröffnungsfrage vom Typ „Erzählen Sie mir von Ihrer Erfahrung mit ..." als geeignet erwiesen. Alternativ dazu war auch die einfache Frage „Was sind Ihrer Meinung nach die Hauptprobleme...?" erfolgreich (Riege 2003, 20).

zu verstehen („führende" Fragen oder bewertende Antworten sind dabei jedoch zu vermeiden).
4. Durch die Wahl der CI Methode in der Anfangsphase eines Forschungsprojekts kann eine theoretische Grundlage für die Entwicklung eines strukturierten oder semi-strukturierten Leitfadens mit Fragen für den/die InterviewerIn in den späteren Phasen einer Untersuchung geschaffen werden, zum Beispiel für Tiefeninterviews oder Gruppendiskussionen.
5. Vorkenntnisse nicht nur über das theoretische Forschungsfeld, sondern auch über das Umfeld und die Dynamik der Branche helfen auch bei der Auswahl einer geeigneten ExpertInnenstichprobe.

5 Stichprobenauswahl

Folgende drei Aspekte müssen bei der Auswahl der zu befragenden Personen berücksichtigt werden (Dick 1990, Riege 2003, 2004).

1. *Stichprobengröße*: Die Mindestzahl der Befragten wird durch die Stabilität der konvergierenden Daten bestimmt. Erfahrungsgemäß ist es möglich, diese bereits nach nur sechs Interviews zu erreichen. In anderen Projekten waren jedoch 10 bis 15 Interviews nötig, bis die wesentlichen Forschungsschwerpunkte herausgefiltert werden konnten und Konvergenzen deutlich sichtbar wurden. Der Umfang der Stichprobe muss sich demnach nach den Daten richten und kann nicht *a priori* bestimmt werden.

2. *Heterogene Stichprobe*: Die Stichprobe sollte so heterogen wie möglich sein. Darum ist das Prinzip der maximalen Variation bei der bewussten Auswahl zu empfehlen (Patton 1990). Die Stichprobe wird klein aber extrem diversifiziert sein und kann je nach Zielsetzung entweder nur aus PraktikerInnen oder einer Mischung aus PraktikerInnen und akademischen ExpertInnen bestehen.

3. *Reihenfolge zu befragender ExpertInnen*: Einen wichtigen Bestandteil des CI-Prozesses stellt die Auswahl der „richtigen" Person für das erste Interview dar. Für die meisten Projekte ist es wesentlich, dass der/die erste InformantIn eine Schüsselfigur der Branche ist, die sich gut mit dem Thema, dem Forschungsproblem und den Forschungsfragen sowie deren möglichen Implikationen auskennt. Diese Person sollte auch in der Lage sein, weitere Personen vorzuschlagen die sich auf dem Gebiet auskennen (Schneeballprinzip bzw. Prinzip der Kettenstichprobe; Patton 1990).

Dabei besteht allerdings die Gefahr, dass besondere Erkenntnisse, die gerade im Gespräch mit dieser Schlüsselfigur gewonnen werden könnten, deshalb verloren gehen, weil die ForscherInnen erst im Anfangsstadium des Projekts mit der Eingrenzung des Themas beginnen. Eine nochmalige Befragung von Schlüsselpersonen ist jedoch möglich. Um einem möglichen Verlust zu begegnen, sollten sich ForscherInnen mit geringen Vorkenntnissen im Forschungsgebiet zunächst einen ersten Einblick durch Gespräche mit „weniger wichtigen" InformantInnen verschaffen und ExpertInnen erst zu einem Zeitpunkt einplanen, wenn sie besser mit dem Thema vertraut sind.

6 Vor- und Nachteile der CI Methode

Die CI Methode bietet eine Reihe von Vorteilen gegenüber Tiefeninterviews und Gruppendiskussionen, die MarktforscherInnen dabei helfen, die Ziele eines Forschungsprojekts präziser abzustecken (Carson et al. 2001, Riege 2003, 2004):

- *Strukturierter Prozess*: CI bietet einen strukturierter Ansatz, der das „Durcheinander" unstrukturierter Inhalte verarbeiten kann. CI verhilft zu Klarheit über Kernfragen in den Anfangsphasen eines Projekts oder bei einem Projektentwurf und ist damit oftmals besser geeignet als Tiefeninterviews und Gruppendiskussionen.

- *Fokussierung auf Hauptforschungsprobleme*: Mit CI können unbekannte oder neue Themen und Fragen in relativ kurzer Zeit geklärt und so das Forschungsthema bzw. der Projektschwerpunkt eingegrenzt werden, deren theoretische Grundlagen noch nicht ausreichend sind.

- *Iterative Präzisierung*: Interviews dienen der Präzisierung wesentlicher Forschungsfragen in kurzer Zeit. Der dazu verwendete schrittweise und zyklische Prozess (Abbildung 1) unterscheidet sich von anderen Interviewarten, ist aber relativ einfach und kann schnell erlernt werden.

- *Zeitsparend*: CI spart häufig Zeit. Die Problemformulierung kann rasch und zu Beginn des Forschungsprozesses erfolgen - im Vergleich zu Tiefeninterviews und Gruppendiskussionen.

- *Flexibilität und Stichprobengröße*: Relevante Forschungsfragen können erkannt, exploriert und sofort nach jedem Interview auf Konvergenzen und Divergenzen hin überprüft werden. Im Gegensatz zu Tiefen- und Gruppeninterviews hängt die Stichprobengröße davon ab, wie schnell sich Ergebnisse konvergieren lassen und die Konvergenzen erklärt werden können. Eine gute Stabilität lässt sich generell bereits nach 6 bis 12 Interviews erreichen.

- *Subjektivität:* CI hat das Ziel, viele Details über mögliche Forschungsfragen aufzudecken sowie den Konvergenzen und Divergenzen weiter nachzugehen. Der Interviewprozess ermöglicht deren sofortige Vertiefung.

Trotz der zahlreichen Vorteile von CI müssen sich MarktforscherInnen auch einiger Einschränkungen dieser Methode bewusst sein, die denen anderer Interviewarten ähnlich sind. Zu berücksichtigen sind:

- *Beschränktes Budget*: CI ist ein Vorläufer zu weiterer qualitativer oder quantitativer Forschung. Möglicherweise sind AuftraggeberInnen aber nicht immer bereit, für ein CI zu bezahlen, nur um die Forschungsfragen für nachfolgende Tiefeninterviews, Diskussionsgruppen oder Fragebögen klarzustellen oder weiterzuentwickeln.

- *Vorkenntnisse*: Die ForscherInnen sollten ein gewisses Vorwissen über das Forschungsgebiet haben, um qualifizierte Informationen in den Interviewprozess einbringen zu können. Eine erste Durchsicht einfach zugänglicher Daten- und Informationsquellen, wie z.B. Jahresberichte, interne Unternehmensberichte mit KundInnendaten, statistischen Daten über die Branche etc., macht nicht gleich jeden/jede zum Experten bzw. zur Expertin, kann aber helfen, sich mit den wichtigsten Forschungsfragen vertraut zu machen und tiefere Erkenntnisse über die aktuellen Forschungsfragen zu entwickeln. Diesen kann dann im CI weiter nachgegangen werden.

- *Zugang zu speziellem Wissen*: Der Zugang zu ExpertInnen in privaten und öffentlichen Organisationen wie auch zu AkademikerInnen ist möglicherweise durch eine geografische Entfernung erschwert.

- *Zeit und Kosten*: Ähnlich wie bei Tiefeninterviews kann der Interviewprozess zeitaufwändig sein, da Interviews normalerweise ein bis zwei Stunden oder sogar noch länger dauern können. Natürlich hängt die Dauer des CI Prozesses davon ab, wie früh sich die wesentlichen Forschungsfragen abzeichnen und deutlich konvergieren.

- *Interpretation der Daten*: Meinungen und Überzeugungen der ExpertInnen können von dem abweichen, was sie tun würden und was in der Praxis wirklich durchführbar ist.

7 Literatur

Carson, David/Gilmore, Audrey/Perry, Chad/Grønhaug, Kjell (2001): Qualitative Marketing Research. Sage, London.

Chrzanowska, Joanna (2002): Interviewing Groups and Individuals in Qualitative Market Research. Sage, London.

Dick, Bob (1990): Convergent Interviewing. Interchange, Chapel Hill.

Guba, Egon G. (1978): Toward a Methodology of Natualistic Inquiry in Educational Evaluation. Centre for the Study of Evaluation, University of California, Los Angeles.
Imms, Mike/Ereaut, Gill (2002): An Introduction to Qualitative Research. Sage, London.
Mariampolski, Hy (2001): Qualitative Market Research. Sage, London.
Patton, Michael Q. (1990): Qualitative Evaluation and Research Methods. Sage, Newbury Park.
Perry, Chad (1998): Processes of a Case Study Methodology for Postgraduate Research in Marketing. In: European Journal of Marketing, vol. 32, no. 9/10, 785-802.
Riege, Andreas (2003): Convergent Interviewing: A Structured Approach to Defining Market Research Problems. In: Australasian Journal of Market Research, vol. 11, no. 2, 13-25.
Riege, Andreas (2004): The Diversity of Convergent Interviewing: Applications for Early Researchers and Postgraduate Students. In: The Marketing Review, vol. 4, no. 1, 73-85.
Stringer, Ernest T. (1999): Action Research. 2nd edition. Sage, Thousand Oaks.

Michaela Pfadenhauer

Das Experteninterview
Ein Gespräch auf gleicher Augenhöhe

1	Einleitung	451
2	Das Erkenntnisinteresse	451
3	Die Gesprächskonstellation	453
4	Die ethnographische Einbettung	455
5	Probe aufs Exempel: Expertenwissen eines Marketing-Event-Machers	458
6	Fazit	459
7	Literatur	460

1 Einleitung

Während noch vor wenigen Jahren die Literaturlage zum Experteninterview –übrigens umgekehrt proportional zu seiner Einsatzhäufigkeit - so dünn gesät war, dass dieses als *vernachlässigtes* Verfahren der Datenerhebung bezeichnet werden konnte, sieht die Lage heute völlig anders aus: In den letzten Jahren sind allein im deutschsprachigen Raum ein Sammelband (Bogner/Littig/Menz 2002) und eine Monographie (Gläser/Laudel 2004) erschienen und das Stichwort „Experteninterview" findet sich inzwischen auch in Methoden-Handbüchern (Bohnsack/Marotzki/Meuser 2003). Gemeinsam ist diesen Beiträgen die Idee davon, welcher Zweck der Einsatz von Experteninterviews verfolgt wird: Sie zielen ab auf die Rekonstruktion von Expertenwissen.

Diesem Konsens gegenüber gleich eine Einschränkung vorweg: Problematisch erweisen sich Experteninterviews für die Rekonstruktion ‚habitueller' bzw. ‚impliziter' Bestandteile von Expertenwissen, also zur Erhebung und Analyse solcher Strategien und Relevanzen, „die zwar im Entscheidungsverhalten zur Geltung gelangen, den ExpertInnen aber nicht unbedingt reflexiv verfügbar sind" (Meuser/Nagel 1997, 485). Selbstredend bringen auch Experten Wissen zur Anwendung, das sie einfach ‚haben', das aber selbst in ihren eigenen Köpfen *nicht* „klar und deutlich" (Schütz 1972, 87), sondern hochgradig diffus ist, und das deshalb eben – und genau das ist das Problem – allenfalls bruchstückhaft verbalisiert werden kann. Im Hinblick auf die Rekonstruktion habitualisierter Fertigkeiten, im Hinblick auf die Erhebung von Vollzugsroutinen und quasi-automatischen Verhaltensweisen (kurz: Routinewissen) zeitigen *alle* Arten von Interviews defizitäre bzw. irreführende Resultate (Hitzler 2000, 22). Zur Rekonstruktion des von Alfred Schütz und Thomas Luckmann (1979) so genannten „expliziten" Wissens aber, jenes Wissens also, das als erlernt erinnerbar ist, das folglich als Wissen *gewusst* wird und deshalb expliziert werden kann, stellt uns die empirische Sozialforschung mit dem Interview ein nachgerade ideales Instrument zur Verfügung.

2 Das Erkenntnisinteresse

Der Erkenntnisgegenstand des Experteninterviews erweist sich als *fokussiert* auf einen besonderen Wissensbestand im sozialen Wissensvorrat: auf das Sonderwissen, das im Zuge fortschreitender Arbeitsteilung proportional zum Allgemeinwissen an Umfang und Gewicht (im Sinne von ‚Gewichtigkeit') zunimmt. Die gesellschaftlichen Sonderwissensbestände differenzieren sich immer weiter aus und müssen oft in langwierigen ‚sekundären' Sozialisationsprozessen erworben werden, aus denen jener Typus eines Wissenden hervorgeht, den man als ‚Spezialisten' bezeichnen kann. Er verfügt über ein aufgabenbezogenes, relativ genau umrissenes Teil-Wissen innerhalb eines Sonderwissensbereichs, das zur Erfüllung seiner Spezialistenfunktion erforderlich ist (Schütz/Luckmann 1979, 363ff).

In Abgrenzung zum Spezialisten bezeichnet Ronald Hitzler (1994, 24) jenen Typus eines Wissenden als ‚Experten', der einen *Überblick* über das auf einem Gebiet insgesamt gewusste Wissen, d.h. einen Überblick über einen Sonderwissens*bereich* hat, also „weiß, was die (jeweiligen) Spezialisten auf dem von ihm ‚vertretenen' Wissensgebiet wissen – und wie das, was sie wissen, miteinander zusammenhängt". Grundsätzlicher geht es dabei um Wissen, das man braucht, um (den) *Ursachen* von Problemen und um (den) *Prinzipien* von Problemlösungen auf den Grund zu gehen.

In Abgrenzung insbesondere zum Spezialisten verfügt der Experte also insofern über ein umfassenderes Wissen, als es ihn nicht nur zur Problemlösung, sondern zur Erkenntnis und zur Begründung sowohl von Problemursachen als auch von Lösungsprinzipien befähigt. Kurz: Der Experte „kennt typischerweise den Wissensbestand, der für ein bestimmtes Gebiet ‚bezeichnend' bzw. ‚relevant' ist, er hat sozusagen einen Überblick über einen Sonderwissensbestand und kann innerhalb dessen *prinzipielle* Problemlösungen anbieten bzw. auf Einzelfragen applizieren" (Hitzler 1994, 26). Und genau darum handelt es sich bei einer Expertise: um ein Angebot prinzipieller Problemlösungen und/oder die Anwendung dieser allgemeiner Problemlösungen auf besondere Einzelfragen.

Maßgeblich für Expertenschaft ist jedoch nicht nur das Wissen über die *Prinzipien* des Sach*verhalts* bzw. die Sach*logik*, sondern darüber hinaus die (zurechenbare) Zuständigkeit für problemlösungsbezogene Empfehlungen bzw. Entscheidungen. Denn der Experte trägt letztlich die Verantwortung für die Expertise – unabhängig davon, wer (außer ihm), in welcher Funktion bzw. in welchem Umfang auch immer in deren Entstehungsprozess involviert ist bzw. war. Diese (Letzt-)Verantwortlichkeit bildet gleichsam die Kehrseite der Medaille zur relativen Autonomie des Experten, die daraus resultiert, „Mehr-Wissen als das von anderen konkret abfragbare bzw. beanspruchbare Wissen zu haben, d.h. über (kaum bzw. unkontrollierbare) Rat- und Hilfekompetenz zu verfügen" (Hitzler 1994, 26). Denn Verantwortlichkeit bedeutet ja nicht zuletzt, dass er – der Experte – es ist, der für das, was im Hinblick auf die Lösung von Problemen (von ihm und von anderen) getan bzw. unterlassen wird, von ‚Dritten' zur Rechenschaft gezogen werden kann.

Das Experteninterview bietet sich also vornehmlich dann als Instrument zur Datenerhebung an, wenn die Wissensbestände von Experten im Kontext ihrer (letzt-)verantwortlichen Zuständigkeit für den Entwurf, die Implementierung und die Kontrolle von Problemlösungen Gegenstand des Forschungsinteresses sind. In diesem *weiten* Sinne zielt das Erkenntnisinteresse des Experteninterviews auf die Rekonstruktion von (explizitem) Expertenwissen ab.

3   Die Gesprächskonstellation

Die auch für viele Experten typischerweise relativ außergewöhnliche Kommunikationssituation des Interviews ist grundsätzlich so zu normalisieren, dass es möglichst den im jeweiligen Kontext kulturell üblichen Gewohnheiten des Miteinander-Redens entspricht. Prinzipiell geht es beim (Experten-)Interview darum, den Gesprächspartner weder in eine verhör-ähnliche noch in eine künstlich ‚non-direktive', vielmehr in eine ihm möglichst vertraute Kommunikationssituation zu versetzen, d.h. ein quasi-normales Gespräch mit ihm zu führen. Allerdings ist dabei keineswegs unhinterfragt davon auszugehen, „dass Befragte ihre subjektiven Bedeutungszuschreibungen und Relevanzstrukturen am besten in einer Interviewsituation entfalten können, die durch weitgehende Nicht-Intervention durch den Interviewer gekennzeichnet ist".

Was nun kennzeichnet die Kommunikation von Experten (der gleichen Provenienz) untereinander: Sie ist durch Merkmale gekennzeichnet wie thematische Fokussierung, Gebrauch von Fachbegrifflichkeiten, Verwendung indexikaler Redeweisen, kurz dadurch, dass Experten (der gleichen Provenienz) ein „kommunikatives Universum" (Schütz 1972, 97) teilen. Dies begründet sich nicht zuletzt darin, dass ein Experte im Gespräch unter ‚seinesgleichen' davon ausgehen kann, dass er die grundlegenden Sachverhalte bzw. Zusammenhänge voraussetzen darf und dass er – weder im wörtlichen noch im übertragenen Sinne – fürchten muss, missverstanden zu werden, weil sein Gegenüber nicht mit den Fachtermini und vor allem den hier geltenden, sein Denken und Handeln strukturierenden Relevanzen vertraut wäre.

Vor allem aus dem Bewusstsein *divergierender* Relevanzsysteme hingegen resultiert, dass Experten in der Kommunikation mit Nicht-Experten zur Anreicherung ihrer Rede mit Metaphern und Analogien aus der Alltagspraxis, zur Verharmlosung oder aber zur Dramatisierung, zu einem paternalistischen oder selbstlegitimatorischen Gesprächsverhalten neigen. Die jeweilige Semantik – z.B. Fachjargon gegenüber anderen ‚Experten', Übersetzungsleistungen gegenüber ‚gut informierten Bürgern', simplifizierende Darstellungen gegenüber ‚Laien' – lässt erkennen, mit welchem dieser Wissenstypen sich der Befragte im Gespräch konfrontiert sieht.[1]

Gespräche unter Experten (der gleichen Provenienz) dienen demgegenüber entweder – im Sinne gegenseitiger Unterrichtung - der Erweiterung ihrer privilegierten Informationszugänge oder aber der wechselseitigen Erläuterung ihres Tuns im Hinblick auf ihre Zuständigkeit und Verantwortlichkeit. Was dabei stattfindet, ist keine Belehrung oder Rechtfertigung, wie sie eben typischerweise einem Nicht-Experten(-Publikum) gegenüber zu beobachten ist, sondern ein Darstellen und diskursives Erläutern dessen,

---

[1]   Zur Abgrenzung dieser drei Typen hinsichtlich ihres Wissensvorrats vgl. Schütz (1972).

was er macht, und warum er das, was er macht, so macht, wie er es macht – soweit ihm dies reflexiv verfügbar ist.²

Da den *unter* Experten als relevant geltenden bzw. verhandelten Sachverhalten das Erkenntnisinteresse des Experteninterviews gilt, besteht das mit ihm einhergehende Grundanliegen des Experteninterviews darin, ein Interviewsetting zu erzeugen, das der Gesprächssituation *unter* Experten möglichst nahe kommt. Die wesentlichste Voraussetzung bzw. Bedingung aber dafür, dass das Interview einem Gespräch unter Experten möglichst nahe kommt, aber ist, dass nicht nur der befragte Akteur, sondern auch der Interviewer Expertenstatus hat – anstatt die Rolle des Laien, der Autorität, des Komplizen oder des Kritikers zu wählen (Bogner/Menz 2002).

Selbst wenn der Interviewer ebenso einschlägig wie privilegiert informiert sein sollte wie der Experte, erlangt er typischerweise allenfalls den Status eines *Quasi*-Experten, da er frei von Verantwortung für den Entwurf, die Implementierung und/oder die Kontrolle von Problemlösungen – und damit mit dem *wesentlichen* Unterschied der Handlungsentlastetheit – interagiert. Infolgedessen entspricht die Inszenierung des befragten Experten gegenüber dem interviewenden Quasi-Experten nicht nur *nicht* derjenigen, die sich eben beispielsweise in paternalistischer ‚Manieriertheit' oder Rechtfertigungsdruck gegenüber Laien ausdrückt, sondern auch *nicht* (‚wirklich') derjenigen, die dieser anderen Experten gegenüber an den Tag legt. Denn die Begegnung zwischen Experten (der gleichen Provenienz) ist typischerweise durch einen – wenn auch nicht unbedingt konkreten, so doch zumindest prinzipiellen – Konkurrenzdruck geprägt. Deshalb wohnt ihr immer ein letzter Vorbehalt hinsichtlich der Offenlegung von ‚Betriebsgeheimnissen' inne.

Da gerade diesem „Betriebswissen" von Experten das Erkenntnisinteresse des Experteninterviews gilt, stellt die im Austausch eines Experten mit einem *Quasi*-Experten angelegte ‚Konkurrenzentlastetheit' der Gesprächssituation einen besonderen Vorteil dar. So konstatiert auch Reiner Trinczek (1995, 63), dass die handlungsentlastete Situation des Gesprächs, seine soziale Folgenlosigkeit den Managern „mitunter einen Grad an Freimütigkeit und offener Selbstreflexion [erlaubt], den sie sich im betrieblichen Alltag mit seinem überwiegend strategisch ausgerichteten Kommunikations- und Interaktionsstil so in aller Regel nicht zugestehen".

Mit Nachdruck weist auch Trinczek (1995, 65) auf die thematische Kompetenz des Interviewers als notwendige Voraussetzung für ein gelingendes Experteninterview (zumindest) mit Managern hin: „Je mehr man im Verlauf des Interviews in der Lage ist, immer wieder kompetente Einschätzungen, Gründe und Gegenargumente einfließen zu lassen, umso eher sind Manager bereit, nun ihrerseits ihr Wissen und ihre Positio-

---

[2] Wie bei allen Interviews wird auch in Experteninterviews vor allem zu Gesprächsbeginn ausgehandelt, wer die Führungsrolle übernimmt – und nicht selten wird diese vom statushöheren Gesprächspartner beansprucht. Die glaubhafte Darstellung von Expertise kann hier einen Rollentausch bewirken (vgl. zur Rollenaushandlung im Interview generell Helfferich 2004, 119ff).

nen auf den Tisch zu legen – und ihre subjektiven Relevanzstrukturen und Orientierungsmuster in nicht-strategischer Absicht offen zu legen."

Dabei besteht (zumindest) unter den Vertretern der so genannten „qualitativen" Sozialforschung weitgehend Konsens dahingehend, dass die Orientierung an den situativ-subjektiven Themensetzungen und Relevanzstrukturierungen des Gesprächspartners – und das ist der Hauptgrund für den Einsatz solch eines nicht-standardisierten Verfahrens – wesentlich erleichtert wird durch den situationsflexiblen Einsatz eines Leitfadens, der erst „die Offenheit des Interviewverlaufs gewährleistet" (Meuser/Nagel 1991, 449). Wesentlich bedeutsamer ist in diesem Zusammenhang jedoch, dass die Konzipierung dieses – beim Forscher idealer Weise lediglich ‚mental' präsenten – Leitfadens bei seinem ‚Konstrukteur' möglichst umfassendes und einschlägiges Wissen bereits voraussetzt (Honer 1994, Hitzler 2000).

4 Die ethnographische Einbettung

Der hier entworfenen Konzeption des Experteninterviews liegt die Prämisse zugrunde, dass Menschen mit anderen Menschen – und zwar sowohl hinsichtlich dessen, ‚wie' geredet wird, als auch dessen, ‚was' zur Sprache kommt – *anders* reden, je nachdem ob sie ihre Gesprächspartner eher für kompetent oder für inkompetent (und damit in gewisser Weise auch für relevant oder irrelevant) in Bezug auf den zu verhandelnden Gegenstand halten. Entgegen der nachgerade inflationären Etikettierung aller möglichen Arten von Gesprächen als ‚Experteninterview' plädieren wir dafür, nur jene Gesprächsform als ‚Experteninterview' zu bezeichnen, bei der ‚auf gleicher Augenhöhe' geredet wird. Diese das Experteninterview charakterisierende besondere Gesprächsform – des Forschers als Quasi-Experte im Gespräch mit einem Experten – lässt es uns in viererlei Hinsicht als notwendig erscheinen, die Methode in ein ethnographisches Forschungsdesign[3] einzubetten: zum einen im Hinblick auf die Identifizierung von Experten, zum zweiten im Hinblick auf die Qualifizierung des Interviewers, und schließlich – ohne dies hier weiter auszuführen – im Hinblick auf eine ‚Totalerhebung' des Wissens von Experten, d.h. der Rekonstruktion auch der impliziten Bestandteile von Expertenwissen[4], sowie als Voraussetzung für eine kontextbezogene Auswer-

---

[3] Zu einem Überblick über verschiedene Arten von Ethnographie: Hitzler (2000). Zu einem kontrastiven Vergleich von konventioneller und fokussierter Ethnographie: Knoblauch (2001).
[4] Den Nutzen *ethnographischer* Verfahren zur Rekonstruktion impliziten Routinewissens (ebenso wie Schröer (1994) am Beispiel polizeilicher Vernehmung jugendlicher Tatverdächtiger) unterstreicht Soeffner (1989, 211ff).

Michaela Pfadenhauer

tung aller erhobenen Daten.[5]

Prinzipiell ist zu berücksichtigen, dass die Frage, wer ein Experte ist, vom Zugang, im Goffmanschen Sinne von der durch das Forschungsinteresse bzw. den Forschungsgegenstand gesetzten ‚Rahmung' abhängt (Goffman 1977). Wenn man – individualisierungstheoeretisch begründet – von der Prämisse ausgeht, dass für jedes Gesellungsgebilde, für jede Gruppierung, auch *innerhalb* einer Gesellschaft, *andere* Arten von Wissen und vor allem *andere* Hierarchien von Wissensarten relevant sind bzw. relevant sein können (Hitzler 1999), setzt die Chance, Experten als solche *identifizieren* zu können, in vielen Handlungsbereichen bzw. Kulturfeldern eine relativ detaillierte *ethnographische* ‚Inventarisierung' des Forschungsfeldes bereits voraus. Denn das ethnographische Erkenntnisinteresse gilt ja generell der Rekonstruktion des kulturell typischen (subjektiven und sozialen) Wissensvorrats.[6]

Das erfordert zunächst grundsätzlich, dass der Forscher seine Vor-Urteile und Vorab-Gewissheiten dem zur Untersuchung anstehenden Forschungsfeld gegenüber suspendiert und stattdessen fragt, wie die Akteure selber *ihre* Welt sehen (exemplarisch dazu Pfadenhauer 2001). Hinsichtlich der Frage nach Expertenwissen muss er das spezifische Kulturwissen dahingehend beleuchten, welche ‚Bestandteile' prinzipiell von allen gewusst werden, d.h. hier zur ‚Allgemeinbildung' gehören, und welche sozial relevanten, d.h. als für die Bewältigung von hier anstehenden Problemen notwendig erachteten (exklusiven) Sonderwissensbestände sich davon abheben. Und in Bezug auf die Identifizierung von Experten muss er fragen: Welche (Typen von) Personen im Forschungsfeld verfügen – in Bezug auf die jeweilige Forschungsfrage – über privilegierte Informationszugänge sind diesbezüglich für den Entwurf, die Implementation und/ oder die Kontrolle von Problemlösungen zuständig bzw. können dafür verantwortlich gemacht werden?

Wenn der Erwerb eines hohen Maßes an thematischer Kompetenz seitens des Interviewers *vor* der Durchführung des Experteninterviews konstitutiv für dieses ist, dann impliziert dies, dass sich der Interviewer mit allen ihm zur Verfügung stehenden Mitteln möglichst viel von jenem – relativ exklusiven – Sonderwissen aneignet, das der Experte i.d.R. in einem langwierigen (sekundären) Sozialisationsprozess erworben hat.

In dem Maße, in dem der Wissenskorpus, über den Experten auf ihrem Gebiet typischerweise verfügen müssen, relativ genau umrissen ist, in dem er also in Studien- und Prüfungsordnungen, Aufgaben- und Stellenbeschreibungen usw. niedergelegt ist, eröffnen sich dem Sozialforscher zahlreiche Mittel und Wege der Wissensaneignung.

---

5   Zu unter dem Etikett ‚Sozialwissenschaftliche Hermeneutik' versammelten *unterschiedlichen* Verfahren bzw. Techniken der Datenauswertung im Rahmen ethnographischer Forschungsarbeit vgl. Honer (1993, 89-110) sowie die Beiträge in Hitzler/Honer (1997); zu den allen *gemeinsamen* ‚Verfahrensregeln' vgl. Hitzler (2000, 25-28).

6   Auf das Forschungsinteresse bezogen werden dabei möglichst viele, möglichst mannigfaltige Daten zusammengetragen und analysiert. Das ethnographische ‚Ideal' dabei ist die theoriegeleitete Kombination möglichst vielfältiger Verfahren der Datenerhebung (Honer 1993).

In erster Linie wird er dazu tendieren, ‚kanonische Dokumente' unterschiedlicher Art zu beschaffen und zu studieren, die ihm das betreffende Fach- und Sonderwissen vermitteln, also z.B. Lehrbücher, Studienbriefe, Fachpublikationen und –dokumentationen sowie Arbeitsberichte, Sitzungs- und Gesprächsprotokolle, berufsständische Verhaltenskodizes u.v.a.m. Des weiteren besteht die Möglichkeit zur Teilnahme an (Fort- und Weiter-)Bildungsmaßnahmen in öffentlichen und privaten Einrichtungen, in denen der professionelle Experte selber seinen Wissensstand erwirbt und erweitert.

Es liegt allerdings auf der Hand, dass es sich hier immer nur um theoretisches Wissen handelt, insofern auch die gängigen Arbeitsbeschreibungen (Lehrbuchdarstellungen, Arbeitsanleitungen usw.) immer ‚theoretisch' bleiben bzw. allenfalls ‚How-to-do-Rezepte' vermitteln. Was sie konkret bedeuten, wird immer erst in der ‚Praxis', im praktischen Vollzug der Tätigkeiten erkennbar: „Erst im Laufe der praktischen Tätigkeit erlernt der Akteur die Kompetenz, Arbeitsvollzüge ‚richtig' auszuführen, mit Unwägbarkeiten und Unvorhersehbarkeiten fertigzuwerden und situativ ‚vernünftige' Entscheidungen zu fällen" (Eberle 1997, 267) Auch der Forscher erwirbt auf diesem Weg typischerweise lediglich Basiskenntnisse bzw. Hintergrundwissen und somit allenfalls bedingt jenes Maß an Einsichtnahme, das ihn zur kompetenten Einschätzung von Expertenkompetenz – und damit zum Experteninterview im hier protegierten Sinne – befähigt.

Vor besonders gravierende Probleme sieht sich der Interviewer allerdings in allen solchen Handlungsbereichen bzw. Forschungsfeldern gestellt, in denen das Expertenwissen sich eben *nicht* in formalisierten und zertifizierten Sonderwissensbeständen konkretisiert. Während man sich die kanonisierten, formal ausgewiesenen Wissensbestände z.B. von Professionellen, wenn auch zum Teil mit hohem Aufwand, so doch über bekannte und mehr oder weniger ‚jedermann' zugängliche Vermittlungswege aneignen kann, gelingt der Erwerb nicht-zertifizierter, eher diffuser Sonderwissensbestände ‚anderer' Experten ausnahmslos dadurch, dass der Forscher jenen ‚Spuren' durch ihm (zunächst) fremde Welten folgt, die ihm erweisen, wie sich diese Akteure ihre Kompetenzen aneignen, die sie zu Experten bestimmter sozio-kultureller Kontexte machen.

Dabei bieten sich prinzipiell die grundlegenden Techniken nicht-standardisierter Datenerhebung an, die bekanntlich darin bestehen, das Geschehen zu beobachten, Dokumente zu beschaffen und mit den Leuten zu reden. Allen ethnographischen Varianten gemeinsam ist, dass die Forscher mehr oder minder intensiv ins Feld hineingehen und zugleich im Feld so agieren, dass sie es möglichst wenig verändern. Für die Qualifizierung des Forschers zum (Quasi-)Experten bedeutet dies, möglichst bei allem, was die von ihm identifizierten Experten als Experten tun, dabei zu sein und – nach Möglichkeit – mitzutun. D.h., die ideale Basis für den Erwerb des – für die Durchführung von Experteninterviews konstitutiven - möglichst umfassenden und einschlägigen Vor-Wissens, ist „der Erwerb der praktischen Mitgliedschaft an dem Geschehen, das erforscht werden soll, und damit der Gewinn einer existentiellen Innensicht" (Honer 2000, 198). Damit erwirbt der Forscher eine praktische Vertrautheit mit dem Unter-

Michaela Pfadenhauer

suchungsfeld, die sich in (zumindest potentieller) Handlungskompetenz äußert, und den Interviewer hinlänglich dazu befähigt, ein Gespräch ‚*auf gleicher Augenhöhe*' zu führen.

5 Probe aufs Exempel: Expertenwissen eines Marketing-Event-Machers

Um die vorstehenden Überlegungen an einem Beispiel aus einer Forschungspraxis zu verdeutlichen, die einen unmittelbaren Marketingbezug aufweist: Wenn man – als Sozialforscherin oder als Praktiker – am Expertenwissen eines Event-Machers bzw. Event-Managers (wie die offizielle Berufsbezeichnung lautet) interessiert ist, will man zugleich mehr und etwas anderes wissen als in den zahlreichen Büchern zum Eventmarketing zu lesen ist.

Denn erstens handelt es sich in der Regel um Erfolgsgeschichten, die zwar schön zu lesen sind, aber wenig zu den zu bewältigenden Problemen und zumeist gar nichts zu den (eigentlich interessanten) Problemen enthalten, die *nicht* bewältigt werden konnten. Zweitens handelt es sich um Berichte, die keine Betriebsgeheimnisse, sondern lediglich solche Firmeninterna preisgeben, die dort längst als offene Geheimnisse gehandelt werden. Und drittens handelt es sich um Ergebnisprotokolle, die im Idealfall resümierende Antworten auf die Frage enthalten, wie bzw. warum ‚man' etwas gemacht oder nicht gemacht hat. Das Expertenwissen von Event-Organisatoren beinhaltet aber wesentlich Wissen, das man als „Um-zu-Wissen" bezeichnen könnte, d.h. Wissen, wie man in eine ungewisse Zukunft, in eine Zukunft also, die erwartbar unerwartete Zwischenfälle, d.h. unliebsame ‚events' im Zuge der Event-Produktion beinhaltet. Denn bei keiner noch so sorgfältigen Planung, bei der Planung im Rahmen „komplexer organisatorischer Arrangements" (Hubschmid 2002), d.h. bei Arbeitskonstellationen, an denen zahlreiche Akteure zu unterschiedlichen Zeiten an unterschiedlichen Orten beteiligt sind, ist der Event-Organisator vor dem gewappnet, was eine Event-Organisatorin im Gespräch uns gegenüber als „Planungsundenkbarkeiten" bezeichnet hat.

Die Kompetenz eines Event-Machers besteht darin, von einem in der Zukunft liegenden Zeitpunkt y aus, der in der Rege fix ist, in die Gegenwart zu planen und dabei die erforderlichen Zwischenschritte in ihrer erforderlichen Reihenfolge bis zum Zeitpunkt x (= Gegenwart) absehen zu können. Dabei muss er nicht nur wissen, was wann wie und warum gemacht werden muss, sondern auch, *wer* was wann wie und warum machen muss, damit das Arrangement nicht aus den Fugen gerät. Er verfügt also über eine großes Reservoir an Überblickswissen bzw. Meta-Wissen und zugleich über Begründungswissen, er ‚überblickt die Zusammenhänge und er sieht die Logik der Zusammenhänge. Er hat Detailwissen über die strukturelle Idiosynkrasien des Event-

Veranstalters, in dessen Auftrag er tätig ist, er hat vertrauliche Informationen über dessen Ambitionen und darüber, welche Absichten wem gegenüber wie kommuniziert werden dürfen und welche nicht. Er kennt aber auch die Idiosynkrasien von Spezialisten, die typischerweise an der Eventproduktion zu beteiligen sind. Er verfügt im Idealfall über Verhandlungsgeschick, über Motivationstechniken, über Durchsetzungsvermögen u.v.a.m.

Zur Rekonstruktion dieses exklusiven Wissensbestands bietet sich das Experteninterview als ideales Erhebungsinstrument an – dann, wenn der Interviewer erstens weiß, wen er fragen muss, wenn er zweitens weiß, was er fragen muss, wenn er drittens weiß, was in der einschlägigen Literatur z.B. zum Eventmarketing, die er gelesen hat, typischerweise nicht geschrieben steht, wenn er viertens eine Vorstellung von Event-Organisations-Zusammenhängen hat, die *nicht* nur ‚theoretisch' ist, d.h. How-to-do-Phrasen enthält, sondern – zumindest aus einem anderen Fall – praktisch unterfüttert ist, und wenn er fünftens weiß, wie er mit Menschen konkret *dieses* Experten-‚Schlags' typischerweise reden muss, damit sie das Gespräch selber zu interessieren beginnt. Mit derlei Vorwissen gelingt es dem Interviewer im Gespräch möglicherweise, die Besonderheiten des konkreten Falls zu erheben, und d.h. auch, wie der Experte sein Expertenwissen auf den Einzelfall appliziert, wie der Einzelfall den Experten ‚belehrt', und wie damit die Spezifika dieses einen Falls zur Erweiterung und Neujustierung seines Expertenwissens beitragen. Dieses notwendige Vorwissen zur Durchführung eines Gesprächs ‚auf gleicher Augenhöhe' erlangt der Forscher insbesondere dann, wenn er sich bereits als Ethnograph im Umfeld eines Event-Machers bewegt hat und einschlägige Kompetenzen erworben hat. Der Vorteil des Forschers gegenüber einem Praktiker liegt darin, dass er dabei *auch* über die Kompetenz verfügt, zwischen existentieller Nähe und analytischer Distanz zu changieren.

6 Fazit

Diejenige Interviewform, die ich als Experteninterview zu bezeichnen vorschlage, ist ein sehr voraussetzungsvolles und damit auch ausgesprochen aufwendiges Instrument zur Datengenerierung dar, dessen Einsatz sich nur im Hinblick auf ganz bestimmte Forschungsinteressen als zweckdienlich erweist. Ganz gewiss *nicht* eignet es sich unserer Erfahrung nach „als Ersatz für zeitraubendere, kostspieligere oder an praktisch-technischen Schwierigkeiten scheiternde Verfahren der direkten Datenermittlung" (Mayntz/Holm/Hübner 1972, 103). D.h., das Experteninterview im hier gemeinten Sinne taugt nicht als Instrument zur ‚schnellen', die Zeitaufwendungsmühen der Teilnahme sozusagen kompensierenden Datengenerierung. Wenn es aber darum geht, die Perspektive von Experten auf Prinzipien des Sachverhalts bzw. auf Sachlogiken, auf Probleme und ihre Ursachen, auf Lösungen und ihre Konsequenzen in Erfahrung zu bringen, dann ist das Experteninterview ein nicht nur brauchbares, sondern ein unerlässliches, eine Art ‚Surplus'-Verfahren der empirischen Sozialforschung.

Dieses Instrument eignet sich demzufolge nur bedingt im Rahmen von auf schnelle Datenerhebung angelegten Projekten, wie sie für die Marktforschung typisch sind – es sei denn, es handelt sich um Follow-up-Projekte, in deren Verlauf sukzessive die erforderliche Kompetenz erworben werden kann.

7 Literatur

Bohnsack, Ralf/Marotzki, Winfried/Meuser, Michael (2003): Hauptbegriffe qualitativer Sozialforschung. Opladen: Leske + Budrich.
Bogner, Alexander/Littig, Beate/Menz, Wolfgang (Hrsg.) (2002): Das Experteninterview. Opladen: Leske + Budrich.
Bogner, Alexander/Menz, Wolfgang (2002): Das theoriegenerierende Experteninterview. In: Bogner, Alexander/Littig, Beate/Menz, Wolfgang (Hrsg.): Das Experteninterview. Opladen: Leske + Budrich, 33-70.
Eberle, Thomas S. (1997): Ethnomethodologische Konversationsanalyse. In: Hitzler, Ronald/Honer, Anne (Hrsg.): Sozialwissenschaftliche Hermeneutik. Opladen: Leske + Budrich, 245-279.
Gläser, Jochen/Laudel, Grit (2004): Experteninterviews und qualitative Inhaltsanalyse als Instrumente rekonstruierender Untersuchungen. Wiesbaden: VS.
Goffman, Erving (1977): Rahmenanalyse. Frankfurt am Main: Suhrkamp.
Helfferich, Cornelia (2004): Die Qualität qualitativer Daten. Wiesbaden: VS.
Hitzler, Ronald (1994): Wissen und Wesen des Experten. Ein Annäherungsversuch – zur Einleitung. In: Hitzler, Ronald/Honer, Anne/Maeder, Christoph (Hrsg.): Expertenwissen. Die institutionalisierte Kompetenz zur Konstruktion von Wirklichkeit. Opladen: Westdeutscher, 13-30.
Hitzler, Ronald (1999): Welten erkunden. Soziologie als (eine Art) Ethnologie der eigenen Gesellschaft. In: Soziale Welt, 50. Jg., H. 4, 473-483.
Hitzler, Ronald (2000): Die Erkundung des Feldes und die Deutung der Daten. Annäherungen an die (lebensweltliche) Ethnographie. In: Lindner, Werner (Hrsg.): Ethnographische Methoden in der Jugendarbeit. Opladen: Leske + Budrich, 17-31.
Hitzler, Ronald/Honer, Anne (1997) (Hrsg.): Sozialwissenschaftliche Hermeneutik. Opladen: Leske + Budrich.
Honer, Anne (1993): Lebensweltliche Ethnographie. Wiesbaden: DUV.
Honer, Anne (1994): Das explorative Interview. Zur Rekonstruktion der Relevanzen von Expertinnen und anderen Leuten. In: Schweizerische Zeitung für Soziologie, 20. Jg., H. 3, 623-640.
Honer, Anne (2000): Lebensweltanalyse in der Ethnographie. In: Flick, Uwe/von Kardoff, Ernst/Steinke, Ines (Hrsg.): Qualitative Forschung. Reinbek: Rowohlt, 194-204.
Hubschmid, Claudia (2002): ‚Vertrauen' im komplexen organisationalen Arrangement – der Fall „Expo". Unveröff. Dissertation an der Universität St. Gallen.
Knoblauch, Hubert (2001): Fokussierte Ethnographie. In: Sozialer Sinn, 1. Jg., H. 1, 123-141.

Mayntz, Renate/Holm, Kurt/Hübner, Peter (1972): Einführung in die Methoden der empirischen Soziologie. Opladen: Westdeutscher.

Meuser, Michael/Nagel, Ulrike (1991): ExpertInneninterviews – vielfach erprobt, wenig bedacht. Ein Beitrag zur qualitativen Methodendiskussion. In: Garz, Detlef/Kraimer, Klaus (Hrsg.): Qualitativ-empirische Sozialforschung. Konzepte, Methoden, Analysen. Opladen: Westdeutscher, 441-471.

Meuser, Michael/Nagel, Ulrike (1997): Das ExpertInneninterview – Wissenssoziologische Voraussetzungen und methodische Durchführung. In: Friebertshäuser, Barbara/Prengel, Annedore (Hrsg.): Handbuch Qualitative Forschungsmethoden in der Erziehungswissenschaft. Weinheim, München: Juventa, 481-491.

Pfadenhauer, Michaela (2001): Was andere Augen sehen. Perspektiven der Rezeption des Techno-Videoclips ‚Sonic Empire'. In: Hitzler, Ronald/Pfadenhauer, Michaela (Hrsg.): Techno-Soziologie. Erkundungen einer Jugendkultur. Opladen: Leske + Budrich, 235-252.

Schröer, Norbert (1994): Routinisiertes Expertenwissen. Zur Rekonstruktion des strukturalen Regelwissens von Vernehmungsbeamten. In: Hitzler, Ronald/Honer, Anne/Maeder, Christoph (Hrsg.): Expertenwissen. Die institutionalisierte Kompetenz zur Konstruktion von Wirklichkeit. Opladen: Westdeutscher, 214-231.

Schütz, Alfred (1972): Der gut informierte Bürger. In: Schütz, Alfred: Gesammelte Aufsätze. Band 2. Den Haag: Nijhoff, 85-101.

Schütz, Alfred/Luckmann, Thomas (1979): Strukturen der Lebenswelt. Band 1. Frankfurt am Main: Suhrkamp.

Soeffner, Hans-Georg (1989): Auslegung des Alltags – Der Alltag der Auslegung. Zur wissenssoziologischen Konzeption einer sozialwissenschaftlichen Hermeneutik. Frankfurt am Main: Suhrkamp.

Trinczek, Rainer (1995): Experteninterviews mit Managern: Methodische und methodologische Hintergründe. In: Brinkmann, Christian/Deeke, Axel/Völkel, Brigitte (Hrsg.): Experteninterviews in der Arbeitsmarktforschung. BeitrAB191. Nürnberg: IAB, 59-67.

Andrea Kurz, Constanze Stockhammer,
Susanne Fuchs und Dieter Meinhard

Das problemzentrierte Interview

1 Anwendungsgebiete 465
2 Theoretischer Hintergrund 466
3 Ablauf, Instrumente und Anwendungserfahrungen............................... 467
    3.1   Anzahl und Auswahl der InterviewpartnerInnen 467
    3.2   Kontaktaufnahme 468
    3.3   Gesprächsvorbereitung 469
    3.4   Interviewleitfaden.. 471
    3.5   Durchführung... 472
    3.6   Nachbereitung... 473
4 Kaffeesatzlesen oder mehr? 473
5 Literatur.. 474

1 Anwendungsgebiete

Beim problemzentrierten Interview handelt es sich um eine offene, halbstrukturierte Befragung, die die Befragten möglichst frei zu Wort kommen lässt, aber auf eine bestimmte Problemstellung zentriert ist, auf die der oder die InterviewleiterIn immer wieder zurückführt (Hölzl 1994). Diese Interviewform geht auf Witzel zurück, der sie als Teil einer Methodenkombination aus Interview, biographischer Methode, Gruppendiskussion und Fallanalyse im Rahmen eines problemzentrierten Forschungsprojekts entwickelte (Witzel 1982). Ähnlich wie beim narrativen Interview steht beim problemzentrierten Interview das Erzählprinzip im Vordergrund, der/die InterviewerIn lenkt das Gespräch aber immer wieder zur zugrunde liegenden Problemstellung hin und bezieht Begründungen, Erklärungen, Urteile und Meinungen der Auskunftsperson explizit in die Befragung mit ein (Kepper 1994). Der/die InterviewerIn gibt also seine/ihre im narrativen Interview geforderte Zurückhaltung teilweise auf, erzielt dadurch jedoch eine stärkere Strukturierung des Gesprächs.

Abgesehen von englischen Übersetzungen deutschsprachiger Forschungsbeiträge, tritt das „problem-centered interview" in der englischsprachigen Forschungstradition nicht in Erscheinung. In der angloamerikanischen Forschungstradition beschränkt man sich bei der Darstellung qualitativer Interviews auf eine grobe Unterscheidung nach den verschiedenen Standardisierungsgraden. Demnach wäre das problemzentrierte Interview als eine Form des „semi-structured interview" anzusehen.

Anwendung findet das qualitative Interview primär in Fragestellungen, die keinen rein explorativen Charakter haben, sondern stärker theoriegeleitet sind (Mayring 1990). Es existiert bereits Vorwissen über den zu untersuchenden Gegenstand, das es zu überprüfen und weiter zu vertiefen gilt. Damit steht das problemzentrierte Interview an der Schnittstelle zwischen Induktion und Deduktion.

Aus diesem Grund eignet sich die Methode auch besonders gut für Vorstudien, die sowohl einen Hypothesen generierenden als auch –prüfenden Charakter haben. Bestehende Annahmen können in einem ersten Schritt der Empirie ausgesetzt und gleichzeitig weitere Einsichten gewonnen werden. In einem meist quantitativ ausgerichteten zweiten Schritt erfolgt dann die Validierung der so generierten und verfeinerten Hypothesen.

Aufgrund der teilweisen Standardisierung durch den Leitfaden ist die Vergleichbarkeit verschiedener Interviews und die Verallgemeinerbarkeit vereinfacht, was das problemzentrierte Interview für Forschungsprojekte mit größeren Fallzahlen interessant macht (Hölzl 1994).

Das problemzentrierte Interview erweist sich gerade in der Marktforschung für innovative Produkte und Dienstleistungen immer wieder als geeignetes Werkzeug (Castellion 2002, 66). Die Herausforderungen sind hier meist ein schlecht definierter Objektbereich, eine geringe Anzahl von WissensträgerInnen und kurze Einarbeitungszeiten. In stark konzentrierten Geschäftsfeldern und Nischenmärkten fördert Marktforschung und die Einbindung von innovativen NutzerInnen (Lettl/Gemünden 2005) das Problemverständnis für Produkte und Dienstleistungen und ist damit ein erster Schritt in Richtung Business Development.

Anwendungsbeispiele des problemzentrierten Interviews im Business-to-Business Marketing reichen von der Erhebung von Akzeptanztreibern und -barrieren beim Application Service Providing (Fuchs 2008) bis hin zur Strategiefindung im Markt für Masken zur Produktion von Mikrochips (Weber/Berglund 2005). Das problemzentrierte Interview unterstützt auch das Design von innovativen Geschäftsmodellen und Wertschöpfungsketten in der Nanotechnologie (McDermott 2006) und die Erhebung von langfristigen Technologietrends (ITRS 2007).

2 Theoretischer Hintergrund

Konstituierend für das problemzentrierte Interview ist, dass die Konzeptgenerierung durch den oder die Befragte/n zwar im Vordergrund steht, vorab aber bereits ein wissenschaftliches Konzept skizziert wird, welches der/die Interviewte durch seine Gesprächsbeiträge modifiziert (Lamnek 1989).

Nach Witzel (1982, 2000) basiert das problemzentrierte Interview auf drei zentralen Grundprinzipien: Problemzentrierung, Gegenstandsorientierung und Prozessorientierung.

Problemzentrierung: Der/die ForscherIn geht von Problemstellungen aus, deren wesentliche objektive Aspekte er bereits vor dem Interview erarbeitet (Mayring 1990). Es handelt sich also um „objektiv" vorhandene Problembereiche, die wahrscheinlich für die Befragten relevant sind und an deren Rekonstruktion sie mitarbeiten sollen (Hölzl 1994).

Die *Gegenstandsorientierung* des Verfahrens meint, dass seine konkrete Ausgestaltung an den jeweiligen Forschungsgegenstand angepasst werden muss und nicht in der Übernahme vorgefertigter Instrumente bestehen kann (Hölzl 1994, Mayring 1990).

Die *Prozessorientierung* bezieht sich auf „die flexible Analyse des wissenschaftlichen Problemfelds, eine schrittweise Gewinnung und Prüfung von Daten, wobei Zusammenhang und Beschaffenheit der einzelnen Elemente sich erst langsam in ständigem reflexiven Bezug auf die dabei verwandten Methoden herausschälen" (Witzel 1982). Dieses Prinzip gilt sowohl für den gesamten Forschungsablauf als auch für die Herangehensweise an das einzelne Interview.

Nach Mayring (1990) kommt zu Witzels ursprünglichen Prinzipien noch die *Offenheit* als ein weiteres Merkmal dieser Form der Befragung hinzu.

Hölzl (1994) fasst die daraus folgenden vier Grundprinzipien des problemzentrierten Interviews wie folgt zusammen: Der/die ForscherIn geht mit einem bestimmten theoretischen Konzept in die Interviewsituation, das er/sie den Befragten allerdings nicht offen legt, um sie nicht zu beeinflussen. Aufgrund des offenen Charakters der Interviewsituation wird die Bedeutungsstrukturierung des Gegenstands der Auskunftsperson überlassen. „Die Forschenden halten ihr theoretisches Konzept und ihre methodische Vorgangsweise offen gegenüber den Modifizierungen durch die Empirie, wodurch sich auch die Notwendigkeit einer schrittweisen Datengewinnung und –interpretation ergibt" (Hölzl 1994).

3 Ablauf, Instrumente und Anwendungserfahrungen

Die oben genannten Grundprinzipien des problemzentrierten Interviews legen die im folgenden beschriebenen Durchführungsschritte und Instrumente nahe. Insbesondere wird auf die geeignete Auswahl und Anzahl der InterviewpartnerInnen, die Kontaktaufnahme mit ihnen, die Gesprächsvorbereitung, die Erstellung des Interviewleitfadens und die Durchführung der Interviews eingegangen.

In diesem Zusammenhang angeführte Praxistipps gründen auf Erfahrungen der AutorInnen bei ihrer Tätigkeit bei HiTec Marketing (www.hitec.at). Sie zeigen Vorgangsweisen auf, die sich in der nunmehr siebenjährigen regelmäßigen Verwendung des problemzentrierten Interviews im Innovationsmarketing als hilfreich erwiesen haben.

3.1 Anzahl und Auswahl der InterviewpartnerInnen

Die Anzahl der zu befragenden Personen kann bei qualitativen Analysen nicht mit Hilfe statistischer Methoden ermittelt werden. Einige AutorInnen versuchen, die ungefähre Anzahl der zu Befragenden erfahrungsbasiert anzugeben. So schlagen Griffin und Hauser (1993) fünfzehn einstündige persönliche Interviews vor, um 80%, bzw. 20 bis 30 Interviews, um 90-95% der für die Forschungsfrage relevanten Aspekte zu beleuchten. Zaltman und Higie (1993, 33) halten sieben bis fünfzehn Einzelgespräche (Dauer 90 bis 120 Minuten) für ausreichend.

Andrea Kurz, Constanze Stockhammer, Susanne Fuchs und Dieter Meinhard

Bei der Auswahl von Befragten muss keine Zufallsstichprobe gezogen werden, da es im Ergebnis nicht um repräsentative Aussagen sondern um die Erhebung typischer Strukturen und Gegebenheiten geht. Die Auswahl erfolgt nach dem Erkenntnisinteresse im Sinne des ‚theoretical sampling' (vgl. dazu auch Curasi/Kennedy 2002). Dabei muss der Forscher im Rahmen der Selbstkontrolle ausschließen, dass nur solche Personen ausgewählt werden, deren Einstellungen seinen Vorüberlegungen entsprechen. Es muss sogar versucht werden, Fälle, die den Hypothesen zuwiderlaufen, mit einzubeziehen.

Eine wichtige Quelle auf der Suche nach InterviewpartnerInnen sind die befragten Personen selbst. Sie haben oft einen guten Überblick über die handelnden Akteure und Akteurinnen im beforschten Feld und vermitteln meist gerne weitere Kontakte. Diesen ‚Schneeballeffekt' kann man nutzen, um zu InformantInnen vorzudringen, die große Expertise in einem Feld besitzen.

■ Praxistipp

Die Auswahl der InterviewpartnerInnen beeinflusst alle weiteren Schritte, deshalb ist in dieser Phase besonders gewissenhaft vorzugehen. Bei der Selektion hilft es, eingehend zu reflektieren, welche möglichen GesprächspartnerInnen welche Rolle im Problemzusammenhang einnehmen. So zeichnen sich etwa Stakeholder, die Mehrwertkette oder einzelne NutzerInnen bzw. Nutzergruppen durch unterschiedliche Interessenlagen und Problemsicht aus. Wie erwähnt: Je heterogener das Untersuchungsfeld desto größer ist der notwendige Umfang der Erhebungen.

3.2 Kontaktaufnahme

Recherchen im Themenfeld und vorhandene Kontakte führen zu einer ersten Liste möglicher InterviewpartnerInnen. Aber mit wem soll man beginnen? Häufig erweist es sich als günstig, mit jenem/er InterviewpartnerIn zu beginnen, den/die eine persönliche Bekanntschaft mit dem Interviewer verbindet, der/die die gleiche Muttersprache spricht und ein eher moderates Niveau an Expertise aufweist. Sobald man mehr Einblick in das Thema hat und die verwendeten Fachausdrücke vertraut geworden sind, kann man sich an die herausragenden ExpertInnen des Themenfeldes heranwagen.

Im Rahmen der Kontaktaufnahme erhält der/die potenzielle InterviewpartnerIn einen ersten Eindruck von seinem/ihrem Gegenüber. Diese höflich, strukturiert und informativ zu gestalten, ist der beste Weg, das Ziel in dieser Phase zu erreichen: die Zusage zum Interview.

Ein Skript hilft dabei den Überblick zu behalten, egal ob die Kontaktaufnahme und Terminvereinbarung durch den/die ForscherIn selbst oder von Dritten durchgeführt werden. Um möglichst früh eine Vertrauens- und Akzeptanzbasis mit dem/der GesprächspartnerIn herzustellen, ist eine erste Kontaktaufnahme durch den/die ForscherIn selbst empfehlenswert. Das Skript sollte jedenfalls auf folgende Themen eingehen: Vorstellung des/der Interviewers/in, Problemstellung, Ziele, Auftraggeber, voraussichtliche Dauer des Interviews, Zusicherung der Anonymität und den Grund, warum gerade die adressierte Person wichtig für die Datenerhebung ist.

Ein Türöffner zu potenziellen InterviewpartnerInnen ist die Angabe einer Referenz. Das kann eine persönliche Empfehlung sein, aber auch das Wissen um eine Autorenschaft zum Thema oder um die Teilnahme an einer themenspezifischen Veranstaltung.

Natürlich kann es verlockend sein, sofort seine inhaltlichen Fragen auszupacken, wenn man den/die gewünschte/n GesprächspartnerIn am Telefon hat oder ihm/ihr persönlich gegenüber steht. Trotzdem sollte man einen separaten Interviewtermin ausmachen. Dadurch haben beide PartnerInnen Zeit, sich auf das Gespräch vorzubereiten und es kann leichter eine ungestörte Interviewatmosphäre hergestellt werden.

▪ Praxistipp

Achtung, mehr als zwei Interviews (mit einer Dauer von ca. 1 Stunde) pro Tag sind persönlich zu anstrengend, nicht verdaubar und es gelingt kaum, die eben erhaltene Information in weitere Interviews einzubringen. Es ist von Vorteil, sich nach einigen Gesprächen zu einer Reflexionsphase wieder aus dem Feld zurückzuziehen.

Notizen, die die Kontaktaufnahme mit den potenziellen InterviewpartnerInnen dokumentieren, helfen, den Überblick nicht zu verlieren. Diese sollten mindestens beinhalten: wann Kontakt aufgenommen wurde, Ergänzung falscher Kontaktdaten, erneute Kontaktaufnahme bei Nicht-Erreichbarkeit, vereinbarte Termine, Absagen etc.

3.3 Gesprächsvorbereitung

Eine gründliche Gesprächsvorbereitung ist Voraussetzung für die Qualität des nachfolgenden Interviews.

Um gezieltes Nachfragen zu ermöglichen und eine Akzeptanzbasis bzw. weitgehende Übereinstimmung von Seniorität zwischen InterviewpartnerIn und InterviewerIn aufzubauen, ist ein gewisses Vorwissen des Interviewers bzw. der Interviewerin bzgl. des Forschungsthemas von Nutzen. Hinsichtlich des Vorwissens lassen sich drei Typen von InterviewerInnen unterscheiden:

1. InterviewerIn als Peer: Der/die InterviewerIn hat ein ähnliches Maß an Wissen im beforschten Feld wie der/die InterviewpartnerIn. Ein/e derartige/r InterviewerIn wäre für das problemzentrierte Interview manchmal wünschenswert, diese Koinzidenz ist jedoch in den seltensten Fällen gegeben.

2. InterviewerIn mit moderatem Vorwissen: Dieser Typus von MarktforscherInnen führt problemzentrierte Interviews in wechselnden Objektbereichen. Die InterviewerInnen eignen sich das nötige Vorwissen möglichst schnell an. Dabei helfen: entsprechende Vorbereitung zur Person und/oder zum Tätigkeitsfeld des/der Interviewpartners/in, Literaturrecherche zum Objektbereich, Teilnahme an relevanten Veranstaltungen, ein „Trockentraining" bei persönlich bekannten InterviewpartnerInnen und das schnelle Lernen während eines Interviews.

3. InterviewerIn ohne Vorwissen: Diese Form ist für einige ethnographische Methoden gefordert. Für das problemzentrierte Interview birgt sie allerdings gewisse – Risiken. InterviewerInnen ohne Vorwissen zum Themenfeld rezipieren meist nur jene Gesprächsteile, die am verständlichsten erklärt wurden, können kaum gezielt nachfragen und das Gegenüber bleibt in seiner Darstellung an der Oberfläche der Thematik.

Keinesfalls darf das Vorwissen des/der Interviewleiters/-leiterin das Gespräch bestimmen, das Interview sollte sich weitgehend nach den Vorgaben des/der Interviewten entwickeln.

Zur Gesprächsvorbereitung gehört auch die Auswahl der Methode der Gesprächsaufzeichnung. Tonbandaufnahmen können - so wünschenswert sie auch sind - gerade bei organisationsbezogenen Fragestellungen in einem Marketingkontext für die Informationsqualität hinderlich sein. Aus diesem Grund ist die Methode der Gesprächsaufzeichnung sehr sorgfältig zu bedenken und im Zweifelsfall von einer Tonbandaufzeichnung abzusehen. In diesem Fall sollte man eine weitere Person hinzuziehen, die eine möglichst wortgetreue Mitschrift des Interviews anfertigt (vgl. dazu auch Cavusgil/Zou 1994). Als InterviewerIn selbst mitzuschreiben, ist nur bedingt möglich, da das Interview die volle Aufmerksamkeit erfordert. Nicht empfehlenswert sind Niederschriften, die ausschließlich nach Beendigung des Interviews angefertigt werden, da sie sehr von dem/der Dokumentierenden beeinflusst sind.

■ Praxistipp

Der Aufwand für die Vorbereitung eines problemzentrierten Interviews sollte nicht unterschätzt werden, da die Einarbeitung je nach Vorwissen des/der Interviewers/in sehr zeitintensiv sein kann.

Der/die InterviewerIn kann die Akzeptanz seitens des/der Befragten erhöhen, indem er/sie sein Auftreten an das des/der Befragten anpasst. Dabei geht es um Kleidung und Sprache, aber auch um Gesprächstempo und Inhalte. Jede/r InterviewerIn kennt wahrscheinlich Situationen, in denen Jeans und Pulli angemessener sind als Straßenanzug oder Kostüm und umgekehrt.

3.4 Interviewleitfaden

Der Interviewleitfaden ist ein Werkzeug, um InterviewpartnerInnen an die Problemstellung des Interviews heranzuführen.

Um den Einstieg für den/die Interviewte/n möglichst einfach zu gestalten, ist es günstig, in der Situation des/der Interviewten zu ankern. Eine möglichst offene Frage zu Beginn soll dazu ermuntern, von alltäglichen Situationen im Problemkontext zu erzählen. Damit kann man bereits in der Eröffnungsphase des Gespräches erkennen, wo die Schwerpunkte des Interviews liegen könnten.

Im Zuge der Recherchen für die Gesprächsvorbereitung sind bereits erste Hypothesen über Problemlagen generiert worden. Diese Hypothesen gilt es nun zu erweitern bzw. zu überprüfen. Sie stellen die Grundlage für die Themenbereiche des Interviewleitfadens dar.

Abbildung 1: Themenbereiche eines Interviewleitfadens als Mind Map[1]

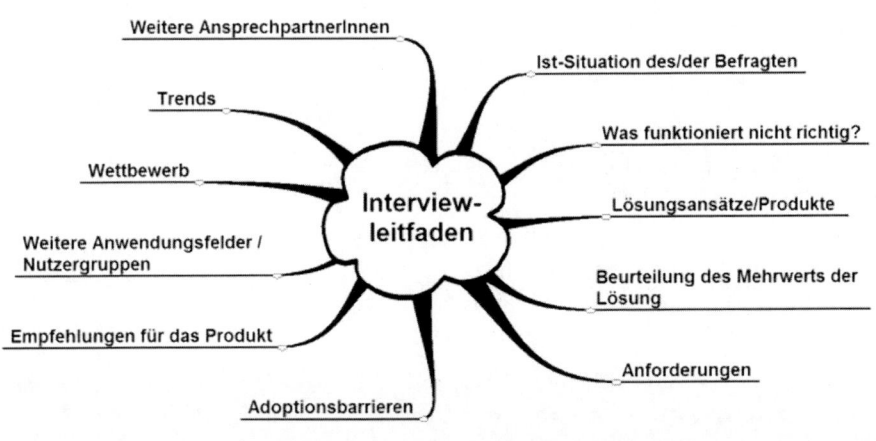

Mit Hilfe des Mind Mapping als Visualisierungstechnik (Abbildung 1) kann der Interviewleitfaden übersichtlich abgebildet werden. Durch die gleichrangige Anordnung der verschiedenen Problembereiche des Interviews kann der/die InterviewerIn flexibel, je nach Gesprächsverlauf, im Leitfaden springen. Somit kann der/die Interviewte

---

[1] Ein gängiges Programm zum Mind Mapping ist der MindManager von Mindjet (www.mindjet.com).

den Gesprächsverlauf weitgehend bestimmen und Informationsverluste durch starre Frageabfolgen werden vermieden. Das Ausformulieren einzelner Fragen ist nicht unbedingt nötig.

Wenn der Redefluss zäh ist und man im Gespräch nach Ankern in der jeweiligen Erfahrungswelt sucht, ist die Critical Incident Methode ein gutes Werkzeug. Mit der Frage nach besonders guten oder schlechten Erfahrungen im relevanten Kontext gelingt es oft, wahrgenommene Probleme sichtbar zu machen. Im Marketing kann diese Methode besonders sinnvoll bei der vergleichenden Konkurrenzanalyse, noch nicht standardisierten Erhebungen zur Kundenzufriedenheit und zur Erkennung von Akzeptanzbarrieren und Adoptionstreibern eingesetzt werden.

■ Praxistipp

Anders als oft erwartet ist es bei komplexeren Produkten generell schwierig, monetäre Bewertungen wie Preise, entstehende Kosten und generierten Nutzen direkt zu erfragen. Meist empfiehlt es sich, mögliche Wege zur Identifizierung solcher Größen gemeinsam mit dem/der InterviewpartnerIn zu erarbeiten, um so allenfalls zu einer Einschätzung zu gelangen.

Um nicht auf den schriftlichen Interviewleitfaden angewiesen zu sein, können verschiedene Mnemotechniken zur gedanklichen Repräsentation des Leitfadens eingesetzt werden, bspw. indem jedem Ast des Mind Maps ein Möbelstück oder Zimmer in einer vertrauten Wohnung zugeordnet wird.

3.5 Durchführung

Zu Beginn des Gespräches empfiehlt es sich, sich selbst noch einmal vorzustellen, die Ziele, den Kontext und die voraussichtliche Dauer des Interviews offen zu legen, Anonymität zuzusichern und Einverständnis zur Datenaufzeichnung einzuholen.

Die ersten Fragen sollten auf die spezielle Situation des/der Interviewten Bezug nehmen, ihn/sie bei vertrauten Themen abholen, um den Redefluss in Gang zu bringen und zu signalisieren, dass man sich über sein/ihr Unternehmen und seine/ihre Arbeiten informiert hat. So kann Wertschätzung signalisiert und eine Vertrauensbasis hergestellt werden. Diese steigern die Informationsqualität und können sich positiv auf die Gesprächsbereitschaft auswirken. Es wird möglich, das Problem gemeinsam aus verschiedenen Blickwinkeln zu beleuchten, Korrekturen zu vorangegangenen Aussagen sowie Redundanzen oder Widersprüchlichkeiten herauszuarbeiten. Fragen sollen möglichst offen formuliert werden und die Befragten zu weiteren Erzählungen anregen. Drängen sich in der Erzählung der Befragten Annahmen auf, so können diese durch Nachfragen im Gespräch bereits einer vorsichtigen Prüfung unterzogen werden (Fischer-Rosenthal/Rosenthal 1997).

Überraschung hat in der Interviewsituation Vorrang: neuen Aspekten wird aktiv nachgegangen und überraschende Neuformulierungen erleichtern die Interpretation.

Auch darum ist es wichtig, Erhebung und Auswertung parallel durchzuführen, da so neue Erkenntnisse regelmäßig sofort wieder in den Prozess eingebracht werden können. Dies erlaubt eine immer präzisere Fragestellung, eine verbesserte Orientierung der Kommunikation auf das Forschungsproblem hin und im Idealfall die laufende Vertiefung von Einsichten (Wooten 2000). Es ist darauf zu achten, dass Neuerungen im Erhebungsfortgang nachvollziehbar dokumentiert und entsprechend analysiert werden. Ein Kurzfragebogen zur Ermittlung von demographischen Daten kann das Interview ergänzen.

■ Praxistipp

Der/die InterviewerIn sollte über die Flexibilität verfügen, je nach Person des Gesprächspartners oder der Gesprächspartnerin bei der Fragestellung stärker auf Narration (bei kontextorientierten Personen) oder auf Nachfragen im Dialogverfahren (bei aufgabenorientierten Personen) zu setzen.

Auch Small Talk vor (und nach) dem Interview hat eine wichtige Funktion. Es hilft, Vertrauen aufzubauen und ist häufig auch inhaltlich aufschlussreich.

3.6 Nachbereitung

Die Nachbereitung gestaltet sich beim problemzentrierten Interview ähnlich der allgemeinen Vorgehensweisen bei qualitativen Interviews. Erste Anhaltspunkte für eine Kategorisierung legt der teilstrukturierte Zugang bereits nahe. Weitere Kategorien werden aufgrund neuer Aspekte, die sich aus den Interviews ergeben, hinzugefügt.

■ Praxistipp

Fallweise lohnt es sich, einzelne Interviews mit Beispielcharakter unter Einbeziehung von nicht im Projekt tätigen Personen zu interpretieren. In einer solchen Gruppe von drei bis vier Personen können die aus den jeweiligen Aussagen zu ziehenden Schlussfolgerungen durch Diskussion überprüft werden („Within-case analysis", Froschauer/Lueger 1992).

4 Kaffeesatzlesen oder mehr?

Eine Mahnung zur Vorsicht am Schluss: Wählt man als Form der Datenerhebung das problemzentrierte Interview, so sollte man Folgendes bedenken. In der praktischen

Umsetzung ergeben sich häufig Hürden aus der mangelnden Akzeptanz der Auftraggeber für derartige qualitative Zugänge („Guru-Methode", „Kaffeesatzlesen", „Plauderstunde", etc.). Diese resultiert meist aus der wahrgenommenen fehlenden Wissenschaftlichkeit und Strukturiertheit im Vergleich zu den dominierenden quantitativen Methoden (Kurz/Aigner/Meinhard 2004).

Schon in der Beauftragungs- und Vorbereitungsphase ist daher auf die Besonderheiten qualitativer Erhebungen und die sich daraus ergebenden Analysen hinzuweisen. So können Erwartungen im Hinblick auf die Präsentation entsprechend gesteuert werden. Gewonnene Erkenntnisse werden idealerweise basierend auf softwaregestützten Analysen nachvollziehbar dargestellt und mit ausgewählten Zitaten untermauert. Hilfreich für das Verständnis ist auch die Teilnahme des Auftraggebers oder der Auftraggeberin bei einzelnen Interviews, wobei hier auf eine möglichst geringe Beeinflussung der Erhebung zu achten ist. Um die Akzeptanz zu erhöhen, kann es sinnvoll sein, auch mit dem Auftraggeber oder der Auftraggeberin selbst ein problemzentriertes Interview zu führen.

Witzels (1982) methodischer Einbettung des problemzentrierten Interviews in einen Multimethodenansatz folgend, liegt es nahe, das Verfahren zur Steigerung der Akzeptanz mit vertrauteren Erhebungsmethoden zu verknüpfen. Hier bietet sich eine Ergänzung durch Beobachtung von ExpertInnengesprächen etwa im Anschluss an Fachvorträge oder bei Projektbesprechungen an. Dadurch können bereits vorab, aber auch begleitend, unterstützendes Datenmaterial und kontextbezogene Inputs gesammelt werden. Im Anschluss an die problemzentrierte Interviewphase bieten wiederum Validierungsworkshops und quantitative Erhebungsformen eine Möglichkeit zur Absicherung der qualitativ gewonnenen Erkenntnisse (vgl. O'Donnell/Cummins 1999). Sorgfalt bei der Auswahl der Erhebungsmethode(n) ist also auch im Hinblick auf die Akzeptanz der Marktforschungsergebnisse geboten.

5 Literatur

Castellion, George (2002): Telephoning Your Way to Compelling Value Propositions. In: Somermeyer, Stephen/Belliveau, Paul/Griffin, Abbie (eds.): The PDMA ToolBook for New Product Development. New York, 63-86.

Cavusgil, S. Tamer/Zou, Shaoming (1994): Marketing Strategy Performance Relationship: An Investigation of the Empirical Link in Export Market Ventures. In: Journal of Marketing, vol. 58, no. 1, 1-21.

Curasi, C. F./Kennedy, K. N. (2002): From Prisoners to Apostles: A Typology of Repeat Buyers and Loyal Customers in Service Businesses. In: Journal of Services Marketing, vol. 16, no. 4, 322-341.

Fischer-Rosenthal, Wolfram/Rosenthal, Gabriele (1997): Narrationsanalyse biographischer Selbstpräsentation. In: Hitzler, Ronald/Honer, Anne (Hrsg.): Sozialwissenschaftliche Hermeneutik. Eine Einführung. Opladen, 133-165.

Froschauer, Ulrike/Lueger, Manfred (1992): Das qualitative Interview zur Analyse sozialer Systeme. Wien.

Fuchs, Susanne (2008): Organizational Adoption Models for Early ASP Technology Stages. Saarbrücken.

Griffin, Abbie/Hauser John R. (1993): The Voice of the Customer In: Marketing Science, vol. 12, no. 1, 1-27.

Hölzl, Erik (1994): Qualitatives Interview In: Arbeitskreis Qualitative Sozialforschung (Hrsg.): Verführung zum Qualitativen Forschen: Eine Methodenauswahl. Wien, 61-68.

ITRS (2007): ITRS International Technology Roadmap for Semiconductors, May 14th, 2008, ITRS, Webpage: http://www.itrs.net/.

Kepper, Gaby (1994): Qualitative Marktforschung, Methoden, Einsatzmöglichkeiten und Beurteilungskriterien. Wiesbaden.

Kurz, Andrea/Aigner, Walter/Meinhard, Dieter (2004): Presenting the Results of Qualitative Research to Public Research Administration Bodies. In: Buber, Renate/Gadner, Johannes/Richards, Lyn (eds.): Applying Qualitative Methods to Marketing Management Research. New York, 61-75.

Lamnek, Siegfried (1989): Qualitative Sozialforschung, Methoden und Techniken. Bd. 2. München.

Lettl, Christopher/Gemünden, Georg Hans (2005): The Entrepreneurial Role of Innovative Users. In: The Journal of Business and Industrial Marketing, vol. 20, no. 7, 339-346.

Mayring, Philipp (1990): Einführung in die qualitative Sozialforschung. München.

McDermott, Stephen (2006): Lux Research Compass. September 28th, 2006, Lux Research, Webpage: http://www.luxresearchinc.com/compass.html.

O'Donnell, Aodheen/Cummins, Darryl (1999): The Use of Qualitative Methods to Research Networking in SMEs. In: Qualitative Market Research: An International Journal, vol. 2, no. 2, 82-91.

Weber, Charles M./Berglund, Neil C. (2005): A Strategic Assessment of the Photomask Manufacturing Industry. In: Technology Management: A Unifying Discipline for Melting the Boundaries,vol., 18-34.

Witzel, Andreas (1982): Verfahren der qualitativen Sozialforschung. Überblick und Alternativen. Frankfurt am Main/New York.

Witzel, Andreas (2000): Das problemzentrierte Interview In: Forum Qualitative Sozialforschung - Theories, Methods, Applications, vol. 1, no. 1, 1-9.

Wooten, David B. (2000): Qualitative Steps toward an Expanded Model of Anxiety in Gift-Giving In: Journal of Consumer Research, vol. 27, no. 1, 84-96.

Zaltman, Gerald/Higie, Robin A. (1993): Seeing the Voice of the Customer: The Metaphor Elicitation Technique. Cambridge, MA, Marketing Science Institute, Working Paper, 93-114.

Wolfgang Mayerhofer

Das Fokusgruppeninterview

1 Definition, Einordnung und Ziele 479
2 Durchführung von Fokusgruppeninterviews 480
   2.1   Auswahl und Zusammensetzung der TeilnehmerInnen 481
   2.2   Funktion des Moderators/der Moderatorin 482
   2.3   Aufzeichnung, Auswertung und Interpretation der Daten 483
   2.4   Trends und Ausblick - Neue Technologien 484
3 Kritische Betrachtung von Fokusgruppeninterviews 485
4 Zusammenfassung und Resümee 487
5 Literatur 488

1 Definition, Einordnung und Ziele

Ein Marktforschungsprozess durchläuft mehrere Stufen: vom Briefing, über die Exploration, Vorbereitung und Durchführung der Studie bis zur Auswertung und Aufbereitung der Daten sowie Berichtslegung bzw. Präsentation der Ergebnisse an den Auftraggeber. Von besonderer Bedeutung für die Qualität und vor allem Umsetzbarkeit der Ergebnisse ist nach der Problemdefinition durch das Management die Phase der Exploration. Sie wird durchgeführt, wenn ForscherInnen wenig Erfahrung mit einem Forschungsthema haben oder über zu wenig Wissen verfügen (Zikmund 2003, 119) und dient der Steigerung der Vertrautheit des Forschers/der Forscherin mit einem Thema, um neue Einblicke und Ideen zu bekommen, sowie zur Strukturierung eines Problems in kleine überschaubare Einheiten, um exakte Hypothesen über mögliche Ursachen formulieren zu können (Churchill/Iacobucci 2002, 93; Birn 2000, 263).

I.d.R. stützt sich die explorative Phase auf qualitative Daten (Hair/Bush/Ortineau 2003, 212).[1] Neben Sekundäranalyse und Case-Study-Research spielt die Durchführung von Pilotstudien eine zentrale Rolle (Berekoven/Eckert/Ellenrieder 2004, 97f). Ziel qualitativer Marktforschung ist die Erhebung unbewusster Motive, Einstellungen und Erwartungen (Kamenz 2001, 108) sowie das Erkennen, Beschreiben und Verstehen psychologischer und soziologischer Zusammenhänge (Kepper 2000, 162). Zu den wichtigsten qualitativen Marktforschungsmethoden zählen Tiefeninterview, (Indirekte) Beobachtung (Mayerhofer 2006), projektive Techniken (Wortassoziationen, Satzergänzungstests) und Gruppendiskussion (Malhotra/Birks 2000, 161) bzw. Gruppeninterview (Homburg/Krohmer 2003, 196). Obwohl u.a. Kepper (1994, 61f) eine Abgrenzung der beiden Begriffe Gruppendiskussion und Fokusgruppeninterview vornimmt, werden diese häufig synonym verwendet (Gordon 1999, 77; McQuarrie 1996, 66), dies wird auch im vorliegenden Beitrag so gehandhabt. Abzugrenzen ist der Begriff gegen Gruppenbefragungen, bei denen mehrere Personen zur selben Zeit befragt werden. In diesem Fall ist der gebräuchlichere Begriff Klassenzimmerbefragung vorzuziehen (Hüttner 1997, 78).

Beim Fokusgruppeninterview handelt es sich um unstrukturierte, freie Interviews mit einer kleinen Gruppe (Zikmund 2000, 101). Sie leisten eine wertvolle Hilfestellung bei der Definition eines Forschungsproblems, bei der Entwicklung eines Messansatzes oder bei der Generierung von Hypothesen und Identifikation von möglichen Einflussfaktoren z.B. auf das Kaufverhalten von Zielgruppen (Malhotra/Birks 2000, 155). Sie dienen dazu, um tiefere Einsichten, die zu einem bestimmten KonsumentInnenver-

---

[1] Noelle-Neumann und Petersen (2000, 76) bezeichnen den Begriff *qualitativ* als irreführend, weil er eine Überlegenheit gegenüber dem Begriff quantitativ suggeriert. Sampson (1993, 86) zitiert eine Aussage von Ernest Dichter aus dem Jahr 1985 wonach der Begriff *qualitativ* irreführend sei und schlägt stattdessen die Bezeichnung *interpretativ* und statt quantitativ besser *deskriptiv* vor.

Wolfgang Mayerhofer

halten führen, zu bekommen (Hair/Bush/Ortineau 2003, 213). Ein Blick in die gängigen Standardwerke der Marktforschung zeigt, dass zumindest ein Kapitel auch einer intensiven Auseinandersetzung mit qualitativen Verfahren gewidmet ist, insofern kann Müller (2000, 129) nicht zugestimmt werden, wenn er meint, dass „die einschlägige Marktforschungsliteratur explorative Verfahren, wie Gruppendiskussion und Tiefeninterview nur am Rande erwähnt". Qualitative Marktforschung bildet heute einen festen Bestandteil des Methodenspektrums bei der Untersuchung marktrelevanter Fragestellungen (Kühn 2005, 5).

2 Durchführung von Fokusgruppeninterviews

Unter der Leitung eines/einer qualifizierten Moderators/Moderatorin wird ein Thema in einer Gruppe von meist sechs bis zehn Mitgliedern diskutiert (Homburg/Krohmer 2003, 197). Gruppendiskussionen eignen sich besonders für die Untersuchung von Entscheidungsprozessen, bei der Festlegung der Preisgestaltung, sowie bei Produktkonzept- und Verpackungstests (Weiss/Steinmetz 2002, 109; Wynberg/O'Brien 1993, 110), beim Markteintritt eines Unternehmens unter einer bekannten Marke in ein neues Produktfeld (Birn 2000, 268) sowie in der Werbe- und Markenforschung. Sie sind in der Anfangsphase einer Imageanalyse von Bedeutung, wenn es darum geht, die für die Beurteilung eines Produktes als wichtig erachteten Eigenschaften aufzuspüren (Schweiger und Schrattenecker 2005, 340). McQuarrie (1996, 70f) zeigt am Beispiel des Begriffes *Qualität* im Zusammenhang mit einem Computer wie vielfältig und unterschiedlich die Erwartungen verschiedener Zielgruppen sein können und leitet daraus Konsequenzen für Produkt- und Kommunikationspolitik ab. Beispiele für die erfolgreiche Anwendung von Fokusgruppen betreffen die Einführung des BMW Z3 und festgestellte Unterschiede in der erwarteten Zusatzausstattung zwischen Europa und USA, die Neupositionierung der Motorradmarke Harley Davidson (Churchill/Iacobucci 2002, 98), die Einführung des Chrysler PT Cruisers (Zikmund 2003, 119), Produktentwicklungen bei General Motors und Beckman Instruments (Aaker/Kumar/Day 2003, 189), ein geplantes Opel Roadster-Modell auf Tigra-Basis (Kamenz 2001, 114) sowie die Positionierung von Pepsi Next Generation (Malhotra/Birks 2000, 159f). Fowler (1995, 104) empfiehlt Gruppendiskussionen auch zur Evaluierung der Verständlichkeit von Fragen eines geplanten Fragebogens. Ein solcher Vortest wird von Gordon (1999, 82) auch für die Abwicklung von Gruppendiskussionen vorgeschlagen, indem die erste Gruppendiskussion als Experimentalgruppe, ähnlich einem Pretest bei quantitativer Befragung, angesehen wird (Malhotra/Birks 2000, 167).

Die durchschnittliche Dauer eines Fokusgruppeninterview liegt zwischen einer und drei Stunden und richtet sich, wie die Vergütung für die Teilnahme, nach der Zielgruppe. Genannt werden durchschnittlich US Dollar 50.- (Hair/Bush/Ortineau 2003, 228f) und bis zu US Dollar 400.- für schwer erreichbare Zielgruppen (wie z.B. Ärzte bzw. ÄrztInnen) (Shao 2002, 154ff). Zikmund (2000, 109) beschreibt Fokusgruppen als relativ kurz, leicht durchzuführen, rasch analysiert und kostengünstig. Gerade bei dem Kostenaspekt gibt es unterschiedliche Ansichten, offensichtlich je nachdem, ob auf individueller Basis oder mit Gesamtkosten argumentiert wird und welche Erhebungsmethoden als Vergleich herangezogen werden. Alreck und Settle (1995, 395f) bezeichnen Fokusgruppen mit einem durchschnittlichen Preis zwischen US Dollar 2.000.- bis 5.000.- als ziemlich teuer. Hair, Bush und Ortineau (2003, 238) sprechen von Kosten in der Höhe von US Dollar 2.000.- bis 8.000.- pro Sitzung (US Dollar 200.- bis 800.- pro TeilnehmerIn) und bezeichnen sie als höher als bei anderen qualitativen Studien. Mit rund Euro 200.- muss man auch im deutschsprachigen Raum als Untergrenze für ein Fokusgruppeninterview rechnen.

Im Folgenden werden die häufig als erfolgskritisch genannten Kriterien Struktur der TeilnehmerInnen, Rolle des Moderators/der Moderatorin und Auswertung der Ergebnisse von Fokusgruppen näher erläutert.

2.1 Auswahl und Zusammensetzung der TeilnehmerInnen

Die Akquisition von TeilnehmerInnen kann telefonisch, persönlich auf der Strasse, per Post oder Internet erfolgen. Das Spektrum reicht je nach Thema von Hausfrauen, Müttern mit Kleinkindern über ArchitektInnen bis zu ComputerexpertInnen. Meist erfolgt die Anwerbung durch ein Screening anhand von Kontrollfragen, bei dem wichtige demographische und psychographische Merkmale sowie Informationen über das Nutzungsverhalten von Produkten und Dienstleistungen erhoben werden. Eine Vergütung des Zeitaufwands (Gratifikation) wird als notwendig erachtet, allerdings sollten dadurch keine SpezialistInnen und Diskussionsprofis angelockt werden, darüber hinaus ist mit einer Ausfallrate von 10 bis 15 Prozent zu rechnen (Alreck/Settle 1995, 401f). Erfolgskritische Faktoren sind die Anzahl und insbesondere die Struktur der TeilnehmerInnen.

Die ideale *Gruppengröße* liegt nach Meinung verschiedener AutorInnen zwischen 5 und 10 Personen. Gordon (1999, 77) sieht regionale Unterschiede und spricht von 7 bis 9 TeilnehmerInnen in Europa (UK) und 10 bis 12 in den USA. Kleinere Gruppen laufen Gefahr, von einem Mitglied dominiert zu werden, bei größeren Gruppen besteht das Risiko, dass einzelne Mitglieder nicht oder zu wenig Gehör finden. So besteht z.B. bei einer zweistündigen Diskussion mit acht Personen für jede/n TeilnehmerIn die Chance, 15 Minuten zu sprechen (McQuarrie 1996, 74). Auch Fowler (1995, 107) bezeichnet 5 bis 8 Personen als optimal und empfiehlt eine Gruppe von 10 bis 12 TeilnehmerInnen nur, falls die Personen zum Thema wenig zu sagen haben. Bei komplexen Themen bewähren sich eher kleinere und homogenere Gruppen (Kepper 1994, 63).

Für eine erfolgreiche Fokusgruppe wird vielfach die *Homogenität* der DiskussionsteilnehmerInnen hinsichtlich demographischer Merkmale wie z.B. Geschlecht, Alter, Bildung oder Familienstand aber auch eine Übereinstimmung hinsichtlich Besitz und Verwendungserfahrung mit einem Produkt oder einer Dienstleistung gefordert. Demnach sollten Personen mit ähnlichem sozialem Status ausgewählt werden (Birn 2000, 272). Gleichzeitig sollte es trotz Homogenität aber eine Vielfalt an Meinungen und Ansichten und somit einen gruppendynamischen Effekt geben, da unterschiedliche Standpunkte für eine tiefer gehende Diskussion wünschenswert sind. Bei einer heterogenen Zielgruppe oder stark unterschiedlichen KundInnensegmenten sollten mehrere Gruppendiskussionen durchgeführt werden (Churchill/Iacobucci 2002, 100). Eine gewisse Heterogenität kann durchaus der Diskussion förderlich sein – wichtig ist, dass die Stimmung in der durchaus kontroversiell diskutiert wird, eine angenehme ist (Aaker/Kumar/Day 2003, 220). Für diese idealen Rahmenbedingungen zu sorgen, ist Aufgabe des Moderators/der Moderatorin, dessen/deren Funktion im nächsten Abschnitt diskutiert wird.

2.2 Funktion des Moderators/der Moderatorin

Dem Leiter bzw. der Leiterin einer Fokusgruppe, dem Moderator bzw. der Moderatorin, kommt eine Schlüsselfunktion zu. Er/sie übersetzt die Ziele der Studie in einen Diskussionsleitfaden, der die zu behandelnden Aspekte beinhaltet, keine ausformulierten Fragen enthält und auch die Reihenfolge der Behandlung offen lässt. Üblicherweise wird (wie bei standardisierten Befragungen) mit einer Eisbrecherfrage begonnen, z.B. über das Verwendungsverhaltens des in weiterer Folge diskutierten Produktes (Hair/Bush/Ortineau 2003, 230; Kepper 2000, 173). Eine Interaktion zwischen den Gruppenmitgliedern sollte stimuliert und gefördert werden (Churchill/Iacobucci 2002, 100). Der/Die ModeratorIn muss eine offene, kommunikative Persönlichkeit sein, umfassende Kenntnis über das Thema haben, Zuhören können und trotzdem die Diskussion auf unterschiedliche Aspekte des Themas *fokussieren*. Er/sie sollte sich in Kleidung und Sprachgebrauch an die Gruppe anpassen, sich naiv stellen, um erklärende Informationen zu erhalten, er/sie muss flexibel sein (kein starres Abarbeiten der Agenda), ein Gefühl dafür haben, wenn ein Thema erschöpfend behandelt wurde und geschickt das Thema wechseln, den Einfluss der Gruppenmitglieder kontrollieren und Schweigsame vorsichtig zur aktiveren Teilnahme motivieren. Als *Teufels Advokat* kann der/die ModeratorIn auch extreme Standpunkte in die Diskussion einbringen (Aaker/Kumar/Day 2003, 201). Er/sie muss in der Lage sein, eine persönliche Beziehung aufzubauen und soll auch ein hervorragendes Kurzzeitgedächtnis besitzen, um nachträgliche Protokolle anfertigen zu können. Der/ die ModeratorIn muss auch mit zwei gegensätzlichen Phänomenen bei Gruppendiskussionen umgehen können. Wenn unbekannte Personen miteinander diskutieren, kommt es zuerst zu einem Einigungsprozess bei der Suche nach Gemeinsamkeiten und dann zu einem Prozess der gegenseitigen Differenzierung (McQuarrie 1996, 72; vgl. die Anforderungen an eine/n ModeratorIn bei Churchill und Iacobucci 2002, 102). Mit einem Wort „The quality of the results depends heavily on the skills of the moderator" (Malhotra/Birks 2000, 171; vgl. auch die Eigenschaften bei Alreck/Settle 1995, 404).

2.3 Aufzeichnung, Auswertung und Interpretation der Daten

Meist werden Fokusgruppeninterviews mittels Audio oder Video aufgezeichnet. Letzteres erlaubt eine leichtere Zuordnung der Aussagen zu bestimmten Personen und auch eine Beobachtung und Kommentierung der Gestik und Mimik. Weniger anzuraten ist die nachträgliche Anfertigung von Gesprächsprotokollen. Wenn es die räumlichen Gegebenheiten erlauben, kann die Diskussion von MitarbeiterInnen des Auftraggebers mittels Einwegspiegel beobachtet werden - dies sollte aber möglichst unauffällig erfolgen (Alreck/Settle 1995, 405).

Auch in der qualitativen Forschung hat die EDV zahlreiche Impulse geliefert: von der Erfassung, Übertragung und Speicherung der Daten über die Codierung bis hin zur Auswertung in Form von Kreuztabellen aber auch Darstellung von Beziehungen (Aaker/Kumar/Day 2003, 191). Die Unstrukturiertheit der Antworten macht eine Codierung und Auswertung und Zuordnung zu anderen (z.B. demographischen) Größen schwierig. Da die Generierung von Ideen und nicht deren Beurteilung im Mittelpunkt steht, sollten die Ergebnisse von Gruppendiskussionen nicht in Form von Häufigkeiten oder Anteilwerten ausgewiesen werden (Churchill/Iacobucci 2002, 103). Eine Quantifizierung von Aussagen ist nicht möglich, auch nicht in der Form, wonach „nur eine kleine Gruppe von Konsumenten, einen Vorteil darin sieht, dass ..." (McQuarrie 1996, 73). Üblich ist eine Kombination zwischen wörtlichen Aussagen und aggregierten Daten mit wichtigen Kaufmotiven und/oder -barrieren (Hair/Bush/Ortineau 2003, 235). „Ziel ist es, den getroffenen Äußerungen Kategorien zuzuordnen und durch Abstrahierung und Umformung zu grundsätzlichen bzw. typischen Aussagen zu gelangen" (Kepper 1994, 68). Die Auswertung der Daten erfolgt meist in drei Stufen: Transkribieren der Aufzeichnungen, Codieren der Aussagen und Analysieren in Bezug auf dahinter stehende Theorien und/oder zugrunde liegenden Hypothesen. Zu beachten ist, dass qualitative Forschung immer persönlich ist und damit zum Teil eine sehr subjektive, vom Hintergrundwissen geprägte, Interpretation von Ereignissen erfolgt (Birn 2000, 280). Fokusgruppen versuchen als qualitative Verfahren eine ganzheitliche Untersuchung des Problems – diese Sichtweise sollte auch bei der Auswertung der Ergebnisse z.B. bei der Codierung von Aussagen eingehalten werden. Abzulehnen ist eine Trennung von Ansichten und Meinungen in einzelne Bestandteile, vielmehr sollte unbedingt der Kontext berücksichtigt werden. Wynberg und O'Brien (1993, 114) sprechen in diesem Zusammenhang von *holistic coding*. Ein anschauliches Beispiel für ein Interviewtranskript findet sich bei Mason (1997, 116ff). Voraussetzung für die Erstellung von Codes ist die perfekte Kenntnis der Daten – „read them, study them, listen to them ... sleep with them under your pillow if you think it will help." (Mason 1997, 120). Beispiele für plakative Einzelaussagen finden sich am Beispiel des Kaufs von Fernsehgeräten bei Oswald (1998, 76f) und am Beispiel von Mineralwassermarken bei Dockal und Heisler (1998, 122). In der zuletzt genannten Studie wurde auch auf das Zeichnen von Markenvorstellungen zurückgegriffen (Dockal/Heisler 1998, 136). Das Ergebnis einer Gruppendiskussion kann auch ein Moodboard sein, also eine Collage, in dem die DiskussionsteilnehmerInnen gebeten werden, Wörter und/oder Bilder auszuschneiden, die das Bild, das sie von einer Marke haben, am besten repräsentieren (Malhotra/Birks 2000, 168; Kahr 2000, 4f).

Die Auswertung von Daten aus Fokusgruppen mittels Computerunterstützung steht erst am Beginn eines Entwicklungsprozesses und wird unterschiedlich bewertet (Blank 2007, 299). Eine Ursache für die mangelnde Akzeptanz oder das Misstrauen kann darin gesehen werden, dass ein Großteil der Programme auf universitärem Boden und auch für andere Zielsetzungen entwickelt wurde und diese deshalb lange Zeit nicht zu Unrecht als kompliziert und zeitaufwändig eingestuft wurden (di Gregorio 2007, 733ff). In den letzten Jahren wurden Softwarepakete speziell für die Marktforschung entworfen und kontinuierlich weiterentwickelt (z.B. XSight, ATLAS.ti, MAXqda oder NVivo 8). Von di Gregorio (2007, 748ff) werden die Möglichkeiten der Verarbeitung qualitativer Daten (von e-mail über Transkriptionen bis zu Photos, Videos und Tonaufnahmen) anhand von Fallstudien anschaulich demonstriert.

2.4   Trends und Ausblick - Neue Technologien

Neben der im vorangegangenen Abschnitt behandelten Bedeutung des Computers für die Auswertung von Fokusgruppeninterviews konzentriert sich das Augenmerk vor allem auf die sog. Neuen Medien. So lassen sich Gruppendiskussionen auch online über das Internet durchführen (Homburg/Krohmer 2003, 197). Die Abwicklung erfolgt mittels Videokonferenz oder als Online Fokusgruppeninterviews (Hair/Bush/Ortineau 2003, 239). Videostreaming Technologie ermöglicht die Beobachtung einer Gruppe nicht nur durch Einwegspiegel sondern auch von einem weit entfernten Ort (Aaker/Kumar/Day 2003, 203).

Online Fokusgruppen werden bei sensiblen oder vertraulichen Themen, bei denen Anonymität vorteilhaft ist, empfohlen, im B2C Bereich bei regional weit verstreuten Zielgruppen, wenn es nicht ökonomisch ist, die wenigen Zielpersonen unter einem Dach zu versammeln und nicht zuletzt bei Studien zum Thema IT oder verwandten Gebieten z.B. Evaluierung von Websites (Aaker/Kumar/Day 2003, 202). Wie auch bei anderen Online Marktforschungsmethoden steht die Faszination einer weltweiten Teilnahme und die sofortige Verfügbarkeit der Daten auf der einen Seite hohen technischen Anforderungen an TeilnehmerInnen und ModeratorInnen sowie einer geringeren Gruppendynamik gegenüber. Die Teilnahme erfolgt entweder in Form eines Chatrooms oder durch individuelle Teilnahme am eigenen Computer. Die Methode gilt als rasch und kostengünstig, eine anonyme Teilnahme mit Legitimierung über Passwort ist möglich. Als durchschnittliche Dauer gilt auch in diesem Fall ca. eine Stunde (Weis/Steinmetz 2002, 110). Nicht zu empfehlen sind Online Fokusgruppen, wenn Körpersprache oder Mimik erfasst, Prototypen oder drei-dimensionale Modelle gezeigt werden sollen oder allgemein die Handhabung von Produkten ein wichtiges Erhebungsziel darstellt oder aber, wenn es sich um Geschmackstests handelt bzw. das Testmaterial streng vertraulich ist (Aaker/Kumar/Day 2003, 202). Online, hinter einem Computerbildschirm, ist es besonders schwierig, ein/e effektive/r ModeratorIn zu sein und Autorität zu vermitteln, dazu kommt das Problem von Pseudoidentitäten im Netz (Shao 2002, 152). Marktinformationen können auch aus Diskussionen in einer Newsgroup oder Diskussionsgruppe gewonnen werden (Homburg/Krohmer 2003, 198) oder mittels telefonisch durchgeführter Fokusgruppeninterviews (Aaker/Kumar/Day 2003, 201). Kühn (2005, 32f) sieht allgemein die Einrichtung von qualitativen Panels, die Computer unterstützte Auswertung (insbesondere die Zusammenführung textlicher, visueller und akustischer Daten) sowie die Methodenintegration als Trends und Herausforderungen für qualitative Verfahren.

3 Kritische Betrachtung von Fokusgruppeninterviews

Die kritische Auseinandersetzung mit Fokusgruppen in Theorie und Praxis betrifft einerseits die Diskussion zwischen qualitativen und quantitativen Methoden der Marktforschung und andererseits den Vergleich zwischen Fokusgruppen und anderen qualitativen Methoden insbesondere die Abgrenzung zum individuellen Tiefeninterview. Callingham (2004, 99) führt die noch immer dominierende Bedeutung der quantitativen Forschung in erster Linie darauf zurück, dass die Auftraggeber gewohnt sind, in Zahlen zu denken und ordnet die steigende Bedeutung der qualitativen Forschung mit Anfang der 1960er Jahre ein. Als eine Ursache nennt er den gewandelten Werbeauftritt weg von der reinen Produktaussage hin zu Image- und Lifestyle orientierter Werbung (Callingham 2004, 101). Kamenz (2001, 109) nennt als Gründe für den Einsatz qualitativer Methoden die Komplexität menschlichen Verhaltens und die Schein-

Genauigkeit der quantitativen Forschung. Die größten Unterschiede liegen in der Art der Probleme, die damit gelöst werden können, in der Stichprobenziehung, sowie der Art und Weise der Datengenerierung und -analyse und der Repräsentativität der Daten (Birn 2000, 262). Allerdings ist das Ziel der qualitativen Forschung nicht ein repräsentatives Sample an Personen sondern eine Repräsentation verschiedener Ansichten und Meinungen (Callingham 2004, 104).

Als wichtigste *Vorteile* qualitativer Methoden und insbesondere von Fokusgruppeninterviews gelten die rasche und kostengünstige Abwicklung, die Stimulierung neuer Ideen durch Gruppendynamik, Flexibilität und einen Schneeballeffekt, d.h. eine Aussage dient als Anreiz für Wortmeldungen anderer TeilnehmerInnen, so kommt es zu spontanen und unkonventionellen Antworten. Fokusgruppen steigern das Verständnis, warum sich Personen in bestimmten Situationen so verhalten, erlauben die Teilnahme des Auftraggebers der Studie und rufen vielfältige, authentische KonsumentInnenreaktionen aus „Fleisch und Blut" hervor. Die ungezwungene Atmosphäre führt zu ehrlicheren Antworten und offenbart die wahren Gefühle, Ängste oder Frustrationen. Nicht zuletzt können schwer erreichbare Zielgruppen oder Personenkreise zusammengebracht werden und ist eine höhere Geheimhaltung durch wenige involvierte Personen möglich (Hair/Bush/Ortineau 2003, 236; Kamenz 2001, 114; Kepper 1994, 73; Malhotra/Birks 2000, 170; Shao 2002, 158f; Weis/Steinmetz 2002, 109; Zikmund 2003, 127; Alreck/Settle 1995, 394).

Diesen Vorteilen stehen auch einige kritische Aspekte gegenüber. Qualitative Methoden gelten als weniger strukturiert und aufwändiger im Vergleich zu standardisierten Interviews. Die Gefahr eines Bias besteht vom Moderator bzw. der Moderatorin über dominante Gruppenmitglieder bis zu Fehlern bei der Auswertung und subjektiven Interpretation der Ergebnisse (Shao 2002, 159f). Das Resultat von Fokusgruppen sind somit relativ weiche Daten, auf niedrigem Abstraktionsniveau und hoher subjektiver Interpretation (Müller 2000, S.131). Von manchen Autoren wird auch kritisiert, dass kaum quantifizierbare Aussagen möglich sind, die Ergebnisse nicht generalisierbar sind und einen Mangel an Reliabilität und Validität aufweisen (Alreck/Settle 1995, 39; Hair/Bush/Ortineau 2003, 214 und 237; Kepper 1994, 209; Aaker/Kumar/Day 2003, 189; McQuarrie 1996, 73; Zikmund 2003, 135; Noelle-Neumann/Petersen 2000, 77). In diesem Zusammenhang muss jedoch betont werden, dass qualitative Forschung andere Zielsetzungen verfolgt und deshalb die unreflektierte Übertragung von Qualitätskriterien der quantitativen Forschung auf das Instrumentarium der qualitativen Forschung abzulehnen ist.

Eine Gruppendiskussion sollte einem Tiefeninterview vorgezogen werden, wenn durch gruppendynamische Effekte mehr Informationen, Einsichten und Ideen als bei getrennter Befragung erwartet werden, wenn ein negativer Einfluss des Interviewers bzw. der Interviewerin befürchtet wird und nicht zuletzt, wenn die Studie rascher und kostengünstiger abgewickelt werden soll (Kamenz 2001, 109; Zikmund, 2000, 109). Individuellen Tiefeninterviews sollte der Vorzug gegeben werden, wenn Personen aus speziellen Zielgruppen schwer zu rekrutieren sind (RollstuhlfahrerInnen, Opinionleader), wenn ein heterogenes Sample vorliegt, bei heiklen, sensiblen oder komplexen politischen und sozialen Themen, wenn es sich um Produkte mit sehr unterschiedlichen Geschmäckern handelt (z.B. Mode), wenn ein starker Einfluss des sozialen Umfelds und/oder sozialer Normen besteht und dadurch die Orientierung an einem Ideal zu sozial erwünschten Antworten führt oder die Erinnerung an detailliertes Verhalten z.B. an einen weiter zurückliegenden Kaufentscheidungsprozess gefordert wird (Birn 2000, 265f; Gordon 1999, 79ff). Entgegen den in der Literatur vorherrschenden Empfehlungen berichtet McQuarrie (1996, 74) von einer Studie, wonach 32 Einzelinterviews mehr Ideen produzierten als vier Gruppen zu je acht Personen und zieht daraus den Schluss, dass Gruppendiskussionen einzelnen Tiefeninterviews in der Generierung von Ideen deutlich unterlegen sind. Allerdings darf nicht außer Acht gelassen werden, dass weniger die Anzahl der Ideen als deren Qualität von entscheidender Bedeutung ist.

4 Zusammenfassung und Resümee

Fokusgruppeninterviews leisten einen wertvollen Beitrag zur Entscheidungsfindung und Unterstützung des Managements und sind zu einem unverzichtbaren Instrument der qualitativen Marktforschung geworden. Für einen effizienten und erfolgreichen Einsatz gilt es jedoch eine Reihe von Punkten zu beachten. So findet sich bei McQuarrie (1996, 74f) eine umfangreiche Liste mit Empfehlungen wie z.B.:

- Kontrollieren sie sorgfältig den Screening Prozess zur Auswahl der DiskussionsteilnehmerInnen.
- Evaluieren sie den Moderator bzw. die Moderatorin (z.B. nach der Erfahrung oder Ausbildung) – er/sie spielt eine Schlüsselrolle.
- Laden sie führende Personen des Auftraggebers aus unterschiedlichen Positionen zum Beobachten ein.
- Zählen sie nicht die Antworten.
- Teilen sie keine Fragebögen aus.
- Begnügen sie sich nicht mit einer oder zwei Gruppen.
- Geben sie nicht zu detaillierte Auswahlkriterien vor, das verteuert die Studie und macht vielleicht sogar die Akquisition unmöglich. Außerdem besteht der Verdacht, dass eine Präzision angestrebt wird, die eine Gruppendiskussion nicht bieten kann.

Der letzte Punkt führt zu der grundsätzlichen Frage, ob die Diskussion über die Bevorzugung von qualitativen oder quantitativen Methoden überhaupt sinnvoll ist, wenn sich quantitative Forschung mit Messen und Beschreiben beschäftigt, während das Hauptinteresse der qualitativen Forschung im Erklären und Verstehen liegt (Birn 2000, 262) oder anders formuliert, qualitative Forschung eher explorativ und interpretativ und quantitative Forschung eher deskriptiv ist (Malhotra/Birks 2000, 157). Auch Callingham (2004, 105f) kommt zu dem Schluss, dass ein Vergleich nicht sinnvoll, da die beiden Methoden auf unterschiedlichen Paradigmen basieren. Weitgehend einig ist man sich darin, dass Fokusgruppeninterviews keine quantitativen Studien ersetzen können (Zikmund 2000, 109), sondern der größtmögliche Nutzen für ein Marktforschungsprojekt aus der Kombination beider Verfahren resultiert (Callingham 2004, 102; Malhotra/Birks 2000, 175; Müller, 2000, 152; Sampson 1993, 106). „Quantitative information ... gives enough information to plan marketing and monitor its effectiveness. However, it will not give the reason behind the facts ... Qualitative information provides ... on the language of the consumer, key reasons for using the product and what are the key marketing factors" (Birn 2004, 46). Erfreulicherweise sehen Wynberg und O´Brien (1993, 109) „... the emergence of glasnost between the two disciplines".

Offen ist die Reihenfolge des Einsatzes der beiden Methoden. Manchmal folgt eine quantitative Studie einer qualitativen und manchmal ist es auch umgekehrt (Wynberg/O´Brien 1993, 111). „Researchers conduct qualitative research before quantitative research. Sometimes, qualitative research explains or reinforces quantitative findings and even reveals new information" (Shao 2002, 151). Fokusgruppen eignen sich zur Vorbereitung eines reliablen und validen Messinstruments (Hair/Bush/Ortineau 2003, 213) bzw. einer großzahligen quantitativen Studie meist in der Phase der Exploration oder zur (nachträglichen) inhaltlichen Interpretation festgestellter quantitativer Ergebnisse. Noelle-Neumann und Petersen (2000, 78) konzedieren, dass „gelegentlich vorgeschaltete Gruppendiskussionen oder Intensivinterviews die Voraussetzung für den Erfolg einer Bevölkerungsumfrage sind". So gesehen kann dem Resümee von Aaker, Kumar und Day (2003, 189) nur zugestimmt werden, wenn sie schreiben, dass der Nutzen von qualitativen Methoden und demnach auch von Fokusgruppeninterviews darin besteht „... making them preludes to, but not substitutes for, carefully structured, large-scale field studies".

5 Literatur

Aaker, David A./Kumar, V./Day, George S. (2004): Marketing Research. 8th edition. New York.
Alreck, Pamela L./Settle, Robert B. (1995): The Survey Research Handbook – Guidelines and Strategies for Conducting a Survey. 2nd edition. Chicago.
Berekoven, Ludwig/Eckert, Werner/Ellenrieder, Peter (2004): Marktforschung: Methodische Grundlagen und praktische Anwendung. 10. Auflage. Wiesbaden.

Birn, Robin J. (2004): The Effective Use of Market Research – How to Drive and Focus Better Business Decisions. 4th edition. London.

Birn, Robin J. (2000): The International Handbook of Market Research Techniques, Second Edition. London.

Blank, Renate (2007): Gruppendiskussionsverfahren. In: Naderer, Gabriele/Balzer, Eva (Hrsg.): Qualitative Marktforschung in Theorie und Praxis. 1. Auflage. Wiesbaden, 279-303.

Callingham, Martin (2004): Market Intelligence – How and Why Organizations use Market Research. London.

Churchill, Gilbert A./Iacobucci, Dawn (2002): Marketing Research: Methodological Foundations. 8th edition. Australia.

Di Gregorio, Silvana (2007): Software-Instrumente zur Unterstützung qualitativer Analyse. In: Buber, Renate, Holzmüller, Hartmut H. (Hrsg.): Qualitative Marktforschung. 1. Auflage. Wiesbaden, 731-760.

Dockal, Karin/Heisler, Mila (1998): Eine qualitative Untersuchung der Kaufentscheidung in einer Low-Involvement-Produktkategorie am Beispiel Mineralwasser. Diplomarbeit an der Wirtschaftsuniversität Wien.

Fowler, Floyd J. Jr. (1995): Improving Survey Questions – Design and Evaluation. London.

Gordon, Wendy (1999): Goodthinking - A Guide to Qualitative Research. Oxfordshire.

Hair, Joseph F. Jr./Bush, Robert P./Ortinau, David J. (2003): Marketing Research: Within a Changing Information Environment. 2nd edition. Boston et al.

Homburg, Christian/Krohmer, Harley (2003): Marketingmanagement: Strategie – Instrumente – Umsetzung – Unternehmensführung. 1. Auflage. Wiesbaden.

Hüttner, M. (1997): Grundzüge der Marktforschung. 5. Auflage. München.

Kamenz, Uwe (2001): Marktforschung – Einführung mit Fallbeispielen, Aufgaben und Lösungen. 2. Auflage. Stuttgart.

Kahr, Andrea (2000): Erlebniswelt Bacardi – Möglichkeiten der Neupositionierung. In: transfer – Werbeforschung & Praxis, 4, 2-5.

Kepper, Gaby (1994): Qualitative Marktforschung – Methoden, Einsatzmöglichkeiten und Beurteilungskriterien. Wiesbaden.

Kepper, Gaby (2000): Methoden der Qualitativen Marktforschung. In: Herrmann, Andreas/Homburg, Christian (Hrsg.): Marktforschung. 2. Auflage. Wiesbaden, 159-202.

Kühn, Thomas (2005): Grundströmungen und Entwicklungslinien qualitativer Forschung. Sonderheft Planung & Analyse Wissen, Frankfurt am Main.

Mason, Jennifer (1997): Qualitaive Researching. London.

Malhotra, Naresh/Birks, David (2000): Marketing Research – An Applied Approach. European Edition. Essex.

Mayerhofer, Wolfgang (2006): Die Beobachtung als Instrument der Werbewirkungsmessung. In: Strebinger, Andreas/Mayerhofer, Wolfgang/Kurz, Helmut (Hrsg.): Werbe- und Markenforschung. Wiesbaden, 465–486.

McQuarrie, Edward F. (1996): The Market Research Toolbox. Thousand Oaks.

Müller, Stefan (2000): Grundlagen der Qualitativen Marktforschung. In: Herrmann, Andreas, Homburg, Christian (Hrsg.): Marktforschung. 2. Auflage. Wiesbaden, 127-157.

Noelle-Neumann, Elisabeth/Petersen, Thomas (2000): Alle, nicht jeder: Einführung in die Methode der Demoskopie. 3. Auflage. Berlin.

Oswald, Markus (1998): Eine qualitative Untersuchung der Kaufentscheidung in einer High-Involvement-Produktkategorie am Beispiel Fernsehgeräte. Diplomarbeit an der Wirtschaftsuniversität Wien.

Sampson, Peter (1993): Qualitative Research, Quantitative Research, Interaction, Integration and Linkage. In: ESOMAR (ed.): Seminar on Qualitative Research: A Critical Review of Methods and Applications, 85–107.
Schweiger, Günter/Schrattenecker, Gertraud (2005): Werbung. 6. Auflage. Stuttgart.
Shao, Alan T. (2002): Marketing Research: An Aid to Decision Marketing. 2nd edition. Australia.
Weis, Hans Chr./Steinmetz, Peter (2002): Marktforschung. 5. Auflage. Ludwigshafen.
Wynberg, Rebecca/O'Brien, Sarah (1993): Adding Quality to Quantity – An Integrated Approach to Research. In: ESOMAR (ed.): Seminar on Qualitative Research: A Critical Review of Methods and Applications, 109–116.
Zikmund, William G. (2000): Business Research Methods. 6th edition, Fort Worth.
Zikmund, William G. (2003): Exploring Marketing Research. Ohio.

Ralf Bohnsack und Aglaja Przyborski

Gruppendiskussionsverfahren und Focus Groups

1 Einleitung 493
2 Zur Geschichte von Focus Groups und Gruppendiskussionen 493
    2.1 Die Methode der Gruppendiskussion 493
    2.2 Group Discussions und Focus Groups:
        zur angelsächsischen Diskussion 496
3 Zur Methodik der Erhebung und Auswertung von Gruppendiskussionen 499
    3.1 Erhebungssituation: Reflexive Prinzipien der Diskussionsleitung 499
    3.2 Zum Auswertungsverfahren: Formulierende und
        reflektierende Interpretation, Typenbildung 501
    3.3 Ökonomisierende Strategien in der Marktforschung 502
4 Literatur 504

1 Einleitung

Gruppenbezogene Forschungsverfahren werden in der Marktforschung zumeist als „Focus Groups" bezeichnet. Von dieser vor allem in den Vereinigten Staaten entwickelten Verfahrensweise lassen sich aber noch zwei weitere gruppenbasierte Methoden unterscheiden: die Group Discussions, die in Großbritannien entwickelt worden sind, und das Gruppendiskussionsverfahren, welches im deutschen Sprachbereich seine Wurzeln hat. Diese beiden Methoden, die hinsichtlich ihrer Geschichte, ihrer methodologischen und theoretischen Fundierung und ihrer Praxis deutliche Unterschiede zu den Focus Groups aufweisen, sind bisher kaum für die Marktforschung fruchtbar gemacht worden. Die neuen Möglichkeiten, welche das Gruppendiskussionsverfahren für diesen Bereich eröffnet, und einige Unterschiede zu den Focus Groups werden in diesem Beitrag dargelegt. Die Methode der Gruppendiskussion zählt heute zu den etablierten Verfahren qualitativer Sozialforschung. In dieser Form wurde sie vor mehr als zwanzig Jahren von Ralf Bohnsack (1989) entwickelt und seitdem fortlaufend in vielfältigen Anwendungsgebieten forschungspraktisch erprobt und methodologisch weiterentwickelt (Bohnsack 2006b, Loos/Schäffer 2000, Przyborski 2004).

2 Zur Geschichte von Focus Groups und Gruppendiskussionen

2.1 Die Methode der Gruppendiskussion

Unmittelbar nach dem Zweiten Weltkrieg, Ende der 1940er-/Anfang der 1950er-Jahre, wurde am Institut für Sozialforschung in Frankfurt unter der Leitung von Horkheimer und Adorno mit einer Studie über das politische Bewusstsein im Nachkriegsdeutschland begonnen (Pollock 1955). In diesem Zusammenhang wurden in Deutschland zum ersten Mal Gruppendiskussionen durchgeführt. Die Gruppen entstammten den unterschiedlichsten Bevölkerungsschichten und Milieus: Bauern aus unterschiedlichen Dörfern nahmen an diesen Gruppendiskussionen ebenso teil wie Flüchtlinge oder Gruppen von Bergleuten.

Durch das Arrangement der Gruppensituation sollten solche Diskurse einer öffentlichen Auseinandersetzung nachgebildet werden, in denen der einzelne unter Argumentationsdruck sich gezwungen sieht, seinen Standpunkt zu behaupten und zu explizieren. In Analogie zur psychoanalytischen Vorgehensweise sollten auf diese Weise „tiefer liegende" oder „latente" individuelle Meinungen aufgedeckt werden. Gegenstand war also das Individuum mit seiner individuellen Meinung. Das Verfahren wurde damals „Gruppenexperiment" genannt (Pollock 1955). Das diesem Verfahren zu Grunde liegende *Modell* oder *Paradigma* lässt sich als dasjenige des *Individuums in öffentlicher Auseinandersetzung* bezeichnen.

Mit dem in diesem Zusammenhang erhobenen Material hat sich dann auch Werner Mangold vom Institut für Sozialforschung im Rahmen seiner Dissertation in den 1950er Jahren (Mangold 1960) befasst. In einer Rekonstruktion der Erhebungssituation und der Gruppendiskussionen kam Mangold zu einem ganz anderen Ergebnis und schließlich auch zu ganz anderen methodologischen Einsichten als Pollock. Mangold gelangte zu der Entdeckung, dass es so etwas wie eine „Gruppenmeinung" gibt. Er ersetzte somit in seiner erneuten Auswertung des Materials das theoretische Modell des Individuums in öffentlicher Auseinandersetzung, welches dem Gruppendiskussionsverfahren bzw. Gruppenexperiment zunächst zu Grunde lag, durch das *Modell der informellen Gruppenmeinung*. Die Gruppenmeinungen oder kollektiven Meinungen werden im Diskurs durch die wechselseitige Steigerung und Ergänzung der beteiligten Individuen hindurch entfaltet. Sie „werden gleichsam arbeitsteilig vorgetragen. Die Sprecher bestätigen, ergänzen, berichtigen einander, ihre Äußerungen bauen aufeinander auf; man kann manchmal meinen, es spreche einer, so sehr passt ein Diskussionsbeitrag zum anderen" (Mangold 1960, 49).

Mangold war schon auf dem besten Wege, eine ganz neue Methode zu entwickeln. Er hatte jedoch einige Schwierigkeiten, den geeigneten *grundlagentheoretischen Rahmen* für eine methodologische Begründung seiner Beobachtungen zu finden. Seinen *empirischen Beobachtungen* zufolge entwickelte sich das Kollektive aus der zwanglosen Integration der Einzelnen in einem sich wechselseitig steigernden Diskurs. Zwar wiesen auch Horkheimer und Adorno im Vorwort zur Dissertation von Mangold (1960) auf die Bedeutung hin, welche dem Gruppendiskussionsverfahren für den Zugang zum Kollektiven zukommt. Allerdings verstanden sie dieses in dem Sinne, wie es Durkheim (1961) in seinen „Regeln der soziologischen Methode" entfaltet hat und dem zufolge das Kollektive das Handeln der Individuen dadurch strukturiert oder orientiert, dass es den einzelnen als exteriore und mit Zwang ausgestattete Erwartung gegenüber steht. Diese (meta-)theoretische Begründung stand in einer Diskrepanz zur empirischen Evidenz, wie sie von Werner Mangold dargelegt wurde. Erst später – Mitte der 1980er Jahre – sollte es (wie weiter unten dargelegt wird) Ralf Bohnsack gelingen, den adäquaten meta-theoretischen Zugang zum Kollektiven zu finden und methodisch weiter zu entwickeln.

Mit zunehmender Dominanz der standardisierten Sozialforschung geriet das Gruppendiskussionsverfahren zunächst (Mitte der 1960er/Anfang der 1970er Jahre) ein wenig in Vergessenheit. Ende der 1970er-Jahre wuchs ihm eine neue Aufmerksamkeit zu. Und zwar im Zuge der zunehmenden Bedeutung des sog. *interpretativen Paradigmas*.

Im Rahmen dieses Paradigmas erscheint alltägliches Handeln, alltägliche Kommunikation als ein permanenter Aushandlungsprozess, der sich je nach Situation anders vollzieht.

Entsprechend wurde bei der Auswertung von Gruppendiskussionen ausschließlich der je situationistischen Veränderung der Konstitution von Meinungen und Bedeutungen Rechnung getragen. Im Zentrum stand die *Emergenz* (also das ständige Neuentstehen) interpretativ ausgehandelter Bedeutungen. Im Zuge dieses Paradigmenwechsels wurde der Anwendung des Gruppendiskussionsverfahrens nun u.a. von Nießen (1977) und Volmerg (1977) das, wie Ralf Bohnsack (1997) es genannt hat, *Modell des interpretativen Aushandelns von Bedeutungen* zu Grunde gelegt. Auch die im Rahmen des „Instituts für Jugendforschung und Jugendkultur" Mitte der 80er Jahre von Behnken (1984) und Peukert (1984) im Zuge einer „Rekonstruktion der Lebenswelt von Lehrlingen" unternommenen Versuche der Weiterentwicklung der Methode orientierten sich im Wesentlichen an diesem Modell.

Im Rahmen des interpretativen Paradigmas, d.h. infolge seiner grundlagentheoretischen Prämissen, erscheint es allerdings schwierig, bei aller Prozesshaftigkeit noch dauerhafte Strukturen zu identifizieren. Diskurse erscheinen dem Beobachter bzw. der Beobachterin dann oft zusammenhanglos oder in ihrem Ablauf relativ willkürlich, also strukturlos und somit auch *„nicht reproduzierbar"*, wie Ute Volmerg (1977, 205) als Vertreterin des interpretativen Paradigmas kritisch feststellte. Die *Reproduzierbarkeit* von Ergebnissen, wie sie hier von Volmerg gefordert wurde, ist aber wesentliche Voraussetzung für die *Zuverlässigkeit* einer jeden Methode (Bohnsack 2006b, Kapitel 2; 2005, Kapitel 4). Das heißt, die Methode der Gruppendiskussion entspricht nur dann den Güte- oder Geltungskriterien empirischer Forschung, wenn in unterschiedlichen Untersuchungssituationen die grundlegenden Orientierungsmuster einer Gruppe immer wieder beobachtbar sind.

Der Eindruck, dass die Diskurse zusammenhanglos und relativ willkürlich, also strukturlos und in diesem Sinne nicht reproduzierbar sind, entsteht dann, wenn die ForscherInnen (in Abhängigkeit von ihrer paradigmatischen Ausrichtung) lediglich das betrachten, was *wörtlich* mitgeteilt oder verhandelt wird, wenn sie also auf der Ebene der Oberflächensemantik verbleiben. Ein Zugang zu tiefer liegenden Strukturen und damit eine neue Fundierung der Methode der Gruppendiskussion wurde erst durch Ralf Bohnsack – zunächst in Zusammenarbeit mit Werner Mangold – auf der Grundlage der *dokumentarischen Methode* und auf dem Wege neuerer Verfahren der Textinterpretation eröffnet. Der dokumentarischen Methode gelingt es, den ‚wörtlichen' Sinngehalt von Einzeläußerungen zu transzendieren und zu jenen tiefer liegenden Orientierungsstrukturen und *Orientierungsmustern* (Bohnsack 1998) vorzudringen, welche sich als kollektive erst im Zusammenspiel der Einzeläußerungen dokumentieren.

Auf diese Weise eröffnete sich also zugleich auch der empirische und – u. a. auf der Basis des Grundbegriffs der *konjunktiven Erfahrung* von Mannheim (1980) – auch der theoretische Zugang zum Kollektiven (jenseits des Charakters der Exteriorität und

Zwanghaftigkeit). Das Gruppendiskussionsverfahren orientierte sich nun am *Modell kollektiver Orientierungsmuster* und fand in dieser Weise in einer umfangreichen Studie zu Lebensorientierungen von Jugendlichen in einer nordbayerischen Kleinstadt und umliegenden Dörfern zum ersten Mal Anwendung (Bohnsack 1989). Diese Orientierungsmuster *emergieren* im Diskurs nicht situativ, sondern werden, da sie tiefer liegende kollektive oder milieuspezifische Strukturen *repräsentieren*, im Diskurs immer wieder reproduziert. Die Reproduzierbarkeit von Ergebnissen und somit die Zuverlässigkeit der Methode konnte auf diese Weise methodologisch begründet werden.

2.2 Group Discussions und Focus Groups: zur angelsächsischen Diskussion

Das Verständnis von Diskussionsgruppen als *Repräsentanten* umfassender sozialer Strukturen oder Entitäten, wie etwa Milieus oder Klassen, bestimmt auch jene Methode, wie sie in Großbritannien am *Center for Contemporary Cultural Studies* in Birmingham entwickelt wurde. Die Wurzeln sind einerseits in den Analysen jugendlicher Stile von Paul Willis und andererseits in den Medienutzungs- bzw. Rezeptionsanalysen von David Morley zu suchen. Die für die Stil- und Milieuanalyse bahnbrechende Arbeit von Willis (1977, deutsch: 1979) basiert ebenso wie seine späteren (1981, 1991) in ihrem methodischen Kern auf Gruppendiskussionen, den „Group Discussions": „Unsere elementare Methode, um in die Worte hineinzugehen und sie zu entziffern, war eine freie und allgemeine Form der Ethnographie, die sich vor allem der aufgezeichneten Gruppendiskussion bediente" (Willis 1991, 18). An einer methodologischen Rekonstruktion des Gruppendiskussionsverfahrens ist Willis allerdings wenig interessiert. Auch die grundlagentheoretische Bedeutung seiner Arbeiten wurde erst in der Re-Analyse explizit gemacht – vor allem durch Giddens (1988) mit Bezug auf die Kategorie des „praktischen Bewußtseins".

Morley (1980, 1992, 1996) widmet sich ausführlicher der methodologischen Begründung der Gruppendiskussion, deren Bedeutung er auf zwei Ebenen ansiedelt: Zum einen sollte der Prozesshaftigkeit und dem interaktiven Charakter von Sinnzuschreibungen und Bedeutungskonstitutionen im Zuge der Medienrezeption Rechnung getragen werden. Entsprechend sollten „die Basiseinheiten einer Analyse des Nutzungsverhaltens (a) Interaktionen und nicht individuelles Handeln und (b) Interaktionen in ihrem sozialen Kontext sein" (Morley 1996, 41). Zum anderen versteht Morley – wie auch Willis – die Diskussionsgruppen als Repräsentanten umfassender (makrosozialer) Entitäten, vor allem „Klassen". Die Diskussionsgruppen wurden nach demografischen Kriterien (Beruf, Ausbildung, Alter) homogen zusammengesetzt, waren aber nicht eigentlich Realgruppen. Sie repräsentieren klassen- oder milieuspezifische „discursive formations", deren struktureller Ausdruck die „interpretative codes" (Morley 1996, 112ff) sind. Wir sprechen in diesem Sinne von homologen Mustern milieuspezifischer Sinnzuschreibungen und Orientierungen (vgl. dazu weiter unten). Derartige „Codes" werden in den Diskussionsgruppen nicht erst produziert; sie emergieren nicht situativ. Vielmehr werden sie im Diskurs repräsentiert und aktualisiert und somit immer wieder reproduziert, sofern diejenigen zusammenkommen, die zum selben Milieu bzw. zur selben „interpretative community" gehören (vgl. dazu die kritische Auseinandersetzung mit Morley bei Schröder 1994). Dieses Modell ist also nicht eines der *Emergenz*, wie im interpretativen Paradigma, sondern eines der *Repräsentanz* (Loos/Schäffer 2000). Hiermit sind wichtige Hinweise zur Lösung methodischer Probleme von Gruppendiskussionen gegeben: die Reproduzierbarkeit von Ergebnissen und somit die Zuverlässigkeit der Methode konnten auf diese Weise methodologisch begründet werden.

Die empirischen Verfahren zur Analyse derartiger „Codes" oder tieferliegender Sinnmuster sind im Bereich der Cultural Studies allerdings nur ansatzweise methodisch ausgearbeitet worden. Weitergehende Möglichkeiten wurden erst durch die Entwicklung der neueren Verfahren der Textinterpretation eröffnet, die den „wörtlichen" Sinngehalt von Einzeläußerungen zu transzendieren und zu jenen tieferliegenden kollektiven Orientierungsstrukturen oder Orientierungsmustern in dem oben dargelegten Sinne vorzudringen vermögen, die sich erst im Zusammenspiel der Einzeläußerungen dokumentieren.

Während uns die Geschichte der Group Discussions nach Großbritannien führt, liegen die Ursprünge der Focus Groups in den Vereinigten Staaten. Der Begriff wurde ursprünglich von Merton, Fiske und Kendall (1956; Merton 1987) im Zuge der Entwicklung neuer Verfahren der Rezeptionsforschung von Propagandasendungen im Zweiten Weltkrieg geprägt. Die spätere Verwendung von Focus Groups in der Marktforschung ist überwiegend der Sichtweise von Merton gefolgt, derzufolge dieses Verfahren lediglich für die Generierung neuer Forschungsfragen und Hypothesen und für Pretests geeignet erscheint. Die Gruppen werden von den ForscherInnen aus einander nicht bekannten Teilnehmern nach dem Zufallsprinzip zusammengesetzt.

In Auseinandersetzung mit dieser Praxis in der Marktforschung haben dann vor allem Morgan (1988) und Krueger (1988) versucht, dieses Verfahren für die sozialwissenschaftliche Forschung fruchtbar zu machen und – in Abgrenzung von Merton – in seiner Bedeutung aufzuwerten. Hierdurch wurde eine große Anzahl weiterer Arbeiten initiiert. Bis heute werden Focus Groups allerdings im Wesentlichen auf explorative Funktionen im Rahmen der Hypothesengenerierung und Pretests reduziert (Morgan 1988, 11, 21; Sweeny/Perry 2003, 106). Das hängt u.a. damit zusammen, dass eine umfassende methodologische Begründung fehlt. Focus Groups erscheinen nach Morgan/ Krueger (1993, 9) – wie qualitative Methoden ganz allgemein – für die Produktion generalisierungsfähiger Ergebnisse weniger geeignet. In den Arbeiten von Morgan und Krueger und in deren Nachfolge werden auch eher Faustregeln (insbesondere zu Interviewtechniken) vermittelt denn methodologische und theoretische Begründungen (vgl. die Kritik von Lunt/Livingstone 1996, 82). Lamnek (2005, 67) kommt zu ähnlichen

Schlussfolgerungen, wenn er resümiert, „dass in Gruppendiskussionen Produktevaluationen, Pretests für Konsumentenbefragungen etc. praktiziert werden, wobei die methodologischen und theoretischen Konzeptionen der Methode der Gruppendiskussion keine oder nur eine nachrangige Rolle spielen". Es fehlen also grundlagentheoretische und methodologische Fundierungen. Erst diese würden dann auch eine Bewältigung der Probleme der Gültigkeit und Zuverlässigkeit ermöglichen.

So blieb bisher auch der Gesprächscharakter dieser Art der Datenproduktion weitgehend unberücksichtigt, wie Kitzinger (1994, 104) in einer Bestandsaufnahme von 40 publizierten Studien mit Focus Groups kritisiert: „I could not find a single one concentrating on the conversation between the participants". In neueren Studien mit Focus Groups wird allerdings der Interaktionsdynamik zunehmend Rechnung getragen: „In short, focus groups have a chemistry and a dynamic that are greater than the sum of the members" (Sweeney/Perry 2003, 107). Und es wird auf persönliche und sozialstrukturelle Ähnlichkeiten der DiskussionsteilnehmerInnen geachtet („similar personal characteristics and socioeconomic background"; Sweeney/Perry 2003, 107f). Hier zeigen sich Tendenzen zur Rekonstruktion kollektiver oder milieuspezifischer Orientierungen. Um zu validen Ergebnissen zu gelangen, wäre allerdings – im Hinblick auf die *Auswertung* der Diskussionen – ein Zugang zu tiefer liegenden semantischen Strukturen Voraussetzung. Derartige Zugänge finden sich hier nicht. Mehr noch fehlen überhaupt systematische Verfahren zur Auswertung der Diskurse: „Although this is the most challenging part of focus group research, little has been written about how to do it", heißt es bei Sweeny und Perry (2003, 113).

In der *Erhebungs*situation soll im Bereich der Focus Groups die Fokussierung durch ModeratorInnen geleistet werden. Im Unterschied dazu konzentriert sich im Bereich des Gruppendiskussionsverfahrens die Diskussionsleitung darauf, Selbstläufigkeit zu initiieren, um auf diese Weise die Gruppe selbst ihren eigenen Focus und ihre kollektiven Orientierungen finden zu lassen. Die Empfehlungen zur Moderation von Focus Groups unterscheiden sich insgesamt deutlich von den Prinzipien der Leitung von Gruppendiskussionen (Bohnsack 2006b, Kapitel 12.1), wie wir sie in 20-jähriger Erfahrung auf der Grundlage methodologischer Reflexionen und in Auseinandersetzung mit Grundlagentheorien der sozialwissenschaftlichen und soziolinguistischen Gesprächsanalyse (Bohnsack 2006b, Kapitel 7.3; Przyborski 2004, Kapitel 1.1) entwickelt haben.

3 Zur Methodik der Erhebung und Auswertung von Gruppendiskussionen

3.1 Erhebungssituation: Reflexive Prinzipien der Diskussionsleitung

In allen rekonstruktiven Verfahren gilt in der Erhebungssituation das methodologische Grundprinzip, dass die ForscherInnen Bedingungen schaffen müssen, unter denen der Fall, hier also die Gruppe bzw. ihr Diskurs, sich in seiner Eigenstrukturiertheit prozesshaft zu entfalten vermag. Dies bedeutet für die Durchführung von Gruppendiskussionen, dem Diskurs zu ermöglichen, sich auf die Zentren des gemeinsamen Erlebens der Gruppe einzupendeln. Die Gruppe bestimmt somit ihre Themen selbst.

Eine (thematische) Vergleichbarkeit der Diskurse als Voraussetzung für eine komparative Analyse bedingt eine gewisse Standardisierung zumindest der Ausgangsfragestellung. Nachfragen sind zunächst nur zugelassen, wenn der Diskurs ins Stocken gerät, und zielen primär darauf, die Selbstläufigkeit wiederherzustellen. Erst in einer späteren Phase werden bisher nicht behandelte Themen fremd-initiiert. Für die Analyse ist gerade auch aufschlussreich, was nicht zu den fokussierten Erlebniszentren gehört, welche Themen bzw. Erfahrungsbereiche warum fremd sind oder gemieden werden.

Auf der Basis einer Rekonstruktion unserer eigenen Forschungspraxis lassen sich im Einzelnen folgende Prinzipien der Leitung von Gruppendiskussionen nennen:

- Die gesamte Gruppe ist Adressat der Interventionen (1)

Die Interventionen und Fragen der Diskussionsleitung sind nicht an einzelne Personen, sondern an die gesamte Gruppe adressiert. Damit wird eine direkte Beeinflussung der Verteilung der Redebeiträge vermieden.

- Vorschlag von Themen, nicht Vorgabe von Propositionen (2)

Mit der Ausgangsfragestellung und durch die Nachfragen der Diskussionsleitung werden lediglich Themen initiiert, nicht „Propositionen" vorgegeben, d.h. Aussagen, in denen Orientierungsmuster impliziert sind. Auf diese Weise sollen Vorgaben dahingehend vermieden werden, in welcher Weise, in welcher Richtung, d.h. innerhalb welchen Orientierungsrahmens das Thema bearbeitet wird.

- Demonstrative Vagheit (3)

Die Fragestellungen seitens der Diskussionsleitung sind bewusst und demonstrativ vage gehalten. Auf diese Weise werden (milieuspezifische) Fremdheit und Unkenntnis signalisiert, wie dies der methodologischen Grundhaltung der Fremdheit in der Wissenssoziologie, aber auch der Phänomenologischen Soziologie und der Ethnografie entspricht. Damit wird Respekt gegenüber dem Relevanzsystem, der Erfahrungswelt der Erforschten bekundet und zugleich werden diese aufgefordert, der Unkenntnis der Forschenden durch ausführliche und detaillierte Darstellungen abzuhelfen (vgl. auch das reflexive Prinzip 5). Die Demonstration von Vagheit wie auch die Generierung detaillierter Darstellungen kann bspw. durch „unpräzise" und offen formulierte Fragen, aber auch durch Fragereihungen erreicht werden (z.B.: „Wenn Sie sich so an Ihre Kindheit und Jugend erinnern, gab's da schon Glücksspiele?").

- Kein Eingriff in die Verteilung der Redebeiträge (4)

Idealerweise erfolgen die Nachfragen erst, nachdem Mitglieder der Gruppe die Gelegenheit, den Redebeitrag, den „turn", zu übernehmen, nicht wahrgenommen haben und es zu längeren Pausen gekommen ist. Die Diskussionsleitung übernimmt also nicht die Funktion einer Diskussionsleitung bei Konferenzen und auch nicht – wie im Bereich der Focus Group gefordert – diejenige der „Moderation", zu der u.a. die Zuweisung von Redebeiträgen gehört. Die Diskussionsleitung nimmt aber auch nicht alle die Rederechte wahr, welche den (gleichberechtigten) TeilnehmerInnen einer Alltagskonversation zustehen. Die in der Gruppendiskussion geforderte Zurückhaltung der Diskussionsleitung hat den Sinn, den DiskussionsteilnehmerInnen Gelegenheit zu geben, einerseits Themen abzuschließen und andererseits die Verteilung, die Allokation der Redebeiträge selbst zu organisieren. Dass der Beginn der Diskussion bisweilen zögerlich verläuft, muss dabei in Kauf genommen werden.

- Generierung detaillierter Darstellungen (5)

Die Fragen und Nachfragen sollen so gehalten sein, dass sie detaillierte Beschreibungen oder auch Erzählungen zu generieren vermögen. Dies deshalb, weil detaillierte Darstellungen uns den Zugang zur (Rekonstruktion der) Handlungspraxis und zu dem ihr zu Grunde liegenden modus operandi, dem (kollektiven) Habitus, ermöglichen. Erreicht wird dies zum einen, indem direkt bzw. explizit „Erzählungen" und „Beschreibungen" und/oder „Erleben" nachgefragt werden (z.B.: „Können Sie einmal erzählen oder beschreiben, was Sie damals so erlebt haben, als ...?"). Erreicht wird die Generierung detaillierter Darstellungen aber auch durch Fragereihungen (vgl. (3)), durch die dann zugleich auch Vagheit demonstriert werden kann.

- Immanente Nachfragen (6)

Immanente, d.h. auf ein bereits gegebenes Thema und den bereits gegebenen Orientierungsrahmen gerichtete Nachfragen haben Priorität gegenüber exmanenten, d.h. auf die Initiierung neuer Themen gerichteten.

- Die Phase exmanenter Nachfragen (7)

Nachdem (in der intuitiven Einschätzung der Diskussionsleitung) der dramaturgische Höhepunkt der Diskussion überschritten ist und somit die Themen, welche für die

Gruppe selbst zentral sind, abgearbeitet worden sind, werden nun (in exmanenter Weise) die für die Forschenden selbst relevanten und bisher nicht behandelten Themen eingebracht. (Dazu sollte eine vom Erkenntnisinteresse und der angestrebten Typenbildung des Projekts her entfaltete Liste thematischer Schwerpunkte für Nachfragen – im Sinne eines Leitfadens – vorbereitet worden sein.) Das reflexive Prinzip (6) wird somit außer Kraft gesetzt. Alle anderen Prinzipien behalten ihre Gültigkeit.

- Die direktive Phase (8)

Gegen Ende der Diskussion greifen die FeldforscherInnen auf jene Sequenzen des Diskurses zurück, die ihnen (ihrem intuitiven Eindruck zufolge) widersprüchlich oder in anderer Weise auffällig erschienen sind. In immanenter Anknüpfung an diese Sequenzen werden diese Widersprüche und Auffälligkeiten nun thematisch. Dabei verlieren die reflexiven Prinzipien (2) und (3) ihre Gültigkeit. Alle anderen gelten weiterhin.

3.2 Zum Auswertungsverfahren: Formulierende und reflektierende Interpretation, Typenbildung

Die methodologische Leitdifferenz unseres Auswertungsverfahrens (zur Praxis der Auswertung: Bohnsack 1989, Bohnsack et al. 1995, Loos/Schäffer 2000, Przyborski 2004) ist – wie dargelegt – diejenige von immanentem versus dokumentarischem Sinngehalt. Das, was gesagt, berichtet, diskutiert wird, also das, was thematisch wird, gilt es, von dem zu trennen, was sich in dem Gesagten über die Gruppe dokumentiert – über deren Orientierungen oder Habitus. Dies ist die Frage danach, *wie* ein Thema, d.h. in welchem Rahmen es behandelt wird. Hierbei kommt der komparativen Analyse (vgl. auch Glaser/Strauss 1969) insofern von Anfang eine zentrale Bedeutung zu, als sich der Orientierungsrahmen erst vor dem Vergleichshorizont anderer Gruppen (wie wird dasselbe Thema bzw. Problem in anderen Gruppen bearbeitet?) in konturierter und empirisch überprüfbarer Weise herauskristallisiert.

Die Grundstruktur der *formulierenden Interpretation* ist die thematische Gliederung, d.h. die Thematisierung von Themen, die Entschlüsselung der (zumeist impliziten) thematischen Struktur der Texte.

Die *reflektierende Interpretation* zielt auf die Rekonstruktion der Orientierungsmuster bzw. Orientierungsrahmen. Sie eröffnet den Zugang zum handlungsleitenden Wissen, welches als implizites Wissen von den Erforschten selbst kaum auf den Begriff gebracht wird. Hierin liegt – im Unterschied zu anderen Methoden, die auf formulierbare Meinungen und Einstellungen abheben – das große Potential dieser Vorgehensweise. Das Grundgerüst der reflektierenden Interpretation ist die Rekonstruktion der Formalstruktur der Texte (jenseits ihrer thematischen Struktur). Im Falle der Gruppendiskussion bedeutet dies vor allem die Rekonstruktion der Diskursorganisation, d.h. die Charakterisierung der Art und Weise, wie die Beteiligten aufeinander Bezug nehmen (Przyborski 2004, Bohnsack/Przyborski 2006). In einem Sich-wechselseitig-Steigern-und-Fördern, im diametralen Gegeneinander, in der kommentierenden Ergänzung oder auch in einer (sich mehr oder weniger unbemerkt vollziehenden) Vereinnahmung der anderen finden jeweils andere Modi der Diskursorganisation und somit auch unterschiedliche – milieuspezifische – Formen fundamentaler Sozialität ihren Ausdruck, und es zeigt sich, ob den Beteiligten überhaupt ein „Erfahrungsraum", ein Milieu gemeinsam ist oder nicht.

Im Zuge der *Typenbildung* werden auf der Grundlage von Gemeinsamkeiten der Fälle (z.B. der entwicklungstypisch allen Lehrlingen gemeinsamen Erfahrung der Auseinandersetzung mit dem Arbeitsalltag), welche wir als „Basistypik" bezeichnen (Bohnsack 2001), spezifische milieutypische Kontraste der Bewältigung dieser Erfahrungen (z.B. Kontraste zwischen Musikgruppen und Hooligans; Bohnsack et al. 1995) herausgearbeitet. Der Kontrast in der Gemeinsamkeit ist fundamentales Prinzip der Generierung einzelner Typiken und zugleich die Struktur, durch die eine ganze Typologie zusammengehalten wird. Die Eindeutigkeit einer Typik ist davon abhängig, inwieweit sie von anderen auch möglichen Typiken unterscheidbar ist. Die Typenbildung gerät umso valider, je klarer am jeweiligen Fall auch andere Typiken aufgewiesen werden können, je umfassender der Fall innerhalb einer Typologie verortet werden kann. Auf diese Weise wird es möglich, die *Soziogenese*, d.h. die (sozialisationsgeschichtliche) Verankerung der Typik in spezifischen Erfahrungsräumen zu rekonstruieren – seien diese nun milieu-, geschlechts- oder generationsspezifischer Art.

3.3 Ökonomisierende Strategien in der Marktforschung

Bei der Auswertung von Gruppendiskussionen auf der Grundlage der dokumentarischen Methode zielen wir also auf Typenbildungen – im Bereich der Marktforschung bspw. auf die Generierung von Kundentypen, Typen von Kundenmilieus mit den für sie jeweils charakteristischen Handlungsorientierungen. Eine Verortung von Typen innerhalb einer *komplexen* Typologie, welche Rückschlüsse auf deren Soziogenese sowie Generalisierungen erlaubt, ist allerdings nur auf der Basis entsprechender Fallzahlen möglich, wie sie in umfangreicheren Forschungsprojekten (Bohnsack et al. 1995; Bohnsack 2001), in Dissertationen (Schäffer 1996, Behnke 1997, Loos 1999, Nentwig-Gesemann 1999, Nohl 2001, Streblow 2005, Mensching 2006, Kubisch 2008) oder auch Habilitationsschriften (Bohnsack 1989, Schäffer 2003, Asbrand 2006) erreicht werden. Im Rahmen größerer (etwa DFG-geförderter) Projekte sind wir es gewohnt, auf der Basis von 30 bis 40 Gruppendiskussionen (und ggf. zusätzlichen biografischen Interviews) zu operieren, aus denen dann im Verlauf des Forschungsprozesses für die tiefer gehende Analyse 10 bis 15 Fälle ausgewählt werden. Derartige Projekte sind u.a. in den Bereichen der Jugend-, Kindheits-, Medienrezeptions-, Geschlechter-, Migrations-, Schul- und Organisationsforschung durchgeführt worden.

Im Unterschied zu diesen breit angelegten Studien bleibt der Umfang des Sampling der bisher im Rahmen der Marktforschung finanzierten Projekte in seinen Fallzahlen im einstelligen Bereich. So haben Vitouch, Przyborski und Städtler-Przyborski (2003) eine Studie auf der Grundlage von 10 Gruppendiskussionen durchgeführt, finanziert von einem österreichischen Medienhaus, welches die Ergebnisse wiederum Unternehmen aus dem Banken- und Versicherungswesen sowie der Kommunalpolitik verkaufte. Dabei ging es um Handlungsorientierungen Jugendlicher als einer wichtigen Ziel- bzw. KundInnengruppe. Die in dieser kleinen Studie rekonstruierten Orientierungsmuster sowie die Ansätze zur Typenbildung konnten in Bezug zu den Ergebnissen im Rahmen unserer (oben erwähnten) großen Jugendstudien gesetzt und auf diese Weise validiert und generalisiert werden. Eine Publikation der Ergebnisse ist von den Auftraggebern ausdrücklich nicht gewünscht worden, da sie durch den Einsatz dieser Ergebnisse einen Wettbewerbsvorteil erwarten.

Auch bei diesen kleineren Studien müssen wir nicht bei Einzelfallanalysen stehen bleiben, sondern können zu – wenn auch nicht sehr komplexen – Typenbildungen gelangen. Voraussetzung dafür ist allerdings die Entwicklung ökonomisierender Strategien. Diese sind vor allem auf der Grundlage der Erfahrungen mit der Betreuung von Abschlussarbeiten und mit der Evaluationsforschung (Bohnsack/Nentwig-Gesemann 2006) bereits erprobt. In einem jüngst abgeschlossenen Projekt aus dem Bereich der Marktforschung konnten wir unterschiedliche Typen und Milieus von KundInnen rekonstruieren. Dabei haben wir auf der Basis einer Methodentriangulation gearbeitet. Im Zentrum standen drei Gruppendiskussionen und drei Einzelinterviews. Die Auswahl der Gruppen erfolgte auf der Grundlage von Clusteranalysen aller KundInnendaten, mit Hilfe derer – auf der Basis von soziodemografischen Daten und Aussagen zu quantizifizierbarem KundInnenverhalten – Gruppen mit ähnlichen TeilnehmerInnen gebildet wurden.

Im Zuge der exemplarischen Darstellung und Illustration des Gruppendiskussionsverfahrens im Bereich der Marktforschung und insbesondere auch unter dem Aspekt ökonomisierender Strategien hätten wir an dieser Stelle gern auch einige Ergebnisse dieses Projekts und die Ansätze der Typenbildung vorgestellt. Aus verständlichen Gründen konnte uns die Erlaubnis dazu schließlich nicht erteilt werden. Da derartige Beschränkungen hinsichtlich der Veröffentlichung in der Marktforschung durchaus üblich und mit ihrem Charakter eng verbunden sind, ergeben sich hieraus einige generelle Probleme für die Fortentwicklung qualitativer Methoden in diesem Bereich. Denn die Weiterentwicklung von Methoden, insbesondere der qualitativen, vollzieht sich in der Forschungspraxis und in der Reflexion auf diese Praxis (einschließlich ihrer ökonomischen Restriktionen) und ist damit auf die rekonstruierende Darstellung der Praxiserfahrungen angewiesen (siehe auch: Przyborski/Wohlrab-Sahr 2008).

Ralf Bohnsack und Aglaja Przyborski

Wir gehen aber davon aus, dass trotz dieser Beschränkungen eines deutlich geworden ist: das Gruppendiskussionsverfahren ist dafür prädestiniert, Handlungsorientierungen von KundInnengruppen und –milieus, also kollektive Orientierungen von KundInnen in direkter Weise, d.h. ohne den methodischen Umweg über die einzelnen Subjekte, zu entschlüsseln. Auf diesem direkten Wege können wertvolle Informationen für Marketing und Werbung in valider Weise gewonnen werden.

4 Literatur

Asbrand, Barbara (2006): Orientierungen in der Weltgesellschaft. Eine qualitativ-empirische Untersuchung zur Wirklichkeitskonstruktion von Jugendlichen in schulischen Lernarrangements und außerschulischer Jugendarbeit. Habilitationsschrift an der Universität Erlangen-Nürnberg. Nürnberg.
Behnke, Cornelia (1997): „Frauen sind wie andere Planeten". Das Geschlechterverhältnis aus männlicher Sicht. Frankfurt am Main, New York.
Behnken, Imbke (1984): Jugendbiographie und Handlungsforschung. Gruppendiskussion als Methode zur Rekonstruktion der Lebenswelt von Lehrlingen. Bd. II. Frankfurt am Main.
Bohnsack, Ralf (1989): Generation, Milieu und Geschlecht – Ergebnisse aus Gruppendiskussionen mit Jugendlichen. Opladen.
Bohnsack, Ralf (1997): Gruppendiskussionsverfahren und Milieuforschung. In: Friebertshäuser, Barbara/Prengel, Annedore (Hrsg.): Handbuch qualitativer Forschungsmethoden in der Erziehungswissenschaft. Weinheim, München, 492-502.
Bohnsack, Ralf (1998): Rekonstruktive Sozialforschung und der Grundbegriff des Orientierungsmusters. In: Siefkes, Dirk/Eulenhöfer, Peter/Stach, Heike/Städtler, Klaus (Hrsg.): Sozialgeschichte der Informatik – Kulturelle Praktiken und Orientierungen. Wiesbaden, 105-121.
Bohnsack, Ralf (2001): Typenbildung, Generalisierung und komparative Analyse. Grundprinzipien der dokumentarischen Methode. In: Bohnsack, Ralf/Nentwig-Gesemann, Iris/Nohl, Arnd-Michael (Hrsg.): Die dokumentarische Methode und ihre Forschungspraxis. Grundlagen qualitativer Sozialforschung. Opladen, 225-252.
Bohnsack, Ralf (2005): Standards nicht-standardisierter Forschung in den Erziehungs- und Sozialwissenschaften. In: Zeitschrift für Erziehungswissenschaft (ZfE), Jg. 7, Beiheft Nr. 3 (Standards und Standardisierung in der Erziehungswissenschaft), hrsg. von Gogolin, Ingrid/Krüger, Heinz-Hermann/Lenzen, Dieter/Rauschenbach, Thomas, 65-83.
Bohnsack, Ralf (2006a): Qualitative Evaluation und Handlungspraxis. Grundlagen dokumentarischer Evaluationsforschung. In: Flick, Uwe (Hrsg.): Qualitative Evaluationsforschung. Reinbek bei Hamburg, 135-155.
Bohnsack, Ralf (2006b): Rekonstruktive Sozialforschung – Einführung in Methodologie und Praxis. 6. Auflage. Opladen.
Bohnsack, Ralf/Loos, Peter/Schäffer, Burkhard/Städtler, Klaus/Wild, Bodo (1995): Die Suche nach Gemeinsamkeit und die Gewalt der Gruppe – Hooligans, Musikgruppen und andere Jugendcliquen. Opladen.
Bohnsack, Ralf/Nentwig-Gesemann, Iris (2006): Dokumentarische Evaluationsforschung und Gruppendiskussionsverfahren. Am Beispiel einer Evaluation von Peer-Mediation an

Schulen. In: Bohnsack, Ralf/Przyborski, Aglaja/Schäffer, Burkhard (Hrsg.): Das Gruppendiskussionsverfahren in der Forschungspraxis. Opladen, 67-283.

Bohnsack, Ralf/Nohl, Arnd-Michael (1998): Adoleszenz und Migration – Empirische Zugänge einer praxeologisch fundierten Wissenssoziologie. In: Bohnsack, Ralf/Marotzki, Minfried (Hrsg.): Biographieforschung und Kulturanalyse – Transdisziplinäre Zugänge qualitativer Forschung. Opladen, 260–282.

Bohnsack, Ralf/Przyborski, Aglaja (2006): Diskursorganisation, Gesprächsanalyse und die Methode der Gruppendiskussion. In: Bohnsack, Ralf/Przyborski, Aglaja/Schäffer, Burkhard (Hrsg.): Das Gruppendiskussionsverfahren in der sozialwissenschaftlichen Praxis. Opladen, 233-248.

Buber, Renate/Gadner, Johannes/Richards, Lyn (2004, eds.): Applying Qualitative Methods to Marketing Management Research. Houndsmill, Basingstoke, New Hampshire.

Durkheim, Emile (1961): Regeln der soziologischen Methode. Neuwied, Berlin.

Giddens, Antony (1988): Die Konstitution der Gesellschaft. Frankfurt am Main, New York.

Glaser, Barney G./Strauss Anselm (1969): The Discovery of Grounded Theorie. In: Glaser, Barney G./Strauss Anselm (Hrsg.): Interaktion mit Sterbenden. Göttingen (Original 1965: Awareness of Dying. Chicago).

Kitzinger, Jenny (1994): The Methodology of Focus Groups – The Importance of Interaction between Research Participants. In: Sociology of Health & Illness, vol. 16, no. 1, 103–121.

Krueger, Richard A. (1988): Focus Groups – A Practical Guide for Applied Research. Newberry Park, London, New Delhi.

Kubisch, Sonja (2008): Habituelle Konstruktion sozialer Differenz. Eine rekonstruktive Studie am Beispiel von Organisationen der Wohlfahrtspflege. Wiesbaden.

Lamnek, Siegfried (2005): Gruppendiskussion – Theorie und Praxis. 2. Auflage. Weinheim.

Loos, Peter (1999): Zwischen pragmatischer und moralischer Ordnung. Der männliche Blick auf das Geschlechterverhältnis im Milieuvergleich. Opladen.

Loos, Peter/Schäffer, Burkhard (2000): Das Gruppendiskussionsverfahren – Theoretische Grundlagen und empirische Anwendung. Opladen.

Lunt, Peter/Livingstone, Sonia (1996). Rethinking the Focus Group in Media Research. In: Journal of Communication, vol. 46, no. 2, Spring, 79–98.

Mangold, Werner (1960): Gegenstand und Methode des Gruppendiskussionsverfahrens. Frankfurt am Main.

Mangold, Werner (1973): Gruppendiskussionen. In: Handbuch der empirischen Sozialforschung. Band 2. 3. Auflage. Stuttgart.

Mannheim, Karl (1980): Strukturen des Denkens. Frankfurt am Main (urspr. 1922–1925; unveröff. Manuskripte).

Mensching, Anja (2006): „Goldfasan" versus „Kollege von höheren Dienst". Zur Rekonstruktion gelebter Hierarchiebeziehungen in der Polizei. In: Bohnsack, Ralf/Przyborski, Aglaja/-Schäffer, Burkhard (Hrsg.): Das Gruppendiskussionsverfahren in der sozialwissenschaftlichen Praxis. Opladen, 153-167.

Merton, Robert K. (1987): The Focused Interview and Focus Groups – Continuities and Discontinuities. In: Public Opinion Quarterly, 51, 550–556.

Merton, Robert K./Fiske, Marjorie/Kendall, Patricia L. (1956): The Focused Interview. Glencoe, IL.

Morgan, David L. (1988): Focus Groups as Qualitative Research. Newberry Park, London, New Delhi.

Morgan, David L./Krueger, Richard A. (1993): When to Use Focus Groups and Why? In: Morgan, David L. (ed.): Successful Focus Groups. Newbury Park.

Morley, David (1980): The Nationwide Audience (British Film Institute). London.

Morley, David (1992): Television, Audiences and Cultural Studies. London, New York.
Morley, David (1996): Medienpublika aus der Sicht der Cultural Studies. In: Hasenbrink, Uwe/Krotz, Friedrich (Hrsg.): Die Zuschauer als Fernsehregisseure – Zum Verständnis individueller Nutzungs- und Rezeptionsmuster. Baden-Baden, Hamburg, 37-51.
Nentwig-Gesemann, Iris (1999): Krippenerziehung in der DDR: Alltagspraxis und Orientierungen von Erzieherinnen im Wandel. Opladen.
Nießen, Manfred (1977): Gruppendiskussion – Interpretative Methodologie – Methodenbegründung – Anwendung. München.
Nohl, Arnd-Michael (2001): Migration und Differenzerfahrung. Junge Einheimische und Migranten im rekonstruktiven Milieuvergleich. Opladen.
Peukert, Rüdiger (1984): Gesprächs-Hermeneutik. Gruppendiskussionen als Methode zur Rekonstruktion der Lebenswelt von Lehrlingen, Bd. 1. Frankfurt am Main.
Pollock, Friedrich (Hrsg.) (1955): Gruppenexperiment – Ein Studienbericht. Frankfurter Beiträge zur Soziologie. Bd. 2. Frankfurt am Main.
Przyborski, Aglaja/Wohlrab-Sahr, Monika (2008). Qualitative Sozialforschung. Ein Arbeitsbuch. München.
Przyborski, Aglaja (2004): Gesprächsanalyse und dokumentarische Methode. Qualitative Auswertung von Gesprächen, Gruppendiskussionen und anderen Diskursen. Wiesbaden.
Schäffer, Burkhard (1996): Die Band. Stil und ästhetische Praxis im Jugendalter. Opladen.
Schäffer, Burkhard (2003): Generationen – Medien – Bildung. Medienpraxiskulturen im Generationenvergleich. Opladen.
Schröder, Kim C. (1994): Audience Semiotics, Interpretive Communities and the ‚Ethnographic Turn' in Media Research. In: Media, Culture & Society, vol. 16, 333-347.
Streblow, Claudia (2005): Schulsozialarbeit und Lebenswelten Jugendlicher. Ein Beitrag zu dokumentarischen Evaluationsforschung. Opladen.
Sweeny, Arthur/Perry, Chad (2004): Using Focus Groups to Investigate New Ideas. Principles and an Example of Internet-Facilitated-Relationships in a Regional Financial Services Institution. In: Buber, Renate/Gadner, Johannes/Richards, Lyn (eds.): Applying Qualitative Methods to Marketing Management Research. Houndsmill, Basingstoke, New Hampshire, 105-122.
Vitouch, Peter/Przyborski, Aglaja/Städtler-Przyborski, Klaus (2003): „Versprich mir, nicht auf einmal stumm zu sein.". Radiohören als Inszenierung von Entertainment und Infotainment – Eine Studie über die Wahrnehmung der Konsumenten bezüglich Privatradio. In: Schriftenreihe der Rundfunk & Telekom Regulierungs-GmbH. Bd. 1: 5 Jahre Privatradio in Österreich.
Volmerg, Ute (1977): Kritik und Perspektiven des Gruppendiskussionsverfahrens in der Forschungspraxis. In: Leithäuser, Thomas/Alje, Gunther/Volmerg, Ute (Hrsg.): Entwurf zu einer Empirie des Alltagsbewusstseins. Frankfurt am Main, 184-217.
Willis, Paul (1977): Learning to Labour – How Working Class Kids get Working Class Jobs. Westmead, Farnborough, Hants (deutsch 1979: Spaß am Widerstand. Gegenkultur in der Arbeiterschule. Frankfurt am Main).
Willis, Paul (1981): „Profane Culture" – Rocker, Hippies: Subversive Stile der Jugendkultur. Frankfurt am Main.
Willis, Paul (1991): Jugend-Stile – Zur Ästhetik der gemeinsamen Kultur. Hamburg, Berlin.

Josef Zelger

Regionale Ontologien

1 Zusammenfassung 509
2 Partielle Modelle einer „regionalen Ontologie" durch GABEK® 509
3 Gründe für den Nicht-Kauf einer Lüftungsanlage (Beispiel 1) 510
4 Überwiegend positive Erfahrungen von KundInnen,
  die in Einfamilienhäusern mit Lüftungsanlagen wohnen (Beispiel 2) ... 513
5 Erfahrungen mit Lüftungsanlagen in Geschoßwohnbauten (Beispiel 3) ... 515
6 Produktentwicklung und Marketingstrategie durch die Erweiterung
  partieller Modelle 517
7 Das ontologische Modell „Lüftungsanlagen" 520
8 Wahrnehmung der Problemfelder aus Sicht aller befragten Personen ... 520
9 Ergebnis 522
10 Literatur 523

1 Zusammenfassung

Es wird gezeigt, wie regionale Ontologien auf der Grundlage qualitativer Interviews entwickelt und im Marketing eingesetzt werden können. „Ontologie" wird dabei nicht im Sinne jener philosophischen Disziplin verstanden, die sich mit Grundstrukturen des Seins befasst sondern im Sinne der Wissensorganisation, nach der ein allgemeines begriffliches Modell über einen begrenzten Objektbereich gemeint ist (Scholten et.al. 2006, Herdina 2007, Pal'chunov 2007, Zelger 2007). Eine regionale Ontologie zeigt, was die befragten Personen in einer Region weitgehend übereinstimmend für wahr halten. Ontologien drücken stabile Vorstellungen und Überzeugungen über einen begrenzten Bereich der Welt aus, die in einer bestimmten regionalen Gruppe herrschen.

Zur Erforschung eines Marktes interviewt man Personen aus einer Zielgruppe über ihre Erfahrungen und Verwendungsgewohnheiten von bestimmten Produkten oder Dienstleistungen. Dann bildet man mithilfe des PC-unterstützten Verfahrens GABEK® auf der Grundlage der Interviews die Ontologie. Sie zeigt die Erfahrungen der befragten Personen mit den Produkten und deren Eigenschaften auf. Man sieht anhand der Ontologie z.B., mit welchen Problemen ein Produkt subjektiv – aber immer wiederkehrend – verbunden wird und kann so Problemlösungsangebote neu entwickeln.

Auf der Grundlage einer Ontologie können Erfahrungen der KundInnen verstanden und Lösungen für deren Probleme entwickelt werden. Marktforschung führt auf diese Weise zur Neudefinition der ursprünglichen Geschäfts- oder Marketing-Ziele und zum Neu-Design von Produkten oder Dienstleistungen. Dies kann anhand eines GABEK®-Projekts über Lüftungsanlagen dargelegt werden.

2 Partielle Modelle einer „regionalen Ontologie" durch GABEK®

Wenn wir wissen wollen, wie ein bestimmtes Produkt an eine ausgewählte Personengruppe verkauft werden kann, müssen wir uns zunächst ein Bild machen über die produktbezogenen Vorstellungen, Überzeugungen und Werte der KundInnen. Eine Weise, dies zu tun, beginnt mit qualitativen Interviews. Ich werde hier als Beispiel eine Befragung und deren Auswertung verwenden, in der es um Akzeptanz von Lüftungsanlagen mit Wärmerückgewinnung ging (Rohracher et al. 2001). Es wurden drei Personengruppen ausführlich befragt: (1) 20 Personen, die vor dem Hausbau über Lüftungsanlagen informiert worden waren, die den Kauf dann aber nicht realisiert haben. (2) 8 Personen, die in Einfamilienhäusern mit Lüftungsanlagen wohnten und (3) 15

Josef Zelger

Personen in Wohnblocks mit solchen Anlagen. Die transkribierten Interviews wurden nach den Regeln des qualitativen Textanalyseverfahrens GABEK® ausgewertet. Hier beschreibe ich das PC-unterstützte Verfahren GABEK® nur insoweit, als es zur strukturellen Übersicht über Meinungen und Einstellungen der obigen Personengruppen nötig ist. GABEK® dient dabei zur Darstellung eines begrifflichen Wissensnetzes. Die Knoten des Netzes sind Begriffe, deren Verbindungslinien sind immer wiederkehrende Assoziationen zwischen den Begriffen. Dieses sprachliche Netz dient wie eine Landkarte zur Orientierung in der Meinungslandschaft. Sie stellt jene begriffliche Grundstruktur dar, die von der untersuchten Personengruppe als feststehend angesehen wird. Vorerst beschränke ich mich auf das unmittelbare Umfeld um den Begriff „Lüftungsanlage". Später zeige ich, wie das begriffliche Wissensnetz erweitert werden kann, so dass es insgesamt als regionale Ontologie um den ausgewählten Begriff angesehen werden kann.

Zuerst werden die Interviewtexte nach dem Verfahren GABEK® (Zelger 1999, 2000, 2004a, b; www.GABEK.com [abgerufen am 1.9.2006]) in Sinneinheiten zerlegt. Es sind kurze Textabschnitte, die der Leser bzw. die Leserin als abgeschlossene Inhalte erfassen und für kurze Zeit im Bewusstsein behalten kann. Dann werden in jeder Sinneinheit die semantisch relevanten lexikalischen Begriffe identifiziert. Wenn zwei Sinneinheiten, zwei Texte oder Absätze einen und denselben Schlüsselbegriff enthalten, so werden diese Texte als inhaltlich zusammenhängend aufgefasst. Alle Texte, die einen und denselben Begriff enthalten, bestimmen dann zusammen die Bedeutung des Begriffs, sofern sie widerspruchsfrei sind. Damit berufe ich mich auf Wittgenstein (1971, §43): „Man kann für eine große Klasse von Fällen der Benützung des Wortes ‚Bedeutung' – wenn auch nicht für alle Fälle seiner Benützung – dieses Wort so erklären: Die Bedeutung eines Wortes ist sein Gebrauch in der Sprache." Nun hängt der uns interessierende Begriff „Lüftungsanlage" in den 20 Interviews der Personen, die sich gegen eine solche Anlage entschieden haben (Gruppe 1) mit 587 Begriffen zusammen. Welche der 587 Begriffe sind für eine Ontologie der Personen, die keine solche Anlage realisiert haben, relevant? Offenbar können es nicht alle sein, da viele Begriffe bloß zufällig im Kontext von „Lüftungsanlage" auftauchen. Um die Begriffe aufzufinden, die als bedeutungsbestimmend aufgefasst werden können, wählen wir jene aus, die in den Interviews immer wieder im Zusammenhang mit „Lüftungsanlage" vorkommen.

3 Gründe für den Nicht-Kauf einer Lüftungsanlage (Beispiel 1)

Ich greife zunächst jene Begriffe heraus, die in wenigstens 28 Texten mit dem Begriff „Lüftungsanlage" gemeinsam vorkommen. Den Parameter 28 wähle ich deswegen, weil es die höchste Anzahl ist, mit der in der gegebenen Datenbasis eine übersehbare Anzahl von bedeutungsbestimmenden Begriffen ausgewählt wird. Abbildung 1 stellt ein einfaches „partielles ontologisches Modell" zum Begriff von Lüftungsanlagen dar. Es ist nicht so zu verstehen, dass alle Merkmale, die im Graph miteinander verbunden sind auch in der Realität zusammen vorkommen müssten. Das „partielle ontologische Modell" der Abbildung 1 zeigt nur an, welche Begriffe immer wieder (von Personen der Gruppe 1) mit „Lüftungsanlage" mitgedacht wurden. Partielle Modelle sind gedankliche Verknüpfungen, die in ganz unterschiedlichen Situationen gebraucht werden. Es handelt sich um Systematisierungsangebote, die jene Themen angeben, an die befragte Personen häufig denken, wenn das zentrale Thema des Graphen besprochen wird.

Abbildung 1: Die wenigstens 28fach mit „Lüftungsanlage" verknüpften Begriffe. Jede Linie repräsentiert 28 oder mehr Beispieltexte, in denen das entsprechende Begriffspaar vorkommt.

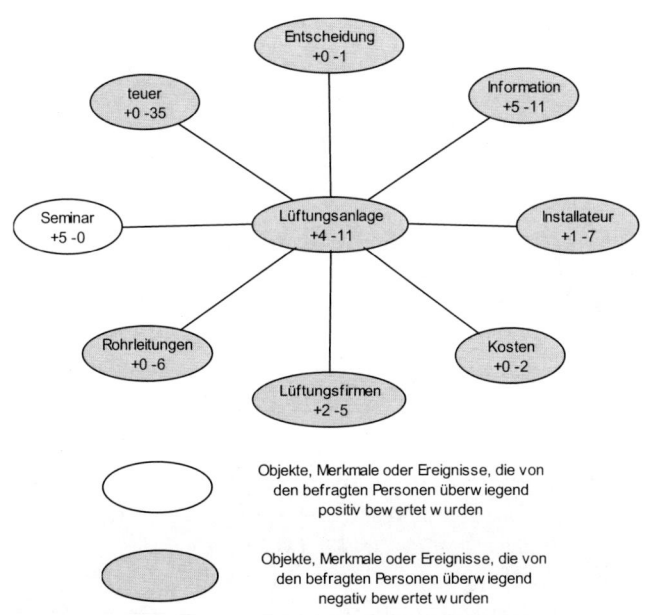

Die positiven oder negativen Zahlen unterhalb der Begriffe beziehen sich auf Bewertungen der befragten Personen. Wenn die positiven Bewertungen überwiegen aber auch bei gleich vielen positiven wie negativen Bewertungen bleibt das Feld weiß. Bei überwiegend negativen Bewertungen wird es grau. Wenn keine Bewertungen vorkommen, bleibt das Feld weiß.

Josef Zelger

Um ein partielles ontologisches Modell zu verstehen, genügt es nicht, die Begriffe aufzuzählen, die darin vorkommen. Vielmehr müssen wir auch die Verbindungen zwischen den Begriffen wiedergeben. Diese werden durch die Texte festgelegt, von denen wir ausgegangen sind. In unserem Fall (Abbildung 1) sind es 159 Antworten aus 20 Interviews. Durch diese erhalten wir die semantische Struktur des partiellen Modells für „Lüftungsanlage". Zunächst einmal könnten wir alle 159 Texte, die die obigen Begriffspaare enthalten, in WinRelan® direkt ausdrucken. Dies ergibt aber eine unübersichtliche ungeordnete Textauswahl. Deswegen gehen wir anders vor: Wir fassen die relevanten Texte über jeden in Abbildung 1 mit „Lüftungsanlage" verbundenen Schlüsselbegriff zusammen. Dabei müssen spezielle syntaktische und semantische Regeln befolgt werden (Zelger 1999). Dort wird gezeigt, wie eine systematische hierarchisch geordnete Gesamtübersicht über die Ergebnisse der Befragung gebildet werden kann. Hier werden als Beispiele nur kurze Zusammenfassungen aus Rohracher et al. (2001) zu den Themen der Abbildung 1 präsentiert:

Rohrleitungen

Die Rohrleitungen und deren Anordnung führt zu Ergebnissen, die aus ästhetischen und gestalterischen Gründen nicht mehr akzeptabel sind. Die Anordnung der Räume bestimmt auch Kosten und Aufwand der Anlage, daher kann der Einbau einer Anlage wesentlichen Einfluss auf die architektonische Qualität nehmen, was allerdings nur in geringstem Maße akzeptabel ist. Problematisch sind auch offen verlegte Rohrleitungen (Altbau, Holzdecken ohne Einbaumöglichkeiten).

Seminar

Im Seminar wurde klar, dass der Einbau einer Lüftungsanlage mit Problemen verbunden ist. Es wurde deutlich, dass eine Lüftungsanlage vergleichsweise kompliziert ist. Teilweise waren auch die Vortragenden selbst oder anwesende Lüftungstechniker und Installateure nicht überzeugt von der Lüftungsanlage. Die Information über Probleme und Komplexität von Lüftungsanlagen hat die Entscheidung gegen einen Einbau stark mitbeeinflusst.

Teuer

Eine Lüftungsanlage ist einfach zu teuer. Sie rechnet sich auch nicht über die Einsparung von Betriebskosten. Im Prinzip wäre zwar teilweise die Bereitschaft zum Einbau einer Lüftungsanlage vorhanden, die Kosten sind aber einfach zu hoch. Darüberhinaus ist die Lösung einiger Probleme ungewiss, was bei den hohen Kosten nicht akzeptabel erscheint.

Entscheidung

Lüftungsanlagen lösen eine Reihe von Zweifel, Ängsten und Unsicherheiten aus, wobei insbesondere das Entstehen von Zugluft und von Lärm sowie fehlende Hygiene und Anordnung der Rohrleitung als problematisch angesehen werden. Weiters ist es schwierig an die richtigen Informationen dran zu kommen, was die Unsicherheit noch verstärkt. Lüftungsanlagen sind darüberhinaus sehr teuer und rechnen sich auch nicht, wenn man die Einsparung von Heizkosten mit einbezieht. Die positiven Assoziationen zu Lüftungsanlagen sind insbesondere Energieeinsparung und Frischluft.

Die obigen nur als Beispiele wiedergegebenen Zusammenfassungen sind nicht bloße Einzelmeinungen. Vielmehr kann jeder obige Text im PC-Programm WinRelan® durch eine Textgruppe begründet werden, die die Meinungen von mehreren Personen zum Ausdruck bringt.

Da in den Texten der Datenbasis auch Bewertungen der gemeinten Objekte, Attribute, Sachverhalte zum Ausdruck kommen, werden diese in der für GABEK®-Anwendungen entwickelten Software WinRelan® ebenfalls angemerkt. Die Anzahlen der positiven bzw. der negativen Bewertungen wurden in Abbildung 1 unterhalb der entsprechenden Schlüsselbegriffe eingetragen. Damit stellt die Graphik nicht nur eine Art von konzeptionellem Gedächtnis der befragten Personengruppe dar sondern auch eine Übersicht über die Bewertungen der entsprechenden Objekte, Eigenschaften und Erfahrungen. Das prozentuelle Verhältnis der positiven zu den negativen Bewertungen, die in den authentischen Interviewtexten zum Ausdruck kommen, ist ein sehr zuverlässiger Index für die Gesamtbewertung. Wenn wir alle Bewertungen aller Interviewantworten der Personengruppe 1 aufaddieren ergibt sich – hier wie erwartet – eine überwiegend negative Gesamtbewertung von Lüftungsanlagen (Tabelle 1).

Tabelle 1: Die negative Gesamtbewertung von Personen, die sich nicht zum Kauf einer Lüftungsanlage entschieden haben (Gruppe 1)

Bewertungen der Gruppe 1	808	100 %
davon positiv	348	43,1 %
davon negativ	460	56,9 %

4 Überwiegend positive Erfahrungen von KundInnen, die in Einfamilienhäusern mit Lüftungsanlagen wohnen (Beispiel 2)

Wir betrachten jetzt die Texte, die von Personen stammen, welche in einem Einfamilienhaus eine Lüftungsanlage mit Wärmerückgewinnung eingebaut haben. Vielleicht können deren Erfahrungen für das Marketing nützlich sein. Wir beginnen wieder mit einem partiellen ontologischen Modell, präsentieren dann die semantische Interpretation des Begriffsnetzes und anschließend die Statistik über die Bewertungen.

Josef Zelger

Abbildung 2: Die wenigstens 8-fach mit „Lüftungsanlage" verbundenen Schlüsselbegriffe der Personen, die diese in Einfamilienhäusern verwenden (Gruppe 2)

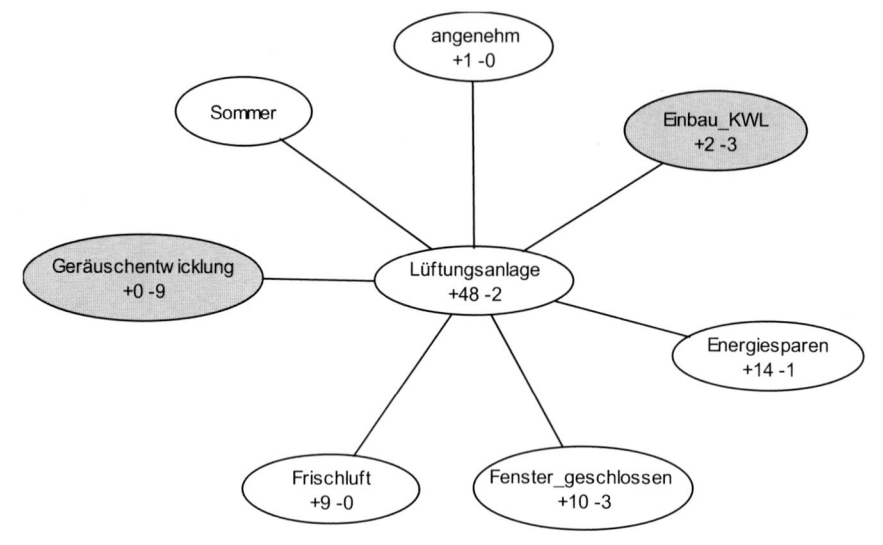

Die inhaltlichen Beschreibungen, die mit dem Modell verbunden sind, lauten nun ganz anders als bei der Gruppe 1: Ich gebe als Beispiele wieder nur einige Zusammenfassungen der in Abbildung 2 aufgezeigten zentralen Themen wieder.

Einbau_KWL

Der Einbau von Lüftungsanlagen gestaltet sich in vielen Fällen deshalb schwierig, weil es oft keine gesamten Wohnkonzepte beim Hausbau gibt. Viele Bauherren und Häuslbauer haben keine Erfahrung mit solchen Sachen, was sich bereits in der Planungsphase negativ auswirkt. Die Lüftungsfirmen haben oft das Problem, dass sie keine Anlagen zeigen können, die wirklich funktionieren. Es gibt also Koordinationsprobleme beim Einbau von Lüftungsanlagen, die vor allem auf Unwissenheit und fehlender Information beruhen.

Energiesparen

Lüftungsanlagen tragen zum Energiesparen bei. Sie senken den Energieverbrauch und die Heizkosten. Das wird als Komfort empfunden und trägt zu einer angenehmen Wohnqualität bei.

Fenster geschlossen

Mit einer Lüftungsanlage muss man die Fenster nicht öffnen, um zu lüften. Das ist einerseits eine Arbeitserleichterung und andererseits ein wirksamer Insektenschutz. Außerdem kann sich kein unangenehmer Geruch entwickeln.

Frischluft

Ein wesentlicher Vorteil von Lüftungsanlagen ist, dass man bei geschlossenen Fenstern schlafen kann und trotzdem Frischluft hat. Dies wird vor allem geschätzt, wenn man an Schlafstörungen leidet, die durch eine Lärmbelästigung von außen (z.B. Straßenverkehr) verursacht werden. Die Gesundheit und gutes Schlafen bei geschlossenen Fenstern zählen daher zu den Hauptgründen für die Anschaffung einer Lüftungsanlage.

Geräuschentwicklung

Die permanente Akustik und die störende Geräuschentwicklung bei der Luftzufuhr wird als Problem einer Lüftungsanlage angesehen.

Schon auf den ersten Blick fallen die wesentlich günstigeren Bewertungen der Personen, die in Einfamilienhäusern Lüftungsanlagen eingebaut haben, auf. Die Mehrzahl der Schlüsselbegriffe blieb weiß. Dies zeigt sich auch im Gesamtverhältnis der positiven zu den negativen Bewertungen:

Tabelle 2: Die positive Gesamtbewertung durch Personen, die in Einfamilienhäusern mit Lüftungsanlagen wohnen (Gruppe 2)

Bewertungen der Gruppe 2	534	100 %
davon positiv	329	61,6 %
davon negativ	205	38,4 %

5 Erfahrungen mit Lüftungsanlagen in Geschoßwohnbauten (Beispiel 3)

Gelten nun die positiven Erfahrungen auch für die Gruppe 3 von Personen, die in Geschoßwohnbauten Lüftungsanlagen nutzen? Ich präsentiere wieder der Reihe nach das entsprechende partielle ontologische Modell, dann die inhaltliche Interpretation und schließlich die Übersicht über die Bewertungen.

Im Unterschied zu den HäuslbauerInnen haben sich MieterInnen oder auch EigentümerInnen von Wohnungen in Geschoßwohnbauten nicht mit der Entscheidung über die Art der Heizung befasst. Sie zeigen sich wenig informiert und haben auch andere Probleme mit der Lüftungsanlage als HäuslbauerInnen. Eine erste Übersicht über die wichtigsten Themen gibt die Abbildung 3:

Josef Zelger

Abbildung 3: Die wenigstens 12fach mit „Lüftungsanlage" verbundenen Schlüsselbegriffe der Personen, die in Geschoßwohnbauten mit Lüftungsanlagen mit Wärmerückgewinnung wohnen

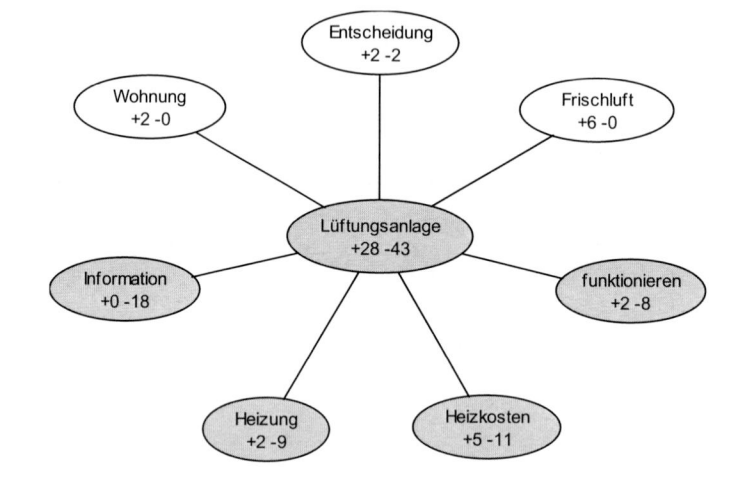

Dazu wieder ein paar zusammenfassende Texte als Beispiele:

Funktionieren

Wie eine Lüftungsanlage wirklich funktioniert, was in der Wohnung passiert und ob sich das irgendwie gegenrechnet, dass die Frischluft erst aufgewärmt werden muss, ist den meisten Leuten nicht ganz klar. Es herrscht aber die Meinung vor, dass die Luftzufuhr nie optimal funktionieren kann. Das wichtigste, um Lüftungsanlagen allgemein attraktiver zu machen, ist daher, dass sie auf jeden Fall reibungslos funktionieren. Je weniger Wartung und Service sie benötigen, umso besser wäre das natürlich auch für den Benutzer.

Heizkosten

Der größte Nachteil einer Lüftungsanlage ist, dass sie zu teuer ist. Es wird zwar behauptet, dass sich das durch die geringen Heizungs- und Betriebskosten amortisieren würde, aber das stimmt nicht mit der Erfahrung der Mieter überein. Nach deren Einschätzung rechnet sich die Anlage, was die Heizung anbelangt, nicht. Demnach ist eine 'normale' Heizung eigentlich genauso billig oder teuer.

Heizung

Es wird kritisiert, dass die Lüftungsanlage weniger dazu geeignet ist, die Raumtemperatur zu regulieren. Wenn es im Winter sehr kalt wird, braucht die Anlage sehr lange, um die Wohnung aufzuwärmen. Wegen dieser Trägheit braucht es für ein paar Grad gleich zwei bis vier Stunden. Heizt man mit herkömmlichen Heizkörpern, geht das viel schneller. Außerdem hat man dadurch einen Wärmekörper, der auch dazu beiträgt, dass man sich wohl fühlt.

Information

Es war den Mietern überhaupt nicht bekannt, dass es ein Energiesparhaus ist und beim Wohnungsvertrag ist auch überhaupt nichts gesagt worden. Es herrschte also beim Einzug in die Wohnung große Unwissenheit, ja einige Leute haben überhaupt keine Informationen gekriegt. Man könnte das den Mietern auch irgendwie informell mitteilen. Es sollte auf jeden Fall gleich am Anfang bessere Information für die Mieter, für das Wohnverhalten mit der Lüftungsanlage geben. Die Mieter müssen aufgeklärt werden.

Insgesamt sind die Erfahrungen der BewohnerInnen von Geschoßwohnbauten überwiegend ungünstig, wie die Bewertungsübersicht in Tabelle 3 zeigt.

Tabelle 3: Die überwiegend negative Gesamtbewertung durch Personen, die in Geschoßwohnbauten mit Lüftungsanlagen wohnen (Gruppe 3)

Bewertungen der Gruppe 3	759	100 %
davon positiv	259	34,1 %
davon negativ	500	65,9 %

Wir sehen, dass das Marketing je nach Zielgruppe unterschiedlich sein wird. Wenn es um HäuslbauerInnen geht, wird es genügen, auf die positiven Erfahrungen hinzuweisen und dafür zu sorgen, dass eine gut funktionierende Anlage besichtigt werden kann. Bei Geschoßwohnbauten geht es vor allem um eine hinreichende Information über die Lüftungsanlage und darum, dass sie einwandfrei funktioniert. In allen drei Gruppen wird die Geräuschentwicklung als störend empfunden, wobei technische Verbesserungsmöglichkeiten vorgeschlagen werden. Außerdem wird der Preis als zu hoch eingeschätzt und die mangelnde Information auch von Installateuren, Planern und ArchitektInnen kritisiert.

6 Produktentwicklung und Marketingstrategie durch die Erweiterung partieller Modelle

Wir haben das Vorwissen, Bewertungen und Erfahrungen der drei befragten Personengruppen nur sehr grob wiedergegeben. Wenn man eine Veränderung von Verkaufsstrategien anstrebt, wird man genauer hinsehen. Vor allem negativ beurteilte Elemente führen bei detaillierter Analyse häufig zu Verbesserungsmöglichkeiten. Wenn

Josef Zelger

wir z.B. bei „*Geräuschentwicklung*" im partiellen ontologischen Modell der HäuslbauerInnen genauer schauen, erhalten wir nicht nur genaue Beschreibungen des störenden Phänomens, sondern auch technische Verbesserungsvorschläge:

Abbildung 4: Erweiterung des partiellen Modells der Häuslbauer (Gruppe 2) beim Merkmal „Geräuschentwicklung" mit wenigstens 4fach-Verknüpfungen

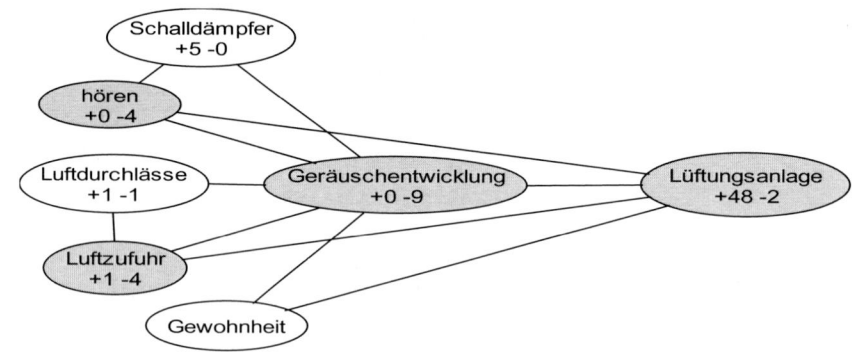

Dazu drei Zusammenfassungen als Beispiel:

Geräuschentwicklung - Gewohnheit

Das einzige Problem ist die Geräuschentwicklung der Lüftungsanlage. Das wird vor allem dann als Lärmbelästigung empfunden, wenn es in der Nacht sehr ruhig ist. Wenn man wirklich Ruhe haben will, muss man die Anlage abschalten. Man kann sich zwar daran gewöhnen, es wird aber doch als störend beschrieben.

Luftdurchlässe

Ein Problem ist tatsächlich die Akustik bei den Luftdurchlässen. Man hat die Geräuschentwicklung bei der Luftzufuhr schon ein wenig unterschätzt. Allerdings haben einige Lüftungsfirmen auf dieses Problem bereits reagiert und entwickeln Luftdurchlässe mit geringerem Grundschallpegel, von denen man sagen kann, da hat man kein Problem mit unangenehmen Geräuschen.

Schalldämpfer

Einige Lüftungsfirmen produzieren jetzt Luftdurchlässe, bei denen es keine Geräuschentwicklung gibt. Auch wenn es ganz ruhig rundherum ist, man hört das Ventilatorengeräusch der Lüftungsanlage nicht, wegen der Schalldämpfer.

Wie hier bei „Geräuschentwicklung" wird man nun das Begriffsnetz rundum erweitern. Ich präsentiere dazu auch ein Beispiel zum Teilprojekt über Geschoßwohnbauten beim Stichwort „Wohnung".

Abbildung 5: Erweiterung des partiellen ontologischen Modells über Geschoßwohnbauen bei „Wohnung" mit wenigstens 4fach-Verknüpfungen

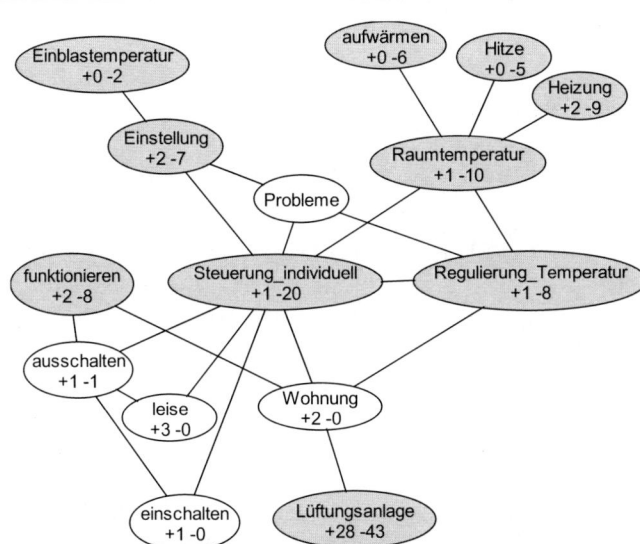

Hitze

Wenn die Wohnung ost- und südseitige Fenster hat, gibt es im Sommer oft eine enorme Hitze. Daran sind auch die Luftdurchlässe beteiligt, weil die oft nicht optimal funktionieren. Das führt dazu, dass es oft 28-32 Grad in den Wohnungen hat.

Regulierung_Temperatur

Es gibt Probleme mit der Regulierung der Raumtemperatur, denn in keiner Wohnung lässt sich die Temperatur individuell steuern. Die Mieter beklagen sich darum über die Hitze, die durch die einheitlichen Einstellungen der Zentralsteuerung (besonders in der Nacht) in den Wohnungen entsteht. Oft wird einfach das Fenster zum Lüften geöffnet. Es wäre daher notwendig, dass man die Temperatur in jeder Wohnung individuell regulieren kann.

Mit den Erläuterungen zu Abbildung 5 wurden wieder größere Textgruppen zusammengefasst. Jede Zusammenfassung kann im PC-Programm WinRelan® durch Interviewantworten mehrerer Personen begründet werden.

Josef Zelger

7 Das ontologische Modell „Lüftungsanlagen"

Bisher haben wir immer nur von „partiellen" ontologischen Modellen der drei Teilgruppen gesprochen, da wir uns zunächst nur rund um einen zentralen Begriff umgesehen haben. Wenn wir das Begriffsnetz so erweitern, dass alle in den Interviews wiederholt vorkommenden Themen erfasst werden, so erhalten wir ein vollständiges ontologisches Modell zum Thema *Lüftungsanlage*. Wir gehen dabei wie folgt vor:

Zunächst laden wir alle verfügbaren verbalen Daten aller drei Gruppen zusammen, um die Erfahrungen und Meinungen aller befragten Personen zu berücksichtigen. Dann bilden wir zuerst ein partielles Modell über *Lüftungsanlagen* wie bisher. Wie in Abbildung 6 sichtbar ist, erscheinen die Begriffe *Entscheidung, Fenster_öffnen, Frischluft, funktionieren, Information, Kosten* und *teuer* als Begriffe, die am häufigsten mit *Lüftungsanlagen* assoziiert werden. Darauf erweitern wir das Netz bei jedem dieser sieben Themen. Es tauchen damit 28 weitere Begriffe im zweiten Umkreis zu *Lüftungsanlage* auf. Die Anzahl dieser neuen Themen hängt von der Entscheidung über die Anzahl der Texte ab, die man für eine Verbindungslinie vorgibt. Für die Abbildung 6 wurde die Zahl vier eingestellt. Das heißt, dass nur Begriffspaare aufgezeichnet werden, die in wenigstens vier Texteinheiten in einer sinnvollen inhaltlichen Verbindung vorkommen. Man muss deswegen Drei- oder Vierfachverknüpfungen zwischen den Begriffen wählen, weil wir nicht bloß zufällige Assoziationen als „ontologische" Zusammenhänge interpretieren wollen. Schließlich wurde auch noch versucht, bei allen 28 Begriffen der zweiten Ebene das Netz zu erweitern. Wie die Abbildung 6 zeigt, war dies nicht mehr bei allen Begriffen der zweiten Ebene möglich, da oft keine weiteren Vierfachverbindungen in der verbalen Datenbasis vorkamen.

Obwohl Lüftungsanlagen überwiegend positiv beurteilt werden (+80, -56), so ergibt sich insgesamt doch ein ungünstiges Verhältnis der positiven zu den negativen Bewertungen in den 43 Interviews. Daher besteht Handlungsbedarf, wenn Lüftungsanlagen weiter verbreitet werden sollen.

8 Wahrnehmung der Problemfelder aus Sicht aller befragten Personen

Wenn wir die überwiegend negativ beurteilten Merkmale (in den grauen Feldern) der Abbildung 6 betrachten, so zeigen sich die folgenden Problemfelder.

Abbildung 6: Das dreischichtige ontologische Modell „Lüftungsanlage" mit Bewertungen. Jede Linie wird durch wenigstens vier Texte belegt. Als Datenbasis dienen 43 ausführliche offene Interviews zum Thema Lüftungsanlage mit Wärmerückgewinnung.

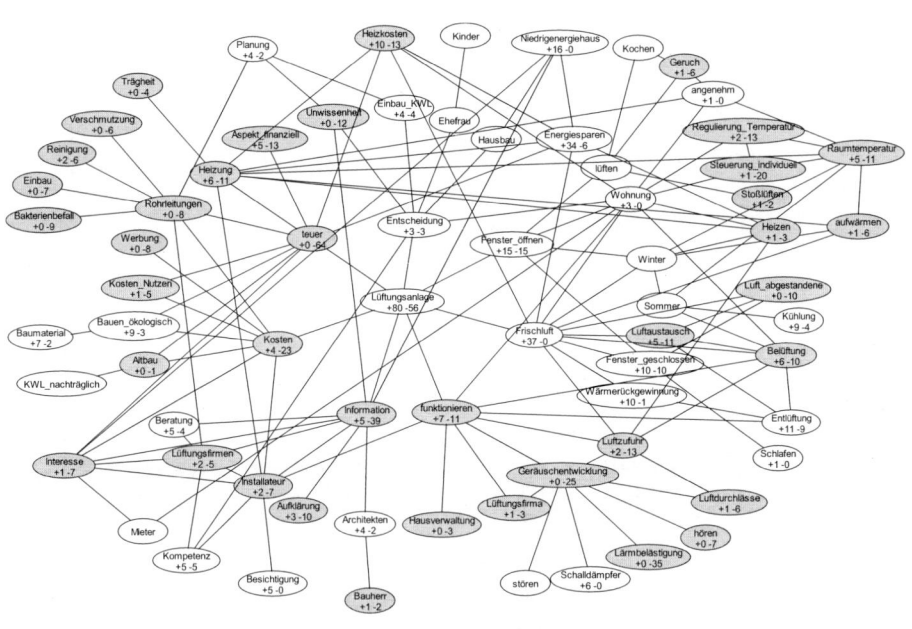

- Rohrleitungen sind nicht nur zu teuer. Sie können verschmutzen, Bakterienkulturen beherbergen, sind schwer zu reinigen und manchmal schwer einzubauen (Abbildung 6 links oben).

- Die Kosten von Lüftungsanlagen werden als zu hoch eingeschätzt. Sie werden auch nicht hinreichend durch geringere Heizkosten kompensiert (Abbildung 6 links Mitte).

- In Geschoßwohnbauten muss die Lüftung in jeder Wohneinheit ein- und ausschaltbar sein. Eine individuelle Steuerung der Raumtemperatur wird gewünscht (Abbildung 6 rechts oben).

- Die Funktionstüchtigkeit von Lüftungsanlagen ist in Geschoßwohnbauten nicht immer gegeben. Dies bezieht sich nicht nur auf die störende Geräuschentwicklung, gegen die Abhilfen vorgeschlagen werden, sondern auch bei der Belüftung (Abbildung 6 rechts unten).

Josef Zelger

- Ein Mangel, der bei allen drei Teilgruppen offenkundig wurde, besteht in der mangelnden Information von Installateuren, Architekten über Lüftungsanlagen und Niedrigenergiehäuser, sodass auch die Bauherren nicht angemessen informiert wurden (Abbildung 6 links unten).

Neben den ungünstigen Merkmalen von Lüftungsanlagen werden auch viele günstige genannt, wie z.B. Frischluft, Wärmerückgewinnung, angenehme Wohnqualität usw. Wer zwecks Werbung mehr an diesen interessiert ist, wird im ontologischen Modell der HäuslbauerInnen rund um die weißen Felder genauer nachsehen. Man muss dazu im PC-Programm WinRelan® nur die Linien anklicken, mit denen weiße Felder miteinander verbunden sind. Dort findet man interessante sehr positiv erlebte Erfahrungen, die lebendig in der authentischen Sprache der HäuslbauerInnen beschrieben werden.

Nach einer kurzen Übersicht wird man präzisere Fragen über Verbesserungsmöglichkeiten stellen. Dazu kann man in WinRelan® zu jedem Merkmal, das begrifflich repräsentiert wird, die Originalantworten aufrufen. So macht man sich anhand des ontologischen Modells einen lebendigen Überblick über die Erfahrungen mit Lüftungsanlagen, einen Überblick, der Grundlage ist für strategische Entscheidungen. Zur Unterstützung der Umsetzung von Marketing-Zielen bietet das Verfahren GABEK® weitere Tools an, die im Beitrag „KundInnenwünsche verstehen und gewichten durch das PC-unterstützte Verfahren GABEK" (Zelger, in diesem Band) beschrieben werden.

Tabelle 4: Gesamtbewertungen der Lüftungsanlagen durch alle Gruppen

Bewertungen der Gruppen 1, 2 und 3 insgesamt	2101	100 %
davon positiv	936	44,6 %
davon negativ	1165	55,4 %

9 Ergebnis

Mit der Anwendung des Verfahrens GABEK® wird Marktforschung als Erkundung von Anliegen und Wünschen der KundInnen verstanden. Es geht darum wahrzunehmen, welche Probleme von KundInnen mit den angebotenen Produkten und Dienstleistungen immer wieder assoziiert werden. Durch GABEK®-Projekte können Entwicklungsmöglichkeiten aufgezeigt werden, die von potenziellen KundInnen akzeptiert werden. Damit kann das Angebot im Sinne der Erfahrungen und Wünsche von KundInnen verbessert werden. Als Basis dient eine qualitative Befragung, sei es schriftlich oder mündlich. Die Erfahrungen der KundInnen werden dabei ernst genommen. Diese honorieren die Bereitschaft von Anbietern, auf ihre Wünsche und Bedürfnisse einzugehen. Damit kann auch die KundInnenbindung verstärkt werden.

10 Literatur

Herdina, Philip (2007): Reflections on a Theory of Regional Semantics. In: Herdina, Philip/Oberprantacher, Andreas/Zelger, Josef (Hrsg.): Lernen und Entwicklung in Organisationen. GABEK. Beiträge zur Wissensverarbeitung, Bd. 2. Wien: LIT, 71-89.

Pal'chunov, Dmitri (2007): GABEK® for Ontology Generation. In: Herdina, Philip/Oberprantacher, Andreas/Zelger, Josef (Hrsg.): Lernen und Entwicklung in Organisationen. GABEK. Beiträge zur Wissensverarbeitung, Bd. 2. Wien: LIT , 90-109.

Rohracher, Harald/Kukovetz, Brigitte/Ornetzeder, Michael/Zelger, Thomas/Enzensberger, Gerhard/Gadner, Johannes/Zelger, Josef/Buber, Renate (2001): Akzeptanzverbesserung von Niedrigenergiehaus-Komponenten als wechselseitiger Lernprozess von Herstellern und AnwenderInnen. Projekt im Rahmen des Programms Haus der Zukunft des Bundesministeriums für Verkehr, Innovation und Technologie, Graz.

Scholten, Huub/Kassahun, Ayalew/Reefsgaard, Jens Christian/Kangas, Theodore/Gavardinas, Costas/Beulens, Adrie J. M. (2006): A Methodology to Support Multidisciplinary Model-Based Water Management (unveröff. Manuskript).

Wittgenstein, Ludwig (1971): Philosophische Untersuchungen. Frankfurt am Main: Suhrkamp.

www.GABEK.com (abgerufen am 1.9.2006).

Zelger, Josef (1999): Wissensorganisation durch sprachliche Gestaltbildung im qualitativen Verfahren GABEK. In: Zelger, Josef/Maier, Martin (Hrsg.): GABEK. Verarbeitung und Darstellung von Wissen. Innsbruck, Wien: Studienverlag, 41–87.

Zelger, Josef (2000): Parallele und serielle Wissensverarbeitung: Die Simulation von Gesprächen durch GABEK. In: Buber, Renate/Zelger, Josef (Hrsg.): GABEK II. Zur qualitativen Forschung. On Qualitative Research. Innsbruck, Wien: Studienverlag, 31–91.

Zelger, Josef (2004a): Theoriebildung auf der Basis verbaler Daten durch das Verfahren GABEK. In: Frank, Ulrich (Hrsg.): Wissenschaftstheorie in Ökonomie und Wirtschaftsinformatik. Wiesbaden: Deutscher Universitäts-Verlag, 57-84.

Zelger, Josef (2004b): Qualitative Research by the "GABEK®" Method. In: Fikfak, Jurij/Adam, Frane/Garz, Detlef (eds.): Qualitative Research. Different Perspectives, Emerging Trends. Ljubljana: ZALOZBA, ZRC Publishing, 231-64.

Zelger, Josef (2007): Generierung regionaler Ontologien durch GABEK®. Wittgensteins Bild-Ontologie im Nachlass. In: Herdina, Philip/Oberprantacher, Andreas/Zelger, Josef (Hrsg.): Lernen und Entwicklung in Organisationen. GABEK. Beiträge zur Wissensverarbeitung, Bd. 2. Wien: LIT, 27-70.

Zelger, Josef (2008): The Representation of Verbal Data by GABEK®-Nets. In: Zelger, Josef/Raich, Margit/Schober, Paul (Hrsg.): GABEK III. Organisationen und ihre Wissensnetze. Organisations and their Knowledge Nets. Innsbruck-Wien: Studienverlag, 95-122.

Bernhart Ruso

Qualitative Beobachtung

1	Einleitung	527
2	Allgemeine Überlegungen	527
3	Stärken und Schwächen	529
4	Anwendungsgebiete	530
5	Zugänge zur qualitativen Beobachtung	530
6	Art der Datenaufnahme	532
7	Verschriftung	533
8	Ergebnis der Datenerhebung	534
9	Checkliste	535
10	Zusammenfassung	535
11	Literatur	536

Qualitative Beobachtung

1 Einleitung

Der Tat geht ein Motiv voraus. Die Motivforschung nimmt eine zentrale Rolle in der qualitativen Forschung ein und bedient sich dabei oft der Analyse des gesprochenen oder geschriebenen Wortes. Die Kluft zwischen Wort und Motiv ist methodisch schwierig zu umschiffen. Die qualitative Beobachtung beschreibt und interpretiert Verhalten direkt ohne den kognitiven Umweg der Verbalisierung durch die handelnde Person. Ziel des Beitrages ist es, qualitative Beobachtung zu definieren und sie in einen Kontext zu den anderen qualitativen Forschungsmethoden zu setzen. Es werden Anwendungsgebiete der qualitativen Beobachtung vorgeschlagen sowie Stärken und Schwächen diskutiert. Es folgt eine Kategorisierung der unterschiedlichen Formen qualitativer Beobachtung und praxisnahe Erläuterung zur Umsetzung der Forschungsmethoden. Obwohl qualitative Beobachtung sowohl im Feld als auch indirekt über eine Kamera, bzw. Videomaterial erfolgen kann, behandelt dieser Abschnitt nur die direkte Beobachtung vor Ort.

2 Allgemeine Überlegungen

Qualitative Beobachtung ist die Beschreibung, auch Dokumentation, von wahrgenommenen Geschehnissen, meistens von menschlichem Verhalten. Im Gegensatz zur quantitativen Beobachtung, bei der die Häufigkeit von Verhaltensereignissen erhoben wird, werden bei der qualitativen Beobachtung die Eigenschaften, eben die Qualitäten von Verhalten erhoben. Dabei kommen u.a. folgende Verhaltensqualitäten für die Erhebung in Frage:

- das Aussehen einer Verhaltensweise,
- die zeitliche Verknüpfung mit anderen Verhaltensweisen,
- begleitende verbale Äußerungen,
- der situative Kontext und
- die emotionale Konnotation.

Neben der Dokumentation der grundlegenden Verhaltensqualitäten gibt es noch eine interpretative Ebene der Datenerhebung. Viele Verhaltensqualitäten können nicht auf sinnvolle Art und Weise objektiv erfasst werden, sondern werden von dem Beobachter bzw. der Beobachterin interpretiert. Zu guter letzt haben qualitative Datenerhebungen oft einen explorativen Charakter. Auch bei der qualitativen Beobachtung sind, je nach Forschungsdesign, nicht alle Verhaltensqualitäten, die dokumentiert werden können von vorneherein bekannt. In einem offenen Forschungszugang ist es möglich, nach einer Phase der Datenanalyse zurück ins Feld zu gehen, um neu entdeckte Verhaltensqualitäten zu erheben und neuen Forschungsfragen zu folgen.

Die drei Ebenen der qualitativen Beobachtung sind also: Dokumentation, Interpretation und Exploration.

Was kann qualitative Beobachtung für die Marktforschung leisten? Das dominierende Instrument der qualitativen Marktforschung ist die Befragung. Die durch Beobachtung erhobenen Daten unterscheiden sich in wichtigen Kriterien von Befragungsdaten.

- Beobachtungsdaten beschreiben das Verhalten von KonsumentInnen direkt. Zwischen verbalisierten Motiven und gezeigtem Verhalten gibt es keine Unschärfen.
- Die Beobachtung kann ohne Zeitaufwand für die KonsumentInnen durchgeführt werden („non-intrusive").
- Es gibt keinen Recruiting-Aufwand.
- Die BeobachterInnen können die Versuchspersonen frei wählen. Die Gefahr einer Selbstselektion der Stichprobe ist nicht gegeben.

Wie ist die qualitative Beobachtung entstanden? Die Beobachtung ist seit jeher die Grundlage wissenschaftlicher vor allem naturwissenschaftlicher Erkenntnis. Messmethoden und Instrumente dienen dem Sichtbarmachen von Geschehnissen, die dem Auge sonst verborgen blieben. Jede Hypothesenbildung beruht, neben dem Studium der einschlägigen Literatur auf kategorisierenden und interpretierenden Beobachtungen aus dem Umfeld des Forschers bzw. der Forscherin. Im gleichen Maß beruht jeder Erkenntnisgewinn auf Beobachtung und Exploration. In der chaotischen Vielfalt an Reizen, die auf den heutigen Menschen einwirken, lernen jedes Kind und jeder Erwachsene Regelmäßigkeiten und Muster zu erkennen, Gesetzmäßigkeiten zu formulieren und mit vorhandenen Erfahrungen abzugleichen (Lorenz 1960). Ausgehend von der Beobachtung beschritten die Naturwissenschaften den Weg der Quantifizierung, während es bei den Sozialwissenschaften in den siebziger Jahren des vorigen Jahrhunderts zum „linguistic turn" kam. In den Naturwissenschaften galt nur mehr, was statistisch signifikant war, in den Sozialwissenschaften nur, was als Text vorlag (Popper 1971, Rorty 1976). Dies machte die Reduktion der vielfältigen Realität auf Zählbares und Verschriftbares nötig. Die daraus resultierende Gefahr war bereits Lorenz (1960) bewusst und er bezeichnet sie als „Atomisierung" realer Zusammenhänge. Interessanterweise berichtet gerade ein Atomphysiker wie Max Planck (1942), dass bahnbrechende Entdeckungen durch gesamtheitliches exploratives Denken in strukturierten Systemen und nicht durch reduktionistische Denkansätze ermöglicht werden. Auch in der Philosophie kommt Skepsis auf, inwieweit versprachlichte Information die persönliche Erfahrung ersetzen kann (Hildebrand 2003). Im gleichen Sinne kann erwartet werden, dass die Verwendung qualitativer Methoden der Beobachtung auch in der Marktforschung neue Sichtweisen erschließt.

3 Stärken und Schwächen

Die qualitative Beobachtung ist geeignet, neue Phänomene zu erkennen und induktiv abzubilden. Gleichzeitig ist sie ein Datenerhebungsinstrument, das in der Marktforschung unterrepräsentiert ist. Dieser Zustand mag in den Eigenheiten der qualitativen Beobachtung begründet sein, die in folge dargestellt werden sollen.

Die qualitative Beobachtung nimmt alle durch den Beobachter bzw. die Beobachterin wahrnehmbaren Reize einer Untersuchungssituation auf. Dabei muss sie sich nicht wie die Videographie auf visuelle und akustische Reize beschränken. Auch Gerüche, Witterungsverhältnisse und wahrgenommene Emotionen können dokumentiert werden. Die qualitative Beobachtung erhebt auch jene Eindrücke, die zunächst nicht quantifizierbar oder verschriftbar sind. Diese Eigenschaften machen die qualitative Beobachtung zu einem Instrument, welches die Umwelt umfassender dokumentiert als jede andere Erhebungsmethode. Wird ein offener explorativer Zugang gewählt, so erlaubt dieser, abseits der einschlägigen Literatur Hypothesen zu generieren und so Erkenntnisse zuzulassen, die nicht der Forschungsfrage sondern der Forschungssituation entspringen (Bohnsack 2000). Nach Kepper (2000) muss sich die qualitative Beobachtung methodisch vor allem mit zwei Problemen auseinander setzen:

- nicht-kontrollierte Informationsselektion,
- Gefahr der subjektiven Interpretation.

Die Gefahr der nicht-kontrollierbaren Informationsselektion besteht, wenn der/die BeobachterIn ohne vorgegebene Kategorien ins Feld geht. Dies ist vor allem dann zu bevorzugen, wenn nicht alle Problemfelder der Forschungssituation bekannt sind. Allerdings ist der Begriff der „Nicht-Kontrollierbarkeit" unglücklich gewählt, denn jede Kontrollinstanz birgt wieder die Gefahr der Einschränkung und Reduktion. Vielmehr muss die Informationsselektion das Kriterium der intersubjektiven Nachvollziehbarkeit erfüllen. Dafür ist eine lückenlose Dokumentation der Forschungstätigkeit, insbesondere der Datenerhebung nötig (Girtler 2001).

Als besondere Gefahren der subjektiven Interpretation werden die Beeinflussung der Beobachtung durch den kulturellen Hintergrund des Beobachters bzw. der Beobachterin (Ethnozentrismus) und durch Überidentifikation mit der beobachteten Situation („going native") genannt (Kepper 2000). Um die objektive Sichtweise und persönliche Distanz zu erhalten, werden Beobachtungsleitfäden eingesetzt, die die vorab definierten Forschungskriterien jederzeit in Erinnerung rufen. Allerdings betont Girtler (2001), dass durch Objektivität und Distanz ebenfalls eine starke Verzerrung der beobachteten Situation entstehen kann. Somit steht einem Bias des Beobachters bzw. der Beobachterin eine Verfälschung gegenüber, die durch das Erhebungsinstrumentarium verursacht wird. Da der Bias des Beobachters bzw. der Beobachterin leichter zu dokumentieren ist, wird ein „going native" in manchen Untersuchungssituationen nicht nur unvermeidbar, sondern geradezu erwünscht sein. Auch in diesem Fall kommt der intersubjektiven Nachvollziehbarkeit und somit der Dokumentation der persönlichen Befindlichkeit bei der Datenerhebung allerhöchste Bedeutung zu.

4 Anwendungsgebiete

Die qualitative Beobachtung kann in jenen Bereichen der Marktforschung eingesetzt werden, die verhaltensintensiv sind. Das sind alle Bereiche des Kontakts mit KundInnen (z.B. Beratung, Verkauf; Reklamation). In der Verkaufsraumgestaltung kann die qualitative Beobachtung Aufschluss über KundInnenbewegungen, Verhalten zum Zeitpunkt der Kaufentscheidung und -handlungen geben. Die Interaktion mit einem Produkt steht bei der Erforschung der Usability im Blickpunkt. Ein weiteres denkbares Einsatzgebiet wäre die Beobachtung von potenziellen KundInnen für die Entwicklung von visuellen Werbebotschaften. Je nach Fragestellung können verschiedene Zugänge zur qualitativen Beobachtung gewählt werden. So wandten Anderson und McAuley (1999) qualitative Beobachtung an, um auf einer Metaebene den Einfluss von dem Wissen um Marketingtheorien auf Marketing Aktivitäten zu untersuchen. Dabei wurden zwei Gruppen von Unternehmern aus dem ländlichen Bereich bei ihrer Arbeit qualitativ beobachtet. In einer Studie zu soziokulturellem Konsum wurde qualitative Beobachtung verwendet um die Interaktionen zwischen Besuchern einer Rodeoveranstaltung einerseits und Standbetreibern, Landwirten und Tieren zu untersuchen. Dabei wurde der Frage nachgegangen, welche Bedeutung die kulturellen Präkonzepte der BesucherInnen auf ihr Konsumverhalten haben (Penaloza 2001).

5 Zugänge zur qualitativen Beobachtung

Es ist ein Irrtum zu glauben, dass es objektive Beobachtung geben kann. Bereits durch die Verschaltung der Nervenzellen in der Netzhaut des Auges sowie in den optischen Feldern des Großhirns kommt es zu kategorienbildenden und interpretativen Prozessen, die kognitiv nicht beeinflussbar sind. Auch die assoziativen Felder im Großhirn, die für die Versprachlichung und somit zur Deskription des Gesehenen führen, sind von individuellen Erlebnissen abhängig, die sich einer Objektivierung weitgehend entziehen (Zimbardo/Weber 1999). Für die intersubjektive Nachvollziehbarkeit der Beschreibung, Kategorisierung und Interpretierung ist jedoch das Bezugssystem von größter Bedeutung (Abbildung 1).

Abbildung 1: Arten der Verhaltensinterpretation

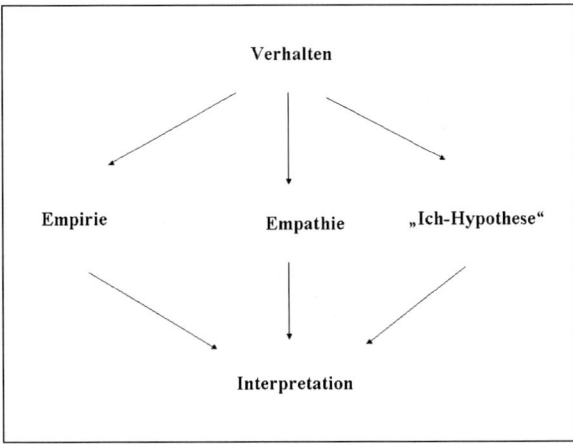

Es gibt drei Wege, um Beobachtungen zu strukturieren. Der natürlichste und naivste Zugang ist die „Ich-Hypothese". Dabei wird die Beobachtung auf das Selbstbild projiziert: „Wenn ich dieses Verhalten zeigen würde, dann würde dies bedeuten, dass ...". Der wissenschaftliche Zugang ist empirisch und begründet seine Interpretation auf systematisch durch Induktion und Analogie sowie durch absichtlich angestellte Beobachtungen und Versuche gewonnene Erfahrungen: „Wenn Menschen dieses Verhalten zeigen, so bedeutet dies meist ...". Das im Alltag wertvollste Interpretationsinstrument für Verhalten liegt zwischen den Polen der „Ich-Hypothese" und der „Empirie". Dabei wird die „Ich-Hypothese" aufgrund von zahlreichen persönlichen, im Gegensatz zur Empirie nicht systematisch geplanten, Erfahrungen mit Menschen und Situationen erweitert. Dem „Ich" werden zahlreiche „Dus" als neue Blickwinkel und Bezugspunkte zur Seite gestellt: „So wie ich den Menschen und die Situation einschätze, bedeutet dies ..." Dieser Zugang kann Empathie genannt werden. Die „Ich-Hypothese" produziert außerhalb des beobachtenden Individuums weder valide noch reproduzierbare Aussagen. Empirisch gewonnene Aussagen besitzen hohe Reproduzierbarkeit, empathisch gewonnene Aussagen hohe Validität. Im Forschungsalltag werden häufig emphatisch entwickelte Hypothesen mit Literatur gestützt und empirisch getestet. Bei der Erhebung von Verhaltensdaten ist es von großer Bedeutung „Ich-Hypothesen" auszuschalten und sich bewusst zu sein, vor welchem empathischen und empirischen Hintergrund die Beobachtung erfolgt. Auf dieser Basis kann die Art der Datenaufnahme gewählt werden.

Bernhart Ruso

6 Art der Datenaufnahme

Bei der Beobachtung unterscheidet man die teilnehmende und die nicht teilnehmende Beobachtung, wobei man die nicht teilnehmende Beobachtung die verdeckte und die offene Beobachtung unterscheidet.

Bei der teilnehmenden Beobachtung ist der Beobachter bzw. die Beobachterin im Geschehnis involviert, wodurch eine große Nähe zur Untersuchungssituation gewährleistet ist. Dies birgt allerdings einerseits das Risiko des Ethnozentrismus und des „going native", andererseits muss die Involvierung so intensiv und authentisch sein, dass die beobachteten Personen sich unverfälscht verhalten. Aufgrund der Reziprozität menschlicher Kommunikationsprozesse muss sich der Forscher bzw. die Forscherin im Klaren sein, dass er bzw. sie, um Beobachtungsdaten zu erhalten, auch bereit sein muss, etwas von sich herzugeben (vgl. die Methode des „ero-epischen Gesprächs" bei Girtler 2001). Die verdeckte Form der teilnehmenden Beobachtung kann z.B. bei Testkäufen eingesetzt werden. In diesem Fall ist der Beobachter bzw. die Beobachterin involviert, aber die beobachtete Person ist sich der Untersuchungssituation nicht bewusst.

Bei der nicht teilnehmenden Beobachtung ist der Beobachter bzw. die Beobachterin nicht persönlich in das Geschehnis involviert. In der offenen Form der nicht teilnehmenden Beobachtung ist den beobachteten Personen bewusst, dass sie beobachtet werden. Dies hat den Vorteil, dass diese auf die Datenaufnahme Rücksicht nehmen können, indem Sie ein Verhalten deutlicher zeigen als in einer Normalsituation oder ein Ereignis gegebenenfalls kommentieren. Allerdings ist mit einer Verzerrung durch Beobachtungseffekte zu rechnen.

In der verdeckten Form der nicht teilnehmenden Beobachtung ist sich die beobachtete Person nicht bewusst, dass sie beobachtet wird. Aus ethischen Gründen ist diese Form der Beobachtung nur in stark frequentierten öffentlichen Räumen zulässig, da sich die beobachteten Personen in dieser Situation der sozialen Kontrolle bewusst sind. So wäre eine verdeckte Beobachtung in einem wenig frequentierten Wald unzulässig, da sich die Personen unbeobachtet glauben. In einer Shopping Mall ist eine verdeckte Beobachtung zulässig, da sich die Mall-BesucherInnen bewusst sind, dass sie von PassantInnen, Geschäftsleuten und Überwachungskameras beobachtet werden. Aber auch in diesen Fällen ist eine Auflösung der Beobachtungssituation mit Aufklärung und Einholung des Einverständnisses nötig. Die verdeckte Form der nicht teilnehmenden Beobachtung hat die geringsten BeobachterInneneffekte zu erwarten, allerdings muss meist eine räumliche Distanz zum Geschehen in Kauf genommen werden. Das Spektrum der beobachtbaren Verhaltensweisen beschränkt sich auf jene, die im öffentlichen Raum gezeigt werden.

7 Verschriftung

Das menschliche Kommunikationsmedium für Erkenntnisse ist fast ausschließlich die Sprache. Daher muss die Realität, wenn sie Gegenstand wissenschaftlicher Analyse sein soll, in Form von Protokollen, Kategoriesystemen oder Interpretationen, also verschriftlicht vorliegen (Bohnsack 2000). Der Weg vom Geschehen zur kommunizierbaren Erkenntnis, vom Faktum zum Wort, läuft über die Stufen der Abstraktion und der Artikulierung (Abbildung 2).

Abbildung 2: Vom Verhalten zum Text

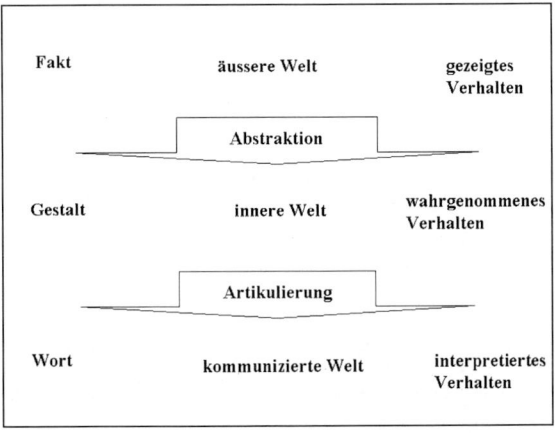

Sowohl die Abstraktion als auch die Artikulierung sind individuelle kognitive Leistungen des Beobachters bzw. der Beobachterin. Die Bewusstmachung und die Dokumentation dieser Prozesse sind für die intersubjektive Nachvollziehbarkeit unerlässlich und müssen speziell bei mehreren BeobachterInnen, zur Gewährleistung der InterkoderInnen-Reliabilität thematisiert werden.

Die Verschriftung kann deskriptiv, kategorisierend und interpretierend erfolgen. Eine deskriptive Vorgangsweise dient der Dokumentation eines Verhaltens und kann zur Darstellung eines Phänomens oder auch als Ausgangsbasis für vergleichende Analysen herangezogen werden. Für eine deskriptive Verschriftung eignen sich im besonderen Maße nicht teilnehmende Beobachtungsformen.

Eine kategorisierende Verschriftung der qualitativen Beobachtung nimmt einen Teil der Textanalyse vorweg. Sie ist dann von Vorteil, wenn nur ein Teilaspekt des Verhaltens beobachtet werden soll und ist in diesen Fällen eine Ressourcen sparende Vorgehensweise. Die Kategorienbildung kann vor der Feldphase erfolgen oder in einer explorativen Vorgehensweise während der Datenaufnahme laufend verändert und erweitert werden.

Die Interpretation während der Beobachtung ist riskant weil die Wissenschaftlichkeit der erhobenen Daten nur durch intersubjektive Nachvollziehbarkeit garantiert werden kann. Dem gegenüber steht einerseits der Vorteil, das die interpretierende Beobachtung zweifelsohne die natürlichste Form der Beobachtung für den Menschen ist. Andererseits erfolgt die Interpretation in dem situativen Kontext in dem die Daten erhoben werden. Dies gewährleistet größtmöglichen Realitätsbezug. Die Interpretation kann durch die ForscherInnen selbst erfolgen. Aber auch die Versprachlichung durch Laien oder themenspezifische ExpertInnen ist denkbar. Da in diesem Fall die Nachvollziehbarkeit nicht gewährleistet ist, muss die Stichprobe der BeobachterInnen so gewählt werden, dass Verzerrungen durch individuelle Interpretationsunterschiede ausgemittelt werden.

8   Ergebnis der Datenerhebung

Der Ergebnistext einer qualitativ beobachtenden Erhebung liegt verschriftet oder als Tonbandaufzeichnung vor und kann unterschiedlich gestaltet sein:

- Beschreibungen von Einzelgeschehnissen,
- summative Beschreibung aller Verhaltensweisen einer Situation, die durch eine Zusammenführung von vielen Einzelbeobachtungen entsteht; Ethogramm[1],
- Kategorienschema,
- Gedächtnisprotokolle, wenn die Verschriftung im Feld nicht möglich war,
- Denke-Laut-Protokolle der BeobachterInnen,
- anekdotische Aufzeichnungen von beobachteten Episoden und
- Forschungstagebuch.

Auch Kombinationen, wie z.B. ein anekdotisch veranschaulichtes Kategorienschema können Anwendung finden.

---

[1] Ethogramme beschreiben mit Worten und/oder Bildern bestimmte Verhaltensweisen, wie z.B. Begrüßungen, aggressives Verhalten oder Flirtverhalten. Dabei werden aus einer Vielzahl von Begebenheiten jene Verhaltensmerkmale (Mimik, Gestik usw.) herausgearbeitet, die typisch für die entsprechende Verhaltensweise sind. Anhand eines Ethogramms kann ein später beobachtetes Verhalten zugeordnet und interpretiert werden (Eibl-Eibesfeldt 1987, 31-47).

Da die qualitative Beobachtung sich nicht auf externe Messinstrumentarien stützt, sondern von der Wahrnehmungsfähigkeit der ForscherInnen abhängt, verlangt sie diesen in höchstem Maß eine Bewusstmachung und Dokumentation der internen Wahrnehmungs- und Verarbeitungsprozesse ab. Aus diesem Grund liegt für das Erstellen des Ergebnistextes besonderes Gewicht auf der Dokumentation der Datenerhebung.

9 Checkliste

In der Folge sind einige Beispiele für Fragestellungen bzw. Problemsituationen angeführt, bei denen die Methode der qualitative Beobachtung angebracht erscheint. Qualitative Beobachtung ist empfehlenswert, wenn …

- das zu untersuchende Phänomen verhaltensintensiv ist.
- die Kluft zwischen Worten und Taten der KonsumentInnen groß ist (Dissonanz).
- KonsumentInnen in der fraglichen Situation für eine verbale Datenerhebung schlecht greifbar sind.
- das Verhalten der KonsumentInnen durch verbale Datenerhebung nicht valide aufgenommen werden kann (Intrusion).
- wenn die Gefahr der Selbstselektion groß ist („alle" Personen der Stichprobe sind in gleichem Maße willig an einer verbalen Datenerhebung teilzunehmen).
- wenn Umweltreize (Störvariablen), die das KonsumentInnenverhalten in dieser Situation beeinflussen, nicht bekannt sind.
- eine umfassende Dokumentation der Datenerhebung möglich ist (kontrollierbare Informationsselektion).
- die Daten erhebenden Personen umfassendes theoretisches Wissen und praktische Erfahrung mit dem zu beobachtenden Verhalten haben (Vermeidung der Ich-Hypothese).

10 Zusammenfassung

Am Beginn des Beitrages wurde die Bedeutung von Tat, Motiv und Wort für die qualitative Forschung betont. In diesem Sinne soll am Beginn einer qualitativen Beobachtung eine intensive Auseinandersetzung mit der Theorie der Datenerhebungsmethode (Wort) stehen, der gegebenenfalls die Entscheidung (Motiv) für eine Datenerhebung mittels qualitativer Beobachtung und schließlich deren Umsetzung (Tat) folgen kann. Die qualitative Beobachtung ist ein starkes Werkzeug zur Erfassung von verhaltensintensiven Phänomenen. Sie erfordert allerdings ein hohes Maß an Vorbereitung, Disziplin und Reflexion. Nur eine umfassende Dokumentation des Datenerhebungsprozesses kann die Qualität und die Reliabilität der Daten gewährleisten.

11 Literatur

Anderson, Alistair R./ McAuley Andrew (1999): Marketing Landscapes: the Social Context. In: Qualitative Market Research, vol. 2, no. 3, 176-188.
Bohnsack,Ralf (2000): Rekonstruktive Sozialforschung – Einführung in qualitative Methoden. UTB, Stuttgart.
Boote, Jonathan/Mathews, Ann (1999): Saying is One Thing; Doing is Another: The Role of Observation in Marketing Research. In: Qualitative Market Research, vol. 2, no. 1, 15-21.
Eibl-Eibesfeldt, Irenäus (1997): Grundriss der vergleichenden Verhaltensforschung. 7. Auflage. Piper, München.
Girtler, Roland (2001): Methoden der Feldforschung. UTB Böhlau, Wien.
Hildebrand, David L. (2003): The Neopragmatist Turn. In: Southwest Philosophy Review , vol. 19, no. 1.
Kepper, Gabriela (2000): Methoden qualitativer Beobachtung. In: Herrmann, Andreas/Homburg, Christian (Hrsg.): Marktforschung. Gabler, Wiesbaden, 192-200.
Lehner, Phillip N. (1996): Handbook of Ethological Methods. Cambridge University Press, Cambridge.
Lorenz, Konrad (1960): Methods of Approach to Behaviour Problems. In: White, Abraham/McDermott, Walsh/Taggart, John V. (eds.): The Harvey Lectures 1958-1959. Academic Press, New York, 60-103.
Penaloza, Lisa (2001): Consuming the American West: Animating Cultural Meaning and Memory at a Stock Show and Rodeo. In: Journal of Consumer Research, vol. 28, 369-398.
Planck, Max (1942): The Signification and Limits of Exact Science. In: Naturwissenschaften, Bd. 30, 125-133(auch erschienen in: Science 110 (2857), 319-327).
Popper, Karl R. (1972): Objective Knowledge: An Evolutionary Approach. Oxford.
Rorty, Richard M. (1992): The Linguistic Turn. 2nd edition (1st edition: 1967). University of Chicago Press ,Chicago.
Zimbardo, Phillip G./Weber, Ann L.(1999): Psychologie. Springer-Verlag, Berlin-Heidelberg-New York-Tokyo, 148-194.

Andrea Gröppel-Klein und Jörg Königstorfer

Projektive Verfahren in der Marktforschung

1 Einführung 539
2 Projektive Verfahren im Überblick 540
   2.1   Ursprung und Grundlagen 540
   2.2   Beispiele aus der Forschung zum KonsumentInnenverhalten 542
3 Vorzüge und Problembereiche 548
4 Literatur 551

1 Einführung

Die Frage nach dem „Warum" hat seit Menschen Gedenken die Wissenschaft beflügelt, auch im Marketing. Wir versuchen zu verstehen, warum Menschen bestimmte Marken oder Produkte bevorzugen, warum sie sich häufig irrational und nicht wie ein homo oeconomicus verhalten, warum sie *einen* spezifischen Lebensstil anstreben, andere Lebensstile dagegen vehement ablehnen, warum sie sich durch Medien und Werbekampagnen beeinflussen lassen, auch wenn sie dies nicht zugeben möchten, warum sie beim Einkaufen nicht nur Wert auf Auswahl und Qualität von Waren legen, sondern auch auf unverwechselbare Einkaufserlebnisse, kurzum, Marktforscher versuchen zu ergründen, warum KundInnen sind, wie sie sind. Dabei zeigt sich, dass klassische, standardisierte Interviews oftmals nur an der Oberfläche des Verhaltens „kratzen" und die wahren Beweggründe für das Konsumverhalten nicht offen legen. Fehleinschätzungen bei der Erfolgsprognose von Produkten und Dienstleistungen sind die Folge. So wurden von deutschen Firmen zunächst die Sinnhaftigkeit von Fax-Geräten und der damit verbundene Nutzen der Übertragungsmöglichkeit von Bildern oder Bildzeichen nicht erkannt, und das in Deutschland erworbene Patent für diese Technologie wurde nach Japan verkauft. Auch der extreme Erfolg von SMS (short messaging services) wurde nicht prognostiziert, hatte man es doch nicht für möglich gehalten, dass sich KonsumentInnen die Mühe machen, auf einer kleinen Handytastatur Buchstabe für Buchstabe Texte zu schreiben.

Projektive Verfahren werden definiert als zwar durchaus strukturierte, aber indirekte Methoden, das „Warum" von Verhaltensweisen zu untersuchen (Webb 1992). Mit Hilfe spezieller Techniken wird versucht, solche zunächst unbewussten Gefühle, Überzeugungen, Motivationen und Einstellungen in Bezug auf Meinungsgegenstände aufzudecken, die schwierig zu artikulieren sind oder die bei standardisierten Fragetechniken schnell zu sozial erwünschten Antworten führen. So wird zum Beispiel auf die direkte Frage, wie oft man sich am Tag die Zähne putzt, i.d.R. mit der Angabe „mindestens 2-mal täglich" geantwortet, obgleich die abgesetzten Mengen an Zahncreme zeigen, dass dies nicht möglich sein kann (oder ein signifikant hoher Anteil an Personen sich die Zähne ohne Zahnpasta putzt). Dagegen können je nach Art des angewandten projektiven Verfahrens ProbandInnen in Situationen versetzt werden, in denen sie den „wahren" Untersuchungszweck nicht durchschauen, daher sozial erwünschte Antworten nicht anbringen können, sondern „wahrheitsgemäß" antworten. Außerdem können projektive Verfahren KonsumentInnen dazu bewegen, Kreativität und zukünftige Konsumwelten zu entwickeln. Allerdings müssen sich die mittels projektiver Verfahren gewonnenen Ergebnisse - wenngleich anderer Natur als bei quantitativen Daten - ebenfalls Validitäts- und Reliabilitätsprüfungen stellen. In diesem Beitrag sollen die Grundzüge der projektiven Verfahren skizziert werden, einige Verfahren vorgestellt und deren Gültigkeit diskutiert werden. In einem zweiten Beitrag in diesem Band werden die Autorin und der Autor die Anwendung anhand eines konkreten Beispiels aus der technologischen Akzeptanzforschung aufzeigen.

2 Projektive Verfahren im Überblick

2.1 Ursprung und Grundlagen

Projektive Verfahren entspringen der psychoanalytischen Theorie, klinischen Sozialpsychologie und kulturellen Anthropologie (Lindzey/Thorpe 1968). Die Entwicklung und Verwendung von projektiven Verfahren wurde vor allem in der Psychologie vorangetrieben (z.B. Anderson/Anderson 1951, Frank 1948, Kassarjian 1974, Murray 1943, 1946 und Murstein 1965). Das Aufkommen projektiver Verfahren in der Wissenschaft und Praxis war ein Gegentrend zur damals zunehmenden Bedeutung von statistischen Erhebungen in den Verhaltenswissenschaften und sollte die wirkliche Erforschung des Individuums wieder in den Mittelpunkt rücken (Murstein 1965). Der Thematische Apperzeptionstest (TAT) und dessen Weiterentwicklungen (z.B. McClelland et al. 1976, McClelland 1985) sowie der Rorschach Test sind die bekanntesten Anwendungen von projektiven Verfahren. Haire (1950) führte eine der Pionierstudien im Marketing mittels projektiver Verfahren durch, indem er in einem klassischen Einkaufslisten-Experiment die Einstellung von Hausfrauen gegenüber Pulverkaffee erforschte. Er wählte den Einsatz dieses projektiven Verfahrens, da Hausfrauen auf die direkte Frage nach den Ursachen für eine Nicht-Nutzung von sofort löslichem Kaffee stereotyp antworteten und ausschließlich Geschmacksgründe anführten. Das Einkaufslisten-Experiment brachte Erkenntnisse darüber zum Vorschein, wie die befragten Hausfrauen andere Hausfrauen, die solchen Kaffee kaufen, einschätzen, nämlich als faul, sparsam, unfähig, die Haushaltseinkäufe zu planen und insgesamt als „schlechte (Haus-)Frau".

Die projektiven Verfahren wurden im Marketing bzw. in der Konsumentenverhaltensforschung *im Vergleich* zur (klinischen) Psychologie weniger intensiv angewandt. Folgende Gründe werden hierfür genannt:

- Erstens gilt es aus positivistischer Sicht als unzulässig, dass - wie bei manchen projektiven Verfahren notwendig - Forscher „als Messinstrument" in den Forschungsprozess eingreifen und bei der der Interpretation der Projektionen der Versuchspersonen tätig werden (Sherry 1990).

- Zweitens prangert Levy (1985) eine gering ausgeprägte Innovationsfreude und einen fehlenden Erfindungsreichtum zur Entwicklung außergewöhnlicher Messmethoden bei einigen KonsumentenverhaltensforscherInnen an.

- Drittens wird die mangelnde operationale Beschreibung zur Generierung von thematischen Stimuli kritisiert (Rook 1988). Es gibt bis heute unseres Wissens kein Handbuch, mit dessen Hilfe ForscherInnen geeignete Projektionen thematisch differenziert auswählen oder Reizvorlagen heraussuchen bzw. entwerfen können (Catterall/Ibbotson 2000).

Die hohe Relevanz projektiver Verfahren für die Konsumentenverhaltensforschung wurde in der deutschsprachigen Forschung allerdings beispielsweise durch Arbeiten von Spiegel (1958), Salcher (1995) und Kroeber-Riel (1986) deutlich, der angloamerikanische Sprachraum wurde vor allem durch die Studien von Levy (1985) und Rook (1983, 1985, 1988) geprägt. Dabei wurde zumeist - im Unterschied zu klinischen Anwendungsfeldern - nicht das Ziel verfolgt, Normen oder Standards für Persönlichkeitstests zu entwickeln, sondern durch projektive Reizvorlagen sollte eine Vielzahl von positiven und negativen, bewussten und (zuvor) unbewussten Reaktionen bei KonsumentInnen zu konsumrelevanten Themen hervorgerufen werden, um damit die Nachteile direkter Befragungen (z.B. sozial erwünschte Antworten) zu umgehen. In der Marketingforschung kann dies durch eine Vielzahl an Messinstrumenten geschehen, wie z.B. die Ergänzung unvollständiger Sätze, die Verbalisierung von mentalen Assoziationen mit Wörtern bzw. Aussagen, Comic-Tests oder das Erzählen von Geschichten über ausgewählte Bilder (Rook 1988, siehe Kapitel 2.2). In der jüngeren, durch die verstehenden ForscherInnen geprägten Konsumentenverhaltensforschung (Gröppel-Klein 2006) sind unter Anwendung dieser Methoden empirische Studien von Heisley/Levy (1991), McGrath/Sherry/Levy (1993), Mick/DeMoss/Faber (1992), McGrath (1995) und Zinkhan et al. (1999) durchgeführt worden, was das Aufleben dieser Methoden belegt.

Der Vorgang der Projektion besteht darin, dass Personen bestimmte Charakteristika auf andere Personen bzw. Reizsituationen attribuieren, die sie nicht bei sich selbst sehen können oder sehen möchten. Die projizierten Beschaffenheiten, Verhaltensweisen oder Motive stammen jedoch von der Versuchsperson bzw. nehmen in ihr ihren Ausgang (Rapaport 1942, Spiegel 1958). Die von Sigmund Freud entwickelten theoretischen Grundlagen des Projektionsvorgangs bei Individuen werden heutzutage als klassische Projektion (Rabin 1986) bezeichnet. „The projection of inner perceptions to the outside is a primitive mechanism which, for instance, also influences our sense-perceptions, so that it normally has the greatest share in shaping our outer world... Even inner perceptions of ideational and emotional processes are projected outwardly, like sense-perceptions, and are used to shape the outer world..." (Freud 1938, 857). Während Freud (1913) den Vorgang der Projektion als Abwehrmechanismus des Egos zur Vermeidung von Ängsten betrachtete, sah Jung (1958) diesen Mechanismus als bereits präsente Muster des Unbewussten an. Bei der Projektion erfolgt eine Externalisierung der inneren Wahrnehmung eines Individuums. In einen bestimmten Gegenstand bzw. in eine bestimmte Person „wird etwas addiert; es wird etwas von innen hinausverlegt, projiziert, hineingesehen, was den Vorstellungen, Neigungen, Bedürfnissen und Ordnungsbildern des Subjekts entspricht" (Johannsen 1968, 97). Es erfolgt somit eine Interpretation des Denkens, Fühlens und Handelns anderer Personen in Funktion der eigenen Tendenzen einer Versuchsperson (Meili 1961). Die Beziehung der Projektion zur Motivation und der sich daraus entwickelte beliebte Einsatz projektiver Verfahren in der Motivationsforschung wird darin begründet, dass im Rahmen von Projektionen Umwelten bewertet werden und sich diese Bewertungen auf bestimmte Bedürfnisse beziehen. Eine Projektion wird unbewusst entweder mit dem Ziel durchgeführt, die imaginäre Bedürfnisbefriedigung zu ermöglichen oder die Beherrschung der Bedürfnisse zu erleichtern (Boesch 1960). Die Projektionsmechanismen können dabei in selbst identifizierender („Ist ebenso wie ich"), optativer („So möchte ich sein"), kathartischer (Projektion uneingestandener eigener Fehler) oder komplementärer (Rechtfertigung eigenen Verhaltens) Form vorgenommen werden (Spiegel 1958), Levy (2001) geht gar soweit, dass er sagt, dass letztendlich jegliche Art von Verhalten als Projektion verstanden werden kann, wenn man das Verhalten als Indikator der Persönlichkeit des Handelnden ansieht.

Eine Projektion kann verbal, grafisch oder durch selbständiges Handeln angeregt werden und wird üblicherweise in Form von Experimenten durchgeführt (Stephan 1961). Grundlage hierfür bilden mehrdeutige Reizvorlagen, die von den Versuchspersonen interpretiert werden (Kassarjian 1974). Die projektiven Verfahren sind dabei weitestgehend uneinsichtig für die Versuchsperson (Spiegel 1958), und der Interviewer bzw. die Interviewerin nimmt eine passive Rolle ein (Stephan 1961). Der Interviewer bzw. die Interviewerin sollte in einer freundlichen, interessierten und entspannten Form an die Versuchsperson herantreten und dazu in der Lage sein, ein harmonisches Verhältnis zwischen Interviewer bzw. Interviewerin und Interviewtem aufzubauen (Will/Eadie/MacAskill 1996).

2.2 Beispiele aus der Forschung zum KonsumentInnenverhalten

Im folgenden werden einige der wesentlichen, im Marketing angewandten projektiven Verfahren kurz vorgestellt. Die genaue Darstellung eines einzelnen Verfahrens und seine Bedeutung für die Akzeptanzforschung werden in einem zweiten Beitrag der Autorin und des Autors in diesem Band vorgenommen.

- Thematischer Apperzeptionstest

Der thematische Apperzeptionstest (TAT) wurde von Morgan und Murray (1935) für die klinische Psychologie entwickelt und diente dazu, psychische Auffälligkeiten bei

Individuen zu entdecken. Zu einem spezifischen Bilderset (20 Bilder), bei dem sowohl typische Begebenheiten des normalen menschlichen Miteinanders aber auch Gewaltszenen gezeigt werden, sollen die ProbandInnen vollkommen frei Geschichten erzählen bzw. die einzelnen Abbildungen erklären. Von der Norm abweichende bzw. absonderliche Reaktionen zu den einzelnen Stimuli werden damit aufgedeckt und anschließend als Indikator für psychische Auffälligkeiten gewertet. Im Marketing wird der TAT häufig zur Analyse der Werbewirkung verwendet. Hier werden die ProbandInnen gebeten, zu Werbeanzeigen Geschichten zu erzählen, um „ihre subjektiven Wünsche und Bedürfnisse mit dem Bildgeschehen zu assoziieren bzw. in das Bild zu projizieren" (Hammann/Erichson 2000, 103). Dabei werden den KonsumentInnen Fragen gestellt - wie bspw.:

- Welche Geschichte wird auf dem Foto erzählt?
- Könnten Sie sich vorstellen, selbst ein Teil dieser Geschichte zu sein? Wenn ja, in welcher Rolle? Wie wird die Geschichte wohl weitergehen?
- Passt das auf dem Bild beworbene Produkt zu der Geschichte? Wenn ja, warum? Wenn nein, welche anderen Produkte/Marken würden besser zu der Geschichte passen? Können Sie sich mit der Geschichte und/oder dem Produkt identifizieren?

Rook (1985) nutzte den TAT, um die tagtäglichen Rituale von KonsumentInnen zu untersuchen und den psychosozialen Gehalt des morgendlichen Stylings im Bad als elementaren Teil der Körpersprache von Menschen zu erforschen. Die klassische Befragung scheiterte hier. Rook (1985) beobachtete bei der Durchführung und Auswertung von Befragungen, dass die Versuchspersonen Probleme hatten, ein geeignetes Vokabular für ihre Antworten zu finden, da sich diese häufig im Unbewussten bewegten, und sich viele Versuchspersonen in für die Interpretation der Daten irreführende Ausschweifungen vertieften. Mit Hilfe von auf das morgendliche Styling ausgerichteten TATs stieß Rook (1985) auf den psychosozialen Grund dieser Morgenrituale, denn Versuchspersonen sahen in der bildlichen Darstellung der Betätigung ein Streben nach persönlicher Selbständigkeit, ein Instrument der Zielstrebigkeit und des Erfolgs, eine Vorbereitung für eine Verabredung oder eine Art von Magie.

Mick, DeMoss und Faber (1992) wendeten eine modifizierte Version des TAT (Abbildung 1) am Point-of-Sale an, um zu ergründen, aufgrund welcher Motivationen sich KonsumentInnen selbst belohnen. Sie kamen zu dem Ergebnis, dass neben dem Erlebnisgehalt des Geschäftes vor allem Faktoren der subjektiv wahrgenommenen persönlichen Situation eine Rolle spielen (z.B. „hart für ein erreichtes, wichtiges Ziel gearbeitet zu haben"). Koenigstorfer, Groeppel-Klein und Pla (2008) identifizieren unter der Anwendung von angepassten TAT Stimuli fünf Motivkategorien, die für die Nutzung von technologischen Innovationen von Bedeutung sind – das Leistungs-, Anschluss- und Freiheitsmotiv sowie die Motive der Einzigartigkeit und des Spaßerlebens.

Andrea Gröppel-Klein und Jörg Königstorfer

Abbildung 1: Bildstimuli des modifizierten TATs für Selbstbelohnungen von KonsumentInnen (Mick/DeMoss/Faber 1992)

■ Cartoon-Test

Der Cartoon- bzw. Comic-Strip-Test stellt eine Variante des TAT dar (Rook 1988). Diese Methodik geht auf den Picture-Frustration-Test (PFT) von Rosenzweig (1945) zurück. In den als projektive Reizvorlage fungierenden Comics werden zwei HauptdarstellerInnen bildlich dargestellt. Einer der Charaktere sagt etwas zu dem anderen Charakter; und diese Kommunikation wird typischerweise in Sprechblasenform abgebildet. Cartoon-Tests schränken die Vielfalt an Antwortmöglichkeiten im Vergleich zu anderen projektiven Verfahren, wie z.B. TATs, ein, indem in den Comics die Aufmerksamkeit der Versuchspersonen bewusst auf eine bestimmte Situation, die mit Bild und Text umschrieben wird, gelenkt wird. Den ProbandInnen werden dadurch weniger Freiheiten in den Antwortmöglichkeiten gelassen, worunter die Ausdrucksstärke der Projektionen leiden kann. Indem die Testvorlage eine gewisse Struktur besitzt, erfolgt eine Definition und Abgrenzung der Reizsituation (Rook 1988, Stephan 1961). Gleichzeitig bietet dies den Forschern jedoch den Vorteil, dass die Versuchspersonen keine ausschweifenden und nebensächlichen Antworten liefern, die nicht im Interesse der Forschungsfrage stehen, insbesondere wenn nicht die Analyse der Persönlichkeit der Versuchspersonen im Mittelpunkt steht. Es bedarf zudem keiner sehr großen Vorstellungskraft der Versuchspersonen. Die Versuchspersonen müssen sich weniger den

"Kopf zerbrechen", denn i.d.R. reichen bei Cartoon-Tests kurze Antwortsätze aus (Rook 1988). Die Forscher sehen sich demnach in der Auswahl der Reizvorlagen mit einem *Trade Off* zwischen dem Erhalten von *spezifischen* Informationen zu einem Marktforschungsproblem und der Qualität der Antworten in Bezug auf eine *freie* und *vielfältige* Beantwortung der Forschungsfragen konfrontiert (Rook 1988).

■ Satzergänzungs-Test

Der Satzergänzungs-Test weist hohe Ähnlichkeiten zum Cartoon-Test bzw. PFT auf, wenn er mit Sprechblasen auf Bildtafeln durchgeführt wird und die ProbandInnen gebeten werden, den angefangenen Satz zu vervollständigen. Der Satzergänzungs-Test kann jedoch auch ganz ohne Bilder, in rein verbaler Form durchgeführt werden.

Die ForscherInnengruppe um Levy (McGrath/Sherry/Levy 1993, Sherry/McGrath/Levy 1992, 1993) stieß mit Beobachtungen und persönlichen Tiefeninterviews an Grenzen, was die Frage anbetraf, welche psychischen Prozesse vor, während und nach einem Geschenkkauf vonstatten gehen. Insbesondere die Umwandlung eines Gegenstands in ein Geschenk, die besonderen Charakteristika eines Geschenks und die persönliche Bindung von Personen an Geschenke blieben im Unklaren. Der Grund lag vermutlich darin, dass die KonsumentInnen ihre Gefühle und Erfahrungen nicht preisgeben wollten (McGrath/Sherry/Levy 1993). Mit den projektiven Methoden der Satzergänzung und des Story Telling konnten die Autoren dagegen zeigen, dass sich hinter einem Geschenk mehr als ein schlichter Gegenstand verbirgt und sich dessen „Inneres" als durchaus facettenreich gestaltet: „Its meaning is susceptible to misreading, but meaning must always take precedence over appearance. The gift must be earned both by the donor and by the recipient. It must be more than bought; it must be built or birthed. The gift must be invested with effort, yet represent the immaterial self of the giver, whose essence must paradoxically be inferred from the gift. It must be a surprise even when expected. It must confound obligation. It encodes opportunity and danger, and invites the recipient to pluck the strings attached. It ingratiates and insults, hurts and heals. It speaks out of both sides of its mouth" (McGrath/Sherry/Levy 1993, 183).

Zinkhan et al. (1999) untersuchten die zugrunde liegenden Motivationen bei der Gestaltung von persönlichen Homepages im Internet mit Hilfe eines Satzergänzungs-Tests in Kombination mit Cartoon-Tests. Sie stellten u.a. fest, dass Personen, die eine persönliche Homepage ins Netz stellen, die Bedürfnisse nach Anschluss an andere, Macht, Einzigartigkeit und Leistung verspüren.

■ Bilderskalen und Collagetechniken

Bilderskalen können in zwei Gruppen unterteilt werden: Zum einen wird dieses Verfahren im Marketing benutzt, wenn KonsumentInnen sich verschiedenen Lebensstilen zuordnen sollen (z.B. Kleidungsstile, Einrichtungsstile), zum anderen werden standardisierte Bilderskalen zur Messung von Images (Schweiger 1985), Stimmungen und Involvement (Gröppel 1988, 1991) oder Markenstärke entwickelt (Bekmeier-Feuerhahn 1998). Die Testpersonen brauchen dann i.d.R. nur zu antworten, inwieweit ein gezeigtes Bild für ihre persönliche Situation zutreffend ist und geben den Grad ihrer Zustimmung auf einer Ratingskala an, so dass man trotz Anwendung dieses projektiven Verfahrens quasi metrische Daten erhält. Die Vorteile dieses Verfahrens sind darin zu sehen, dass

- Bilderskalen i.d.R. schwieriger als verbale Skalen zu durchschauen sind und daher auch in Situationen anzuwenden sind, die mit einem hohen sozialen Potential einhergehen und sozial erwünschte Antworten hervorrufen,
- KonsumentInnen oftmals ihre Empfindungen nicht verbalisieren können und daher auch Cartoon- oder Satzergänzungs-Tests nicht in Frage kommen (z.B. bei der Stimmungsmessung, da Stimmungen eher diffus und schwierig auszudrücken sind),
- Bilderskalen modalspezifische Messungen ermöglichen (ein präferierter Kleidungsstil ist mit Hilfe einer Bildvorlage sehr viel einfacher zu messen als durch verbale Beschreibungen) und
- im Gedächtnis bildlich gespeicherte Stereotype ebenfalls mit Bildern durch Abgleich von Wahrnehmungs- und Erinnerungsbild gemessen werden können.

Schließlich können auch Preistests (Wie viel ist Produkt A wert?, Wie viel wäre ich maximal bereit dafür auszugeben?) auf der Basis von Bildvorlagen durchgeführt werden. Hier findet keine „Projektion" im *eigentlichen* Sinn statt, sondern die Testpersonen sollen einfach - auf Basis der bildlichen Stimuli (hier können im Experiment auch Sonderangebotszeichen, wie z.B. Blitze oder grelle Farben, variiert werden) - absolute Preishöhen und Preisassoziationen äußern. Dieses Instrumentarium wird auch in der quantitativen Marktforschung verwendet.

Eine weitere, in jüngster Zeit verstärkt angewandte Methode ist die Collagetechnik (Belk/Ger/Askegaard 2003, Martin/Peters 2005). Hier bekommen Testpersonen verschiedene Illustrierte vorgelegt, aus denen sie selbst Bilder ausschneiden und zu einem neuen Gesamtbild (Collage) zusammenstellen können, um Meinungsgegenstände zu visualisieren. So kann z.B. mit Hilfe dieser Collagetechnik das subjektiv eingeschätzte reale Selbstbild bzw. das Idealbild erhoben oder ermittelt werden, welche anderen Themen, Prominente, Produkt- bzw. Markenabbildungen KonsumentInnen mit spezifischen Meinungsgegenständen assoziieren, ohne dass dabei auch nur ein Wort gesprochen werden muss.

Autodriving

Beim Autodriving erzählen ProbandInnen Geschichten als Reaktion auf Stimuli, die sich auf das eigene Leben der ProbandInnen beziehen („auto" = selbst; „driving" = getrieben). Als Stimuli werden häufig Bilder und Fotos eingesetzt, die das Konsumverhalten der befragten Individuen abbilden. Somit werden die ProbandInnen zu projektiven InterpretInnen der eigenen Handlungen. Dies kann KonsumentInnen dazu motivieren, Stellung zu ihrem eigenen Verhalten zu beziehen, die Hintergründe der Momentaufnahmen auf den Fotos zu erklären und diese in Relation zum tatsächlichen Leben zu setzen (Heisley/Levy 1991). Autodriving wurde bspw. eingesetzt, um bestimmte Konsumrituale an festlichen Feiertagen (Wallendorf/Arnould 1991) und Gewohnheiten während des gemeinsamen familiären Abendessens an Wochentagen (Heisley/Levy 1991) zu erforschen oder auch um die unterschiedlichen Facetten des Einkaufsverhaltens an touristischen Orten zu erfassen (Westwood 2006). Persönliche Bilder aus der Vergangenheit von KonsumentInnen können zudem als Stimuli genutzt werden, um Erinnerungen an frühere, tief im Gedächtnis verankerte (episodische) Konsumerlebnisse hervorzurufen (z.B. Braun-LaTour/LaTour/Zinkhan 2007).

ZMET

Eine bekannt gewordene Kombination von verschiedenen qualitativen Methoden zur Erforschung des Unbewussten - sie ist die erste patentgeschützte Markt-forschungsmethode der USA - ist ZMET (Zaltman Metaphor Elicitation Technique, Zaltman 1997, 2000). Ausgangspunkt dieses Forschungsansatzes ist die Annahme einer übergeordneten Bedeutung unbewusster Prozesse bei der Entscheidungsfindung. Solche unbewussten Gedanken werden von vielen Faktoren getragen, wie bspw. von lange gepflegten Gewohnheiten, Erinnerungen an die Kindheit oder an das momentane Umfeld, und sie manifestieren sich in Bildern und Metaphern. Diese rücken damit in den Fokus von ZMET. Braun-LaTour, LaTour und Zinkhan (2007) nutzten die Vorgehensweise des ZMET, um mit Hilfe von persönlichen Fotos aus der Vergangenheit von KonsumentInnen die Bedeutung von Kindheitserinnerungen für die Bindung an Automarken aufzudecken.

Ziel von ZMET ist es, über mehrere Untersuchungsschritte herauszufinden, was KonsumentInnen vom Leben erwarten und wie aktuelle Angebote diese Erwartungen erfüllen können. Hierfür ist - dem jeweiligen Projekt angepasst - ein schrittweises Herantasten an unbewusste Gedanken und Gefühle notwendig, die mit dem Untersuchungsgegenstand (z. B. einem Produkt) zusammenhängen. Die Reaktionen werden dadurch auf mehreren Dimensionen ausgeleuchtet. Dabei arbeitet man nicht nur bewusste und unbewusste kognitive Reflexionen bezüglich des Untersuchungsgegenstands heraus. Zusätzlich werden durch die Entwicklung sensorischer Bilder, wie bspw. durch haptische, gustatorische, olfaktorische und akustische Vorstellungen, weitere Sinne aktiviert.

Interpretationen finden in mehrfacher Hinsicht auf jeder Stufe der Auswertung statt: Eines der ersten Analyseziele von ZMET ist die Identifikation relevanter Konstrukte, die die wichtigsten Gedanken und Gefühle der ProbandInnen repräsentieren. Diese, so wird angenommen, stellen das mentale Terrain der KonsumentInnen dar. Durch eine Verbindung der Konstrukte wird im zweiten Analyseschritt ein Netzwerk gestaltet, welches als das mentale Modell der KonsumentInnen bezeichnet werden kann. Grundlegend für menschliches Denken sind zudem Metaphern, die die Repräsentation einer Sache in den Worten einer anderen Sache darstellen. Deshalb gilt ein dritter Analyseschritt den Metaphern der KonsumentInnen.

Die Interpretationen erfolgen auf verschiedenen Ebenen, die miteinander verknüpft werden. Die KonsumentInnen interpretieren nach den oben beschriebenen Analyseschritten ihr eigenes Leben. Der Interviewerbzw. die Interviewerin interpretiert die Diskussionen. Hinzu kommt eine Interpretation eines Managers bzw. einer Managerin, in der diese/r die Erkenntnisse von ZMET vor dem Hintergrund eigener (Management-)Erfahrungen auslegt.

3 Vorzüge und Problembereiche

Der große Vorteil der projektiven Verfahren besteht darin, dass wirkliche Wünsche, verborgene, ungeschminkte und unzensierte Einstellungen und unbekannte Motivationen offenbart werden können. Insbesondere können somit Rationalisierungen, bewusste Irreführungen oder Tarnungen in den Antworten der ProbandInnen vermieden werden (Johannsen 1968). Die Versuchspersonen müssen in den projektiven Verfahren weder mit „ja" oder „nein" antworten, noch können sie zwischen „richtigen" und „falschen" Antworten auswählen (Stephan 1961). Sie antworten auch nicht explizit auf eine standardisierte Frage von Seiten der Forscher (Rook 1988), sondern sind frei in ihrer Antwortgestaltung. Gleichzeitig ordnen die Versuchspersonen den Reizvorlagen Bedeutungen zu, die nicht *a priori* von Seiten der Forscher festgelegt wurden, wie es bei geschlossenen und standardisierten Fragen der Fall ist. Die Fragen sind für die Versuchspersonen offen in ihrer inhaltlichen Ausprägung (Frank 1965). Projektive Verfahren sind nach Spiegel (1958) eher in der Lage, Motive von KonsumentInnen zu erfassen, die nicht direkt erfragbar sind. „Es sind solche Motive, die entweder die betreffende Person nicht oder nur ungern offenbaren will, oder die sie - da ihr selber (und damit auch der direkten Erfragung) unzugänglich - nicht offenbaren kann" (Spiegel 1958, 106). Dies kann z.B. an der fehlenden Bereitschaft liegen, einem fremden Interviewer seine Gefühle und Meinungen mitzuteilen, an sozialen Zwängen, an der fehlenden Fähigkeit der verbalen Äußerung von Wörtern, Konzepten und Ideen oder am Vorliegen unbewusster Bedürfnisse (Kassarjian 1974), wie dies häufig bei technologischen Innovationen der Fall ist (Zobel 2001).

Bei dem Einsatz projektiver Verfahren nimmt die Versuchsperson i.d.R. eine aktive Rolle ein, indem sie selbst beurteilt, und sich nicht, wie häufig in der klassischen Interviewersituation, beurteilt fühlt (Spiegel 1958). Dies kann zu einem höheren Involvement der Versuchspersonen führen, da projektive Verfahren im Gegensatz zu standardisierten Verfahren mit geschlossenen Antwortvorgaben häufig als weniger langwierig und langweilig und als abwechslungsreicher empfunden werden. Auch wird stärker die Neugierde von ProbandInnen erweckt. Projektive Verfahren heben sich somit von typischen Methoden der Marktforschung ab, sind ungewöhnlich und bereiten beim Antworten nicht selten den Versuchspersonen Spaß (Catterall/Ibbotson 2000). Die ForscherInnen profitieren von dieser kreativ-fruchtbaren Atmosphäre in dem Sinne, dass die Antworten nicht schon vorher festgelegt sind und aus den Ergebnissen neue Ideen, Perspektiven und Diskussionen angeregt werden können (Caterall/Ibbotson 2000).

Da projektive Verfahren verborgene Motivationen sowie ungeschminkte und unzensierte Einstellungen von KonsumentInnen erfassen können, finden deren Erkenntnisse auch bei marketingpolitischen Entscheidungen Berücksichtigung, wie z.B. in der Produktgestaltung oder bei Werbe- und Preismaßnahmen. Die in den 80er Jahren eingeführte Zigarettenmarke West bspw. drohte sich als Flop zu erweisen. Durch projektive Verfahren konnte herausgefunden werden, dass der Aufbau der Erlebniswelt „Wilder Westen" in der Kommunikationspolitik dazu führte, dass KonsumentInnen West als „schlechte Kopie" der Konkurrenzmarke Marlboro wahrnahmen. Erst nachdem man sein eigenes Profil („Test the West") entwickelte, wurde die Marke erfolgreich. Der Erfolg von Marlboro konnte auch mittels weiterer (semiotischer) qualitativer Studien erklärt werden. Der Erfolg beruht auf Bedeutungsketten, die vom rauchenden Cowboy bis hin zu dem „myth of America" führen, den KonsumentInnen mit der Marke Marlboro verbinden. Der Misserfolg eines dänischen Käseherstellers, der den Käse Castello Bianco in den Markt einführen wollte, konnte mit projektiven Verfahren wie folgt begründet werden: KonsumentInnen assoziierten mit der (roten und signalstarken) Produktverpackung andere Produkttypen und eine süßliche Geschmacksrichtung des Käses. Dies stand jedoch im Widerspruch zu den tatsächlichen Eigenschaften des Produktes, was den Misserfolg erklärte.

Zu den Nachteilen projektiver Verfahren wird immer wieder die mangelnde Distanz der Forscher zu den Testpersonen genannt. Es besteht die Gefahr, dass die Untersuchungsleiter durch ihre Einwirkungen während der Projektion die ProbandInnen unbewusst oder bewusst in ihrem Antwortverhalten manipulieren, so dass sich die Untersuchungshypothese bestätigt. Ein weiterer Kritikpunkt bezieht sich auf den Interpretationsspielraum der Antworten. Diese können ebenso eine Projektion der ForscherInnen darstellen, und die Ausführungen der Versuchsperson können im Sinne seiner subjektiven Erwartungshaltung verzerrt werden (Boddy 1995). Zudem besteht immer wieder das Problem, dass Versuchspersonen ihre Ideen, Meinungen, Wünsche nicht verbalisieren können. Abhilfe schaffen hier die nonverbalen Messinstrumente der Bilderskalen und Collage-Technik. Doch grundsätzlich stellt sich die Frage der Validität und Reliabilität der Ergebnisse aus projektiven Verfahren, die bis heute nicht abschließend und zufriedenstellend beantwortet werden kann.

Zur Reliabilität: Lilienfeld, Wood und Garb (2000) betonen, dass projektive Verfahren trotz ihrer gewissen Subjektivität in ihrer Interpretation nicht inhärent „unreliabel" und „unvalide" sind. Projektive Verfahren können jedoch in ihrem Kontextbezug und ihrer Anwendung an Reliabilität einbüßen. Häufig wird in der Literatur davon gesprochen, dass mit einer großen Erfahrung der ForscherInnen mit projektiven Verfahren die Reliabilität gesteigert werden kann (Levy 1985). Zudem gilt es als Standard, die Interkodiererreliabilität zwischen mehreren unabhängigen BeurteilerInnen zu bestimmen (Kassarjian 1974, Lilienfeld/Wood/Garb 2000, Meili 1961, Stephan 1961).

Projektive Verfahren müssen sich dem Gültigkeitsproblem (Bagozzi 1992) stellen und sich um eine intersubjektive Nachvollziehbarkeit der Ergebnisse bemühen, wie es der sogenannte Triangulationsprozess (Sherry 1991) zwar vorschreibt, der aber nicht immer konsequent durchgeführt wird. Bei der Triangulation handelt es sich um einen multidimensionalen Forschungsprozess, bei dem unterschiedliches qualitatives Ausgangsmaterial (z.B. Beobachtungen, Tiefeninterviews, sog. Thick Descriptions, Fotos, Symbole usw.) von unterschiedlichen FachvertreterInnen (z.B. SoziologInnen, PsychologInnen, AnthropologInnen usw.) mit unterschiedlichen Methoden (z.B. Semiotik, kognitive Psychologie usw.) unter Zuhilfenahme konkurrierender Hypothesen interpretiert werden, und bei dem man sich gemeinsam auf eine theoretische Erklärung für das Zustandekommen des Ausgangsmaterials einigen muss, um dem Vorwurf der Willkürlichkeit oder mangelnden Reliabilität zu begegnen.

Zur Validität: Macfarlane und Tuddenham (1951, 26) schrieben vor über 50 Jahren in einem einleitenden Buchkapitel über die Validität projektiver Verfahren: „…The present chapter may seem to offer remarkably little solid evidence for the scientific validity of these devices (projective techniques), and to present an embarrassing number of unsolved problems in establishing their scientific worth." Bis heute können keine verlässlichen Aussagen über die Validität der verschiedenen projektiven Verfahren getroffen werden. Lilienfeld, Wood und Garb (2000) betonen, dass die Validität nicht global über alle projektive Verfahren hinweg beurteilt werden kann und sich eher auf einem Kontinuum bewegt mit unterschiedlichen Ausprägungen, die sich je nach Forschungsziel und Kontext orientieren sollten. Somit stellt sich nicht die Frage nach der Validität – ja oder nein?, sondern nach der Validität der projektiven Verfahren in Bezug auf das jeweilige Forschungsziel. Das Kernproblem besteht jedoch darin, dass keine Kriterien existieren, mit denen eine exakte Validierung durchgeführt werden könnte (Rook 1988). Levy (1985) betont zwar, dass durch die genannten Vorteile der projektiven Verfahren - die Versuchspersonen werden in die Lage versetzt, auf vollständigere, feinsinnigere und fairere Art zu antworten (im Vergleich zu einer direkten Befragung) - eine höhere Validität als mit herkömmlichen Marktforschungsmethoden erreicht werden könne, jedoch können weder der Autor noch andere ForscherInnen diese Hypothese mit empirischen Daten belegen. Ebenfalls besitzen projektive Verfahren eine beschränkte Aussagekraft in Bezug auf die Prognose des tatsächlichen Verhaltens von Individuen (Stephan 1961), was die im KonsumentInnenverhalten viel diskutierte Einstellungs-Verhaltens-Hypothese widerspiegelt. Kassarjian (1974) sieht dies jedoch nicht als Kritikpunkt an, da zumeist mit dem Einsatz projektiver Verfahren keine Verhaltensprognose intendiert wird, sondern projektive Verfahren primär in diagnostizierender Art die motivationalen Faktoren bei KonsumentInnen aufdecken sollen.

Lilienfeld, Wood und Garb (2000) raten unter Auswertung einer Meta-Studie bei projektiven Verfahren, so weit möglich, aggregierte Skalen zu verwenden, mehrdeutige

Stimuli mit einer hohen Forschungsrelevanz einzusetzen und in der Testgestaltung iterativ und selbst korrigierend vorzugehen. Gleichzeitig sollten sich ForscherInnen selbst unter Beachtung dieser Kriterien der Tatsache bewusst sein, dass bei der Anwendung projektiver Verfahren lediglich kleine Ausschnitte der bewusst und unbewusst wirkenden Prozesse von Individuen offenbart werden können und nie ein ganzheitliches Bild erfasst werden kann. So wie in der klinischen Sozialpsychologie unter alleiniger Anwendung von projektiven Verfahren keine umfassende Erforschung der Persönlichkeit möglich ist, so sollte sich die Marktforschung nicht auf den alleinigen Einsatz projektiver Verfahren verlassen, sondern kombinatorisch vorgehen, wie schon Stephan (1961) erkannte und Smith (1954) in den 50er Jahren mit folgendem Zitat festhielt: „Projective and other disguised tests have a place in psychological marketing research, but they are not the whole show and cannot as a rule carry the entire burden of fact gathering" (Smith 1954, 78). Sogenannte „Mixed Method Approaches" sind daher ratsam. Kassarjian (1974) weist insbesondere auf die Möglichkeit der Hypothesengenerierung und der Ergänzung und Verifizierung von Vermutungen von Seiten der Forscher durch den Einsatz projektiver Verfahren hin. Solange die projektiven Verfahren jedoch nur zur Hypothesengewinnung verwendet und damit dem Entdeckungszusammenhang zugeordnet werden, sind sie ein „appetizer" und nicht der „main course" der Forschung, wie Ger (2000) es einmal ausgedrückt hat.

4 Literatur

Anderson, Harold H./Anderson, Glady L. (1951): An Introduction to Projective Techniques. New York.
Bagozzi, Richard P. (1992): Acrimony in the Ivory Tower: Stagnation or Evolution? In: Journal of the Academy of Marketing Science, vol. 20, no. 4, 355-359.
Bekmeier-Feuerhahn, Sigrid (1998): Marktorientierte Markenbewertung. Wiesbaden.
Belk, Russell W./Ger, Güliz/Askegaard, Søren (2003): The Fire of Desire: A Multisided Inquiry into Consumer Passion. In: Journal of Consumer Research, vol. 30 (December), no. 3, 326-351.
Boddy, Clive (2005): Projective Techniques in Market Research: Valueless Subjectivity or Insightful Reality? A Look at the Evidence for the Usefulness, Reliability and Validity of Projective Techniques in Market Research. In: International Journal of Market Research, vol. 47, No. 3, 239-254.
Boesch, Ernst E. (1960): Projektion und Symbol. In: Psychologische Rundschau, Bd. 11, Nr. 2, 73-91.
Braun-LaTour, Kathryn A./LaTour, Michael S./Zinkhan, George M. (2007): Using Childhood Memories to Gain Insight into Brand Meaning. In: Journal of Marketing, vol. 71 (April), no. 2, 45-60.
Catterall, Miriam/Ibbotson, Patrick (2000): Using Projective Techniques in Education Research. In: British Educational Research Journal, vol. 26, no. 2, 245-256.
Frank, Lawrence K. (1948): Projective Methods. Springfield, IL.

Frank, Lawrence K. (1965): Projective Methods for the Study of Personality. In: Murstein, Bernard I. (1965): Handbook of Projective Techniques. New York/London, 1-22.

Freud, Sigmund (1913): Totem and Taboo. Leipzig/Wien.

Freud, Sigmund (1938): Basic Writings of Sigmund Freud. In: Brill, A. A. (ed.). New York.

Ger, Güliz (2000): Study of Consumer Behaviour: Past and Current Approaches. Paper presented at the EDEN Seminar on Consumer Behaviour of EIASM, Brussels.

Gröppel, Andrea (1988): Messung der Konsumentenstimmung am PoS mittels Bilderskalen. In: Werbeforschung und Praxis, Heft 6, 183-187.

Gröppel, Andrea (1991). Erlebnisstrategien im Einzelhandel. Dissertationsschrift an der Universität Paderborn. Reihe: Konsum und Verhalten. Band 29. Heidelberg.

Gröppel-Klein, Andrea (2006, im Druck): Verhaltenswissenschaftliche Ansätze im Marketing. In: Köhler, Richard/Küpper, Hans-Ulrich/Pfingsten, Andreas (Hrsg.): Handwörterbuch der Betriebswirtschaftslehre. Stuttgart.

Haire, Mason (1950): Projective Techniques in Market Research. In: Journal of Marketing, vol. 14, no. 5, 649-656.

Hammann, Peter/Erichson, Bernd (2000): Marktforschung. 4. Auflage. Stuttgart.

Heisley, Deborah D./Levy, Sidney J. (1991): Autodriving: A Photoelicitation Technique. In: Journal of Consumer Research, vol. 18 (December), no. 3, 257-272.

Johannsen, Uwe (1968): Das Marken- und Firmenimage. Theorie, Praxis, Methodik und Analyse (Beispiel: Nestlé). Dissertationsschrift an der Technischen Universität Braunschweig. Braunschweig.

Jung, Carl G. (1958): Praxis der Psychotherapie. Zürich et al.

Kassarjian, Harold H. (1974): Projective Methods. In: Ferber, Robert (ed.): Handbook of Marketing Research. New York, 85-100.

Koenigstorfer, Joerg/Groeppel-Klein, Andrea/Pla, Stefan (2008): The Motivations Underlying the Use of Technological Innovations: New Insights from Projective Techniques. In: International Journal of Business Environment, vol. 2.

Kroeber-Riel, Werner (1986): Die inneren Bilder von Konsumenten. In Marketing ZFP, Bd. 8, Nr. 1, 81-94.

Levy, Sidney J. (1985): Dreams, Fairy Tales, Animals and Cars. In: Psychology and Marketing, vol. 2, no. 2, 67-81.

Levy, Sidney J. (2001): Discussion of the Special Session Summary: The Revival of Projective Techniques: Past, Present, and Future Perspectives. In: Gilly, Mary C./Meyers-Levy, Joan (eds.): Advances in Consumer Research, vol. 28. Valdosta, GA, 253-254.

Lilienfeld, Scott O./Wood James M./Garb Howard N. (2000): The Scientific Status of Projective Techniques. In: Psychological Science in the Public Interest, vol. 1, no. 2, 27-66.

Lindzey, Gardner/Thorpe Joseph S. (1968): Projective Techniques. In: Sills, David (ed.): International Encyclopaedia of the Social Sciences. New York, vol. 13, 561-567.

Macfarlane, Jean W./Tuddenham Reid D. (1951): Problems in the Validation of Projective Techniques. In: Anderson, Harold H./Anderson, Glady L. (eds.): An Introduction to Projective Techniques. New York, 26-54.

Martin, Mary C./Peters, Cara O. (2005): Exploring Adolescent Girls' Identification of Beauty Types through Consumer Collages. In: Journal of Fashion and Management, vol. 9 (April), 391-406.

McClelland, David (1985): Human Motivation. Glenview, IL.

McClelland, David/Atkinson, John/Clark, Russell/Lowell, Edgar (1976): The Achievement Motive. New York.

McGrath, Mary A. (1995): Gender Differences in Gift Exchanges: New Directions from Projections. In: Psychology and Marketing, vol. 12, no. 5, 371-393.
McGrath, Mary A./Sherry, John F. Jr./Levy Sidney J. (1993): Giving Voice to the Gift: The Use of Projective Techniques to Recover Lost Meanings. In: Journal of Consumer Psychology, vol. 2, no. 2, 171-191.
Meili, Richard (1961): Lehrbuch der psychologischen Diagnostik, 4. Auflage. Bern, Stuttgart.
Mick, David G./DeMoss Michelle/Faber, Ronald J. (1992): A Projective Study of Motivations and Meanings of Self-Gifts: Implications for Retail Management. In: Journal of Retailing, vol. 68, no. 2, 122-144.
Morgan, Christina D./Murray Henry A. (1935): A method of Investigating Fantasies: The Thematic Apperception Test. In: Archives of Neurology and Psychiatry, vol. 34, 289-306.
Murray, Henry A. (1943): Thematic Apperception Test Manual. Cambridge, MA.
Murray, Henry A. (1946): The TAT Technique in the Study of Culture-Personality Relations. Provincetown, MA.
Murstein, Bernard I. (1965): Handbook of Projective Techniques. New York, London.
Rabin, Albert I. (1986): Projective Methods: An Historical Introduction. In: Rabin, Albert I. (ed.): Projective Techniques in Personality Assessment. New York, 3-17.
Rapaport, David (1942): Principles Underlying Projective Techniques. In: Character and Personality, vol. 10 (March), 213-219.
Rook, Dennis W. (1983): Consumer Products as Ritual Artefacts. Doctoral Thesis. Northwestern University. Chicago, IL.
Rook, Dennis W. (1985): The Ritual Dimension of Consumer Behavior. In: Journal of Consumer Research, vol. 12 (December), no. 3, 251-264.
Rook, Dennis W. (1988): Researching Consumer Fantasy. In: Hirschman, Elizabeth C. (ed.): Research in Consumer Behavior, vol. 3. Greenwich, CT, 247-270.
Rosenzweig, Saul (1945): The Picture-Association Method and its Application in a Study of Reactions to Frustration. In: Journal of Personality, vol. 14, 3-23.
Salcher, Ernst F. (1995): Psychologische Marktforschung. 2. Auflage. Berlin, New York.
Schweiger, Günter (1985): Nonverbale Imagemessung. In: Werbeforschung & Praxis, Heft 4, 126-134.
Sherry, John F. Jr. (1990): A Sociocultural Analysis of a Midwestern American Flea Market. In: Journal of Consumer Research, vol. 17 (June), no. 1, 13-30.
Sherry, John F. Jr. (1991): Postmodern Alternatives: The Interpretative Turn in Consumer Research. In: Robertson, Thomas S./Kassarjian, Harold H. (eds.): Handbook of Consumer Behavior. Englewood Cliffs, NJ, 548-591.
Sherry, John F. Jr./McGrath, Mary A./Levy, Sidney J. (1992): The Disposition of the Gift and Many Unhappy Returns. In: Journal of Retailing, vol. 68, no. 1, 40-65.
Sherry, John F. Jr./McGrath, Mary A./Levy, Sidney J. (1993): The Dark Side of the Gift. In: Journal of Business Research, vol. 28, 225-244.
Smith, George H. (1954): Motivation Research in Advertising and Marketing. New York, Toronto, London.
Spiegel, Bernt (1958): Werbepsychologische Untersuchungsmethoden. Berlin.
Stephan, Erhard (1961): Methoden der Motivforschung: Befragung und projektive Verfahren. Schriftenreihe der GfK, Band 15. Nürnberg.
Wallendorf, Melanie/Arnold, Eric J. (1991): „We Gather Together": Consumption Rituals of Thanksgiving Day. In: Journal of Consumer Research, vol. 18 (June), no. 1, 13-30.
Webb, John R. (1992): Understanding and Designing Marketing Research, London.

Westwood, Sheena (2006): Shopping in Sanitised and Un-Sanitised Spaces: Adding Value to Tourist Experiences. In: Journal of Retail & Leisure Property, vol. 5, no. 4, 281-291.

Will, Valerie/Eadie, Douglas/MacAskill, Susan (1996): Projective and Enabling Techniques Explored. In: Marketing Intelligence and Planning, vol. 14, no. 6, 38-43.

Zaltman, Gerald (1997): Rethinking Market Research: Putting People back in. In: Journal of Marketing Research, vol. 34 (November), no. 4, 424-437.

Zaltman, Gerald (2000): Consumer Researchers: Take a Hike! In: Journal of Consumer Research, vol. 26 (March), no. 4, 423-428.

Zinkhan, George M./Conchar, Margy/Gupta, Ajay/Geissler, Gary (1999): Motivations Underlying the Creation of Personal Web Pages: An Exploratory Study. In: Arnould, Eric J./Scott, Linda H. (eds.): Advances in Consumer Research, vol. 26. Provo, UT, 69-74.

Zobel, Jörg (2001): Mobile Business und M-Commerce. München, Wien.

Renate Buber

Denke-Laut-Protokolle

1 Zu Entstehung und Begriff 557
2 Zur Anwendung in Marketing, Markt- und KonsumentInnenforschung 558
3 Die Arten 559
4 Zur Durchführung 560
5 Zu Validitätssicherung und Artefakten 561
6 Ausgewählte Analysefelder 564
7 Schlussbemerkung 565
8 Literatur 566

1 Zu Entstehung und Begriff

Die *Protokollanalyse* (protocol analysis) ist eine Erhebungsmethode der Denkpsychologie (Bromme 1996, 544). Zur Erfassung bewusster, handlungsbegleitender Kognitionen kann die Methode der Protokolle lauten Denkens eingesetzt werden (Shapiro 1994). Rohdaten sind die von den ProbandInnen während der Bewältigung einer festgelegten Anforderung artikulierten Verbalisationen von Überlegungen, Wahrnehmungen und Empfindungen (Bromme 1996, 544). In der Literatur finden sich auch die Begriffe *Lautes Denken* (eine Methode zur Analyse des Denkens bzw. Problemlösens; Städtler 1998, 624), *Denke-Laut-Methode, Gedankenprotokoll, Thinking Aloud Protocol (TAP), Talkaloud Interview, Thinkaloud* oder *Verbal Protocol)*, die sich begriffsdefinitorisch gesehen jedoch nur in Nuancen unterscheiden.

Für diesen Beitrag wird der Begriff *Denke-Laut-Protokoll* verwendet und als eine Methode zur Verbalisierung definiert, bei der die ProbandInnen angewiesen werden, während dessen sie an einem Problem arbeiten, „laut zu denken", d.h., das auszusprechen, was sie denken (Woods 1993). Dies erlaubt dem Forscher bzw. der Forscherin „to access the underlying thought processes, reasoning, and behaviours involved in analysing and solving the problem" (Ericsson/Simon 1993).

Die Methode hat hinsichtlich der Verfolgung der Informationsverarbeitung in der Psychologie eine längere Tradition (Newell/Simon 1972, Wright 1974).[1] Sowohl in der Psychologie wie auch in der KonsumentInnenforschung hat sich im Zuge der „Kognitiven Wende" die Betrachtung des kognitiven Systems unter dem Informationsverarbeitungsparadigma durchgesetzt (Büttner/Mau 2004, 350). Im Marketing bzw. in der KonsumentInnenforschung will man Auskunft über die Aufnahme und Verarbeitung von Informationen durch die KonsumentInnen erhalten. Dazu bietet sich die Methode der Befragung an. Man befragt KonsumentInnen etwa darüber, welche Informationen sie für eine Produktauswahl im Internet suchen bzw. zur Entscheidungsfindung heranziehen. Mit den Befragungsergebnissen wird erinnerte Informationsaufnahme gemessen - sie sind daher ungenau; zwischen den Messergebnissen und der tatsächlichen Informationsaufnahme können erhebliche Unterschiede bestehen (Kroeber-Riel/Weinberg 2003, 281). Denke-Laut-Protokolle werden neben Informations-Display-Matrizen (IDM), direkter Beobachtung und Blickaufzeichnung zur Erfassung der Informationsaufnahme der KonsumentInnen unter kontrollierten Bedingungen eingesetzt, um die Mängel der Befragungsmethode zu vermeiden (Kroeber-Riel/Weinberg 2003, 282).

---

[1] Der Vorteil der Verwendung von Denke-Laut-Protokollen zur Untersuchung von Konsumentinnenverhalten liegt in der introspektiven Eigenart der Methode. Introspektion ermutigt ProbandInnen nach ihrer eigenen Meinung zu suchen, um ihre Gedanken und Gefühle über eine Botschaft, einen Event oder ein Produkt zu berichten (Gould 1999). Zur Kritik der Introspektion vgl. z.B. Städtler (1998, 512) oder Duncker (1945, 2, zitiert nach Groot 1978, 81), der erläutert, warum „'thinking aloud' cannot actually be called introspection". Zur Bedeutung der Introspektion in der KonsumentInnenforschung vgl. Wallendorf und Brucks (1993).

2 Zur Anwendung in Marketing, Markt- und KonsumentInnenforschung

Mit der Denke-Laut-Protokoll-Methode setzt sich der Forscher bzw. die Forscherin das Ziel, die Denkstrukturen der ProbandInnen durch verbale Auskünfte über die in der Erhebungssituation stattfindende Aufnahme *und* Verarbeitung von Informationen zu identifizieren. Damit liegt ihr Einsatz in der KonsumentInnen- und Marketingforschung, insbesondere in der Werbewirkungsforschung, der Usability-Forschung (Zerfaß/Zimmermann 2004, 28f.) sowie der Erforschung von Kaufentscheidungen (Produktbeurteilungen) (am Point-of-Sale; Silberer/Engelhardt/Wilhelm 2003, Silberer 2005) auf der Hand. Die KonsumentInnen werden gebeten, alle Gedanken, die ihnen beim Ablauf kognitiver Tätigkeiten, z.B. während des Einkaufens, beim Durchblättern einer Zeitschrift oder bei der Bedienung einer Maschine in den Kopf kommen, sofort laut zu äußern. Diese Äußerungen werden protokolliert, d.h. auf Tonband aufgezeichnet, transkribiert und ausgewertet. Die in den Protokollen aufgenommenen sprachlichen Äußerungen werden daraufhin analysiert, welches Wissen sie enthalten. Auf diese Weise kann man auch Auskunft über das prozedurale Wissen, die gedanklichen Programme der Testperson erhalten. Das Denke-Laut-Protokoll, als sogenanntes Prozessverfolgungsverfahren, hat die empirische Überprüfung, welche Entscheidungsheuristik von den KonsumentInnen angewendet wird, erheblich erleichtert (Kroeber-Riel/Weinberg 2003, 392).

Die Kenntnis über die zur Anwendung gelangenden Heuristiken (Kuß/Tomczak 2004, 127ff) bzw. Entscheidungsregeln bietet dem Marketing-Manager bzw. der Marketing-Managerin eine Orientierung für die Darbietung von Informationen für KonsumentInnen. Die Informationen (z.B. in einer Werbeanzeige oder einem Verkaufsgespräch) können auf das tatsächliche Entscheidungsverhalten der KonsumentInnen abgestimmt werden, ihr Entscheidungsverhalten (Auswahlkriterien und -regeln) in eine gewünschte Richtung beeinflusst werden. Das Verkaufspersonal kann etwa dahingehend geschult werden, im Gespräch mit dem Kunden bzw. der Kundin jene Kriterien zu thematisieren, die er/sie zur Beurteilung eines Produktes und zur Entscheidungsfindung heranzieht. Es könnte damit vermieden werden, dass mancher Verkäufer bzw. manche Verkäuferin einem technisch nicht interessierten Kunden - aus dessen subjektiver Sicht - zu viele technische Details über ein Produkt mitteilt, obwohl für ihn das wichtigste Entscheidungskriterium „bloß" die Farbe des Produktes ist (z.B. soll das gekaufte Fernsehgerät zur Einrichtung passen).

In der KonsumentInnenforschung wurde die Methode des Denke-Laut-Protokolles bereits vor mehr als 25 Jahren von Bettman und Park (1980) in einer oft rezipierten Studie zum Einfluss von Vorwissen und Erfahrung auf den Entscheidungsprozess angewendet. In Ergänzung zum Einsatz des Denke-Laut-Protokolles in der Marketing- und KonsumentInnenforschung schlagen Seymour, Bradburn und Schwarz (1996) vor, diesen methodischen Zugang auch in der Marktforschung, z.B. bei Pretests im Rahmen der Entwicklung eines Fragebogens, zu wählen (Presser et al. 2004, Albaum 1996, 374; Bolton 1993).

3 Die Arten

Nach dem Grad der Strukturiertheit der Untersuchungssituation kann zwischen strukturierten und unstrukturierten Denke-Laut-Protokollen unterschieden werden. *Unstrukturierte Denke-Laut-Protokolle* ermöglichen einen unmittelbaren Einblick in die Entscheidungsoperationen (wie z.B. Vergleichen, Bewerten, Alternativenelimininierung) der ProbandInnen (Kaas/Hofacker 1983, 82). Es ist aus ihnen allerdings nicht unmittelbar ersichtlich, ob die verarbeiteten Informationen aus der Umwelt oder aus dem Gedächtnis kommen und ob sie gespeichert werden (Kaas/Hofacker 1983, 82). Von *strukturierten Denke-Laut-Protokollen* spricht man, wenn die ProbandInnen nach ihrer Entscheidung mit Kurzbeschreibungen von verschiedenen Entscheidungsstrategien konfrontiert werden und sie daraus die von ihnen verwendete Strategie identifizieren sollen. Es erfolgt eine ex-post Analyse (Kommentierung) der einzelnen Operationen (*prompted protocols*) (Kaas/Hofacker 1983, 82).

Nach dem Zeitpunkt des Einsatzes der Methode im Entscheidungsprozess kann zwischen simultan (*concurrent protocols*) und ex-post erhobenen Denke-Laut-Protokollen (*retrospective protocols*) unterschieden werden (Kuusela/Pallab 2000). Beim simultan erhobenen Denke-Laut-Protokoll erfolgt die Aufzeichnung der Gedanken der ProbandInnen zur Zeit der Entscheidung, z.B. im Supermarkt während des Einkaufens, wenn der Konsument bzw. die Konsumentin eine Markenwahlentscheidung trifft (Sheth/Mittal/Newman 1999, 495; Spranz 2004, 76ff). Im Unterschied dazu berichten KonsumentInnen beim ex-post erhobenen Protokoll über eine Entscheidung, die sie in der Vergangenheit getroffen haben (Sheth/Mittal/Newman 1999, 495).

Nach dem Ort der Durchführung bzw. der Situation, in der die Datenerhebung erfolgt, sind *Labor-Denke-Laut-Protokolle* und *Feld-Denke-Laut-Protokolle* unterscheidbar.

Darüber hinaus gibt es noch die *videogestützte Gedankenrekonstruktion*. Bei dieser Abwandlung des Denke-Laut-Protokolls werden die Versuchspersonen mit einer Videoaufzeichnung ihres Verhaltens konfrontiert und dabei gebeten, die Gedanken, die ihnen während der ursprünglichen Handlung „durch den Kopf gegangen" sind, wiederzugeben, zu rekonstruieren (von Cranach et al. 1980; vgl. dazu auch die bei einer Website Usability Studie von Lim (2002) eingesetzte sog. *Self Confronting Interview* Methode). Dieses Verfahren wurde von Silberer, Engelhardt und Wilhelm (2003) in einer Studie zum KundInnenlauf in Webshops erfolgreich eingesetzt (siehe auch Silberer 2005).

Renate Buber

Zerfaß und Zimmermann (2004, 29) berichten unter Verweis auf Dunckley et al. (2000) über „erste vielversprechende Erfahrungen mit einer Online-Variante des Thinking-Aloud, die sog. *‚Write-along'-Methode*", bei der NutzerInnen ähnlich wie bei einem Test im Labor aufgefordert werden, zuvor definierte Aufgaben zu lösen und parallel dazu in einem Reporting-Tool offene Fragen zur Beurteilung des Interface sichtbar schriftlich zu beantworten.

4 Zur Durchführung

Bei der Vorbereitung der Durchführung einer Untersuchung mittels eines Denke-Laut-Protokolles sind vor allem die Formulierung der Instruktion der ProbandInnen, die Herstellung einer angemessenen Erhebungssituation sowie geeignete Maßnahmen zur Aufrechterhaltung der Denke-Laut-Bedingung sowie die Besprechung, wie die ProbandInnen die Situation erlebt haben, wichtig.

Bei der *Instruktion* sind die ProbandInnen darauf hinzuweisen, dass sie die Aufgabe fokussieren sollen und weniger den Prozess beschreiben oder etwa erklären, was sie tun. Ericsson und Simon (1998, 181) schlagen simple Aufwärmaufgaben vor, wie etwa das Durchführen einer Multiplikation (z.B. 34 x 36). Damit können die ProbandInnen trainieren, sie können der Aufgabenstellung die direkte Aufmerksamkeit schenken und werden so vertraut mit dem sonst doch ungewohnten „lauten Denken".

Der Gestaltung der *Erhebungssituation* muss besondere Aufmerksamkeit gewidmet werden. Dabei ist darauf zu achten, dass die für die bevorstehende Aufgabenstellung benötigten Materialien und technischen Einrichtungen (z.B. Computer, aber auch das Tonband) vorbereitet sind, die ProbandInnen – falls sie damit nicht vertraut sind – eine Einführung in deren Handhabung erhalten und sicher gestellt ist, dass diesbezüglich keine Nachfragen, die den Denke-Laut-Prozess unterbrechen würden, notwendig werden. Allerdings muss auch hier das Prinzip der Offenheit gelten. Für den Fall, dass für die ProbandInnen doch zusätzliche, vorab nicht behandelte Fragen auftreten, sollte durch entsprechende, vor Beginn des Denke-Laut-Prozesses zwischen Forscher bzw. Forscherin und Proband bzw. Probandin vereinbarte Verhaltensregeln vorgesorgt werden. In diesem Zusammenhang ist auch die Rolle des Interviewers bzw. der Interviewerin zu klären. Eine wichtige Entscheidung betrifft ihre/seine Präsenz oder Abstinenz während der Denke-Laut-Protokollierung. Dazu gibt es unter ForscherInnen unterschiedliche Auffassungen und es wird daher von Studie zu Studie, von Fragestellung zu Fragestellung genau überlegt werden müssen, welche Vor- und Nachteile deren An- bzw. Abwesenheit mit sich bringt. So kann es z.B. inhaltlich wichtig sein, dass ProbandInnen alle in einer Studie untersuchten Informationsquellen beurteilen. Falls der Forscher bzw. die Forscherin in diesem Fall den Eindruck bekommt, dass die ProbandInnen während der Erhebungsphase nicht alle für die Studie relevanten Informationsquellen nennen, ansehen bzw. beurteilen, so sollten diese auch an die Aufgabenstellung und das Aussprechen ihrer Gedanken erinnert werden. Diese Situation bedingt, dass der Forscher bzw. die Forscherin während der Durchführung des Denke-Laut-Protokolles anwesend ist. In einem anderen Fall – wie etwa in der Studie von Meyer, Buber und Al-Roubaie (1996) zur Auswahl einer kulturellen Veranstaltung – könnte vorrangig interessieren, welche Angebote – im erwähnten Fall aus dem gesamten Kulturangebot der Stadt Wien, das in der Wochenzeitung *Der Falter* abgedruckt ist – überhaupt in Betracht gezogen werden und nach welchen Kriterien schließlich die Entscheidung getroffen wird. Die Forscher und die Forscherin warteten deshalb in dieser Studie bis zum Ende der Protokollierung vor dem Untersuchungsraum und standen, wie vorher vereinbart, für ad-hoc Fragen zur Verfügung; die Versuchspersonen waren während der Verbalisierung ihrer Gedanken auf sich allein gestellt.

Li, Daugherty und Biocca (2001) zählen zu einer „idealtypischen Durchführung" zwei Training Sessions. In der ersten Session werden die ProbandInnen mit der Methode der Verbalisierung ihrer Gedanken vertraut gemacht (z.B. eine Werbeanzeige wird angesehen und die Versuchspersonen sollen ihre Eindrücke, Gedanken, Emotionen verbalisieren). Die zweite Training Session dient dazu, den an der Studie Teilnehmenden zusätzliche Materialien vorzustellen, z.B. wenn es um die Verwendung des Internet geht, sollen sie wissen, wie man die Maus bzw. das Gerät als Ganzes bedient, oder wenn es um die Verwendung einer Zeitung für eine Problemlösung geht, dann sollen sie die Zeitung vorher kennen (lernen) (Meyer/Buber/Al-Roubai 1996). Im Sinne eines abschließenden *Prompting* fragen Li, Daugherty und Biocca (2001) ihre ProbandInnen nach einer Pause von mehr als 10 Sekunden: „Bitte sagen Sie mir, was Sie denken oder fühlen".

Zum Abschluss der Denke-Laut-Protokollierung sollte den ProbandInnen, die sich in einer für sie ungewohnten Situation befunden haben, die Möglichkeit zur Reflexion gegeben werden. Darüber hinaus erhält der Forscher bzw. die Forscherin auch einen Eindruck über zusätzliche, für die getroffene Entscheidung relevante, Aspekte, u.a. über das Involvement der ProbandInnen.

5 Zu Validitätssicherung und Artefakten

Der Einsatz von verbalen Protokollen erfolgt auch in der Marketingforschung für weit gefächerte Zwecke und wird aus den verschiedensten methodologischen Gesichtspunkten argumentiert (Ericsson/Simon 1985, 259). Die Frage der methodologischen Fundierung des Verbal Reporting findet man bei Ericsson und Simon (1980, 215ff) ausführlich diskutiert. Da der Zweck der Durchführung eines Denke-Laut-Protokolles hauptsächlich in der Hypothesen- und Ideengenerierung liegt, müssen sich die mit dieser Methode Forschenden keine allzu großen Gedanken über methodologische Fragen zur Datengewinnung machen. Dies ist mit ein Grund, warum es nur wenige einschlägige Publikationen gibt, die angewandten Methoden der Datengewinnung und -analyse sehr stark differieren und über Details des Einsatzes der Denke-Laut-Protokolle nur fragmentarisch berichtet wird (Ericsson/Simon 1980, 216).

Hinsichtlich der Validität der Gedankenprotokollierung ist die Grundannahme umstritten, dass Individuen die bei einer Entscheidung ablaufenden kognitiven Prozesse, insbesondere solche höherer Ordnung, mit ausreichender Sicherheit artikulieren können. Jedenfalls dürften die Aussagen von Denkprotokollen über Vorgänge der Informationsverarbeitung und -speicherung mit zunehmender Entfernung von der Informationsaufnahme an Validität verlieren (Kaas/Hofacker 1983, 82-84). Diesem Problem kann durch enge Kopplung von Informationsaufnahme und Verbalisierung begegnet werden (vgl. dazu die Kritik von Wilson 1994). Zu Fragen der internen Validität (z.B. Überforderung der ProbandInnen) und externen Validität (z.B. Involvement und Selektivität) siehe zusammenfassend Silberer (2005, 264f).

Bei der Anwendung von Denke-laut-Protokollen muss sich der Forscher bzw. die Forscherin mit folgenden Artefakten auseinandersetzen:

- *Verlangsamung des Denkens durch das laute Sprechen*: In der Pionieruntersuchung von DeGroot (1978) zum Entscheidungsverhalten von Schachspielern – sie wurden mit Spielsituationen konfrontiert und sollten während der Suche nach dem besten nächsten Zug laut denken – wurde deutlich, dass lautes Denken das Denken verlangsamt und die Versuchspersonen deutlicher denken (DeGroot 1978, 83). Hinsichtlich der Frage, ob der Zwang zur Artikulation des Denkens den Entscheidungsprozess insgesamt verlangsamt, konnten einschlägige empirische Untersuchungen keine fundamentalen Unterschiede gegenüber Entscheidungsprozessen ohne lautes Denken finden, wohl aber unter bestimmten Umständen eine Tendenz zu einem überlegteren und planvolleren Vorgehen (Ericsson/Simon 1980, 1998; Biehal/Chakravarti 1989).

- *Negativlastigkeit der Berichte:* In einer Untersuchung von Dörner (1974, 138) wird darauf hingewiesen, „daß die Versuchspersonen dazu neigen, beim 'lauten Denken' über Prüfprozesse nur dann zu berichten, wenn sie negativ ausfallen. Dies ist psychologisch verständlich, denn der negative Ausfall einer Prüfung bedeutet gewöhnlich die Notwendigkeit, das Verhalten umzustrukturieren, wohingegen man bei positivem Ausgang wie geplant fortfahren kann". Ergebnisse, die aus Denke-Laut-Protokollen stammen sind daher hinsichtlich einer möglichen Dominanz negativ bewertender Attribute oder negativer Auswahlkriterien zu prüfen (Meyer/Buber/Al-Roubaie 1996).

- *Vorwissen, Erfahrung mit der Situation beeinflusst den Prozessablauf:* Immer wieder wird auch betont, dass das Vorwissen bzw. die Erfahrung mit dem Produkt oder mit der Entscheidung einen Einfluss auf den Ablauf des Prozesses hat. Bei der Beurteilung der Ergebnisse aus Denke-Laut-Protokollen könnte eine vertiefte, verstehensorientierte, über die reine heuristikentdeckende Analyse hinausgehende Prüfung der Texte Hinweise dazu bringen.

- *Informationsverarbeitung wird gestört:* Ein offensichtlicher Kritikpunkt an Concurrent Protocols ist, dass sie die eigentliche Informationsverarbeitung stören; d.h. wenn der Konsument bzw. die Konsumentin seine/ihre Gedanken nicht verbalisieren würde, wäre seine bzw. ihre Informationsverarbeitung unterschiedlich. Sheth, Mittal und Newman (1999, 495) haben allerdings herausgefunden, dass die Versuchspersonen ein paar Minuten nach der „speak out" Instruktion wieder zu ihrer normalen Art, eine Einkaufsentscheidung zu treffen, zurückkehren.

- *Reaktive Effekte:* Die Frage an Personen nach den Gründen ihrer Einstellung bspw. zu einem Produkt oder Unternehmen ändert diese Einstellung; die Befragten konzentrieren sich auf Eigenschaften des Einstellungsobjektes, die einfach verbalisierbar sind und zu denen sie in ihrem Gedächtnis Zugang haben. Mit dieser Aussage widerspricht Wilson (1994, 250f) Ericsson und Simon (1993), die reaktiven Effekten gegenüber die konträre Position einnehmen. In Ergänzung dazu sei auf Fidler (1983) verwiesen, der postuliert, dass Verbalisierung die Bearbeitung einer Aufgabe „stört" (Fidler 1983).

- *Vorwiegend nur im Labor durchführbar* (Büttner/Mau 2004, 354): Spranz (2004) berichtet über gegenteilige Erfahrungen bei einer Studie zum Kauf von Rotwein, bei der das Denke-Laut-Protokoll prozessbegleitend beim Einkauf im Supermarkt durchgeführt wurde.

- *Zugang zu höheren mentalen Prozessen über Selbstauskünfte*: Diesbezüglich gibt es widersprüchliche Befunde. Es stellt sich die Frage, inwieweit Personen tatsächlich in der Lage sind, zutreffende Aussagen über die bei ihnen ablaufenden mentalen Prozesse zu leisten oder ob diese von den Probanden bzw. Probandinnen aufgrund impliziter Kausaltheorien über ihr eigenes Verhalten konstruiert werden (Büttner/ Mau 2004, 355). Die wissenschaftliche Diskussion (Cranach et al. 1980, 208-218) dieser Frage reicht von zustimmend (Ericsson/Simon 1980) bis verneinend (Nisbett/ Wilson 1977, Bem 1972). Büttner und Mau (2004, 355) halten zwei Ergebnisse fest: „Personen sind durchaus in der Lage, zuverlässige Auskünfte über ihre inneren Vorgänge zu geben, allerdings erfordert dies bei der Erhebungsplanung die Berücksichtigung einer Theorie zur Produktion solcher Verbaldaten (Shapiro 1994)".

- *„Overreporting":* Die beim lauten Denken provozierten Bewusstseinsprozesse können zu diesem Phänomen beitragen (Kroeber-Riel/Weinberg 2003, 236f).

- *Die methodische Problematik* beim Einsatz von Protokollen lauten Denkens scheint jedenfalls evident (Bettman 1979, 195ff; Ericsson/Simon 1980, 1985). Allerdings liefern vor allem Protokolldaten Einsichten in kognitive Prozesse der Problemlösung und Entscheidungsfindung. Die Methode ist damit geeignet, eine Grundlage für Modellierungen des Entscheidungsverhaltens von KonsumentInnen zu bieten.

- *Wann werden handlungsbezogene Kognitionen im Handlungsablauf bewusst?* (Büttner/Mau 2004, 351; Cranach et al. 1980, 231f): Die Aufmerksamkeit der Person richtet sich dann auf die Regulation ihrer/seiner Handlung, wenn eine Handlung begonnen oder beendet wird, wenn Schwierigkeiten bei der Durchführung auftreten oder Ziele gewechselt werden.

- *Welcher Art sind bewusste Kognitionen?*: Je nach Bewusstseinslage (und damit bspw. Phase der Kaufentscheidung) treten unterschiedliche Kognitionen auf. In der Phase der Entscheidungsvorbereitung werden häufig Handlungs-Ergebnis-Erwartungen, in der postdezisionalen Phase mehr ausführungsbezogene Gedanken geäußert (Büttner/Mau 2004, 351; Gollwitzer 1996).

- *Vollständigkeit:* Unter Verweis auf Ericsson und Simon (1993) diskutiert Wilson (1994, 249f) u.a. den Aspekt, dass sich automatisierte Prozesse und Gedanken, die nicht oder nicht einfach verbalisiert werden können, der Erfassung durch ein Protokoll-Lauten-Denkens entziehen. Obwohl dieses Problem nie vollständig in den Griff zu bekommen ist, kann doch mit einiger Sicherheit gesagt werden, dass Concurrent Protocols zu umfassenderen und exakteren Berichten bewusster Gedanken führen als Retrospective Protocols.

6 Ausgewählte Analysefelder

Für die Auswertung von Protokollen lauten Denkens stehen grundsätzlich die Verfahren/Methoden der Text- bzw. Inhaltsanalyse zur Verfügung. Die Auswahl des geeigneten Auswertungsverfahrens bzw. der –methode bestimmen letztlich die interessierenden Forschungsfragen.

Folgt man der Strukturierung von kognitiven Prozessen des KonsumentInnenverhaltens (Kroeber-Riel/Weinberg 2003, 224), so sind diese in „Informationsaufnahme, Wahrnehmen einschließlich Beurteilen, Lernen und Gedächtnis" zu gliedern. In Anlehnung daran interessierten z.B. in der Studie von Meyer, Buber und Al-Roubai (1996) über die Entscheidung zum Besuch einer kulturellen Veranstaltung die Bereiche Informationsaufnahme, Informationsverarbeitung, Kriterien der Produktbeurteilung sowie Entscheidungsablauf und Ergebnis der Entscheidung der KonsumentInnen.[2]

---

[2] Die Datenauswertung wurde in dieser Studie computerunterstützt, mit Hilfe von AQUAD durchgeführt.

■ Informationsaufnahme

Die Untersuchung der *Informationsaufnahme* durch den Konsumenten bzw. die Konsumentin kann im wesentlichen anhand folgender Fragen strukturiert werden (Kuß/ Tomczak 2004, 115ff): Wie viele Informationen werden in den Entscheidungsprozess aufgenommen? Welche Informationsquellen werden genutzt? Welche Einzelinformationen (über welche Eigenschaften welcher Alternativen aus welchen Quellen) werden aufgenommen? Wie viele und welche Beurteilungskriterien werden angewendet? In welcher Reihenfolge werden die einzelnen Informationen aufgenommen?

Die Reihenfolge der Nutzung einzelner Informationen kann ein Indikator für deren Wichtigkeit sein; viele Personen neigen dazu, auf die für sie wichtigsten Produktmerkmale zuerst zu achten.

■ Entscheidungsprozess

Die Analyse des *Entscheidungsprozesses* kann anhand folgender Fragen begonnen werden: Wie erfolgt die Alternativenanalyse? Wie viele Sparten werden in den Entscheidungsprozess einbezogen? Wie viele Produkte werden genannt? Welche Entscheidungstypen können gefunden werden? Welcher Entscheidungsstil wird angewendet? In welche Phasen kann der Entscheidungsprozeß gegliedert werden?

Die publizierten empirischen Untersuchungen zielen meist schwerpunktartig auf eine der oben genannten Fragenbereiche. Im Zuge der zunehmenden Akzeptanz des verstehenden Paradigmas in der KonsumentInnenforschung eröffnen sich selbstverständlich Chancen für zusätzliche, tiefer gehende Fragen, die an die mittels Transkription der Denke-Laut-Protokolle gewonnenen Texte gestellt werden können.

Zusammenfassend lassen sich bei der Auswertung von Denke-Laut-Protokollen im Grundsatz drei Vorgehensweisen unterscheiden (Bromme 1996, 544); die Protokolleinheiten werden (1) als Indikatoren für hypothetisch vermutete Denkschritte interpretiert, (2) inhaltsanalytisch ausgewertet oder (3) als Teile eines gesprochenen Textes aufgefasst. In diesem Fall bieten sich Methoden der Psycholinguistik an, d.h. man sucht nach semantischen, syntaktischen und auch paralinguistischen Merkmalen (z.B. Sprechfehler), die Rückschlüsse auf die Aufgabenbearbeitung ermöglichen.

7 Schlussbemerkung

Wilson geht in seiner ausführlichen Kritik der Arbeiten von Ericsson und Simon (1980, 1984) auf Fragen der Vollständigkeit der Protokolle, der bewussten vs. unbewussten und schwer vs. einfach verbalisierbaren Gedanken sowie der (non-)reaktiven Effekte der Methode Lauten Denkens ein und gibt Forschenden folgende drei Punkte zu Be-

Renate Buber

denken (Wilson 1994, 251): (1) Denke-Laut-Protokolle sind eine ausgezeichnete Methode zur Untersuchung bewusster Inhalte. (2) Viele Studien zielen mehr auf die Hypothesengenerierung denn das Testen von Hypothesen ab und betrachten die bewussten Gedanken der ProbandInnen als ausgezeichnete Inspirationen. (3) Wenn das Ziel einer Untersuchung Kognitionen sind, an denen unbewusste Prozesse beteiligt sind (z.B. bei routinisierten oder impulsiven Kaufentscheidungen) kann nicht von einer Vollständigkeit der Berichte ausgegangen werden. Zur Sicherstellung der Vollständigkeit und Vermeidung von Reaktivität sollte das Denke-Laut-Protokoll durch andere Methoden ergänzt werden (siehe dazu Ericsson/Simon 1998).

In der einschlägigen Marketingliteratur gibt es zahlreiche kritische Stellungnahmen zum Einsatz der Denke-Laut-Protokolle. Da jedoch viele Kaufentscheidungen erst am Point-of-Sale fallen, nicht nur bei Gütern des täglichen Bedarfs, sondern auch bei anderen, zum Teil hochpreisigen Produkten (Silberer 2005, 263), wird es für die Markt-, Marketing- und Handelsforschung immer bedeutender, bei der Entscheidung über Marketingaktivitäten nicht ausschließlich auf das Ergebnis von Studien zum „verdeckten Verhalten" (z.B. Kauferleben, Kaufzufriedenheit) (Silberer 2005, 263) zu vertrauen, sondern verstärkt Wissen über die bei der Informationsaufnahme *und* –verarbeitung bei den Konsumenten und Konsumentinnen vor Ort ablaufenden kognitiven Prozesse nachzufragen.

8 Literatur

Albaum, G. (1996): New Books in Review: Thinking About Answers: The Application of Cognitive Process to Survey Methodology. In: Journal of Marketing Research, vol. 33 (Aug.), 373-374.

Bem, D. J. (1972): Self-Perception Theory. In: Berkowitz, L. (ed.): Advances in Experimental Social Psychology, vol. 1. New York, 49-80.

Bettman, J. R. (1979). An Information Processing Theory of Consumer Choice. Massachusetts.

Bettman, J. R./Park, C. Whan (1980): Effects of Prior Knowledge and Experience and Phase of the Choice Process on Consumer Decision Processes: A Protocol Analysis. In: Journal of Consumer Research, vol. 7, Dec., 234-248.

Biehal, G./Chakravarti, D. (1989): The Effects of Concurrent Verbalization on Choice Processing. In: Journal of Marketing Research, vol. XXVI, Feb., 84-96.

Bolton, R. N. (1993): Pretesting Questionnaires: Content Analyses of Respondent's Concurrent Verbal Protocols. In: Marketing Science, 12(3), 280-303.

Bromme, R. (1996): Protokollanalyse (Protocol Analysis). In: Strube, G./Becker, B./Freksa, C./Hahn, U./Opwis, K./Palm, G. (Hrsg.): Wörterbuch der Kognitionswissenschaft. Stuttgart, 544.

Büttner, O. B./Mau, G. (2004): Kognitive und emotionale Regulation von Kaufhandlungen: Theoretische Impulse für eine prozessorientierte Betrachtung des Konsumentenverhaltens. In: Wiedmann, K.-P. (Hrsg.): Fundierung des Marketing. Wiesbaden, 341-361.

Cranach, M. von/Kalbermatten, U./Indermühle, K./Gugler, B. (1980): Zielgerichtetes Handeln. Bern.
DeGroot, A. (1978): Thought and Choice in Chess. The Hague, Paris, New York.
Dörner, D. (1974): Die kognitive Organisation beim Problemlösen. Bern, Stuttgart, Wien.
Duncker, K. (1945): On Problem-Solving. In: Psychol. Monogr., vol. 58, no. 270.
Dunckley, L./Taylor, D./Storey, M./Smith, A. (2000): Low Cost Remote Evaluation for Interface Prototyping. In: McDonald, S./Waern, W./Cockton, G. (eds.): People and Computer XIV– Usability or Else! Proc. of HCI 2000 Conference. London, 389-403.
Ericsson, K. A./Simon, H. A. (1980). Verbal Reports as Data. In: Psychological Review, 87, 215-251.
Ericsson, K. A./Simon, H. A. (1984): Protocol-Analysis - Verbal Reports as Data. Mass.
Ericsson, K. A./Simon, H. A. (1993): Protocol Analysis: Verbal Reports as Data, rev. ed., Cambridge, MA; London.
Ericsson, K. A./Simon, H. A. (1985): Protocol Analysis. In: Van Dijk, T. A. (ed.): Handbook of Discourse Analysis, vol. 2. London, 259-268.
Ericsson, K. A./Simon, H. A. (1998): How to Study Thinking in Everyday Life: Contrasting Think-Aloud Protocols With Descriptions and Explanations of Thinking. In: Mind, Culture, and Activity, 5, 3, 178-186.
Fidler, E. J. (1983): The Reliability and Validity of Concurrent, Retrospective, and Interpretive Verbal Reports: An Experimental Study. In: Humphreys, P./Svenson, O./Vari, A. (eds.): Advances in Psychology, vol. 14, Analyzing and Aiding Decision Processes. Amsterdam, 429-440.
Gollwitzer, P. M. (1996): Das Rubikonmodell der Handlungsphasen. In: Kuhl, J./Heckhausen, H. (Hrsg.): Motivation, Volition und Handeln. Göttingen, 531-582.
Gould, S. J. (1999): Protocol and Cognitive Response Analysis. In: Earl, Peter E./Kemp, Simon (eds.): The Elgar Companion to Consumer Research and Economic Psychology. Cheltenham, UK-Northampton, MA, 468-472.
Kaas, K. P./Hofacker, T. (1983): Informationstafeln und Denkprotokolle - Bestandsaufnahme und Entwicklungsmöglichkeiten der Prozeßverfolgungstechniken. In: Forschungsgruppe Konsum und Verhalten (Hrsg.): Innovative Marktforschung. Würzburg, Wien, 75-103.
Kroeber-Riel, W./Weinberg, P. (2003): Konsumentenverhalten. München.
Kuß, A./Tomczak, T. (2004): Käuferverhalten. Stuttgart.
Kuusela, H./Pallab, P. (2000): A Comparison of Concurrent and Retrospective Verbal Protocol Analysis. In: American Journal of Psychology, vol. 113, no. 3, 387-404.
Li, H./Daugherty, T./Biocca, F. (2001): Characteristics of Virtual Experience in Electronic Commerce: A Protocol Analysis. In: Journal of Interactive Marketing, vol. 15, no. 3, 14-30.
Lim, S. (2002): The Self-Confrontation Interview: Towards an Enhanced Understanding of Human Factors in Web-Based Interaction for Improved Website Usability. In: Journal of Electronic Commerce Research, vol. 3, no. 3, 162-173.
Meyer, M./Buber, R./Al-Roubaie, A. (1996): Cultural Events. Konsumentscheidungsprozesse analysiert mit Protokollen lauten Denkens. In: Medienpsychologie, 8, 90-116.
Newell, A./Simon, H. A. (1972): Human Problem Solving. Englewood Cliffs, NJ.
Nisbett, R. E./Wilson, T. D. (1977): Telling More Than We Can Know: Verbal Reports on Mental Process. In: Psychological Review, vol. 84, 231-259.
Presser, S./Couper, M. P./Lessler, J. T./Martin, E./Martin, J./Rothgeb, J. M./Singer, E. (2004): Methods for Testing and Evaluating Survey Questions. In: Public Opinion Quarterly, vol. 68, no. 1, 109-130.
Seymour, S./Bradburn, N. M./Schwarz, N. (1996): Thinking About Answers. The Application of Cognitive Processes to Survey Methodology. San Francisco.

Shapiro, M. A. (1994): Think-aloud and Thought-list Procedures in Investigating Mental Processes. In: Lang, A. (ed.): Measuring Psychological Responses to Media. Hillsdale, NJ, 1-15.

Sheth, J. N./Mittal, B./Newman, B. I. (1999): Customer Behavior. Consumer Behavior and Beyond. Fort Worth.

Silberer, G. (2005): Die videogestützte Rekonstruktion kognitiver Prozesse beim Ladenbesuch. In: MarketingZFP, 27. Jhg., 4, 263-280.

Silberer, G./Engelhardt, J.-F. /Wilhelm, T. (2003): Der Kundenlauf im Web-Shop bei unterschiedlicher Besuchermotivation. In: Silberer, G. (Hrsg.): Beiträge zur Tracking-Forschung, Nr. 5. Göttingen: Institut für Marketing und Handel.

Spranz, A. (2004): Exploring Buying Decisions in Hypermarkets by Means of Thinking Aloud Protocols. In: Buber, R./Gadner, J./Richards, L. (eds.): Applying Qualitative Methods to Marketing Management Research. Houndmills, Basingstoke, Hampshire, 76-86.

Städtler, T. (1998): Lexikon der Psychologie. Stuttgart.

Sudan, S./Bradburn, N. M./Schwarz, N. (1996): Thinking About Answers: The Application of Cognitive Process to Survey Methodology. San Francisco, CA.

Wallendorf, M./Brucks, M. (1993): Introspection in Consumer Research: Implementation and Implications. In: Journal of Consumer Research, vol. 20, no. 3, 339-359.

Wilson, T. D. (1994): The Proper Protocol: Validity and Completeness of Verbal Reports. In: Psychological Science, 5, 249-252.

Woods, D. (1993): Process-Tracing Methods for the Study of Cognition Outside of the Experimental Psychology Laboratory. In: Klein, G./Orasanu, J./Calderwood, R./Zsambok, C. (eds.): Decision Making in Action: Models and Methods. Norwood, NJ, 228-251.

Wright, P. L. (1974): On the Direct Monitoring of Cognitive Response to Advertising. In: Hughes, G. D./Ray, M.L. (eds.): Buyer/Consumer Information Processing. Chapel Hill, NC, 221-248.

Zerfaß, A./Zimmermann, H. (2004): Erfolgsfaktor Usability. In: Zerfaß, A./Zimmermann, H. (Hrsg.): Usability von Internet-Angeboten. Grundlagen und Fallstudien. Stuttgart, 1-38.

Thorsten Gruber, Rödiger Voss,
Ingo Balderjahn und Alexander Reppel

Online Laddering

1 Grundlagen der Laddering-Technik 571
2 Online Laddering-Interviews 572
    2.1   Umsetzung 572
    2.2   Vorteile 573
    2.3   Nachteile 575
3 Online Laddering-Fragebögen 576
    3.1   Umsetzung 576
    3.2   Vorteile 577
    3.3   Nachteile 578
4 Auswertung von Online Laddering-Daten 578
5 Zusammenfassung 580
6 Literatur 580

1 Grundlagen der Laddering-Technik

Obwohl mehrere ForscherInnen bereits die Nützlichkeit des Internets zur Durchführung qualitativer Forschungsstudien entdeckt haben, weisen AutorInnen wie z.B. Comley (2002) darauf hin, dass qualitative Onlineforschung immer noch weniger betrieben wird als quantitative Onlineforschung. O'Connor und Madge (2003) sind zudem der Ansicht, dass das Thema der qualitativen Onlineforschung im Allgemeinen und die Durchführung qualitativer Online Interviews im Speziellen mehr Beachtung finden sollten.

Ziel des Beitrages ist es zu zeigen, wie sich die bewährte qualitative Laddering-Technik online umsetzen lässt und welche Vor- und Nachteile sich daraus ergeben. Die auf Überlegungen von Reynolds und Gutman (1988) basierende Laddering-Technik wurde in Marketingstudien ursprünglich eingesetzt, um Beziehungen zwischen Produktpositionierungen und persönlichen Werten aufzuzeigen. In jüngeren Studien wurde Laddering auch auf die KonsumentInnenverhaltens- und Dienstleistungsforschung transferiert, um Werthaltungen zu entdecken, die das Kundenverhalten beeinflussen (z.B. Gruber/Szmigin/Voss 2006, Voss/Gruber 2006). Gengler und Reynolds (1995) führen aus, dass es sich bei der Laddering-Technik um eine Standardmethode zum Schätzen mentaler Strukturen handelt. Ziel ist dabei, die Hinter- und Bestimmungsgründe menschlichen Handelns aufzuklären. Es wird eine antriebsbezogene Sichtweise zugrunde gelegt, d.h. es wird die Frage nach der/den Antriebskraft/-kräften für eine bestimmte Motivation gestellt. Ihre grundlegende theoretische Fundierung findet die Laddering-Technik in der Means End Theorie, die auf Arbeiten des amerikanischen Sozialpsychologen Tolman (1932) zurückgeht. Seinen Forschungsergebnissen nach entwickeln Individuen im Rahmen eines Informationsverarbeitungsprozesses eine Vorstellung über die Eigenschaften eines Gutes oder einer Person (Mittel bzw. „Means") zur Erfüllung eines bestimmten Wunsches (Ziel bzw. „End"). Weitere Wurzeln der Laddering-Technik finden sich in Rosenbergs (1956) Expectancy-Value-Einstellungsmodell und in Kellys (1991/1955) kognitiver Persönlichkeitstheorie. Rosenberg ging davon aus, dass Richtung und Intensität der Einstellung gegenüber einem Objekt von einer „kognitiven Struktur" bestimmt wird, die sich aus Überzeugungen hinsichtlich Förderung und Behinderung von Werten durch dieses Objekt zusammenfasst. Kellys Ansatz nach agieren Individuen im Alltagsleben wie Wissenschaftler, indem sie bestrebt sind, Phänomene in ihrer Umwelt zu erklären und zukünftige Geschehen zu prognostizieren. Das Means End Modell besteht aus insgesamt drei Elementen, die hierarchisch im Gedächtnis von Individuen angeordnet sind: *Attribute,* die tatsächlich beobachtete oder rein gedanklich erfasste Bestandteile eines Objektes beschreiben; *Konsequenzen,* die eine Nutzenkomponente nach subjektiven Maßstäben bewerteten; und *Werthaltungen,* die eine implizite oder explizite Konzeption des Wünschenswerten ausdrücken und die die Auswahl unter vorhandenen Handlungsoptionen und –zielen signifikant beeinflussen (Balderjahn/Will 1998). Die Laddering-Tech-

Thorsten Gruber, Rödiger Voss, Ingo Balderjahn und Alexander Reppel

nik hilft zur Operationalisierung dieser Konzepte, indem sie das subjektive Wissen der Befragten in „Landkarten der Kognition" (Herrmann 1996, 11) sichtbar macht. Diese so genannten „Hierarchical Value Maps" stellen eine visuelle Darstellung mentaler Strukturen der Befragten dar, die helfen kann, das Verhalten von Individuen zu erklären. Traditionell wird die Laddering-Technik vorwiegend in Form von persönlichen Tiefeninterviews durchgeführt. Neben dieser Vorgehensweise wird auch auf Laddering-Fragebögen zurückgegriffen (z.B. Botschen/Thelen 1998).

Beide Verfahren lassen sich inzwischen online umsetzen. Dieses Vorgehen erleichtert sowohl die Auswertung der Ergebnisse als auch die Ansprache einer Zielgruppe, die sonst schwer zu kontaktieren wäre (vgl. 2.2 und 3.2). In Abschnitt 2 wird beschrieben, wie sich Laddering-Interviews online umsetzen lassen und welche Vor- und Nachteile sich dabei ergeben. Analog hierzu befasst sich Abschnitt 3 anschließend mit der Online Variante der Laddering-Fragebögen. In Abschnitt 4 wird die Auswertung der durch Online Laddering gewonnenen Daten behandelt und in Abschnitt 5 wird abschließend eine kurze Zusammenfassung des Beitrags gegeben.

2 Online Laddering-Interviews

2.1 Umsetzung

Persönliche Laddering-Interviews können online in Form von text-, audio- oder videobasierten Echtzeit-Diskussionen (so genannten „Chats") durchgeführt werden (Szmigin et al. 2006). Auf Grund der leichten technischen Realisierbarkeit sind textbasierte Chats die zurzeit weitverbreiteste Variante. Für diese können entweder kostenlos erhältliche Programme wie z.B. AIM, MSN Messenger oder ICQ oder eine von Datenerhebern bereitgestellte Internetseite genutzt werden. Auf letzterer muss ein entsprechendes Chat-Programm installiert werden, das dann von allen Befragten benutzt wird. Die erste Variante hat für Befragte mit Chat-Erfahrung den Vorteil, dass sie das ihnen vertraute Programm mit samt ihren gewohnten Chat-Namen sowie ihren persönlichen Voreinstellungen weiternutzen können und somit in einer vertrauten Online Umgebung interviewt werden. Der Nachteil besteht jedoch darin, dass sich InterviewerInnen sämtliche Programme installieren müssen und sich darüber hinaus mit den jeweiligen Besonderheiten vertraut machen müssen. Dasselbe gilt zudem für Befragte ohne Chat-Erfahrung. Die zweite Variante kommt in dieser Hinsicht sowohl den InterviewerInnen als auch Befragten ohne Chat-Erfahrung entgegen, bedeutet aber, dass sich Befragte mit Chat-Erfahrung an ein neues Umfeld gewöhnen müssen. Ein weiterer Nachteil dieser Variante ist die Tatsache, dass Chat-Identitäten gewöhnlich nur für die Dauer eines Interviews vergeben werden, so dass die Eindeutigkeit der TeilnehmerInnen nicht mehr gewährleistet werden kann. Beispielsweise können sich mehrere Personen nacheinander mit ein und demselben Chat-Pseudonym teilnehmen, währen das bei Programmen, wie z.B. dem MSN Messenger nicht möglich ist, da dort ein Pseudonym weltweit nur einmal vergeben wird und zudem mit einer bestimmten E-Mail Adresse verknüpft wird.

Der Ablauf von textbasierten Chats erfolgt in Runden: Nach einigen einleitenden Worten (z.B. Vorstellung der InterviewerInnen und des Projektes, Zusicherung der Anonymität, Smalltalk als „ice breaker"), können InterviewerInnen den eigentlichen Laddering-Prozess durch das Eintippen der ersten Frage in eine kleine Eingabezeile des Chat-Programms beginnen. Durch Anklicken des „Senden" Knopfes, wird die Frage sofort zu den Befragten geschickt, die sie dann in einer größeren Textbox lesen können. Die Befragten können daraufhin auf dieselbe Weise antworten. Der Laddering-Prozess lässt sich wie folgt kennzeichnen: Nach der Einstimmung eignet sich als Ausgangsfrage eines Laddering-Chats zur Ermittlung der Attribute, welche Ansprüche die ProbandInnen an ein Erhebungsobjekt haben. Dafür kann die Form einer offenen Frage („Nennen Sie bitte im Folgenden Ihre gewünschten Eigenschaften eines iPods") gewählt werden. Mit dieser Vorgehensweise kann eine Überforderung der Befragten verhindert werden, die bei der Anwendung anderer Techniken möglich ist. Bech-Larsen und Nielsen (1999, 338-339) verglichen verschiedene Techniken zur Ermittlung der Attribute im Rahmen der Laddering-Technik und kamen zu dem Schluss, dass „complex methods like triadic sorting are more time-consuming, and that they do not in any way outperform the less complex free sorting technique". Die Befragung umfasst vor allem „Warum-Fragen": „Warum ist es Ihnen wichtig, dass iPod einfach zu handhaben ist?" Antwort: „Damit ich nicht unnötig Zeit verschwende." Nächste Frage: „Warum legen Sie Wert darauf, nicht unnötig Zeit zu verschwenden?" Diese Frage drückt das Ziel aus, die Verbindungen zwischen wahrgenommenen Attributen, den Konsequenzen und Werthaltungen aufzuspüren. Der Laddering-Prozess erfolgt so lange, bis die Befragten keine Antwort mehr geben können oder die Ebene der Werthaltungen erreicht wird. Abbildung 1 zeigt einen Ausschnitt aus einem typischen Online Chat.

2.2 Vorteile

Online Laddering-Interviews sind auf Grund fehlender Reisekosten für InterviewerInnen und Befragte (es können z.B. Online Laddering-Interviews über Ländergrenzen hinweg geführt werden) und der fehlenden Notwendigkeit Interviewprotokolle zu transkribieren günstiger durchzuführen als traditionelle Laddering-Interviews. Die zur Durchführung von Online Interviews benutzbaren Chat-Programme erlauben es, den gesamten Inhalt des Interviews am Ende des Chats auszudrucken, wodurch die Daten schnell analysiert werden können.

Abbildung 1: Originalbeispiel für einen Online Chat

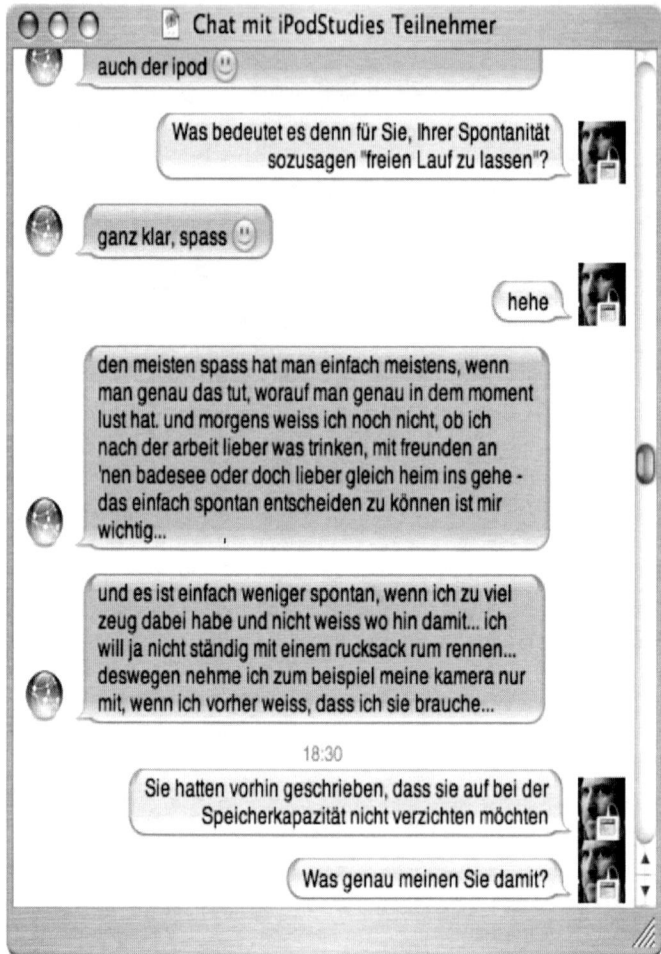

Der gesamte Interviewvorgang ist zudem für die Befragten bequem, da diese ihr Zuhause oder Büros nicht verlassen müssen und stattdessen in einer ihnen familiären Umgebung befragt werden. Auf Grund der anonymen Interviewsituation können Befragte auch nicht durch die Körpersprache und die äußerliche Erscheinung der InterviewerInnen beeinflusst werden. Effekte der sozialen Erwünschtheit und ein InterviewerInnen-Bias können hierdurch verringert werden (Duffy et al. 2005). Joinson (2001) ist der Ansicht, dass Befragte auf Grund der anonymen Situation online mehr persönliche Informationen offen legen als in traditionellen Interviews und Hanna et al. (2005) fanden heraus, dass Befragte online auch eher bereit sind ihre Gefühle auszudrücken. Da Befragte online ihre Antworten nochmals durchlesen und gegebenenfalls überarbeiten können bevor sie diese losschicken, sind die Antworten zudem besser formuliert, präziser und strukturierter als in traditionellen Interviews (Curasi 2001).

Online Interviews bieten ForscherInnen des Weiteren die Möglichkeit, Individuen und Gruppen zu befragen, die auf andere Weise schwer zu kontaktieren wären (Pincott/Branthwaite 2000). Individuen, die die meiste Zeit online verbringen, sind z.B. eher bereit ein Interview online zu führen als ein herkömmliches Interview. Miller und Dickson (2001) unterstreichen dies, indem sie darauf hinweisen, dass sich Verfahren der qualitativen Onlineforschung immer dann anbieten, wenn die Zielgruppe klein, sehr spezialisiert in ihren Fähigkeiten und schwer auf andere Weise zu kontaktieren ist. Darüber hinaus bietet Onlineforschung Vorteile, wenn es sich beim Befragungsgegenstand um Hightech Produkte und Dienstleistungen handelt.

Ebenso ist es vorteilhaft, dass ganze Textmodule, wie z.B. die Begrüßung der Befragten und das Vorstellen des jeweiligen Forschungsprojektes, vorformuliert und in das jeweilige Laddering-Interview hineinkopiert werden können, wodurch sich der Aufwand für InterviewerInnen reduziert. Bei geschickter Ansetzung der Interviews können InterviewerInnen mehrere Chats gleichzeitig führen und z.B. mithilfe der Textmodule ein Interview abschließen und gleichzeitig ein zweites beginnen.

2.3 Nachteile

Ein bedeutender Nachteil von textbasierten Online Laddering-Interviews besteht im Fehlen sämtlicher nonverbaler Kommunikation, wodurch es für InterviewerInnen erschwert wird, Kontakt zu den Befragten herzustellen (O'Connor/Madge 2003). InterviewerInnen können keine nonverbalen Signale der Befragten, wie z.B. deren Körpersprache und Gesichtsausdrücke, interpretieren und auch selber keine solchen übermitteln. Sie können z.B. nicht lächeln oder den Kopf schütteln, um den Befragten zu signalisieren, dass sie ihnen zugehören. Alternativ können InterviewerInnen höchstens während des Chats so genannte „emoticons" (bezeichnet eine Zeichenfolge, die einen Smiley darstellt) verwenden, um Stimmungs- und Gefühlszustände auszudrücken. Das Fehlen nonverbaler Signale kann zur Folge haben, dass Online-InterviewerInnen Schwierigkeiten haben können, mitzubekommen, ob Befragte das Interesse an der Konversation verlieren oder sich z.B. durch eine bestimmte Frage gestört fühlen. Es ist zudem schwer feststellbar, ob Befragte sich während des gesamten Interviews tatsächlich auf das Online Interview konzentrieren oder durch andere Dinge um sie herum abgelenkt werden (Comley 2002). Dadurch wird es für InterviewerInnen erschwert, die Kontrolle über den Erfolg von Online Interviews zu behalten. Diese Probleme entstehen bei audio- und videobasierten Online Laddering-Interviews zwar nicht, dafür

Thorsten Gruber, Rödiger Voss, Ingo Balderjahn und Alexander Reppel

entfällt bei diesen Interviews das automatische Erstellen von Transkripten. Der technische Aufwand von videobasierten Interviews ist zudem noch sehr hoch, Webkameras noch nicht sehr weit verbreitet und die von Befragten gewünschte Anonymität würde zudem wegfallen.

Online Laddering-Interviews verlangen des Weiteren motivierte und interessierte Befragte, die dazu bereit sind, Zeit und Geld (Online-Kosten) für die Online Interviews zu investieren (Curasi 2001). Weitere Belastungen entstehen dadurch, dass Online Interviews physisch anstrengend werden können. Befragte müssen kontinuierlich Tippen, auf den Monitor schauen und über ihre Antworten nachdenken. Textbasierte Chats bieten sich deshalb auch nicht für Befragte an, die nicht schnell tippen können, da sie sich sonst ständig unter Druck fühlen würden, schnell antworten zu müssen und deshalb womöglich kürzere Antworten geben oder das Online-Interview schnell abbrechen würden. Diese Probleme sind von besonderer Relevanz für Befragungen von Personengruppen, die nicht an das Online-Umfeld gewöhnt sind, wie z.B. ältere Personen. Auf der anderen Seite sollten auch InterviewerInnen schnell tippen können, da Befragte sonst zu lange auf seine nächste Rückmeldung warten müssten. Dieses Problem kann jedoch durch die Anwesenheit eines zweiten Interviewers/einer zweiten Interviewerin gelöst werden, was andererseits weitere Personalkosten bedingt.

3 Online Laddering-Fragebögen

3.1 Umsetzung

Bei der Online Umsetzung der traditionellen Laddering-Fragebögen bietet es sich an, eine Internetseite für das jeweilige Forschungsprojekt zu erstellen. Auf der Startseite werden Befragte begrüßt und Ihnen das Forschungsprojekt kurz vorgestellt. Sie werden darüber informiert, was von ihnen im Folgenden erwartet wird und wie sie den anschließenden Laddering-Fragebogen ausfüllen sollen. In diesem Zusammenhang bietet es sich an, neben einer reinen Textfassung der Ausfüll-Anweisung auch einen kleinen Videofilm abrufbar zu machen, der den Befragten anschaulich das Grundprinzip erklärt und beispielhaft einen mindestens teilweise ausgefüllten Online Fragebogen zeigt. Im Anschluss daran werden Befragte gebeten, die aus Ihrer Sicht wichtigsten Attribute eines Produktes bzw. einer Dienstleistung oder Eigenschaften einer Person zu nennen. Hierfür wird eine ausreichende Anzahl an Textfeldern bereitgestellt. Befragte sollen dann angeben, warum das zuerst von ihnen genannte Attribut von Relevanz für sie ist. Die Antwort darauf kann in eine große Textbox getippt werden. Darauf folgend sollen Befragte in eine weitere Textbox schreiben, warum das gerade Erwähnte wichtig für sie ist. Danach sollen Befragte in einer weiteren Textbox diese Angaben wiederum begründen. Der Prozess erfolgt so lange, bis Befragte durch Anklicken von „Dazu fällt mir nichts weiteres ein" den Laddering-Prozess für dieses Attribut abschließen. Sobald der Laddering-Prozess für das erste Attribut beendet ist, erscheint die erste Frage zum zweiten genannten Attribut und der Laddering-Prozess erfolgt wie beschrieben. Abbildung 2 visualisiert das Grundprinzip von Online Laddering-Fragebögen.

Abbildung 2: Grundprinzip von Online Laddering-Fragebögen

3.2 Vorteile

Im Gegensatz zum traditionellen Laddering-Fragebogen werden die Antwortmöglichkeiten der Befragten bei der Online Version nicht auf vier Attribute und drei Begründungen („Warum ist Ihnen das wichtig?") eingeengt. Die ausgefüllten Online Fragebögen müssen nicht transkribiert werden und stehen somit sofort zur Datenanalyse zur Verfügung. Auf Grund des nicht notwendigen Versands der Fragebögen entstehen zudem keinerlei Porto- sowie entsprechende Administrationskosten.

Es besteht des Weiteren die Möglichkeit, die bereits gegebenen Antworten der Befragten zu zitieren und sie somit an ihre Antworten zu erinnern. Auf diese Weise kann auch der Laddering-Vorgang stärker personalisiert werden. Wenn Befragte zum Beispiel auf die Frage nach den wichtigsten Produktattributen eines MP3 Players angeben, dass für sie „Design", „Bedienbarkeit" und „Sound" besonders wichtig sind, so kann auf die Angabe während des Laddering-Prozesses Bezug genommen werden. Eine typische Formulierung wäre dann „Sie haben gerade angeben, dass „Design" für Sie von besonderer Bedeutung ist. Warum ist Ihnen „Design" wichtig?"

3.3 Nachteile

Ohne eine persönliche Anleitung durch InterviewerInnen fällt es Befragten u. U. schwer, das Prinzip des Laddering-Fragebogens richtig zu verstehen. Es besteht dann die Gefahr, dass die Befragten bereits in der ersten Textbox alles hineinschreiben, was ihnen zu einer Frage wie „…Warum ist Ihnen „Design" wichtig?" einfällt und dann die anschließende Frage „und warum ist Ihnen das wichtig" als überflüssig ansehen und den Laddering-Prozess abbrechen. Es kommt deshalb sehr darauf an, die Anleitung zum Ausfüllen des Laddering-Fragebogens so anschaulich wie möglich zu formulieren und ggf. den Einsatz von animierten Anleitungen zu erwägen.

Das Programmieren des Online Fragebogens erfordert einen erfahrenen Programmierer und verursacht somit unter Umständen hohe Kosten. Für das Erstellen von animierten Ausfüll-Anleitungen wird entsprechendes Equipment und Expertise benötigt, wodurch weitere Kosten entstehen.

4 Auswertung von Online Laddering-Daten

Zur Auswertung der durch Online Laddering gewonnenen Daten bedarf es einer fachkundigen Interpretation des empirischen Materials. Unterstützung bietet das von Gengler/Reynolds (1993) entwickelte PC-Programm ‚LADDERMAP'. Das Programm erstellt aufbauend auf einer inhaltsanalytischen Analyse der Laddering-Daten eine Implikationsmatrix, die darstellt, wie häufig Attribute, Konsequenzen und Werte miteinander verknüpft sind. LADDERMAP liefert zudem Grundlagen zur Generierung und zum Editieren einer Hierarchical Value Map sowie für weitere Analysen. Nach Eingabe der Daten kann von LADDERMAP ein „Lexikon" der erfassten Elemente (Attribute, Konsequenzen, Werte) aller Befragten und der zugehörigen Synonyme (Content Analysis) erstellt werden, das gleichzeitig die Anzahl der Nennungen für jedes Element angibt. Innerhalb weiterer Analyseschritte ist es auf relativ einfache Weise möglich, computergestützt aus den Interviewdaten die Implikationsmatrix und daraus eine Hierarchical Value Map als graphische Darstellung der wichtigsten Laddering-Elemente aller Befragten erstellen zu lassen. Abbildung 3 zeigt als Beispiel die Hierarchical Value Map einer Online Laddering-Interview Studie, die sich mit den gewünschten Eigenschaften von Apples MP3 Player „iPod" befasste.

Abbildung 3: Beispiel für eine Hierarchical Value Map
(Attribute=Dunkelgrau; Konsequenzen=Grau; Werthaltungen=Hellgrau)

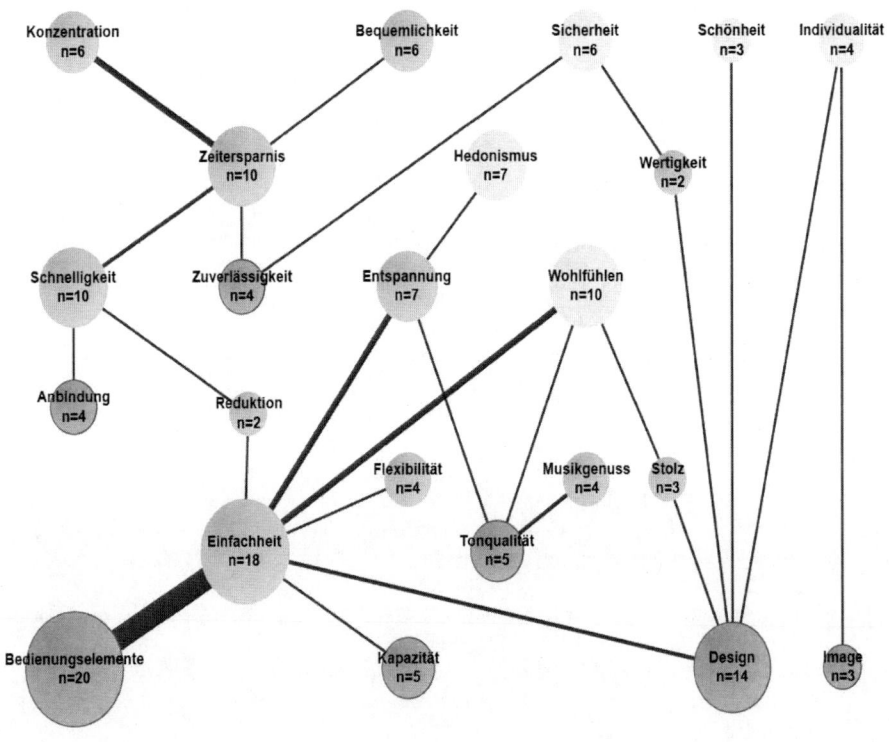

Thorsten Gruber, Rödiger Voss, Ingo Balderjahn und Alexander Reppel

5 Zusammenfassung

Die Ausführungen haben gezeigt, dass Online Laddering eine interessante Alternative zu den klassischen Verfahren darstellt, die sich insbesondere dann anbietet, wenn Zielgruppen untersucht werden sollen, die auf andere Weise nicht akquiriert werden können. Auch zur Untersuchung von Hightech Produkten und Dienstleistungen bietet sich Online Laddering sicherlich an. Um jedoch die Qualität der online gesammelten Daten mit denen der traditionellen Verfahren vergleichen zu können, sollten Studien durchgeführt werden, die zu einer Thematik alle vier Verfahren einsetzen. Ein Grundproblem bei beiden Online Methoden wird dabei bis auf weiteres darin bestehen, dass solche Personen von der Teilnahme ausgeschlossen sind, die nicht online aktiv sind. Darüber hinaus ist es bekannt, dass sich diese Individuen z.B. vom (sozio-) demografischen Profil her von Personengruppen, die online aktiv sind, signifikant unterscheiden (Duffy et al. 2005). Aktuelle Studien zeigen zum Beispiel, dass Personen, die online aktiv sind, tendenziell eher jünger, gut gebildet und männlich sind (Voss 2006).

6 Literatur

Balderjahn, Ingo/Will, Simone (1998): Laddering: Messung und Analyse von Means-End Chains. In: Marktforschung und Management (M & M), Band 42, Nr. 2, 68-71.

Bech-Larsen, Tino/Nielsen, Niels A. (1999): A Comparison of Five Elicitation Techniques for Elicitation of Attributes of Low Involvement Products. In: Journal of Economic Psychology, vol. 20, 315-341.

Botschen, Günther/Thelen, Eva M. (1998): Hard Versus Soft Laddering: Implications for Appropriate Use. In: Balderjahn, Ingo/Mennicken, Claudia/Vernette, Eric (eds.): New Developments and Approaches in Consumer Behaviour Research. Stuttgart, 321-339.

Comley, Peter (2002): Online Survey Techniques: Current Issues and Future Trends. In: Interactive Marketing, vol. 4, no. 2, 156-169.

Curasi, Carolyn F. (2001): A Critical Exploration of Face-to-Face Interviewing vs. Computer-Mediated Interviewing. In: International Journal of Market Research, vol. 43, no. 4, 361-375.

Duffy, Bobby/Smith, Kate/Terhanian, George/Bremer, John (2005): Comparing Data from Online and Face-to-Face Surveys. In: International Journal of Market Research, vol. 47, no. 6, 615-639.

Gengler, Charles E./Reynolds, Thomas J. (1993): LADDERMAP: A Software Tool for Analyzing Laddering Data. Computer Software. Version 5.4.

Gengler, Charles E./Reynolds, Thomas J. (1995): Consumer Understanding and Advertising Strategy: Analysis and Strategic Translation of Laddering Data. In: Journal of Advertising Research, vol. 35, no. 7, 19-33.

Gruber, Thorsten/Szmigin, Isabelle/Voss, Rödiger (2006): The Desired Qualities of Customer Contact Employees in Complaint Handling Encounters. In: Journal of Marketing Management – New Blood Special Issue, vol. 22, no. 5-6, 619-642.

Hanna, Richard C./Weinberg, Bruce/Dant, Rajiv P./Berger, Paul D. (2005): Do Internet-Based Surveys Increase Personal Self-Disclosure? In: Database Marketing & Customer Strategy Management, vol. 12, no. 4, 342-356,

Herrmann, Andreas (1996): Nachfrageorientierte Produktgestaltung – Ein Ansatz auf Basis der „Means End" – Theorie. Wiesbaden.

Joinson, Adam N. (2001): Self-Disclosure in Computer-Mediated Communication: The Role of Self-Awareness and Visual Anonymity. In: European Journal of Social Psychology, vol. 31, 177-192.

Kelly, George A. (1991/1955): The Psychology of Personal Constructs. London, New York (reprint 1991; 1st edition 1955).

Miller, Thomas W./Dickson, Peter R. (2001): Online Market Research. In: International Journal of Electronic Commerce, vol. 5, no. 3, 139-167.

O'Connor, Henrietta/Madge, Clare (2003): Focus Groups in Cyberspace: Using the Internet for Qualitative Research. In: Qualitative Market Research, vol. 6, no. 2, 133-143.

Pincott, Gordon/Branthwaite, Alan (2000): Nothing New under the Sun? In: International Journal of Market Research, vol. 42, no. 2, 137-155.

Reynolds, Thomas J./Gutman, Jonathan (1988): Laddering Theory, Method, Analysis, and Interpretation. In: Journal of Advertising Research, vol. 28, no. 2, 11-31.

Rosenberg, Milton J. (1956): Cognitive Structure and Attitudinal Affect. In: Journal of Abnormal and Social Psychology, vol. 53, 367-372.

Szmigin, Isabelle/Gruber, Thorsten/Reppel, Alexander/Voss, Rödiger (2006): Consumer Integration in New Product Development: An Explorative Comparison of Online Laddering Techniques, In: Avlonitis, George J./Papavassiliou, Nicholas/Papastathopoulou, Paulina (eds.): Sustainable Marketing Leadership: A Synthesis of Polymorphous Axioms, Strategies and Tactics. Proceedings of the 35th EMAC Conference, Athens University, Athens, May 23-26.

Tolman, Edward C. (1932): Purposive Behavior in Animals and Men. New York.

Voss, Rödiger (2006): BWL kompakt – Grundwissen Betriebswirtschaftslehre. 3. Auflage. Rinteln.

Voss, Rödiger/Gruber, Thorsten (2006): The Desired Teaching Qualities of Lecturers in Higher Education. In: Journal for Quality Assurance in Education, vol. 14, no. 3, 217-242.

Hubert Knoblauch und Bernt Schnettler

Videographie
Erhebung und Analyse qualitativer Videodaten

1 Videoanalysen in der Sozialforschung 585
2 Erhebung von Videodaten als ›fokussierte Ethnographie‹ 587
3 Methodologische Aspekte interpretativer Videoanalyse 588
4 Datensorten 590
5 Analyse von Videodaten 591
    5.1 Selektion 591
    5.2 Transkription 592
    5.3 Analyse und Interpretation 593
6 Videographie in der Marktforschung 594
7 Literatur 596

1 Videoanalysen in der Sozialforschung

Der Beitrag fasst die wesentlichen methodologischen Voraussetzungen und die methodische Vorgehensweise der sozialwissenschaftlichen Videoanalyse zusammen. Im Unterschied zu automatisierten und standardisiert-codierenden Verfahren geht es bei der Videographie um die Untersuchung ›natürlicher‹ Interaktionssituationen, wie sie im Rahmen des interpretativen Paradigmas durchgeführt wird. Mit der Betonung des *ethnographischen* Aspekts der Videoanalyse – als Video*graphie* – wird dabei besonderer Wert auf die Beachtung der Erhebungssituation und des ethnographischen Hintergrundwissens gelegt. Im Zentrum der Videographie steht die Analyse visuell aufgezeichneter Situationen. Diese können auf unterschiedliche Weise in Videodaten repräsentiert sein. Deshalb ist eine Erläuterung der verschiedenen Datensorten notwendig. Im Weiteren wird auf die Analyse von Videodaten eingegangen, die wesentlich sequenzanalytisch verfährt. Der Beitrag geht auf einige Anforderungen an die Erhebung der Videodaten ein und skizziert die Schritte der Datenauswertung. In einem abschließenden Teil wird die Rolle der Videographie in der Marktforschung erörtert.

Videokameras haben sich in den vergangenen Jahren rasant verbreitet. In diesem Zuge hat der Forschungszweig, der sich mit der Analyse visueller Repräsentationen befasst, einen wahrhaften Aufschwung erfahren. Videokameras erlauben nicht nur die Anfertigung überaus reichhaltiger und detaillierter Aufnahmen sozialer Prozesse. Sie stellen der Sozialforschung zudem eine vollkommen neue Datensorte zur Verfügung. Dieser Umstand hat manche ForscherInnen dazu veranlasst, eine „Video-Revolution" für die qualitative empirische Sozialforschung zu prognostizieren. Die Auswirkungen der Videokamera als Erhebungsinstrument im Sinne eines „Interaktionsmikroskops" seien zumindest ebenso weitreichend wie seinerzeit die Popularisierung des Audiorekorders, der seit den 1960er- und 1970er-Jahren mit der ethnomethodologischen Konversationsanalyse eine ganz neue Forschungsrichtung wesentlich befördert hat.

In der Tat werden Videoaufnahmen heutzutage in großem Umfang in höchst diversen Bereichen unserer Gesellschaft angefertigt: Hochzeits- und Urlaubsvideos, Videotagebücher und Webcams demonstrieren zusammen mit Überwachungsvideos in Bussen, Bahnen und auf öffentlichen Plätzen (Fyfe 1999, Fiske 1998) und den zahlreichen Formen der Video-Kunst, dass Video zu einem Medium avanciert ist, das weite Bereiche unseres Alltags durchzieht. Auch in der Arbeitswelt spielen videogestützte Kommunikationsformen wie etwa Videokonferenzen (Finn et al. 1997) eine immer größere Rolle. Zudem ist erwartbar, dass mit der Einführung der UMTS-Technik mobile videovermittelte Kommunikation wie etwa MMS (Okabe 2004, Kindberg et al. 2004) eine wachsende Bedeutung für unsere Kommunikation im Alltag wie im Arbeitsleben haben wird. Die damit einhergehenden Veränderungen im Kommunikationsverhalten dürften kaum zu überschätzen sein, selbst wenn man die These eines ›dauerhaften visuellen Kontakts‹ (Koskinen 2004) in der Distanzkommunikation wohl (noch) für übertrieben halten darf.

Hubert Knoblauch und Bernt Schnettler

Doch so akzeptiert und weit verbreitet Video im Alltag und den institutionellen Sphären unserer Gesellschaft sein mag – die methodologische Diskussion in der wissenschaftlichen Forschung erweist sich bislang als wenig entwickelt. Obwohl Videoaufzeichnungen mittlerweile zu einer in der qualitativen Forschung häufig genutzten Datensorte zählen, befindet sich die Methodenentwicklung erst in einem Anfangsstadium – und dass, obwohl die theoretische Beschäftigung mit Visualität und visueller Kultur in den Geistes- und Sozialwissenschaften regelrecht floriert. So liegen zur Analyse visueller Daten im Allgemeinen bereits eine Reihe von methodischen Ansätzen vor (vgl. etwa Banks/Morphy 1997, Davies 1999, Emmison/Smith 2000, Pink 2001, Heßler 2005). Diese beziehen sich allerdings häufig auf rein epistemologische Fragen (etwa danach, inwieweit Bilder die Betrachter betrügen können). Nur wenige ForscherInnen stellen sich konkretere Fragen danach, wie der Umgang mit diesem neuen Medium in der Sozialforschung adäquat gestaltet werden kann (vgl. Jordan/Henderson 1995, Heath 1986, 1997, Lomax/Casey 1998). Und erst unlängst wurde ein Versuch unternommen, den Stand der Methodenentwicklung zusammenfassend darzustellen und einen Überblick über die verschiedenen Ansätze interpretativer Videoanalyseverfahren zu geben (Knoblauch et al. 2006).

Die Vorzüge von Videodaten für die Sozialforschung sind dabei schon recht früh erkannt worden (Gottdiener 1979, Grimshaw 1982, Heath 1986). So erweisen sich Videoaufzeichnungen im Vergleich zur Beobachtung mit bloßem Auge als detaillierter, kompletter und akkurater. Darüber hinaus sind sie technisch verlässlicher, weil sie eine wiederholte Reproduktion und damit eine Analyse der Beobachtungsdaten unabhängig von der Person erlauben, welche die Beobachtung durchgeführt hat.

Neben der Videographie, auf die wir im Folgenden näher eingehen, existieren eine Reihe weiterer Ansätze. Hervorzuheben sind vor allem der aus der ethnomethodologischen Konversationsanalyse hervorgehenden Ansatz (Heath/Hindmarsh 2002) und die aus der sozialwissenschaftlichen Hermeneutik (Soeffner 2004) entwickelte ›Videohermeneutik‹ (Raab/Tänzler 2006). Sie teilen mit der Videographie aber die drei zentralen methodischen Aspekte, die als Natürlichkeit, Sequentialität und Interpretativität bezeichnet werden.

Bevor wir auf diese eingehen, widmen wir uns zunächst einigen generellen Fragen: Was sind die zentralen Aspekte von Videodaten? Welche Datensorten sind zu unterscheiden, und schließlich: wie lassen sich Videodaten analysieren? Dabei ist hervorzuheben, dass es bei der Videographie nicht um jedwede Art von Videodaten geht. Im Fokus stehen vielmehr Interaktion und Aktivitäten in sozialen Situationen, die in der Regel nicht erst für die Forschung kreiert werden.

2 Erhebung von Videodaten als ›fokussierte Ethnographie‹

Der Einsatz technischer Aufzeichnungsmittel verändert die Praxis ethnographischer Forschung nachhaltig. Dies berührt allerdings nicht die grundsätzliche Prämisse, die Daten dort zu erheben, wo sie „natürlicherweise" vorkommen. Technische Aufzeichnungen und insbesondere Videoaufnahmen erlauben es, Daten im Feld zu erheben, die aufgrund ihrer Fokussierung, ihrer Komplexität und ihrer Intersubjektivität eine vollkommen neue methodische Qualität besitzen. Sie ermöglichen eine ›Fokussierung‹ der Ethnographie (Knoblauch 2001), die ihre Untersuchungen feld*intensiv* und daten*extensiv* durchführt. Deren Qualität erwächst nicht aus dem (problematischen) Anspruch „authentischer" Beobachtung, sondern vielmehr aus der besonderen Sorgfalt in der Analyse und Interpretation (siehe unten).

Dabei bieten Videos einige offenkundige Vorzüge für die Forschung: Videoaufzeichnungen sind Daten, die aufgrund von technisch *registrierender* Konservierung[1] gewonnen werden. Audiovisuelle Aufzeichnungen lassen Aspekte des Forschungsfeldes analysierbar werden, die bei Einsatz herkömmlichen Datenerzeugungsweisen unzugänglich bleiben mussten. Es werden ›mikroskopische‹ Analysen einzelner Details möglich, die mit klassischen (rekonstruktiven) Erhebungsmethoden nicht zum Datum gemacht werden konnten. Für die Ethnographie sind Videodaten von großer Bedeutung, weil sie eine größere Fülle und Komplexität von Wahrnehmungsaspekten (Bild, Ton, Bewegung etc.) beinhalten als dies bei rekonstruktiven Aufzeichnungsmethoden (wie etwa Feldnotizen, Interviews, Tagebüchern) der Fall ist.

Ausserdem bieten Videoaufzeichnungen den Vorzug größerer Intersubjektivität. Zum einen, weil hier in weit geringerem Maße als bei rekonstruierenden Formen der Konservierung Interpretationsleistungen des Forschers bzw. der Forscherin bereits in die Daten mit eingehen. Zum anderen, weil sie in großer Detailliertheit eine spätere gemeinsame Analyse in der ForscherInnengruppe ermöglichen.

Videodaten bieten darüber einen weiteren methodischen Vorteil, der in ihrer besonderen zeitlichen Struktur begründet ist: In den Aufzeichnungen wird die *Chronizität*, der Ablaufcharakter, der aufgezeichneten sozialen Handlungen beibehalten. Diese können aufgrund der technischen Manipulationsfähigkeit (Slow Motion, Standbild, Rücklauf etc.) in sehr genauer Weise in ihrer *synchronen* Struktur analysiert werden. Ebenso werden *diachrone* Vergleiche zwischen verschiedenen Sequenzen möglich.

Videodaten stellen sicherlich das momentan komplexeste Verfahren der sozialwissenschaftlichen Datenproduktion dar. Kein anderes Aufzeichnungsmedium bietet Beobachtern und Interpreten eine vergleichbare Fülle von Wahrnehmungsaspekten. Neben

---

[1] Zur Unterscheidung von *registrierender* vs. *rekonstruierender* Konservierung: Bergmann (1985).

der Rolle von Sprache, Gestik, Mimik, Körperhaltung und -formationen werden dadurch ebenso die Rolle von Settings, Accessoires, Bekleidungen, Prosodie und Geräuschen für die Interaktionsanalyse greifbar. Diese Elemente können sowohl isoliert (diachron) wie auch in ihrem jeweiligen Zusammenspiel (synchron), in ihrer zeitlichen Abfolge und zugleich hinsichtlich ihrer sozialen Wechselwirkung studiert werden.

Darüber hinaus sind in das audiovisuelle Material neben den Bildinhalten und den mehr oder minder intentionalen Selbstdarstellungen der Abgelichteten immer auch die Produktions- und Handlungsästhetiken der Aufzeichnenden selbst eingeschrieben: Über die Analyse von Kamerahandlung sowie über die Modi verschiedener Nachbearbeitungstechniken (Schnitt und Montage) können so Rückschlüsse auf spezifische kommunikative Problemlagen und Handlungsmotive gezogen werden. Schließlich lassen sich Wechselwirkungen zwischen den Darstellungen vor und den Handlungen hinter der Kamera in Abhängigkeit von der jeweiligen technischen Entwicklung des Aufzeichnungsmediums einerseits und den je spezifischen kulturellen und soziohistorischen Handlungsanforderungen und Handlungsoptionen andererseits untersuchen. Letzteres wird vor allem dort für die Analyse relevant, wo es sich um Videodaten handelt, die mit besonderem ästhetischem Anspruch produziert oder nachbearbeitet wurden.

3 Methodologische Aspekte interpretativer Videoanalyse

Grundsätzlich kann zwischen ›natürlichen‹ und edierten Videodaten unterschieden werden, wobei allerdings graduelle Unterschiede bestehen: Die ›*Natürlichkeit*‹ der Daten meint, dass diese möglichst unbeeinflusst durch den Forscher bzw. die Forscherin zustande kommen (Silverman 2005). ›Natürliche‹ Daten sind solche Aufzeichnungen, in denen die Beobachteten in der Weise handeln und ihre Tätigkeiten ausüben, wie sie es auch ohne Kamera tun würden. Freilich mag schon die Anwesenheit von Aufzeichnungsgeräten zu einer Veränderung der Situation führen. In diesem Falle wird von ›Reaktivität‹ oder ›Reaktanz‹ gesprochen. Reaktanz ist zweifellos ein ernsthaftes methodisches Problem, dem sich eine Reihe von methodischen Reflexionen widmen. Allerdings zeigt die Erfahrung zahlreicher Forschungsprojekte, dass sich die Beobachteten in der Regel nach kurzer Zeit an die Aufzeichnung gewöhnen und dieser Einfluss vernachlässigbar wird.[2]

---

[2] Wie bei jeder Forschung ist es freilich erforderlich, die Einwilligung (›informed consent‹) der Beobachteten zur Videoaufzeichnung einzuholen. Für bestimmte, nicht öffentlich zugängliche Felder wird dazu vorab eine Vereinbarung notwendig sein. In öffentlichen Räumen haben

Wo Videoanalysen sich mundanen Beschäftigungen zuwenden – Menschen in Cafés, bei der Arbeit, in Schulen, Museen, auf Straßen und Plätzen oder beim Einkaufen – ergibt sich eine nahe liegende starke Anbindung an die Ethnographie, insbesondere der Art von Forschung, die sich mit ›encounters‹, ›social situations‹ und ›performances‹ befasst, wie sie von Erving Goffman (1961, 1967, 1971) in den Blick genommen wurden. Zur Unterscheidung von standardisierten Formen der Videoanalyse, wie sie etwa in der Verhaltenbeobachtung und in der Psychologie benutzt wird (Mittenecker 1987), wird deshalb der Begriff der ›Videographie‹ (Knoblauch 2006) verwendet. Damit wird ebenso betont, dass die Videoaufzeichnungen nur einen Teil der Daten darstellen, die im Feld erhoben werden. Diese werden notwendigerweise ergänzt durch direkte Beobachtungen, Materialsammlungen sowie Gespräche und Interviews mit den AkteurInnen des Feldes. Dies ist erforderlich, um das nötige Hintergrundwissen zu erhalten. Besonders wichtig ist dies in Feldern, die spezialisiertes Wissen voraussetzen, wie etwa in Operationssälen, U-Bahnleitständen oder Nachrichtenagenturen. Hier können die Videoaufzeichnungen ebenso zur Elizitierung eingesetzt werden und dabei helfen, die für die AkteurInnen, nicht jedoch die ForscherInnen fraglosen Wissensbestände zu eruieren (vgl. Schubert 2008).

Schließlich sollte beachtet werden, dass in der Videographie nicht nur die für die ethnographische Forschung üblichen Hürden zu bewältigen sind (Feldzugang, Klärung der Rolle im Feld, ›going native‹ etc.). *Zusätzlich* dazu sind die technischen Bedingungen in Rechnung zu stellen. Das betrifft nicht nur die Frage, wo aufgezeichnet werden kann (Lichtverhältnisse, Geräusche etc.). Technische Apparate sind zudem prinzipiell störungsanfällig. Sie erhöhen damit ggf. das Erfordernis, den Feldaufenthalt entsprechend im Voraus noch besser zu planen bzw. die Aufzeichnungen vorher einzuüben und sich mit den Geräten (und ihren möglichen Ausfällen) vertraut zu machen.

Bei der Nutzung von Videodaten ist zu beachten, dass sie keine schlichten Abbildungen der Wirklichkeit sind. Sie stellen – ebenso wie andere Daten – Transformationen lebensweltlicher Situationen dar (etwa durch die Reduktion des dreidimensionalen Raumes auf die zweidimensionale Fläche des Bildschirms und die Eliminierung aller nicht-akustischen und nicht-visuellen Erfahrungsqualitäten). Um das Verhältnis des Aufgezeichneten zum Abgebildeten zu erfassen, ist es anstelle eines „Repräsentationsansatzes" deshalb angemessener, danach zu fragen, auf welche Weise die Aufzeichnungen zustande kommen und welche *Datensorten* existieren.

---

sich entsprechende, für die TeilnehmerInnen gut sichtbare Hinweise als praktisch erwiesen. Datenschutzrechtlich wird zwischen Aufzeichnung, Speicherung, Weiterverarbeitung (Analyse) und Veröffentlichung unterschieden. So lange eine weitere rechtliche Klärung aussteht, ist es deshalb ratsam, zusätzlich vor einer jeglichen Veröffentlichung von Auszügen aus den Videodaten die Einwilligung der Betroffenen einzuholen, sofern diese zu identifizieren sind. Es ist unstrittig, dass in jedem Fall eine sorgfältige Abwägung zwischen Forschungsfreiheit und Persönlichkeitsschutz erfolgen muss.

Hubert Knoblauch und Bernt Schnettler

4 Datensorten

Grundsätzlich lassen sich dabei ›natürliche‹ von ›konstruierten‹ Daten unterscheiden. Diese Begriffe beziehen sich auf das Verhältnis der Forschenden (Aufzeichnenden) zur Situation, die sie aufzeichnen: Wurde die Situation eigens dafür geschaffen, wie etwa beim Experiment, oder versuchen die Forschenden die Situationen möglichst wenig oder gar nicht zu beeinflussen. Ausserdem lassen sich Aufzeichnungen auch nach den AkteurInnen unterscheiden, welche die Aufnahme anfertigen und bearbeiten (Abbildung 1).

Abbildung 1:   Datensorten

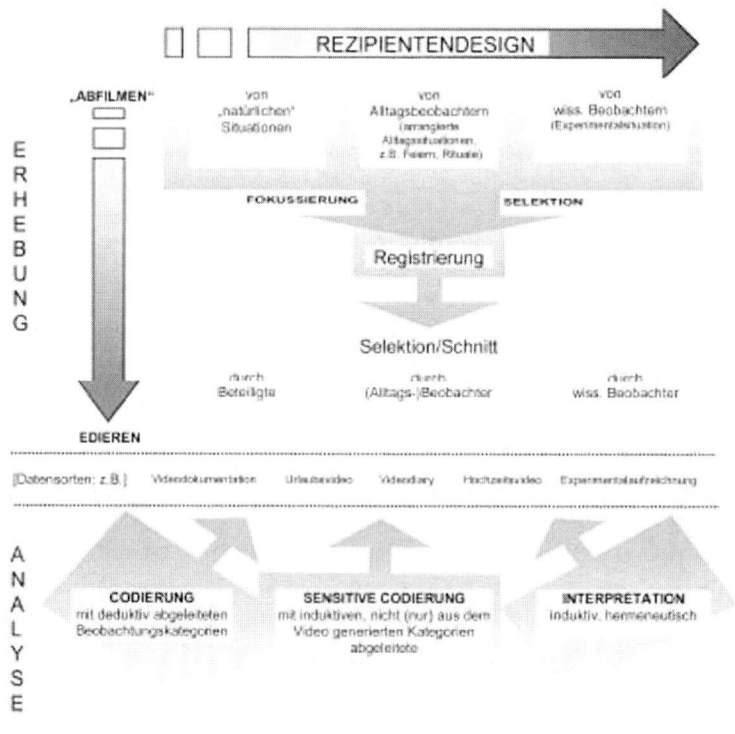

Nach diesen Kriterien lässt sich eine Reihe von in der Videoforschung verwendeten Datensorten unterscheiden. Dies sind etwa: (a) wissenschaftlich aufgezeichnete natürliche soziale Situationen, (b) wissenschaftlich aufgezeichnete experimentelle Situationen, (c) Interviews (Softwaretests, Feldinterviews), (d) von AkteurInnen aufgezeichnete natürliche soziale Situationen (Überwachung, Selbstaufzeichnung), (e), von AkteurInnen aufgezeichnete gestellte Situationen (Videotagebuch (Holliday 2000)), (f) von AkteurInnen aufgezeichnete und bearbeitete Situationen (z. B. Hochzeitsvideos (Raab 2002)), (g) von AkteurInnen aufgezeichnete und professionell bearbeitete Videos (Dokumentationen, Selbstdarstellungen (Schnettler 2001)).

Stellt man in Rechnung, dass die Tendenz zur Herstellung eigener Videos von den Handelnden im Feld durch die immer breitere Verfügbarkeit von Aufzeichnungsgeräten und einer sich ausbildenden ›Videographierpraxis‹ zu einem immer größeren Bestand an Videomaterialien führt, so wird der Auswertung ›auto-ethnographischer‹ Videos größere Bedeutung zukommen. Dass dabei Dokumente über Felder verfügbar werden, die der unmittelbar teilnehmenden Beobachtung durch den Forscher bzw. die Forscherin verschlossen bleiben, spricht zudem für eine intensivere Nutzung dieser Daten in der Ethnographie.

Videodaten verändern folglich nicht nur die Art der Feldforschung, sondern eröffnen auch einen besonderen Zugang zu den Selbstrepräsentationen der Handelnden. Denn in den von den Beobachteten selbst produzierten Aufnahmen schlägt sich eine ganz ausgezeichnete Form der Kondensierung ihrer eigenen Lebenswelt nieder. Die Aufnahmen stellen durch die Handelnden selbst selegierte Einblicke in ihre Praxis dar, in die in ganz besonderer Weise deren Selbstdeutungen eingehen.

5 Analyse von Videodaten

Die Videographie arbeitet feldintensiv und auswertungsextensiv. Das bedeutet, dass relativ zum Feldaufenthalt der Auswertung, Analyse und Interpretation der erhobenen Videodaten ein besonderes Gewicht im Forschungsprozess zukommt. So einfach sich große und reichhaltige Datenkorpora bilden lassen, so erfordern diese eine eingehende und intensive Aufarbeitung und Auswertung. Zu den ersten Aufgaben zählt die Datenaufbereitung, Katalogisierung und ggf. Digitalisierung der Videoaufzeichnungen. Danach müssen geeignete Ausschnitte aus dem Korpus für die weitere Untersuchung selegiert werden.

5.1 Selektion

Die Komplexität und Fülle von Videodaten resultiert nicht nur aus der Kombination synchroner und diachroner Beobachtungsaspekte. Aus der relativ einfachen Anwendung der Technik im Forschungsprozess und der schon alltagsweltlich beobachtbaren

Aufschichtung von ›Datenhalden‹ durch endlose Stunden von Filmmaterial entstehen leicht unüberschaubar werdende Mengen an Rohdaten. Dies galt schon für Audiodaten (Südmersen 1983) und potenziert sich noch einmal für Videos als kombinierte Bild-, Ton- und Schnittdaten. Deshalb ist es erforderlich, die Aufzeichnungen für die Analyse vorzubereiten und eine Rubrizierung und Indexierung von Sequenzen vorzunehmen, die ihr späteres Wiederauffinden ermöglichen.

Unerlässlich ist es dabei, die Kriterien der Selektion – vor allem Typik und Rekursivität – der zu analysierenden Sequenzen und deren Verhältnis zum gesamten Datenkorpus bzw. zur ursprünglichen sozialen Situation methodisch mitzureflektieren. Anhand welcher Relevanzen werden die Sequenzen ausgewählt, die den folgenden (Mikro-) Analysen unterzogen werden? Videodaten erfordern notwendigerweise eine Fokussierung im Analyseprozeß. Methodologisch zu bestimmen ist allerdings, worauf sich diese Fokussierung stützt: Erfolgt diese entlang präetablierter Forschungsinteressen und Fragestellungen (die möglicherweise bereits mitbestimmt haben, *wo, was* und ggf. *wie* aufgezeichnet wurde) oder in Anlehnung an die eigenen Perspektivierungen der Beobachteten? Im günstigsten Fall ist die Fokussierung das Ergebnis eines iterativen Forschungsvorgehens, bei dem das zunächst „unschuldig" gewonnene, recht lose in den analytischen Blick genommene Videodatum erst im Verlaufe seiner fortschreitenden Auswertung und Deutung selbst die schrittweise Kalibrierung der Forschungsperspektive liefert.[3]

5.2 Transkription

Die Transkription erfordert weitere Hilfsmittel und Zwischenschritte. Die Handhabung der Komplexität der Daten macht weitere Transformationen nötig. Obwohl Videos den für die Forschung unschätzbaren Vorteil beinhalten, die aufgezeichneten Situationen insgesamt und in ihrem zusammenhängenden Ablauf wieder und wieder betrachten zu können, sind für die Analyse schriftliche Transkripte nach wie vor unverzichtbar. Diese sind vor allem nützlich, um das *Zusammenwirken* der verschiedenen situativen und situierten Aspekte wie Sprache, körperliche und nonverbale Ausdrucksformen (Blick, Körperhaltung u.a.), sowie den ggf. relevanten Gegebenheiten der Situation (räumliches Umfeld, Gerätschaften, etc.) in den Griff zu bekommen.

Zur Bewältigung dieser Aufgabe existiert eine Reihe von Transkriptionsverfahren, welche die visuellen, auditiven und editorischen ›Modalitäten‹ in textförmige Protokolle übertragen. Dazu zählen z.B. die von Bergmann et al. (1993) erstmalig einge-

---

[3] Dies entspricht dem Vorgehen, dass in der Grounded Theory (Strübing 2004) als ›theoretical sampling‹ bezeichnet wird und ähnelt dem sequenzanalytischen Verfahren des ›hermeneutischen Zirkels‹ (Soeffner 2004).

setzten und später verfeinerten Verhaltenspartituren (Raab 2001, 2002; Raab/Tänzler 1999) sowie alternative Ansätze (Schnettler 2001, Heath 1997).

Diese Versuche, sowohl die synchrone als auch die diachrone Dimension des Videodatums analytisch aufschließbar zu machen, arbeiten mit einer Transformation des ablaufenden visuell-auditiven ›Datenstromes‹ in „gefrorene" Bilder, Zeichen und Texte. Darüber hinaus befinden sich Transkriptions- und Annotationssysteme in Entwicklung, die den *Ablaufcharakter* der Daten bei der Analyse und für die Ergebnisdarstellung zu erhalten versuchen (Irion 2002, Koch/Zumbach 2002). Im Zuge der Fortschritte in der Digitaltechnik ist zukünftig eine Erleichterung der Annotierung und Präsentation von Echtzeitdaten unter Einbindung von visuell, auditiv und textlich *insertierten* Analysen zu erwarten. In der Tat steht dazu schon jetzt verschiedene Software zur Verfügung.

5.3 Analyse und Interpretation

Zur Analyse visueller Daten liegen zwar bereits einige Ansätze vor (Englisch 1991, Hahn 1991, Rose 2000). Allerdings erfordert die sozialwissenschaftliche Analyse audiovisueller Daten zweifellos mehr als „sehendes Einfühlen" und deskriptive „strukturierte Mikroanalyse" (Denzin 2000). Die Videographie orientiert sich in der Analyse und Interpretation an der soziologischen Gattungsanalyse. Kommunikative Gattungen (Luckmann 1988) sind verfestigte und formalisierte (sprachliche) Muster, die historisch und kulturell spezifische, sozial fixierte und modellierte Lösungen von Kommunikationsproblemen darstellen. Hervorzuheben ist, dass die kommunikativen Probleme, für die vorgeprägte, gattungsartige Lösungen im gesellschaftlichen Wissensvorrat existieren, für den Bestand einer Kultur zentral sind. Kommunikative Gattungen bilden den ›institutionellen Kern‹ im gesellschaftlichen Leben.

Die Gattungsanalyse wurde zwar ursprünglich zur Analyse *mündlicher* Kommunikation entwickelt, hat sich aber auch bei technologisch vermittelten Kommunikationsformen als sehr nützlich erwiesen.[4] Die methodische Besonderheit der Gattungsanalyse stellt die Differenzierung der Analyse in drei aufeinander aufbauende Strukturebenen dar (Günthner/Knoblauch 1994), die sowohl die *internen*, sozusagen kommunikations- und medienimmanenten Aspekte, die *situative Realisierungsebene* als intermediäres Level der Analyse sowie die *externe* Einbettung der kommunikativen Handlungen in den weiteren sozialen Kontext abdeckt. Das öffnet nicht nur den Blick für das Detail, sondern fordert die Forschenden dazu auf, auf die institutionelle Einbettung ihrer Daten

---

[4] Vgl. etwa Kepplers (1985) Analyse der Gattungsstrukturen politischer Nachrichtenmagazine im Fernsehen, Ayaß (1997) Untersuchung von Fernsehpredigten, die Studie von Knoblauch (1999) über Radio-Phone-Ins sowie Knoblauchs und Raabs (2001) Untersuchungen von Fernsehwerbespots.

zu achten und mit den Ergebnissen der Analyse den Anschluss an die Gesellschafstheorie zu suchen.

Die Datenanalyse erfolgt *sequenzanalytisch* und macht sich damit die Eigenheiten des Datums zu nutze. Sie alterniert zwischen Grob- und Feinanalysen und sucht in Anwendung des hermeneutischen Zirkels durch das Material aufgeworfene Fragen anhand weiterer Daten zu überprüfen. Diese Analysen werden in einer Interpretations*gruppe* durchgeführt, die es erlaubt, unterschiedliche Perspektiven auf das Material zu werfen. Aufgrund der verschiedenen Kenntnisse der TeilnehmerInnen erhöht dies i.d.R. den analytischen Ertrag. So können nicht nur die Tragweite verschiedener Lesarten miteinander verglichen werden. Unterschiedliche Wissensbestände, die aus (ethnographischen) Kenntnissen des erforschten Kontextes sowie besonderen Fachkenntnissen (linguistischer, prosodischer, semantischer oder visueller Art) der beteiligten ForscherInnen resultieren, ergänzen und kontrollieren sich damit gegenseitig.

Die Ergebnisse dieser Datensitzungen werden in Forschungsprotokollen festgehalten, die zusammen mit den transkribierten Sequenzen die Grundlage für die spätere Analyse und Veröffentlichung der Ergebnisse bilden. Sie sind neben den Transkripten erforderlich, um einerseits die Rückbindung an den zugrunde liegenden Datenkorpus sicherzustellen. Zum anderen bilden sie den notwendigen Zwischenschritt zur Fundierung der entstehenden theoretischen Generalisierungen. Hinsichtlich der *Darstellung* der Forschungsergebnisse haben sich noch keine einheitlichen Konventionen herausgebildet (wie sie für die Gesprächsanalyse existieren: Selting et al. 1998). Neben der Fixierung und Publikation in Form des klassischen (schriftlichen) Forschungsberichts oder Aufsatzes ermöglichen Videodaten allerdings innovative Formen der Ergebnispräsentation: Formen der Integration visueller Daten in Texte, Videoberichte oder die Einbettung von analysierten Videosequenzen in elektronische Publikationen. Diese erlaubt nicht nur eine größere Überprüfbarkeit der Analyseergebnisse durch andere ForscherInnen. Es befördert zudem einen gewissen ›Naturalismus‹ von Videodaten.

6 Videographie in der Marktforschung

Videoanalysen werden derzeit schon in einer Reihe von Forschungsfeldern eingesetzt, so z.B. in der visuellen Ethnographie von Arbeit und Technologie (Knoblauch 2000), für Studien in hochtechnologisierten Arbeitsumgebungen wie Flughäfen (Goodwin/Goodwin 1996), U-Bahnen oder Kontrollzentren, wie sie die angelsächsischen ›workplacestudies‹ (Luff et al. 2000, Heath et al. 2004) praktizieren. Daneben auch in so diversen Feldern wie der Religionsforschung (Bergmann/Luckmann/Soeffner 1993, Schnettler 2001), der Medizinsoziologie (Schubert 2006), in der Schulforschung (Aufschnaiter/Welzel 2001), der Museumsforschung (vom Lehn 2006) oder der Technik- und Innovationsforschung (Rammert/Schubert 2006), um nur einige Beispiele für dieses rasant wachsende Anwendungsfeld qualitativer Forschung zu nennen.

Speziell in der qualitativen Marktforschung gewinnt die Videographie ebenfalls an Bedeutung (Schmid 2006). In diesem Anwendungsfeld wird Video auf zweierlei Weise eingesetzt: einerseits zur Datenerhebung, andererseits als Präsentationsinstrument. So wird Videoethnographie bspw. in Konsumentenstudien verwendet. Von unschätzbarer Bedeutung für die Marktforschung ist insbesondere die Möglichkeit, mit der Videographie das Gewohnheitsverhalten von BenutzerInnen und KundInnen im Umgang mit bestimmten Produkten zu beobachten. Ebenso können Eindrücke bestimmter Lebensstilensembles *innerhalb ihres natürlichen Kontextes* eingefangen werden. Video erlaubt dabei einen unverstellteren Blick in den Alltag des Konsumenten bzw. der Konsumentin, als dies mit anderen Instrumenten, wie etwa Befragungen, Surveys oder Gruppendiskussionen möglich ist. Besondere Bedeutung kommt der Videographie bei der Suche nach innovativen Anwendungen oder neuen Produkten zu, beim Testen von Prototypen oder der Weiterentwicklung bestehender Produkte, die in ihrem tatsächlichen Handlungszusammenhang studiert werden können. Damit macht sie nicht nur deren *tatsächliche* Anwendungsformen unmittelbar *sichtbar*. Auch werden damit die Beschränkungen umgangen, die sich durch die häufig nur routinierten Handlungsgewohnheiten der NutzerInnen ergeben. Diese widersetzen sich nicht selten einer Verbalisierung, weil diese Vollzüge oft in alltäglichen Routinen eingebettet sind und sich damit der Aufmerksamkeit des Anwenders bzw. der Anwenderin selbst entziehen. Video erlaubt zudem bedeutsame Einblicke in die Art und Weise, wie Benutzer bzw. Benutzerin mit Produkten umgehen – Beobachtungen die für deren Entwicklung und Verbesserung großen Wert besitzen und nicht angewiesen sind auf (häufig nicht verfügbare) sprachliche Beschreibungen.

Zum Zweck der Daten*präsentation* können Videoaufnahmen ganzheitliche Bilder komplexer Lebenswelten darbieten. Die Erstellung solcher ›konzentrierter‹ Demonstrationsvideos beruht dabei auf einer vorangehenden detaillierten ethnographischen Erforschung, etwa verschiedener Konsummilieus und deren Typologisierung. Auf dieser Grundlage können Videosequenzen kondensiert visuelle Studienergebnisse repräsentieren – in analoger Weise zu den von Geertz (2000) ›dichte Beschreibung‹ genannten textförmigen Ergebnissen ethnographischer Forschung.

Die Hauptvorteile von Videodaten für die Marktforschung liegen also vor allem in ihrem Zugriff auf die ›natürlichen‹ Alltagskontexte. Video erlaubt Einblicke in die kleinen Lebenswelten der KonsumentInnen und gibt Material an die Hand, mit dem sich etwa visualisieren lässt, wie bestimmte Lebensstile *aussehen*. Wie Schmid (2006) betont, handelt es sich dabei allerdings um eine sehr voraussetzungsvolle Forschungsmethode. Deren Herausforderung besteht nicht nur in den technischen, zeitlichen und finanziellen Ressourcen. Die Anfertigung von brauchbaren Videodaten, deren Selektion, Aufbereitung und Präsentation erfordert neben sozialwissenschaftlichen Methodenkenntnissen ebenfalls die Fachkenntnisse professioneller VisualisierungsexpertInnen.

Die Videographie stellt deswegen für die qualitative Marktforschung ein sicherlich eher kostspieliges Analyseverfahren dar.

7 Literatur

Aufschnaiter, Stefan von/Welzel, Manuela (Hrsg.) (2001): Nutzung von Videodaten zur Untersuchung von Lehr- und Lernprozessen. Münster: Waxmann.
Ayaß, Ruth (1997): Die kleinen Propheten des ›Worts zum Sonntag‹. In: Zeitschrift für Soziologie, 26, 3, 222-235.
Banks, Marcus/Morphy, Howard (1997): Rethinking Visual Anthropology. New Haven: Yale.
Bergmann, Jörg (1985): Flüchtigkeit und methodische Fixierung sozialer Wirklichkeit. In: Bonß, Wolfgang/Hartmann, Heinz (Hrsg.): Entzauberte Wissenschaft (Soziale Welt, Sonderband 3), Göttingen: Schwartz, 299-320.
Bergmann, Jörg/Luckmann, Thomas/Soeffner, Hans-Georg (1993): Erscheinungsformen von Charisma - Zwei Päpste. In: Gebhardt, Winfried/Zingerle, Arnold/Ebertz, Michael N. (Hrsg.): Charisma - Theorie, Religion, Politik. Berlin/New York: De Gruyter, 121-155.
Davies, Charlotte Aull (1999): Using Visual Media. In: Davies, Charlotte Aull (ed.): Reflexive Anthropology, London, New York: Routledge, 117-135.
Denzin, Norman K. (2000): Reading Film - Filme und Videos als sozialwissenschaftliches Erfahrungsmaterial. In: Flick, Uwe/v. Kardoff, Ernst/Steinke, Ines (Hrsg.): Qualitative Forschung. Ein Handbuch. Reinbek bei Hamburg: Rowohlt, 416-428.
Emmison, Michael J./Smith, Philip D. (2000): Researching the Visual. London: Sage.
Englisch, Felicitas (1991): Bildanalyse in strukturalhermeneutischer Einstellung. Methodische Überlegungen und Analysebeispiele. In: Garz, Detlef/Kraimer, Klaus (Hrsg.): Qualitativ-empirische Sozialforschung. Opladen: Westdeutscher, 133-176.
Finn, Kathleen E./Sellen, Abigail J./Wilbur, Sylvia B. (eds.) (1997): Video-Mediated Communication. Mahwah: Erlbaum.
Fiske, John: (1998): Surveilling the City. Whiteness, the Black Man and Democratic Totalitarianism. In: Theory, Culture and Society, 15, 2, 67-88.
Fyfe, Nicholas R. (1999, Hrsg.): Images of the Street. Planning, Identity and Control in Public Space. London, New York: Routledge.
Geertz, Clifford (2000): The Interpretation of Cultures. New York: Basic Books.
Goffman, Erving (1961): Encounters (German: 1973). Indianapolis: Bobbs-Merrill.
Goffman, Erving (1967): Interaction Ritual. Essays on Face-to-Face Behavior. Garden City: Doubleday.
Goffman, Erving (1971): Relations in Public. New York: Basic Books.
Goodwin, Charles/Goodwin, Marjorie Harness (1996): Seeing as Situated Activity: Formulating Planes. In: Engeström, Yrjö/Middleton, David (eds.): Cognition and Communication at Work. Cambridge: Cambridge University Press, 61-95.
Gottdiener, Mark (1979): Field Research and Video Tape. In: Sociological Inquiry, 49, 4, 59-66.
Grimshaw, Allen D. (1982): Sound-Image Data Records for Research on Social Interaction: Some Questions Answered. In: Sociological Methods and Research, 11, 2, 121-144.

Günthner, Susanne/Knoblauch, Hubert (1994): ›Forms are the food of faith‹. Gattungen als Muster kommunikativen Handelns. In: Kölner Zeitschrift für Soziologie und Sozialpsychologie, 4, 693-723.

Hahn, Johann G. (1991): Die Bedeutung des kleinsten Details. Bausteine zur analytischen Interpretation sich bewegender Bilder. In: Kuhn, Michael (Hrsg.): Hinter den Augen ein eigenes Bild. Film und Spiritualität. Zürich: Benziger, 91-132.

Heath, Christian (1986): Body Movement and Speech in Medical Interaction. Cambridge: Cambridge University Press.

Heath, Christian (1997): The Analysis of Activities in Face to Face Interaction Using Video. In: Silverman, David (ed.): Qualitative Research. Theory, Method, and Practice, London: Sage, 183-200.

Heath, Christian und Hindmarsh, Jon (2002): Analysing Interaction: Video, Ethnography and Situated Conduct. In: Tim, May (ed.): Qualitative Research in Action. London: Sage, 99-121.

Heath, Christian/Luff, Paul/Knoblauch, Hubert (2004): Tools, Technologies and Organizational Interaction: The Emergence of the ›Workplace Studies‹. In: Grant, D./Hardy, C./Oswick, C./Putnam, L. (eds.): The Sage Handbook of Organizational Discourse. London: Sage, 337-358.

Heßler, Martina (2005): Bilder zwischen Kunst und Wissenschaft. In: Geschichte und Gesellschaft, 31, 266-292.

Holliday, Ruth (2000): We've been Framed: Visualizing Methodology. In: Sociological Review, 48, 4, 503-521.

Irion, Thomas (2002): Einsatz von Digitaltechnologien bei der Erhebung, Aufbereitung und Analyse multicodaler Daten. In: Forum Qualitative Sozialforschung/Forum: Qualitative Social Research [Online Journal], 3, 2, [61 Absätze].

Jordan, Brigitte/Henderson, Austin (1995): Interaction Analysis: Foundations and Practice. In: Journal of the Learning Sciences, 4, 1, 39-103.

Keppler, Angela (1985): Präsentation und Information. Zur politischen Berichterstattung im Fernsehen. Tübingen: Narr.

Kindberg, Tim/Spasojevic, Mirjana/Fleck, Rowannne/Sellen, Abigail (2004): How and Why People Use Camera Phones. In: HP Laboratories Technical Report HPL-2004-216.

Knoblauch, Hubert (1999): Die Rhetorik amerikanischer Radiohörer-Telefonate während des Golfkriegs. In: Bergmann, Jörg/Luckmann, Thomas (Hrsg.): Kommunikative Konstruktion von Moral. Band 1: Struktur und Dynamik der Formen moralischer Kommunikation. Opladen: Westdeutscher Verlag, 61-86.

Knoblauch, Hubert (2000): Workplace Studies und Video. Zur Entwicklung der Ethnographie von Technologie und Arbeit. In: Götz, Irene/Wittel, Andreas (Hrsg.): Arbeitskulturen im Umbruch. Zur Ethnographie von Arbeit und Organisation. Münster, New York, München, Berlin: Waxmann, 159-173.

Knoblauch, Hubert (2001): Fokussierte Ethnographie. In: Sozialer Sinn, 1, 123-141.

Knoblauch, Hubert (2006): Videography. Focused Ethnography and Video Analysis. In: Knoblauch, Hubert/Schnettler, Bernt/Raab, Jürgen/Soeffner, Hans-Georg (Hrsg.): Video Analysis - Methodology and Methods. Qualitative Audiovisual Data Analysis in Sociology, Frankfurt am Main et al.: Lang, 69-83.

Knoblauch, Hubert/Raab, Jürgen (2001): Genres and the Aesthetics of Advertisement Spots. In: Kotthoff, Helga/Knoblauch, Hubert (Hrsg.): Verbal Art across Cultures. The Aesthetics and Proto-Aesthetics of Communication. Tübingen: Gunter Narr, 195-222.

Knoblauch, Hubert/Schnettler, Bernt/Soeffner, Hans-Georg/Raab, Jürgen (eds.) (2006): Video Analysis - Methodology and Methods. Qualitative Audiovisual Data Analysis in Sociology. Frankfurt am Main et al.: Lang.

Koch, Sabine C./Zumbach, Jörg (2002): The Use of Video Analysis Software in Behavior Observation Research: Interaction Patterns of Task-Oriented Small Groups. In: FQS, 3, 2.

Koskinen, Ilpo (2004): Seeing with Mobile Images: Towards Perpetual Visual Contact. http://www.fil.hu/mobil/2004/Koskinen_webversion.pdf.

Lomax, Helen/Casey, Neil (1998): Recording Social Life: Reflexivity and Video Methodology. In: Sociological Research Online, 3, 2.

Luckmann, Thomas (1988): Kommunikative Gattungen im kommunikativen Haushalt einer Gesellschaft. In: Smolka-Kordt, Gisela/Spangenberg, Peter M./Tillmann-Bartylla, Dagmar (Hrsg.): Der Ursprung der Literatur. München: Fink, 279-288.

Luff, Paul/Hindmarsh, Jon/Heath, Christian (eds.) (2000): Workplace Studies. Recovering Work Practice and Informing System Design. Cambridge: Cambridge University Press.

Mittenecker, Erich (1987): Video in der Psychologie. Methoden und Anwendungsbeispiele in Forschung und Praxis. Bern: Huber.

Okabe, Daisuke (2004): Emergent Social Practices, Situations and Relations through Everyday Camera Phone Use. In: Paper presented at Mobile Communication and Social Change, the 2004 International Conference on Mobile Communication in Seoul, Korea, October 18-19.

Pink, Sarah (2001): More Visualising, More Methodologies: On Video, Reflexivity and Qualitative Research. In: Sociological Review, 49, 1, 586-599.

Raab, Jürgen (2001): Medialisierung, Bildästhetik, Vergemeinschaftung. Ansätze einer visuellen Soziologie am Beispiel von Amateurclubvideos. In: Knieper, Thomas/Müller, Marion G. (Hrsg.): Kommunikation visuell. Das Bild als Forschungsgegenstand - Grundlagen und Perspektiven. Köln: Halem, 37-63.

Raab, Jürgen (2002): ›Der schönste Tag des Lebens‹ und seine Überhöhung in einem eigenwilligen Medium. Videoanalyse und sozialwissenschaftliche Hermeneutik am Beispiel eines professionellen Hochzeitsvideofilms. In: sozialer sinn, 3, 469-495.

Raab, Jürgen/Tänzler, Dirk (1999): Charisma der Macht und charismatische Herrschaft. Zur medialen Präsentation Mussolinis und Hitlers. In: Honer, Anne/Kurt, Roland/Reichertz, Jo (Hrsg.): Diesseitsreligion. Zur Deutung der Bedeutung moderner Kultur. Konstanz: UVK, 59-77.

Raab, Jürgen/Tänzler, Dirk (2006): Video-Hermeneutics. In: Knoblauch, Hubert/Schnettler, Bernt/Raab, Jürgen/Soeffner, Hans-Georg (eds.): Video Analysis. Methodology and Methods. Qualitative Audivisual Analysis in Sociology. Wien et al.: Lang, 85-97.

Rammert, Werner/Schubert, Cornelius (2006, Hrsg.): Technographie. Zur Mikrosoziologie der Technik. Frankfurt am Main: Campus.

Rose, Diana (2000): Analysis of Moving Pictures. In: Bauer, Marti W./Gaskell, George (eds.): Qualitative Researching with Text, Image, and Sound. A Practical Handbook. London: Sage, 246-262.

Schmid, Sigrid (2006): Video Analysis in Qualitative Market Research – from Viscous Reality to Catchy Footage. In: Knoblauch, Hubert/Schnettler, Bernt/Raab, Jürgen/Soeffner, Hans-Georg (Hrsg.): Video Analysis. Methodology and Methods. Frankfurt am Main: Lang, 191-201.

Schnettler, Bernt (2001): Vision und Performanz. Zur soziolinguistischen Gattungsanalyse fokussierter ethnographischer Daten. In: sozialer sinn. Zeitschrift für hermeneutische Sozialforschung, 1, 143-163.

Schubert, Cornelius (2006): Die Praxis der Apparatemedizin. Ärzte und Technik im Operationssaal. Frankfurt am Main: Campus.
Schubert, Cornelius (2008): Videographic Elicitation Interviews. In: Kissmann, Ulrike T. (ed.): Video Interaction Analysis. Berlin, New York: Lang (im Druck).
Selting, Margret/Auer, Peter/Barden, Birgit/Bergmann, Jörg/Couper-Kuhlen, Elizabeth/Günthner, Susanne/Meier, Christoph/Quasthoff, Uta/Schlobinski, Peter/Uhmann, Susanne (1998): Gesprächsanalytisches Transkriptionssystem (GAT). In: Linguistische Berichte, 173, 91-122.
Silverman, David (2005): Instances or Sequences? Improving the State of the Art of Qualitative Research. In: Forum Qualitative Sozialforschung/Forum: Qualitative Social Research [Online Journal], 6, 3, Art. 30, availiable at: http://www.qualitative-research.net/fqs-texte/3-05/05-3-30-e.htm.
Soeffner, Hans-Georg (2004): Auslegung des Alltags - Der Alltag der Auslegung. Zur wissenssoziologischen Konzeption einer sozialwissenschaftlichen Hermeneutik. 2. durchgeseh. u. erg. Ausg. Konstanz: UVK.
Strübing, Jörg (2004): Grounded Theory. Zur sozialtheoretischen und epistemologischen Fundierung des Verfahrens der empirisch begründeten Theoriebildung. Wiesbaden: VS-Verlag für Sozialwissenschaften.
Südmersen, Ilse M. (1983): Hilfe, ich ersticke in Texten! Eine Anleitung zur Aufarbeitung narrativer Interviews. In: Neue Praxis, 3, 294-306.
vom Lehn, Dirk (2006): Die Kunst der Kunstbetrachtung: Aspekte einer Pragmatischen Ästhetik in Kunstausstellungen. In: Soziale Welt (im Druck).

Nicole Hoffmann

Weblogs als Medium der qualitativen Marktbeobachtung und -forschung

1 Problemaufriss 603
2 Corporate Blogging zwischen Marketing und Marktforschung 605
3 Beispiele und Instrumente 607
4 Trendmonitor oder Schnüffeldienst? 611
5 Literatur 614

1 Problemaufriss

In den letzten Jahren haben sich die „Weblogs" in rasantem Aufstieg als neues Medienformat der computergestützten Information und Kommunikation etabliert. Zunächst vor allem als privater Publikationskanal oder als basisdemokratisches Politsprachrohr diskutiert, haben inzwischen auch Wirtschaftsunternehmen sowie Non-Profit-Organisationen großes Interesse an den Marketing- und Management-Potenzialen der Weblogs entwickelt.

So machte bspw. der 10. Hamburger Trendtag die Weblogs als ein „interessantes, zukunftsträchtiges Phänomen" aus. Weiter war dort zu hören: „Auch wenn Trendforscher Peter Wippermann die Investitionen von 60 Millionen Dollar für die Blogging-Industrie verglichen mit den 19,9 Milliarden Dollar, die vor Jahren in die Dotcoms geflossen sind, als ‚gar nichts' taxiert, findet er doch, dass Blogging für die Unternehmenskommunikation genutzt werden müsse" (Wohllaib 2005). David Bosshard vom Gottlieb-Duttweiler-Institut Zürich konstatierte in diesem Zusammenhang: „In einer wachsend unverständlichen Welt ist der persönliche Kommentar eines Unternehmenschefs in einem Blog wichtiger als irgendein Strategiepapier" (Wohllaib 2005).

Die Diskussionen schwanken häufig zwischen Furcht und Euphorie: Manche Institutionen haben das Gefühl, „in die Mangel der Blogger gekommen" zu sein (Holzapfel 2006); andere feiern die Weblogs als „heimliche Medienrevolution" (Möller 2005), als „soziale Rückeroberung des Netzes" (Eigner et al. 2003) oder eben auch als „Marketing der Zukunft" (Horx 2006).

Dabei sind die „Web-Logs", also netzbasierte Log- oder Tagebücher (kurz „Blogs" genannt), über die so kontrovers debattiert wird, technisch betrachtet zunächst nichts anderes als eine besondere Art von personalisierter Homepage für jeglichen Inhalt, wobei die Beiträge in periodisch aktualisierter Form erscheinen. „An sich", resümiert Lohmöller (2005, 222), seien Blogs „schrecklich langweilig, aber so unglaublich nützlich wie Tesafilm". Diese „Nützlichkeit" ergibt sich aus einer spezifischen Koppelung von Funktionalitäten der Präsentation, der Kommunikation sowie vor allem der Vernetzung. Zu den blog-typischen Optionen gehören u. a.: *Kommentarfunktionen*, die es erlauben, sofort persönlich auf einen bestimmten Beitrag eines Blogs mit einem eigenen Eintrag zu reagieren; *Selektionseinstellungen*, die für Gliederung und Sortierung in Form von thematischen Rubriken, Kalendern oder Suchmasken sorgen; *„Feeds"*, die es den Lesenden ermöglichen, stets über Neuigkeiten auf einem Blog informiert zu werden, ohne die Seite immer wieder selbst durchsuchen zu müssen; *„Permalinks"*, die punktgenauen Zugriff auf jeden einzelnen Beitrag bieten; *„Trackbacks"*, die den Nachvollzug von Diskussionssträngen auch über verschiedene Blogs hinweg gewährleisten (Schmidt 2006, Hoffmann 2006a). „Dabei kombiniert ihre spezifische Kommunikationsarchitektur Elemente der persönlichen Homepage und des Diskussionsforums, was ein dicht gespanntes Netzwerk von hypertextuellen und sozialen Verknüpfungen ermöglicht, die man auch als ‚Blogosphäre' bezeichnet" (Schmidt/Schönberger/Stegbauer 2005, 1).

Mit der Ausschöpfung der unterschiedlichen technikbasierten sozialen Möglichkeiten dieses Formates hat sich in den letzten Jahren mit hoher Rasanz eine heute bereits unüberschaubare Szene entwickelt. Umfasste die Blogosphäre den Schätzungen der US-amerikanischen Medienberatungsfirma Perseus zufolge im April 2005 „31.6 million hosted blogs" (Perseus 2005), ermittelte der Medienbeobachter Sifry für April 2007 folgende Zahlen: „Technorati is now tracking over 70 million weblogs, and we're seeing about 120,000 new weblogs being created worldwide each day. That's about 1.4 blogs created every second of every day" (Sifry 2007).

Innerhalb des weiten Raums der Blogosphäre haben sich inzwischen viele Spielarten und Untergruppierungen entwickelt. So finden sich - nach ergänzenden Medien differenziert - Blogs mit Photos (Phlogs), mit Videos (Vlogs) bzw. mit Audio-Dateien (vgl. Podcasts) oder Blogs, die von der Nutzung mobiler Endgeräte gespeist werden (Moblogs). Weiterhin werden u. a. die Formen der individuellen, sehr persönlichen, oftmals von Jugendlichen betriebenen „Tagebücher" unterschieden von Weblogs mit juristischen Inhalten (Blawgs), Seiten, die der Berichterstattung aus Kriegs- und Krisengebieten dienen (Warblogs), Weblogs, die in Bildungsprozessen eingesetzt werden (Edu-Blogs), Blogs, die sich eine kritische Berichterstattung über bestimmte Unternehmen, Organisationen bzw. Personen auf die Fahnen geschrieben haben (Watchblogs), sowie sog. „Corporate Blogs" (auch Firmen- oder Business-Blogs genannt), welche von Unternehmen bzw. Institutionen im eigenen Interesse unterhalten werden.

Für den vorliegenden Kontext soll in Abschnitt 2 zunächst der Sektor der Corporate Blogs genauer in den Blick genommen werden. Dabei wird deutlich, dass den Blogs – neben den die Diskussion dominierenden Möglichkeiten des Marketings – verschiedene, sehr spezifische Potenziale für eine Marktbeobachtung in Bezug auf Kundschaft und Konkurrenz inne wohnen. Das dritte Teilkapitel illustriert einige der sich abzeichnenden Optionen anhand von Beispielen und führt dazu eine Auswahl an Online-Instrumenten auf. Abschließend werden in Abschnitt 4 erste Befunde zu Chancen und Risiken des Einsatzes von Weblogs in einer qualitativen Marktforschung angesprochen. Da es sich um ein relativ junges, mit hoher Entwicklungsdynamik versehenes Phänomen handelt, kann noch keine umfassende, empirisch fundierte Leistungsbilanz vorgelegt werden. Ziel des Beitrags ist es vielmehr, erste Konturen im Hinblick auf Verortung, Typik, Einsatzfelder und Grenzen nachzuzeichnen.

2 Corporate Blogging zwischen Marketing und Marktforschung

Der Bereich des Corporate Blogging ist selbst wiederum kein einheitliches Feld. So zeigt sich etwa eine hohe Varianz im Hinblick auf die sich beteiligenden Nationen bzw. Kulturen (Röttger/Zielmann 2006, Scoble/Israel 2006). Hierunter sind es vor allem die USA, die den Zug des Business- bzw. Marketing-Bloggens anführen. Auf dem US-amerikanischen Buchmarkt ist inzwischen eine Vielzahl von einschlägigen Titeln auf hohen Verkaufsrangplätzen zu finden, so z.B. „Blog Marketing. The revolutionary new method to increase sales, growth, and profits", „Blogwild! A Guide for Small Business Blogging", „The New Rules of Marketing and PR: How to Use News Releases, Blogs, Podcasting, Viral Marketing and Online Media to Reach Buyers Directly" oder „Publish and Prosper. Blogging for Your Business".

Im Gegensatz dazu bilanziert Martin Nitsche, Geschäftsführer der Hamburger Marketingagentur Proximity: „Corporate Blogging steckt in Deutschland noch in den Kinderschuhen. Von Unternehmen in Deutschland werden Weblogs, wenn überhaupt, noch sehr vorsichtig und abwartend beobachtet. Erste sinnvolle Einsatzmöglichkeiten werden vereinzelt geprüft, konkrete Umsetzungen existieren jedoch bisher kaum. Die Entscheider der Unternehmen beurteilen die zukünftige Bedeutung des Corporate Blogging sehr zurückhaltend" (Proximity 2005, 5). Auch nach 2005 ist im deutschsprachigen Raum weiterhin eine eher zurückhaltende bzw. ambivalente Einstellung Business-Blogs gegenüber zu konstatieren (vgl. Knüwer 2007; Zerfaß/Bogosyan 2007 oder die Diskussionen auf dem Blog von Matthias Schwenk; Ausnahmen u.a. http://www.top100-business-blogs.de/top100/tops, http://www.deutscheblogcharts.de, http://www.best-practice-business.de). Abbildung 1 gibt einen Überblick über die von Proximity identifizierten möglichen Einsatzbereiche des Corporate Blogging.

Eine andere Systematisierung, die primär an den Funktionen orientiert ist, legt Röll (2003) vor. Ihm zufolge lassen sich Weblogs in Unternehmen einsetzen als

- Content-Management-System zur Verwaltung von Inhalten auf Websites,
- „Schwarzes Brett" zur Unterstützung der Kommunikation und des Dokumentaustauschs in Teams,
- Marketinginstrument zur Kommunikation mit Internetusern und
- Instrument im Wissensmanagement.

Diese Differenzierung wird von Zerfaß (2005, 4) ergänzt um die Frage, ob Blogging eher der *Information* (Wissensvermittlung), der *Persuasion* (Themen besetzen, Image bilden, Verträge unterstützen) oder der *Argumentation* (Beziehungen pflegen, Konflikte lösen) dient. Er spannt damit eine Matrix auf, die acht unterschiedliche Blog-Varianten im Feld des unternehmerischen Handelns anordnet: Knowledge-Blogs, Service-Blogs, Campaigning-Blogs, Chief-Executive-Officer-Blogs (CEO-Blogs), Product-Blogs, Collaboration-Blogs, Customer-Relationship-Blogs und Crisis-Blogs.

Abbildung 1: Einsatzgebiete im Bereich des Corporate Blogging (nach Proximity 2005, 39)

Unternehmen	Umfeld
Intern	*Pull*
▪ Culture Blogs	▪ Zielgruppen-Insights
▪ Collaboration Blogs	▪ Trend-/Themenbeobachtung
▪ Knowledge Blogs	▪ Marken-/Produktimageanalyse
Extern	*Push*
▪ Relationship/ Information Blogs	▪ Aktive Stellungnahme
▪ Branding Blogs	▪ Reaktion auf Fragen
▪ Sales Blogs	▪ Blog Sponsoring
	▪ Dialoge etablieren

Weiter differenzierend werden in der deutschsprachigen Forschung zum Thema Corporate Blogging vor allem die folgenden Aspekte aufgegriffen.

- Gefragt wird nach angemessenen Modellen des Verständnisses von computergestützten Kommunikationsprozessen in bzw. mit Organisationen (Schmidt 2006), wobei neben grundlegenden Aspekten dabei vermehrt auf Techniken, Vorgehensweisen und Varianten des Einsatzes von Blogs im Umfeld von Unternehmen geachtet wird (vgl. Klein 2006, Eck 2007, evolaris 2007, Wolff 2007).

- Einen weiteren umfangreichen Zweig bilden Instrumente und Konzepte des Wissensmanagements, einschließlich der Frage nach den AutorInnenrechten bzw. notwendigen Neugestaltungen der Lizensierung (Lehmann/Schetsche 2005, Röll 2006, Hoffmann 2006b).

- Den Zusammenhang von Weblogs und „Issues Management" thematisieren bspw. Röttger und Zimmermann (2006, 33f.) im Kontext eines „Bedarfs von Organisationen nach Orientierungswissen und entscheidungsrelevanten Informationen" angesichts komplexer Umweltbedingungen und sich verändernder Kommunikationsmonopole im Informationszeitalter.

- „Issues Management" im Sinne eines Reputationsmanagements greifen Eck und Pleil (2006) auf, wobei die Gestaltbarkeit des Vertrauens von Mitarbeitenden, KundInnen, InvestorInnen und auch NGOs zu den unternehmerischen Praktiken in den Blick genommen wird.

- Im Anschluss an die sich vor allem in den USA etablierende Praxis von Führungskräften (Stichwort: CEO-Blogs) und MitarbeiterInnen, die selbst firmenbezogene Blogs betreiben (sollen), wird überdies nach den Chancen und Risiken einer Personalisierung der organisationalen Online-Kommunikation gefahndet (Zerfaß/Sandhu 2006).

- Vermehrt wird auch nach der Wirkung bzw. der Rezeption, dem NutzerInnenverhalten und auch der Glaubwürdigkeit von (Corporate) Blogs gefragt (vgl. Zerfaß/Bogosyan 2007, Eck 2007, Schwarzer/Sarstedt/Baumgartner 2007).

Charakteristisch ist dabei oftmals ein Aufweichen der Grenzen zwischen den Feldern Marketing, Customer Relations Management sowie Marktforschung, -beobachtung und -prognose. So wählen Scoble und Israel (2006) in ihrem programmatischen Ansatz zur Nutzung von Weblogs den Begriff des „conversational marketing" - verstanden als Chance einer durch eine Beteiligung an der Blogosphäre öffentlich demonstrierten, auf Dauer angelegten, transparenten und hoch flexiblen Gesprächsbereitschaft eines Unternehmens und seiner Mitarbeitenden. Es geht demnach nicht nur um die Vermarktung einer Firma, eines Produktes oder einer Marke via Online-Präsenz, sondern um die forscherische Betrachtung des Geschehens im Netz bzw. der Rückmeldungen, die auf dem Wege der spezifischen Weblog-Features möglich wird. Ist insbesondere die qualitative Marktforschung darum bemüht, Märkte und Marktbeeinflussungsmöglichkeiten, darunter Absatz- und Beschaffungsmärkte, innerbetriebliche Vorgänge sowie die Konkurrenz systematisch zu erfassen (vgl. Böhler 1992), so erhält sie mit den Weblogs ein Vehikel, das ihr prinzipiell Zugang zu all diesen Bereichen gewähren kann.

Die Doppeldeutigkeit der lakonischen Definition „Marktforschung ist dann qualitativ, wenn man mit den Ergebnissen nicht rechnen kann" (Kaiser 2004) gewinnt hierbei allerdings an Schärfe, denn die Antwort- und Auswertungsspielräume sind beträchtlich.

3 Beispiele und Instrumente

Ein offensives Beispiel für die Strategie des „conversational marketing" bzw. der grundsätzlichen Öffnung der Antwortspielräume ist das Weblog der Kelterei Walther (http://www.walthers.de/blogs/). Unter der Überschrift „Der Walther Saftblog - Trinkt mehr Obst!" heißt es dort:

Nicole Hoffmann

„Sprechen wir darüber! Früher war alles viel besser. Früher stand der Chef noch auf dem Hof und unterhielt sich mit seinen Kunden. Viele kannte er sogar mit Namen. Und im Gespräch wurden Kritik, Anregungen und auch Lob unmittelbar ausgetauscht. Heute führt man kein Gespräch mehr mit seinen Kunden, sondern ist mit Ihnen im Dialog, wie es neudeutsch heißt. Aber besser im Dialog, als gar nicht mehr im Gespräch. Mit dem Weblog wollen wir noch mehr Menschen am Leben und Arbeiten in der Kelterei Walther teilnehmen lassen. Auch wenn ein Weblog den persönlichen Kontakt nicht ersetzen kann, ist es der einfachste und direkteste Weg, mit der Geschäftsführung und dem Team der Walther's [sic!] zu kommunizieren oder Meinungen, Erfahrungen und Wissenswertes untereinander auszutauschen. Wir freuen uns auf ein neues Gespräch mit Ihnen!"

Auf den ersten Blick mag diese Seite primär als hausgemachter Internetauftritt mit der Funktion eines Werbeträgers erscheinen. Auch wenn der Link zum Waltherschen Online-Shop nicht fehlt, so erweist sich die Seite bei näherer Betrachtung durchaus auch als mögliche qualitative Informationsquelle aus der Sicht der Firma. Das Blogtypische daran ist jedoch die Form des punktuellen „Ins-Gespräch-Kommens", d.h. eben nicht die direkte Abfrage von Kundenbedürfnissen oder Meinungen zum Produkt. So postet das Walther-Team etwa eigene Fotos von den blühenden, Frucht tragenden, auch kranken Apfelbäumen, Fundstücke zum Thema Obst aus anderen Medien, scherzhafte Zitate, eine Videosequenz aus der Produktion, Veranstaltungshinweise, Begebenheiten aus dem Verkaufsgeschehen, einen Schnappschuss, der einen Praktikanten bei der Reinigung einer Zufahrt zeigt - alles versehen mit oftmals augenzwinkernden, persönlich gehaltenen und alltäglichen Kurztexten. Und ein Echo bleibt nicht aus: Viele Einträge werden von Externen - KundInnen oder auch Bekannten - über die Kommentarfunktion für alle LeserInnen sichtbar bemerkt, ergänzt, diskutiert. Zuweilen entspinnen sich kleine Dialoge, da „Walther" rasch antwortet bzw. auch selbst Fragen stellt. Unter funktionaler Perspektive der Marktforschung gesehen, erfahren die Walthers dabei Allerlei über die Herkunft, die Interessen, die Vorlieben und die Abneigungen Ihrer (potentiellen) KundInnen bzw. der BesucherInnen ihres Blogs.

Insbesondere größere Firmen sichten und systematisieren diese über den sog. „Traffic" auf dem Firmenblog eingehenden Daten; so etwa die Volkswagen AG in Kalifornien oder zeitweilig Ford Motors Europa (Scoble/Israel 2006, Röttger/Zielmann 2006). Dies scheint jedoch im deutschen Sprachraum bislang noch eher die Ausnahme zu sein.

Neben diesem aktiven Weg, im Sinne des Push-Prinzips, steht die Blogosphäre aber auch für eine non-reaktive Sichtung des Netzes, für einen Daten-Pull, offen. Hierbei können drei Varianten unterschieden werden (vgl. Röttger/Zielmann 2006, Eck/Pleil 2006): 1. ein eher induktives *„Scanning"*, also eine ad-hoc-Abfrage, inwiefern bestimmte Stichworte in der bloggenden Community aktuell Konjunktur haben, 2. ein *„Selfmade-Monitoring"*, wenn etwa eine Liste der für ein Thema relevanten Blogs punktuell zusammengestellt und das Ergebnis analysiert wird, und 3. ein *„systematisches Monitoring"* als eine institutionalisierte Beobachtung - ggf. auf der Basis von semantischen Katalogen - über einen längeren Zeitraum hinweg.

Weblogs als Medium der qualitativen Marktbeobachtung und -forschung

Um sich, auch ohne selbst ein Weblog zu betreiben, einen mehr oder weniger ausführlichen Überblick über die Geschehnisse in der Blogosphäre zu verschaffen, stehen verschiedene Wege zur Verfügung. Neben kommerziellen Monitoring-AnbieterInnen, die primär für die systematische Variante mit großem Umfang in Frage kommen, gibt es mehrere kosten-, wenn auch nicht immer werbefreie, Angebote. Allerdings wird hier oftmals noch mit Beta-Versionen gearbeitet; auch kommen manche Dienste ob der riesigen Datenmengen zum Teil noch ins Schwimmen. Eine Marktführerschaft eines Systems der Weblog-Beobachtung ist zum jetzigen Zeitpunkt nicht auszumachen.

Bei speziell bzw. überwiegend auf Weblogs ausgerichteten Suchmaschinen oder den Services von Providern können Internetnutzende direkt den Namen eines Produktes, einer Firma oder ein sonstiges Stichwort eingeben. Angezeigt werden dann bspw. die statistischen Häufigkeiten der Begriffe. Anhand von Rankings werden jene Themen ausgemacht, die in der Szene gerade intensiv diskutiert werden. Noch überwiegend englischsprachige Werkzeuge dafür sind u.a.:

- http://www.blogpulse.com („BlogPulse is a window into the blogosphere … open it daily to discover the people, issues, blogs, posts, commentaries, tidbits and news that bloggers are discussing."),

- http://blogsearch.google.com, auch mit Oberfläche nach Blogger-Art: http://search.blogger.com oder in deutscher Sprache: http://blogsearch.google.de („Blog Search is Google search technology focused on blogs. Google is a strong believer in the self-publishing phenomenon represented by blogging, and we hope Blog Search will help our users to explore the blogging universe more effectively, and perhaps inspire many to join the revolution themselves."),

- http://www.bloglines.com (kostenlos, aber anmeldepflichtig, auch in deutscher Sprache: „Bloglines ist ein Fenster zu einer gänzlich neuen Welt von dynamischen Inhalten, die über das neue „live" Web erstellt und verbreitet werden. Sie können Ihre eigenen persönlichen Nachrichtenseiten erstellen, die aus einem Index von mehreren Millionen Live Internet Content Feeds auf Ihre ganz persönlichen Interessen zugeschnitten sind, einschließlich Artikel, Blogs, Bildmaterial und Audio."),

- http://www.technorati.com („Currently tracking 42.8 million sites and 2.5 billion links. Technorati lets you search sites that update with extreme frequency, like blogs and news. Unlike other engines, our results are individual posts, so they're more specific."),

- http://blogmonitor.de (Die deutschsprachige Variante „Blogmonitor", als Nachfolger von „blogstats", befindet sich zurzeit noch im Auf- bzw. Umbau.).

Speziellere Beobachtungsvarianten sind zudem:

- http://www.blogcensus.net („The NITLE Blog Census - National Institute for Technology and Liberal Education - is an attempt to create and share a regularly updated database of all known weblogs. Our crawlers search the Web for weblogs, and attempt to categorize them by language and authoring tool."),

- http://www.mister-wong.de (auch für den deutschen Sprachraum; dort heißt es: „Europas größtes Portal seiner Art mit über 1,64 Millionen Nutzern (AGOF) pro Monat": „Bei Mister Wong werden diejenigen Websites als besonders gut bewertet, die von vielen Nutzern als Favoriten gespeichert werden. Dieser Trend nennt sich Social Bookmarking und ist eine gute Ergänzung zu klassischen Suchmaschinen"),

- http://www.lijit.com („When your readers search for information in real life, their first step is to typically seek out a friend for the answer. If their friend doesn't have the answer they need, someone in that friend's social network may. Eventually, they get an answer they trust, because it came from a source they trust. Your readers can now have that same experience on the web and it all starts with the source they trust. That source is you, the blog publisher."),

- http://www.urlfan.com („An evolving experiment designed to discover what websites the blogosphere is discussing all in real time. It does this by cultivating the content of thousands of RSS feeds and parsing billions of pieces of information."),

- http://www.seekport.de („Die Seekport Blog- und Newstracker sind das Barometer für die Aktivitäten der Blogger-Szene und die Nachrichtenlage der großen Medienhäuser. Im Newstracker wird eine Liste der aktuellen Top-Themen und eine Fieberkurven-Grafik angezeigt, die die Trends der Top-Themen über einen Zeitraum von drei Tagen darstellt. Im Blogtracker können Sie die Topthemen der Bloggerszene mit jenen aus den ‚klassischen' Nachrichten vergleichen."),

- http://www.talkdigger.com (englischsprachiger, anmeldepflichtiger Dienst, der nach laufenden Diskussionen zu gewünschten Themen auf der Basis mehrerer anderer Suchmaschinen sucht, in der Selbstbeschreibung: „The best way to find, follow and enter conversations of the Web.").

Wie die Ergebnisse einer Marktbeobachtung mit Instrumenten dieser Art im Detail ausfallen können, soll an einem weiteren Beispiel illustriert werden.

Für die Baumarktkette „Knauber" konnten im Rahmen einer Suche mit einem der o.g. Dienste folgende Blog-Fragmente aufgefundenen werden. Nico Lumma schrieb auf seinem viel gelesenen und intensiv verlinkten Blog „Lummaland" unter dem Titel „Knauberisiert" am 14.11.2005:

„Umzugsbedingt standen bei uns einige Ausflüge zum Baumarkt an, eine Sache, die mich ohne Ende nervt. Baumärkte sind riesig, haben wenig Personal, ein verwirrend umfangreiches Sortiment und alles, wovon ich nur 2 Stück brauche, kommt grundsätzlich im 10er-Pack daher. (...) Nun aber war es nicht mehr abzuwenden und wir fragten unseren Hausmeister nach einem Baumarkt in der Nähe. Er verwies auf Knauber (hier direkt verlinkt mit der Firma, A. d. V.), einen lokalen Markt hier im Rheinland. Der Markt befindet sich bei uns quasi um die Ecke, was ja schon mal gut ist. Seit unserem ersten Besuch waren wir dort etliche Male und ich bin ange-

fixt. Der Knauber ist riesig, wirkt ein wenig organisch gewachsen, hat enorm viele Mitarbeiter, die einem weiterhelfen, und ein ziemlich buntes Angebot. Vor allem hat Knauber nicht diese riesige Halle mit hohen Regalen, sondern ist überschaubar gehalten. Ein weiterer Vorteil ist die Spielzeugabteilung mit einem guten Brio-Sortiment, da finde ich immer etwas zu gucken. Man kann sogar eine einzelne Schraube kaufen, die man dann in eine kleine Papiertüte tut und selber den Stückpreis und die Anzahl draufschreibt. Da fühlte ich mich ein wenig wie in der guten alten Eisenwarenhandlung mit den vielen Schubladen, die es leider nicht mehr gibt. (...)"

Und die Kommentare auf seinem Blog geben einen relativ unverstellten Einblick in die Einschätzungen weiterer KundInnen. So heißt es dazu u.a.:

„Seit wir in Troisdorf (bei Bonn) wohnen, sind wir auch Knauber süchtig. Ich lege Ihnen die Knauber-Kundenkarte wärmstens ans Herz. Nach dem zehnten Besuch haben auch wir eingesehen, dass sich das lohnt" (Pia, 15.11.2005 - 10:29); „Man wächst da immer mehr rein. Und da du jetzt den Akkuschrauber hast, kann ich nur vorschlagen ein billiges Weinregal mit GANZ vielen Schrauben zu kaufen. Super. Was ein Spaß. So lernt man seinen Akkuschrauber lieben" (Oliver Thylmann, 16.11.2005 - 08:57); „Ich war knaubersüchtig, als ich von Bonn nach Lübeck zog! Und ich weiß, dass ich bald wieder bei Knauber einkaufen kann, wenn ich wieder zurück bin. Die Knaubermärkte hatten schon vor 10 Jahren, als noch gar nicht über Kundenservice nachgedacht wurde, diese positive Eigenart gehegt und gepflegt. Ich freu mich schon jetzt auf meinen ersten Einkauf bei denen, hinten in Endenich am Teller!" (Martina aka Lichtwesen, 21.11.2005 - 15:06).

Was in diesem Fall der positiven Äußerungen u.U. noch als Marginalie erscheint, kann in anderen Fällen durchaus zu Unternehmenskrisen führen. So geben Eck und Pleil die folgende Empfehlung im Hinblick auf die Frage, wann ein Blog-Monitoring sinnvoll sein kann: „Je stärker bestimmte Stakeholder das Handeln eines Unternehmens als Einschränkung empfinden und ja aktiver diese sind, desto mehr Aufwand sollte in das Blog-Monitoring investiert werden" (2006, 91).

Dies verdeutlicht bsph. der Ausschnitt einer Suche nach dem Stichwort „Müller-Milch" (Abbildung 2). Die kurze Recherche erbrachte 148 Treffer, wobei die erstplatzierten Nennungen von Kettenbriefen gegen Müller und Boykottaufrufen handeln. Auch wenn dies in den Postings selbst durchaus kontrovers diskutiert werden mag, wird klar, dass bereits ein punktuelles Scannen der Weblogs als ein Frühwarnsystem dienen kann. In der Literatur sind bereits diverse Markt- und Marketing-GAUs im Zusammenhang mit Weblogs dokumentiert (vgl. u.a. Schmidt 2006, Picot/Fischer 2006, Scoble/Israel 2006).

4 Trendmonitor oder Schnüffeldienst?

Allerdings ist die verdeckte Auswertung von Suchergebnissen zur Außenwahrnehmung eines Unternehmens oder Produktes - insbesondere in der Blogszene selbst - recht umstritten. Von „Schnüffeldiensten" ist u. a. im Hinblick auf jene DienstleisterIn-

Nicole Hoffmann

nen und BeraterInnen die Rede, die eine Beobachtung von Blogs kommerziell anbieten. Da die Blogosphäre maßgeblich von der Authentizität und der Personalisierung der Kommunikation lebt, reagiert sie zum Teil sehr streng auf eine faktische oder vermutete Instrumentalisierung. Dies hat auch mit ihren Wurzeln und ihrer noch immer vorherrschenden Verankerung in expliziten Non-Profit-Bereichen bzw. mit ihrem medialen Demokratisierungsanspruch zu tun (Hoffmann 2006a).

Abbildung 2: Beispiel einer Stichwortsuche über den Google-Dienst „Blogsearch" (04.06.06)

Außerdem stellt sich die Frage, ob ein Unternehmen überhaupt bereit ist, die entsprechenden Kapazitäten zur Verfügung zu stellen, die erforderlich sind, um die Menge an sehr heterogenen Kundeninformationen oder Trenddaten sinnvoll zu verwerten, um also die bloße Sammlung einzelner Indizien zu „Forschung" werden zu lassen. Zudem ist zu klären, ob eine Firma ggf. auch in der Lage ist, zeitnah auf mögliche Krisendiagnosen zu reagieren (vgl. auch Eck/Pleil 2006).

Darüber hinaus interessiert branchen- bzw. produktabhängig, ob die für eine eigene Marktforschung relevante Zielgruppe auf diesem Weg überhaupt zu erreichen ist bzw. auch zu Aktivitäten, wie posten oder kommentieren, neigt (vgl. u.a. den (N)ONLINER-Atlas 2007 von TNS Infratest 2007 oder die Blogstudie 2007 von Zerfaß und Bogosyan).

Ebenso ist das aktive Führen von firmeneigenen Blogs eine Gratwanderung. Die zu erlangende Aufmerksamkeit und der KundInnenkontakt können schnell in Desinteresse oder harsche Kritik umschlagen, sobald Gebote der Transparenz und des ehrlichen Engagement verletzt werden. So hat sich der Begriff des Fakeblogs (Flogs) etabliert, mit dem Seiten bezeichnet werden, die eben primär auf Produktvermarktung oder KundInnenaushorchung aus sind und die nicht dem Ideal der persönlichen und gleichberechtigten peer-to-peer Kommunikation entsprechen. Der schmale Grat, auf dem sich Corporate Blogs bewegen, wurde jüngst etwa am Beispiel des in der Blogosphäre kontrovers diskutierten Auftritts von Hape Kerkeling als Kultfigur Horst Schlämmer im Rahmen eines Branded-Entertainment-„Blogs" von VW deutlich.

So stehen den Weblog-Vorteilen der einfachen (reaktiven wie non-reaktiven) Handhabung ohne Spezialkenntnisse, der leichten Erreichbarkeit von KundInnen und anderen Stakeholdern, der flexiblen Handhabung, der raschen Reaktionsmöglichkeiten, des preiswerten Einsatzes, der intensiven Vernetzung mit persönlicheren Kontaktgelegenheiten und des schnellen Überblicks über die Szene insgesamt oder auch über Konkurrenzprodukte einige Schattenseiten gegenüber.

Wer sich genauer über einen konstruktiven Umgang mit den Grenzen und Risiken des Bloggens informieren will, kann dies - neben einem Rückgriff auf klassisch buchförmige Quellen (etwa Klein 2006, Wolff 2007) - wiederum auf entsprechenden Blogs tun, denn Transparenz und Selbstreflexivität gehören gerade zu den hervorstechenden Merkmalen der Szene. Hier geben die potentiellen KundInnen sogar selbst Empfehlungen für den angemessenen Umgang von Marketingfachleuten und Marktforschenden mit der Blogosphäre. So beantwortete etwa Patrick Breitenbach im Mai 2006 auf „BLOGDIPLOMATIE" (http://www.blogdiplomatie.de) die Frage „Wer braucht eigentlich schon Corporate Blogs?":

„Manchmal erhält man den Eindruck, als werden Blogs als das Nonplusultra der Unternehmenskommunikation angepriesen. (...) Was dabei jedoch oft übersehen wird, ist die Tatsache, dass die Revolution erst einmal ganz woanders stattfinden muss. Nämlich im Kopf und im Kern des Unternehmens. Wenn ein Unternehmen nicht dazu bereit ist, auch nur ansatzweise transparent nach außen hin zu kommunizieren, es also viel lieber über sich selbst und seine Produkte spricht, als die vielfältigen Interessen ihrer potenziellen Kunden wahrzunehmen und wertzuschätzen, dann kann auch die beste Blogsoftware der Welt keinen Kunden vorm Ofen hervorlocken. (...) Zusammengefasst bedeutet dies also, dass Unternehmen sich zunächst einmal von ihrer Ich-Bezogenheit verabschieden dürfen. Sie dürfen lernen ihre Kunden wahrzunehmen und ihre Interessen außerhalb des Unternehmen-Kundenverhältnisses wertzuschätzen und entsprechend zu bereichern. Die Menschen da draußen sind eben nicht nur die potenziellen Käufer meines Produktes, sie sind auch Sportler, Eltern, Spieler, Partylöwen, politische Aktivisten, Umweltschützer, ...eben Menschen und keine Kaufmaschinen."

So fällt eine Zwischenbilanz zu den Potenzialen des Bloggens im Kontext von Marktbeobachtung und -forschung ambivalent aus. Allzu hoch fliegende Hoffnungen von direkter KundInnennähe im Dialog, raschem, großflächigem Monitoring oder kostengünstiger Forschung ohne große Vorkenntnisse werden in der Praxis - zum Teil durchaus konstruktiv - geerdet. Vielmehr verweisen Einsatz bzw. Beobachtung von Weblogs jedoch auf grundlegende Probleme qualitativer Forschung in wirtschaftlichen Kontexten. In den Vordergrund rückt weniger die praktische Realisierbarkeit von methoden- und medientechnischen Optionen. Die Beschäftigung mit der Blogosphäre wirft stärker allgemeine Fragen auf: nach dem Selbstverständnis von Unternehmen, den Bildern von den KonsumentInnen, den Vorstellungen über Demokratie und transparente Kommunikation sowie nach der forscherischen Verantwortung. Die Weblog-Merkmale direkter Äußerungsmöglichkeit sowie hoher Verbreitungsgeschwindigkeit von Informationen, Gerüchten oder Meinungen zwingen eine diesbezügliche Marktforschung dazu, ihren Forschungsgegenstand nicht als passives Objekt, sondern als aktiven Widerpart mit ausgeprägtem, hoch variablem Eigensinn wahrzunehmen.

5 Literatur

Böhler, Heymo (1992): Marktforschung. 2. überarbeitete Auflage. Stuttgart, Berlin, Köln.
Eck, Klaus (2007): Corporate Blogs: Unternehmen im Online-Dialog zum Kunden. 1. Auflage. Zürich.
Eck, Klaus/Pleil, Thomas (2006): Public Relations beginnen im vormedialen Raum. Weblogs als neue Herausforderung für das Issues Management. In: Picot, Arnold/Fischer, Tim (Hrsg.): Weblogs professionell. Grundlagen, Konzepte und Praxis im unternehmerischen Umfeld. 1. Auflage. Heidelberg, 77-94.
Eigner, Christian/Leitner, Helmut/Nausner, Peter/Schneider, Ursula (Hrsg.) (2003): Online-Communities, Weblogs und die soziale Rückeroberung des Netzes. 1. Auflage. Graz.
evolaris (2007): Mobile Market Research – Marktforschung mit dem Handy. http://www.evolaris.net/ewo/webobsession.servlet.go?app=bcms&page=view&mask=download&nodetitleid=2466&noencode=PDF, abgerufen am 25.05.2008.
Hoffmann, Nicole (2006a): Von mobilen Logbüchern und vermeintlichen Ja-Sagern. Das Internet als Ort mobiler Wissenskonstruktion und -subversion. In: Gebhard, Winfried/Hitzler, Ronald (Hrsg.): Nomaden, Vagabunden, Flaneure. Wissensformen und Denkstile der Gegenwart. 1. Auflage. Wiesbaden, 159-170.
Hoffmann, Nicole (2006b): „Privates wie Politisches, Intimes und Irritierendes, Bedeutsames und Banales" – Blogging als Beispiel einer dezentralen Formation von Diskursstrukturen im Internet. In: Forneck, Hermann. J./Wiesner, Gisela/Zeuner, Christine (Hrsg.): Teilhabe an der Erwachsenenbildung und gesellschaftliche Modernisierung. 1. Auflage. Baltmannsweiler, 170-185.
Holzapfel, Nicola (2006): Transparency International. In der Mangel der Blogger. Wie es eine Bloggerin mit der Angst zu tun bekam und am Ende ein anderer der Gelackmeierte ist. Ein Internet-Drama. http://www.sueddeutsche.de/,tt2m2/jobkarriere/erfolggeld/artikel/955/72883/, abgerufen am 25.05.2008.
Horx, Matthias (2006): Welche Megatrends müssen Sie heute kennen, damit Sie morgen zu den Gewinnern gehören? https://www.marketing-trendinformationen.de/ratgeber/zukunftsletter.html?sid=288871, abgerufen am 25.05.2008.
Kaiser, Werner (2004): Die Bedeutung von qualitativer Marktforschung in der Praxis der betrieblichen Marktforschung. Forum Qualitative Sozialforschung/Forum: Qualitative Social Re-

search [Online Journal], 5(2), Art. 31. http://www.qualitative-research.net/fqs-texte/2-04/2-04kaiser-d.htm, abgerufen am 25.05.2008.

Klein, Alexander (2006): Weblogs im Unternehmenseinsatz: Grundlagen, Chancen und Risiken. 1. Auflage. Saarbrücken.

Knüwer, Thomas (2007): Schichtwechsel im Weblog. In: Handelsblatt, 15. November 2007. Online: http://www.handelsblatt.com/News/Technologie/IT-Trends-Internet/_pv/_p/204016/_t/ft/_b/1352915/default.aspx/schichtwechsel-im-weblog.html, abgerufen am 25.05.2008.

Lehmann, Kai/Schetsche, Michael (Hrsg.) (2005): Die Google-Gesellschaft. Vom digitalen Wandel des Wissens. 1. Auflage. Bielefeld.

Lohmöller, Bö (2005): Blogs sind? Blogs sind! In: Lehmann, Kai/Schetsche, Michael (Hrsg.): Die Google-Gesellschaft. Vom digitalen Wandel des Wissens. 1. Auflage. Bielefeld, 221-228.

Möller, Erik (2005): Die heimliche Medienrevolution. Wie Weblogs, Wikis und freie Software die Welt verändern. 1. Auflage. Hannover.

Perseus (2005): The Blogging Geyser. http://www.perseus.com/blogsurvey/geyser.html, abgerufen am 04.06.2006. (nicht mehr aktiv).

Picot, Arnold/Fischer, Tim (Hrsg., 2006): Weblogs professionell. Grundlagen, Konzepte und Praxis im unternehmerischen Umfeld. 1. Auflage. Heidelberg.

Proximity (2005): Corporate Blogging. Chancen für den Dialog. http://www.bbdo.de/de/home/studien.download.Par.0035.Link1Download.File1Title.pdf, abgerufen am 25.05.2008.

Röll, Martin (2003): Business Weblogs - Ein pragmatischer Ansatz zur Einführung von Weblogs in mittleren und großen Unternehmen. Konferenzbeitrag zur BlogTalk. A European Conference on Weblogs, Wien, 23.-24. Mai 2003. http://www.roell.net/publikationen/business--weblogs-de.shtml, abgerufen am 25.05.2008.

Röll, Martin (2006): Knowledge Blogs. Persönliche Weblogs im Intranet als Werkzeug im Wissensmanagement. In: Picot, Arnold/Fischer, Tim (Hrsg.): Weblogs professionell. Grundlagen, Konzepte und Praxis im unternehmerischen Umfeld. 1. Auflage. Heidelberg, 95-110.

Röttger, Ulrike/Zielmann, Sarah (2006): Weblogs - unentbehrlich oder überschätzt für das Kommunikationsmanagement von Organisationen? In: Picot, Arnold/Fischer, Tim (Hrsg.): Weblogs professionell. Grundlagen, Konzepte und Praxis im unternehmerischen Umfeld. 1. Auflage. Heidelberg, 31-50.

Schwenk, Matthias (2008): Die Corporate Blog Misere in Deutschland. Posting vom 19. März. 2008. http://www.bwlzweinull.de/index.php/2008/03/19/die-corporate-blog-misere-in-deutschland/, abgerufen am 25.05.2008.

Schmidt, Jan/Schönberger, Klaus/Stegbauer, Christian (2005): Erkundungen von Weblog-Nutzungen. Anmerkungen zum Stand der Forschung. In: Schmidt, Jan/Schönberger, Klaus/Stegbauer, Christian (Hrsg.): Erkundungen des Bloggens. Sozialwissenschaftliche Ansätze und Perspektiven der Weblogforschung. Sonderausgabe von kommunikation&gesellschaft, Jg. 6, Beitrag 4. http://www.soz.uni-frankfurt.de/K.G/B4_2005_Schmidt_Schoenberger_Stegbauer.pdf, abgerufen am 25.05.2008.

Schmidt, Jan (2006): Weblogs. Eine kommunikationssoziologische Studie. 1. Auflage. Konstanz.

Schwarzer, Philipp/Sarstedt, Marko/Baumgartner, Andreas (2007): Corporate Blogs als Marketinginstrument: Nutzungsverhalten deutscher Unternehmen. 1. Auflage. Saarbrücken.

Sifry, Dave (2007): The State of the Live Web, April 2007 http://www.sifry.com/alerts/archives/000493.html, abgerufen am 25.05.2008.

Scoble, Robert/Israel, Shel (2006): Naked Conversations. How Blogs Are Changing the Way Businesses Talk with Customers. 1. Auflage. Hoboken, New Jersey.

TNS Infratest (2007): (N)ONLINER-Atlas. Eine Topographie des digitalen Grabens durch Deutschland. Nutzung und Nichtnutzung des Internets, Strukturen und regionale Verteilung. http://www.initiatived21.de/fileadmin/files/NOA_Umzug/NOA_Atlanten/NONLINER-Atlas 2007.pdf, abgerufen am 25.05.2008.

Wohllaib, Nicola (2005): Von Blogs, Phlogs, Vlogs und Flogs. Online-Tagebücher für die Unternehmenskommunikation. NZZ Online. http://www.nzz.ch/2005/08/26/em/articleCWPRH.html, abgerufen am 25.05.2008

Wolff, Peter (2007): Die Macht der Blogs. Chancen und Risiken von Corporate Blogs und Podcasting in Unternehmen. 2. überarb. und erw. Auflage. Frechen.

Zerfaß, Ansgar (2005): Corporate Blogs: Einsatzmöglichkeiten und Herausforderungen. http://www.zerfass.de/CorporateBlogs-AZ-270105.pdf, abgerufen am 25.05.2008.

Zerfaß, Ansgar/Bogosyan, Janine (2007): Blogstudie 2007. Informationssuche im Internet – Blogs als neues Recherchetool (Ergebnisbericht). Leipzig: Universität Leipzig, Februar 2007. http://www.blogstudie2007.de/inc/blogstudie2007_ergebnisbericht.pdf, abgerufen am 25.05.2008.

Zerfaß, Ansgar/Sandhu, Swaran (2006): CEO-Blogs: Personalisierung der Online-Kommunikation als Herausforderung für die Unternehmensführung. In: Picot, Arnold/Fischer, Tim (Hrsg.): Weblogs professionell. Grundlagen, Konzepte und Praxis im unternehmerischen Umfeld. 1. Auflage. Heidelberg, 51-76.

Katja Gelbrich

Blueprinting, sequentielle Ereignismethode und Critical Incident Technique
Drei Methoden zur qualitativen Messung von Dienstleistungsqualität

1 Qualitative Methoden zur Messung von Dienstleistungsqualität 619

2 Blueprinting 620
    2.1   Prinzip und Methode 620
    2.2   Vor- und Nachteile 622

3 Sequenzielle Ereignismethode 623
    3.1   Prinzip und Methode 623
    3.2   Vor- und Nachteile 623

4 Critical Incident Technique (CIT) 624
    4.1   Prinzip und Methode 624
    4.2   Vor- und Nachteile 626

5 Vergleich der drei Methoden 628

6 Neuere Entwicklungen 629

7 Literatur 632

1 Qualitative Methoden zur Messung von Dienstleistungsqualität

Der Richtungsstreit über das Erkenntnispotenzial quantitativer Forschung einerseits und des qualitativen Denkansatzes andererseits ist zwar nach wie vor ungelöst (Müller 2000). Aber mittlerweile hat sich in weiten Teilen der empirischen Markt- und Sozialforschung die Erkenntnis durchgesetzt, dass qualitative Methoden wesentlich dazu beitragen, wirtschaftliche und soziale Phänomene zu beschreiben und zu erklären (Lamnek 2005, Trommsdorff 1993). Das Ziel diese Artikels besteht darin, den Erkenntnisbeitrag darzulegen, den der qualitative Ansatz zur Messung eines wichtigen Erfolgsfaktors im Marketing zu leisten vermag: Dienstleistungsqualität.

Klassische Methoden zur Messung der KundInnenzufriedenheit bei Dienstleistern sind quantitativer Natur (Müller 2000): Auf Ratingskalen geben die Befragten an, wie zufrieden sie mit einzelnen Leistungsebenen sind. Im SERVQUAL-Ansatz von Parasuraman, Zeithaml und Berry (1988) sind dies u.a. Schnelligkeit, Flexibilität und Reputation der Service-AnbieterInnen. Solche Multiattributiv-Modelle unterstellen, dass KundInnen einzelne Leistungsmerkmale getrennt beurteilen, gewichten, ggf. verschiedenen Dimensionen zuordnen (z.B. Verlässlichkeit, Reagibilität der AnbieterInnen) und daraus ein Gesamturteil bilden (Benkenstein/Güthoff 1997). Der qualitative Ansatz zur Messung von Dienstleistungsqualität entstand aus der Kritik an der Computer-Analogie, die diesem Menschenbild zugrunde liegt. Demnach sind KundInnen weder willens noch in der Lage, in abstakten Merkmalskategorien zu denken. Insbesondere Serviceleistungen, an deren Erstellung sie unmittelbar beteiligt sind (Kotler/Armstrong 2006), nehmen sie stattdessen als eine *Kette von Ereignissen* wahr (Stauss/Hentschel 1992). Tatsächlich berichten KundInnen ihren FreundInnen, Familienmitgliedern oder Bekannten in Form von *Episoden* über ihren/ihre Service-AnbieterIn (Stauss/Hentschel 1990). Auch Beschwerden sind Erlebnisberichte (Friman/Edvardsson 2003). Es liegt also nahe, Dienstleistungsqualität anhand von Ereignissen zu erfassen. Für deren Operationalisierung stehen verschiedene Verfahren zur Verfügung, von denen dieser Beitrag drei weit verbreitete vorstellt. Sie heißen auch *Kontaktpunktanalysen* (Meffert/Bruhn 2003):

- Das *Blueprinting* dient dazu, den Serviceprozess in einem Ablaufdiagramm zu visualisieren und die Punkte zu identifizieren, an denen KundInnen und AnbieterInnen Kontakt haben. Aktivitäten im Hintergrund werden hinter einer sog. Line of Visibility abgebildet, für den Kunden bzw. die KundIn sichtbare Aktivitäten davor (Punkt 2).

- Die *sequenzielle Ereignismethode* dient dazu, sämtliche Erlebnisse eines Kunden bzw. einer Kundin im Kontakt mit einem/einer Dienste-AnbieterIn in ihrer korrekten zeitlichen Reihenfolge zu ermitteln. Sie können sowohl positiv als auch negativ sein (Punkt 3).

Katja Gelbrich

- Auch mithilfe der *Critical Incident Technique* (CIT) lassen sich Erlebnisse der KundInnen mit einem Dienstleister erheben, allerdings nur solche, die als besonders angenehm oder unangenehm im Gedächtnis haften geblieben sind (Punkt 4).

2 Blueprinting

2.1 Prinzip und Methode

Dieses auch als Skriptanalyse bezeichnete Verfahren entwickelte Shostack (1982, 1987), um neue Dienstleistungen zu kreieren. Es kann aber auch dazu dienen, bestehende Angebote zu kontrollieren und systematisch zu verbessern. In diesem Fall ist mitunter auch von Service Mapping die Rede (Lovelock 1996). Das Ziel besteht darin, den gesamten Serviceprozess in seinem zeitlichen Ablauf zu visualisieren und dabei direkte Interaktionen mit dem Kunden bzw. der KundIn von Hintergrund-Aktivitäten zu unterscheiden, welche diese/r gar nicht wahrnimmt. Als Grenzlinie zwischen Front Office und Back Office wird eine sog. Line of Visibility eingezeichnet, deren Verlauf je nach KundInnengruppe des Dienste-Anbieters bzw. der Anbieterin variieren kann (George/Gibson 1991).

Um einen Blueprint zu erstellen, sind sämtliche *Teilprozesse* einer Dienstleistung zu identifizieren und in einem Flussdiagramm darzustellen. Die hierfür notwendigen Informationen liefern sowohl der Anbieter bzw. die Anbieterin als auch seine bzw. ihre KundInnen (Shostack 1985):

- In zumeist offenen, strukturierten Interviews sollen KundInnen angeben, wie sie einen Serviceprozess in chronologischer Reihenfolge erlebt haben (Bruhn/Stauss 2001). Dabei nennen die Interviewten naturgemäß nur solche Aktivitäten, die sie wahrnehmen, beim Automobilkauf z.B. die Preisverhandlung. Oft erfährt der Anbieter bzw. die Anbieterin so von Aktivitäten, die ihm bzw. ihr gar nicht bewusst waren, z.B. informieren sich manche KundInnen in unabhängigen Internet-Foren über ein Service-Angebot.

- Aktivitäten hinter der Line of Visibility sind hingegen vom *Dienstleister* beizusteuern (Bruhn/Stauss 2001), z.B. die Schufa-Auskunft für die Kreditwürdigkeitsprüfung bei der Automobilfinanzierung oder die Zubereitung des Frühstücks im Hotel. Auf diese Weise wird die Gesamtstruktur der Dienstleistung transparent, und es lässt sich feststellen, von welchen Prozessen im Back Office die einzelnen Aktivitäten im Front Office zeitlich und sachlich abhängen.

Blueprinting, sequentielle Ereignismethode und Critical Incident Technique

Abbildung 1 zeigt einen Blueprint für den *Kauf eines neuen Pkw*, der auf einer eigenen Befragung beruht. Das Ablaufdiagramm weist insgesamt elf Kontaktpunkte aus, vom Erstkontakt bis hin zur Nachkaufphase. Im Back Office muss der Anbieter bzw. die AnbieterIn bspw. einen Vorführwagen bereitstellen (für die Probefahrt) oder die Finanzabteilung konsultieren (für ein Leasing- bzw. Finanzierungsangebot).

Abbildung 1: Blueprint für den Neuwagenkauf

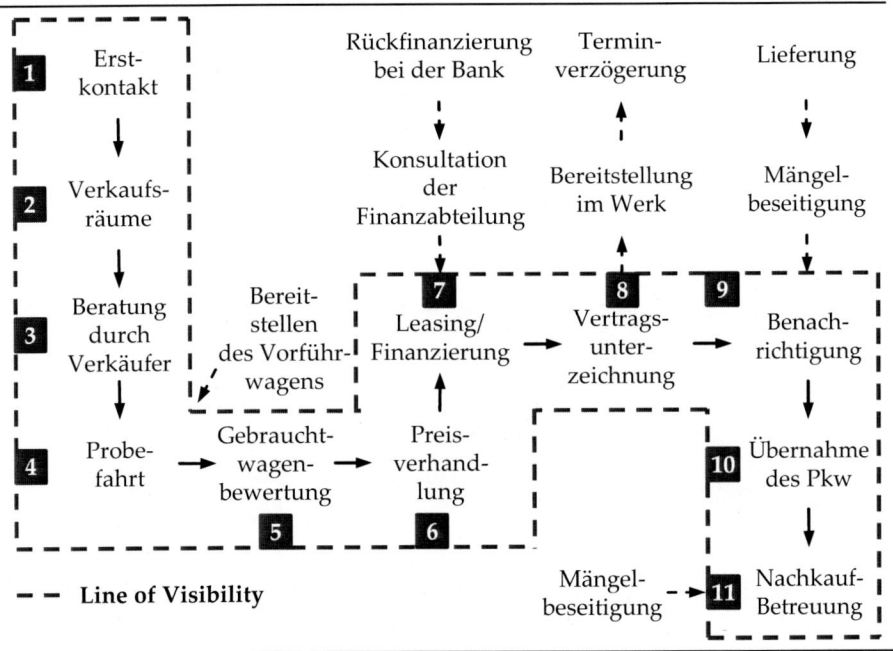

Seit seiner Einführung wurde das Verfahren *verschiedentlich erweitert*. In seiner ursprünglichen, oben dargestellten Form kombiniert es die Sichtweise von AnbieterIn und KundIn, ausgedrückt durch die Aktivitäten diesseits und jenseits der Line of Visibility. Spätere Blueprints stellen z.B. auch die Abteilungen und Angestellten dar, die mit den jeweiligen Prozessen betraut sind, um interne Verantwortlichkeiten abzugrenzen (Fließ/Kleinaltenkamp 2004). Schließlich wurden *weitere Grenzlinien* eingeführt. Sie dienen im Wesentlichen dazu, AnbieterInnen zu verdeutlichen, wer welche Prozesse beeinflussen kann und welche Konsequenzen dies für sie bzw. für die KundInnen hat.

Die *Line of Interaction* trennt den Aktionsraum des Kunden bzw. der Kundin von dem des Anbieters bzw. der Anbieterin und verteilt damit die Verantwortlichkeiten zwischen beiden „Parteien". Wenn bspw. ein Hotelpage dem Gast nach dem Check-in die Koffer abnimmt und im Zimmer wieder übergibt, so finden beide Aktivitäten aus KundInnensicht zwar diesseits der Line of Visibility statt (also im Front Office), aber verantwortlich dafür ist der Dienstleister, d.h. sie verlaufen für die KundInnen jenseits der Line of Interaction (Bruhn/Stauss 2001). Die *Line of Implementation* nimmt den Blickwinkel des Anbieters bzw. der Abieterin ein und unterscheidet planende Aktivitäten (Management Zones) von solchen, die direkt den KundInnen dienen (Support Zones) (Kingman-Brundage/George/Bowen 1995). Die *Line of Order Penetration* trennt das Angebotspotential des Dienstleisters (z.B. Besetzung der Hotel-Rezeption) vom tatsächlichen Serviceprozess (z.B. Check-in) (Fließ/Kleinaltenkamp 2004).

2.2 Vor- und Nachteile

Ein Blueprint bietet folgende Vorteile (Shostack 1987):

- Der Ablaufplan legt offen, an welchen Stellen der Kunde bzw. die Kundin und AnbieterInnen miteinander interagieren. Dies kann die Grundlage für eine systematische Bewertung der einzelnen Kontaktpunkte durch den Kunden bzw. die Kundin sein, bspw. im Rahmen der weiter unten vorgestellten Methode der kritischen Ereignisse (Stauss/Hentschel 1990).

- Der Serviceprozess wird transparent. Es lassen sich Engpässe oder redundante Aktivitäten erkennen, die zu einem mangelhaften Service führen.

- Aus dem Blueprint geht hervor, welche Prozesse im Back Office die im Front Office beeinflussen. Der Dienstleister kann so erkennen, welche internen Abläufe (z.B. Refinanzierung eines Kredits bei der Hausbank) er umgestalten muss, um die vom Kunden bzw. von der Kundin wahrgenommenen Aktivitäten zu beeinflussen (z.B. Schnelligkeit der Kreditwürdigkeitsprüfung).

Abgesehen von dem für alle qualitativen Verfahren geltenden Vorwurf einer aufwändigen Datenerhebung und -auswertung steht den genannten Vorteilen ein wesentlicher Nachteil gegenüber. Ein Blueprint bildet lediglich Prozesse ab – *ohne jedes Werturteil*. Es lässt sich deshalb nicht erkennen, ob ein Kunde oder eine Kundin bspw. mit der Schnelligkeit der Kreditwürdigkeitsprüfung unzufrieden ist. Hierfür sind weitere Analysen nötig (z.B. sequenzielle Ereignismethode, Methode der kritischen Ereignisse, Beschwerdeanalyse). Erst dann liefert der Blueprint nützliche Informationen über die Prozesse, die verändert werden müssen, um Servicemängel zu beseitigen.

3 Sequenzielle Ereignismethode

3.1 Prinzip und Methode

Die sequenzielle Ereignismethode (engl.: Sequential Incident Technique) dient dazu, *sämtliche Geschehnisse* zu ermitteln, die ein Kunde bzw. eine Kundin erlebt, wenn er/sie den Serviceprozess Schritt für Schritt durchläuft (Stauss/Weinlich 1997). In offenen, strukturierten Interviews werden die KundInnen hierbei schrittweise durch den gesamten Serviceprozess geführt, idealerweise anhand eines Blueprints (Meffert/Bruhn 2003). Zu jedem einzelnen Kontaktpunkt sollen die Probanden möglichst konkret erzählen, was sie nacheinander erlebt und was sie dabei empfunden haben (Stauss/Hentschel 1990). Das Verfahren dient demnach dazu, vorgegebene Kontaktpunkte möglichst genau zu beschreiben und damit verbundene Erlebnisse zu bewerten.

Da die Methode Informationsbasis für die Verbesserung der Servicequalität sein soll, interessieren primär *negative Erlebnisse*, weshalb Stauss und Hentschel (1990) sie den Verfahren der Problemdeckung zuordnen. Allerdings liefern auch *positive Berichte* Hinweise, wie sich ein Service verbessern lässt. Zwar kann ein Dienstleister aufgrund der oft beobachtbaren Anspruchsinflation auf Lob weniger hoffen als auf Tadel. Aber wenn ein Kunde bzw. eine Kundin kleine Gesten (z.B. Spielzeug für Kinder im Flugzeug, Begrüßung des Kunden bzw. der Kundin mit Namen) honoriert, dann verbergen sich dahinter zumeist sog. Begeisterungsanforderungen an eine Leistung: Fehlen diese Aufmerksamkeiten, dann entsteht kein Ärger; kommen sie aber hinzu, sorgen sie überproportional für Zufriedenheit (Sauerwein 2000).

Zur *Auswertung* der KundInnenberichte sei auf die weiter verbreitete Methode der kritischen Ereignisse verwiesen. Die Ausführungen unter Punkt 4 gelten analog für die sequenzielle Ereignismethode: Die geschilderten Episoden werden bestimmten Kategorien zugeordnet und dann nach der Häufigkeit ihres Auftretens ausgewertet.

3.2 Vor- und Nachteile

Das Verfahren hat zwei entscheidende Vorteile, die jeweils im Vergleich mit konkurrierenden Methoden zur Wirkung kommen:

- Im Gegensatz zu objektiven Verfahren, bei denen ein neutraler Dritter die Leistung des Dienstleisters bewertet (z.B. Silent Shopping, ExpertInnenbeobachtung) repräsentiert die sequenzielle Ereignismethode die KundInnensicht (Meffert/Bruhn 2003).

- Die Ereignisse sind, anders als die eher abstrakten Merkmale des quantitativen Messansatzes, konkreter Natur (Stauss/Weinlich 1997). Sie bieten daher unmittelbare Ansatzpunkte für die Verbesserung der Dienstleistungsqualität.

Dem stehen aber auch Nachteile gegenüber:

- Anders als bei der weiter unten vorgestellten Methode der kritischen Ereignisse, besteht das Ziel darin, den gesamten Serviceprozess zu rekonstruieren. Dadurch werden beinahe zwangsläufig auch solche Ereignisse eruiert, die für das Zufriedenheitsurteil irrelevant sind und nur aufgrund der Befragungstechnik („Was genau ist dann passiert? Und danach?") genannt wurden. So mag bspw. die Vertragsunterzeichnung beim Automobilkauf lediglich eine Formalie darstellen, die der Kunde bzw. die Kundin schnell erledigt und kaum mit Erwartungen, Emotionen etc. verknüpft.

- Wie jedes qualitative Verfahren ist auch dieses aufwändig, und zwar sowohl in der Erhebung (offene persönliche Interviews) als auch in der Datenauswertung (Transkription und Kodierung der Ereignisse).

- Weitere Kritikpunkte sind die Subjektivität der Kategorisierung sowie der sog. Recall Bias. Da sie auch die weitaus öfter eingesetzte CIT betreffen, werden sie im Zusammenhang mit diesem Verfahren diskutiert (Punkt 4.2).

4 Critical Incident Technique (CIT)

4.1 Prinzip und Methode

Die Methode der kritischen Ereignisse entwickelte ursprünglich Flanagan (1954), allerdings nicht mit Blick auf Servicequalität, sondern auf die Personal- bzw. Organisationsforschung. Durch Beobachtung von Geschehnissen im Arbeitsalltag sollten effektive und ineffektive Arbeitsweisen identifiziert und voneinander abgegrenzt werden. Später ersetzten mündliche Berichte der StudienteilnehmerInnen den Augenschein des Forschers bzw. der Forscherin. Das Interview ist bis heute die gängigste Erhebungsmethode im Rahmen der CIT (Gremler 2004). Bitner, Booms und Tetreault (1990) definieren ein „Incident" als beobachtbare menschliche Aktivität, die einen signifikanten Beitrag zu einem Phänomen leistet und sowohl positiv als auch negativ sein kann. Der Begriff „kritisch" ist zwar im Deutschen eigentlich negativ besetzt, aber hier ist er im Sinne von „entscheidend", „relevant" bzw. „außergewöhnlich" zu verstehen. Mit Blick auf die Qualität von Services handelt es sich um einen *außergewöhnlichen Vorfall* im Interaktionsprozess zwischen AnbieterIn und KundIn, der letzterem bzw. letzterer im Gedächtnis haften geblieben ist und den er/sie als besonders positiv oder negativ empfindet (Stauss/Hentschel 1990).

Die CIT wurde in einer Vielzahl von Disziplinen eingesetzt, bspw. im Rahmen der Arbeitszufriedenheitsforschung (Herzberg 1966), in der LehrerInnenweiterbildung (Copas 1984) oder zur Leistungsbeurteilung von MitarbeiterInnen (White/Locke 1981). Im *Marketing* gewann die Methode mit der paradigmatischen Studie von Bitner, Booms und Tetreault (1990) an Bedeutung. Mittels CIT identifizierten sie typische Verhaltensweisen des Personals von Restaurants, Hotels und Fluglinien als Hauptquellen für die Zufriedenheit bzw. Unzufriedenheit von KundInnen mit dem Dienstleistungsprozess. Seither wurden weit über 100 einschlägige Studien publiziert (Gremler 2004).

Außergewöhnliche Vorkommnisse haben einschneidende *Konsequenzen* für den Dienstleister. Ruyter, Wetzels und Van Birgelen (1999) wiesen für verschiedene Bereiche nach, dass KundInnen mit positiven Erlebnissen insgesamt zufriedener, loyaler und preistoleranter sind als Personen, die von keiner angenehmen Episode berichten konnten. Umgekehrtes gilt für negative Geschehnisse. In einer qualitativen Studie zeigten Wong und Sohal (2003) mit Blick auf eine australische Warenhauskette, dass angenehme Erlebnisse Zufriedenheit, Loyalität und Widerkaufabsicht erhöhen, während negative Beschwerden nach sich ziehen, die Bereitschaft senken, Stammkunde oder –kundin zu werden und außerdem negative Mund-zu-Mund-Propaganda fördern. Eine Variante der CIT, die Switching Path Analysis Technique (SPAT), integriert daher die Verhaltenskonsequenzen kritischer Ereignisse in die Analyse. Hierfür soll der Befragte angeben, ob ein Ereignis den Anstoß für einen AnbieterInnenwechsel gab (Roos 2002).

Erhoben werden kritische Ereignisse im Marketing üblicherweise in mündlichen Interviews mithilfe einer offenen Frage: Die Probanden sollen sagen, an welches besonders positive oder besonders negative Erlebnis sie sich erinnern und dieses so genau wie möglich schildern. Diese auch als Story-Telling bekannte Technik wird mittlerweile auch in schriftlichen oder web-basierten Befragungen angewandt (z.B. Meuter et al. 2000). Bei Interviews sind die Antworten aufzunehmen und zu transkribieren, bei schriftlichen oder Online-Befragungen können sie unmittelbar *inhaltsanalytisch* ausgewertet werden. Hierfür sind folgende Schritte nötig (Stauss/Hentschel 1990):

1. Zunächst ist für jede Episode zu prüfen, ob es sich tatsächlich um ein *kritisches Ereignis* handelt. Zum einen muss es sich auf ein Geschehnis in einer Kontaktsituation zwischen AnbieterIn und AbnehmerIn beziehen, das *möglichst konkret* geschildert wird. In einer eigenen schriftlichen Befragung gab bspw. ein Studienteilnehmer als negatives Erlebnis beim Pkw-Kauf lediglich „Auslieferung und Anmeldung des Fahrzeugs" an. Solche allgemeinen Aussagen sind aus der Analyse auszuschließen. Zum anderen muss die Episode ein starkes Gefühl der *Zufriedenheit* bzw. *Unzufriedenheit* ausgelöst haben. Beide Kriterien erfüllt z.B. folgende Schilde-

rung: „In der Auftragsbestätigung waren die Ausstattungsmerkmale des Wagens nur mit einer Schlüsselnummer aufgeführt anstatt mit Worten. Anschließend war das Auto nicht so ausgestattet, wie ich es gewünscht hatte. Das war sehr ärgerlich".

2. Im nächsten Schritt bildet der Forscher bzw. die Forscherin nach Sichtung der Ereignisse Kategorien, üblicherweise getrennt nach positiven und negativen Episoden. So ließe sich aus dem oben geschilderten Erlebnis ein Oberbegriff „uneindeutige Auftragsbestätigung" ableiten. Dieser Auswertungsschritt gilt nach Flanagan (1954) als abgeschlossen, wenn 100 zusätzliche kritische Ereignisse nur noch zwei bis drei neue Kategorien hervorbringen. Fallen sehr viele Berichte unter einen Begriff, kann es auch sinnvoll sein, Subgruppen zu bilden (zu „uneindeutige Auftragsbestätigung" z.B. „intransparente Preisauszeichnung" oder „ungenügende Beschreibung der Ausstattung"). Im Falle einer etablierten Dienstleistung helfen dem Forscher bzw. der Forscherin u.U. vorhandene Klassifizierungs-Schemata (Neuhaus 1996). Dies kann sowohl ein Multiattribtiv-Modell sein, wie der SERVQUAL-Ansatz mit seinen 22 Qualitätsmerkmalen, oder die zuvor mittels Blueprinting identifizierten Kontaktpunkte.

3. Anschließend werden die einzelnen Ereignisse den jeweiligen Kategorien bzw. Subkategorien zugeordnet.

4. Schließlich lassen sich die Fall-Häufigkeiten für jede Ereigniskategorie ermitteln.

5. Liegen sehr viele Kategorien vor, dann sollten sie für die Präsentation der Ergebnisse u.U. weiter zusammengefasst werden. Da sie dadurch immer abstrakter werden, kann der Forscher bzw. die Forscherin jeweils anhand einer typischen Episode illustrieren, welche Ereignisse sich dahinter verbergen. Tabelle 2 zeigt die Ergebnisse einer eigenen CIT für den KundInnendienst eines Herstellers von Präzisionswerkzeugen.

4.2 Vor- und Nachteile

Im Vergleich zum quantitativen Messansatz von Servicequalität hat die CIT Vorteile:

- Ein kritisches Ereignis bezieht sich auf ein konkretes, beobachtbares Phänomen (z.B. „Der Verkäufer hat mich ewig warten lassen und sich lieber mit einem Kollegen unterhalten"). Damit wird die Sicht der KundInnen nicht nur zum Bewertungsmaßstab erhoben, sondern jene entscheiden auch darüber, welche Leistungsbestandteile überhaupt auf dem Prüfstand stehen (Chell 1998). Interne Abläufe sind nur relevant, wenn sie in einem für KundInnen sichtbaren Ereignis münden.

- Wie bereits im Zusammenhang mit der sequenziellen Ereignismethode besprochen, sind die geschilderten Episoden *konkret* und liefern daher unmittelbare Ansatzpunkte für die Verbesserung der Dienstleistungsqualität.

Tabelle 2: Ergebnisse einer CIT beim Vertrieb von Präzisionswerkzeugen

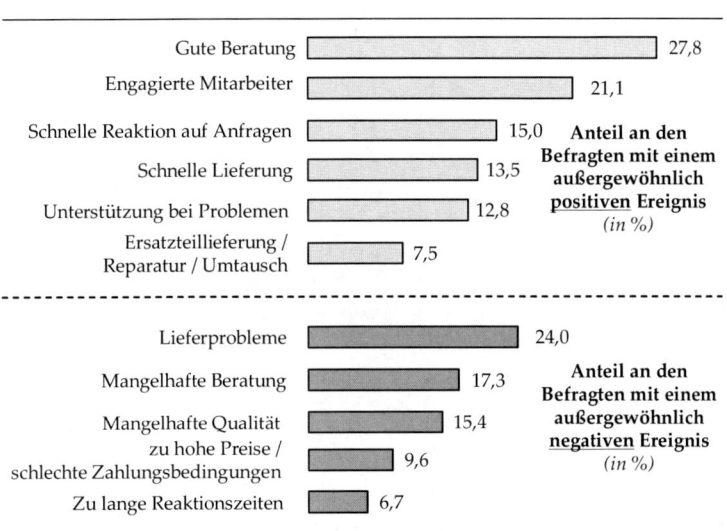

- Kritische Ereignisse sind dem Betreffenden nicht ohne Grund im Gedächtnis haften geblieben: Sie haben bei ihm einen bleibenden Eindruck hinterlassen und beeinflussen daher im Regelfall sein gesamtes Zufriedenheitsurteil sowie sein weiteres Verhalten gegenüber dem bzw. der Anbieterin. Versucht der Dienstleister, die genannten negativen Ereignisse zu vermeiden, indem er bspw. sein Personal entsprechend schult oder Prozessabläufe verbessert, dann erhöht er nicht nur seine Servicequalität, sondern verbessert ceteris paribus auch *nachgelagerte Erfolgskriterien* (z.B. Zahl der StammkundInnen, Zahl der in Anspruch genommenen Leistungen pro Kunde/Kundin).

- Zur Problemdeckung ist die CIT der Beschwerdeanalyse überlegen, da die meisten unzufriedenen KundInnen sich nicht in jeder Angelegenheit an das Unternehmen wenden (Stauss/Hentschel 1990). Denn sie glauben nicht, dass der Anbieter bzw. die Anbieterin angemessen und fair reagiert oder scheuen den Aufwand. Oft kanalisiert sich ihre Unzufriedenheit dann anderweitig: Sie wandern ab oder wenden sich an Drittinstitutionen (Stauss 2003). In der Konsumgüterindustrie bspw. liegt der Anteil der Beschwerdeführer daher nur bei 14% (Adamson 1993). Ergebnisse einer *Beschwerdeanalyse* sind demnach *nicht repräsentativ*.

Allerdings stehen diesen Vorzügen auch mehrere Nachteile gegenüber:

- Aufgrund der offenen Fragestellung ist die Erhebung, Kodierung und Auswertung *zeit- und kostenintensiv*. Sie sollte daher nur angewandt werden, wenn der Anbieter bzw. die Anbieterin seine/ihre Dienstleistungsqualität tatsächlich verbessern möch-

Katja Gelbrich

te, d.h. bereit ist, die dafür notwendigen Ressourcen zur Verfügung zu stellen und eventuelle Änderungen durchzusetzen. In der Praxis werden Studien zur KundInnenzufriedenheit manchmal lediglich pro Forma in Auftrag gegeben oder dienen „nur" dazu, eine Zertifizierung zu erhalten. Dann ist der Erhebungsaufwand kaum gerechtfertigt.

- Der *Anteil* der Personen, die ein kritisches Ereignis nennen, ist *relativ gering*. In der weiter unten dargestellten Befragung von BankkundInnen lag er bspw. lediglich bei 53 % (Abbildung 3); niedrigere Werte sind gerade bei schriftlichen Befragungen keine Seltenheit. Dies hat mehrere Gründe. Erstens mag der Service tatsächlich durchschnittlich gewesen sein. Zweitens ist das Involvement der KundInnen bei manchen Dienstleistungen gering; so sollte eine Kreditwürdigkeitsprüfung aus ihrer Sicht mit einem Bewilligungsbescheid enden und ansonsten reibungslos ablaufen. Drittens scheuen viele den Aufwand, ein Ereignis detailliert zu schildern.

- Die Hauptkritik gilt jedoch, wie bei der sequenziellen Ereignismethode, der *Subjektivität*. Dies betrifft primär die Kategorisierung der Erlebnisse (Chell 1998). So kann es sein, dass der Kodierer bzw. die Kodiererin die Geschichten missinterpretiert und der falschen Kategorie zuordnet (Edvardsson 1992). Objektivieren lässt sich dieser Vorgang, indem mehrere ExpertInnen ihn getrennt voneinander wiederholen. Auch kann der Forscher bzw. die Forscherin prüfen, ob die Kategorien erschöpfend sind, indem er das Sample splittet, anhand des ersten Subsamples die Kategorien bildet und dann im zweiten überprüft (Stauss/Hentschel 1990). Allerdings hilft dies nur dabei, die Reliabilität und die interne Validität zu prüfen. Um die externe Validität sicherzustellen, schlagen Stauss und Hentschel (1990) vor, die einschlägige Literatur auf „Stories" zu dem betreffenden Service zu sichten und in das eigene Kategoriensystem einzuordnen

- Nicht zuletzt beanstanden KritikerInnen, dass die CIT als retrospektives Verfahren anfällig für den *Recall Bias* ist (Michel 2001). Da ProbandInnen bei Befragungen generell ex post zu einem bestimmten Thema Stellung nehmen, trifft dieser Vorbehalt diese Form der Datenerhebung generell. Umgehen ließe sich der Recall Bias mithilfe einer Beobachtung; kritische Ereignisse lassen sich so jedoch kaum ermitteln.

5 Vergleich der drei Methoden

Im Kontext der Marketingforschung dienen alle drei Methoden dazu, einen Serviceprozess transparent zu machen und seine Qualität zu messen. Allerdings erfüllen sie dabei unterschiedliche Funktionen. Ein *Blueprinting* hilft, Kontaktpunkte zu identifizieren und grafisch darzustellen. Es grenzt außerdem kundInnenrelevante (weil sichtbare) und irrelevante (weil unsichtbare) Aktivitäten durch eine Line of Visibility voneinander ab. Das entstehende Ablaufdiagramm impliziert jedoch keine Bewertung der einzelnen Interaktionspunkte, also auch keine unmittelbaren Aussagen über die von KundInnen wahrgenommene Servicequalität. Sie stellt „nur" ein *Raster* dar, an dem sich die beiden anderen Methoden orientieren können.

Die *sequenzielle Ereignismethode* hilft dabei, die einzelnen Kontaktpunkte näher zu beschreiben: Was ist dort nacheinander geschehen? Der Zweck dieser Analyse ist zweigeteilt. Zum einen sollen die aufgetretenen Ereignisse möglichst umfassend und in der richtigen Reihenfolge erhoben und zum anderen auch *bewertet* werden (als positiv oder negativ). Dies impliziert ein Werturteil und damit eine Aussage über die von KundInnen wahrgenommene Dienstleistungsqualität.

Auch *kritische Ereignisse* implizieren eine Bewertung. Sie sind eine Teilmenge der mittels sequenzieller Ereignismethode ermittelten Episoden. Da sich die „Incidents" KundInnen besonders eingeprägt haben, *wirken* sie sich jedoch i.d.R. *spürbar* auf Gesamtzufriedenheit und weiteres Verhalten aus (z.B. Loyalität, Weiterempfehlung).

Blueprinting und sequenzielle Ereignismethode eignen sich daher eher, wenn es darum geht, den *gesamten Serviceprozess* auf den Prüfstand zu stellen und zu optimieren. Auch können sie als Ausgangspunkt für eine quantitative Zufriedenheitsstudie dienen Die CIT wiederum, insbesondere die Variante der SPAT, kann wegen der Verhaltenskonsequenzen kritischer Ereignisse die Grundlage für das Management der KundInnenbindung bilden. Die Häufigkeitsanalysen geben unmittelbare Hinweise darauf, wie sich der Service-Prozess in solchen Punkten verbessern lässt, die Anlass zu Wechselgedanken gegeben haben. Da der Anbieter bzw. die Anbieterin hierfür oft in Back-Office-Prozesse eingreifen muss, bietet sich eine Kombination mit dem Blueprinting an.

6 Neuere Entwicklungen

Wenn KundInnen im Rahmen der sequenziellen Ereignismethode oder der CIT ihre Erlebnisse schildern, dann geben sie zwar Auskunft darüber, ob sie sich über die Episode gefreut oder geärgert haben. Aber die offene Art der Fragestellung erlaubt es nicht, die Gefühlsintensität zu quantifizieren. Ergänzend wird daher oft gefragt, wie groß das Ausmaß der Freude bzw. der Verärgerung war (Meffert/Bruhn 2003). Üblicherweise werden dann den KundInnen Ratingskalen vorgelegt, auf denen sie die Relevanz des Ereignisses bewerten. Dies erlaubt differenziertere Datenauswertungen, wie z.B. eine *Frequenzrelevanzanalyse*: In einem Portfolio wird auf der einen Achse die Häufigkeit abgetragen, mit der eine Ereigniskategorie auftrat, auf der anderen ihre durchschnittliche Relevanz. Positive Ereignisse, die häufig auftreten und zugleich star-

Katja Gelbrich

ke Freude verursachen, stellen eine Stärke des Unternehmens dar und sollten beibehalten werden. Häufig auftretende negative Erlebnisse sind hingegen zu vermeiden.

Standen anfänglich vor allem die Ursachen von (negativen) Erlebnissen mit Service-AnbieterInnen im Fokus von Kontaktpunktanalysen, widmen sich neuere Studien primär den Konsequenzen insbesondere kritischer Ereignisse (Odekerken-Schröder et al. 2000, Wong/Sohal 2003). Wie gravierend sich ein einziges Erlebnis auf die Gesamtzufriedenheit des Kunden bzw. der Kundin mit seinem/ihrem Service-Anbieter bzw. der Anbieterin auswirkt, zeigt Abbildung 3 anhand einer eigenen, schriftlichen Befragung von KundInnen einer deutschen Großbank. Wer eine negative Episode berichtete aber keine positive, hatte mit +0,7 den geringsten Gesamtzufriedenheitswert. Im umgekehrten Fall waren die KundInnen deutlich zufriedener (+2,3). Zugleich zeigt die Grafik einen u.a. aus der Prospect-Theorie (Kahnemann/Tversky 1979) bekannten Bias, den andere Studien bestätigen (Odekerken-Schröder et al. 2000): Negativ kritische Ereignisse wirken sich stärker auf die Gesamtzufriedenheit aus als positive. Ein unangenehmes Erlebnis lässt sich also nicht durch ein angenehmes kompensieren. Es erscheint daher ratsam, lieber negative Ereignisse zu vermeiden als positive zu generieren.

Abbildung 3: Wirkung kritischer Ereignisse auf die Gesamtzufriedenheit mit der Hausbank

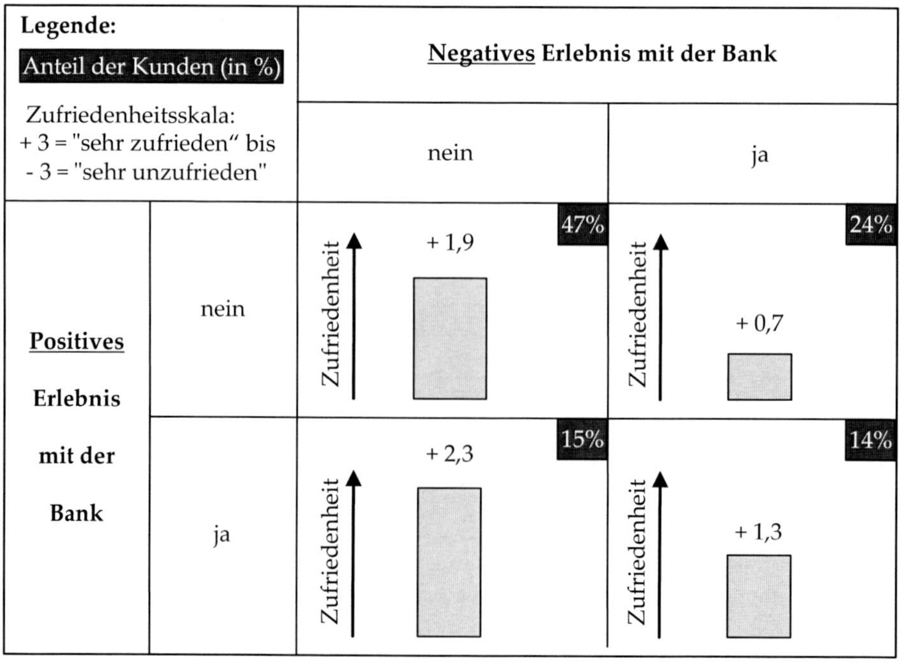

Legende: Anteil der Kunden (in %) Zufriedenheitsskala: +3 = "sehr zufrieden" bis −3 = "sehr unzufrieden"		**Negatives Erlebnis mit der Bank**	
		nein	ja
Positives Erlebnis mit der Bank	nein	+1,9 — 47%	+0,7 — 24%
	ja	+2,3 — 15%	+1,3 — 14%

Eine Erweiterung des Forschungsfeldes „Qualitative Messung von Dienstleistungsqualität" ist dem *technischen Fortschritt* geschuldet. So wurde der Begriff des Kontaktpunkts ursprünglich sehr eng aufgefasst, nämlich als Ort, an dem Mitarbeiter des Unternehmens persönlich auf den/die KundIn treffen (Meffert/Bruhn 2003). In sog. Technology-Based Service Encounters interagiert der Kunde bzw. die Kundin jedoch im Re-gelfall überhaupt nicht mit einem Angestellten des Service-Anbieters bzw. der Anbieterin, sondern nutzt eine technische Anwendung (Meuter et al. 2000). Einige neuere Dienstleistungen basieren ausschließlich auf diesem Konzept, bspw. Webhosting (z.B. Strato, 1&1), elektronische Marktplätze (z.B. Portum) oder Online-Shopping (z.B. Amazon). Auch AnbieterInnen herkömmlicher Dienstleistungen bieten zunehmend Self-Service-Angebote an. Neben den schon länger eingesetzten Geldautomaten von Banken sind dies bspw. Online-Konfiguratoren, mit deren Hilfe sich etwa ein Automobilkäufer seinen Pkw maßschneidern kann. Auf diese Weise über die Angebote informiert, schließt in den USA schätzungsweise bereits ein Drittel aller Toyota-KundInnen seinen/ihren Kaufvertrag per Internet ab (Müller/Gelbrich 2004).

Dies hat zwei wesentliche Konsequenzen. Erstens ist der Begriff des Kontaktpunkts auf *virtuelle bzw. technologie-basierte Interaktionen* zu erweitern. Blueprints für herkömmliche Dienstleistungen fallen daher heute umfangreicher aus als früher, denn es gibt mehr Interaktionsmöglichkeiten. Der auf ein junges Publikum ausgerichtete Kreuzfahrtanbieter AIDA bspw. hat erkannt, dass einschlägige Fan-Webpages, auf denen sich KundInnen über Angebote informieren, austauschen, verabreden oder „chatten" können, ein wichtiges Marketing-Instrument sind. Der Dienstleister versorgt die Betreiber der Seiten daher mit exklusiven Informationen, die sonst nur JournalistInnen zugänglich sind (Brügge 2005). Zweitens berichten KundInnen an virtuellen Kontaktpunkten von völlig *neuartigen* Erlebnissen, die herkömmliche Service-Modelle u.U. nicht erfassen. So identifizierten Meuter et al. (2000) mit Blick auf technologiebasierte Dienstleistungen positive Ereigniskategorien, wie „ständige Verfügbarkeit des Services" oder „Vermeidung von Service-Personal". Auch negative Ereignisse sind zum großen Teil andere als im Falle direkter, persönlicher Kontakte (Roos 2002). Während dort bspw. menschliches Fehlverhalten ein Ärgernis ist, sind KundInnen beim Umgang mit einer Internet-Plattform u.U. frustriert, wenn die Menü-Führung nicht intuitiv oder die Hilfe-Funktion zu wenig aussagekräftig ist. Dies erfordert ein Qualitätsmanagement, das sich vor allem am Convenience-Gedanken orientiert.

7 Literatur

Adamson, Colin (1993): Evolving Complaint Procedures. In: Managing Service Quality, vol. 3, no. 1, 439-444.
Benkenstein, Martin/Güthoff, Judith (1997): Qualitätsdimensionen komplexer Dienstleistungen. In: Marketing Zeitschrift für Forschung und Praxis, 19. Jg., Nr. 2, 81-92.
Bitner, Mary J., Booms, Bernard H./Tetreault, Mary S. (1990): The Service Encounter. Diagnosing Favorable and Unfavorable Incidents. In: Journal of Marketing, vol. 54, no. 1, 71-84.
Brügge, Markus (2005): Schiffsreisen. Familie Kussmund. In: Die Zeit, 60. Jg., Nr. 40 vom 29.09.
Bruhn, Manfred/Stauss, Bernd (2001): Dienstleistungsmanagement. Wiesbaden.
Chell, Elizabeth/Pittaway, Luke (1998): A Study of Entrepreneurship in the Restaurant and Café Industry. Exploratory Work Using the Critical Incident Technique as a Methodology. In: International Journal of Hospitality Management, vol. 17, no. 1, 23-32.
Copas, Ernestine M. (1984): Critical Requirements for Cooperating Teachers. In: Journal of Teacher Education, vol. 35, no. 6, 49-54.
Edvardsson, Bo (1992): Service Breakdowns. A Study of Critical Incidents in an Airline. In: International Journal of Service Industry Management, vol. 3, no. 4, 17-29.
Flanagan, John C. (1954): The Critical Incident Technique. In: Psychological Bulletin, vol. 51, no. 4, 327-358.
Fließ, Sabine/Kleinaltenkamp, Michael (2004): Blueprinting the Service Company. Managing Service Processes Efficiently. In: Journal of Business Research, vol. 57, no. 4, 392-404.
Friman, Margareta/Edvardsson, Bo (2003): A Content Analysis of Complaints and Compliments. In: Managing Service Quality, vol. 13, no. 1, 20-26.
George, William R./Gibson, Barbara (1991): Blueprint. A Tool for Managing Quality in Services. In: Brown, Stephen/Gummesson, Evert/Edvardsson, Bo/Gustavsson, Bengtove (eds.): Service Quality. Multinational and Multidisciplinary Perspectives. New York, 73-91.
Gremler, Dwayne D. (2004): The Critical Incident Technique in Service Research. In: Journal of Service Research, vol. 7, no. 1, 65-89.
Herzberg, Frederick (1966): Work and the Nature of Man. New York.
Johnson, Michael D./Anderson, Eugene W./Fornell, Claes (1995): Rational and Adaptive Performance Expectations in a Customer Satisfaction Framework. In: Journal of Consumer Research, vol. 21, no. 4, 695-707.
Kahneman, Daniel/Tversky, Amos: Prospect Theory. An Analysis of Decisions under Risk. In: Econometrica, vol. 47, no. 2, 263-291.
Kingman-Brundage, Jane/George, William R./Bowen, David E. (1995): Service Logic. Achieving System Integration. In: International Journal of Service Industry Management, vol. 6, no. 4, 20-39.
Kotler, Philip/Armstrong, Gary (2006): Principles of Marketing. 11th edition. New Jersey.
Meffert, Heribert/Bruhn, Manfred (2003): Dienstleistungsmarketing. 4. Auflage. Wiesbaden.
Meuter, Matthew/Ostrom, Amy/Roundtree, Robert/Bitner, Mary (2000): Self-Service Technologies. Understanding Customer Satisfaction with Technology-Based Service Encounters. In: Journal of Marketing, vol. 64, no. 3, 50-64.
Müller, Stefan (2000): Grundlagen der Qualitativen Marktforschung. In: Herrmann, Andreas/Homburg, Christian (Hrsg.): Marktforschung. Methoden, Anwendungen, Praxisbeispiele. 2. Auflage. Wiesbaden, 127-157.
Müller, Stefan/Gelbrich, Katja (2004): Interkulturelles Marketing. München.

Michel, Stefan (2001): Analyzing Service Failures and Recoveries. A Process Approach. In: International Journal of Service Industry Management, vol. 12, no. 1, 20-33.

Neuhaus, Patricia (1996): Critical Incidents in Internal Customer-Supplier Relationships: Results of an Empirical Study. In: Swartz, Teresa A./Bowen, David E./Brown, Stephen W. (eds.): Advances in Services Marketing and Management Research and Practice, vol. 5, Greenwich (CT), 283-313.

Lamnek, S. (2005): Qualitative Sozialforschung. 4. Auflage. Weinheim.

Lovelock, Christopher H. (1996): The Customer Experience. In: Lovelock, Christopher (ed.): Services Marketing. London.

Odekerken-Schröder, Gaby/van Birgelen, Marcel/Lemmink, Jos/de Ruyter, Ko/Wetzels, Martin (2000): Moments of Sorrow and Joy. In: European Journal of Marketing, vol. 34, no. 1/2, 107-126.

Parasuraman, A./Zeithaml, Valarie A./Berry, Leonard L. (1988): SERVQUAL. A Multiple-Item Scale for Measuring Consumer Perceptions of Service Quality. In: Journal of Retailing, vol. 64, no. 1, 12-40.

Roos, Inger (2002): Methods of Investigating Critical Incidents. A Comparative Review. In: Journal of Service Research, vol. 4, no. 3, 193-204.

Ruyter, Ko de/Wetzels, Martin/Van Birgelen, Marcel (1999): How Do Customers React to Critical Service Encounters? A Cross-Sectional Perspective. In: Total Quality Management, vol. 10, no. 8, 1131-1145.

Sauerwein, Elmar (2000): Das Kano-Modell der Kundenzufriedenheit. Wiesbaden.

Shostack, G. Lynn (1982): How to Design a Service. In: European Journal of Marketing, vol. 16, no. 1, 49-63.

Shostack, G. Lynn (1985): Planning the Service Encounter. In: Czepiel, John A./Solomon, Michael R./Surprenant, Carol F. (eds.): The Service Encounter. Lexington (MASS), 243-253.

Shostack, G. Lynn (1987): Service Positioning Through Structural Change. In: Journal of Marketing, vol. 51, no. 1, 34-43.

Stauss, Bernd (2003): Beschwerdemanagement Excellence. Wiesbaden.

Stauss, Bernd/Hentschel, Bert (1992): Messung von Kundenzufriedenheit. Merkmals- oder ereignisorientierte Beurteilung von Dienstleistungsqualität. In: Marktforschung & Management, 36. Jg., Nr. 3, 115-122.

Stauss, Bernd/Weinlich, Bernhard (1997): Process-Oriented Measurement of Service Quality. Applying the Sequential Incident Method. In: European Journal of Marketing, vol. 31, no. 1, 33-55.

Trommsdorff, V. (1993): Professionelle Marktforschung in der Zukunft – für die Zukunft. In: planung und analyse, 20. Jg., Nr. 2, 27-36.

White, Frank M./Locke, Edwin A. (1981): Perceived Determinants of High and Low Productivity in Three Occupational Groups. A Critical Incident Study. In: Journal of Management Studies, vol. 18, no. 4, 375-387.

Wong, Amy/Sohal, Amrik (2003): A Critical Incident Approach to the Examination of Customer Relationship Management in a Retail Chain. An Exploratory Study. In: Qualitative Market Research: An International Journal, vol. 6, no. 4, 248-263.

Miriam Yom, Thorsten H. Wilhelm
und Stefanie Gauert

Protokolle lauten Denkens und Site Covering
Eine Erweiterung der Methode zur detaillierten Bewertung des Screendesigns von Webangeboten

1 Zusammenfassung 637
2 Einleitung 637
3 Besonderheiten der Methode des lauten Denkens 638
   3.1 Einschränkungen 639
   3.2 Anwendung verbaler Verstärker 640
4 Kombination der Protokolle lauten Denkens mit dem Site Covering 641
5 Ausgewählte Ergebnisse der Methodenkombination 642
6 Subgruppenspezifische Unterschiede bei der Methode des lauten Denkens ... 646
7 Ausblick 651
8 Literatur 652

1 Zusammenfassung

Die Methode des lauten Denkens, auch Protokolle lauten Denkens (kurz PLD) oder im Englischen „Think aloud" genannt, ist eine der am häufigsten angewandten Methoden, wenn es um nutzerInnenbasierte Untersuchungen zur Optimierung von Internetangeboten geht. Verschiedene Untersuchungen zeigten jedoch, dass die Umsetzung der Methode häufig variiert und es in der Praxis kein standardisiertes Vorgehen gibt. In diesem Beitrag werden zum einen charakteristische Merkmale dieser Methode dargestellt und zum anderen verschiedene Hinweise gegeben, die einer Standardisierung in der praktischen Umsetzung dienlich sein sollen. Darüber hinaus werden die Ergebnisse einer Studie zur praktischen Anwendung der Protokolle lauten Denkens vorgestellt. Dabei wird auf Faktoren eingegangen, welche die Qualität der Protokolldaten beeinflussen. Zur Erhöhung der Datenqualität von Protokolldaten wurde die Methode mit dem sog. Site Covering kombiniert. Dabei werden den ProbandInnen nur einzelne Seitenelemente gezeigt, während der Rest der Seite mit halbtransparenten grauen Kärtchen verdeckt wird. Als Resultat zeigen sich tatsächlich Verbesserungen in der Datenqualität im Bezug auf die kontinuierliche Verbalisierung von Gedanken als auch den qualitativen Gehalt der Protokolle.

2 Einleitung

Zur nutzerInnenbasierten Evaluation von Websites hinsichtlich ihrer Usability, sowie weiterer Faktoren wie bspw. die Anreizwirkung und die emotionaler Bewertung von Webangeboten lassen sich verschiedene Methoden einsetzen (Yom 2003, 130ff). Eine interaktionsbegleitende Methode ist das Protokoll lauten Denkens. Dabei wird der Proband bzw. die Probandin während der Nutzung der Website gebeten, die Gedanken laut auszusprechen. Neben dem beobachteten Verhalten auf der Website erhält die beobachtende Person somit zusätzliche Informationen, wie das Webangebot vom Nutzer bzw. der Nutzerin wahrgenommen und bewertet wird. Diese Daten liefern erste Anhaltspunkte für mögliche Problembereiche und weitere Aspekte, die sich in der anschließenden Evaluationsphase in Form von fokussierten Interviews vertiefen lassen.

Die Erhebung qualitativer Daten unterliegt jedoch verschiedenen Einschränkungen, wie bspw. der Fähigkeit der ProbandInnen, die eigenen Gedanken zu verbalisieren. Hinzu kommt, dass das Verfahren dem natürlichen Verhalten widerspricht und die ProbandInnen daher häufiger ins Stocken geraten. Deshalb müssen sie vom Beobachter i.d.R. ständig zu einer kontinuierlichen Verbalisierung animiert werden. Diese situ-

Miriam Yom, Thorsten H. Wilhelm und Stefanie Gauert

ativen und personenbezogenen Faktoren können die Qualität der Protokolldaten einschränken.

Es gibt verschiedene Studien, die sich mit der Methode des lauten Denkens befassen (Ericsson/Simon 1984, Nielsen et al. 2002, Boren/Ramey 2000). Dabei wird jedoch deutlich, dass die praktische Umsetzung sich je nach Anwendungsbereich immer weiter von der theoretischen Basis entfernt hat. Eine standardisierte Anwendung der Methode gibt es nicht, vielmehr wird diese je nach Untersuchungsschwerpunkt angepasst.

Der Beitrag stellt zunächst einen Überblick der verschiedenen Charakteristika dieser Methode zusammen und gibt zusätzlich Hinweise im Hinblick auf eine standardisierte Anwendung der Protokolle lauten Denkens. Im zweiten Teil werden die Ergebnisse einer Untersuchung vorgestellt, welche die Anwendung der Protokolle lauten Denkens zur Website-Optimierung untersucht und sich speziell mit der Kombination dieser Methode mit dem Site Covering beschäftigt. Die Ergebnisse zeigen die Einflüsse personenbezogener Eigenschaften auf die Protokolldaten auf. Im Anschluss daran werden verschiedene Effekte vorgestellt, die sich aus der Kombination der Methoden Site Covering und Protokolle lauten Denkens ergeben.

3 Besonderheiten der Methode des lauten Denkens

In der Usability-Praxis sind Protokolle lauten Denkens eine beliebte Methode, um Stärken und Schwächen von Webangeboten zu identifizieren. Während ProbandInnen eine Aufgabe auf der Website bearbeiten, bspw. nach speziellen Informationen suchen oder ein bestimmtes Produkt bestellen, werden sie aufgefordert, laut zu denken und alles auszusprechen, was ihnen durch den Kopf geht, was ihnen positiv oder negativ auffällt, im ersten Moment unverständlich oder optimierungsbedürftig erscheint. Auf diese Weise erhält der Beobachter bzw. die Beobachterin weitere Informationen darüber, wie die Website von den ProbandInnen wahrgenommen und spontan bewertet wird. Diese Daten bieten erste Anhaltspunkte für mögliche Problembereiche, die im anschließenden Interview wieder aufgegriffen und vertieft werden können, um neben der Problembeschreibung auch Anregungen zur Optimierung der Website zu erhalten. Neben diesen inhaltlichen Vorteilen zeichnet sich die Methode durch einen vergleichsweise geringen zeitlichen Aufwand aus. Es bedarf nur der Aufzeichnung und der Auswertung der Daten.

Welche Inhalte konkret angesprochen werden, hängt von verschiedenen Aspekten ab: Der Nutzer bzw. die Nutzerin kann nicht alle Inhalte gleichermaßen erfassen und bewerten, die Wahrnehmung der einzelnen Elemente ist selektiv, weshalb die Verbalisierung von der Aufmerksamkeit des Nutzers bzw. der Nutzerin gesteuert wird. Dementsprechend haben aufmerksamkeitsstarke Seitenelemente eine deutlich höhere Chance angesprochen zu werden, während Bereiche mit einer geringeren Aufmerksamkeitsleistung deutlich seltener oder auch nie thematisiert werden.

3.1 Einschränkungen

Die Qualität der Protokolldaten ist stark abhängig von den personenbezogenen Eigenschaften und Fähigkeiten der ProbandInnen. Im Folgenden sollen drei Aspekte dargestellt werden, die sich nachteilig auf die Aussagekraft der Daten auswirken:

1. Ein entscheidender Faktor ist die individuelle Fähigkeit der ProbandInnen, die eigenen Gedanken zu verbalisieren. Diese Fähigkeit ist je nach Person unterschiedlich stark ausgeprägt, bspw. fällt eine solche Verbalisierung Frauen i.d.R. leichter als Männern (Ericsson/Simon 1984, 250).

2. Hinzu kommt eine für ProbandInnen ungewohnte Situation, in der sie sich beobachtet, bewertet und getestet fühlen (Rubin 1994, 218; Nielsen et al. 2002, 102). Diese für ProbandInnen oftmals unangenehme Atmosphäre kann sich unmittelbar auf ihr Verhalten während der Untersuchung auswirken, indem es ihnen schwer fällt, die eigenen Gedanken frei auszusprechen. Um sie aus ihrer Befangenheit auf Grund der ungewohnten Situation und des wahrgenommenen Erwartungsdrucks zu lösen und ihre Aufmerksamkeit auf die bevorstehende Aufgabe zu richten, ist es von Vorteil, eine „freundliche" und „gelöste" Atmosphäre zu schaffen (Boren/Ramey 2000, 268). Außerdem ist es wichtig, den ProbandInnen verständlich zu machen, dass keinesfalls sie als Personen getestet werden, sondern mit ihrer Unterstützung die Website bzw. Anwendung verbessert werden soll (Boren/Ramey 2000, 268). Es bestehen keine Erwartungen an ihr Verhalten, die ProbandInnen sollen „frei" und „unbefangen" äußern, welche Gedanken das Testszenario in ihnen hervorruft. Um sie mit der Methode des lauten Denkens vertraut zu machen, sollten sie zusätzlich vor der eigentlichen Testphase Gelegenheit bekommen, die Methode auszuprobieren, um sich an das Aussprechen der Gedanken zu gewöhnen (Rubin 1994, 219; Boren/Ramey 2000, 263).

3. Ein weiteres Problem der Methode ergibt sich aus der Überschneidung der gedanklichen Verarbeitung und dem gleichzeitigen Prozess der Verbalisierung (Nielsen et al. 2002, 106-108). Der Proband bzw. die Probandin ist zum einen damit beschäftigt, sich die Website anzuschauen und gedanklich zu verarbeiten, während er bzw. sie gleichzeitig versucht, die Gedanken in Worte zu fassen. Hinzu kommt, dass Denkprozesse häufig sehr viel komplexer sind, als sie sich spontan verbalisieren lassen. Bereits Ericsson und Simon (1984) verwiesen darauf, dass Gedanken

sehr viel schneller entstehen, als sie sich in Worte fassen lassen. Daher sei es unter anderem von Bedeutung, den gedanklichen Prozess zu verlangsamen.

3.2 Anwendung verbaler Verstärker

Sehr ausführlich befassten sich Boren und Ramey (2000, 267) mit der Methode des lauten Denkens und den speziell im Usability-Bereich eingesetzten sprachlichen Mitteln. Sie weisen insbesondere auf die Bedeutung der Interaktion für den Prozess der Verbalisierung hin. Das Erzählen und Verbalisieren von Gedanken ist eine Form der Interaktion, zu der neben den Sprechenden auch Zuhörende gehören. Dem folgend werden nun kurz verschiedene Aspekte zum Einsatz sprachlicher Mittel erläutert.

Die ProbandInnen erwarten während des lauten Denkens kurze Rückmeldungen durch die ZuhörerInnen (Rubin 1994, 219; Boren/Ramey 2000, 269). Schweigen wirkt eher ablenkend und verunsichernd, weshalb ProbandInnen dazu neigen, die Verbindung zum Zuhörer bzw. zur Zuhörerin zu überprüfen. Die Versuchsleiterin bzw. der Versuchsleiter sollte daher aktiv zuhören, d.h. den ProbandInnen kurze verbale Bestätigungen geben, um ihnen das Gefühl zu vermitteln, ihnen wird zugehört; gleichzeitig werden sie weiter zur Verbalisierung ihrer Gedanken motiviert. Diese verbalen Bestätigungen sollten möglichst kurz sein. Besonders geeignet erwiesen sich dafür „mm" oder „hm", da sie am neutralsten sind und die gedankliche Verarbeitung nicht stören (Boren/Ramey 2000, 270). Ausdrücke wie „ja" und „ok" sind weniger angebracht, da sie häufig als inhaltliche Bestätigung des Gesagten aufgefasst werden, „ok" signalisiert außerdem ein Ende der Kommunikation. Die Häufigkeit solcher Bestätigungen sollte dem Gesprächsfluss angepasst sein, d.h. konsistent gegeben werden, aber nicht erzwungen wirken.

Durch die Anwendung verbaler Bestätigungen lässt sich die Kontinuität der Verbalisierung deutlich verbessern. Geraten ProbandInnen während des Verbalisierens ihrer Gedanken dennoch ins Stocken, sollten sie kurz aufgefordert werden, das laute Denken wieder aufzunehmen. Dazu ist vor der Untersuchung festzulegen, nach welchem Zeitabstand die ProbandInnen an die Wiederaufnahme des lauten Denkens erinnert werden, und wie diese Aufforderungen möglichst kurz und sachlich zu formulieren sind (Boren/Ramey 2000, 263f). Bei Unterbrechung der Verbalisierung sollte zunächst eine verbale Bestätigung mit deutlich fragender Intonation „hmm?" gebraucht werden (Boren/Ramey 2000, 271). Bleibt die Wirkung aus, sollte eine freundliche Aufforderung folgen wie „Und nun?" oder „Denken Sie bitte daran, ihre Gedanken laut auszusprechen." Solche Formulierungen sollen den Gedankenfluss und das Verhältnis von Sprechenden und Zuhörenden nicht mehr als nötig beeinflussen.

Die Äußerungen der ProbandInnen sind in ihrer Bedeutung nicht immer eindeutig zu verstehen. Gedanken werden verkürzt wiedergegeben oder oberflächlich beschrieben. In begrenztem Umfang lassen sich während der Untersuchung Nachfragen stellen

(Boren/Ramey 2000, 275). Unklare Umschreibungen können mit fragendem Tonfall zurückgegeben werden, bspw. „Das sieht komisch aus." – „Komisch?". So kann der Proband bzw. die Probandin bereits vorhandene Gedanken weiter konkretisieren, ohne dass der ursprüngliche Gedankenfluss unterbrochen oder beeinflusst wird.

4 Kombination der Protokolle lauten Denkens mit dem Site Covering

Punkt 3.1 stellte verschiedene Faktoren vor, die sich einschränkend auf die Qualität der Protokolldaten auswirken. Über eine Kombination der Protokolle lauten Denkens mit der Methode des sog. Site Coverings soll eine Verbesserung der Protokolldaten erzielt werden. Das Site Covering entstammt der Blickverlaufsmessung zur Erfassung des Blickverhaltens auf Webseiten. Dabei wird die Webseite in einzelne, inhaltlich getrennte Felder unterteilt, die jeweils mit grauen, leicht transparenten Kärtchen abgedeckt sind. Die ProbandInnen erkennen zunächst nur schemenhaft, was sich hinter den einzelnen Karten verbirgt und können die Inhalte unverdeckt sehen, indem sie die einzelnen Kärtchen anklicken. Betrachtet werden kann immer nur eine Fläche, beim Anklicken einer neuen Fläche wird die zuvor gezeigte wieder verdeckt (Abbildung 1).

Abbildung 1: Beispiel einer gecoverten Seite vs. Originalansicht

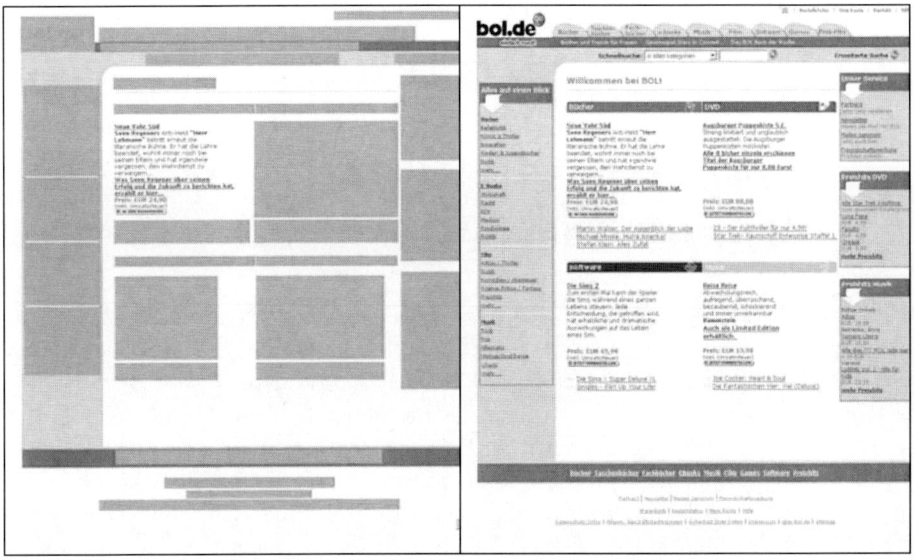

Das Ziel dieser Methodenkombination besteht darin, die Protokolle lauten Denkens für die Bedürfnisse der Usability-Praxis zu optimieren. Zum einen sollen die Gedanken der Nutzer bzw. der Nutzerinnen während der Nutzungsphase gezielter auf spezielle Seitenelemente gelenkt werden, um durch eine intensivere Informationsverarbeitung den inhaltlichen Gehalt der Protokolldaten qualitativ als auch quantitativ zu verbessern. Darüber hinaus soll ein ständiger neuer Input durch die einzelnen Seitenelemente zu einer kontinuierlicheren Verbalisierung führen.

Zur Überprüfung dieser Überlegungen wurde ein Methodenvergleich durchgeführt. Es wurden drei Versuchsgruppen gebildet: die erste Gruppe wird nur zum Aussprechen ihrer Gedanken aufgefordert (PLD-Gruppe). Die zweite Versuchsgruppe betrachtet die Seiten gecovert, ohne sich dabei verbal zu äußern (SC-Gruppe). Die Kombination der Methoden erfolgt in der dritten Gruppe, die Testseiten werden gecovert betrachtet und die Gedanken zusätzlich laut ausgesprochen (PLD+SC-Gruppe). Das Design besteht folglich aus zwei Vergleichs- und einer Experimentalgruppe zur Identifikation auftretender Methodeneffekte. Pro Gruppe wurden 23 ProbandInnen befragt, um einerseits den Umfang für eine qualitative Auswertung der Protokolldaten nicht zu überschreiten und dennoch eine ausreichende Stichprobengröße für eine statistische Analyse der Ergebnisse sicherzustellen. Um den Einfluss von Drittvariablen möglichst auszuschließen, wurden die TeilnehmerInnen zufällig auf die Versuchsgruppen verteilt. Hinsichtlich der Merkmale Alter, Geschlecht und Internet-Kompetenz wurde auf eine gute Durchmischung innerhalb der Gruppen geachtet.

Als Untersuchungsgegenstand wurden die Homepages der Online-Buchhändler Bol (www.bol.de) und Libri (www.libri.de) gewählt, da diese einen ähnlichen Aufbau der Seiten aufweisen. Um Rückschlüsse auf den Einfluss möglicher Gestaltungsschwerpunkte beim Einsatz der Methoden zu bekommen, wurden auf der Bol-Startseite die Bild-Elemente entfernt und auf der Seite nur Textinformationen dargestellt.

5 Ausgewählte Ergebnisse der Methodenkombination

Im Rahmen der Untersuchung ließen sich nahezu alle Hypothesen bestätigen. Die Analyse der Protokolldaten belegte eine der wesentlichen Annahmen, dass die Kombination der Protokolle lauten Denkens mit der Methode des Site Coverings zu einer umfassenderen Verbalisierung der Gedanken bei Betrachtung der Testseiten führt. Aufgrund der Fokussierung auf einzelne Seitenelemente werden dementsprechend mehr Inhalte der Seiten angesprochen. Somit kommt es zu einer Zunahme geäußerter Statements im Vergleich zu der separaten Anwendung der Protokolle lauten Denkens. Dieser Anstieg verteilt sich zum einen auf Verbalisierungen bereits dargestellter Informationen, wie bspw. dem Vorlesen verschiedener Rubriken- und Linkbezeichnungen. Gleichzeitig ist ein deutlicher Anstieg konkreter Urteile zu verzeichnen, d.s. Äußerungen, deren Inhalt sich auf die Bewertung spezieller Seitenelemente bezieht.

Die Zunahme der Statements - insbesondere der bewertenden Aussagen - begründet sich in einer intensiveren Betrachtung und Verarbeitung der einzelnen Elemente. Zumindest tendenziell zeigt sich dieser Effekt auch bei der Erhebung der Erinnerungsleistung, welche Aufschluss über die Verarbeitungstiefe gibt. Die intensivste Informationsverarbeitung wurde unter Kombination der Methoden erreicht. Darauf weist auch die Betrachtungsdauer der Seiten als auch der einzelnen Seitenelemente hin. Die ProbandInnen der Experimentalgruppe betrachteten die Seiten sowie die einzelnen Flächen deutlich länger als die ProbandInnen der anderen Versuchsgruppen.

Aus Sicht der Usability-Praxis ist damit ein deutlich positiver Effekt durch die Kombination der Methoden erkennbar. Die Kombination der Protokolle lauten Denkens mit der Methode des Site Coverings führt zu einer intensiveren Betrachtung der untersuchten Webseiten. Damit erhöht sich der Umfang an geäußerten Gedanken. Insbesondere hinsichtlich der Bewertung spezieller Gestaltungselemente, welche für die Verbesserung der Usability von besonderem Interesse ist, lassen sich deutliche Zugewinne verzeichnen.

Das zweite bedeutende Resultat der Untersuchung bezieht sich auf die Kontinuität der Verbalisierung. Unter Kombination der Methoden wurden die ProbandInnen instruiert, beim Aufdecken eines neuen Kärtchens an das Aussprechen ihrer Gedanken zu denken. Damit wurde das stetige Anklicken mit der Verbalisierung gekoppelt. Die Ergebnisse belegen, dass ProbandInnen, welche die Kärtchen anklicken, seltener unterbrechen, während sie ihre Gedanken aussprechen. Sie verbalisieren unter Hinzunahme des Site Coverings ihre Gedanken folglich sehr viel kontinuierlicher als bei der separaten Anwendung der Protokolle lauten Denkens. Dementsprechend werden auch deutlich weniger Aufforderungen durch den Versuchsleiter bzw. die Versuchsleiterin benötigt, wodurch der Prozess der Informationsverarbeitung seltener von außen gestört wird.

Einen wesentlichen Einfluss hat die Kombination der Methoden offensichtlich auf den wahrgenommenen Gesamteindruck der untersuchten Seiten. Eindeutig zuzuweisende Effekte im Sinne der aufgestellten Hypothese ließen sich nicht belegen, unter den Bedingungen des Site Coverings werden die Seiten nicht automatisch schlechter bewertet. Es zeigte sich dennoch, dass eine ganzheitliche Wahrnehmung durch die Unterteilung der Seite offenbar gestört wird. Bei der Seite Bol äußerte sich dies in einer insgesamt negativeren Bewertung durch die Gruppen mit Site Covering. Gleichzeitig führt die Aufteilung der Seite zu einer positiv wahrgenommenen Strukturierung und Übersichtlichkeit, wie am Beispiel Libri deutlich wird. Unverhüllt wurde die Seite von den ProbandInnen als vergleichsweise unübersichtlich und unstrukturiert wahrgenommen. Diese Unterschiede in der Bewertung des Gesamteindrucks der Seite verdeutlichen, dass die Kombination der Methoden nicht geeignet ist, einen Gesamteindruck

Miriam Yom, Thorsten H. Wilhelm und Stefanie Gauert

der Seite zu vermitteln. Der Vorteil liegt hingegen in einer detaillierten Erfassung und Bewertung einzelner Seitenelemente.

Um die Wirkung unterschiedlicher Gestaltungsschwerpunkte auf die Kombination der Methoden zu überprüfen, wurden zwei Webseiten untersucht, die sich in ihrer Text- bzw. Bildpräsentation unterscheiden. Die Analyse der Protokolldaten belegte, dass es sowohl hinsichtlich der Anzahl geäußerter Statements als auch in der Bewertung keine Unterschiede zwischen den Versuchsbedingungen gibt. Die Methodenkombination führt unter Variation der Seitengestaltung nicht zu Unterschieden bei der Aussagekraft und des Umfangs der Protokolldaten und kann daher für Untersuchungen verschiedener Gestaltungstypen angewendet werden.

Tabelle 1: Wirkungen der Methodenkombination auf Umfang, Inhalt und Kontinuität der Verbalisierung

Ergebnisübersicht		Mittelwerte		Multivariate, zweifaktorielle **Varianzanalyse** mit Messwiederholung			
				Faktor „Methode"		Faktor „Seite" (Messwdh.)	
Variable	Seite	PLD	PLD+SC	F	Sign.	F	Sign.
Anzahl der Aussagen	Libri	12,24	21,76	41,35	**	1,41	n.s.
	Bol	11,24	20,86				
	Bol	1,05	2,29				
Bewertende Aussagen	Libri	7,19	11,48	6,29	**	3,1	n.s.
	Bol	6,48	10,19				
	Bol	1,00	2,14				
Allg. Bewertungen	Libri	3,19	1,24	25,70	**	0,22	n.s.
	Bol	3,24	1,48				
Spezielle Bewertungen	Libri	3,52	9,95	17,29	**	3,50	n.s.
	Bol	3,00	8,29				
	Bol	46,87	70,33				
Anzahl der Denkpausen	Libri	2,14	1,24	6,53	**	7,09	**
	Bol	1,91	0,57				

** Signifikanz der Unterschiede auf dem Niveau von 0,01
* Signifikanz der Unterschiede auf dem Niveau von 0,05
n.s. nicht signifikant

Tabelle 2: Wirkungen der Methodenkombination auf die Betrachtungsdauer

Ergebnisübersicht		Mittelwerte			Multivariate, zweifaktorielle **Varianzanalyse** mit Messwiederholung			
					Faktor „Methode"		Faktor „Seite" (Messwdh.)	
Variable	Seite	PLD	SC	PLD+SC	F	Sign.	F	Sign.
Betrachtung der Seiten (in Minuten)	Libri	3:32	3:07	5:13	8,32	**	1,81	n.s.
	Bol	3:20	2:51	4:53				
Betrachtung der AoI (in Sekunden)	Libri	k.A.	6,45	11,54	8,79	**	0,95	n.s.
	Bol	k.A.	7,04	9,90				

** Signifikanz der Unterschiede auf dem Niveau von 0,01
* Signifikanz der Unterschiede auf dem Niveau von 0,05
n.s. nicht signifikant

Tabelle 3: Wirkungen der Methodenkombination auf den Gesamteindruck

Ergebnisübersicht		Mittelwerte			Multivariate, zweifaktorielle **Varianzanalyse** mit Messwiederholung					
					Faktor „Methode"		Faktor „Seite" (Messwdh.)		Interaktion „Methode"/ „Seite"	
Variable	Seite	PLD	SC	PLD+SCM	F	Sign.	F	Sign.	F	Sign
Bewertung Gesamteindruck	Libri	4,19	3,05	3,45	1,24	n.s	4,44	*	5,99	**
	Bol	2,71	3,10	3,57						

** Signifikanz der Unterschiede auf dem Niveau von 0,01
* Signifikanz der Unterschiede auf dem Niveau von 0,05
n.s. nicht signifikant

Abweichungen zeigen sich jedoch bei der kontinuierlichen Verbalisierung sowie der Intensität der Informationsverarbeitung, die jedoch keine Einschränkung der angewendeten Methoden bedeuten. Wurden auf der Webseite Bilder präsentiert, nahmen die Unterbrechungen des lauten Denkens in beiden Versuchsgruppen deutlich zu. Ebenso wurden mehr Aufforderungen benötigt, das laute Denken wieder aufzuneh-

Miriam Yom, Thorsten H. Wilhelm und Stefanie Gauert

men. Dieser Effekt begründet sich in der Tatsache, dass sich Textinformationen leichter und schneller verbalisieren lassen, als Informationen in Form von Bildern. Dieser Transformationsprozess bedeutet einen größeren kognitiven Aufwand und damit auch eine längere Verarbeitung, was eine Zunahme an verbalen Pausen zur Folge hat. Gleichzeitig ließen sich Unterschiede in der Verarbeitungsintensität der Informationen feststellen, die Inhalte der Bild-Seite wurden durchgängig besser erinnert. Dieses Ergebnis findet Bestätigung in theoretischen Ausführungen zur Bildwahrnehmung (Moser 2002, 232). Demnach lassen sich durch Bilder vermittelte Informationen schneller und leichter erinnern. Gleichzeitig überträgt sich das gesteigerte Aktivierungspotential der Bilder auch auf deren Umfeld. Eine höhere Erinnerungsleistung auf der Bild-Seite Libri lässt sich daher auf die Gestaltung der Seiten zurückführen.

6 Subgruppenspezifische Unterschiede bei der Methode des lauten Denkens

Im Rahmen der Untersuchung ließ sich die Wirkung verschiedener personenbezogener Faktoren auf die festgestellten Ergebnisse bestätigen. Im folgenden Abschnitt werden fünf relevante Merkmale dargestellt, deren Einfluss bei der Anwendung der Protokolle lauten Denkens berücksichtigt werden sollte.

- Fähigkeit zur Verbalisierung

Je nach Einschätzung ihrer verbalen Fähigkeiten wurden die ProbandInnen während der Untersuchung vom Versuchsleiter drei verschiedenen Verbalisierungstypen zugeordnet. Unterschieden wurde dabei zwischen Personen, die ihre Gedanken sehr flüssig aussprechen und dabei selten ins Stocken geraten (Typ I), Personen, bei denen die Verbalisierung weniger kontinuierlich erfolgt und sie häufiger erinnert werden müssen (Typ II), und Personen, denen das Aussprechen der Gedanken starke Probleme bereitet (Typ III). Die verschiedenen Typen zeigten beim Umfang ausgesprochener Gedanken und bei der Kontinuität der Verbalisierung eindeutige Unterschiede. Mit Abnahme der eingeschätzten verbalen Fähigkeiten äußern die ProbandInnen weniger Statements und unterbrechen häufiger bei der Verbalisierung ihrer Gedanken. Insbesondere bei Personen des Typ III mit der geringsten Redeneigung führt dies bei der reinen Anwendung der PLD zu einer sehr geringen Aussagekraft der Protokolldaten. Dieses Problem lässt sich durch Kombination mit Site Covering deutlich verringern, denn die separate Betrachtung der einzelnen Flächen unterstützt die Generierung neuer Gedanken und gleichzeitig eine stetige Verbalisierung.

Tabelle 4: Einfluss der verbalen Fähigkeiten auf die Verbalisierung

Ergebnisübersicht personenbezogener Faktoren						Multivariate, dreifaktorielle **Varianzanalyse** mit Messwiederholung					
Variable	Seite	Methode	Mittelwerte Faktor „Verbale Fähigkeiten"			Faktor „Methode"		Faktor „Verbale Fähigkeit"		Interaktion „Methode"/ „Verbale Fähigkeit"	
			Typ 1	Typ 2	Typ 3	F	S	F	S	F	S
Anzahl der Aussagen	L	PLD	14,86	12,3	7,5	38,61	**	3,48	*	0,22	ns.
		PLD+SC	24,38	21,56	17						
	B	PLD	10,57	12,5	9,25						
		PLD+SC	22,63	20,78	17,5						
Anzahl der Denkpausen	L	PLD	1,43	2,1	3,5	5,82	**	6,99	**	0,17	ns.
		PLD+SC	0,13	1,44	3						
	B	PLD	1,29	2	2,75						
		PLD+SC	0,13	0,33	2						

**	Signifikanz der Unterschiede auf dem Niveau von 0,01
*	Signifikanz der Unterschiede auf dem Niveau von 0,05
L	Libri
B	Bol
S	Signifikanz
n.s.	nicht signifikant

■ Kompetenz im Umgang mit dem Internet (Webkompetenz)

Die Ergebnisse belegen deutliche Unterschiede der Methodeneffekte zwischen den ProbandInnen in Abhängigkeit ihrer Webkompetenz. Je mehr Erfahrung und Wissen bei ihnen vorhanden ist, desto konkreter und gefestigter sind auch ihre Erwartungen an eine Website. Sie verfügen daher über einen gefestigten Bewertungsmaßstab, anhand dessen sie eine Website bei der ersten Betrachtung beurteilen. Diese Kriterien werden offenbar durch das Covern der Seiten nicht beeinflusst. Die Anzahl geäußerter Bewertungen bleibt für beide Versuchsgruppen konstant, während bei ProbandInnen mit eher durchschnittlicher Webkompetenz unter Kombination der Methoden eine deutliche Zunahme zu verzeichnen ist. Der gleiche Effekt zeigt sich auch hinsichtlich der Betrachtungsdauer; ProbandInnen mit hoher Webkompetenz bleiben von den Methodeneffekten weitestgehend unbeeinflusst. Lediglich die Kontinuität der Verbalisierung veränderte sich, das stete Anklicken der Kärtchen zeigte sich auch bei hoher Webkompetenz als wirksame Erinnerungshilfe, die Gedanken zu verbalisieren.

Tabelle 5: Einfluss der Webkompetenz auf die Verbalisierung und Betrachtungsdauer

Ergebnisübersicht personenbezogener Faktoren			Faktor „Webkompetenz"		Multivariate, dreifaktorielle **Varianzanalyse** mit Messwiederholung					
			Mittelwerte		Faktor „Methode"		Faktor „Kompetenz"		Interaktion „Methode"/ "Kompetenz"	
Variable	Seite	Methode	Hohe Kompetenz	Mittlere Kompetenz	F	S	F	S	F	S
Anzahl der Aussagen	Libri	PLD	13,83	9,88	36,58	**	0,01	n.s.	0,49	n.s.
		PLD+SC	21,11	22,25						
	Bol	PLD	10,83	12,25						
		PLD+SC	20,44	21,17						
Anzahl der Denkpausen	Libri	PLD	1,75	3	11,59	**	7,31	**	0,09	n.s.
		PLD+SC	0,56	1,75						
	Bol	PLD	1,5	2,75						
		PLD+SC	0,11	0,92						
Betrachtungsdauer der Seiten	Libri	PLD	3:37	2:55	8,36	**	4,46	*	7,6	**
		SC	2:58	3:17						
		PLD+SC	3:37	6:25						
	Bol	PLD	3:37	3:03						
		SC	2:35	3:08						
		PLD+SC	3:11	6:09						

**   Signifikanz der Unterschiede auf dem Niveau von 0,01
*   Signifikanz der Unterschiede auf dem Niveau von 0,05
n.s. nicht signifikant

- PLD-Erfahrung

Die Methode des lauten Denkens ist für die meisten ProbandInnen nicht alltäglich. Zunächst bestehen oftmals Hemmungen, die Gedanken frei auszusprechen. Dieser Effekt findet sich auch in den Ergebnissen dieser Untersuchung wieder: ProbandInnen, die bereits häufiger mit der Methode gearbeitet haben, fiel eine stetige Verbalisierung deutlich leichter. Dagegen unterbrechen ProbandInnen häufiger, wenn sie zum ersten Mal mit der Methode arbeiten. Bereits vorhandene Erfahrungen mit der Methode sind für deren Anwendung dementsprechend von Vorteil. Ein Training der Methode vor Beginn der eigentlichen Untersuchung ist daher ratsam, um Hemmungen gegenüber dem lauten Denken abzubauen.

Tabelle 6:   Einfluss der PLD-Erfahrung auf die Verbalisierung

Ergebnisübersicht personenbezogener Faktoren			Faktor „PLD-Erfahrung"		Multivariate, dreifaktorielle Varianzanalyse mit Messwiederholung					
			Mittelwerte		Faktor „Methode"		Faktor „PLD-Erfahrung"		Interaktion „Methode"/ "PLD-Erfahrung"	
Variable	Seite	Methode	Keine PLD-Erfahrung	Mit PLD-Erfahrung	F	S	F	S	F	S
Anzahl der Aussagen	Libri	PLD	11,9	12,9	44,93	**	1,07	n.s.	2,63	n.s.
		PLD+SC	19,9	24,9						
	Bol	PLD	12,1	9,4						
		PLD+SC	19,7	22,8						
Anzahl der Denkpausen	Libri	PLD	2,5	1,4	5,22	*	5,00	*	0,27	n.s.
		PLD+SC	1,5	0,8						
	Bol	PLD	2,4	1						
		PLD+SC	0,8	0,1						

**   Signifikanz der Unterschiede auf dem Niveau von 0,01
*   Signifikanz der Unterschiede auf dem Niveau von 0,05

Geschlecht

Betrachtet man die Ergebnisse hinsichtlich der Unterschiede zwischen Männern und Frauen, zeigen sich verschiedene Effekte, die auf eine geschlechtsspezifische Ausprägung verbaler Fähigkeiten schließen lassen. Hinweise darauf finden sich bereits bei Ericsson und Simon (1984, 250), wonach eine fließende Verbalisierung nur von Probandinnen zu erwarten sei. Diese Annahme ließ sich anhand der im Rahmen dieser Studie identifizierten Effekte nur teilweise bestätigen. Die weiblichen Testpersonen äußerten mehr bewertende Aussagen als die männlichen, jedoch unterbrachen sie während der Verbalisierung deutlich häufiger. Eine fließende Verbalisierung ist demnach eher den Männern zuzuschreiben. Weitere Unterschiede zeigten sich hinsichtlich der Informationsverarbeitung. Die Seiten wurden von Frauen deutlich besser erinnert als von Männern, was auf eine intensive Verarbeitung der Inhalte durch weibliche Testpersonen schließen lässt, während die Inhalte von den Männern möglicherweise oberflächlicher betrachtet wurden.

Stimmung der ProbandInnen

Die Stimmungslage der ProbandInnen wirkt sich ebenfalls auf die Verbalisierung der Gedanken aus. Eine positive Stimmung führt zu einer Zunahme der Äußerungen. Deshalb sollte in der Praxis verstärkt darauf geachtet werden, eine positive Versuchsatmosphäre zu schaffen.

Tabelle 7: Einfluss des Geschlechts auf die Verbalisierung, Betrachtungsdauer und Erinnerung von Seitenelementen

Ergebnisübersicht personenbezogener Faktoren			Faktor „Geschlecht"		Multivariate, dreifaktorielle Varianzanalyse mit Messwiederholung					
Variable	Seite	Methode	Mittelwerte		Faktor „Methode"		Faktor „Geschlecht"		Interaktion „Methode"/ "Geschlecht"	
			Frauen	Männer	F	Sign	F	Sign	F	Sign
Anzahl der Aussagen	Libri	PLD	12,9	11,8	36,29	**	1,13	n.s.	0,11	n.s.
		PLD+SC	21,6	22						
	Bol	PLD	13,3	10						
		PLD+SC	22	19,3						
Bewertungen	Libri	PLD	8,3	6,5	5,13	*	6,44	*	2,61	n.s.
		PLD+SC	13,9	8,22						
	Bol	PLD	7,1	6,1						
		PLD+SC	13,1	6,3						
Anzahl der Denkpausen	Libri	PLD	2,5	1,9	8,70	**	4,14	*	0,07	n.s.
		PLD+SC	0,8	0,4						
	Bol	PLD	2,5	1,5						
		PLD+SC	0,8	0,3						
Betrachtungsdauer der Seiten	Libri	PLD	3:30	3:33	7,53	**	1,19	n.s.	1,99	n.s.
		SC	2:33	3:24						
		PLD+SC	5:40	4:32						
	Bol	PLD	3:35	3:13						
		SC	2:54	2:49						
		PLD+SC	5:48	3:29						
Richtige Antworten (max. 5)	Libri	PLD	3	1,8	1,63	n.s.	7,66	**	0,55	n.s.
		SC	2,3	2,1						
		PLD+SC	3	3						
	Bol	PLD	2,1	1,3						
		SC	2,1	0,9						
		PLD+SC	2,2	1,4						

** Signifikanz der Unterschiede auf dem Niveau von 0,01
*   Signifikanz der Unterschiede auf dem Niveau von 0,05
n.s. nicht signifikant

Tabelle 8: Einfluss der Stimmung auf die Verbalisierung

Ergebnisübersicht personenbezogener Faktoren			Faktor „Stimmung"		Multivariate, dreifaktorielle Varianzanalyse mit Messwiederholung					
			Mittelwerte		Faktor „Methode"		Faktor „Stimmung"		Interaktion „Methode/ Stimmung"	
Variable	Seite	Methode	Positiv	Negativ	F	Sign.	F	Sign.	F	Sign.
Anzahl der Aussagen	Libri	PLD	13,1	8,8	38,77	**	4,68	*	0,09	n.s.
		PLD+SC	23,1	20						
	Bol	PLD	11,6	9,8						
		PLD+SC	23	18						

** Signifikanz der Unterschiede auf dem Niveau von 0,01
*   Signifikanz der Unterschiede auf dem Niveau von 0,05
n.s. nicht signifikant

7 Ausblick

Die Anwendung von Site Covering ist mit Einschränkungen hinsichtlich der Seitendarstellung verbunden. Links und aktive Menüs sind ohne Funktion, da die Seiten nur als Screenshot dargestellt werden können. Untersuchungsgegenstand sind daher nur einzelne „statische" Webseiteninhalte, ohne dass die ProbandInnen weitere Seiten anklicken können. Besonders für die Untersuchung von Prototypen lässt sich die Kombination beider Methoden einsetzen. Prototypen verfügen häufig noch nicht über ihren vollständigen Funktionsumfang und werden durch das Covern der Seite nur geringfügig in ihrer Funktionalität eingeschränkt. Ebenso kommt die Kombination der Methoden für Untersuchungen in Frage, deren Schwerpunkt in der Bewertung des Screendesigns einzelner Webseiten liegt. Die intensivierte Betrachtung der einzelnen Flächen ermöglicht eine detaillierte Beurteilung der verschiedenen Gestaltungselemente. Es lassen sich Informationen gewinnen über: typografische Darstellung, farbliche Gestaltung der Elemente, Verständlichkeit und Erwartungskonformität der Informationsdarstellung, Benennung von Links und Rubriken. Untersucht wurde in dieser Studie die Kombination des Site Covering mit Protokollen lauten Denkens im Rahmen von Einzelexplorationen. Praktikabel ist jedoch ebenso die Anwendung der Methode in Verbindung mit Gruppendiskussionen zur Optimierung von Websites und Prototypen.

Die Unterschiede zwischen den Versuchsgruppen in der Bewertung des Gesamteindrucks der Seite verdeutlichen, dass Untersuchungen unter Kombination der Methoden nicht gänzlich auf eine vollständige Präsentation der Seite verzichten sollten, da das Covern der Seiten den wahrgenommenen Gesamteindruck verändert. Es ist eine Kombination verschiedener Methoden anzustreben, da eine gültige Gesamtbeurteilung der Seite für die Usability-Forschung ebenso relevant ist, wie eine intensive Betrachtung und Beurteilung einzelner Gestaltungselemente. Daher sollten bei der Evaluation von Webseiten diese zunächst vollständig gezeigt werden, um eine Spontanbewertung der gesamten Seite ohne Einfluss der Methoden zu ermöglichen. Erst in der zweiten Erhebungsphase sollte die Seite gecovert werden, um die Aufmerksamkeit auf bestimmte Seitenelemente zu fokussieren. Damit wird den ProbandInnen Gelegenheit gegeben, neue Gedanken zu äußern und gleichzeitig aus Sicht der Metaperspektive vorherige Äußerungen zu kommentieren. Gleichzeitig kann diese zweite Phase vom Versuchsleiter dazu genutzt werden, einzelne Äußerungen zu hinterfragen und sie konkretisieren zu lassen. Solche nachträglichen Interviews sind insbesondere dann sehr hilfreich, wenn es um die Ableitung von Hinweisen zur Verbesserung der Usability geht. Werden im Rahmen der spontanen Bewertung Seitenelemente kritisiert, sollte im Rahmen des Interviews auf Optimierungsmöglichkeiten eingegangen werden. Die weiterführenden Untersuchungen personenbezogener Faktoren auf die Anwendung der Protokolle lauten Denkens bestätigten weitere interessante Effekte. Für die Anwendung der Methodenkombination in der Web-Usability-Forschung erscheint es sinnvoll, die identifizierten Faktoren auch hinsichtlich der Stichprobenzusammensetzung zu beachten. Unter Berücksichtigung spezieller Eigenschaften der identifizierten Zielgruppe wie Alter, Geschlecht und Bildung sollte ein ausgewogenes Verhältnis von sehr kompetenten und weniger kompetenten NutzerInnen angestrebt werden.

8 Literatur

Boren, T./Ramey, J. (2000): Think Aloud: Reconciling Theory and Practise. In: IEEE Transactions on Professional Communication, vol 43, no. 3, 261-278.
Ericsson, K. A./Simon, H. A. (1984): Protocol Analysis. Verbal Reports as Data. Cambridge, MA.
Moser, K. (2002): Markt- und Werbepsychologie. Ein Lehrbuch. Göttingen, Bern, Toronto, Seattle.
Nielsen, J./Clemmensen, T./Yssing, C. (2002): Getting Access to What Goes on in People's Head – Reflection on the Think-Aloud Technique. In: Proceedings of the 2nd Nordic Conference on HCI, 101-110.
Rubin, J. (1994): Handbook of Usability Testing. New York.
Wilhelm, T./Beger, D./Yom, M. (2002): Site Covering: Eine innovative Methode zur Erfassung der Informationsaufnahme und des Entscheidungsverhaltens auf Webseiten. In: Planung & Analyse, Nr. 2, 46-50.
Yom, M. (2003): Usability von Online-Shops. Göttingen.

Teil 6

Datenanalyse und Dateninterpretation

Regina Höld

Zur Transkription von Audiodaten

1 Begriff 657
2 Transkription in der Marktforschung 657
3 Transkriptionssysteme 658
    3.1 Wörtliche Transkription 660
    3.2 Kommentierte Transkription 660
    3.3 Inhaltsanalytische Transkription 662
        3.3.1 Zusammenfassendes Protokoll 663
        3.3.2 Selektives Protokoll 663
4 Praktische Tipps zur Transkripterstellung 664
5 Transkriptionssoftware 666
6 Zusammenfassung 666
7 Literatur 668

1 Begriff

Wird gesprochene Sprache in eine schriftliche Fassung gebracht, spricht man von Transkription (Mayring 2002). Der Begriff stammt vom lateinischen Wort „trans-scribere" ab und bedeutet „umschreiben". Audio(visuelle)-Daten z.B. aus Interviews, Videobeobachtungen, Fokusgruppeninterviews, Thinking Aloud Protocols udgl. werden für Auswertung, Dokumentation und Reporting in eine schriftliche Form gebracht. Dabei erfolgt eine Umwandlung der Tondaten (Sekundärdaten) in Textdaten (Tertiärdaten) (Kowall/O'Connell 2003). Während dieses Transformationsprozesses findet eine Reduktion und Interpretation der Daten durch den/die Transkribierende/n statt (Morse/Richards 2002). Die Wahl des Trankskriptionssystems beeinflusst die spätere Auswertung der Daten, weshalb manche AutorenInnen die Transkription als erste Phase der Datenanalyse bezeichnen (Rubin/Rubin 2005). Das Ziel bei der Transkripterstellung ist daher die Herstellung eines dauerhaft verfügbaren Protokolls, das mit Hilfe geeigneter Notationszeichen den Gesprächsverlauf wirklichkeitsgetreu wiedergibt (Kowal/O'Connell 2003) bzw. so aufbereitet ist, dass es für die Auswertung und Interpretation brauchbar ist. Während des Transkribierens soll eine umfassende Konservierung der kommunikativen Information erfolgen (Kruse 2006). „The goals of the analysis are to reflect the complexity of human interaction by portraying it in the word of the interviewees and through actual events and to make that complexity understandable to others" (Rubin/Rubin 2005).

In diesem Beitrag wird der Begriff Transkription im Zusammenhang mit der Verschriftlichung verbaler Daten in der qualitativen Sozialforschung verwendet. Ein weiterer Forschungsbereich, in dem Transkription eingesetzt wird, ist die Gesprächsanalyse (Konversationsanalyse). Dabei spielen sprachliche Phänomene wie Betonung, Ins-Wort-Fallen, Pausen, Aussprache und Betonung eine große Rolle. Auf die in der Sprachwissenschaft eingesetzten Transkriptionssysteme (HIAT, CHAT, GAT) sei hier nur verwiesen (siehe Dittmar 2002). Weiters werden unterschiedliche Transkriptionssysteme und deren Einsatz in der qualitativen Sozialforschung besprochen. Anschließend wird auf die Anwendung von Software zur Erstellung von Transkripten näher eingegangen.

2 Transkription in der Marktforschung

Qualitative Forschung erfordert Auswertungsmethoden, die auf ein qualitativ hochwertiges Datenmaterial aufbauen. Einerseits hängt die Qualität der Daten von der Art und Sorgfältigkeit der Datenerhebung ab, andererseits beeinflusst die Wahl des Transkriptionssystems wie ausführlich die Daten nach der Erhebung analysiert und interpretiert werden können. Audio- und Videoaufnahmen alleine ermöglichen aufgrund der Flüchtigkeit und Schnelligkeit ihrer Rezipierbarkeit keine umfassende Methodik (Kruse 2006). In der Marktforschung sind nicht nur semantische Informationen von Bedeutung. Durch das Festhalten von zusätzlichen kommunikativen Informationen (z.B. Körpersprache, Betonung, Pausen) beim Transkribieren kann der Forscher bzw. die ForscherIn kommunikativen Sinn aus dem Gesagten wiedergeben und interpretieren (Kruse 2006).

3 Transkriptionssysteme

Unter einem Transkriptionssystem versteht man Regeln, die genau festlegen, wie Sprache in eine fixierte Form übertragen wird (Kuckartz 2005). Bevor verbale Daten transkribiert werden, muss festgelegt werden, nach welchen Richtlinien das Transkript erstellt werden soll. Dazu stehen verschiedene Transkriptionssysteme zur Verfügung, die sich nach dem Umfang des transkribierten Textes und Interpretationsgehalts einteilen lassen (siehe Tabelle 1) und sich gleichzeitig nach sprachlicher Genauigkeit (Dialekt, Standardsprache, Phonetik) unterscheiden (Flick 2006).

In der sozialwissenschaftlichen Forschung ist die Wahl des Transkriptionssystems stark von der Art der geplanten Analyse abhängig. Sollen Interviewdaten ausgewertet werden, ist nicht jedes Füllwort wie z.B.: „äh" oder „mhm" von Interesse. Kuckartz (2005) schlägt daher vor, sich vor der Transkription folgende Fragen zu stellen:

- Was muss unbedingt transkribiert werden?
- Will ich die so festgehaltenen Phänomene überhaupt später interpretieren?

In ForscherInnenteams bestehend aus SprachwissenschaftlerInnen und SozialwissenschaftlerInnen, kann es sinnvoll sein, sehr fein zu transkribieren, da dadurch sowohl eine linguistische als auch eine sozialwissenschaftliche Auswertung möglich wird. Je nach Zielsetzung des Forschungsprojektes können bei der sozialwissenschaftlichen Auswertung nur die Inhalte und bei der sprachwissenschaftlichen Auswertung auch die sprachliche Form analysiert werden.

Bei der Wahl eines Transkriptionssystem (Tabelle 2) sollte man generell folgenden Merksatz berücksichtigen: *„A transcription system should be easy to write, easy to read, easy to learn and easy to search"* (Flick 2006).

Tabelle 1: Einteilung der Transkriptionssysteme nach dem Umfang und Interpretationsgehalt des Transkriptes

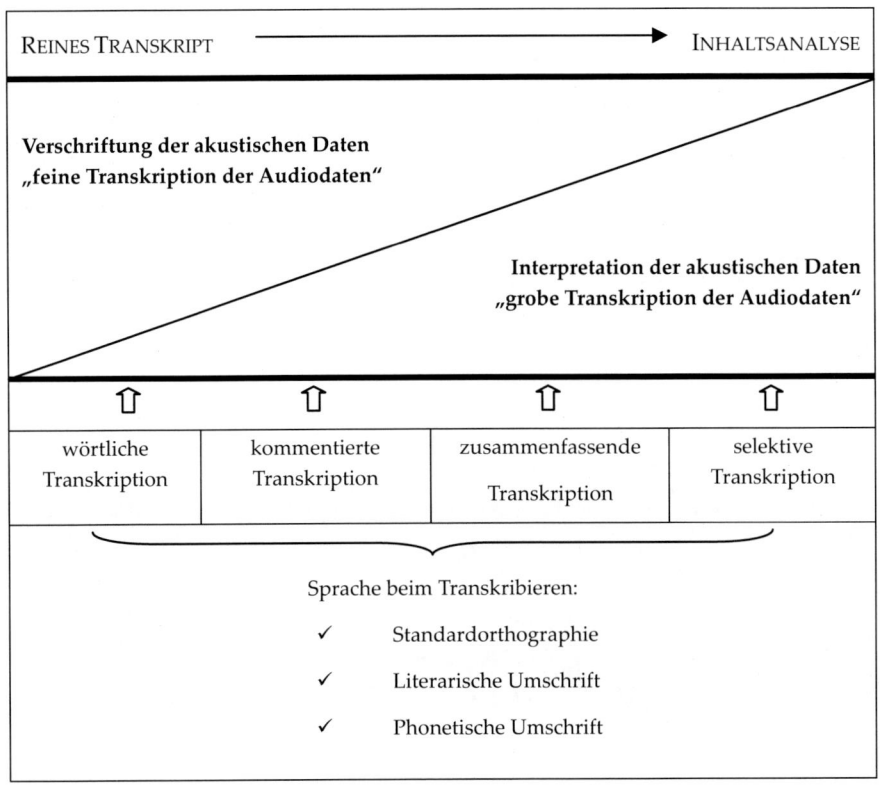

Tabelle 2: Kriterien für die Wahl des Transkriptionssystemes

Für den/die Transkribierende/n	Für den/die ForscherIn bzw. die Auswertungssoftware
✓ Handhabbarkeit	✓ Lesbarkeit ✓ Erlernbarkeit ✓ Interpretierfähigkeit (in Abstimmung mit der Software)

In den folgenden Abschnitten werden die in Tabelle 1 vorgestellten Transkriptionssysteme näher beschrieben.

3.1 Wörtliche Transkription

Bei der wörtlichen Transkription wird eine vollständige Textfassung aus dem verbalen Datenmaterial (Wortprotokoll) hergestellt (Mayring 2002). Dazu bieten sich drei verschiedene Vorgehensweisen an:

1. Das Arbeiten mit dem Internationalen Phonetischen Alphabet (IPA),
2. die Literarische Umschrift,
3. die Übertragung in normales Schriftdeutsch.

Das Internationale Phonetische Alphabet wird in der Sprachwissenschaft eingesetzt, um mit speziellen Zeichen die Aussprache von Wörtern bzw. Silben darzustellen. In der qualitativen Sozialforschung ist meist nicht Aussprache und Intonation der InterviewteilnehmerInnen vordergründig wichtig, sondern vielmehr, was die TeilnehmerInnen gesagt haben. Die Verwendung des Internationalen Phonetischen Alphabets führt dazu, dass das Transkript schwer lesbar wird. Weiters ist die Erstellung eines phonetischen Transkriptes sehr zeitaufwändig (Kowal/O'Connell 2003).

Weitaus einfacher zu erstellen und auch zu lesen sind Transkripte, die durch „literarische Umschrift" erstellt wurden. Hierbei wird der Dialekt bzw. die Umgangssprache mit dem gebräuchlichen Alphabet wiedergegeben (Mayring 2002). Die Besonderheiten der gesprochenen Sprache bleiben somit erhalten (Kowal/O'Connell 2003). Abweichungen von der Standardsprache (z.B. ich geh statt ich gehe) werden ohne Korrektur verschriftet. In englischsprachigen Transkripten findet man häufig den sog. „eye dialect", der versucht, die Umgangssprache möglichst lautgetreu abzubilden. Diese Vorgangsweise wird der Grundregel von Kruse (2006) gerecht: „Verschrifte weitgehend all das, was du hörst, weitgehend so, wie du es hörst".

Bei der Übertragung von verbalen Daten in Standardsprache werden der Dialekt bereinigt und Grammatikfehler ausgebessert. Satzbau und Stil werden korrigiert (Mayring 2002). Diese Technik wird vor allem dann angewandt, wenn der Inhalt des Gespräches im Vordergrund steht.

3.2 Kommentierte Transkription

„Man kann nicht nicht kommunizieren" (Watzlawick/Beavin/Jackson 1990). Diese Aussage von Paul Watzlawick macht deutlich, dass Kommunikation sowohl verbal als auch nonverbal erfolgt. Diese Tatsache wird bei der kommentierten Transkription berücksichtigt. Weiters sollen bestimmte Auffälligkeiten in der Sprache, wie z.B. lange Pausen, Zögern, Betonungen durch Notationszeichen (Sonderzeichen) festgehalten werden. Unter Notation versteht man das schriftliche Fixieren von Kommunikation, Prozessen und Bewegungsverläufen mit vereinbarten Symbolen.

Für die Erstellung von Transkripten mit über das Wortprotokoll hinausgehenden Informationen kann einerseits mit Notationszeichen (siehe Tabelle 3) und andererseits mit Kommentaren des Forschers/der Forscherin gearbeitet werden (Mayring 2002).

- Verwendung von Sonderzeichen (Notationszeichen)

Tabelle 3: Notationszeichen (Kallmeyer/Schütze 1976)

Notationszeichen	Bedeutung
..	Kurze Pause
...	Mittlere Pause
(Pause)	Lange Pause
.....	Auslassung
((Ereignis))	Nicht-sprachliche Handlung, z.B. ((Schweigen))
((lachend)), ((verärgert))	Begleiterscheinungen des Sprechers bzw. der Sprecherin
Sicher	Auffällige Betonung, auch Lautstärke
Sicher	Gedehntes Sprechen
(...)	Unverständlich
(so schrecklich?)	Nicht mehr genau verständlich, vermuteter Wortlaut

Bei der Verwendung von Notationszeichen ist darauf zu achten, dass die verwendeten Zeichen auch von der Auswertungssoftware unterstützt werden. Weiters sollen nur so viele Zeichen eingesetzt werden, wie für die Interpretation der Untersuchungsdaten sinnvoll, denn die Lesbarkeit des Transkriptes leidet unter ihrer Verwendung. Für die Analyse und Beurteilung mündlicher Sprechereignisse (z.B. Präsentationen, Werbeveranstaltungen, Verkaufsgespräche) können Betonung, Stimmerhöhung, Pausen und

Regina Höld

Körpersprache auch in der Sozialforschung von Interesse sein. Für die Entscheidung, was transkribiert werden soll und was weggelassen werden kann, kann folgende Faustregel hilfreich sein: „We put into the transcript only the level of detail we are likely to analyze and includes any information that might influence the interpretation, such as laughter or gestures of emphasis or puzzlement" (Rubin/Rubin 2005).

Eine Möglichkeit zur Wiedergabe von Akzentuierungen (Betonungen) im Transkript ist, alle Wörter klein zu schreiben. Großgeschrieben wird nur, was der Sprecher bzw. die SprecherIn betont (Kruse 2006).

- Kommentare des Forschers bzw. der Forscherin in Klammern bzw. Partitur

Eine weitere Möglichkeit, Kommentare zum Verhalten bzw. zur Intonation der GesprächsteilnehmerInnen ins Transkript aufzunehmen, ist das Verfassen von Kommentaren, welche sich vom Text deutlich als Anmerkungen des Forschers bzw. der Forscherin abheben müssen (z.B. durch Arbeiten mit Klammern). Mayring (2002) schlägt vor, die Anmerkungen in einer Spalte neben dem eigentlichen Text zu platzieren. Knoblauch (2003) bezeichnet dies als Partitur. Dabei werden im Transkript mehrere Spalten zur akustischen und nonverbalen Abbildung des Gesprächsablaufes eingerichtet (siehe Tabelle 4). In der Sprachwissenschaft versteht man unter Partitur die Verschriftung in unterschiedlichen Zeilen pro Person, um Unterbrechungen und „ins Wort fallen" genau erfassen zu können. Pro Sprecher bzw. Sprecherin wird genau eine Zeile angelegt.

Tabelle 4: Partitur

Fortlaufender Text	Gesamtbeschreibung der visuellen Szene	Beschreibung der Mimik	Beschreibung der Gestik

Ein Vorteil der Partitur ist sicherlich die gute Lesbarkeit des Transkriptes. Einen Nachteil dieser Vorgehensweise können Spezifika der Auswertungssoftware darstellen, die meist Spaltentext nicht oder nur unstrukturiert darstellen.

3.3 Inhaltsanalytische Transkription

Die im Folgenden beschriebenen Transkriptionssysteme verbinden Transkription und erste inhaltsanalytische Auswertungsschritte miteinander.

3.3.1 Zusammenfassendes Protokoll

Bei der Erstellung eines zusammenfassenden Protokolls wird bereits inhaltlich gearbeitet, indem vom Tonband weg Zusammenfassungen vorgenommen und verschriftet werden. Diese Zusammenfassungen müssen methodisch kontrolliert ablaufen (Mayring 2002). Diese Art der Datenauswertung nähert sich stark an die Inhaltsanalyse an, bei der bedeutungsgleiche Einheiten gestrichen, inhaltlich eng zusammenhängende Textpassagen in gebündelter Form wiedergegeben und Kategorien zur Systematisierung der reduzierten und gebündelten Aussagen erstellt werden (induktive Kategorienentwicklung; Mayring 2000).

3.3.2 Selektives Protokoll

Werden nur bestimmte Teile des Datenmaterials transkribiert, liegt eine selektive Transkription vor. Um festzulegen, welche Daten zu verschriften sind, wird vor der Transkription ein Kategorienschema festgelegt (deduktive Kategorienanwendung), welches so genau definiert sein soll, dass eine eindeutige Zuordnung der Daten zu den Kategorien möglich ist (Hugl 1995). Auf diese Weise soll eine Struktur aus den Daten herausgefiltert werden. Um genau festzulegen, welches Datenmaterial welcher Kategorie zugeordnet wird bietet sich eine Vorgehensweise in drei Schritten an (Mayring 2003):

- *Definition der Kategorien:* Es wird genau definiert, welche Textbestandteile unter eine Kategorie fallen.

- *Verfassen von Ankerbeispielen:* Es werden konkrete Textstellen angeführt, die unter eine Kategorie fallen, um die Zuordnung der weiteren Textteile zu erleichtern.

- *Erstellen von Kodierregeln:* Um Abgrenzungsprobleme zwischen den Kategorien zu vermeiden, werden Regeln aufgestellt, die eine eindeutige Zuordnung ermöglichen.

Obwohl die inhaltsanalytischen Transkriptionssysteme wesentlich weniger Text produzieren als die wörtliche und kommentierte Transkription, ist der dafür notwendige Zeitaufwand sicherlich gleich. Weiters erfordert die Strukturierung nach Kategorien bereits beim Hören des Textes Erfahrung mit der Inhaltsanalyse und einen geschickten Umgang mit Textverarbeitungsprogrammen bzw. Auswertungssoftware. Weiters besteht bei der inhaltsanalytischen Transkription die Gefahr, dass Daten für die Auswertung verloren gehen. Eine klare Trennung von Transkription und Auswertung verhindert das vorschnelle Weglassen und Zusammenfassen von Textpassagen.

Regina Höld

4 Praktische Tipps zur Transkripterstellung

Transkribieren ist eine zeitaufwändige und Konzentration erfordernde Arbeit. Ein offenes Interview von zirka einer Stunde ergibt in transkribierter Form 25 bis 60 Seiten (Kuckartz 2005). Der Zeitaufwand für das Transkribieren beträgt zirka sechsmal so lange als die Dauer des Gespräches (Richards 2005). Oft wird die Transkriptionsarbeit daher ausgelagert, was die Festlegung genauer Richtlinien zur Transkripterstellung im vorhinein erfordert. Bereits bei der Aufnahme der verbalen Daten sollte darauf geachtet werden, dass die Gespräche später abgehört und akustisch verstanden werden müssen. Für den Interviewer bzw. die Interviewerin empfiehlt sich daher, bei Missverständnissen nachzufragen bzw. die Interviewperson zu ersuchen, gegebenenfalls lauter zu sprechen. Weiters ist die Anfertigung handschriftlicher Feldnotizen über den Gesprächsverlauf, die wichtigsten Aussagen und abgehandelten Fragen für die Transkription von Vorteil. Diese Notizen geben dem/der Transkribierenden bei Unklarheiten oder schlechter Tonqualität Anhaltspunkte, was gesprochen wurde.

Die meisten Auswertungstools sind nur für die Textauswertung und nicht für die Texteingabe konzipiert. Daher empfiehlt sich die Anwendung eines Textverarbeitungsprogramms zur Erstellung des Transkripts. In manchen Fällen ist das Abspeichern des Textes in einem bestimmten Format erforderlich. Daher ist es förderlich, vor dem Transkribieren herauszufinden, welche Dateiformate die Auswertungssoftware unterstützt.

Am Beginn jedes Transkriptes sind folgende Angaben zu machen: Name der Interviewperson (ev. anonymisiert bzw. Angabe eines Pseudonyms), Zeit des Interviews, Ort und Grund, warum die Interviewperson in die Studie einbezogen wurde (Rubin/Rubin 2005). Am Ende des Trankriptes kann der Forscher bzw. die Forscherin eine Kurzzusammenfassung der wichtigsten Punkte anfügen. Aus dem Transkript muss klar hervorgehen, welche Textpassagen nicht von der Interviewperson stammen.

Prinzipiell empfiehlt es sich, für jedes Interview ein eigenes Textdokument anzulegen. Gruppeninterviews können in einem Dokument verschriftlicht werden. Aus dem Transkript muss klar hervorgehen, welche Textpassagen vom Interviewer bzw. von der Interviewerin und welche von der interviewten Person kommen. Dazu schreibt man am Beginn der Zeile eine Abkürzung (z.B. A:) oder den vollen Namen, um zu identifizieren, welche Person gerade spricht. Danach kommt der gesprochene Text. Beginnt eine andere Person zu sprechen, wird ein Absatz eingefügt. Beim Abtippen des Textes sollten unbedingt Satzzeichen, in Abstimmung mit der Auswertungssoftware (welche sind erlaubt, welche nicht), gesetzt werden, da sich Sätze als Analyseeinheit gut eignen. Obwohl in der mündlichen Sprache oft kein Punkt hörbar ist, sind beim Transkribieren (eher) Punkte und andere Satzzeichen zu setzen. Vergisst man darauf, kann es – je nach Erfordernis der verwendeten Analysesoftware - bei der Auswertung Probleme geben, bzw. wird das Transkript schwer zu lesen. Die verwendete Schriftart und Schriftgröße müssen ebenfalls mit der Auswertungssoftware abgestimmt werden. Hervorhebungen durch unterschiedliche Formatierungstechniken (fett, kursiv, Tabellen, unterschiedliche Schriftarten) sind bei der Erstellung des Transkriptes unerheblich und erschweren möglicherweise den Datenimport in der Auswertungssoftware.

Speziell bei Fokusgruppeninterviews kann es sinnvoll sein, die Aussagen der einzelnen TeilnehmerInnen genau zu identifizieren, um diese ev. unter Verwendung der Auswertungssoftware automatisch codieren zu können. Dazu muss vor dem Namen und der Abkürzung des Namens des Teilnehmers bzw. der Teilnehmerin ein bestimmtes Zeichen gesetzt werden, das jeweils den Beginn einer Aussage anzeigt. Mit geeigneter Auswertungssoftware können anschließend alle Aussagen einer bestimmten Person codiert und eventuell mit zusätzlich erhobenen qualitativen Daten verknüpft werden. Daher ist es ratsam, sich vor dem Beginn der Transkription mit der Analysesoftware vertraut zu machen.

In Bezug auf die Anonymität der Interviewpersonen sind Namen und sonstige Hinweise auf die befragte Person unbedingt zu anonymisieren oder durch Pseudonyme zu ersetzen (Knoblauch 2003). Kuckartz (2005) empfiehlt, die Anonymisierung erst nach der Erstellung des Transkriptes vorzunehmen, da der/die Transkribierende sonst überfordert ist. Nach Fertigstellung des Transkriptes können die vorkommenden Namen bzw. Schlüsselwörter durch den Befehl „suchen und ersetzen" durch Platzhalter ersetzt werden.

Wurde die Transkription nicht vom Forscher bzw. von der Forscherin selber erstellt, so ist es ratsam, die verbalen Daten (stichprobenartig) mit dem Transkript zu vergleichen, um festzustellen, ob zuverlässig transkribiert wurde.

Da wie bereits besprochen, die Auswertung des Datenmaterials bereits mit der Transkription beginnt, wird es vorkommen, dass dem Forscher bzw. der Forscherin während des Abhörens der Tonbänder Auswertungsideen und Hypothesen in den Sinn kommen, die festgehalten werden sollen. Eine Möglichkeit, diese Ideen zu speichern, stellen Memos dar, die nicht in den transkribierten Text aufgenommen werden, sondern in eigenen Dokumenten erstellt werden, um später besprochen, überarbeitet und bei der Auswertung berücksichtigt zu werden (Kuckartz 2005). Memos können zu Beginn des Forschungsprozesses dabei helfen, die Forschungsfrage(n) (um)zuformulieren. Weiters werden sie eingesetzt, um für den Report relevante Literaturquellen festzuhalten (Rubin/Rubin 2005).

5 Transkriptionssoftware

Die gängige Geräteausstattung beim Transkribieren ist ein Transkriptionsgerät mit Fußschalter. Im Zeitalter der Digitalisierung scheint diese Vorgehensweise jedoch relativ veraltet und umständlich, obwohl der Fußschalter das Transkribieren wesentlich beschleunigt. Eine zeitgemäße Art der Datenverarbeitung ist das Aufnehmen der Gespräche mittels MP3 Player mit Mikrofoneingang bzw. mittels Aufnahmesoftware und Mikrofon direkt am PC und das Abspielen der Daten über eine spezielle (meist kostenfreie) Transkriptionssoftware. Die Tondateien können so dauerhaft digital gespeichert und jederzeit ohne zusätzliche Geräte am PC abgespielt werden.

Zurzeit ist eine automatische Spracherkennung für mehr als eine Person noch nicht möglich. Spracherkennungssoftware funktioniert also nur, wenn der Text von einer Person diktiert wird, da die Software vorab auf die Stimme des Sprechers bzw. der Sprecherin trainiert werden muss. Transkribieren bedeutet rein technisch ausgedrückt: Abtippen des Aufgenommenen. Die Software-Pakete Express Scribe und F4 sind bspw. als Freeware aus dem Internet erhältlich. Sie ermöglichen ein komfortables Transkribieren durch verlangsamtes Abspielen und Zurückspulen mittels Tastenkombination am PC. Diese Software kann auch mit Fußschalter bedient werden. Transkriptionssoftware und weiterführende Hinweise zum Transkribieren am PC sind z.B. auf folgender Website verfügbar: http://www.audiotranskription.de/deutsch/home.html? error=1.

6 Zusammenfassung

Tabelle 5 gibt einen Überblick über die vorgestellten Transkriptionssysteme und deren Charakteristika.

Wörtliche und die kommentierte Transkripte können sowohl in Standardorthographie also auch mit Hilfe der literarischen Umschrift erstellt werden. Wichtig ist, dass Transkribierende eine Einschulung in die Transkriptionsregeln erhalten. Werden Notationszeichen verwendet, so ist darauf zu achten, dass die Lesbarkeit des Transkriptes nicht darunter leidet. Eine Tipp von Kruse (2006) sei dazu angemerkt: Der konstruktive Charakter von Transkriptionen sollte „nicht unnötig verstärkt werden durch unnötige oder sogar vielleicht verfälschende Notationen".

Entscheidet man sich für die Anfertigung von zusammenfassenden oder selektiven Protokollen, so ist Erfahrung auf dem Gebiet der Inhaltsanalyse ratsam. Verschriftung der Daten und deren Interpretation erfolgen in einem Schritt, was einerseits Zeit spart, andererseits aber zu einem Verlust von kommunikativen Informationen führen kann.

Tabelle 5: Zusammenfassung der Transkriptionssysteme

	Wörtliche Transkription	Kommentierte Transkription	Zusammenfassendes Protokoll	Selektives Protokoll
Umfang des Transkripts „Was wird transkribiert?"	alle akustischen Daten	alle akustischen Daten, Notationszeichen (Betonung, Pausen), Kommentare über Gesprächsverlauf	Zusammenfassung der akustischen Daten, deduktive Kategorienentwicklung	Induktive Kategorienentwicklung, Strukturierung
Transkriptions-Sprache	Standardorthographie, literarische Umschrift		Standardorthographie	Standardorthographie, literarische Umschrift
Anforderung an Transkribierende, Erlernbarkeit	Kenntnisse der Transkriptionsregeln		Erfahrung mit Inhaltsanalyse (Kategorienbildung)	
	Gute Kenntnisse eines Textverarbeitungsprogrammes		Gute Kenntnisse von inhaltsanalytischer Software	
Software	Transkriptionssoftware: Express Scribe, F4 Auswertungssoftware: ATLASti, NVivo, MAXQDA			
Lesbarkeit (von Transkriptionssprache abhängig)	Gut	durch Notationszeichen und Kommentare beeinträchtigt	Gut	Gut
Interpretation ...	... der verbalen Daten	... von verbalen Daten und nonverbalem Sprechverhalten	... während der Transkription durch Reduktion und Strukturierung	

Regina Höld

7 Literatur

Dittmar, Nobert (2002): Transkription. Ein Leitfaden mit Aufgaben für Studenten, Forscher und Laien. Opladen.
Flick, Uwe (2006): An Introduction to Qualitative Research. 6th edition. Thousand Oaks, London, New Delhi.
Hugl, Ulrike (1995): Qualitative Inhaltsanalyse und Mind-Mapping: Ein neuer Ansatz für Datenauswertung und Organisationsdiagnose. Wiesbaden.
Kallmeyer, Werner/Schütze, Fritz (1976): Konversationsanalyse. In: Studium Liguistik 1, 1-28.
Knoblauch, Hubert (2003): Transkription. In: Bohnsack, Ralf/Marotzki, Winfried/Meuser, Michael (Hrsg): Hauptbegriffe Qualitativer Sozialforschung. Opladen, 159-160.
Kowal, Sabine/O'Connell Daniel (2003): Zur Transkription von Gesprächen. In: Flick, Uwe/Kardoff, Ernst von/Steinke, Ines (Hrsg): Qualitative Forschung: Ein Handbuch. Reinbek bei Hamburg, 436–446.
Kruse, Jan (2006): Reader „Einführung in die Qualitative Interviewforschung". Freiburg (Bezug über: http://www.soziologie.uni-freiburg.de/Personen/kruse/UniHomepage/Workshops/-WeitereAngebote.html).
Kuckartz, Udo (2005): Einführung in die computergestützte Analyse qualitativer Daten. 1. Auflage. Wiesbaden.
Mayring (2000): Qualitative Inhaltsanalyse. In: Forum Qualitative Sozialforschung, vol. 1, no. 2 [http://217.160.35.246/fqs-texte/2-00/2-00mayring-d.htm#g4, 21.07.2008, 17:31 MEZ].
Mayring, Philipp (2002): Einführung in die qualitative Sozialforschung. 5. Auflage. Weinheim, Basel.
Mayring, Philipp (2003): Qualitative Inhaltsanalyse. 8. Auflage. Weinheim, Basel.
Morse, Janice M./Richards, Lyn (2002): Read Me First for a User's Guide to Qualitative Methods. Thousand Oaks, London, New Delhi.
Richards, Lyn (2005): Handling Qualitative Data. A Practical Guide. Thousand Oaks, London, New Delhi.
Rubin, Herbert J./Rubin, Irene S. (2005): Qualitative Interviewing. The Art of Hearing Data. Thousand Oaks, London, New Delhi.
Watzlawick, Paul/Beavin, Janet H./Jackson, Don D. (1990): Menschliche Kommunikation. Formen, Störungen, Paradoxien. Bern.

Philipp Mayring und Eva Brunner

Qualitative Inhaltsanalyse

1 Der Stellenwert der Inhaltsanalyse im Methodenspektrum 671
2 Grundgedanken der Qualitativen Inhaltsanalyse 672
3 Mögliche Materialien im Rahmen von Marktforschungsstudien 673
4 Ablaufprozeduren Qualitativer Inhaltsanalyse 674
5 Videoinhaltsanalyse 675
6 Marktforschungsstudien mit qualitativ-inhaltsanalytischen Techniken 675
7 Möglichkeiten des Computereinsatzes 677
8 Gütekriterien 677
9 Vergleich mit anderen textanalytischen Auswertungsmethoden 678
10 Literatur 679

1 Der Stellenwert der Inhaltsanalyse im Methodenspektrum

Wir betrachten die Inhaltsanalyse und die Qualitative Inhaltsanalyse im Besonderen als Auswertungstechnik, als eine Form der Datenanalyse und Textinterpretation. Dies ist nicht unbestritten, da manche sie auch als Erhebungstechnik behandeln. Der zu analysierende Text wird dabei als Untersuchungsobjekt gesehen, dem durch die Inhaltsanalyse Daten (Textbestandteile) entnommen werden (Früh 1998). Dem wollen wir uns hier nicht anschließen, da wir die Zuordnung von Kategorien zu Textbestandteilen und die Wiederverarbeitung dieser Zuordnung als zentrale Schritte der Inhaltsanalyse ansehen, und dies sind Auswertungsschritte.

Die Konzeption der Qualitativen Inhaltsanalyse als Auswertungstechnik bedeutet, dass Studien mit Inhaltsanalyse immer auf Material, das mit bestimmten Erhebungstechniken erhoben wurde, angewiesen sind und in ein spezifisches Forschungsdesign eingeordnet werden müssen. Auf mögliche Materialien wird Punkt 3 dieses Beitrags eingehen. Designs bezeichnen Untersuchungspläne, Aufbau, Logik und Zielrichtung einer Studie. Wir unterscheiden hier vier grundsätzliche Forschungsdesigns, in die die Qualitative Inhaltsanalyse jeweils unterschiedlich platziert werden kann:

- Für explorative Studiendesigns eignen sich vor allem die Techniken der induktiven Kategorienbildung (Punkt 4). Das Paradebeispiel explorativer Studien, die „Grounded Theory" (Glaser/Strauss 1967) weist in der Tat im Bereich des *Coding* Ähnlichkeiten zur induktiven inhaltsanalytischen Kategorienbildung auf. Die Inhaltsanalyse geht hier jedoch regelgeleiteter vor. Aber auch explizierende Inhaltsanalyse wäre hier geeignet.

- Für deskriptive Studien eignen sich inhaltsanalytische Zusammenfassungen, ebenfalls induktive Kategorienbildung, aber auch inhaltsanalytische Strukturierungen, da solche Designs bereits mit Beschreibungsdimensionen aufwarten sollten. Die Ethnographie als Beispiel eines deskriptiven Designs kann an ihren Materialien gut mittels Qualitativer Inhaltsanalyse arbeiten.

- Zusammenhangsanalysen (Korrelationsstudien oder Gruppenvergleiche) sind hypothesengeleitet und können mit strukturierender Inhaltsanalyse arbeiten. Sie brauchen dazu jedoch vorab definierte Variablen.

- Das gleiche gilt für Kausalanalysen. Auch sie gehen hypothesengeleitet vor, brauchen definierte Variablen und können daher mit deduktiver inhaltsanalytischer Kategorienanwendung (Strukturierung) arbeiten.

Die „Logik der Forschung" sollte also sein: Ich habe eine bestimmte Fragestellung; diese lässt sich mit einem bestimmten Forschungsdesign untersuchen, das wiederum die

Erhebungstechniken definieren lässt. Am Ende steht die Frage, ob das erhobene Material qualitativ-inhaltsanalytisch auswertbar ist.

Eine weitere Vorbemerkung zur Einordnung der Inhaltsanalyse in das Methodenspektrum muss gemacht werden. Der Begriff „qualitativ" wird heute in der Methodendiskussion immer schwieriger handhabbar, da er schwer zu definieren ist. Eine strikte Dichotomie qualitative Forschung – quantitative Forschung wird in weiten Teilen der methodologischen Diskussion nicht für sinnvoll erachtet, Modelle der „Mixed Methodology" (Mayring et al. 2007) werden diskutiert. Wir schließen uns dieser Richtung im Grundsatz an, wollen aber lieber von qualitativ orientierter Forschung reden und nach Verbindungen mit quantitativen Analyseschritten suchen. In der Tat bedeutet gerade das Arbeiten mit Qualitativer Inhaltsanalyse eine solche Verbindung: die Prozesse der Kategorienentwicklung und Kategorienanwendung sind qualitativ orientiert, die weitere Analyse der Kategorienzuordnungen (Häufigkeits-, Unterschieds- und Zusammenhangsanalysen) ist quantitativ orientiert. Damit ist die hier vorgestellte Auswertungskonzeption eine qualitativ-quantitative Inhaltsanalyse.

2 Grundgedanken der Qualitativen Inhaltsanalyse

Für das Verständnis der Inhaltsanalyse ist es wichtig, ihre Herkunft aus den Kommunikationswissenschaften, vor allem zu Beginn des 20. Jahrhunderts in den USA (Lasswell/Lazarsfeld), zu kennen (Früh/Mayring 2002, Merten/Ruhrmann 1982). Mit der zunehmenden Bedeutung von Massenmedien wie Presse und Rundfunk entstand das Interesse, größere Materialmengen systematisch auszuwerten. Dabei stand zunächst der Kommunikationsinhalt im Vordergrund (daher der Name Content Analysis bzw. Inhaltsanalyse) und die quantitative Analyse (Worthäufigkeiten, Themenhäufigkeiten). Zur Mitte des 20. Jahrhunderts häufte sich dann die Kritik an einer rein quantitativen Ausrichtung (Beschränkung auf auszählbare Oberflächeninhalte, Vernachlässigung des latenten Gehaltes) und damit auch der Beschränkung auf inhaltliche Aspekte; auch formale Texteigenschaften wurden zum Gegenstand. Es wurden nun auch qualitative inhaltsanalytische Ansätze entwickelt (Kracauer 1952, Ritsert 1972), zu denen auch die hier vorgestellten Techniken gehören. Wesentliche Elemente der quantitativen Content Analysis werden dabei jedoch beibehalten:

- Einordnung des Materials in ein Kommunikationsmodell (TextproduzentIn, Quellen, sozio-kultureller Hintergrund, Zielgruppe, EmpfängerIn, InhaltsanalytikerIn);
- Arbeiten mit Kategorien bzw. Kategoriensystemen, die die Analyseaspekte verkörpern, im Zentrum der Analyse;

- schrittweise, zergliedernde Vorgehensweise, Definition dazu notwendiger Analyseeinheiten;
- systematisches, regelgeleitetes und theoriegeleitetes Vorgehen statt „freier" Interpretation;
- Überprüfung der Ergebnisse anhand inhaltsanalytischer Gütekriterien (z.B. Intercoder-Reliabilität).

Daraus ergibt sich nun auch die zentrale Definition der Qualitativen Inhaltsanalyse: Sie stellt eine Methode der Auswertung fixierter Kommunikation (z.B. Texte) dar, geht mittels eines Sets an Kategorien systematisch, regel- und theoriegeleitet vor und misst sich an Gütekriterien. Das qualitative Element besteht in der Kategorienentwicklung und der inhaltsanalytischen Systematisierung der Zuordnung von Kategorien zu Textbestandteilen – Schritte, die in quantitativer Inhaltsanalyse meist übergangen werden.

3 Mögliche Materialien im Rahmen von Marktforschungsstudien

Die Qualitative Inhaltsanalyse arbeitet mit fixierten Kommunikationsgehalten, in der Regel Texten. Hier gilt es zwei Arten von Texten zu unterscheiden: vorgefundenes textliches Material oder im Forschungsprojekt produziertes Material. Gerade die erste Gruppe hat in der Forschung als vom Forscher bzw. von der Forscherin nicht verfälschtes Material („unobtrousive measurement; siehe Webb et al. 1975) besondere Bedeutung. Dokumente, Akten, Aufschriebe, Notizen, Internetmaterialien usw. sind schriftliche Zeugnisse von besonderem Wert und eignen sich für die Inhaltsanalyse, die aufgrund ihrer Systematik größere Materialmengen bearbeiten kann (dies gilt auch für die Qualitative Inhaltsanalyse).

Bei Materialien, die erst im Forschungsprozess erhoben werden, stellt sich die Frage der Art der Fixierung. Als ideal wird meist die wörtliche, mit Kommentaren angereicherte Transkription bezeichnet. Aus praktischen Gründen (Materialfülle) und wenn die Analyse nicht sehr in die Tiefe geht, beschränkt man sich auf Tonband- bzw. Videoaufzeichnungen oder direkte Materialanalyse am Objekt. Eine Fixierung des Materials ist jedoch unbedingt notwendig, um inhaltsanalytische Gütekriterien anwenden zu können.

Im Rahmen von Marktforschungsprojekten erscheint für qualitativ-inhaltsanalytische Auswertungen eine ganze Reihe von Materialien besonders ertragreich (Harwood/Garry 2003) zu sein:

- offene, narrative oder halb-strukturierte Interviews mit MarktteilnehmerInnen,
- ExpertInneninterviews,
- Fokusgruppen mit Kunden und Kundinnen,
- Protokolle lauten Denkens bei Kaufentscheidungen,
- Internetmaterialien (*web pages*) von MarktteilnehmerInnen,
- Betriebsakten,
- Broschüren, Werbematerialien.

4 Ablaufprozeduren Qualitativer Inhaltsanalyse

Für die Qualitative Inhaltsanalyse haben wir eine ganze Reihe verschiedener Techniken entwickelt und mit Ablaufmodellen beschrieben. Für das konkrete Forschungsprojekt kommt es darauf an, die passende Prozedur oder Prozedurenkombination auszuwählen. Prinzipiell sind solche Techniken eher textzusammenfassend (reduzierend), texterklärend (explizierend) oder textstrukturierend. Folgende qualitativ-inhaltsanalytischen Techniken sind einsetzbar:

- Zusammenfassung: Der Text wird schrittweise auf seine Kernaussagen reduziert.
- Induktive Kategorienbildung: Nach einem vorgegebenen Definitionskriterium werden Kategorien aus dem Material heraus entwickelt.
- Explikation: Unklare Textstellen werden durch schrittweise Analyse ihres Textkontextes erklärt.
- Inhaltliche Strukturierung: Der Text wird nach einer vorgegebenen Themenliste analysiert.
- Formale Strukturierung: Bestimmte formale Textcharakteristika werden eruiert.
- Typisierende Strukturierung: Es wird eine Typisierungsdimension definiert und nach herausragenden Ausprägungen gesucht.
- Skalierende Strukturierung: Ein theoriegeleitetes Kategoriensystem mit ordinalen Ausprägungen (Skala) wird an den Text herangetragen.

Die einzelnen Techniken sind jeweils durch spezielle Ablaufmodelle charakterisiert, die hier nicht nochmals aufgeführt werden können (Mayring 2005).

5 Videoinhaltsanalyse

In der empirischen Forschung spielten Beobachtungsstudien bisher eine eher untergeordnete Rolle. Das hat sich durch die technische Entwicklung von kleinen digitalen Videoaufnahmegeräten geändert. Videoanalysen haben den Vorteil, dass durch wiederholtes Abspielen die Präzision der Analyse und die Anwendbarkeit von Gütekriterien verbessert werden. Die Techniken der Qualitativen Inhaltsanalyse lassen sich auch auf Videoaufnahmen anwenden (Mayring/Gläser-Zikuda/Ziegelbauer 2004). Bspw. wird bei strukturierender Inhaltsanalyse mit einem Kodierleitfaden gearbeitet, der ebenso wie bei Textanalyse Definitionen, Ankerbeispiele und Kodierregeln enthält.

6 Marktforschungsstudien mit qualitativ-inhaltsanalytischen Techniken

Der Qualitativen Inhaltsanalyse wird in den unterschiedlichen Werken, die sich mit Methoden innerhalb der Marktforschung beschäftigen, nur wenig Raum eingeräumt (Carson et al. 2002, Hüttner/Schwarting 2002, Malhotra/Birks 2000, Shao 2002, Zikmund 1997). Als qualitativ orientierte Erhebungsmethoden werden zwar zumeist Einzel- und Gruppeninterviews beschrieben. Zu deren Auswertung findet man allerdings wenige Empfehlungen. Gerade in diesem Zusammenhang bieten sich inhaltsanalytische Techniken an (Brunner/Alexandrowicz/Mayring 2004, Carson et al. 2002). Wird die Inhaltsanalyse thematisiert, dann meist als quantitatives Auswertungsverfahren, das sich auf das bloße Auszählen von Worten, Phrasen oder Sätzen beschränkt (Malhotra/Birks 2000, Zikmund 1997); nur selten findet man Beschreibungen zur Qualitativen Inhaltsanalyse (Harwood/Garry 2003).

Anzeigen, Filme, Fernsehprogramme, offene Antworten in Fragebögen, Zeitungsartikel, Firmenmaterialien, Meeting-Notizen, Interviews und Beobachtungsprotokolle können bspw. innerhalb der Marktforschung mittels inhaltsanalytischer Techniken ausgewertet werden (Harwood/Garry 2003); durch den Kodierungsprozess wird das vorliegende Material systematisch reduziert (Carson et al. 2002, Hüttner/Schwarting 2002).

Wie die Firmengeschichte und geographische Expansion eines Kleinunternehmens und die damit einhergehenden Schwierigkeiten erhoben und inhaltsanalytisch ausgewertet werden können, illustrieren bspw. Greening, Barringer und Macy (1996) eindrucksvoll: Siebzehn Telefoninterviews, die mit Angestellten in Schlüsselpositionen zum Thema der Expansion geführt wurden, wurden inhaltsanalytisch ausgewertet. Zu diesem Zweck wurde induktive Kategorienbildung angewandt. Als Ergebnis präsentiert sich ein Kategoriensystem mit 15 thematischen Kategorien, die die Probleme der Expansion beschreiben. Die spezifischen Inhalte, die unter einer Kategorie subsumiert werden, werden von den AutorInnen gelistet und mit Zitaten aus den Interviews unterstützt. Dieses Prozedere macht die Kategorien transparent und fördert die intersubjektive Nachvollziehbarkeit (Steinke 2004).

Gerade im Bereich der Werbeforschung findet man Anwendungsbeispiele zu inhaltsanalytischen Techniken. Okigbo, Martin und Amienyi (2005) untersuchten, inwieweit Anzeigen soziale Normen und Werte widerspiegeln. Aus acht populären amerikanischen Zeitschriften wurden jeweils zufällig vier Ausgaben aus dem Jahr 1999 ausgewählt und sodann alle einseitigen Anzeigen extrahiert. Insgesamt wurden durch dieses Vorgehen 2158 Anzeigen für die Analysen gewonnen. Am häufigsten wurden Körperpflegeprodukte (16.5 %) beworben, gefolgt von Kleidung und Accessoires (15 %) und Elektrogeräten (12.2 %). Das Material wurde nach fünf deduktiven Werbeelementen, die den „American way of life" widerspiegeln, untersucht (Individualismus, Gleichheit, Zukunftsorientierung, Leistungsstreben, Durchsetzungskraft). Dabei zeigte sich, dass die Mehrheit der untersuchten Werbungen Individualismus unterstreicht, der Wert der Gleichheit hingegen findet kaum Darstellung. Die Ergebnisse der Studie weisen darauf hin, dass Anzeigen die Werte einer Gesellschaft widerspiegeln und somit ein wichtiges Instrument der Sozialisation darstellen. Weitere Analysen des Materials waren stärker quantitativ orientiert: 98 % der untersuchten Anzeigen arbeiten mit Illustrationen; dabei wurden allerdings lediglich die Anzahl der Bilder sowie die Tatsache, ob diese Schwarz-Weiß oder in Farbe dargestellt waren, ausgezählt. Die Studie verdeutlicht die Möglichkeiten der Kombination qualitativ und quantitativ orientierter inhaltsanalytischer Techniken.

Eine weitere Studie (Escamilla/Cradock/Kawachi 2000) untersucht das Rauchverhalten von Hollywoodstars in Filmen, von der Annahme ausgehend, dass diese als Modellfiguren für Jugendliche wirken und somit deren Tabakkonsum beeinflussen. Zehn bekannte weibliche Hollywoodstars wurden ausgewählt und jeweils fünf Filme pro Star analysiert. Die Filme wurden zu diesem Zweck in Fünf-Minuten-Intervalle unterteilt und hinsichtlich der folgenden Fragestellungen inhaltsanalytisch gewonnenen Kategorien zugeteilt: Sind Tabakprodukte präsent? In welchen sozialen Situationen wird geraucht? Sind Rauchverbotsschilder oder auch Tabakanzeigen im Film zu sehen? Wird über das Rauchen gesprochen? In 28.4 % der untersuchten Intervalle waren Tabakwaren, zumeist Zigaretten, präsent. Männer in Hauptrollen rauchten dabei 2.5-Mal so häufig wie Frauen in Hauptrollen. Die qualitative Untersuchung des Zusammenhangs zwischen sozialem Kontext und Geschlecht zeigte, dass Frauen eher rauchen, um Emotionen zu kontrollieren, um Sexappeal zu unterstreichen oder um das Gefühl der Zugehörigkeit zu erlangen, während Männer in den Filmen rauchen, um Macht und Maskulinität zu betonen. Auch in dieser Studie wurden qualitative und quantitative Elemente der Inhaltsanalyse kombiniert. Die 99-prozentige Übereinstimmung der InterraterInnen hinsichtlich aller untersuchten Parameter spricht für die Qualität der gewonnenen Kategorien.

Die dargestellten Beispiele zeigen, dass inhaltsanalytische Techniken auf Interviewmaterial, auf Filmsequenzen, auf Anzeigen, Illustrationen anwendbar sind. Dabei können qualitativ und quantitativ orientierte Schritte im Sinne der Mixed Methods (Creswell/Plano Clark 2007) kombiniert werden; induktive und deduktive Kategorienbildung können zur Anwendung kommen (Mayring 2005, Mayring/Brunner 2006b).

7 Möglichkeiten des Computereinsatzes

Auch in qualitativer Forschung werden heute die Möglichkeiten des Computereinsatzes gepriesen (Weitzman/Miles 1995, Kuckartz 2007). Einige Programme eignen sich dezidiert für qualitativ-inhaltsanalytisches Arbeiten (ATLASti, MAXQDA; Kuckartz 2007). Wichtig ist hier zu beachten, dass der Computer nicht die Auswertungsarbeit abnimmt, wie bei quantitativer Inhaltsanalyse, die sich bspw. der Software TEXTPACK (Mohler/Zuell 1991) bedient. Der Text wird i.d.R. in einem Programmfenster gespeichert und die Kodierungen werden einzelnen Textstellen zugeordnet und in das Programm geschrieben. Mithilfe des Programms können dann Kodierungen sowie zugehörige Textstellen gesammelt und verglichen werden sowie quantitative Auswertungen (z.B. Häufigkeitsanalysen) vorbereitet werden.

Dabei gilt es hier jedoch sorgfältig abzuwägen, ob sich der Einsatz lohnt, denn der Text muss in geeigneter Form vorliegen (in der Regel als RTF-Datei) und die Programme erfordern Einarbeitungszeit. Bei einfachen, problemlos anwendbaren inhaltsanalytischen Regeln, weniger umfangreichen Kategoriensystemen und Textmaterialien fährt man mit der „manuellen" Vorgehensweise oft besser.

8 Gütekriterien

Die systematische Anwendung von Gütekriterien stellt einen wichtigen Bestandteil qualitativ-inhaltsanalytischen Arbeitens dar. Auch wenn heute eigene Gütekriterien für qualitative Forschung diskutiert werden (Steinke 1999), können sich inhaltsanalytische Kriterien durchaus an den klassischen Testgütekriterien quantitativer Forschung orientieren (Krippendorff 2004). Spezifika für die Qualitative Inhaltsanalyse wären dabei folgende:

- Objektivität: Hier ist das klassische Kriterium der Intercoder-Reliabilität angesiedelt. Mindestens zwei AuswerterInnen vergleichen ihre Kodierungen auf Übereinstimmung.

- Reliabilität: Die Überprüfung der Intrakoder-Reliabilität wäre hier ein wichtiges Kriterium. Der Inhaltsanalytiker bzw. die Inhaltsanalytikerin nimmt sich nach Beendigung der Auswertung Passagen des Materials ein zweites Mal vor und vergleicht seine/ihre Kodierungen mit den ursprünglichen.

- Validität: Dafür ist vor allem (im Sinne von Konstruktvalidität) die theoriegeleitete Entwicklung der Kategoriensysteme und Kodierleitfäden (bei Strukturierungen) bzw. die theoriegeleitete Bestimmung von inhaltsanalytischen Regeln ausschlaggebend.

9 Vergleich mit anderen textanalytischen Auswertungsmethoden

Gerade die Diskussion der Gütekriterien unterscheidet die qualitativ orientierte Inhaltsanalyse von freieren Textinterpretationsansätzen wie Objektiver Hermeneutik oder Psychoanalytischer Textinterpretation. Sie unterscheidet sich aber ebenso von quantitativer Inhaltsanalyse, in der lediglich vorgegebene Textbestandteile ausgezählt werden. Der prinzipielle Vorgang der Zuordnung von Textbestandteilen zu Kategorien bleibt letztlich ein Interpretationsvorgang, ist jedoch in der Qualitativen Inhaltsanalyse streng regelgeleitet (Mayring 2002). Durch die Regelgeleitetheit und die klaren Ablaufmodelle sowie die schrittweise Materialbearbeitung erhält die Analyse den Vorteil einer Auswertungsroutine, die dann auch auf größere Materialmengen anwendbar ist. Dies ist mit anderen Textanalysetechniken weniger möglich.

Beispiele für Arbeiten mit qualitativ-inhaltsanalytischen Vorgehen finden sich in dem Band von Mayring und Gläser-Zikuda (2005) und werden laufend in der Schriftenreihe zur Qualitativen Inhaltsanalyse gesammelt, die über PsyDok http://psydok.sulb.-uni-saarland.de/portal/klagenfurt/ verfügbar ist (Mayring/Brunner 2006a). Die meisten Beiträge der Schriftenreihe stellen Veröffentlichungen der Präsentationen der Workshops Qualitative Inhaltsanalyse dar, die jährlich Ende Juni an der Alpen-Adria-Universität Klagenfurt stattfinden. Dabei haben Methodeninteressierte die Möglichkeit, das inhaltsanalytische Vorgehen ihrer Projekte vorzustellen und zu diskutieren. Die Veranstaltung zeichnet sich durch ein breites Spektrum an Themen aus. Auch die Marktforschung ist hier mit Projektberichten, die mit Qualitativer Inhaltsanalyse arbeiten, vertreten.

10 Literatur

Brunner, Eva/Alexandrowicz, Rainer/Mayring, Philipp (2004): Geschlechtsspezifische Disparitäten aus der Sicht der Frau. In: Referat für Frauen und Gleichbehandlung, Amt der Kärntner Landesregierung (Hrsg.): Kärntner Genderstudie. Geschlechterverhältnisse und Situation der Frauen in Kärnten. Klagenfurt, 34-58.
Carson, David/Gilmore, Audrey/Perry, Chad/Gronhaug, Kjel (2002): Qualitative Marketing Research. London.
Creswell, John W./Plano Clark, Vicki L. (2007): Designing and Conducting Mixed Methods Research. Thousand Oaks.
Escamilla, Gina/Cradock, Angie L./Kawachi, Ichiro (2000): Women and Smoking in Hollywood Movies: A Content Analysis. In: American Journal of Public Health, vol. 90, no. 3, 412-414.
Früh, Werner (1998): Inhaltsanalyse: Theorie und Praxis. Konstanz.
Früh, Werner/Mayring, Philipp (2002): Inhaltsanalyse. In: Endruweit, Günter/Trommsdorff, Gisela (Hrsg.): Wörterbuch der Soziologie, 2. Auflage. Stuttgart, 238- 245.
Glaser, Bernhard/Strauss, Anselm (1967): The Discovery of Grounded Theory: Strategies for Qualitative Research. Chicago.
Greening, Daniel W./Barringer, Bruce R./Macy, Granger (1996): A Qualitative Study of Managerial Challenges Facing Small Business Geographic Expansion. In: Journal of Business Venturing, vol. 11, 233-256.
Harwood, Tracy G./Garry, Tony (2003): An Overview of Content Analysis. In: The Marketing Review, vol. 3, 479-498.
Hüttner, Manfred/Schwarting, Ulf (2002): Grundzüge der Marktforschung. München.
Kracauer, Siegfried (1952): The Challenge of Qualitative Content Analysis. In: Public Opinion Quarterly, vol. 16, 631-642.
Krippendorff, Klaus (2004): Content Analysis. An Introduction to its Methodology, 2nd edition. Thousand Oaks.
Kuckartz, Udo (2007): Einführung in die computergestützte Analyse qualitativer Daten, 2. Auflage. Wiesbaden.
Malhotra, Naresh K./Birks, David F. (2000): Marketing Research. An Applied Approach. Harlow.
Mayring, Philipp (2002): Qualitative Content Analysis – Research Instrument or Mode of Interpretation? In: Kiegelmann, Mechthild (ed.): The Role of the Researcher in Qualitative Psychology. Tübingen, 139–148.
Mayring, Philipp (2005): Qualitative Inhaltsanalyse. Grundformen und Techniken, 9. Auflage. Weinheim.
Mayring, Philipp/Brunner, Eva (2006a): Beiträge zur Qualitativen Inhaltsanalyse – Die Schriftenreihe des Instituts für Psychologie der Alpen-Adria-Universität Klagenfurt stellt sich vor. http://psydok.sulb.uni-saarland.de/volltexte/2006/573/pdf/Editorial_Qia.pdf (26.06.2006).
Mayring, Philipp/Brunner, Eva (2006b): Qualitative Textanalyse – Qualitative Inhaltsanalyse. In: Schmid, Tom/Flaker, Vito (Hrsg.): Von der Idee zur Forschungsarbeit. Forschen in Sozialarbeit und Sozialwissenschaft. Wien.
Mayring, Philipp/Gläser-Zikuda, Michaela/Ziegelbauer, Sascha (2004): Auswertung von Videoaufnahmen mit Hilfe der Qualitativen Inhaltsanalyse – ein Beispiel aus der Unterrichtsforschung. In: Online Zeitschrift Medienpädagogik, vol. 4, no. 1, 1-9, http://www.medienpaed.com/04-1/mayring04-1.pdf (19.06.2006).

Mayring, Philipp/Gläser-Zikuda, Michaela (2005, Hrsg.): Die Praxis der Qualitativen Inhaltsanalyse. Weinheim.
Mayring, Philipp/Huber, Günther L./Gürtler, Leo/Kiegelmann, Mechthild (2007): Mixed Methodology in Psychological Research. Rotterdam.
Merten, Klaus/Ruhrmann, Georg (1982): Die Entwicklung der inhaltsanalytischen Methode. In: Kölner Zeitschrift für Soziologie und Sozialpsychologie, Bd. 34, 696-716.
Mohler, Peter Ph./Zuell, Cornelia (1991): Textvercodung mit TEXTPACK PC. In: Faulbaum, Frank (Hrsg.): SoftStat '91. Advances in Statistical Software 3. Stuttgart.
Okigbo, Charles/Martin, Drew/Amienyi, Osabuohien P. (2005): Our Ads 'R US: An Exploratory Content Analysis of American Aadvertisements. In: Qualitative Market Research, vol. 8, no. 3, 312-326.
Ritsert, Jürgen (1972): Inhaltsanalyse und Ideologiekritik. Frankfurt.
Shao, Alan T. (2002): Marketing Research. An Aid to Decision Making. Cincinnati.
Steinke, Ines (1999): Kriterien qualitativer Forschung. Ansätze und Bewertung qualitativ-empirischer Sozialforschung. Weinheim.
Steinke, Ines (2004): Quality Criteria in Qualitative Research. In Flick Uwe/von Kardorff, Ernst/Steinke, Ines (Eds.): A Companion to Qualitative Research. London, 184-190.
Webb, Eugene J./Campbell, Donald T./Schwartz, Richard D./Sechrest, Lee (1975): Nichtreaktive Messverfahren. Weinheim.
Weitzman, Eben A./Miles, Matthew B. (1995): Computer Programs for Qualitative Data Analysis. London.
Zikmund, William G. (1997): Exploring Marketing Research. Fort Worth.

Christoph Maeder

Ethnographische Semantik
Die Ordnung der Mitgliedschaftssymbole
am Beispiel des Bergsports

1	Idee und Herkunft	683
2	Der analytische Apparat in der Forschungspraxis	684
3	Bezug zur Marktforschung anhand eines Beispiels	687
4	Schlussfolgerungen	694
5	Literatur	695

1 Idee und Herkunft

Die Idee der ethnographischen Semantik als einer wissenschaftlichen Methode für die Forschung über kulturelle Bedeutungssysteme stammt ursprünglich aus der linguistischen Kulturanthropologie nordamerikanischer Prägung. Einer ihrer prominenten frühen Vertreter, Charles O. Frake, hat in einem programmatisch gewordenen, auf einer Vorlesungsaufzeichnung beruhenden Aufsatz (Frake 1973[1962]), dazu ausgeführt, dass die ethnographische Forschung sich nicht nur auf die Aufgabe beschränken dürfe, im interkulturellen Vergleich Namen von Dingen in den verschiedenen Kulturen zu ermitteln (wie wir sie z.B. in den folgenden drei Begriffen Fels (dt.), Rock (engl.) und Rocher (frz.) in drei Sprachkulturen finden), sondern vielmehr nach den Dingen zu suchen habe, auf die sich Worte beziehen. Mit dieser Herangehensweise soll erreicht werden, dass die Objekte einer Kultur aus deren Binnensicht rekonstruier- und als Bedeutungssysteme in ihrer praktischen Verwendung verstehbar werden. Dieses Anliegen der Einholung der „Einheimischenperspektive" liegt als Ausgangsprämisse für das Verstehen von Bedeutungsfiguren in der Sprach- und Handlungspraxis allen so genannten „Ethno-"Theorien gemeinsam zu Grunde. Es wird auch als die Beschreibung des „the native's point of view" (Malinowski 1984, 49) oder die emische Sicht im Unterschied zur etischen Aussage (Pike 1967) bezeichnet. Im Kern geht es unter dieser Prämisse in der ethnographischen Semantik nun immer darum herauszufinden, welches eigentlich die „Dinge" im Wissen jener Leute sind, die untersucht werden. In Übereinstimmung mit dem symbolischen Interaktionismus (Blumer 1986 [1969], 68) können dabei „Dinge" alles das sein, was durch Sprache bezeichnet werden oder worauf man sich mittels Kommunikation beziehen kann. Mitgliedschaft in einer Kultur zeichnet sich dann so gesehen für den einzelnen Handelnden durch den fraglosen, situativ kompetenten Sprachgebrauch im kommunikativen Austausch mit signifikanten Anderen aus (Goodenough 1957, 36-39). Und wie sozial handelnde Mitglieder durch diesen Sprachgebrauch ihre Erfahrungen als geordnete Kategoriensysteme konstituieren und kommunikativ konstruieren bildet dann den Untersuchungsgegenstand der ethnographischen Semantik auf einer theoretischen Ebene (Hymes 1979, 166-192).

Ausgehend von der Grundidee einer kognitionstheoretisch und linguistisch fundierten Ethnographie, die sich gegen z.B. materialistische Ansätze abgrenzen wollte, ist die ethnographische Semantik der Gründerväter in verschiedene Zweige moderner Kulturforschung eingeflossen. So hat sie die „Ethnographie des Sprechens" beeinflusst, wie sie von Gumperz und Hymes (1972) angelegt wurde, die heute als „Ethnographie der Kommunikation" (Keating 2001) eine zentrale Rolle im übergeordneten ethnographischen Projekt einnimmt. Die ethnographische Semantik ist aber auch am Anfang dessen gestanden, was sich heute selber „Kognitive Anthropologie" nennt (D'Andrade 1995). Obwohl in der kognitiven Anthropologie heute weit grössere Komplexe des Wissens und seiner praktischen Anwendung theoretisch und empirisch bearbeitet werden, als dies in den Anfängen der ethnographischen Semantik angelegt war, und sich der kognitionstheoretische Ast stark der psychologischen Denkweise angenähert hat (D'Andrade/Strauss 1992), so gehören Konzepte wie taxonomische Kategoriensysteme sprachlicher Zeichen (sogenannte „folk taxonomies"), darin enthaltene semantische Netzwerke und daraus ableitbare, höher aggregierte kulturelle Modelle zum Kernbestand dieses Astes der Ethnowissenschaften insgesamt. In einer weniger der Theorie, als vielmehr der Erforschung subkultureller Ausschnitte der modernen Gesellschaft zugewandten Verbreitungslinie schliesslich sind die bis heute mustergültigen, von James P. Spradley verfassten Arbeiten über die Landstreicher in den USA (1970), die soziale Organisation des Gefängnisses (1973) und die Geschlechterbeziehungen in einer Bar (Spradley/Mann 1975) als exemplarische Belege für die Methode der ethnographische Semantik zu erwähnen. Die beiden Methodenbücher von Spradley zum ethnographischen Interview (1979) und zur teilnehmenden Beobachtung (1980) gelten immer noch als vorbildliche, verständliche und brauchbare Anleitungen zum Einstieg in diese Forschungspraxis. Sie werden bis heute in immer wieder neuen Auflagen verbreitet. Die beiden Bücher eignen sich wegen ihrer leichten Verständlichkeit und infolge der didaktisch strukturierten Präsentation hervorragend für einen Einstieg in die Methode, auch wenn sie wegen ihres Alters nicht mehr alle heute verwendeten Konzepte abdecken. Die umfassendsten, aber eher für SpezialistInnen geeigneten Methodenbücher zur ethnographischen Semantik schließlich sind die beiden Bände „Systematic Fieldwork" von Werner und Schoepfle (1986, 1987). Erkenntnistheoretische Grundlagen zur Ethnosemantik schließlich finden wir in George Lakoffs Buch mit dem vielsagenden Titel „Women, Fire and Dangerous Things"(1990), bei dem erst der Untertitel „What Categories Reveal about the Mind" auf den wissenschaftlich-ethnosemantischen Kontext verweist.

Trotz der vielfältigen Wirkungslinien der ethnographischen Semantik im nordamerikanischen Raum wurde die Methode bis heute im deutschsprachigen Raum in den Sozialwissenschaften nur punktuell rezipiert (Honer 1993, Maeder/Brosziewski 1997, Maeder 2002, Knoblauch 1991, 2003) und ausschliesslich in der soziologischen Ethnographie für die Untersuchung von Organisationskulturen (Maeder 1996, 1997; Maeder/Nadai 2004) verwendet.

2 Der analytische Apparat in der Forschungspraxis

Am Anfang einer ethnosemantischen Erforschung - auch von komplexen Bedeutungssystemen - stehen immer einfache Sprachkategorien oder Worte (genauer Lexeme). Diese werden als Segregate, d.h. als terminologisch abgegrenzte Bezirke von Objekten eines Lexikons in einem semantischen Feld aus einer Selektion von Alternativen gewonnen, zwischen denen im Untersuchungskontext sinnvollerweise zu unterscheiden ist. Bei einer Forschung über Esskultur wären z.B. Kuchen und Brot sinnvolle Segregate, Regenbogen und Tsunami aber eher nicht, weil sie alltäglich nicht in den semantischen Gebrauchskontext der Nahrung gehören. Dies bedeutet, dass der Kontext einer Praxis mit diesen sich unterscheidenden Worten oder der damit bezeichneten Dinge von Anfang an mitberücksichtigt werden muss. Ansonsten entstehen sinnlose Zuordnungen und keine handlungsrelevanten lexematischen Repräsentationen des untersuchten Feldes.[1] In einem nächsten Schritt wird nun in das Segregat zu einer Domäne entwickelt. Domänen sind kleine semantische Felder, die ausgehend vom Segregat eine vertikale Dimension der Generalisierung und der Spezifikation aufweisen und in der horizontalen Achse Attribute in verschiedenen Dimensionen aufweisen, die der Unterscheidung (Diskriminierung) von Generalisiertem und Präzisiertem dienen. Wir könnten z.B. Kuchen und Brot als Backwaren generalisieren und Kuchen wie Brote mit vielen Beispielen spezifizieren (Schokolade-, Früchte-, Hefekuchen usw., Vollkorn-, Roggen-, Bauernbrot usw.). Dabei ist die hier verwendete semantische Relation diejenige der Inklusion. Im Prinzip können aber auch andere Relationierungen wie kausale, sequentielle, topologische, räumliche usw. verwendet werden (Spradley 1980, 93f). Die zugehörigen Attributdimensionen der Domäne, die einzelne Einträge in diesem kleinen Lexikonausschnitt von anderen unterscheiden helfen, könnten nun durch Beobachtung oder Befragung in Esskontexten von Kuchen und Broten eruiert werden. So wäre z.B. die Attributdimension „süss/nicht süss" für die Unterscheidung von Kuchen und Broten hilfreich, wenn auch nicht vollständig trennscharf, weshalb sie um weitere Unterscheidungskriterien ergänzt werden müssten. Und die Attributdimension „Reihenfolgen" könnte ergeben, dass Brot als Grundnahrungsmittel zuerst und Kuchen als Dessert zuletzt gegessen wird. Diese Erschließung von Essen könnte nun durch weitere Domänen wie Fleischwaren, Getränke, Suppen usw. erweitert und zu einer „folk taxonomy" (Spradley 1980) des Essens vervollständigt werden.

Wenn wir nicht nur die Esswaren, sondern auch deren Gebrauchskontexte wie Küchen, Esstische, Pausensituationen usw. erfassen würden, dann hätten wir schon eine ziemlich umfassende Beschreibung, ein kulturelles Inventar des Essens. In diesem Inventar ließen sich nun in einem weiteren Schritt „kulturelle Themen" finden, die definiert sind als „any principle recurrent in a number of domains, tacit or explicit, and serving as a relationship among subsystems of cultural meaning" (Spradley 1980, 141). Im hier aus didaktischen Gründen sehr einfach gewählten Beispiel des Essens könnten wir so vermutlich die Zubereitungsformen, wie z.B. „Esswaren müssen sauber sein" und „Esswaren sind frisch zubereitet am Besten", als kulturelle Themen in unserer eigenen Tafelkultur nachweisen. Diese kulturellen Themen sind tief im Erfahrungs- und

---

[1] Die hier vorgestellte Operationalisierung des Segregats und der anderen Begriffe aus dem analytischen Apparat der ethnographischen Semantik stellt eine Vereinfachung im Rahmen eines Überblicks- und Einführungstextes dar, denn die Frage, wie wir den Sprachfluss in Einheiten und Kategorien zerlegen, ist damit nicht beantwortet (Frake 1973, 326f; Hymes 1979, 47-55).

Christoph Maeder

Praxiswissen verwurzelt und formen im abschließenden Agregationsschritt insgesamt kulturelle Modelle: „Cultural models are persupposed, taken-for-granted models of the world that are widely shared (although not necessarily to the exclusion of other, alternative models) by the members of a society and that play an enormous role in their understanding of that world and their behavior in it" (Holland/Quinn 1987, 4). Solche kulturellen Modelle werden wegen ihrer spezifischen Eingebundenheit in definierte Milieus oder Gebrauchskontexte auch alternativ als „folk models" (Holland/Quinn 1987, 4) bezeichnet.

Die hier vorgestellte induktive Vorgehensweise des Erschließens kultureller Codes beginnend mit einfachen Worten führt uns so schrittweise über die Reihe Segregrat, Domäne, Attribute, Taxonomie, kulturelles Thema hin zum kulturellen Modell. Dieses kann auch verstanden werden als ein komplexes Set von Elementen, die zusammenpassen und einen Ausschnitt aus der sozialen Wirklichkeit für die Mitglieder einer Kultur fraglos repräsentieren. So wird nun einsichtig, was Charles O. Frake schon in den Anfängen der Ethnosemantik geschrieben hat: „Ich schlage deshalb vor, dass wir die Aufgabe, Namen für Dinge zu ermitteln nicht als eine Übung im Protokollieren von Sprechakten betrachten, sondern als einen Weg, um herauszufinden, welches eigentlich die ‚Dinge' in der Umgebung jener Leute, die wir untersuchen, sind (Frake 1973). Es soll an dieser Stelle nicht unterschlagen werden, dass die oftmals etwas mechanisch wirkenden frühen Analysen in der Ethnosemantik, z.B. von Verwandtschaftsklassifikationen, auch von prominenter und berufener Stelle kritisiert worden sind. Clifford Geertz hat in seinem berühmten Aufsatz „Dichte Beschreibung. Bemerkungen zu einer deutenden Theorie von Kultur" zur Ethnosemantik spitz bemerkt, den ethnographischen Algorithmus gebe es trotzdem nicht (Geertz 1983). Dabei ist ihm nicht zu widersprechen, doch solange wir uns auf die Kategorien beschränken, die in Kulturen im tatsächlichen Gebrauch sind und uns weder in idealen Grammatiken, noch kognitivistischen Konzepten wie „mind maps" usw. verlieren, dann liefert die Ethnosemantik ein brauchbares Gerüst zum Verstehen bedeutsamer Praktiken innerhalb eines kulturellen Repräsentationssystems. Denn der Gebrauch von taxonomischen Systemen ist nicht etwas auf den Ethnographen Beschränktes, sondern ein fundamentales Prinzip menschlicher Sprachpraxis, das Menschen ihre Bedeutungssysteme – wie unvollständig diese auch jeweils in der empirischen Erhebung sein mögen – in ihrem Alltag fraglos ordnet.

Abschließend können wir zusammenfassen: In der ethnosemantischen Analyse geht es darum, in Kategorien eingebundenes Wissen in sprachlicher Form in einer Praxis dazu zu gebrauchen, um aus der Innensicht einer Kultur die sozialen Erzeugungen oder Ergebnisse zeichengestützter Kommunikation zu erschließen.[2] Dabei wird Sprache hier weit, d.h. als ein bedeutungstragendes Zeichensystem verstanden, welches sozia-

---

[2] Ein ähnliches, aber auf Rede und Text beschränktes Programm verfolgt übrigens die aus der Konversationsanalyse stammende „Membership Categorization Device Analysis (MCD)" Silverman (2001, 139-153).

les Handeln anleitet und sich darin realisiert. Damit lassen sich nun nicht mehr nur Rede und Schrift, sondern auch interaktive (gestische, proxemische) und ikonische Repräsentationen des Wissens, sowie deren Verschränkung in der Praxis des Handelns erschließen. Als illustrative Beispiele mögen D'Andrade (1995, 158-168) mit dem „model of the mind" oder Quinn (1987, 173 -192) mit dem Aufsatz „Convergent evidence for a cultural model of American marriage" dienen.

3 Bezug zur Marktforschung anhand eines Beispiels

Die ethnographische Semantik wurde bisher meines Wissens noch kaum für die Marktforschung eingesetzt. Dies ist wenig erstaunlich, wenn man die Herkunft aus einem Spezialistenzirkel der amerikanischen Kulturanthropologie bedenkt, der damit in erster Linie seine eigenen theoretischen und forschungstechnischen Grundlagen weiter entwickeln wollte. Ausserdem dürften auch die Berührungsflächen zwischen EthnographInnen und MarktforscherInnen, die beide in eigenen beruflichen Subsinnwelten leben, relativ klein sein. Aber auf der anderen Seite kann das Potenzial der ethnographischen Semantik für bestimmte Zwecke der Marktforschung auch kaum als genug groß eingeschätzt werden.

Immer dann, wenn es um die Erfassung und Konturierung spezialisierter Märkte von Szenen (Hitzler/Bucher/Niederbacher 2001) oder um durch Warenkonsum sich expressiv formende Milieus wie z.B. Mac-User, Audi-FahrerInnen, Bio-Produkte-KäuferInnen, Nike-Kids und ähnliche Formen der Inszenierung von Lebensstilen geht, kann die ethnographische Semantik – sofern sie sich nicht in oberflächlichen Schnellanalysen verliert – einen privilegierten Zugang zu den symbolischen Ausdrucksformen solcher Sozietäten und deren Verschränkung mit Konsummustern abgeben. In der Gegenwartsgesellschaft, die von vielen SoziologInnen seit langem klar durch ihre Binnendifferenzierung in eventartige Subsinnwelten (Gebhardt/Hitzler/Pfadenhauer 2000), einen hohen Grad an Individualisierung (Beck/Beck-Gernsheim 1994) und damit fast unbegrenzten Wahlmöglichkeiten und -zwängen (Gross 1994) beschrieben wird, ist eine qualitative Forschungsmethode wie die ethnographische Semantik sicherlich produktiv für die Marktforschung verwendbar. Denn sie erlaubt es, sich den BewohnerInnen dieser Sphären von SinnbastlerInnen anzunähern und sie in ihren materiellen und symbolischen Bedürfnissen zu verstehen. Insbesondere die durch den Konsum vermittelten Möglichkeiten der Selbstinszenierung und Identitätsstiftung und der damit verbundenen Zugehörigkeitsdarstellung zu bestimmten Szenen lassen sich ethnosemantisch konturieren und für die Produktentwicklung, Markterschließung und das Marketing allgemein gebrauchen.[3]

Dies soll im Folgenden anhand einer kleinen und fragmentarischen Analyse, die problemlos erweitert werden könnte, illustriert werden. Das Datenmaterial dazu stammt aus der monatlich erscheinenden Zeitschrift „Die Alpen", die vom Schweizerischen Alpen-Club (SAC) in einer Auflage von 90.000 Exemplaren herausgegeben wird. Das Heft präsentiert sich als typisches Hochglanzmagazin, das auf die kaufkräftige „Special Interest Community," die Bergsteigerinnen und Bergsteiger zielt. Mit gehaltvollen Tourenbeschreibungen, informativen Berichten zu Sicherheit und Rettungswesen, Beiträgen zu alpiner Geschichte und Kultur, Berichten zu Sport- und Wettkampfklettern, Buchbesprechungen und LeserInnenbriefen, sowie einer Rubrik „Aus dem Clubleben" vermittelt der redaktionelle Teil vielfältige Aspekte des gegenwärtigen Alpinismus.

Doch ebenso interessant ist die sehr umfangreich im Heft enthaltene Werbung in der Form von Inseraten. Diese Werbung kann ethnosemantisch gesehen als ein Repräsentationssystem einer Freizeit- und Berufskultur gerahmt werden und auf ihre Kategorien und kulturellen Themen hin analysiert werden. Besonders reizvoll ist dabei die Tatsache, dass wir es mit vom Feld für das Feld produzierten Daten zu tun haben, die nicht einmal extra vom Forscher bzw. der Forscherin hergestellt werden müssen (wie z.B. Interviews oder Beobachtungsprotokolle), sondern die als „naturally occuring data" (Silverman 2001, 159f) einfach vorliegen.

Die Werbung im Heft lässt sich grob in fünf Bereiche einteilen: Reisen, Ausrüstung, Bergführerinserate, Bücher und Landkarten und Varia (wie Kristalle, Gedenkmedaillen, Sonnencreme, Vereins T-Shirts, DVD Filme). Diese Werbung bildet im Verhältnis zum redaktionellen Textteil einen wichtigen Subtext, ohne den die Zeitschrift gar nicht mehr auskommen kann. Und dies eben nicht nur wegen der damit verbundenen Einnahmen an Geld für die Herausgeber, sondern vielmehr und gerade auch wegen ihres Gehalts in einer symbolisch-kommunikativen Dimension des Feldes über das „Bergsteigen" selber. In dieser Werbung – so die Arbeitsthese – finden wir eine für die Bergsteigerkultur zentrale, wenn auch unvollständige kleine Repräsentation des aktuellen

---

[3] Ein Beispiel für die Brauchbarkeit der ethnographischen Semantik über den engeren wissenschaftlichen Kontext hinaus stellt die Entwicklung eines Management-Informationssystems für die Pflege in Krankenhäusern dar, in dessen Kern ein ethnosemantisch gewonnenes Lexikon von Arbeitskategorien der Pflegenden steht (Maeder 2000). Dieses heute computergestützte System hat sich in der Schweiz zum Standard in praktisch allen Krankenhäusern entwickelt. Es verbreitet sich nun auch zunehmend in Deutschland. Weil die gesamte Begrifflichkeit dieses Instruments mit den Sprachkategorien des Berufsfeldes konzipiert wurde, erscheint es den Pflegenden nicht als etwas Fremdes, sondern als ein Teil des eigenen Berufsfeldes. Dies erklärt nicht zuletzt die fraglos und ohne Werbung erfolgte Verbreitung und die hohe Akzeptanz der aus der Binnenperspektive der Pflegekultur entwickelten Methode (www.lep.ch). In diesem Fall wurde der häufig zu beobachtende Fehler, dass Management-Informationssysteme mit berufsfremden Begriffskategorien in einem „top down" Prozess verordnet werden (und dann meistens kaum sinnvolle Informationen generieren, durch die Anwendung der ethnographischen Semantik vermieden.

Horizonts an möglichen und wünschbaren Sinnfiguren in der Form von kleinen semantischen Feldern (Domänen), die für das Mitgliederwissen dieser Menschen mit ihren Aktivitäten im Gebirge in der Form einer Selbstdarstellungsmöglichkeit da stehen. Diese Domänen sind eingebettet in eines oder mehrere kulturelle Themen, die sich im besten Fall zu einem kulturellen Modell entwickeln lassen (Punkt 2). Mit anderen Worten begeben wir uns im Jahrgang 2005 dieser Zeitschrift auf die Suche nach den „Dingen", welche in der Kultur des Bergsteigens den Einheimischen (= Ethnos) als Werbung bekannt, vertraut und verständlich sein müssen. Um nun nicht in der Materialflut von mehreren hundert Inseraten eines ganzen Jahres verloren zu gehen, soll in einem ersten Schritt ein plausibles Einschränkungskriterium gesucht werden. Eine derartige Einschränkung kann im Bedarfsfall der gewünschten Tiefenschärfeneinstellung der Fraugestellung folgend natürlich immer wieder angepasst, d.h. verengt oder erweitert werden. Solche Analysen sind keine linearen Abläufe, sondern systematische Interpretationsversuche, die eher einem hermeneutischen Zirkel folgen.

Die hier vorgenommene Eingrenzung dient in dieser Phase nur dazu, überhaupt einen Versuch zu wagen in dieser Sinnwelt relevante Einstiegskategorien zu finden. Das hier gewählte Einstiegskriterium ist folgendes: Wenn wir den Kontext „Zeitschrift" und die damit verbundenen Produktions-, Präsentations- und Leseweisen berücksichtigen, so können wir davon ausgehen, dass Inserate auf der ersten und letzten Innenseite besonders prominente Stellen im Ablauf der Zeitschrift darstellen. Solche Innen-Cover Inserate sind denn auch teurer, als gleich große „irgendwo" im Heft, weil die Unterstellung besonderer Wirkung eines Auftritts an diesem Ort gilt. In Kenntnis dieser Besonderheit wird nun der Zugriff versuchsweise auf die letzte Innenseite der Zeitschrift eingeschränkt. Was wir dort finden sind zwölf ganzseitige Farbinserate des Jahrgangs 2005, die nun unseren Datenkorpus bilden. Wichtig ist an dieser Stelle die Feststellung, dass ethnosemantische Analysen sich eben nicht auf die Erschließung von Sprachkategorien in Wort und Text beschränken müssen, wie sie auf Video, Tonband und Transkripten aufgezeichnet werden. Obwohl diese Datentechniken das häufigste Vorgehen darstellen, eignet sich wegen des „dinghaften" Charakters (siehe Punkt 1) im Prinzip jedes Bedeutung produzierende Objekt einer Kultur für eine solche Analyse. Um den Lesern bzw. Leserinnen nun einen Eindruck von den zwei analysierten Werbeserien zu geben, die hier nicht vollständig abgebildet werden können, wird je ein Exemplar zur Illustration vorgestellt (Abbildungen 1 und 2).

Wir können nun die inhaltlichen Domänen dieser Inserate verschieden kategorisieren, wobei aber wegen des Kriteriums der „Umgebung" der Segregate, eine Bergsteigerzeitschrift, der Möglichkeitsraum sinn- und gehaltvoller Einteilungen beschränkt wird. Ein erster deskriptiver Zugriff auf die Bildebene zeigt die folgenden zwei zentralen inhaltlichen Bildkategorien: Frauen- und Männerbeine mit farbigen Schuhen (sechsmal), junge Frauen und Männer mit farbigen Faserpelzen (sechsmal). Jede dieser Kategorien wird in einem weiteren Schritt zur Domänenbildung auf ihre sinnvollen Ober- und Unterbegriffe hin befragt: Bei beiden ergibt „Bergsteigende mit Ausrüstung" einen brauchbaren Oberbegriff. Bei den Schuhen können wir eine Palette von drei Unterbe-

Christoph Maeder

griffen unterscheiden: klassischer Tourenschuh (zweimal), Kletterfinken (zweimal), Trekkingschuh (zweimal). Wir erhalten so den Befund, dass wir es mit drei verschiedenen Bergschuhen der Marke „La Sportiva" zu tun haben. Bei den Faserpelzen sind keine vertikalen Differenzierungen der Kategorie sichtbar. Dies ist theoretisch zwar unbefriedigend, doch in der empirischen Praxis kommt es immer wieder vor, dass Elemente von Domänen unvollständig sind.

Um die Domäne „Bergsteigende und Ausrüstung" inhaltlich zu differenzieren, lassen sich die Attribute dieser Grundkategorie nun aus dem Material zuordnen. Wir erhalten eine kleine deskriptive Taxonomie (= Domäne mit Attributdimension und deren Ausprägungen), die aus Gründen der Übersichtlichkeit in zwei Tabellen (Teil Faserpelze, Teil Schuhe) aufgespalten wird. Üblicherweise werden solche Taxonomien im ethnographischen Text, und eher nicht als Tabelle wieder gegeben, sondern sind als Kapitel- oder Inhaltsstruktur erkennbar . Doch aus Gründen der Nachvollziehbarkeit und der Übersichtlichkeit soll hier die Taxonomie tabellarisch dargestellt werden.

Diese Taxonomie ist auf der Attributdimension nun keineswegs vollständig. Je nach Auswertungstiefe und –interesse könnten viele weitere Elemente der Werbung der Domäne attribuiert werden, wie z.B. Gehalte von Textelementen, präzisere Unterteilungen des Bildes wie z.B. Fokus, Zentrum und Peripherie usw. Je näher diese Attri-

Abbildung 1: Rote Frau, Faserpelz

Abbildung 2: Gelber Kletterfinken

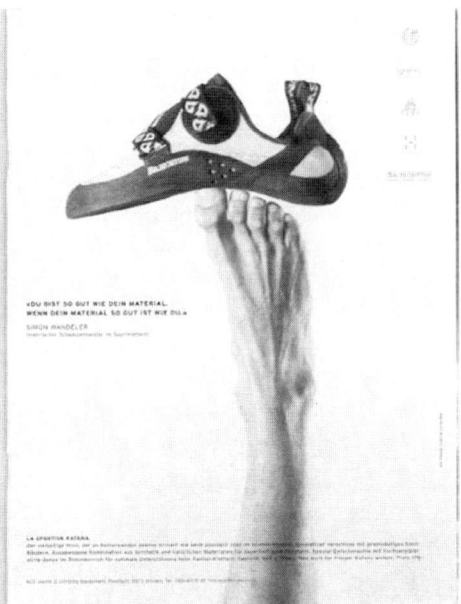

butdimensionen bei den von den Bergsteigenden selber verwendeten liegen, umso besser wird die ethnographische Erschließung.⁴ Das hier vorliegende Material erlaubt es uns zudem auch nicht, ein immanentes Abbruchkriterium zu nennen. Da wir aber davon ausgehen können, dass einige wenige zentrale Elemente den Kern der Mitteilung ausmachen müssen – der Kommunikationstyp Werbung verlangt das –, ist es in diesem Fall erlaubt, sich auch auf wenige Kernkategorien zu beschränken. Allerdings, je feiner die Analyse vorgenommen wird, d.h. je mehr sinnvolle Elemente in die Attributdimension einfließen und je genauer wir Personen bestimmten Praktiken zugesellen können, umso sicherer können wir i.d.R. bei der Entwicklung des kulturellen Themas, der übergeordneten Sinnfigur sein.

Der genauere Blick auf die Männer und Frauenbilder zeigt uns, dass die vom Kopf bis zur Taille gehenden, frontalen Abbildungen keine richtigen Faserpelze zeigen, sondern

---

4   Hier wird, wenn auch nur andeutungsweise, erkennbar, wie aufwändig solide ethnographische Arbeit ist. Denn die Attributdimensionen müssten im Prinzip von den „Einheimischen" dieser Kultur, d.h. den Bergsteigenden selber kommen. Dies könnte mit Interviews und/oder Beobachtung der Gebrauchskontexte der Ausrüstung erhoben werden. So vorgehend erhielten wir eine Verschränkung von Handlungskontexten mit symbolischen Mustern der Werbung.

Christoph Maeder

vielmehr Body-Paintings sind. Zu diesen aussergewöhnlichen Körperbildern im Bergkontext liegt auch ein Schriftzug in der Form einer textilen Etikette im Bild. Ein Balken mit der Aufschrift „Alpin-Bekleidung, die man nicht spürt" und ein Logo der Firma „Haglöfs" bedeckt bei den beiden Fraueninseraten deren Brüste. Bei den Männern sind die Balken weniger eindeutig, aber ebenfalls abweichend von der Horizontalen textilartig angeordnet. Je ein Männer- und ein Frauenkörper (blau, rot), beide im Alter von ca. 25 Jahren, lachen uns in dieser gemalten Kleidung aus dem Bild heraus an. Ganz so, wie wenn sie uns helfen wollten, auf den Spaß hinzuweisen, in den sie selber mit ihrer originellen Bekleidung verwickelt sind. Die anderen beiden lachen nicht, sondern sind mit ihrer virtuellen Kleidung beschäftigt: der grüne Mann zieht seinen linken Ärmel mit der rechten Hand nach vorne und richtet seinen Blick konzentriert auf das linke Handgelenk; die blonde blaue Frau zieht mit dem rechten Arm am Kragen hinter dem Kopf ihren Faserpelz hoch und schaut fragend aus dem Bild. Insgesamt können wir vier verschiedene Menschen in sechs Inseraten erkennen, was es uns an dieser Stelle erlaubt, die Wiederholungen für die weitere Analyse auszuscheiden.

Tabelle 1: Taxonomie 1: Bergsteigende und Ausrüstung (Teil Faserpelze)

TAXONOMIE		Attributdimension (unvollständig, erweiterbar)					
		Gegenstand	Design	Farben	Körper	Präsentation (Form)	Präsentation (Art)
Domäne Bergsteigende	Männer	Faserpelze	leicht	Blau Grün rot	Jung Schön lachend	Body-Painting	lustig originell
	Frauen	Faserpelze	leicht	Blau rot	Jung Schön lachend	Body-Painting	lustig originell

Die Einführung der Schuhe in die Taxonomie zeigt Tabelle 2. Diese Taxonomie muss noch in den Attributdimensionen im Text erläutert werden. Die Präsentation der Schuhe auf den je drei Frauen- und Männerbeinen ist nämlich sehr speziell und völlig verkehrt zur üblichen Darstellungsweise von Beinen und Schuhen (siehe Präsentation Form, Art). Das Bein reicht von unten kommend bis in die Bildmitte und auf dem so als Ablagefläche dienenden Fuß werden die Schuhe mit unterschiedlichen Fußstellungen in der Position Fuß-Sohle gegen Schuhsohle balanciert (Präsentation Art). Schon fast überflüssig noch festzuhalten, dass es sich auch hier um sehr schöne Beine und Füße handelt, d.h. es sind weder Hautverletzungen, hervorstehende Blutgefässe oder Blasen sichtbar. Vielmehr könnten es die Beine der schönen Models mit dem Body-Painting-Faserpelz sein.

Tabelle 2: Taxonomie 2: Bergsteigende und Ausrüstung (Teil Schuhe)

TAXONOMIE		Attributdimension (unvollständig, erweiterbar)					
		Gegenstand	Design	Farbe	Körper	Präsentation (Form)	Präsentation (Art)
Domäne Bergsteigende	Männer	Schuhe Tourenschuh Kletterschuh Trekkingschuh	robust	gelb rot	jung schön kontrolliert	verkehrt	speziell gekonnt andersherum
	Frauen	Schuhe Tourenschuh Kletterschuh Trekkingschuh	robust	blau grün	jung schön kontrolliert	verkehrt	speziell gekonnt andersherum

Wenn wir uns nun die Frage stellen, wie Bergsteigerinnen und Bergsteiger fraglos sein sollen, dann können wir als gemeinsames Thema bezüglich der Symbolisierung durch die Faserpelze und die Schuhe in der Taxonomie „Bergsteigende mit Ausrüstung" festhalten, dass es bei Aktivität und Beteiligten um etwas Aussergewöhnliches handelt, handeln soll und handeln muss. Aussergewöhnlichkeit im Umgang mit dem Betrachter bzw. der Betrachterin, aussergewöhnliche Ausrüstung und deren spezielle Beherrschung, Schönheit und eine Prise Humor und Erotik typisieren hier Männer und Frauen als Bergsteigende gleichermaßen. Es fällt zudem auf, dass wir in den Attributdimensionen eine völlige Gleichstellung der Geschlechter haben, im symbolischen wie numerischen Raum, denn weder die Farben noch sonst eine Attribuierung diskriminieren das Geschlecht. Mit der einzigen Ausnahme, dass die Frauenbrüste nicht nackt gezeigt, aber immerhin deutlich angedeutet werden. Der neue Typus des Bergsteigers ist demnach technisch perfekt, kann sich auf das Wesentliche konzentrieren ohne humorlos zu sein, ist sich seiner Körperlichkeit bewusst und setzt sie auch ein, hat etwas Verspieltes an sich, kann aber dennoch sehr präzise sein und kennt auch seine Grenzen. Die Typisierungen der Werbung überzeichnen selbstverständlich, aber sie führen uns dennoch hin zu einer neuen Sozialfigur in den Bergen, die sich sehr wesentlich auch über ihre Ausrüstung und der damit vermittelbaren Symbolik zur Identitätskonstruktion bedient.

Christoph Maeder

4 Schlussfolgerungen

Die kategoriale Erschließung von Binnenwissen aus einer spezialisierten Freizeitkultur mittels ethnosemantischer Analyse zeigt einen repräsentierten Wissensbestand, der sich über die Themata von Schönheit, Funktionalität, Körperlichkeit und Originaliät zum kulturellen Modell „Bergsteigerinnen und Bergsteiger sind aussergewöhnliche Menschen" verdichten lässt. Jung, originell, fröhlich, gesund, leistungsfähig, erotisch: Ein neuer Typus Alpinist taucht auf. Was ehedem ernst mit roten Socken, Manchesterknickerbockerhosen, braunen Wanderschuhen und grau-brauner Bekleidung ohne jeden Sexappeal begonnen hat, ist zu einem fröhlichen, farblich geschmacksvoll assortierten, zu Späßen aufgelegten, vor Gesundheit strotzenden, technisch hoch kompetenten und durchaus leicht erotisch aufgeladenem Völklein mutiert.

Anders herum gesagt: Was nicht mit Aussergewöhnlichkeit in Zusammenhang gebracht werden kann, das wird sich im Kontext des heutigen Bergsports nur schlecht verkaufen lassen. Diese allgemeine Aussage könnte nun anhand von weiterem Material aus der Bergsportwerbung validiert und mit mehr Daten in die verschiedenen Subszenen wie Klettern, Hochtouren, Eisfallklettern, Canyoning und andere mehr hinein ausdifferenziert und erweitert werden. Es würden dann auch Abgrenzungsfragen zu anderen Outdoor-Aktivitäten aufkommen von der Art, was unterscheidet Bergsteigende, z.B. Kletterer von Kanufahrern? Oder was haben das Canyoning und Tourenradfahrer gemeinsam? Und bei der Analyse von mehr Material könnte auch das hier wegen der knappen Datenbasis nicht hergeleitete kulturelle Modell des Outdoor-Lebens erfasst werden. Insgesamt könnte eine solche Marktforschung ein dichtes Bedeutungsgewebe zu über- und untergeordneten Aspekten all dieser vielfältigen Aktivitätszonen zeichnen und ihre Produkte deshalb äusserst zielgenau für verschiedene KundInnensegmente in Design und Funktion entwickeln und vermarkten. Dies gilt selbstverständlich nicht nur für das hier nur als Illustration genommene Beispiel des Bergsteigens. Denn jede geplante, systematische Form ökonomischer Produktion, die Transaktionen nicht nur in Preis-Mengen Relationen von im Prinzip fungiblen Gütern denkt, sondern auch symbolische Bedürfnisse von Kundinnen und Kunden berücksichtigt, weist eine kulturelle Infrastruktur an Bedeutungen auf. Diese zu verstehen und sich nutzbar zu machen, dazu kann die ethnographische Semantik wirkungsvolle Beiträge leisten, auch wenn sie keineswegs dafür entwickelt worden ist. An diesem Punkt würde ich nun als Marktforscher einsetzen, ganz gemäß der Devise des bekannten Bergausrüsters „The North Face" aus Kalifornien: „Never stop exploring." Dass ich mich dabei auf das Wesentliche beschränken soll, das kann ich vom Slogan der Firma Patagonia – „Committed to the core" – lernen. Denn schließlich geht es um „Our Best Stuff" als Ausrüstung und als Person, wie uns Ma Boyle von Columbia Sportswear immer wieder klar und deutlich sagt.

5 Literatur

Beck, Ulrich/Beck-Gernsheim, Elisabeth (1994): Riskante Freiheiten: Individualisierung in modernen Gesellschaften. Frankfurt am Main.

Blumer, Herbert (1986): Symbolic Interactionism. Perspective and Method. Berkeley, Los Angeles, London.

D'Andrade, Roy (1995): The Development of Cognitive Anthropology. Cambridge.

D'Andrade, Roy/Strauss, Claudia (1992): Human Motives and Cultural Models. Cambridge.

Frake, Charles O. (1973): Die ethnographische Erforschung kognitiver Systeme. In: Arbeitsgruppe Bielefelder Soziologen (Hrsg.): Alltagswissen, Interaktion und gesellschaftliche Wirklichkeit 2. Ethnotheorie und Ethnographie des Sprechens. Reinbek bei Hamburg, 323-337.

Gebhardt, Winfried/Hitzler, Ronald/Pfadenhauer, Michaela (2000): Events. Soziologie des Aussergewöhnlichen. Opladen.

Geertz, Clifford (1987): Dichte Beschreibung. Beiträge zum Verstehen kultureller Systeme. Frankfurt am Main.

Goodenough, Ward H. (1957) Cultural Anthropology and Linguistics. In Language. In: Hymes, Dell H. (ed.) Culture and Society. A Reader in Linguistics and Anthropology. New York, 36-39.

Gumperz, John J./Hymes, Dell H. (1972, eds.): Directions in Sociolinguistics: The Ethnography of Communication. New Jersey.

Hitzler, Ronald/Bucher, Thomas/Niederbacher, Arno (2001): Leben in Szenen. Formen jugendlicher Vergemeinschaftung heute. Opladen.

Holland, Dorothy/Quinn, Naomi (1987, eds.): Cultural Models in Language and Thought. Cambridge.

Honer, Anne (1993): Lebensweltliche Ethnographie. Ein explorativ-interpretativer Forschungsansatz am Beispiel von Heimwerker-Wissen. Wiesbaden.

Hymes, Dell (1979): Soziolinguistik: Zur Ethnographie der Kommunikation. Frankfurt.

Keating, Elizabeth (2001): The Ethnography of Communication. In: Atkinson, Paul/Coffey, Amanda/Delamont, Sara/Lofland, John/Lofland, Lyn (eds.): Handbook of Ethnography. London, Thousand Oaks, New Dehli, 285-301.

Knoblauch, Hubert (1991): Kommunikation im Kontext. In: Zeitschrift für Soziologie, Jg. 20, Nr. 6, 446-462.

Knoblauch, Hubert (2003): Qualitative Religionsforschung. Religionsethnographie in der eigenen Gesellschaft. Paderborn, München, Wien, Zürich.

Lakoff, George (1990): Women, Fire, and Dangerous Things. What Categories Reveal about the Mind. Chicago, London.

Maeder, Christoph (1996): Narrative Zivilisierung im Strafvollzug: Die Macht der Versetzung. In: Knoblauch, Hubert (Hrsg.): Kommunikative Lebenswelten. Beiträge zur Ethnographie einer geschwätzigen Gesellschaft. Konstanz, 125-143.

Maeder, Christoph (1997): „Schwachi und schwierigi Lüüt". Inoffizielle Insassenkategorien im offenen Strafvollzug. In: Hirschauer, Stefan/Amann, Klaus (Hrsg.): Die Befremdung der eigenen Kultur - Beiträge zur Erneuerung soziologischer Empirie. Frankfurt am Main, 218-239.

Maeder, Christoph (2000): Brauchbare Artefakte. Statistiksoftware für das Pflegemanagement im Spital als das Produkt ethnographischer Arbeit. In: Schweizerische Zeitschrift für Soziologie, Bd. 26, Nr. 3, 637-662.

Maeder, Christoph (2002): Alltagsroutine, Sozialstruktur und soziologische Theorie: Gefängnisforschung mit ethnographischer Semantik. In: Forum Qualitative Sozialforschung (online Journal), Bd. 3, Nr. 1, 26 Paragraphen.

Maeder, Christoph/Brosziewski, Achim (1997): Ethnographische Semantik: Ein Weg zum Verstehen von Zugehörigkeit. In: Hitzler, Ronald/Honer, Anne (Hrsg.): Sozialwissenschaftliche Hermeneutik. Opladen, 335-362.

Maeder, Christoph/Nadai, Eva (2004): Organisierte Armut. Sozialhilfe aus wissenssoziologischer Sicht. Konstanz.

Malinowski, Bronislaw (1984): Argonauten des westlichen Pazifik. Frankfurt am Main.

Pike, Kenneth L. (1967): Language in Relation to a Unified Theory of the Structures of Human Behaviour. Den Haag.

Silverman, David (2001): Interpreting Qualitative Data. Methods for Analysing Talk, Text and Interaction. London, Thousand Oaks, New Dehli.

Spradley, James P. (1970): You Owe Yourself a Drunk: An Ethnography of Urban Nomads. Boston.

Spradley, James P. (1973) An Ethnographic Approach to the Study of Organizations: The City Jail. In: Brinkerhoff, Merlin B./Kunz, Phillip R. (eds.): Complex Organisations and their Environments. Dubuque (Iowa), 94-105.

Spradley, James P. (1979): The Ethnographic Interview. New York.

Spradley, James P. (1980): Participant Observation. New York.

Spradley, James P./Mann, Brenda J. (1975): The Cocktail Waitress. Woman's Work in a Man's World. New York.

Werner, Oswald/Schoepfle, Mark G. (1986): Systematic Fieldwork. Foundations of Ethnography and Interviewing. Newbury Park, London, New Dehli.

Werner, Oswald/Schoepfle, Mark G. (1987): Systematic Fieldwork. Ethnographic Analysis and Data Management. Newbury Park, London, New Dehli.

Josef Zelger

Kundenwünsche verstehen und gewichten durch das PC-unterstützte Verfahren GABEK®

1 Zusammenfassung 699
2 Offene Interviews als Datenbasis 700
3 Gewichtung von KundInnenwünschen durch Bewertungslisten 700
4 Verstehen von KundInnenwünschen durch den Gestaltenbaum 702
5 Gewichtung von KundInnenwünschen durch Folgenabschätzung 705
6 Angebotsgestaltung im Sinne der Gesamtgewichtung 707
7 Ausblick 711
8 Literatur 712

Kundenwünsche verstehen und gewichten durch das PC-unterstützte Verfahren GABEK®

1 Zusammenfassung

Wenn es darum geht, Wünsche möglicher KundInnen zu verstehen und darauf eingehend innovative Angebote zu machen, so müssen sie erst miteinander vernetzt und gewichtet werden. Als Methode zur Analyse und Vernetzung von Wünschen von KundInnen bietet sich das durch die Software WinRelan® unterstützte Verfahren GABEK® an. Es führt nicht nur zu einer klaren Darstellung von Grundwerten und Zielen der KundInnen sondern durch deren Vernetzung auch dazu, dass ihre Vorschläge gewichtet werden. Damit wird ersichtlich, welche die zentralen Chancen für den Anbieter sind und welche Maßnahmen allgemein zur stärkeren KundInnenbindung führen. Damit können partnerschaftliche Beziehungen mit diesen aufgebaut und das Vertrauen zwischen KundInnen und Anbietern nachhaltig verstärkt werden.

Ausgehend von Texten aus offenen Interviews werden die Meinungen der befragten Personen zunächst als „regionale Ontologien" dargestellt. Diese zeigen Problemfelder auf, die von den KundInnen mit speziellen Produkten oder Dienstleistungen verbunden werden. Dies wurde im Beitrag „Regionale Ontologien" im vorliegenden Band beschrieben. Dann werden die Bewertungen aufgelistet, seien sie positiv oder negativ. Es ergibt sich ein „Bewertungsprofil" der KundInnen. Nach einer weiteren Analyse der Texte werden alle Einfluss- oder Kausalvermutungen der befragten Personen graphisch in Form eines „Wirkungsgefüges" dargestellt. Es wird dazu verwendet, um positive Auswirkungen und negative Nebenwirkungen von möglichen Maßnahmen abzuschätzen. Schließlich werden die Äußerungen aller befragten Personen hierarchisch geordnet. Die Strukturierung der verbalen Daten in Form eines „Gestaltenbaumes" erlaubt es, die Ergebnisse der Textanalyse stark zusammengefasst oder auch fein detailliert zu betrachten. Kurze Zusammenfassungen auf den höheren Ebenen des Gestaltenbaumes werden jeweils durch Textgruppen aus den tiefer liegenden Ebenen begründet oder gerechtfertigt. Äste des Gestaltenbaumes können auch ausgeschnitten und für sich betrachtet werden. Damit können zu speziellen thematischen Fragen des Anbieters spezielle Antworten der KundInnen dargestellt werden, insofern sie in den Interviews zum Ausdruck kommen. Regionale Ontologien, das Bewertungsprofil, das Wirkungsgefüge und der Gestaltenbaum zeigen insgesamt auf, was von den Befragungsergebnissen besonders wichtig ist.

Eine GABEK®-Textanalyse erfordert natürlich auch einen gewissen Aufwand. Sie führt aber dazu, dass die Zielgruppe tiefgehend verstanden wird. Erfolgversprechende Handlungsfelder ergeben sich daraus für den Anbieter.

Josef Zelger

2   Offene Interviews als Datenbasis

GABEK® (Ganzheitliche Bewältigung von Komplexität) ist eine PC-unterstützte Methode zur Analyse, Verarbeitung und Darstellung von normalsprachlichen Texten. Ausgehend von offenen Interviews mit KundInnen oder von anderen Stellungnahmen wie Reklamationen, schriftlichen Rückmeldungen, Anfragen usw. wird zunächst eine ganzheitliche Übersicht über Erfahrungen von KundInnen erzeugt. Dies habe ich im Beitrag „Regionale Ontologien" in diesem Band anhand eines Beispiels gezeigt. Dort wurde dargelegt, wie Lüftungsanlagen mit Wärmerückgewinnung von unterschiedlichen Personengruppen unterschiedlich beurteilt werden. Hier möchte ich das Beispiel weiterführen, um die folgende Frage zu beantworten: Wie kann ein Anbieter KundInnenerfahrungen tiefgehend verstehen und sinnvoll gewichten? Er kann ja nicht mit seinem Angebot auf jeden KundInnenwunsch reagieren. Eine Gewichtung ist vielmehr unerlässlich.

3   Gewichtung von KundInnenwünschen durch Bewertungslisten

Eine erste Form der Gewichtung habe ich im Beitrag über regionale Ontologien schon angedeutet. Dort wurden Auffassungen über Lüftungsanlagen in Form eines Begriffsnetzes dargestellt, wobei Merkmale, auf die sich die Begriffe beziehen, von den Befragten positiv oder negativ bewertet waren. Wie kamen die Bewertungen von einzelnen Merkmalen von Lüftungsanlagen zustande? Wie in den meisten normalsprachlichen Texten werden auch in Interviewtexten Attribute, Ereignisse, Prozesse, Einzelobjekte usw. bewertet. Diese Bewertungen wurden in einem Projekt von Rohracher et al. (2001) in der für GABEK®-Anwendungen entwickelten Software WinRelan® im Text angemerkt und in Listenform ausgedruckt. Wenn wir in Bezug auf Lüftungsanlagen mit Wärmerückgewinnung nur die 30 am häufigsten bewerteten Merkmale wiedergeben, so sehen wir, dass drei Personengruppen in dem hier verwendeten Projekt sehr unterschiedliche Bewertungen ausgedrückt haben. Die erste Gruppe bestand aus 20 Personen, die über Lüftungsanlagen mit Wärmerückgewinnung informiert worden waren, die sich dann aber dagegen entschieden hatten. Die Personen der zweiten Gruppe waren acht HäuslbauerInnen, die eine solche Anlage eingebaut hatten. Die dritte Gruppe bestand aus fünfzehn MieterInnen oder EigentümerInnen von Wohnungen in Mehrgeschoßhäusern, in denen solche Lüftungsanlagen in Verwendung waren. Es sei ausdrücklich darauf hingewiesen, dass die Zahlen in Tabelle 1 nicht Ergebnis einer quantitativen Befragung sind. Vielmehr sind die Befragten im offenen Gespräch spontan auf diese Themen zu sprechen gekommen und haben dabei Merkmale von Lüftungsanlagen unaufgefordert bewertet.

Tabelle 1: Bewertungsliste über Lüftungsanlagen mit Wärmerückgewinnung

Ausdruck	Gruppe 1 Nicht-nutzerIn		Gruppe 2 Häusl-bauerIn		Gruppe 3 Wohnungs-mieterIn		Gesamt		
	+	−	+	−	+	−	+	−	Summe
Lüftungsanlage	4	11	48	2	28	43	80	56	**136**
Teuer		35		11		18		64	**64**
Information	5	11		10		18	5	39	**44**
Energiesparen	13	2	14	1	7	3	34	6	**40**
Frischluft	22		9		6		37		**37**
Lärmbelästigung		19		4		12		35	**35**
Fenster_öffnen	7		3	10	5	5	15	15	**30**
Kosten		2	1	7	3	14	4	23	**27**
Geräuschentwicklung		3		9		13		25	**25**
Zugluft		22		1		2		25	**25**
Heizkosten		1	5	1	5	11	10	13	**23**
Luftqualität	10		7		3	1	20	1	**21**
Steuerung_individuell					1	20	1	20	**21**
Entlüftung			4	2	7	7	11	9	**20**
Fenster_geschlossen	4	9	6			1	10	10	**20**
Aspekt_finanziell			3	5	2	8	5	13	**18**
funktionieren	2	3	3		2	8	7	11	**18**
Heizung	2		2	2	2	9	6	11	**17**
Wärmedämmung	7		6		3	1	16	1	**17**
Belüftung	1		3	3	2	7	6	10	**16**
Luftaustausch	1		1	1	3	10	5	11	**16**
Niedrigenergiehaus	6		7		3		16		**16**
Raumtemperatur			4	1	1	10	5	11	**16**
Luftzufuhr			1	4	1	9	2	13	**15**
Raumklima	3		10		1	1	14	1	**15**
Temperaturregulierung			1	5	1	8	2	13	**15**
Komfort	3		8	1		2	11	3	**14**
Aufklärung	3	1		3		6	3	10	**13**
Energieverbrauch			8	2	2	1	10	3	**13**
Kühlung	2			7	3		1	9	4	**13**

Quelle: Rohracher et al. (2001)

Josef Zelger

In Zeile eines der Tabelle 1 sieht man, dass Personen der Gruppe 1 nur in vier Texten eine Lüftungsanlage positiv bewertet haben. In elf Äußerungen haben sie Lüftungsanlagen negativ beurteilt. Im Gegensatz dazu finden wir bei den HäuslbauerInnen 48 mal eine positive und nur zweimal eine negative Bewertung ihrer eigenen Lüftungsanlage. MieterInnen von Wohnungen in Geschoßwohnbauten beurteilten die Lüftungsanlage wieder überwiegend negativ. In der zweiten Zeile der Tabelle 1 sieht man, dass aber alle drei Gruppen darin übereinkommen, dass Lüftungsanlagen zu teuer sind.

Wenn ein Anbieter von Lüftungsanlagen an allen drei Zielgruppen interessiert ist, dann könnte er die allerletzte Spalte, d.h. die Summe aller Bewertungen als Hinweis auf eine brauchbare Gewichtung der Merkmale nehmen. Dabei sind vor allem die überwiegend negativ bewerteten Merkmale zu beachten. Er wird also neben der Preisgestaltung vor allem darauf achten, dass mögliche KundInnen besser *informiert* werden. Bei der Planung von Lüftungsanlagen wird er vor allem sehen, dass die *Lärmbelästigung* bzw. *Geräuschentwicklung* reduziert wird und – sofern es Geschoßwohnungen sind – dass es eine Möglichkeit zur *individuellen Steuerung* gibt oder dass die Lüftung in der Wohung *abgeschaltet* werden kann. In Bezug auf die von NichtnutzerInnen befürchtete *Zugluft* kann der Anbieter beruhigen: Zugluft wurde von den HäuslbauerInnen und WohnungsmieterInnen nur in wenigen Fällen bemerkt.

Wenn jemand nur an Einfamilienhäusern Interesse hat, könnte er/sie die Bewertungen der MieterInnen in Geschoßwohnbauten außer Acht lassen. Damit haben wir eine erste Grundlage für eine Gewichtung von KundInnenwünschen gefunden. Die KundInnenurteile wurden in Tabelle 1 aufsummiert. Können wir die verbalen Daten so miteinander vernetzen, dass wir die Erfahrungen der befragten Personen auch verstehen können?

4 Verstehen von KundInnenwünschen durch den Gestaltenbaum

Wir verstehen einen Wunsch einer Person oder einer Personengruppe, wenn wir zeigen können, dass er aus anderen Wünschen, Werten, Meinungen, Erfahrungen, Normen derselben Person oder Personengruppe folgt. Die Basis für das Verstehen wird also wieder eine Textgruppe derselben Personengruppe sein, eine Textgruppe, die in sich widerspruchsfrei ist, die inhaltlich zusammenhängt, die nicht zu redundant ist und die insgesamt eine sinnvolle gedankliche Einheit bildet. Um Wünsche in Bezug auf ein Produkt oder eine Dienstleistung zu verstehen, werden wir also zunächst aus den Interviews widerspruchsfreie und sinnvolle Textgruppen bilden, um dann zu sehen, welche Wünsche, die von derselben Personengruppe geäußert wurden, damit gerechtfertigt oder begründet werden können. Wir werden also zunächst mit dem verba-

Kundenwünsche verstehen und gewichten durch das PC-unterstutzte Verfahren GABEK®

len Datenmaterial Textgruppen bilden, die in sich konsistent sind, um zu sehen, welche Wünsche damit gerechtfertigt werden können. Textgruppen werden im PC-Programm WinRelan® zunächst automatisch durch eine Clusteranalyse erzeugt. Im Anschluss daran werden die Cluster auf Widersprüche überprüft. Sie werden manuell und semantisch überarbeitet, wobei für jede Textgruppe gezeigt wird, welche Einstellungen und Meinungen daraus als semantische Implikationen folgen. So verstehen wir z.B. den Wunsch nach *individueller Regelung* der Lüftung von MieterInnen in Geschoßwohnbauten, wenn wir ihn als semantische Implikation einer Textgruppe lesen. Ich zitiere im folgenden Beispiel zuerst sechs Antworten, aus denen dieser Wunsch folgt. Dann gebe ich eine Begriffsmatrix wieder, die die inhaltliche Vernetzung der sechs Interviewantworten anzeigt. Schließlich fasse ich den Wunsch nach individueller Steuerung kurz zusammen.

Wir geben im Folgenden als Beispiel für eine „sprachliche Gestalt" eine Satzgruppe mit sechs authentischen Zitaten wieder, die eine zusammenfassende Aussage über die gewünschte individuelle Steuerung der Raumtemperatur begründet. Die alphanumerischen Zeichen sind Namen für die einzelnen Texte, durch die man die entsprechenden Texte am PC aufrufen kann.

Cc6

Probleme gab es viele. Erstens ging überhaupt keine wohnungsinterne Abwicklung vor sich, d.h. niemand kann die Anlage selbst regulieren. Jedes Heizsystem wurde einfach gemeinsam gesteuert, also eine Zentralsteuerung. Keine Wohnung konnte für sich die Temperaturen regeln.

Bb2

Es ist halt so, manche haben es wärmer und manche nicht. Da ist es vielleicht schon ein bisschen problematisch, wenn die Luft, die reinkommt nicht so warm ist, wie man die Raumtemperatur an sich haben wollte, dann hat man schon höhere Heizkosten, weil die Luft immer wieder erwärmt werden muss. Wir sind erst kurz da, wir sind erst seit Ende Dezember da. Ich kann das jetzt mit Heizkosten noch überhaupt nicht sagen. Wir haben noch keine Endabrechnung und nichts bekommen.

Cb4

Und im Winter hatten wir dann schon Probleme, weil die einen wollten es dann weniger warm und die anderen wollten es dann wärmer haben und dann - ich muss ja nicht unbedingt im Winter im T-Shirt herumrennen, aber ich mag nicht dreischichtig angezogen sein und dicke Wollsocken und Strumpfhosen und ein Unterhemd und einen Wollpulli und dann von mir aus noch eine Wolljacke drüber, das ist dann auch nicht wirklich gut.

Cb5

Von Wohnung zu Wohnung kann man die Temperatur nur mittels der Rohre regeln. Man kann es auf Maximum schalten oder man kann es auf Minimum schalten, man kann es aber nicht drehen, dass man sagt, mein Gott der eine schlottert, wenn es nur 25 Grad hat, der braucht

Josef Zelger

unbedingt 28 oder 29 Grad und der eine kriegt schon einen Hitzeschlag, wenn er 20 Grad hat. Also, das kann man nicht wirklich so regulieren.

Cf3

Die Wahrnehmung der 27 Grad, ob es nun auch nur 26 oder 25 Grad sind, ist mir eigentlich nebensächlich. Ich brauche nicht in der Nacht im Schlafzimmer 27 Grad Raumtemperatur und das konnte man überhaupt nicht steuern, das ist...

Cc7

Also, durch die Zentralsteuerung hatten jetzt sämtliche Wohnungen dieselbe Temperatur und wenn man verschiedene Familien kennt, kennt man die verschiedenen Bedürfnisse und das ging daher nicht gut. Teilweise hatten wir 24 - 25 - 26 - 27 Grad Raumtemperatur. Da kann man ja gar nicht existieren. Da muss man die Fenster öffnen und das ist einfach nicht zumutbar, auch über die Nacht.

Die Begriffsmatrix gibt den inhaltlichen Zusammenhang zwischen den Zitaten wieder (Tabelle 2).

Tabelle 2: Begriffsmatrix für die obigen Zitate

	6	5	5	3
Cc6	Raumtemperatur	Steuerung_individuell	Regulierung_Temperatur	Einstellung
Bb2	Raumtemperatur	Steuerung_individuell	Regulierung_Temperatur	
Cb4	Raumtemperatur	Steuerung_individuell		Einstellung
Cb5	Raumtemperatur	Steuerung_individuell	Regulierung_Temperatur	Einstellung
Cf3	Raumtemperatur	Steuerung_individuell	Regulierung_Temperatur	
Cc7	Raumtemperatur		Regulierung_Temperatur	

	3	2	2	2	2	2
Cc6	Wohnung	Zentralsteuerung			Probleme	
Bb2			warm			
Cb4			warm		Probleme	
Cb5	Wohnung					
Cf3				Nacht		Hitze
Cc7	Wohnung	Zentralsteuerung		Nacht		Hitze

Der Wunsch, der sich aus der obigen Textgruppe als Zusammenfassung ergibt, lautet:

Raumtemperatur & Steuerung individuell

Viele Probleme entstehen dadurch, dass man die Raumtemperatur nicht individuell regulieren kann. In einer Wohnanlage werden die Einstellungen der Temperatur zentral gesteuert. Ver-

schiedene Familien bzw. Mieter haben aber verschiedene Bedürfnisse; die einen wollen es wärmer und die anderen eben nicht. Es wäre daher notwendig, dass man die Temperatur in jeder Wohnung individuell regulieren kann.

Wir bilden nun aus allen verbalen Daten konsistente Textgruppen, so dass sich jede Textgruppe mit einem komplexen zusammenhängenden Thema befasst und bilden für jede Textgruppe eine Zusammenfassung, die aus der Textgruppe logisch folgt. In einer Situation, in der alle Sätze einer Textgruppe zutreffen, muss also auch deren Zusammenfassung wahr sein. In einem weiteren Arbeitsvorgang bilden wir dann aus den Zusammenfassungen konsistente Textgruppen und bilden Zusammenfassungen von Zusammenfassungen auf einer höheren Ebene. Dabei werden dieselben syntaktischen und semantischen Regeln befolgt wie auf der Ebene der verbalen Rohdaten. Dadurch entsteht eine logisch geordnete hierarchische Darstellung der verbalen Daten. Für die MieterInnen von Wohnungen mit Lüftungsanlagen in Geschoßwohnbauten wird die Struktur der verbalen Daten in Abbildung 1 wiedergegeben.

An den zwei Titeln (HH ... Hyperhypergestalten) links im Gestaltenbaum (Abbildung 1) sehen wir, dass die fehlende Möglichkeit zur *individuellen Steuerung* in den einzelnen Wohnungen und *Unwissenheit* die größten Probleme sind. Um nun einen Wunsch aus der Bewertungsliste (Tabelle 1) zu verstehen, können wir alle Zusammenfassungen und auch die Rohdaten ausschneiden, die den speziellen Wunsch betreffen. Dabei bleibt die logische Struktur der Daten erhalten. Für das Thema „Regelung individuell" ergibt sich die folgende Teilstruktur (Abbildung 2)[1]. Die so strukturierten Texte erklären das Problem, das wir ausgewählt haben, und lassen es verstehen, sie zeigen noch einmal, dass das Thema *Steuerung individuell* relevant ist. Es hat sich nämlich gezeigt, dass das Thema auch auf der höchsten Ebene der „Hyperhypergestalten" noch vorkommt. Wir sehen, dass das Thema der individuellen Steuerung nicht nur in den im Punkt 4 zitierten Texten vertreten wird, sondern in vielen weiteren Zusammenhängen auch noch vorkommt und sich so bis an die Spitze des Gestaltenbaumes durchsetzt. Themen, die sich bis in höhere Ebenen des Gestaltenbaumes noch durchsetzen sind besonders wichtig. Die logische Struktur der Texte liefert also ein zweites Kriterium für die Themenrelevanz.

5 Gewichtung von KundInnenwünschen durch Folgenabschätzung

Normalsprachliche Texte enthalten nicht nur Beschreibungen, Bewertungen und Erklärungen sondern auch Vermutungen über Auswirkungen, seien es intendierte Fol-

---

[1] Durch Anklicken eines Feldes im Gestaltenbaum können wir am PC die entsprechenden zusammenfassenden Texte lesen.

Josef Zelger

gen oder nicht intendierte Nebenwirkungen. In einem weiteren Arbeitsschritt werden im PC-Programm WinRelan® alle Kausalannahmen hervorgehoben. In Listenform ergeben diese auch Hinweise auf die Relevanz, denn wenn die Veränderung eines Merkmals viele Auswirkungen nach sich zieht, die positiv oder negativ bewertet werden, dann ist das Merkmal selbst auch wichtig. Insgesamt kann damit die Relevanz von Wünschen über Objekte, Merkmale, Ereignisse usw. auf dreifache Weise beurteilt werden: nach der Anzahl der Bewertungen, der Ebene im Gestaltenbaum, die erreicht wird, und der vermuteten Folgen, die in den analysierten Texten genannt werden.

Abbildung 1: Gestaltenbaum über die Befragung von MieterInnen

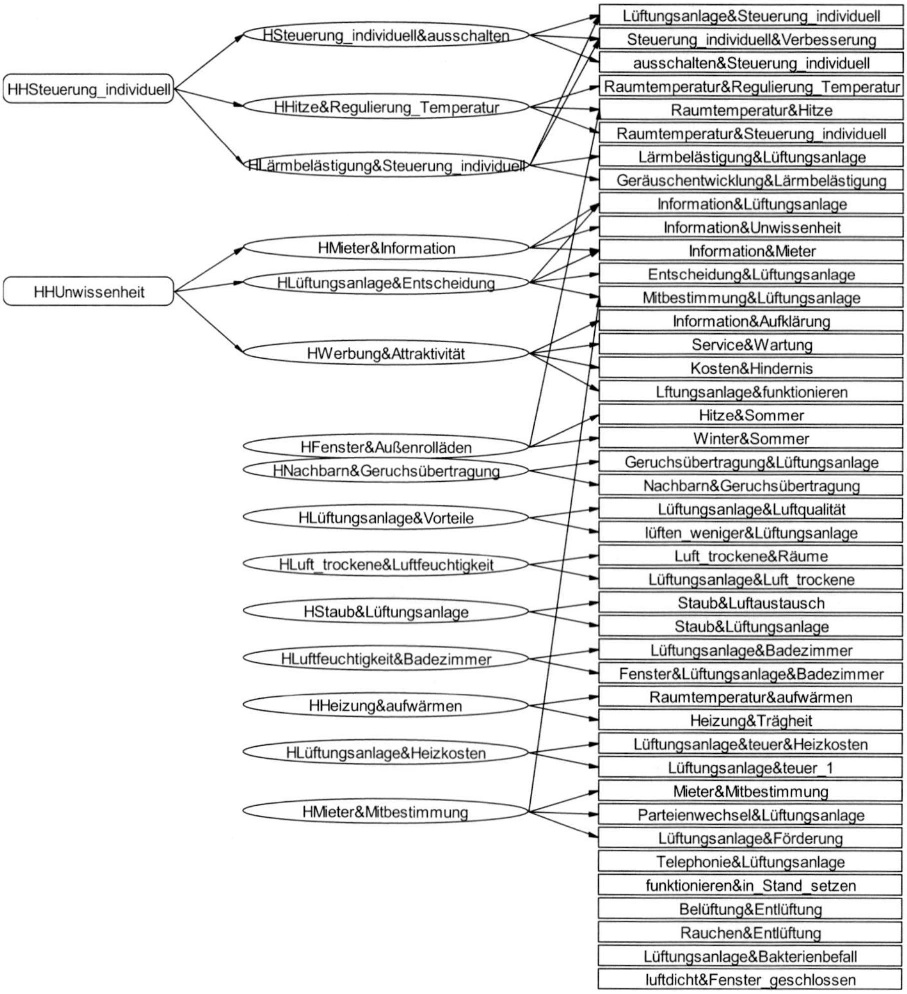

Abbildung 2: Ast des Gestaltenbaumes zum Thema Steuerung individuell

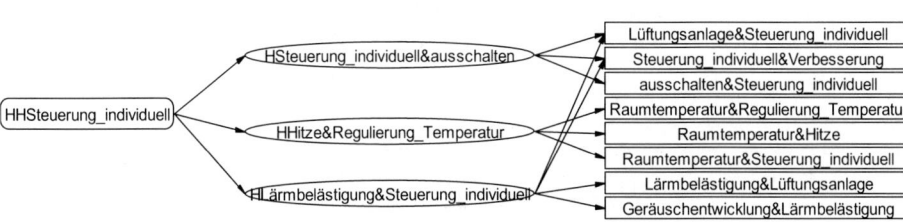

6 Angebotsgestaltung im Sinne der Gesamtgewichtung

In WinRelan® wird nun eine Liste der Themen automatisch generiert, in der für jedes genannte Attribut von Lüftungsanlagen die Bewertungen, die Ebene im Gestaltenbaum und die Anzahl der Kausalannahmen angezeigt werden. Diese Liste kann nach „Relevanz" geordnet werden und dient der Auswahl von einigen besonders wichtigen Grundwerten oder Zielen der befragten Personen.

Nehmen wir an, der Anbieter möchte für HäuslbauerInnen spezielle Angebote machen. In der Relevanzliste – aber auch in der oben wiedergegebenen Bewertungsliste (Tabelle 1) sieht er, dass *Geräuschentwicklung* und die *Information* über *Lüftungsanlagen* als Probleme empfunden werden. Wie soll das Angebot weiter gestaltet und vermittelt werden? Die Interviewergebnisse liefern eine Reihe unterschiedlicher Hinweise, wie die *Geräuschentwicklung* technisch vermieden werden kann. Im Folgenden wähle ich als Beispiel das Problem der HäuslbauerInnen, rechtzeitig zu einschlägigen *Informationen* zu kommen. Was berichten sie darüber, wie sie zu Informationen gekommen sind und wie kann man die Informationsvermittlung verbessern?

Dass die Informationsbeschaffung über Lüftungsanlagen mit Wärmerückgewinnung ein Problem darstellt, wird in vielen Interviews zum Ausdruck gebracht, z.B. im Text Ae4: *Ich würde sagen, die Unwissenheit von den Leuten, die denen das Wohnen verkaufen, ist der entscheidenste Punkt, der die Leute am ökologischen Bauen hindert. Das ist egal, ob das Architekten oder Bauleute generell sind, die haben einfach überhaupt keine Ahnung. Die wissen gar nicht, was sie da energetisch machen.*

Wie kann nun die Informationsbeschaffung beeinflusst werden? Die Aussagen über erwartete Wirkungen und Einflüsse wurden – wie schon oben angedeutet – bei den entsprechenden Texten angemerkt. Wir stellen sie in WinRelan® als Pfeile zwischen

Josef Zelger

Variablen dar oder als Linien mit einem kleinen Kreis anstelle der Pfeilspitze. Wenn ein Wachstum der beeinflussenden Variablen eine Zunahme oder Verbesserung der Information bewirkt, dann finden wir bei letzterer eine Pfeilspitze. Wenn das Wachstum der beeinflussenden Variablen eine Abnahme oder Verschlechterung der Information bewirkt, dann wird die Spitze durch den kleinen Kreis ersetzt.

Abbildung 3: Vermutete Einflüsse, die eine Informationsbeschaffung erschweren

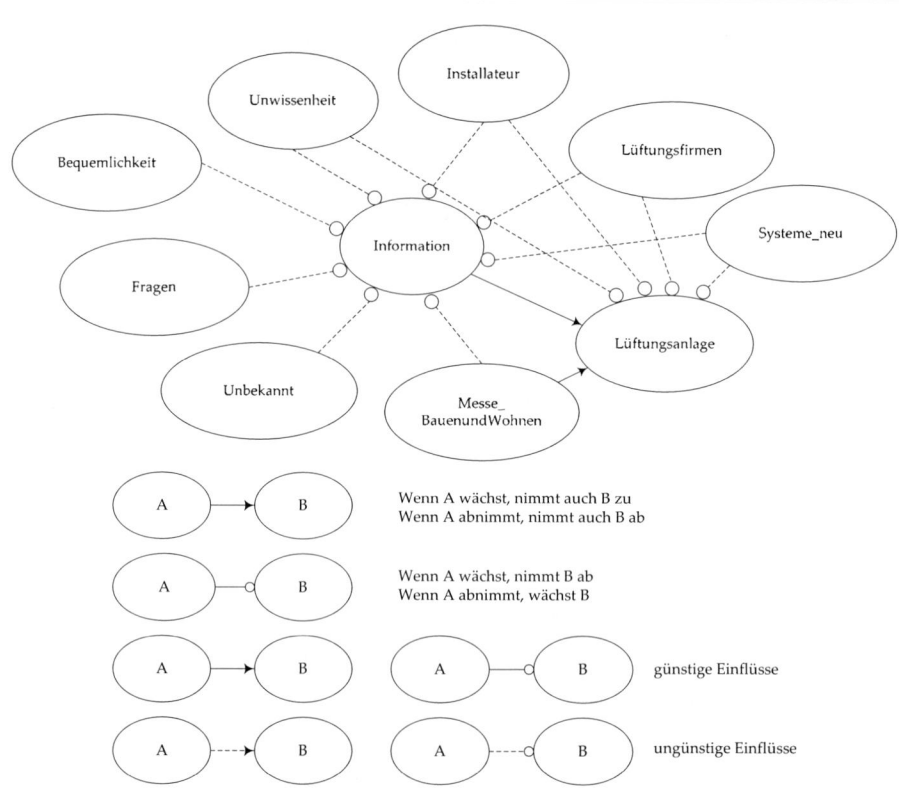

Betrachten wir zunächst in Abbildung 3 ungünstige Einflüsse, die Informationsbeschaffung erschweren[2]. Hauptgründe für den Informationsmangel über Lüftungsanlagen sind laut Abbildung 3 eine weit verbreitete Unwissenheit, aber auch Bequemlich-

---

[2] Die folgenden Graphiken dürfen natürlich nicht mit der Graphik des Beitrages zur Regionalen Ontologie (Zelger, in diesem Band) verwechselt werden, denn dort zeigen die Linien immer wiederkehrende assoziative Verbindungen zwischen Begriffen an, hier handelt es sich ausschließlich um Meinungen über Wirkungsbeziehungen.

Kundenwünsche verstehen und gewichten durch das PC-unterstutzte Verfahren GABEK®

keit sich zu informieren. Da es sich um neue Systeme handelt, können auch Lüftungsfirmen und Installateure nicht eingehend informieren. Detaillierte technische Fragen werden kaum beantwortet, auch nicht auf der Messe für Bauen und Wohnen. Jeder Pfeil und jede Linie mit Kreis in der Graphik wird durch wenigstens ein Originalzitat belegt. Dazu ein paar Originalzitate:

Bo4

Durch die Unwissenheit wird die Vermarktung schwierig. Das ist ja wirklich, man kann es ja niemandem vorwerfen, weil es ja unmöglich ist, sich da wirklich zu informieren.

Dd1

Was ich da mit den Handwerkern erlebt habe, war schrecklich. Ich habe mich nicht mehr getraut in den Dienst zu gehen. Die Handwerker waren unqualifiziert. Ich lass keinen Handwerker mehr ins Haus. Ich lass deshalb pfuschen, weil ich die Pfuscher kenne und die machen das so wie ich es will. Einen offiziellen Handwerker trau ich mich nicht nehmen, weil die Kerle soviel Blödsinn bauen. Ich würde gerne mehr zahlen wenn ich mich verlassen könnte. Das ist eine sehr kritische Sache, wenn ich da nicht ganz richtig beraten bin und wenn das nicht ganz gut gebaut ist, dann klappert das dauernd, da wär ich ja narrisch.

Ek6

Bei den Messeständen nein [Informationen zu Hygiene]. Ich bin Mediziner und wollte eben wissen, wie es mit Viren oder Bakterien, Pilzen, mit Schimmelpilzen ist, was kann darin wachsen. Wie ist es mit der Luftfeuchtigkeit, wo kondensiert sie, ist es eine Kältebrücke. Also ich stellte all diese Fragen und sie wollten primär ihr Gerät verkaufen. Aber meine Fragen haben sie nicht beantwortet.

Eb6

Es war nicht leicht die Informationen zu bekommen und ich glaub schon, dass es daran gescheitert ist.

Do1

Muss man schon mitplanen die Anlage? Gibt es eine Firma, die Heizung und Lüftung machen kann? Ach so, das hab ich noch nie gehört.

Fragen wir nun aber, wie HäuslbauerInnen besser über Lüftungsanlagen mit Wärmerückgewinnung informiert werden können. Welche Maßnahmen werden vorgeschlagen? Abbildung 4 zeigt Möglichkeiten zur Informationsbeschaffung: Da gibt es Baubroschüren, Baufachzeitschriften, Prospekte und Wohnzeitschriften. Werbung kann das Interesse wecken und für Interessierte gab es Seminare, bei denen Erstinformationen und Beratung angeboten wurden. Sehr wichtig wäre die Gelegenheit zur Besichtigung einer funktionierenden Anlage und vor allem Aufklärung oder Schulung von Baufirmen, ArchitektInnen und Bauträgern, die Vermittler für technische Lösungen sind. Interessant ist, dass neben FreundInnen und Herstellern auch Arbeitgeber oder eine Bank Anregungen gaben und Informationen vermittelten.

Josef Zelger

Abbildung 4: Maßnahmen zur Informationsbeschaffung

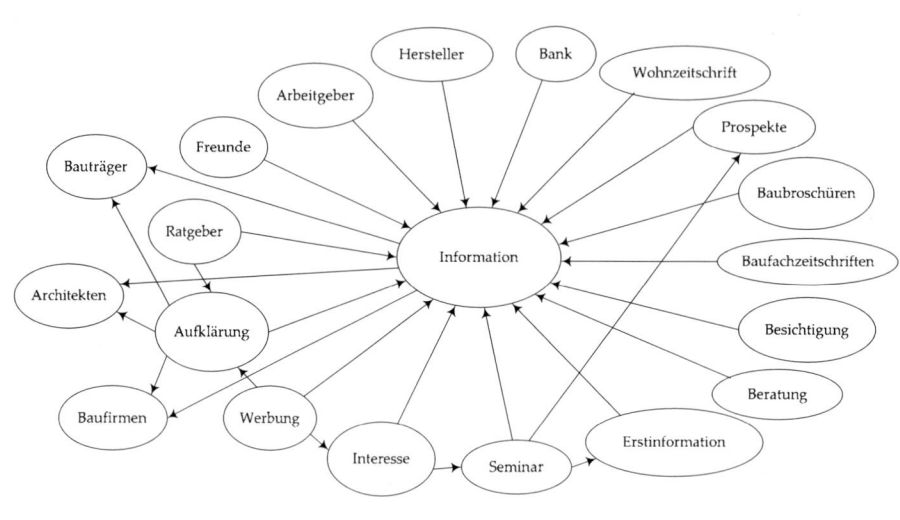

Dazu wieder die Originaltexte:

Av5

Auch bei Architekten sollte mehr Werbung gemacht werden. Wir haben zwar bei unserem Architekten davon erfahren, weil der fast nur Häuser mit Be- und Entlüftung baut. Das ist aber eher ein alternativer Architekt und wenn vielleicht auch die "normalen" Architekten davon wissen würden, wäre das sicher besser.

Dq6

Das Seminar „Erneuerbare Energie" war an und für sich schon gut gemacht. Von der Theorie her war es sehr interessant. Es gehen ja nur interessierte Leute hin. Über die praktischen Vorführungen, wo man die Bilder gesehen hat, das Haus, das Erdregister, die Lüftungsrohre im Spitzboden und das Lüftungsgerät an sich mit dem Wärmetauscher, das konnte man alles in natura anschauen. Das war eine gute Information auch von der Praxis her hat es gestimmt.

Dt4

Von diesem Bauseminar, da gibt es diesen Ratgeber von Herrn Ing. NN. Da ist alles drinnen gestanden, aber sonst?

Dt9

Es gibt herrliche Baubroschüren, die ich entweder von den Banken oder über andere Firmen zusammengesucht habe. Darin waren eigentlich sehr gute Beschreibungen. Eine davon, ich glaube, die war von der Bank, die Baufibel. Die war sehr informativ und sehr gut beschrieben.

Ec1

Ich habe durch einen Freund erfahren, dass es so etwas gibt, auf der anderen Seite habe ich einen einzigen Artikel in einer Wohnzeitschrift gelesen, dass eine Firma so eine Anlage anbietet. Das wars schon.

Eo4

Ja, in einem Musterhaus [habe ich eine Anlage gesehen]. Aber die Herren waren nicht sehr kompetent in diesem Bereich. Die haben uns das sehr unverständlich erklärt.

Eine Auswahl und Konkretisierung solcher Maßnahmen kann zusammen mit einem Konzept zur Vermeidung von Lärmbelästigung durch die Lüftungsanlage zu einer neuen Verkaufsstrategie führen. Dabei können Argumente Verwendung finden, die von den Häuslbauern selbst formuliert worden sind.

Ausgehend von einer offenen Befragung wurde anhand eines Beispiels gezeigt, wie über eine GABEK®-Auswertung (www.GABEK.com, Zelger 1999, 2000, 2004a, b; 2008) der Interviewantworten Bewertungen und Ziele der KundInnen übersichtlich dargestellt werden.

7 Ausblick

Wenn man Marktforschung als Erkundung der Interessen, Wünsche und Probleme möglicher KundInnen auffasst, um angemessene Lösungen anzubieten, so kann GABEK® als Forschungsverfahren eingesetzt werden.

Grundlage des Verfahrens waren philosophische Konzepte des Verstehens, Erklärens, Lernens und der Gestaltwahrnehmung. GABEK® ist angelegt auf eine ganzheitliche Darstellung komplexer Meinungsfelder, wobei die reichhaltige Erfahrung Betroffener als Wissensquelle Verwendung findet. Die persönlichen Ansichten der befragten Personen und die geäußerten sachlichen Einzelaspekte werden durch GABEK® vernetzt, sozusagen übereinander gelegt und geordnet. Notizen, Zitate, Texte oder ganze Wissensgebiete werden zu transparenten Meinungsnetzen verdichtet, die eine sinnvolle Orientierung über die gesamte Meinungslandschaft erlauben. Die Tiefenstruktur wird transparent, so dass Zusammenhänge verstanden, Optionen bewertet, Ziele bestimmt und trendhafte Entwicklungen frühzeitig erkannt werden können. Dabei ist jeder Schritt der Auswertung intersubjektiv rekonstruierbar und überprüfbar.

Weit über den Bereich der Markt- und Akzeptanzforschung hinausgehend gibt es Anwendungen von GABEK® in vielen weiteren Gebieten. So wurden z.B. durch Einbeziehung der Meinungen von Betroffenen Konflikte gelöst, es wurden Kooperationsmöglichkeiten zwischen Unternehmen erkundet, Produkte bewertet, Sicherheitsfaktoren untersucht. Organisations- und Personalentwicklung gehören ebenso zu den Standardanwendungen wie CRM- und Evaluationsprojekte. Leitbilder wurden entwickelt, Projekte zur Gemeinde-, Stadtteil- und Regionalentwicklung wurden durchgeführt. Innovationsforschung, Qualitätssicherung, Wissensmanagement und interkulturelles Management gehören ebenfalls zu bevorzugten Einsatzgebieten von GABEK®.

Da es bei GABEK®-Anwendungen sowohl um die Nutzung von Alltagswissen als auch von ExpertInnenerfahrungen geht, kann das Verfahren immer dann eingesetzt werden, wenn Entscheidungen vorbereitet werden sollen, bei denen viele Personen betroffen sind und komplexe Perspektiven berücksichtigt werden sollen. Im Bereich der Marktforschung können die Meinungen der KundInnen in ihrem logischen Zusammenhang nachvollzogen werden. Eine relevante Auswahl von KundInnenwünschen kann getroffen werden. Daraus ergeben sich sinnvolle Handlungsfelder für den Anbieter.

8 Literatur

Rohracher, Harald/Kukovetz, Brigitte/Ornetzeder, Michael/Zelger, Thomas/Enzensberger, Gerhard/Gadner, Johannes/Zelger, Josef/Buber, Renate (2001): Akzeptanzverbesserung von Niedrigenergiehaus-Komponenten als wechselseitiger Lernprozess von Herstellern und AnwenderInnen. Projekt im Rahmen des Programms Haus der Zukunft des Bundesministeriums für Verkehr, Innovation und Technologie. Mit Unterstützung des Österreichischen Bundesministeriums BMVIT.
www.GABEK.com (abgerufen am 1.9.2006)
Zelger, Josef (1999): Wissensorganisation durch sprachliche Gestaltbildung im qualitativen Verfahren GABEK. In: Zelger, Josef/Maier, Martin (Hrsg.): GABEK. Verarbeitung und Darstellung von Wissen. Innsbruck, Wien: Studienverlag, 41–87.
Zelger, Josef (2000): Parallele und serielle Wissensverarbeitung: Die Simulation von Gesprächen durch GABEK. In: Buber, Renate/Zelger, Josef (Hrsg.): GABEK II. Zur qualitativen Forschung. On Qualitative Research. Innsbruck-Wien: Studienverlag, 31–91.
Zelger, Josef (2004a): Theoriebildung auf der Basis verbaler Daten durch das Verfahren GABEK. In: Frank, Ulrich (Hrsg.): Wissenschaftstheorie in Ökonomie und Wirtschaftsinformatik. Wiesbaden: Deutscher Universitäts-Verlag, 57-84.
Zelger, Josef (2004b): Qualitative Research by the "GABEK®" Method. In Fikfak, Jurij/Adam, Frane/Garz, Detlef (Hrsg.): Qualitative Research. Different Perspectives, Emerging Trends. Ljubljana: ZALOZBA ZRC Publishing, 231-264.
Zelger, Josef (2008): Kooperation und Teambildung mithilfe von GABEK®. In: Zelger, Josef/Raich, Margit/Schober, Paul (Hrsg.): GABEK III. Organisationen und ihre Wissensnetze. Organisations and their Knowledge Nets. Innsbruck-Wien, Studienverlag, 225-258.

Udo Kuckartz

Computergestützte Analyse qualitativer Daten

1 Einleitung 715
2 Problemstellung und Zielsetzung 716
3 Analytische Möglichkeiten und Anwendungsfelder 717
4 Textmanagement, Textsuche und automatisches Codieren 719
5 Kategorienbasierte Auswertung 720
6 Mixed Methods: Kombination von qualitativer und quantitativer Analyse 723
7 Datendisplays und Visualisierungen 724
8 Ausblick 728
9 Literatur 730

1 Einleitung

Computerunterstützte Analyse qualitativer Daten ist ein Oberbegriff für verschiedene Methoden und Techniken zur Auswertung qualitativer Daten, die mit Hilfe von speziell dafür konzipierten Computerprogrammen (QDA-Software) umgesetzt werden. Dabei handelt es sich sowohl um informationswissenschaftliche Techniken („code-and-retrieve") als auch um sozialwissenschaftliche Methoden, die von der Grounded Theory über die qualitative Inhaltsanalyse und Diskursanalyse bis zur Typenbildung reichen (Kuckartz 2005). Die Tradition dieser vergleichsweise neuen Verfahren reicht in die späten 1980er Jahre zurück, als mit dem Aufkommen des Personal Computer die Idee entstand, auch qualitative Materialien wie offene Interviews, Gruppendiskussionen oder Beobachtungsprotokolle mit Hilfe von Computersoftware auszuwerten. Die durch den PC gegebenen neuen technischen Möglichkeiten setzten eine Entwicklung in Gang, die sich im Bereich der quantitativ-statistischen Methodik bereits 15 bis 20 Jahre vorher abgespielt hatte. Die große Schnelligkeit von Computern und die Fähigkeit, nahezu unbegrenzt viele Daten speichern und organisieren zu können, bedeutete einen immensen Zuwachs an analytischen Möglichkeiten. Weltweit wurde qualitative Software entwickelt, wie z.B. Aquad, Atlas.ti, Hyper Research, The Ethnograph, MAXQDA/winmax, NVivo/Nudist und andere Programme (Fielding/Lee 1998, Weitzman/Miles 1995), die nach und nach in die Praxis qualitativer Forschung Eingang fanden. Heute gehören diese analytischen Tools, für die sich zunehmend der Begriff „QDA-Software" eingebürgert hat, zum üblichen Rüstzeug empirischer Forschung. Mittlerweile sind die Verfahren und Techniken der computergestützten qualitativen Datenanalyse weit verbreitet: Sie werden nicht nur im Bereich der Soziologie, Psychologie und Erziehungswissenschaft eingesetzt, sondern ebenso in der Ethnologie, den Gesundheitswissenschaft, der Sozialarbeit und vielen anderen Disziplinen. Im Marketing und der Marktforschung ist die Zahl der NutzerInnen noch relativ klein, aber im Anstieg begriffen (Mariampolski 2001).

Die Leistungsfähigkeit heutiger QDA-Programme ist sehr unterschiedlich. Aufgrund des in diesem Bereich bestehenden hohen Innovationstempos erscheint es wenig sinnvoll, in diesem Beitrag Vergleiche vorzunehmen. Ein zum Zeitpunkt der Abfertigung dieses Beitrags aktueller Überblick findet sich bei Lewins und Silver (2006), ältere Vergleiche bei Cresswell und Maietta (2002), Weitzman (2000), Weitzman und Miles (1995) sowie Alexa und Züll (1999). Nicht alle Funktionen finden sich in allen Programmen und wer eine ganz bestimmte Funktionalität benötigt, der wird möglicherweise gar nicht viel Auswahl haben. Der folgende Beitrag fokussiert die Methoden und nicht eine bestimmte Software, die beiden abgebildeten Beispiele wurden mit MAXQDA erstellt.

Udo Kuckartz

2 Problemstellung und Zielsetzung

Für die Marktforschung sind die neuen computergestützten Verfahren von hohem Interesse, denn sie ermöglichen es, qualitative Methoden im Bereich der Marktforschung anzuwenden, ohne dass dies mit einem kaum vertretbaren Zeit- und Ressourcenaufwand verbunden wäre. Schneller, billiger und besser intersubjektiv überprüfbar, so lautet die kurze Beschreibung der drei Hauptvorzüge der computergestützten Vorgehensweise im Vergleich zur traditionellen Arbeitsweise qualitativer Sozialforschung.

Wenn es um die Gedanken, Emotionen, Einstellungen und Motive von Personen geht, die Produkte oder Dienstleistungen kaufen oder Kaufentscheidungen fällen, sind qualitative Methoden erste Wahl. Gleichgültig, ob es sich nun um Tiefeninterviews oder Focus Gruppen handelt, um traditionelle Face-to-face-Befragungen oder um Erhebungen, die mittels Telefon, Video oder Internet durchgeführt werden, immer werden Daten generiert, deren Auswertung viel Zeit und Geld kosten. Das fängt schon mit der Transkription, d.h. dem Verschriftlichen der meistens auf Video- oder Tonträgern aufgezeichneten Erhebungen an. Sorgfältigkeit und Präzision konfligieren hier mit dem in der Marktforschung vorrangigen Kriterium der Geschwindigkeit - im Fall der Transkription fragt sich etwa, ob man auch non-verbale Informationen, wie zum Beispiel Tonfall und Sprechlautstärke, verschriftlichen soll. Traditionelle Auswertungsverfahren der qualitativen Sozialforschung sind in der Marktforschung nur bedingt anwendbar, gefragt sind pragmatische Methoden und gerade hier hat QDA-Software eine Menge zu bieten. Mit ihr lassen sich nicht nur bereits vorhandene Methoden, die wie die Qualitative Inhaltsanalyse oder die Grounded Theory als handwerkliche Verfahren konzipiert wurden, in ein neues Medium übersetzen, sondern QDA-Software ermöglicht auch eine Vielzahl von neuen Auswertungstechniken und „Abkürzungsstrategien", die eine wesentlich schnellere und dennoch methodisch kontrollierte Arbeitsweise gestatten als sie mit der herkömmlichen sozialwissenschaftlichen Methodik erreichbar ist (Richards 2004). Vor allem kategorienbasierte Auswertungsverfahren mit ihrem zeitaufwändigen Codierprozess erweisen sich bei einem Zeithorizont von wenigen Monaten häufig als nicht praktikabel. Die Möglichkeiten zur automatisierten Suche und Vercodung, zum Verlinken von Textstellen und zum Verknüpfen von Ideen mit Daten, wie sie QDA-Software zu eigen sind, stellen dann eine interessante Alternative dar.

Ziel dieses Beitrags ist es zunächst, einen Überblick über die Analysemöglichkeiten von QDA-Software zu geben. Dabei geht es darum, die Benefits der computergestützten Techniken darzustellen, die vor allem in der im Vergleich zur handwerklichen Vorgehensweise größeren Geschwindigkeit, in der besseren Zugänglichkeit der Daten und im besseren Datenmanagement gesehen werden. Im Weiteren fokussiert der Beitrag insbesondere die in jüngster Zeit entwickelten innovativen Techniken zur Visualisierung von Zusammenhängen.

3 Analytische Möglichkeiten und Anwendungsfelder

Ähnlich wie ein Werkzeugkasten enthält eine moderne QDA-Software eine Vielzahl von Tools, mit denen sich folgende Auswertungsschritte durchführen lassen:

- Datenmanagement, d.h. Verwaltung einer (nahezu) unbegrenzten Anzahl von Texten und schneller Zugriff auf einzelne Texte bzw. Textstellen,

- Datenexploration, beispielsweise die lexikalische Suche nach Zeichenketten, Worten oder Wortkombinationen in den Texten oder Teilgruppen der Texte,

- gestufte Suchprozesse im Sinne von Text Mining, d.h. die sukzessive Suche in den Texten und in den Resultaten vorangehender Textsuche,

- automatische Codierung von Fundstellen in den Texten, d.h. Zuweisung eines konzeptuellen Codes bzw. Kategorien[1],

- Erstellen von Hyperlinks zwischen Textstellen, und zwar sowohl innerhalb des gleichen Textes als auch zwischen Textstellen verschiedener Texte sowie Hyperlinks auf externe Ressourcen,

- kategorienbasierte Erschließung des Textmaterials nach dem Muster sozialwissenschaftlicher Analysestile wie etwa der Grounded Theory oder der Qualitativen Inhaltsanalyse,

- Themenanalyse als Zusammenstellung von Textstellen, die unter die gleiche/n Kategorie/n codiert worden sind,

- Erstellen von analytischen Memos und Memo-Management aller zu einem Projekt gehörenden Memos,

- Verwaltung eines mit den Texten assoziierten Datensatzes von standardisierten Daten, z.B. soziodemographische Daten, Merkmalsdimensionen des Textes bzw. von Aussagen im Text,

---

[1] Die Begriffe Kategorie und Code werden in diesem Beitrag synonym verwendet. Dies entspricht der Praxis in der qualitativen Sozialforschung und der Sprache der QDA-Software. Dabei ist der vor allem durch die Autoren der Grounded Theory, Glaser und Strauss, eingeführte Begriffe „Code" keineswegs glücklich gewählt, denn er erzeugt Irritationen. Einerseits assoziiert man den Begriff in der Alltagssprache mit einer Übertragungsvorschrift (z.B. beim Morsecode), andererseits ist er aus der quantitativen Datenanalyse mit dem Vorgang des Transformierens von Daten in Zahlen verbunden. Dort spricht man vom Codieren der Daten, wenn man die Antworten eines Fragebogens in eine statistisch auswertbare Datenmatrix transferiert. Dies ist beim Codieren in der qualitativen Datenanalyse ganz und gar nicht der Fall.

- selektive Text-Retrievals, z.B. zum Zwecke des systematischen Vergleichs von Subgruppen,

- komplexe Text-Retrievals zur Evaluierung der Beziehung zwischen Codes, z.B. des gleichzeitigen Vorkommens von Codes, der Nähe und Entfernung von Codes.

Die keineswegs vollständige Liste zeigt, wie mannigfaltig die angebotenen Techniken und Verfahren sind. Sie lassen sich je nach Bedarf für unterschiedliche sozialwissenschaftliche Methoden und Analysestile zusammenbinden, so dass eine an der Grounded Theory mit ihrer theoretischen Codierung orientierte Auswertung ebenso möglich ist wie eine auf thematische Codierung aufbauende Inhaltsanalyse nach dem Muster Mayrings (1997). Darüber hinaus – und für die Marktforschung nicht unwichtig – sind informationswissenschaftliche Techniken verfügbar, etwa solche, die mit dem Begriff „Serendipity" (Assoziative Informationsbeschaffung)[2] charakterisiert werden können, d.h. man macht Entdeckungen durch Zufälle und Scharfsichtigkeit und findet Zusammenhänge, nach denen man vielleicht gar nicht gesucht hat.

Ebenso vielfältig wie die praktizierbaren Methoden und Analysestile, sind die Datenarten, die analysiert werden können. Zu ihnen gehören nahezu alle in Teil 5 dieses Buches dargestellten Formen der Datenerhebung, also die verschiedenen Varianten von qualitativen Interviews, Focus Gruppen, Verhaltensbeobachtungen, Online-Befragungen sowie Dokumente und Materialien, die online oder auf CD-ROM vorliegen. Der Einsatz der computerunterstützten Analyseverfahren ist überall dort besonders sinnvoll, wo das Datenmaterial ohnehin in digitalisierter Form vorliegt oder wo es leicht in diese überführt werden kann und wo dieses Material mit der Intention von Systematisierung und Zusammenfassung ausgewertet werden soll. Die computerunterstützte Analyse qualitativer Daten ist allerdings keine standardisierte Methode, die in immer gleicher Form an das Datenmaterial herangetragen wird. Ihre konkrete Ausgestaltung hängt sowohl von der Art und dem Umfang des Materials als auch vom gewählten methodischen und theoretischen Ansatz ab. Im Folgenden werden grundsätzliche Elemente des Verfahrens dargestellt, zunächst die Basistools zum Text-Management und zur Textsuche, sodann die kategorienbasierte Arbeitsweise und Mixed-Methods Modelle sowie als vierter Punkt die Möglichkeiten zur Visualisierung und zum Datendis-

---

[2] Auf einer einschlägigen Webseite (www.polarluft.de) findet sich folgende Begriffserläuterung: „Serendipity (englisch). Die Erfahrung, durch Zufall bei einer Tätigkeit überraschend etwas Schönes zu finden, z.B. beim Suchen im Lexikon (oder im Web) woanders hängen zu bleiben. Die Bezeichnung geht auf das persische Märchen ‚The Three Princes of Serendip' zurück, auf das sich der englische Schriftsteller Horace Walpole (1717-1797) in einem Brief bezieht. Das Märchen erzählt vom König von Serendip (…), der seine drei Söhne ausschickt, um das Kostbarste, was es auf der Welt gibt, zu finden. Auf seinen Reisen gerät jeder der drei mehr oder weniger zufällig in Situationen, die ihn dazu bringen, seine Meinung, was das Wertvollste sei, zu ändern. Endlich kommen die Prinzen zu ihrem Vater zurück und erfahren, dass dieser das kostbarste auf der Welt schon gefunden hat - gleich vor den Mauern seines Palastes. Auf eine Kurzformel gebracht, steht Serendipity für die Entdeckerfreude, wenn man - vielleicht durch eine Fügung des Schicksals - auf etwas Unerwartetes stößt."

play. Ausführlichere und breitere Darstellungen der Methodik finden sich in Fielding und Lee (1998, 2002), Kuckartz (2005), Kuckartz, Grunenberg und Lauterbach (2004) sowie Richards (2005).

4 Textmanagement, Textsuche und automatisches Codieren

Qualitative Marktforschung unterscheidet sich von sozialwissenschaftlicher Grundlagenforschung durch ihren starken Anwendungsbezug und den Zwang, innerhalb von kurzen Zeiträumen präsentierbare Ergebnisse zu erzielen, die entscheidungsrelevant sind. Methodische Exaktheit ist nicht vorrangig, während Schnelligkeit und Kreativität eine große Rolle spielen. Computergestützte Verfahren können hier viel zur Verbesserung der Schnelligkeit und Validität der Auswertung beitragen. Dabei spielen die Features zum Textmanagement und damit zum schnellen Zugriff auf Texte und Textbestandteile eine wichtige Rolle.

Viele Programme (z.B. MAXQDA und NVivo) arbeiten mit „Projekten", die quasi die Einheit einer Analyse darstellen. Unter einem Projekt werden in der computerunterstützten Analyse alle Bestandteile einer empirischen Studie verstanden, also bspw. alle Interviewtexte, alle während der Auswertung erzeugten Kategorien, die Zuordnungen von Kategorien zu Textstellen, alle von den ForscherInnen erstellten Memos, Visualisierungen und dergleichen mehr. MAXQDA und NVivo folgen dabei der Logik „ein Projekt = eine Datei", d.h. alle zu einer empirischen Studie gehörenden Informationen werden in einer einzigen datenbankmäßig organisierten Datei verwaltet, die sich leicht zwischen verschiedenen PCs oder via Internet transferieren lässt.

Alle zu einer Studie gehörenden Texte (bspw. Interviewtranskripte) und Materialien werden in das Projekt importiert, so dass ein schneller Zugriff auf jeden einzelnen Text erfolgen kann, ohne dass hierzu weitere Vorarbeiten zu leisten sind. Mit dem Hilfsmittel der lexikalischen Suche können alle Texte (oder aufgrund bestimmter Kriterien ausgewählte Texte) auf das Vorkommen bestimmter Worte hin untersucht werden. Zusammenstellungen in Form von Keyword-in-Context-Listen, bei denen die Fundstellen in einem sie umgebenden Kontext dargestellt werden, erleichtern es, das semantische Feld von Begriffen zu explorieren. Auch diese Techniken benötigen keine Vorarbeiten seitens der ForscherInnen, d.h in kürzester Zeit lässt sich für die Marktforschung ein maximaler Gewinn erzielen.

Mit der automatischen Codierung von Fundstellen offeriert die computergestützte Analyse eine höchst effiziente Möglichkeit zum schnellen und methodisch kontrollierten Arbeiten. Alle Stellen, die bestimmte Suchwörter oder Zeichenketten enthalten, werden codiert, d.h. ihnen wird eine Kategorie zugewiesen, wobei der Umfang des Textes, der um die Fundstelle herum codiert wird, frei bestimmt werden kann. Je nach Funktionsumfang ermöglicht QDA-Software auch die Suche nach dem gleichzeitigen Vorkommen von Wörtern und Wortkombinationen. Die Fundstellen lassen sich dann ebenfalls automatisch codieren. Als äußerst praktisch erweist es sich zudem, wenn man beim Suchen und automatischen Codieren in mehreren Schritten vorgehen kann, wobei jeweils auf die Resultate des vorangehenden Schrittes aufgebaut wird. Es wird also nach bestimmten Begriffen gesucht, die Fundstelle (z.B. der gesamte Absatz) wird codiert und im nächsten Schritt wird die Suche auf diese zuvor codierten Textsegmente beschränkt. Man codiert etwa zunächst alle Fundstellen, die das Wort „Luxus" oder Derivate wie „luxuriös" o.ä. enthalten. Im nächsten Schritt sucht man nur in diesen codierten Segmenten nach bestimmten Adjektiven, von denen man vermutet, dass sie in diesem Kontext eine Rolle spielen.

Quantitative Funktionen, wie sie im Inhaltsanalysemodul MAXdictio von MAXQDA zur Verfügung stehen, erlauben darüber hinaus ein Arbeiten mit Diktionären, die von der ForscherIn erstellt werden können und immer wieder verwendet können – etwa ein Wörterbuch „Emotionalität" oder „Aggressivität", dem entsprechende Begriffe zugeordnet werden können.

Bereits mit diesen Basistools lässt sich die Auswertung von Materialien, die innerhalb qualitativer Marktforschung erhoben wurde, erheblich verbessern und beschleunigen. Zudem lässt sich die Möglichkeit zum schnellen Zugriff auf Textstellen bzw. codierte Textstellen auch für Präsentationen bei Auftraggebern hervorragend nutzen. Die zu leistenden Vorarbeiten – etwa hinsichtlich der Präparierung der Texte für den Import in QDA-Software – sind minimal und der Lernaufwand für die Software hält sich in vertretbaren Grenzen (Kuckartz 2005, Richards 2005). Sofern Texte zunächst transkribiert werden müssen, entsteht natürlich erheblicher Zusatzaufwand, der allerdings mittlerweile auch durch entsprechende Techniken reduziert werden kann[3].

5 Kategorienbasierte Auswertung

Sofern qualitative Marktforschung mehr in die Tiefe gehen will, grundsätzlicher auswerten will und beispielsweise komplexe Prozesse des Konsumverhaltens und des beteiligten psychischen Geschehens erfassen will, bedarf es aufwändigerer Analysetechniken. Solche Techniken sind stärker interpretativ orientiert und erfordern dadurch einen beträchtlichen Zeitaufwand. Eine entscheidende Rolle spielen hierbei Kategorien.

---

[3] Vgl. die zahlreichen Hinweise unter: www.audiotranskription.de.

Computergestützte Analyse qualitativer Daten

Meist werden die entsprechenden Techniken mit den englischen Begriffen „cut-and-paste" (ausschneiden und aufkleben) und „code-and-retrieve" (codieren und wiederfinden) bezeichnet. Unter „cut-and-paste" wird die Segmentierung und Kategorisierung von Texten verstanden, d.h. inhaltlich bedeutsame Textpassagen werden identifiziert und ihnen wird eine analytische Kategorie zugeordnet. Der Ausdruck „cut-and-paste" nimmt Bezug auf die im Vor-Computer-Zeitalter betriebene handwerkliche Auswertung von Texten: Mit den Hilfsmitteln Schere, Klebstoff und Karteikarten werteten die Forschenden ihre Texte aus: Sie kopierten das Material und schnitten jene Stellen aus, die zu einem bestimmten Thema relevant erschienen, klebten sie auf eine Karteikarte und vermerkten Stichworte bzw. ihre analytischen Kategorien. Genau dies geschieht nun in elektronischer Form: Textstellen werden mit der Maus markiert und ein Code wird eingegeben bzw. aus einem bereits gebildeten Kategoriensystem ausgewählt und zugeordnet. Moderne QDA-Software macht diesen Prozess leicht: Textstellen werden einfach mittels „drag-and-drop" einer oder mehreren Kategorien zugeordnet, auch können Worte des Textes als Kategorie eingefügt werden (sog. In-vivo-Codes). Durch die Segmentierung und Codierung wird ein konzeptuelles Raster über die Texte gelegt. Dabei entsteht eine Art elektronischer Karteikasten mit einer Sammlung inhaltlich bedeutsamer Textpassagen (Kelle et al. 1995).

Nach dem Segmentieren und Codieren steht das Wiederfinden („retrieve") im Mittelpunkt. Im einfachsten Fall geht es um die Zusammenstellung aller Textpassagen, die mit der gleichen Kategorie oder Subkategorie codiert wurden. Basierend auf diesem Grundprinzip haben sich im letzten Jahrzehnt sehr vielfältige Methoden und Verfahren entwickelt. So kann etwa gezielt nach Überschneidungen von Codes gesucht werden. Auch kann die Suche auf besonders relevante Textsegmente oder ProbandInnen mit bestimmten sozio-demographischen oder sozio-kulturellen Merkmalen beschränkt werden.

Die Codes werden in Form eines Kategoriensystems verwaltet, z.B. als lineare Liste von Codes, als hierarchisch organisierter Codebaum oder als Code-Netzwerk. Im Verlauf des Auswertungsprozesses kann das Kategoriensystem dynamisch strukturiert und organisiert werden, d.h. Codes können ausdifferenziert oder fusioniert werden, Subcodes können gebildet und Beziehungen zwischen Codes verändert werden.

Was unter einem Code verstanden wird, wie das Kategoriensystem gestaltet wird und wie der Codierungsprozess im Projektverlauf organisiert wird, bestimmt der/die ForscherIn. Es bleibt in ihrem Entscheidungsspielraum, die Eigenschaften des Kategoriensystems zu definieren. Was die Bildung von Codes bzw. die Konstruktion von Kategoriensystemen betrifft, lässt sich in der Praxis eine Dualität von Verfahrensweisen ausmachen. Auf der einen Seite findet man gänzlich induktiv orientierte Verfahren, bei denen die Codes aus der sorgfältigen Analyse der Texte – dem Anspruch nach möglichst ohne theoretisches Vorwissen – entwickelt werden. Diametral entgegengesetzt hierzu sind deduktiv orientierte Verfahren, bei denen ein vorgegebenes Kategoriensystem auf die Daten angewendet wird. Zwischen diesen beiden Extremen – vollständig induktive bzw. vollständig deduktive Kategorienbildung – existieren vielfältige Mischformen, bspw. Analyseformen, die mit einem Raster vorgegebener formaler Kategorien beginnen, welche dann im zweiten Schritt auf der Basis des empirischen Materials dimensionalisiert und ausdifferenziert werden (Kuckartz 2005), oder etwa die Konzeption der Grounded Theory, wie sie durch Strauss und Corbin (1996) ausgearbeitet wurde, in der deduktive Elemente durch die zugrunde liegenden Theorien, Forschungsfragestellungen und Vorerfahrungen der ForscherInnen bei der Konstruktion des Codesystems eine wichtige Rolle spielen.

Abbildung 1 zeigt bsph., wie bei einer thematisch orientierten kategorienbasierten Analyse der Ablauf der Auswertung gestaltet werden kann. In sieben Auswertungsschritten wird das Material codiert und feinanalysiert. Dazu ist natürlich das sorgfältige Lesen der Texte – möglichst durch alle Mitglieder des Forschungsteams – erforderlich. Der Auswertungsprozess lässt sich arbeitsteilig organisieren und die Schnelligkeit des Computers erleichtert das dynamische Arbeiten mit den Kategorien und das Retrieval von thematisch interessanten und relevanten Textstellen. Die Schlüsseltechnik „code-and-retrieve" erschöpft sich längst nicht mehr im Wiederfinden von mit dem gleichen Code codierten Textpassagen, sondern kann sehr komplexe Suchvorgänge umfassen. Die Nähe verschiedener Codes zueinander innerhalb eines Textes und auch ihre Abfolge können auch zum Suchkriterium werden wie das gleichzeitige Vorkommen oder Nicht-Vorkommen von Codes. Solche Suchanfragen nach der Beziehung von

Abbildung 1: Phasen des Auswertungsprozesses: Vom Markieren wichtiger Textstellen zur vergleichenden Themenanalyse

1	**Segmentierung** Texte markieren und segmentieren **Textstelle markieren**
2	**Code oder Subcode zuordnen**
3	**Textstellen zu einem Code zusammenstellen**
4	**Themenanalyse -** Interpretation aller Textsegmente, die dem gleichen Code zugeordnet sind
5	**Dimensionsanalyse -** **Analyse des Antwortspektrums** **und der vorhandenen Dimensionen**
6	**Ausdifferenzierung und Überarbeitung des Codesystems,** **Feincodierung**
7	**Vergleichende Themenanalyse** Analyse der Zusammenhänge zwischen Codes

Codes zueinander werden meist mit Hilfe der Logikregeln der Booleschen Algebra oder mit Entfernungsoperatoren formuliert. Es kann gefragt werden nach

- der Nähe von Codes mit Angabe des maximalen Abstands gemessen in Absätzen,
- der Sequenz von Codes, im Sinne von Code A folgt auf Code B, ebenfalls mit Festlegung eines maximal erlaubten Abstandes,
- Überschneidungen von Codes oder von Teilmengen eines Code-Sets, wobei die Anzahl von sich überschneidenden Codes festgelegt werden kann,
- Codierungen, die in andere Codierungen mit bestimmten interessierenden Codes eingebettet sind,
- Codierungen, die sich außerhalb von bestimmten interessierenden Codes befinden.

Berücksichtigt man, dass diese komplexen Suchstrategien nicht nur auf einzelne, sondern auch auf eine Struktur von Codes, d.h. bspw. eine Baumstruktur, angewendet werden kann, wird deutlich, dass das analytische Potential hier weit höher ist als beim einfachen Wiederfinden von mit dem gleichen Code codierten Textpassagen.

Ein wichtiges Hilfsmittel der computerunterstützten Auswertung stellen sog. Memos dar, die wie Post-it-Zettel an verschiedene Stellen des Auswertungsmaterials (z.B Textstellen und Codes) angeheftet werden können und dazu dienen, Ideen und Hypothesen (an Ort und Stelle) festzuhalten. Vor allem die Grounded Theory hat Memos große Aufmerksamkeit gewidmet (Strauss/Corbin 1996) und unterscheidet verschiedene Typen von Memos, z.B. Code-Memos, theoretische Memos, integrative Memos etc. QDA-Software setzt diese Ideen um und ermöglicht es, Memos nicht nur für beliebige Textstellen und für jede Kategorie oder Subkategorie zu erstellen, sondern auch für Texte, Projekte, Textgruppen, gewissermaßen für fast alle „Einheiten", die Teil eines qualitativen Datenkorpus sind. Elaborierte Programme enthalten ein spezielles Memosystem, in dem die Memos ähnlich wie in einem Karteikasten ein von den Texten und Codierungen unabhängiges Arbeitsmaterial darstellen, in welchem gesucht werden kann, das aggregiert und zusammengefasst und selbst wiederum codiert werden kann.

6 Mixed Methods: Kombination von qualitativer und quantitativer Analyse

Die computerunterstützte Analyse qualitativer Daten erleichtert die Kombination von qualitativen und quantitativen Auswertungsprozeduren, und zwar auf verschiedenen Ebenen (Kuckartz 2005, Mayring 2001): *Erstens* können die vorgenommenen Codierungen als Datenmatrix (Texte mal Codierungen) exportiert und mit Hilfe eines Statistikprogramm statistisch analysiert werden. Die Matrix enthält für jeden Text die Information, welche Kategorie bzw. Subkategorie wie häufig zugeordnet wurde. *Zweitens* steht in einigen QDA-Programmen mit den Fallvariablen bzw. Attributen (The Ethnograph, MAXQDA, NVivo) ein Tool für die Nutzung von quantitativen Information in Verbindung mit den Texten zur Verfügung. In Form von Variablen können zum einen a priori vorhandene Informationen über den Text festgehalten werden, z.B. sozio-demographische oder sozio-kulturelle Daten, Informationen über den/die InterviewerIn und den Interviewverlauf. Zum anderen kann dieses Werkzeug auch dazu benutzt werden, um Klassifizierungen und Bewertungen, die auf der Grundlage der Textinterpretation vorgenommen werden, in Form von Variablenwerten festzuhalten. Die Fallvariablen/Attribute können als Selektionskriterien für das Wiederfinden codierter Textpassagen herangezogen werden. Wenn man beispielsweise die Variablen „Alter", „Anzahl der Kinder" und „Einkommenshöhe" als Attribute erfasst hat, lässt sich die Frage „Wie sehen die sozialen Wünsche von Befragten mit Kindern und einem Monatseinkommen über 3.000 € aus?" leicht beantworten. Auch lassen sich mit den Fallvariablen/Attributen, ähnlich wie mit den Codehäufigkeiten, statistische Berechnungen durchführen. *Drittens* besteht bei manchen QDA-Programmen die Möglichkeit, eine komplette SPSS-Datenmatrix zu importieren und mit den Textdaten zu verknüpfen. Bedingung ist natürlich, dass für jede Person beide Datentypen – sowohl Text als auch standardisierte Daten – vorliegen. Dies ist bspw. bei teilstandardisierten Befragungen der Fall, wo neben Fragen mit Antwortvorgaben auch eine gewisse Anzahl von offenen Fragen gestellt wird. Das gleiche gilt für das problemzentrierte Interview, wo neben dem transkribierten Interviewtext üblicherweise solche Fragen, die als Frage-Antwort-Schema aufgebaut sind, in Form eines Kurzfragebogens erhoben werden.

Durch die Möglichkeit zum Methodenmix werden auch Ansätze zur methodisch kontrollierten Typenbildung gefördert. Solche Verfahren, wie sie in detaillierter Form von Kelle und Kluge (1999), Kluge (1999) und Kuckartz (2005) dargestellt werden, nutzen teilweise auch die formalisierte Methode der Clusteranalyse im Kontext der computerunterstützten Auswertung qualitativer Daten.

7 Datendisplays und Visualisierungen

Visualisierungen und Datendisplays zählen zu den besonderen Stärken der computerunterstützten qualitativen Datenanalyse. In der traditionellen Methodenliteratur finden sich nur relativ wenige Texte, die sich ausführlich mit diesem gerade für die Marktforschung interessanten Thema befassen. In umfassender Weise haben sich Miles und Huberman (1994) dieses Themas angenommen und argumentiert, dass sich mit einem verbesserten Data Display, mit Diagrammen und Modellen große analytische Gewinne erzielen lassen. Die Autoren stellen ein ganzes Arsenal von diesbezüglichen Möglichkeiten vor, die sich mittlerweile sehr gut computergestützt realisieren lassen.

Abbildung 2: Cross-Case Display: Teilnahmeverhalten und erwartete Klausurnote von befragten Studierenden

Person	Teilnahme-Vorlesung	Teilnahme Tutorium	Lerngruppe	Erwartete Klausurnote	Grundhaltungen	Mathe-Note
B1	regelmäßig	seit Mitte des Semesters regelmäßig	nein, nur Nachfrage bei Freundin zur Klausurvorbereitung	Hauptsache bestehen	Interesse, Hauptsache durch	4+
B2	am Anfang sehr oft, dann weniger, am Ende gar nicht; guckt sich Unterlagen zu Hause an	regelmäßig	wenig: nur einmal so, einmal zur Klausurvorbereitung	keine 1, eher 3	Interesse, Ambitionen	3+
B3	regelmäßig, kurzer Einbruch zu Weihnachten	zum Ende hin regelmäßig	ja, zur Klausurvorbereitung	Hauptsache bestehen, alles Bessere ist gut	Angst, Hauptsache durch	2
Bnn	...	...	...	...	...	...
B10	am Anfang regelmäßig, dann nur gelegentlich, lieber zu Hause gelesen	seit Mitte des Semesters ab und zu mal	ja, zur Klausurvorbereitung	2-3	Desinteresse, Hauptsache durch	2

Allgemein lassen sich tabellarische und graphische Darstellungen (Visuals) des Datendisplays unterscheiden. *Tabellarische Darstellungen* bringen relevante, fallbezogene Informationen in eine übersichtliche und dadurch analytisch fruchtbare Form. Die systematische Auswertung, etwa in Form der kategorienbasierten Auswertung mittels Text-Retrieval erleichtert es, die Zellen solcher Tabellen mit den entsprechenden Informationen zu füllen. Die Abbildung 2 zeigt eine tabellarische Darstellung aus einem Projekt zur Evaluation universitärer Lehre. Dargestellt sind insgesamt sechs Merkmale der Personen B1, B2, B3 und B10, und zwar ihr Teilnahmeverhalten bzgl. der Vorlesung, des Tutoriums und einer Lerngruppe sowie die erwartete Klausurnote, die persönliche Grundhaltung und die Mathematiknote im Abitur.

Tabellarische Darstellungen können komplexe Phänomene begreifbar machen und dienen vor allem der analytischen Arbeit der ForscherInnen, die auf diese Weise leichter Gleichförmigkeiten und Unterschiede erkennen und Muster identifizieren können. Solche Überblicksdarstellungen lassen sich auch für Präsentationen einsetzen, sind allerdings nicht so wirkungsvoll wie Visual Displays.

Visual Displays sind Formen der Darstellung, die sich nicht nur textlicher Mittel bedienen, sondern aus bildlichen Symbolen, Grafiken, Photos und Ähnlichem bestehen können. Hier lassen sich zwei Hauptgruppen unterscheiden:

a) Maps, Modelle und Netzwerkdarstellungen, die den Forschenden dazu dienen, ihre Ideen, Konzepte und Hypothesen graphisch darzustellen

b) Visualisierungen, welche die in den Daten vorhandenen Zusammenhänge automatisch in eine visuelle Darstellung bringen.

Die erste Variante, die man als „Qualitative Modeling" bezeichnen könnte, produziert im Prinzip Grafiken, die auch mit herkömmlicher Grafiksoftware oder Mind-Map-Programmen erstellt werden könnten. Der Forscher bzw. die ForscherIn bringt Konzepte, Kategorien, Hypothesen in einen Zusammenhang, zeichnet Verbindungen, identifiziert Ursachen und Wirkungen, gruppiert Faktoren und Bestandteile der Daten. Atlas.ti war das erste Programm, das die Möglichkeit eröffnete, in sogenannten Network Views Zusammenhänge zwischen den verschiedenen „Objekten" eines Projektes herzustellen. Heute bieten auch andere Programmme (z.B. NVivo7 und MAXQDA) Features zum „Qualitative Modeling" in einer mittlerweile auch graphisch besseren Qualität. Was die Tools zum „Qualitative Modeling" im Rahmen von QDA-Software von herkömmlicher Grafiksoftware unterscheidet, ist die direkte Verbindung zu den Daten, d.h. hier werden nicht nur Zeichnungen und Diagramme erstellt, sondern jedes Objekt der Zeichnung ist mit den gewissermaßen dahinter liegenden Daten verknüpft, so dass diese auf einen Klick oder Doppelklick hin zur Verfügung stehen.

Diese Maps und Modelle eignen sich besonders gut für die Präsentation und bieten einen visuellen Zugang zu den Resultaten der Forschung. Spezielle Gestaltungsmöglichkeiten, wie etwa die Option, die Elemente einer Map verschiedenen Ebenen zuzuweisen, erlauben hier eine schrittweise Präsentation.

Die zweite Form von Visual Displays offeriert graphische Darstellungen des codierten Datenmaterials. Ein Beispiel hierfür ist der Code-Matrix-Browser von MAXQDA, der dazu dient, Besonderheiten von Fällen zu identifizieren und Zusammenhänge zwischen Kategorien zu entdecken. Erstellt wird ein Art Themenmatrix, die in differenzierter Form die Codierungen nach Befragten aufschlüsselt. In der Abbildung 3 werden acht Experten (Ubild1 bis USoc2) aus verschiedenen Disziplinen, die im Themenfeld „Umweltinformation" arbeiten, hinsichtlich der bei ihnen identifizierten Denkfiguren verglichen.

Die Spalten dieser Matrix werden durch die Texte gebildet, deren Kürzel in der obersten Zeile stehen (Ubild1 ist ein Experte der Umweltbildung, USoc1 und USoc2 sind Umweltsoziologen, Film1 ist ein Filmemacher). Die Zeilen der Matrix werden durch die Themen gebildet, hier durch die verschiedenen, in der Auswertung herausgearbeiteten und codierten Denkfiguren. Die Knoten der Matrix repräsentieren die jeweils beim betreffenden Text codierten Segmente, wobei die Größe der Knoten in Relation zur Zahl der vorhandenen codierten Segmente steht: Je mehr Segmente vorhanden sind, desto größer ist der Knoten. Ein Anklicken des Knotens bewirkt, dass die entsprechenden Segmente zusammengestellt und im Ergebnisfenster angezeigt werden. So lässt sich dann das gesamte Spektrum der Redeweisen der interviewten ExpertInnen, in denen z.B. die Denkfigur „Manipulation" identifiziert wurde, leicht überschauen. Eigene Ideen des Forschers bzw. der Forscherin lassen sich gleich formulieren und an die Textstellen anheften. Prinzipiell lassen sich solche Matrizen nicht nur interpretativ, sondern auch im Hinblick auf Koinzidenzen und Korrelationen statistisch analysieren. Man fragt etwa, welche Denkfiguren miteinander assoziiert sind, d.h. gemeinsam auftreten bzw. sich ausschließen, oder welche Denkfiguren man in welchen Disziplinen häufiger findet, z.B. stärker bei PsychologInnen und weniger bei MedienpraktikerInnen.

Abbildung 3: Eine Themenmatrix für den Code „Denkfiguren"

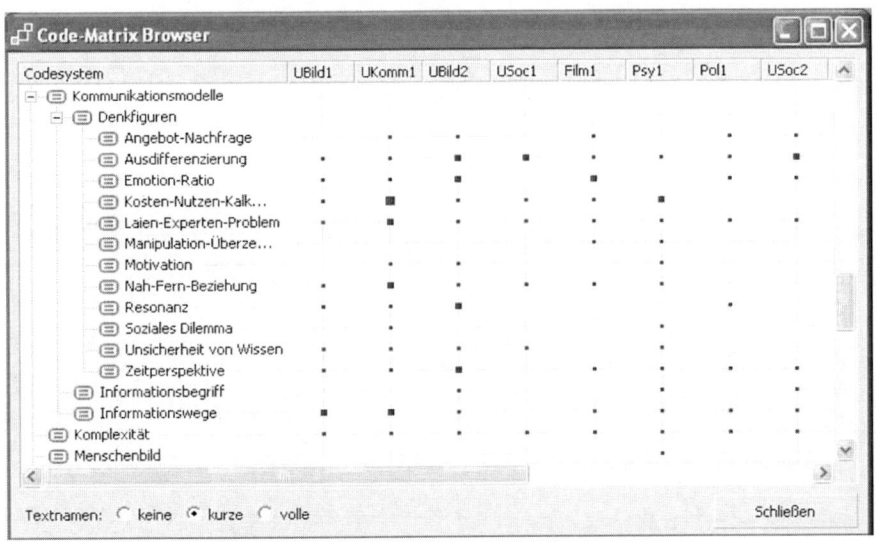

Gerade in punkto *Visual Displays* kann QDA-Software qualitative Marktforschung wirkungsvoll unterstützen. Besonders nützlich erweisen sich visuelle Darstellungen bei der Auswertung von Focus Gruppen. Werden die SprecherInnen und die Themen im Text codiert, so lassen sich visuelle Darstellungen (Abbildung 4) erstellen, bei denen die Abfolge der SprecherInnen und das jeweilige Thema auf einen Blick ersichtlich werden. Die X-Achse folgt dem Verlauf der Focus Gruppe, die Nummerierung der Achse entspricht den Abschnitten im Text, links beginnend mit dem ersten Abschnitt des Interviews. Die Y-Achse wird durch ausgewählte Codes gebildet. Man erkennt in der Grafik in Abbildung 4, dass nach der Einleitung der Moderation zunächst die Teilnehmerin Isabel redet (§ 2 bis 5), Themen sind vor allem „Wellness" und „Produkte". Bevor die Moderation in Abschnitt 8 kurz eingreift, sprechen noch Jan, Sabine und

Caro. Themenabfolge und Reihenfolge der SprecherInnen sind leicht nachzuvollziehen, unschwer erkennt man, dass das Thema „Wellness" dominiert und das Thema „Technik", jedenfalls in dem hier visualisierten Ausschnitt der Focus Gruppe nicht vorkommt. Visual Displays dieser Art verdeutlichen die Benefits von QDA-Software im Vergleich zu traditionellen Auswertungsmethoden. Man erhält nicht nur einen anderen Blickwinkel auf die Focus Gruppe und den thematischen Ablauf, sondern ist auch in der Lage, sofort stärker ins Detail zu gehen, denn ein Klick auf ein Symbol bewirkt, dass sofort die entsprechende Textstelle auf dem Bildschirm erscheint.

Abbildung 4: Visualisierung des Ablaufs einer Focus Gruppe

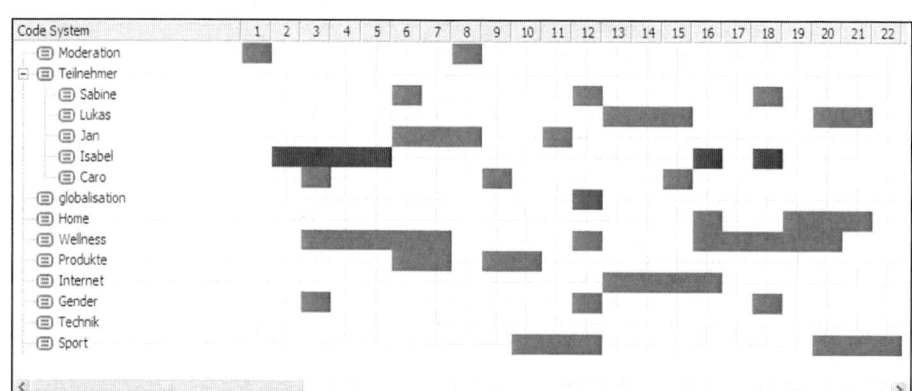

8 Ausblick

Für die computerunterstützte Analyse qualitativer Daten gilt, wie im übrigen für viele andere sozialwissenschaftlichen Methoden auch, dass sie kein streng fixiertes Verfahren darstellt, dessen einzelne Schritte minutiös vorgeschrieben sind. Mit der stärkeren Verbreitung von QDA-Software in den 1990er Jahren entstand eine methodische Diskussion, ob die computergestützte Analyse eine eigenständige Methodik darstelle oder ob sie lediglich ein Hilfsmittel der Analyse (ein „Buchhalter") sei, mit dem sich andere, bewährte Methoden wie etwa die Qualitative Inhaltsanalyse in ein neues Medium umsetzen ließen. Einige AutorInnen haben die zweite Position auch als drohende Gefahr geschildert, dass nämlich durch die neuen technischen Möglichkeiten sich eine „neue Orthodoxie" der qualitativen Methoden herausbilden würde, die bestimmte Richtungen der Analyse, nämlich all jene, die codebasiert auswerten, bevorzuge, während sie andere Methoden benachteilige (Coffey et al. 1996). Dieser Diskussion (Innovation oder „alter Wein in neuen Schläuchen") haftet allerdings etwas Akademisches an, denn viele andere Sektoren der „Informationsgesellschaft" zeigen, wie sehr sich die dortigen Verhältnisse durch die Existenz des Computers verändert haben. So macht zwar auch die heutige Bank oder Sparkasse im Prinzip kaum anderes als vor 20 oder 30 Jahren, doch hat sie nicht nur ihr Erscheinungsbild geändert, sondern findet teilweise völlig virtualisiert als Internetbanking statt. Die Diskussion, ob der Computer im Bereich des Banking lediglich das erledigt, was vorher manuell geschah, erscheint im Grunde müßig, denn es ist augenscheinlich, dass der Computer eine völlige Veränderung der Arbeitsweise und der Interaktion Bank-Kunde bzw. Bank-Kundin bewirkt hat. Im Prinzip verhält es sich mit der computergestützten Analyse qualitativer Daten ähnlich. Hier sind der Auswertungsmethodik neue Möglichkeiten erwachsen, die vor allem für die auf Schnelligkeit und Effizienz angewiesene Marktforschung höchst interessant sind. So lässt sich wohl feststellen: Die computerunterstützte Analyse stellt einen neuen Analysestil dar und ist gleichzeitig aber auch ein Werkzeug, mit dem sich andere Methoden des Vor-Computer-Zeitalters umsetzen lassen.

Für die qualitative Marktforschung sind vor allem die neuen, innovativen Möglichkeiten interessant, von denen hier fünf genannt seien:

- Auch größere Textmengen und damit größere Stichproben lassen sich auswerten.
- Komplexe Textsuche mit großer Schnelligkeit und automatische Codierung sind realisierbar.
- Multimediale Daten, also auch Texte, die Bilder, Grafiken, ja sogar Audio- und Videodateien enthalten, lassen sich analysieren.
- Mixed-Methods-Ansätze sind besser umsetzbar, insbesondere auch früher viel zu aufwändige Verfahren wie die Typenbildung.
- Unterschiedliche Formen der Visualisierung erleichtern nicht nur die Auswertung, sondern auch die Präsentation komplexer Zusammenhänge und verbessern so die Kommunikation mit den Auftraggebern.

Die zukünftige Entwicklung der computerunterstützten Analyseverfahren ist zumindest in ihren Grundtendenzen schon absehbar, so werden sich die Speichermöglichkeiten und die Schnelligkeit von Computern, ebenso wie ihre Grafikfähigkeiten noch verbessern. Dies macht eine Weiterentwicklung und Perfektionierung von Visualisierungstechniken wahrscheinlich. Zukünftige QDA-Software wird zudem noch bessere Unterstützung für Teamarbeit, etwa Tools zur Kontrolle der Übereinstimmung von CodiererInnen, bieten und dadurch zu einem besseren Qualitätsmanagement[4] bei qualitativen Studien beitragen.

---

4   Zur Diskussion um die Qualität qualitativer Forschung bietet Seale (1999) einen guten Überblick.

9 Literatur

Alexa, Melina/Züll, Cornelia (1999): A Review of Software for Text Analysis. ZUMA-Nachrichten Spezialband 5. Mannheim: ZUMA.

Coffey, Amanda/Holbrook, Beverley/Atkinsons, Paul (1996): Qualitative Data Analysis: Technologies and Representations. In: Sociological Research Online, vol. 1, no.1.

Creswell, John W./Maietta, Ray C. (2002): Qualitative Research. In: Delbert, C./Miller, Neil/Salkind, J. (eds.): Handbook of Research Design and Social Measurement. 6th edition. Thousand Oaks: Sage.

Fielding, Nigel G./Lee, Raymond M. (1998): Computer Analysis and Qualitative Research. London: Sage.

Fielding, Nigel G./Lee, Raymond M. (2002): New Patterns in the Adoption and Use of Qualitative Software. In: Field Methods, vol. 14, no.2, 197-216.

Kelle, Udo/Prein, Gerald/Bird, Katherine (1995, eds.): Computer-Aided Qualitative Data Analysis. Theory, Methods and Practice. Thousand Oaks: Sage.

Kelle, Udo/Kluge, Susann (1999): Vom Einzelfall zum Typus: Fallvergleich und Fallkontrastierung in der qualitativen Sozialforschung. Opladen: Leske+Budrich.

Kluge, Susann (1999): Empirisch begründete Typenbildung. Zur Konstruktion von Typen und Typologien in der qualitativen Sozialforschung. Opladen: Leske+Budrich.

Kuckartz, Udo (1996): Argumentationen und Leitbilder computergestützt analysieren. In: Historical Social Research/Historische Sozialforschung, vol. 21, no. 3, 115-136.

Kuckartz, Udo (2005): Einführung in die computergestützte Analyse qualitativer Daten. Wiesbaden: VS-Verlag.

Kuckartz, Udo/Grunenberg, Heiko/Lauterbach, Andreas (2004, Hrsg.): Qualitative Datenanalyse: computergestützt. Methodische Hintergründe und Beispiele aus der Forschungspraxis. Wiesbaden: VS-Verlag.

Lewins, Ann/Silver, Christina (2006): Choosing a CAQDAS Package. A working paper. 5th edition July 2006. http://caqdas.soc.surrey.ac.uk/ChoosingLewins&SilverV5July06.pdf.

Mariampolski, Hy (2001): Qualitative Market Research. Thousand Oaks: Sage.

Mayring, Philipp (1997): Qualitative Inhaltsanalyse. Grundlagen und Techniken. 7. Auflage. Weinheim: Deutscher Studienverlag.

Mayring, Philipp (2001): Kombination und Integration qualitativer und quantitativer Analyse [31 Absätze]. Forum Qualitative Sozialforschung/Forum Qualitative Social Research [Online-Journal], 2(1), http://www.qualitative-research.net/fqs/fqs.htm [Zugriff: 31.07.2002].

Miles, Matthew/Huberman, A. Michel (1994): Qualitative Data Analysis. An Expanded Sourcebook. 2nd edition. Thousand Oaks: Sage.

Richards, Lyn (2005): Handling Qualitative Data. A Practical Guide. Thousand Oaks: Sage.

Richards, Lyn (2004): Qualitative Software Meets Qualitative Marketing: Are these Tools the Right Tools? In: Buber, Renate/Gadner, Johannes/Richards, Lyn (eds.): Applying Qualitative Methods to Marketing Management Research. Hampshire: Palgrave Macmillan, 32-45.

Seale, Clive (1999): The Quality of Qualitative Research. Göttingen, Wallstein, London: Sage.

Strauss, Anselm L./Corbin, Juliet M. (1996): Grounded Theory. Grundlagen qualitativer Sozialforschung. Weinheim: Beltz.

Weitzman, Eben A. (2000): Software and Qualitative Research. In: Denzin, Norman K./Lincoln, Yvonna S. (eds.): Handbook of Qualitative Research. Thousand Oaks: Sage.

Weitzman, Eben A./Miles, Matthew B. (1995): Computer Programs for Qualitative Data Analysis. Newbury Park: Sage.

Silvana di Gregorio

Software-Instrumente zur Unterstützung qualitativer Analyse

1 Zielsetzung 733
2 Einführung 733
3 Dynamik der Entwicklung 734
4 Datenmanagement 735
5 Ideenmanagement 740
6 Zwei kommerzielle Fallstudien 747
   6.1 Fallstudie 1: MORI 748
   6.2 Fallstudie 2: Ein elektronisches Schwarzes Brett 752
7 Zusammenfassung 757
8 Literatur 760

1 Zielsetzung

Dieser Beitrag[1] soll zeigen, wie Software Pakete die Analyse qualitativer Daten unterstützen können, und möchte mit der Vorstellung vertraut machen, dass diese Instrumente sowohl für das Datenmanagement als auch für das Ideenmanagement hilfreich sind. Um die vielfältigen Verfahren anzudeuten, die von derartigen Software Paketen zum Zweck des Daten- und Ideenmanagements eingesetzt werden können, werden ATLAS.ti 5[2], MAXqda 2[3], QSR NVIVO 7[4], Transana 2.1[5] und QSR XSight 1.2 vorgestellt.[6] Der Beitrag endet mit zwei Fallstudien über die Anwendung dieser Werkzeuge im Bereich der kommerziellen Marktforschung – die erste Fallstudie zeigt die Verwendung von QSR XSight 1.2 für MORI, eine landesweite Evaluuierungsstudie, während die zweite vorführt, wie QSR XSight 1.2 und QSR NVIVO 7 für die Erstellung eines elektronischen asynchronen Schwarzen Bretts genutzt werden.

2 Einführung

Die Fragen der Marktforschung werden zunehmend komplexer und müssen sich immer stärker auf das „Warum" und weniger auf das „Was" richten. Für die Beantwortung dieser zunehmend komplexeren Fragen nutzt die Marktforschung in wachsendem Maße qualitative Techniken. Eine der Kehrseiten dieser Techniken ist jedoch die Schwierigkeit, wie mit der umfangreichen Information, die sie produzieren, umzugehen ist, um nichts von der Reichhaltigkeit zu verlieren. Seit zwanzig Jahren gibt es nun bereits Software-Instrumente zur Unterstützung qualitativer Datenanalyse. Sie kommen ursprünglich aus dem akademischen Bereich, haben aber selbst dort lange gebraucht, um akzeptiert zu werden, und sind bis heute in der kommerziellen Marktforschung kaum bekannt. Gill Ereaut (2002) hat einige der Faktoren beleuchtet, die dafür verantwortlich sind, dass qualitative MarktforscherInnen diesen Werkzeugen gegenüber skeptisch sind. Sie spricht von einer prinzipiellen Vermeidung, die auf ein allgemeines Misstrauen und/oder Unsicherheit betreffend die Rolle des Computers bei

---

1 Der Beitrag wurde in englischer Sprache erstellt und von Ursula M. Ernst übersetzt.
2 ATLAS.ti: www.atlasti.com
3 MAXqda2: www.maxqda.com
4 QSR NVIVO 7, QSR Xsight: www.qsrinternational.com
5 Transana: www.transana.org
6 Teile dieser Software Pakete können für Demonstrationszwecke von den Webseiten der Hersteller heruntergeladen werden. Transana ist eine Gratissoftware, d.h., man kann das ganze Paket kostenlos herunterladen. Die anderen Pakete sind kommerzielle Produkte. Gelegentlich stehen auch zeitlich limitierte Versionen kostenfrei zur Verfügung.

qualitativen Analysen zurückgehe, und erwähnt auch, dass die Werkzeuge tatsächlich nicht auf die Bedürfnisse der Marktforschung zugeschnitten seien. Eine ähnliche Kritik kann man auch in der akademischen Literatur finden (Fielding 1998, Kelle 1995). Im Endbericht über ihre Untersuchungen der akademischen Literatur, in der die Schwächen bei der Verwendung qualitativer Daten kritisiert werden, weist jedoch die Anthropologin Margaret Eisenhart darauf hin, dass nicht ein einziger Aufsatz Belege oder Beispiele dafür bringt, wie die Software die Analysen behindert hätte (Eisenhart 2005). Die KritikerInnen haben die Software selbst überhaupt nicht benutzt.

Neuerungen können bedrohlich sein – besonders wenn sie in der Praxis erprobte Methoden in Frage stellen. Die Software für qualitative Analysen ist aber auch deshalb bedrohlich, weil sie transparent macht, wie die Datenanalyse angegangen und entwickelt wurde. Diese Transparenz ermöglicht es anderen, die Logik hinter der Analyse wie auch die Beweisführung nachzuvollziehen. Das aber kann durchaus auch als Stärke gesehen werden. Die Möglichkeit, die Beweisführung und die Logik der Schlussfolgerungen zu verfolgen, gibt qualitativen AnalystInnen die Chance, die Genauigkeit und Folgerichtigkeit ihrer Forschungen zu dokumentieren, und erlaubt MarktforscherInnen, ihren KlientInnen die Gründe für ihre Empfehlungen anzugeben. Es bietet auch den KlientInnen einen zusätzlichen Nutzen, und zwar in Form eines Forschungsarchivs, das für künftige Analysen berücksichtigt oder durch nachfolgende Forschungen ergänzt werden kann.

Im folgenden werden mehrere Software Pakete vorgestellt, die unterschiedliche Typen qualitativer Marktforschung unterstützen können. Es gibt nicht das eine, beste Paket. Alle haben ihre Stärken und Schwächen. Diese hängen sehr stark davon ab, um welche Daten es sich handelt, welcher Analysetyp gewünscht ist, und wie groß der Zeitrahmen ist, der für die Analyse zur Verfügung steht.

3 Dynamik der Entwicklung

Es darf nicht vergessen werden, dass es sich bei den Software-Paketen um Werkzeuge handelt. Sie ersetzen die manuellen Werkzeuge, die man bisher vielleicht verwendet hat – wie z.B. die bunten Textmarker, Karteikarten, Ablagesysteme etc. Sie ersetzen auch eine Reihe der bisher üblichen allgemein verwendbaren Instrumente, wie z.B. Excel, Access und Word. Diese elektronischen Werkzeuge sind nicht für qualitative Analysen entworfen und gemacht worden, vielmehr mussten ForscherInnen selber kreative Wege finden, um sie für ihre Zwecke gebrauchen zu können. Keines der genannten elektronischen Werkzeuge lässt sich jedoch mit einem Software-Paket vergleichen, das speziell für die Unterstützung qualitativer Analysen entworfen worden ist.

Noch heute gibt es zahlreiche Hindernisse, die die Übernahme von Software-Instrumenten für qualitative Analysezwecke verzögern. Das erste dieser Hindernisse besteht darin, dass diese Werkzeuge von ehemaligen Universitätsangehörigen entwickelt worden sind und bis vor kurzem nicht für die kommerzielle Marktforschung vermarktet wurden. Es wussten nur wenige von ihrer Existenz und wenn, dann aus zweiter Hand. Meist erfährt man von ihnen, weil jemand im Bekanntenkreis sie kurze Zeit verwendet hat, sie dann aber, weil sie zu kompliziert, zu zeitaufwändig und zu akademisch waren, wieder fallen ließ. Es stimmt natürlich, dass diese Werkzeuge komplex sind und dass es eine bestimmte Zeit braucht, um ihren Gebrauch zu erlernen. Sie sind jedoch in den vergangenen zwanzig Jahren verbessert worden und ihre Entwicklung hat sich in der jüngsten Zeit enorm beschleunigt. Die Literatur zu diesen Software-Instrumenten kann heute mit der Entwicklung auf diesem Sektor nicht mehr Schritt halten, was leider dazu führt, dass die wenigen Texte, die es über die Klassifizierung und Beschreibung dieser qualitativen Software Pakete gibt, bereits heillos veraltet sind (Weitzmann 2000, 1995). Diese Software ist aber inzwischen viel benutzerInnenfreundlicher geworden, man kann ihren Gebrauch schneller erlernen, ihre Anwendung ist vereinfacht worden, und die Spitzenprodukte werden häufiger als früher durch neue Versionen verbessert. Ein Überblick, der gerade einmal ein Jahr alt ist, würde folgende Pakete nicht enthalten: das für die Marktforschung neu entworfene Paket XSight, die jüngste Version von ATLAS.ti (Version 5), die neue Version von MAXqda2 mit dem Zusatzprogramm MAXmaps und die letzte Version von NVIVO 7, die im März 2006 herausgekommen ist. NVIVO 7 ist ein besonders benutzerInnenfreundliches Paket, das N6 (früher bekannt als NUD*IST) mit den präziseren Analysewerkzeugen von NVIVO 2 kombiniert. Die Entwicklungen auf diesem Gebiet schreiten, wie erwähnt, so rasch voran, dass man mit den Veränderungen kaum mehr Schritt halten kann. Wenn Sie daher glauben, dass diese Pakete ihren Bedürfnissen im vergangenen Jahr nicht entsprochen haben, dann sollten Sie den Markt genau beobachten, um über den neuesten Stand dieser Software informiert zu sein.

4 Datenmanagement

Alle qualitativen Software Pakete besitzen Instrumente für die Verarbeitung qualitativer Daten – egal, ob es sich dabei um Videos oder Tonaufnahmen, um Transkriptionen von Interviews oder Testgruppen, flüchtige Notizen, E-mails, Beobachtungen, Photos, Firmendokumente, Briefe oder elektronische Schwarze Bretter handelt. Früher wurden die Rohdaten und Informationen für eine Forschungsarbeit an unterschiedlichen Orten aufbewahrt, entweder in Aktenschränken oder Karteikästen, unter *My Documents* auf dem eigenen Computer oder auf einem Laufwerk des Firmencomputers. Alle qualitativen Software-Pakete enthalten das gesamte Material einer bestimmten Forschungsarbeit an ein und derselben Stelle – im elektronischen Projekt. Man kann mit ihrer Hilfe das Material so organisieren, dass es leicht zugänglich ist. Dieses elektronische Projekt stellt einen tragbaren elektronischen Behälter dar, in dem sich die gesamte Forschungsarbeit zusammen mit allen Ideen und Analysen befindet.

Es ist nicht nötig, mit Transkriptionen oder handschriftlichen Materialien zu arbeiten. NVIVO 7 verwendet *Externals* für Material, das nicht digitalisiert wurde oder nicht wichtig genug ist, um importiert zu werden. In *Externals* können Notizen hineingeschrieben werden, die dann auch kodiert werden können. XSight braucht überhaupt keine Dokumente. Zusammenfassungen oder wörtliche Zitate können direkt in die entsprechende Kategorie eingetippt werden.

Der Bildschirm in Abbildung 1 zeigt, wie mit Hilfe von NVIVO 7 Material in einem Projekt organisiert werden kann. Ähnliches Material kann in Ordnern zusammen gruppiert werden.

Abbildung 1: Gruppierung von Material in QSR NVIVO 7

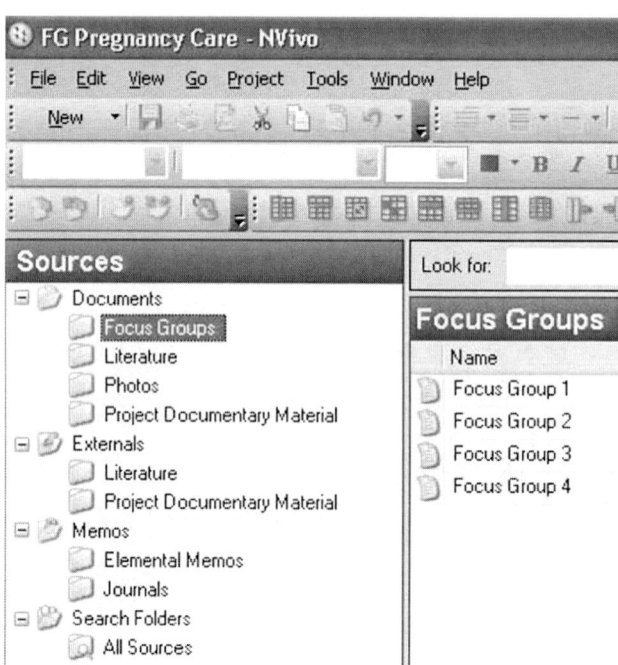

Der Bildschirm in Abbildung 2 zeigt, wie in MAXqda 2 Textgruppen (*Text Groups*) für die Ablage ähnlicher Dokumente verwendet werden.

Abbildung 2: MAXqda 2

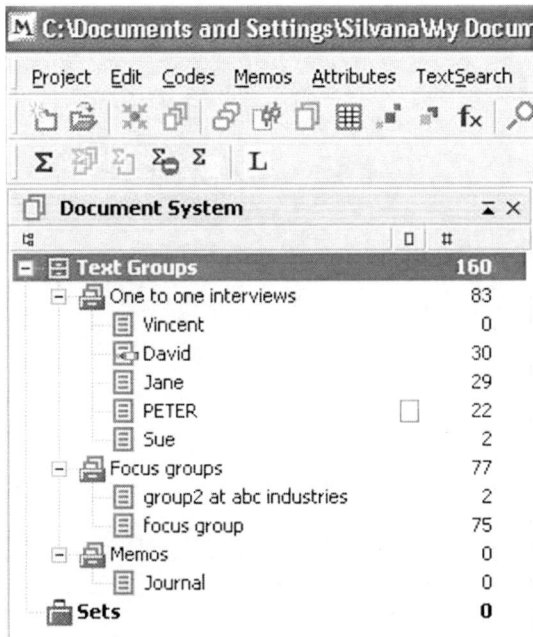

Ein Hindernis für die Verwendung dieser Software in der kommerziellen Marktforschung bestand früher darin, dass man mit Transkriptionen arbeiten musste oder dass Transkriptionen auf eine bestimmte Art und Weise erstellt werden mussten. Alle größeren Software-Pakete unterstützen heute Textmaterial, das als Datei unter *rich text format* abgespeichert ist, einige unterstützen Dokumente, die direkt in Word erstellt wurden und viele unterstützen bis zu einem gewissen Grad Audios und Videos. Transana ist bspw. ein qualitatives Software-Paket, das speziell für die Unterstützung von Videos und Audios entworfen worden ist (Abbildung 3). Ursprünglich war es dafür gedacht, Konversationsanalysen und Diskursanalysen zu unterstützen, aber es kann problemlos auch für die einfache Themenanalyse verwendet werden.

Das Besondere an Transana besteht darin, dass das Video oder das Audio mit einem Dokument oder mit mehreren Dokumenten verknüpft werden kann, bei dem oder denen es sich um eine Transkription oder nur um Notizen handelt. Mit einem Klick auf das Video kann man zum Dokument springen und umgekehrt. Das Video kann in Clips unterteilt werden, die mit Schlüsselwörtern versehen werden können. Es gibt auch ein Suchwerkzeug, um Kombinationen von Schlüsselwörtern und die betreffenden Clips zu finden bzw. zu zeigen.

Silvana di Gregorio

Abbildung 3:   Transana 2.1

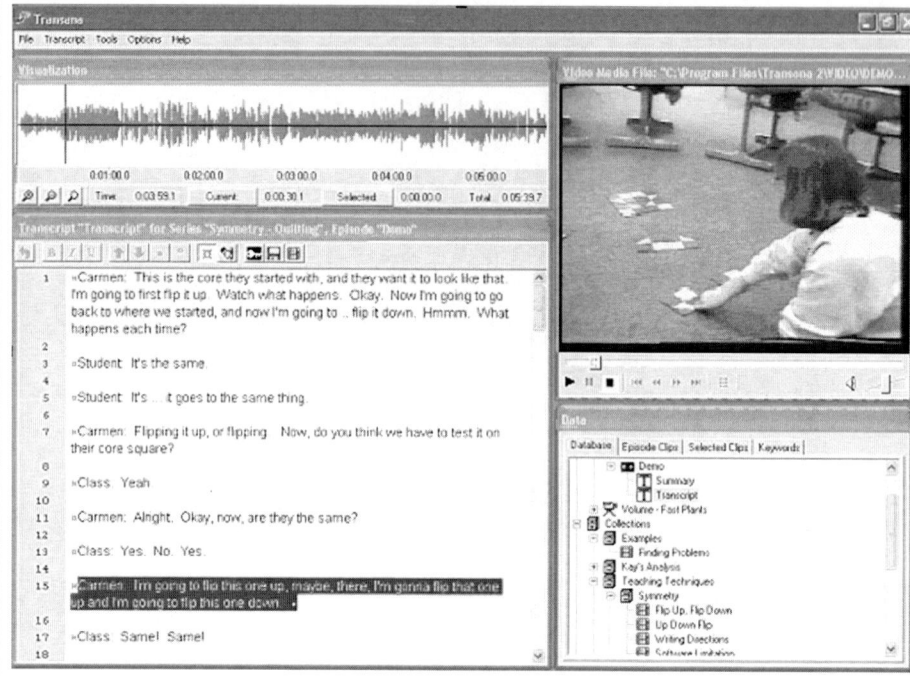

Im unteren rechten Eck der Abbildung 3 befindet sich ein *Data Management Window*, in dem alle Videos, Transkriptionen, Notizen, Clips und Schlüsselwörter systematisch angeordnet sind.

Während Transana speziell für die Verarbeitung und die Analyse von Videos entworfen wurde, können andere Software-Pakete nur eine begrenzte Analyse nichttextlichen Materials durchführen. ATLAS.ti 5 kann Videoanalysen nur bis zu einem gewissen Grad leisten, eignet sich aber für die Analyse graphischer und photographischer Daten besonders gut.

Abbildung 4 zeigt am Rand wie Abschnitte von Photos für westliche Symbole, kommunistische Symbole und Old Georgia kodiert worden sind. Außerdem können beliebige Abschnitte des photographischen Materials mit Kommentaren versehen werden, die durch einen Doppelklick auf dem betreffenden Abschnitt des Bildes sichtbar werden. In Abbildung 4 ist der Text „auf diesem Plakat steht Coca Cola" ein Beispiel dafür, wie in ATLAS.ti kommentiert werden kann.

Abbildung 4: Kommentierung eines Bildes in ATLAS.ti 5

Abbildung 5: Gruppierung in ATLAS.ti 5

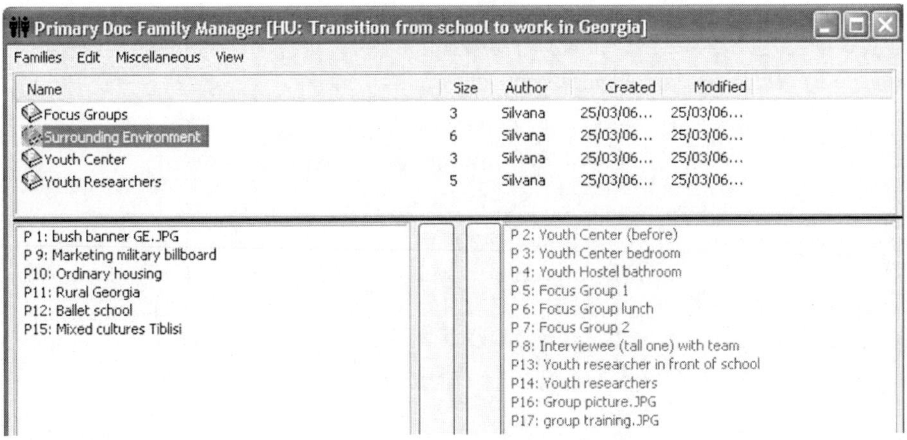

Im Gegensatz zu NVIVO und MAXqda organisiert ATLAS.ti seine Daten nicht in einem Katalogsystem, sondern verwendet *Familien* (*families*) oder *Sets*, um ähnliche Dokumente zu gruppieren (Abbildung 5) und Kodes zu organisieren.

In Abbildung 5 ist die Dokumentenfamilie *Surrounding Environment* aktiviert. Die untere linke Tabelle zeigt die Dokumente an, die zu dieser Familie gehören, während die untere rechte Tabelle alle Dokumente des Projektes auflistet.

5 Ideenmanagement

Das elektronische Projekt, sei es nun in ATLAS.ti, NVIVO, MAXqda, Transana oder XSight erstellt, enthält auch Ideen der BearbeiterInnen, also Kodes, Kategorien, Schlüsselwörter oder Zusammenfassungen von Gedanken. Einige Software-Pakete sind mit einem Modellier-Feature ausgestattet, um Diagramme der Ideen erstellen zu können (Abbildungen 6, 7 und 8).

NVIVO und MAXqda verwenden für das Organisieren von Ideen ein Katalogsystem, ganz so wie eine Bibliothek, die ihren Bücherbestand mit Signaturen und Schlagwörtern katalogisiert. NVIVO und MAXqda verwenden also Kodes/Kategorien ähnlich wie Bibliotheken und haben leistungsstarke Suchwerkzeuge, mit deren Hilfe es möglich ist, Kombinationen von gewünschten Kategorien herzustellen.

ATLAS verwendet kein Katalogsystem, sondern (ähnlich wie die Dokumentenfamilien in Abbildung 5) *Familien* oder *Sets*, um seine Kodes zu organisieren, kann aber auch ein Katalogsystem der Kodes simulieren, und zwar durch herkömmliche Benennung, da man mit dieser Software Kodes alphabetisch ordnen kann.

Die verschiedenen Software-Pakete unterscheiden sich hinsichtlich ihrer Fähigkeit, Matrizen (*matrix tables*) von Kodes herzustellen.

QSR NVIVO 7 besitzt die größte Flexibilität, um unterschiedliche Kodes in Form von Matrizen zu kombinieren, mit dem Ziel, bestimmte Themen zu erforschen.

Im QSR NVIVO Katalogsystem (Abbildung 6) befinden sich unter *Typical Visit* mehrere Dateien, unter anderen auch die Datei *Relationship*, unter der sich wiederum mehrere Kodes für die verschiedenen Typen von Beziehungen befinden, die im Bild selbst nicht sichtbar sind, weil das betreffende Fenster nicht geöffnet wurde. Es handelt sich dabei um eine Studie über pränatale Erfahrungen von Frauen mit niedrigem Einkommen, und das Projekt erlaubt die Frage, ob es in der Beziehung zu den BetreuerInnen für diese Frauen einen Unterschied gemacht hat, ob sie verheiratet waren oder nicht. QSR NVIVO kann sofort eine Matrix erzeugen, um diese Themen anhand des Katalogs der bereits kodierten Kodes zu untersuchen.

Abbildung 6: Katalogsystem in QSR NVIVO 7

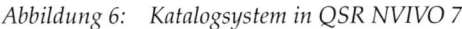

Tree Nodes		
Name	Sources	References
01 Feelings on being pregnant	4	7
02 Partner's Response	4	9
03 Other's Response	4	9
04 Initial Pregnancy Care Thoug	4	8
05 Finding Care	4	14
Attitude of potential carer	2	3
judgmental	1	1
too paternalistic	1	1
took care to talk to me	1	1
Getting a carer	4	22
Getting to appointments	4	14
06 Paying for Care	4	12
Payment issues	0	0
Payment method	0	0
07 Typical Visit	4	10
Care Decisions	0	0
comfortable environment	1	1
contact time	0	0
Questions	0	0
Relationship	4	23
08 Hospital Care	4	10
After Birth Issues	0	0
Birthing decisions	0	0

Die in Abbildung 9 angegebenen Prozentsätze sind Spaltenprozentsätze. Doch durch Anklicken der *drop-down-box* können die Zahlen so verändert werden, dass sie Zeilenprozentsätze repräsentieren oder die Anzahl der kodierten Dokumente, der kodierten Einzelfälle bzw. der verschiedenen kodierten Textpassagen zeigen. Abbildung 9 zeigt, dass alleinstehende Frauen zumeist ein negatives Verhältnis zu ihren pränatalen BetreuerInnen hatten. Wenn wir jedoch die Ausnahmen überprüfen wollen, nämlich die 20%, die berichteten, dass sich die jeweiligen BetreuerInnen auf ihre Bedürfnisse einstellten, können wir uns den hinter den Zahlen befindlichen Worttext anschauen. In Abbildung 9 ist das Feld mit den Angaben alleinstehender Frauen über das positive Verhalten ihrer BetreuerInnen markiert, und durch Anklicken dieses Feldes öffnet sich ein weiteres Fenster, in dem sich der diesbezügliche Bericht befindet (Abbildung 10).

Silvana di Gregorio

Abbildung 7: MAXqda 2

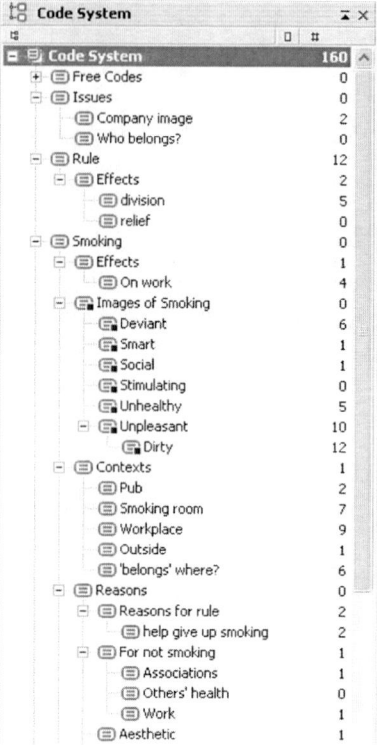

MAXqda kann im Unterschied zu QSR NVIVO 7 keine vergleichbar große Bandbreite an unterschiedlichen Matrizen erzeugen, sondern produziert nur zwei Matrizen. Dabei zeigt die eine der beiden einen Überblick über die Kodierung im Verhältnis zum Text, die andere einen Überblick über die Beziehungen zwischen den verschiedenen Kodes. Abbildung 11 ist ein Beispiel für das Verhältnis von Kodes zu Text, wobei die oberste Zeile eine Liste der verschiedenen kodierten Texte enthält. Der Kodierungsumfang ist durch Quadrate von unterschiedlicher Größe und Farbe sichtbar gemacht. Durch einen Doppelklick auf ein Quadrat öffnet sich ein Fenster, das es ermöglicht, die Kodierung abzurufen.

MAXqda hat ein einfaches Aktivierungssystem um seinen Kodierungskatalog nach Beziehungen abzufragen. Für Abbildung 12 wurden zuerst die Textgruppe der Einzelinterviews mit *David* als einem Teil dieser Textgruppe und dann die Kodes *Company image* und *Unpleasant* im *Code System* aktiviert. Um einen Text zu finden, der unter beiden Schlüsselwörtern kodiert worden ist, wurde das boolesche Suchwort „*und*" verwendet. Das Suchergebnis erscheint im Fenster *Retrieved Segments* (unteres rechtes

Fenster), während der gesamte transkribierte Text, aus dem das Segment stammt, mit dem *Text Browser* geladen werden kann (oberes rechtes Fenster). Das betreffende Segment ist markiert. Dadurch ist es also möglich, sich das Suchergebnis im Kontext anzusehen.

Abbildung 8: *ATLAS.ti 5*

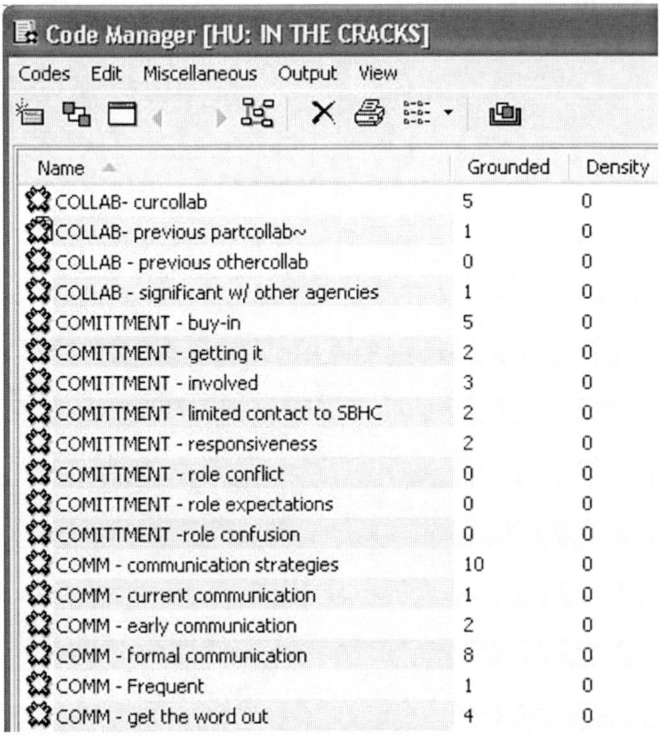
Code Manager [HU: IN THE CRACKS]
Codes Edit Miscellaneous Output View
Name
Grounded
Density
COLLAB- curcollab 5 0
COLLAB- previous partcollab~ 1 0
COLLAB - previous othercollab 0 0
COLLAB - significant w/ other agencies 1 0
COMITTMENT - buy-in 5 0
COMITTMENT - getting it 2 0
COMITTMENT - involved 3 0
COMITTMENT - limited contact to SBHC 2 0
COMITTMENT - responsiveness 2 0
COMITTMENT - role conflict 0 0
COMITTMENT - role expectations 0 0
COMITTMENT -role confusion 0 0
COMM - communication strategies 10 0
COMM - current communication 1 0
COMM - early communication 2 0
COMM - formal communication 8 0
COMM - Frequent 1 0
COMM - get the word out 4 0

Vielen kommerziellen MarktforscherInnen fehlt die Zeit für die Kodierung von Transkriptionen und für das Transkribieren von Tonbandaufnahmen. QSR XSight ist für diese ForscherInnengruppe gemacht. Man kann mit dieser Software auch Word-Dokumente bearbeiten, ist aber nicht notwendig an Word gebunden.

Abbildung 13 zeigt den Analyserahmen zur Befragung von Fokusgruppen über ihre Beziehung zu Mobiltelefonen. Der Rahmen besteht aus drei Spalten, von denen die erste eine Liste der verschiedenen Testgruppen enthält, während die zweite die von der Gruppe erwähnten positiven und negativen Aspekte von Mobiltelefonen auflistet. Die

Silvana di Gregorio

Abbildung 9:   QSR NVIVO 7 Matrix

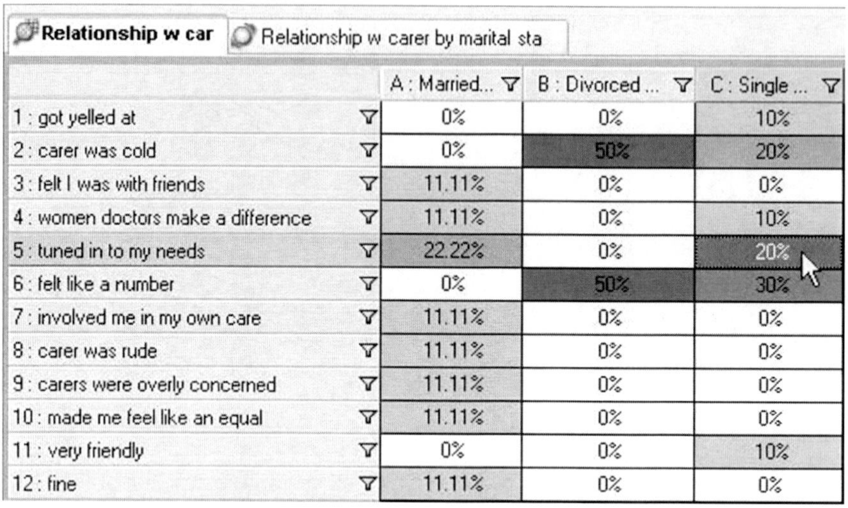

	A : Married...	B : Divorced...	C : Single...
1 : got yelled at	0%	0%	10%
2 : carer was cold	0%	50%	20%
3 : felt I was with friends	11.11%	0%	0%
4 : women doctors make a difference	11.11%	0%	10%
5 : tuned in to my needs	22.22%	0%	20%
6 : felt like a number	0%	50%	30%
7 : involved me in my own care	11.11%	0%	0%
8 : carer was rude	11.11%	0%	0%
9 : carers were overly concerned	11.11%	0%	0%
10 : made me feel like an equal	11.11%	0%	0%
11 : very friendly	0%	0%	10%
12 : fine	11.11%	0%	0%

Abbildung 10: Die QSR NVIVO 7 Kodierung einer Matrixzelle

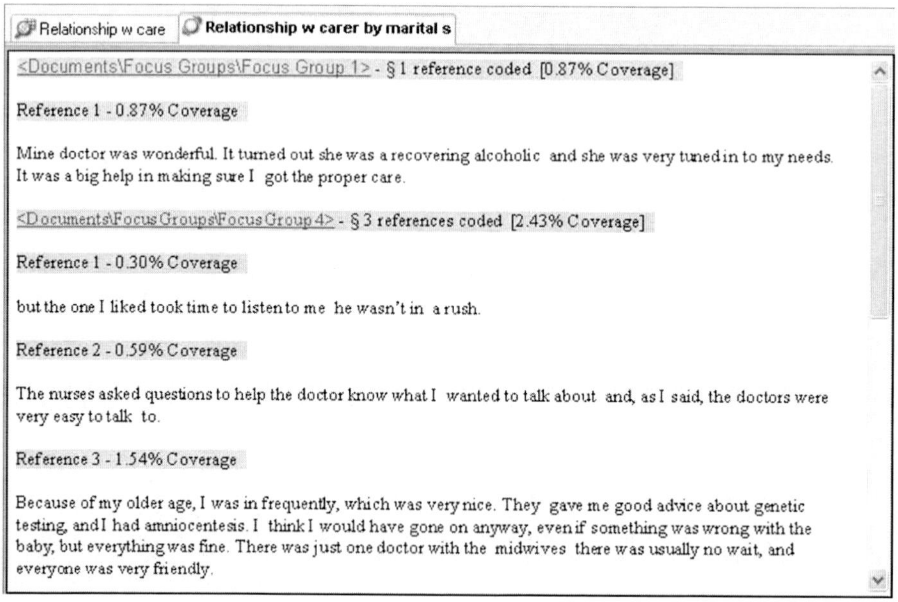

<Documents\Focus Groups\Focus Group 1> - § 1 reference coded [0.87% Coverage]

Reference 1 - 0.87% Coverage

Mine doctor was wonderful. It turned out she was a recovering alcoholic and she was very tuned in to my needs. It was a big help in making sure I got the proper care.

<Documents\Focus Groups\Focus Group 4> - § 3 references coded [2.43% Coverage]

Reference 1 - 0.30% Coverage

but the one I liked took time to listen to me he wasn't in a rush.

Reference 2 - 0.59% Coverage

The nurses asked questions to help the doctor know what I wanted to talk about and, as I said, the doctors were very easy to talk to.

Reference 3 - 1.54% Coverage

Because of my older age, I was in frequently, which was very nice. They gave me good advice about genetic testing, and I had amniocentesis. I think I would have gone on anyway, even if something was wrong with the baby, but everything was fine. There was just one doctor with the midwives there was usually no wait, and everyone was very friendly.

dritte und letzte Spalte zeigt die Antworten – entweder Zusammenfassungen, wörtliche Zitate oder die Interpretationen des Analysten bzw. der Analystin.

Auf dem Bild sieht man die Antworten der (schwarz markierten) ersten Fokusgruppe auf die Frage, was sie über die (ebenfalls schwarz markierten) Kosten von Mobiltelefonen denken, wobei das Ikon ᗡ auf die Zusammenfassung der Antwort, ᗡ hingegen auf ein wörtliches Zitat verweist. Diese Antworten können, noch während man die Tonbandaufnahme abhört, direkt in die Tabelle für Kommentare eingetippt werden.

Es bedarf zwar keiner Transkription, aber wenn eine solche bereits vorliegt, können die wörtlichen Zitate mit *drag and drop* direkt aus dem transkribierten Dokument herausgeholt und in die Tabelle mit den Kommentaren kopiert werden. Die Verknüpfungen mit dem Originaltranskript bleiben bestehen, sodass es möglich ist, sich den Kontext eines Zitates immer wieder anzuschauen. Die Eingabe von Informationen ist aus Rücksicht auf die Bedürfnisse kommerzieller MarktforscherInnen, die fast immer unter Zeitdruck arbeiten müssen, vereinfacht worden.

Um die Ergebnisse der Antworten quer durch alle Gruppen zu sehen, kann man Abfragen machen, so z.B. zu allen Antworten hinsichtlich der Beziehung zu Mobiltelefonen (Abbildung 14).

Die Tabelle in Abbildung 14 kann unterteilt und gefiltert werden, um die Antworten der verschiedenen Gruppen zu vergleichen. Abbildung 15 zeigt eine Tabelle, die so unterteilt wurde, dass verglichen werden kann, wie 18- bis 22-jährige Männer im Unterschied von 18- bis 22-jährigen Frauen die Frage beantworten, ob die Verfügbarkeit ein positives Charakteristikum von Mobiltelefonen sei.

Auch Berichte und PowerPoint-Präsentationen können in XSight geschrieben werden und die durch Abfragen produzierten Tabellen sowie einzelne wörtliche Zitate können in die Berichte und PowerPoint-Präsentationen mit *drag and drop* kopiert werden.

Zuletzt sei noch erwähnt, dass mit Hilfe dieser Software-Pakete Ideen auch graphisch dargestellt werden können. QSR NVIVO hat für die graphische Darstellung von Ideen ein Modellier-Feature, das mit der betreffenden Datenbank fix verknüpft ist, sodass es möglich ist, auf die Datenbank zuzugreifen, um sich Material für das jeweils zu konstruierende Modell zu holen (Abbildung 16).

Das Modell in Abbildung 16 zeigt die Hemmnisse für pränatale Betreuung. Die Ikons sind mit den Originaldaten durch Hyperlinks verknüpft. Die in diesem Modell gezeigte Beziehung *Limited choice because of Medicaid (delays) Getting a carer* wurde aktiviert, um die Daten hinter der Beziehung sichtbar zu machen. Das Fenster rechts neben dem Modell öffnet sich, wenn man das entsprechende Ikon im Diagramm anklickt. (Man kann, um den ganzen Kontext des jeweiligen Zitats im Originaldokument sehen zu können, noch weitere Fenster durch Anklicken öffnen.) In QSR NVIVO können auch Modelle produziert werden, die keine Links zu Kategorien haben.

Abbildung 11: MAXqda 2 Code Matrix Browser

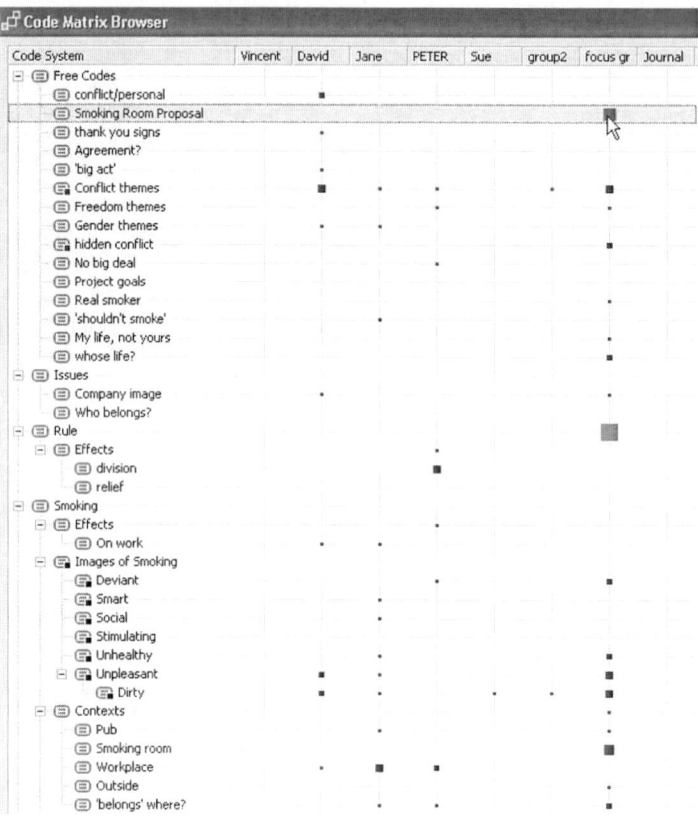

ATLAS.ti hat ein *Network Tool*, mit dessen Hilfe Verknüpfungen zwischen den Kodes oder Verknüpfungen zwischen Textpassagen (*quotations*) gezeigt werden können (Abbildung 17). Abbildung 17 verfolgt die Diskussion einer Fokusgruppe am Arbeitsplatz, bei der es darum geht, ob der Pausenraum als Raucherzimmer verwendet werden soll. Der ursprüngliche Vorschlag erscheint in der Mitte des Netzes. Bei den von dieser Mitte ausgehenden Verknüpfungen handelt es sich um die Reaktionen auf diesen Vorschlag von Seiten anderer Mitglieder der Fokusgruppe.

Die Verknüpfungen sind beschriftet und zeigen einerseits die zwei Kritikpunkte, die gegen den ursprünglichen Vorschlag vorgebracht wurden, dann die einzige Rechtfertigung für den Vorschlag und zuletzt die drei Kommentare des Managers bzw. der Managerin, um zu zeigen, dass er/sie den Vorschlag nicht unterstützt hat. Dieses Netz

Abbildung 12: MAXqda 2 Boolean Search Ergebnis

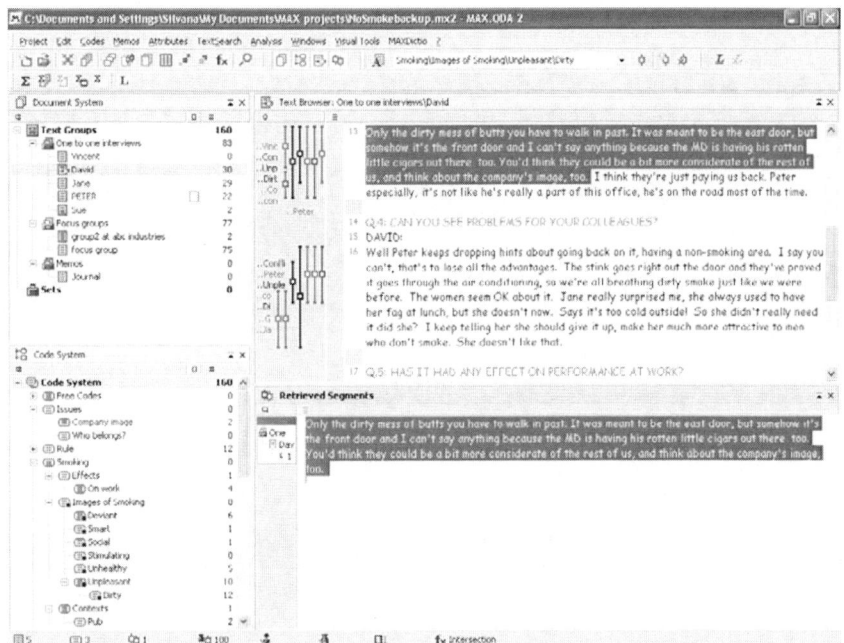

stellt klar und übersichtlich die gesamte Diskussion der Fokusgruppe zum Thema vor und holt gleichzeitig die Diskussion aus der Linearität des Textes heraus.

6 Zwei kommerzielle Fallstudien

Dass fast alle Beispiele für die Veranschaulichung der verschiedenen qualitativen Software-Pakete und ihrer Werkzeuge vorwiegend aus der akademischen Forschung kommen, hat damit zu tun, dass sie erst seit kurzem für die kommerzielle Marktforschung verwendet werden. Umso interessanter ist es, sich deren Verwendung im kommerziellen Bereich anhand zweier Fallstudien anzusehen. Bei der ersten Studie geht es um den Einsatz von QSR XSight für MORI und die zweite zeigt, wie ein Schwarzes Brett mit QSR NVIVO und XSight analysiert werden kann.[7]

Abbildung 13: QSR XSight 1.2 Analyserahmen

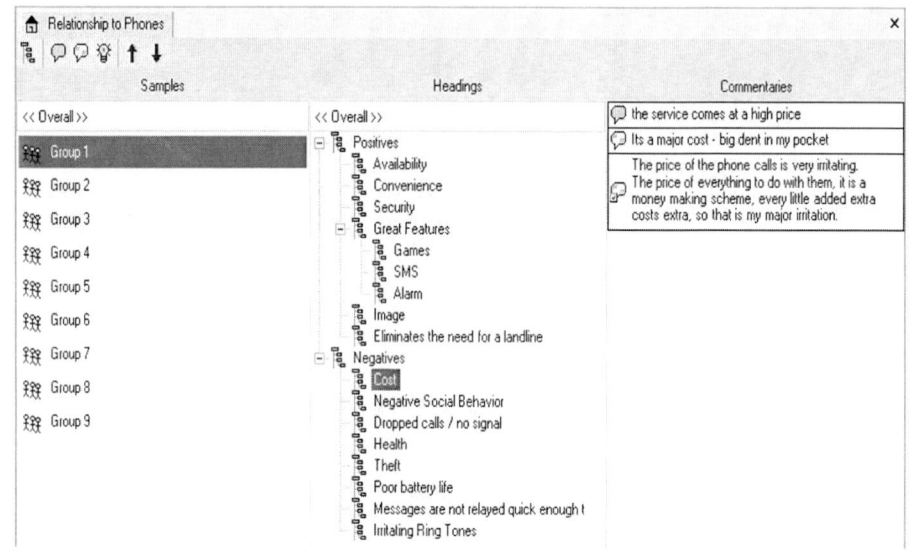

6.1 Fallstudie 1: MORI

MORI (www.mori.com) verwendete QSR XSight für die landesweite Evaluierung des NDC (New Deal for Communities), eines UK-Regierungsprogramms aus dem Jahr 2004.[8] Ziel der Studie ist, zu untersuchen, was die Menschen der betroffenen Gebiete von der bisherigen Wirkung und dem Erfolg des genannten Programms hielten. Um

---

[7] Mein Dank geht an Sara Butler, Jaime Rose und Jessica Vince of MORI, die mir die Verwendung ihrer Fallstudie gestatteten. Auch Adam Blunt von NOP World Business danke ich herzlich für die Erlaubnis, eines seiner elektronischen Schwarzen Bretter als Beispiel für meine Fallstudien zu verwenden.

[8] Das NDC-Programm wurde vom früheren *Office of the Deputy Minister* (ODPM) durchgeführt. MORI läuft nun unter dem Namen Ipsos MORI und ist der *Neighbourhood Renewal Unit* im *Department for Communities and Local Government* zugeordnet. Das NDC ist Teil der strategischen Schlüsselprogramme der Regierung, mit deren Hilfe gegen die Verarmung und Diskriminierung von Wohngegenden angekämpft werden soll, die zu den ärmsten des UK gehören (siehe http://www.neighbourhood.gov.uk/page.asp?id=617).

Abbildung 14: QSR XSight 1.2 Suchergebnis: Die Beziehung zu Mobiltelefonen

Heading Name (2)	Sample Characteristic Values		Commentary Text
Positives\Availability	Female, Region 5, 18-22		You have the privilege of locating people wherever you are and people can get through to you even if you're not at home.
Positives\Availability	Female, Region 5, 23-34		The fact that if there is a emergency you can call out, I mean like with my baby I can just phone somebody immediately.
Positives\Availability	Female, Region 1, 23-34		you have the privilege of locating people wherever you are and people can get through to you even if you are not at home
Positives\Convenience	Female, Region 1, 18-22		Life support - feel lost with out it
Positives\Convenience	Male, Region 4, 18-22		Flexibility of being able to be somewhere and get hold of somebody else.
Positives\Convenience	Male, Region 4, 18-22		I don't know how I would have operated before cell phones, I mean it is flexibility to change, we can save so much time with a cell phone. Yes, they are tremendous time savers.
Positives\Convenience	Male, Region 3, 18-22		Convenience. Friends can get hold of you anytime.
Positives\Convenience	Male, Region 3, 18-22		I mean like convenience, I was standing at Computicket today and the seats we wanted were not available so I could phone my friends and change our seats while I was there, so much more convenient - Ability to be more flexible

dies kontextuell einschätzen zu können, wurde nach Faktoren geforscht, die die Einstellung der TeilnehmerInnen zu ihrer Wohngegend, der NDC-Partnerschaft und den jüngsten Veränderungen beeinflussten. Die Ergebnisse werden in die nationale Bewertung einfließen und sollen neben anderen Schlüsselquellen wie z.B. Haushaltsbefragungen ein tieferes Verständnis für die Wahrnehmungen der Betroffenen hervorbringen.

Für den qualitativen Teil der Studie waren neun ModeratorInnen zuständig, die 78 Fokusgruppen im ganzen Land durchführten. Zusätzlich zum Endbericht, der die Ergebnisse der gesamten Studie umfasste, mussten die neun ModeratorInnen 39 Berichte verfassen, um die Ergebnisse ihrer Befragungen in den von ihnen besuchten 39 Ortschaften (zwei Fokusgruppen pro Ortschaft) zusammenzufassen. Die drei leitenden ForscherInnen von MORI wurden von mir persönlich in XSight eingeführt und ausgebildet. Danach haben wir gemeinsam eine XSight Schablone zur Bearbeitung derjenigen Themen entworfen, die im Handbuch der ModeratorInnen behandelt werden sollten. Eine der drei leitenden ForscherInnen wurde mit der Koordination von XSight beauftragt und war verantwortlich für die Verfeinerung der Schablone und für die Überprüfung der Qualität der Arbeit der ModeratorInnen. Diese wurden genau den Bedürfnissen ihres Arbeitsauftrages entsprechend in XSight ausgebildet, und zwar zur selben Zeit als die Fokusgruppen ihre Anweisungen erhielten. Die Diskussionen in den

Abbildung 15: QSR XSight 1.2 Suchergebnis: Vergleich der Antworten von Frauen und Männern

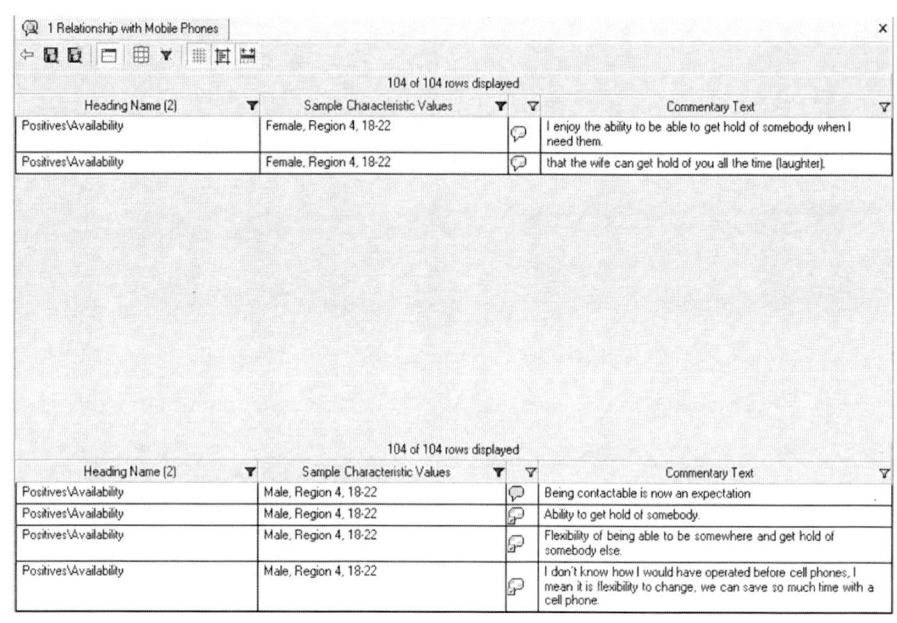

Abbildung 16: QSR NVIVO 7 Modell

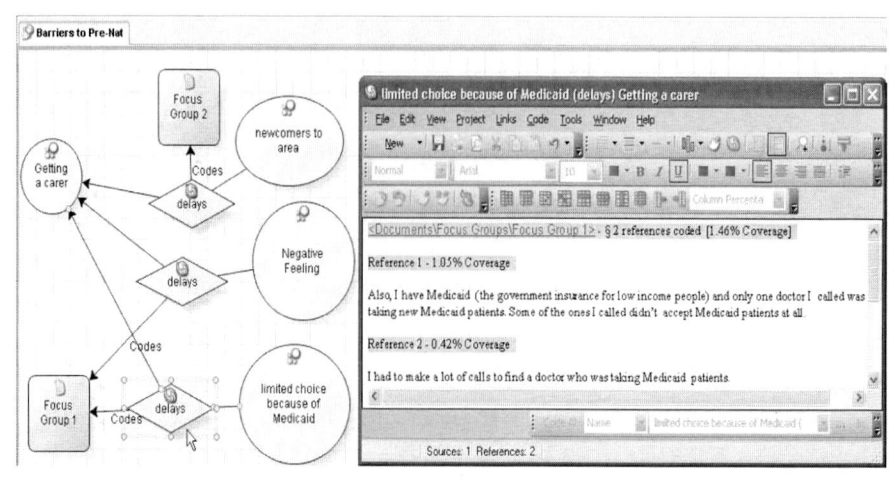

Abbildung 17: ATLAS.ti 5 Network Tool

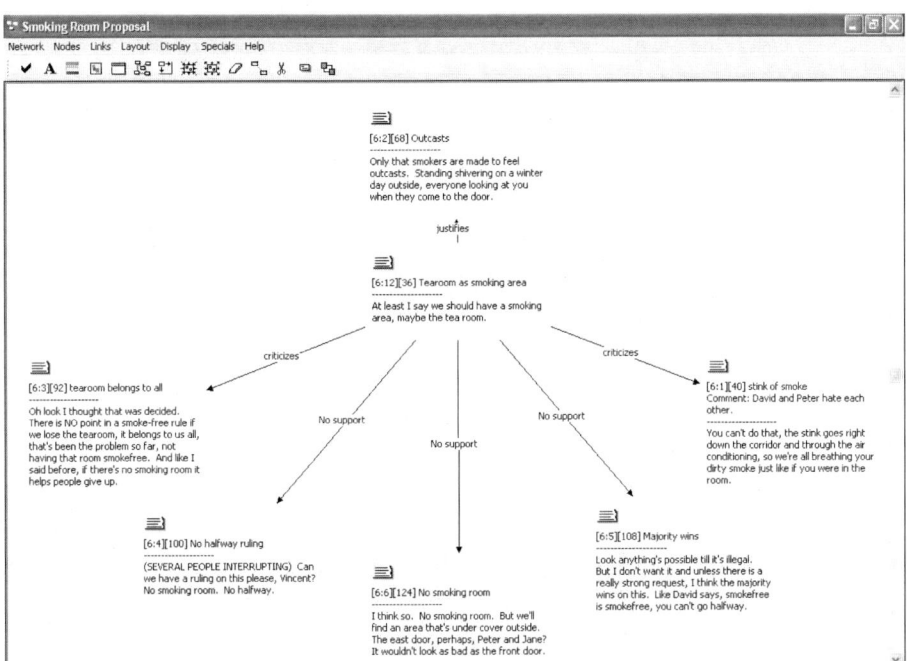

Fokusgruppen wurden nicht transkribiert, vielmehr wurde den ModeratorInnen ein Zeitraum von 48 Stunden gegeben, um die Daten direkt von den Tonbandaufnahmen in den XSight Rahmen einzugeben. Das Ergebnis wurde sofort danach per E-mail direkt an die XSight Koordinatorin geschickt. Dadurch war es der Koordinatorin möglich, die Qualität der Arbeit der einzelnen ModeratorInnen sofort zu überprüfen und, soweit nötig, auch sofort Anleitungen zu geben, wenn Schwierigkeiten bei der Verarbeitung der Informationen auftauchten. Die ModeratorInnen konnten mit der Hilfe eines speziell für diesen Zweck entworfenen Rahmens in XSight und ihren Tagebüchern Rückmeldungen direkt an die Koordinatorin schicken. Ein XSight Projekt besteht nur aus einer einzigen Datei und kann daher mühelos über E-mail verschickt werden.

Die Direktorin von MORI, Jaime Rose, schätzte die Zeitersparnis bei der Eingabe der Information auf „ungefähr eine Stunde pro Gruppe". Sara Butler, die Koordinatorin von XSight, erklärte, dass die Software „die Geschicklichkeit bei der Bearbeitung unstrukturierter Daten gesteigert hat. Da die Daten viel leichter zu überblicken sind, bedeutet das auch eine Steigerung der Qualität unserer Analyse ... und es erlaubt uns die Erstellung eines Archivs, auf dem die zukünftige Arbeit mit unseren KlientInnen aufbauen kann".

Abbildung 18 zeigt den Bildschirm des XSight Trainingsprojekts, das für die Ausbildung der ModeratorInnen dieses Projektes verwendet wurde. Der Bereich rechts oben zeigt den Frame für die Diskussion betreffend die lokalen Regionen. Die anderen Frames für die unterschiedlichen Themen, die von den Fokusgruppen behandelt wurden, sind im Hintergrund zu sehen. Man kann die Tabulatoren sehen, mit deren Hilfe man bei der Eingabe der Daten rasch von einem Themenbereich zum anderen wechseln kann. Unten rechts ist das Tagebuch geöffnet, in das die Moderatorin bzw. der Moderator die Rückmeldungen an die XSight Koordinatorin eintippen kann. Dieser Bereich hat die für die Textverarbeitung üblichen Menüangebote und man kann daher auch Berichte und PowerPoint-Präsentationen direkt in XSight erstellen. Das hat den Vorteil, dass man Abfragen durchführen kann, deren Ergebnisse dann mit *drag and drop* direkt in den betreffenden Bericht aufgenommen werden können. Schließlich kann der Bericht in Word oder PowerPoint stilistisch verfeinert werden.

6.2 Fallstudie 2: Ein elektronisches Schwarzes Brett

Ein elektronisches Schwarzes Brett (*Electronic Bulletin Board*) ist eine passwortgeschützte Webseite. Es erzeugt automatisch ein digitalisiertes Transkript und ist daher für die Analyse mit einer qualitativen Software ideal. Diese Technik erlaubt eine über mehrere Tage laufende Durchführung von „Fokusgruppen", wobei mit der Hilfe von ModeratorInnen täglich Themen zur Diskussion gestellt werden, auf die die TeilnehmerInnen reagieren und über die sie debattieren. Diese Technik ist besonders gut geeignet für TeilnehmerInnen, die weit voneinander entfernt leben, mit sehr schwierigen Bedingungen kämpfen müssen und nicht genug Zeit für eine zweistündige Gruppensitzung haben, wohl aber in der Lage sind einen Beitrag zu leisten, wenn die Diskussionsgruppen flexibler gestaltet und virtuell sind, selbst wenn sie länger dauern. Ein zusätzlicher Vorteil dieser Technik besteht in der Möglichkeit, größere Gruppen zusammenzubringen, Realzeit-Transkripte zur Verfügung zu haben, die KlientInnen auf unauffällige Weise teilnehmen/beobachten zu lassen und Zeit sowie Kosten für Lohnersatz und Bahnkarten, etc. zu sparen. Dass die Diskussion in digitalisierter Form abläuft, hat den Vorteil, keine Zeit für das Transkribieren von Tonbandaufnahmen zu benötigen oder Information umständlich über andere Medien beschaffen zu müssen. Man kann alle Dateien in *rich text format* speichern, da diese Formatierungsvariante von allen wichtigen qualitativen Software-Paketen unterstützt wird.

Software-Instrumente zur Unterstützung qualitativer Analyse

Abbildung 18: MORI XSight 1.2 Trainingsprojekt

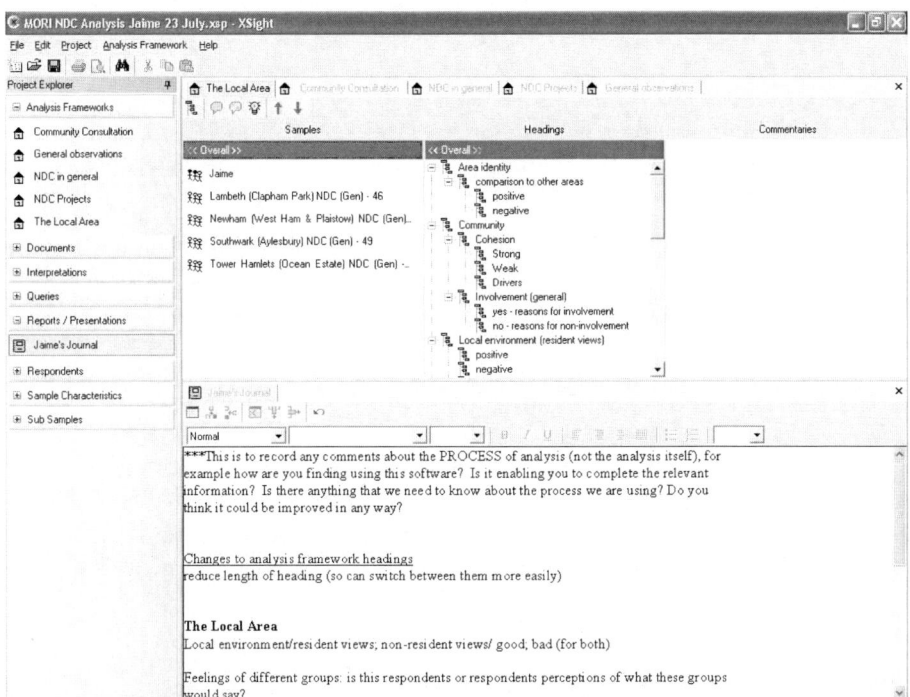

Um die unterschiedlichen Analysemöglichkeiten von QSR NVIVO und XSight zu veranschaulichen, habe ich das elektronische Schwarze Brett, das mir Adam Blunt von NOP World Business (www.gfknop.co.uk)[9] zugesandt hat, in beiden Programmen aufbereitet.

Ob man die Analyse nun in QSR NVIVO oder XSight vornimmt, hängt sehr stark sowohl davon ab, welchen Grad an Tiefenanalyse man wünscht und wie groß der verfügbare Zeitrahmen ist, als auch davon, ob man das/die Schwarze/n Bretter mit anderen gesammelten Daten und vor allem mit quantitativen Daten kombinieren will. Kurz gesagt ist die Verwendung von XSight dann sinnvoll, wenn man sich unter starkem Zeitdruck einen groben Überblick über die Ergebnisse verschaffen möchte. Die eingebaute Option für die Erstellung von Berichten ermöglicht es dieser Software, von der Analyse schnell zum Bericht/zur Präsentation zu kommen, während QSR NVIVO für tiefer gehende Analysen entworfen ist. QSR NVIVO hat auch Import- und Exportver-

---

[9] NOP World fungiert aufgrund eines Organisationszusammenschlusses nun unter GfK NOP, einem global agierenden Marktforschungsunternehmen, das in über 70 Ländern vertreten ist.

knüpfungen mit quantitativen Software Paketen und eignet sich daher ganz besonders gut für Studien, bei denen sowohl qualitative als auch quantitative Techniken verwendet werden. Außerdem besitzt es ein Modell-Feature, mit dessen Hilfe eine stärker holistische Analyse der Daten vorgenommen werden kann.

- Die Vorbereitung der Dokumente

Im Falle von XSight musste die in *rich text format* gespeicherte Datei, die das elektronische Schwarze Brett erzeugt, nicht geändert werden, sondern konnte einfach ins Programm übernommen werden.

Auch bei QSR NVIVO 7 kann die Datei einfach übernommen werden. (QSR NVIVO 7 nimmt sowohl *rich text format* Dateien als auch Word-Dokumente). Aber ich brauchte etwa 20 Minuten, um das Format in Word zu ändern, indem ich mit *search and replace* die Überschriften als solche erkennbar machte (durch Schrifttyp und Farbe), um so zwischen den großen Themengebieten und den einzelnen SprecherInnen zu unterscheiden. Diese Zeitinvestition auf der Ebene des Dokumentes bedeutet eine Zeitersparnis, sobald das Dokument in der Software ist. Die Software erkennt nämlich die unterschiedlichen Word-Überschriften und unterteilt das Dokument automatisch in Abschnitte. Dadurch wird eine automatische Kodierungsoption aktiviert, mit deren Hilfe ich automatisch nach größeren Themenbereichen und nach den einzelnen SprecherInnen kodieren konnte. Die einzelnen SprecherInnen wurden in einem eigenen Fallbereich abgelegt.

- Demographische Merkmale

Diese Merkmale wurden mir als Excel-Datei zugeschickt. Für QSR NVIVO musste ich eine geringfügige Änderung vornehmen, die etwa zehn Sekunden in Anspruch nahm. Danach speicherte ich die Datei ohne Tabulatoren als Textdatei und übernahm sie direkt in QSR NVIVO.

Bei der momentanen Version von XSight mussten diese Merkmale mit Hilfe des Menüs eingegeben werden, aber zukünftige Versionen dieser Software werden wahrscheinlich mit einer Option für den Import von Tabellen ausgestattet sein.

- Die Kategorisierung der Daten und die Analysewerkzeuge

Ein wesentlicher Unterschied zwischen QSR XSight und NVIVO besteht in der Art und Weise in der die Daten kategorisiert werden. QSR NVIVO hat ein sehr ausgefeiltes Suchwerkzeug, mit dessen Hilfe die unterschiedlichen Kodes rasch produziert und kombiniert werden können. Zu diesem Zweck sind die Kodes/Kategorien in der Form eines Katalogs organisiert. XSight hat kein *Search Tool*; seine Kategorien folgen daher strukturell dem Verlauf der Fragen. Das erleichtert die Konstruktion von Kategorien, erlaubt aber andererseits nur eine Grobanalyse. Allerdings ist dies für viele Themen ausreichend.

Abbildung 19 zeigt, wie die Kategorien für unser elektronisches Schwarzes Brett in XSight erstellt wurden. Jedes größere Themengebiet ist ein eigener Analyserahmen. In Abbildung 19 sieht man den Rahmen für *IT Issues*, der ursprünglich (entsprechend der Struktur des elektronischen Schwarzen Brettes) in vier Themengebiete unterteilt war: *Current IT Objectives*, *Future IT Objectives*, *Mobile Workforce* und *Current Key Issues*. In Abbildung 19 sind *Current IT Objectives* und *Future IT Objectives* entsprechend den Antworten der verschiedenen TeilnehmerInnen unterteilt. Zitate wurden mit *drag and drop* aus dem Text des elektronischen Schwarzen Brettes herausgeholt und in die entsprechende Kategorie geschoben. Die Spalte *Commentaries* in Abbildung 19 zeigt die Antwort von *Harry* auf die Frage nach *Cutting Costs*, einer Untergruppe von *Current IT Objectives*.

Abbildung 19: QSR XSight 1.2 Analyserahmen – mit dem Augenmerk auf den Kategorien

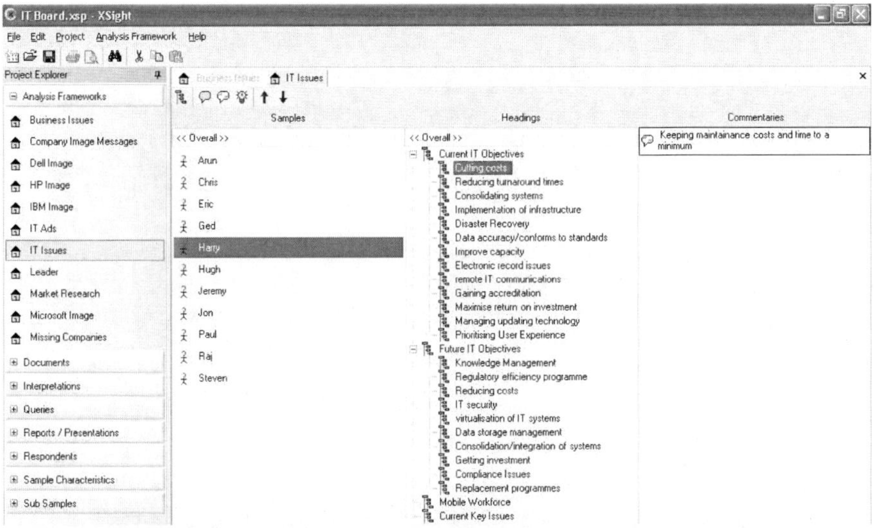

Dies ermöglicht einen groben Überblick über die Daten (siehe das Beispiel in Abbildung 20). Mit der Hilfe von Suchabfragen kann man die Daten nach den verschiedenen demographischen Merkmalen filtern. Die Tabelle kann auch unterteilt werden, um die verschiedenen Antworten zu vergleichen.

Abbildung 20 zeigt, wie die Antworten betreffend *Current IT Objectives*, die sich um Kostenkürzungen drehen, mit *Future IT Objectives* verglichen werden können, die ebenfalls mit Kostenkürzungen zu tun haben. Durch den Vergleich kann festgestellt werden, ob es dieselben oder andere TeilnehmerInnen sind, die diese Frage als eine

Silvana di Gregorio

momentane oder eine zukünftige Aufgabe betrachten und es kann überprüft werden, aus welchem Firmensektor die TeilnehmerInnen kommen und ob diese für die Zukunft andere oder ähnliche Probleme hinsichtlich der Kostenkürzungsfrage sehen.

In QSR NVIVO braucht man etwas länger, um die Kategorien systematisch zu katalogisieren, aber die Software macht automatisch eine Grobkodierung nach den wichtigsten Themenbereichen. Das Suchwerkzeug wurde verwendet, um Kodierung/Kategorien zu kombinieren und ein Katalogsystem herzustellen (Abbildung 21).

Abbildung 20: QSR XSight 1.2 Suchergebnis: Gegenwärtige und zukünftige Kostenkürzungen im Vergleich

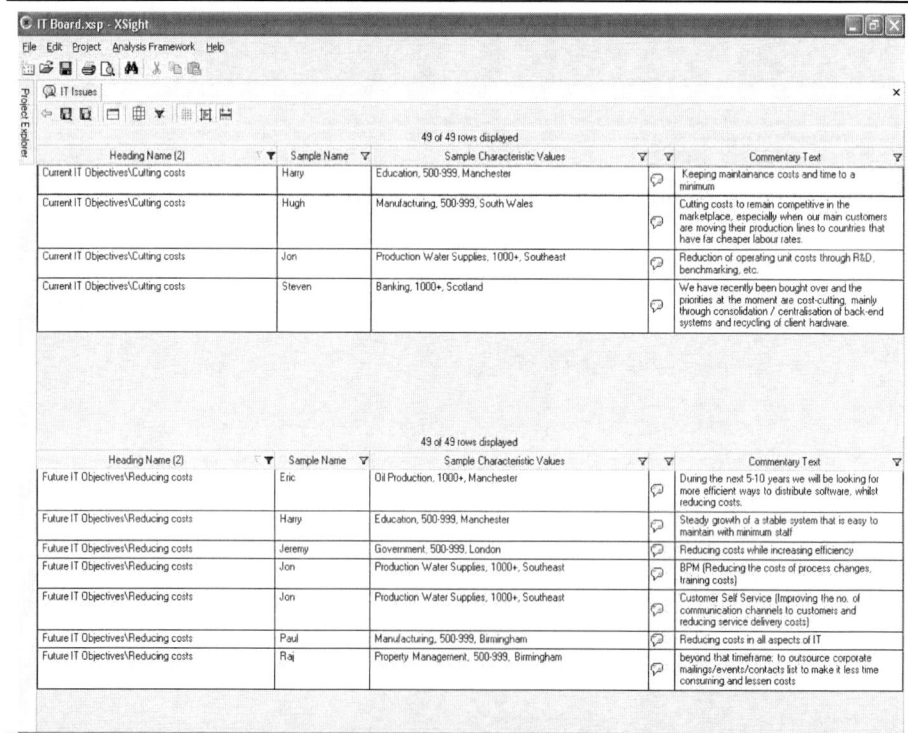

Das Ikon stellt in der Sprache von QSR NVIVO so genannte Knoten (*nodes*) dar, das sind Behälter von Texten, die sich auf bestimmte Kategorien beziehen. Beim Öffnen eines Knotens kommt man zur Datenbank der Dokumente und kann genau die Textteile hervorholen, die der betreffenden Kategorie zugeordnet wurden. Da QSR NVIVO automatisch grob vorkodiert, konnte ich die Grobkodierung durchgehen und dabei Verfeinerungen vornehmen, und zwar direkt an der entsprechenden Schnittstelle (ohne zu den ursprünglichen Dokumenten zurückgehen zu müssen). Nachdem ich die Kodes in ein Katalogsystem umorganisiert hatte (mit nur einer Schnittstelle pro Kategorie), durchsuchte ich zuerst die *IT Issues*, dann die *Business Issues*, wobei ich grob nach Kostenfragen kodierte, die ich später in *Financial Issues* umbenannt habe. Dann schaute ich mir die grob kodierte Schnittstelle für *Financial Issues* an und verfeinerte die Kodierung. Abbildung 21 zeigt die von mir unter *Financial Issues* entwickelten Kodes. Diese Vorgehensweise erlaubte mir eine sehr genaue Kodierung, was mir wiederum gestattete, mit der Hilfe des Suchwerkzeugs eine detaillierte Analyse vorzunehmen.

Mit dem Suchwerkzeug erzeugte ich eine Matrix für den Vergleich der verschiedenen Finanzthemen, die als *Current Issues* und *Future Issues* kategorisiert worden waren. Die Tabellen in Abbildung 22 zeigen das Ergebnis dieser Suche. Die Zahlen der ersten Tabelle zeigen die Anzahl der Fälle, d.h. die Anzahl der Befragten. Durch Anklicken der *drop down display box* produzierte ich die zweite Tabelle, welche die Anzahl der kodierten Wörter anzeigt (Abbildung 23). Dadurch kann ich mir eine Vorstellung machen, wie lange oder wie ausführlich über das Thema gesprochen wurde. Ich kann auch jedes einzelne Feld anklicken, um die Wörter hinter den Zahlen zu erhalten. Wenn es mir sinnvoll erscheint, kann ich diese Tabellen auch in eine Statistik übertragen.

Das Suchwerkzeug von QSR NVIVO kann mehr als nur das, was ich in obigen Abbildungen demonstriert habe, aber es ist, wie die Bilder zeigen, auf jeden Fall ein gutes Instrument für Tiefenanalysen. Ich habe mich auf die Matrixsuche konzentriert, weil nur dieses Software-Paket sie besitzt und weil mit diesem Werkzeug qualitativ-quantitative Analysen möglich sind. Es gibt jedoch auch Suchoptionen, mit deren Hilfe man nicht Matrizen produziert, sondern die dazu dienen, Kodes für weitere Überlegungen und zukünftige Forschungsthemen zu kombinieren. QSR NVIVO besitzt außerdem ein Modellier-Feature für stärker holistische Analysen. In QSR NVIVO kann man auch Berichte erstellen, die Hyperlinks zum Datenmaterial enthalten. Wenn diese Berichte als Berichtsformat gespeichert werden, werden die Hyperlink-Ikons nummeriert und erscheinen mit ihrem Inhalt als Endnoten.

7 Zusammenfassung

Es gibt ein breites Spektrum von Instrumenten zur Unterstützung qualitativer Analysen. Diese Werkzeuge werden ständig verbessert und es ist sehr wahrscheinlich, dass die hier vorgeführten Bildschirmaufnahmen beim Erscheinen des Beitrags bereits ein anderes Aussehen haben. So hat QSR z.B. ein Programm für die jährliche Produktion einer neuen Version von NVIVO. Ich konnte hier natürlich nicht allen Vorzügen der diversen Software Pakete gerecht werden. MAXqda besitzt ein Zusatzprogramm namens MAXdictio. Das ist ein quantitatives Analysewerkzeug, das es nur für dieses Software Paket gibt. Außerdem hat es ein Zusatzprogramm zum Modellieren, genannt MAXmaps.

Abbildung 21: QSR NVIVO 7 Kategorienkatalog

Tree Nodes		
Name	Sources	References
Company Images	1	1
Current vs Future issues	0	0
Current Issues	1	2
Future Issues	1	2
Financial Issues	1	32
Budget Management	1	8
Cutting costs	1	18
Debt management	1	1
Moving from cost to opport	1	2
Need for investment	1	2
Return on Investment	1	1
Value for money	1	2
Issues	0	0
Business Issues	1	1
IT Issues	1	1
IT Ads	1	1
Good IT Ads	1	1
Poor IT Ads	1	1
Leader	1	1
Market Research	1	1
Missing Companies	1	1
System Issues	0	0
Time Issues	0	0

Bei Werkzeugen für qualitative Datensammlungen wie z.B. digitalisierten Schwarzen Brettern gibt es eigentlich keinen plausiblen Grund, der gegen die Verwendung dieser Software Pakete zur Unterstützung qualitativer Analysen spricht. Wie dieser Beitrag zeigt, eignen sich beide Programme für das Management von Daten und Ideen, und zwar in einem einzigen Projekt. Sie erleichtern nicht nur das Management von Daten und Ideen, sondern auch den Zugriff auf dieselben. Als Organisationswerkzeug enthalten sie die gesamten Informationen, die sich auf eine Forschungsarbeit oder auf die

Arbeit für einen bestimmten Klienten bzw. eine bestimmte Klientin bezieht. Außerdem erleichtern die verschiedenen Such- und Abfrageinstrumente sowohl die Rückgriffe auf die Daten („Befragung der Daten") als auch die Überprüfung von vagen Vermutungen, was die einzelnen Daten enthalten könnten. Diese Werkzeuge revolutionieren unsere Vorstellung von qualitativen Analysen und haben den weiteren großen Vorteil, dass durch sie ForscherInnen sowie KlientInnen ein Forschungsarchiv zur Verfügung steht, das jederzeit wieder genutzt und in der Zukunft noch erweitert werden kann.

Abbildung 22: QSR NVIVO 7 Matrix: Finanzfragen als Teil gegenwärtiger und zukünftiger Probleme (Zahlen = Anzahl der Fälle, d.h. der Befragten)

Matrix Intersection

	A: (11 1) Current Issues	B: (11 2) Future Issues
1 : (8 1) Cutting costs	6	6
2 : (8 2) Budget Management	4	1
3 : (8 3) Moving from cost to opportunity	2	0
4 : (8 4) Return on Investment	1	0
5 : (8 5) Need for investment	0	2
6 : (8 6) Value for money	2	0
7 : (8 7) Debt management	1	0

Abbildung 23: QSR NVIVO 7 Matrix: Finanzfragen als Teil gegenwärtiger und zukünftiger Probleme (Zahlen = Anzahl der kodierten Wörter)

Matrix Intersection

	A: (11 1) Current Issues	B: (11 2) Future Issues
1 : (8 1) Cutting costs	345	87
2 : (8 2) Budget Management	213	15
3 : (8 3) Moving from cost to opportunity	55	0
4 : (8 4) Return on Investment	9	0
5 : (8 5) Need for investment	0	73
6 : (8 6) Value for money	77	0
7 : (8 7) Debt management	10	0

Silvana di Gregorio

8 Literatur

Eisenhart, M. (2005): Quality in Qualitative Research and Writing. Paper presented at the Teaching Qualitative Methods with QSR Software. University of Wisconsin–Madison.
Ereaut, G. (2002): Analysis and Interpretation in Qualitative Market Research. London: Sage.
Fielding, N. G./Lee, R. M. (1998): Computer Analysis and Qualitative Research. London: Sage.
Kelle, U. (1995, ed.): Computer-Aided Qualitative Data Analysis: Theory, Methods and Practice. London: Sage.
Weitzman, E. A. (2000): Software and Qualitative Research. In Denzin, N. K./Lincoln, Y. S. (eds.): Handbook of Qualitative Research, 2nd Edition. Thousand Oaks: Sage, 803-820.
Weitzman, E.A./Mile, M.B. (1995): Computer Programs for Qualitative Data Analysis: A Software Sourcebook. Thousand Oaks: Sage.

Debra Neumann und Hartmut H. Holzmüller

Reporting
Zur Nutzung neuer technologischer Möglichkeiten

1 Einleitung 763
2 Anforderungen 765
3 Neuere technologische Möglichkeiten 767
   3.1 Multimedia – Die Kombination von Medien 767
   3.2 Hypertext 769
   3.3 Modularer Aufbau 770
4 Resumé und Ausblick 772
5 Literatur 773

1 Einleitung

Aufgrund der spezifischen Materialgebundenheit und des interpretativen Charakters qualitativer Forschung stellen sich in der letzten Phase eines Forschungsvorhabens, nämlich bei der Erstellung von Berichten und der Gestaltung von Präsentationen, besondere Herausforderungen. Generelle Zielsetzungen des Reportings sind die Informationsvermittlung bezüglich aller Phasen eines Forschungsvorhabens und den in den jeweiligen Arbeitschritten erfolgten Maßnahmen. Weiter sollte der Prozess der Ergebnisentwicklung und die Schlussfolgerungen, die sich in Bezug auf die Forschungsfragen ergeben, dokumentiert und vermittelt werden.

Ziel dieses Beitrags ist, zu analysieren, welche Möglichkeiten sich für die Verbesserung des Reporting von qualitativen Studien durch die Nutzung neuer Technologien ergeben. Zur Aufarbeitung der Thematik wird in einem ersten Schritt auf die unterschiedlichen Anforderungen an gutes Reporting und die daraus resultierenden Zielkonflikte eingegangen. Daran schließt die Vorstellung und Diskussion von drei technischen Optionen an, die von uns für die Verbesserung bestehender Reportingpraktiken zur Zeit als bedeutsam erachtet werden.

Absicht des Beitrags ist es nicht, eine Anleitung zum Schreiben und Präsentieren von Reports zu geben. Zu diesem Zweck kann auf eine Fülle an einschlägiger, aktueller Literatur verwiesen werden, die sich sowohl mit dem Abfassen wissenschaftlicher Berichte und Publikationen (Choudhuri/Glauser/Peregoy 2004, Golden-Biddle/Locke 1997, Rocco 2003, Wolcott 1990) als auch der Erstellung von Reports für AuftraggeberInnen in der gewerblichen Marktforschung (Carson et al. 2001, Kurz/Aigner/Meinhard 2004, Lillis 2002, Mariampolski 2001) befasst. Zur Vereinfachung der Argumentation verwenden wir hier einen engen Reportingbegriff, der Reporting nicht - wie oftmals vertreten - auch als eine Aufgabe im Rahmen der Analysephase versteht (Ezzy 2002, Richards 2005), sondern nur auf die Berichtphase abstellt.

Es scheint zweckmäßig zu sein, von einer Typologie von Reportingfeldern auszugehen, die einerseits nach dem AdressatInnenkreis und andererseits nach Reportingformen differenziert (Abbildung 1). AdressatInnen können WissenschaftlerInnen und PraktikerInnen sein. Wissenschaftliche Reporte richten sich typischerweise in erster Linie an einen entsprechend selektierten bzw. qualifizierten Personenkreis (Wissenschaftsgemeinschaft), während in der Auftragsforschung die beauftragenden Institutionen bzw. deren RepräsentantInnen angesprochen werden. Bezüglich der Reportingform unterscheiden wir nach Forschungsberichten und Präsentationen. Forschungsberichte sind typischerweise so abgefasst, dass sie selbsterklärend sind und für sich sprechen, während Präsentationen im direkten Kontakt von ForscherInnen mit einer Gruppe von ZuhörerInnen erfolgen und daher möglichst auf zentrale Aspekte fokussieren und stärker dialogischen Charakter aufweisen. Zielsetzung von Forschungsberichten ist es i.d.R., eine möglichst umfassende Dokumentation einer Forschungsarbeit zu liefern, während Präsentationen auf die Vermittlung von bedeutsamen Schwerpunkten von Forschungsarbeiten abstellen und die Stimulierung der ZuhörerInnen in Form von Diskussion, Reflexion und tiefer gehender Beschäftigung zum Ziel hat (siehe auch Kleining 2007).

Abbildung 1: Typen des Reportings

AdressatInnen	Reportingform	
	Forschungsbericht	Präsentation
WissenschaftlerInnen	Wissenschaftlicher Forschungsbericht	Präsentation vor WissenschaftlerInnen
PraktikerInnen	Bericht an beauftragende Institution	Präsentation vor PraktikerInnen

Folgt man dieser Differenzierung, dann sind Forschungsberichte im wissenschaftlichen Bereich u.a. Publikationen (Artikel, Bücher) oder Schlussberichte an Institutionen der Forschungsförderung. Naturgemäß steht hier die Nachvollziehbarkeit der Forschungsarbeit, deren Verortung in der bisherigen Forschung, der Beitrag zur Weiterentwicklung in der Disziplin und die kritische Reflexion der eigenen Arbeit im Vordergrund. Die Präsentation vor WissenschaftlerInnen, typischerweise bei Konferenzen und Symposien, zielt auf eine rasche Verbreitung von Forschungsergebnissen und die Reflexion bzw. Weiterentwicklung von Forschungsbemühungen im Dialog ab. Zu diesem Typus zählen auch Qualifizierungsvorträge im Rahmen von wissenschaftlichen Karrierewegen, wie bspw. Disputationen, Habilitations- und Bewerbungsvorträge. In diesen Fällen steht der Nachweis von entsprechenden wissenschaftlichen Fähigkeiten in einem begrenzten Zeitrahmen im Vordergrund. Bei Berichten an AuftraggeberInnen aus der Marketingpraxis ist neben der Dokumentation der Forschungsarbeit die anwendungsbezogene Interpretation der Ergebnisse von wesentlicher Bedeutung. Präsentationen vor PraktikerInnen dagegen sind i.d.R. Reporte an die Auftraggeber, welche die Studienergebnisse in der Unternehmens- oder Marketingplanung einsetzen wollen. Neben der konzisen Präsentation der Forschungsarbeit stehen hier häufig die Reflexion der Güte (Objektivität, Zuverlässigkeit und Gültigkeit) der Ergebnisse und deren Relevanz für betriebliche bzw. institutionelle Entscheidungen im Vordergrund. Die vier identifizierten Typen des Reporting nutzen wir in der Folge als Raster zur Beurteilung der Tauglichkeit neuer Technologien für die Nutzung in Berichten und Präsentationen. Zunächst soll aber auf die spezifischen Anforderungen an das Reporting im Detail eingegangen werden.

2 Anforderungen

Mit dem Reporting werden situativ unterschiedliche Ziele verfolgt, dennoch lassen sich eine Reihe von allgemeinen Anforderungen an Reporte identifizieren, die in komplementärer oder konkurrierender Beziehung zueinander stehen. Als besonders relevant erscheinen uns folgende Anforderungen:

- Reporte sollen möglichst zielgruppengerecht gestaltet werden (Carson/Gilmore/Perry/Gronhaug 2001, 190, Liamputtong/Ezzy 2005, 310; Miles/Huberman 1994, 299f).

- Es gilt, eine umfassende Dokumentation der qualitativen Arbeit zu erstellen (Carson/Gilmore/Perry/Gronhaug 2001, 195ff; Denzin 1998, 323ff; Gaskell/Bauer 2000, 337ff; Miles/Huberman 1994, 280ff),

- Auf ein ausgewogenes Verhältnis zwischen Beschreibung und Interpretation sollte großer Wert gelegt werden (Morse/Richards 2002, 188; Patton 2002, 503).

- Berichte und Präsentationen sollten Prägnanz, Strukturiertheit und Fokus aufweisen (Mariampolski 2001, 250; Morse/Richards 2002, 188; Patton 2002, 502ff).

- Im Rahmen des Reporting ist ein ethischer Umgang mit erhobenen Daten und Auskunftspersonen von zentraler Bedeutung (Carson/Gilmore/Perry/Gronhaug 2001, 197f; Ezzy 2002, 156ff; Miles/Huberman 1994, 189; Morse/Richards 2002, 189).

Aus der Aufstellung wird ersichtlich, dass das Erstellen von Reporten vor allem eine Gradwanderung zwischen detaillierter Dokumentation und Prägnanz darstellt. Durch umfassende Dokumentation beim Reporting qualitativer Studien soll der Forschungsprozess transparent gemacht und so die Nachvollziehbarkeit der Ergebnisse gewährleistet und deren Glaubwürdigkeit belegt werden (Gaskell/Bauer 2000, Naderer 2007). Die Forderung nach einer umfassenden Dokumentation bezieht sich vor allem auf folgende drei Bereiche:

- Erhobene Daten: Eine dichte Beschreibung („thick description", Denzin 1998, Geertz 1973) des Datenmaterials soll eine facettenreiche und detaillierte Darstellung umfassen und ausreichend Information zu dem Kontext, indem die Daten generiert wurden, liefern (Patton 2002).

- Methodisches Vorgehen: In diesem Zusammenhang gilt es, zu berichten, wie der Forschungsprozess geplant wurde und schließlich abgelaufen ist. Alle Aktivitäten von der Festlegung der Erhebungsmethode, Auswahl der Stichprobe über die Datenerhebung bis hin zur Auswertung sollten beschrieben werden (Choudhuri/Glauser/Peregoy 2004, Rocco 2003).

- Ergebnisse und Schlussfolgerungen: Hier ist neben der Beschreibung der Ergebnisse und Schlussfolgerungen vor allem wichtig, dass klar und nachvollziehbar dargelegt wird, wie diese erarbeitet wurden (Richards 2005). Dabei sollten Beschreibung und Interpretation deutlich voneinander unterschieden werden und in einem ausgewogenen Verhältnis zueinander stehen (Morse/Richards 2002, Patton 2002).

Die Detailliertheit eines Reports ist abhängig vom AdressatInnenkreis und der Reportingform (Abbildung 1). Bei einer Präsentation wird die Dokumentation knapper gefasst sein als bei einem Bericht, da eine begrenzte Aufnahmenfähigkeit der ZuhörerInnen und ein i.d.R. enger Zeitrahmen berücksichtigt werden müssen (Krueger 1998).

Wissenschaftliche Forschungsberichte verlangen im Vergleich zu Forschungsberichten an auftraggebende Institutionen aus der Praxis typischerweise ein höheres Maß an Ausführlichkeit. Es kann davon ausgegangen werden, dass der entsprechende LeserInnenkreis gewillt ist, mehr Zeit für die Beschäftigung mit dem Bericht aufbringen. Für die wissenschaftliche Auseinandersetzung spielt insbesondere die Dokumentation der methodischen Vorgehensweise eine entscheidende, aber häufig vernachlässigte Rolle (Rocco 2003). Beim Reporting an AuftraggeberInnen stehen meist die Ergebnisse und vor allem die sich daraus ergebenden Implikationen und Empfehlungen im Mittelpunkt des Interesses (Carson et al. 2001, Lillis 2002). Transparenz durch umfassende Dokumentation ermöglicht es qualitativen ForscherInnen, ihre Empfehlungen klar zu begründen. Zudem führt dies zu einem besseren Verständnis des Untersuchungsgegenstandes (Belk/Kozinets 2005) und damit einer solideren Basis für zukünftige Entscheidungen (Kurz/Aigner/Meinhard 2004, Mariampolski 2001). Tendenziell ist zu erwarten, dass der Dokumentation des methodischen Vorgehens in diesem Fall aber eher ein geringeres Gewicht beigemessen wird (Lillis 2002, Mariampolski 2001).

In deutlichem Widerspruch zur umfassenden Dokumentation im Rahmen von Reports steht die Forderung nach Prägnanz. Ein Übermaß an Information kann Reports verwässern und deren Verständlichkeit, Klarheit und Ausdruckskraft mindern (Morse/Richards 2002). Zu umfangreiche Beschreibungen, zu weitschweifige Zitate und übermäßig viele Details wirken schnell unstrukturiert bzw. unfokussiert und strapazieren damit die Aufnahmefähigkeit der AdressatInnen (Patton 2002, Richards 2005).

Daneben sprechen vor allem praktische Überlegungen für eine fokussierte und knappe Darstellung. Dies gilt besonders für das Reporting an AuftraggeberInnen aus der Marketingpraxis, die Reports oftmals nur relativ begrenzte Zeit und Aufmerksamkeit widmen können (Carson et al. 2001, Kurz/Aigner/Meinhard 2004). Beim Reporting in der Wissenschaft ergibt sich die Notwendigkeit einer fokussierten Darstellung etwa aufgrund eines vorgegebenen Seitenumfangs bei Veröffentlichungen in Zeitschriften oder einer Zeitbegrenzung bei Konferenzvorträgen (Morse/Richards 2002).

Die Abwägung zwischen umfassender Dokumentation und Prägnanz ist kaum befriedigend zu bewerkstelligen. Wie kann ausreichend Information in das Reporting eingebracht werden, um Transparenz und Glaubwürdigkeit zu gewährleisten, und gleichzeitig sichergestellt werden, dass zentrale Ergebnisse nicht in einer unübersichtlichen Informationsflut verloren gehen? Neue technologische Entwicklungen erlauben es, dieser Herausforderung zu begegnen. In der Folge gehen wir auf drei uns besonders relevant erscheinende Optionen für die Gestaltung von Reports ein, nämlich der Nutzung von Multimedialität, Hypertext und modulare Strukturen. Dabei gilt es festzuhalten, dass diese nicht als isoliert bzw. sich gegenseitig ausschließend zu verstehen sind, sondern sich vielmehr ergänzen und miteinander kombinierbar sind.

3 Neuere technologische Möglichkeiten

3.1 Multimedia - Die Kombination von Medien

Die Verwendung unterschiedlicher Medien beim Reporting erleichtert die kompakte und ansprechende Darstellung von Information. Multimedialität erlaubt, die Vorteile einzelner Reporting-Medien zu kombinieren und die entsprechenden Schwächen auszugleichen (Belk 1998, Belk/Kozinets 2005, Brown 2002, Spiggle 1998).

Bei Forschungsberichten kann durch die Nutzung mehrerer Medien eine detailliertere und präzisere Darstellung von Information erreicht werden. Basiert ein Bericht in erster Linie auf Text, so können etwa zusätzliche audio-visuelle Medien integriert werden. Durch Videoauszüge von Interviews oder Beobachtungen können dann para- oder nonverbale Information sowie eine Fülle von Kontextinformation vermittelt werden, die durch reinen Text kaum darstellbar wären (Brown 2002). Auf diese Weise kann ein realistischeres und vollständigeres Bild der untersuchten Wirklichkeit wiedergegeben werden (Kozinets/Belk 2006)

Bei akademischen Forschungsberichten wird WissenschaftlerInnen so eine große Nähe zu den Daten ermöglicht und die Offenheit und Glaubwürdigkeit des Berichts erhöht (Chenail 1995, Kozinets/Belk 2006). Bei schriftlichen Berichten an beauftragende Institutionen aus der Praxis wird durch das Zeigen von Interviews oder Beobachtungsdaten die Distanz zwischen Entscheidungsträgern und der untersuchten Zielgruppe reduziert (Kozinets/Belk 2006). Dies führt zu einer besseren Nutzungsmöglichkeit von Ergebnissen im Rahmen von Marketingentscheidungen und stellt somit einen wichtigen Mehrwert für PraktikerInnen dar (Kurz/Aigner/Meinhard 2004, Sunderland 2006).

Video-Berichte gewinnen sowohl für die wissenschaftliche Forschung als auch in der Marketingpraxis zunehmend an Bedeutung (Sunderland 2006). Der Aufbau von Video-Berichten ist typischerweise dramaturgisch gestaltet, so dass meist die erhobenen Daten und die daraus gewonnen Erkenntnisse präsentiert werden (Belk/Kozinets 2005). Information zum theoretischem Hintergrund, dem Stand der Forschung, methodischem Vorgehen u.a. lassen sich meist nur schwer integrieren (Belk 1998). Diese Information kann durch die zusätzliche Verwendung von Text effektiver vermittelt werden. Hinweise zur Erstellung von Video Reports finden sich u.a. in Belk (2006) Knoblauch (2006), Pink (2001) und Rabiger (1997).

Bei Video-Berichten für PraktikerInnen bietet die Kombination mit Text ebenfalls Vorteile. So können die wichtigsten Ergebnisse und zentrale Aussagen etwa in Form einer Executive Summary übersichtlich dargestellt und einfacher weitergegeben werden. Zudem kann relevante, zusätzliche Information so vermittelt werden, dass der Erzählfluss des Videos nicht behindert oder überfrachtet wird.

Beispiele für multimediale Video-Berichte sind u.a. zwei ethnographische Studien, die beide in der American Marketing Science Review erschienen sind. Varman, Belk und Costa (2006) untersuchen den Einfluss von der Einbettung von KonsumentInnen in das soziokulturelle Umfeld auf das Marktverhalten von einkommensschwächeren indischen KonsumentInnen. Varman und Vikas (2006) erforschen, inwieweit einkommensschwache Personen in Entwicklungsländern eine freie Entscheidung bei der Wahl ihrer Konsumgüter treffen können. In beiden Studien wurden zusammen mit den Videos auch kurze Textbeiträge veröffentlicht, in denen die Problemstellung und der konzeptionelle Hintergrund dargestellt werden. Ein weiteres interessantes Beispiel, wenn auch nicht aus der qualitativen Forschung, ist ein verhaltensbiologisch ausgerichteter Artikel von Sanchis-Segura und Spanagel (2006), der sich mit Methoden zur tierexperimentellen Untersuchung von Alkoholabhängigkeit befasst. Dort werden Comics zur Illustration der Methoden und Ergebnisse verwendet[1].

Multimediale Präsentationen lassen sich durch die Kombination von Text mit audio-visuellen Medien anregender und aufmerksamkeitswirksamer gestalten. Den ZuhörerInnen fällt es dann oft leichter, auch sehr komplexe Information und Sachverhalte zu verarbeiten (Heisley 2001). Gerade bei Präsentationen vor PraktikerInnen kann durch multimediales Reporting die Akzeptanz und Nutzung qualitativer Ergebnisse erhöht werden (Martin/Schoutern/Mc Alexander 2006). Einige Beispiele für solche Reporting-Praktiken werden von Sunderland (2006) und Martin, Schouten und McAlexander (2006) beschrieben.

Die Nutzung von Multimedialität beim Reporting ist mit einigen Einschränkungen verbunden. So sollte sie bereits beim Forschungsdesign und der Datenerhebung berücksichtigt werden – also etwa die Daten auch multimedial erhoben werden. Zudem ist die Verwendung von audio-visuellen Daten an ethische Bedenken geknüpft, da die Gewährleistung von Anonymität oftmals nur bedingt möglich ist (Secrist/de Koyer/-Bell/Fogel 2002, Kozinets/Belk 2006).

---

[1] Die Comics sind abrufbar unter http://www.zi-mannheim.de/psychopharmakologie.html.

3.2 Hypertext

Durch Hyperlinks können Informationseinheiten miteinander verknüpft werden, so dass ein Netz von Dokumenten und Dateien entsteht. Ein solches Netz aus einzelnen miteinander verknüpften Texten ist ein Hypertext (Bieber 2000). Zu den bekanntesten Beispielen für Hypertext gehören die Beiträge in der Online-Enzyklopädie Wikipedia. Beim Erstellen von Berichten können so mehrere, aufeinander aufbauende Ebenen mit unterschiedlich hohem Detaillierungsgrad angelegt werden (Spiggle 1998). Der Vorteil für die AdressatInnen liegt darin, dass sie den Bericht dann entsprechend ihrer Bedürfnisse lesen und verarbeiten können (Self-customization).

Bei wissenschaftlichen Forschungsberichten können kurze Zitate mit der entsprechenden Stelle in der Transkription oder anderen Interviewauszügen mit ähnlichen Aussagen verknüpft werden. Über Hyperlinks können detaillierte Informationen etwa zum methodischen Vorgehen oder zur Herleitung der Ergebnisse gegeben werden, die in einem linearem Fließtext den Bericht überfrachten würden. Ein solches Vorgehen bietet die Möglichkeit, komplexe Sachverhalte und Argumentationsmuster zu vermitteln, welche trotzdem klar strukturiert und übersichtlich kommuniziert werden können (Brown 2002). Ein gutes Beispiel, allerdings nicht aus der qualitativen Forschung, ist eine Publikation von Robert Krider (2004), in der stochastische Vorhersagemodelle zu der dynamischen Wettbewerbsentwicklung im Einzelhandel präsentiert werden. Im konzeptionellen Teil des Artikels wurden Hyperlinks zu einer Website gesetzt, auf der die im Beitrag beschriebenen Modelle getestet und modifiziert werden können. Auf diese Weise sollen die komplexen Aussagen die im Text des Beitrags gemacht werden, in leichter verständlicher Art illustriert werden.

Bei Hypertext-Berichten für auftraggebende Institutionen könnten PraktikerInnen bspw. vom Executive Summary aus direkt zu den für sie interessanten Abschnitten des Berichts gelangen. Kernergebnisse können mit entsprechenden Empfehlungen verknüpft werden, damit die AdressatInnen leichter die Relevanz der Ergebnisse für die eigene Institution erkennen können. Auch zu den zugrunde liegenden Daten können Hyperlinks gesetzt werden, damit schnell erkennbar wird, wie diese Aussagen entstanden sind. Die flexible Nutzbarkeit von Hypertext-Berichten bieten auftraggebenden Institutionen so einen wichtigen Mehrwert, denn derselbe Bericht stellt unterschiedlichen Abteilungen, wie etwa dem Marketing, der Forschungs- und Entwicklungsabteilung oder der Geschäftsleitung die jeweils für sie relevanten Informationen strukturiert und verknüpft mit dem Ganzen zur Verfügung.

Bei Hypertext-Präsentationen, in denen bspw. Vortragsfolien untereinander verlinkt oder mit Webseiten bzw. Dokumenten verknüpft sind, können die Präsentierenden sehr flexibel auf die Vortragssituation reagieren. So kann etwa eine Reihe von zusätzlicher Information zu den Kernaussagen auf den einzelnen Folien vorbereitet werden und bei Bedarf, etwa auf eine Nachfrage hin, durch einen Hyperlink aufgerufen werden. Wurde im Rahmen der Untersuchung mit einer Analyse-Software gearbeitet, können Hyperlinks zu den entsprechenden Dateien gesetzt werden. Im Rahmen von Präsentationen vor WissenschaftlerInnen lassen sich so bspw. Fragen zum methodischen Vorgehen, der Datenstruktur oder Kodierung anschaulich beantworten. Bei Präsentationen vor PraktikerInnen können auf diese Weise schnell Zitate oder Videomaterial zu bestimmten Aspekten oder Aussagen gefunden werden. Des weiteren bieten viele moderne Software-Pakete zur qualitativen Datenanalyse Möglichkeiten zur Visualisierung von Ergebnissen, die durch Hyperlinks unmittelbar in die Präsentation eingebunden werden können. So bietet ATLAS.ti ein Network Tool, das Verknüpfungen zwischen Kodes und Textpassagen graphisch abbildet (Pelz/Schmitt/Meis 2004).

Die Flexibilität, die Hyperlinks beim Verfassen von Berichten und Präsentationen bieten, ist aber auch mit der Gefahr verbunden, dass wichtige Information in einem übermäßig verzweigten Geflecht von Hyperlinks untergeht (Coffey/Holbrook/Atkinson 1996). Ein Bericht oder eine Präsentation, in der alles mit allem verknüpft ist, hat kaum noch Aussagekraft. Verknüpfungen sollten daher nur dort erfolgen, wo sie wirklich nutzenstiftend sind (Brown 2002).

3.3 Modularer Aufbau

Bei einem modularen Aufbau besteht der Bericht aus mehreren, mehr oder minder unabhängigen Informationseinheiten oder Modulen, die über ein Menü miteinander verknüpft sind. Modular aufgebaute Berichte können etwa auf lokalen Medien, wie einer DVD-ROM, oder auf Webseiten im Internet angeboten werden (Belk/Kozinets 2005). Im Rahmen der einzelnen Module können auch Multimedia- und Hypertext-Berichte verwendet werden. Der Vorteil von modularen Berichten liegt vor allem darin, dass sehr große Mengen an Information übersichtlich dargestellt werden können.

Ein Beispiel für einen modularen, wissenschaftliche Forschungsbericht ist die „Material World Studie" von Peter Menzel (1994) über das Konsumverhalten und den Besitz von Gebrauchsgütern von einzelnen Familien aus über 30 Ländern. Auf einer CD-ROM befindet sich für jede Familie ein Familienalbum mit Fotos und Videos. NutzerInnen können sich für bestimmte Gebrauchsgüter anzeigen lassen, was diese für die jeweilige Familie bedeuten. Zudem kann auf Informationen über einzelne Länder, auf die Dokumentation der Interviews mit den Familien sowie Berichte über die Zeit, die der Autor mit der jeweiligen Familie verbracht hat, zugegriffen werden. Darüber hinaus bietet die Studie detaillierte Vergleiche der Familien aus den unterschiedlichen Ländern bezüglich vieler zusätzlicher Aspekte ihres Lebens. NutzerInnen steht es frei, welche Information in welcher Reihenfolge abgerufen wird. Sinnvoll ist ein modular aufgebauter, wissenschaftlicher Forschungsbericht insbesondere als Endbericht größerer, interdisziplinärer Forschungsprojekte, bei denen neben den Gesamtergebnissen auch die Ergebnisse aus Sicht einzelner Disziplinen oder zu einzelnen Forschungsfragen dargestellt werden sollen.

Bei Berichten an auftraggebende Institutionen aus der Praxis machen modulare Berichte vor allem dann Sinn, wenn unterschiedliche, von einander gut abgrenzbare Facetten einer allgemeinen Forschungsfrage untersucht worden sind. Dies soll am Beispiel eines Forschungsprojekts für eine regionale Tageszeitung verdeutlicht werden. Der modulare Bericht ist auf einer DVD-ROM gespeichert, beim Öffnen gelangt der Nutzer bzw. die Nutzerin zunächst zu einem Menü (Abbildung 2). Der Menüpunkt „Projektvorstellung" führt die NutzerInnen zum Projektplan, in dem Zielsetzung und Vorgehensweise des Projekts dargestellt werden. Die Menüpunkte „Unternehmens- und Zeitungsprofil" führen zu einem Untermenü, in dem sich ein kurzer Film, eine Powerpoint-Präsentation, Organigramme des Unternehmens und Links zu den Webseiten des Unternehmens und der Tageszeitung befinden.

Abbildung 2:   Beispiel für das Menü eines modularen Reports

Business Development für Regionalzeitung

- Projektvorstellung
- Unternehmens- und Zeitungsprofil
- SWOT-Analyse Anzeigenmarkt
- Fokusgruppe – Junge Leser
- SWOT-Analyse Lesermarkt
- Entwicklungstrends - Anzeigenmarkt
- Zukunft der Zeitung Delphi-Analyse
- Entwicklungstrends - Lesermarkt
- Executive Summary
- Managementempfehlungen

In den nächsten sechs Menüpunkten werden die empirischen Untersuchungen vorgestellt: SWOT-Analysen für die Zielmärkte „Lesermarkt" und „Anzeigenmarkt", eine Delphi-Studie zur Zukunft des Zeitungsmarktes, die Ergebnisse von Fokusgruppendiskussionen mit jungen LeserInnen sowie die Resultate von ExpertInneninterviews zu neuen Entwicklungstrends in den Bereichen „Lesermarkt" und „Anzeigenmarkt". Hinter dem Menüpunkt „Executive Summary" verbirgt sich ein kurzes PDF-Dokument, in dem die Kernergebnisse des Projekts übersichtlich dargestellt werden. Über „Managementempfehlungen" gelangen die NutzerInnen zu einem Hypertext-Report, in dem die Kernergebnisse des gesamten Projekts sowie die daraus abgeleiteten Handlungsempfehlungen dargestellt werden. Unter diesem Punkt befindet sich ebenfalls eine Powerpoint-Präsentation samt Audio-Datei mit dem entsprechenden Begleitkommentar. Ein weiteres aktuelles Beispiel für einen modularen Bericht über die Einführung einer neuen Kondom-Marke auf dem indischen Markt findet sich in Belk und Kozinets (2005).

Ein modularer Aufbau macht nur bei sehr großen Informationsmengen Sinn und eignet sich daher eher nicht für Präsentationen. Zudem sollte sich ein entsprechender Bericht klar in sinnvolle Untereinheiten teilen lassen, da eine zu große Überschneidung zwischen den Teilen zu Redundanzen führt, welche die Nutzungsfreundlichkeit eines modularen Reports stark beeinträchtigen.

4 Resumé und Ausblick

Die hier vorgestellten technologischen Optionen bieten eine Reihe von Möglichkeiten effektives Reporting zu betreiben, das gut auf den AdressatInnenkreis und die Reportingform abgestimmt werden kann. Deren Nutzung kann in ausgezeichneter Weise dazu beitragen, ein ausgewogeneres Verhältnis von umfassender Dokumentation und prägnanter und handhabbarer Darstellung in Reporten zu erreichen.

Wie der Forschungsbericht von Menzel (1994), der sowohl Hypertext als auch einen modularen Aufbau nutzt, zeigt, konnten qualitativ Forschende nicht erst in den letzten Jahren diese Techniken nutzen, um ihre Ergebnisse auf interessante und wirkungsvolle Weise darzustellen. Dennoch finden sich vergleichsweise wenige Reporte in der Wissenschaft wie in der Praxis, die sich diese Möglichkeiten zu Nutze machen. Wir glauben, dass sich dies in Zukunft aus zwei Gründen ändern wird.

Erstens ist durch die Entwicklung von zunehmend kostengünstiger und leicht bedienbarer digitaler Technik die Erstellung von multimedialen, modularen oder Hypertext-Reporten stark vereinfacht worden. Es gibt eine Reihe von Software-Angeboten, welche das Schneiden von Film, den Aufbau komplexer Hypertext-Strukturen oder das Erstellen von DVD-Menüs und Webseiten relativ unkompliziert ermöglichen, so dass sie nunmehr einem breiten Personenkreis, der gängige Computer-Programme beherrscht, ohne großem Aufwand zur Verfügung stehen.

Zweitens sehen wir deutliche Signale in der Literatur, dass die Akzeptanz solcher technisch basierter Reporte steigt. Die hier beschriebenen Optionen für das Reporting sind alle an elektronische Formate gebunden, was vor allem in der Vergangenheit eine hohe Barriere für akademische Veröffentlichung darstellte. Wissenschaftliche Forschungsberichte, die nicht den akzeptierten Formaten entsprachen, wie etwa Videoberichte, stießen auf ablehnende Haltung in der wissenschaftlichen Gemeinde (Belk/Kozinets 2005, Heisley 2001). Diese Haltung scheint sich in den letzten Jahren zu verändern. So bieten mittlerweile eine Reihe von wissenschaftlichen Zeitschriften, wie etwa das Journal of Consumer Research, die Academy of Marketing Science Review und das Forum: Qualitative Sozialforschung Möglichkeiten zur Veröffentlichung von Multimedia- oder Hypertext Publikationen an. In diesem Zusammenhang wird auch an der Entwicklung von wissenschaftlichen Gütekriterien für neue Forschungs- und Reportingformen wie z.B. der Videographie gearbeitet (Kozinets/Belk 2006).

Es ist unschwer voraus zu sehen, dass raffiniertere und attraktivere Arten des Reportings zu komparativen Wettbewerbsvorteilen führen werden. Im wissenschaftlichen Bereich werden einzelne Personen durch eine entsprechende Nutzung neuer überlegener Technologien bei der Verbreitung ihrer Forschungsergebnisse rascher persönliche Karriereziele erreichen. Zudem ist zu vermuten, das Institutionen der Forschungsförderung durchaus bereit sein werden, im Rahmen von Drittmittelprojekten zusätzliche Budgets für die Erstellung von wirkungsvolleren und passgenaueren Schlussberichten zu widmen, die eine Verbesserung des Transfers von Forschungsergebnissen in Anwendungsfelder in Aussicht stellen. In der Marktforschungspraxis werden kundInnenfreundlichere und vielfältiger verwertbare Reporte von Auftraggebern als Qualitätsmerkmal wahrgenommen und bringen damit für jene Marktforschungsunternehmen Vorteile, die verfügbare Technologien im Rahmen des Reportings wertsteigernd einsetzen. Entsprechendes Know-how ist sicherlich auch gut geeignet, in der Akquise von Forschungsaufträgen als Verkaufsargument genutzt zu werden und damit insgesamt den Markterfolg zu steigern.

Zudem erwarten wir und wünschen uns auch, dass künftige technische Neuerungen (z.B. virtuelle Realität) zu einer weiteren Steigerung der adressatInnengerechten Gestaltung von Reporten führen werden. Der offene und interpretative Charakter qualitativer Forschung lädt aufgrund der typischen Fülle und den unterschiedlichen Qualitäten des erarbeiteten Datenmaterials gerade dazu ein, dass in dieser Forschungstradition mit neuen Optionen des Reportings experimentiert und so die Akzeptanz und Bedeutung einschlägiger Forschungsbemühungen gesteigert wird.

5 Literatur

Belk, Russell W. (1998): Multimedia Approaches to Qualitative Data and Representations. In: Stern, Barbara B. (ed.): Representing Consumers. Voices, Views and Visions. London, 308-338.

Belk, Russell W./Kozinets, Robert V. (2005): Videography in Marketing and Consumer Research. In: Qualitative Market Research: An International Journal, vol. 8, no. 2, 128-141.

Bieber, Michael (2000): Hypertext. In: Ralston, Anthony/Reilly, Edwin D./Hemmendinger, David (eds.): Encyclopedia of Computer Science. 4th edition. London, 799-805.

Brown, David (2002): Going Digital and Staying Qualitative: Some Alternate Strategies for Digitizing the Qualitative Research Process. In: Forum: Qualitative Social Research [Online Journal], vol. 3, no. 2.
Carson, David/Gilmore, Audrey/Perry, Chad/Gronhaug, Kjell (2001): Qualitative Marketing Research, Thousand Oaks.
Chenail, Ronald J. (1995): Presenting Qualitative Data, In: The Qualitative Report [Online Journal], nol. 2, no. 3.
Choudhuri, Dibya/Glauser, Ann/Peregoy, John (2004): Guidelines for Writing a Qualitative Manuscript for the Journal of Counseling & Development. In: Journal of Counseling & Development, vol. 82, 443-446.
Coffey, Amanda/Holbrook, Beverley/Atkinson, Paul (1996): Qualitative Data Analysis: Technology and Representations. In: Sociological Research Online, vol. 1, no. 1.
Denzin, Norman K. (1998): The Art and Politics of Interpretation. In: Denzin, Norman K./Lincoln, Yvonna S. (eds.): Collecting and Interpreting Qualitative Materials, Thousand Oaks, 313-344.
Ezzy, Douglas (2002): Qualitative Analysis. Practice and Innovation. London
Gaskell, George/Bauer, Martin W. (2000): Towards Public Accountability: Beyond Sampling, Reliability and Validity. In: Bauer, Martin W./Gaskell, George (eds.): Qualitative Researching with Text, Image and Sound. A practical Handbook. London, Thousand Oaks, New Delhi, 336-350.
Geertz, Clifford (1973): Thick Description: Toward an Interpretative Theory of Culture. In: Geertz, Clifford (ed.): The Interpretation of Cultures: Selected Essays. New York, 3-30.
Golden-Biddle, Karen/Locke, Karen D. (1997): Composing Qualitative Research. Thousand Oaks.
Heisley, Deborah D. (2001): Visual Research: Current Bias and Future Direction. In: Advances in Consumer Research, vol. 28, no. 1, 45-46.
Kleining, Gerhard (2007): Der qualitative Forschungsprozess. In: Naderer, Gabriel/Balzer, Eva (Eds.): Qualitative Marktforschung in Theorie und Praxis. Wiesbaden, 187-230.
Knoblauch, Hubert/Schnettler, Bernt/Raab, Jürgen/Soeffner, Hans-Georg (2006): Video Analysis. Qualitative Audiovisual Data Analysis in Sociology. Frankfurt am Main.
Krider, Robert E. (2004): Empirical Evidence of Long-Run Order in Retail Industry Dynamics, In: Academy of Marketing Science Review [Online Journal], no. 1.
Krueger, Richard A. (1998): Analyzing & Reporting Focus Group Results. Thousand Oaks.
Kurz, Andrea/Aigner, Walter/Meinhard, Dieter (2004): Presenting the Results of Qualitative Research to Public Research Administration Bodies. In: Buber, Renate/Gadner, Johannes/Richards, Lyn (eds.): Applying Qualitative Methods to Marketing Management Research. New York, 61-75.
Liamputtong, Pranee/Ezzy, Douglas (2005): Qualitative Research Methods. 2nd edition. South Melbourne.
Lillis, Geraldine (2002): Delivering Results in Qualitative Market Research. London.
Mariampolski, Hy (2001): Qualitative Market Research, Thousand Oaks.
Martin, Diane M./Schouten, John W./McAlexander, James H. (2006): Reporting Ethnographic Research: Bringing Segments to Life through Movie Making and Metaphor. In: Belk, Russel W. (ed.): Handbook of Qualitative Research Methods in Marketing. Cheltenham, 361-370.
Menzel, Peter (1994): Material World: A Global Family Portrait. CD-ROM. San Francisco, CA.
Miles, Matthew B./Huberman, A. M. (1994): Qualitative Data Analysis: an Expanded Source Book. 2nd edition. Thousand Oaks.

Morse, Janice M./Richards, Lyn (2002): Readme First for a User's Guide to Qualitative Methods. Thousand Oaks.
Naderer, Gabriele (2007): Standortbestimmung aus theoretischer Perspektive. In: Naderer, Gabriele/Balzer, Eva (Hrsg.): Qualitative Marktforschung in Theorie und Praxis. Wiesbaden, 15-30.
Patton, Michael Q. (2002): Qualitative Research & Evaluation Methods. 3rd edition. Thousand Oaks.
Pelz, Corinna/Schmitt, Annette/Meis, Markus (2004): Knowledge Mapping als Methode zur Auswertung und Ergebnispräsentation von Fokusgruppen in der Markt- und Evaluationsforschung. In: Forum: Qualitative Social Research [Online Journal], vol. 5, no. 2.
Pink, Sarah (2001): Doing Visual Ethnography. Sage.
Rabiger, (1997): Directing the Documentary. 3rd edition. Boston.
Richards, Lyn (2005): Handling Qualitative Data. Thousand Oaks.
Rocco, Tonette S. (2003): Shaping the Future: Writing Up the Method of Qualitative Studies. In: Human Resource Development Quarterly, vol. 14, no. 3, 343-349.
Sanchis-Segura, Carles/Spanagel, Rainer (2006): Behavioural Assessment of Drug Reinforcement and Addictive Features in Rodents: An Overview. In: Addiction Biology, vol. 11, no. 1, 2-38.
Secrist, Cory/de Koyer, Ilse/Bell, Holly/Fogel, Alan (2002): Combining Digital Video Technology and Narrative Methods for Understanding Infant Development. In: Forum: Qualitative Social Research [Online Journal], vol. 3, no. 2.
Spiggle, Susan (1998): Creating the Frame and the Narrative. From Text to Hypertext. In: Stern, Barbara B. (ed.): Representing Consumers. Voices, Views and Visions. London, 156-190.
Sunderland, Patricia L. (2006): Entering Entertainment: Creating Consumer Documentaries for Corporate Clients. In: Belk, Russell W. (eds.): Handbook of Qualitative Research Methods in Marketing. Cheltenham, 371-383.
Varman, Rohit/Belk, Russell W./Costa, Janeen (2006): Recapturing Humanity: Embeddedness in Market Communities, In: Academy of Marketing Science Review [Online Journal], no. 4.
Varman, Rohit, Vikas, Ram M. (2006): The Unfree Consumers: Consumption and Freedom Under Subaltern Conditions. In: Academy of Marketing Science Review [Online Journal], no. 4.
Wolcott, Harry F. (1990): Writing Up Qualitative Research. Newbury Park, CA.

Teil 7
Exemplarische qualitative Marketingstudien

Jörn Lamla

Konsumpraktiken in der virtuellen Alltagsökonomie
Forschungsdesign und exemplarische Fallskizze

1 Einleitung 781
2 Theorie und Fragestellung 781
3 Erhebungsdesign 786
    3.1 Feldzugang und Theoretical Sampling 786
    3.2 Online-Fragebogen 787
    3.3 Narratives Interview zur Internet-Biographie 788
    3.4 Leitfaden zu Alltags- und Konsumpraktiken 789
    3.5 Gespräch am heimischen PC: Surfgewohnheiten 789
    3.6 Argumentations- und Reflexionsteil 790
4 Eine exemplarische Fallskizze 791
    4.1 Internet-Biographie im Karriereknick 791
    4.2 Virtuelle Fluchtpunkte in der ökonomischen Alltagsorganisation 796
    4.3 Website-Analysen und Nutzungspraktiken 797
5 Fazit: Solidarische, ökonomische und instrumentelle Reziprozität 800
6 Literatur 802

1 Einleitung

Der Beitrag erläutert exemplarisch die Forschungsabsichten und das methodische Vorgehen des Projektes „CyberCash – Konsumpraktiken in der virtuellen Alltagsökonomie". Das Projekt zielt darauf ab, Zusammenhänge und Wechselwirkungen zwischen den dynamischen Strukturentwicklungen des virtuellen Marktplatzes im Internet und den Konsumpraktiken privater Haushalte, einschließlich der Gebrauchsweisen internetspezifischer Geldformen und Zahlungssysteme, empirisch zu rekonstruieren und typologisch zu erschließen.[1] In methodischer Hinsicht werden ethnographische und hermeneutisch-rekonstruktive Zugänge so kombiniert, dass sie der „Translokalität" des Geschehens Rechnung tragen (Strübing 2006). Da die Nutzungsweisen des ökonomischen Angebots in Alltagskontexte privater Haushalte eingebettet sind, erfordert die Untersuchung einen Zugang zu den „Offline-Aspekten" dieses Geschehens. Daher werden vor Ort Daten zur alltagskulturellen und biographischen Rückbettung der Internetnutzung, der Medienkompetenz, des Geldgebrauchs und der kommerziellen Orientierungen erhoben. Zugleich ist die Einsicht leitend, dass die Konsumpraktiken auf einen sozial dezentrierten Handlungsraum treffen, der sich dynamisch entwickelt und durch komplexe ökonomische, technische und kulturelle Prozesse strukturiert wird, deren Erfassung „online-ethnographische" Erhebungsinstrumente und Analyseverfahren voraussetzt. Theoretische Überlegungen sowie die Erhebungs- und Auswertungsinstrumente werden überblicksartig dargestellt, bevor an einer Einzelfallanalyse die Verschränkung der einzelnen Analyseschritte exemplarisch vorgeführt wird.

2 Theorie und Fragestellung

Die Frage, wie sich die massenhafte Nutzung des Internet auf den Konsumalltag auswirkt, ist schon für sich genommen ein äußerst spannender empirischer Forschungsgegenstand. Und in erster Linie bezieht sich der Begriff „virtuelle Alltagsökonomie" auch auf jene Konstellation, die durch die massenhafte Verbreitung von Internetanschlüssen in privaten Haushalten hervorgebracht worden ist. Dadurch kristallisieren sich Konsumpraktiken an einem bestimmten Ort in der häuslichen Lebenspraxis, dort nämlich, wo der PC oder das Notebook steht, das den Zugang zum World-Wide-Web ermöglicht. Die Bezeichnung „virtuelle Alltagsökonomie" hat aber darüber hinauswei-

---

[1] Das von der Deutschen Forschungsgemeinschaft (DFG) geförderte Projekt läuft bis Ende 07/2007. Für ihre Unterstützung bei der Auswertung des in diesem Beitrag vorgestellten Einzelfalles danke ich Sighard Neckel, Katharina Witterhold, Paul Gebelein und Tjark Sauer. Aussagen zur Typologie von Konsumpraktiken können beim jetzigen Stand der Analysen noch nicht vorgenommen werden. Für eine vorläufige Kontrastbildung: Lamla/Jacob (2005).

sende Konnotationen, die diesen Gegenstand zum idealen Untersuchungsobjekt einer ganzen Reihe von Fragestellungen machen. Diese betreffen zum einen theoretische Auseinandersetzungen in der Kultur- und Wirtschaftssoziologie (vgl. etwa Collon 1998). Zum anderen lässt sich an diesem Gegenstand die Frage verfolgen, welche Verbindungen das Kulturelle und das Ökonomische gegenwärtig eingehen, wie eng diese sind, welchen Charakter sie haben, welche Probleme auftreten und welche Rolle insbesondere Konsumpraktiken bei alle dem spielen. Leben wir doch nach Ansicht nicht weniger soziologischer Zeitdiagnosen in einer Gesellschaft, deren Kultur oder Geisteshaltung immer mehr durch ökonomische Praktiken im Allgemeinen und durch Konsumpraktiken im Besonderen geprägt ist (Prisching 2006, Reckwitz 2006, 333ff).

In der „virtuellen Alltagsökonomie" im engeren Sinne, etwa beim Einkaufen von zuhause vor dem PC, manifestiert sich ein Bruch, der in anderen Konsumpraktiken bereits angelegt sein kann, nämlich der Bruch zwischen dem Zeichenhaften und den nicht zeichenhaften Aspekten der sozialen Reproduktion. Dieser Bruch ist allerdings auch im Falle internetvermittelter Konsumpraktiken keineswegs vollständig. Vielmehr können sämtliche Objekte oder Produktanteile, die sich in einen digitalen Code umwandeln und später wieder decodieren lassen, vielleicht heute noch nicht, aber prinzipiell direkt über das Netz bezogen und auch konsumiert werden. Für Musik oder Informationen ist dies selbstverständlich, wobei die Verbreitung von portablen Endgeräten (man denke z.B. an den iPod oder Navigationsgeräte) es ermöglicht, dass die Praktiken des Konsumierens keineswegs stillsitzend vor dem PC stattfinden müssen, sondern zunehmend in die alltägliche Lebenspraxis (beim Joggen, beim Autofahren) wieder integriert werden können. Aber es bleibt vorerst eine Differenz zu solchen Konsumpraktiken, die mit der Strukturierung des Alltagslebens in Raum und Zeit verwoben sind und Formen der Sozialität und Stofflichkeit voraussetzen, die mit der Konstellation räumlich isolierter Individuen, die mit „Rechnern" interagieren, im Konflikt stehen, etwa ein gemeinsames Abendessen, die Nutzung von Transportmitteln, um den eigenen Körper (nicht nur virtuell) von A nach B zu bewegen usw.

Das Konzept der „virtuellen Alltagsökonomie" hält die konsumsoziologische Forschung mithin dazu an, sich sehr genau das Verhältnis anzuschauen, in dem das Virtuelle zur materialen sozialen Praxis in Raum und Zeit jeweils steht. Und unter diesem Gesichtspunkt wird dann schnell deutlich, dass Konsumpraktiken keinesfalls entweder virtuell oder real sind, sondern immer beides zugleich, aber in unterschiedlichen Konstellationen und Mischungsverhältnissen. Ein Potenzial zur Virtualisierung ist keineswegs an die Technik des Internet oder die Praktik des Surfens gebunden, sondern gehört zur modernen Konsumkultur ganz grundlegend dazu, so dass sich die „virtuelle Alltagsökonomie" auch an anderen Orten des Handelns und Erlebens – etwa im Shoppingcenter oder im Reisebüro – an Konsumpraktiken studieren lässt. Schon das Geld vermag, wie Christoph Deutschmann (1999) anschließend an Georg Simmel betont, als „allgemeines Mittel" die menschliche Vorstellungskraft in einem Maße zu beflügeln, wie kaum etwas sonst. Zugleich aber ist das Geld ein alltäglich notwendiges

Konsummittel, bei dem es in den meisten Fällen nicht ausreicht, sich nur vorzustellen, man hätte welches davon.

An diese Überlegungen lassen sich nun theoretische und zeitdiagnostische Erwägungen sehr gut anschließen. So finden sich entsprechende Argumente in der Strukturierungstheorie von Anthony Giddens (1992), der gegen dualistische Konzeptionen von Individuum und Gesellschaft oder Handeln und Struktur einwendet, dass das soziale Leben immer aus zwei Perspektiven zugleich betrachtet werden muss: einmal mit Blick auf die Regeln und Ressourcen, die, wie etwa die Sprache, ein virtuelles Strukturgefüge bilden, welches das Handeln jedoch auf der anderen Seite niemals direkt – im Sinne eines algorithmischen Programms – steuert, sondern stets durch handlungs- und interpretationsfähige AkteurInnen im Rahmen ihrer Alltagspraxis zur Anwendung gebracht werden muss, was immer Abänderungen und die aktive Bewältigung von Schwierigkeiten beinhaltet (Lamla 2003). Giddens versucht mit diesem Ansatz, theoretische Perspektiven oder sogar Paradigmen zu verschränken, die in der sozial- und kulturwissenschaftlichen Theoriebildung oftmals zu gegensätzlichen Einschätzungen über ihren Gegenstand führen. Dies lässt sich am Konsum und der Bedeutung von Konsumpraktiken in der Gegenwartsgesellschaft verdeutlichen.

So betonen Untersuchungen, die in der semiologischen Tradition des französischen Strukturalismus und Poststrukturalismus stehen, in erster Linie die differentiellen Verweisungszusammenhänge der Zeichen innerhalb einer Sprache und räumen dieser Struktur einen Vorrang vor ihrer konkreten Verwendung durch die handelnden AkteurInnen ein, sehen letztere mithin als kulturell codiert an[2], wohingegen Ansätze, die sich als praxeologisch bezeichnen ließen, die körpergebundenen „performances", das implizite Routinewissen und die Materialität der Artefakte betonen, die einer Ablösung und Verselbstständigung der virtuellen Zeichenwelten gegenüber den lokalen Handlungskontexten Grenzen setzen (Lamla/Jacob 2005). In der Konsumsoziologie findet sich das erste Paradigma z.B. in Arbeiten von Roland Barthes (1985 [1967]) oder Jean Baudrillard (1991 [1968], 1998 [1970]) wieder. Darin wird etwa am Beispiel der Mode oder der Einführung von Versandhauskatalogen untersucht, inwiefern *Mythen* und *Symbolordnungen* des Konsums den ökonomischen Produktionsverhältnissen zuarbeiten, indem sie die Orientierungen und Wünsche der VerbraucherInnen an deren Erfordernissen ausrichten. „Cultural studies" arbeiten demgegenüber vielfach die eigensinnigen *Aneignungspraktiken* heraus, mit denen spezifische Gruppierungen die

---

[2] Das zentrale Argument geht auf die sprachwissenschaftlichen Arbeiten von Ferdinand de Saussure (2001 [1931]) zurück, der aus der willkürlichen (arbiträren) und deshalb über Konventionen in der Kultur festzulegenden Beziehung zwischen Bezeichnendem und Bezeichnetem (Signifikant und Signifikat) den weit reichenden Schluss gezogen hat, dass die Sprache (langue) als ein *virtuelles* System unabhängig von den konkreten Gebrauchsweisen (parole) studiert werden kann und sollte. Die VertreterInnen der strukturalistischen und poststrukturalistischen Theorien betrachten Kultur als Klassifikationssystem, das eine soziale Realitätsebene sui generis bildet und nach eigenen, universellen (Lévi-Strauss) oder historisch sich formierenden (Foucault) Regeln geordnet ist.

massen- und populärkulturellen Sinnangebote des Konsums und der Medien aufnehmen, sie für ihre Belange kreativ umwerten, mit lokalen Gemeinschaftsnormen kombinieren und so in ihre subkulturellen Sinnwelten eingliedern (Hörning/Winter 1999). Mit der Betonung materieller und leibzentrierter Aspekte rücken diese Studien die *raumzeitliche Positionalität und Sequenzialität* der Konsumpraktiken in den Vordergrund.[3]

Am Gegenstand der „Konsumpraktiken in der virtuellen Alltagsökonomie" lassen sich diese kulturtheoretischen Perspektiven empirisch wenden. Hier stellt sich nämlich die Frage, wie weit diese tatsächlich durch einen virtuellen Sprach- und Zeichenzusammenhang strukturiert werden können bzw. welche Bedingungen der Alltagspraxis einer solchen *Dezentrierung* entgegenstehen. Oder aus der Perspektive des handelnden Subjekts betrachtet: Wie souverän gelingt es, die technischen, ökonomischen und kulturellen Strukturen in den Alltagsgebrauch und in die eigenen Routinen einzubinden, ohne sich in den dynamischen Netzen – sei es bestimmter virtueller Sprachzeichen, der Mythen des Geldes oder der digitalen Verweise (Links) des World-Wide-Web und Algorithmen der Computerprogramme – zu *verstricken*? Das Internet bietet reichhaltiges Anschauungs- und Untersuchungsmaterial, wie durch virtuelle Verweisungsüberschüsse, die riesige Möglichkeitsräume des Handelns öffnen, auf der Seite der Alltagspraxis Notwendigkeiten und auch Schwierigkeiten entstehen können, diesen Optionenreichtum wieder zu schließen bzw. pragmatisch zu handhaben. Dabei wird es kaum zu einseitigen Auflösungen der hier auftretenden Spannungen, auch nicht zur Fortsetzung des herkömmlichen Konsumalltags, sondern zu neuen Praktiken kommen, die von den spezifischen Konstellationen aus alltagsökonomischen und biographischen Orientierungen einerseits und kulturell-ökonomischen-technischen Codes anderseits, also durch ein komplexes Bündel an Dispositionen geprägt werden.

Wie das Geld in sachlicher Hinsicht (als Verweis auf ein Warenuniversum), in sozialer Hinsicht (z.B. durch Distinktion oder Machtbildung) und in einer raum-zeitlichen Dimension (wenn z.B. Schulden Zukunft und Gegenwart verbinden) Zusammenhänge stiftet, so lassen sich auch für das Internet Achsen bestimmen, auf denen die Dezentrierung von Konsumpraktiken mehr oder weniger leicht möglich ist. Die Filterbedingung, dass sich nicht alle Waren *digitalisieren* lassen – was ja für die neue globale Sofortverfügbarkeit und verlustfreie Reproduzierbarkeit erforderlich ist –, wurde schon erwähnt, weshalb viele Produktbereiche eher gewohnte Praktiken aus dem Katalog- und Versandhandel bloß fortsetzen. Und während das *interaktive* Kommunikationsmedium auf der einen Seite z.B. neue Arbeitsteilungsformen befördert, bei denen KonsumentInnen nicht selten zu unbezahlten MitarbeiterInnen werden (Voß/Rieder 2005),

---

[3] Die empirische Internetforschung sollte so angelegt sein, dass die jeweiligen theoretischen Vorlieben nicht schon durch die Art des methodischen Zugangs bestätigt werden, wie auch Miller und Slater (2000, 5) mit Blick auf Ausdrücke wie „Cyberspace" oder „virtuelle Realität" kritisieren: „In fact this focus on virtuality or separateness as the defining feature of the Internet may well have less to do with the characteristics of the Internet and more to do with the needs of these various intellectual projects".

erzeugt die Distanz, Anonymität und Missbrauchsanfälligkeit der Kommunikation auf der anderen Seite auch Vertrauensprobleme, die der Vernetzung wiederum Grenzen setzen und Vorkehrungen, etwa eine gewisse Marktvergemeinschaftung, erforderlich machen. Schließlich greifen die *Algorithmen* diverser Computerprogramme in die Sequenzialität der Routinen und Alltagsabläufe ein, so dass manche TheoretikerInnen das Privileg des Handelns nicht mehr bei den menschlichen Individuen allein sehen (Latour 1996). Aber auch hier muss unterschieden werden zwischen Techniken, die – wie im Falle von Kreditkartenzahlungen oder des Online-Bankings, das die Automatisierungswelle in den Bankfilialen bloß fortsetzt – auf ausgebildete Alltagsroutinen und Kompetenzen treffen, und solchen Netzeffekten, die auf der Grundlage von Suchmaschinensoftware und der technischen Auswertung von Datenspuren in schwer durchschaubarer Weise Produktempfehlungen hervorbringen, welche die autonome Relevanzsetzung sehr viel stärker attackieren.

Von besonderem Interesse für das Forschungsprojekt ist die Exploration solcher Fälle, in denen das Zusammentreffen von Strukturen des virtuellen Marktplatzes und der Alltagspraxis paradoxe Konstellationen hervorbringt. Die Ausgangsannahme hierfür, die auch für die Professionalisierung des Berufsfeldes „Marketing" wesentlich sein dürfte, ist durch ein Konzept von *Autonomie* geleitet, das Verhältnisse gewisser Kongruenz oder Passung zwischen den strukturellen Mitteln und Medien des Konsums und den alltags- und lebenspraktischen Relevanzsetzungen der Handelnden voraussetzt. Eine Verstrickung in Paradoxien des Konsums liegt demzufolge dann vor, wenn die Handelnden durch ihre Konsumpraktiken ungewollt ihre Autonomie gefährden oder verlieren. Kauf- oder Internetsucht, Lebenskrisen die aus unnötiger Verschuldung hervorgehen können oder Formen des kompensatorischen Konsums zum Ausgleich erfahrener Missachtung in anderen Lebensbereichen (Arbeit, Familie) sind hierfür die pathologischen Extrembeispiele. Dass zu solchen Konstellationen auch technische Strukturen beitragen, legen Untersuchungen zur Kreditkartenzahlung nahe: Während die Barzahlung als Form einer Tauschbeziehung noch ein Minimum an Reziprozität im gesellschaftlichen Verkehr verankere, trete deren Erfahrbarkeit mit der technischen Trennung von Konsumakten und Zahlung in den Hintergrund. Die Datenverarbeitung und Informationsspeicherung, die durch die Nutzung von Kreditkarten möglich wird, evoziert nach Haesler (2002, 195) einen Macht- und Kontrollzusammenhang, in dem die Fähigkeit zur reflexiven Distanznahme „durch die Auflösung von Gegenseitigkeit im Kaufakt" leichter verloren gehen kann. Deshalb setzt dieses Konsummittel robuste alltagsökonomische Kompetenzen voraus, die nicht in jedem Fall gegeben sind.[4]

---

[4] Interessant ist in diesem Zusammenhang der Erfolg des Kartensystems der Schweizer Migros-Gesellschaft, das KundInnen nach jeder Transaktion ermöglicht, ihren aktuellen Kontostand zu prüfen. Weber (1997) hat zeigen können, dass dieses System einem kulturell tief verwurzelten und in protestantischen Traditionen begründeten Bedürfnis entgegenkommt, „Kontrolle über das eigene Handeln zu behalten".

Jörn Lamla

Solche Verstrickungen könnten nun in der virtuellen Alltagsökonomie des Internetzeitalters vermehrt auftreten. Freilich muss die Untersuchung methodisch so angelegt sein, dass auch die gegenteilige Erkenntnis möglich bleibt. Sie ließe sich vorab vielleicht in die Hypothese fassen, dass sich die Konsumpraktiken durch das Internet zu einer Art „Kaufsport" entwickeln könnten, der die Autonomie der Handelnden durch den umfassenden Erwerb von Marktkompetenz und Konsumentenfitness stärkt (Priddat 2004). Genauere Erkenntnisse zu der Frage, in welche Richtungen sich Konsumpraktiken in der virtuellen Alltagsökonomie entwickeln, sollen und müssen qualitative empirische Fallrekonstruktionen bringen.

3 Erhebungsdesign

Im Folgenden sollen die Bausteine und Vorgehensweisen der empirischen Datengewinnung kurz vorgestellt werden, bevor dann anschließend die Auswertung an einer Fallskizze exemplarisch demonstriert wird. Insbesondere soll erläutert werden, wie Online- und Offline-Zugänge zur virtuellen Alltagsökonomie kombiniert und entsprechende Erhebungsinstrumente und Datentypen trianguliert werden. Methodologisch ist die Erhebung an Forschungsprinzipien der biographieanalytischen Einzelfallrekonstruktion (Kraimer 2000), der Grounded Theory (Strauss 1994) und der Ethnographie (möglichst direkte teilnehmende Beobachtung der Konsumpraktiken in privaten Haushalten) orientiert. Aus forschungspragmatischen Gründen wurde dabei allerdings die Triangulation verschiedener Datentypen gegenüber der schulmäßigen Umsetzung einer bestimmten Methode bevorzugt.

3.1 Feldzugang und Theoretical Sampling

Erste methodische Fragen stellen sich bereits beim Feldzugang zur virtuellen Alltagsökonomie (vgl. Lamla 2008). Da sich die Datenerhebungen nicht auf das Medium Internet beschränken können, sondern Interview- und Beobachtungssituationen vor Ort in den privaten Haushalten herzustellen sind, stellt das Internet auch für die Kontaktaufnahme nur eine von mehreren Möglichkeiten dar. Zugleich wird die direkte Ansprache von Personen – ggf. über zufällige Telefonanrufe –, wie sie in der quantitativen Marktforschung verbreitet ist, als ebenso problematisch betrachtet wie der zu offensive Einsatz von ökonomischen Anreizen. Insofern die Interviewteile zusammen eine Dauer von ca. drei Stunden pro Fall umfassen und die Personen vor allem die Bereitschaft zu ausführlichen biographischen und episodischen Erzählungen entwickeln sollen, steht Freiwilligkeit und Kooperationsbereitschaft der Untersuchungspersonen an erster Stelle.

Aus diesem Grunde wurde ein Aufruf in Tageszeitungen und im Internet veröffentlicht, auf den hin sich an einem Interview thematisch interessierte Personen per Email oder telefonisch melden sollten. Die Selektivität des Samples (Zeitungslektüre), die bei diesem Feldzugang ohne Frage ebenso gegeben ist wie im Falle ökonomischer Anreize, wird dadurch ausgeglichen, dass nicht sämtliche Erhebungen zu Beginn des Projektes stattfinden. Vielmehr wird das Sample sukzessive nach den Prinzipien der Grounded Theory (theoretical sampling) zusammengestellt, wobei in späteren Phasen auch andere Zugangswege (über Internetforen von VerbraucherInnen, über Kontaktstellen wie die Schuldnerberatung usw.) nach Erfordernissen einer geeigneten Fallkontrastierung in Erwägung gezogen werden. Als wichtige Hilfe bei dieser Samplingstrategie erweist sich in unserem Projekt das Zwischenschalten eines Online-Fragebogens.

3.2 Online-Fragebogen

Der Online-Fragebogen ist eine über das Internet und die Eingabe eines Zugangscodes erreichbare interaktive Website, mittels derer die zur Teilnahme an der Erhebung interessierten Personen uns von ihrem heimischen PC aus mit geringem Zeitaufwand (ca. 10 bis 15 Minuten) persönliche Daten und Antworten auf Fragen zukommen lassen können. Die Aufforderung zur Teilnahme erfolgt direkt nach der ersten Kontaktaufnahme: Die potenziellen Interviewpartnerinnen und -partner erhalten per Email neben ihrem persönlichen Zugangscode und der Mitteilung, dass ihre Daten für die Auswertung vollständig anonymisiert werden, auch den Hinweis, dass aus dem Kreis der Interessierten mit ca. 20 Personen über mehrere Monate verteilt ausführliche Interviews geführt werden (für die auch eine geringe Aufwandsentschädigung gezahlt wird). Der Online-Fragebogen lässt sich gut für das theoretische sampling einsetzen, da eine im Vergleich zur eigentlichen qualitativen Erhebung deutlich größere Fallzahl zur Teilnahme an der Online-Befragung eingeladen werden kann und die weitere Erhebung qualitativer Daten dann anhand der Vorinformationen über die Personen sukzessive und gezielt nach Kriterien der Fallkontrastierung erfolgen kann.

Die inzwischen zahlreichen Tools, die vorwiegend für den Einsatz von Online-Umfragen im Bereich der quantifizierenden Sozialforschung entwickelt worden sind (www.-online-forschung.de), lassen sich ohne weiteres auch für qualitative Erhebungsdesigns nutzen.[5] Für das Projekt CyberCash ist ein Bogen konzipiert worden, mit dem zum einen standardisiert erfassbare „objektive Daten" (das sind sowohl sozio-demographische Daten wie Alter, Geschlecht, Familienstand, Beruf, Einkommen sowie Daten zur

---

[5] In unserem Fall wurde auf das Open-Source-Umfragetool „php-surveyor" zurückgegriffen (http://www.phpsurveyor.org/index.php, abgerufen am 09.08.2006).

Haushaltskonstellation, zur Anzahl von Computern im Haushalt, zur Art des heimischen Internetanschlusses usw.) abgefragt werden. Zum anderen werden aber auch Daten zur Internetnutzung anhand vorgegebener Kategorien sowie offener Fragen erhoben, die wertvolle Informationen für das theoretische sampling, für die Vorbereitung der ausführlichen Interviews sowie für online-ethnographische Untersuchung relevanter Websites liefern. Denn ein wesentlicher Bestandteil des Fragebogens ist neben Angaben zum Spektrum der Internetnutzung (allgemein und konsumspezifisch) die Erhebung einer „Top-Ten" häufig im Konsumalltag besuchter oder genutzter Internetseiten, Shoppingportale, Suchmaschinen usw. Anhand dieser Daten lassen sich mittels Strukturanalysen der Websites unabhängig vom Interviewmaterial oder der teilnehmenden Beobachtung Hypothesen zur Typik der Konsumpraktiken einer Untersuchungsperson entwickeln, die dann anhand des qualitativen Datenmaterials (Triangulation) gezielt falsifiziert oder verfeinert werden können.

3.3 Narratives Interview zur Internet-Biographie

Mit einem Erzählimpuls, der sowohl auf die bisherige Lebensgeschichte als auch die damit verknüpfte Computer- und Internet-Biographie (vgl. zu Medien-Biographien allgemein Aufenanger 2006, 107ff) abzielt, wird das Interview eröffnet, um zunächst möglichst ausführliche autobiographische Stegreiferzählungen (Schütze 1984) zu generieren.[6] Konsumorientierte Internetpraktiken kommen in diesen Erzählungen nur insofern vor, wie sie von den Interviewpartnerinnen oder -partnern, denen der thematische Gesamtrahmen des Gesprächs ja bewusst ist, inhaltlich motiviert mit den lebensgeschichtlichen Narrationen verknüpft werden können. Die in der Biographieforschung üblichen tangentialen Nachfrageteile, die sich an die Ersterzählungen der Interviewten anschließen, ermöglichen die Vertiefung sowohl von Aspekten der Lebensgeschichte insgesamt als auch der fallspezifischen Aneignungsgeschichte in Bezug auf Computer und Internet. Die Erhebung dieser biographischen Daten ist unverzichtbar, da sich Grade und Folgen der Verstrickung in Paradoxien der virtuellen Alltagsökonomie nur dann angemessen abschätzen lassen, wenn die Nutzungspraktiken und –gewohnheiten vor dem Hintergrund der weiter gefassten Lebensproblematiken eines Falles analysiert werden. Denn individuelle Autonomie hängt maßgeblich von der In-

---

[6] Ein bewusst erzeugtes Problem dieses Interviewteils stellt die Vagheit der Erzählaufforderung dar, welche die Interviewperson im Grunde mit zwei Aufgaben konfrontiert. Denn die medienbezogene Internet-Biographie kann zu den übergreifenden lebensgeschichtlichen Relevanzsetzungen in unterschiedlichsten Beziehungen stehen. So mag es in manchen Fällen leicht fallen, die Erzählstränge zu verknüpfen, etwa wenn sich die Aneignung der Technologie der eigenen Berufsbiographie verdankt oder der Gesprächspartner bzw. die Gesprächspartnerin sich als „Kind des Internet" bezeichnen. In anderen Fällen erfordert der Erzählimpuls aber Aushandlungen oder die Entscheidung zwischen medienbezogener und lebensgeschichtlicher Erzählung.

tegration und Vermittlung der Alltagspraktiken mit übergeordneten Praxiseinheiten der Lebensführung ab, etwa mit biographischen Lebensplänen und ethischen Vorstellungen vom guten Leben (Ricœur 1996, 188ff).

3.4 Leitfaden zu Alltags- und Konsumpraktiken

An den autobiographischen Interviewteil schließen sich Erzählungen zu den Alltags- und Konsumpraktiken an. Hierbei hilft ein offener Leitfaden, mit Rücksicht auf die bereits zur Sprache gekommenen Themen nach und nach die Bereiche der privaten Haushalts- und Alltagsorganisation, der Partnerschafts- oder Familienkonstellation, des Umgangs mit Geld und der Konsumneigungen zur Sprache zu bringen, bevor anschließend die Internetnutzung ausführlich zum Gegenstand gemacht wird. Unter Zuhilfenahme der Angaben aus dem Online-Fragebogen werden zunächst offenere Fragen zu typischen Nutzungssituationen und Gelegenheiten im Alltag, zum Nutzungsspektrum aus Sicht der interviewten Person und zu strategischen Vorgehensweisen gestellt, bevor im Anschluss an beispielorientierte, episodische Erzählungen zu diesen Themen das Gespräch auf interessante Details, etwa die Favorisierung ungewöhnlicher Internetseiten, sehr fallspezifische oder problematische Nutzungsgewohnheiten (z.B. illegale Nutzung von Tauschbörsen) oder ähnliches gelenkt wird. Diese Themen ermöglichen es i.d.R. ohne Schwierigkeiten, das Gespräch räumlich zu verlagern und direkt am heimischen Computer der befragten Person fortzusetzen.

3.5 Gespräch am heimischen PC: Surfgewohnheiten

Die Generierung von Daten am heimischen PC der befragten Personen ist von besonderer Bedeutung, weil insbesondere typische Nutzungsroutinen und strategische Vorgehensweisen nicht leicht zu berichten sind. Narrative Interviews haben gegenüber der direkten ethnographischen Beobachtung von kulturellen und ökonomischen Praktiken den grundsätzlichen Nachteil, durch die Erhebungssituation gefilterte Daten zu liefern. Zwar sind lebensgeschichtliche und episodische Narrationen besonders gut geeignet, um höherstufige Praxiseinheiten wie Lebenspläne, biographische Orientierungsmuster usw. zu erheben. Sollen aber alltägliche Handlungen oder gar Surfpraktiken berichtet werden, die z.T. unbemerkt von der Link- oder Verweisungsstruktur sowie technischen Agenten des Internet abhängen und im Allgemeinen nicht verbalisiert werden können, so wird die Erhebung durch höherstufige Identitätskonzepte, die ja in der Selbstdarstellungssituation des Interviews stets gegenwärtig sind, verzerrt.

Jörn Lamla

Somit stellt sich die Frage, welche Erhebungsinstrumente geeignet sind, nonverbale Praktiken der konsumorientierten Internetnutzung möglichst „natürlich" festzuhalten? Die Vorinstallierung technischer Aufzeichnungsapparaturen (sog. „Screencorder" oder „Screencams", Döring 2003, 226), die den untersuchten Personen nicht verheimlicht werden können, sind zu aufwendig, kontrollintensiv und verzerrend, ebenso wie die Analyse elektronischer Prozessdaten (z.B. History-Dateien der Webbrowser) oder die Videoaufzeichnung des Geschehens vor dem Computer.[7] Weil gerade Brüche, Paradoxien und Verstrickungen in der virtuellen Alltagsökonomie untersucht werden sollen, wird im Projekt „CyberCash" eine Mischung aus teilnehmender Beobachtung von Surfpraktiken und kommentierender Fortsetzung des Interviewgesprächs favorisiert. So schließt sich dieser Untersuchungsteil umstandslos an den vorhergehenden an, mit dem Unterschied, dass die Demonstration der Internetnutzung nicht unter akutem Erzähldruck steht. Die Kommentierung des Surfens stellt sich gleichwohl zwanglos von selbst ein und der Interviewer bzw. die Interviewerin kann es übernehmen, den Aufruf bestimmter Websites kurz verbal zu kommentieren (z.B. die Webadresse kurz vorzulesen oder nachzufragen), damit sich die Surfprozedur anhand der durchgängigen Tonbandaufzeichnung des Gesprächs später rekonstruieren lässt.

3.6 Argumentations- und Reflexionsteil

Abgeschlossen wird das Interview durch einen Reflexionsteil, der sich von den ersten Interviewteilen dadurch unterscheidet, dass die untersuchten Personen nun zu Fragen des gesellschaftlichen Wandels durch das Internet, zur Konsumkultur, zur Bedeutung des Geldes und zu ethischen Fragen der sozialen Wertschätzung und Anerkennung durch Andere *argumentativ* Stellung nehmen sollen. Während die verschiedenen *Erzählungen* dazu dienen, Prozessmuster unterschiedlicher Aggregationsstufen der konkreten individuellen Lebenspraxis zu rekonstruieren, lassen sich durch Argumentationen Daten gewinnen, die für die Analyse von (kollektiven) Deutungsmustern und ethischen oder religiösen Orientierungen der untersuchten Personen geeignet sind (Oevermann 2001). Auch diese Ebene sozialer Praxis ist in die Untersuchung einzubeziehen, da sie zur Verstrickung in virtuelle Welten erheblich beitragen kann.

---

[7] Solche aufwändigen technischen Erhebungsapparaturen, die den privaten Haushalt fast schon in eine Art Labor verwandeln, mögen im Falle von Usability-Studien zu bestimmten Websites gerechtfertigt sein, in denen detaillierte Informationen zu Surf- und Wahrnehmungsmustern erforderlich sind. In unserem Forschungsdesign stehen allerdings die Schnittstellen zu anderen Sinn- und Praxiseinheiten im Mittelpunkt.

4 Eine exemplarische Fallskizze

Die Schritte der rekonstruktiven Datenauswertung und -triangulation werden nun am Beispiel der verschiedenen Daten zum Fall Elke Bertram skizzenhaft vorgestellt. Dieser Fall ist hier ausgewählt worden, weil er sich als besonders vielschichtig und anfällig für Verstrickungen in der virtuellen Alltagsökonomie erwiesen hat. Schon anhand der objektiven Daten, die aus dem ausgefüllten Online-Fragebogen ersichtlich wurden, verdichtete sich im theoretical sampling die Vermutung, auf interessante Überschneidungen von alltäglicher Haushaltsorganisation und virtuellen Surf- und Einkaufspraktiken zu stoßen. Elke Bertram ist 1967 in der DDR geboren und nach dem Abitur und einem Grund- und Hauptschullehramtsstudium in die Wirtschaft gewechselt, wo sie zunächst für einen Verband in ostdeutschen und dann westdeutschen Abteilungen, später in Westdeutschland dann in mittelgroßen Unternehmen in den Bereichen Aus- und Weiterbildung sowie Personalmanagement tätig war und zügig in leitende Positionen aufgestiegen ist. Parallel absolvierte sie noch ein Abendstudium im Fach Betriebswirtschaftslehre. Nachdem sie 1998 ihren Ehemann kennengelernt hat, der heute als selbständiger Finanzberater arbeitet, mit diesem nahe seiner Heimat zusammengezogen ist und einige Jahre als Personalleiterin in einem Familienunternehmen mit über 500 MitarbeiterInnen gearbeitet hat, gab sie diesen Beruf mit der Geburt der gemeinsamen Tochter im Frühjahr 2001 auf. Nach knapp einem Jahr Babypause gründete sie mit Übergangsmitteln der Bundesagentur für Arbeit einen Geschenkeservice, den sie mittels Internet und Telefon von zu Hause aus betreiben kann. Im Haushalt lebt vorübergehend auch noch ein zehnjähriges Kind zur Kurzzeitpflege. Das persönliche Einkommen liegt nach Angabe von Frau Bertram gegenwärtig zwischen EURO 1.000 und 2.000 monatlich. Ihr Mann verdient deutlich mehr, sodass ein gemeinsames monatliches Haushaltseinkommen von über EURO 8.000 erzielt wird. Beide Ehepartner haben in dem gemieteten Haus einer Neubausiedlung in ländlicher Region eigene Büros mit eigenen Computern, wobei der Zugang zum Internet zum Zeitpunkt des Interviews über einen ISDN-Hausanschluss mit drei Leitungen hergestellt wird.

4.1 Internet-Biographie im Karriereknick

Auf die Frage nach ihrer Lebensgeschichte und der Begegnung mit Computern und Internet beginnt Frau Bertram eine ausführliche, mehr als dreißig Minuten andauernde und kaum unterbrochene Erzählung, in deren Mittelpunkt ihr bisheriger beruflicher Lebensweg und die darin erfahrene Anerkennung stehen. Es bereitet ihr keinerlei Schwierigkeiten, in diese Erzählung auch die Stufen der persönlichen Aneignung von computerbezogenem Wissen einzuflechten, da die Erweiterung entsprechender Fähigkeiten jeweils sehr eng mit ihrer beruflichen Veränderung verknüpft ist. Gleichwohl erhält sie stets eine Differenz aufrecht zwischen einem lebensgeschichtlichen Erzähl-

Jörn Lamla

strang im Allgemeinen und der Internet- oder Computer-Biographie im Besonderen, was eine beachtliche narrative Leistung ist. Frau Bertram gelingt die Schilderung nicht zuletzt deshalb problemlos, weil diese Geschichten hierarchisch klar abgestuft sind: Handelt es sich beim Umgang mit Computern um Praktiken, die in der Biographie auftauchen und wieder verschwinden können, ohne als solche biographiestrukturierend zu sein, so weist umgekehrt der berufliche Karriereverlauf genau diese strukturierenden Eigenschaften auf. So sind es Gesichtspunkte beruflicher Wertschätzung, die auch die Einteilung und Bewertung von computerbezogenen Tätigkeiten dominieren. Bspw. schildert Frau Bertram wiederholt, dass sie aufgrund beruflicher Aufstiege in leitende Tätigkeiten von einfachen Computerarbeiten, etwa Schreibarbeiten oder dem *„stupiden Eingeben"* von Daten im Rahmen der Personalabrechnung durch Sekretärinnen oder MitarbeiterInnen entlastet wurde. Dies geschieht in distinguierender Haltung, da Frau Bertram mit den negativ klassifizierten Tätigkeitsbereichen auch den sozialen Status der Personen verknüpft, die diese Tätigkeiten ausüben. Sich selbst hebt sie davon ab, indem sie wiederholt auf ihre selbständigen bzw. leitenden Tätigkeiten verweist. Dem entspricht in der Medien-Biographie, dass sie die technischen Möglichkeiten erst dort positiv einschätzt, wo diese die Kreativität und berufliche Selbstverwirklichung unterstützen, etwa bei der Präsentation im Rahmen von MitarbeiterInnenschulungen mittels *„Power-Point"* oder in der betriebsinternen Kommunikation mittels Email. So hebt Frau Bertram auch hervor, dass sie in ihrer Wunschbeschäftigung als Personalleiterin in direktem Kontakt zur *„IT-Abteilung"* über die Entwicklung *„handgestrickter Programme"* mit entschieden habe.

Die berufsbiographische Einbettung der Aneignung neuer kommunikations- und informationstechnologischer Möglichkeiten im Allgemeinen und des Internet im Besonderen hinterlässt bleibende Spuren, die auch in der privaten Nutzung zu Konsumzwecken sichtbar werden. Zum einen bringt es die Konkurrenzsituation, aber auch schon die eigenverantwortliche Tätigkeit in der Privatwirtschaft mit sich, dass Elke Bertram das Internet von Beginn an vor allem für Recherchen nutzt, um sich Anregungen von Außen zu holen und potenzielle Konkurrenten im Blick zu haben. Sie entfaltet eine Neugier im Rahmen von Surfpraktiken, die sich des führenden Suchdienstes „Google" bedienen, um an Informationen aller Art zu gelangen, auch wenn die Anlässe zunächst diffus sind. So nutzt sie etwa das Internet, um sich über einen Zeitraum von mehreren Wochen einen Marktüberblick über Präsente-Agenturen zu verschaffen und Anregungen für ihren eigenen Schritt in die Selbständigkeit zu holen.[8] Dabei be-

---

[8] *Und da hab ich so wieder angefangen meine Liebe oder da so dieses angefangen bei mir, dass ich, dass es mir Spaß gemacht hat, zu recherchieren im Internet. Das konnte ich echt stundenlang vor diesem ollen Gerät sitzen und da rein gucken, was ich ja früher nie so konnte, ne. Und dann hab ich immer geguckt, was könnt ich jetzt machen. [...] Also dann hab ich gesehen dass es in Deutschland 712.000 Präsente-Agenturen oder Präsente-Shops oder Online-Shopping und so weiter für Geschenke gibt, ne. Und dann hab ich also wochenlang da erstmal recherchiert, was die alle so anbieten, ich weiß nicht, ich hab nicht alle angeklickt, also ganz so verrückt war ich nicht, aber ich hab bestimmt tausend gesehen oder so und hab geguckt, also im Internet gesehen, ja, und hab immer geguckt, was machen die, ne, also was haben die für Produkte, für Präsente, was haben die für Preise und was haben die für Dienstlei-*

schränkt sie sich zwar völlig auf Google, ohne aber davon auszugehen, dass diese Suchmaschine das Internet neutral und vollständig erfasst. Vielmehr weiß sie aus Erfahrung um die ökonomischen Hintergründe vieler Internetdienste und bedauert, dass *„grade wenn man in Google geht, wenn man so einfach wahllos sucht, dass des einfach dann zu viele Informationen auch gibt, ja, und dass man sich's, also dass so diese Listen, die Auflistung sich ja relativ leicht erkaufen kann und dadurch nicht immer die beste Information bekommt, ja. Also wir haben da ja selber auch den Test gemacht, deshalb wissen wir auch wie das geht, ne."*

Noch deutlicher wird die selektive Wirkung der biographischen Hintergründe und Berufserfahrungen auf das Spektrum alltagsökonomischer Internetpraktiken in Bereichen, wo mit der Nutzung eines Angebotes die Erfassung persönlicher Daten einhergeht. In solchen Fällen ebenso wie bei Zahlungen, die nur mit Kreditkarte möglich sind, legt sich Frau Bertram Zurückhaltung auf. Der Grund dafür liegt aber nicht in der Undurchschaubarkeit und Komplexität des Mediums oder in Betrugs- und Missbrauchsberichten über das Internet. Denn sie macht Online-Banking und ersteigert z.B. viel bei eBay und ist dort auch als Anbieterin aktiv, ohne sich um die Vertrauenswürdigkeit von VerkäuferInnen oder KäuferInnen Sorgen zu machen. Das Punktesystem, das auf wechselseitigen Bewertungen in der eBay-Community beruht, hält sie eher für manipuliert und wenig aussagekräftig. Sie vertraut auf ihr Gefühl für Preisbildungen und Vorgänge im Netz, hinter dem sich allerdings eine spezifische Wahrnehmung verbirgt: Denn neben den rechtlichen Sanktionsmöglichkeiten verweist sie auch auf das Wissen um die Strategien des Auktionsverkaufs, die sie im Unterschied zum Kauf deshalb anstrengend findet, weil man laufend die Preisentwicklung kontrollieren müsse, um vor Ablauf der Auktion noch verdeckt mitbieten zu können, denn *„man muss ja schon so'n bisschen gucken, dass man die Sachen dann wirklich so verkauft, dass es Sinn macht, ja"*. Warum sie ungern ihre Daten hinterlässt, hängt ebenso mit einer allgemeinen Wahrnehmung und wiederkehrenden Deutung von Vorgängen im Netz zusammen, die dem Gegenüber nicht unbedingt ein Manipulationsinteresse, aber ein Interesse an der Überwachung ihrer Person unterstellt. Dieses Deutungsmuster dürfte auch das Resultat jahrelanger Erfahrung mit einem Arbeitszeiterfassungssystem sein, welches ihr als Personalleiterin permanent die Kontrolle über alle Angestellten der Firma ermöglicht hat, selbst wenn sie auf Geschäftsreise war. Ebenso könnte hier das Aufwachsen im Überwachungsstaat DDR relevant sein.[9]

---

    stungen und welche Zielgruppe haben die, also diese vier Faktoren die warn einfach so, und dann hab ich mir das alles so zusammengestellt."

9 Hinzu kommen negative Erfahrungen mit ‚kapitalistischen' Formen der Datenverwertung (Lace 2005): *„Und ich hasse das auch, wenn Sie jetzt da irgendwo registriert sind, dass die einem einfach diese Newsletter zuschicken, ich hasse Newsletter auch, ja, das ist dummes Zeug, was die da einem schicken, weil, die bewerfen einen in der Regel ja schon alle mit Katalogen, ja, und dann kriegen Sie das noch. [...] Und wenn Sie den Newsletter abbestellen wollen, dann haben die zwar immer diese Zeile, und die funktioniert auch oft nicht, ja."*

Jörn Lamla

Das eingangs herausgestellte Muster sozialer Distinktion setzt sich in Erzählungen zur eigenen Herkunft und zu ihren in Ostdeutschland verbliebenen Geschwistern und Eltern fort, wobei vor allem ihre leibliche Schwester ein Lebensmodell verkörpert, das den Werten von Elke Bertram diametral entgegengesetzt ist. So bezeichnet sie sich selbst als geistig, biographisch und geographisch mobil, wohingegen ihre Schwester angefangen von der Mentalität bis hin zur Leibesfülle als Inbegriff ostdeutscher Trägheit charakterisiert wird. Die zwei Stiefbrüder, die der zweite Ehemann ihrer Mutter nach dem Tod des Vaters mit in die Ehe gebracht hat, werden davon nicht ausgenommen, sind aber emotional nicht so stark besetzt. Mit der Schilderung ihrer Entfremdung von der Herkunftsfamilie als Ost-West-Konflikt sind weitere Selbst- und Fremddeutungen verknüpft, die sich etwa in der Überhöhung neoliberaler Forderungen, wie ökonomische Innovationsfreudigkeit, Risikobereitschaft und Eigenverantwortlichkeit, als auch in der Darstellung des eigenen Konsumstils und des Umgangs mit Geld niederschlagen. So wird etwa die Schwester als undisziplinierte Hedonistin dargestellt, die ihr Geld unüberlegt zum Fenster raus wirft, folglich *„immer vom Dispo"* lebt und der *„schon dreimal das Telefon abgestellt"* worden ist, wohingegen Frau Bertram sich selbst zwar *„nicht als geizig aber als sparsam"* beschreibt. Wie sehr sich diese Selbststilisierung freilich mit alltäglichen oder biographischen Handlungs- und Orientierungsmustern deckt, lässt sich erst durch den Vergleich mit praxisnäheren Daten klären.

Bspw. verweist Frau Bertram in biographischer Hinsicht auf die beruflichen Stationen, die ihre Flexibilitäts- und Mobilitätsbereitschaft belegen, oder auf die Tatsache, dass sie mit ihrer Familie bewusst zur Miete lebt, um sich durch die Aufnahme von Schulden nicht langfristig zu binden. Und in den episodischen Erzählungen verschiedener Einkaufsbeispiele kommt sie wiederholt auf Preiskalkulationen zu sprechen, etwa wenn sie in der Abwägung von Vorteilen des Internethandels gegenüber dem Einkauf in der nächst gelegenen Stadt auch die Anrufkosten von 11 Cent pro Minute beim Hermesversand und die Parkgebühren in der City berücksichtigt oder wenn sie schildert, wie sie beim Wocheneinkauf auf Angebote achtet und dann größere Mengen von Küchentüchern oder ähnlichen Gebrauchsmitteln kauft. Sie lehnt es auch ab, für ihre inzwischen fünfjährige Tochter und das Pflegekind teure „Markenklamotten" zu kaufen, die nach kurzer Zeit sowieso zu klein sind. Es gibt somit im Interview zahlreiche Belege, dass Frau Bertram ökonomisch kalkuliert, was sich nicht zuletzt in der Entscheidung für das Übergangsgeld und gegen die Ich-AG im Zuge ihrer Firmengründung niederschlägt. Gleichwohl finden sich auch Hinweise, die nicht in das Selbstbild passen. So konsultiert sie in Finanzfragen vielfach ihren Ehemann als kühlen Rechner, gegenüber dem sie als emotional geleiteter Mensch erscheint. Es ist auch ihr Mann, für den aus beruflichen Gründen ein Ortswechsel angeblich nicht möglich war – obgleich er als selbständiger Finanzdienstleister viel über das Internet erledigt –, weshalb Elke Bertram ihre Tätigkeit aufgeben und sich neu orientieren musste. Und das gleiche Muster findet sich auch bei einem früheren Berufswechsel, nachdem sie die erste *„Liebe meines Lebens"* glaubte gefunden zu haben. Schließlich ist auch der Gang in den Westen der Tatsache geschuldet, dass Elke Bertram von dem Wirtschaftsverband, zu dem sie in Ostdeutschland *"gekommen"* ist, nachdem sie im Referendariat für Grund- und Hauptschullehrer festgestellt hat, *"dass das einfach nichts für mich ist mit den kleinen Monstern"*, zu Schulungen in die westlichen Partnerabteilungen *"hingeschickt"* worden ist. Dies sind Indizien für eine Außenlenkung des Lebensweges von Elke Bertram, die zum reflexiven Selbstbild deutlich in Spannung steht und wiederholt den Rückgriff auf Umdeutungen oder Neubewertungen bestimmter Lebenssituationen erforderlich macht. So werden an einer Berufstätigkeit, die zunächst sehr positiv geschildert wurde, im Nachhinein so viele negative Aspekte herausgestellt, dass der Wechsel als Wiederherstellung eines Passungsverhältnisses schlüssig motiviert erscheint: *"und das hat dann einfach super gepasst"*.

An einem Punkt in der Biographie nimmt die Spannung zwischen Lebenssituation und Selbstbild gleichwohl Ausmaße einer handfesten Krise an. Sie ist mit der Schwangerschaft gegeben, die Frau Bertram angesichts ihres beruflichen Erfolgs als echtes Entscheidungsdilemma erlebt: *"Und dann hab ich mich aber doch für das Kind entschieden, das ist natürlich im Nachgang jetzt total richtig war und aber ich war immer einfach so total glücklich da ne."* Mit dieser Entscheidung tritt eine – sicherlich nicht geschlechtsuntypische – Konstellation ein, die sich nicht im Sinne des Selbstbildes vollständig umdeuten lässt, da die soziale Wertschätzung, die Elke Bertram durch ihre Berufstätigkeit, etwa ihre Auslandsdienstreisen nach Paris oder New York, erfahren hat, nun schmerzlich vermisst wird: *"Dann hat mich das tierisch angenervt, dass man plötzlich reduziert wird auf dieses Kind, ja. Also früher, klar man, wenn man Personalleiter ist und mit dem internationalen Unternehmen, sie gehen irgendwo auf ne Feierlichkeit im Freundeskreis oder so, ne, erweiterter Bekanntenkreis oder so, es wurde so viel wurde man gefragt auch so zum Job und was machst Du und wie läuft das und ich hab gehört im Personalwesen so und so oder inner FAZ stand und so weiter und so fort und es fragt Sie keiner mehr. Na wie geht's denn der Kleinen ja und kannst Du denn oder können Sie schon durchschlafen? Und blablablablabla. Kann schon laufen, kann schon sprechen, kann schon dies, kann schon jenes. Also nach elf Monaten ist mir jedenfalls ziemlich die Decke auf den Kopf gefallen."* Frau Bertram findet sich somit privat in einer von ihr als *"klassisch"* bezeichneten Konstellation wieder, wo der Mann für den Gelderwerb zuständig ist und die Frau sich um Erziehung und Haushalt kümmert: *"Bei mir ist es so, ich bin verantwortlich für die Erziehung, das haben wir auch gesagt, zwei können nicht ein Kind erziehen, und ich bin verantwortlich, dass hier alles läuft, also dass zu Essen da ist und dass es sauber ist, ja."* Im Folgenden ist nun zu fragen, wie sich die biographische Krise und die erworbenen Dispositionen auf die Konsumpraktiken und die Internetnutzung im Rahmen dieser privaten Haushaltskonstellation auswirken.

Jörn Lamla

4.2 Virtuelle Fluchtpunkte in der ökonomischen Alltagsorganisation

Frau Bertram hat in Absprache mit ihrem Mann elf Monate nach der Geburt ihrer Tochter beschlossen, sich eine Beschäftigung zu suchen, um wieder eine zu ihren Vorstellungen passende, kongruente Lebenssituation herzustellen: *„Also ich wollte was machen, dass ich, wo ich ne geistige Herausforderung hab, wo ich unabhängig bin und wo ich's auch noch mit meinem Kind verbinden kann."* Die mittels Internetrecherche und Beratung durch ehemalige KollegInnen zustande gekommene Lösungsidee, eine Geschenk-Agentur für Geschäftsleute zu gründen, die Garage zum Lager umzufunktionieren und die anfallenden Arbeiten mittels Internet, Telefon und Paketservice von zuhause aus zu erledigen, scheint diese Kriterien zu erfüllen, weist bei näherem Hinsehen aber ein hohes Verstrickungspotenzial auf. Insbesondere vermag diese Art der beruflichen Tätigkeit, die sich auf zuvorkommende Leistungserbringung und rationale KundInnenbetreuung beschränkt, nicht jenen Status und jene Wertschätzung wiederzubringen, die Elke Bertram mit ihrer letzen Beschäftigung erreicht hatte. Mit dem Gefühl der Missachtung oder Verkennung ihrer Person ist sie zudem allein gelassen, nicht nur weil sie daheim arbeitet, sondern auch aufgrund der vielfachen Abwesenheit ihres Mannes: Dieser beteiligt sich erstens nicht an der Hausarbeit und Kindererziehung, was mit der Arbeitsteilung und seinem hohen Verdienst gerechtfertigt wird, dem er die geringen Kosten einer Putzfrau gegenüberstellt, ganz gleich, ob eine solche tatsächlich angestellt ist oder – wie zum Zeitpunkt des Interviews – Frau Bertram diese Tätigkeiten allein übernimmt; zweitens ist er häufig bis in die späten Abendstunden unterwegs, um Beratungsgespräche zu führen, drittens pflegt er sein zeitintensives Radsport-Hobby, für das große Teile seiner Freizeit und ganze Urlaubswochen aufgewendet werden und an dem Frau und Kinder als Zuschauer nur mit eingeschränktem Genuss partizipieren können. In dieses Bild passt viertens auch, dass Frau Bertram wie selbstverständlich knapp die Hälfte ihrer Wochenarbeitszeit gar nicht ihrem eigenen Projekt, sondern den beiden Firmen ihres Mannes zugute kommen lässt, *„weil ich ja die ganze Buchhaltung und den Kram für meinen Mann mache"*. Schließlich erhöht der Verlust des Sohnes *„vor anderthalb Jahren ..., der war nicht lebensfähig"*, das Leid von Elke Bertram zusätzlich, da somit die Umstellung auf Familienglück auch fehlgeschlagen ist.

In dieser Konstellation nimmt der Konsum mittels Internet nun auch kompensatorische Züge an. So berichtet Frau Bertram etwa, dass es an den Abenden, wo ihr Mann noch unterwegs ist und ihr Kind schon im Bett ist, schon mal vorkommt, *„dass ich denk: So heute Abend machste mal n eBay-Abend oder so, ne, dass ich mich dann einfach so ne Stunde davor setze und so gucke ob ich irgend so'n altes olles Teil kriege oder diese Küchenuhr die hab ich mir dann am eBay ersteigert oder so was, ja, und da hat man ja dann so'n Gefühl langsam dafür ob das jetzt n reeller Preis ist oder nicht oder dass man einfach guckt, was ist so, was wird da gehandelt für welchen Preis? Dass- also meistens guck ich aus Neugier rein, ist selten, dass ich so gezielt rein guck"*. Der Fall deutet somit auf ein Verstrickungspotenzial hin, wenn sich die Relevanzen verschieben und das Konsummittel primär für die alltägliche Zerstreuung genutzt wird. Sicherlich lässt sich bei Elke Bertram nicht von einem Autonomieverlust reden, nur weil sie sich des Öfteren einige Stunden auf einen virtuellen Schaufensterbummel begibt, denn die Selbstkontrolle ist weiterhin hoch und die ökonomisch-rationale Organisation des Alltags genießt hohe Priorität, unabhängig davon, ob sie *„manchmal … auch bescheuerte Sachen"* macht und sich wie *„neulich … so ne Milchkanne, Dachbodenfund, für drei Euro fünfzehn ersteigert, ne, und hab dann drei Euro fünfzig Porto bezahlt, ne, also des muss dann auch nicht unbedingt mein Mann mitkriegen, weil der findet das dann doof, ne"*. Ihren Zuständigkeitsbereich, die Haushaltsführung hat Elke Bertram fest im Griff. Sie ist stets darauf bedacht, alle Abläufe so zeitsparend und funktional wie möglich zu organisieren, wendet also ihre Managementfähigkeiten konsequent auf den privaten Haushalt an.

Aber in biographischer Hinsicht ist die Autonomie und Initiative, die Frau Bertram bislang abhängig von äußeren Gelegenheiten ergriffen hat, doch eingeschränkt, weil die einsame Online-Suche nicht jene Verbindlichkeit aufweist, die signifikante Sozialkontakte in ihrer Vergangenheit hatten. So stellen sich eben doch Verstrickungstendenzen bei ihr ein: Sichtbar wird dies zum einen an der Vermischung von Freizeit- und Berufstätigkeit, insofern die Neugier und das Recherchieren im Internet zwar letztlich in Konsumpraktiken münden, dabei aber i.d.R. auch oder zunächst durch berufliche Ambitionen motiviert sind, insofern Interessen, wie sie in der Frage *„was ist so, was wird da gehandelt für welchen Preis"* zum Ausdruck kommen, im Grunde die Suchbewegung fortsetzen, sich im privaten Rahmen mittels Online-Handel erfolgreich beruflich zu verwirklichen. Zum anderen und noch deutlicher zeigt sich die Wirkmacht virtueller Fluchtpunkte beim Surfen in der Verstärkung von Zukunftsplänen oder -fiktionen, die im Falle von Frau und Herrn Bertram in dem Traum bestehen, ein Landhaus mit Meernähe in einem Bergdorf in der Toskana zu erwerben. So gewinnen Gesichtspunkte, die nicht mehr auf berufliche Selbstverwirklichung, sondern ein romantisches Lebensideal gerichtet sind, die Führung auch in solchen privaten Tätigkeitsfeldern, die dem Schein nach noch dem Aufbau eines eigenen Gewerbes dienen, denn *„alles was ich spar' was ich jetzt unter der Woche oder im Monat nicht ausgebe, das darf ich ja zur Seite nehmen schon für schicke Gardinen die ich dann haben will oder Ideen. Es ist ja, ja- jede Messe, jeden Katalog, den man sich anguckt: guck mal, oah, das könnt' mir dann in meinem Landhaus gefallen, ja"*. Somit fließen unterschiedliche Selbstverwirklichungsprojekte in der virtuellen Alltagsökonomie ineinander und erhöhen das Gefährdungspotenzial, sich darin zu verstricken.

4.3 Website-Analysen und Nutzungspraktiken

Erneut bietet die Triangulation mit einem weiteren Datentypus Möglichkeiten, die bislang entwickelten Hypothesen zum Fall Elke Bertram zu überprüfen und zu verfei-

Jörn Lamla

nern. So kann etwa die Analyse häufig benutzter Internetseiten Hinweise auf die Dispositionen der NutzerInnen geben, wobei die struktur- oder diskursanalytisch am unpersönlichen Online-Material gewonnenen Lesarten wiederum mit solchen Sequenzen aus dem Interview kontrastiert werden können, in denen die Nutzung dieser Seiten praktisch vorgeführt wird. So fällt bereits am Spektrum der angegebenen Favoriten auf, dass Frau Bertram neben Google und eBay vor allem solche Websites frequentiert, die eine Schnittstelle von Online- und Offline-Einkauf beinhalten. Das betrifft etwa die Seiten des regionalen Öko-Gemüselieferanten, bei dem sie per Email, aber auch über andere Kontaktwege, kurzfristig ihre Dauerbestellung ändern kann, oder des nahe gelegenen Kostümverleihs, zu dem auch offline Kontakt besteht, ebenso wie zahlreiche Versandhändler, die im Grund ihren herkömmlichen katalog- oder prospektbasierten Vertrieb nur ins Internet verlängert haben. Neben Elke Bertrams Top-Favoriten aus diesem Segment, dem Angebot des Bekleidungshändlers Heine, findet sich die Online-Offline-Verschränkung auch bei dem Rabattsystem „Payback"[10], von dem sie berichtet, es sei *„das einzige was ich mitmache, die andern boykottier' ich alle, weil sonst werd ich zu sehr kontrolliert, weil das ist ja schon, die erfassen ja alles Mögliche dadurch, ne"*. Was fördert nun eine Website-Analyse dieser zwei Favoriten zutage?

Betrachtet man die „Indexseite" von *www.payback.de*, so wird vor allem an zwei Merkmalen deutlich, dass diese Seite sich an Insider wendet, die bereits unabhängig von dieser Präsentation Kenntnis vom Bonussystem gewonnen haben müssen. Zum einen spricht hierfür die präsentierte Angebotsfülle und daraus resultierende Unübersichtlichkeit, der gegenüber allgemeine Informationen und Hilfestellungen eher randständig unter der Rubrik „Informieren & Anmelden" zu finden sind. Zum anderen weist die Seite ein sehr dominantes „Log-In"-Feld auf, durch das die Mitgliedschaftsbedingung herausgestellt wird. Vorkenntnisse können deshalb vorausgesetzt werden, weil diese Mitgliedschaft im Normalfall beim Offline-Einkauf in einem der Partnergeschäfte, das sind etwa die „real"-Supermärkte, die Drogeriemärkte der Kette „dm", Warenhäuser der „Kaufhof"-Kette oder „obi"-Baumärkte, erworben wird, wo vor allem Kundinnen – denn die Aufmachung der Website spricht primär Frauen an, die wie Frau Bertram für die alltägliche Haushaltsorganisation zuständig sind – mit dem Erwerb einer Paybackkarte auch Hinweise erhalten, wie damit umzugehen ist: Kauft man nämlich in einem der Partnerunternehmen ein und legt beim Bezahlen die Karte vor, so werden entsprechend der Summe Bonuspunkte auf das persönliche Payback-Konto gutgeschrieben. Die Website ermöglicht unter der Rubrik „Mein Payback" die Einsicht und Verwaltung dieses virtuellen Kontos. Sie ermöglicht darüber hinaus aber noch mehr, denn im Vordergrund stehen zwei Grundoperationen, zu denen die Internetseite ihre Nutzerinnen auffordert: „Sammeln" und „Einlösen".

---

[10] An diesem Beispiel zeigt sich, dass im Internet spezifische Geldformen und Zahlungssysteme entstehen, die in dem Projekt hinsichtlich ihrer Wirkung auf Konsumpraktiken abgeschätzt werden sollen. Darauf nimmt der im Projekttitel vorangestellte Begriff „CyberCash" Bezug.

Mit diesen Begriffen wird suggeriert, dass hier die Mitglieder im Wesentlichen nur Vorteile haben und etwas bekommen, obgleich es sich bei den Payback-Punkten um eine Spezialwährung handelt, deren Existenz und Funktionsweise daran gebunden ist, dass die Nutzerinnen zunächst in harter Währung bezahlen, also etwas weggeben, von dem sie allenfalls einen geringfügigen Prozentanteil über das Bonussystem zurückerhalten. Diese Paradoxie, die schon in der Bezeichnung „Payback" selbst enthalten ist, insofern auch hier die Beziehung von Zahlung und Rückzahlung diffus bleibt, wird nun im Rahmen der Website voll entfaltet. Denn das Punktesystem wird durch den Ausbau zu einem eigenständigen Online Shop, dessen Angeboten schon wegen des Überraschungsmomentes eines wechselnden Sortiments etwas Überflüssiges anhaftet, derart mit Erlebnischarakter aufgeladen, dass hier das Mittel zum Sparen – die Nutzung des Bonussystems – immer mehr zum eigentlichen Zweck wird. Dabei gerät tendenziell aus dem Blick, dass zum Erreichen dieses Zweckes laufend das Gegenteil von Sparen, nämlich Geldausgeben, erfolgen muss. Folglich kommt dieser Seite ein Typus von Konsumentin entgegen, deren Disposition zur Sparsamkeit ebenfalls paradox ist, insofern sie sich dieser Eigenschaft dadurch versichert, dass sie permanent auf dem virtuellen Marktplatz unterwegs ist, um möglichst günstig einzukaufen.

Elke Bertrams Neigung zu solchem Verhalten bestätigt sich bei der Vorführung am PC, allerdings mit einer Einschränkung: Sie nutzt das System zwar als Instrument der Belohnung und Bestätigung für ihre Sparsamkeit, indem sie sich über das Angebot einen gewissen zusätzlichen Luxus, d.h. *„alle möglichen Sachen wo ich, na ja, wo ich vielleicht zu geizig bin oder zu sparsam, weiß ich jetzt auch nicht"*, verschafft: *„Ich kauf mir dann halt so Sachen, also hier diese Pastateller, die hab ich mir gekauft, die würde ich mir so nicht kaufen, die sind schweineteuer. [...] Da kann man richtig auftrumpfen, wenn man Pastateller hat"*. Andererseits durchschaut sie völlig die Absicht des Bonussystems, wenn sie die Ablehnung bestimmter Offerten mit dem Hinweis begründet, *„die woll'n natürlich, dass ich mehr kaufe, mach ich aber nicht"*. Allerdings gehört diese Zuschreibung von VerbraucherInnen-Cleverness auch zur Methode von Payback, insofern die Seite die „Geizigen" ja nicht dadurch verführen kann und will, dass sie ihnen die Sparsamkeit austreibt, sondern dadurch, dass sie diese Disposition der KäuferInnen ausnutzt. Eine gewisse Bestätigung, dass sich Frau Bertram in die Paradoxie verführerischer Sparsamkeit („Geiz ist geil!") verstrickt, kann darin gesehen werden, dass sie Online-Shopping als Passion und zur Zerstreuung betreibt, dabei Preisvergleichsmaschinen und Produkttests, die das Sparmotiv ebenfalls bedienen, aber gar nicht nutzt. Vielmehr sind ihre Welt die Kataloge, deren Offerten und Verführungsversuche durchaus gewünscht werden, solange Frau Bertram das Gefühl hat, selbst zu suchen, zu blättern und zu entscheiden. Das ist es, was sie an technisch generierten Newslettern stört, die häufig, überraschend und mit pseudo-persönlichen Ansprachen in den Alltag eindringen: *„Und dann hatten se hier geschrieben: ‚Sie nutzen nicht alle Vorteile von Payback, wir können Sie dann darüber informieren wie Sie noch mehr Punkte sammeln können'. [...] Aber das mach ich nicht, weil das di- genau dagegen bin ich, dass ich dann genervt werde, ja"*.

Jörn Lamla

Die favorisierte Website *www.heine.de* bestätigt diese Interpretation zu den virtuellen Konsumpraktiken, insofern ihre strukturelle Zweiteilung sowohl das Kontroll- als auch das Verführungsmotiv optimal bedient. Denn in den drei dominanten Rubriken findet sich die Option „Direkt bestellen" gleichrangig neben den Produktbereichen „Mode" und „Ambiente", so dass unabhängig vom Zustandekommen der Produktauswahl ein Zugang zum puristischen Bestellformular besteht, das zu den wenigen gehöre, *„die wirklich gut funktionieren"* und wo *„das superschnell geht"*. Auf der anderen Seite – die von Frau Bertram ebenso genutzt wird – bietet die Website alles, was man aus semiologischer Perspektive von einer ausgefeilten Modesprache erwarten darf: Anstelle funktionaler Kategorien – etwa „Hosen", „Schuhe", „Kleider" usw. – entwickeln die Internetseiten von Heine ein selbständiges Zeichensystem, das mit eigensinnigen Stilkategorien (z.B. „casual, business und evening") operiert und innerhalb dieser oder ähnlich gebauter Kategorien auf vielfältige Kombinationsmöglichkeiten verweist, so dass ein bestimmtes Kleidungsstück eigentlich nie als solches, sondern immer in einem komplexen Netz von Ergänzungsmöglichkeiten (passende Schuhe, Hüte, Schmuck usw.) oder Alternativvorschlägen erscheint, die freilich auch Kaufanreize beinhalten. Wird nun diese Sprache daraufhin analysiert, welche Dispositionen die Nutzerinnen – dass mit einer Ästhetik gearbeitet wird, die konsequent auf das modern Weibliche ausgerichtet ist, bedarf wohl kaum der Erwähnung – typischerweise aufweisen werden, so fällt vor allem ein Distinktionsmotiv in den Blick, welches sich in der Exklusivität der Sprache, der Zurückhaltung mit Preisofferten, der vielfach unterstellten Gewandtheit und Weltläufigkeit usw. bestätigt finden kann. Diese mittelschichtbezogenen Codierungen weisen freilich wiederum eine Paradoxie auf, in die sich Nutzerinnen verfangen, die sich auf dieses Sprachspiel einlassen. Denn dem inhaltlichen Versprechen, mit dem Einkauf bei Heine einem vornehmen Club anzugehören, widerspricht das Format eines allgemein über Internet oder Katalog zugänglichen, also frei verfügbaren und zudem anonymen Marktes. Damit fehlt dem virtuellen Anspruch auf Exklusivität nahezu jedes Potenzial, sich auch pragmatisch in der alltäglichen Lebensführung bewähren zu können.

5 Fazit: Solidarische, ökonomische und instrumentelle Reziprozität

Mit der Analyse von Verstrickungen in der virtuellen Alltagsökonomie, wie sie exemplarisch am Versuch deutlich werden, ein Bedürfnis nach sozialer Wertschätzung der lebensgeschichtlichen Leistung und besonderen Lebenskonstellation durch virtuell gültige, pragmatisch aber untaugliche Distinktionscodes einer Standardmarke wie Heine – oder vielleicht den Erwerb von Pastatellern – zu erfüllen, richtet die fallrekonstruktive Sozialforschung weit reichende Fragen an die Adresse der Marktforschung.

Sie betreffen das Verhältnis und die notwendigen wechselseitigen Begrenzungen von unterschiedlichen Formen der Reziprozität, die hier in Abwandlung eines Vorschlags von Marshall Sahlins (2005 [1965], 79ff) als solidarische, ökonomische und instrumentelle Reziprozität bezeichnet werden können. Die Konsumpraktiken von Elke Bertram sind im Zusammenhang einer negativen biographischen Verlaufskurve zu sehen, deren Kennzeichen eine zunehmende Einschränkung von Handlungsautonomie und das Leiden an verstellten Selbstverwirklichungschancen sind, was in ihrem Fall dazu führt, dass Praktiken des Suchens von Anerkennung, des Kaufens oder des bloßen Surfens tendenziell ununterscheidbar ineinander fließen.

Im Interview mit Frau Bertram deutet sich eine solche negative Verlaufsdynamik, für die das abrupte Karriere-Ende ein wesentlicher Auslöser gewesen sein dürfte, in Erzählungen an, die auf eine geringe Frustrationstoleranz schließen lassen: *„Bei mir muss alles funktionieren, sonst werd ich tierisch genervt, ja"*. Dies trägt z.B. maßgeblich dazu bei, dass sie den Kontakt zu realen Verkäuferinnen, die sie als chronisch unfreundlich, sogar als *„Mutationen"* bezeichnet, weitestgehend meidet und sich stattdessen auf technisch vermittelte Einkaufsbeziehungen zurückzieht, die sie hinsichtlich Freundlichkeit klar überidealisiert, insofern technische Medienumgebungen den KundInnen ja zumeist abverlangen, ihre Anliegen selbst bereits so zuzuschneiden, dass sie vom Gegenüber leicht verarbeitbar sind.[11] Während sie in ihren eigenen KundInnenbeziehungen vieles besser machen will, es z.B. vom *„Servicegedanken"* her ablehnt, auf der Website ihre Geschenk-Agentur einen elektronischen Warenkorb zu platzieren, und ihr *„persönlich einfach dieses Freundliche total wichtig (ist)"*, so wichtig, dass sie *„aus Protest mit Leuten, die nicht freundlich sind, keine Geschäfte (macht)"*, neigt sie doch dazu, die KundInnenbeziehungen im Sinne des technischen Mediums zu optimieren: *„Meine Kunden, die wissen das eben auch, dass ich von zuhause arbeite, die wissen auch, dass ich flexibel arbeite, die nerven nicht mit fünfmal anrufen. Der eine oder andere ruft einmal an, aber spätestens danach schickt er einfach ne Email, konnte Sie nicht erreichen und deshalb auf diesem Weg bitte erledigen, ja. Und das ist einfach super, ja"*. Schließlich tritt mit der für Elke Bertram in allen Lebensbereichen relevanten Praxis des Schenkens freilich auch jene Seite solidarischer Reziprozität hinzu, die sich vom ökonomisch motivierten Tausch wiederum signifikant unterscheiden muss, soll sie ihre Bindung stiftende Wirkung entfalten. Doch obgleich sie aus diesem Bindungsgedanken viel Motivation zieht, betreibt sie das Schenken doch als komplette ökonomische Dienstleistung, bei der es darauf ankommt, *„dass ich's komplett verpacke und an die Kunden schicke, ja, also nicht dass das ganze Zeug zu denen kommt und dann muss die Sekretärin verpacken"*. Es verwundert dann kaum noch,

---

[11] *„Also ich hab schon gar keine Lust mehr, diese Mutationen von Verkäuferinnen im Karstadt mir anzutun, ja. [...] Das kann ich ja alles online kriegen, ne. [...] Ich stell mich, ich ärger mich über keine Kassiererin."* Die Bevorzugung einer funktionierenden instrumentellen Reziprozität in Distanzbeziehungen vor der direkten ökonomischen Reziprozität in realen Einkaufssituationen hängt im Falle Elke Bertrams sehr wahrscheinlich mit ihrer spezifischen Lebenskonstellation zusammen, da sie als ehemalige Personalleiterin und zuvor als Personalentwicklerin in einer Modekaufhaus-AG in genau solchen ökonomischen Kontexten, in denen sie nunmehr als eine Kundin unter vielen erscheint, ihr wichtigstes Distinktionsfeld gefunden hatte.

Jörn Lamla

wenn auch ihre eigene Praxis des Schenkens vom ökonomischen Kalkül deutlich überformt wird: *„Also ich glaub einfach, dass man mit so kleinen Geschenken, die gar nicht viel kosten müssen, sehr viel einfach erreichen kann, ja".*

Welche Schlussfolgerungen sind daraus für die qualitative Marktforschung zu ziehen? Sofern diese Fallanalyse die soziologische Zeitdiagnose zu stützen vermag, wonach eine zunehmende Ökonomisierung und Technisierung aller gesellschaftlichen Bereiche zu Störungen im Aufbau kultureller Gemeinschaftsformen, insbesondere in der Pflege und Entwicklung reziproker Anerkennungsbeziehungen führt, wirft sie die Frage nach den Grenzen des Marktes auf, deren Einhaltung und Stabilisierung Bestandteil des professionellen Selbstverständnisses im Marketing sein könnte und werden sollte. So jedenfalls wäre der Ertrag einer Erweiterung der Marktforschung durch qualitative Methoden aus soziologischer Sicht einzuschätzen. Freilich ließe sich mithilfe qualitativer Forschungsergebnisse auch einfach nach Anpassungen oder Verbesserungen der medialen Vermittlungs- und der ökonomischen Angebotsstruktur des Marktplatzes Internet suchen, die Menschen wie Frau Bertram das kompensatorische Kauferlebnis verschönern, indem sie etwa weniger technisch fremdbestimmte, datenprofilbasierte Offerten benutzen, also mehr Dezenz an den Tag legen. Würde das qualitative Fallverstehen aber allein darauf ausgerichtet, kulturelle Lebensformen auf ökonomische Absatzchancen hin abzusuchen, fehlte das aus soziologischer Sicht Entscheidende, nämlich das in der Fallrekonstruktion notwendig eingelassene stellvertretende Interesse an der lebenspraktischen Autonomie des Individuums. Und diese hängt, wie der Fall Elke Bertram zeigt, nicht davon ab, ob ein einmal bestellter Newsletter erfolgreich wieder abbestellt werden kann oder nicht. Vielmehr verweist sie auf Problemhorizonte der biographischen, beruflichen und familiären Lebenskonstellation, in der die technischen und ökonomischen Praktiken mit übergreifenden sozialen und ethischen Relevanzsetzungen zur Kongruenz gebracht werden müssen.

6 Literatur

Aufenanger, Stefan (2006): Interview. In: Ayaß, Ruth/Bergmann, Jörg R. (Hrsg.): Qualitative Methoden der Medienforschung. Reinbek, 97-114.
Barthes, Roland (1985 [1967]): Die Sprache der Mode. Frankfurt am Main.
Baudrillard, Jean (1991 [1968]): Das System der Dinge. Über unser Verhältnis zu den alltäglichen Gegenständen. Frankfurt am Main, New York.
Baudrillard, Jean (1998 [1970]): The Consumer Society. Myths and Structures. London.
Collon, Alain (1998, ed.): The Laws of the Markets. Oxford.
Deutschmann, Christoph (1999): Die Verheißung des absoluten Reichtums. Zur religiösen Natur des Kapitalismus. Frankfurt am Main.
Döring, Nicola (2003): Sozialpsychologie des Internet. 2. Auflage. Göttingen.

Giddens, Anthony (1992): Die Konstitution der Gesellschaft. Grundzüge einer Theorie der Strukturierung. Frankfurt am Main, New York.

Haesler, Aldo J. (2002): Irrreflexive Moderne. Die Folgen der Dematerialisierung des Geldes aus der Sicht einer tauschtheoretischen Soziologie. In: Deutschmann, Christoph (Hrsg.): Die gesellschaftliche Macht des Geldes. Wiesbaden, 177-201.

Hörning, Karl-Heinz/Winter, Rainer (1999, Hrsg.): Widerspenstige Kulturen. Cultural Studies als Herausforderung. Frankfurt am Main.

Kraimer, Klaus (2000, Hrsg.): Die Fallrekonstruktion. Sinnverstehen in der sozialwissenschaftlichen Forschung, Frankfurt am Main.

Lace, Susanne (2005, ed.): The Glass Consumer. Consumer Information in the Surveillance Society. Bristol.

Lamla, Jörn (2003): Anthony Giddens. Frankfurt am Main, New York.

Lamla, Jörn (2008): Zugänge zur virtuellen Konsumwelt. Abgrenzungsprobleme und Revisionsstufen der Ethnographie. In: Thole, W. et al. (Hrsg.): „Auf unsicherem Terrain". Ethnographische Forschung im Kontext des Bildungs- und Sozialwesens. Wiesbaden (i.E.).

Lamla, Jörn/Jacob, Sven (2005): Shopping im Internet. Anstöße für die kulturtheoretische Dimensionierung der Konsumsoziologie. In: Hellmann, Kai-Uwe/Schrage, Dominik (Hrsg.): Das Management der Kunden. Studien zur Soziologie des Shopping. Wiesbaden, 196-217.

Latour, Bruno (1996): On Actor Network Theory. A Few Clarifications. In: Soziale Welt, Jg. 47, H. 4, 369–381.

Miller, Daniel/Slater, Don (2000): The Internet. An Ethnographic Approach. Oxford, New York.

Oevermann, Ulrich (2001): Zur Analyse der Struktur von sozialen Deutungsmustern. In: Sozialer Sinn, Jg. 2, H. 1, 3-33.

Priddat, Birger (2004): Lernmaschine. In: FAZ vom 08.01.2004.

Prisching, Manfred (2006): Die zweidimensionale Gesellschaft. Ein Essay zur neokonsumistischen Geisteshaltung. Wiesbaden.

Reckwitz, Andreas (2006): Das hybride Subjekt. Eine Theorie der Subjektkulturen von der bürgerlichen Moderne zur Postmoderne. Weilerswist.

Ricœur, Paul (1996): Das Selbst als ein Anderer. München.

Sahlins, Marshall D. (2005 [1965]): Zur Soziologie des primitiven Tauschs. In: Adloff, Frank/Mau, Steffen (Hrsg.): Vom Geben und Nehmen. Zur Soziologie der Reziprozität. Frankfurt am Main, New York, 73-91.

Saussure, Ferdinand de (2001 [1931]): Grundfragen der allgemeinen Sprachwissenschaft. 3. Auflage. Berlin.

Schütze, Fritz (1984): Kognitive Figuren des autobiographischen Stegreiferzählens. In: Kohli, Martin/Robert, Günther (Hrsg.): Biographie und soziale Wirklichkeit: Neue Beiträge und Forschungsperspektiven. Stuttgart, 78-117.

Strauss, Anselm (1994): Grundlagen qualitativer Sozialforschung. Datenanalyse und Theoriebildung in der empirischen soziologischen Forschung. München.

Strübing, Jörg (2006): Webnografie? Zu den methodischen Voraussetzungen einer ethnografischen Erforschung des Internet. In: Rammert, Werner/Schubert, Cornelius (Hrsg.): Technographie: Zur Mikrosoziologie der Technik. Frankfurt am Main, New York 247-274.

Voß, G. Günter/Rieder, Kerstin (2005): Der arbeitende Kunde. Wenn Konsumenten zu unbezahlten Mitarbeitern werden. Frankfurt am Main, New York.

Weber, Arnd (1997): Soziale Alternativen in Zahlungsnetzen. Frankfurt am Main, New York.

Valerie Mayr-Birklbauer

Frauen und Biertrinken
Auf der Suche nach Motiven und Gewohnheiten

1 Einleitung 807
2 Methodische Vorgehensweise 807
   2.1 Erhebung der Daten 808
      2.1.1 Sample 808
      2.1.2 Erhebungstechnik qualitatives Interview 808
   2.2 Auswertung der Daten 811
      2.2.1 Deduktive Kategorienbildung 811
      2.2.2 Induktive Kategorienentwicklung 812
   2.3 Ergebnisse der Kodierung 814
3 Zusammenfassung und Interpretation der Ergebnisse 819
4 Literatur 821

1 Einleitung

Die Grundlage dieses Beitrags bildet eine empirische Studie zu Motiven und Barrieren des Bierkonsums von Frauen (Birklbauer 2002). Ausgehend von persönlichen Beobachtungen, wonach Biertrinken bei Konsumentinnen oft auf eine gewisse Skepsis stößt bzw. weniger verbreitet ist, war es Zielsetzung der Studie, anhand eines qualitativen Forschungsansatzes das Bierkonsumverhalten von Frauen näher zu ergründen.

Die Forschungsfrage dieser qualitativen Marketingstudie lautete demnach: „Wie lässt sich das weibliche Bierkonsumverhalten beschreiben und welche Einstellungen, Motive und Barrieren haben Frauen hinsichtlich des Konsums von Bier?"

Abschnitt zwei dieses Beitrags beschäftigt sich mit der methodischen Vorgehensweise in dieser Studie, wobei der Aspekt der Auswertung und Analyse mithilfe der qualitativen Inhaltsanalyse das Kernstück bildet. In einem ersten Schritt wird die Vorgehensweise bei der qualitativen Inhaltsanalyse kurz erläutert, um anschließend deren Anwendung am konkreten Untersuchungsmaterial begreifbar zu machen. Die Auswertungsergebnisse werden dabei anhand einer detaillierten Kodierungstabelle dargestellt. In Abschnitt drei werden die gewonnenen Studienerkenntnisse schließlich zusammengefasst und interpretiert und mögliche Hypothesen abgeleitet.

2 Methodische Vorgehensweise

Wie bereits erwähnt, wurde bei der Durchführung dieser Marketingstudie der qualitative Forschungszugang gewählt. Ausschlaggebend war, dass die Entdeckung von Motiven, Einstellungen und Gefühlen im Vordergrund stand. Diese psychologischen Konstrukte sind nicht direkt messbar, weshalb ein qualitativer Zugang zweckmäßiger als ein quantitativer erschien. Gerade qualitative Befragungen sind Friedrichs (1990, 226) zufolge geeignet, komplexe Einstellungsmuster zu analysieren und motivationale Interpretationen zu ermöglichen. Darüber hinaus sind die üblichen standardisierten Befragungen der quantitativen Forschungsrichtung nicht in der Lage, wenig oder unklar bewusste Motivationsvorgänge der KonsumentInnen zu ermitteln (Kroeber-Riel/Weinberg 2003, 151). Bei qualitativen Studien geht es ganz gezielt darum, die erhobenen Daten nicht zur Verifikation bzw. Falsifikation vorab formulierter Hypothesen zu verwenden, sondern zur Gewinnung solcher Hypothesen auf Basis des vorhandenen Materials, und sie auf dem Wege der Interpretation zu nutzen (Atteslander 2000, 222; Lamnek 1988, 95). Es sollte demnach durch Exploration ein neuer, theoretisch noch wenig strukturierter Bereich, nämlich das Bierkonsumverhalten der weiblichen Zielgruppe, untersucht werden.

2.1 Erhebung der Daten

2.1.1 Sample

Zu Beginn der Erhebung stellte sich die Frage nach Umfang und Zusammensetzung der Stichprobe. Die Autorin entschied sich aufgrund der schnellen Verfügbarkeit und Erreichbarkeit der Interviewpersonen für ein so genanntes „convenience sample" aus dem eigenen (Studierenden-)Umfeld, bestehend aus 15 Frauen im Alter zwischen 20 und 32 Jahren. Der Befragungszeitraum lag zwischen 1. Mai und 17. Juni 2002.

Tabelle 1 gibt Aufschluss über die Zusammensetzung der Stichprobe. Wie ersichtlich ist, waren unter den Probandinnen 13 Studentinnen der unterschiedlichsten Studienrichtungen (Wirtschaft, Sprachen, Psychologie, Medizin, Kunstgeschichte und Rechtswissenschaften) sowie zwei Personen aus dem Gesundheitsbereich (Diätassistenz und Physiotherapie). Drei Frauen waren überzeugte Nicht-Biertrinkerinnen, vier tranken nur sehr selten Bier; der Rest konsumierte nach eigenen Aussagen regelmäßig oder zumindest gelegentlich Bier.[1] Aufgrund der speziellen Zusammensetzung der Stichprobe, wonach Frauen, die nie oder selten Bier trinken, in der Minderheit waren, lag der Schwerpunkt der Studie eher auf der Ergründung von Motiven, Bier zu trinken, als auf der Ableitung von Bierkonsumbarrieren.

2.1.2 Erhebungstechnik qualitatives Interview

Zur Erhebung des zu untersuchenden Materials wurde auf die Technik offener qualitativer Interviews zurückgegriffen. Ziel eines qualitativen Interviews ist es nach Friedrichs (1990, 236), genauere Informationen der befragten Person mit besonderer Berücksichtigung ihrer Perspektive, Sprache und Bedürfnisse zu erlangen. Bei qualitativen Interviews handelt es sich sehr oft um Pilot-Studien, deren Ergebnisse mitunter auch Basis für nachfolgende repräsentative Umfragen sind, weil die aus derart psychologischen Studien gewonnenen Statements und Merkmale einen wichtigen Beitrag zur Exploration eines Problems leisten können (Berekoven/Eckert/Ellenrieder 1999, 95f).

Charakteristisch für qualitative Interviews ist weiterhin, dass die Fragen von der interviewenden Person nicht exakt vorformuliert (d.h. nicht-standardisiert) sind, sondern die Befragungsperson vielmehr zum angestrebten Thema hingeleitet wird. Laut Mayring (2002, 66) kann die befragte Person bei einem offenen Interview frei antworten und das formulieren, was ihr in Bezug auf das Thema bedeutsam erscheint.

---

[1] Es erschien zweckmäßig, die Bierkonsumhäufigkeit folgendermaßen zu definieren: selten: ca. alle zwei Monate, gelegentlich: ca. zwei Mal pro Monat, regelmäßig: ca. ein- bis zweimal pro Woche.

Tabelle 1: Zusammensetzung des Samples (Birklbauer 2002, 146)

Interview	Alter	Studium bzw. Ausbildung	Bierkonsumhäufigkeit
1	23	Psychologie	selten
2	23	Englisch und Spanisch	selten
3	23	Physiotherapie	regelmäßig
4	27	Kunstgeschichte	gelegentlich
5	24	Handelswissenschaft	nie
6	24	Handelswissenschaft	nie
7	24	Handelswissenschaft	selten
8	20	Medizin	selten
9	23	Rechtswissenschaften	regelmäßig
10	32	Volkswirtschaft	regelmäßig
11	24	Latein und Psychologie	regelmäßig
12	24	Diätassistenz	gelegentlich
13	24	Betriebswirtschaft	gelegentlich
14	24	Betriebswirtschaft	regelmäßig
15	24	Betriebswirtschaft	nie

Zur Sicherung einer gewissen Vergleichbarkeit der erhobenen Interviews wird üblicherweise ein bestimmtes Maß an Strukturierung mittels eines Interview-Leitfadens vorgenommen. Tabelle 2 zeigt in der linken Spalte die Leitfaden-Fragen für die vorliegende Marketingstudie, welche nach Durchführung eines Testinterviews zusammengestellt wurden. In der rechten Spalte wird aufgelistet, zu welchen Themenkategorien Erkenntnisse gewonnen werden sollten. Wie bereits dargelegt, sollten diese wesentlichen Fragen nur einen gewissen Rahmen vorgeben. Je nach Entwicklung des Interviewverlaufs und den speziellen Bedürfnissen der Interviewpersonen wurden z.B. Reihenfolge oder Umfang der Fragen entsprechend angepasst bzw. modifiziert. Für Mayring (2002, 65) ist es eine der Stärken der qualitativen Forschung, dass gerade durch diese Flexibilität die Ergebnisse gegenstandsadäquater werden können.

Die 15 Interviews wurden mit Einverständnis der Interviewpersonen auf Tonband aufgezeichnet. Deren anschließende wörtliche Transkription war ein probates Mittel, Textstellen zu vergleichen und einzelne Aussagen in ihrem Kontext zu sehen. Die vom

Dialekt bereinigten und in Schriftdeutsch übertragenen Texte stellten die Basis für weitere Interpretationen dar.

Tabelle 2: Interview-Leitfaden (Birklbauer 2002, 147)

Frage	Interessierende Themenbereiche
Wie ist das bei dir, wenn du Bier trinkst? Kannst du Situationen beschreiben, in denen du Bier trinkst?	▪ Konsumsituationen
Wie viel und wie oft trinkst du ungefähr Bier?	▪ Konsumintensität und Konsumhäufigkeit
Warum trinkst du Bier? bzw. Warum trinkst du kein Bier?	▪ Konsummotive (z.B. Durstlöscher) ▪ Konsumbarrieren (z.B. schlechter Geschmack)
Welches Bier trinkst du dann normalerweise?	▪ Relevanz der Biersorte bzw. Biermarke
Was sagst du eigentlich zu Bier aus gesundheitlicher Sicht?	▪ Einstellungen zu Bier und Gesundheit
Was hältst du von Leichtbieren und alkoholfreien Bieren?	▪ Einstellungen zu Leicht- und alkoholfreien Bieren
Wie wichtig ist dir das Glas bzw. die Aufmachung der Flasche beim Biertrinken?	▪ Relevanz der Glasform bzw. des Flaschendesigns
Wie wichtig ist dir, wie viel ein Bier kostet?	▪ Relevanz des Bierpreises
Was hast du persönlich für ein Bild von einem Biertrinker?	▪ Image des typischen Biertrinkers bei Frauen
Heutzutage sind ja immer mehr Frauen auf den Geschmack von Bier gekommen. Was hältst du persönlich davon?	▪ Image Bier trinkender Frauen
Wie könnte man deiner Meinung nach Bier bei Frauen beliebter machen (Stichwort „Frauenbier")?	▪ Anregungen zur Erhöhung der Attraktivität von Bier bei Frauen ▪ Einstellungen zur Einführung eines „Frauenbiers"
Fühlst du dich persönlich von der Bierwerbung angesprochen?	▪ Einstellung zur aktuellen Bierwerbung ▪ Anregungen zur Umgestaltung der aktuellen Bierwerbung

2.2 Auswertung der Daten

Wie bereits dargestellt, liegt der Schwerpunkt dieses Beitrags auf der systematischen Beschreibung und Reflexion, wie die erhobenen Daten anhand der Technik der Inhaltsanalyse ausgewertet und analysiert wurden.

Ausgehend von den drei Grundverfahren der qualitativen Inhaltsanalyse (Zusammenfassung, Explikation und Strukturierung) kristallisierte sich für die vorliegende Untersuchung die Technik der *Zusammenfassung* am pragmatischsten heraus. Ziel ist es dabei, das Material so zu reduzieren, dass die wesentlichen Inhalte erhalten bleiben und durch Abstraktion ein überschaubarer Korpus geschaffen wird, der immer noch ein Abbild des Grundmaterials ist (Mayring 2002, 115f). Gleichzeitig sollten bei dieser Marketingstudie bestimmte Aspekte aus den Interviewtexten herausgefiltert und ein Querschnitt durch das Material gelegt werden, was wiederum der Technik der *Strukturierung* sehr nahe kommt. Für Mayring (2003, 58) sind verschiedene Mischformen der Analysearten denkbar, was auch hier auch zur Anwendung gelangte.

Nach Atteslander (2003, 225) ist Kernpunkt jeder Inhaltsanalyse die *Bildung von Auswertungskategorien*. Die gebildeten Kategorien werden in eine oder mehrere Variablen gefasst, die verschiedene Ausprägungen haben können. Durch das daraus entstehende Kategoriensystem werden diejenigen Aspekte festgelegt, die aus dem Material herausgefiltert werden sollen (Mayring 2002, 114).

2.2.1 Deduktive Kategorienbildung

Bei der vorliegenden Studie ergaben sich bereits aus der Fragestellung, den Leitfaden-Fragen und Voruntersuchungen „auf Anhieb" - also *deduktiv* - die ersten Haupt-Kategorien. Deduktiv meint, dass die Kategorien ausgehend von abgeleiteten Hypothesen gewonnen und zu Textstellen methodisch abgesichert zugeordnet (*kodiert*) werden (Mayring 2000, 13). Beispiele für deduktiv gebildete Kategorien sind die folgenden (Tabelle 2): Bierkonsumhäufigkeit, Bierkonsumintensität, Bierkonsum-Orte, Bierkonsum-Situationen, Bierkonsum-Motive, Bierkonsum-Barrieren, konsumierte Biersorten.

Diese Kategorien beschreiben im Wesentlichen die Bierkonsumgewohnheiten der befragten Frauen. Bei den Kategorien „Bierkonsumhäufigkeit" und „Bierkonsumintensität" erschien es durchaus sinnvoll, auch quantitative Analyseschritte mit einzubeziehen. Die vorliegende Untersuchung ergab z.B. in Bezug auf die Kategorie „Bierkonsumhäufigkeit", dass die Mehrheit der Interviewpersonen ein bis zwei Mal pro Woche Bier konsumierte, was z.B. durch diese Textpassage deutlich wird:

„.... sagen wir ein- bis zweimal in der Woche. Wenn ich gerade viel weg bin oder ja, dann vielleicht mehr und dann vielleicht einmal eine Woche nicht, aber so überschlagsmäßig, ein- bis zweimal in der Woche." (Interview 4)

Direkt aus dem Leitfaden entwickelten sich z.B. auch nachstehende Kategorien: Bier und Gesundheit, Leichtbiere und alkoholfreie Biere, Wichtigkeit von Glas- und Flaschendesign, Image des typischen Biertrinkers; Image von Frauen, die Bier trinken; Beurteilung eines speziellen Bieres für Frauen, Beurteilung der Bierwerbung.

Bei der Bearbeitung der Interviewtranskripte stellte sich bald heraus, dass das Kategoriensystem zunehmend komplexer wurde, insbesondere, wenn neue, im Leitfaden nicht bedachte Themen im erhobenen Material auftauchten. Schmidt (2003, 449) zufolge sollte es Ziel sein, dass für jedes einzelne Interviewtranskript die vorkommenden Themen und deren einzelne Aspekte, die sich in einem sehr weiten Sinn dem Zusammenhang der Fragestellung zuordnen lassen, notiert werden.

2.2.2 Induktive Kategorienentwicklung

Nachdem die wesentlichen Kategorien deduktiv gebildet waren, orientierte sich die Autorin bei der weiteren Auswertung des Textmaterials am Ansatz der induktiven Kategorienbildung nach Mayring (2000, 9-12). Abbildung 1 stellt die einzelnen Arbeitsprozesse dieses Ansatzes schematisch dar:

Abbildung 1: Ablaufmodell induktiver Kategoriebildung nach Mayring (2000, 14)

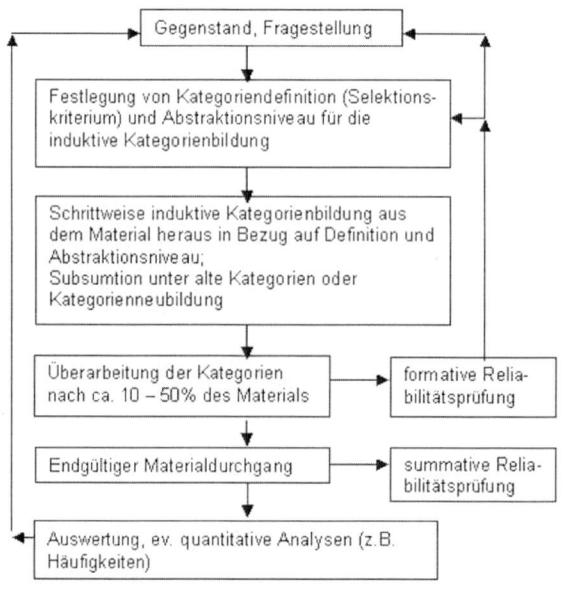

Bei der induktiven Kategorienbildung werden die Kategorien ohne expliziten Theoriebezug systematisch aus dem vorliegenden Auswertungsmaterial entwickelt, um vermutete Zusammenhänge zu beschreiben und zu verstehen (Mayring 2002, 115). Dadurch wird verhindert, dass ausschließlich die Sichtweise des Forschers bzw. der Forscherin den Umgang mit dem Datenmaterial bestimmt (Atteslander 2003, 234). Der Schwerpunkt der Analyse liegt also nicht allein in der Erhebung und Ordnung von Massen von Daten, sondern in der Organisation der Vielfalt von Gedanken, die dem Forschenden bei der Analyse der Daten kommen (Strauss 1994, 51).

Der praktische Ablauf einer induktiven Kategorienbildung lässt sich folgendermaßen beschreiben:

Wird zum ersten Mal eine passende Textstelle gefunden, wird dafür eine Kategorie konstruiert. Ein Begriff bzw. Satz, der möglichst nahe am Material formuliert ist, dient dabei als Kategorienbezeichnung. Wird im weiteren Analyseverlauf wieder eine dazu passende Textstelle gefunden, wird sie dieser Kategorie zugeordnet (subsumiert). Wenn die neue Textstelle die allgemeine Definition der Kategorie erfüllt, aber zu bereits gebildeten Kategorien nicht passt, wird eine neue Kategorie induktiv formuliert (Mayring 2002, 115f). Da sich die Kategorien gegenseitig vollständig ausschließen und eindeutig definiert sein müssen (Atteslander 2003, 227), ist häufig die Aufstellung von Sub-Kategorien erforderlich. Jedes Textelement sollte ausschließlich einer Kategorie bzw. Sub-Kategorie zuordenbar sein.

Folgendes Textzitat verdeutlicht z.B. die Notwendigkeit der Bildung einer Sub-Kategorie „schlechter Geschmack" zur Haupt-Kategorie „Bierkonsum-Barrieren":

„Ich habe es eben immer wieder einmal gekostet, auch unterschiedliche Sorten (...) und es hat eigentlich keines auf Dauer den Geschmack getroffen. Es war eigentlich immer der Nachgeschmack, der absolut das zu keinem (...) Erlebnis gemacht hat, das Biertrinken, der ganz einfach ein ungutes Gefühl hinterlässt, dass ich das Gefühl gehabt habe, das muss ich dann auch nicht trinken, wenn ich mir im nachhinein denke 'Eigentlich grauslich'." (Interview 6)

Eine weitere Sub-Kategorie, die sich erst bei der Analyse der einzelnen Interviews ergab, war auch z.B. „negatives Image von Bier" und die damit verbundene „Stammtisch-Kultur" bzw. der Konnex zu Fußball und Fernsehen als Konsumbarriere für Frauen. Nachstehender Interview-Ausschnitt soll dies illustrieren:

„... vielleicht haben die meisten Frauen (...) das Bild von sozusagen den 'bierschauenden' Ehegatten (...), die Fußball schauen und Bier saufen (lacht) oder halt sich sonst irgendwie in irgendwelchen Lokalen mit ihren Kumpels und Kollegen halt also da fast niedersaufen und dadurch hat vielleicht (...) das Bier bei vielen Frauen ein schlechtes Image bekommen (...) Und ich glaube, das Image kommt halt eben hauptsächlich (...), weil man es halt immer verbindet mit den saufenden Männern, die dann halt besoffen sind, nicht mehr ansprechbar sind, vor der Glotze hängen oder so." (Interview 4)

Ergänzend sei an dieser Stelle erwähnt, dass die Auswertung der transkribierten Interviewtexte mit einem speziellen Computerprogramm, der qualitativen Datenanalyse-Software QSR_N6, durchgeführt wurde. Mit dieser Software wird der Forschende

Valerie Mayr-Birklbauer

bzw. die Forschende dabei unterstützt, Kategorien (so genannte „nodes") während des Kodierens am Bildschirm zu organisieren und zu verbinden bzw. Ideen über diese zu speichern oder ihre Kodierung zu verändern, wenn das Verständnis für die Daten größer wird. Der Prozess der Kodierung sowie die Ableitung brauchbarer Resultate bleibt jedoch Aufgabe der Forschenden selbst (Bazeley/Richards 2002a, 3f). Darüber hinaus kann man über Suchfunktionen nach zentralen Begriffen im Text suchen, Kategorien und Kodes zur genaueren Definition und eventuellen Revision kommentieren oder rasch Beispielzitate für eine Kodierung zusammenstellen (Mayring 2002, 137).

Abbildung 2: Benutzeroberfläche der qualitativen Analysesoftware QSR_N6

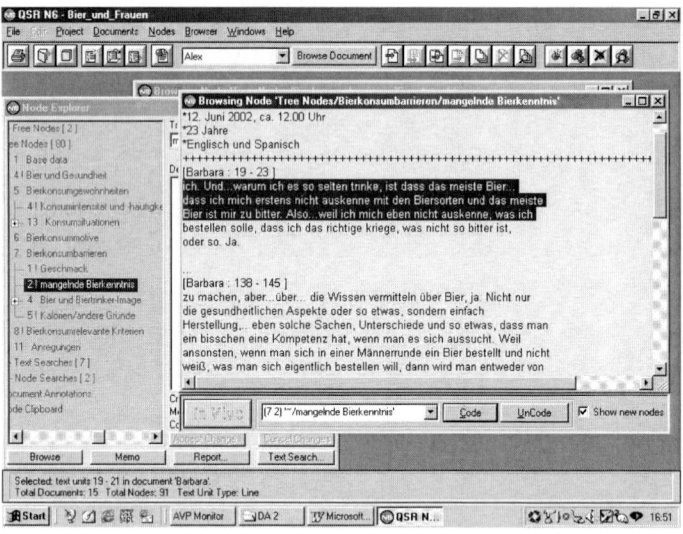

Abbildung 2 zeigt die Benutzeroberfläche von QSR_N6 anhand eines Beispielzitats zur Kategorie „Bierkonsum-Barrieren"/Sub-Kategorie „mangelnde Bierkenntnis:

2.3 Ergebnisse der Kodierung

Wie einleitend angekündigt, wird zur besseren Nachvollziehbarkeit der Analyse in Tabelle 3 eine Übersicht der kodierten Kategorien des Interviewmaterials präsentiert. Einzelne, beispielhafte Aussagen der Interviewpersonen (I) wurden paraphrasiert und in Kategorien bzw. Sub-Kategorien auf dem Wege der Generalisierung zusammengefasst.

Tabelle 3:   Ergebnisse der Kodierung (Birklbauer 2002)

Paraphrase	Kategorien bzw. Sub-Kategorien *(Generalisierung)*
Bierkonsum-Situationen, Bierkonsum-Orte	
• nur am Abend, beim Fortgehen (I2) • komme nicht auf Idee, daheim Bier zu trinken (I3) • am liebsten in Gesellschaft, würde nie untertags Bier trinken, würde mir eher allein Wein- als Bierflasche öffnen (I4) • nur auf Partys in Wien, bestelle mir selten Bier im Restaurant (I7)	Konsum beim Weggehen, auf Partys, nur in Gesellschaft
• wenn Gäste kommen, wenn man zusammensitzt (I4) • passt zu vielen deftigen Speisen, z.B. in Verbindung mit Schweinsbraten und Knödel, Weißwurst etc. (I4/7/8)	Konsum im Rahmen privater Einladungen, zu deftigen Speisen
• an heißen Sommernachmittagen (I3) • bei körperlicher Belastung (I8) • konsumiere im Sommer (im Freien) wesentlich mehr als im Winter (I10) • wenn man geschwitzt hat, ist es sehr gut (I14)	Konsum nach dem Sport, an heißen Sommertagen
Allgemeine bierkonsumrelevante Kriterien	
• sollte nicht zu bitter sein (I8) • sollte genug Kohlensäure enthalten (I14)	Geschmack und geschmacksnahe Faktoren
• Schaum schaut nett aus (I1) • Bier darf nicht warm oder abgestanden sein; soll Durst löschen (I3/10/14) • Schaumkrone soll nicht gleich wieder verschwinden (I6)	Serviertemperatur und Optik
Bierflaschendesign	
• relativ irrelevant, wenn Bier schmeckt (I12) • Flaschendesign und Etikett egal (I14)	Aufmachung der Flasche unwichtig
• kaufe Bier in schönen Flaschen (I3) • bringt Upgrading im Image (I7)	schöne Aufmachung der Flasche nicht unwichtig
• schöner Verschluss trägt zum Genuss bei, „Auge trinkt mit" (I8) • mir gefallen historische Aufmachungen (I2)	Beliebtheit traditioneller Bierflaschen (Bügelverschluss etc.)

▪ Traditionsimage (z.B. Bügelverschluss) wirkt ansprechend (I4)	
Bierglasform	
▪ egal, solange Bier nicht in total untypischem Glas serviert wird (I2) ▪ Behältnis muss zum Umfeld passen, auch in Bechern auf Partys o.k. (I10)	Glasform eher unbedeutend
▪ Seiterln und Krügerln sind „stammtisch-mäßig", Pils-Gläser wären ansprechender (I7) ▪ Krügerln zum Halten nicht angenehm (I8)	Bevorzugung schlanker und eleganter Glasformen
▪ mag richtige Humpen, hat etwas Bodenständiges (I10) ▪ trinke Bier gern aus Glas mit Henkel, schmeckt besser, wenn Glas bodenständiger (I4) ▪ habe gern Keramikkrüge (I13)	Beliebtheit traditioneller Gläser
Bierkonsum aus der Dose bzw. Flasche	
▪ Dosenbier schmeckt „grauslich" (I2/14) ▪ Dosen sind umweltschädlich (I14) ▪ Konsum aus Dose ist unappetitlich und unpraktisch; Bier schmeckt nach Aluminium (I9)	Ablehnung von Bier in Dosen
▪ macht man z.B. auf einem Studentenfest (I13) ▪ wenn ich mit Freunden beisammen sitze (I9)	Bierkonsum aus der Flasche
Bierpreis	
▪ wenn ich bestimmte Biermarke will, kann Preis auch höher sein (I2) ▪ trinke sowieso nur offenes (billigeres) Bier (I3) ▪ schaue überhaupt nicht auf Preis (I4/12) ▪ trinke meistens Haus- bzw. Fass-Bier (I13) ▪ bei größerer Auswahl nehme ich das Hausbier (I13)	Preis in Gastronomie relativ unbedeutend; oft wird Hausbier konsumiert
▪ schaue weniger auf Preis, nehme, was mir schmeckt (I9) ▪ kaufe ohnehin selten Bier, und wenn, ist Preis relativ egal (I10)	Preis im Handel kein entscheidender Faktor, da selten für Hausgebrauch gekauft
Bierwerbung	
▪ verfolge ich nicht mit (I4) ▪ mir fällt keine Bierwerbung ein (I4/14) ▪ kenne Biermarken eher durch Freunde, durchs Weggehen (I11)	Bierwerbung nicht entscheidend für persönlichen Konsum
▪ vermittelt keinen Gusto auf Bier (I3) ▪ oft peinlich und blöd, Inhalte haben keinen Zu-	Ablehnung der aktuellen Bierwerbung: spricht - wenn

• sammenhang (I10) • dargestelltes Bild vom Mann ist „macho-mäßig" (I2)	überhaupt - nur Männer an
• Vermarktung als Lifestyle-Produkt ist originell (I6)	Bierwerbung ist originell
	Biermarken und Biersorten
• gibt bestimmte Biermarken, die ich gern trinke, bin sehr heikel (I12) • trinke meistens regionales Bier (I4) • würde z.B. „Schwechater" nie trinken, auch wenn ich eingeladen bin (I10)	Bevorzugung bestimmter Marken
• nehme, was es gibt, kenne keine Geschmacksunterschiede (I7) • schmecke den Unterschied nicht, Marke deshalb egal (I13) • schließe mich an, was andere trinken (I8)	Biermarke/-sorte relativ egal
• schmeckt nach nichts (I1) • da muss was fehlen, ist kein „richtiges Bier" (I11) • gute Idee, besonders beim Autofahren als Alternative zu normalem Bier (I13/5/9)	Konsum von Leichtbier und alkoholfreiem Bier: wenig beliebt, aber gute Alternative für AutofahrerInnen
• schmeckt zu bitter (Interview 9) • Mischung zwischen süß und herb ist nichts für mich (I3) • finde ich eigentlich ganz gut (I7)	Konsum von dunklen bzw. süßen Biersorten
	Bierkonsum-Motive
• man kann es auch zum Essen trinken, ohne gleich betrunken zu sein (I4) • ist nicht so stark wie Wein (I10) • mir schmeckt der herbe Geschmack, passt zum Essen (I13) • hat angenehm kühlenden Effekt (I2) • hat für den Körper wichtige Inhaltsstoffe (I11)	guter Geschmack, durstlöschender Charakter, geringer Alkoholgehalt, gesundheitliche Aspekte
• habe mir das angewöhnt mit 18, 19 Jahren (I14) • hat etwas Geselliges, ist gemütlich (I4/10) • bin erst im Lauf der Zeit auf den Geschmack gekommen, Bier braucht seine Eingewöhnungsphase (I4/7)	Entspannung, Gewohnheit, Geselligkeit
• ist relativ preisgünstig im Vergleich zu anderen Getränken (I11)	günstiger Preis
	Bierkonsum-Barrieren
• nach ein paar Schlücken hat es mich geekelt (I1)	schlechter Geschmack

▪ Nachgeschmack hinterlässt ungutes Gefühl (I6) ▪ ist mir zu bitter (I2) ▪ habe noch nie Gusto oder Lust auf Bier gehabt (I8)	
▪ Bier assoziiert man mit betrunkenen Männern vorm Fernseher, die nicht mehr ansprechbar sind (I4) ▪ dickerer Mann mit Bierbauch, eher unappetitlich, auf dem Sofa sitzend und Bier aus Flasche trinkend (I8) ▪ „Versoffener Prolet" ist das Erste, was ich damit assoziiere (I7) ▪ Bier hat billiges, „Festl-Image", ist nichts für elegantes Ambiente, Wein ist festlicher (I7) ▪ Frau mit Bierflasche in der Hand wird oft schief angesehen, finde es nicht schön, wenn Frau aus Flasche trinkt (I7/15)	negatives (männliches) Image von Bier(trinkern)
▪ peinlich: wenn man in Männerrunde nicht weiß, welches Bier man bestellen soll, wird man bevormundet (I2)	unzureichende Bierkenntnis
	Bier und Gesundheit
▪ Bier hat extrem viele Kalorien (I14) ▪ Bier wird nachgesagt, dass man zunimmt (I13) ▪ weder schädlich, noch förderlich für Gesundheit (I6) ▪ in Maßen getrunken kein Problem (I10)	hoher Kaloriengehalt, aber in Maßen nicht gesundheitsschädlich
▪ würde, um meine Gesundheit zu fördern, kein Bier trinken (I13) ▪ Bier zu trinken, da übermäßig gesund, ist „Alibi-Aktion" (I2)	gesundheitliche Aspekte sollten kein Vorwand für übermäßigen Bierkonsum sein
▪ Hopfen und Malz ist gesund, haben schon Mönche im Mittelalter getrunken (I4) ▪ Bier hat viele Nährstoffe und Vitamine (I14)	Bier ist sehr gesund
	Spezielles „Frauenbier"
▪ bin gegen Produkte „speziell für Frauen", wäre eher Hindernisgrund (I6) ▪ hätte „emanzipatorischen Beigeschmack" (I7) ▪ würde Ungleichheit Männer-Frauen nur weiter schüren (I10) ▪ normales Bier wurde auch nicht nur für Männer gemacht, wäre daher unlogisch (I13)	keine Notwendigkeit, sollte keinesfalls als „Frauenbier" kommuniziert werden

3 Zusammenfassung und Interpretation der Ergebnisse

Die beschriebene qualitative Studie sollte einen umfassenden Einblick in den Themenbereich Frauen und Bier liefern und Ansatzpunkte für zukünftige Studien bieten. Die Auswertung der Daten mittels qualitativer Inhaltsanalyse und die damit verbundene Kategorienbildung war ein probates Instrument, um das vorhandene Material zu strukturieren und systematisch analysieren zu können.

Aufgrund der vergleichsweise geringen Anzahl an Probandinnen, der Einschränkung des Samples auf das akademische Umfeld sowie auf eine bestimmte Altersgruppe (20 bis 32-Jährige) kann freilich nicht behauptet werden, dass die interviewten Frauen die typische Biertrinkerin repräsentieren. Es muss weiters angemerkt werden, dass die Fragen des Interviewleitfadens mehr auf Biertrinkerinnen als auf Nicht-Biertrinkerinnen abzielten, wodurch sich vergleichsweise mehr Bierkonsummotive als Bierkonsumbarrieren interpretieren lassen. Nachfolgend werden einige allgemeine und zum Teil sehr aufschlussreiche Erkenntnisse der Studie dargestellt:

Generell konsumieren die Befragten, wenn sie Biertrinkerinnen sind, Bier hauptsächlich abends beim Weggehen, nach dem Sport, zu einem deftigen Essen oder an einem heißen Sommertag. Bier wird in erster Linie getrunken, weil es schmeckt und der Konsum von Bier zu manchen Gelegenheiten, z.B. im geselligen Beisammensein mit Freunden, einfach Spaß macht. Im Durchschnitt wird Bier ein- bis zweimal pro Woche getrunken. Der Bierkonsum der Interviewpersonen beschränkt sich dabei meist auf auswärts; zu Hause wird Bier normalerweise nur konsumiert, wenn Gäste kommen.

Was die Relevanz der Biersorte betrifft, zeigt sich, dass Frauen keineswegs – wie häufig angenommen - nur dunkle und süße Biersorten bevorzugen. Oft wird das im Lokal gerade erhältliche Fassbier getrunken oder - teilweise aus Angst, sich zu blamieren - auf bereits bekannte und bewährte Biermarken zurückgegriffen. Auch die Vermutung, dass weibliche Bierkonsumenten, wenn sie Bier trinken, eher zu Leicht- oder alkoholfreien Bieren greifen, wird durch die vorliegende Studie nicht bestätigt.

Interessant ist die Erkenntnis, dass die Interviewpersonen fast einhellig nur wenig Wert auf Form oder Aufmachung des Bierglases bzw. der Bierflasche legen. Wenn sie jedoch nach konkreten Präferenzen gefragt werden, gefallen ihnen erstaunlicherweise historisch anmutende Bierflaschen und Biergläser, weil diese die mit dem Bier oft assoziierte Bodenständigkeit verkörpern würden.

Hinsichtlich der erforschten Bierkonsum-Barrieren geben jene Frauen, die grundsätzlich kein Bier trinken, den herben, bitteren Geschmack als Grund für ihre Bier-Abstinenz an. Das Argument, Bier mache dick, wird zwar von vielen als mögliches Konsumhemmnis für die weibliche Zielgruppe angegeben, trifft aber auf die Interviewpersonen selbst nicht zu.

Valerie Mayr-Birklbauer

Die Mehrheit der Probandinnen ist der Ansicht, dass manche Frauen vielleicht deshalb kein Bier trinken, weil diesem Getränk immer noch ein eher männliches und billiges Image anhaftet und Frauen vielfach die Umgebung, in der Bier konsumiert wird (z.B. vor dem Fernseher, im Wirtshaus, auf dem Fußballplatz) nicht sehr schätzen. An diesem schlechten Image von Bier ist nach Meinung der befragten Frauen nicht zuletzt auch die Bierwerbung schuld, welche hauptsächlich auf Männer abzielt und Frauen bestenfalls als dekoratives Beiwerk darstellt. Die meisten Probandinnen achten selber jedoch weder bewusst auf die Bierwerbung, noch fühlen sie sich von irgendeinem bestimmten Sujet konkret angesprochen.

Bei der Frage nach Verbesserungsvorschlägen zur verstärkten Einbeziehung der weiblichen Zielgruppe im Biermarketing kristallisiert sich für die Interviewpersonen vor allem die Bierwerbung heraus. Da das Produkt Bier im weiblichen Zielsegment tendenziell immer noch als klassisches Männergetränk gilt, müsste in erster Linie dieses Vorurteil ausgeräumt werden. Dies könnte z.B. durch eine Abkehr von den teilweise immer noch vorherrschenden „Stammtisch–Sujets" geschehen. Außerdem müssten die gesundheitlichen Vorteile eines regelmäßigen und maßvollen Bierkonsums intensiver kommuniziert und ins Bewusstsein der weiblichen Zielgruppe gehoben werden.

Wie dargelegt, verfolgt eine Inhaltsanalyse nicht das Ziel, Hypothesen zu testen, sondern den gesamten Bedeutungsinhalt zu erschließen, um z.B. Hypothesen zu finden, die später getestet werden können (Atteslander 2003, 218). Auf Basis des erarbeiteten Datenmaterials könnten somit z.B. folgende Hypothesen als Ansatzpunkte für weiterführende (quantitative) Studien abgeleitet und empirisch überprüft werden:

- Die weibliche Zielgruppe trinkt Bier hauptsächlich abends beim Weggehen, nach dem Sport, zu einem deftigen Essen oder an einem heißen Sommertag.
- Frauen trinken Bier hauptsächlich wegen seines durstlöschenden Charakters und weil Biertrinken in Gesellschaft Spaß macht.
- Bier wird von Frauen nur auswärts und selten zuhause getrunken.
- Frauen trinken Bier durchschnittlich ein- bis zweimal pro Woche.
- Frauen mögen weder süße und dunkle Biersorten besonders, noch greifen sie verstärkt zu Leicht- und alkoholfreien Bieren.
- Die Form und Aufmachung der Bierflasche oder des Bierglases spielen für Frauen praktisch keine Rolle.
- Die Bierwerbung wird von Frauen entweder überhaupt nicht wahrgenommen oder als sehr negativ bewertet.
- Frauen, die kein Bier trinken, mögen den bitteren, herben Biergeschmack nicht.
- Im Allgemeinen spricht ein spezielles „Frauenbier" die weibliche Zielgruppe nicht an.

4 Literatur

Atteslander, Peter (2003): Methoden der empirischen Sozialforschung. 10. Auflage. Berlin.
Atteslander, Peter (2000): Methoden der empirischen Sozialforschung. 9. Auflage. Berlin.
Bazeley, Pat/Richards, Lyn (2002): The QSR N6 Reference Guide. Melbourne.
Berekoven, Ludwig/Eckert, Werner/Ellenrieder, Peter (1999): Marktforschung: Methodische Grundlagen und praktische Anwendung. 8. Auflage. Wiesbaden.
Birklbauer, Valerie (2002): Frauen und Bierkonsum: Eine empirische Studie zu Motiven und Barrieren. Diplomarbeit, Wirtschaftsuniversität Wien.
Friedrichs, Jürgen (1990): Methoden empirischer Sozialforschung. 14. Auflage. Opladen.
Kroeber-Riel, Werner/Weinberg, Peter (2003): Konsumentenverhalten. 8. Auflage. München.
Lamnek, Siegfried (1988): Qualitative Sozialforschung. Band 1: Methodologie. München.
Mayring, Philipp (2000): Qualitative Inhaltsanalyse [28 Absätze]. Forum Qualitative Sozialforschung/Forum: Qualitative Social Research [Online Journal], 1(2): http://www.qualitative-research.net/fqs-texte/2-00/2-00mayring-d.htm, abgerufen am 21.5.2006.
Mayring, Philipp (2002): Einführung in die Qualitative Sozialforschung: Eine Anleitung zu qualitativem Denken. 5. Auflage. Weinheim und Basel.
Mayring, Philipp (2003): Qualitative Inhaltsanalyse: Grundlagen und Techniken. 8. Auflage. Weinheim.
Schmidt, Christiane (2003): Analyse von Leitfadeninterviews. In: Flick, Uwe/von Kardorff, Ernst/Steinke, Ines (Hrsg.): Qualitative Forschung: Ein Handbuch. Reinbek bei Hamburg, 447ff.
Strauss, Anselm (1994): Grundlagen qualitativer Sozialforschung – Datenanalyse und Theoriebildung in der empirischen soziologischen Forschung. München.

Renate Buber, Johannes Gadner und Regina Höld

Wohnen in Passivhäusern
Der Einsatz des Fokusgruppeninterviews zur Identifikation von Wohlfühlkomponenten

1 Ausgangssituation und Zielsetzung 825
2 Ablauf des Fokusgruppeninterviews 828
   2.1 TeilnehmerInnen und Briefing 829
   2.2 Fragen 829
   2.3 Durchführung 831
   2.4 Feldnotizen, Transkription und Auswertung 831
3 Ergebnisse 832
   3.1 Die Konstrukte 832
       3.1.1 Behaglichkeit 833
       3.1.2 Wohnkomfort/Wohnqualität 835
       3.1.3 Gemütlichkeit 836
       3.1.4 Wohlfühlen 838
   3.2 Strukturmodelle 838
   3.3 Marketingrelevanz 843
4 Literatur 844

1 Ausgangssituation und Zielsetzung

„Der Wunsch nach einem Zuhause, in dem man sich wohl fühlt", schreibt der englisch-kanadische Architekt und Kulturgeschichtler Witold Rybczynski (1991, 251), „ist ein fundamentales menschliches Bedürfnis, das tief in unserer Psyche wurzelt und nach Befriedigung verlangt". Die Entwicklung von Wohnkultur, also von Architektur und Bauwesen, Heizungs- und Lüftungstechnik, Beleuchtung, etc., zeigt, dass Menschen sich in ihrer Umgebung bzw. ihrem Wohnumfeld wohl fühlen wollen und dabei den Komfort suchen. Das lässt sich durch mehrere Jahrhunderte zurückverfolgen und belegen. Der Ausdruck Komfort spielt dabei nach Rybczynski (1991, 17) eine zentrale Rolle. Ursprünglich auf das Lateinische „confortare" zurückgehend, das soviel bedeutet wie „stärken" oder „trösten", überlappt seine Bedeutung heute mit Ausdrücken wie „Behaglichkeit", „Bequemlichkeit", „Gemütlichkeit", „Wohnlichkeit" und „Wohlfühlen". Für die Entwicklung und Vermarktung eines Passivhauses spielen diese Kriterien eine zentrale Rolle. Allerdings ist es beim Marketing für das Produkt Passivhaus bislang nicht überzeugend gelungen, dies zu kommunizieren. Immer noch stehen die energieeffiziente Bauweise und die technische Ausstattung in den Marketingargumenten im Vordergrund. Passivhäuser werden meist nicht als „Behaglichkeitshäuser" sondern als „Häuser ohne Heizung" verkauft, obwohl für potentielle KäuferInnen die Behaglichkeit bzw. der Wohnkomfort wesentliche Einflussfaktoren auf die Kaufentscheidung darstellen (Rohracher et al. 2001).

Viele potentielle KäuferInnen eines Passivhauses schrecken davor zurück, in einem Haus zu wohnen, das nur mit einer Zuluftheizung beheizt werden kann (Rohracher et al. 2001). Sie wünschen sich eine fühlbare Wärmequelle, wie z.B. eine Wandheizung oder einen kleinen Ofen. Auch manche BewohnerInnen von Passivhäusern äußern solche Wünsche, nicht weil es im Passivhaus zu kalt wäre, sondern weil ein besonderes Wärme-, Behaglichkeits- oder Sicherheitsbedürfnis damit befriedigt werden kann. Komfortlüftungsanlagen sind integrativer Bestandteil jedes Passivhauses, sie sorgen bei der sehr luftdichten Bauweise des Passivhauses für ausreichenden Luftwechsel und garantieren damit eine gute Raumluftqualität. Der Vergleich von Messergebnissen zur Luftqualität mit und ohne Lüftungsanlage in Schlafräumen trägt bei vielen Bauherrn wesentlich zur Entscheidung für die Komfortlüftungsanlage und damit auch oft für das Passivhaus bei.

Für einen nachhaltigen Markterfolg des Passivhausstandards müssen neben den viel beachteten Betriebskosten- und Ökologieargumenten, die für das Passivhauskonzept sprechen, auch die Komfortargumente gefestigt werden. Dafür bedarf es einer empirischen Untersuchung von persönlichen Erfahrungen mit dem Wohnen in Passivhäusern, um das Erleben der Wohnsituation verstehen zu können und etwaige Befürchtungen über mögliche Komfortprobleme in Passivhäusern entweder zu bestätigen oder zu entkräften. Im Falle einer (auch teilweisen) Bestätigung ermöglichen die Ergebnisse eine auf das Erleben der BewohnerInnen aufbauende Evaluierung und Wei-

Renate Buber, Johannes Gadner und Regina Höld

terentwicklung des Passivhausstandards und der zentralen technischen Komponenten wie Fenster und Lüftungsanlagen. Im Falle einer Entkräftung der Befürchtungen, also des positiven Erlebens der Wohnsituation durch BewohnerInnen von Passivhäusern, liefern die in einer qualitativen Studie ermittelten Ergebnisse eine kundInnenorientierte Grundlage für die Gestaltung des Marketing-Mix.

Die in diesem Beitrag präsentierte Studie war Teil eines Forschungsprojektes, das sich mit folgenden zwei Fragen zur Behaglichkeit und zum Gesundheits- bzw. Erholungswert von Passivhäusern beschäftigte:

1. Wie erleben BewohnerInnen von Passivhäusern den Wohnkomfort, wenn ihr Haus (a) nur über Zuluft oder (b) zusätzlich mit anderen Wärmeabgabesystemen (Wand- bzw. Deckenheizungen, usw.) beheizt wird? Lassen sich wahrgenommene (aber auch nicht wahrgenommene) Unterschiede physiologisch und/oder psychologisch erfassen?

2. Komfortlüftungsanlagen bieten mit geringen CO_2-Konzentrationen und geringer Staubbelastung erhöhte Raumluftqualität. Welche Auswirkungen hat die Raumluftqualität auf die Schlafqualität und damit auf die wichtigste Erholungsphase der untersuchten BewohnerInnen? Können die Auswirkungen durch Vergleich der Schlafqualität bei (a) laufender Komfortlüftung und (b) abgestellter Komfortlüftung und geschlossenen Fenstern (Standardfall im Winter bei Häusern ohne mechanische Lüftung) nachgewiesen werden?

Ziel des Forschungsprojektes war die Behaglichkeits- bzw. Bedürfnisoptimierung von Passivhauskomponenten (Heizungskonzepten und -komponenten, Regelungs- und Steuerungskomponenten, Komfortlüftungsanlage) durch Einbeziehung der Messergebnisse der Behaglichkeitsuntersuchungen sowie der durch ein Fokusgruppeninterview erhobenen Bedürfnisse und Erfahrungen von BewohnerInnen eines Passivhauses in Bezug auf die Behaglichkeit. Weiters sollte der Erholungsvorteil durch kontrollierte Wohnraumlüftung anhand von Untersuchungen der Schlafqualität nachgewiesen werden: Die Ergebnisse des Vergleichs der Schlafqualität mit und ohne Schlafraumlüftung sollten die Wichtigkeit und Bedeutung der Komfortlüftungsanlage für die Luftqualität bzw. Erholungsfähigkeit unterstreichen. Schließlich sollte der Stellenwert des Konstrukts „Behaglichkeit" im Rahmen einer Kaufentscheidung bzw. im Adoptionsprozess von Neuprodukten dargestellt werden.

Die physiologischen Nachweise wurden über die Messung und Auswertung der Herzfrequenzvariabilität mit miniaturisierten EKG-Messgeräten („Heartman") geführt: In einer thermisch behaglichen Umgebung wird die Temperaturregulation des Körpers nur über den Blutkreislauf durchgeführt. Die beste Chance, Behaglichkeit physiologisch zu messen, ist somit durch die Bestimmung des Zustandes des Blutkreislaufes bzw. des autonomen Nervensystems gegeben (Rohregger et al. 2004).

Die psychologischen Nachweise wurden durch Datenerhebung mit standardisierten Fragebögen sowie einem Fokusgruppeninterview geführt.

Die Durchführung des Fokusgruppeninterviews mit BewohnerInnen von Passivhäusern, die gleichzeitig die Versuchspersonen der physiologischen Untersuchungen waren, verfolgte das Ziel, die Erfahrungen der Interviewten in Bezug auf die Behaglichkeit von Passivhäusern im Gespräch und in der Interaktion zu erheben und aufbauend darauf, das Konstrukt Behaglichkeit fassbar zu machen. Die sich daraus ableitbaren marketingrelevanten Aspekte waren primäres Ziel der Erhebung.

Von den Ergebnissen des Fokusgruppeninterviews wurden folgende Informationen erwartet:

- Informationen über die Auswirkungen unterschiedlicher Lüftungs- und Heizungssysteme in Passivhäusern auf die von BewohnerInnen eines Passivhauses wahrgenommene Wohnqualität, den Wohnkomfort, das Wohlfühlen, die Behaglichkeit und die Gemütlichkeit? Diese Informationen sollen die Beschreibung der Konstrukte Wohnqualität, Wohnkomfort, Wohlfühlen, Behaglichkeit und Gemütlichkeit ermöglichen und unter Berücksichtigung der identifizierten Einflussfaktoren die Entwicklung eines Strukturmodells zum Wohnen in Passivhäusern ermöglichen.

- Informationen zur Gestaltung des Marketing-Mix der Hersteller und der die Kaufentscheidung beeinflussenden Personen (z.B. Opinion Leader, Installateure).

Ziel dieses Beitrags ist es, aufzuzeigen, wie das Fokusgruppeninterview geplant und durchgeführt wurde. Darüber hinaus wird auf Fragen der Transkription insoweit eingegangen, als damit aufgezeigt werden kann, welche Erfordernisse an die Textdaten gestellt werden, um deren Analyse vorzubereiten. Die Kategorisierung der Daten nach den Prinzipien der qualitativen Inhaltsanalyse nach Mayring (2003) und die Zuhilfenahme von QSR_N6 (Richards 2002) wird beispielhaft skizziert. Ausgewählte Ergebnisse und Operationalisierungen der Konstrukte runden den Beitrag ab.

Zusammenfassend lässt sich vorab festhalten, dass die Art der Heizung aus Sicht der Befragten eindeutige Auswirkungen auf das Wohnklima und die Behaglichkeit eines Hauses und damit auf das Wohlfühlen seiner BewohnerInnen hat. Die TeilnehmerInnen am Fokusgruppeninterview wählten aus diesem Grund ihre Heizungssysteme ganz bewusst aus und ließen sich dabei nach eigenen Angaben stark vom Einfluss der Heizung auf die Raumatmosphäre leiten. Dies trifft für eine Wandheizung wie für einen (Pellets-Zimmer-)Ofen zu. Eine Wandheizung überzeugte die BewohnerInnen vor allem wegen der von allen Wänden gleichmäßig wohlig abstrahlenden Wärme; einen (Pelletszimmer-)Ofen wählten die BewohnerInnen von Passivhäusern hauptsächlich wegen der sichtbaren Flammen, die eine behagliche Atmosphäre erzeugen.

Die TeilnehmerInnen waren sich einig, dass es auf Grund ihrer Wärme- und Temperaturansprüche grundsätzlich nicht möglich wäre, ihre Häuser nur über die Lüftungsanlage zu heizen. Niemand wollte riskieren keine Zusatzheizung einzubauen, vor allem in extrem kalten Wintern könnte die Lüftungsanlage allein keine, ihren Komfortansprüchen genügend hohe Raumtemperatur gewährleisten. Daher waren vor allem der

Sicherheitsgedanke und die Angst, womöglich im Nachhinein doch noch eine Heizung einbauen zu müssen, für den Einbau einer Zusatzheizung ausschlaggebend.

Die Lüftungsanlage wird von den BewohnerInnen von Passivhäusern als Hauptargument und wichtigstes Verkaufsargument gesehen. Sie ist wesentlich dafür verantwortlich, dass das Passivhaus überhaupt funktioniert und dass es seine ihm eigenen Qualitäten – vor allem auch in Hinblick auf die Faktoren Behaglichkeit, Wohnkomfort und Wohnqualität sowie Wohlfühlen – entfalten kann.

2 Ablauf des Fokusgruppeninterviews

Morgan (1998) und Krueger (1998) bieten eine übersichtliche Abhandlung des praktischen Herangehens an die Planung eines Fokusgruppeninterviews. Unter einem Fokusgruppeninterview versteht man das gleichzeitige Teilnehmen mehrerer Personen an einem Forschungsprozess mit dem Ziel, Daten zu generieren (Carson et al 2001). Diese Forschungsmethode versucht Daten durch Gruppeninteraktion zu einem bestimmten Thema zu sammeln. Die Gruppe besteht aus sechs bis acht Personen, die an dem Interview für zirka eineinhalb bis zwei Stunden teilnehmen (Patton 1987). Ein/e ModeratorIn leitet die Diskussion, indem er/sie die vorbereiteten Fragen stellt, nachfragt, aber nicht die eigenen Ansichten einbringt (Krueger 1998a). Zur Rolle des Moderators/der Moderatorin im Detail siehe Lamnek (2005, 141ff).

Morgan (1998) unterscheidet vier verschiedene Einsatzmöglichkeiten von Fokusgruppeninterviews:

- Problemidentifikation: Es soll das Ziel eines Forschungsprojektes definiert werden.
- Planung: Es soll ein Weg gefunden werden, die Ziele zu erreichen. Fokusgruppen werden dazu eingesetzt, die Meinung von Betroffenen zu den Zielen zu erfahren.
- Implementierung: In der Implementierungsphase eines Projektes können tiefgründige kontextbezogene Daten Informationen darüber liefern, wie die Umsetzung von Plänen funktioniert.
- Bewertung: In dieser Phase soll herausgefunden werden, was in einem Projekt passiert ist. Die Diskussion in einer Fokusgruppe soll einen Einblick geben, wie und warum die erzielten Ergebnisse zustande gekommen sind.

Die Stärke von Fokusgruppeninterviews liegt in der Möglichkeit, Einblick in komplexe Verhaltensweisen und Motivationen der TeilnehmerInnen zu bekommen. Qualitative ForscherInnen wenden diese Methode an, um herauszufinden, wie Personen sprechen und ihr eigenes Verständnis des untersuchten Themas konstruieren (Carson et al.

2001). Der Einsatz von Fokusgruppen ist in der Marketingforschung schon weit verbreitet.

2.1 TeilnehmerInnen und Briefing

An dem Fokusgruppeninterview nahmen zwei Frauen und vier Männer, die in einem Passivhaus wohnten und bereits Versuchspersonen in den physiologischen Tests waren, teil. Trotzdem wurde bei der Planung darauf geachtet, dass sie einander nicht kannten, da sie sich nicht absprechen sollten.

Nachdem die TeilnehmerInnen im Untersuchungsraum eingetroffen waren, nahmen sie mit der Moderatorin und dem Co-Moderator an einem Besprechungstisch Platz. Die Moderatorin begrüßte die TeilnehmerInnen und eröffnete das Fokusgruppeninterview mit einem kurzen Briefing. Dieses umfasste eine grobe Skizzierung der Themen- und Fragestellung sowie den Ablauf der nächsten zwei Stunden. Die TeilnehmerInnen wurden gebeten, anhand eines groben Leitfadens über ihre Erfahrungen, Wünsche und Bedürfnisse im Zusammenhang mit dem Wohnen in Passivhäusern allgemein und dem Empfinden von Wohnqualität, Wohnkomfort, Wohlfühlen, Behaglichkeit und Gemütlichkeit im besonderen, zu berichten. In diesem Zusammenhang wurden sie ersucht, ihre Erfahrungen und die von ihnen als relevant erachteten Themen einzubringen und zu diskutieren. Das Prinzip von Offenheit und Diskursivität sollte den Verlauf des Fokusgruppeninterviews prägen. Es wurde darauf hingewiesen, dass Tonbandaufnahmen durchgeführt werden, wozu sich die TeilnehmerInnen mündlich einverstanden erklärten.

2.2 Fragen

In Tabelle 1 werden die Vorbereitung der Fragen, die Fragefolge (Questioning Route) und eine Schätzung des Zeitbedarfs pro Sequenz beschrieben (Krueger 1998b).

Tabelle 1: Questioning Route

QUESTIONING ROUTE – BEHAGLICHKEIT IN PASSIVHÄUSERN	
■ Kernfrage (wird TeilnehmerInnen nicht genannt): Wie lässt sich Behaglichkeit/Wohnlichkeit in einem Passivhaus beschreiben?	
■ Thema der Diskussion (erfahren die TeilnehmerInnen zu Beginn): Wohnen im Passivhaus	
FRAGETYP	FRAGEN UND ERKLÄRUNGEN
OPENING - PUZZLE Dauer: 7 Minuten Thema: Wohntyp	Zum Kennenlernen haben wir Prospektausschnitte mitgebracht. Jede/r erhält einen Puzzleteil. Erzählen Sie bitte Ihrem/Ihrer rechten „NachbarIn", was Sie mit Ihrem Puzzleteil verbinden.

INTRODUCTORY Dauer: 10 Minuten Thema: Wohnen allgemein	TeilnehmerInnen werden gebeten zu beschreiben, was sie unter Wohnqualität verstehen und mit dem Begriff assoziieren. ▪ *Was bedeutet für Sie Wohnqualität/Wohnkomfort?*
TRANSITION - PAARARBEIT Dauer: 25 Minuten Thema: Brainstorming – Wohnqualität Methoden: 1. Arbeit in Paaren (15 Minuten) 2. Diskussion im Plenum (5 Minuten)	TeilnehmerInnen sollen in Paaren ein Brainstorming zu drei Begriffen (siehe unten) durchführen (Die Ergebnisse werden schriftlich auf Moderationskarten festgehalten). Anschließend werden sie gebeten, in der Gruppe ihre Meinungen zu diskutieren. **ad 1. Arbeit in Paaren** Wir haben bereits über Wohnqualität gesprochen. Zur Beschreibung von Wohnqualität werden immer wieder verschiedene Schlagwörter verwendet (Hinweis auf Kärtchen „Wohnqualität" und „Gemütlichkeit", die aufgehängt werden): ▪ *Was bedeuten diese Begriffe für Sie? Was fehlte Ihnen in der einleitenden Diskussion, um Wohnqualität zu beschreiben?* Bitte diskutieren Sie diese Fragen mit dem Gruppenmitglied, das rechts von Ihnen sitzt. Halten Sie Ihre Punkte auf den Kärtchen fest. **ad 2. Diskussion in der Gruppe** ▪ *Was haben Sie herausgefunden? Was gehört für Sie zur Wohnqualität?* Nachfragen – Anheizen des Diskussionsklimas: ▪ *Was heißt Wohnqualität jetzt wirklich?*
KEY 1 Dauer: 10 Minuten Thema: Argumente Passivhaus	▪ *Wenn Sie eine Freundin, einen Freund vom Kauf eines Passivhauses überzeugen müssten, was würden Sie ihr/ihm raten? Welche Rolle spielen dabei die diskutierten Punkte (Hinweis auf Kärtchen)?*
KEY 2 Dauer: 10 Minuten Thema: Behaglichkeit – Passivhaus	▪ *Was macht das Wohnen im Passivhaus letztendlich wohnlich?* ▪ *Wer/Was ist dafür verantwortlich und weshalb?*
TRANSITION Dauer: 10 Minuten Thema: Erfahrungen	▪ *Was hätten Sie gerne schon vor dem Kauf des Passivhauses gewusst?* ▪ *Was war für Sie die größte Überraschung/der „Supergau" als Sie dort eingezogen sind?* ▪ *Was ist für Sie jetzt noch gewöhnungsbedürftig?*
KEY 3 Dauer: 10 Minuten Thema: Beratung	▪ *Nehmen wir an, es gäbe eine Beratungsstelle für Menschen, die sich über ein Passivhaus informieren möchten. Wo müsste diese Beratungsstelle sein? Wer müsste sie betreuen? Worüber sollten Interessierte informiert werden?* ▪ *Was müsste in einem Prospekt über Passivhäuser stehen?*
ENDING Dauer: 10 Minuten	Bei der Schlussrunde soll jede/r ein Statement abgeben. ▪ *Wenn wir die Diskussion Revue passieren lassen – welcher Wohntyp sind Sie dann eigentlich?* ▪ *Was von dem, das wir heute diskutiert haben, ist für Sie am bedeutendsten?*
SUMMARY QUESTION Dauer: 5 Minuten	▪ *War das eine treffende Zusammenfassung? Umfasst das alles, was gesagt wurde?*

2.3 Durchführung

Die Einladung der TeilnehmerInnen erfolgte einige Wochen vor dem Termin des Fokusgruppeninterviews schriftlich. Eine gesonderte Erläuterung des Ziels war zu diesem Zeitpunkt nicht erforderlich. Die TeilnehmerInnen hatten bereits an den physiologischen Messungen teilgenommen und wussten, dass sie in der Folge zu einem Fokusgruppeninterview eingeladen werden.

Die Vorbereitung der Moderation umfasste neben der Fragenentwicklung, der Zeitschätzung für die einzelnen Sequenzen des Fokusgruppeninterviews und dem Vorschreiben eventuell notwendiger Flipcharts und Moderationskarten auch Überlegungen zur Gestaltung des Raumes (Herstellen einer angenehmen Atmosphäre), in dem das Interview stattfindet, das Testen und Vorbereiten der technischen Hilfsmittel (Tonband und Videokamera) und die Vorsorge für ein angemessenes Catering.

Zu Beginn erhielten die TeilnehmerInnen einen Puzzleteil, der zu einem Foto eines Wohnzimmers gehörte. Um sich mit den anderen TeilnehmerInnen vertraut zu machen, sollten sie das Puzzle gemeinsam zusammenzusetzen. Die in Tabelle 1 gezeigte Fragefolge bestimmte den Ablauf des Fokusgruppeninterviews. Es gab keine Abweichungen. Die Einzel- und Paarübungen wurden angenommen und lockerten die Erhebungssituation auf. Das Fokusgruppeninterview schloss mit einer Zusammenfassung der wichtigsten Diskussionspunkte durch die Moderatorin ab.

2.4 Feldnotizen, Transkription und Auswertung

Für die Transkription der Tonbandaufzeichnung ist es wichtig, dass der/die ModeratorIn, aber vor allem der/die Co-ModeratorIn während des Fokusgruppeninterviews Notizen anfertigen, z.B. über kritische Szenen im Interview oder über die Reihenfolge, in der sich die Personen zu Wort melden. Dies erleichtert später das Transkribieren. In der vorliegenden Studie wurde die Videoaufzeichnung dazu verwendet.

Beim Transkribieren sind bestimmte Regeln einzuhalten, über die sich der/die ForscherIn im vorhinein Klarheit verschaffen sollte. Auch die spätere Auswertung der Texte sollte bereits im Vorhinein mitgedacht werden. So stellen z.B. verschiedene Softwarepakete unterschiedliche Anforderungen an die Vorbereitung der Texte. Für die Verschriftung der verbalen Daten wurde die „kommentierte Transkription" in literarischer Umschrift gewählt (Mayring 2002). Das bedeutet, dass Kommentare des Forschers/der Forscherin in Klammern geschrieben und der Dialekt der Interviewpersonen unverfälscht wiedergegeben wurde.

Das Transkript wurde nach den Prinzipien der qualitativen Inhaltsanalyse nach Mayring (2003) ausgewertet. Das Kategorienschema wurde induktiv ermittelt. Allerdings war durch die Fragen schon ein Grundstein für die erwartbaren Kategorien gelegt. Die Kodierung wurde in der qualitativen Software QSR_N6 (Richards 2002) durchgeführt. Dafür muss der Forscher bzw. die ForscherIn zu Beginn folgendes beachten:

- Ziel der Auswertung mittels QSR_N6 ist das Codieren des Textes in einem Kategorienbaum, der den Inhalt bzw. die Themen wiedergibt.
- Das Transkript wird in N6 importiert und dort als *document* bezeichnet. Ein N6-Projekt (Auswertungsfile) kann aus mehreren *documents* bestehen.
- Der Text wird in Texteinheiten (*text units*) zerlegt, die Kategorien zugeordnet werden können. Die Zerlegung kann nach Sätzen, Absätzen oder Linien erfolgen.
- Anmerkungen des Forschers bzw. der Forscherin zu bestimmten text units können nachträglich durch *annotations* ergänzt werden.
- Gedanken, Interpretationen, erste Überlegungen für Hypothesen, hermeneutische Analyseschritte zu bestimmten Kategorien bzw. Textpassagen können in Form von *memos* vom Text getrennt werden aber – falls das für sinnvoll erachtet wird - auch mitcodiert werden und nach der Auswertung für das *reporting* verwendet werden.
- Es werden verschiedene Arten von Kategorien (*nodes*) unterschieden: *Free nodes* – stellen Kategorien ohne Hierarchie dar. Sie können später in den Kategorienbaum eingeordnet werden. *Tree nodes* – bilden den Kategorienbaum und sind in unterschiedliche Ebenen gegliedert. Vom codierten Text kann der Forscher/die Forscherin jederzeit wieder zum Gesamttext zurückspringen, um die codierte *text unit* im Zusammenhang zu lesen. *Text search* ermöglicht das Durchsuchen des gesamten Textes oder eines bestimmten *node* nach Wörtern oder Wortkombinationen. Die Ergebnisse der Suche werden in einem eigenen *node* codiert.

3 Ergebnisse

3.1 Die Konstrukte

Ein Ziel des Fokusgruppeninterviews war es, herauszuarbeiten, was die BewohnerInnen von Passivhäusern unter Behaglichkeit, Gemütlichkeit und Wohlfühlen verstehen und welche Rolle diese im Zusammenhang mit Wohnkomfort/-qualität spielen. In der Folge werden die vier Konstrukte unter Bezug auf die Daten aus dem Fokusgruppeninterview beschrieben.

Vorweg sei gesagt, dass sich Behaglichkeit, Gemütlichkeit und Wohlfühlen für die teilnehmenden BewohnerInnen von Passivhäusern begrifflich nicht eindeutig voneinander abgrenzen lassen. Vielmehr sind alle drei Begriffe auf gewisse Weise miteinander verbunden. Wohlfühlen ist für die TeilnehmerInnen eine Folge aus Gemütlichkeit. Soziale Faktoren sind dabei ebenso relevant wie individuelle; äußere Faktoren spielen als Einrichtungsgegenstände, häusliche Objekte sowie Temperatur, Licht und Luftqualität eine Rolle. Die Faktoren, die das Wohlfühlen beeinflussen, sind für die TeilnehmerInnen auch in hohem Maße ausschlaggebend für den Wohnkomfort in Passivhäusern. Das sind Einrichtungsmaterialien und -gegenstände, Farben, Wärme, Licht bzw. Sonne, ausreichend Platz und ein Garten sowie vor allem die gute Luftqualität. Wohlfühlen und Wohnkomfort können demnach als Hauptargumente für Passivhäuser gesehen werden. Der Umwelt- und Energiespargedanke ist dabei eher nebensächlich.

3.1.1 Behaglichkeit

Abbildung 1: Konstrukt „Behaglichkeit"

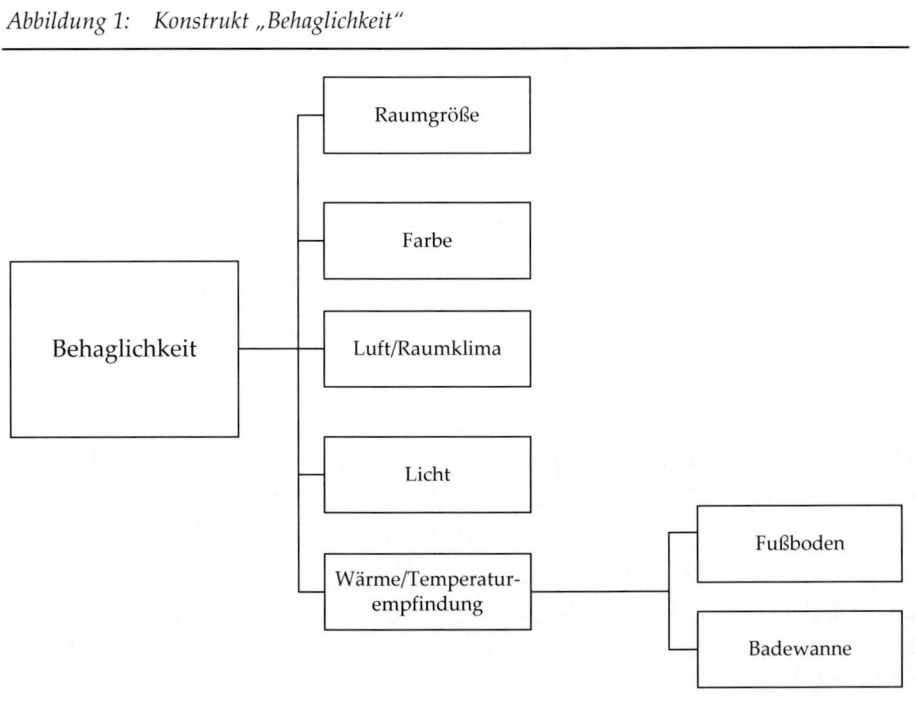

Der Begriff Behaglichkeit steht im Zentrum der gesamten Studie. Abbildung 1 stellt die von den TeilnehmerInnen mit diesem Begriff vorgebrachten Assoziationen dar.

Wie daraus hervorgeht, subsumieren diese unter dem Begriff Behaglichkeit in erster Linie äußere Faktoren wie große, offene, helle, mit Licht durchflutete Räume, schöne, warme Farben, eine individuell angemessene, angenehme Temperatur, Wärme, einen geheizten Ofen, bei dem das Feuer sichtbar ist und die richtige Luftfeuchtigkeit sowie die Luftqualität. Die Lüftungsanlage ist dabei ein zentrales Element, weil die Frischluftzufuhr vor lästigen Gerüchen schützt und ein behagliches Raumklima erzeugt.

Ja und die Behaglichkeit, das Raumklima auch durch die Lüftungsanlage. [1677]

Es macht es einfach behaglicher, also es macht net des, wenn man am nächsten Tag jetzt ins Wohnzimmer kommt und es stinkt, Gott da stinkt es, da ist geraucht worden, oder ich weiß net, das Essen in der Küche ist noch da. [254]

Wesentlich für die TeilnehmerInnen ist dabei, dass die Behaglichkeit von äußeren Faktoren und Einflüssen abhängt. Wenn Raumtemperatur, Luftqualität und die gesamte Raumatmosphäre stimmen, dann führt das dazu, dass sich der Einzelne wohl fühlt. Dies hängt allerdings vom individuellen Empfinden ab, da jeder Mensch auf äußere Einflüsse anders reagiert. Dazu einige Belege:

Behaglich haben wir gesagt, das sind Einflüsse, die nicht unbedingt von einem selbst abhängen. Das heißt jetzt ah eine gewisse Temperatur, a gewisses Licht, gewisse Beleuchtung, ist die Behaglichkeit, das offene Feuer zum Beispiel. [1099-1101]

Behagliche Faktoren, die sind einfach da und was man dann daraus macht, ist jedem seine eigene Sache, ob es dann zum Wohlfühlen kommt. [861]

Aber ich glaub, dass das wirklich individuell ist. Also, das, ich glaub net, dass es von objektiven Faktoren wie Licht und Wärme. Da reagiert jeder Mensch anders. Es hat jemand, jemand mag keine 25, oder 24 oder 23 Grad, sondern nur 18 Grad Raumtemperatur. Es gibt Leute, die mögen kein Licht, die hassen es, in Licht überfluteten Räumen zu wohnen, da kenn ich persönlich welche. Und die finden das total unbehaglich, in unserem Haus zu wohnen. Also i glaub, dass das sicher wirklich rein individuell ist. [1133-1140]

Die genannten Faktoren legen den Schluss nahe, dass Behaglichkeit vor allem im Winter einen wichtigen Stellenwert für die BewohnerInnen von Passivhäusern besitzt. Dabei hat vor allem ein (Pellets-)Ofen mit Sichtfenster oder ein offener Kamin eine zentrale Funktion. Die Möglichkeit, die Flammen zu sehen, steigert jedenfalls die Behaglichkeit.

Behaglichkeit ist auch der Pelletsofen, wenn die Flammen prasseln. Und es ist draußen kalt. [755-758]

In der Winterzeit ist das am Abend, wenn der Kleine vom Bad rauf kommt und wenn wir vorm Fernsehen sitzen oder so, ist das immer eingeschaltet, und da sind die Flammen, die da lodern und es ist einfach gemütlich. [1657-1657]

Im Winter ist es toll. Absolut, zu empfehlen. [277-278]

3.1.2 Wohnkomfort/Wohnqualität

Abbildung 2 zeigt die Faktoren, die aus Sicht der befragten BewohnerInnen für Wohnkomfort und Wohnqualität in Passivhäusern verantwortlich sind und belegt, dass Einrichtungsmaterialien und -gegenstände, Farben, Wärme, Licht bzw. Sonne, Platz und Garten eine wesentliche Rolle für Wohnkomfort und Wohnqualität spielen.

Abbildung 2: Konstrukt „Wohnkomfort/Wohnqualität"

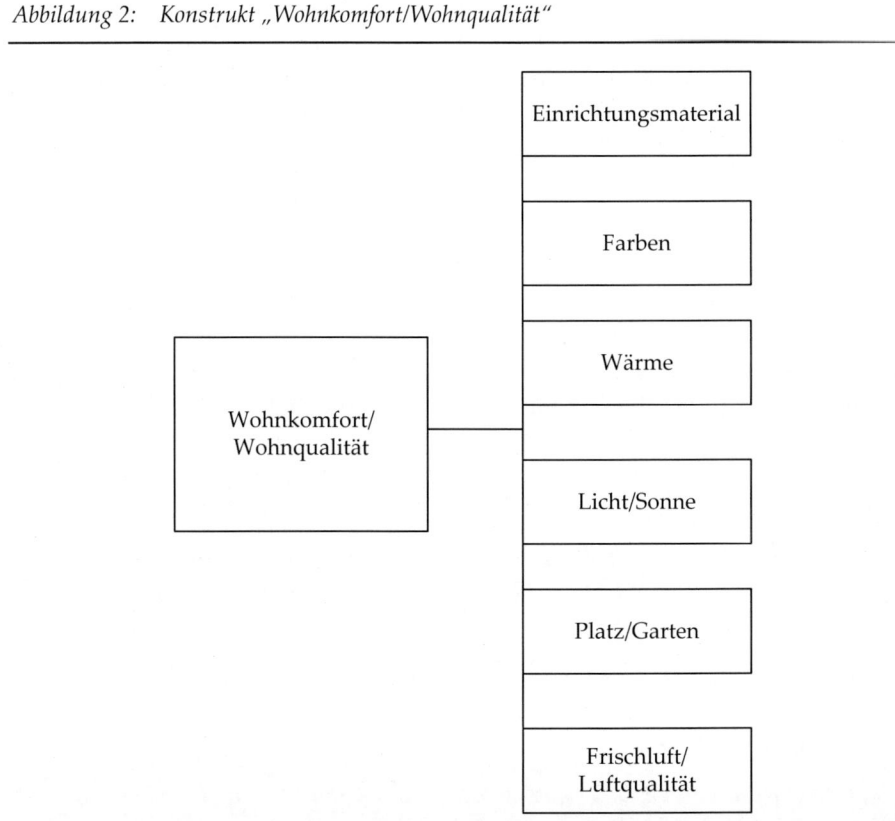

Für mich ist die Materialqualität im Vordergrund. Also ein gewisse Materialehrlichkeit, also, dass Alu wie Alu ausschaut und Holz wie Holz ausschaut, dass die verschiedenen Holzarten ihren Charakter behalten. Das ist für mich wichtig. [164-169]

Für mich spielen Farben eine extrem starke Rolle, nicht immer, das hab ich jetzt erst entdeckt, während dem Hausbauen. Und für mich ist Wohnkomfort, sich mit schönen Dingen zu umgeben. Also wenn ich da sitze und mir das anschaue, dann gefällt mir das, also. Und das hat insofern auch mit Luxus zu tun, also wenn man sich das leisten kann, was einem gefällt, dann hat das mit Luxus zu tun. [147-150]

Wenn die Wand hinter Ihnen maisgelb ist und die Sonne scheint da drauf und der ganze Raum erstrahlt in so einer warmen Farbe, dann hat das direkt etwas mit dem Gefühl zu tun. [159]

Für mich ist das auch wichtig. Wärme, Licht, Farben. [145-146]

Also ah, ausreichend Platz, Helligkeit, sonnendurchflutet. [134]

Garten, natürlich ist der Garten wichtig. Das ist beim Haus ja schon dabei, drum wohn ich in einem Haus und nicht in einer Wohnung. [154-155]

Interessant ist in diesem Zusammenhang, dass auch der Umweltgedanke für die Wohnqualität verantwortlich gemacht wird. Durch das Wohnen im Passivhaus kann man sich Luxus und Wohnkomfort leisten, mit dem angenehmen Wissen, die Umwelt nicht zu sehr zu belasten. Es ist also so, dass die Beruhigung des Gewissens noch zusätzlich dazu beiträgt, die Wohnqualität zu steigern.

Für mich bedeutet es in erster Linie einmal genug Platz zu haben. Und ja einen Garten zu haben. Und bei meinem Hang zum Luxus die Umwelt nicht zu sehr belasten. [108-109]

Die Wohnqualität hängt auch mit Luxus zusammen. [...] Luxus mit gutem Gewissen. [127-129]

Ein zentrales Argument ist jedoch die Frischluft bzw. die Luftqualität, die durch die Lüftungsanlage in Passivhäusern permanent gewährleistet ist. Die Lüftungsanlage kann damit als wesentlicher Faktor zur Gewährleistung des hohen Wohnkomforts definiert werden. Immer wieder wurde in der Diskussion darauf hingewiesen, dass die Lüftungsanlage nicht nur das zentrale Element eines Passivhauses ist, sondern auch dessen Komfortfaktor schlechthin.

Also diese kontrollierte Wohnraumlüftung ist zum Komfortfaktor geworden. [264]

Na, ich glaub die kontrollierte Wohnraumlüftung ist ein sehr wichtiges Argument, oder fast das Hauptargument, was man hat. [1673]

3.1.3 Gemütlichkeit

Die Begriffe Behaglichkeit und Gemütlichkeit lassen sich nicht eindeutig voneinander abgrenzen. Vielmehr werden sie von den TeilnehmerInnen als überlappend, ja sogar als identisch angesehen. Abbildung 3 gibt die genannten Assoziationen mit dem Begriff Gemütlichkeit wieder.

Mit Gemütlichkeit wird vor allem auch eine Aktivität assoziiert, wobei hier auf den sozialen Aspekt besonders hinzuweisen ist. Zwar kann man es unter den richtigen Rahmenbedingungen durchaus auch allein gemütlich haben – *Du setzt dich irgendwo hin und liest ein gutes Buch, das ist auch gemütlich. [773-774]* – aber soziale Faktoren, wie im Falle des öfters als erstes mit dem Begriff Gemütlichkeit assoziierten Besuchs eines Heurigenlokals (http://www.wien.info/article.asp?IDArticle=14118/), dürften hier von vorrangiger Bedeutung sein.

Bei Gemütlichkeit glaub ich assoziiert man immer auch, also ich z.B. Gesellschaft, Gemütlichkeit hat was mit Gesellschaft zu tun. Net nur mit Haus, sondern auch mit Gesellschaft. (Zustimmung der anderen) Gemütlichkeit, wir sofort, Heuriger, net? [988-991]

Allerdings wird auch hier der individuelle Aspekt stark hervorgehoben. So ist die Empfindung von Gemütlichkeit stark *von der persönlichen Stimmung abhängig* [1027]. Zusätzlich zu dem in diesem Zusammenhang sehr prominent vertretenen sozialen Aspekt werden aber auch andere externe Faktoren für das Gefühl von Gemütlichkeit verantwortlich gemacht. Eine *gemütliche* Raumaufteilung etwa, *gemütliches* Licht, ein gemütliches Sofa und andere Einrichtungsgegenstände, auf die man sich *hin knotzen* kann, die richtige Beleuchtung, eine angemessene Raumtemperatur sowie ein Essen und ein Glas Rotwein tragen zur Gemütlichkeit bei. Schließlich wird auch ein Ofen bzw. ein offenes Feuer als *Gemütlichkeitsfaktor* [1657-1662] wahrgenommen.

Ja, unserer war mehr, unsere Gemütlichkeit, als Wärme. Wir wollen, dass der Ofen optisch, im Winter, wenn es draußen kalt ist und dunkel und der Wind geht und wir sehen die Flammen und es ist nicht nur die Wärme. [1650]

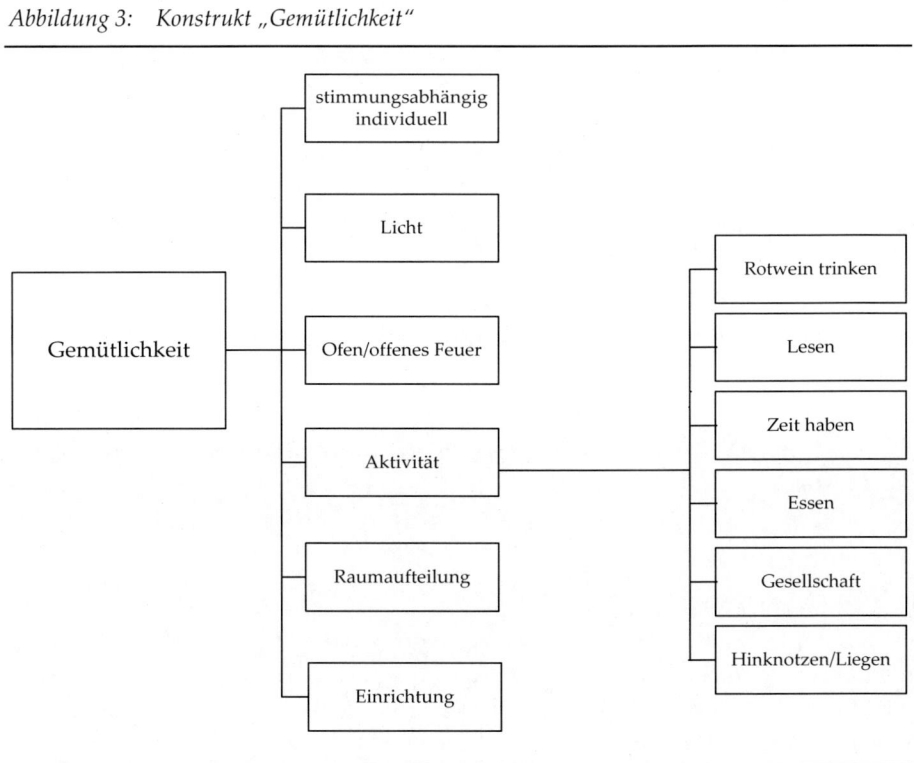

Abbildung 3: Konstrukt „Gemütlichkeit"

3.1.4 Wohlfühlen

Wohlfühlen wird von den TeilnehmerInnen als Resultat äußerer Bedingungen, die den unter den Begriffen Behaglichkeit und Gemütlichkeit subsumierten entsprechen, definiert. Dazu zählen, wie in Abbildung 4 gezeigt, vor allem die Raumgröße, frische Luft, Licht, Wärme und Raumtemperatur, eine gewisse Ordnung sowie eine entsprechende Aktivität wie etwa Musik hören, ruhen, schöne Dinge ansehen, Gäste haben, wenig Hausarbeit oder barfuss gehen.

Wohlfühlen ist somit das Ergebnis aus Behaglichkeit und Gemütlichkeit. Wenn es in einem Haus behaglich und gemütlich ist, dann fühlt man sich dort wohl.

Das Wohlfühlen ist mehr das Endergebnis aus diesen zwei. Wenn es gemütlich ist und behaglich, dann fühlst dich wohl. [738-739]

Wohlfühlen, sicher das ist irgendwie ist das ein bisschen so die Summe dieser beiden Sachen. [742]

Das Wohlfühlen ist die Summe aus den beiden. Weil wenn es zwar gemütlich ist, aber es ist zu kalt und unbehaglich, dann wird man sich nicht wohl fühlen. [815- 816]

I kann es behaglich haben, aber net gemütlich und umgekehrt. Das Wohlfühlen trifft zu, wenn beide Faktoren zutreffen zu dem Zeitpunkt und dann hab ich im Endeffekt das Wohlfühl-Erlebnis. [1091-1092]

Die äußeren Einflüsse auf den Einzelnen werden zwar auch hier als abhängig vom individuellen Empfinden angesehen, doch die frische Luft bzw. die konstant gute Luftqualität ist für alle ein wesentlicher Wohlfühlfaktor.

Und das ist auch ein Wohlfühlfaktor, dass du immer genügend frische Luft hast, das früher, wenn du lüften hast müssen, damit du dich wieder wohl fühlst, oder wenn du irgendwo gesessen bist und dann immer aufmachen und alles. [252]

Das Wohlfühlen in einem Haus hat für die Befragten letztlich auch mit der für den/die Einzelne/n optimalen Anordnung der Räume sowie mit deren Größe zu tun.

Und es mag schon sein, also die Größe der Räume hat sicher was damit zu tun. Das hat was mit Behaglichkeit, Wohlfühlen zu tun. Mit Größe und nicht zu groß, auch ein Thema, also es soll nicht zu groß sein, es soll eine bestimmte Größe haben, aber nicht zu groß sein, weil sonst verliert man sich darin. [2862]

3.2 Strukturmodelle

Auf der Basis der Ergebnisse der Grundauswertung wurde nach Überlappungen und Unterschieden in den die vier Konstrukte – Behaglichkeit, Wohnkomfort/-qualität, Gemütlichkeit, Wohlfühlen - beschreibenden Faktoren gesucht (Abbildungen 5 bis 7). Alle vier Konstrukte überschneiden sich bei den Faktoren

Abbildung 4: Konstrukt „Wohlfühlen"

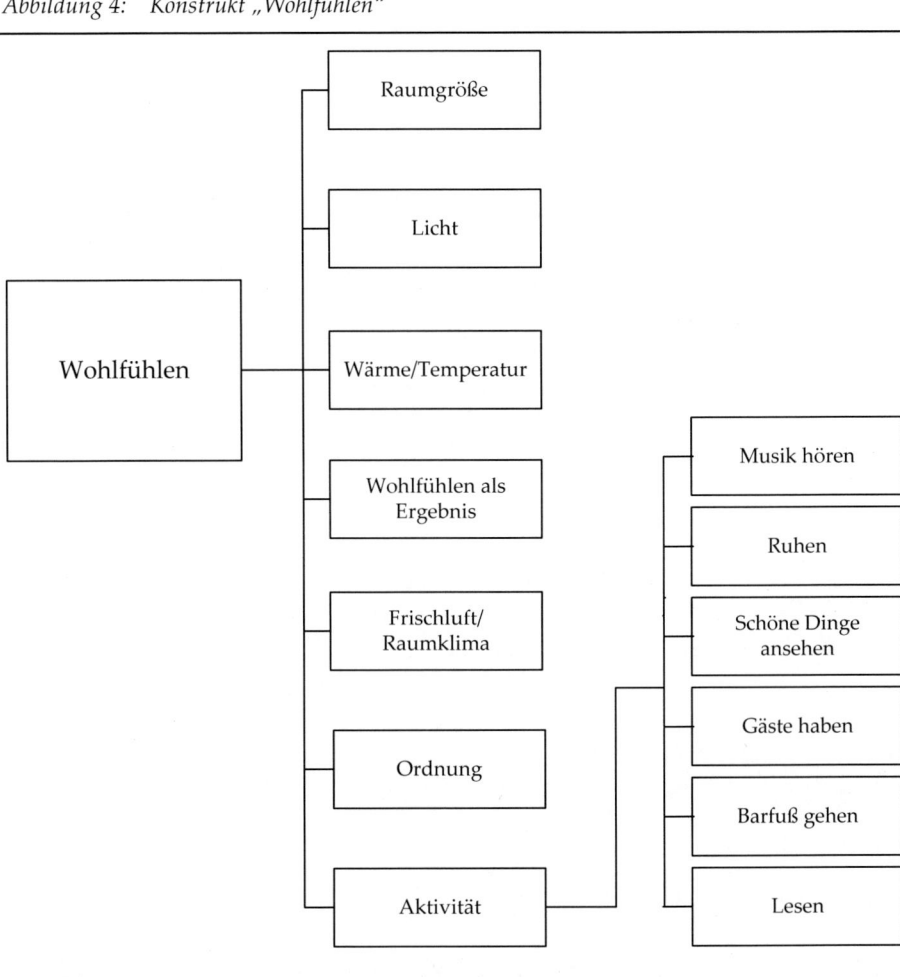

- Raumgröße/Platz/Garten,
- Licht/Sonne,
- Wärme/Temperatur.

D.h., die Befragten sind der Auffassung, dass diese drei Faktoren gleichermaßen einen direkten Einfluss auf die Behaglichkeit, den Wohnkomfort/-qualität, die Gemütlichkeit und das Wohlfühlen haben. Trotzdem gibt es zwischen den vier Konstrukten deutliche Unterschiede, die in zwei Gruppen differenziert werden können:

Renate Buber, Johannes Gadner und Regina Höld

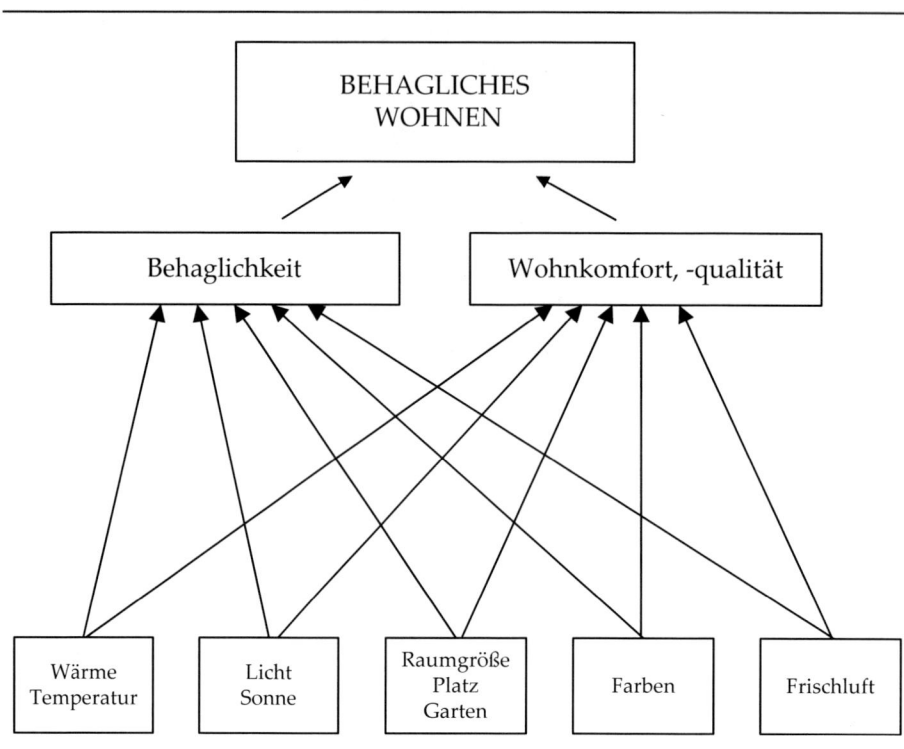

Abbildung 5: Strukturmodell „Behagliches Wohnen"

1. Behaglichkeit und Wohnkomfort sowie
2. soziale Aktivität/Ichbezogene Aktivität.

Daraus ergaben sich drei Schritte zur Entwicklung eines umfassenden Strukturmodells:

■ Schritt 1: Entwicklung des Strukturmodells „Behagliches Wohnen"

Es zeigte sich, dass fünf von sechs die Konstrukte Behaglichkeit und Wohnkomfort/-qualität beschreibenden Faktoren identisch sind, nämlich (1) Wärme/Temperatur, (2) Licht/Sonne, (3) Raumgröße/Platz/Garten, (4) Farben und (5) Frischluft/Luft/Luftqualität. Aus diesem Grund war es nahe liegend, die beiden Konstrukte zum Konstrukt „Behagliches Wohnen" zusammenzuführen.

■ Schritt 2: Entwicklung des Strukturmodells „Wohlfühlen"

Bei der Analyse der Konstrukte Gemütlichkeit und Wohlfühlen konnten Überschneidungen vor allem im Bereich der genannten Aktivitäten festgestellt werden. Es zeigte sich, dass Tätigkeiten wie Trinken, Essen, Heurigenbesuch, Gesellschaft sowie Gäste haben, zusammengefasst als „soziale Aktivitäten", einen direkten Einfluss auf die wahrgenommene Gemütlichkeit haben. Tätigkeiten, wie schöne Dinge ansehen, ein gutes Buch lesen, Musik hören, Ausruhen, zusammengefasst unter dem Begriff „ich-bezogene Aktivitäten" hingegen werden als beeinflussend auf einerseits die Gemütlichkeit und anderseits das Wohlfühlen genannt.

Einen Ausreisser stellt das Thema „Ordnung" dar. Es wird allerdings als direkte Einflussgröße auf das Wohlfühlen genannt und komplettiert die Operationalisierung des Konstrukts Wohlfühlen. Abbildung 6 zeigt, dass bei der Thematisierung der ich-bezogenen Aktivitäten sowohl ein direkter als auch indirekter Einfluss auf das Wohlfühlen konstatiert wurde. Die sozialen Aktivitäten werden als wesentlich für das Erleben von Gemütlichkeit erachtet. Gemütlichkeit ist somit eine Voraussetzung für Wohlfühlen.

Abbildung 6:   Strukturmodell „Wohlfühlen"

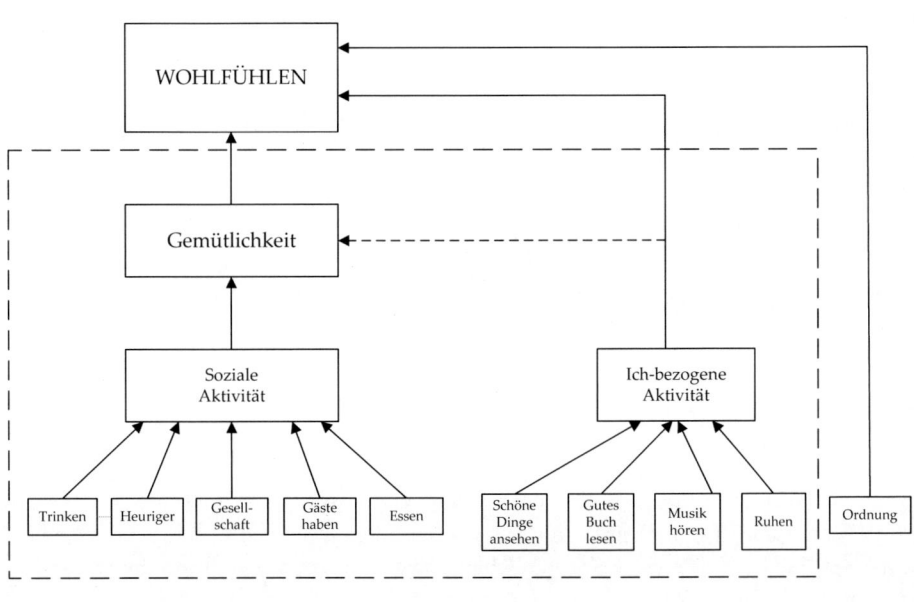

Abbildung 7 verbindet die beiden Konstrukte „Behagliches Wohnen" und „Wohlfühlen" zum Strukturmodell „Wohlfühlen beim Wohnen". Dadurch wird gezeigt, dass einerseits technische Komponenten das Wohlfühlen direkt und indirekt über die Empfindung von Behaglichkeit und Wohnkomfort/-qualität beeinflussen und dass anderseits soziale und ich-bezogene Aktivitäten mitbestimmend sind. Dies spiegelt die Überlegungen zur Behaglichkeit wider und erweitert das Konzept des Wohlfühlens um Gemütlichkeit bzw. soziale und ich-bezogene Aktivitäten. Demnach entsteht Wohlfühlen aus einer Kombination von technischen, sozialen und individuellen Komponenten.

Abbildung 7: Strukturmodell „Wohlfühlen beim Wohnen"

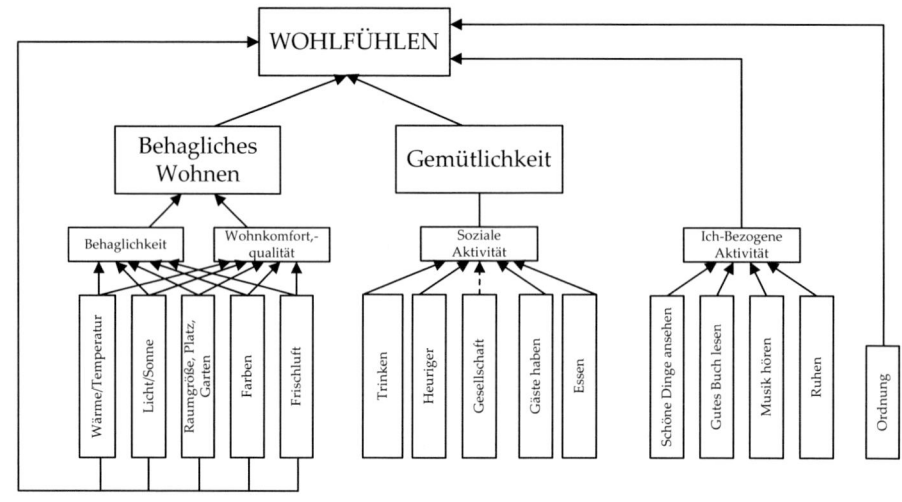

- Schritt 3: Strukturmodell „Wohlfühlen beim Wohnen"

Rybczynski (1991, 251) verweist darauf, dass das Wohlfühlen beim Wohnen als fundamentales menschliches Bedürfnis definiert werden kann. Dabei ist wichtig, dass Wohlfühlen auf Behaglichkeit oder Bequemlichkeit basiert, wie wir sie durch die Ausstattung unserer Wohnumwelt mit technischen Geräten erreichen, die uns körperliche Anstrengungen aller Art abnehmen. Rybczynskis These ist, dass die Schaffung einer behaglichen Wohnatmosphäre in zunehmendem Maße auf Technisierung und Funktionalisierung angewiesen ist. Eine Atmosphäre, in der sich Menschen wohl fühlen, wird also immer stärker von technischen Entwicklungen abhängig, die mehr und mehr zur Voraussetzung für die vom Zeitgeist beeinflusste Lebensqualität werden. So bestimmt also primär der technische Standard das Wohlgefühl des Einzelnen in seinem Wohnumfeld und immer weniger das aus dem persönlichen Innenleben resultierende Empfinden der Zufriedenheit mit sich selbst und seiner Umwelt.

3.3 Marketingrelevanz

Die Ergebnisse drücken die persönlichen Erfahrungen der KäuferInnen und BewohnerInnen von Passivhäusern mit Behaglichkeit, Gemütlichkeit, Wohnkomfort und Wohlfühlen aus, geben Aufschluss über mögliche Ursachen für Akzeptanz und Abwehr der untersuchten Technologien und bieten wertvolle Hinweise für Marketing-Mix-Entscheidungen von Herstellern, Händlern und Gewerbebetrieben.

Basierend auf den Ergebnissen der Grundauswertung wurden die Schwerpunkte zur umsetzungsbezogenen Auswertung festgelegt. Aufgrund der Gereiftheit der zur Diskussion stehenden Produkte sowie des eher geringen Spielraumes bei distributionspolitischen (logistischen) Fragen bieten sich vor allem die Kommunikationspolitik und die Kontrahierungspolitik als Aktionsvariable für Marketingmaßnahmen an (Abbildung 8).

Abbildung 8: Marketingrelevante Themen und Beteiligte am Marketingprozess

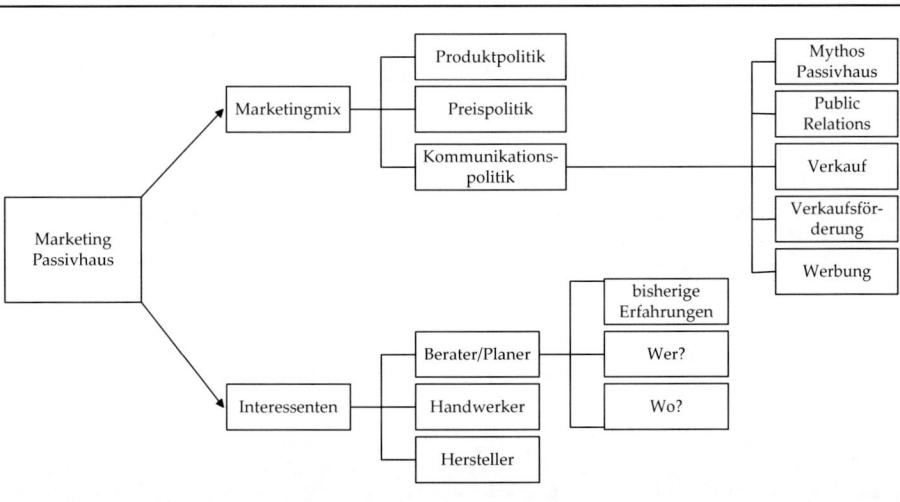

Der Wechsel in der Marketingstrategie für Passivhäuser, weg von der Vermarktung als „Häuser ohne Heizung" hin zu Häusern, die „behagliches Wohnen" und Wohlfühlen ermöglichen bzw. zu gesundheitsfördernden Häusern liegt gewissermaßen auf der Hand. Die anschaulichen Forschungsergebnisse, die vor allem in der Entwicklung der Strukturmodelle „behagliches Wohnen" und „Wohlfühlen" sowie in dem umfassenden Modell „Wohlfühlen beim Wohnen" zum Ausdruck kommen, unterstützen diese Überlegungen.

Aus dem Datenmaterial ist evident, dass bisher zu wenig auf ein einheitliches Marketing von Herstellern und den an der Vermarktung des Passivhauses beteiligten Interessengruppen geachtet wurde. Für potentielle KäuferInnen zeigt sich kein einheitliches Erscheinungsbild beim Passivhaus-Marketing. Es bestehen z.B. Informationsdefizite in der Sondierungsphase wie auch Abstimmungsprobleme zwischen den Beteiligten-Gruppen.

Von BeraterInnen, PlanerInnen, HandwerkerInnen/InstallateurInnen und Herstellern muss eine für die KäuferInnen sichtbare Kooperation verlangt werden, damit die an sich komplexe Kaufentscheidung bei einem Passivhaus für potentielle KäuferInnen vereinfacht wird. Nur wenn es gelingt, den Interessengruppen die Notwendigkeit einer gemeinsamen Vorgangsweise im Marketing bewusst zu machen, wird es nachhaltige Erfolge geben. Die bisherigen Erfahrungen der TeilnehmerInnen mit Beratung und Planung im Zusammenhang mit dem Bau ihrer Passivhäuser haben gezeigt, dass es hier Nachholbedarf gibt, weil es offenbar nicht ausreichend Information, kaum kompetente Beratung und keine ausgewiesenen Ansprechpartner oder Beratungsstellen gibt.

Wer das machen kann? Also Information von ah erfahrenen Personen, also das ist mir bisschen abgegangen. Wo sind die Fachleute, die ein Passivhaus planen können, wo sind die Architekten, wo sind die Baufirmen, ah die, also Produktberatung, bzw. eine Beratung über ausführende Betriebe, die Erfahrung haben, auf die man sich verlassen kann? [2576]

Dieser Befund verdeutlicht, dass Bedarf nach einer Kommunikationsoffensive von Seiten der Hersteller, aber auch aus umweltpolitischer Perspektive besteht, um die Informationsdefizite bei den potentiellen KäuferInnen zu beseitigen. Vorschläge dazu finden sich bei Rohregger et al. (2004, 94ff).

4 Literatur

Carson, David/Gilmore, Audrey/Perry, Chad/Gronhaug, Kjell (2001): Qualitative Marketing Research. London, Thousand Oaks, New Delhi.
Krueger, Richard A. (1998a): Moderating Focus Groups. In: Krueger, Richard A./Morgan, David L. (eds.): The Focus Group Kit. Thousand Oaks, London, New Delhi.
Krueger, Richard A. (1998b): Developing Questions for Focus Groups. Thousand Oaks, London, New Delhi.
Lamnek, Siegfried (2005): Gruppendiskussionen. Weinheim, Basel.
Mayring, Philipp (2003): Die qualitative Inhaltsanalyse. Grundlagen und Techniken. Weinheim, Basel.
Mayring, Philipp (2002): Einführung in die qualitative Sozialforschung. 5. Auflage. Weinheim, Basel.
Morgan, David L. (1998): Planning Focus Groups. Thousand Oaks, London, New Delhi.

Morse, Janice M./Richards, Lyn (2002): Readme First for a User's Guide to Qualitative Methods. Thousand Oaks, London, New Delhi.

Patton, Michael Q. (1987): How to Use Qualitative Methods in Evaluation. In: Patton, Michael Q. (ed.): Program Evaluation Kit. 2nd edition. Newbury Park, 1-170.

Richards, Lyn (2002): N6 Reference Guide. QSR International Pty Ltd, Melbourne.

Rohracher, Harald/Kukovetz, Brigitte/Ornetzeder, Michael/Zelger, Thomas/Enzensberger, Gerhard/Gadner, Johannes/Zelger, Josef/Buber, Renate (2001): Endbericht zum Projekt „Akzeptanzverbesserung von Niedrigenergiehaus-Komponenten als wechselseitiger Lernprozess von Herstellern und AnwenderInnen. Graz.

Rohregger, Gabriele/Lipp, Bernhard/Lackner, Helmut K./Moser, Maximilian/Gadner, Johannes/Buber, Renate/Waltjen, Tobias (2004): Behagliche Nachhaltigkeit: Untersuchungen zur Behaglichkeit und zum Gesundheitswert von Passivhäusern. In: Bundesministerium für Verkehr, Innovation und Technologie (Hrsg.): Berichte aus Energie- und Umweltforschung, Nr. 17. Wien.

Rybczynski, Withold (1991): Verlust der Behaglichkeit: Wohnkultur im Wandel der Zeit. München.

Jörg Königstorfer und Andrea Gröppel-Klein

Projektive Verfahren zur Ermittlung der Akzeptanz technologischer Innovationen
Eine empirische Studie zu Internetanwendungen auf mobilen Endgeräten

1	Problemstellung	849
2	Grenzen quantitativer Ansätze in der Akzeptanzforschung	850
3	Projektive Verfahren zur Akzeptanz von Internetanwendungen auf mobilen Endgeräten	852
	3.1 Entwicklung der Stimuli	853
	3.2 Ergebnisse der empirischen Studie	856
	3.3 Ergebnisdiskussion und Erkenntnisgewinn für eine quantitative Studie	860
4	Schlussbetrachtung	861
5	Literatur	861

1 Problemstellung

Der Erfolg von technologischen Innovationen im B2C-Bereich hängt von der Akzeptanz in der Bevölkerung ab. Schönecker (1982, 51) beschreibt Akzeptanz als eine Art Residualphänomen: „Immer dann, wenn etwas Unerklärliches und Überraschendes im Zusammenhang mit der Durchsetzung technischer Innovationen auftaucht, das weder mit technischen noch mit ökonomischen Größen zu erklären ist, wird der Begriff Akzeptanz bemüht". Typische anfängliche Forschungsbemühungen wurden in der Beurteilung der Akzeptanz von Bürosystemen, PCs oder der BTX-Technologie betrieben. Im heutigen Zeitalter der Technologie sind Internet, Software, PC-Hardware oder auch mobile Endgeräte Gegenstände des täglichen Lebens in Beruf und Freizeit und stehen deshalb auch zunehmend im wissenschaftlichen Interesse. In der Akzeptanz- und Diffusionsforschung besteht mittlerweile ein Konsens darüber, dass sich Akzeptanz auf einem Kontinuum bewegt, das sich von der Einstellung gegenüber technologischen Innovationen bis hin zur Handlung (Kauf) und regelmäßigen Nutzung von technologischen Innovationen erstreckt (Kollmann 1998, Müller-Böling/Müller 1986, Rogers 2003). Internetanwendungen auf mobilen Endgeräten, wie z.B. Mobiltelefonen, Handheld-PCs, Tablet-PCs, PDAs oder Smartphones, werden im B2C-Bereich mit dem Begriff „Mobile Commerce" umschrieben. Die Zusatzbeschreibung „Mobile" soll verdeutlichen, dass der Nutzer bzw. die Nutzerin eines mobilen Endgerätes mit einer „always on"-Funktion ausgestattet ist, d.h. er/sie hat, ähnlich wie bei einem Telefon, eine ständige Zugriffsmöglichkeit auf das Internet und die damit verbundenen Informationsmöglichkeiten.

Ziel des Beitrages ist es, mit Hilfe projektiver Verfahren die Akzeptanz von Internetanwendungen auf mobilen Endgeräten aus Sicht des Konsumentenverhaltens zu erforschen. Im Mobile Commerce wurden auf Basis quantitativer Berechnungen zahlreiche Fehlprognosen getätigt. So unterschätzten zahlreiche Marktforschungsinstitute und Unternehmen die Akzeptanz von SMS (Short Messaging Services), dagegen wurde die Akzeptanz von MMS (Multimedia Messaging Services), Sprachportalen oder UMTS (Universal Mobile Telecommunications Systems) stark überbewertet. Aufgrund der Neuartigkeit und teilweisen Unbekanntheit von mobilen Endgeräten einerseits und den sich bietenden Möglichkeiten der mobilen Internetanwendungen andererseits sowie den sich daraus ergebenden Konsequenzen - häufig unbekannte Bedürfnisse auf KonsumentInnenseite und ein derzeit geringer Kenntnisstand in der Forschung - wurden projektive Verfahren verwendet, um tiefere Einblicke in die „wahren Beweggründe" von KonsumentInnen bei der Anwendung oder Ablehnung dieser Technologie zu erhalten. Die Gründzüge und Vorteile projektiver Verfahren werden in einem ersten Beitrag der AutorInnen in diesem Sammelband erläutert. Ausgehend von den Grenzen der bisherigen, überwiegend quantitativ orientierten Forschungsansätze werden in dem vorliegenden Beitrag die Ergebnisse der Projektion zur Akzeptanz von mobilen Internetanwendungen präsentiert, die von der Autorin und dem Autor im Rahmen eines „mixed-method approaches" anschließend auch zur Entwicklung eines standardisierten Messinstrumentariums verwendet wurden (Groeppel-Klein/Koenigstorfer 2007).

2 Grenzen quantitativer Ansätze in der Akzeptanzforschung

Quantitative Ansätze in der Akzeptanzforschung basieren häufig auf theoretischen kognitionspsychologischen Modellen, wie der Theory of Reasoned Action (Fishbein/Ajzen 1975), der hieraus entwickelten Theory of Planned Behavior (Ajzen 1985), dem Technology Acceptance Model (Davis 1985) oder der Diffusionstheorie (Rogers 1962, 2003). Die Validierung der in diesen Modellen verwendeten latenten Konstrukte konnte über einen v.a. in den letzten drei Jahrzehnten andauernden Forschungszeitraum hinweg vorangetrieben werden. Häufig werden diese Konstrukte jedoch im Rahmen von aktuellen Problemstellungen in der Akzeptanzforschung technologischer Innovationen auf KonsumentInnen übertragen, ohne *sich ändernde Rahmenbedingungen* des Konsums zu betrachten oder sich verstärkt mit den positiven bzw. negativen Emotionen, die mit der Nutzung von Innovationen einhergehen, zu befassen. Jüngere Studien in der Akzeptanzforschung liefern erste Lösungsansätze dieser Myopie, indem eine interdisziplinäre Ausrichtung verfolgt wird und *rein* kognitive Modelle für die Erklärung der Akzeptanz verworfen werden (z.B. Bagozzi/Lee 1999, Nysveen/Pedersen/Thorbjørnsen 2005, Wriggers 2005). Koenigstorfer, Groeppel-Klein und Pla (2008) bspw. nutzten projektive Verfahren, um relevante Motive bei der Nutzung von neuen Technologien, insbesondere WLAN (wireless local area network) und VoIP (voice over internet protocol) aufzudecken.

Im Folgenden werden zunächst drei Unzulänglichkeiten der quantitativen Ansätze der Akzeptanzforschung beschrieben, die u.E. in künftigen empirischen Studien Berücksichtigung finden sollten.

- Ein erster Kritikpunkt zielt auf den *Pro-Veränderungsbias* („pro change bias") ab (Sheth 1981). In vielen Veröffentlichungen zur Akzeptanz von technologischen Innovationen gehen Autoren davon aus, dass die Adoption einer technologischen Innovation *per se* den Nutzen der KonsumentInnen steigert. Dies kann der Fall sein (z.B. technische Innovationen beim PKW, wie ABS, deren Nutzen für die KonsumentInnen sofort einsichtig sind), muss jedoch nicht notwendigerweise eintreten, insbesondere dann nicht, wenn die Innovation nicht spontan als Verbesserung wahrgenommen wird oder ein aktuelles Bedürfnis anspricht oder wenn die Neuerung Lernprozesse der KonsumentInnen erfordert, die diese jedoch nicht bereit sind, zu leisten. Zudem stehen regelmäßig Innovatoren und Frühadoptoren im Fokus der Akzeptanzforschung, die Nachzügler finden trotz ihrer häufig numerisch größeren Anzahl nur eine geringere wissenschaftliche Beachtung. Alleine die mit negativen Konnotationen einhergehende Bezeichnung dieser Gruppe von Individuen als *Nachzügler* ist für heutige Ausprägungen des Konsums in Zeiten von Wertvorstellungen wie Genügsamkeit („frugality"), Wunsch nach Abwechslung („variety seeking") oder bewusstem Verschieben von Kaufentscheidungen nicht mehr angemessen (Mick und Fournier 1998). In empirischen Studien sollte deshalb beachtet werden, ob die Versuchspersonen der zu erforschenden technologischen Innovation eine hohe Wertschätzung beimessen, die auf bewusste oder latente Bedürfnisse stößt. Bei qualitativen Forschungsdesigns mittels projektiver Verfahren sind den Versuchspersonen *alle* Möglichkeiten der Reaktion offen gelassen, d.h. die Probleme der Antwortvorgabe oder Positiv- vs. Negativkodierung von Items existieren nicht. Somit können auch ablehnende Haltungen der Versuchspersonen ohne Interviewereinflüsse erfasst werden.

- Ein zweiter Kritikpunkt bezieht sich auf den Zeitpunkt der Abfrage der individuellen Akzeptanz technologischer Innovationen in empirischen Erhebungen. Viele empirische Studien sind in der Art konzipiert, dass eine *ex post*-Abfrage der Akzeptanz erfolgt, d.h., eine technologische Innovation wird nach einer gewissen Nutzungszeit von Individuen bewertet. Es ist jedoch zu beachten, dass bei denjenigen KonsumentInnen, die noch nie eine technologische Innovation genutzt haben, andere Verhältnisse vorzufinden sind, als bei KonsumentInnen, die bereits eine gewisse Nutzungserfahrung mit einer technologischen Innovation vorweisen. KonsumentInnen, die bspw. noch nie einen konkreten mobilen Service bzw. ein mobiles Endgerät genutzt haben, können - wenn man sie zu diesem Meinungsgegenstand im Rahmen empirischer Akzeptanzstudien befragt - zunächst nur eine Einstellung zu der Nutzung mobiler Services bzw. zu dem mobilen Endgerät entweder unter Zuhilfenahme der Berichterstattung anderer Nutzer oder auf der Basis eigener Erfahrungen mit als ähnlich erlebter Technologie bilden. Die KonsumentInnen *antizipieren* somit den Kauf und die Nutzung der technologischen Innovation. Vor der ersten eigenen Anwendung spielen Antizipationen - man könnte ebenso sagen *Projektionen* - eine große Rolle (Kollmann 2000). Eine Akzeptanzabfrage *ex post*, nach einer gewissen Nutzungszeit, liefert verzerrte Ergebnisse. Denn dann befinden sich ProbandInnen bereits in der Nutzungsphase einer technologischen Innovation und haben eventuelle Barrieren, die für ein Interesse an einer technologischen Innovation oder für ein erstes Ausprobieren einer technologischen Innovation bestanden, aufgrund des Untersuchungsdesigns bereits überwunden. In der vorliegenden Studie wurden daher lediglich Versuchspersonen befragt, die keine Erfahrung mit mobilen Internetanwendungen besaßen, um verzerrenden Rückwirkungen des Nutzungsverhaltens auf die anfängliche Akzeptanz entgegenzutreten.

- Die dritte kritische Anmerkung bezieht sich auf die Erfassung *hedonistischer* Prozesse. Hedonistische Aspekte im Zusammenhang mit der Adoption von technologischen Innovationen werden in der Mehrzahl aller Studien mit Hilfe von standardisierten Befragungen erfasst. Diese Messungen finden auf der subjektiven Erlebnisebene statt, und Emotionen werden erst durch kognitive Interpretationen erklärbar. Diese Logik folgt den so genannten „Appraisal Theories" (Gröppel-Klein 2004) der kognitiv-orientierten Emotionsforschungsrichtung. Hier werden Versuchspersonen gebeten, über erlebte oder erwünschte Emotionen zu reflektieren, in dem Sinne, dass sie über die Relevanz eines Zieles, über den subjektiv empfundenen Zielerreichungsgrad eines angestrebten Zieles und über die Attribution des Verursachers des Ereignisses Auskunft geben sollen. Es gibt jedoch projektive Messmethoden (siehe den Beitrag von Gröppel-Klein/Königstorfer über projektive Verfahren in diesem Band), die die kognitive Kontrolle der emotionalen Reaktionen der Versuchspersonen umgehen können, wie z.B. Bilderskalen oder psychophysiologische Messverfahren. Da jedoch keine Vorabinformationen vorlagen, welche Emotionen bei der Nutzung mobiler Endgeräte verhaltensrelevant sein könnten, konnten entsprechende bildliche Emotionsskalen nicht ausgewählt werden. Bei einer rein psychophysiologischen Messung hätte man die Beweggründe für die jeweilige Reaktion nicht aufgedeckt. Daher wurde in der vorliegenden Studie ein Cartoon-Test ausgewählt, der den Vorteil bietet, spontane, unreflektierte Einschätzungen der Versuchspersonen von technologischen Innovationen aufzudecken. Allerdings sei darauf hingewiesen, dass bei Cartoon-Tests weiterhin eine Verbalisierung emotionaler Zustände, somit eine Bewusstwerdung von latenten Bedürfnissen, stattfindet. Dennoch bieten Cartoon-Tests im Unterschied zu den auf Basis der Appraisal-Theorien durchgeführten Fragestellungen eher die Möglichkeit, schnelle, spontane und damit oftmals „ehrlichere" emotionale Reaktionen von Versuchspersonen zu messen.

3 Projektive Verfahren zur Akzeptanz von Internetanwendungen auf mobilen Endgeräten

Wie im vorangegangenen Abschnitt erläutert, werden in der vorliegenden Studie projektive Verfahren eingesetzt, um zu versuchen, die skizzierten Schwachstellen der Akzeptanzforschung bei technologischen Innovationen abzubauen. Als konkreter Untersuchungsgegenstand einer technologischen Innovation werden Internetanwendungen auf mobilen Endgeräten ausgewählt. Die Erkenntnisse aus den projektiven Verfahren sollen eine vielfältige Berücksichtigung von Akzeptanzdeterminanten garantieren und somit die Aussagekraft einer nachfolgenden standardisierten Befragung erhöhen. Gleichzeitig sollen Erkenntnisse für die Operationalisierung und Hypothesengenerierung gewonnen werden. Dieser von der Autorin und dem Autor präferierte kombinatorische Einsatz von qualitativ und quantitativ orientierter Forschung wird auch als „mixed method approach" bezeichnet. Dieses Vorgehen steht der Inkompatibilitätshypothese (Howe 1988) gegenüber, welche besagt, dass eine Vereinbarkeit der qualitativen und quantitativen Forschungsparadigma sowie ihrer Methoden nicht möglich ist. Dieser Beitrag konzentriert sich auf die qualitative Studie.

3.1 Entwicklung der Stimuli

Aufgrund der Neuigkeit des Forschungsgegenstandes, des Vorliegens zumindest teils unbewusster Bedürfnisse sowie des noch geringen theoretischen Kenntnisstandes wurden, wie von Stephan (1961) empfohlen, verschiedene Testvorlagen eigens für die Studie zur Aufdeckung spontaner Reaktionen hinsichtlich der Nutzung mobiler Endgeräte konstruiert. Alternativ können Künstler, Comic-Zeichner oder Fotografen unterstützend tätig werden, wenn keine entsprechenden Reizvorlagen in der Literatur zu finden sind (Rook 1988). Nur selten können Stimuli aus der psychologischen Literatur direkt auf das Marketing übertragen werden (Donoghue 2000). Die Idee der Cartoon-Tests entstammt von zwei projektiven Verfahren, dem Thematischen Apperzeptionstest (Murray 1943) und dem Picture-Frustration-Test (Rosenzweig 1945). In den Cartoons kommunizieren zwei Hauptdarsteller, und die Versuchspersonen werden gebeten, den in Sprechblasen verbalisierten Dialog fortzuführen. Bild und Text werden den ProbandInnen i.d.R. vorgegeben, so dass lediglich der Gesprächsausgang innerhalb des definierten Kontexts in dem Cartoon den ProbandInnen frei überlassen wird (Rook 1988, Stephan 1961). In der vorliegenden Untersuchung wurden relativ strukturierte und eng definierte Reizvorlagen gewählt, um der Besonderheit des Forschungsgegenstandes gerecht zu werden. Die Tatsache, dass Nicht-Nutzer von Internetanwendungen auf mobilen Endgeräten befragt wurden und hier bereits Antizipationsleistungen auf die Nutzung vorgenommen werden müssen, liefert ein weiteres Argument für diese Vorgehensweise.

Die Auswahl der bildlichen Stimuli erfolgte nach den Gesichtspunkten, die Rook (1983, 1988) für die Anwendung des TAT aufgestellt hat:

- Abbildung von interpersönlichen Beziehungen, um das Involvement bei den Versuchspersonen zu fördern und „tiefer begründete" Antworten zu bekommen,

- eine ausreichende Intensität des Stimulus, um die Versuchspersonen neugierig zu machen und eine große Spannbreite von Antworten zu erhalten,

- eine latente Bedeutung der projektiven Reizvorlage, um den Bedeutungsgehalt der Antworten sicherzustellen und

- die kulturelle Angemessenheit des Stimulus.

Die Vorteile des Präsentierens von Bildern gegenüber rein verbalen Befragungen sind darin zu sehen, dass eine stärkere Anregung der Vorstellungskraft erfolgt, die ProbandInnen dazu gezwungen werden, sich auf ihre eigene Art mit typischen menschlichen Situationen zu befassen und die Stimuli standardisiert eingesetzt werden können (Murray 1971). Die Reizgegebenheit insgesamt sollte unbestimmt, aber für die Versuchsperson interessant sein und gleichzeitig neutral und von hinreichender Bedeutung sein (Spiegel 1958). Die Testvorlage sollte die Versuchspersonen zu zwanglosem und spontanem Reagieren anregen (Stephan 1961). Alle projektiven Items sollten zudem, wie in der vorliegenden Studie geschehen, in einem Pretest hinsichtlich ihrer Verständlichkeit und Bedeutungsvielfalt überprüft werden.

In der vorliegenden Studie bekamen die Versuchspersonen vier Anwendungssituationen von mobilen Services in Form von Cartoons vorgelegt. In diesen wurden mögliche Alltagsanwendungen von Internetanwendungen auf mobilen Endgeräten thematisiert, dies ist Mobile Marketing, Mobile Parking, Mobile Ticketing und die Durchführung eines mobilen Preisvergleichs via Internet. Die Reizvorlagen wurden den Versuchspersonen stets in dieser Reihenfolge präsentiert, da sich die erste Vorlage in den Pretests als die einfachste herausstellte und die folgenden Vorlagen hinsichtlich ihrer Bedeutungsvielfalt und Vorstellungskraft gewannen. Den Versuchspersonen wurde somit eine Gewöhnung an die projektiven Stimuli ermöglicht. Rook (1988) empfiehlt die Präsentation von drei bis fünf Reizvorlagen je Versuchsperson, in der vorliegenden Studie wurden den Versuchspersonen vier Reizvorlagen präsentiert. Auf diesen waren jeweils zwei Personen abgebildet, die miteinander kommunizieren. Am Schluss des Gesprächs wurden die Versuchspersonen jeweils mit einer leeren Sprechblase, die zu einer der beiden Charaktere gehört, konfrontiert. Die Gesichter der Charaktere wurden ausdruckslos gehalten, um Projektionen in alle Richtungen zu erlauben. Die Versuchspersonen wurden gebeten, sich in den jeweiligen Charakter hineinzuversetzen, das Gespräch dann möglichst spontan fortzuführen und somit unbewusst ihre Assoziationen mit der Anwendungssituation des jeweiligen mobilen Internetdienstes in die Comicfiguren hinein zu projizieren (Abbildung 1). Die Antworten wurden per Tonband aufgezeichnet und inhaltsanalytisch von drei unabhängigen Beurteilern ausgewertet (Kassarjian 1977, Mayring 2003). Die Interkodiererreliabilität war sehr zufriedenstellend (siehe unten). Insgesamt wurden 135 Interviews durchgeführt und dabei den Versuchspersonen alle vier Reizvorlagen präsentiert.

Die erste Reizvorlage thematisiert eine Werbe-SMS, die ein Charakter soeben auf seinem mobilen Endgerät empfängt. Charakter 1 (unterwegs) spricht: „Oh, ich habe soeben eine Werbe-SMS bekommen!". Charakter 2 (ebenfalls unterwegs) antwortet: „Eine Werbe-SMS? …". In der zweiten Reizvorlage wird in zwei Bildfolgen die Anwendung eines mobilen Parkservices beleuchtet: Charakter 1 (hat soeben sein Auto geparkt und betätigt sein mobiles Endgerät) spricht: „Ich buche und bezahle meinen Parkschein per SMS". Charakter 1 (mit Charakter 2 unterwegs, in einem neuen Bild) spricht: „Oh, ich habe soeben die Nachricht bekommen, dass unsere Parkzeit abgelaufen ist – ich verlängere mal um 30 Minuten!" Charakter 2 antwortet: „…". Die Charakteristika der dritten Reizvorlage sind in Abbildung 2 ersichtlich. Die vierte und letzte Reizvorlage stellt eine Szene in einem Elektrofachgeschäft dar. Im ersten Bild wird gezeigt, wie beide Charaktere in das Geschäft gehen. In Bild 2 spricht Charakter 2 (in der Waschmaschinenabteilung stehend): „Schau mal, die Waschmaschine hier ist gut und kostet nur 399 Euro – die nehme ich!". In einem neuen Bild spricht Charakter 1 (und zückt sein mobiles Endgerät): „Warte mal! Ich schaue im Internet nach, wie viel sie woanders kostet". Charakter 2 sagt: „Und?". Charakter 1 antwortet in der einen Hälfte aller Fälle: „Hier! Nur 390 Euro bei XY!" und in der anderen Hälfte aller Fälle: „Hier! Nur 350 Euro bei XY!". In Bild 4 fragt Charakter 2: „Was kostet Dich dieser Service?". Charakter 1 antwortet: „So ungefähr einen Euro!". Die Sprechblase von Charakter 2 bleibt frei: „…".

Abbildung 1: Reizvorlage des Cartoon-Tests für eine Mobile Ticketing-Anwendung auf mobilen Endgeräten

Die projektiven Stimuli wurden inhaltlich auf die Forschungsthematik bezogen, wie von Stephan (1961) empfohlen. Zumal die Akzeptanz von mobilen Internetanwendungen kontextspezifisch sein kann (Abhängigkeit von räumlichen und zeitlichen Gegebenheiten sowie der Interessenslage einer Person) wurden pro Cartoon-Test zwischen einem und vier Comicfenster entwickelt, die diese Kontextspezifität zum Ausdruck bringen. Zudem wurden mehrere Arten von mobilen Internetanwendungen thematisiert, um der Forschungsfrage - exploratorische Erfassung möglichst vielfältiger Aspekte der Akzeptanz bei mobilen Internetanwendungen - mit einer möglichst hohen Bandbreite an Antwortmöglichkeiten der Versuchspersonen Rechnung zu tragen. Alle projektiven Items wurden in einem Pretest hinsichtlich ihrer Verständlichkeit und Bedeutungsvielfalt überprüft. Die Antwortzeiten der Versuchspersonen wurden nicht limitiert, um kurze und stereotype Antworten zu verhindern und um zu garantieren, dass unabhängig von zeitlichen Aspekten die für die jeweilige Versuchsperson wesentlichen Aspekte zum Ausdruck gebracht werden können.

Zunächst bildeten drei ForscherInnen nach Betrachtung aller Assoziationen unabhängig voneinander Kategorien für eine Klassifikation der empirisch erhobenen Statements. In einer anschließenden Diskussion erfolgte eine umfassende Kategorienbildung mit inhaltlichen Unterkategorien sowie deren jeweiliger Definition als Kompromisslösung. Je nach Reizvorlage wurden zwischen sieben und dreizehn Kategorien identifiziert. Die Zuordnung der Assoziationen zu den Kategorien wurde von den drei geschulten Forschern nach den Regeln der zusammenfassenden Inhaltsanalyse in unabhängiger Form durchgeführt (Mayring 2003).

3.2 Ergebnisse der empirischen Studie

Bei der inhaltsanalytischen Auswertung projektiver Verfahren wurden über alle vier Reizvorlagen aggregiert folgende Kategorien gebildet: Spontane (unbegründete) Begeisterung bzw. Zustimmung, begründete Begeisterung bzw. Zustimmung, Bewunderung und/oder ausdrücklicher Wunsch nach eigener Nutzung, spontane (unbegründete) Ablehnung, begründete Ablehnung, wertlose Bestätigung, Zweifel an den eigenen Fähigkeiten, Neugier, Unspezifische Nachfrage, Verwunderung und Sonstiges.

Als Reaktionen auf die erste Reizvorlage (Mobile Marketing, n = 135) überwiegten unbegründete und begründete Ablehnungsäußerungen (insgesamt 73 Nennungen), wie z.B. „Sofort löschen!" oder „Das ist sehr nervig. Nachher wird das wie SPAM beim Internet". Lediglich fünf Versuchspersonen zeigten sich von der Werbemaßnahme erfreut und 19 Versuchspersonen waren neugierig auf den Inhalt. Die Antworten auf den Cartoon-Test der Mobile Parking-Anwendung (n = 135) fielen breit gefächert aus: Insgesamt waren 66 Versuchspersonen dieser Anwendung gegenüber positiv gesinnt, wobei sich die Gründe auf die generelle Nützlichkeit, Zeit-, Weg- oder Bußgeldersparnisse bezogen und auch der Bewunderungsaspekt bzw. der ausdrückliche Wunsch nach einer eigenen Nutzung des mobilen Parkservices in den Antworten zum Vorschein kamen. „Das ist ja cool - Parkschein per SMS!", „Ich beneide dich. Du kannst so viel mit deinem Handy machen!" oder „Dann sparen wir uns die Hin- und Herrennerei, prima!" waren typische Antworten für diese Kategorien. Insgesamt 27 Versuchspersonen offenbarten eine ablehnende Haltung, die mit anfallenden Kosten, Sicherheitsbedenken, fehlendem Nutzen und fehlender antizipierter Bedienungsfreundlichkeit begründet wurden. Die dritte Reizvorlage thematisiert eine Mobile Ticketing-Anwendung (n=135), in der von einem der Charaktere in dem Cartoon eine Bestellung für eine Theaterkarte auf einem mobilen Endgerät vorgenommen werden konnte. Abgesehen von einem generellen Desinteresse an Theatervorstellungen lehnten 27 ProbandInnen diesen Service entweder spontan ohne Nennung von Gründen oder aufgrund von fehlendem Vertrauen in die Anbieter, Sicherheitsbedenken, fehlendem Schutz der Privatsphäre oder fehlendem Nutzen ab. Beispielhafte Aussagen waren „Das sollte auch verboten werden! Ich will selbst entscheiden, wann ich auf diese Informationen zurückgreifen möchte!" oder „Dem vertraue ich nicht. Da habe ich meine Karte doch lieber in der Hand!". Unter den positiv gesinnten Versuchspersonen waren 19 spontan Begeisterte und gleichfalls 19 ProbandInnen, die den in dem Gespräch gegenüber stehenden Charakter bewunderten und einen ausdrücklichen Wunsch nach einer eigenen Nutzung äußerten. Dies spiegelte sich in Aussagen, wie z.B. „Toll, was man so alles mit dem Handy machen kann!", wider. Sechs ProbandInnen begründeten ihre Zustimmung überwiegend mit Bequemlichkeitsaspekten. In den projektiven Reaktionen auf die vierte Reizvorlage kamen die unterschiedlich hohen Preisdifferenzen zwischen dem stationären Einzelhandelsgeschäft und dem Internetanbieter zugunsten des Internetanbieters (9 Euro Preisdifferenz: n = 87; 49 Euro Preisdifferenz: n = 83) zum Ausdruck. Wohingegen bei dem hohen Preisunterschied 37 der befragten Versuchspersonen eine Begeisterung aufwiesen (z.B. „Ich glaube, dass dieser Service dir viel Geld sparen kann!") und 28 ProbandInnen Gegenargumente aufzählten (z.B. „Es ist langweilig, nur dein Handy zu benutzen. Ich will nur shoppen gehen!"), überwogen bei dem geringen Preisunterschied die Pessimisten. Insgesamt 49 der 87 Versuchspersonen sprachen sich gegen den Kauf im mobilen Internet aus, wobei 15 von ihnen eine Kaufabsicht im stationären Einzelhandel äußerten (z.B. „Ich mag das nicht, ich muss mich eh erst immer mit jemandem absprechen, bevor ich etwas kaufe" oder „Ich kaufe sie lieber hier, denn im Internet ist mir das zu unsicher!"). 26 Versuchspersonen bewerteten den mobilen Preisvergleich positiv, und vier ProbandInnen würden aufgrund des Preisvorteils von 9 Euro die Waschmaschine online auf ihrem mobilen Endgerät kaufen. Sowohl die Pro- als auch die Contra-Argumente bezogen sich in der vierten Reizvorlage hauptsächlich auf die Nützlichkeit und die Einschätzung der Preisersparnis, zusätzliche Nachteile wurden in den Kosten des Preisvergleichs, der Sicherheit und dem hohen Aufwand der Preisrecherche am Point of Sale gesehen.

Bei allen vier Reizvorlagen wiederholten sich die Kategorien der Neugier nach der Funktionsweise, den Kosten oder nach dem Sender/Anbieter der jeweiligen Anwendung, wie z.B. „Davon hab ich ja noch nie gehört. Wie bekommt man so was?" (0 Nennungen bei Mobile Marketing, 11 Nennungen bei Mobile Parking, 7 Nennungen bei Mobile Ticketing, 2 bzw. 0 Nennungen bei den mobilen Preisvergleichen), des Zweifels an den eigenen Fähigkeiten, wie z.B. „Ich könnte das überhaupt nicht!" (3, 4, 8, 2 bzw. 0 Nennungen), der Verwunderung über die Anwendung und die heutigen technologischen Möglichkeiten (0, 3, 7, 2 bzw. 2 Nennungen) und der wertlosen Bestätigung (0, 20, 12, 6 bzw. 2 Nennungen).

Tabelle 1 bietet einen Überblick über die aus der Inhaltsanalyse gewonnen Ergebnisse. Insbesondere die kursiv gedruckten Kategorien bzw. Unterkategorien liefern Anhaltspunkte für die Spezifizierung von Akzeptanzdeterminanten, die den derzeitigen Konsumverhältnissen gerecht werden und über die von kognitiven Prozessen geprägten Konstrukte aus dem Technology Acceptance Model hinausgehen. In Tabelle 1 sind jeweils die Anzahl der Nennungen der Versuchspersonen angegeben, die den Kategorien zugeordnet werden konnten. Die Ergebnisse der Inhaltsanalyse sprechen für eine Beachtung von Konstrukten, die die Frage nach der grundsätzlichen Sinnhaftigkeit

Tabelle 1: Übersicht über die Ergebnisse der Inhaltsanalyse

Anwendung Kategorie	Mobile Marketing (n=135)	Mobile Parking (n=135)	Mobile Ticketing (n=135)	Mobiler Preisvergleich (Δ 9 Euro) (n = 87)	Mobiler Preisvergleich (Δ 49 Euro) (n = 83)
Spontane Begeisterung/Zustimmung	5	31	19	6	5
Begründete Begeisterung bzw. Zustimmung	-	Nützlichkeit, Zeit-, Weg-, Bußgeldersparnis (22)	Nützlichkeit, Bequemlichkeit (6)	Nützlichkeit, Geldersparnis (9)	Nützlichkeit, Geldersparnis (22)
Bewunderung bzw. ausdrücklicher Wunsch nach eigener Nutzung	-	14	19	11	7
Spontane Ablehnung	46	10	8	6	7
Begründete Ablehnung	Genervt-Sein, Ärger, fehlendes Bedürfnis, fehlende Gewinninteresse der Anbieter (27)	Kosten, Sicherheitsbedenken, fehlende Nützlichkeit, schwierige Benutzbarkeit (9)	*Sicherheitsbedenken, fehlendes Vertrauen, kein Schutz der Privatsphäre,* fehlende Nützlichkeit (19)	Kosten, Sicherheitsbedenken, Nützlichkeit, hoher Aufwand (28)	Kosten, Sicherheitsbedenken, Nützlichkeit, hoher Aufwand (14)
Wertlose Bestätigung	-	12	20	2	6
Zweifel an den eigenen Fähigkeiten	3	8	4	-	2
Neugierde	Inhalt und Interesse (19)	Funktionsweise, Preis (7)	Funktionsweise, Kosten, Sender (11)	-	Funktionsweise (2)
Nachfrage	Unkenntnis, *Datenschutz, Sender* (17)	unspezifisch (2)	unspezifisch (9)	unspezifisch (3)	unspezifisch (2)
Verwunderung	-	7	3	2	2
Spezielles	Ablehnung von Werbung generell (11)	Ablehnung von Autofahren generell (5)	Ablehnung von Theater generell (7)	Kauf im Geschäft (Service, *Sicherheit,* fehlender Preisvorteil) (15) Kauf mobil und online (Preisvorteil) (4)	Kauf im Geschäft (Service, *Sicherheit,* fehlender Preisvorteil) (7) Kauf mobil und online (Preisvorteil) (3)
Sonstiges	7	8	10	2	5

von mobilen Services aufgreifen, die Sicherheit und Privatsphäre von potentiellen NutzerInnen mobiler Services ansprechen, Spaß- und Bewunderungsaspekte bei der Nutzung mobiler Services zum Ausdruck bringen und Kriterien der persönlichen Mobilitätsbedürfnisse und Innovationsfreude berücksichtigen.

Nach einer fachübergreifenden Literaturrecherche wurden die latenten Konstrukte der mobilen Vertrauensumwelt (in Bezug auf die Sicherheit und den Schutz der Privatsphäre), der wahrgenommenen Mobilität (in Bezug auf Orts-, Zeit- und soziale Dimensionen), der persönlichen Innovationsfreude und des wahrgenommenen Spaßes durch Selbstdarstellung als mögliche Determinanten der Akzeptanz für eine weiterführende standardisierte Befragung ausgewählt. Zu einer inhaltlichen Spezifikation des Moduls der mobilen Vertrauensumwelt führten Statements wie diese: „Ich traue der Technik noch nicht und zahle weiter am Automaten"; „Ich möchte mal wissen, woher die deine Nummer haben"; „Solchen Internetanbietern bin ich ehrlich gesagt skeptisch gegenüber eingestellt"; „Das sollte verboten werden!"; „Ich will selbst entscheiden, wann ich auf diese Informationen zurückgreifen möchte"; „Nachricht sofort löschen. Das verletzt mich doch in meiner Privatsphäre!"; „Ich habe aber keine Ahnung, ob das auch wirklich sicher ist". Aspekte der wahrgenommenen Mobilität wurden in Statements angesprochen, wie z.B. „Na dann, mit dem Handy bist Du richtig flexibel, oder?", „Hey du, kannst du ohne dein Handy leben?" oder „Dann sparen wir uns die Hin- und Herrennerei, prima!". Das Modul der persönlichen Innovationsfreude wurde in assoziativen Äußerungen wie „Ich werde in der Zukunft auch Theaterkarten per Handy bestellen", „Ich würde sie sofort bestellen", „Ich kann das auch!", „Ich bin nicht so fortgeschritten!" oder „Cool, zeig mal wie das geht!" aufgeworfen. Darüber hinaus konnten wichtige Erkenntnisse für die inhaltliche Gestaltung des Konstrukts des wahrgenommenen Spaßes durch Selbstdarstellung gewonnen werden. Es wurden Statements der Freude und Begeisterung, wie z.B. „Ich bin begeistert" oder „Das ist ja cool - Parkschein per SMS!" sowie der Bewunderung, wie z.B. „Ich beneide dich. Du kannst so viel mit deinem Handy machen" oder „Ich möchte so was auch mit meinem Handy machen können", genannt. Ebenfalls genannte Aspekte der Bedienungsfreundlichkeit und Nützlichkeit konnten den aus dem Technology Acceptance Model (Davis 1985) bekannten Akzeptanzdeterminanten der wahrgenommenen einfachen Benutzbarkeit und der wahrgenommenen Nützlichkeit zugeordnet werden.

Hinsichtlich der Reliabilität der Kategorien ist zu erwähnen, dass drei Forscher nach der gemeinsamen Kategorienbildung einheitliche, schriftlich festgelegte Definitionen der Kategorien der Inhaltsanalyse zu Grunde legten. Die Statements wurden anschließend in kodierter Form klassifiziert. Die Ergebnisse eines Tests auf Interkodiererreliabilität unter Anwendung der Kendall's W-Statistik sprechen für einen hohen Konsens unter den Beurteilern für die einzelnen Reizvorlagen (Mobile Marketing: $W = 0{,}955$, $p < 0{,}001$; Mobile Parking: $W = 0{,}890$, $p < 0{,}001$; Mobile Ticketing: $W = 0{,}885$, $p < 0{,}001$; Durchführung eines Preisvergleichs via mobilem Internet mit zwei verschieden hohen Preisdifferenzen: $W = 0{,}771$, $p < 0{,}001$ für die niedrige Preisdifferenz, $W = 0{,}873$, $p < 0{,}001$ für die hohe Preisdifferenz). Die Übereinstimmungsquote zwischen den Kodierern von 80,64% spricht für eine zufriedenstellende Interkodiererreliabilität (Kassarjian 1977). Fehlende Übereinstimmungen gab es vor allem in den abstrakten Kategorien, wie z.B. Sonstiges oder Unspezifische Nachfrage.

Die Frage nach der Validität der Ergebnisse hängt eng mit der Frage nach der Gültigkeit projektiver Verfahren allgemein in der Marktforschung zusammen. Das Forschungsziel der Studie lag darin, die Dimensionalität des latenten Konstrukts „Akzeptanz" offen zu legen und somit Anregungen für Operationalisierungen und Hypothesenformulierungen für eine darauf folgende, quantitative Studie zu geben (Morse 2003). Deshalb ist es unzweckmäßig, die Validität mit tatsächlichem Verhalten der ProbandInnen zu testen oder aufgrund der (durchaus begründeten) Kritikpunkte als nicht gegeben einzustufen. Mit den eingesetzten Cartoon-Tests kann weder ein vollständiges Bild der Akzeptanz von Internetanwendungen auf mobilen Endgeräten abgegeben werden, noch können auf Basis der Auswertungen genaue Verhaltensprognosen durchgeführt werden. Jedoch können Ableitungen für eine folgende standardisierte Befragung auf Grundlage einer projektiven Methodik getroffen werden, die es erlaubt, selbst (zuvor) unbewusste Bedürfnisse, Motivationen und Einstellungen der Versuchspersonen in verbalisierter Form zu erfassen, wie sie häufig bei technologischen Innovationen vorzufinden sind. Der Einsatz projektiver Verfahren kann somit als sinnvolle Ergänzung zu den bekannten Akzeptanzmodellen, wie z.B. der Theory of Reasoned Action bzw. Theory of Planned Behavior oder dem Technology Acceptance Model, und deren Erweiterungen gesehen werden.

3.3 Ergebnisdiskussion und Erkenntnisgewinn für eine quantitative Studie

Die Ergebnisse der projektiven Verfahren legen das breite Spektrum an Aspekten dar, das für die Akzeptanz von Internetanwendungen auf mobilen Endgeräten von Relevanz ist. Durch die Vorschaltung dieser qualitativen Studie wird deutlich, dass in positivistisch orientierten Akzeptanzstudien eine Beschränkung auf wenige Konstrukte, wie sie z.B. das Technology Acceptance Model mit der wahrgenommenen einfachen Benutzbarkeit und der wahrgenommenen Nützlichkeit oder die Theory of Planned Behavior mit der wahrgenommenen Verhaltenskontrolle und sozialen Einflüssen vorschlagen, nicht umfassend ist. Diese v.a. auf den Arbeitskontext zugeschnittenen Modelle bedürfen einer Erweiterung bzw. einer grundsätzlichen Hinterfragung, sofern das Ziel verfolgt werden soll, die Akzeptanz von technologischen Innovationen bei KonsumentInnen (im Freizeit- und Arbeitskontext) ganzheitlich zu erfassen, Aspekte des Widerstandes und der Ablehnung einzubeziehen und insbesondere hedonistische Motivationen von KonsumentInnen zu beachten. In der vorliegenden Studie zur Akzeptanz von Internetanwendungen auf mobilen Endgeräten wurde im Folgenden eine standardisierte Befragung für eine konkrete Anwendung, einen mobilen Parkservice, durchgeführt (Groeppel-Klein/Koenigstorfer 2007). Aus den Ergebnissen der projektiven Verfahren wurden Hypothesen formuliert und Operationalisierungen für die latenten Konstrukte der mobilen Vertrauensumwelt in Bezug auf die Sicherheit und den Schutz der Privatsphäre, der wahrgenommenen Mobilität, der persönlichen Innovationsfreude in Bezug auf mobile Services und des wahrgenommenen Spaßes durch Selbstdarstellung abgeleitet. Eine konfirmatorische Faktorenanalyse gab in der folgenden standardisierten Befragung Aufschluss über die Wirkungsbeziehungen und Abhängigkeiten der neu gewonnenen Konstrukte zu den bewährten Konstrukten aus der Akzeptanzforschung. Durch die Verfolgung dieses gemischt-methodischen Forschungsdesigns konnten die jeweiligen Vorteile der Paradigma nutzbar gemacht werden, ohne die Grenzen der Aussagekraft der Ergebnisse aus den Augen zu verlieren.

4 Schlussbetrachtung

Grundsätzlich zeigt die vorliegende qualitative Studie auf, dass mittels projektiver Verfahren ein tiefer Einblick in die spontanen Reaktionen und Beweggründe von KonsumentInnen hinsichtlich technologischer Innovationen gewonnen werden kann, die zum einen ein sehr spezifisches Bild von zu beachtenden Akzeptanzfaktoren offen legen und die zum anderen im Unterschied zu den oftmals mit einem „pro change bias" behafteten quantitativen Erhebungen auch Hemmnisse und Widerstände offenbaren. Zusätzlich gelang es, emotionale Reaktionen der Versuchspersonen in einer weniger reflektierten Form zu erfassen, als dies bei üblichen, positivistisch orientierten Akzeptanzstudien der Fall ist. Der Einsatz projektiver Verfahren in der anwendungsorientierten Technologieakzeptanzforschung sollte daher in Zukunft forciert werden.

5 Literatur

Ajzen, Icek (1985): From Intentions to Actions: A Theory of Planned Behavior. In: Kuhl, Julius/Beckmann, Juergen (eds.): Action Control: From Cognition to Behavior. Berlin, 11-39.
Bagozzi, Richard P./Lee, Kyu-Hyun (1999): Consumer Resistance to, and Acceptance of, Innovations. In: Arnould, Eric J./Scott, Linda H. (1999): Advances in Consumer Research, vol. 26. Provo, UT, 218-225.
Davis, Fred D. (1985): A Technology Acceptance Model for Empirically Testing New End-User Systems: Theory and Results. Doctoral thesis, Massachusetts Institute of Technology.
Donoghue, Suné (2000): Projective Techniques in Consumer Research. In: Journal of Family Ecology and Consumer Sciences, vol. 28, 47-53.
Fishbein, Martin/Ajzen, Icek (1975): Belief, Attitude, Intention and Behavior: An Introduction to Theory and Research. Reading et al.

Groeppel-Klein, Andrea/Koenigstorfer, Joerg (2007): New Insights into the Acceptance of Mobile Internet Services: A Mixed-Method Approach. In: International Journal of Internet Marketing and Advertising, vol. 4, 72-92.

Groeppel-Klein, Andrea (2004): Emotion. In: Bruhn, Manfred/Homburg, Christian (Hrsg.): Gabler Lexikon Marketing. 2. Auflage. Wiesbaden, 221-223.

Howe, Kenneth R. (1988): Against the Quantitative-Qualitative Incompatibility Thesis or, Dogmas Die Hard. In: Educational Researcher, vol. 17, 10-16.

Kassarjian, Harold H. (1977): Content Analysis in Consumer Research. In: Journal of Consumer Research, vol. 4 (June), no. 1, 8-18.

Kollmann, Tobias (1998): Akzeptanz innovativer Nutzungsgüter und -systeme. Konsequenzen für die Einführung von Telekommunikations- und Multimediasystemen. Wiesbaden.

Kollmann, Tobias (2000): Akzeptanzprobleme neuer Technologien - Die Notwendigkeit eines dynamischen Untersuchungsansatzes. In: Bliemel, Friedhelm/Fassott, Georg/Theobald, Axel (Hrsg.): Electronic Commerce: Herausforderungen - Anwendungen - Perspektiven. Wiesbaden, 27-45.

Koenigstorfer, Joerg/Groeppel-Klein, Andrea/Pla, Stefan (2008): The Motivations Underlying the Use of Technological Innovations: New Insights from Projective Techniques. In: International Journal of Business Environment, vol. 2.

Mayring, Philipp (2003): Qualitative Inhaltsanalyse. 8. Auflage. Weinheim, Basel.

Mick, David G./Susan Fournier (1998): Paradoxes of Technology: Consumer Cognizance, Emotions, and Coping Strategies. In: Journal of Consumer Research, vol. 25, no. 2, 123-143.

Morse, Janice M. (2003): Principles of Mixed Methods and Multimethod Research Design, in: Tashakkori, Abbas/Teddlie, Charles (eds.): Handbook of Mixed Methods in Social and Behavioral Research. Thousand Oaks et al., 189-208.

Müller-Böling, Detlef/Müller, Michael (1986): Akzeptanzfaktoren der Bürokommunikation. München, Wien.

Murray, Henry A. (1943): Thematic Apperception Test Manual. Cambridge, MA.

Murray, Henry A. (1971): Thematic Apperception Test. Cambridge, MA.

Nysveen, Herbjørn/Pedersen, Per E./Thorbjørnsen, Helge (2005): Intention to Use Mobile Services: Antecedents and Cross-Service Comparisons. In: Journal of the Academy of Marketing Science, vol. 33, no. 3, 330-346.

Rogers, Everett M. (1962): The Diffusion of Innovations. 1st edition. New York.

Rogers, Everett M. (2003): The Diffusion of Innovations. 5th edition. New York.

Rook, Dennis W. (1983): Consumer Products as Ritual Artefacts. Doct. Thesis. Northwestern Univ.

Rook, Dennis W. (1988): Researching Consumer Fantasy. In: Hirschman, Elizabeth C. (ed.): Research in Consumer Behavior, vol. 3. Greenwich, CT, 247-270.

Rosenzweig, Saul (1945): The Picture-Association Method and its Application in a Study of Reactions to Frustration. In: Journal of Personality, vol. 14, 3-23.

Schönecker, Horst G. (1982): Akzeptanzforschung als regulativ bei Entwicklung, Verbreitung und Anwendung technologischer Innovationen. In: Reichwald, Ralf (Hrsg.): Neue Systeme der Bürotechnik: Beiträge zur Büroarbeitsgestaltung aus Anwendersicht. Berlin, 49-69.

Sheth, Jagdish N. (1981): Psychology of Innovation Resistance: The Less Developed Concept (ldc) in Diffusion Research. In: Research in Marketing, vol. 4, 273-282.

Spiegel, Bernt (1958): Werbepsychologische Untersuchungsmethoden. Berlin.

Stephan, Erhard (1961): Methoden der Motivforschung: Befragung und projektive Verfahren. Schriftenreihe der GfK, Band 15. Nürnberg.

Wriggers, Stefan (2005): Faktoren der Adoption und Akzeptanz von M-Commerce Dienstleistungen. Wiesbaden.

Vanessa Hessenkamp

Das Vertrauen von stationären PatientInnen in Krankenhäusern
Die Planung einer explorativen Studie

1 Einleitung 865
2 Problemstellung und Relevanz 865
    2.1 Krankenhäuser in Deutschland – Medizinische Versorgung als spezieller Dienstleistungstypus 865
    2.2 Herausforderungen und Entwicklungen in der Krankenhausbranche 866
    2.3 Vertrauen in PatientInnen- und Gesundheitsdienstleister-Beziehungen 867
3 Zielsetzung der geplanten Studie 868
4 Planung der empirischen Untersuchung 869
    4.1 ExpertInneninterviews 869
    4.2 Fokusgruppeninterviews 871
    4.3 Hauptuntersuchung – Einzelinterviews 872
        4.3.1 Sampling der ProbandInnen 872
        4.3.2 Rekrutierung der ProbandInnen 875
        4.3.3 Vorbereitung des Interviewleitfadens 875
        4.3.4 Durchführung der Interviews 876
        4.3.5 Analyse der textualen Daten 876
5 Schlussbetrachtung und Ausblick 877
6 Literatur 879

1 Einleitung

In der (Marketing-)Literatur zu qualitativen Methoden findet man mittlerweile zahlreiche Lehrbücher, die einzelne Methoden - jedoch ohne konkreten Anwendungsbezug - vorstellen. Andererseits trifft man auf empirische Studien, in denen neben den Ergebnissen die angewandte Methodik und das Forschungsdesign lediglich implizit und am Rande beschrieben werden. Artikel, die den Fokus auf die Planung einer qualitativen Studie legen und diese explizit darstellen und argumentieren, sind jedoch noch rar.

In diesem Beitrag soll daher bsph. das Forschungsdesign einer qualitativen Studie zu „PatientInnenvertrauen in Krankenhäusern" vorgestellt und detailliert beschrieben werden. An eine kurze Einführung in die vorliegende Thematik schließt die allgemeine Zielsetzung der Studie an. Der Fokus dieses Beitrags liegt dann auf der Begründung und Beschreibung des Forschungsdesigns und der gewählten Methoden.

2 Problemstellung und Relevanz

2.1 Krankenhäuser in Deutschland - Medizinische Versorgung als spezieller Dienstleistungstypus

Die Gesundheitsbranche in Deutschland gewinnt im 21. Jahrhundert unbestritten immer mehr an Bedeutung. Die Ausgaben für Gesundheit steigen kontinuierlich, nebst aller Nischenmärkte schätzt man den Umsatz der Branche aktuell auf 500 Mrd. Euro jährlich (ADBA 2006). Als Kernbereich der Gesundheitswirtschaft wird die ambulante und stationäre Gesundheitsversorgung gesehen, hier allem voran das Krankenhaus als klassische Institution der medizinischen Versorgung (Dahlbeck/Hilbert/Potratz 2004, Hilbert/Fretschner/Dülberg 2002). Krankenhäuser definieren sich als Einrichtungen, „in denen durch ärztliche und pflegerische Hilfeleistung Krankheiten, Leiden und Körperschäden festgestellt, geheilt oder gelindert werden sollen oder Geburtshilfe geleistet wird und in denen die zu versorgenden Personen untergebracht und verpflegt werden können" (§2, Abs.1 Krankenhausfinanzierungsgesetz). Krankenhäuser verstehen sich aber längst nicht mehr als traditionelle Krankenanstalten, sondern als moderne Dienstleistungs- und Wirtschaftsunternehmen, welche als solche eine Sonderstellung im Dienstleistungssektor einnehmen (Riegl 2000). Als typische Merkmale der Leistungserstellung stehen persönliche, interaktionsorientierte, zeitraumbezogene und immaterielle Dienste und Leistungen im Vordergrund, die die Präsenz des Patienten bzw. der Patientin erfordern. Als Besonderheiten aus Sicht der PatientInnen sind die schwierige Erfassung und Beurteilung der Primärleistungen (dem Herbeiführen einer positiven Gesundheitsstatusveränderung) sowie Sekundärleistungen zu nennen, die mit einer notwendigen Individualisierung der Behandlung einhergehen (Greiling 1998). In Abgrenzung zu klassischen Dienstleistungen ist i.d.R. die Inanspruchnahme der Leistungen von PatientInnen selber kaum gewünscht, können PatientInnen Leistungen nur eingeschränkt frei wählen oder haben unzureichende Kenntnisse über für sie notwendige Leistungen, steht für PatientInnen oft nicht das medizinische und pflegerische Angebot eines Krankenhauses im Vordergrund (sondern die Lage eines Krankenhauses, unterschiedliche Behandlungsmethoden etc.) und das eigentliche Leistungsangebot und die Preise sind kaum bekannt (Hermanns/Kunz 2003, Berry/Bendapudi 2007). Weiterhin besteht ein Dreiecksverhältnis zwischen LeistungserbringerInnen, -fängerInnen (PatientIn) und -zahler (i.d.R. Krankenkasse).

2.2 Herausforderungen und Entwicklungen in der Krankenhausbranche

Das Gesundheitswesen im Allgemeinen und das Krankenhauswesen im Speziellen werden zunehmend mit anspruchsvollen Anforderungen an das Management konfrontiert, z.B. mit der zunehmenden Ökonomisierung der Gesundheitsbranche, dem steigendem Kostendruck, verstärktem Wettbewerb sowie der ansteigenden Rechtfertigungspflicht von ÄrztInnen gegenüber Krankenversicherungen (Hermanns/Kunz 2003, Leisen/Hyman 2004, Riegl 2000, Rosenstein 1985). Krankenhäuser sind heutzutage moderne Wirtschaftsunternehmen, die mit neuen Entwicklungen zu kämpfen haben (Riegl 2000). Hier führt der Weg vom klassischen Krankenhaus mit traditionellen Hierarchien hin zum modernen und serviceorientierten Gesundheitszentrum (Lüttecke, 2004). ÄrztInnen und andere Gesundheitsdienstleister verkaufen ihre Leistungen aktiver (Coulter/Magee 2003) und werden sich eher als ganzheitliche GesundheitsberaterInnen sehen (o.V. 2001, Gutjahr 2003, 2006). Dies mag Ursache aber auch Konsequenz davon sein, dass sich traditionelle Rollenverständnisse immer weiter verschieben: „An die Stelle des Abhängigkeitsverhältnisses wird ein partnerschaftliches Verhältnis treten, das auf gegenseitigem Respekt und Vertrauen beruht" (Gutjahr 2003, 15). „The patient-doctor relationship is shifting from paternalism to contractualism" (Surbone/Lowenstein 2003, 183). PatientInnen, mittlerweile von Krankenhäusern als KundInnen akzeptiert, handeln selbstverantwortlicher, emanzipierter, mündiger und informierter (vgl. z.B. Riegl 2000), „wollen mitreden, wenn es um ihre Gesundheit geht" (Picker Institut 2003) und erwarten kompetente und umfassende Beratung und Behandlung. Daher spielt auch für Krankenhäuser eine gewisse „KundInnenorientierung", also eine Ausrichtung an den Anforderungen und -wünschen der PatientInnen, im Rahmen einer modernen Krankenhausbehandlung eine immer größere Rolle, um die Wahl der PatientInnen für sich zu entscheiden. Dafür ist zwingend erforderlich, Gedankenstrukturen der PatientInnen genauer zu durchleuchten, um Einstellungen und Entscheidungen dieser zu verstehen.

2.3 Vertrauen in PatientInnen- und Gesundheitsdienstleister-Beziehungen

Es ist schon länger bekannt, dass PatientInnen bei der Wahl eines Krankenhauses großen Wert auf Vertrauenswürdigkeit desselben legen (Lüttecke 2004). Dies liegt auch daran, dass die Leistungen eines Krankenhauses von Laien kaum beurteilbar sind und somit als Vertrauensgüter bezeichnet werden, „deren objektiven Nutzen der Patient selbst nach Inanspruchnahme nicht vollständig beurteilen kann" (Greiling 1998, 23). In einer groß angelegten kanadischen Studie, bei der 434 unheilbar Kranke und 160 Familienangehörige zu Qualitätskriterien der Pflege befragt wurden, empfanden die meisten das Kriterium „Vertrauen zu haben in jene Ärzte, die einen pflegen" als wichtigstes Qualitätskriterium überhaupt (55,8% der Befragten; Heyland et al. 2006). Vertrauen wird allgemein als vielsagender Indikator für die Beziehungsqualität zwischen Arzt bzw. Ärztin und PatientIn gesehen (Lake 2000). Besonders in der Gesundheitsbranche sind vertrauensvolle Beziehungen zwischen allen Beteiligten wichtig: „Trust is essential to the doctor/patient relationship" (Gray 1997, 35), „Trust is the cornerstone of the patient-physician relationship" (Kao et al. 1998b, 1708).

Vertrauen ist deshalb so wichtig, da PatientInnen das medizinische Fachwissen fehlt, um die Leistung ihres Arztes bzw. ihrer Ärztin genau bewerten zu können (Leisen/Hyman 2004, 990). Die PatientIn-Arzt-Beziehung ist durch eine erhebliche Informations- und Machtasymmetrie gekennzeichnet, die durch die hohe Fachkompetenz und die institutionelle Fürsorgepflicht (Parsons 1975, Maynard 1991) des Gesundheitsdienstleisters entsteht. Daneben besitzt auch der Patient bzw. die Patientin Informationsvorteile gegenüber dem Arzt bzw. der Ärztin, z.B. bezüglich seines/ihres gesundheitsrelevanten Verhaltens (Schneider 2002). Diese beidseitige Asymmetrie wird noch verstärkt durch die Krankheit und Verletzbarkeit der PatientInnen (Zaner 1991, 54), „the patient not only suffers more than the physician, but the suffering is different" (Surbone/Lowenstein 2003, 184).

Zusätzlich hat Vertrauen viele bedeutsame (positive) Auswirkungen auf das Verhältnis zwischen PatientIn und Arzt bzw. Ärztin auf intrinsischer und instrumenteller Basis (Hall et al. 2001, Mechanic/Schlesinger 1996, Straten/Friele/Groenewegen 2002, Thom/Campbell/Alto 1997, Thom et al. 1999). Auch ist die Qualität der Beziehung zwischen Arzt bzw. Ärztin und PatientIn wichtig für die Implementierung von Behandlungsmethoden und die Annahme derer seitens der PatientInnen (Gray 1997, Mechanic/Schlesinger 1996).

Das Vertrauen in ÄrztInnen wurde in den letzten Jahren bereits häufig zum Gegenstand der Forschung (z.B. Andersen/Dedrick 1990, Hall et al. 2001, 2002; Kao et al. 1998a, Leisen/Hyman 2004, Mechanic/Schlesinger 1996, Thom/Campbell/Alto 1997). Hier lag der Fokus stets auf persönlichen PatientIn-Arzt/Ärztin-Beziehungen, somit auf dem sogenannten „relationalen" Vertrauen. Das Krankenhaus bzw. im Krankenhaus beschäftige Personen (PflegerInnen, sonstige Verwaltungs-Angestellte) wurden bisher nicht in ihrer Funktion als mögliche „Vertrauensobjekte" betrachtet. Kaum wissenschaftlich untersucht wurden andere Ebenen des Vertrauens, so z.B. das (kollektive oder institutionelle) Vertrauen in Krankenhäuser oder in die Ärzteschaft. Überhaupt ist unklar, wie PatientInnen die Struktur und die einzelnen Akteure im Krankenhaus wahrnehmen und inwiefern die beschriebenen Objekte und Ebenen tatsächlichen von PatientInnen differenziert gesehen werden. Ebenso wurden mögliche Effekte zwischen den relationalen/individuellen und kollektiven/institutionellen Vertrauensebenen und zwischen den verschiedenen Vertrauensobjekten noch nicht betrachtet. Hall et al. (2001) sieht dies als Forschungslücke und merkt hierzu z.B. an, dass das Vertrauen in ÄrztInnen und das Vertrauen in Krankenversicherer korrelieren (Kao et al. 1998b), aber es ist unklar, wessen Halo auf wen scheint (Hall et al. 2001, 631).

3 Zielsetzung der geplanten Studie

Die vorhergegangenen Ausführungen geben Anlass für eine genauere Untersuchung des PatientInnenvertrauens im Krankenhaus. Aus dem soeben knapp skizzierten Status Quo in Forschung und Praxis ergeben sich einige zentrale Forschungsfragen, die mit der geplanten Untersuchung beantwortet werden sollen.

- Was macht das Vertrauen von PatientInnen ins Krankenhaus aus? Was sind Vertrauensfacetten?
- Wie nehmen PatientInnen die Struktur von Krankenhäusern wahr?
- Welche Vertrauensebenen und –objekte existieren im Krankenhaus (aus Sicht der PatientInnen)?
- Welche Verbindungen zwischen den AkteurInnen im Krankenhaus nimmt der Patient bzw. die Patientin wahr? Wie stehen diese Vertrauensobjekte zueinander?
- Wie beeinflusst das Vertrauen eines/r Patienten/Patientin die unterschiedlichen Ebenen? Welche Effekte existieren zwischen den Vertrauensebenen/-objekten?

Zentrales Ziel der Studie ist, die Rolle von Vertrauen im Krankenhaus und seine Facetten zu erfassen, zu verstehen und umfassend abzubilden. Hierfür sollen von PatientInnen wahrgenommene Vertrauensebenen und -objekte im Krankenhaus analysiert, ihre Relationen zueinander untersucht und beeinflussende Faktoren in den verschiedenen Beziehungen bewertet werden. Die Ergebnisse sollen in einer Theorieskizze münden.

4 Planung der empirischen Untersuchung

Um die oben genannten Ziele erreichen zu können, wird der qualitative Forschungsansatz verfolgt, da dieser tiefgehendes Verständnis und Erkenntnisse ohne vorherige Urteils- oder Hypothesenbildung ermöglicht. Qualitative Methoden ermöglichen eine breite Ergebnisbasis und detaillierte Beschreibungen von Phänomenen und Prozessen, da sie die Befragten in ihren Auskünften nicht einengen (Weiss 1994). Es geht um das ‚Warum' und ‚wie' zusätzlich zu dem ‚was' (Carson et al. 2001, 64) und darum, wie Geschehnisse und Wahrnehmungen von Betroffenen interpretiert werden (Patton 2002, Weiss 1994). Zudem bestechen sie durch ihre Flexibilität, ihre Offenheit und ihre Möglichkeit, die ganzheitliche Sicht der ProbandInnen zum Thema Vertrauen ins Krankenhaus mit allen Facetten zu erfassen (Diekmann 1997, Flick et al. 1991, Miles/Huberman 1994, von Kardorff 1991).

Das generelle Vorgehen im Rahmen der Studie ist in Abbildung 1 dargestellt. Aufgrund der komplexen Thematik, der explorativen Zielsetzung und um eine möglichst genaue Beschreibung von Wahrnehmungen, Erfahrungen und Einstellungen der ProbandInnen zu erhalten, bietet sich zur Bearbeitung ein qualitatives multimethodisches Vorgehen an, das auch als Methodentriangulation bezeichnet wird, welche die Validität der Ergebnisse fördert (Carson et al. 2001, Maxwell 2005, Patton 2002, Silverman 1993, Weiss 1994).

Im Detail sollen nach einer umfassenden Literaturanalyse zum Thema Vertrauen in der Gesundheitsbranche in einem ersten Schritt ExpertInnen- und Fokusgruppeninterviews genutzt werden, um einerseits einen Überblick über Forschungserkenntnisse in diesem Bereich, sowie andererseits einen praxisnahen und fundierten Eindruck von Facetten des Vertrauens sowie möglichen Vertrauensobjekten im Krankenhaus zu bekommen. Die Haupterhebung besteht aus halb-strukturierten Einzelinterviews mit PatientInnen, welche nach ausgewählten Ansätzen der Grounded Theory ausgewertet werden und in einer Theorieskizze münden sollen.

4.1 ExpertInneninterviews

Im Rahmen dieser ersten empirischen Phase und begleitend zur Literaturrecherche sollen zur Einarbeitung in die Thematik einige leitfadengestützte ExpertInneninterviews geführt werden, welche „explorativ-felderschließend" geplant sind, „wo sie zusätzliche Informationen wie Hintergrundwissen und Augenzeugenberichte liefern und zur Illustrierung und Kommentierung der Aussagen der Forscherin zum Untersuchungsgegenstand dienen" (Meuser/Nagel 2005, 75; Bogner/Littig/Menz 2005). ÄrztInnen und andere Krankenhausbeschäftigte, die alle bezüglich der vorliegenden Thematik einen „ExpertInnenstatus" einnehmen, sollen Informationen und Einsichten liefern, zu denen sie einen besonderen Zugang besitzen. Das ExpertInneninterview als eine Form des leitfadenorientierten Interviews stellt nicht den Interviewpartner bzw. die Interviewpartnerin per se mit seinen Orientierungen und Einstellungen in den Blickpunkt des Interesses, sondern seine/ihre Funktion als Experte bzw. Expertin für einen speziellen Bereich (König/Zedler 2002).

Abbildung 1: Methodischer Ablaufplan der Studie

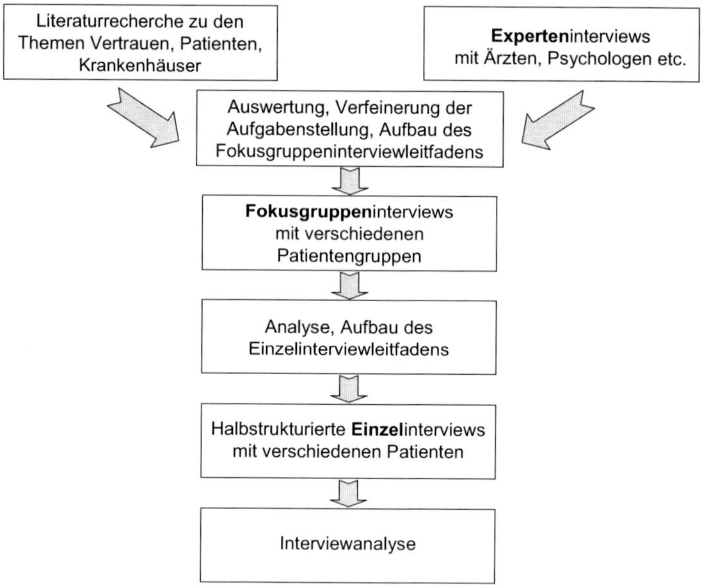

```
┌─────────────────────────┐         ┌─────────────────────────┐
│ Literaturrecherche zu   │         │    Experteninterviews   │
│ den Themen Vertrauen,   │         │ mit Ärzten, Psychologen │
│ Patienten, Krankenhäuser│         │          etc.           │
└─────────────────────────┘         └─────────────────────────┘
              ↘               ↓               ↙
                ┌─────────────────────────────┐
                │ Auswertung, Verfeinerung    │
                │ der Aufgabenstellung, Aufbau│
                │ des Fokusgruppeninterview-  │
                │ leitfadens                  │
                └─────────────────────────────┘
                              ↓
                ┌─────────────────────────────┐
                │    Fokusgruppeninterviews   │
                │    mit verschiedenen        │
                │    Patientengruppen         │
                └─────────────────────────────┘
                              ↓
                ┌─────────────────────────────┐
                │ Analyse, Aufbau des         │
                │ Einzelinterviewleitfadens   │
                └─────────────────────────────┘
                              ↓
                ┌─────────────────────────────┐
                │ Halbstrukturierte           │
                │ Einzelinterviews mit        │
                │ verschiedenen Patienten     │
                └─────────────────────────────┘
                              ↓
                ┌─────────────────────────────┐
                │      Interviewanalyse       │
                └─────────────────────────────┘
```

Der vorab entwickelte Leitfaden soll bewusst sehr offen gehalten und Fragen zur Bedeutung von Vertrauen und möglichen Vertrauensursprüngen und -objekten in der Gesundheitsbranche zum Inhalt haben. Während der Interviews sollen die Kernaussagen der Befragten notiert werden; auf Grund des explorativ-felderschließenden Charakters kann auf eine elektronische Aufzeichnung der Interviews verzichtet werden. Dies ist insofern zu verantworten, da es bei der Analyse der Interviews weniger darum geht, „den Text als individuell-besonderen Ausdruck seiner allgemeinen Struktur zu behandeln" (Meuser/Nagel 2005, 80), sondern vielmehr um die Herausarbeitung des „Überindividuell-Gemeinsamen", also von Aussagen über Repräsentatives und gemeinsam geteilte Wissensbestände, Interpretationen und Deutungsmuster.

Mit Hilfe der qualitativen Auswertungssoftware QSR NVIVO 2.0 werden die notierten Aussagen der einzelnen ExpertInnen nach Prinzipien der Grounded Theory codiert, d.h. Kategorien zugeordnet, welche sich aus dem Textmaterial heraus entwickeln.

4.2 Fokusgruppeninterviews

In einem folgenden Schritt sollen Fokusgruppeninterviews mit PatientInnen durchgeführt werden. Als Fokusgruppe wird eine spezielle Art von Gruppe bezeichnet, die charakterisiert wird durch einen bestimmten Zweck, eine bestimmte Größe, eine bestimmte Zusammensetzung und bestimmte Prozeduren, aus vier bis zwölf TeilnehmerInnen besteht und einige Male mit unterschiedlichen Leuten wiederholt wird (Krueger 1994, Lamnek 2005, Merton/Fiske/Kendall 1956, Morgan 1997b). Im Unterschied zu Einzelinterviews wird hier die Interaktion der Gruppe als entscheidender Vorteil gesehen: „a focus group can be described as a research technique that collects data through group interaction on a topic or topics" (Carson et al. 2001, 114). Fokusgruppeninterviews werden als geeignete Erhebungsmethode in dieser zweiten, noch recht explorativen Phase ausgewählt, da sie es ermöglichen, mehrere Personen auf einmal zu befragen, dadurch das Antwortspektrum zu erweitern und dabei unterschiedliche Meinungen und Standpunkte erheben. Zusätzlich fördert die soziale Interaktion und die relativ natürliche, reale Interviewsituation ausführliche und offene Erzählungen und Diskussionen der TeilnehmerInnen und aktiviert vergessene Details (Krueger 1994, Merton/Fiske/Kendall 1956, Morgan 1997b). Die Anzahl der Fokusgruppen soll noch nicht endgültig festgelegt werden (Lamnek 2005), Schätzungen sehen zwei bis drei als ausreichend an, da es sich um eine Vorstudie handelt.

Die TeilnehmerInnen der Fokusgruppen sollen nach dem Prinzip des „purposive sampling" (gezielte Stichprobenauswahl) identifiziert und kontaktiert werden (Morgan/Krueger 1998; Morgan 1997a). Die beiden gemischtgeschlechtlichen Fokusgruppen sollen aus jeweils sechs bis acht TeilnehmerInnen bestehen. Auch der Forderung, Fokusgruppen möglichst mit sich in irgendeiner Weise ähnelnden Personen zu besetzen, sei es im Bezug auf Alter, Geschlecht, Beruf oder andere Merkmale (Krueger 1994), soll Rechnung getragen werden, um der doch in sich recht heterogenen Gruppe eine gewisse für gruppendynamische Prozesse notwendige Homogenität zu verleihen.

Zur Unterstützung der Gesprächsführung soll ein halbstrukturierter Interviewleitfaden auf Basis der Forschungsfragen und Ergebnisse der ExpertInneninterviews entwickelt werden. Die Fokusgruppeninterviews sollen relativ offen und lediglich grob strukturiert ablaufen, um den TeilnehmerInnen genügend Gelegenheit zu bieten, ihre Erfahrungen und Einstellungen ausführlich zu erläutern. Unter anderem sollen Ideen zu Vertrauensursprüngen mit Hilfe von Moderationskärtchen erhoben, strukturiert, für alle sichtbar präsentiert und schließlich von der Gruppe diskutiert werden. Weitere Gesprächsschwerpunkte liegen auf Vertrauensantezedenten, -definitionen im medizinischen Kontext sowie positive oder negative Erfahrungen der TeilnehmerInnen mit ÄrztInnen. Die Interviews sollen mit einem digitalen Aufnahmegerät mitgeschnitten werden.

Nach der Transkription der Diskussionen soll die Software QSR NVIVO 2.0 erneut genutzt werden, um Textabschnitte zu codieren, d. h. Wörter, Sätze oder Abschnitte zusammenzufassen und bestimmten Themenbereichen zuzuordnen (Bazeley/Richards 2000, Gibbs 2002). Hier wird im Rahmen der Inhaltsanalyse in Anlehnung an Glaser und Strauss (1967) der induktiven Herangehensweise gefolgt (Strauss/Corbin 1996, 1998): Aus dem Textmaterial werden explorativ Kategorien entwickelt und diesen entsprechende Textbausteine zugeordnet („open coding"). Schließlich wird jede Kategorie tiefergehend analysiert und dazugehörige inhaltliche Aussagen zusammengefasst, um Strukturen, Beziehungen und Wirkungen innerhalb einer Kategorie und auch unter- und zueinander aufzudecken. Auf Basis der Ergebnisse der Fokusgruppeninterviews soll der Leitfaden für die nun folgende Hauptuntersuchung entwickelt werden.

4.3 Hauptuntersuchung - Einzelinterviews

Die Hauptuntersuchung besteht aus leitfadengestützten Einzelinterviews, welche face-to-face mit verschiedenen PatientInnen geführt werden. Einzelinterviews erscheinen sinnvoll „um Dinge wie Gefühle, Erinnerungen und Interpretationen herauszufinden, die wir nicht beobachten oder anders aufdecken können" (Carson et al. 2001, 73). Hier soll den ProbandInnen genügend Raum für ausführliche Erzählungen und Interpretationen gegeben werden, um Aspekte des Vertrauens in Krankenhäuser vertiefen zu können sowie Einflüsse, Wirkungen und Vertrauensobjekte zu identifizieren und gründlich zu eruieren. Es folgt eine detaillierte Erläuterung des Vorgehens, wobei in die aufeinanderfolgenden Phasen Sampling und Rekrutierung der ProbandInnen, Vorbereitung des Interviewleitfadens, Durchführung der Interviews und Analyse näher eingegangen werden soll.

4.3.1 Sampling der ProbandInnen

Bei der Auswahl der InterviewpartnerInnen soll im Sinne eines „purposive sampling"[1] einer leichten Abwandlung des klassischen „theoretical sampling" gefolgt werden (Glaser/Strauss 1967). Hier soll die Stichprobe ein „Abbild der theoretisch relevanten Kategorien darstellen" (Hermanns 1992, 116). Anders als beim klassischen „theoretical sampling", bei dem die Datensammlung mit einem Interview beginnt, welches anschließend sofort analysiert wird, um Hinweise auf weitere ProbandInnen zu erhalten

---

[1] Patton (2002) bezeichnet es auch als „purposeful sampling".

(Corbin/Strauss 2003) wurde in diesem Fall bereits im Vorfeld überlegt, welche Kriterien aus der Theorie zu Rate gezogen werden könnten, also „theory-driven" mögliche Kriterien der Stichprobe entwickelt (Miles/Huberman 1994), um eine maximale Variation unter den Probanden zu ermöglichen[2]. Es werden also bewusst ProbandInnen ausgewählt, die für die jeweilige Thematik interessant erscheinen bzw. sich in relevanten Aspekten unterscheiden, um letztlich eine möglichst große Bandbreite an Meinungen der Grundgesamtheit widerspiegeln zu können („maximum variation") (Guba/Lincoln 1985, Miles/Huberman 1994, Patton 1980, Weiss 1994). Letztliches Ziel ist, mit den Interviews eine gewisse theoretische Sättigung zu erreichen[3], um Informationen zu maximieren (Guba/Lincoln 1985, Ezzy 2002, Strauss/Corbin 1998).

Mindestanforderung an potenzielle InterviewpartnerInnen sollte hier sein, dass ein Krankenhausaufenthalt der ProbandInnen zeitlich nicht länger als ein Jahr zurückliegt und mindestens fünf Tage andauerte, damit gewährleistet ist, dass die ProbandInnen ohne Schwierigkeiten in ihrer Erinnerung auf die erlebten Erfahrungen zurückgreifen konnten. Besonders wichtig erscheint dies, da in den Interviews u.a. die Critical-Incident-Technik verwandt wird, welche vergangene Ereignisse als Bezugspunkt setzt (hier den letzten Krankenhausaufenthalt). Die ProbandInnen sollten aber auch nicht mehr im Krankenhaus liegen, sondern bereits entlassen worden sein, um retrospektiv über den Aufenthalt reflektieren zu können (Morse 2001).

Ansatzpunkte, nach denen die systematische Auswahl der ProbandInnenstichprobe schrittweise erfolgen kann, finden sich zahlreich in der Literatur, welche sich speziell mit dem Thema Vertrauen im Gesundheitsbereich befasst. Hier tauchen einige mögliche empirisch bestätigte und z.T. umstrittene Faktoren auf, die Vertrauen eines Patienten bzw. einer Patientin beeinflussen können: Gilson (2003) weist bspw. darauf hin, dass „die Bedeutung von Vertrauen innerhalb einer Beziehung variiert" und „Vertrauen in Anbieter mag für Patienten mit geringerem Risiko weniger von Bedeutung sein […] es mag für verletzbare Patienten mit höherem Risiko von größerer Bedeutung sein" (Gilson 2003, 1459). Auch Mechanic und Meyer (2000) fanden in einer qualitativen Studie heraus, dass zwischen drei PatientInnengruppen (Brustkrebs-Patientinnen, Borreliose-PatientInnen, PatientInnen mit psychischen Erkrankungen) Unterschiede im Vertrauen und seinen Dimensionen zu identifizieren waren und führten diese auf die unterschiedlichen Krankheitsarten, die verschiedenen Arten der Behandlung und die teilweise unterschiedlichen Erfahrungsstufen der ProbandInnen im Umgang mit ÄrztInnen zurück (Mechanic/Meyer 2000, 665). Lake (2000) stellte ebenfalls empirisch fest, dass der Gesundheitszustand Vertrauen beeinflusst. „Die in schlechterer physi-

---

2   Die liberaleren Grounded Theory-Vertreter Strauss und Corbin (1998) räumen ein, dass Kriterien für theoretical sampling gerade zu Beginn einer Studie durchaus aus der Literatur kommen können (Strauss/Corbin 1998, 51).
3   „[…] stop when you encounter diminishing returns, when the information you obtain is redundant or peripheral, when what you do learn that is new adds too little to what you already know to justify the time and cost of the interviewing" (Weiss 1994, 21). Carson et. al (2001) schätzt, dass häufig dafür zwischen 8-24 Probanden genügen.

scher Gesundheit waren generell weniger zufrieden mit ihrer Pflege, tendierten dazu, ihren letzten medizinischen Besuch weniger positiv zu bewerten, und äußerten weniger Vertrauen in ihren Arzt" (Lake 2000, 417). Zu demselben Ergebnis kamen auch Balkrishnan et al. (2003).

Des Weiteren lassen sich in der umfassenden relevanten Literatur zahlreiche andere PatientInnencharakteristika oder Dimensionen finden, denen ein Einfluss auf die Vertrauensbildung zugesprochen bzw. nachgewiesen wird. Diese wurden ergänzt mit weiteren Faktoren, die plausibel erschienen (siehe Abbildung 2).

Abbildung 2: Dimensionen mit Einfluss auf Vertrauen in ÄrztInnen[4]

Patientencharakteristika	Andere Faktoren
• Alter • Geschlecht • Bildung • Einkommen • Gesundheitszustand (Gesund vs. krank), Krankheitsart • Versicherungsart (Privat vs. Kasse) • Erfahrung mit Ärzten • Einstellung (z.B. Anhänger Alternativer Medizin und Heilpraktiker)	• Freiwillige vs. Unfreiwillige Behandlung • Grund der Behandlung (Positiv vs. negativ) • Risiko der Behandlung • Bedeutung der Behandlung (Wichtig/notwendig vs. eher unwichtig) • Länge der Arzt-Patienten-Beziehung • Wahrgenommene Auswahl an Ärzten • Grundlage der Ärztewahl (Persönliche Empfehlung vs. Convenience-Wahl) • Kontinuität in Behandlung • Behandlungsart

Da es praktisch unmöglich ist, alle o.g. Faktoren und –ausprägungen bei der ProbandInnenauswahl zu betrachten, wird zumindest versucht, eine schrittweise Selektion durchzuführen, die auf Basis augenscheinlicher Kriterien (z.B. Geschlecht, Alter etc.) erfolgt, die aber auch Faktoren wie z.B. die Erfahrung mit Ärzten, die Länge der Arzt-PatientIn-Beziehung etc. berücksichtigt.

---

[4] Balkrishnan et al. 2003, Caterinicchio 1979, Hausman/Mader 2004, Lake 2000, Leisen/Hyman 2004, Mechanic/Meyer 2000, Mainous et al. 2001, Tarrant/Stokes/Baker 2003, Thom/Campbell/Alto 1997, Thom et al. 1999.

4.3.2 Rekrutierung der ProbandInnen

Die Rekrutierung der ProbandInnen soll mit Hilfe einer zweigleisigen Strategie erfolgen. In einem ersten Schritt sollen Bekannte und ArbeitskollegInnen gebeten werden, bestimmte Probandnnen nach vorgegebenen Kriterien (Geschlecht, Alter, Versicherungsart, Erfahrung mit ÄrztInnen, Krankheitsart etc.) zu nominieren und Kontakt zu ihnen zu vermitteln. So können verschiedene InterviewpartnerInnen in einem „ProbandInnenpool" zusammentragen werden. Aus diesen potenziellen InterviewpartnerInnen sollen anschließend gezielt und schrittweise Personen ausgewählt werden, die sich in bestimmten Kriterien unterscheiden. Zusätzlich soll während der Erhebungsphase die Schneeballmethode genutzt werden, um über die interviewten ProbandInnen weitere InterviewpartnerInnen zu finden (Patton 2002, Weiss 1994, Schreier 2007). Es wird bewusst darauf verzichtet, über Aushänge an öffentlichen Orten (z.B. im Krankenhaus) ProbandInnen zu rekrutieren, da mit einer möglichen Verzerrung der Stichprobe zu rechnen ist. Gerade im Bezug auf die Thematik wird vermutet, dass PatientInnen mit Negativerlebnissen im Krankenhaus besonders motiviert sein könnten, sich freiwillig zur Interviewteilnahme zu melden (Grady/Wallston 1988).

4.3.3 Vorbereitung des Interviewleitfadens

Es erscheint auch in den Einzelinterviews sinnvoll, einen groben Interviewleitfaden zu Hilfe zu nehmen, der den Interviewer bzw. die InterviewerIn bei der Frageformulierung unterstützt sowie seine/ihre volle Aufmerksamkeit für die Erzählungen des/der Befragten gestattet. Auch stellt der Leitfaden sicher, dass im Interview die relevanten Themen gleichermaßen für alle Befragten abgedeckt, Personen somit systematischer befragt werden und die beschränkte Zeit bestens genutzt wird (McCracken 1988, Patton 2002).

Der Interviewleitfaden soll vorab auf Basis der Forschungsfragen und Ergebnisse der ExpertInnen- und Fokusgruppeninterviews entwickelt werden. Zu Beginn sollten wenige Eisbrecherfragen stehen (z.B. „Was fällt Ihnen ein, wenn Sie an Krankenhäuser denken? Welches Bild haben Sie von Krankenhäusern allgemein?"). Dann erscheint es sinnvoll, den letzten Krankenhausaufenthalt als Critical Incident ins Gedächtnis zu rufen und die ProbandInnen davon frei berichten zu lassen. Im Bezug auf die Erfahrungen beim letzten Krankenhausaufenthalt könnten Fragen anschließen, wie z.B. „Was ist der erste Gedanke, der Ihnen zu diesem letzten Krankenhausaufenthalt kommt?" und „Wie haben Sie Ihren Krankenhausaufenthalt erlebt? Was haben Sie gefühlt und gedacht? Inwieweit hatten Sie Vertrauen ins Krankenhaus? Worin genau? Was macht allgemein aus Ihrer Sicht die Vertrauenswürdigkeit eines Krankenhauses aus?". Zusammenfassende Abschluss- und Zusatzfragen vervollständigen den Leitfaden. Zusätzlich bietet es sich an, Satzvervollständigungs- und Kärtchen-Sortierungsaufgaben zu integrieren (Mariampolski 2001, Krueger 1998).

4.3.4 Durchführung der Interviews

Es ist geplant, alle Interviews bei den ProbandInnen zu Hause zu führen. Vor dem Interview werden den InterviewpartnerInnen Erläuterungen zur Studie (Thema, Absicht, Vorgehen, Gründe für Tonbandaufnahme) vorgelegt oder –gelesen. Dabei wird das Thema recht allgemein und Vertrauen nicht als Forschungsfokus dargestellt, um die ProbandInnen vorab nicht zu beeinflussen. Nach der Klärung eventueller Fragen wird die Interviewperson gebeten, eine Einverständniserklärung zu unterschreiben, welche unter anderem die Rechte des Befragten und Vertraulichkeitsfragen behandelt (Mason 2002, Patton 2002).

Während der Interviews sollen die anerkannten Regeln des non-direktiven Interviewens befolgt werden, wie z.B. Augenkontakt, aktives Zuhören, kein Unterbrechen, keine Bewertungen etc., um die ProbandInnen nicht zu beeinflussen (Carson et al. 2001). Nach den Interviews soll ein Debriefing erfolgen, bei dem den InterviewteilnehmerInnen das wirkliche Ziel der Studie erklärt wird (Grady/Wallston 1988). Zudem soll abschließend ein kurzer Fragebogen zur Erhebung von PatientInnencharakteristika und Informationen zum letzten Krankenhausaufenthalt zusammen mit dem Befragten ausgefüllt werden, um diese Aspekte für das weitere Sampling von ProbandInnen und die Analyse berücksichtigen zu können.

4.3.5 Analyse der textualen Daten

Nach der Transkription der Interviews werden diese mit ausgewählten qualitativen Analysemethoden ausgewertet. Die Hauptauswertung erfolgt über eine detaillierte intra-text/within-case und inter-text/across-case Analyse. Hier soll neben anerkannten Analysetechniken (nach z.B. Miles/Huberman 1994) u.a. den von Glaser und Strauss entwickelten und später von Strauss und Corbin weiter entwickelten Herangehensweisen der „Grounded Theory" gefolgt werden (Glaser/Strauss 1967, Strauss/Corbin 1996). Gewisse Ansätze dieser sehr populären, aber auch komplexen Prozedurensammlung, welche im Rahmen der Ergebnisanalyse sinnvoll erscheinen, werden genutzt, bspw. Codierungsprozeduren[5] (vgl. Empfehlung Strauss/Corbin, 1998).

Vor der eigentlichen Analyse werden die Transkripte mehrmals gelesen und Notizen zu ersten Eindrücken gemacht, welche in einem Memo festgehalten werden (Ezzy 2002, Maxwell 2005, Patton 2002). Dann wird in dem ersten von zwei Schritten zunächst offen kodiert, d.h. im Rahmen einer induktiven Analyse wird aus den Daten heraus ein Klassifikations- oder Kodierschema entwickelt. Dies erfolgt i.d.R. zu Beginn der Auswertung durch eine Mikroanalyse, bei der das Transkript Zeile für Zeile

---

[5] Andere werden nur eingeschränkt durchgeführt, z.B. sind die Datenerhebung und die Datenanalyse nicht konsequent miteinander verflochten, wie es im Rahmen der Grounded Theory vorgesehen ist.

durchgegangen wird und jedem Ereignis ein Kode zugeteilt wird : „The detailed line-by-line analysis is necessary at the beginning of a study to generate initial categories (with their properties and dimensions) and to suggest relationships among categories; a combination of open and axial coding" (Strauss/Corbin 1998, 57; vgl. auch Miles/-Huberman 1994). Auch schon in diesem ersten Schritt ist die ständige komparative (vergleichende) Analyse wichtig (Glaser/Strauss 1967). Mit Hilfe der zentralen Verfahren „Fragenstellen" und „Vergleichen" (Strauss/Corbin 1998, 73) sollen im nächsten Schritt des axialen Kodierens bereits vorhandene Kodes differenziert, Beziehungen und Verbindungen zwischen den Kodes hergestellt und diese in Hierarchien zu Kategorien zusammengefasst werden. Es wird nach wiederkehrenden Regelmäßigkeiten gesucht, die sich in Mustern und Kategorien abbilden lassen[6] (Boyatzis 1998, Carson et al. 2001, Maxwell 2005, Patton 1980, 2002). Der dritte Schritt des selektiven Kodierens, bei dem alle Kategorien in einer finalen Kernkategorie zusammengebracht werden sollen (Corbin/Strauss 2003), wird hier vernachlässigt, da im Rahmen der Studie lediglich eine sog. Theorieskizze[7] angestrebt wird, eine Vorläuferin einer komplett ausgearbeiteten Theorie, die kein Anrecht auf Vollständigkeit erheben möchte. Während der gesamten Kodierungsprozeduren soll ebenfalls der Empfehlung von Glaser und Strauss gefolgt werden, alle Ergebnisse, Gedanken, Eindrücke und Ideen in Memos festzuhalten (Strauss/Corbin 1998, Charmaz 2001, Miles/Huberman 1994).

Eine grafische Darstellung der Ergebnisse zusätzlich zur schriftlichen Ausarbeitung wurde vorab noch nicht festgelegt. Maxwell (2005) und Miles und Huberman (1994) z.B. empfehlen „concept maps"[8], welche auch in Grounded Theory-Studien beliebte Darstellungsformen sind, um Theorien zu entwickeln, zusammenzufassen oder abzubilden. Eine weitere Möglichkeit können „analyst-constructed typologies" (Patton 2002, 458-462) sein, die ProbandInnen gemäß relevanter Dimensionen gruppieren. Eine Fülle an weiteren Darstellungsformen (Matrizen, Netzwerke, Context Charts etc.) finden sich z.B. noch in Miles und Huberman (1994) sowie in Patton (2002).

5 Schlussbetrachtung und Ausblick

Die detaillierten Ausführungen zum Forschungsdesign der vorliegenden Studie zeigen bsph. auf, wie verschiedene Methoden der qualitativen Sozialforschung sequentiell genutzt werden können, um eine komplexe Zielsetzung, nämlich die explorative

---

[6] Miles und Huberman (1994) bezeichnen diesen Schritt als „Pattern Coding" (Miles/Huberman 1994, 69-72).
[7] Zum Begriff „Theorieskizze" siehe Breuer (1999).
[8] „A concept map of a theory is a visual display of that theory – a picture of what the theory says is going on with the phenomenon" (Maxwell 2005, 47).

Erhebung von unterschiedlichen Facetten des PatientInnenvertrauens im Krankenhaus sowie die Identifikation von wahrgenommenen Vertrauensobjekten und –effekten, zu erreichen. Der gewählte Methodenmix soll sicherstellen, dass das Phänomen „PatientInnenvertrauen" umfassend untersucht wird und sich durch Validität und Glaubhaftigkeit auszeichnet.

Abbildung 3: Beispielhafte Einverständniserklärung

UNIVERSITÄT DORTMUND

- Einverständniserklärung -

Ziel der Studie	Sammlung von allgemeinen Erfahrungen und Wahrnehmungen von verschiedenen Patiententypen in deutschen Krankenhäusern
Vorgehen	Die Teilnehmer der Studie werden mit Hilfe eines halb-strukturierten Leitfadens interviewt. Ein Interview wird ca. eine Stunde dauern und mit einem Tonbandgerät aufgezeichnet. Inhaltlich wird der letzte Krankenhausaufenthalt zur Orientierung genommen und damit verbundene Erfahrungen im Krankenhaus erhoben.
Stichprobe	Es werden ca. 20 PatientInnen interviewt, die in den letzten 12 Monaten in einem Krankenhaus mindestens eine Woche lang stationär behandelt wurden. Hierbei ist völlig nebensächlich, um welches Krankenhaus es sich handelt und weshalb eine Behandlung erfolgte.
Rechte des/r Befragten	Der/die Befragte verpflichtet sich zu nichts. Er/Sie hat das Recht, jederzeit während des Interviews Antworten zu bestimmten Fragen zu verweigern und kann jederzeit das Interview abbrechen. Weitere Fragen bezüglich der Studie werden vom Forscherteam selbstverständlich beantwortet.
Vertraulichkeit	Die Interviewtonbänder und daraus erstellten Transkripte werden streng vertraulich behandelt und nur vom Forscherteam ausgewertet. In der Dokumentation werden alle Informationen anonymisiert dargestellt, damit keine Rückschlüsse auf die Befragten möglich sind.

Ich verstehe die oben stehenden Erklärungen zu dem Forschungsprojekt. Ich bestätige hiermit, dass ich an diesem Projekt freiwillig teilnehme und mich für ein Interview zur Verfügung stelle.

_____, den _____   _____
Ort, Datum   Unterschrift

Das Vertrauen von stationären PatientInnen in Krankenhäusern

Die Studie befindet sich derzeit in der Planungsphase. Die Ergebnisse sollen sowohl zu wissenschaftlichen als auch zu praktischen Fragestellungen Antworten geben. Für das Dienstleistungsmarketing wird ein Beitrag zur Vertrauensforschung erwartet, mit dem speziellen Fokus auf den Krankenhausmarkt. Dabei wird das Konstrukt Vertrauen (in eine medizinische Dienstleistung) genauer betrachtet, an den Ergebnissen reflektiert und gegebenenfalls angepasst. Die wissenschaftliche Untersuchung des Krankenhauswesens bezüglich seiner Vertrauensstruktur stellt weiterhin eine Grundlage für weitere Forschungsüberlegungen dar. Die Ableitung einer Theorieskizze, welche Hypothesen bzw. Forschungsannahmen im Bezug auf Vertrauen von PatientInnen in Krankenhäuser enthält, soll zukünftige Forschungsvorhaben anregen und lenken. Zusätzlich werden auf der Praxisseite Gestaltungsempfehlungen für Krankenhäuser auf Basis der empirischen Erhebung ableitbar sein. Hier werden besonders die von PatientInnen wahrgenommenen Vertrauensobjekte, ihre jeweiligen Antezedenten und möglichen Effekte zwischen den Ebenen interessant und nutzbar sein.

6 Literatur

ABDA - Bundesvereinigung Deutscher Apothekerverbände (2006): Die Gesundheitsbranche boomt. http://www.aponet.de/apotheke/arbeiten/gesundheitsbranche/(8-1-2006).

Andersen, Lynda A./Dedrick, Robert F. (1990): Development of the Trust in Physician Scale: A Measure to Assess Interpersonal Trust in Patient-Physician Relationships. In: Psychological Reports, vol. 67, 1091-1100.

Balkrishnan, Rajesh/Dugan, Elizabeth/Camacho, Fabian T./Hall, Mark A. (2003): Trust and Satisfaction with Physicians, Insurers, and the Medical Profession. In: Medical Care, vol. 41, no. 9, 1058-1064.

Bazeley, Patricia/Richards, Lyn (2000): The NVivo Qualitative Project Book. London.

Berry, Leonard L./Bendapudi, Neeli (2007): Health Care. A Fertile Field for Service Research. In: Journal of Service Research, vol. 10, no. 2, 111-122.

Bogner, Alexander/Littig, Beate/Menz, Wolfgang (2005): Das Experteninterview: Theorie, Methode, Anwendung. 2. Auflage. Wiesbaden.

Boyatzis, Richard E. (1998): Transforming Qualitative Information: Thematic Analysis and Code Development. Thousand Oaks, London, New Delhi.

Breuer, Franz (1999): Abseits!? Marginale Personen - Prekäre Identitäten. Münster.

Carson, David/Gilmore, Audrey/Perry, Chad et al. (2001): Qualitative Marketing Research. Thousand Oaks, London, New Delhi.

Caterinicchio, Russell P. (1979): Testing Plausible Path Models of Interpersonal Trust in Patient-Physician Treatment Relationships. In: Social Science & Medicine, vol. 13A, no. 1, 81-99.

Charmaz, Kathy (2001): Qualitative Interviewing and Grounded Theory Analysis. In: Gubrium, J.F./Holstein, J.A. (eds.): Handbook of Interview Research: Context and Method. Thousand Oaks, London, New Delhi, 675-694.

Corbin, Juliet/Strauss, Anselm L. (2003): Grounded Theory Research: Procedures, Canons, and Evaluative Criteria. In: Fielding, N. (ed.): Interviewing: Vol. IV, Thousand Oaks, 107-124.

Coulter, Angela/Magee, Helen (2003): The European Patient of the Future. Maidenhead.

Dahlbeck, Elke/Hilbert, Josef/Potratz, Wolfgang (2004): Gesundheitswirtschaftsregionen im Vergleich: Auf der Suche nach erfolgreichen Entwicklungsstrategien. In: Institut Arbeit und Technik im Wissenschaftszentrum Nordrhein-Westfalen (Hrsg.): Jahrbuch 03/04, 82-102.

Diekmann, Andreas (1997): Empirische Sozialforschung: Grundlagen, Methoden, Anwendungen. 3. Auflage. Reinbek bei Hamburg.

Ezzy, Douglas (2002): Qualitative Analysis: Practice and Innovation. London.

Fielding, Nigel (2003): Interviewing: Volume IV, Thousand Oaks, London, New Delhi.

Flick, Uwe/von Kardorff, Ernst/Keupp, Heiner (1991): Handbuch Qualitative Sozialforschung: Grundlagen, Konzepte, Methoden und Anwendungen. München.

Gibbs, Graham R. (2002): Qualitative Data Analysis: Explorations with NVivo. Buckingham; Philadelphia.

Gilson, Lucy (2003): Trust and the Development of Health Care as a Social Institution. In: Social Science & Medicine, vol. 56, no. 7, 1453-1468.

Glaser, Barney G./Strauss, Anselm L. (1967): The Discovery of Grounded Theory: Strategies for Qualitative Research. Chicago.

Glaser, Barney G./Strauss, Anselm L. (1967): The Discovery of Grounded Theory: Strategies for Qualitative Research. London.

Grady, Kathleen E./Wallston, Barbara S. (1988): Research in Health Care Settings. Newbury Park.

Gray, Bradford H. (1997): Trust and Trustworthy Care in the Managed Care Era. In: Health Affairs, vol. 16, no. 1, 34-54.

Greiling, Dorothea (1998): Krankenhäuser als Dienstleistungsunternehmen. In: Hentze, J./Huch, B./Kehres, E. (Hrsg.): Krankenhaus-Controlling: Konzepte, Methoden und Erfahrungen aus der Krankenhauspraxis. Stuttgart.

Guba, Egon G./Lincoln, Yvonna S. (1985): Naturalistic Inquiry. Beverly Hills, CA.

Gutjahr, Gert (2003): Deutsches Gesundheitswesen - quo vadis? Ein Forschungsbericht. In: Planung & Analyse, Bd. 4, 12-15.

Gutjahr, Gert: Kommentar: Zukunftsforschung am Beispiel Pharmamarkt 2020. http://www.ifm-mannheim.de/kommentar/ifm_mannheim3.html, abgerufen am 9-18-2006

Hall, Mark A./Dugan, Elizabeth/Zheng, Beiyao/Mishra, Aneil K. (2001): Trust in Physicians and Medical Institutions: What Is It, Can It Be Measured, and Does It Matter? In: The Milbank Quarterly, vol. 79, no. 4, 613-639.

Hall, Mark A./Zheng, Beiyao/Dugan, Elizabeth/Camacho, Fabian/Kidd, Kristin E./Mishra, Aneil K./Balkrishnan, Rajesh (2002): Measuring Patients' Trust in Their Primary Care Providers. In: Medical Care Research and Review, vol. 59, no. 3, 293-318.

Hausman, Angela/Mader, Deanna (2004): Measuring Social Aspects in the Physician/Patient Relationship. In: Health Marketing Quarterly, vol. 21, no. 3, 3-26.

Hermanns, Harry (1992): Die Auswertung narrativer Interviews. Ein Beispiel für qualitative Verfahren. In: Hoffmeyer-Zlotnik, J.H.P. (Hrsg.): Analyse verbaler Daten: Über den Umgang mit qualitativen Daten. Opladen, 110-142.

Hermanns, Peter M./Kunz, Angelika R. (2003): Marketing im Krankenhaus. In: Hermanns, P. M./Hanisch, L. (Hrsg.): Krankenhaus-Marketing im stationären und ambulanten Bereich: Das Krankenhaus als Dienstleistungsunternehmen. Köln, 1-35.

Heyland, Daren K./Dodek, Peter/Rocker, Graeme G. D./Gafni, Amiram/Pichora, Deb/Shortt, Sam/Tranmer, Joan/Lazar, Neil/Kutsogiannis, Jim/Lam, Miu (2006): What Matters Most in End-of-life Care: Perceptions of Seriously Ill Patients and Their Family Members. In: Canadian Medical Association Journal, vol. 174, no. 5, 627-636.

Hilbert, Josef/Fretschner, Rainer/Dülberg, Alexandra (2002): Rahmenbedingungen und Herausforderungen der Gesundheitswirtschaft. Gelsenkirchen.

Kao, Audley C./Green, Diane C./Davis, Nancy A./Koplan, Jeffrey P./Clearly, Paul D. (1998a): Patients' Trust in Their Physicians - Effects of Choice, Continuity, and Payment Method. In: Journal of General Internal Medicine, vol. 13, no. 10, 681-686.

Kao, Audley C./Green, Diane C./Zaslavsky, Alan M./Koplan, Jeffrey P./Clearly, Paul D. (1998b): The Relationship Between Method of Physician Payment and Patient Trust. In: The Journal of the American Medical Association, vol. 18, no. 19, 1708-1714.

König, Eckard/Zedler, Peter (2002): Qualitative Forschung: Grundlagen und Methoden. 2. Auflage. Weinheim, Basel.

Krueger, Richard A. (1994): Focus Groups: A Practical Guide for Applied Research. Thousand Oaks, London, New Delhi.

Krueger, Richard A. (1998): Developing Questions for Focus Groups. The Focus Group Kit. Thousand Oaks, London, New Delhi.

Lake, Timothy (2000): Do HMOs Make a Difference? Consumer Assessments of Health Care. In: Inquiry, vol. 36, 411-418.

Lamnek, Siegfried (2005): Gruppendiskussion: Theorie und Praxis. Weinheim, Basel.

Leisen, Birgit/Hyman, Michael R. (2004): Antecedents and Consequences of Trust in a Service Provider - The Case of Primary Care Physicians. In: Journal of Business Research, vol. 57, no. 9, 990-999.

Lüttecke, Henner (2004): Presse- und Öffentlichkeitsarbeit im Krankenhaus. Stuttgart.

Mainous, Arch G./Baker, Richard/Love, Margaret M./Gray, Denis P./Gill, James M. (2001): Continuity of Care and Trust in One's Physician: Evidence From Primary Care in the United States and the United Kingdom. In: Family Medicine, vol. 33, no. 1, 22-27.

Mariampolski, Hy (2001): Qualitative Market Research. A Comprehensive Guide. Thousand Oaks, London, New Delhi.

Mason, Jennifer (2002): Qualitative Researching. Thousand Oaks, London, New Delhi.

Maxwell, Joseph A. (2005): Qualitative Research Design: An Interactive Approach. Newbury Park.

Maynard, Douglas W. (1991): Interaction and Asymmetry in Clinical Discourse. In: American Journal of Sociology, vol. 97, no. 2, 448-495.

McCracken, Grant (1988): The Long Interview. Newbury Park, London, New Delhi.

Mechanic, David/Meyer, Sharon (2000): Concepts of Trust Among Patients with Serious Illness. In: Social Science & Medicine, vol. 51, 657-668.

Mechanic, David/Schlesinger, Mark (1996): The Impact of Managed Care on Patients' Trust in Medical Care and Their Physicians. In: The Journal of the American Medical Association, vol. 275, no. 21, 1693-1697.

Merton, Robert K./Fiske, Marjorie/Kendall, Patricia L. (1956): The Focused Interview: A Manual of Problems and Procedures. Glencoe, Illinois.

Meuser, Michael/Nagel, Ulrike (2005): ExpertInneninterviews - vielfach erprobt, wenig bedacht. In: Bogner, A./Littig, B./Menz, W. (Hrsg.): Das Experteninterview: Theorie, Methode, Anwendung,.Wiesbaden, 71-93.

Miles, Matthew B., Huberman, A. M. (1994): Qualitative Data Analysis: An Expanded Sourcebook. 2. Auflage, Thousand Oaks. London. New Delhi.

Morgan, David L. (1997a): Planning Focus Groups. Focus Group Kit, 2. London.

Morgan, David L. (1997b): The Focus Group Guidebook. Focus Group Kit, 1. London.

Morgan, David L./Krueger, Richard A. (1998): The Focus Group Kit. Thousand Oaks.

Morse, Janice M. (2001): Interviewing the Ill. In: Gubrium, J.F./Holstein, J.A. (eds.): Handbook of Interview Research: Context and Method. Thousand Oaks, London, New Delhi, 317-328.

o.V. (2001): Ärzte wandeln sich bis zum Jahr 2020 zum Gesundheitsberater. In: Ärzte Zeitung, Heft 04.07.2001.

o.V.: Krankenhausfinanzierungsgesetz, http://www.gesetze-im-internet.de/bundesrecht/khg/gesamt.pdf#search=%22krankenhausfinanzierungsgesetz%22 (9-18-2006).

Parsons, Talcott (1975): The Sick Role and the Role of the Physician Reconsidered. In: Milbank Memorial Fund Quarterly/Health and Society, vol. 53, 257-278.

Patton, Michael Q. (1980): Qualitative Evaluation Methods. Beverly Hills, London.

Patton, Michael Q. (2002): Qualitative Research and Evaluation Methods, 3. Thousand Oaks, London, New Delhi.

Riegl, Gerhard F. (2000): Krankenhaus-Marketing & Qualitäts-Management: Großes Handbuch für das Erfolgs-Management in Hospitälern. Augsburg.

Rosenstein, Alan H. (1985): The Changing Trends of Medical Care and Its Impact on Traditional Providers: Adaptation and Survival via a Marketing Approach. In: Health Marketing Quarterly, vol. 2, nos. 2-3, 11-34.

Schneider, Udo (2002): Beidseitige Informationsasymmetrien in der Arzt-Patient-Beziehung: Implikationen für die GKV. In: Vierteljahreshefte zur Wirtschaftsforschung, Bd. 71, Nr. 4, 447-458.

Schreier, Margrit (2007): Qualitative Stichprobenkonzepte. In: Naderer, Gabriele/Balzer, Eva: (Hrsg.): Qualitative Marktforschung in Theorie und Praxis. Grundlagen, Methoden und Anwendungen. Wiesbaden, 233-245.

Silverman, David (1993): Interpreting Qualitative Data: Methods for Analysing Talk, Text and Interaction. Thousand Oaks, London, New Delhi.

Straten, G. F. M./Friele, R. D./Groenewegen, P. P. (2002): Public Trust in Dutch Health Care. In: Social Science & Medicine, vol. 55, no. 2, 227-234.

Strauss, Anselm L./Corbin, Juliet (1996): Grounded Theory. Grundlagen Qualitativer Sozialforschung. Weinheim.

Strauss, Anselm L./Corbin, Juliet (1998): Basics of Qualitative Research: Techniques and Procedures for Developing Grounded Theory, 2. Thousand Oaks.

Surbone, Antonella/Lowenstein, Jerome (2003): Exploring Asymmetry in the Relationship Between Patients and Physicians. In: The Journal of Clinical Ethics, vol. 14, no. 3, 183-188.

Tarrant, Carolyn/Stokes, Tim/Baker, Richard (2003): Factors Associated with Patients' Trust in their General Practitioner: A Cross-Sectional Survey. In: British Journal of General Practice, vol. 53, no. 495, 798-800.

Thom, David H./Campbell, Bruce/Alto, Palo (1997): Patient-Physician Trust: An Exploratory Study. In: The Journal of Family Practice, vol. 44, no. 2, 169-176.

Thom, David H./Ribisl, Kurt M./Stewart, Anita L./Luke, Douglas A./Stanford Trust Study Physicians (1999): Further Validation and Reliability Testing of the Trust in Physician Scale. In: Medical Care, vol. 37, no. 5, 510-517.

von Kardorff, Ernst (1991): Qualitative Sozialforschung - Versuch einer Standortbestimmung. In: Flick, U. et. al. (Hrsg.): Handbuch Qualitative Sozialforschung: Grundlagen, Konzepte, Methoden und Anwendungen. München, 3-8.

Wasem, Jürgen (2003): Der Patient im Mittelpunkt. Neuss.

Weiss, Robert S. (1994): Learning From Strangers: The Art and Method of Qualitative Interview Studies. New York.

Zaner, Richard M. (1991): The Phenomenon of Trust and the Patient-Physician Relationship. In: Pellegrino, E. D./Veatch, R. M./Langan, J. P. (eds.): Ethics, Trust, and the Professions. Philosophical and Cultural Aspects. Washington, 45-68.

Renate Buber, Bernhart Ruso
und Johannes Gadner

Mixed-Model-Design
Die Nutzung von Ruhezonen in Einkaufszentren

1 Zielsetzung 885

2 Theoretisch-konzeptionelle Vorbemerkungen 885

3 Das Forschungsdesign 886
   3.1 Die Modelle 886
      3.1.1 Evolutionspsychologisches Modell 887
      3.1.2 Motivationspsychologisches Modell 888
   3.2 Die Forschungsfragen 889
   3.3 Die Untersuchungsphasen 890
   3.4 Die Methoden 893
      3.4.1 Videographie 893
      3.4.2 Beobachte-Laut-Protokoll 894
      3.4.3 Interview 894
      3.4.4 Dokumentation der Umsätze 895

4 Die Daten: Arten und Vernetzung 895
   4.1 Videographien 896
   4.2 Texte 896
   4.3 Umsätze 897

5 Reflexion und Empfehlungen 897

6 Zusammenfassung 899

7 Literatur 900

1 Zielsetzung

Der Beitrag diskutiert die Umsetzung eines Mixed-Model-Forschungsdesigns im Bereich des KonsumentInnenverhaltens. Der Schwerpunkt der Darstellung liegt auf der Datenerhebung, der Beschreibung der Arten von Daten sowie deren Vernetzung. Dabei wird auf die Koordination der Ablaufplanung und deren Umsetzung im Feld und die vier Arten der Triangulation (Theorien-, Methoden-, Daten- und Investigator-Triangulation) eingegangen. Es wird gezeigt, wie geplante Abläufe im Forschungsprozess flexibel gehalten werden müssen. Der Beitrag schließt mit Empfehlungen für die Planung von Mixed-Model-Designs.[1]

2 Theoretisch-konzeptionelle Vorbemerkungen

Für die Kombination von Methoden und Modellen im Rahmen eines Mixed-Methodology-Ansatzes finden sich in der Literatur zahlreiche Systematisierungs- und Differenzierungsvorschläge. Eine Übersicht und die systematische und konzeptionell-modellhafte Zusammenfassung dieser Ansätze bieten Tashakkorie und Teddlie (2003) in ihrem „Handbook of Mixed-Methods in Social & Behavioral Research". Dieser Beitrag orientiert sich am Begriff des Mixed-Model-Designs[2] von Tashakkori und Teddlie (2003, 711). Darunter wird ein Forschungsablauf verstanden, in dem qualitative und quantitative Zugänge in all seinen Phasen Anwendung finden. Hinsichtlich der Methodenwahl folgt die im Beitrag vorgestellte Studie daher den Prinzipien eines mehrgleisigen, gemischten Untersuchungsdesigns (multiple approach multistrand design) nach Tashakkori und Teddlie (2003, 685ff). Wenn vom „Mischen" gesprochen wird, dann kommt auch der Begriff der Triangulation, „der Betrachtung eines Forschungsgegenstandes von (mindestens) zwei Punkten aus" (Flick 2004, 309), ins Spiel. Dieser wurde von Campbell und Fiske (1959) geprägt, später von Denzin (1978), Tashakkori und Teddlie (1978), Patton (1990) und Flick (2004, 310) aufgegriffen und erläutert: Methodentriangulation (methodological triangulation) beinhaltet die Verwendung von sowohl quantitativen und qualitativen Methoden und Daten, um dasselbe Phänomen in derselben Studie oder in verschiedenen einander ergänzenden Studien (Tashakkori/

---

1 Die Studienergebnisse sind in Buber/Ruso/Gadner (2006) nachzulesen.
2 Tashakkori und Teddlie finden diesen Begriff zweckmäßiger als jenen der Mixed Methods, da das „Mischen" oft weit über die Verwendung von qualitativen und quantitativen Methoden hinausgeht. Creswell (1995) spricht in diesem Zusammenhang von einem Mixed- Methodology-Design.

Renate Buber, Bernhart Ruso und Johannes Gadner

Teddlie 1978, 18) zu untersuchen. Denzin (1978) unterscheidet zwischen „within-method" (z.B. die Verwendung verschiedener Subskalen in einem Fragebogen) und „between-method" (z.B. die parallele Verwendung der qualitativen Beobachtung und des narrativen Interviews). Das Ziel der methodologischen Triangulation beschreibt er wie folgt: „Zusammengefasst beinhaltet methodologische Triangulation einen komplexen Prozess des Gegeneinander-Ausspielens jeder Methode gegen die andere, um die Validität von Feldforschungen zu maximieren" (Denzin 1978, 304). Zusätzlich können weitere drei Arten der Triangulation unterschieden werden (Flick 2004, 310): Die Theorien-Triangulation (theory triangulation) beleuchtet einen Forschungsgegenstand von verschiedenen theoretischen Perspektiven und Hypothesen. Bei der Datentriangulation (data triangulation) steht die Kombination von Daten, „die verschiedenen Quellen entstammen und zu verschiedenen Zeitpunkten, an unterschiedlichen Orten oder bei verschiedenen Personen erhoben" wurden im Mittelpunkt. Darüber hinaus werden bei der Investigator-Triangulation verschiedene BeobachterInnen bzw. InterviewerInnen eingesetzt, um subjektive Einflüsse durch den/die einzelne/n auszugleichen.

Aus einer Vielzahl von Gründen (z.B. gesellschaftliche Veränderungen, die etwa zum Phänomen hybrider KonsumentInnen führen; Buber 2005, 2006; Buber et al. 2004, 4-6) wird es in der KonsumentInnenforschung immer wichtiger, das heterogene Verhalten der KonsumentInnen zu erforschen, was vor allem wegen der raschen Verhaltensänderungen und deren komplexer Ursachen immer häufiger den Einsatz einer Kombination von verstehenden und erklärenden Ansätzen erfordert.

3 Das Forschungsdesign

Die vorgestellte Studie versteht sich als Grundlagenforschung. Ihr Ziel war, das Verhalten von KonsumentInnen in Erholungsräumen von Einkaufszentren zu untersuchen. Um die Vielschichtigkeit des Verhaltens zu erfassen, wurde ein Mixed-Model—Ansatz gewählt. Abbildung 1 zeigt das konzeptionelle Forschungsdesign und den Zusammenhang zwischen den in der Folge vorgestellten theoretischen Modellen, den resultierenden Forschungsfragen sowie der sich ergebenden Methodenwahl.

3.1 Die Modelle

Im gewählten Mixed-Model-Ansatz werden die theoretischen Perspektiven eines evolutionspsychologischen und eines motivationspsychologischen Modells, deren Grundzüge in der Folge dargestellt werden, kombiniert.

Abbildung 1: Konzeptionelles Forschungsdesign: Modelle - Forschungsfragen – Methoden

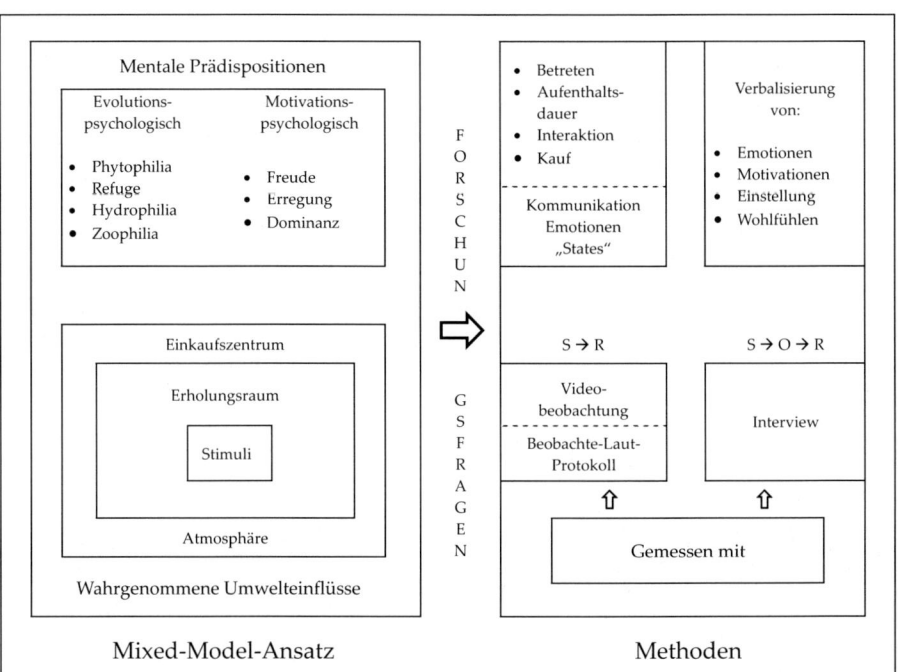

3.1.1 Evolutionspsychologisches Modell

Die Fähigkeit des Menschen, sein Verhalten an die spezifischen Gegebenheiten seiner jeweiligen Umwelt anzupassen hat aus einer evolutionspsychologischen Perspektive wesentlichen Einfluss auf das menschliche Überleben (Orians/Heerwagen 1995). Dabei kommt es vor allem darauf an, einen geeigneten Platz zu finden, der Zugriff auf lebenswichtige Ressourcen wie Nahrungsmittel und Wasser ebenso bietet wie Orientierung. Die Evolutionspsychologie geht davon aus, dass die unbewusst operierenden kognitiven und emotionalen Mechanismen, die derartiges Verhalten auslösen und steuern, zu den genetischen Prädispositionen des Menschen gehören. Daher fühlen sich Menschen in Umwelten, die Eigenschaften zur Befriedigung ihrer Grundbedürfnisse aufweisen, wohl. Diese emotionale Reaktion führt dazu, dass Menschen eher Plätze aufsuchen, die ihren Grundbedürfnissen entsprechen, und dass sie an diesen Plätzen länger verweilen (Tuan 1974, Relph 1976, Ulrich et al 1991, Orians/Heerwagen 1995, Atzwanger et al. 1998). Diese Verhaltensreaktionen entwickelten sich in den frühen Stammesgesellschaften der pliopleistozoischen Savannen und sind bis heute konstant. Daher sind sie wesentliche Faktoren für das Verstehen individuellen Verhaltens in heutigen urbanen Kontexten.

Aus einer evolutionspsychologischen Perspektive[3] existieren mehrere relevante Einflussfaktoren auf menschliches Verhalten (Orians/Heerwagen 1995); die wichtigsten sind *Prospect Refuge*, *Phytophilie*, *Hydrophilie* und *Zoophilie*. Unter Prospect Refuge versteht man spezifische Gegebenheiten eines Platzes, die auf der einen Seite einen gewissen Sichtschutz und auf der anderen Seite gute Orientierungs- bzw. Überblicksmöglichkeiten bieten. Daraus resultiert für den Menschen ein Gefühl der Sicherheit (Ruddell/Hammitt 1987, Fisher/Nasar 1992, Atzwanger et al. 1998, Tassinary et al. 1999). Phytophilie, also die menschliche Affinität zu Pflanzen, entsteht aus der gattungsgeschichtlichen Erfahrung, dass Pflanzen und Bäume Zeichen für Wasser und Nahrung sind. Wahrscheinlich deshalb reduzieren Pflanzen physiologisch nachweisbar Stress und fördern individuelles Wohlfühlen (Ulrich et al. 1991, Yang/Brown 1992, Kuo/Bacaicoa/Sullivan 1998, Oberzaucher 2000). Die menschliche Präferenz für Plätze, an denen Wasser ein sichtbares Element ist, wird Hydrophilie genannt (Herzog 1985, Burmil et al. 1999). Wasser ist nicht lediglich eine lebenswichtige Ressource an sich, sondern beinhaltet auch wichtige Lebensmittel wie Fische und Schalentiere. Es erhöht messbar individuelles Wohlfühlen, evoziert soziale Verhaltensweisen wie Interaktion und Kommunikation, und stimuliert exploratives Verhalten (Pitt 1989, Oerter 1997, Tischler/Atzwanger 2000). Zoophilie schließlich, die Affinität zu Tieren, kann mit ähnlichen Verhaltensmustern wie Phyto- und Hydrophilie assoziiert werden (Orians/Heerwagen 1995).

Da menschliche Umweltwahrnehmung und die aus ihr resultierenden Verhaltensmuster hochkomplexe Prozesse sind, ist es für deren empirische Erforschung unabdingbar, die Komplexität auf einige wenige, gut messbare Faktoren zu reduzieren. In der Evolutionspsychologie werden die vier Schlüsselfaktoren, Prospect Refuge, Phytophilie, Hydrophilie und Zoophilie im allgemeinen als angemessene Basis für die Operationalisierung des Forschungsprozesses angesehen. Daher wurden in diesem Projekt die genannten Faktoren für das Design der zu testenden Ruhezone in einem Einkaufszentrum verwendet.

3.1.2 Motivationspsychologisches Modell

In der KonsumentInnenforschung wird Motivation als hypothetisches Konstrukt zur Erklärung des Verhaltens definiert. Es wird verwendet, um die Frage zu beantworten, warum KonsumentInnen sich auf spezifische Weise verhalten. Kroeber-Riel und Weinberg (2003, 142) verstehen Motivation als grundlegende Antriebskräfte (Triebe und Emotionen), die mit konkreten kognitiven Zielen gekoppelt sind und dadurch ein spezifisches Verhalten bewirken. Auch wenn Motivation in verschiedenen Theorien unter-

---

[3] Zur Bedeutung der Evolutionspsychologie in der Konsumforschung vgl. Saad (2007).

schiedlich definiert wird, existiert ein Konsens darüber, dass Motivation aus zwei Komponenten – der Aktivierung und der kognitiven, zielorientierten Verhaltensregulation – besteht (Stellar 1994).

Um motivationspsychologische Aspekte des KonsumentInnenverhaltens in Reaktion auf Umweltreize zu erfassen wurde das Pleasure–Arousal–Dominance Modell von Mehrabian und Russel (1974) herangezogen. Dieses baut darauf auf, dass nur drei emotionale Reaktionen, nämlich Freude, Erregung und Dominanz eine Vielzahl von Annäherungs- und Vermeidungsreaktionen steuern. Zu diesen gehören unter anderem Reaktionen auf Umweltreize, wie beispielsweise Annäherung, Exploration und Interaktion. Im Zentrum des motivationspsychologischen Modells steht daher der emotionale Kontext, mit dem die Umwelt wahrgenommen wird.

Das Motivationsmodell von Mehrabian und Russel wurde im Rahmen der Studie verwendet, um das beobachtete Verhalten und dessen zugrundeliegende emotionale Muster besser verstehen und erklären zu können. Vor allem der qualitative Teil der Studie baut – in Anlehnung an rezente Entwicklungen in der Marketingforschung – auf diesem Ansatz auf: „Marketers´ need for deep and detailed qualitative research becomes more crucial. Its importance lies in the need to understand phenomena and to gain meaningful insights into circumstances and changes. The contribution that qualitative research can make to this understanding and insight is immense" (Carson/Gilmore/Perry/Gronhaug 2001, X).

3.2 Die Forschungsfragen

Ausgehend vom evolutionspsychologischen Modell wurden folgende Forschungsfragen formuliert:

- Wie beeinflusst eine Kombination aus vier Umweltstimuli (Wasser, Pflanzen, Tieren, Sichtschutz) …
    - die Wahrscheinlichkeit, den Untersuchungsraum zu betreten?
    - die Aufenthaltsdauer im Untersuchungsraum?
    - das Explorationsverhalten im Untersuchungsraum?
    - das Interaktionsverhalten der beobachteten Personen?
    - Kaufverhalten bzw. Umsatz bei Verkaufsautomat und Sandwich-Geschäft?
- Welche der beobachteten Reaktionen können den einzelnen Stimuli zugeordnet werden?
- Welchen Einfluss haben Alter und Geschlecht der beobachteten Personen auf die Reaktionen bezüglich der Stimuli-Kombination?

Renate Buber, Bernhart Ruso und Johannes Gadner

- Welchen Einfluss haben Alter und Geschlecht der beobachteten Personen auf die Reaktion auf einzelne Stimuli?

Aus den Formulierungen dieser Fragestellungen ist – wie später näher erläutert wird - die Entscheidung für das quantitative Paradigma überaus zweckmäßig.

Aus dem motivationspsychologischen Modell wurden folgende Forschungsfragen abgeleitet:

- Welche Einstellung haben die Befragten zum Einkaufen?
- Was motiviert Menschen, ein Einkaufszentrum zu besuchen?
- Welche Einstellung haben KonsumentInnen zum Einkaufszentrum im allgemeinen und zu der untersuchten Ruhezone im besonderen?
- Was motiviert die beobachteten Personen, die untersuchte Ruhezone zu betreten, sich darin aufzuhalten und welche Rolle spielen dabei die Umwelt, die evolutionären Stimuli Pflanzen, Wasser, Tiere und Sichtschutz?
- Was motiviert die beobachteten Personen, beim Automaten in der Ruhezone zu kaufen bzw. nicht zu kaufen?
- Welche Erwartungen hinsichtlich der Gestaltung von Räumen in Einkaufszentren und der untersuchten Ruhezone haben KonsumentInnen?
- Wie beeinflussen das Design und die Atmosphäre des Einkaufszentrums und die untersuchte Ruhezone das Wohlbefinden der KonsumentInnen?
- Wie wichtig ist es für KonsumentInnen, dass sie sich im Einkaufszentrum und in der Ruhezone wohlfühlen?

Bei der Auswahl der Fragen wurde einerseits auf eine allgemeine, grundsätzliche Einstellung zum Einkaufen und zum Besuch von Einkaufszentren abgezielt und anderseits wurden die mit dem Untersuchungsraum zusammenhängenden Aspekte in die Befragung einbezogen.

3.3 Die Untersuchungsphasen

Die Studie basierte auf einem multidisziplinären Forschungszugang, bei dem in der Planung die methodologische Fundierung und die verwendeten Theorien gemischt wurden. Der evolutionspsychologische Ansatz geht von den Umweltreizen aus, während der motivationspsychologische Ansatz den emotionalen Kontext berücksichtigt. Um die aus der evolutionspsychologischen Betrachtung resultierenden Forschungsfragen zu untersuchen, wurde ein experimentelles Forschungsdesign konzipiert, in dem die Umweltreize als unabhängige Variablen und die Verhaltensreaktionen als abhängige Variablen definiert waren. Für die Untersuchung der motivationspsychologisch basierten Forschungsfragen wurde die emotionale Befindlichkeit ausgewählter Personen in Interviews erfragt und um die subjektiven Eindrücke einer beobachtenden Person ergänzt.

Abbildung 2: Das Forschungsdesign – Der Untersuchungsablauf

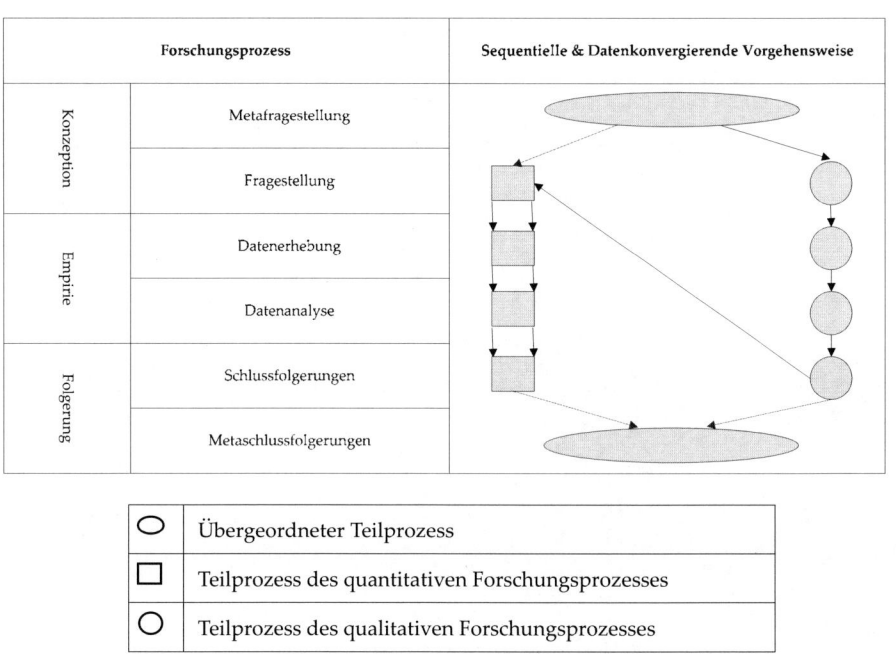

Abbildung 2 zeigt das mehrgleisige, gemischte Untersuchungsdesign der Studie im Überblick. Den Ausgangspunkt bildeten Metafragestellungen, die sich aus den beiden verwendeten Modellen ergaben. Die Untersuchung wurde in zwei Phasen durchgeführt. Phase I war gekennzeichnet durch die Kombination von quantitativer und qualitativer Herangehensweise; in Phase II wurde ausschließlich quantitativ gearbeitet. Abbildung 2 zeigt mittels der Pfeile den Ablauf des Forschungsprozesses. Die quantitativen Teilprozesse wurden zweimal durchlaufen, was durch die doppelten Pfeile markiert ist. Die Schlussfolgerungen aus dem qualitativen Teilprozess (Phase I) dienten zur Re-Formulierung der Fragestellung für die Phase II (siehe Pfeil von rechts unten nach links oben in der Mitte der Abbildung 2). Die Schlussfolgerungen aller Teilprozesse werden vor dem Hintergrund beider Modelle diskutiert und daraus Metaschlussfolgerungen abgeleitet.

In der Folge wird die Vorgangsweise in Phase I und II im Detail erläutert.

In Phase I wurden in Experimenten die BesucherInnen der Ruhezone (Abbildung 3) und deren Reaktionen auf evolutionspsychologische Designelemente im Vergleich zu einem Kontroll-Setting (ohne Designelemente) getestet. Das Verhalten wurde mit versteckter Kamera gefilmt und mit einer speziellen Software, dem ComMeter©, analysiert. Die Motivation der KonsumentInnen und deren Einstellungen zur Einkaufsumwelt in dem Einkaufszentrum wurden mit Interviews erhoben.

Abbildung 3:   Die untersuchte Ruhezone (9 m²)

In einem interdisziplinären Workshop wurden die Daten und Ergebnisse der Beobachtungen und Interviews der Phase I diskutiert. Ziel dieses Workshops war es, ein zweites, auf Grundlage der ersten Ergebnisse präzisiertes Set an Hypothesen zu entwickeln. Daraus resultierte ein Umbau der Ruhezone.

In Phase II wurden die Reaktionen der BesucherInnen auf die veränderte Ruhezone ausschließlich mit Videoanalyse getestet.

Die Veränderungen in Phase II betrafen primär die funktionalen Aspekte der Erholungsfläche, die von den befragten KonsumentInnen in der ersten Phase vermisst wurden: Ein Tisch und Abstellmöglichkeiten wurden eingerichtet und die Fläche wurde mit Aschenbechern und Mistkübeln ausgestattet. Die Befragten äußerten sich dahingehend, dass eine Ruhezone notwendigerweise mit diesen Elementen ausgestattet sein müsse, um als solcher erkannt und auch angenommen zu werden. Zu diesem Zweck wurden zur besseren Orientierung Tafeln angebracht, die die Ruhezone als solche ausweisen sollte.

Nach Vorliegen aller Ergebnisse aus den quantitativen und qualitativen Teilprozessen, wurde in einem zweiten Workshop ein konzeptuelles Modell des KonsumentInnenverhaltens in Erholungsräumen von Einkaufszentren entwickelt (Buber/Ruso/Gadner/Atzwanger/Gruber 2004, 271).

3.4 Die Methoden

Ziel der Studie war es, das Verhalten der BesucherInnen in der untersuchten Ruhezone aus verschiedenen Perspektiven zu untersuchen. Dazu wurden eine Beobachtung mit Videokamera, eine subjektive Beobachtung und qualitative Interviews durchgeführt und die Umsätze des Automaten und des Sandwich-Geschäftes dokumentiert. Abbildung 4 zeigt die vier Perspektiven der Datenerhebung und gibt einen Überblick über die verwendeten Methoden. Die Methoden werden in der Folge nach der Qualität des Datenmaterials strukturiert und näher erläutert.

3.4.1 Videographie

Die videographische Dokumentation erfolgte durch eine versteckte Kamera, die an der Decke über der Ruhezone montiert war. Die Aufzeichnungen erfolgten über einen Videorecorder, der sich in einem Wartungskasten befand. Die Videokassetten wurden alle vier Stunden gewechselt. Die Beobachtung dauerte zwanzig Wochen. Die BesucherInnen des Einkaufszentrums und der Ruhezone wussten nicht, dass sie auf Video aufgezeichnet wurden. Es wurde aus ethischen Gründen[4] darauf geachtet, dass Personen auf den Videoaufzeichnungen nicht erkennbar sind. Die Identifikation von Verhaltensmustern wurde dadurch nicht beeinträchtigt. Lediglich das Geschlecht der beobachteten Personen war erkennbar; das Alter wurde von den ForscherInnen geschätzt.

---

[4] Die Beobachtung von Menschen in öffentlichen Plätzen ist „less intrusive" und in der Marketingforschung sehr beliebt. Für viele ForscherInnen ist jede Aktivität oder jedes Gespräch im öffentlichen Raum ein „fair game" und birgt keine Ursachen für ethische Bedenken, trotzdem sind die Beobachteten ohne ihr Wissen und ihre Zustimmung beteiligt und ihre Rechte werden verletzt (Churchill/Iacobucci 2002, 48).

Abbildung 4: Die vier Perspektiven der Datenerhebung

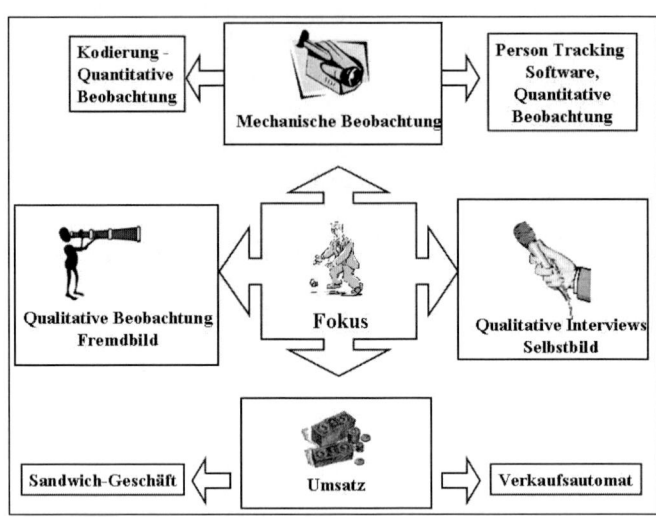

3.4.2 Beobachte-Laut-Protokoll

Die subjektive Beobachtung erfolgte vor Ort in Form eines Beobachte-Laut-Protokolls. Ziel des Beobachte-Laut-Protokolls war es, eine vertextete Fremdinterpretation des Verhaltens der BesucherInnen der beobachteten Ruhezone zu erhalten. Die Beobachtung erfolgte, von den beobachteten Personen unbemerkt, im Abstand von zehn bis fünfzehn Metern Entfernung von der Ruhezone. Der Beobachterin bzw. die BeobachterIn beschrieb und interpretierte das Verhalten und das Gesprochene wurde zunächst über ein Kragenmikrophon auf Tonband aufgezeichnet und später transkribiert. Die Beobachtung folgte folgenden Richtlinien:

Einzelpersonen, Paare oder Gruppen sollten als „Fälle" kategorisiert werden. Daher wurde etwa die Beobachtung einer Gruppe als Fall definiert, in dem die einzelnen Personen dieser Gruppe, deren Verhalten sowie die Beziehungen bzw. Interaktionen der jeweiligen Personen beschrieben wurden. Insgesamt wurden im Zeitraum von einer Woche 133 Fälle beobachtet, in denen 39 Einzelpersonen, 56 Paare und 35 Gruppen von KonsumentInnen beschrieben wurden.

3.4.3 Interview

Die Befragungen wurden in Form von qualitativen Leitfadeninterviews durchgeführt. Der Leitfaden umfasste die Themen Einkaufen, Einkaufszentren, Erholung in Einkaufszentren und Shopping Erlebnis. Des weiteren wurden den GesprächspartnerInnen Fotos von der Erholungszone zur Bewertung vorgelegt.

Die Auswahl der InterviewpartnerInnen erfolgte randomisiert. Potentielle InterviewpartnerInnen wurden gefragt, ob sie Zeit für und Interesse an der Teilnahme an einem etwa dreißig Minuten dauernden Interview hätten. Willigten die Angesprochenen ein, so wurden sie in ein nahe gelegenes Kaffeehaus geführt, in dem die Interviews durchgeführt wurden. Im Vorfeld wurde mit dem Personal des Kaffeehauses vereinbart, dass dafür ein Tisch in einer ruhigen Ecke verwendet werden konnte. Nach einer kurzen Eröffnungsphase, in der den Interviewten noch einmal kurz das Ziel der Studie sowie des Interviews erläutert wurde, konnte mit dem eigentlichen Interview begonnen werden. Insgesamt wurden in einem Zeitraum von neun Tagen 29 Interviews mit 11 männlichen und 18 weiblichen Personen durchgeführt.

3.4.4 Dokumentation der Umsätze

Das Kaufverhalten wurde auf dreierlei Weise dokumentiert. Die Anzahl der Verkäufe an einem Verkaufsautomaten, der in der Ruhezone positioniert war. Der Automat war ein kombinierter Kaffee- und Snackautomat. Die Verkaufszahlen konnten für jedes Produkt dokumentiert werden. Des Weiteren wurde jede Kaufhandlung am Automaten auch von der versteckten Kamera erfasst, womit auch eine exakte Zeitangabe für die Kaufhandlung möglich war.

Als dritte Erhebung des Kaufverhaltens wurden die Tagesumsätze eines der beobachteten Ruhezone benachbarten Sandwichstandes erhoben. Dieser war drei Meter von der Ruhezone entfernt. Manche KundInnen des Sandwichstandes konsumierten ihre Speisen in der Ruhezone.

4 Die Daten: Arten und Vernetzung

Das bei dieser Studie erhobene Datenmaterial bestand aus numerischen Daten und Text und wurde in fünf Datensätzen gespeichert. Aus diesem Material (57.600 Minuten Videoaufzeichnung) wurde eine Stichprobe von 3.927 Minuten, die das Verhalten von 256.146 Personen dokumentiert, nach Kriterien der Stichprobenhomogenität ausgewählt und analysiert (Lehner 1996). Die Transkription der Beobachte-Laut-Protokolle ergab verbale Daten im Umfang von 107 A4-Seiten (Format: TNR, 12pt, eineinhalbzeilig). Die Interviewtranskripte umfassten insgesamt 98 A4-Seiten (Format: TNR, 12pt, eineinhalbzeilig). Die Analysen der numerischen Daten wurden mit SPSS-Routi-

Renate Buber, Bernhart Ruso und Johannes Gadner

nen durchgeführt. Die Transkripte der Beobachte-Laut-Protokolle und der Interviews wurden nach den Prinzipien der qualitativen Inhaltsanalyse ausgewertet.

4.1 Videographien

▪ Datensatz 1: Personen, die die Ruhezone betreten

Dieser Datensatz enthält personenbezogene Daten wie Alter, Geschlecht usw. und Daten zu den relevanten Verhaltensparametern, wie Aufenthaltsdauer, Anzahl der Interaktionen usw. Insgesamt betraten 3.634 Personen die Ruhezone, das entspricht 1,42 % aller auf dem Videomaterial identifizierbaren Personen.

▪ Datensatz 2: Personen, die einen Gegenstand berühren und die Ruhezone nicht betreten

In diesem Datensatz wurde das Verhalten von 1.543 Personen kodiert. Er beschreibt Personen, die sich aus irgendeinem Grund besonders für die Ruhezone interessieren, auch wenn sie diese nicht betreten. Aus der Differenz zum Datensatz 1 können insbesondere jene Personen beschrieben werden, die die Ruhezone nicht betreten.

▪ Datensatz 3: Blickverhalten

Zufälliges Sampling des Videomaterials (alle zehn Minuten wurde die jeweils fünfte ins Bild kommende Person ausgewählt) ergab 845 Personen, deren Blickverhalten kodiert wurde. So kann analysiert werden, welche experimentellen Settings stärker betrachtet werden als andere. Im Vergleich mit dem Datensatz 1 kann festgestellt werden, ob es einen Zusammenhang zwischen dem Blickverhalten und dem Betreten der Ruhezone gibt.

▪ Datensatz 4: Person-Tracking (Weg und Aufenthaltsdauer)

Durch die Person-Tracking Software (ComMeter, http://www.displaycom.de) wurden 27.958 Personen, die in den analysierten Zeitspannen im Bild waren, aufgenommen. Dabei wurden der exakte Gehweg und die Aufenthaltsdauer dokumentiert. Durch diese Form der Datenaufbereitung entstand ein Datensatz, der die große Menge der vorbei strömenden Personen beschreibt und Auskunft über Verschiebungen der bevorzugten Wege geben kann.

4.2 Texte

▪ Datensatz 5: Verhaltensbeschreibungen/subjektive Eindrücke

Dieser Datensatz enthält die subjektiven Beschreibungen von 133 beobachteten Ereignissen. Die Beobachte-Laut-Protokolle geben Aufschluss darüber, wie sich Personen in und um die Ruhezone verhielten, und welche Emotionen sie gegenüber der Situation sichtbar und auch hörbar zum Ausdruck brachten.

- Datensatz 6: Interviews

Im Forschungsdesign war vorgesehen, Personen zu befragen, die zuvor die Ruhezone „benutzt" hatten. Dies hätte eine bessere Datenvernetzung und eine personenbezogene Triangulation ermöglicht. Es erwies sich allerdings als unmöglich, Personen, die eben erst eine Pause gemacht hatten und sich in der Ruhezone aufhielten, zu einem Interview zu bewegen. Daher wurden die Befragten „convenient" ausgewählt.

Die interviewten Personen wurden auf den Videographien identifiziert. Dies ermöglichte eine direkte Vernetzung mit den anderen Datensätzen.

4.3 Umsätze

- Datensatz 7: Umsatz - Kaffee-/Snackautomat

Für den Untersuchungszeitraum wurden 1.072 Kaufhandlungen am Automaten dokumentiert. Davon fanden 66 Kaufhandlungen in einem Zeitraum statt, der kodiert wurde. Diese Kaufhandlungen konnten auf den Videographien identifiziert und damit die verkauften Produkte den betreffenden Personen zugeordnet werden.

- Datensatz 8: Umsatz - Sandwich Geschäft

Die Umsätze von 23 Tagen wurden dokumentiert. Einige KundInnen des Sandwichgeschäftes nutzten die Ruhezone zum Verzehr der erworbenen Produkte. Diese Personen werden daher durch den Tagesumsatz und durch die Videographie erfasst.

5 Reflexion und Empfehlungen

Bei der Planung von Mixed-Model-Studien sind Abstimmungen sowohl hinsichtlich der inhaltlichen Vorgangsweise wie auch des Verlaufs des Forschungsprozesses notwendig (Bazeley 2004).

Da davon auszugehen ist, dass diese Art von Forschungsdesign im überwiegenden Maße von Teams entwickelt wird und die Teammitglieder meist unterschiedlichen wissenschaftlichen Disziplinen und Paradigmen verpflichtet sind, ist von Beginn an ein institutionalisierter Austausch vorzusehen.

In der vorliegenden Studie bestand das Team aus Mitgliedern mit anthropologischem, psychologischem, betriebswirtschaftlichem und warenwirtschaftlichem Hintergrund.

Renate Buber, Bernhart Ruso und Johannes Gadner

Von Beginn an wurde der Planungsprozess in Teamsitzungen diskutiert und reflektiert. In der Folge werden einige Ergebnisse daraus – unter Fokussierung auf die vier Arten der Triangulation – dargestellt.

- Für die Durchführung von Mixed-Model-Projekten muss mehr Zeit als für konventionelle Forschungsvorhaben vorgesehen werden, um eine erfolgreiche *Theorie-Triangulation* zu gewährleisten. Die Verwendung bzw. das Zusammenführen unterschiedlicher theoretischer Ansätze birgt unter anderem die Gefahr der verkürzten Sichtweise der einzelnen Argumentationen. Das Ziel muss daher sein, die unterschiedliche Terminologie der verschiedenen Disziplinen und damit der Vielfältigkeit der theoretischen Ansätze soweit abzustimmen, dass die Kommunikation der Teammitglieder verbessert wird und damit ein koordinierter Forschungsprozess garantiert ist. Aus persönlicher Erfahrung können wir berichten, dass die Teammitglieder bis zuletzt beim Schreiben des Reports bzw. der nachfolgenden Aufsätze wieder und wieder Übersetzungsarbeit zwischen den verschiedenen disziplinären und methodologischen „Sprachen" leisten mussten. Nicht verschwiegen werden soll an dieser Stelle, dass dies mit der Bereitschaft einhergeht, sich auf „langwierige" Diskussionen einzulassen und diese für eine stetige Weiterentwicklung des Forschungsprozesses zu nutzen. Die Prinzipien der Offenheit und Flexibilität, die für die qualitative Forschung unabdingbar sind, sind auch in Mixed-Model-Ansätzen für eine erfolgreiche Zusammenarbeit ausschlaggebend.

- Zur *Methoden-Triangulation* kann resümierend gesagt werden, dass sie zweckmäßig vorgenommen wurde. Allerdings wurden die qualitativen Methoden, das Interview und das Beobachte-Laut-Protokoll, nur in der Phase I eingesetzt. Das brachte einerseits Hinweise zur Umgestaltung der untersuchten Ruhezone, aber anderseits bestand bei der Interpretation der Ergebnisse aus Phase II ein Mangel hinsichtlich der Erklärungen und Erläuterungen der KonsumentInnen, die ein besseres Verstehen der Ergebnisse ermöglicht hätten. Daraus ergibt sich, dass in der berichteten Studie die Möglichkeiten zur Daten-Triangulation nicht hinreichend ausgeschöpft wurden.

- Die *Investigator-Triangulation* erfolgte ausreichend intensiv. Neben den BeobachterInnen, d.h., den ForscherInnen, die die Videographien kodierten, gab es zwei Interviewerinnen und eine Person, die die Beobachte-Laut-Protokolle anfertigte. Die Bedeutung der Sicherstellung von transparentem Verhalten der involvierten ForscherInnen ist in diesem Zusammenhang besonders wichtig. Alleingänge und eigenständige, nicht im Team akkordierte Entscheidungen sind kontraproduktiv. Das Führen von Forschungstagebüchern und eine laufende Diskussion der Einträge kann eine reflektierte Investigator-Triangulation unterstützen. Im Forschungsprozess sollten Phasen zur Selbstreflexion vorgesehen sein, in denen jedes Teammitglied aus der Perspektive der von ihm/ihr vertretenen Disziplin die bisherigen Arbeitsschritte und den Prozess hinterfragt. Das Ergebnis sollte im Team ausgetauscht werden. Nur wenn jedem Teammitglied jeder einzelne Teilprozess bewusst

- ist, kann die Vorgangsweise auch für Teammitglieder aus anderen Wissenschaftsdisziplinen Team transparent sein.

- Hinsichtlich der *Daten-Triangulation* kann festgehalten werden, dass in dieser Studie der Schwerpunkt auf der „Ergebnis-Triangulation" und nicht bei den Daten lag. Es wurden die Ergebnisse der qualitativen und der quantitativen Untersuchung nach Abschluss der Phase I zusammengeführt. Daraus resultierten die besprochene Veränderung der Ruhezone und damit die inhaltliche Ausrichtung der Gestaltung der quantitativen Erhebung in Phase II. Die Ergebnisse der Phase II wurden abschließend mit jenen der Phase I in einem konzeptionell-theoretischen Modell zum KonsumentInnenverhalten in Erholungsräumen von Einkaufszentren zusammengeführt (Buber et al. 2004, 270ff).

In einem Mixed-Model-Forschungsprozess ist aus vielen Gründen mit unvorhergesehenen Ereignissen zu rechnen. Für das Gelingen eines Projektes ist es daher von großer Relevanz, dafür offen zu sein/bleiben und bereits in der Planung des Forschungsablaufes genügend Zeit für deren Identifikation und Bewältigung vorzusehen. Aufgrund der geringen inhaltlichen Planbarkeit kritischer Ereignisse im Forschungsablauf sind regelmäßige Treffen mit allen Teammitgliedern erforderlich, um einer potentiellen Verselbstständigung bei anstehenden Entscheidungen vorzubeugen.

6 Zusammenfassung

Das methodische Ziel dieser Studie lag darin, dass der positivistische und der interpretivistische Forschungszugang aufeinander abgestimmt werden sollten. Der Mixed-Model-Ansatz verband auf theoretischer Ebene evolutions- und motivationspsychologische Modelle. Auf der Ebene der Methoden war die Annahme, dass rein quantitative Analysen aus den Experimenten zwar Aussagen über das Verhalten der KonsumentInnen liefern, allerdings deren Interpretation nicht ohne die Verbalisierung der Motive, Einstellungen etc. vorgenommen werden kann. Eine reine Fokussierung auf die Ergebnisse quantitativer Daten hätte – nicht zuletzt hinsichtlich der Umsetzung der Ergebnisse in Marketingmaßnahmen – zu kurz gegriffen.

7 Literatur

Atzwanger, K./Schäfer, K./Kruck, K./Sütterlin, C. (1998): Wohlbefinden und Kooperation im öffentlichen Raum. In: Report Psychologie, 5-6, 450-455.
Bazeley, P. (2004): Issues in Mixing Qualitative and Quantitative Approaches to Research. In: Buber, R./Gadner, J./Richards, L. (eds.): Applying Qualitative Methods to Marketing Management Research. Houndmills, Basingstoke, Hampshire: Palgrave Macmillan, 141-156.
Buber, R. (2005): Zur qualitativen Konsumentenforschung. In: Holzmüller, H. H./Schuh, A. (Hrsg.): Innovationen im sektoralen Marketing. Heidelberg: Physica, 183-198.
Buber, R. (2006): Methodenpluralismus in der Konsumentenforschung. In: Schnedlitz, P./Buber, R./Reutterer, T./Schuh, A./Teller, C. (Hrsg.): Innovationen in Marketing und Handel. Wien: Linde Fachbuch International, 273-283.
Buber, R./Ruso, B./Gadner, J./Atzwanger, K./Gruber, S.(2004): Measuring Consumer Behaviour: Consumer Behaviour in Recreational and Sales Areas of Shopping Malls. Band 52 der Schriftenreihe Handel und Marketing, hrsg. von P. Schnedlitz. Wien: Institut für Absatzwirtschaft.
Buber, R./Ruso, B./Gadner, J. (2006): Evolutionäres Design von Verkaufsräumen - Wasser, Pflanzen, Tiere und Sichtschutz als verhaltenssteuernde Gestaltungselemente. In: Schnedlitz, P./Buber, R./Reutterer, T./Schuh, A./Teller, C. (Hrsg.): Innovationen in Marketing und Handel. Wien: Linde Fachbuch International, 361-378.
Burmil, S./Daniel, T./Hetherington, J. (1999): Human Values and Perceptions of Water in Arid Landscapes. In: Landscape and Urban Planning, vol. 44, 99-109.
Campell, D./Fiske, D.W. (1959): Convergent and Discriminant Validation by the Multitrait-Multimethod Matrix. In: Psychological Bulletin, vol. 54, 297-312.
Carson, D./Gilmore, D./Perry, C./Gronhaug, K. (2001): Qualitative Marketing Research. London, Thousand Oaks, New Delhi: Sage.
Churchill, G. A./Iacobucci, D. (2002): Marketing Research. Methodological Foundations. Australia et al.: South Western Thompson Learning.
Creswell, J. W. (1995): Research Design: Qualitative and Quantitative Approaches. Thousand Oaks, CA: Sage.
Denzin, N. K. (1978): The Logic of Naturalistic Inquiry. In: Denzin, N. K. (ed.): Sociological Methods: A Sourcebook. New York: McGraw-Hill.
Fisher, B. S./Nasar, J. L. (1992): Fear of Crime in Relation to Three Exterior Site Features: Prospect, Refuge, and Escape. In: Environment and Behavior, 24, 35-65.
Flick, U. (2004): Triangulation. In: Flick, U./Kardorff, E. von/Steinke, I. (Hrsg.): Qualitative Forschung. Reinbek bei Hamburg: Rowohlt, 309-318.
Herzog, T. R. (1985): A Cognitive Analysis of Preference for Waterscapes. In: Journal of Environmental Psychology, vol. 5, 225-241.
Kroeber-Riel, W./Weinberg, P. (2003): Konsumentenverhalten. München: Vahlen.
Kuo, F. E./Bacaicoa, M./Sullivan, W. S. (1998): Transforming Inner City Landscapes. Trees, Sense of Safety and Preference. In: Environment and Behaviour, vol. 30, no. 1, 28-59.
Lehner, P. (1996): Ethological Methods. Cambridge: Cambridge University Press.
Mehrabian, A./Russel, J. A. (1974): An Approach to Environmental Psychology. Cambridge: MIT Press.
Oberzaucher, E. (2000): Phytophilie oder Die Erhöhung der Gründichte am Arbeitsplatz als Instrument zur Steigerung von kognitiven Leistungen. Wien: Diplomarbeit am Institut für Anthropologie, Universität Wien.

Oerter, R. (1997): Die Psychologie des Spiels. Weinheim: Psychologie Verlags-Union.
Orians, G. H./Heerwagen, J. H. (1995): Evolved Responses to Landscapes. In: Barkow, J. H./Cosmides, L./Tobby J. (eds.): The Adapted Mind: Evolutionary Psychology and the Generation of Culture. New York: Oxford University Press, 555-579.
Patton, M. Q. (1990): Qualitative Evaluation and Research Methods. 2nd edition. Newbury Park, CA: Sage.
Pitt, D. G. (1989): The Attractiveness and Use of Aquatic Environments as Outdoor Recreation Places. In: Altman, I./Zube, E. (eds.): Public Places and Spaces. New York: Plenum Press, 217-253.
Relph, E. (1976): Place and Placelessness. London: Pion Limited.
Ruddell, E. J./Hammitt, W. E. (1987): Prospect Refuge Theory: A Psychological Orientation for the Edge Effect in Recreation Environments. In: Journal of Leisure Research, 14, 249-60.
Saad, Gad (2007): The Evolutionary Bases of Consumption. London: Lawrence Erlbaum.
Stellar, E. (1994): The Physiology of Motivation. In: Psychological Review, vol. 101 (2), 301-311.
Tashakkori, A./Teddlie, C. (1998): Mixed Methodology. Combining Qualitative and Quantitative Approaches. Thousand Oaks, London, New Delhi: Sage.
Tashakkori, A./Teddlie, C. (2003): The Past and Future of Mixed Methods Research: From Data Triangulation to Mixed Model Designs. In: Tashakkori, A./Teddlie, C. (eds): Handbook of Mixed Methods in Social & Behavioral Research. Thousand Oaks, London, New Delhi: Sage, 671-701.
Tassinary, L. G./Johnson, S. P./Lawson, K./Parsons, R. (1999): Experimental Examination of the Prospect-Refuge Theory. In: Psychophysiology, vol. 36, no. 1, 113.
Tischler, B./Atzwanger, K. (2000): Wasser als Gestaltungselement der Innenarchitektur beeinflusst das menschliche Verhalten. In: Homo, Bd. 51, 133.
Tuan, Y. (1974): Topophilia. New Jersey: Prentice Hall.
Ulrich, R./Simons, R. F./Losito, B. D./Fiotito, E./Miles, M. A./Zelson, M. (1991): Stress Recovery During Exposure to Natural and Urban Environments. In: Journal of Environmental Psychology, vol. 11, 201-230.
Yang, B./Brown, T. J. (1992): A Cross-Cultural Comparison of Preferences for Landscape Styles and Landscape Elements. In: Environment and Behaviour, vol. 24, no. 4, 471-507.

Katja Gelbrich, Stefan Wünschmann
und Anja Leuteritz

Ein Mixed-Method-Ansatz zur Zufriedenheitsmessung
Dargestellt am Beispiel des Automobilkaufs

1 KundInnenzufriedenheit als Erfolgsfaktor 905
2 Quantitativer Ansatz der Zufriedenheitsmessung 906
   2.1 Prinzip der kognitiven Algebra 906
   2.2 Defizite und Lösungsmöglichkeiten 908
3 Qualitativer Ansatz der Zufriedenheitsmessung 910
   3.1 Prinzip und Methoden 910
   3.2 Vor- und Nachteile 912
4 Integrierte Zufriedenheitsmessung: ein Mixed-Method-Ansatz 914
   4.1 Design der empirischen Untersuchung 914
   4.2 Qualitative und quantitative Befunde 916
      4.2.1 Kontaktpunkte beim Automobilkauf 916
      4.2.2 Zufriedenheitskritische Kontaktpunkte 917
      4.2.3 Segmentbezogene Analyse preissensibler KundInnen 920
   4.3 Empfehlungen für die Marketingforschung und -praxis 921
5 Literatur 924

1 KundInnenzufriedenheit als Erfolgsfaktor

Spätestens seit dem Paradigmenwechsel von der Transaktions- zur Beziehungsorientierung Ende der 80er Jahre (Grönross 1994, Diller 1995) gilt KundInnenzufriedenheit in der Marketingtheorie als zentraler Erfolgsfaktor von Unternehmen (Oliver 1997, Homburg 2003). Wie *empirische Studien* zeigen, bleiben zufriedene KundInnen ihrem Anbieter eher treu als unzufriedene (Homburg/Giering/Hentschel 1998), empfehlen ihn häufiger weiter (File und Prince 1992) und sind bereit, mehr zu zahlen (Homburg, Koschate/Hoyer 2005) sowie weitere Produkte des Unternehmens zu kaufen (Verhoef/Franses/Hoekstra 2001). Diese positiven Effekte von KundInnenzufriedenheit schlagen sich auch in ökonomischen Erfolgsgrößen, bspw. im ROI, nieder (Anderson/Fornell/Rust 1997, Anderson/Fornell/Lehmann 1994).

Obwohl der Begriff in Theorie und Praxis mittlerweile inflationär verwendet wird, ist eine zentrale Frage nach wie vor unzureichend beantwortet: Wie lässt sich das Konstrukt *valide messen* (Teas 1993a, Johnson et al. 2001, Agarwal 2003)? In der Praxis offenbart sich dieses Dilemma bspw. in der ISO-Norm 9001/2000, dem Zertifikat für hervorragendes Qualitätsmanagementsystem in Unternehmen. Das Regelwerk schreibt zwar vor, dass der Antragsteller die Zufriedenheit seiner KundInnen regelmäßig erheben sollte, näher bezeichnete Ansprüche an die Messmethode stellt es aber nicht.

Nachdem sich KundInnenzufriedenheit quantitativ (merkmalsorientiert) oder qualitativ (ereignisorientiert) messen lässt (Beutin 2003), wird in einschlägigen wissenschaftlichen Publikationen mitunter diskutiert, welche Methode unter welchen Umständen validere Ergebnisse liefert (Olsen/Johnson 2003). Zumeist entscheiden sich die AutorInnen jedoch für einen der beiden Ansätze und versuchen, diesen *partiell zu verbessern*. I.d.R. geschieht dies durch konzeptionelle oder messtechnische Modifikationen. So werden mitunter die Erwartungen des Kunden/der Kundin an eine Leistung separat erhoben, und dabei wiederum unterschiedlich konzeptualisiert. Ein Käufer bzw. eine Käuferin kann seine/ihre Erwartungen bspw. aus bisherigen Erfahrungen oder aus seinen/ihren Idealvorstellungen ableiten (Teas 1993a, Stauss/Hentschel 1992).

Dass sich beide Methoden sinnvoll kombinieren lassen, wird relativ selten diskutiert (Müller 2000), obwohl der in anderen Forschungsgebieten vergleichsweise häufig angewandte *Mixed-Method-Ansatz* eine Reihe von Vorteilen hat. Er erhöht den Erkenntnisgehalt einer Untersuchung, erlaubt genauere Rückschlüsse und deckt die Diversität in den Antworten der Befragten besser ab (Rossman/Wilson 1984, Teddlie/Tashakkori 2003). In der Praxis dient qualitative Forschung allerdings oft lediglich dazu, im Zuge einer Vorstudie die in der quantitativen Hauptstudie verwendeten Maße zu verbessern (Hurmerinta-Peltomäki/Nummela 2006). Ereignisorientierte Methoden können jedoch weit mehr sein als bloße Hilfsmittel zur Optimierung merkmalsorientierte Verfahren, wenn beide tatsächlich *komplementär* eingesetzt werden (Odekerken-Schröder et al. 2000).

In Anlehnung an den Mixed-Method-Ansatz besteht das Ziel dieses Beitrags darin, den Dualismus von quantitativem und qualitativem Ansatz zu überwinden und darzulegen, dass sich KundInnenzufriedenheit durch *Integration beider Methoden* nicht nur besser messen lässt, sondern auch mehr und konkretere Rückschlüsse erlaubt, um diesen wichtigen Erfolgsfaktor zu verbessern. Hierfür wird unter Punkt 2 der quantitative Ansatz, einschließlich zentraler Stärken und Schwächen, vorgestellt. Punkt 3 widmet sich mit Blueprinting, sequenzieller Ereignismethode und Critical Incident Technique drei qualitativen Methoden, die ebenfalls bestimmte Vor- und Nachteile aufweisen. In Punkt 4 wird am Beispiel eines Neuwagenkaufs dargestellt, wie sich die angesprochenen Probleme quantitativer Verfahren beheben lassen, wenn man sie mit qualitativen kombiniert. Daraus lassen sich Handlungsempfehlungen für die Zufriedenheitsmessung sowie für die Marketingpolitik eines Automobil-Anbieters ableiten.

2 Quantitativer Ansatz der Zufriedenheitsmessung

2.1 Prinzip der kognitiven Algebra

Zufriedenheit entsteht dem Confirmation/Disconfirmation-Paradigma zufolge aus dem Vergleich einer erwarteten mit einer tatsächlich erlebten Leistung. Werden die Erwartungen eines Kunden/einer Kundin (über-)erfüllt, dann ist er/sie zufrieden, anderenfalls unzufrieden (Oliver 1980, Prakash 1984, Oliver 1997). Dieser Vergleichsprozess bildet die Grundlage des quantitativen Messansatzes von Dienstleistungsqualität (Danaher/Mattsson 1994). Dabei sollen die KundInnen die einzelnen Leistungsmerkmale eines Service-Anbieters beurteilen (z.B. Schnelligkeit, Erreichbarkeit). Oft ist daher auch vom *merkmalsorientierten* Ansatz der Zufriedenheitsmessung die Rede (Attribute-Based Measurement; Parasuraman/Zeithaml/Berry 1988). Die messtechnische Herausforderung besteht dabei darin, die einzelnen Merkmale des Serviceprozesses zu identifizieren und die lexikografischen Regeln zu finden, mit denen sich daraus die Gesamtzufriedenheit des Kunden bzw. der Kundin rekonstruieren lässt (Benkenstein/Güthoff 1997). Anderson (1974, 1982) führte hierfür den Begriff der *kognitiven Algebra* ein, welcher der sozialpsychologischen Einstellungsforschung entlehnt ist. Demnach entspricht die Gesamtzufriedenheit der Summe aus den gewichteten Teilzufriedenheiten:

Ein Mixed-Method-Ansatz zur Zufriedenheitsmessung

$$GZ_j = \sum_{k=1}^{n} W_{jk} \bullet EZ_{jk}$$

k = Merkmal
j = Service
GZ_j = Zufriedenheit mit dem Service j (= Gesamtzufriedenheit)
W_{jk} = Wichtigkeit des Merkmals k von Service j
EZ_{jk} = Zufriedenheit mit Merkmal k von Service j (Teilzufriedenheit)

Die Gewichte lassen sich bspw. ermitteln, indem die KundInnen auf einer siebenstufigen Skala angeben, wie wichtig ihnen das jeweilige Merkmal ist (1 = vollkommen unwichtig bis 7 = sehr wichtig). Um Zufriedenheit zu messen, empfehlen sich ebenfalls siebenstufige Ratingskalen (-3 = sehr unzufrieden bis +3 = sehr zufrieden). Abbildung 1 zeigt dies bsph. mit einer eigenen schriftlichen Befragung von 500 *NeuwagenkäuferInnen* einer deutschen Automobilmarke. Die acht Merkmale sind das Ergebnis eines Brainstormings mit dem Anbieter.

Abbildung 1: Quantitative Messung von KundInnenzufriedenheit beim Automobilkauf

Wichtigkeit	Einzelmerkmale	Zufriedenheit
1 2 3 4 5 6 7	Äußeres Erscheinungsbild der Vertretung	-3 -2 -1 0 +1 +2 +3
1 2 3 4 5 6 7	Freundlichkeit des Verkäufers	-3 -2 -1 0 +1 +2 +3
1 2 3 4 5 6 7	Fachliche Beratung durch den Verkäufer	-3 -2 -1 0 +1 +2 +3
1 2 3 4 5 6 7	Prospektmaterial	-3 -2 -1 0 +1 +2 +3
1 2 3 4 5 6 7	Zustand des Fahrzeugs bei Auslieferung	-3 -2 -1 0 +1 +2 +3
1 2 3 4 5 6 7	Schnelligkeit der Erledigung von Formalitäten	-3 -2 -1 0 +1 +2 +3
1 2 3 4 5 6 7	Auslieferung zum vereinbarten Termin	-3 -2 -1 0 +1 +2 +3
1 2 3 4 5 6 7	Fahrzeugpreis	-3 -2 -1 0 +1 +2 +3
→	**Gesamtzufriedenheit**	←

Der merkmalsorientierte Messansatz bietet mehrere *Vorteile*. Es gibt sowohl für die Einzelurteile als auch für das Gesamturteil metrisch skalierte Daten, die anspruchsvolle Analyseverfahren ermöglichen. Bspw. lässt sich regressions- oder ggf. auch kausalanalytisch untersuchen, wie die Zufriedenheit die Weiterempfehlungs- und Wiederkaufabsicht sowie die Zahlungsbereitschaft beeinflusst. Weiterhin geben die Zufriedenheitswerte in komprimierter Form Auskunft über die Dienstleistungsqualität eines Unternehmens. Sie sind daher eine gute Basis für den Vergleich mit Wettbewerbern oder mit der Gesamtbranche. Als Benchmark für Service-Anbieter hat sich bspw. der KundInnenmonitor etabliert, welcher jährlich KundInnenzufriedenheitswerte u.a. für

Banken, Versicherungen und Drogeriemärkte ausweist (Meyer/Dornach 2001). Voraussetzung für ein Benchmarking ist allerdings die Äquivalenz der Skalen.

2.2 Defizite und Lösungsmöglichkeiten

Quantitative Zufriedenheitsmessung bringt mehrere Probleme mit sich. Erstens sind die Service-Merkmale oft *sehr abstrakt* (Stauss/Hentschel 1990). So kritisiert Teas (1993b) am bekannten SERVQUAL-Ansatz von Parasuraman, Zeithaml und Berry (1988), dass die gemessene Varianz weniger auf die unterschiedlichen Urteile der Befragten zurückzuführen ist, als vielmehr auf deren unterschiedliche Interpretation der Items. In Abbildung 1 ist bspw. „fachliche Beratung beim Autokauf" nicht eindeutig. Der Eine mag darunter verstehen, technische Begriffe ausgiebig erklärt zu bekommen. Der Andere assoziiert womöglich, dass der Verkäufer bzw. die Verkäuferin ihm das Navigationssystem erläutert oder auf Neuerungen gegenüber dem Vorgängermodell hinweist. Verbesserungsvorschläge für wichtige, schlecht beurteilte Merkmale lassen sich kaum ableiten.

Zweitens zeigt die Erfahrung, dass Teilzufriedenheiten stark miteinander *korrelieren* (Meyer/Kantsperger 2005). Im Summationsmodell der kognitiven Algebra werden dadurch einzelne Merkmale u.U. übergewichtet. Abbildung 2 zeigt dies bsph. für o.g. Studie aus dem Automobilbereich, bei der die bivariaten Korrelationskoeffizienten teilweise zwischen 0,6 und 0,7 lagen. Lösen lässt sich das Problem mithilfe der Faktorenanalyse (Stauss 1999): In diesem Fall waren die acht Items auf zwei voneinander unabhängige Hintergrundvariablen zurückzuführen. Der erste Faktor repräsentiert „weiche" Servicekomponenten, wie Freundlichkeit oder fachliche Beratung des Verkäufers bzw. der Verkäuferin. Der zweite Faktor vereint „harte" Kriterien, wie Schnelligkeit oder Preis.

Allerdings geht die Analyse mit einem erheblichen Verlust an Varianz einher: Die beiden Faktoren erklären nur 62% der beobachteten Streuung. Auch sind die lokalen Gütemaße teilweise recht unbefriedigend. So verfehlt Cronbachs Alpha des zweiten Faktors den von Nunnally (1978) geforderten Wert von 0,7. Auch liegen die Item-to-Total-Korrelationen mit 0,36 bis 0,64 unter bzw. nur knapp über dem Richtwert von 0,6, der manchmal sogar mit 0,8 angegeben wird (Nunnally 1978, Churchill 1979). Damit korrelieren die einzelnen Zufriedenheitswerte zwar miteinander, aber nicht hoch genug, als dass sie eine zufrieden stellende Faktorlösung ergäben bzw. eigenständige Konstrukte bildeten. Schließlich sind die Faktoren noch abstrakter als die zugrunde liegenden Leistungsmerkmale; Handlungsempfehlungen lassen sich kaum noch ableiten.

Drittens sind VerbraucherInnen oft nicht in der Lage, zwischen *Wichtigkeit* und Zufriedenheit zu differenzieren (Schütze 1992): Mit Leistungsebenen, die ihnen wichtig erscheinen, sind sie zumeist auch überdurchschnittlich zufrieden. Abbildung 3 zeigt dies anhand einer eigenen Befragung von BankkundInnen, welche die Freundlichkeit des Personals bewerten sollten.

Abbildung 2: Zusammenhänge zwischen Teilzufriedenheiten beim Automobilkauf

Zufriedenheit mit …		Faktor 1	Faktor 2
Äußerem Erscheinungsbild der Vertretung		,720	
Freundlichkeit des Verkäufers		,893	
Fachlicher Beratung durch den Verkäufer		,668	
Prospektmaterial		,826	
Zustand des Fahrzeugs bei Auslieferung			,536
Schnelligkeit der Erledigung von Formalitäten			,525
Auslieferung zum vereinbarten Termin			,836
Fahrzeugpreis			,751
Globale Güte:	**Lokale Güte** (der Faktoren/Items):	↓	↓
Erklärte Varianz: 62,0%	Cronbach's α	,875	,628
Eigenwert > 1,000	Item-to-Total-Korrelation	,660 ~ ,780	,360 ~ ,640
Faktorladungen ≥ ,400	Kommunalitäten > ,500	ja	nein
	Extraktion eines Faktors	ja	ja

Methode: Faktorenanalyse (Hauptkomponentenanalyse, Varimax-Rotation)
Basis: 500 Neuwagenkäufer

Wer das Merkmal als „sehr wichtig" erachtet (Wichtigkeit = 7), ist damit auch zufrieden (+2,1). Gleichzeitig sinkt die Zufriedenheit mit abnehmender Wichtigkeit. Erklären lässt sich dieses Phänomen u.a. dissonanztheoretisch (Festinger 1957). Bei den Befragten handelt es sich ausnahmslos um KundInnen des bewerteten Finanzdienstleisters. Würden sie nun angeben, mit einer für sie wichtigen Leistungsebene unzufrieden zu sein, dann hätten sie ein „Rechtfertigungsproblem": Warum sind sie überhaupt (noch) Kunde bzw. Kundin bei diesem Anbieter? Um die daraus entstehende Dissonanz bereits a priori zu vermeiden, geben sie an, mit der betreffenden Servicekomponente zufrieden zu sein (Vermeidung antizipierter Dissonanz).

Lösen kann der Forscher bzw. die Forscherin dieses Problem, indem er/sie die Wichtigkeit nicht separat misst, sondern die Gewichte *regressionsanalytisch ermittelt* (Meyer/Kantsperger 2005). Hierfür ist zusätzlich die Gesamtzufriedenheit zu erheben und als Kriteriumsvariable zu verwenden („Wie zufrieden waren Sie mit dem gesamten Beratungs- und Kaufprozess?"). Im Beispielfall erklären die beiden Faktoren, die sich hinter den Teilzufriedenheiten verbergen, jedoch nur 50,5% der Varianz der Gesamtzufriedenheit. In vielen wissenschaftlichen Bereichen, etwa in der Sozialpsychologie, mag ein solcher Anteil zwar recht hoch sein. Aber vor dem Hintergrund, dass die Einzelzufriedenheiten gemeinsam das Gesamturteil bilden sollen, sind 50% unbefriedigend und lassen Zweifel am Prinzip der kognitiven Algebra aufkommen.

Abbildung 3: Interaktion zwischen Wichtigkeit und Zufriedenheit

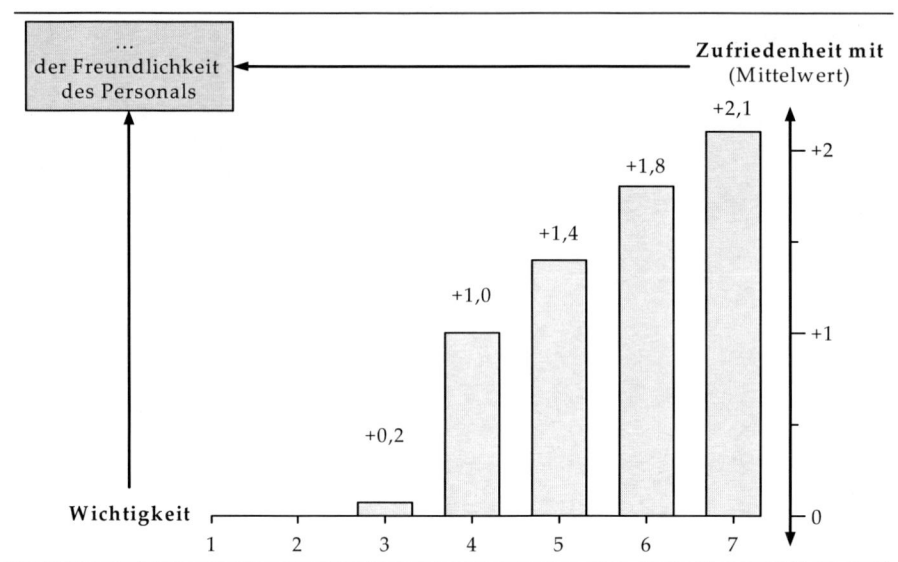

Skalen: [1] 1 = „vollkommen unwichtig" bis 7 = „sehr wichtig"
[2] -3 = „sehr unzufrieden" bis +3 = „sehr zufrieden"
Basis: 752 Bankkunden

3 Qualitativer Ansatz der Zufriedenheitsmessung

3.1 Prinzip und Methoden

Die quantitative Messung von KundInnenzufriedenheit weist eine Reihe von Problemen auf, die sich im Rahmen dieses Paradigmas nur teilweise beseitigen lassen. Der qualitative Ansatz entstand daher auch aus der unmittelbaren Kritik an der Computer-

Analogie heraus, die der kognitiven Algebra zugrunde liegt. Seine Vertreter stellen das Bild des nüchtern analysierenden Menschen in Frage: Der Kunde/die Kundin wäre weder willens noch in der Lage, einen Serviceprozess in mehr oder minder abstrakte Dimensionen zu zerlegen und mithilfe lexikografischer Regeln zu einem Gesamturteil zu verdichten. Vielmehr würde er den Leistungsprozess als Kette konkreter Ereignisse wahrnehmen, die seine Gesamtzufriedenheit prägen. Man spricht daher auch vom *ereignisorientierten Ansatz* (Hentschel 1992, Stauss/Hentschel 1992, Meffert/Bruhn 2003).

Tatsächlich zeigt die Erfahrung, dass KundInnen primär in Ereignis-Kategorien denken. Wer FreundInnen, Bekannten oder Familienmitgliedern von seinem Anbieter berichtet oder sich über eine mangelhafte Leistung beschwert, der schildert im Regelfall konkrete Episoden bzw. Geschichten (Stauss/Hentschel 1990, Roos 2002). So berichtet der Telefonkunde bzw. die Telefonkundin von den endlosen Minuten, die er/sie „in der Warteschleife der Service-Hotline verbracht hat" oder der Pkw-Käufer bzw. die Pkw-Käuferin, wie ihn/sie ein „arroganter Verkäufer ignoriert und sich lieber mit seinem Kollegen unterhalten hat". Solche negativen Ereignisse haben oft *Verhaltenskonsequenzen*: Der Kunde bzw. die Kundin berichtet nicht nur vielen Menschen davon (Willson 1991, von Wangenheim 2005), sondern kehrt dem Unternehmen oft auch den Rücken (Blodgett/Anderson 2000, Maxham/Netemeyer 2003).

Weil beim qualitativen Ansatz einzelne Ereignisse Maßstab guter oder schlechter Dienstleistungsqualität sind, besteht die Hauptaufgabe darin, diese Episoden zu *operationalisieren*. Hierfür stehen verschiedene Verfahren zur Verfügung, von denen Tabelle 1 drei grundlegende zeigt.

Erlebnisse beruhen auf konkreten Erfahrungen des Kunden bzw. der Kundin mit seinem/ihrem Service-Anbieter. Sie setzen also Kontakte voraus, die physischer – und im Zeitalter der Informationstechnologie – ebenso virtueller Natur sein können. Mit dem *Blueprinting*, auch als Skriptanalyse bezeichnet, lassen sich sämtliche potenziellen Kontaktmöglichkeiten ermitteln und in einem Ablaufdiagramm darstellen (Shostack 1982). Ein Blueprint dient idealerweise als Vorlage für eine Stichprobe von TestkundInnen, die in mündlichen Interviews zu jedem Kontaktpunkt angeben sollen, welche Ereignisse sich dort nacheinander zugetragen haben (offene Fragestellung). Bei diesem als *sequenzielle Ereignismethode* bezeichneten Verfahren sollen die ProbandInnen jede Episode genau schildern (Stauss/Weinlich 1997). Daraus ergibt sich ein weitgehend vollständiges und vom zeitlichen Ablauf her korrektes Abbild des Serviceprozesses.

Dabei bleibt jedoch unberücksichtigt, wie stark der (positive oder negative) Eindruck war, den jedes Ereignis beim Kunden bzw. bei der Kundin hinterlassen hat. Tatsächlich kann dessen Involvement je nach Kontaktpunkt erheblich variieren. So ist bspw. davon auszugehen, dass AutomobilkäuferInnen bei der Beratung und Preisverhandlung sowohl emotional als auch kognitiv relativ stark involviert sind, während sie die Vertragsunterzeichnung lediglich als formalen Akt empfinden, der für ihre Gesamtzufriedenheit kaum relevant ist. Um Ereignisse zu identifizieren, die dem Kunden bzw. der Kundin nachhaltig in Erinnerung geblieben und daher einstellungs- und verhaltenswirksam sein könnten, wurde die *Critcal Incident Technique* entwickelt (Methode der kritischen Ereignisse). Hierbei werden die ProbandInnen gebeten, sich an besonders einprägsame Erlebnisse zu erinnern (Bitner/Booms/Tetreault 1990). Man nennt sie auch kritische Ereignisse, wobei „kritisch" – anders als in seiner üblichen Konnotation – sowohl besonders angenehm oder unangenehm bedeuten kann. Der Forscher bzw. die Forscherin ordnet die berichteten Episoden dann bestimmten Kategorien zu und ermittelt die Häufigkeiten, mit denen sie auftreten. Um konkrete Handlungsempfehlungen abzuleiten, kann zusätzlich die Relevanz der einzelnen Ereignisse bzw. Ereigniskategorien erfasst werden, entweder durch die Befragten selbst oder durch ExpertInnen (Stauss/Hentschel 1990).

Tabelle 1: Drei Methoden der qualitativen Zufriedenheitsmessung

Methode	Funktion
Blueprinting	Identifikation und grafische Darstellung sämtlicher Kontaktpunkte des Kunden bzw. der Kundin mit dem Service-Anbieter
Sequentielle Ereignismethode	Identifikation sämtlicher Ereignisse pro Kontaktpunkt in ihrer zeitlichen Reihenfolge
Critical Incident Technique (CIT)	Identifikation solcher Ereignisse, die dem Kunden bzw. der Kundin als besonders angenehm oder unangenehm im Gedächtnis haften geblieben sind

3.2 Vor- und Nachteile

Eine ereignisorientierte Zufriedenheitsmessung bietet verschiedene Vorteile. Zunächst dokumentiert sie die Sicht des Kunden bzw. der Kundin. Anbieter-interne Abläufe (z.B. Kreditwürdigkeitsprüfung bei einer Automobilfinanzierung) verbergen sich im Blueprint hinter der sog. Line of Visibility. Da der Kunde/die Kundin sie nicht bemerkt, sind sie für sein/ihr Qualitätsurteil irrelevant und können daher außer Acht gelassen werden. Bei der merkmalsorientierten Methode besteht hingegen tendenziell die Gefahr, die Zufriedenheit mit irrelevanten Leistungskomponenten zu erfragen. Demgegenüber bleiben u.U. einzelne Merkmale unberücksichtigt, die dem Kunden bzw. der Kundin wichtig erscheinen.

Zudem sind die geschilderten Erlebnisse, im Gegensatz zu den teilweise recht abstrakten Leistungskomponenten des merkmalsorientierten Ansatzes, *konkreter Natur*. Dadurch lassen sich diffuse oder gar ambivalente Interpretationen vermeiden und konkrete Handlungsempfehlungen für den Anbieter ableiten. Hinzu kommt, dass kritische Ereignisse oft unmittelbar *verhaltensrelevant* sind (z.B. Abwanderung). Aus der Critical Incident Technique abgeleitete Maßnahmen dürften demnach nicht nur die Dienstleistungsqualität verbessern, sondern auch die damit in Zusammenhang stehenden Erfolgsgrößen (z.B. Loyalitätsrate).

Allerdings stehen diesen Vorteilen einige *Nachteile* gegenüber, die sich insbesondere aus der Fülle unterschiedlicher Ereignisse ergeben, welche die offene Fragestellung zutage fördert. Deren Kategorisierung ist „menschengemacht" und damit anfällig für *subjektive Verzerrungen*. Allerdings helfen verschiedene Maßnahmen dabei, die Episoden möglichst valide und reliabel zu kategorisieren. Bspw. sollten die Ereignisse mehrmals und durch mehrere ExpertInnen kodiert werden (Anderson/Nilsson 1964, Bitner/Booms/Tetreault 1990, Chell 1998). Kritisch gesehen wird weiterhin die externe Validität der Ergebnisse, d.h. ihre Übertragbarkeit bzw. Generalisierbarkeit (Johnson 1997, Morse 1999). Allerdings ist externe Validität im Kontext einer qualitativen Studie anders zu interpretieren als im quantitativen Paradigma (Donmoyer 1990); denn die TeilnehmerInnen einer qualitativen Studie werden weniger nach ihrer demografischen Repräsentativität ausgewählt, als vielmehr nach ihrer Fähigkeit, dem Forscher relevante Informationen zu liefern. Übertragbarkeit ist in diesem Zusammenhang daher nicht demografisch, sondern situationsbezogen gemeint: Extern valide sind Befunde dann, wenn sie nicht nur für spezielle ProbandInnen, sondern auch für ähnliche Menschen in vergleichbaren Situationen gelten (Horsburg 2003). Dies wiederum lässt sich einfach prüfen: So kann ein Forscher bzw. eine Forscherin seiner/ihrer Studie ein Kategoriensystem zugrunde legen, das in einer ähnlichen Situation bereits benutzt wurde (= Referenzstudie). Damit ist auch der Vorwurf entkräftet, für qualitative Forschung wäre kein Benchmarking der Ergebnisse möglich.

Weiterhin sind Ereigniskategorien nur *dichotom* skaliert („trat ein" vs. „trat nicht ein"); die erhobenen Daten lassen sich daher nur eingeschränkt auswerten. Allerdings ist das Skalenniveau kein Indikator für die Güte eines Messinstruments. Schließlich sind qualitative Studien relativ *aufwändig*, und zwar in Bezug auf die Erhebung (oft mündliche Interviews), die Erfassung (offene Fragen) und die Auswertung der Daten (Transkribierung und Kodierung).

Ein anderes Manko betrifft speziell die *Critical Incident Technique*. So lässt sich immer wieder beobachten, dass nur ein Teil der ProbandInnen kritische Ereignisse schildert (Gremler 2004). Dies liegt zum einen daran, dass sie sich tatsächlich an kein einprägsames Ereignis erinnern können. Zum anderen mag die niedrige Response-Rate der „Trägheit" der KundInnen geschuldet sein: Ein Item auf einer Ratingskala zu bewerten fällt wesentlich leichter, als ein konkretes Ereignis zu schildern.

Katja Gelbrich, Stefan Wünschmann und Anja Leuteritz

4 Integrierte Zufriedenheitsmessung: ein Mixed-Method-Ansatz

4.1 Design der empirischen Untersuchung

Nachdem beide Ansätze eine Reihe von Vor- und Nachteile aufweisen, liegt es nahe, sie zu kombinieren und so die in Punkt 2 vorgestellten unbefriedigenden Ergebnisse der quantitativen Zufriedenheitsmessung beim Automobilkauf zu verbessern. Die einzelnen Zufriedenheitsurteile erklärten dort gemeinsam nur 50,5% der Varianz der Gesamtzufriedenheit. Um die Vergleichbarkeit des *integrierten Ansatzes* mit dem *rein quantitativen* zu gewährleisten, wurde diese Erhebung zeitgleich, bei demselben Anbieter und in einer strukturgleichen Stichprobe (Geschlecht, Alter, Pkw-Modell) durchgeführt. Die integrierte Messmethode hat die in Abbildung 4 dargestellte Struktur (zu verschiedenen Forschungsdesigns des Mixed-Method-Ansatzes siehe Hurmerinta-Peltomäki/Nummela 2006).

Im *ersten Schritt* wurden NeuwagenkäuferInnen eines Pkw-Herstellers der automobilen Mittel- und Oberklasse mündlich interviewt. Der Kauf eines Neuwagens erstreckt sich üblicherweise über einen längeren Zeitraum und umfasst mehrere Interaktionen zwischen Anbieter und Abnehmer. Gleichzeitig kann er je nach Person stark variieren (z.B. Finanzierung, Leasing, Barzahlung). Es war daher mit einer großen Diversität der Antworten zu rechnen. Um dieser gerecht zu werden, wurde eine vergleichsweise große Stichprobe (n = 100) gezogen. Ausgewählt wurden ProbandInnen, die in den letzten sechs Monaten ein neues Auto des Herstellers gekauft hatten. Innerhalb der vorgegebenen Quoten wurden sie per Zufallsauswahl angeschrieben und gefragt, ob sie an einem Interview zum Thema „Service beim Neuwagenkauf" teilnehmen würden.

Für die ca. einstündigen Interviews wurde ein Leitfaden mit folgendem Aufbau benutzt:

- Eingangs wurden die Befragten darüber informiert, dass in der Studie erforscht werden sollte, wie sie den Kaufprozess aus ihrer Sicht wahrgenommen und was sie dabei ganz konkret erlebt haben. Der Interviewer bzw. die Interviewerin wies die ProbandInnen darauf hin, dass es keine falschen oder richtigen Aussagen gäbe, sondern dass er/sie wirklich erfahren wolle, was jede/r Einzelne erlebt hat. Er/sie bat sie außerdem um das Einverständnis, das Interview aufzunehmen. Es wurde versichert, dass die Daten anonym (d.h. nur mit einer Code-Nummer versehen) gespeichert und nach der Auswertung vernichtet werden.

- Im ersten Teil ging es darum, mithilfe von *Blueprinting* die Kontaktpunkte zwischen KundInnen und Händlern zu identifizieren (z.B. Probefahrt, Übernahme des

Pkw). Die TeilnehmerInnen der Befragung bekamen hierfür Bilder mit typischen Kontaktsituationen vorgelegt und sollten diese ergänzen, in eine Reihenfolge bringen und ggf. irrelevante Interaktionssituation ausschließen.

- Im zweiten Teil wurden die ProbandInnen gebeten, für jeden Kontaktpunkt anzugeben, was sie dort nacheinander erlebt hatten (*sequenzielle Ereignismethode*). Für „Übernahme des Wagens" bspw. lautete die Anweisung wie folgt: „Sie haben gesagt, dass Sie zum Autohaus gefahren sind und Ihren Neuwagen übernommen haben. Was genau ist dabei nacheinander geschehen? Beginnen Sie bitte mit Ihrer Ankunft im Autohaus". Wenn die ProbandInnen einen Punkt relativ rasch abhandelten, fragte der Interviewer bzw. die Interviewerin nach, z.B.: „Sie haben gesagt, dass Sie eine Weile warten mussten. Wie lange? Was haben Sie in dieser Zeit getan?" Die Aussagen der KundInnen wurden aufgenommen, transkribiert und inhaltsanalytisch ausgewertet (Stauss/Hentschel 1990). Im Rahmen der Inhaltsanalyse sichteten zwei unabhängig voneinander arbeitende Forscher alle Aussagen pro Kontaktpunkt und bildeten Kategorien von Erlebnissen. Dieses diskutierten dann beide solange, bis Übereinstimmung bestand. Dann ordneten die Kodierer unabhängig voneinander jedes Ereignis einer Kategorie zu. Die erzielte Intercoder-Reliabilität Ir (Perreault/Leigh 1989) reichte je nach Kontaktpunkt von 0,70 bis 0,87. Strittige Fälle wurden solange diskutiert, bis Einigkeit bestand.

Abbildung 4 zeigt bsph. zwei Kategorien für den Kontaktpunkt „Übernahme". Ein Kunde bzw. eine Kundin nannte bspw. folgendes Ereignis: „Das Auto wurde vorgefahren und war blitzblank". Diese Aussage wurde der Kategorie „Das Auto war optisch in tadellosem Zustand" zugeordnet. Oder: „Gleich auf der Heimfahrt trat ein Fehler auf, den das Personal im Autohaus bei einem Routinecheck hätten merken müssen". Dieses Statement wiederum wurde der Kategorie „Das Auto war technisch in mangelhaftem Zustand" subsumiert.

Im Ergebnis lag für jeden Kontaktpunkt eine Batterie von Aussagen vor. Diese bildeten die Grundlage des Fragebogens der quantitativen Studie. In diesem *zweiten Untersuchungsschritt* wurden nach demselben Quotenverfahren schriftlich 334 KundInnen eines deutschen Automobilherstellers befragt, die in den letzten sechs Monaten einen Neuwagen erworben hatten. Zu jedem der im Blueprinting identifizierten Kontaktpunkte sollten die Befragten zuerst zu den einzelnen Aussagen Stellung nehmen, die sich aus der sequentiellen Ereignismethode ergeben hatten (Ereignisbewertung). Die zugrunde liegende Ratingskala reichte von -3 (lehne vollkommen ab) bis +3 (stimme vollkommen zu). Anschließend gaben die Pkw-KäuferInnen an, wie zufrieden sie mit dem jeweiligen Kontaktpunkt waren (z.B. „Wie zufrieden waren Sie mit der Übernahme insgesamt?"), bevor sie am Ende nach der ihrer Zufriedenheit mit dem gesamten Service-Prozess gefragt wurden („Wie zufrieden waren Sie mit dem gesamten Beratungs- und Kaufprozess?"). Den ProbandInnen standen auch hierfür siebenstufige Ratingskala zur Verfügung (-3 = sehr unzufrieden bis +3 = sehr zufrieden).

Abbildung 4: Mixed-Method-Ansatz in der Beispielstudie

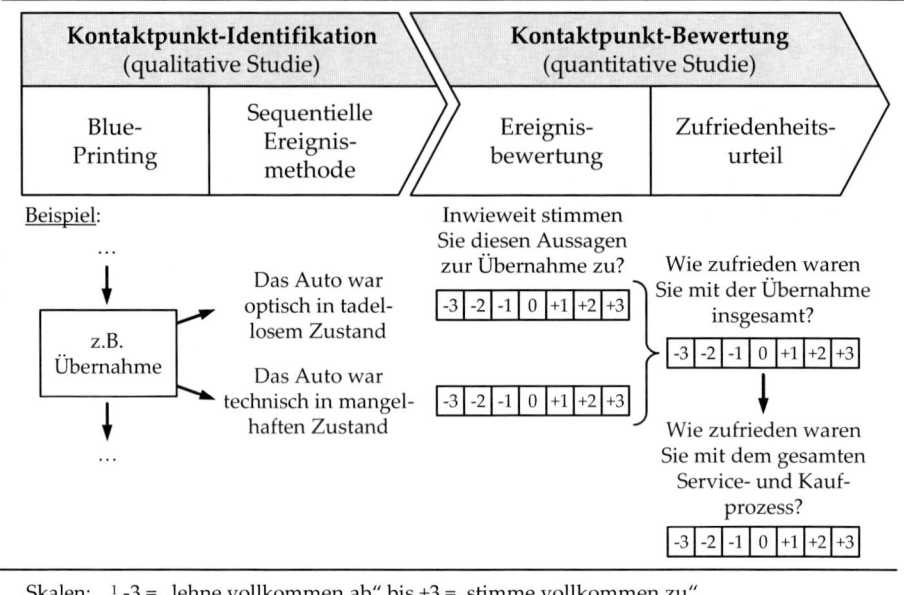

4.2 Qualitative und quantitative Befunde

4.2.1 Kontaktpunkte beim Automobilkauf

Mithilfe des *Blueprinting* ließen sich für den Automobilkauf elf Kontaktpunkte identifizieren: Erstkontakt, Verkaufsräume, Beratung durch den Verkäufer bzw. die Verkäuferin, Probefahrt, Gebrauchtwagenbewertung, Preisverhandlung, Leasing/Finanzierung, Vertragsunterzeichnung, Benachrichtigung, Übernahme des Pkw und Nachkaufbetreuung. Der Serviceprozess beginnt also aus Sicht des Kunden bzw. der Kundin bereits vor dem Betreten der Verkaufsräume. Ereignisse, die im Zusammenhang mit dem Erstkontakt geschildert wurde, waren z.B. „ausreichend vorhandener Parkplatz" oder „günstige Lage der Verkaufsräume". Zudem endet der Kaufprozess keineswegs mit der Auslieferung des neuen Wagen, sondern erst mit der Nachkaufbetreuung (typisches Ereignis: „Verkäufer ansprechbar, wenn Probleme auftreten").

Einen Kontaktpunkt, die Vertragsunterzeichnung, ordneten die ProbandInnen zwar in das Ablaufschema ein. Aber dazu nannten nur drei Personen *spezielle Erlebnisse*. Offensichtlich handelt es sich dabei lediglich um das Ergebnis der vorhergehenden Kontaktpunkte (Beratung, Preisverhandlung etc.) – eine Formalie, die mit einer Unterschrift erledigt ist. Die Vertragsunterzeichnung wurde daher im Fragebogen der quantitativen Studie nicht gesondert aufgeführt.

4.2.2 Zufriedenheitskritische Kontaktpunkte

In der quantitativen Studie sollten die 334 Befragten für alle zehn Kontaktpunkte mehrere, in der qualitativen Untersuchung ermittelte Ereigniskategorien beurteilen (z.B. bei der Fahrzeug-Übernahme: „Das Auto war optisch in tadellosem Zustand.") und dann angeben, wie zufrieden sie mit dem jeweiligen Kontaktpunkt und insgesamt mit dem Beratungs- und Kaufprozess waren. Die ereignisbezogene Erhebung sorgte dafür, dass die Befragten relativ gut zwischen den einzelnen Leistungsebenen (hier: Kontaktpunkte) differenzieren konnten: Die Teilzufriedenheiten korrelieren kaum miteinander ($r \leq 0{,}3$). Auch lässt sich die in einer multiplen linearen Regression nicht erlaubte Multikollinearität praktisch ausschließen (Backhaus 2006): Alle Toleranzwerte liegen weit über dem Richtwert von 0,1 (Brosius 2004) und die Konditionsindizes (Koutsoyannis 1977) zumeist unter 10 und immer deutlich unter 30 (Abbildung 5).

Abbildung 5 zeigt zudem das Ergebnis einer multiplen linearen Regressionsanalyse mit den zehn Einzelzufriedenheiten als Prädiktoren und der Gesamtzufriedenheit als Kriteriumsvariable. Der erklärte Varianzanteil liegt mit 64% über dem des rein merkmalsorientierten Ansatzes (50%). Er speist sich aus den Zufriedenheiten mit drei Kontaktpunkten: *Beratung, Übernahme und Nachkaufbetreuung*. In einfachen linearen Regressionsanalysen vermögen der Erstkontakt, die Gebrauchtwagenbewertung, die Benachrichtigung etc. durchaus einen Teil der Gesamtzufriedenheit zu erklären. Wenn jedoch alle Teilzufriedenheiten einbezogen werden, dann erweisen sich die drei o.g. Kontaktpunkte als erfolgskritisch. Anders als im Summationsmodell der kognitiven Algebra unterstellt, können einzelnen Leistungsebenen andere offenbar kompensieren – eine gute Beratung bspw. den möglicherweise unbefriedigenden Erstkontakt.

Nachdem sich drei kritische Kontaktpunkte herauskristallisiert hatten, galt es, die in der qualitativen Studie gewonnenen Erkenntnisse zu nutzen, um konkrete Handlungsempfehlungen abzuleiten, wie sich die Zufriedenheit mit Beratung, Übernahme und Nachkauf-Betreuung verbessern lässt. Hierfür wurden in einem ersten Schritt pro Kontaktpunkt aus der quantitativen Studie jeweils die zwei *Ereigniskategorien* ausgewählt, deren Bewertungen den stärksten Zusammenhang mit der Kontaktpunkt-Zufriedenheit aufwiesen (Korrelationsanalyse), d.h. besonders relevant sind. Dies waren im Regelfall negative Erlebnisse. In einem zweiten Schritt wählten die KodiererInnen unabhängig voneinander pro Ereigniskategorie je eine Aussage aus, welche diese besonders gut illustriert. Auch hier diskutierten die KodiererInnen solange bis sie sich einig waren.

Abbildung 5: Ergebnisse einer multiplen linearen Regression

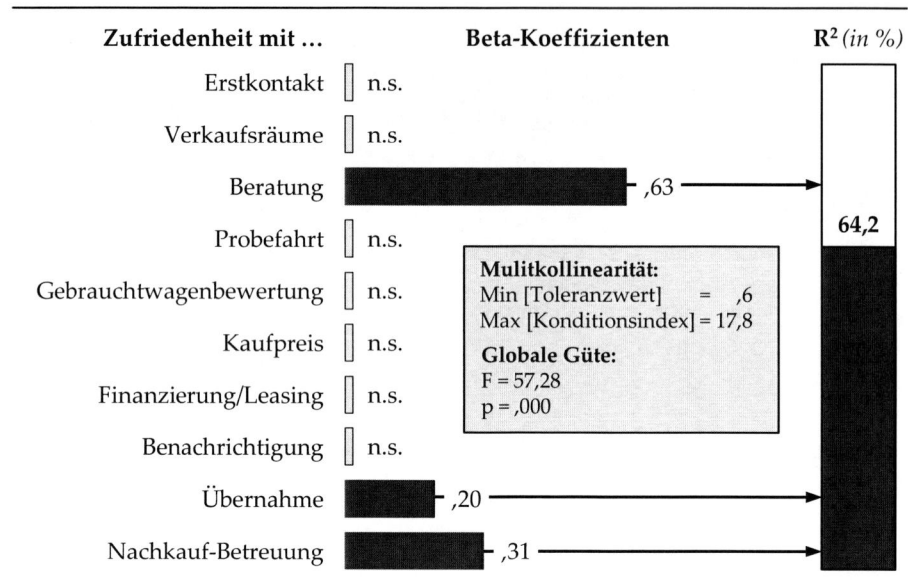

Methode: Multiple Regressionsanalyse
Basis: 334 Neuwagenkäufer

Die Tabelle 2, 3 und 4 zeigen dies für alle drei kritischen Kontaktpunkte im Überblick. Aus den Ereigniskategorien und den dahinter stehenden typischen Erlebnissen lassen sich unmittelbare *Handlungsempfehlungen* für den Anbieter ableiten. Bspw. sollte der Verkäufer bzw. die Verkäuferin die serienmäßige Ausstattung des Pkw im Beratungsgespräch genau kennen. Kommuniziert er/sie diese falsch, fühlt sich der Kunde bzw. die Kundin betrogen. Wenn sich der Verkäufer bzw. die Verkäuferin also unsicher ist, dann sollte er/sie dies lieber eingestehen und sich nochmals informieren, als das Risiko einer falschen Aussage eingehen. Es empfiehlt sich ein Training, in dem er/sie lernt, mit den Erwartungen des Pkw-Käufers bzw. der Käuferin richtig umzugehen und so spätere unangenehme Überraschungen zu vermeiden.

Durch den integrierten Messansatz ließen sich die Probleme der rein quantitativen Vorgehensweise weitgehend lösen, wie die folgende Zusammenfassung zeigt:

- Die Einzelzufriedenheiten korrelieren kaum miteinander; der Kunde bzw. die Kundin nimmt die einzelnen Kontaktpunkte als weitgehend separate Leistungskomponenten wahr.
- Hinter den Kontaktpunkten stehen konkrete Ereignisse, die im Fragebogen erfasst wurden (Ereignisbewertung) und – mit Original-Erlebnissen aus der qualitativen Studie unterlegt – Ansatzpunkte für ein Zufriedenheitsmanagement geben.

Tabelle 2: Zufriedenheitsmanagement am Kontaktpunkt „Beratung"

	Top 1	Top 2
Relevante Ereigniskategorie (quantitative Studie)	Der/die VerkäuferIn hat es versäumt, mich auf wesentliche Änderungen gegenüber meinem Vorgängerfahrzeug aufmerksam zu machen.	Das Fahrzeug wies vorher vom/von der VerkäuferIn versprochene Eigenschaften nicht auf.
Typisches KundInnenerlebnis (qualitative Studie)	„Wenn ich gewusst hätte, dass die Automatik in dem Nachfolgermodell jetzt so funktioniert, dann hätte ich mich lieber für das andere Modell entschieden."	„Der hat gesagt, da ist serienmäßig eine Sitzheizung drin, aber nichts war."
Problem	„Regret"	Sich betrogen fühlen
Lösung	Training des Verkaufsgesprächs (Erwartungsmanagement)	

Tabelle 3: Zufriedenheitsmanagement am Kontaktpunkt „Übernahme"

	Top 1	Top 2
Relevante Ereigniskategorie (quantitative Studie)	Bei der Übernahme meines Neuwagens wurde mir das Fahrzeug nur flüchtig erklärt.	Das Auto war technisch in mangelhaftem Zustand.
Typisches KundInnenerlebnis (qualitative Studie)	„Ich hatte den Eindruck, dass das alles zack, zack gehen musste. Da wartete schon der nächste. Erklärt wurde mir praktisch kaum etwas."	„Gleich auf der Heimfahrt trat ein komisches Klappern auf, das sich dann noch verstärkte. Ich musste dann extra zurückfahren, um das checken zu lassen."
Problem	Ungestillter Beratungsbedarf	Zusätzliche Wege
Lösung	„Entschleunigung"	Qualitätsmanagement

Tabelle 4: Zufriedenheitsmanagement am Kontaktpunkt „Nachkauf-Betreuung"

	Top 1	Top 2
Relevante Ereigniskategorie (quantitative Studie)	Der/die VerkäuferIn hat ausdrücklich signalisiert, dass ich mich bei Problemen jederzeit an ihn/sie wenden kann.	Ich hatte nicht den Eindruck, dass der/die VerkäuferIn ein ehrliches Interesse daran hatte festzustellen, ob ich mit meinem Wagen dauerhaft zufrieden bin.
Typisches KundInnenerlebnis (qualitative Studie)	„Er hat gesagt, dass ich immer zu ihm kommen kann, wenn etwas ist und dass er mit weiter hilft."	„Der wollte nur schnell verkaufen, danach ist er mir aus dem Weg gegangen oder hat nur knapp gegrüßt. Wie ich mit dem Auto zurechtkomme, interessiert den nicht."
Problem	Fürsorge	Desinteresse
Lösung	Training von KundInnennähe (Pflege persönlicher Beziehungen)	

- Der Anteil der erklärten Varianz an der Gesamtzufriedenheit ist von 50 auf 64% gestiegen, und das bei einem wesentlich sparsameren Modell (drei Variablen beim umfassenden Ansatz vs. acht Variablen beim rein quantitativen Ansatz).

Allerdings widerspricht das Ergebnis auf den ersten Blick der vor allem in der Praxis verbreiteten Common Sense-Regel, wonach vor allem der Preis entscheidet. In der multiplen Regressionsanalyse, also wenn alle Leistungsebenen miteinander konkurrieren, beeinflusst die Zufriedenheit mit der *Preisverhandlung* die Gesamtzufriedenheit nicht signifikant. Das erscheint angesichts der in Deutschland allenthalben beobachtbaren „Geiz-ist-geil-Mentalität" erklärungsbedürftig. Um dieses Paradoxon näher zu beleuchten, helfen erneut qualitative Methoden weiter. Gleichzeitig lässt sich damit zeigen, welche Aussagekraft segmentbezogene Analysen auf Basis ereignisorientierter Daten haben.

4.2.3 Segmentbezogene Analyse preissensibler KundInnen

Es stellt sich die Frage, ob nicht wenigstens bei preissensiblen AutomobilkäuferInnen die Zufriedenheit primär von monetären Größen abhängt. Um dieses Segment zu identifizieren, wurden diejenigen TeilnehmerInnen der Befragung separat betrachtet, die ein *kritisches Ereignis* (positiv oder negativ) mit einer der folgenden drei preisbezogenen Kontaktpunkte genannt hatten: Gebrauchtwagenbewertung, Kaufpreis, oder Finanzierung/Leasing. Für diese 58 Personen wurde nun untersucht, inwieweit sich ein solches Ereignis auf die Zufriedenheit mit der Preisverhandlung sowie mit dem gesamten Kauf- und Beratungsprozess auswirkt.

Abbildung 6 zeigt auf der linken Seite den Einfluss auf die Zufriedenheit mit dem Kontaktpunkt „Preisverhandlung". Ein U-Test nach Mann/Whitney bestätigte das aus der Prospect-Theorie bekannte Phänomen der Verlust-Aversion: Einen Verlust (Mehrausgabe) empfindet der Mensch als wesentlich „schlimmer" als er sich über einen Gewinn gleichen Betrags (Einsparung bzw. Rabatt) freut (Kahnemann/Tversky 1979). Vereinfacht ausgedrückt bedeutet dies: Zugaben, wie bspw. eine kostenlose Fußmatte oder ein Servicegutschein wirken sich kaum auf die Preiszufriedenheit aus; Unnachgiebigkeit hingegen bewertet der Kunde/die Kundin eindeutig negativ. Allerdings gilt diese Heuristik nur bedingt, wie die rechte Seite von Abbildung 6 illustriert. Auf die *Gesamtzufriedenheit* haben nämlich weder negative noch positive Preis-Ereignisse einen signifikanten Einfluss.

Woran preissensiblen KundInnen wirklich gelegen ist, offenbart eine *multiple lineare Regressionsanalyse* mit der Gesamtzufriedenheit als abhängiger Variablen. Betrachtet man alle Kontaktpunkte konkurrierend miteinander, dann hat keine der preisbezogenen Leistungsebenen signifikante Wirkungen. Überraschenderweise erweist sich in diesem Segment sogar nur ein Kontaktpunkt als neuralgisch: die Nachkaufzufriedenheit. Diese segmentspezifische Analyse vermag sogar knapp 74% der Varianz zu erklären (Abbildung 7).

Preissensible AutomobilkäuferInnen sind also schon *sensibel*, aber nicht unbedingt mit Blick auf monetäre Leistungsbestandteile. Vielmehr wollen sie nach ihrer Kaufentscheidung das Gefühl vermittelt bekommen, dass sich der Verkäufer bzw. die Verkäuferin weiterhin um sie sorgt und für ihn/sie die KundInnenbeziehung nicht mit der Übergabe des Fahrzeugs endet. Eventuelle negative kritische Ereignisse im Zuge der Gebrauchtwagenbewertung, Preisverhandlung bzw. beim Leasing/Finanzierung lassen sich offenbar durch eine gute Nachkaufbetreuung mehr als kompensieren. Zu beachten ist allerdings, dass die Befunde – wie alle Zufriedenheitsstudien – einem Positivity Bias unterliegen: KundInnen, die dem Anbieter aufgrund eines negativen Ereignisses vor Vertragsunterzeichnung dem Rücken gekehrt haben, sind nicht Teil der Stichprobe. Allerdings gilt diese Heuristik nur bedingt, wie die rechte Seite von Abbildung 6 illustriert. Auf die *Gesamtzufriedenheit* haben nämlich weder negative noch positive Preis-Ereignisse einen signifikanten Einfluss.

4.3 Empfehlungen für die Marketingforschung und -praxis

Messmethodisch wurde in vorliegender Untersuchung der quantitative mit dem qualitativen Messansatz kombiniert. Die Befragten sollten die in einer Vorstudie identifizier-

Katja Gelbrich, Stefan Wünschmann und Anja Leuteritz

ten Kontaktpunkte quantitativ bewerten. Auf diese Weise ließen sich die Vorteile beider Verfahren nutzen und gleichzeitig die jeweiligen Nachteile vermeiden:

- Im Ergebnis liegen, wie beim rein quantitativen Ansatz, metrisch skalierte Zufriedenheitswerte vor, die als Basis für eine weitere multivariate Datenauswertung dienen können. Im Gegensatz zum typischen merkmalsorientierten Ansatz stehen hinter den Einzelurteilen konkrete Ereignisse (z.B. bei der Nachkaufbetreuung, dass der Verkäufer bzw. die Verkäuferin ausdrücklich signalisiert hat, der Kunde bzw. die Kundin könne sich mit Problemen jederzeit an ihn/sie wenden).

- Aus diesen qualitativen Aussagen lassen sich konkrete Handlungsempfehlungen ableiten, um die Dienstleistungsqualität zu steigern.

- Die kontaktpunktbezogenen Einzelzufriedenheiten korrelieren praktisch nicht miteinander. Es ist nicht notwendig, sie faktorenanalytisch zusammenzufassen und die damit verbundenen Nachteile (Varianzverlust, weitere Abstrahierung) in Kauf zu nehmen.

- Die Varianzaufklärung ließ sich von 50% auf 64% steigern, bei einem gleichzeitig deutlich sparsameren Modell. Für das Segment der preissensiblen KundInnen liegt sie sogar bei 74%.

- Ein zusätzlicher Einsatz der Critical Incident Technique erlaubt es, Segmente zu identifizieren und daraus zielgruppenspezifische Handlungsempfehlungen abzuleiten.

Abbildung 6: Wirkung kritischer Preisereignisse

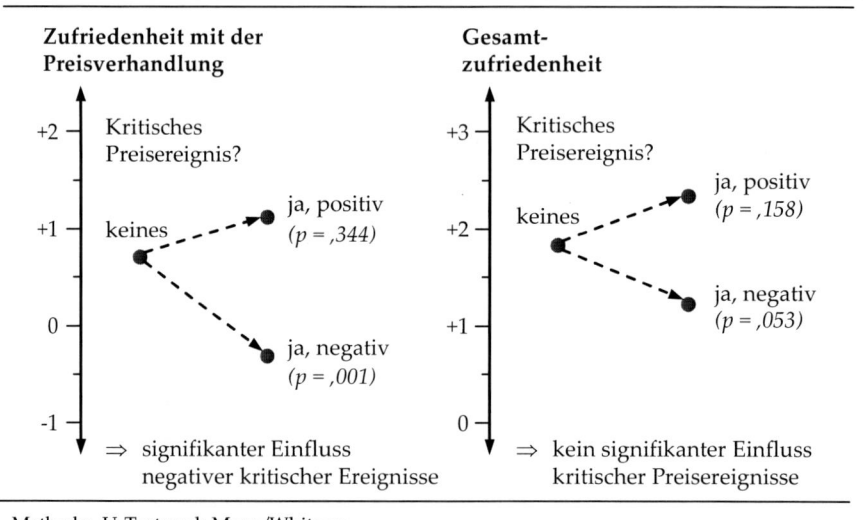

Methode: U-Test nach Mann/Whitney
Basis: 334 Neuwagenkäufer

Abbildung 7: Ergebnis der multiplen linearen Regression bei preissensiblen KundInnen

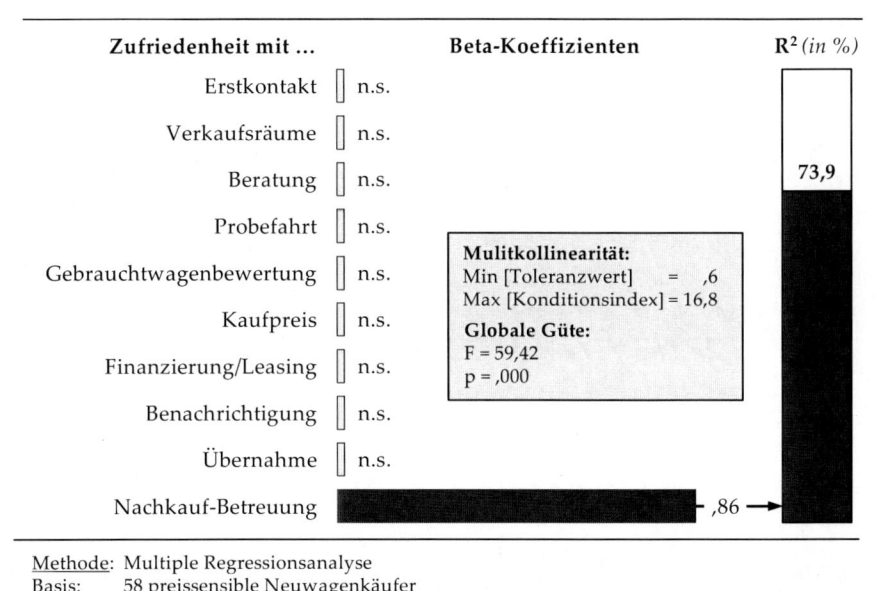

Methode: Multiple Regressionsanalyse
Basis: 58 preissensible Neuwagenkäufer

Dem steht jedoch ein im Vergleich zum rein quantitativen Messansatz erheblich höherer *Aufwand* gegenüber. Es mussten zuerst in einer qualitativen Vorstudie die Kontaktpunkte identifiziert und mithilfe der sequentiellen Ereignismethode näher beschrieben werden. Hinzu kam der Kodierungsaufwand. Kritisieren ließe sich außerdem das immer noch verhältnismäßig niedrige Bestimmtheitsmaß von 64%. 36% der Gesamtzufriedenheit bleiben unerklärt, obwohl Blueprinting und sequentielle Ereignismethode den gesamten Serviceprozess abbilden sollten. Allerdings unterliegen Zufriedenheitsurteile zahlreichen Verzerrungen (Müller 1998) und hängen neben der erwarteten und der tatsächlich erlebten Leistung auch von verschiedenen Persönlichkeits- und Umweltvariablen ab (Meyer/Kantsperger 2005).

Insgesamt überwiegen dennoch die genannten Vorteile. Der entscheidende Vorzug des integrierten Vorgehens offenbart sich erst bei der *Interpretation* der Befunde. Auf Basis der qualitativen Informationen lassen sich deutlich präzisere Empfehlungen für die Marketingpraxis im Automobilkauf ableiten. Steht dieses Ziel im Vordergrund, dann ist zu empfehlen, zuerst mit qualitativen Methoden Kontaktpunkte zu identifizieren, konkret beschreiben und dann quantitativ bewerten zu lassen.

Für die *Marketingpraxis* im Automobilverkauf ließen sich drei Kontaktpunkte identifizieren, die entscheidend für die Gesamtzufriedenheit sind: Beratung, Übernahme des Wagens und Nachkauf-Betreuung. Aus den dahinter liegenden konkreten Erlebnissen konnten Handlungsempfehlungen abgeleitet werden. So darf der Kunde bzw. die

Kundin im Beratungsgespräch nicht das Gefühl haben, dass ihm/ihr wichtige Informationen zur Ausstattung des Wagens vorenthalten werden. Eine wichtige Aufgabe des Anbieters besteht daher in einem adäquaten Erwartungsmanagement, das sich im Rahmen eines Verkaufstrainings üben lässt. Weiterhin wird empfohlen, den Vorgang der Übergabe des Pkw zu „entschleunigen": Wenn der Wagen und seine Funktionsweise nicht ausreichend erläutert werden, mindert dies die Gesamtzufriedenheit des Kunden bzw. der Kundin nachhaltig. Weiterhin sollte der Anbieter sein Qualitätsmanagement verbessern, um technische Defekte nach der Übergabe des Wagens auszuschließen. In der Nachkaufphase wiederum erwartet der Kunde bzw. die Kundin Fürsorge. Der Verkäufer bzw. die Verkäuferin muss signalisieren, dass der Vorgang für ihn/sie nach dem Verkauf des Autos nicht abgeschlossen ist, sondern dass er/sie sich weiterhin für den Kunden bzw. die Kundin sowie seine/ihre Erfahrungen interessiert und ihm/ihr zur Seite steht, wenn es Probleme gibt.

Auffällig ist, dass es sich bei den drei neuralgischen Kontaktpunkten ausnahmslos um personal- und zeitintensive Leistungskomponenten handelt. Legt ein Autohaus also ausschließlich Wert auf Effizienz und Kostenreduktion und setzt daher möglichst wenig Personal ein bzw. baut dieses sogar ab, so dürfte sich dies über kurz oder lang negativ auf die Zufriedenheit der KundInnen auswirken. Dies wiederum bezahlt der Händler mit weniger loyalen und preisbereiten KundInnen sowie mit negativer Mund-zu-Mund-Propaganda. Von einer einseitigen Kostenbetrachtung ist vor allem auch deshalb abzusehen, weil der Preis bzw. die Preisverhandlung in Konkurrenz zu den anderen Kontaktpunkten die Gesamtzufriedenheit nicht signifikant beeinflusste. Unnachgiebigkeit in diesem Punkt lässt sich durch eine gut organisierte Fahrzeugübergabe und eine hervorragende Beratung kompensieren. Bei den preissensiblen KundInnen bedarf es in erster Linie einer intensiven Nachkauf-Betreuung.

Vor diesem Hintergrund erscheint es bedenklich, dass Pkw-Anbieter und -händler sich zunehmend von der „Preisaktionitis" anderer Absatzmittler (z.B. Lebensmitteleinzelhandel) infizieren lassen. Stattdessen empfiehlt es sich, neben der klassischen Markenpolitik (Markenvertrauen; Müller/Wünschmann 2004) vor allem in den KundInnenservice zu investieren. Die im Rahmen der CIT entwickelte Liste der negativ kritischen Ereignisse an den neuralgischen Kontaktpunkten kann dafür als Basis dienen.

5 Literatur

Agarwal, Sanjeev (2003): The Art of Scale Development. In: Marketing Research, vol. 15, no. 3, 10-12.
Anderson, Bengt-Erik/Nilsson, Stig-Göran (1964): Studies in the Reliability and Validity of the Critical Incident Technique. In: Journal of Applied Psychology, vol. 48, no. 5, 398-403.

Anderson, Eugene W./Fornell, Claes/Lehmann, Donald R. (1994): Customer Satisfaction, Market Share, and Profitability. Findings from Sweden. In: Journal of Marketing, vol. 58, no. 3, 53-66.

Anderson, Eugene W./Fornell, Claes/Rust, Roland T. (1997): Customer Satisfaction, Productivity, and Profitability. Differences between Goods and Services. In: Marketing Science, vol. 16, no. 2, 129-145.

Anderson, Norman H. (1974): Cognitive Algebra. Information Integration Applied to Social Attribution. In: Berkowitz, Leonard (ed.): Advances in Experimental Social Psychology, vol. 7, New York, 1-101.

Anderson, Norman H. (1982): Methods of Information Integration Theory. New York.

Backhaus, Klaus/Erichson, Bernd/Plinke, Wulff/Weiber, Rolf (2006): Multivariate Analysemethoden. Eine anwendungsorientierte Einführung. 11. Auflage. Berlin.

Benkenstein, Martin/Güthoff, Judith (1997): Qualitätsdimensionen komplexer Dienstleistungen. In: Marketing Zeitschrift für Forschung und Praxis, 19. Jg., Nr. 2, 81-92.

Beutin, Nikolas (2003): Verfahren zur Messung der Kundenzufriedenheit im Überblick. In: Homburg, Christian (Hrsg.): Kundenzufriedenheit. 5. Auflage. Wiesbaden, 115-152.

Bitner, Mary J./Booms, Bernard H./Tetreault, Mary S. (1990): The Service Encounter. Diagnosing Favorable and Unfavorable Incidents. In: Journal of Marketing, vol. 54, no. 1, 71-84.

Blodgett, Jeffrey G./Anderson, Ronald D. (2000): A Bayesian Network Model of the Consumer Complaint Process. In: Journal of Service Research, vol. 2, no. 4, 321-338.

Brosius, Felix (2004): SPSS 12. Bonn.

Chell, Elisabeth (1998): Critical Incident Technique. In: Symon, Gillian/Cassell, Catherine (eds.): Qualitative Methods and Analyses in Organizational Research. Thousand Oaks, CA.

Churchill, Gilbert A. (1979): A Paradigm for Developing Better Measures of Marketing Constructs. In: Journal of Marketing Research, vol. 16, no. 1, 64-73.

Danaher, Peter J./Mattsson, Jan (1994): Customer Satisfaction during the Service Delivery Process. In: European Journal of Marketing, vol. 28, no. 5, 5-16.

Diller, Hermann (1995): Beziehungs-Marketing. In: Wirtschaftswissenschaftliches Studium, 24. Jg., Nr. 9, 442 - 448.

Donmoyer, R. (1990): Generalizability and the Single Case Study. In: Eisner, E. W./Peskin, A. (eds.): Qualitative Inquiry in Education. The Continuing Debate, New York, 175-200.

Festinger, Leon (1957): A Theory of Cognitive Dissonance. Evanston.

File, Karen M./Prince, Russ A. (1992): Positive Word-of-Mouth. Customer Satisfaction and Buyer Behavior. In: International Journal of Bank Marketing, vol. 10, no. 2, 25-29.

Gremler, Dwayne D. (2004): The Critical Incident Technique in Service Research. In: Journal of Service Research, vol. 7, no. 1, 65-89.

Hentschel, Bert (1992): Dienstleistungsqualität aus Kundensicht. Vom merkmals- zum ereignisorientierten Ansatz. Wiesbaden.

Homburg, Christian (2003): Kundenzufriedenheit. 5. Auflage. Wiesbaden, 115-152.

Homburg, Christian/Giering, Annette/Hentschel, Frederike (1998): Der Zusammenhang zwischen Kundenzufriedenheit und Kundenbindung, Wissenschaftliches Arbeitspapier. Institut für Marktorientierte Unternehmensführung der WHU Koblenz, Nr. 18, Koblenz.

Homburg, Christian/Koschate, Nicole/Hoyer, Wayne D. (2005): Do Satisfied Customers Really Pay More? A Study of the Relationship between Customer Satisfaction and Willingness to Pay. In: Journal of Marketing, vol. 69, no. 2, 84-96.

Horsburg, Dorothy (2003): Evaluation of Qualitative Research. In: Journal of Clinical Nursing, vol. 12, 307-312.

Hurmerinta-Peltomäki, Leila/Nummela, Niina (2006): Mixed Methods in International Business Research. A Value-Added Perspective. In: Management International Review, vol. 46, no. 4, 439-459.

Johnson, Joy L. (1997): Generalizability in Qualitative Research. Excavating the Discourse. In: Morse, Janice M. (ed.): Completing a Qualitative Project. Thousand Oaks, 191-209.

Johnson, Michael D./Gustafsson, Anders/Andreassen/Tor W./Lervik, Line/Cha, Jaesung (2001): The Evolution and Future of National Customer Satisfaction Index Models. In: Journal of Economic Psychology, vol. 22, no. 2, 217-246.

Kahneman, Daniel/Tversky, Amos: Prospect Theory. An Analysis of Decisions under Risk. In: Econometrica, vol. 47, no. 2, 263-291.

Koutsoyannis, A. (1977): Theory of Econometrics. 2nd edition. Houndsmill.

Maxham III, James G./Netemeyer, Richard G. (2002): A Longitudinal Study of Complaining Customers' Evaluations of Multiple Service Failures and Recovery Efforts. In: Journal of Marketing, vol. 66, no. 4, 57-71.

Meffert, Heribert/Bruhn, Manfred (2003): Dienstleistungsmarketing. 4. Auflage. Wiesbaden.

Meyer, Anton/Dornach, Frank (2001): Kundenmonitor Deutschland. Qualität und Kundenorientierung. Jahrbuch der Kundenorientierung in Deutschland. München 2001.

Meyer, Anton/Kantsperger, Roland (2005): Kundenzufriedenheit. In: Frey, Dieter/von Rosentiel, Lutz/Graf Hoyos, Carl (Hrsg.): Wirtschaftspsychologie. Weinheim, 219-229.

Müller, Stefan (2000): Grundlagen der Qualitativen Marktforschung. In: Herrmann, Andreas/Homburg, Christian (Hrsg.): Marktforschung. Methoden, Anwendungen, Praxisbeispiele. 2. Auflage. Wiesbaden, 127-157.

Morse, Janice M. (1999): Qualitative Generalizability. In: Qualitative Health Research, vol. 9, no. 1, 5-6.

Müller, Stefan (1998): Die Unzufriedenheit der „eher zufriedenen" Kunden. In: Müller, Stefan/Strothmann, H. (Hrsg.): Kundenzufriedenheit und Kundenbindung. Strategien und Instrumente von Finanzdienstleistern. München, 197 - 218.

Müller, Stefan/Wünschmann, Stefan (2004): Markenvertrauen. Aktueller Stand der Forschung und empirische Untersuchung am Beispiel der Automobilbranche. Dresdner Beiträge zur Betriebswirtschaftslehre Nr. 91/04. 2. Auflage. Dresden.

Nunnally, Jum (1978): Psychometric Theory, 2nd edition. New York.

Oliver, Richard L. (1980): A Cognitive Model of the Antecedents and Consequences of Satisfaction Decisions. In: Journal of Marketing Research, vol. 17, no. 4, 460-469.

Oliver, Richard L. (1997): Satisfaction. A Behavioral Perspective on the Consumer. New York.

Odekerken-Schröder, Gaby/van Birgelen, Marcel/Lemmink, Jos/de Ruyter, Ko/Wetzels, Martin (2000): Moments of Sorrow and Joy. In: European Journal of Marketing, vol. 34, no. 1/2, 107-126.

Olsen, Line L./Johnson, Michael D. (2003): Service Equity, Satisfaction, and Loyalty. From Transaction-Specific to Cumulative Evaluations. In: Journal of Service Research, vol. 5, no. 3, 184-197.

Parasuraman, A./Zeithaml, Valarie A./Berry, Leonard L. (1988): SERVQUAL. A Multiple-Item Scale for Measuring Consumer Perceptions of Service Quality. In: Journal of Retailing, vol. 64, no. 1, 12-40.

Prakash, Ved (1984): Validity and Reliability of the Confirmation of Expectation Paradigm as a Determinant of Consumer Satisfaction. In: Journal of the Academy of Marketing Science, vol. 12, no. 4, 63-76.

Roos, Inger (2002): Methods of Investigating Critical Incidents. A Comparative Review. In: Journal of Service Research, vol. 4, no. 3, 193-204.

Rossman, G. B./Wilson, B. L. (1984): Numbers and Words. Combining Quantitative and Qualitative Methods in a Single Large-Scale Evaluation study. In: Evaluation Review, vol. 9, no. 5, 627-643.

Shostack, G. Lynn (1982): How to Design a Service. In: European Journal of Marketing, vol. 16, no. 1, 49-63.

Schütze, Roland (1992): Kundenzufriedenheit. After-Sales-Marketing auf industriellen Märkten. Wiesbaden.

Stauss, Bernd (1999): Kundenzufriedenheit. In: Marketing Zeitschrift für Forschung und Praxis, 21. Jg., Nr. 1, 5-24.

Stauss, Bernd/Hentschel, Bert (1990): Verfahren der Problementdeckung und -analyse im Qualitätsmanagement von Dienstleistungsunternehmen. In: Jahrbuch der Absatz- und Verbrauchsforschung, 36. Jg., Nr. 3, 232-259.

Stauss, Bernd/Hentschel, Bert (1992): Messung von Kundenzufriedenheit, Merkmals- oder ereignisorientierte Beurteilung von Dienstleistungsqualität. In: Marktforschung & Management, 36. Jg., Nr. 3, 115-122.

Stauss, Bernd/Weinlich, Bernhard (1997): Process-Oriented Measurement of Service Quality. Applying the Sequential Incident Method. In: European Journal of Marketing, vol. 31, no. 1, 33-55.

Teas, Kenneth R. (1993a): Expectations, Performance Evaluation, and Customers' Perceptions of Quality. In: Journal of Marketing, vol. 57, no. 4, 18-34.

Teas, Kenneth R. (1993b): Customer Expectations and the Measurement of Perceived Service Quality. In: Journal of Professional Services Marketing, vol. 8, no. 2, 33-54.

Teddlie, Charles B./Tashakkori, Abbas (2003): Major Issues and Controversies in the Use of Mixed Methods in the Social and Behavioral Sciences. In: Tashakkori, Abbas/Teddlie, Charles B. (2003): Handbook of Mixed Methods in Social and Behavioral Research. Thousand Oaks, CA, 3-50.

Verhoef, Peter C./Franses, Philip H./Hoekstra, Janny C. (2001): The Impact of Satisfaction and Payment Equity on Cross-Buying. A Dynamic Model for a Multi-Service Provider. In: Journal of Retailing, vol. 77, no. 3, 359-378.

Von Wangenheim, Florian (2005): Postswitching Negative Word of Mouth. In: Journal of Service Research, vol. 8, no. 1, 67-78.

Wilson, Jerry R. (1991): Mund-zu-Mund-Marketing, Landsberg/L.

Daniela Lobin und Herlinde Maindok

Künstliche Erlebniswelten
Die Bedeutung der Disneyization für Skihallen

1 Problemstellung 931
   1.1 Erlebnisorientierter Konsum 931
   1.2 Disneyisierte Erlebnisangebote 932

2 Zielsetzung 933

3 Theoretische und methodische Überlegungen 933
   3.1 Vorgehensweise bei der Datenerhebung 935
      3.1.1 Auswahl der Befragten 935
      3.1.2 Interviewmethoden 936
   3.2 Vorgehensweise bei der Datenauswertung 938
      3.2.1 Qualitative Inhaltsanalyse 938
      3.2.2 Means-End Chain Analyse 943
      3.2.3 Zusammenfassung der Ergebnisse 944
   3.3 Theming 944
   3.4 Emotional Labor 946
   3.5 Dedifferentiation of Consumption 947
   3.6 Merchandising 948

4 Literatur 949

1 Problemstellung

Qualitative Untersuchungen unterliegen der Gratwanderung zwischen Offenheit und methodischer Kontrolle, die jeweils auf den konkreten Einzelfall bezogen werden muss. Anhand dieses Beitrags soll die Wirkung von Produkteigenschaften von Erlebniswelten auf KonsumentInnen und deren Anforderungen an die Gestaltungselemente einer Erlebniswelt mittels qualitativer Methoden untersucht werden. Dabei gilt es zu verdeutlichen, wie in der Forschungspraxis die methodische Kontrolle sichergestellt werden kann. Diese erfordert, dass Ablauf und Ergebnisse eines Projektes kommuniziert und intersubjektiv nachvollzogen werden können. Gleichzeitig wird gezeigt, dass erprobte Verfahren der Marktforschung als *tool* im Rahmen qualitativer Forschung produktiv eingesetzt werden können. Die folgenden Ausführungen basieren auf einem umfangreichen marketingwissenschaftlichen Forschungsprojekt, das mit qualitativen Verfahren, bzw. einem Mix aus qualitativen und standardisierten Instrumenten der KonsumentInnenforschung durchgeführt worden ist (Lobin 2007).

1.1 Erlebnisorientierter Konsum

Mit dem Begriff der Erlebnisgesellschaft wurde auf gravierende gesellschaftliche Wandlungen verwiesen, die auch für Marktforschung und Marketingwissenschaft Konsequenzen haben (Schulze 1992): Bei der Entstehung gesellschaftlicher Großgruppen, und damit auch bei der Ausbildung persönlicher Identitäten, verlieren herkömmliche Systeme sozialer Schichtung an Bedeutung. Die Rolle sozialer Herkunft und der ökonomischen Position wird überlagert durch die verbindende, bzw. abgrenzende Zugehörigkeit zu unterschiedlichen Lifestyle Gruppen. Die Zugehörigkeit zu einer Gruppe, die sich durch einen speziellen Lebensstil auszeichnet, wird Individuen nicht vorgegeben. Sie ist gewählt und beruht auf einer individuellen Entscheidung, die eher durch Einstellungen und Motive geprägt sind, als durch soziale Herkunft und Einkommen. Konstitution und Darstellung unterschiedlicher Lebensstile finden im Bereich der Freizeit statt und drücken sich insbesondere in gruppenspezifischen Formen des Konsums aus. Mit dieser Entwicklung sind Bereiche sozialen Lebens, die traditionellerweise kaum marktmäßig organisiert waren, zu Märkten geworden. Neben dieser quantitativen Ausdehnung von Märkten haben sich auch die Motive der KonsumentInnen verändert. Gesichtspunkte der Notwendigkeit und Nützlichkeit treten zurück hinter den Wunsch, Konsum zu einem Erlebnis werden zu lassen. Ob und in welchem Umfang dies gelingt, ist nicht ausschließlich von objektiven Produkteigenschaften abhängig sondern davon, dass ein Produkt als Bedeutungsträger wirkt, über den positive psychophysische Prozesse ausgelöst werden. Dabei geht es nicht um die konkrete Funktionalität eines Produktes und auch nicht um seinen Besitz, sondern um den subjektiven Zustand, der über das Produkt vermittelt wird.

Daniela Lobin und Herlinde Maindok

1.2 Disneyisierte Erlebnisangebote

Analog zu diesen Entwicklungen ist eine Freizeitindustrie entstanden, die auf Angebote für erlebnisorientierte KonsumentInnen setzt. Zur Beschreibung entsprechender Angebote, hat Bryman (1999) in diesem Zusammenhang sein Konzept der *Disneyization* vorgestellt. Kommerziell betriebene Freizeiteinrichtungen der verschiedensten Art und insbesondere Freizeitparks werden, so Bryman, zunehmend nach Merkmalen ausgestaltet, die zunächst nur für Disneyland charakteristisch waren. Diese sind 1. das *Theming (Thematisierung)* von Angeboten, 2. die *Dedifferentiation of Consumption (Dedifferenzierung des Konsums)*, 3. der systematische Einsatz von Emotional Labor (*emotionaler Arbeit*) und 4. *Merchandising*.

Während Bryman diese Begriffe eher allgemein einführt, versucht die referierte Arbeit sie auf der Grundlage wirtschafts- und sozialwissenschaftlicher Literatur genauer zu definieren und abzugrenzen:

Theming bedeutet, dass alle Elemente einer künstlich geschaffenen Erlebniswelt unter einem übergreifenden Thema gestaltet und zusammengefasst werden. Dienstleistungen werden somit nicht lediglich unter ihrem funktionalen Aspekt angeboten, sondern in einen thematischen Rahmen eingebettet, der auf Seiten des KonsumentInnen bestimmte Assoziationen und damit Erlebnisse auslösen soll. Ein Café wird nicht einfach als eine gastronomische Einrichtung vorgestellt, sondern z.B. als *Star Bucks Café*.

Dedifferentiation of Consumption bezeichnet ein komplexes Leistungsangebot, dessen Komponenten einen geringen sachlichen Zusammenhang aufweisen. Ziel dieser Angebotsform ist es, die Verweildauer eines Kunden bzw. einer Kundin zu verlängern und ihm/ihr vielfältige Leistungen und Produkte an einem Ort anzubieten. Dem Museum werden z.B. Restaurant und Museumsshop angeschlossen.

Emotional Labor ist eine spezifische Anforderung von Dienstleistern an ihre MitarbeiterInnen, die über deren funktionale Aufgaben hinausgeht. Emotionen gelten dabei als Teil des Rollenverhaltens der MitarbeiterInnen (Nerdinger 1998, 1180) in der kundInnengerichteten Kommunikation (Shuler/Sypher 2000, 53) und müssen – als Bestandteil der Arbeit – kontrolliert werden (Hochschild 1990). Mit einer speziellen Art von Freundlichkeit und Aufgeschlossenheit gegenüber den KundInnen soll für sie eine entspannte, angenehme und positive Erlebnissituation geschaffen werden.

Merchandising schließlich bedeutet die Vermarktung von Logos, Markennamen etc. durch den Lizenzeigner. Sie kann als gewinnorientierte Erweiterung einer Produktlinie dienen, oder auch als Verkaufsförderungsmittel.

2 Zielsetzung

Die hier vorgestellte Untersuchung befasst sich mit künstlichen Skiwelten, einem empirischen Spezialfall von Erlebniswelten und geht der Frage nach, ob eine *Disneyisierung* von Erlebniswelten den KundInnenwünschen an Freizeitangeboten entspricht und als ein sinnvolles wirtschaftliches Gestaltungskonzept eingesetzt werden kann.

Bezogen auf den Gegenstandsbereich wurden zusätzliche Dimensionen für die Fragestellungen entwickelt: So wurde untersucht, ob und in welchem Umfang die BesucherInnen eine authentische Gestaltung des Theming wünschen und welche Bedeutung unterschiedlichen Formen von Produkteigenschaften zukommt. Unterschieden wird im diesem Zusammenhang zwischen ästhetischen und praktisch-technischen Gestaltungselementen. Darüber hinaus galt es festzustellen, ob auch aus Perspektive der KonsumentInnen alle vier Komponenten der Disneyization für eine erfolgreiche Gestaltung von Erlebnisangeboten notwendiger Weise auf das operative Marketing von Freizeitparks übertragen werden müssen.

3 Theoretische und methodische Überlegungen

Um die Ausgangsfrage beantworten zu können, erfolgt die Analyse von Einstellungen, Erwartungen, KundInnenzufriedenheit und Motiven von KonsumentInnen, die Erlebniswelten nachfragen. Da erlebnisorientierter Konsum in psychophysische Dimensionen hineinreicht, bietet sich die Arbeit mit qualitativen Methoden an. Erwartungen von KonsumentInnen an Produkte und deren Zufriedenheit mit diesen Angeboten erschöpfen sich nicht auf der Ebene konkreter Nutzung eines Produkts. Um zu ermitteln, wie der Konsum eines erlebnisorientierten Angebots quasi in einen individuellen Lebensentwurf integriert wird, bedarf es subjektorientierter Erhebungsverfahren. Im Unterschied zu standardisierten Instrumenten bieten sie ProbandInnen genügend Offenheit und Raum, um erlebnisorientierten Konsum als individuellen Konstruktionsprozess darstellen zu können.

Die Studie orientiert sich in ihrem methodischen Vorgehen an den Arbeiten von Strauss (1987), Strauss/Corbin (1998) und Schatzmann (1991). Deren Plädoyer gegen einen naiven Induktionismus und für eine Mischung aus induktiver und deduktiver Forschung geht einher mit der Forderung, dass ForscherInnen Vorwissen, welches in die Erhebung und Auswertung von Daten eingeht, konsequent offen legen. Mit der *Grounded Theory* nach Strauss (1987) und Strauss und Corbin (1998), bzw. der *Dimensi-*

onal Analysis[1] (Schatzman 1991) ist somit ein Ansatz gewählt worden, der eine Verbindung von qualitativen Methoden und fachwissenschaftlicher Fokussierung ermöglicht. Wie im Folgenden gezeigt wird, führt dies zu einem produktiven Methoden Mix, wobei traditionelle Verfahren der Marktforschung im Rahmen einer qualitativen Studie instrumentell genutzt werden können.

Wenn eine qualitative Untersuchung auf theoretischen Annahmen aus dem Bereich der Marktforschung basiert, ist zu prüfen, ob dabei nicht genau das geschieht, was vom Anspruch der qualitativen Forschung her vermieden werden soll, dass nämlich die Perspektive auf das Untersuchungsfeld unzulässig eingeengt werden könnte. Zweifellos werden in marketingwissenschaftlichen Theorien die sozialen Handlungen von AkteurInnen nicht vorbehaltlos und in einer völlig unspezifischen Weise betrachtet. Sie werden dort ex ante als ein spezieller Typus von Rollenhandeln konfiguriert, nämlich als Verhalten von KonsumentInnen. Da auch erlebnisorientierter Konsum über Märkte organisiert wird, gelten für die AkteurInnen dort zunächst die gleichen Regeln wie bei traditionellen Mustern des Konsums, und auch ihr Verhalten wird auf einer allgemeinen Ebene von den für Konsumverhalten typischen Parametern reguliert: Einstellungen und Erwartungen von KundInnen treffen auf ein Angebot von Produkten oder Dienstleistungen, und aufgrund der spezifischen Produkteigenschaften bilden die KundInnen gegenüber dem Angebot Präferenzen aus.

Um das Postulat der Offenheit zu gewährleisten, kann es folglich nicht darum gehen, ob überhaupt an einer Theorie des KonsumentInnenverhaltens angesetzt werden sollte. Im Hinblick auf erlebnisorientierten Konsum stellt sich statt dessen die Frage, ob der Differenzierungsgrad einer entsprechenden Theorie ausreicht, um auch die psychophysischen Prozesse des erlebnisorientierten Konsumverhaltens berücksichtigen zu können.

Von Marketingwissenschaft und Marktforschung liegen umfangreiche theoriebasierte, empirische Forschungen zum KonsumentInnenverhalten vor. Die Theorien ihrerseits sind durch Ergebnisse der KonsumentInnenforschung modifiziert worden. Das Stimu-

---

[1] Die Dimensional Analysis ist primär durch den Anspruch Schatzmans (1991) entstanden, bei der Datenanalyse eine übergeordnete Struktur zu schaffen und Strukturierungsverfahren für die Theorieentwicklung bereitzustellen. Aus der ursprünglichen Form der Grounded Theory entwickeln sich seiner Meinung nach Theorien sehr „mysteriös" und wenig transparent (Kools 1996, 313f). Die Dimensional Analysis verknüpft den Symbolischen Interaktionismus mit der „Natural Analysis" - Theorie, die Schatzman (1991) als normativen kognitiven Prozess beschreibt, den Menschen verwenden, um Erlebnisse und Phänomene zu erklären. Hierbei handelt es sich um die Art und Weise, wie Menschen im Alltagsleben ihre Umwelt ordnen (Cicourels 1970, 93). In der Forschung wird nach Schatzman (1991) dieselbe Methode in einem erweiterten Umfang verwendet. Schatzman (1991) verbindet die Dimensional Analysis mit den Grundannahmen des Symbolischen Interaktionismus. Er geht davon aus, dass Menschen Komplexität durch die Bildung von Dimensionen reduzieren. Mit diesen Dimensionen fasst der Mensch Eigenschaften zusammen, denen eine Bedeutung zugeordnet wird, die in einen Kontext eingebettet sind und Einfluss auf Verhaltensweisen nehmen. Ferner sind in den Dimensionen die daraus resultierenden Verhaltensweisen enthalten (Schatzman 1991).

lus-Response Modell ist vom Stimulus-Organism-Reponse Modell abgelöst und um eine kognitive Dimension erweitert worden. Mit dem *Experiential Approach* (Antonides/van Raaij 1998) gibt es einen theoretischen Ansatz, der kognitiv verarbeitete Emotionen als Antriebskräfte für Konsumverhalten bezeichnet, und damit eine Erwieterung der rein kognitiven Modelle darstellt und eine Abkehr vom rein funktionsbezogenen Kauf bedeutet. Ferner präzisiert er Annahmen über die für Konsumverhalten verantwortlichen Antriebsenergien und betont außerdem den prozesshaften Charakter des Verhaltens von KonsumentInnen. Analog zu dieser differenzierten Theorie des Verhaltens von KonsumentInnen wird auch die Analyse der Wirkung von Produkten als ein komplexer Vorgang betrachtet, der als Prozess zwischen KonsumentIn und Produkt beschrieben werden kann.

Besonders bei Dienstleistungen wird über die Vorstellung von Konsum als einem punktuellen Wirkungszusammenhang von Reiz und Reaktion hinausgegangen. Durch die Potenzialfaktoren[2] eines Angebots kommt es zu mehreren Interaktionen zwischen KonsumentIn und Produkt bzw. Dienstleistung, während derer der Konsument bzw. die Konsumentin beurteilt, welchen Nutzen die Eigenschaften des Angebots für ihn/sie persönlich haben. Welche Bedeutung einzelne Produkteigenschaften haben, lässt sich für jeden Konsumenten bzw. jede Konsumenten in einer individuellen *Means-End Chain* darstellen (Kroeber-Riel/Weinberg 2003). Während Zufriedenheit und Einstellung eines Konsumenten bzw. einer Konsumentin die Wirkung der Produkte auf diese dokumentiert, erlaubt erst die *Means-End Chain* die Bedeutung von Potenzialfaktoren für die Motivbefriedigung zu analysieren und damit eine Verbindung zwischen den grundlegenden Antriebskräften und den Produkteigenschaften herzustellen.

3.1 Vorgehensweise bei der Datenerhebung

3.1.1 Auswahl der Befragten

Auf der Basis dieser Vorüberlegungen wurden für die Untersuchung zu künstlichen Skiwelten zunächst eine Abgrenzung des Untersuchungsfeldes vorgenommen, die ProbandenInnen ausgewählt und die Untersuchungsfragen präzisiert: Es wurden 25 BesucherInnen von zwei Skihallen im Rhein-Ruhr-Gebiet ausgewählt. Sie gehörten der Altersgruppe zwischen 16 und 40 Jahren an und – hinsichtlich ihres Einkommens – der oberen Mittelschicht. Die beiden Skihallen bieten – in unterschiedlicher Ausprägung ihrer Gestaltungskomponenten – neben einer künstlichen Skipiste einen Gastro-

---

[2] Als Potenzialfaktoren werden die Leistungsmerkmale des Anbieters subsumiert, wobei es sich um die Ausgestaltungselemente des Angebots handelt. In künstlichen Skiwelten sind dies z.B. Ausgestaltungskomponenten der Gastronomie, wie die Einrichtung.

nomiebereich, einen Servicebereich, in dem Skier und Zubehör entliehen werden können und ein Einzelhandelsgeschäft, das die entsprechende Ausstattung zum Verkauf anbietet. Dieser Rahmen steckt das Untersuchungsfeld ab, in dem Erwartungen, Einstellungen und Motive der BesucherInnen von Skihallen ermittelt und schließlich die Produkteigenschaften der Skihallen mit den Besuchsmotiven konfrontiert werden.

3.1.2 Interviewmethoden

Die Datenerhebung wurde mit persönlichen Einzelinterviews durchgeführt. Im Verlauf jedes Interviews kamen dabei unterschiedliche Techniken (Abbildung 1) zum Einsatz. Der Grad ihrer Offenheit bzw. ihrer Standardisierung richtete sich jeweils nach der Art der zu erfragenden Daten.

Um das authentische Bild eines Skiorts zu ermitteln, wurden die Befragten im ersten Teil der Interviews gebeten ihren realen Lieblingsskiort zu beschreiben und ihre Vorliebe zu begründen. Dabei sollten alle Gestaltungsaspekte, die das Theming eines Skiorts umfasst und deren gewünschte Ausprägung, identifiziert werden. Das problemzentrierte (Witzel 1982) Interview bot dabei, durch seine lose Bindung an einen Leitfaden, die Möglichkeit zum freien Erzählen. Der Interviewleitfaden beinhaltete zudem in Anlehnung an den SERVQUAL[3] (Homburg/Werner 1998) verschiedene Dimensionen des Skiorts, um sicherzustellen, dass sich alle Befragten zu den für diese Untersuchung relevanten Gestaltungselementen äußerten. So fragte die Interviewerin nach, wenn die ProbandInnen im Verlauf ihrer freien Erzählung Aspekte wie z.B. Piste, Architektur, Bekleidung, Verhalten des Servicepersonals und Gastronomie nicht ansprachen. Dieser Teil des Interviews bildete die Grundlage für die Beantwortung der Frage nach dem Wunsch, ein authentisches Bild der realen Skiwelt in der künstlichen Skiwelt vorzufinden.

Im zweiten Teil des Interviews wurden die Einstellungen gegenüber der Skihalle als KundInnenzufriedenheit erhoben, um das Bild der KonsumentInnen von der künstlichen Skiwelt zu erhalten. Hierfür wurde die sequentielle Ereignismethode in das problemzentrierte Interview integriert. Entwickelt für die Erhebungen zur Dienstleistungsqualität bzw. KundInnenzufriedenheit, erlaubt die sequentielle Ereignismethode eine strukturierte, gleichzeitig aber auch vom Kunden/von der Kundin dominierte Darstellung: Ein komplexer Dienstleistungsprozess wird in seine Elemente zerlegt. Die dabei auftretenden Interaktionskontakte zwischen Anbieter und Kunde/Kundin werden in einem *Blueprint* dargestellt, der den ProbandInnen vorgelegt wird, damit er/sie sich die zurückliegenden Situationen vergegenwärtigen und sie bewerten kann.

---

[3] Der SERVQUAL-Ansatz misst Zufriedenheit als Einstellung, indem einstellungs- und zufriedenheitsorientierte Betrachtungen in einem multiattributiven Messansatz vereint werden (Bruhn 1997, 71). Er erhebt die KundInnenzufriedenheit in der allgemeinen Form auf Basis von 22 Items, die sich zu fünf Dimensionen zusammenfassen lassen (Zeithaml et al. 1992, 38ff).

Abbildung 1: Verwendete Interviewtechniken

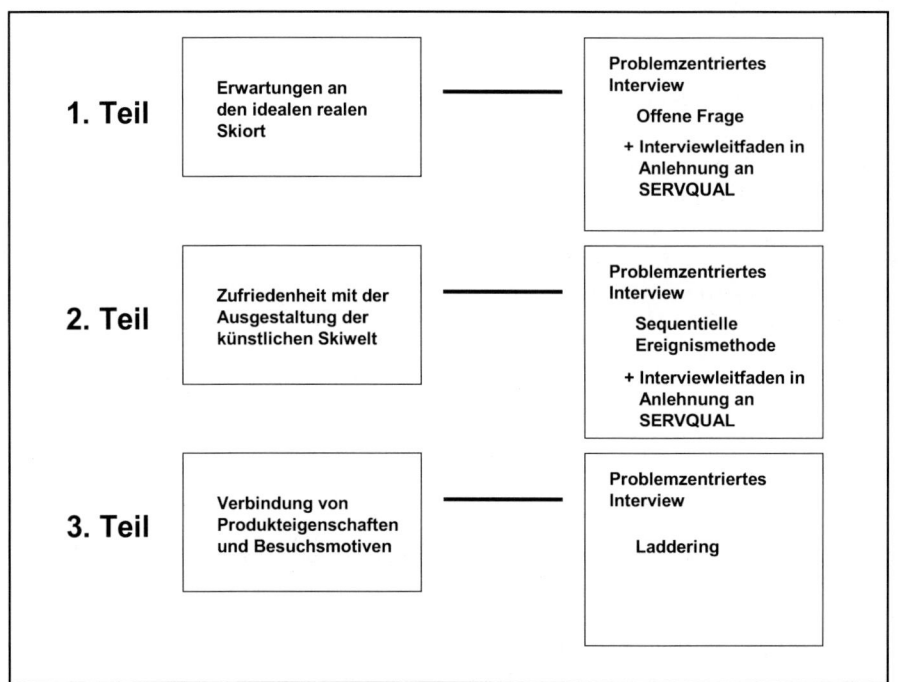

In der hier referierten Studie wurde die sequentielle Ereignismethode in zweierlei Hinsicht modifiziert. Anders als bei der üblichen Arbeit mit diesem Instrument wurde der *Blueprint* den ProbandInnen nicht vorgelegt. Sie wurden vielmehr aufgefordert, sich aller Phasen des Besuchs in der Skihalle, von der Ankunft bis zur Abreise, zu erinnern. Dies sollte sie veranlassen, eine Bewertung aller Dimensionen vorzunehmen, auch wenn sie als nebensächlich betrachtet wurden, ihnen zugleich aber auch die Möglichkeit geben, ihrer eigenen Erinnerungen zu folgen. Der *Blueprint* diente der Interviewerin gleichzeitig als Leitfaden, auf den sie zurückgriff, wenn die ProbandInnen ihre Darstellung abgeschlossen hatten, und einzelne Aspekte nicht zur Sprache gekommen waren. Wie bereits im ersten Teil der Befragung wurde auch hier ergänzend der SERVQUAL Ansatz für die Entwicklung des Leitfadens hinzugenommen, um die merkmalsorientierten Aspekte des Angebots möglichst umfassend zu berücksichtigen. Die Interaktionskontakte wurden dabei hinsichtlich der vier Komponenten der Disneyisierung – Thematisierung, multiple Konsummöglichkeiten, emotionale Arbeit und Merchandising – betrachtet. So wurde zum einen der Vergleichstandard für die Bewertung eines authentischen Themings erhoben. Zum anderen diente dieser Teil der Befragung dazu, herauszufinden, ob alle Dimensionen der Disneyization aus Perspektive der KonsumentInnen in einer Erlebniswelt relevante Gestaltungsaspekte sind.

Für die Konfrontation der bewerteten Produkteigenschaften der Skihallen mit den genannten Besuchsmotiven wurde das *Soft-Laddering* (Reynolds/Gutman 1988, Botschen/Thelen 1998, Grunert/Grunert 1995) eingesetzt, bei dem nach den zentralen Produkteigenschaften einer idealen künstlichen Skiwelt gefragt wurde. Über die Frage „Warum ist diese Eigenschaft für Sie wichtig?" erfuhr die Interviewerin dann die Konsequenzen, die nach Meinung der Befragten aus diesen Produkteigenschaften für sie resultierten. Über weitere Warum-Fragen gelangte sie zu den Motiven, die durch die entsprechenden Produktmerkmale befriedigt werden können. So entstanden einzelne Ketten, die als Leitern bezeichnet werden und die individuellen *Means-End Chains* der KonsumentInnen darstellen. Anhand dieser Informationen sollte die Frage nach der Bedeutung von ästhetischen und praktisch-technischen Gestaltungselementen in einer Erlebniswelt beantwortet werden.

3.2 Vorgehensweise bei der Datenauswertung

Wie bereits anfangs dargestellt, sind qualitative Methoden nicht nur durch die Offenheit der Datenerhebung, sondern auch durch die Offenheit der Datenauswertung gekennzeichnet. Diese bezieht sich zum einen auf die Herangehensweise bei der Analyse der Daten. Zum anderen gilt es durch eine offene Darlegung der Auswertung, deren intersubjektive Nachvollziehbarkeit zu ermöglichen. Im Folgenden soll verdeutlicht werden, welche Herangehensweise für die Auswertung dieser Studie gewählt wurde und wie die einzelnen Auswertungsschritte dokumentiert wurden.

3.2.1 Qualitative Inhaltsanalyse

Die transkribierten Interviews wurden mittels qualitativer Inhaltsanalyse ausgewertet.[4] Diese zeichnet sich dadurch aus, dass die Daten auf Basis von expliziten Regeln und der Leitung durch Theorien analysiert werden (Mayring 1997, 12).[5] Ziel war es, Rückschlüsse auf die Erwartungen, Einstellungen und Motive der Befragten zu ziehen, wobei die subjektiven individuellen Voraussetzungen des Interpretierenden in den Dienst der Sache gestellt wurden (Mey 2000). Dabei wurden die Kenntnisse des For-

---

[4] Unterstützend wurde das Computerprogramm NUDISTVivo (Bazeley/Richards 2000) hinzugezogen.

[5] Die Inhaltsanalyse wurde von den Sozial- und Kommunikationswissenschaften als intersubjektiv nachvollziehbares Verfahren für die Textanalyse entwickelt (Krippendorf 1980, Lisch/Kriz 1978), um dem wichtigen Kritikpunkt an der qualitativen akademischen Marketingforschung, die mangelnde Transparenz bei der Auswertung der Daten, zu begegnen. Bisher fasste der Forscher bzw. die Forscherin die aus seiner/ihrer Perspektive wichtigen Kernaussagen zusammen, wobei eine intersubjektiv nachvollziehbare Interpretationsleistung selten ermöglicht wird (Grunert/ Bader 1986).

schers bzw. der Forscherin zu dem hier behandelnden Thema nicht ausgelöscht (Mayring 1997, Schatzman 1991). Vielmehr erfolgte die Datenanalyse vor dem Hintergrund des entwickelten theoretischen Rahmens, dem Experiential Approach, der erlebnisorientiertes Konsumverhalten erklärt, sowie zahlreichen thematisch relevanten empirischen Untersuchungen.[6] Diese umfassten Aussagen zu Gestaltungspräferenzen der Atmosphäre von Einzelhandelsgeschäften, Freizeitkonsummotive und Untersuchungen, die die Eignung von Produkteigenschaften für die Motivbefriedigung unter anderem für Skiorte, Merchandisingprodukte und MitarbeiterInnen empirisch untersucht haben. Die Ergebnisse der einzelnen Analyseschritte wurden dann vor diesem theoretischen und empirischen Hintergrund interpretiert (Mayring 1983).

Bei der Kodierung ging es zunächst darum, die authentischen Merkmale eines realen Skiortes aus Sicht der Befragten zu identifizieren und deren Einstellung zur künstlichen Skiwelt herauszuarbeiten. Neben den gewünschten Spezifika der thematischen Ausgestaltung galt es die Bedeutung des Vorhandenseins der vier Komponenten der Disneyization festzustellen. In einem letzten Schritt wurden anhand der Interviewtexte die Verbindungen zwischen den Produkteigenschaften der künstlichen Skiwelt und Besuchsmotiven identifiziert.

Miles und Huberman (1994) folgend bildete in dieser Studie eine deduktive Kodierungsanfangsliste die Basis, die in einem reziproken Prozess induktiv erweitert und verändert wurde. Die Zusammenfassung der einzelnen Interviews, im Rahmen derer die zentralen Textstellen der Interviews kodiert werden (Mayring 1997), fußte auf einem Kodierungsplan, der auf den bisherigen empirischen Erkenntnissen basierte. Zudem entstanden neue Kodes, die aus den Interviews heraus im Kodierungsprozess entwickelt wurden.[7] Um den Überblick über die Daten zu behalten, wurde bei der Festlegung und Weiterentwicklung der Kodes darauf geachtet, dass sie sowohl eine konzeptionelle als auch eine strukturelle Ordnung aufweisen (Miles/Huberman 1994, 62). Bei den ersten verwendeten und entwickelten Kategorien handelte es sich primär um Datenzusammenfassungen, die als natürliche Kodierungen[8] mit den Aussagen der ProbandInnen identisch waren (Strauss 1994, 59). Die anfangs groben deskriptiven Kodes wurden, wo dies sinnvoll war, in weiteren Kodierungsprozessen modifiziert, um höhere Abstraktionsebenen zu erreichen (Strauss 1994, 62). Die Herangehensweise wird im Folgenden für die Anforderungen, die an die thematische Ausgestaltung realer und künstlicher Skiwelten gestellt wurden, anhand von ausgewählten Textstellen, verdeutlicht.

Bei der Frage nach dem idealen realen Skiort gaben die Befragten zunächst an, welchen Skiort sie bevorzugten: *„...deshalb vielleicht auch die Tendenz eher nach Österreich zu*

---

[6] Für einen Überblick verschiedener empirischer Studien vgl. Lobin 2006.
[7] Der Zusammenfassung folgte die Explikation der Kodes, die sowohl die Abstraktion als auch die Interpretation der gebildeten Kodes umfasst. In einem letzten Schritt erfolgte schließlich die formale, inhaltliche, typisierende und skalierende Zusammenfassung (Mayring 1997, 59).
[8] Witzel (2000) bezeichnet diese auch als „In-vivo-codes".

fahren oder in dieses urige Örtchen" (B 23). Sie artikulierten deutlich, dass sie eine typisch österreichische Bauweise bevorzugten, während sie die typisch französische Bauweise in Wintersportorten negativ bewerteten. *„Also ganz bestimmt nicht wie Avrojas. Die Franzosen haben ja den Hang dazu, die sind super, praktisch, einfach. Das sind halt riesengroße 12, 15, 20-stöckige Bunker, die halt mitten in den Berg gebombt worden sind. ...Und es war hässlich, so etwas von grottenhässlich die Dinge. ..., wenn da wirklich nur der nackte Beton steht, es sieht furchtbar aus, es sieht hässlich aus, es passt nicht und es sieht ein bisschen so aus, wie eine Geschwulst im Berg. Was da nicht so hingehört. Also wenn man in der Schweiz oder in Österreich ist in den typischen kleinen, so Bergdörfchen mit den Hutzelhäuschen usw.. Das sieht wirklich schön aus, weil das in die Landschaft integriert ist*[...]*"* (B 25).

Aber nicht nur der ideale Skiort konnte benannt und beschrieben werden. Die Befragten artikulierten auch die konkreten Vorstellungen über die Ausgestaltung der künstlichen Skiwelt ebenso wie die Problematik, diese authentisch zu gestalten: *„Naturgetreu wird ein bisschen schwierig vom Boden her. Wenn man wirklich echte Pflanzen reinpackt und eine künstliche, der Boden wird gekühlt, ich denke nicht, dass das möglich ist. Denn einen Erdboden auf der Temperatur zu halten, dass auch die Pflanzen drin wachsen, ist wahrscheinlich etwas zu aufwändig und zu teuer. Es gibt ja auch künstliche Pflanzen. Einfach nur mal ein paar Zweige. Wenn man einfach nur, ich sag mal Weinlaub oder sonst etwas am Rand hat, dass einfach ein bisschen Natur hereinkommt in die Halle. Das einzig Natürliche war, glaube ich, eine Holzplanke, die irgendwann einmal ein Baum war. Die Atmosphäre war also wirklich grauenhaft. Also, mir selber würde es schon reichen, wenn die Wände ein bisschen besser gestaltet wären, und wenn da ein Graffiti-Künstler eine Alpenlandschaft draufgesprayt hätte, wäre okay gewesen."* (B 7).

Diese Textstellen wurden zunächst bewusst grob kodiert und in einem nächsten Schritt durch Unterkategorien ergänzt. So lautete der Kode für die Aussage von Proband 25 zunächst „Frankreich", „Österreich" und „Schweiz". Diese werden weiter untergliedert in die Gestaltungselemente „kleine Orte", „Beton", „große Häuser". Im weiteren Verlauf der Befragung äußerte Proband 25 noch, dass die „Hutzelhäuschen" klein und im typischen österreichischen Stil mit viel Holz erbaut werden sollten. Somit wurden die Kodes „kleine Häuser" und „Holzbauweise" ergänzt. Schließlich erhielten die einzelnen Kodes eine positive bzw. negative Bewertung. So wurden „kleine Häuser" mit dem Kode „positiv" und „Beton" mit dem Kode „negativ" versehen. Wenn Kategorien bei der Kodierung eines Interviews neu entstanden, erfolgt ein Iterationsprozess innerhalb eines Interviews und ein Iterationsprozess über Interviews hinweg, um ähnliche bisher nicht in dieser Form kodierte Textstellen nachträglich zu kodieren.[9] Die Gegenüberstellung der Aussagen unterschiedlicher ProbandenInnen, der Re-

---

[9] Nach der Entwicklung von neuen Kategorien, der „Einfügung", wurden bereits kodierte Daten (Interviews) im Rahmen der „Erweiterung" überarbeitet, um zu überprüfen, ob diese Kategorien auch in diesen Daten enthalten sind (Miles/Huberman 1994, 58). Die Iteration umfasst eine ständige Überarbeitung der Daten, wodurch in einer deduktiven Art und Weise eine Annäherung an ein Konstrukt erreicht werden soll (Spiggle 1994, 495).

futation[10] ermöglicht die Bestätigung oder Verbesserung der Beschreibung der theoretischen Konstrukte (Wallendorf/Belk 1989), in diesem Fall der Erwartungen, Einstellungen, KundInnenzufriedenheit und Motive. Neben dem Entdecken von Strukturen erfolgt dabei eine Quantifizierung der Daten (Mayring 1983). Abbildung 2 zeigt einen Auszug aus der Kodierungstabelle. Dieser dokumentiert den strukturellen Aufbau der Kodierung der Zufriedenheit mit der bzw. die Einstellung zur künstlichen Skiwelt.

Abbildung 2: Auszug aus der Kodierungsliste

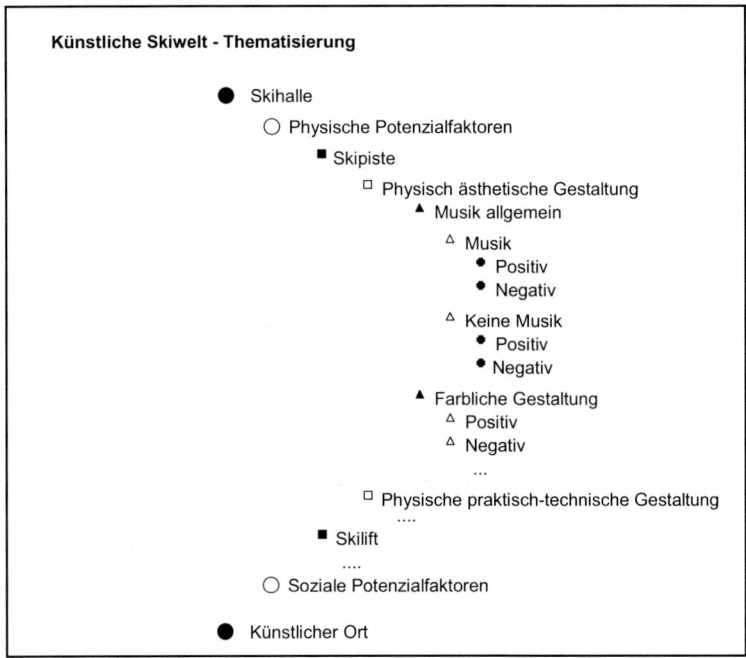

Aus den einfachen Kategorien wurden im Weiteren die Schlüsselkategorien herausgesucht[11] und der Fokus selektiv auf diese Schlüsselkategorien gelegt (Strauss 1994, 63). Hierbei handelt es sich um die Erwartungen, Einstellungen und Motive, wobei Erwartungen und Einstellungen getrennt nach Aussagen über die reale und die künstliche Skiwelt kodiert wurden. Darüber hinaus erfolgte eine Gruppierung der Einstellungen zur künstlichen Skiwelt anhand der vier Komponenten der Disneyization: Theming, Dedifferentiation of Consumption, emotionale Arbeit und Merchandising. Die beschriebenen Merkmale konnten nochmals in ästhetische (Berlyne 1971) und praktisch-

---

10 Diese bezeichnet die Nutzung kontrastierender Ereignisse oder Fälle.
11 Diese wurden durch das axiale Kodieren entwickelt (Strauss 1994, 62), das durch die Hinterlegung der handlungstheoretischen Modelle gekennzeichnet ist (Witzel 2000).

technische (Dreyer 1981, 240) Potenzialfaktoren unterschieden werden. Bereits im Verlauf der Kodierung kristallisierte sich die zentrale Bedeutung des Theming heraus.

Abbildung 3: Gegenüberstellung Ausgestaltung der idealen Skiwelt und der Zufriedenheit mit der künstlichen Skiwelt (Auszug)

Physisch ästhetisch Innen			
Reale Skiwelt		**Künstliche Skiwelt**	
Holz	Wichtig/Positiv	Holz (österreichisch, landestypisch)	positiv ☆
Keine hohen Decken	Eher wichtig/ Positiv		
Kleine Fenster	Eher wichtig/ Positiv	Kleine Fenster (österreichisch, landestypisch)	Eher negativ
Große Tische	Eher wichtig/ Positiv	Große Tische (österreichisch, landestypisch)	Eher positiv ☆
		Kleine Tische (österreichisch, landestypisch)	Eher positiv ☆
Licht/Leuchten	Eher wichtig/ Positiv	Dunkel (österreichisch, landestypisch)	Eher negativ
Naturfarben/ Karos	Eher wichtig/ Positiv	Neonlicht (österreichisch, landestypisch)	positiv ☆
Liebevoll/- schlicht/einfach	Eher wichtig/ Positiv	Kleine Fensterläden in der Gastronomie	positiv ☆
		Gummimatten im Eingangsbereich	negativ

Legende: Die Sterne zeigen, welche Gestaltungselemente der künstlichen Skiwelt mit denen der realen Skiwelt übereinstimmen.

Um die Frage nach einem authentischen Gestaltungswunsch der Thematisierung der künstlichen Welt beantworten zu können, wurden die Idealvorstellungen von einem Skiort der Bewertung der thematischen Gestaltung der künstlichen Skihallen in einer Tabelle gegenübergestellt. Während die einzelnen Gestaltungselemente der realen Welt auf einer vierstufigen Skala in wichtig bis unwichtig und positiv bis negativ klassifiziert wurden, erfolgte bei der Bewertung der Ausgestaltung der künstlichen Welt eine Gruppierung in positiv bis negativ (Abbildung 3).

Aus Abbildung 3 kann entnommen werden, dass die Befragten die künstliche Skiwelt in Bezug auf die ästhetischen Ausgestaltungen immer dann positiv bewerteten, wenn sie dem Bild des realen Skiorts entsprachen und damit authentisch waren. Um im

Weiteren die Bedeutung der Disneyization herauszuarbeiten, konnte auf die Kodierungstabelle, die nach Abschluss der Inhaltsanalyse vorlag, zurückgegriffen werden. Diese umfasst in separaten Abschnitten Kodierungen zu den vier Komponenten der Disneyization. Die Relevanz von Theming, Dedifferentiation of Consumption, emotionaler Arbeit und Merchandising für die KonsumentInnen wurde anhand der Häufigkeiten und dem Detaillierungsgrad der Antworten festgestellt.

3.2.2 Means-End Chain Analyse

Bei der Analyse der Motive und deren Zusammenhang mit den Leistungsmerkmalen, d.h. Potenzialfaktoren der künstlichen Skiwelt, wurde die Auswertung der Daten und die Entwicklung der theoretischen Kodes[12] durch die gewählte Form der Interviewtechnik vereinfacht. Das Laddering (Reynolds/Gutman 1988) führte dazu, dass die Daten bereits in einer strukturierten Form, mit den Abhängigkeitsbeziehungen zwischen gewünschten Potenzialfaktoren und Motiven, vorlagen. Die Auswertung erfolgte in vier Schritten: Nach der Inhaltsanalyse lagen zunächst die Eigenschaften der Skiwelten, die Konsequenzen, die sich aus deren Vorhandensein ergaben sowie die Motive, die mit den Potenzialfaktoren befriedigt werden konnten, vor. Aus diesen wurden Leitern[13] für jedes Interview entwickelt, die in eine Implikationsmatrix eingetragen wurden. Diese bildete schließlich die Grundlage für die Hierarchie Value Map (HVM). Aufgrund der Komplexität des Produkts Skiwelt mussten die HVMs für praktisch-technische und für ästhetische Produkteigenschaften getrennt dargestellt werden, um die Übersichtlichkeit der Grafiken zu gewährleisten. Mit der Abbildung 4 wird die Verknüpfung von ästhetischen Potenzialfaktoren der künstlichen Skiwelt mit den Motiven, die durch die verschiedenen Produkteigenschaften der Erlebniswelt befriedigt werden, verdeutlicht.

Abbildung 4 zeigt, dass sich die ästhetischen Gestaltungskomponenten der Gastronomie, die qualitativ hochwertige österreichische Küche – Essen und Trinken –, eine authentische Gestaltung der Fensterfront und die lockere, legere Bekleidung des Personals umfassen, insbesondere eignen, um ein Urlaubserlebnis zu generieren. Analog zu dieser Vorgehensweise wurden auch die praktisch-technischen Gestaltungskomponenten ausgewertet.

---

12 Diese entwickeln sich insbesondere durch die Identifikation von Bedingungen, die anhand von Schlüsselwörtern wie „weil", „da", „wegen" oder „auf Grund von" erkannt werden können (Strauss 1994, 57).
13 Idealtypisch umfasst eine Leiter eine Produkteigenschaft, aus der eine Konsequenz und schließlich ein Motiv abgeleitet werden.

Daniela Lobin und Herlinde Maindok

Abbildung 4: Ästhetische Potenzialfaktoren einer künstlichen Skiwelt und deren Eignung zur Motivbefriedigung

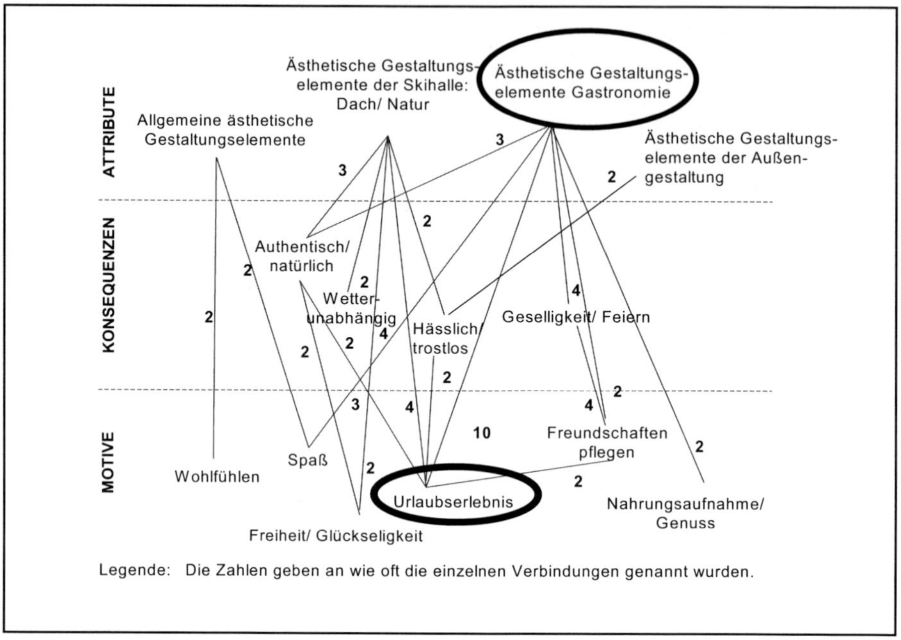

[Abbildung: Diagramm mit Attributen, Konsequenzen und Motiven. Attribute: Allgemeine ästhetische Gestaltungselemente, Ästhetische Gestaltungselemente der Skihalle: Dach/ Natur, Ästhetische Gestaltungselemente Gastronomie, Ästhetische Gestaltungselemente der Außengestaltung. Konsequenzen: Authentisch/ natürlich, Wetterunabhängig, Hässlich/ trostlos, Geselligkeit/ Feiern. Motive: Wohlfühlen, Spaß, Freiheit/ Glückseligkeit, Urlaubserlebnis, Freundschaften pflegen, Nahrungsaufnahme/ Genuss. Legende: Die Zahlen geben an wie oft die einzelnen Verbindungen genannt wurden.]

3.2.3 Zusammenfassung der Ergebnisse

Die Ergebnisse verdeutlichen, dass mit Theming, Dedifferentiation of Consumption und emotionaler Arbeit drei Komponenten der Disneyization auch aus Perspektive von KonsumentInnen für das Marketing von Erlebniswelten genutzt werden sollten, um diese erfolgreich zu gestalten. Das Merchandising spielt aus KonsumentInnenperspektive jedoch keine zentrale Rolle. Damit können Brymans (1999) Aussagen teilweise bestätigt werden. Allerdings ist hier eine differenzierte Betrachtung nötig.

3.3 Theming

Während die Bedeutung des Theming aus KonsumentInnenperspektive bestätigt werden kann, muss berücksichtigt werden, dass es sich beim Theming – nicht wie von Bryman angenommen – um eine von vielen wichtigen Gestaltungskomponenten handelt. Vielmehr zeigt die Forderung der KonsumentInnen nach einer übergreifenden abgestimmten Thematisierung, dass diese Komponente den zentralen Bestandteil der

Disneyization bildet. Alle weiteren Gestaltungskomponenten müssen dem Thema untergeordnet werden. Neben dem Vorhandensein des Theming spielt auch die möglichst perfekte Ausprägung der einzelnen Gestaltungselemente eine wichtige Rolle. Sie müssen das idealtypische Bild, des Themas aus Perspektive des Konsumenten/ der Konsumentinnen widerspiegeln, wobei die Befragten eine authentische Ausgestaltung des Themas in der künstlichen Welt fordern. Dabei bilden die Vorstellungen der KonsumentInnen von einem Thema, d.h. das Image eines Themas, das authentische Bild. Dies umfasst jedoch lediglich die stereotypen Merkmale des „Original"-Themas, wobei die Ausgestaltung dieser Merkmale perfekt sein muss. Das bedeutet nicht, dass die Originale in der künstlichen Welt vorhanden sein müssen. Die BesucherInnen sind bereits mit Artefakten, d.h. mit Kopien der Originale, zufrieden.

Die KonsumentInnen fordern ein Abbild des Originals, nicht aber eine künstliche Welt, die perfekter sein sollte als die reale Welt. Hier muss einschränkend darauf hingewiesen werden, dass bei den untersuchten künstlichen Skiwelten bereits das Original perfektioniert angeboten wird. Optimierte Sicherheit, aber auch bestmögliche Schneebedingungen durch Pistenpflege und Schneekanonen gehören ebenso zum Standard eines Skiorts wie der Versuch, in vielen Orten historische Bauweisen bei Neubauten nachzuahmen. Es wurde ebenfalls deutlich, dass den Befragten bewusst ist, dass eine Übertragung der Natur des Skiortes in einen geschlossenen Raum in der Qualität des Originals nicht möglich ist.

Da die unterschiedlichen Themen von Erlebniswelten hinsichtlich ihrer Ausführungsqualität im Original variieren, besteht die Möglichkeit, dass Konsumenten – abhängig vom gewählten Thema – auch variierende Vorstellungen über die authentische Gestaltung des Angebots haben.[14] Es liegt die Vermutung nahe, dass die Qualität des Originals Erwartungen an die künstliche Welt beeinflusst.

Obwohl die Äußerungen verschiedener AutorInnen (Lobin 2007, Kapitel 4) zur Thematisierung vermuten lassen, dass ausschließlich ästhetische Gestaltungskomponenten für den Erfolg einer Erlebniswelt verantwortlich sind, greift eine einseitige Konzentration auf ästhetische Gestaltungskomponenten zu kurz. Die Ergebnisse verdeutlichen, dass die zentralen Motive der KonsumentInnen nicht nur mit ästhetisch thematischer Ausgestaltung befriedigt werden. Die KonsumentInnen möchten in der Erlebniswelt Spaß haben und dem Alltag entfliehen. Der Spaß wird jedoch durch praktisch-technische Gestaltungsaspekte wie der Piste einer künstlichen Skiwelt generiert. Diese ermöglichen eine aktive Teilnahme, wodurch das Partizipationsmotiv befriedigt werden kann, das wiederum auf das Motiv Spaß wirkt. Während in der künstlichen Skiwelt die Skipiste diese Funktion übernimmt, ist zu vermuten, dass auch die Gestaltungskomponenten anderer Erlebniswelten eine aktive Teilnahme der BesucherInnen

---

[14] Während die Skiorte bereits stark perfektioniert wurden, um dem Touristen ein optimales Angebot zu bieten, sind beispielsweise im realen Dschungel gerade Aspekte wie Sicherheit und Bequemlichkeit weitaus weniger gegeben. Somit umfasst das Thema Dschungel in der natürlichen Umsetzung Gefahren durch Flora und Fauna, die sich kaum ausschließen lassen.

bieten sollten. Damit KonsumentInnen in der Erlebniswelt auch dem „Alltag entfliehen" können, muss der Anbieter gleichzeitig ein Umfeld schaffen, dessen Betrachtung die Fantasie der KonsumentInnen anregt. Ermöglicht wird dies insbesondere durch die Verwendung der ästhetischen Gestaltungskomponenten des Theming.

3.4 Emotional Labor

Auch die Bedeutung von emotionaler Arbeit wird aus Sicht der KonsumentInnen bestätigt. Diese erwarten von den MitarbeiterInnen, dass diese ihre Emotionen unter Kontrolle haben. Die bisherigen empirischen Untersuchungen erlaubten keine eindeutige Aussage darüber, welche Ausprägungsanforderungen an die emotionale Arbeit in Erlebniswelten gestellt werden sollten. Das beruht hauptsächlich darauf, dass die Ergebnisse je nach untersuchter Bezugsgruppe variieren. Umso erstaunlicher ist es, dass die hier befragten BesucherInnen der künstlichen Skiwelten Aussagen über das Verhalten von MitarbeiterInnen im allgemeinen machten. So wurde bei der Inanspruchnahme einer entgeltlichen Leistung die freundliche Behandlung durch die MitarbeiterInnen erwartet. Einzelne BesucherInnen artikulierten explizit, dass dies im zwischenmenschlichen Kontakt mit den MitarbeiterInnen eines Anbieters immer eine zentrale Forderung ist.

Darüber hinaus kann belegt werden, dass von den MitarbeiterInnen einer Erlebniswelt unterschiedliche Ausprägungen von Emotionaler Arbeit erwartet wurden. So sollte im Kassenbereich der künstlichen Skiwelt eine fast neutrale Verhaltensweise gezeigt werden, während vom Skiverleih bis hin zur Gastronomie und dem Après-Ski-Bereich eine besondere Freundlichkeit bis hin zur Animation gewünscht wurde. Es scheint, dass sich die Stimmung der MitarbeiterInnen an die der KonsumentInnen anpassen muss. Mit der Veränderung der eigenen Stimmung geht dann auch eine veränderte Rollenerwartung einher. Daher sind im Gastronomie- bzw. Après-Ski-Bereich die Anforderungen an emotionale Arbeit höher als in den sonstigen Dienstleistungsbereichen der Erlebniswelt.

Gleichzeitig wünschen sich deutsche KonsumentInnen auch in den Erlebnisbereichen keine *have a nice day culture*. Freundlichkeit und Animation dürfen nicht aufgesetzt oder künstlich wirken. Neben den variierenden Rollenerwartungen zeigt die Befragung auch, dass die Bedeutung, die den ästhetischen bzw. praktisch-technischen Komponenten von emotionaler Arbeit zugeschrieben wird, ebenfalls rollenabhängig ist. Der gewünschte Ausprägungsgrad der ästhetischen Komponente variiert nicht nur mit der Häufigkeit und Dauer des Kontaktes mit den KundInnen, sondern auch mit der für die Tätigkeit notwenigen Kompetenz. So kommt der ästhetischen Komponente von emotionaler Arbeit speziell dann eine größere Bedeutung zu, wenn die Kompetenz des Mitarbeiters/der Mitarbeiterin, d.h. die praktisch-technische Komponente für seine/ihre Aufgabe eine untergeordnete Rolle spielt.

3.5 Dedifferentiation of Consumption

Die Dedifferentiation of Consumption sollte ebenso wie das Theming und die emotionale Arbeit auch aus Perspektive der KonsumentInnen bei der Ausgestaltung einer Erlebniswelt berücksichtigt werden. Der Konsument bzw. die Konsumentin wünscht sich, dass unterschiedliche Konsumangebote in unmittelbarer Nähe zueinander vorhanden sind. Allerdings wünscht er/sie kein sehr stark diversifiziertes Angebot. Die KonsumentInnen fragten zwar mit dem Gastronomie- bzw. dem Après-Ski-Bereich einen Leistungsbereich sehr stark nach, der keinen direkten Zusammenhang zum Sporttreiben im Pistenbereich aufweist. Gleichzeitig wurden Konsumangebote wie der Kauf von Sportartikeln oder von Reisen nicht als sinnvolle Erweiterung der Produktpalette der künstlichen Skiwelt gesehen. Vielmehr scheint es dem Konsumenten bzw. der Konsumentin wichtig zu sein, dass sich die Konsumangebote sinnvoll ergänzen. Der Skiverleih spielt beispielsweise in der künstlichen Skiwelt als ergänzendes Angebot eine Rolle. Eine Serviceleistung, die vom Besucher bzw. von der Besucherin insbesondere aus Bequemlichkeitsgründen nachgefragt wird. Zudem erlaubt die Dedifferentiation of Consumption die Befriedigung unterschiedlicher Konsummotive, wie etwa „Spaß", „aus dem Alltag fliehen" und „Erlebnis gemeinsam mit Freunden". Dies erfordert zwei sehr unterschiedliche Ausgestaltungskomponenten. Neben der sportlichen Aktivität muss Raum für das Erlebnis mit FreundInnen vorhanden sein. Während erstes in der hier betrachteten Erlebniswelt durch die Piste sichergestellt werden sollte, sind letztere in der Gastronomie möglich. Die Gastronomie bildet neben der Piste den wichtigsten Bestandteil der künstlichen Skiwelt. Hier legen die KonsumentInnen jedoch besonderen Wert auf eine thematisch abgestimmte Gestaltung. Daraus lässt sich ableiten, dass die „dedifferenzierten" Angebote in einem sinnvollen Konsumzusammenhang stehen müssen, auch wenn sie unterschiedliche Konsumsituationen ermöglichen.

Es muss jedoch angemerkt werden, dass sich die Bedeutung der Dedifferentiation of Consumption für Erlebniswelten allgemein nur begrenzt aus dieser Studie ableiten lässt. Die mangelnde Nachfrage nach weiteren Konsumangeboten lässt sich eventuell mit dem spezifischen Thema der künstlichen Skiwelten erklären. So bedingt der Besuch einer künstlichen Skihalle bereits ein sehr spezielles Interesse an einem konkreten Angebot. Damit werden die individuellen Bedürfnisse der BesucherInnen bereits durch ein eher enges Sortiment befriedigt. Darüber hinaus benötigen die BesucherInnen einige Zeit, um die richtige Kleidung zum Skifahren oder Snowboarden anzuziehen und die geliehene Ausrüstung zusammenzustellen. Somit nimmt bereits die Vorbereitung einige Zeit in Anspruch. Hinzu kommt die Zeit, die auf der Piste verbracht wird. Mithin dürfte bei einem Halbtages- oder Tagesausflug relativ wenig Zeit für weitere Aktivitäten bleiben. Außerdem besteht das Problem, dass die Skibekleidung wegen der Temperaturen im Pistenbereich nötig, aber im restlichen Bereich der Halle zu warm ist. Somit ist es für den Konsumenten bzw. die Konsumentin relativ aufwändig und wenig komfortabel, sowohl Ski zu fahren als auch einzukaufen.

Daniela Lobin und Herlinde Maindok

3.6 Merchandising

Anders als das Theming, die emotionale Arbeit und die Dedifferentiation of Consumption spielt das Merchandising laut dieser Studie für die erfolgreiche Gestaltung einer Erlebniswelt aus Kundenperspektive keine Rolle. Dies lässt sich möglicher Weise damit erklären, dass das Merchandising dem Besucher/der Besucherin während des Besuchs der Erlebniswelt keinen Mehrwert bietet, während die anderen drei Komponenten wichtige Bestandteile der Dienstleistungserbringung bilden. Sie gehen als Potenzialfaktoren in den Dienstleistungsprozess mit ein und haben damit einen direkten Einfluss auf die Qualität der Dienstleistung.

Die Merchandisingprodukte hingegen entfalten ihren Nutzen für KonsumentInnen erst in der Nachkaufphase, d.h. nach dem Besuch der Erlebniswelt, wobei der Nutzen der Merchandisingprodukte – wie in dieser Befragung deutlich wurde – an zwei Kriterien gebunden ist. Hierbei handelt es sich zum einen um eine direkte Anforderung an das Merchandisingprodukt: Es muss einen Gebrauchsnutzen aufweisen. Zum anderen wirkt ein indirekter Effekt auf die Attraktivität von Merchandisingprodukten: Erst wenn der Konsument bzw. die Konsumentin sich mit der Erlebniswelt identifizieren kann und mit ihr in Verbindung gebracht werden möchte, wird er/sie die Produkte nachfragen. Dies ist nur dann der Fall, wenn die Erlebniswelt auch von anderen Menschen – die die BesucherInnen Wert schätzen – als etwas Besonderes bezeichnet wird. Die Erlebniswelt wird dann zur Marke. Erfolgreiche Konzepte wie Disney und die Hard-Rock Cafés sind bereits Marken, die vom Konsumenten bzw. der Konsumentin bevorzugt werden. Der Kunde bzw. die Kundin identifiziert sich mit der Marke und möchte sich selbst mit ihr inszenieren. Laut Aussage der hier befragten Personen ist es in diesem Zusammenhang wichtig, dass es sich bei den Marken bzw. den besuchten touristischen Orten um etwas Außergewöhnliches handelt. Sie werden mit Erlebnissen verbunden, die nicht alltäglich sind und an die sich der Konsument bzw. die Konsumentin auch durch den Besitz der Merchandisingprodukte erinnern möchte. Ein wichtiger Grund für die mangelnde Nachfrage nach Merchandisingprodukten in der künstlichen Skiwelt ist der Umstand, dass die künstlichen Skiwelten von den BesucherInnen nicht als etwas Besonderes empfunden werden. Die Hallen kann jeder besuchen, wodurch der Besucher bzw. die Besucherin der Halle nicht das Gefühl hat, an einem besonderen Ort zu sein. So erlaubt der Schwierigkeitsgrad der Piste, Anfängern bzw. Anfängerinnen Ski zu laufen und die Kosten des Hallenbesuchs sind im Vergleich zum Skiurlaub niedrig. Ferner können die Hallen wegen der räumlichen Nähe jederzeit besucht werden.

Gleichzeitig kann auf Basis der durchgeführten Untersuchung nicht abgeleitet werden, dass eine Erlebniswelt aufgrund fehlender Nachfrage nach Merchandisingprodukten nicht erfolgreich sein kann. Auch wenn KonsumentInnen keine Merchandisingprodukte in der Erlebniswelt nachfragen, kann diese häufig besucht werden, wenn sie durch die erbrachte Dienstleistung vor Ort überzeugt. Bei dem Besuch der Skiwelten ging es für die Befragten dieser Untersuchung darum, ein anderes Erlebnis – den Skiurlaub im realen Skiort – geistig wieder zu beleben. Der Besuch der Skihalle wird weniger als eigenständiges Erlebnis gesehen. Es ist zu vermuten, dass erst mit der Nachfrage der Erlebniswelt als Haupterlebnis auch die Nachfrage nach Merchandisingprodukten entsteht. In diesem Zusammenhang kann die Nachfrage nach Merchandisingprodukten dann ein Qualitätsindikator für eine Erlebniswelt sein.

4 Literatur

Antonides, G./van Raaij, F. W. (1998): Consumer Bahaviour. A European Perspective. Chichester.
Balderjahn, I./Will, S. (1998): Laddering: Messung und Analyse von Means-End Chains. In: Marktforschung und Management, Jg. 42, Nr. 2, 68-71.
Bazeley, P./Richards, L. (2000): The Nvivo Qualitative Project Book. London et al.
Berlyne, D. E. (1971): Aesthetics and Psychobiology. New York.
Botschen, G./Thelen, E. (1998): Hard versus Soft Laddering: Implications for Appropriate Use. In: Balderjahn, I., Mennicken, C., Vernette, E. (eds.): New Developments and Approaches in Consumer Behaviour Research. Stuttgart, 321-339.
Bruhn, M. (1997): Qualitätsmanagement für Dienstleistungen. Grundlagen, Konzepte, Methoden. 2. Auflage. Berlin.
Bryman, A (1999): The Disneyization of Society. In: The Editorial Board of the Sociological Review, vol. 47, no. 1., 25-47.
Cicourel, A. V. (1970): Methoden und Messung in der Soziologie. Frankfurt am Main.
Dreyer, C. (1981): Zur Semiotik des architektonischen Funktionalismus. In: Lange-Seidl, A. (Hrsg.): Zeichenkonstitution. Band II. Berlin, New York, 238-243.
Grunert, K. G./Bader, M. (1986): Die Weiterverarbeitung qualitativer Daten durch computerunterstützte Inhaltsanalyse. In: Marketing ZFP, Heft 4, 238-247.
Grunert, K. G./Grunert, S. C. (1995): Measuring Subjective Meaning Structures by the Laddering Method: Theoretical Considerations and Methodological Problems. In: International Journal of Research in Marketing, vol. 12, no. 3, 209-225.
Hochschild, A. (1990): Das gekaufte Herz. Frankfurt am Main et al.
Homburg, C./Werner, H. (1998): Kundenorientierung mit System. Frankfurt am Main.
Kools, S./McCarthy, M./Durham, R./Robrecht, L. (1996): Dimensional Analysis: Broadening the Conception of Grounded Theory. In: Qualitative Health Research, vol. 6, no. 3, 312-330.
Krippendorf, K., 1980: Content Analysis. Beverly Hills.
Kroeber-Riel, W./Weinberg, P. (2003): Konsumentenverhalten. München.
Lisch, R./Kriz, J. (1978): Grundlagen und Modelle der Inhaltsanalyse. Reinbek bei Hamburg.
Lobin, D. (2007): Kundenanforderungen an Erlebniswelten – Bedeutung der Disneyization für künstliche Skiwelten. Hamburg.
Mayring, P. (1983): Qualitative Inhaltsanalyse. Weinheim.
Mayring, P. (1997): Qualitative Inhaltsanalyse. 6. durchgesehene Auflage. Weinheim.
Mey, G. (2000): Interpretationsspielräume erkennen und nutzen – Reflexionen zum Sinnverstehen [21 Aufsätze]. In: Forum Qualitative Sozialforschung/Forum: Qualitative Social Research

[Online Journal], vol.1/2, http://qualitative-research.net/fqs/fqs-d/2-00inhalt-d.htm [Zugriff: 12.01.2003].

Miles, M. B./Huberman, A. M. (1994): Qualitative Data Analysis – An Expanded Sourcebook. Newbury Park.

Nerdinger, F. W. (1998): Interaktionsmanagement – Verbale und nonverbale Kommunikation als Erfolgsfaktoren in den Augenblicken der Wahrheit. In: Meyer, A. (Hrsg.): Handwörterbuch Dienstleistungsmarketing. Bd. II. Stuttgart, 1177-1193.

Reynolds, T. J./Gutman, J. (1988): Laddering Theory, Method, Analysis, and Interpretation. In: Journal of Advertising Research, February/March, 13-34.

Schatzman, L. (1991): Dimensional Analysis: Notes on an Alternative Approach to the Grounding of Theory in Qualitative Research. In: Maines, D. R. (ed.): Social Organisation and Social Process. New York, NY.

Schulze, G. (1992): Die Erlebnisgesellschaft. 2. Auflage. Frankfurt am Main.

Spiggle, S. (1994): Analysis and Interpretation of Qualitative Data in Consumer Research. In: Journal of Consumer Research, vol. 21, 491-503.

Strauss, A. L. (1987): Qualitative Analysis for Social Scientists. Cambridge, UK.

Strauss, A. L. (1994): Grundlagen qualitativer Sozialforschung. München.

Strauss, A.L./Corbin, J. (1998): Grounded Theory Methodology. In: Denzin, N. K./Lincoln, Y. S. (eds.): Strategies of Qualitative Inquiry. Thousand Oaks, 158-183.

Shuler, S./Sypher, B. D. (2000): Seeking Emotional Labor. In: Management Communication Quarterly, vol. 14, no. 1, 50-89.

Wallendorf, M./Belk, W. (1989): Assessing Trustworthiness in Naturalistic Consumer Research. In: Hirschmann, C. E. (ed.): Interpretive Consumer Research, Chicago, 69-84.

Witzel, A. (1982): Verfahren der qualitativen Sozialforschung. Frankfurt am Main, New York.

Witzel, A. (2000): Das problemzentrierte Interview [26 Absätze]. In: Forum Qualitative Sozialforschung/Forum: Qualitative Social Research [Online Journal], vol. 1/1, http://www.qualitative-research.net/fqs/fqs.htm [Zugriff: 12.01.2003].

Zeithaml, V./Parasuraman, A./Berry, L. L. (1992): Qualitätsservice. Frankfurt am Main.

Ralf Bohnsack

Dokumentarische Bildinterpretation
Am exemplarischen Fall eines Werbefotos

1 Einleitung 953
2 Ikonologie, Ikonik und dokumentarische Methode 954
3 Die Arbeitsschritte der dokumentarischen Bildinterpretation 959
    3.1 Formulierende Interpretation 960
    3.2 Reflektierende Interpretation 961
4 Exemplarische Interpretation eines Werbefotos 965
    4.1 Formulierende Interpretation 965
        4.1.1 Vor-ikonografische Interpretation 965
        4.1.2 Ikonografische Interpretation 965
    4.2 Reflektierende Interpretation 966
        4.2.1 Formale Komposition 966
        4.2.2 Ikonologisch-ikonische Interpretation 968
            4.2.2.1 Die rechte Gruppe 968
            4.2.2.2 Die linke Gruppe und das Verhältnis der Gruppen zueinander 970
        4.2.3 Bild-Text und Bild-Logo 972
    4.3 Zusammenfassung 973
5 Literatur 976

1 Einleitung

Die zunehmende Bedeutung von Bildern in der öffentlichen, genauer: der medialen Kommunikation und damit auch im Bereich der Werbung ist unbestritten. Dies gilt nicht nur für Bildmedien im engeren Sinne, also Film und Fernsehen, sondern auch für die Zeitschriftenwerbung.[1] Trotz des enormen Bedeutungszuwachses des Bildhaften in der kommunikativen Verständigung ist die Bildinterpretation in der modernen sozialwissenschaftlichen Empirie eine Marginalie geblieben. Der „iconic" oder „pictorial turn" (Mitchell 1994, 1997) ist im sozialwissenschaftlichen Forschungsalltag noch nicht angekommen. Und auch in der Werbewissenschaft wird „Bildforschung", wie Schierl (2005, 309) konstatiert, „weiterhin kaum in einem der Bedeutung des Gegenstandes angemessenen Umfang betrieben. Dies mag damit zusammenhängen, dass Bilder in der Gesellschaft vorwiegend wegen ihres Unterhaltungswertes geschätzt, aber bezüglich ihres Beeinflussungspotentials absolut unterschätzt werden."

Das „Beeinflussungspotential" des Bildes kann aber überhaupt erst adäquat eingeschätzt werden, wenn es gelingt, einen Zugang zu seiner tiefer liegenden Semantik zu gewinnen, also zu einer Sinnebene, die über eine bloße Beschreibung des Bildes hinausgeht. Und es ist häufig das Werbefoto, an dessen Beispiel derartige tiefer gehende Interpretationen exemplarisch entfaltet worden sind – so u.a. von den beiden prominenten Vertretern der Semiotik: Umberto Eco (1994) und Roland Barthes (1990).[2] Für die sozialwissenschaftliche Empirie mit ihren Anforderungen an Gültigkeit und methodische Kontrolle stellt der interpretative Zugang zur Semantik des Bildes weiterhin eine der größten Herausforderungen dar. Es ist evident, dass diese methodischen Probleme nicht – oder allenfalls am Rande – auf der Basis standardisierter Verfahren zu bewältigen sind. Es sind vor allem die qualitativen oder rekonstruktiven Verfahren, die sich den Herausforderungen des Bildes zu stellen haben. Allerdings haben wir es in den qualitativen Methoden mit einer paradox anmutenden Entwicklung zu tun: Denn die Etablierung und Verfeinerung der qualitativen Methoden in den letzten 25 Jahren haben in zunehmendem Maße zu einer Marginalisierung des Bildes geführt, da diese Weiterentwicklung mit der Dominanz text-interpretativer Verfahren und einer ‚Textfixierung' qualitativer Methodologien einherging.

Im Zuge der Bewältigung derartiger theoretischer, methodologischer und forschungspraktischer Aufgaben der Bildinterpretation könnte sich „die theoretische Marginalität der Kunstgeschichte durchaus in eine Position des intellektuellen Zentrums wandeln",

---

[1] So konnte Wehner (1996, 76ff) am Beispiel der Berliner Illustrierten Zeitung (1900-1944) und des Stern (1949-1992) zeigen, dass sowohl der Anteil von bebilderten Inseraten als auch der Anteil der Bilder an der Gesamtfläche der Inserate deutlich zugenommen hat

[2] Roland Barthes (1990, 29ff) erläutert seine Differenzierung von unterschiedlichen Botschaften des Bildes am Beispiel der Pasta Panzani-Werbung, und Umberto Eco (1994, 267ff) gibt uns Einblicke in unterschiedliche Ebenen der Botschaft, u.a. am Beispiel der Camay-, der VW- und der Knorr-Werbung.

Ralf Bohnsack

wie Mitchell (1997, 17) konstatiert, der die Besonderheiten des von ihm so genannten „pictorial turn" tief durchleuchtet hat (Mitchell 1994, 1997). Denn im Bereich der Kunstgeschichte sind Probleme der Interpretation visueller Repräsentationen in umfassender Weise diskutiert worden. Vom Kunsthistoriker Erwin Panofsky stammt dann auch das wohl anspruchsvollste und zugleich einflussreichste Modell der Bildinterpretation. Der von Panofsky entworfene Wechsel der Analyseeinstellung von Ikonografie zu Ikonologie war für die Kunstgeschichte von bahnbrechender Bedeutung.

2 Ikonologie, Ikonik und dokumentarische Methode

Mit diesem Wechsel der Analyseeinstellung folgte Panofsky – wie er selbst explizit dargelegt hat (Panofsky 1932, 115) – der „dokumentarischen Methode" von Karl Mannheim (1964) und damit auch dessen Differenzierung von dokumentarischem und immanentem Sinngehalt. Indem Panofsky als Kunsthistoriker mit seinem Bezug auf Mannheims Wissenssoziologie selbst an Elemente einer anspruchsvollen sozialwissenschaftlichen Methodologie angeschlossen hat, ergibt sich für die Entwicklung einer sozialwissenschaftlichen Methodik der Bildinterpretation eine äußerst günstige Konstellation. Panofskys Relevanz für die Sozialwissenschaft ist auch durch die Arbeiten von Bourdieu (1970) nachhaltig bestätigt worden, nicht nur mit Bezug auf die – ursprünglich von Panofsky stammende – Konzeption des „Habitus", sondern auch, indem Bourdieu die Relevanz der Ikonologie als sozialwissenschaftliche Methodologie unterstreicht.

Allerdings hat diese besondere Leistung von Panofsky – nämlich den Habitus bzw. den Dokumentsinn (bspw. einer Epoche wie der Renaissance) aus den Analogien oder Homologien *unterschiedlicher* Medien, unterschiedlicher Darstellungs- oder Kunstgattungen (von der Literatur über die Malerei und Architektur bis zur Musik) dieser Epoche zu rekonstruieren – auch eine Kehrseite. Denn da Panofsky mit seiner Ikonologie nicht primär an jenen Sinngehalten interessiert ist, die nur durch das Bild, sondern an jenen, die unter anderem *auch* durch das Bild zu vermitteln sind, stellt sich die – von Imdahl (1996a, 89) prägnant formulierte – Frage, wo dann noch das Besondere des Mediums Bild, der Ikonizität in den Interpretationen von Panofsky zu finden sei.

■ Der Zugang zur Eigenlogik und Eigensinnigkeit des Bildes

Nicht nur im Bereich der Kunstgeschichte und hier vor allem bei Max Imdahl (1979, 1996a, b), sondern auch im Bereich der Semiotik (Barthes 1990, Eco 1994) und der Philosophie (Foucault 1971) kreisen grundlegende Auseinandersetzungen mit dem Bild und dessen Interpretation in fokussierter Weise um die Frage, wie es gelingen kann, dem Bild in seiner Eigenlogik und Eigensinnigkeit gerecht zu werden. Es geht darum, das Bild als „ein nach immanenten Gesetzen konstruiertes und in seiner Eigengesetzlichkeit evidentes System" (Imdahl 1979, 190) erschließen und den Besonderheiten des ikonischen Codes, des Visuellen, interpretativ Rechnung tragen zu können. Insbesondere stellt sich hier das Problem, den Blick auf diese Besonderheiten und auf die Eigensinnigkeit nicht durch ein sprachlich-narratives (Vor-) Wissen von vornherein zu verstellen. Wenn man „die Beziehung der Sprache und des Sichtbaren offen halten will, wenn man nicht gegen, sondern ausgehend von ihrer Unvereinbarkeit sprechen will" (Foucault 1971, 38), muss man im Sinne von Roland Barthes (1990, 37) die „Konnotationszeichen", also das (im Wesentlichen) sprachlich-textliche Vorwissen, „ausgelöscht" bzw. suspendiert haben. Korrespondierend fordert der Kunsthistoriker Imdahl (1996b, 435), dass das textlich-narrative (Vor-)Wissen um den Bildinhalt „methodisch verdrängt" werden müsse.

Trotz dieser transdisziplinären Übereinstimmungen in der erkenntnistheoretischen Reflexion (Bohnsack 2001a, 2003a) liegt eine Umsetzung dieser Erkenntnisse in eine methodische Verfahrensweise, welche den Ansprüchen der Sozialwissenschaften als empirischen Wissenschaften gerecht zu werden vermag, nicht oder nur in ersten Ansätzen vor. Insbesondere wurde und wird in der qualitativen Forschung nicht unterschieden zwischen einer (textförmigen) Verständigung *über* das Bild und einer (textunabhängigen) Verständigung *durch* das Bild, d.h. im Medium der Bildhaftigkeit, der Ikonizität selbst (genauer dazu: Bohnsack 2003a).

In der Kritik an der unzureichenden Berücksichtigung der Eigenlogik des Bildes bei Panofsky hat Imdahl auch die reduzierte Bedeutung von „Formen" und „Kompositionen" in dessen Ikonologie kritisiert. Diese seien bei Panofsky auf die Funktion reduziert, die (natürlichen) Gegenständlichkeiten des Bildes und die ikonografischen Narrationen (z.B. der biblischen oder heilsgeschichtlichen Texte) wieder erkennbar zu gestalten. Demgegenüber kann eine Bildinterpretation sich nur dann in optimaler Weise vom textlich-narrativen (Vor-)Wissen freihalten und der Eigensinnigkeit und Eigengesetzlichkeit des Bildes gerecht werden, wenn dessen (formale) *Gesamtkomposition* in den Blick genommen wird. Während wir im Common Sense dazu neigen, einzelne Elemente des Bildes herauszugreifen, zwingt uns die Rekonstruktion der *formalen*, insbesondere der „planimetrischen Komposition" (Imdahl 1996a), gleichsam dazu, diese Elemente nicht isoliert, sondern grundsätzlich immer im Ensemble der anderen Elemente zu interpretieren. Imdahl hat in diesem Sinne die von ihm so genannte „Ikonik" entwickelt. – Mit der dokumentarischen Bildinterpretation geht es uns darum, aufbauend auf der Ikonologie von Panofsky auch die Erkenntnisse der Ikonik von Imdahl und dessen methodische Strategien für die *sozialwissenschaftliche* Empirie relevant werden zu lassen und die formale Gesamtkomposition des Bildes in den Blick zu nehmen.

■ Die Differenzierung von abbildenden und abgebildeten BildproduzentInnen

Wenn es uns – u.a. mit Hilfe der Rekonstruktion der Formalstruktur – gelingt, einen Zugang zum Bild (bspw. einem Familienfoto) als eigengesetzlichem oder selbstreferentiellem System zu erschließen, dann eröffnet sich uns auf diese Weise auch ein systematischer Zugang zur Eigengesetzlichkeit des Erfahrungsraums der BildproduzentInnen (bspw. einer Familie) und zu deren *Habitus*. Da wir es hier aber mit zwei grundsätzlich unterschiedlichen Dimensionen oder Arten von BildproduzentInnen zu tun haben, ergeben sich daraus Anforderungen an die Bildinterpretation von erheblicher Komplexität (vgl. Bohnsack 2001a, 2003a, b): Auf der einen Seite haben wir die (wie ich es nennen möchte) *abbildenden* BildproduzentInnen (u.a. Fotografen und andere Akteure der Bildgestaltung hinter der Kamera und nach der fotografischen Aufzeichnung). Auf der anderen Seite haben wir die *abgebildeten* BildproduzentInnen, also die Personen, Wesen oder sozialen Szenerien, die zum Sujet des Bildes gehören bzw. *vor* der Kamera agieren.[3]

Die sich aus der komplexen Relation dieser beiden unterschiedlichen Arten von BildproduzentInnen ergebenden methodischen Herausforderungen gilt es zu bewältigen. Dies ist dann weitgehend unproblematisch, wenn abgebildete und abbildende BildproduzentInnen zu demselben Erfahrungsraum gehören, also beispielsweise die Fotografin der Familie selbst eines ihrer Mitglieder ist. Da sich diese Probleme insbesondere im Bereich der Fotointerpretation stellen, sind sie von den Kunsthistorikern Panofsky und Imdahl nicht bearbeitet worden. Für eine sozialwissenschaftliche Methodik der Bildinterpretation stellen sie eine große Herausforderung dar.

■ Die Suspendierung des textlich-narrativen Vor-Wissens und die Rekonstruktion der Formalstruktur

Weitere und noch bedeutsamere Herausforderungen für die Entfaltung einer sozialwissenschaftlichen Methodik der Bildinterpretation ergeben sich allerdings (wie bereits angesprochen) hinsichtlich der Suspendierung von Bereichen des textlich-narrativen Vor-Wissens und der Rekonstruktion der Formalstruktur des Bildes. Die Interpretationen von Panofsky waren, wie dargelegt, von vornherein mit Anschlüssen an die sozialwissenschaftliche Methodologie versehen, denn seine Ikonologie ist auf die Repräsentationen historischer (epochaler) und somit auch kultureller und milieuspezifischer Strukturen im Sinne des Habitus gerichtet. Da die Ikonik von Imdahl ganz wesentlich an der Ästhetik orientiert ist, muss die von ihm in diesem Zusammenhang geforderte und forschungspraktisch realisierte Rekonstruktion der formalen Komposition des Bilds in ihrer sozialwissenschaftlichen Relevanz methodisch teilweise neu entfaltet werden.

Die dokumentarische Methode, wie ich sie als qualitative Methodik ursprünglich im Bereich der Textinterpretation entwickelt habe, bietet allerdings von ihrer methodologischen Grundausstattung gute Voraussetzungen für eine Integration derartiger formalästhetischer Elemente. Denn es hat sich auch im Bereich der Textinterpretation be-

---

[3] Inwieweit uns die Interpretationen von Bildern Aufschlüsse über den Habitus der *RezipientInnen* zu geben vermögen, ist auf der Grundlage von Gruppendiskussionen, der dokumentarischen Methode und der Ikonologie Panofskys von Michel (2006a, b) herausgearbeitet worden.

reits gezeigt, dass wir den Präsentationen der Erforschten in ihrer Eigensinnigkeit nur dann gerecht werden können, wenn wir ihre sprachlichen bzw. textlichen Darstellungen im Kontext formaler Strukturen alltäglicher Kommunikation und somit in ihrer ‚Alltagsästhetik' Rechnung zu tragen vermögen. Auch im Bereich der Textinterpretation gilt es, den – von den TextproduzentInnen intuitiv selbst hergestellten – *Gesamt*-Kontext zu berücksichtigen. So wird eine Äußerung bspw. erst im Kontext der ‚kommunikativen Gattung' Erzählung adäquat interpretierbar, die ihrerseits im Kontext einer Diskussion unter Jugendlichen produziert worden ist und sich demzufolge in ihrer (milieuspezifischen) Bedeutung nur unter Berücksichtigung des Kontextes der Reaktionen (Redebeiträge) der anderen Diskurs-Beteiligten (der Diskursorganisation) erschließt.

Dabei dient die Rekonstruktion der Formalstruktur im Sinne der dokumentarischen Methode nicht allein der adäquaten *Kontextuierung* der einzelnen Elemente des Textes oder des Bildes, welche Voraussetzung dafür ist, zur tiefer liegenden Semantik vorzudringen. Die Rekonstruktion der formalen Komposition ermöglicht zugleich eine wechselseitige Validierung von Form und Inhalt, von propositionaler und performatorischer Struktur, indem Homologien herausgearbeitet werden können zwischen der (formalen) Sinnstruktur des Darstellungs- oder Gestaltungsprozesses und jener (inhaltlichen) Sinnstruktur, die Gegenstand der Darstellung ist (Bohnsack 2005b).

- Simultanstruktur des Bildes, Sequenzialität des Textes und komparative Analyse

Die Rekonstruktion der Formalstruktur des Bildes, welche uns erst den Zugang zum Bild in der Totalität seiner Gesamtstruktur eröffnet, ist auch bestimmend für die spezifische Zeitlichkeit der ikonologischen bzw. ikonischen Interpretation, welche Imdahl (1996a, 23) als diejenige der „Simultanstruktur" charakterisiert: „Vermöge seiner planimetrisch geregelten Komposition ist das Bild eine vom Künstler erschaffene, in seiner Ganzheitlichkeit invariable und notwendige, das heißt alles auf alles und alles aufs Ganze beziehende Simultanstruktur. (...): Das Ganze ist von vornherein in Totalpräsenz gegeben." Dabei ist allerdings zu betonen (denn dies wird oft missverstanden), dass *Simultaneität* in dem hier verstandenen Sinne nicht den Modus der sinnlichen Wahrnehmung meint, also nicht ein wahrnehmungs-psychologisches Phänomen, sondern vielmehr ein Phänomen der Semantik der interpretativen Sinnbildung. Der Zugang zur Ganzheitlichkeit im Modus der Simultaneität ist also eine (den Erfordernissen der Bildlichkeit entsprechende) Variante des hermeneutischen Zirkels, des zirkelhaften Oszillierens zwischen Teil und Ganzem. Der interpretative Zugang zur Ganzheitlichkeit ist allerdings nicht – oder wohl eher selten – unmittelbar gegeben. Vielmehr muss man sich diesen Zugang erarbeiten. Der Weg hin zu einer die Totalität des Bildes erfassenden Simultaneität kann also durchaus sukzessive und sequentiell vonstatten gehen. Für die Methodisierung der Bildinterpretation ist die Sequenzierung notwendige Voraussetzung.

Allerdings steht ein Interpretationsverfahren, welches der Eigensinnigkeit der Bildhaftigkeit auf dem Wege der Rekonstruktion der Simultanstruktur gerecht werden will, im Gegensatz zu einer Vorgehensweise, welche die Konstitution semantischer Strukturen als grundsätzlich sequenziell oder sequenzanalytisch fundiert versteht. Bekanntermaßen stellt aber für alle neueren qualitativen Methoden der Textinterpretation die *Sequenzanalyse* ein zentrales methodisches Prinzip dar. Sobald wir dieses Prinzip direkt auf das Bild zu übertragen suchen (wie dies beispielsweise in der objektiven Hermeneutik geschieht), zielen wir an der Eigensinnigkeit des Bildes vorbei.

Erfolg versprechender erscheint es, prinzipieller anzusetzen und die Frage zu stellen, in welchem generellen methodischen Prinzip die Sequenzanalyse ihrerseits fundiert ist, um dann von dieser prinzipielleren Ebene her Gemeinsamkeiten und Unterschiede der Bild- und Textinterpretation zu begründen. Dieses generellere Prinzip ist dasjenige der Operation mit Vergleichshorizonten: das Prinzip der *komparativen Analyse*. Die Sequenzanalyse stellt lediglich eine der möglichen Ausprägungen der erkenntnis-generierenden Methodik der Operation mit Vergleichshorizonten dar. Die Bedeutung der komparativen Analyse für das Feld der Textinterpretation zeigt sich bspw. darin, dass sich mir das, was den Sinngehalt eines spezifischen Diskurses ausmacht, dadurch erschließt, dass ich dagegenhalte, wie dasselbe (oder ein vergleichbares) Thema auch in anderer Weise, in einem anderen Diskurs hätte behandelt werden können oder (besser noch) bereits behandelt worden ist. Diese Vergleichshorizonte, die ich im Zuge der Interpretation des Diskurses an ihn herantrage, können imaginativer Art oder in empirischen Vergleichsfällen fundiert sein (Bohnsack 2003c).

Auch im Medium der Bildinterpretation ist der Interpret als Beobachter in unterschiedlicher Weise und auf unterschiedlichen Ebenen auf Vergleichshorizonte angewiesen, die zunächst implizit bleiben. Dies gilt auch bereits auf der Ebene der Rekonstruktion der formalen Komposition eines Bildes. So vollzieht sich schon deren Wahrnehmung vor dem Vergleichshorizont (intuitiv entworfener) anderer, kontingenter Kompositionen. Imdahl hat die spezifische Komposition eines Bildes – bspw. diejenige der mittelalterlichen Miniatur: „Der Hauptmann von Kapernaum" – in experimenteller Weise verändert und konnte auf diese Weise zeigen, dass der Sinn einer verbildlichten Szene direkt mit der formalen Komposition variiert (Imdahl 1994, 1996c, 302ff). Diese experimentelle Veränderung der Komposition wie auch das Heranziehen von empirischen Vergleichsfällen, die sich durch systematische Variationen der Komposition voneinander unterscheiden, habe ich als *Kompositionsvariation* bezeichnet (Bohnsack 2001a).

Eine an Panofsky anschließende methodische Verfahrensweise von sozialwissenschaftlicher Relevanz, die darüber hinaus aber auch – im Sinne von Imdahl – den (ästhetischen) Formalstrukturen des Bildes (insbesondere der Planimetrie und der Perspektivität) einen zentralen Stellenwert einräumt, um von dort her die Gesamtkomposition zu erschließen, ist von mir in ihren grundlegenden Ansätzen mit der dokumentarischen Methode der Bildinterpretation entwickelt worden (Bohnsack 2001a, b; 2003b). Dabei bewältigt die dokumentarische Methode u.a. folgende Aufgaben:

- Der erkenntnistheoretisch-philosophisch geforderten Suspendierung oder auch „methodischen Verdrängung" des textlich-narrativen Vor-Wissens kann eine sozialwissenschaftliche Relevanz verliehen und im Rahmen sozialwissenschaftlicher Empirie methodisch-forschungspraktisch umgesetzt werden, um der Eigensinnigkeit des Bildes, der Ikonizität gerecht werden zu können.

- Die in diesem Zusammenhang ebenfalls notwendige Rekonstruktion der formalen Komposition des Bildes kann in einer über die rein ästhetische Analyse hinausgehenden und für die sozialwissenschaftliche Empirie relevanten Weise umgesetzt werden.

- Auf der Grundlage gemeinsamer methodologischer und erkenntnistheoretischer Grundlagen können generelle forschungspraktische Verfahrensweisen und Arbeitsschritte entwickelt werden, die es ermöglichen, Bild- und Textinterpretationen in einander ergänzender Weise (im Sinne einer Methoden-Triangulation) aufeinander zu beziehen.

- Auf dem Wege der Typenbildung kann den für die sozialwissenschaftliche Empirie wesentlichen Qualitätskriterien der Generalisierung und ‚Erklärung' auch im Bereich der Bildinterpretation Rechnung getragen werden (Bohnsack 2006).

- Insgesamt wird es auf diese Weise möglich, (allgemeine) gemeinsame Standards von Bild- und Textinterpretation zu entwickeln (Bohnsack 2005) und dabei zugleich aber auch den Besonderheiten und Eigengesetzlichkeiten des Bildes im Unterschied zum Text Rechnung zu tragen, d.h. die Semantik des Bildes nicht dem textlichen (Vor-) Wissen zu subsumieren.

3 Die Arbeitsschritte der dokumentarischen Bildinterpretation

Die folgenden Arbeitsschritte wurden für die Interpretation von Einzel- oder Standbildern entwickelt. Inzwischen liegen auch Arbeiten zur dokumentarischen Videointerpretation vor (Bohnsack 2008, Wagner-Willi 2001, 2005; Klambeck 2006). Die Arbeitsschritte der Interpretation von Bildern folgen ebenso wie diejenigen der Interpretation von Texten der Leitdifferenz von *immanentem* und *dokumentarischem Sinngehalt* und der daraus resultierenden Differenzierung von *formulierender* und *reflektierender Interpretation*. Die formulierende Interpretation fragt, was auf dem Bild bzw. im Text dargestellt wird. Die reflektierende Interpretation fragt nach dem *Wie* der Herstellung der Darstellung, nach dem modus operandi.

Ralf Bohnsack

3.1   Formulierende Interpretation

Panofsky hat mit seiner Ikonologie an die Unterscheidung von immanentem und dokumentarischem Sinngehalt bei Mannheim angeknüpft, um dann aber innerhalb des immanenten Sinngehalts, also innerhalb der Frage nach dem *Was* (dargestellt ist), noch einmal zu differenzieren zwischen der *vor-ikonografischen* Ebene, als dem Bereich der auf einem Bild sichtbaren Gegenstände, Phänomene und Bewegungsabläufe, und der *ikonografischen* Ebene, als dem Bereich der auf dem Bild identifizierbaren Handlungen. Um Handlungen zu identifizieren, muss ich Motive unterstellen, genauer: „Um-zu-Motive". Die auf der vor-ikonografischen Ebene beschreibbare Bewegung des „Hutziehens" wird auf der ikonografischen Ebene als ein „Grüßen" interpretiert (so das Beispiel von Panofsky 1975, 38): Der Bekannte zieht seinen Hut, *um zu* grüßen.

Mit dieser Interpretation oder Konstruktion eines subjektiv gemeinten Sinns sind aber schwerwiegende Probleme der Zuschreibung von Motiven, von Intentionen verbunden. Diese (auf der Grundlage des narrativ-textlichen Vorwissens vollzogenen) Attribuierungen und Unterstellungen gilt es – soweit wie möglich - zu suspendieren. Motivunterstellungen sind nur dort unproblematisch, wo wir es mit institutionalisierten oder (wie es in der dokumentarischen Methode genannt wird) „kommunikativ-generalisierten" Bedeutungen zu tun haben, wie beispielsweise im Falle der Interpretation des „Hutziehens" als „Grüßen". Hierzu gehört auch das Wissen um gesellschaftliche Institutionen und Rollenbeziehungen, also beispielsweise das allgemeine Wissen darum, was eine ‚Familie' ist. Davon zu unterscheiden ist im Sinn der dokumentarischen Methode ein Wissen um die je *fall- oder auch milieuspezifische* Besonderheit des Dargestellten und seiner konkreten Geschichte, das „*konjunktive*" Wissen, also bspw. unser Wissen um die (auf dem Bild dargestellte) Familie. Dieses konjunktive Wissen, das Wissen um die „Eigennamen", wie es bei Foucault (1971, 38) heißt, gilt es – auch dann, wenn es in empirisch valider Form vorliegt – einzuklammern, zu suspendieren. Im Sinne von Foucault (ebenda) „muss man die Eigennamen auslöschen".

Im Bereich der *ikonografischen* Beschreibung oder Interpretation findet unser sprachlich-textliches Vorwissen also lediglich insoweit Berücksichtigung, als es sich um die kommunikativ-generalisierten Wissensbestände handelt. Dieser bedienen wir uns weitgehend in stereotypisierender Form, durch die dann die ikonografische Interpretation charakterisiert ist. Ein derartiges stereotypes Wissen umfasst im Sinne von Panofsky (1975) auch die „Typengeschichte" (Wir wissen bspw., dass das Sujet des Bildes das „Letzte Abendmahl" ist) und die „Stilgeschichte" (Wir wissen bspw., dass der Kinderwagen auf dem Foto aus den 50er Jahren stammt).

3.2 Reflektierende Interpretation

Das Grundgerüst der reflektierenden Interpretation des Bildes bildet – wie auch im Bereich der Textinterpretation (Bohnsack 2001c) – die Rekonstruktion der Formalstruktur, der formalen Komposition. Imdahl (1996a, Kap. II) unterscheidet drei Dimensionen des formalen kompositionalen Aufbaus des Bildes: die *„perspektivische Projektion"*, die *„szenische Choreografie"* und die *„planimetrische Ganzheitsstruktur"*. Die planimetrische Ganzheitsstruktur, also die formale Konstruktion des Bildes in der Fläche, erscheint nach Imdahl von entscheidender Bedeutung für das *„sehende* Sehen", welches den Zugang zum Eigensinn des Bildes eröffnet. Die *planimetrische Komposition* schafft ihre eigenen bildinternen, systemimmanenten Gesetzlichkeiten, ihre eigene formale Ganzheitsstruktur im Sinne einer Totalität. Insbesondere die Planimetrie führt uns das Bild als „ein nach immanenten Gesetzen konstruiertes und in seiner Eigengesetzlichkeit evidentes System" (Imdahl 1979, 190) vor Augen. Demgegenüber dient die *Perspektivität* primär dazu, Gegenstände und Personen in ihrer Räumlichkeit und Körperlichkeit identifizierbar zu machen. Sie ist somit an den Gesetzmäßigkeiten der im Bild dargestellten *Außen-* oder *Um*welt des Bildes orientiert.

Im Bereich der sozialwissenschaftlichen Bildinterpretation ermöglicht uns die Rekonstruktion der Perspektivität im wahrsten Sinne des Wortes Einblicke in die *Perspektive* des abbildenden Bildproduzenten und seine *Weltanschauung*. Während es nach Imdahl und auch Panofsky bei der Rekonstruktion der Perspektivität im wesentlichen darum geht, die „Perspektive als ‚symbolische Form" (Panofsky 1964) im Kontext epochaler Wandlungsprozesse (insbesondere die uns heute selbstverständliche Zentralperspektive vor dem Hintergrund ihrer historischen ‚Vorläufer', z.B. der Achsenperspektive) genauer zu beleuchten[4], haben wir es im Bereich der Fotointerpretation i.d.R. mit der Zentralperspektive zu tun. Es geht vor allem um die Frage, welche Personen und sozialen Szenerien durch den abbildenden Bildproduzenten, durch das Kameraauge sozusagen, in Form des Fluchtpunktes fokussiert und somit ins Zentrum des sozialen Geschehens gerückt werden. Innerhalb der Zentralperspektive lassen sich u.a. die Parallelperspektive (mit einem Fluchtpunkt), die Schrägperspektive (mit zwei Fluchtpunkten) und die Luftperspektive (mit drei Fluchtpunkten) unterscheiden.

Indem die dokumentarische Bildinterpretation die Rekonstruktion der formalen – allen voran der planimetrischen – Komposition zum Ausgangspunkt und Grundgerüst der reflektierenden Interpretation nimmt, nähert sie sich der Ikonik von Imdahl, der hierin wesentlich den Unterschied seiner *ikonischen* Interpretation zur *ikonologischen* Interpretation von Panofsky gesehen hat. Da die dokumentarische Bildinterpretation aber auch der starken sozialwissenschaftlichen Relevanz der ikonologischen Interpretation von Panofsky verbunden bleibt, bezeichne ich sie auch als *ikonologisch-ikonische* Interpretation.

---

[4] Zu Entwicklung und Geschichte der Zentralperspektive: Panofsky (2001), Edgerton (2002).

Ralf Bohnsack

Abbildung 1:   Burberry USA/Russland

Abbildung 2:   Burberry USA/Russland: Planimetrie

Abbildung 3: Burberry USA/Russland: Planimetrie und Goldener Schnitt

Abbildung 4: Burberry USA/Russland: Perspektivität

Abbildung 5: Burberry Deutschland

Abbildung 6: Burberry Deutschland: Planimetrie

Dokumentarische Bildinterpretation

4 Exemplarische Interpretation eines Werbefotos

Das Foto (Abbildung 1), das auch im Original schwarz-weiß ist, entstammt der Werbung der Bekleidungsfirma Burberry für den US-amerikanischen und den russischen Markt. Es erschien in der russischen und amerikanischen Ausgabe der Zeitschrift Vogue 2005.[5] Aufgrund der Heftbindung bleibt – wie erkennbar – im Bereich der Mittelsenkrechten ein schmaler Streifen verdeckt. Hier ist die russische Version.[6]

4.1 Formulierende Interpretation

4.1.1 Vor-ikonografische Interpretation

Da für diesen Artikel nur begrenzter Raum zur Verfügung steht, muss ich auf den Abdruck der vor-ikonografischen Interpretation verzichten, zumal diese aufgrund der vielen Details umfangreich ausfällt (siehe die Beispiele in Bohnsack 2001b, 2003b, 2006). Die vor-ikonografische Interpretation gliedern wir üblicherweise in die Schritte: Bildvordergrund, Bildmittelgrund, Bildhintergrund. Wobei je nach Aufbau des Bildes diese noch einmal in sich differenziert werden können. In diesem Bild erscheint es bspw. sinnvoll, noch einmal den vorderen, mittleren und hinteren Bildvordergrund zu unterscheiden. Wenn Personen dargestellt sind (hier im Vordergrund), differenzieren wir deren Beschreibung jeweils personenbezogen nach (geschätztem) Alter, Kleidung, Frisur, Körperhaltung, Gestik und Mimik.

4.1.2 Ikonografische Interpretation

Von den auf dem Rasen ausgebreiteten Utensilien und der Situierung der gesamten Szene in einem Park her gesehen lässt sich die Situation in stereotyper Weise als eine

---

[5] Ausgewählt wurde das Foto von Aglaja Przyborski, Institut für Publizistik und Kommunikationswissenschaft, und Thomas Slunecko, Fakultät für Psychologie der Universität Wien, im Rahmen eines von ihnen geleiteten Seminars zur Bildinterpretation, zu dem ich im Sommersemester 2005 eingeladen war. Ich danke beiden und den SeminarteilnehmerInnen, v.a. Stefan Hampl, für viele wertvolle Anregungen und die außergewöhnlich inspirierende Atmosphäre.

[6] In der amerikanischen Version ist der verdeckte Streifen weniger ausgeprägt und der abgedruckte Bildausschnitt ist im Vergleich zur russischen Version ein wenig nach oben verschoben. Mit Ausnahme des Bildtextes sind beide Versionen ansonsten identisch.

Ralf Bohnsack

des *Picknicks* identifizieren. An ihm sind mehrere Generationen beteiligt, bei denen es sich um die Großeltern-, Eltern- und Kindergeneration und somit um eine Art Großfamilie handeln könnte. Es ist charakteristisch für dieses Foto, dass sich hinsichtlich der Einschätzung der Verwandtschaftsverhältnisse, die wir bei Familienfotos auf der ikonografischen Ebene vornehmen, ebenso schwer eine intersubjektive Übereinstimmung herstellen lässt wie hinsichtlich der Altersschätzungen der einzelnen Personen, die bereits beim (hier nicht abgedruckten) Schritt der vor-ikonografischen Interpretation vorgenommen worden ist.

Wenn wir ein Wissen um Stilelemente, um die „Stilgeschichte" einbeziehen, die nach Panofsky (1975) zur ikonografischen Ebene gehört, so vermitteln uns Kleidung und Accessoires den Eindruck eines gehobenen, mit einem gewissen Luxus versehenen (großbürgerlichen oder aristokratischen) Stils.

Eine der abgebildeten Personen, die vierte von rechts, lässt sich (sofern das entsprechende ikonografische Vorwissen verfügbar ist) als Kate Moss, ein bekanntes Model, identifizieren. – Es handelt sich um ein Werbefoto der Firma Burberry (zur Interpretation des Bild-Textes s.u.).

4.2 Reflektierende Interpretation

4.2.1 Formale Komposition

▪ Planimetrie

Bei der Rekonstruktion der planimetrischen Komposition (Abbildung 2) geht es darum, mit möglichst wenigen Linien die Gesamtkomposition des Bildes in der Fläche zu markieren. Dies erscheint hier am überzeugendsten durch zwei Kreise und eine Ellipse möglich. Die Ellipse auf der rechten Seite umschließt die relativ altershomogene Gruppe im Alter von ca. 25 bis 35 Jahren und das zwischen ihnen auf dem Rücken am Boden liegende Kind im Alter von ca. 6 Jahren. Ein in den oberen Teil der Ellipse integrierter Kreis rechts oben umschließt die Köpfe der altershomogenen Gruppe, welche durch diese Komposition noch einmal hervorgehoben wird.

Der große Kreis auf der linken Seite umschließt jene altersheterogene Gruppe, welche die rechte homogene Gruppe betrachtet bzw. in deren Richtung schaut. Zugleich wird die kniende Frau der rechten homogenen Gruppe aber auch in diesen linken Kreis einbezogen, verbindet sozusagen den linken mit dem rechten Kreis. Ihr Kopf wird zugleich durch beide Kreise und die Ellipse umschlossen und auf diese Weise planimetrisch fokussiert.

Durch die beiden Schnittpunkte des (großen) linken Kreises und der rechten Ellipse verläuft die senkrechte Linie, welche den „Goldenen Schnitt" des Bildes markiert (Abbildung 3).[7] Diese Linie stimmt darüber hinaus mit der Körpermittelachse der knienden Frau überein, deren zentrale Stellung dadurch noch einmal bestätigt wird.

Perspektivität

Wir haben es mit der Zentralperspektive zu tun – und zwar in ihrer auf Fotos wohl häufigsten Variante: der Parallel-Perspektive. Diese hat nur einen Fluchtpunkt, welcher hier am Dekolleté der durch die Planimetrie bereits fokussierten Frau positioniert ist (Abbildung 4). Die Frau wird also sowohl durch die *Planimetrie* wie auch zugleich durch die *Perspektivität* ins Zentrum gerückt. Der Baum und die nur schwach erkennbare Bank im Hintergrund sind auf der *Horizontlinie* positioniert, haben diese als Standfläche, sodass der Horizont hierdurch markiert wird. Die Horizontlinie verläuft somit etwas oberhalb der waagerechten Bildmittelachse und der waagerechten Mittelachsen der beiden die Komposition bestimmenden Kreise.

Szenische Choreografie

Durch die drei Kreise, welche die Planimetrie bestimmen (Abbildung 2), werden zugleich zwei bzw. drei soziale Szenerien bzw. Gruppen ausdifferenziert: Durch den *rechten* oberen (kleinen) *Kreis* wird eine altershomogene Gruppe markiert. Wenn wir diesen Kreis in die (umfassendere) Ellipse integrieren, wird das auf dem Boden liegende Kind einbezogen und die Gruppe erhält Merkmale der Elterngeneration bzw. Elternschaft. Die rechte Gruppe erscheint somit von der in der Planimetrie fundierten szenischen Choreografie wahlweise mit und ohne Kind. Der *linke* (große) *Kreis* umschließt und markiert eine altersheterogene Gruppe, deren Angehörige auf die rechte Gruppe schauen. Die linke Gruppe wird dadurch zur betracht*enden*, die rechte zur betracht*eten*, sich vor Betrachtern inszenierenden Gruppe. Letztere rückt damit ins Zentrum. Wir haben es hier also mit einer sehr elaborierten Integration von planimetrischer Komposition und szenischer Choreografie zu tun bzw. mit einer Elaboration der szenischen Choreografie auf der Basis der Planimetrie.

Die planimetrische Komposition und die darin fundierte szenische Choreografie weisen uns deutlich den Weg dahin, dass wir es mit zwei unterschiedlichen Gruppen zu tun haben. Auf der rechten Seite ist eine enger beieinander stehende und in sich geschlossene Gruppe von zwei Frauen, zwei Männern und einem Kind positioniert, die schon dadurch *homogener* wirkt als die andere Gruppe, dass sie (abgesehen von dem Kind) relativ altershomogen ist: Sie umfassen eine Altersspanne von ca. 25 bis 35 Jahren. Demgegenüber umfasst die Gruppe der Erwachsenen auf der linken Seite alle Altersstufen zwischen ca. 20 bis 65 Jahren.

---

7   Der Goldene Schnitt, welcher in der kunstgeschichtlichen Betrachtung eine eher untergeordnete Rolle spielt, teilt eine Strecke derart in zwei ungleiche Teile, dass die gesamte Strecke sich zum größeren Teil verhält wie dieser zum kleineren (1: 0,6181). Der Goldene Schnitt kann auch geometrisch ermittelt werden (Lexikon der Kunst 2004, 784).

Ralf Bohnsack

Während die Angehörigen der linken Gruppe in Richtung der rechten schauen, blicken die Frauen der rechten Gruppe in Richtung der BildbetrachterInnen, also in die Kamera. Die Männer der rechten Gruppe schauen nach rechts (vom Bildbetrachter aus gesehen) aus dem Bild heraus, das Kind blickt auf die Weinbeeren, welche der ganz rechts sitzende Mann zwischen Daumen und Zeigefinger hält. Im Gegensatz zu den beiden Männern öffnen die beiden Frauen sich also durch Körperhaltung und Blickrichtung zum Bildbetrachter hin. Dies dokumentiert sich auch in ihren (leicht) geöffneten Mündern.

Eine choreografische Sonder- und zugleich Randstellung nimmt der nahezu in der Bildmitte positionierte 60 bis 65-jährige Mann im dunklen Anzug mit Weste, Krawatte und weißem Stecktuch ein, da er sehr weit hinten steht und somit beinahe nach hinten aus der linken Gruppe heraustritt, in die er durch die Planimetrie allerdings wieder hereingeholt wird.

4.2.2 Ikonologisch-ikonische Interpretation

Ich möchte zunächst die rechte – die betrachtete und somit ins Zentrum gerückte – Gruppe einer ikonologisch-ikonischen Interpretation unterziehen und dann die linke.

4.2.2.1 Die rechte Gruppe

Die rechte Gruppe wirkt stärker durchstilisiert und (damit zusammenhängend) auch stereotyper als die linke Gruppe. Dies findet in Frisur und Kleidung seinen Ausdruck: zum einen im Vergleich der Frisuren der beiden rechten jungen Männer mit den Frisuren der beiden linken, aber auch darin, dass die Krawatten und Bügelfalten in der Bekleidung der Männer der rechten Gruppe in der linken Gruppe (mit Ausnahme des stehenden Mannes mit der Sektflasche) ebenso fehlen wie die ausgeprägtere Musterung mit Blümchen, Karo und Streifen in der rechten Gruppe.

- Der Eindruck des Posierens

Die rechte Gruppe ist auch in ihrer Mimik, ihrem Gesichtsausdruck stilisierter bzw. stereotypisierter. Dieses Durchstilisieren führt zu Ähnlichkeiten. So ähneln vor allem die beiden Frauen aufgrund der Übereinstimmungen der Mimik und der Frisuren einander. (Die Mimik mit den geöffneten Mündern schafft den Eindruck von ‚Puppenhaftigkeit'). In etwas weniger ausgeprägtem Maße lässt sich die Ähnlichkeit auch bei den jungen Männern beobachten: hinsichtlich Haarschnitt, Haarfarbe und Profil. Das Durchstilisieren und die damit verbundenen Ähnlichkeiten auf Seiten der rechten Gruppe erscheint also als ein *Posieren*, als eine Ent-Persönlichung, wie Imdahl (1995a, 575) die Pose definiert. Zugleich wird dadurch allerdings auch der Eindruck einer *Zusammengehörigkeit* der Gruppe bzw. einer *Zugehörigkeit* der einzelnen zur Gruppe vermittelt. Dies wird, wie dargelegt, entscheidend durch die formale Komposition unterstützt.

Dieser Eindruck des Posierens wird dadurch verstärkt, dass diese Gruppe durch ihre stärkere Durchstilisierung im Kontext der Situation des Picknicks deplaziert wirkt. Ein wenig deplaziert wirkt auch, dass die beiden jungen Leute auf ein Fahrrad gelehnt sind, ohne dass man sich vorstellen kann, dass sie in dieser Bekleidung radeln würden. Auch das ca. 6-jährige Mädchen ganz unten im Bild fügt sich hinsichtlich ihrer Kleidung und der übereinander geschlagenen Beine in dieses Bild des Posierens – im Kontrast zu dem kleinen Jungen links im Bild.

■ Die fehlende soziale Bezogenheit bzw. die ‚Pose der Individualität'

Im Widerspruch zu dem durch die Pose und die stilistischen Übereinstimmungen sowie auch durch die Planimetrie vermittelten Eindruck von *Zusammengehörigkeit* und *Zugehörigkeit* steht die fehlende *soziale Bezogenheit*: Insgesamt nehmen die Personen der rechten Gruppe nicht nur keinen Blickkontakt zueinander auf, sondern sie nehmen einander nicht einmal wahr. Sie schauen nicht zueinander hin, sondern aneinander vorbei. Und dies gilt auch für das Paar rechts im Hintergrund, obschon die beiden körperlich nahe zueinander positioniert sind. Auch das ca. sechsjährige Mädchen, welches auf dem Boden liegt, ist zwar auf die Weinbeeren in der Hand des rechten jungen Mannes, aber nicht auf ihn bezogen. Auch letzterer wirkt, indem er die Weintrauben in der Hand hält, äußerst unbeteiligt, ohne Bezug zum Kind.

Die Paradoxie von *Zusammengehörigkeit* und *Zugehörigkeit* einerseits und fehlender *sozialer Bezogenheit* anderseits können wir dann auflösen, wenn wir in Rechnung stellen, dass die fehlende soziale Bezogenheit hier für etwas anderes stehen: nämlich für *Autonomie* und *Individualität*, welche aber im Kontext der Werbung lediglich auf Umwegen bzw. ex negativo dargestellt werden kann, da das für die Werbung konstitutive Posieren eine Ent-Individualisierung impliziert. An dieser Stelle erscheint ein theoretischer Exkurs zur Pose in der Werbung notwendig.

■ Theoretischer Exkurs: Werbung, Pose und Individualität

Eine ent-individualisierende bzw. ent-persönlichende und somit stereotypisierende Stilisierung ist für die Werbung unumgänglich. Sie ist notwendigerweise auf das Posieren angewiesen (Imdahl 1995) – zumindest dann, wenn ein Lifestyle transportiert werden soll. Erst indem die Modelle bzw. die Akteure vor der Kamera ent-persönlicht werden, vermögen sie einen verallgemeinerbaren sozialen Lifestyle zu transportieren, der durch individuelle oder persönliche Stilelemente nicht ‚getrübt' wird. Dies ermöglicht es, ohne Umwege jene Zielgruppe mit ihrer spezifischen sozialen Identität zu erreichen, die mit diesem Konzept erreicht werden soll, und bietet dieser die Möglichkeit zur Identifikation jenseits der je individuellen und persönlichen Stile.

Damit steht die Werbung aber vor dem Problem, Individualität mit Mitteln der Pose, also durch Stereotype, darzustellen. Realisiert wird dies mit dem vorliegenden Foto auf dem Wege der Demonstration fehlender sozialer Bezogenheit, der wechselseitigen Nicht-Wahrnehmung sowie der Vermeidung des Blickkontakts. Somit kommt es zu der Paradoxie, dass durch die Übereinstimmung der Stilisierungen und der Posen sowie durch die planimetrische Komposition (also durch die für die Bildhaftigkeit wesentlichste Dimension formaler Komposition) eine Zugehörigkeit der Personen untereinander hergestellt wird, die dann durch Nichtwahrnehmung und Verweigerung des Blickkontakts wieder negiert oder eingeschränkt wird.[8]

Wenn wir bereits separat aus der Interpretation der rechten Gruppe, also des rechten Teils des Fotos, so etwas wie eine Botschaft herausarbeiten wollen, so lässt sich diese folgendermaßen formulieren: Die stilistische Orientierung an Burberry schafft *Zugehörigkeit und Zusammengehörigkeit bei gleichzeitiger Wahrung der Individualität* – einer Individualität allerdings, die hier nur ex negativo, also auf dem Wege einer Demonstration fehlender sozialer Bezogenheit, ihren Ausdruck finden kann.

4.2.2.2 Die linke Gruppe und das Verhältnis der Gruppen zueinander

Die linke Gruppe wird, wie erwähnt, insgesamt zum Betrachter der rechten Gruppe. Ihre Blicke sind auf die rechte Gruppe gerichtet. Letztere wird dadurch fokussiert und somit zur eigentlichen Ziel- und Identifikationsgruppe dieses Werbefotos.

■ Die AdressatInnen der Werbung und ihre lebenszyklische Stellung

Über die spezifische Stellung dieser Zielgruppe im Lebenszyklus und im Familienzusammenhang gibt uns auch die unterschiedliche Positionierung der beiden Kinder auf dem Bild Aufschluss. Zu beiden Gruppen gehört jeweils ein Kind. Die Einbindung der Kinder in die Gruppe ist jedoch jeweils sehr unterschiedlich. Das Kind der *linken* Gruppe ist von der formalen Komposition her fokussiert. Sein Kopf bildet planimetrisch das Zentrum des linken Kreises und ist nicht weit von der Horizontlinie entfernt. Es nimmt den auf dem Boden positionierten Mann gleichsam als Spielzeug voll in Anspruch, traktiert ihn sozusagen, indem es auf ihm reitet und seine Haare ergreift. Das Kind der *linken* Gruppe ist also in diese integriert und nimmt offensichtlich einen zentralen Stellenwert ein.

Demgegenüber befindet sich das Kind der *rechten* Gruppe am unteren Rand des rechten Kreises und gehört nicht zum innersten Zirkel, der durch den rechten oberen Kreis markiert wird. Es greift auch im wahrsten Sinne des Wortes nur sehr vorsichtig in die Gruppe der Erwachsenen ein, indem es seine Hand spielerisch nach oben streckt und

---

[8] Bestätigt wird dies auch in der spezifischen Art der Beziehung der beiden Gruppen – der rechten und linken – zueinander: Die beiden Gruppen sind nicht eigentlich kommunikativ aufeinander bezogen, ihre Beziehung ist nicht durch eine Reziprozität, eine Wechselseitigkeit des nonverbalen Austauschs charakterisiert. Die rechte Gruppe ist durch eine Selbstpräsentation, durch ein *Sich-vor-einem-Beobachter-Präsentieren* charakterisiert und die linke Gruppe durch ein *Betrachten* und *Beobachten*.

niemanden belästigt. Der junge Mann an der rechten Seite übernimmt, indem er die Weinbeeren über das Kind hält, zwar bereits in gewisser Weise eine ‚Ernährerfunktion', wirkt dabei aber gleichwohl unbeteiligt und keinesfalls in irgendeiner Weise durch das Kind in Anspruch genommen. Er distanziert sich damit zugleich wieder von dieser Funktion. Die rechte Gruppe kann somit *wahlweise* bereits mit Elternfunktionen assoziiert oder noch als kinderlos wahrgenommen werden. Und dies ermöglicht es den Bildbetrachter(inne)n auch, sich wahlweise mit diesen unterschiedlichen Rollen zu identifizieren. Dies bestätigt, dass es die 20 bis 30-Jährigen sind, welche hier primär als Zielgruppe adressiert werden. Denn diese Alterskohorte befindet sich lebenszyklisch am Übergang von einer vor-familialen zur familialen Phase.

Dadurch, dass die linke Gruppe als Betrachterin der rechten konstruiert wird, erhalten ihre Angehörigen die Funktion der abgebildeten BildbetrachterInnen. Auf diese Weise *vermittelt* die linke Gruppe sozusagen zwischen den BildbetrachterInnen und der rechten Gruppe, erhält also eine Vermittlungsfunktion. Diese hat, genauer betrachtet, unterschiedliche Komponenten. Zunächst können wir die Komponente der Vermittlung zwischen den *Generationen* identifizieren.

- Die Vermittlung zwischen den Generationen

Indem die rechte Gruppe der 20-30-Jährigen ins Zentrum der Aufmerksamkeit gerückt wird, ist es insbesondere diese Generation, die durch dieses Werbefoto adressiert wird. Da aber auch Angehörige anderer Generationen – hier von den unter Zwanzigjährigen bis hin zu den 60 bis 65-Jährigen – dem hier propagierten Stil oder Lifestyle nicht befremdlich, sondern anerkennend und sehr freundlich gegenüberstehen und selbst einige Elemente des Burberry Style aufweisen, versichern sie den BildbetrachterInnen und potentiellen KundInnen, dass diese – sollten sie sich für diesen (generationsspezifischen) Stil entscheiden – auch die Zustimmung und das Wohlwollen anderer Generationen auf seiner Seite haben. Damit erhält der Burberry Style das Attribut, zugleich modern und zeitlos zu sein.

- Die Alltagsvermittlung *oder* Alltagskontextuierung

Zur Funktion der Vermittlung zwischen den Generationen kommt aber noch eine weitere Vermittlungsfunktion hinzu, diejenige der Vermittlung zwischen Pose bzw. Hyperritualisierung und Alltag, also die Funktion der Kontextuierung im Alltag, der Veralltäglichung. Denn die linke Gruppe wirkt (obschon auch sie die Kleidung von Burberry trägt) von ihrer Bekleidung bis hin zur gestisch-mimischen und körperlichen Präsentation weniger gestylt und weniger ent-persönlicht und somit weniger posenhaft. Sie macht (mit Ausnahme des Mannes im Hintergrund) einen eher alltäglichen Eindruck, vermittelt somit zwischen der rechten Gruppe und dem Betrachter.

Dies lässt sich noch einmal genereller formulieren: Die stereotypisierende und ent-individualisierende Stilisierung und somit das Posieren wirken – obschon für die Werbung unumgänglich – befremdlich, insbesondere dann, wenn Individualität zur Pose wird. Um diese Befremdung, diese Ent-Alltäglichung zu vermitteln, kann die Werbung mit der ironischen Brechung arbeiten (vgl. meine Interpretation in Bohnsack 2001b). Dies geschieht hier nicht. Stattdessen wird in diesem Fall auf dem Bild selbst eine vermittelnde Instanz zwischen dem zentralen Werbeträgerteil des Fotos (der rechten Gruppe) und dem Betrachter positioniert.

Trotz der Ausdifferenzierung in zwei Gruppen zerfällt das Bild planimetrisch nicht in zwei Teile, weil die Frau in der Mitte rechts ihrerseits zwischen der vermittelnden und der vermittelten Gruppe vermittelt: Dies ist zunächst in ihrem Kleidungsstil (weißer Rock, geblümte Jacke) fundiert und in ihrer Ähnlichkeit zur stehenden jungen Frau hinsichtlich der Mimik und Frisur wie auch hinsichtlich des Blicks auf den Betrachter. Diese Mittlerposition der knienden Frau ist auch in der Planimetrie fundiert: Sie gehört planimetrisch zu beiden Gruppen, da sich die Kreise (bzw. Kreis und Ellipse) bei ihr überschneiden. Ihre Zugehörigkeit zur größeren Gruppe wird insofern bestätigt, als sie mit ihrem Oberkörper dort hingewandt ist, und insofern, als sie kniet und somit eine Verbindung schafft zu den Kindern und den Angehörigen der größeren Gruppe, die teilweise auf dem Boden sitzen oder liegen. Auch durch ihr Alter stellt sie eine Verbindung zu den älteren Angehörigen der linken Gruppe her. Mit ihrer knienden Haltung schafft sie zugleich auch eine Verbindung zu den am Boden sitzenden Kindern. (Mit diesen verbindet sie auch noch einmal ein gesonderte planimetrische Komposition: eine weitere Ellipse; ohne Abbildung).

Die multiple Vermittlungsfunktion der knienden Frau ist zusätzlich noch darin fundiert, dass sie direkt, d.h. auf herausfordernde Weise, Blickkontakt zum Bildbetrachter aufnimmt. Sie ist dadurch, dass sie vielfältig verortbar ist bzw. in vielfältige Relationen eingebunden ist, eine Figur, die sich für mannigfaltige Identifikationen und Projektionen eignet. – Diese Offenheit der Identifikation betrifft der Tendenz nach insgesamt die abgebildeten Personen und zwar aufgrund der für das Bild konstitutiven Irritationen hinsichtlich der Einschätzung der Verwandtschaftsverhältnisse wie hinsichtlich der Altersschätzungen der einzelnen Personen.

4.2.3 Bild-Text und Bild-Logo

Nach dem Prinzip der Suspendierung des textlichen Vor-Wissen interpretieren wir auch den zum Bild gehörenden Text und ggf. das Logo erst *nach* der eigentlichen Bildinterpretation. Bild-Text ist hier zum einen der Schriftzug „Burberry", darunter „London". Darunter wiederum finden wir in der amerikanischen Version: „9 East 57th Street New York" und in der russischen Version: „Москва, Столешников пер., 10; ГУМ, Красная площадь, 3" (Moskau Stolesnikov-Gasse 10 GUM Roter Platz 3). Parallel zur Heftfalz bzw. Bildmittelsenkrechten findet sich – von unten nach oben geschrieben – in beiden Versionen der Schriftzug: „Burberry Limited 2005 800 284 8480 Burberry Com". In der russischen Version fehlt die Nummer nach der Jahreszahl.

Der Schriftzug „Burberry" bzw. „Burberry London" ist zugleich das Logo der Firma. Er ist in die rechte Ellipse integriert bzw. ruht diese auf ihm. Dies bestätigt, dass diese Gruppe der eigentliche Werbeträger ist.

4.3 Zusammenfassung

Zusammenfassend lassen sich folgende Botschaften des Bildes unterscheiden. Zunächst diejenigen, welche weniger den propagierten Lifestyle selbst, als vielmehr dessen Vermittlung und Verortung betreffen.

- Vermittlung und Verortung des propagierten Lifestyle

Diese Funktionen der Vermittlung und Verortung werden wesentlich durch das Arrangement bzw. die Relation der beiden unterschiedlichen Gruppen – der Gruppe der Betrachtenden und der Betrachteten – zueinander geleistet: Der hier zu vermittelnde Lifestyle wird – in der Relationierung mit anderen abgebildeten Generationen – *generationsspezifisch* verortet: Primärer Adressat ist eine Gruppe bzw. Alterskohorte, welche sich zwar zum einen noch in der Jugend- oder vor-familialen Phase befindet, sich aber allmählich (noch unentschieden) an der Eltern- und Ernährerrolle orientiert. Zugleich wird diese Gruppe *in andere Generationen* integriert. Der betrach*teten* Gruppe wird von Seiten der betrach*tenden* Gruppe, der Angehörigen anderer Generationen, eine freundliche Aufmerksamkeit zuteil. Diese – hier sowohl die 60- bis 65-Jährigen bis hin zu den unter Zwanzigjährigen – stehen dem propagierten Stil und Lifestyle nicht befremdlich, sondern wohlwollend gegenüber. Indem die Bindung an die ältere Generation herausgestrichen wird, kann dies auch als ein Element einer *Traditionsbindung* und einer Sicherung von Kontinuität im Bereich der Tradition des Burberry Style und als Element seiner Zeitlosigkeit gelesen werden.[9] Darüber hinaus repräsentiert die betrachtende Gruppe aber nicht nur die generationsspezifische Kontextuierung und die Bindung an Tradition, sondern auch eine Veralltäglichung, eine *Alltags-Kontextuierung*. Während die linke Gruppe die Vermittlerfunktion hat, vermittelt die Frau im Zentrum (Kate Moss) noch einmal zwischen ihr und der rechten Gruppe.

- Komponenten des propagierten Lifestyle

Die *zentrale* Komponente des hier propagierten Lifestyle lässt sich – anknüpfend an die oben bereits dargelegte Interpretation der rechten Gruppe – folgendermaßen formulie-

---

[9] Als weitere Komponente kommt ein Element des Konservatismus hinzu durch den nahezu in der Bildmitte positionierten 60 bis 65-jährigen Mann im dunklen Anzug mit Weste, Krawatte und weißem Stecktuch. Er nimmt nicht nur durch seine Kleidung sondern auch durch seine choreografische Position eine Sonderstellung ein. Beides, die Förmlichkeit der Kleidung wie auch die ‚dezente' Positionierung im Hintergrund, vermitteln den Eindruck, dass es sich hier um einen Butler handelt. Dies unterstreicht die Atmosphäre von Luxus und stellt zugleich eine gewisse Verbindung zu konservativen Stilelementen her, öffnet sich diesen gegenüber.

ren: Der Burberry Style schafft *Zugehörigkeit und Zusammengehörigkeit bei gleichzeitiger Wahrung der Individualität*. Die zentrale Botschaft hat also – und dies ist im Sinne von Imdahl (1996a, 107) typisch für eine im Medium des Bildes, der Ikonik vermittelte tiefer liegende Semantik (bzw. für deren sprachliche Fassung) – den Charakter einer „Sinnkomplexität des Übergegensätzlichen".

Eine *weitere* Komponente, die zugleich aber auch die Vermittlung dieses Lifestyle betrifft, lässt sich so formulieren: Der Burberry Style *vermittelt zwischen den Generationen und somit zwischen Mode und Tradition*. Die Vermittlung zwischen den Generationen dokumentiert sich in der Akzeptanz des Stils der 20- bis 35-Jährigen durch die anderen – insbesondere die älteren – Generationen. Die Vermittlung zwischen den Generationen dokumentiert sich darin, dass der Burberry Style, wenn auch in einer anderen Variante, sich ebenso in der Bekleidung anderer Generationen wiederfindet.

- Komparative Analyse: der propagierte Lifestyle im Werbefoto eines anderen nationalen Marktes

Wenn wir dieses Foto aus der russischen Ausgabe der Zeitschrift Vogue 2005 mit einem Foto aus der deutschen Ausgabe dieser Zeitschrift vergleichen (Abbildung 5), so zeigen sich zunächst deutliche Unterschiede:[10] Das Foto für den russischen Markt ist daran orientiert, auf dem Wege von Kontextuierungen auf die Akzeptanz seitens der RezipientInnen der Werbung hinzuarbeiten: durch eine Alltagskontextuierung des propagierten Lifestyle sowie durch eine Kontextuierung im Rahmen der abgebildeten Betrachter/innen anderer Generationen, welche ihr Wohlwollen demonstrieren. Auf dem Foto für den deutschen Markt finden wir diese Kontextuierungen nicht. Es finden sich keine abgebildeten Betrachter/innen, die zwischen den Posen der Betrachteten und den Bildbetrachter/innen vermitteln würden. Es ist hier – im deutschen Kontext – offensichtlich zum einen nicht notwendig, letztere behutsam zur Präsentation des Lifestyle hinzuführen. – Zum anderen fehlt hier die durch die Relationierung der beiden Gruppen demonstrierte Einbindung in den *Generationen- und Familienzusammenhang*, welchem im deutschen Kontext offensichtlich nicht so viel Wert beigemessen wird.

Jenseits dieser – möglicherweise kulturell bedingten – *Unterschiede* zwischen den nationalen Angeboten zeigen sich jedoch *Übereinstimmungen* hinsichtlich der zentralen Komponente des propagierten Lifestyle: Die Sozialität des Bildes ist dadurch charakterisiert, dass die Personen auf dem Bild zwar körperlich relativ nahe beieinander positioniert sind (sich in einem Fall auch berühren) und vor allem durch die Planimetrie in eine deutliche Zugehörigkeit gebracht werden (Abbildung 5), gleichwohl aber keineswegs kommunikativ einander zugewandt sind: Obschon die Frau rechts auf den Oberkörper des liegende Mannes gelehnt ist und ihn mit beiden Händen berührt, schaut der liegende Mann an ihr vorbei und die Frau schaut nicht zu ihm, sondern nimmt –

---

[10] Die Schritte der vor-ikonografischen und ikonografischen Interpretation können hier nicht abgedruckt werden. Sie sind selbstverständlich auch bei den Vergleichsfällen notwendiger Bestandteil der Fallanalyse.

aufmerksam und beobachtend, aber auch eine gewisse Aufmerksamkeit erheischend – Blickkontakt mit dem Betrachter auf. Sie schaut in die Kamera. Zudem hat es den Eindruck, dass sich die Frau mehr auf dem Mann abstützt, als dass sie seine Nähe sucht. Auch die junge Frau links oben, die auf dem Rücken zwischen den beiden jungen Männern liegt, schaut nicht auf diese beiden Männer bzw. auf einen von ihnen. Sie blickt eher in Richtung des liegenden Mannes zur rechten, der seinerseits in die entgegen gesetzte Richtung schaut. Der eine der beiden jungen Männer links schaut in die Ferne, der andere teilnahmslos zu Boden. Auch hier fehlt (wie in der rechten Gruppe des Fotos für den russischen Markt) in evidenter Weise nicht nur der Blickkontakt, sondern die Personen nehmen auch hier einander nicht einmal optisch wahr.

Es ergibt sich somit hier ebenfalls ein Kontrast zwischen dieser Nicht-Wahrnehmung einerseits sowie der körperlichen Nähe der beteiligten Personen und ihrer planimetrischen Zugehörigkeit anderseits. Wir haben es also auch hier mit jener Botschaft zu tun, welche sich durch die bereits identifizierte Übergegensätzlichkeit einer *Zugehörigkeit und Zusammengehörigkeit bei gleichzeitiger Wahrung der Individualität* auszeichnet.[11] Die Botschaft, mit der hier für Kleidung geworben wird, bezieht sich damit auf eines der zentralen Probleme der Identitätskonstitution, der Selbstpräsentation im Alltag, welches Habermas (1973, 230) mit Bezug auf Goffman bezeichnet hat „als das paradoxe Verhältnis, dem Anderen gleich und doch von ihm absolut verschieden zu sein", indem der einzelne „gleichzeitig seine soziale Identität und seine personale Identität wahrt". – Fast interessanter noch als die Botschaft selbst allerdings ist das, was sich im Foto darüber offenbart, wie diese Botschaft durch die Werbung vermittelt bzw. nicht vermittelt werden kann. In dem der Werbung eigenen Medium der Pose kann Individualität nur ex negativo, d.h. auf dem (Um-) Weg fehlender sozialer Bezogenheit dargestellt werden.

Die zentrale Botschaft dieser Werbung, nämlich dass der Burberry Style einen Beitrag zur Bewältigung der Paradoxie von Zugehörigkeit und Individualität zu leisten vermag, wird hier im Medium des Bildes transportiert. Hierin bestätigt sich, dass das Bild zur Vermittlung von Ambiguitäten prädestiniert ist (Bohnsack 2007). Ein derartiges Verständnis der tiefer liegenden Semantik des Bildes findet sich bei Roland Barthes (1990, 54) dort, wo er den „stumpfen Sinn" charakterisiert, und bei Umberto Eco dort,

---

[11] Es ist wohl offensichtlich, dass eine derartige Botschaft den Produzenten dieses Fotos nicht als schlicht bewusste Intention, also als „intendierter Ausdruckssinn" (Mannheim 1964), zugerechnet werden kann. Vielmehr ist diese Botschaft als das Produkt eines Habitus zu verstehen, welcher im Sinne von Bourdieu (1976, 207) weder als ein vollkommen bewusster noch als ein vollkommen unbewusster modus operandi einzustufen ist. Diese „objektive Intention, die sich niemals auf die bewußte Absicht des Künstlers beschränkt, ist eine Funktion der Denk-, Wahrnehmungs- und Handlungsmuster, die der Künstler seiner Zugehörigkeit zu einer bestimmten Gesellschaft oder Klasse verdankt" bemerkt Bourdieu (1970, 154) mit Bezug auf Panofsky. Die Frage, welcher Art diese Zugehörigkeit im Falle unseres Fotos ist, welche corporate identity oder welcher ‚corporate habitus' hier ihren Ausdruck finden (etwa derjenige der Firma Burberry?), lässt sich auf dem Wege der Interpretation des Werbefotos allein nicht beantworten.

wo dieser sich mit der „ästhetischen Botschaft" des Bildes befasst, deren tiefer gehende Semantik durch eine „produktive Ambiguität" (Eco 1994, 146) gekennzeichnet sei. In einer empirisch evidenten und für die qualitative Methodik anschlussfähigen Weise ist diese Leistung, dieses Potential des Bildes, welches zugleich sein Beeinflussungs-Potential ausmacht, bei Imdahl (1996a, 107) aufgewiesen worden. Er sieht das Spezifische der tiefer gehenden Semantik des Bildes, des „ikonischen" Sinnes, in einer „Sinnkomplexität des Übergegensätzlichen".

5 Literatur

Barthes, Roland (1990): Der entgegenkommende und der stumpfe Sinn. Kritische Essays III. Frankfurt am Main. (Original: 1982).

Bohnsack, Ralf (2001a): Die dokumentarische Methode in der Bild- und Fotointerpretation. In: Bohnsack, Ralf/Nentwig-Gesemann, Iris/Nohl, Arnd-Michael (2001, Hrsg.): Die dokumentarische Methode und ihre Forschungspraxis. Grundlagen qualitativer Sozialforschung. Opladen, 67-89. Wieder abgedruckt in: Ehrenspeck, Yvonne/Schäffer, Burkhard (Jahr, Hrsg.): Film- und Fotoanalyse in der Erziehungswissenschaft. Ein Handbuch. Opladen, 87-107.

Bohnsack, Ralf (2001b): „Heidi": Eine exemplarische Bildinterpretation auf der Basis der dokumentarischen Methode. In: Bohnsack, Ralf/Nentwig-Gesemann, Iris/Nohl, Arnd-Michael (2001, Hrsg.): Die dokumentarische Methode und ihre Forschungspraxis. Grundlagen qualitativer Sozialforschung. Opladen, 323-337. Wieder abgedruckt in: Ehrenspeck, Yvonne/Schäffer, Burkhard (2003, Hrsg.): Film- und Fotoanalyse in der Erziehungswissenschaft. Ein Handbuch. Opladen, 109-120.

Bohnsack, Ralf (2003a): Qualitative Methoden der Bildinterpretation. In: Zeitschrift für Erziehungswissenschaft (ZfE), 6. Jg., Heft 2, 159-172.

Bohnsack, Ralf (2003b): Exemplarische Bildinterpretationen. In: Bohnsack, Ralf (2003): Rekonstruktive Sozialforschung. Einführung in qualitative Methoden. 5. Auflage. Opladen, 236-257.

Bohnsack, Ralf (2003c): Praxeologische Methodologie. In: Bohnsack, Ralf (Hrsg.): Rekonstruktive Sozialforschung. Einführung in qualitative Methoden. Opladen, 187-206.

Bohnsack, Ralf (2005): Standards nicht-standardisierter Forschung in den Erziehungs- und Sozialwissenschaften. In: Zeitschrift für Erziehungswissenschaft (ZfE), 7. Jg., Beiheft Nr. 3, 65-83 (Standards und Standardisierung in der Erziehungswissenschaft. Hrsg.: Gogolin, Ingrid/Krüger, Heinz-Hermann/Lenzen, Dieter/Rauschenbach, Thomas).

Bohnsack, Ralf (2006): Die dokumentarische Methode der Bildinterpretation in der Forschungspraxis. In: Marotzki, Winfried/Niesytho, Horst (Hrsg.): Bildinterpretation in der Erziehungswissenschaft. Opladen, 45-74.

Bohnsack, Ralf (2007): Zum Verhältnis von Bild- und Textinterpretation in der qualitativen Sozialforschung. In: Friebertshäuser, Barbara/von Felden, Heide/Schäffer, Burkhard (Hrsg.): Bild und Text – Methoden und Methodologien visueller Sozialforschung in der Erziehungswissenschaft. Opladen, 21-45.

Bohnsack, Ralf (2008): Qualitative Bild- und Videointerpretation. Einführung in die dokumentarische Methode. Opladen.
Bohnsack, Ralf/Nohl, Arnd-Michael (2001): Ethnisierung und Differenzerfahrung. Fremdheit als alltägliches und als methodologisches Problem. In: ZBBS (Zeitschrift für qualitative Bildungs-, Beratungs- und Sozialforschung). Heft 3, 15-36.
Bourdieu, Pierre (1970): Der Habitus als Vermittlung zwischen Struktur und Praxis. In: Bourdieu, Pierre: Zur Soziologie symbolischer Formen. Frankfurt am Main, 125-158
Bourdieu, Pierre (1976): Entwurf einer Theorie der Praxis. Frankfurt am Main.
Eco, Umberto (1994): Einführung in die Semiotik. 8. Auflage. München.
Edgerton, Samuel Y. (2002): Die Entdeckung der Perspektive. München.
Foucault, Michel (1971): Die Ordnung der Dinge. Eine Archäologie der Humanwissenschaften. Frankfurt am Main. (Original: 1966).
Goffman, Erving (1979): Gender Advertisements. New York et al. (zuerst: 1976).
Habermas, Jürgen (1973): Notizen zum Begriff der Rollenkompetenz. In: Habermas, Jürgen (Hrsg.): Kultur und Kritik. Frankfurt am Main, 195-231.
Imdahl, Max (1979): Überlegungen zur Identität des Bildes. In: Marquard, Odo/Stierle, Karlheinz (Hrsg.): Identität (Reihe: Poetik und Hermeneutik, Bd. VII). München, 187-211.
Imdahl, Max (1994): Bilder und ihre Anschauung. In: Boehm, Gottfried (Hrsg.): Was ist ein Bild?. München, 300-324.
Imdahl, Max (1995): Pose und Indoktrination. Zu Werken der Plastik und Malerei im Dritten Reich. In: Imdahl, Max (Hrsg.): Reflexion – Theorie – Methode. Gesammelte Schriften. Bd. 3. Frankfurt am Main, 575-590.
Imdahl, Max (1996a): Giotto – Arenafresken. Ikonographie – Ikonologie – Ikonik. Müchen.
Imdahl, Max (1996b): Wandel durch Nachahmung. Rembrandts Zeichnung nach Lastmanns „Susanna im Bade". In: Imdahl, Max (Hrsg.): Zur Kunst der Tradition. Gesammelte Schriften. Bd. 2. Frankfurt am Main, 431-456.
Imdahl, Max (1996c): Bildsyntax und Bildsemantik. Zum Centurioblatt im Codex Egberti. In: Imdahl, Max (Hrsg.): Zur Kunst der Tradition. Gesammelte Schriften. Band 2. Frankfurt am Main, 78-79.
Klambeck, Amelie (2007): „Das hysterische Theater unter der Lupe". Klinische Zeichen psychogener Gangstörungen. Wege der dokumentarischen Rekonstruktion von Körperbewegungen auf der Grundlage von Videografien. Göttingen.
Lexikon der Kunst (2004): Leipzig.
Mannheim, Karl (1964): Beiträge zur Theorie der Weltanschauungsinterpretation. In: Mannheim, Karl: Wissenssoziologie. Neuwied, 91–154 (Original: 1921-1922. In: Jahrbuch für Kunstgeschichte XV, 4).
Michel, Burkard (2006a): Das Gruppendiskussionsverfahren in der (Bild-) Rezeptionsforschung. In: Bohnsack, Ralf/Przyborski, Aglaja/Schäffer, Burkhard (Hrsg.): Das Gruppendiskussionsverfahren in der Forschungspraxis. Opladen, 219-231.
Michel, Burkard (2006b): Bild und Habitus. Sinnbildungsprozesse bei der Rezeption von Fotografien. Wiesbaden.
Mitchell, William J.T. (1994): Picture Theory. Essays on Verbal and Visual Representation. Chicago, London.
Mitchell, William J.T. (1997): Der Pictorial Turn. In: Kravagna, Christian (Hrsg.): Privileg Bild. Kritik der visuellen Kultur. Berlin, 15-40.
Nentwig-Gesemann, Iris (2006): Regelgeleitete, habituelle und interaktionistische Spielpraxis. Die Analyse von Kinderspielkultur mit Hilfe videogestützter Gruppendiskussionen. In:

Bohnsack, Ralf/Przyborski, Aglaja/Schäffer, Burkhard (Hrsg.): Das Gruppendiskussionsverfahren in der Praxis. Opladen, 25-44.
Nohl, Arnd-Michael (2002): Personale und soziotechnische Bildungsprozesse im Internet. In: Zeitschrift für qualitative Bildungs-, Beratungs- und Sozialforschung (ZBBS), Heft 2, 215/240.
Panofsky, Erwin (1932): Zum Problem der Beschreibung und Inhaltsdeutung von Werken der Bildenden Kunst. In: Logos, XXI, 103–119 (Wieder abgedruckt in: Panofsky, Erwin (Hrsg.) (1964): Aufsätze zu Grundfragen der Kunstwissenschaft. Berlin, 85-97).
Panofsky, Erwin (1964): Die Perspektive als „symbolische Form". In: Panofsky, Erwin (Hrsg.): Aufsätze zu Grundfragen der Kunstwissenschaft. Berlin, 99-167.
Panofsky, Erwin (1975): Ikonographie und Ikonologie. Eine Einführung in die Kunst der Renaissance. In: Panofsky, Erwin (Hrsg.): Sinn und Deutung in der bildenden Kunst. Köln, 36-67 (Original: 1955: Meaning in the Visual Arts. New York).
Panofsky, Erwin (2001): Die altniederländische Malerei. Ihr Ursprung und Wesen. Köln (Ursprüngl: Early Netherlandish Painting. Harvard University Press. Cambridge (Mass.) 1953).
Schierl, Thomas (2005): Werbungsforschung. In: Sachs-Hombach, Klaus (Hrsg.): Bildwissenschaft. Disziplinen, Themen, Methoden. Frankfurt am Main, 309-319.
Wagner-Willi, Monika (2001): Videoanalysen des Schulalltags. Die dokumentarische Interpretation schulischer Übergangsrituale. In: Bohnsack, Ralf/Nentwig-Gesemann, Iris/Nohl, Arnd-Michael (Hrsg.): Die dokumentarische Methode und ihre Forschungspraxis. Grundlagen qualitativer Sozialforschung. Opladen, 121-140
Wagner-Willi, Monika (2005): Zwischen Vorder- und Hinterbühne. Rituelle Übergangspraxen bei Kindern von der Hofpause zum Unterricht. Eine empirische Analyse in einer Berliner Grundschule. Wiesbaden.
Wehner, Christa (1996): Überzeugungsstrategien in der Werbung. Eine Längsschnittanalyse von Zeitschriftenanzeigen des 20. Jahrhunderts (Studien zur Kommunikationswissenschaft. Band 14). Opladen.

Rudolf R. Sinkovics und Elfriede Penz

Mehrsprachige Interviews und softwaregestützte Analyse
Problemlösungen und Implementierung mit NVivo

1 Einleitung 981
2 Problemdarstellung 981
3 Konzeptionelle Grundlagen 982
    3.1 Sprache und multinationales Management 982
    3.2 Sprache und internationale Forschung 983
    3.3 Äquivalenzproblematik in qualitativer Analyse 985
4 Softwaregestützte Lösungsansätze 986
    4.1 Untersuchungsdesign 988
    4.2 Erhebungshintergrund 989
    4.3 Datensammlung – Konstruktion eines Textkorpus 989
    4.4 Analyse 991
5 Diskussion und Zusammenfassung 995
6 Literatur 996

1 Einleitung

Die qualitative internationale Marketingforschung findet in zunehmendem Maße Zuspruch in der betrieblichen Praxis. Über die Bedeutung der Sprache im Kontext der Fragebogengestaltung und auch der länderübergreifenden Datenerhebung wurde bereits viel publiziert (Brislin 1970, Piekkari/Welch 2004, Pike 1966). Allerdings wurde die Praxis der qualitativen Datenerhebung und Analyse mehrsprachiger Forschungsprojekte bislang nur in unzureichendem Maße vor dem Hintergrund neuartiger softwaregestützter Verfahren besprochen.

Dieser Artikel nähert sich dem Themenfeld Mehrsprachigkeit bei Interviews und softwaregestützte Analyse auf die folgende Weise an: Zunächst wird die Problemstellung definiert, anschließend die Bedeutung der Sprache im multinationalen Management und in der internationalen Forschung erörtert. In diesem Zusammenhang werden auch Konzepte der Datenäquivalenz im Kontext qualitativer Expertinneninterviews erläutert. In Punkt „softwaregestützte Lösungsansätze" wird auf operative Themenfelder unter Benutzung des Softwaretools NVivo (Richards 2002) exemplarisch eingegangen.

2 Problemdarstellung

Die wachsende Bedeutung qualitativer Marktforschung, insbesondere solche mit internationalem Bezug (Sinkovics et al. 2005) stellt AkademikerInnen und PraktikerInnen vor neue Herausforderungen. Miles (1979) formuliert pointiert, dass qualitative Daten ein ‚attraktives Ärgernis' darstellen. Diese bieten unbeschränkte Sicht auf reale Phänomene, allerdings gehen mit ihnen eine Reihe von Schwierigkeiten und Koordinationsproblemen einher. Im internationalen Forschungskontext sind dies mehrere Beteiligte im Forschungsteam, Mehrsprachigkeit der Erhebungs- und Auswertungssituationen, Probleme der Kontaktanbahnung mit Untersuchungsobjekten und die Sicherstellung von Qualitätskriterien wie Konstruktfehler, Messfehler und Äquivalenzbedingungen. Gerade diese Besonderheiten internationaler Marktforschung werden in der Fülle existierender konzeptioneller Arbeiten über qualitative Methoden (Bickman/Rog 1997, Denzin/Lincoln 1994) nur unzureichend behandelt. Obwohl Beiträge existieren, die sich dem Thema qualitative Marktforschung durch Anwendung von Software (CAQDAS, computer aided qualitative data analysis software) zur Strukturierung und Analyse qualitativer Untersuchungsdaten annähern (Coffey et al. 1996, Crawford et al. 2000, Hesse-Biber 1996, Kelle 1997), kommen die Spezifika internationaler Marktforschung und insbesondere die Herausforderungen des Umgangs mit multilingualen Untersuchungsszenarien zu kurz.

Dieser Beitrag beleuchtet die Komplexität mehrsprachiger Interviewdaten vor dem Hintergrund computerbasierter Analysepragmatik. Im folgenden Abschnitt werden konzeptionelle Grundlagen und Elemente qualitativer Forschung im internationalen Marketing diskutiert. Diese werden anschließend anhand eines exemplarischen Anwendungsfalles unter Einsatz der Analysesoftware NVivo (Richards 2005) erläutert.

3 Konzeptionelle Grundlagen

3.1 Sprache und multinationales Management

Der Sprache kommt bei internationaler Geschäftstätigkeit und multinationalem Management eine besondere Bedeutung zu. Marschan, Welch und Welch (1997) argumentieren, dass trotz der enormen Wichtigkeit der Sprache in der Organisation und bei der Kontrolle von multinationalen Unternehmungen (MNCs), kaum empirische Befunde zu diesem Thema vorliegen. Feely und Harzing (2003) warnen, dass die Überbetonung der englischen Sprache als „lingua franca" im Management von über mehrere Länder verteilten Organisationen und die Ignoranz gegenüber Sprachdiversität und Sprachbarrieren zu „linguistischem Nationalismus" beiträgt und Verhandlungserfolge im Umgang mit asiatischen, südamerikanischen und PartnerInnen im mittleren Osten aufs Spiel setzt (Feely/Harzing 2003, 43). Sprachbarrieren zwischen Mutter- und Tochtergesellschaften in geografisch verteilten Märkten verstärken auch die kulturelle und soziale Distanz zwischen den Unternehmenseinheiten (‚liability of foreignness') und limitieren sowohl den Verhandlungserfolg als auch kooperative Unternehmensbeziehungen (Luo/Shenkar 2006). Multinationale Managementprozesse und -politiken werden also durch die jeweils verwendeten Sprachen entweder erleichtert oder aber behindert. Marschan, Welch und Welch (1997) demonstrieren dies am Beispiel der Firma Kone und verdeutlichen die strategische Bedeutung von Sprache durch den Einfluss auf Managementaktivitäten wie Kommunikation, Koordination und Kontrolle.

Während sich in der strategischen Managementliteratur und in der Kommunikationsliteratur ein Grundkonsens zur Bedeutung der Sprache für Managementaktivitäten herauskristallisiert hat (Dhir/Goke-Pariola 2002, Luo/Shenkar 2006) und multinationale Unternehmungen zunehmend Entscheidungen bezüglich Referenzsprachen für die Nutzung innerhalb des organisatorischen Kommunikationssystems herbeiführen (Luo/Shenkar 2006), existieren verblüffenderweise kaum empirische Befunde zur Bedeutung der Sprache in und für die Management-Forschungspraxis. Die Forschungsliteratur hinkt hinsichtlich der Beschäftigung mit dem Themenfeld Sprache hinter der Managementpraxis her. Das Themenfeld, wie mit Mehrsprachigkeit in Marktforschungsuntersuchungen umzugehen ist, insbesondere wie qualitative Untersuchungs- und Auswertungsdesigns im mehrsprachigen Kontext aussehen sollen, ist weitgehend unbearbeitet.

3.2 Sprache und internationale Forschung

Der Grossteil qualitativer internationaler Marktforschung baut auf Interviewdaten und daher auf Transkripten mit ExpertInnen auf (Penz/Sinkovics 2005, Sinkovics et al. 2005). Dies erklärt sich einerseits durch den Fokus von internationalen Forschungsarbeiten auf strategische und gesamtunternehmerische Inhalte, welche vornehmlich von Top-ManagerInnen und ExpertInnen in der oberen Unternehmenshierarchie erläutert werden können (Spencer 1973, Yeung 1995). Andererseits sind ExpertInnen in den oberen Rängen der Unternehmenshierarchien eher zu offenen Interviews bereit als zur Bereitstellung von Antworten auf klassische, quantitative Fragebogen (Yeung 1995).

In konzeptioneller Hinsicht ergibt sich aufgrund der Mehrsprachigkeit in der qualitativen internationalen Marktforschung eine Reihe von Schwierigkeiten. Diese eröffnen sich durch die Interaktion von ein/mehrsprachigen ForscherInnenteam(s), ein/mehreren Kulturkontext(en), in denen die Untersuchung durchgeführt wird und eine/mehrere Referenz-/Unternehmenssprache(n), die in der in die Untersuchung einbezogenen Firma bzw. multinationalen Unternehmung anzutreffen ist. Dieser komplexe Entscheidungshintergrund ist in Abbildung 1 graphisch dargestellt.

- Ein/mehrere Kulturkontext(e)

Das Design internationaler Marktforschungsprojekte, die über den nationalen Kulturkontext hinausreichen, ist naturgemäß komplexer. Craig und Douglas (2005) verweisen bei internationalen Forschungsprojekten auf die Bedeutung der Definition adäquater Untersuchungseinheiten und Untersuchungsebenen bzw. Marktsegmenten. In unserem Zusammenhang ist es insbesondere die Zielsprache der jeweiligen Kulturkontexte, die in die Untersuchung eingebunden sind und der zunehmende Beachtung geschenkt werden muss. Die unterschiedlichen Sprachen müssen in den jeweiligen Phasen des Marktforschungsprozesses, also in Problemformulierung, Erstellung des Forschungsdesigns, Datenerhebungsplanung und –durchführung (Churchill/Iacobucci 2002) gezielt Beachtung finden. Bei der Erstellung des Erhebungsinstrumentes, bspw. etwa des Interviewleitfadens ist es unabdingbar Stimuli anzubieten die vergleichbare Reaktionen bei den ProbandInnen/Interviewten hervorrufen. Diese Problematik ist in der internationalen Marktforschungsliteratur auch als „Äquivalenzproblematik" bekannt (Holzmüller 1995, Salzberger/Sinkovics/Schlegelmilch 1999, Ewing/Salzberger/

Sinkovics 2005) und wird im nächsten Abschnitt mit Blick auf qualitative Marktforschung ausführlicher behandelt.

Abbildung 1: Team/Kulturkontext/Unternehmenssprachen-Typologie für qualitative internationale Interviews

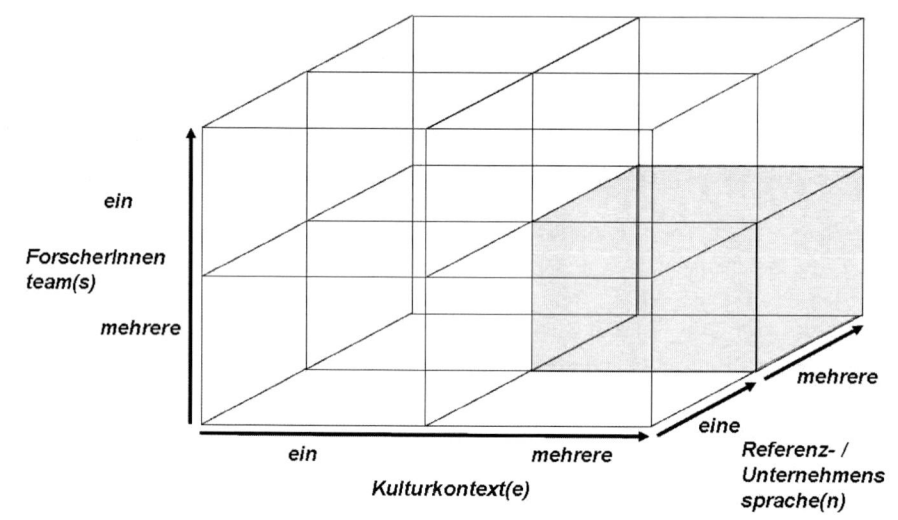

- Ein/mehrere ForscherInnenteam(s)

Internationale Forschungsprojekte, welche unter der Schirmherrschaft eines ForscherInnenteams koordiniert und abgewickelt werden, sind unter Marktforschungsgesichtspunkten weniger herausfordernd als solche, wo zwei oder mehrere – mehrsprachige – Forschungsteams involviert sind. Fragen der Koordination, des Designs und der Durchführung der empirischen Untersuchungen erfordern enormen Abstimmungsdruck, der durch Mehrsprachigkeit amplifiziert wird. Wenn das Forschungsprojekt zentral organisiert wird und die Hauptentscheidungen bspw. in einem Universitätsinstitut in England getroffen werden, dann sind Koordinationsprobleme mit z.B. italienischen Partnerinstituten formal minimiert. Auf der anderen Seite gibt es Umsetzungsentscheidungen wie etwa die Übersetzung des Erhebungsinstrumentes in die Zielsprache, oder die InterviewpartnerInnensuche, die aufgrund sprachlicher Beschränkungen (z.B. ProjektkoordinatorIn in England ist der italienischen Sprache nicht mächtig) kaum kontrolliert werden können. Hier wirkt Mehrsprachigkeit als potentieller Problemverstärker im Forschungsprozess.

- Eine/mehrere Referenz-/Unternehmenssprache

Multinationale Unternehmungen operieren in mehreren Märkten und bringen Personen/ManagerInnen aus unterschiedlichen Kulturen und Traditionen miteinander in Verbindung, die durch länderspezifische Ausbildungsprogramme sozialisiert wurden (Dhir/Goke-Pariola 2002). Nachdem Sprache die Fähigkeit der ManagerInnen zur wechselseitigen Koordination und damit der multinationalen Unternehmungen insgesamt im Umgang miteinander determiniert, haben sich in manchen multinationalen Firmen Referenz- bzw. Unternehmenssprachen herausgebildet. Während diese Standardisierungsbemühungen für internationale MarktforscherInnen den theoretischen Vorteil besitzen, dass diese ‚nur' noch in der jeweiligen Firmensprache kommunizieren können müssen, ist die Realität des Marktforschungsprozesses jedoch anders. ManagerInnen fühlen sich mehr in ihrer Muttersprache beheimatet als dies in den Personalabteilungen der Mutterorganisationen zugegeben wird. Auch ist es vielfach einfacher aussagekräftige Interviews mit ExpertInnen durchzuführen, wenn diese im Kontext gleichsprachiger Interaktionen zwischen InterviewerIn und Interviewten stattfinden. In unserem Beispiel zeigten sich italienische ManagerInnen etwa sehr froh darüber, sich aus dem offiziellen „Korsett" der englischen Konzernsprache befreien zu können und waren deutlich motivierter mit der italienischsprachigen Interviewerin für das Interview in die italienische Muttersprache wechseln zu können. Dieser Sachverhalt hat Implikationen für die Qualität des Interviews, das dabei gewonnene Daten- bzw. Textmaterial und die nachfolgende Verarbeitung und Interpretation des Materials. Bei Verwendung von CAQDAS, wie zum Beispiel NVivo, ist dabei insbesondere die Kodierung des multilingualen Textmaterials und die Abgleichung der entwickelten Nodes von Bedeutung.

3.3 Äquivalenzproblematik in qualitativer Analyse

Operationalisierungen bei mehrsprachigen qualitativen Interviews sind ebenso bedeutsam wie im Kontext quantitativer, standardisierter Fragebögen. Allerdings treten diese Operationalisierungen von Konstrukten und Konzepten in qualitativen Untersuchungen nicht notwendigerweise explizit auf. Üblicherweise sind diese dadurch gekennzeichnet, dass offene Fragen gestellt werden welche dabei helfen sollen, unscharfe Phänomene und Inhalte einzukreisen und in der Folge genauer zu illustrieren und zu definieren. Die Probleme von Konstrukt-, Methodenfehler sowie Äquivalenz sind somit auch in der qualitativen Marktforschung bedeutsam, wenngleich auch etwas „hintergründiger". Die Konzepte sind miteinander stark verbunden (Poortinga 1989). Ein Konstrukt- oder Methodenfehler deutet darauf hin, dass bestimmte Faktoren äquivalente Messungen vereitelt haben. Ein Konstruktfehler kann dadurch entstehen, wenn es etwa ungenaue Abgrenzungen von Konstrukten in der Datenerhebung in mehreren

Ländern gibt und somit die Fragen zu weitgehend unterschiedlichen Antwortreaktionen führen. Bei mehrsprachigen qualitativen Interviews sind Konstruktfehler bspw. dann denkbar, wenn mehrere InterviewerInnen unklare oder ungenaue Vorstellungen über die in den Interviews zu besprechenden Themenfelder besitzen oder sich in ihren Interviews von unterschiedlicher Basisliteratur inspirieren haben lassen. Es ist deshalb unabdingbar alle Beteiligten in der Datenerhebung auf eine gemeinsame konzeptionelle Basis einzuschulen. Methodenfehler können dann auftreten, wenn kulturelle Neigungen wie soziale Erwünschtheit (Hui/Triandis 1989) auf bestimmte Fragestellungen systematisch unterschiedliche Antwortreaktionen provozieren. Piekkari und Welch (2004) illustrieren insbesondere die Bedeutung der Sprache in Interviewsituationen, was im qualitativen Forschungszusammenhang dem entspricht, was im quantitativen Kontext unter ‚Stimulus'-Fehler verstanden wird. Dabei ist es wichtig zu erkennen, dass unterschiedliche ForscherInnenpersönlichkeiten unterschiedliche Fragestrategien in Interviewsituationen entwickeln können. Diese Persönlichkeitsfaktoren sind wiederum Ansatzpunkt für verschiedene Ausprägungen von sozialer Erwünschtheit in den Antwortreaktionen oder anderweitigen systematischen Fehlern.

„Äquivalenz" und Äquivalenzaspekte werden in der quantitativen Forschung oft diskutiert (Salzberger/Sinkovics/Schlegelmilch 1999). Wie schon gesagt ist dieser Themenschwerpunkt auch für die qualitative Analyse von Text- und Interviewdaten von Bedeutung. Für internationale MarktforscherInnen, die auf Interviews mit ExpertInnen in mehreren Ländern zurückgreifen, bedeutet dies, dass ihre Interviewdaten in miteinander vergleichbarer Form erhoben werden müssen. Äquivalenzerfordernisse bezüglich der Datenverarbeitung erfordern weiters Maßnahmen um die Interviewdaten in vergleichbaren, systematischen und standardisierten Codiersystemen verfügbar zu machen. Dies kann mit qualitativer Analysesoftware, wie z.B. NVivo sehr gut erledigt werden. Sie erlaubt das Arbeiten mit mehreren Gruppen, inkludiert eine „Merge" Funktion für Daten und Node-Systeme und ist somit prädestiniert für qualitative internationale Marketingforschung. Das übergeordnete Ziel dieser Einzelprüfschritte ist es, die verschiedenen Länderresultate einem Vergleich zu unterziehen und grenzüberschreitende, d.h. internationale Erkenntnisse zu gewinnen. Die Äquivalenz der qualitativen Interviewdaten ist dafür eine notwendige Bedingung und kann dadurch sichergestellt werden, wenn die vordem beschriebenen Äquivalenzaspekte Berücksichtigung gefunden haben.

4 Softwaregestützte Lösungsansätze

Die im konzeptionellen Teil diskutierten Konzepte der Datenäquivalenz im Kontext qualitativer ExpertInneninterviews werden im Folgenden anhand eines konkreten

Projektes veranschaulicht. Dabei geht es um Verhandlungsstrategien bei M&As in multinationalen Unternehmen aus Sicht der beteiligten ManagerInnen.

Die Typologie, welche in Abbildung 1 skizziert ist, zeigt den komplexen Hintergrund von internationalen Marktforschungsprojekten, auf dessen Basis qualitative, internationale, in der Regel meist mehrsprachige Interviews stattfinden. Softwaregestützte Analysetools (CAQDAS) tragen wesentlich zu einer strukturierten Vorgehensweise und Integration der drei Bereiche (Team, Kulturkontext, Unternehmenssprache) bei. Im Folgenden werden die Schritte der multilingualen Codierung, Node-Bildung und des Theoriebaus mit dem Softwaretool NVivo (Richards 2002) exemplarisch illustriert.[1] Abbildung 2 stellt die Möglichkeiten von NVivo in Bezug zum Forschungsinhalt und den sprachspezifischen Besonderheiten dar.

Abbildung 2: Abfolge und Integration der Analyseschritte mithilfe NVivo

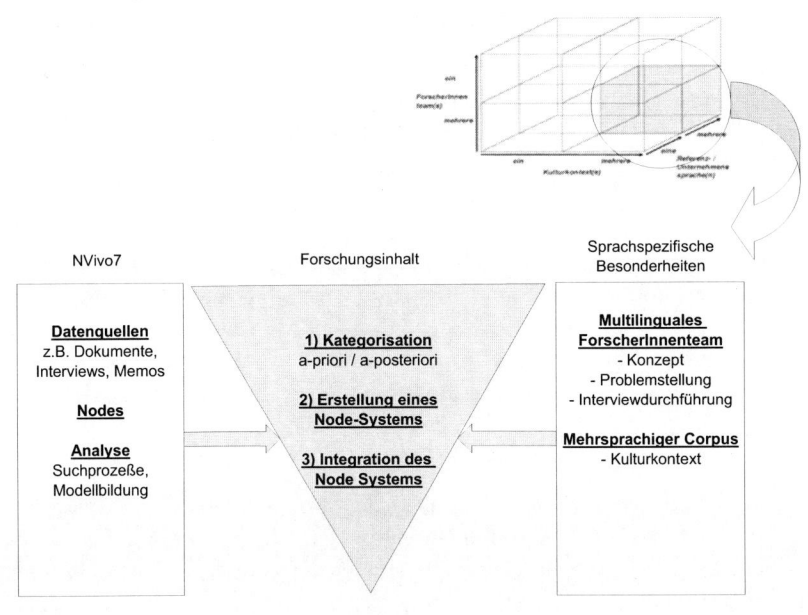

---

[1] Im vorliegenden Beitrag wird NVivo7 verwendet.

Rudolf R. Sinkovics und Elfriede Penz

4.1 Untersuchungsdesign

Corbin und Strauss' „Grounded Theory" (Corbin/Strauss 1990, 1998) dient als konzeptioneller Rahmen für die Untersuchung. Dies nicht deshalb weil es uns um die Präsentation von Rohdaten oder die formelhafte Anwendung von Analyseschritten wie Wortzählungen oder „keywords in context" (KWIC) geht, sondern weil wir um Interaktionsbeziehungen und Organisationsprinzipien der aus den Interviews gewonnenen Rohdaten mit Theorie bemüht sind (Suddaby 2006). NVivo wurde als geeignete Software gewählt, die den Austausch zwischen den involvierten ForscherInnen mit ihren verschiedenen kulturellen Hintergründen ermöglicht.

Ein aus mehreren Mitgliedern bestehendes Forschungsteam kann individuell erstellte Projekte – z.B. in verschiedenen Sprachen oder Phasen - in der Version NVivo ohne Datenverlust verbinden. Die Struktur und der Inhalt des Projektes können zu einem gemeinsamen Projekt verbunden werden und Wiederholungen oder unnötige Elemente der Projektstruktur können später entfernt werden. Somit ergibt sich durch die Version 7 von NVivo eine flexible Handhabbarkeit von zum Beispiel Teilprojekten.

Mehrere Gründe sprechen dafür, Einzelprojekte der Projektmitglieder zuerst individuell zu erstellen und dann sukzessive zu einem gesamten Projekt zu integrieren. Das betrifft hauptsächlich die Datensammlung und –analyse (4.3 und 4.4).

Die Grundlage der Datenerhebung bildeten vier internationale Unternehmen, die in Merger & Acquisitions (M&As) involviert waren.

Die Untersuchung begann im Februar 2004 mit zunächst einem Unternehmen; weitere Unternehmen kamen im April, Mai und Juni dazu. Insgesamt nahmen bisher sechs Unternehmen an der Untersuchung teil. In den jeweiligen Unternehmen wurden mehrere, an M&As beteiligte ManagerInnen kontaktiert und um ein Interview gebeten. In einem Unternehmen waren drei ManagerInnen (aus unterschiedlichen Tochterunternehmen in Großbritannien und Italien) zu einem Gespräch bereit; in den übrigen jeweils eine Person (in Großbritannien und Österreich).

Die ManagerInnen wurden von einem Mitglied des dreiköpfigen Teams telefonisch oder persönlich kontaktiert und um Teilnahme an der Untersuchung gebeten. Die Auswahl basierte auf der Größe der Unternehmen, der Geographie, und ihres Kerngeschäfts. Unternehmen aus Österreich, Großbritannien und Italien wurden ausgewählt, da sie einerseits geographische Nähe aufweisen, jedoch in Bezug auf die Verhandlungs- und Kommunikationsstile unterschiedliche Muster erwarten liessen.

Im weiteren Verlauf wurde ein theoretisches Datensammlungsverfahren nach Creswell (1997) angewandt. Das heißt, dass gemäß der sich entwickelnden Theorie weitere ManagerInnen in Unternehmen ausgewählt wurden und hinsichtlich einer Bestätigung oder Widerlegung der bereits identifizierten Aspekte und des damit verbundenen Kontexts untersucht wurden. Nach zunächst einem Interview mit einem Pharma-

Manager wurden weitere Interviews deshalb mit ManagerInnen mit ähnlichem Kontext (Pharma) bzw. mit komplementärem Hintergrund (Industriegüter) geführt. Weitere Unternehmen aus verschiedenen Sektoren wurden ausgewählt, um Unterschiede feststellen zu können.

4.2 Erhebungshintergrund

Die Bedeutung und Funktion von M&As in den Zielunternehmen stellte zu Beginn der Untersuchung eine wesentliche Frage dar. Dessen Beantwortung sollte helfen, funktionale und konzeptionelle Äquivalenz zu garantieren. Unternehmensspezifische Informationen (Webseiten), Informationen über internationale Tochterunternehmen, oder Medienberichte wurden gesammelt und hinsichtlich der Äquivalenzaspekte ausgewertet.

Aufgrund der gesammelten Informationen kann man darauf schließen, dass innerhalb und zwischen den untersuchten Unternehmen das Konzept M&A ähnlich erfasst wurde. Geringe Unterschiede können auf unterschiedliche Verantwortlichkeiten der Befragten und der Geschäftsart zurückgeführt werden.

Insgesamt wurden sechs Interviews in Unternehmen aus drei Ländern durchgeführt. Drei österreichische, ein italienischer und zwei britische Manager nahmen an der Studie teil. Die Interviews fanden zwischen Februar und Juni 2004 statt, eine weitere Erhebungsphase ist für die erste Hälfte 2007 geplant. Die Befragten gehörten der höheren oder mittleren Managementebene an und waren Verantwortliche bei den M&A Prozessen.

Die Interviews wurden zumeist in den Büros der Befragten in Englisch, Deutsch oder Italienisch durchgeführt und dauerten zwischen einer und zwei Stunden. Um die Ergebnisse replizierbar zu machen, wurden die erhaltenen Daten auf Tonband aufgenommen, digitalisiert und in der Originalsprache transkribiert. Zusätzlich erstellten die InterviewerInnen eine Zusammenfassung des Interviews in Englisch als eigenes Dokument.

4.3 Datensammlung - Konstruktion eines Textkorpus

Um eine Äquivalenz der Forschungsmethoden, der Untersuchungseinheiten und der Verwaltung zu gewährleisten, wurde der Datensammlungsprozess standardisiert. Dazu wurden Fragestellungen, die sich auf die Kultur und die Sprache bezogen, in zwei intensiven Treffen des Forschungsteams diskutiert. Die InterviewerInnen wurden mit den notwendigen Fakten zur Durchführung der Interviews vertraut gemacht, und über den Hintergrund und die Positionen der Manager innerhalb des Unternehmens informiert (Welch et al. 2002). Im Mittelpunkt stand die sprachliche Facette bei der Durchführung von ExpertInnengesprächen, welche ausreichend diskutiert wurde (Marschan-Piekkari et al. 1999). Um die im Laufe der Untersuchung auftretenden Fragen abzuklären, Interpretationen von Antworten während des Interviews zu verifizieren und Konsequenz in der Nachverfolgung von aufkommenden Themen während des Interviews zu gewährleisten (Arksey/Knight 1999, Kvale 1996, Lee 1999, Rubin 1995, Strauss/Corbin 1998), wurden die Interviews in mehreren Phasen angelegt (Grunert/Grunert 1995).

Insbesondere wurde durch die theoretische Stichproben-Erhebung die Möglichkeit offen gehalten, weitere Facetten der Problemstellung durch neuerliche Datensammlung zu beleuchten. Die Suche weiterer InformantInnen (z.B. ManagerInnen, die indirekt bei M&As beteiligt waren) stellt einen iterativen Prozess dar, der zusätzliches Material in der Form von „strata of people" oder neuen Texte bringt (Bauer/Aarts 2000, 19).

Im Sinne der Erreichung von Konstruktvalidität (Lee 1999), wurden (i) mehrere Quellen von Plausibilität herangezogen, (ii) eine Plausibilitätsabfolge erstellt, und darauf geachtet, (iii) Erkenntnisse an die Informanten zurückzumelden. Reaktionen ihrerseits wurden in das Projekt integriert (Yin 2003).

Um mehrere Quellen von Plausibilität (i) zu erfassen, wurden die Kommentare der Interviewten, Beobachtungen während der Interviewsituation und Umgebungsfaktoren (physikalische Faktoren wie Gebäude, Eingang, etc.) notiert. Die Infrastruktur der Büros und das Verhalten der MitarbeiterInnen wurden ebenfalls beobachtet und notiert. Jeder Forscher bzw. jede Forscherin nahm zudem eine Bewertung der einzelnen Quellen hinsichtlich des zu untersuchenden Konzeptes vor. Dann wurden die Kommentare diskutiert und eine gemeinsame Bewertung der verwendeten operationalen Messungen vorgenommen.

Ein logischer, sequentieller Prozess (Lee 1999, Yin 2003), der rekonstruiert und von externen BeurteilerInnen vorweggenommen werden kann, wurde eingehalten (ii – Erstellung einer Plausibilitätsabfolge). Von den Mitgliedern des Forschungsteams wurden laufend Notizen gemacht. Dies betraf die Anzahl der Kontakte, die notwendig waren, jemanden zu erreichen, die Gesprächsatmosphäre, der erste Eindruck, sowie der Vorgang der Terminvereinbarung. Anschließend wurden die Interviews in der jeweiligen Sprache (Englisch, Deutsch und Italienisch) durchgeführt und transkribiert. Notizen, die bei der Durchführung der Interviews gemacht wurden, ergänzten die anfänglichen Beobachtungen. Die Zusammenführung verschiedener Informationsquellen gemeinsam mit der Datenanalyse versprach hohe Konstruktvalidität.

Schließlich wurden (iii) wichtigen Informanten die vorläufigen Berichte und Beobachtungen der InterviewerInnen vorgelegt und bei nicht korrekter Wiedergabe der Informationen berichtigt bzw. diskutiert.

Mehrsprachige Interviews und softwaregestützte Analyse

Die ForscherInnen orientierten sich an einem Leitfaden, der sie durch den Erhebungsprozess leitete und laut Yin (2003) die Reliabilität der Studie erhöht sowie eine Wiederholung des angewandten Verfahrens ermöglicht. Der Leitfaden wurde mithilfe der NVivo 7 Modelling- und Memo-Funktionen erarbeitet und enthielt die Zielsetzungen der Studie, spezifische Verfahren und den Interviewleitfaden.

Einen wichtigen Punkt in der Dokumentation des Projektes stellte die Konzernsprache dar. Der in der italienischen Tochterunternehmung befragte Manager zum Beispiel bevorzugte es, das Interview in Italienisch abzuhalten, obwohl die Konzernsprache Englisch ist. Da es den Informanten freigestellt wurde, die Sprache selbst zu wählen, konnte eine für ihn angenehme Interviewsituation geschaffen werden. Die zusätzlich erhobenen Daten waren allerdings in Englisch verfügbar (insbesondere Unternehmensdaten). Die Mitglieder des Forschungsteams haben jeweils einen Korpus an Textdaten erstellt, d.h. Interviews in den ihnen zugeteilten Ländern/Unternehmen durchgeführt, Informationen zu den Unternehmen, ihren Tätigkeiten und den interviewten Managern über Sekundäranalyse zusammengetragen. Dieser Korpus dient als Grundlage für die im Folgenden beschriebene Analyse.

4.4 Analyse

Die Datenanalyse bestand aus mehreren Schritten, nämlich dem (1) Organisieren der Daten, dem (2) Kodieren der Daten, den (3) Suchprozessen und dem (4) Modellieren.

- Organisieren der Daten

Nach Erstellung eines neuen Projekts unter NVivo wurden die Transkripte in Originalsprache der Interviews eingefügt. Die Mehrsprachigkeit der dem Projekt zugrunde liegenden Textdaten wird in NVivo gut unterstützt. NVivo erlaubt es, verschiedensprachige Texte in Suchprozessen, im „Nodes", und im „Attributes/Classifications" Bereich zu identifizieren. Zusätzlich wurden die niedergeschriebenen Beobachtungen der InterviewerInnen und Unternehmensinformationen (auch Bildmaterial) inkludiert.

Drei ForscherInnen stellten das Kernteam dar, jede/r der drei beherrschte eine der verwendeten Sprachen perfekt (Englisch, Deutsch und Italienisch). Alle drei waren mit den anderen Sprachen vertraut, was als Voraussetzung für die Entwicklung eines gemeinsamen Kodierschemas galt.

Unter dem Bereich „Attribute/Classifications" in NVivo wurden im Projekt zusätzlich zum qualitativen Textmaterial quantitative Unternehmensdaten integriert, die einen guten Einblick in den Unternehmenshintergrund und die Organisationsstruktur lieferten. Diese Daten bezogen sich auf das Alter und die Größe (MitarbeiterInnenanzahl, Umsatz) des Unternehmens; den Industriesektor, die Kernprodukte (über Unternehmensbroschüren, etc.), die Marktposition, sowie die Zeit in internationalen Märkten, und die Anzahl der Märkte, in denen das Unternehmen tätig ist.

Kodierung der Daten

Das gesammelte Datenmaterial wurde schließlich kodiert. Dieser Vorgang ist ein wesentlicher Schritt im analytischen Prozess. Der Kodiervorgang ist eine fortwährende Interpretation und Untersuchung der Textdaten von verschiedenen Perspektiven und hängt von der Anzahl und der jeweiligen, involvierten ForscherInnen ab. Abbildung 3 zeigt den Beginn einer Kodierung eines deutschsprachigen Interviews des NVivo Projektes.

Abbildung 3: Datenquellen, Kodierung und Memos in NVivo

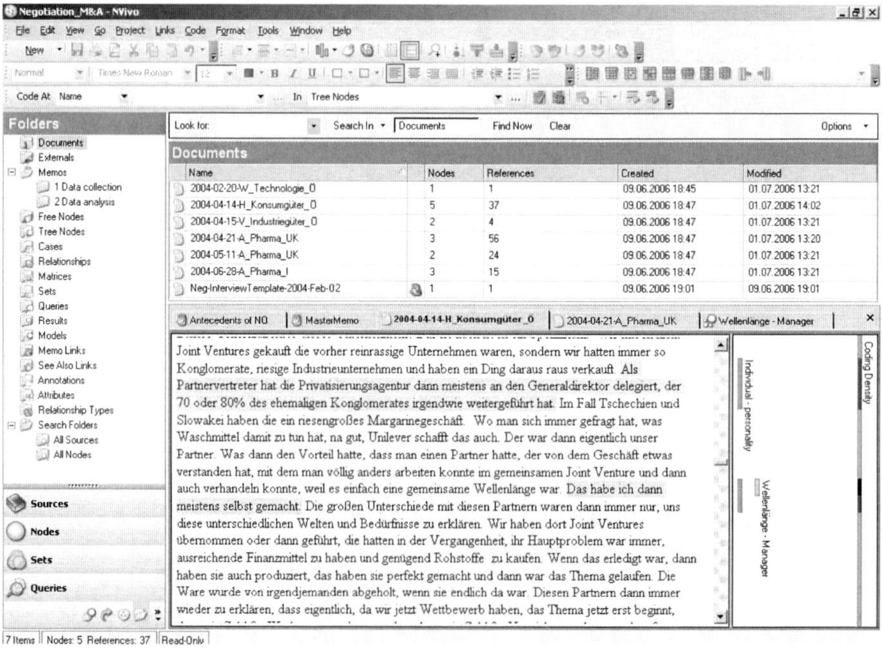

Die Mitglieder des Teams analysierten den Korpus anhand unterschiedlicher Kriterien. Z.B. befasste sich ein Teammitglied mit dem sprachlichen „Korpus" der Interviews und wendete linguistische Analysen an, während die anderen inhaltsanalytisch bzw. der „Grounded Theory" entsprechende Kodierungsstrategien anwendeten. Diese unterschiedlichen analytischen Zugänge werden mit NVivo ermöglicht und erlauben eine mehrdimensionale Interpretation der gesammelten Daten. Insbesondere können die verschiedensprachigen Texte bei der Node-Bildung in NVivo berücksichtigt werden. Bei der Analyse der Daten wurde mit der a-priori Kategorisierung begonnen. Basierend auf der relevanten Literatur und Informationen aus Experteninterviews wurde ein englisches Kategorienschema entwickelt, bevor die Erhebung der Daten begann. A-posteriori Kategorisierung wurde nach der Erhebung der Daten in Österreich, Großbritannien und Italien angewandt. Empirische Indikatoren basierten auf dem mehrsprachigen Datenmaterial und wurden im weiteren Analyseprozess verwendet.

Die Interviewsprache wurde beim Kodieren der Daten beibehalten. Später wurden die Nodes einheitlich in Englisch übersetzt, um die weitere Analyse und Vergleichbarkeit zu erhöhen. Zusätzlich erhöhte dies die Reliabilität, da die Diskussionen der ForscherInnen über ein einheitliches Kategorienschema in Englisch abgehalten wurden. Das vorgeschlagene Kategorienschema wurde laufend gemeinsam ergänzt. Dadurch kann verhindert werden, dass ein einzelnes Kategorienschema (des „etic" Ansatzes) entsteht. Es bewirkt, dass Länderbesonderheiten sichtbar werden und eine Äquivalenz der Daten entsteht.

Die Festlegung der Größe des Kategorienschemas erforderte eine Ausgewogenheit zwischen Breite und Tiefe. Es kann als Funktion des Forschungsprozesses gesehen werden und entwickelt sich mit der Zeit (Marshall 2002). Daher wurde jede Textpassage nach den Prozessen offenes, axiales und selektives Kodieren durchgeführt.

Offenes Kodieren wird meistens zur Entdeckung von Kategorien und zur Identifikation von neuen Konzepten verwendet. In dieser Phase der Kodierung fügte jeder Forscher bzw. jede Forscherin unabhängig voneinander Kategorien hinzu, die in gemeinsamen Treffen diskutiert und angepasst wurden. Axiales Kodieren wendet die Kategorien und Konzepte auf die empirischen Daten an. Kategorien werden auf ihre Unterkategorien bezogen und Überschneidungen von Kategorien identifiziert. Das Ziel des axialen Kodierens liegt darin, dass die Kategorien an Tiefe gewinnen. Jene Kategorien, die die gleichen Konzepte darstellten, wurden zusammengefasst. Schließlich wurde selektives Kodieren angewandt. Bei dieser Art des Kodierens werden die Kategorien noch integriert und verfeinert, um eine Theorie zu bilden. Konzepte wurden erstellt und Aussagen herangezogen, um das Phänomen zu erklären. Die Textdaten wurden verringert und, wie von Lee (1999) oder Strauss und Corbin (1998) vorgeschlagen, eine gewünschte Abstraktionsebene für das Projekt erreicht.

Die umfangreiche Kodierung und Node-Bildung ist insbesondere für die Abgleichung von Bedeutungsinhalten notwendig, da sich das Verständnis von Konzepten (z.B. ganz allgemein die Bedeutung von „Wellenlänge") bedingt durch das multilinguale ForscherInnenteam, den Kulturkontext und der Konzernsprache unterscheiden kann (Abbildung 4).

■ Suchprozesse

Der nächste Schritt bestand darin, mittels Suchprozessen eine Theorie auf Basis der Daten zu erarbeiten. NVivo erlaubt es, Suchprozesse durchzuführen. Die Software liefert den Schlüsselbegriffen entsprechende Textstellen als Output. Wiederum ist durch die Mehrsprachigkeit ein Analysetool gefordert, welches die verschiedenen sprachlichen Ausdrücke berücksichtigen kann. Die wesentlichen Schlüsselbegriffe zum Thema Verhandlungsstrategien bei M&As, die in der Node-Bildung in verschiedenen Sprachen (z.B. negotiation skills im Vergleich zu Verhandlungsgeschick) resultierten, können nun bequem für Analysen herangezogen werden. Die Suchergebnisse in NVivo wurden auch unter anderem dazu genutzt, Häufigkeiten zu berechnen und Tabellen in SPSS zu exportieren, was eine deskriptive Analyse und folglich eine weitere Formalisierung und Strukturierung der Daten ermöglicht. Die Suchprozesse wurden auch zur Analyse von länderübergreifenden, sprachspezifischen Unterschieden verwendet.

Abbildung 4:   Nodes in mehreren Sprachen – Beispiel deutscher Node „Wellenlänge" wird für deutsch- und englischsprachige Interviews verwendet

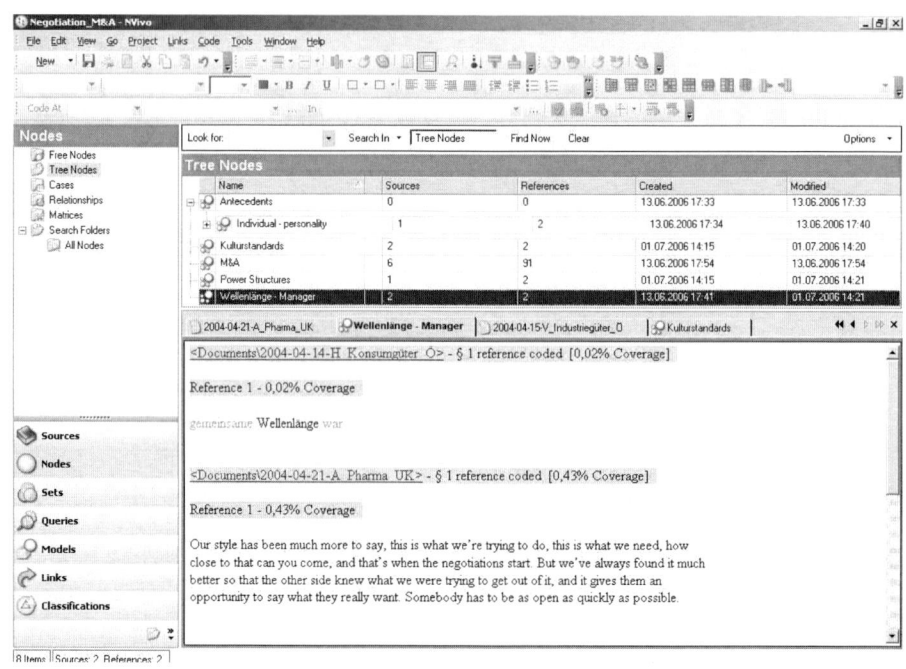

Modellbildung

Im letzten Schritt der NVivo Analyse wurden Dokumente, Kategorien, Attribute und Notizen verwendet. Die grafische Darstellung half in der Bildung von Kategorien und ermöglichte die visuelle Erstellung eines Kategorienschemas. Die Modellbildung half beim Erstellen des Projektes sowie in der grafischen Darstellung des Forschungsprozesses. Weiters unterstützt die Visualisierung bei Problemen der Kodifizierung und bei sprachlichen Unstimmigkeiten im Team. Schließlich half es bei der Konzeptionalisierung von Ideen, die im Laufe des Kodierens und der diversen Suchprozesse entstanden.

5 Diskussion und Zusammenfassung

Dieser Beitrag beschäftigt sich mit mehrsprachigen Interviews und der softwaregestützten Analyse mittels dem Softwaretool NVivo. Während mehrsprachige Interviews von ExpertInnen aufgrund der Vernetzung von multinationalen Unternehmungen zunehmend an Bedeutung gewinnen, bietet die Literatur dazu vergleichsweise wenig Hilfestellung.

Der softwaregestützte Zutritt erweist sich aus Sicht des Autors und der Autorin besonders deshalb als zweckdienlich, weil dadurch Struktur und Systematik in den Forschungsprozess gebracht werden (Sinkovics et al. 2005). Die Multidimensionalität von Forschungsteam(s)/Kulturkontext/und Referenz- bzw. Unternehmenssprache kann mittels Softwareunterstützung administrativ und inhaltlich sehr gut bewältigt werden. Insbesondere zwingt der Einsatz von Softwaretools wie etwa NVivo bewusste Entscheidungen zu der Kodierungssprache und der Sprache der Nodes und Attribute herbeizuführen. Gleichermaßen erfordert dies eine sprachliche Synchronisation der in die Untersuchung eingebundenen WissenschafterInnen, die andernfalls autonome Entscheidungen treffen würden. Diese Gefahr der In-Äquivalenz wird also auf mehreren Stufen der Untersuchung unterbunden.

Des Weiters eignet sich der softwaregestützte Zutritt mit NVivo für die Durchführung von Längsschnitts- sowie follow-up Studien. Daten, welche zu unterschiedlichen Zeitpunkten erhoben werden, können dem Prinzip des „theoretical sampling" entsprechend, dem Projekt hinzugefügt und mittels existierender Suchbegriffe, Nodes und Attributen einfach in die Auswertungsprozesse eingebunden werden.

Der Rahmen des existierenden Projektes kann auch gut für künftige Projekte bzw. für übergreifende Analysen verwendet werden. Während im aktuellen Projekt die Verhandlungsstrategien bei M&As im Vordergrund stehen, können bei weiteren Projekten die Verhandlungsmuster bei anderen Formen der Zusammenarbeit von internationalen Unternehmen analysiert werden. Die Struktur des Projektes in NVivo (z.B. Node-Struktur, Attribute, Sets) stellt eine fundierte Grundlage für Ergänzungen bzw. Erweiterungen auf andere Fragen, die mit dem theoretischen Konzept lösbar sind, dar.

Rudolf R. Sinkovics und Elfriede Penz

6 Literatur

Arksey, Hilary/Knight, Peter T. (1999): Interviewing for Social Scientists. Thousand Oaks: Sage.
Bauer, Martin W./Aarts, Bas (2000): Corpus Construction: A Principle for Qualitative Data Collection. In: Bauer, Martin W./Gaskell, George (eds.): Qualitative Researching with Text, Image and Sound. London: Sage.
Bickman, Leonard/Rog, Debra J. (1997): Handbook of Applied Social Research Methods. London: Sage.
Brislin, Richard W. (1970): Back Translation for Cross-Cultural Research. In: Journal of Cross-Cultural Psychology, vol. 1, no. 3, 185-216.
Churchill, Gilbert A./Iacobucci, Dawn (2002): Marketing Research: Methodological Foundations. Mason, Ohio: South-Western.
Coffey, Amanda/Holbrook, Beverley/Atkinson Paul (1996): Qualitative Data Analysis: Technologies and Representations. In: Social Research Online, 1 (1), http://www.socresonline.org.uk/1/1/4.html.
Corbin, Juliet/Strauss, Anselm (1990): Grounded Theory Research: Procedures, Canons, and Evaluative Criteria. In: Qualitative Sociology, vol. 13, no. 1, 3-21.
Craig, C. Samuel/Douglas, Susan P. (2005): International Marketing Research. 3rd edition. Chichester: John Wiley & Sons.
Crawford, H. Ken/Leybourne, Marnie L./Arnott, Allan (2000): How We Ensured Rigour in a Multi-Site, Multi-Discipline, Multi-Researcher Study. In: Forum: Qualitative Social Research, vol. 1, no. 1, http://www.qualitative-research.net/fqs-texte/1-00/01-00crawfordetal-e.pdf.
Creswell, John W. (1997): Qualitative Inquiry and Research Design - Choosing among Five Traditions. London: Sage.
Denzin, Norman K./Lincoln, Yvonna S. (1994, eds.): Handbook of Qualitative Research. Thousand Oaks, CA: Sage.
Dhir, Krishna S./Goke-Pariola, Abiodun (2002): The Case for Language Policies in Multinational Corporations. In: Corporate Communications, vol. 7, no. 4, 241-250.
Ewing, Michael T./Salzberger, Thomas/Sinkovics, Rudolf R. (2005): An Alternate Approach to Assessing Cross-Cultural Measurement Equivalence in Advertising Research. In: Journal of Advertising, 34, 1, 17-36.
Feely, Alan J./Harzing, Anne-Wil (2003) Language Management in Multinational Companies. In: Cross Cultural Management, vol. 10, no. 2, 37-52.
Grunert, Klaus G./Grunert, Suzanne C. (1995): Measuring Subjective Meaning Structures by the Laddering Method: Theoretical Considerations and Methodological Problems. In: International Journal of Research in Marketing, vol. 12, no. 3, 209-225.
Hesse-Biber, Sharlene (1996): Unleashing Frankenstein's Monster? In: Burgess, Robert (ed.): Studies in Qualitative Methodology: Computing and Qualitative Research. Vol. 5. London: JAI Press.
Holzmüller, Hartmut H. (1995): Konzeptionelle und Methodische Probleme in der Interkulturellen Management- und Marketingforschung. Stuttgart: Schäffer-Poeschel.
Hui, Harry C./Triandis, Harry C. (1989): Effects of Culture and Response Format on Extreme Response Style. In: Journal of Cross-Cultural Psychology, vol. 20, no. 3, 296-309.
Kelle, Udo (1997): Theory Building in Qualitative Research and Computer Programs for the Management of Textual Data. In: Social Research Online, 2 (2), http://www.socresonline.org.uk/2/2/1.html.

Kvale, Steinar (1996): Interviews: An Introduction to Qualitative Research Interviewing. Thousand Oaks: Sage.

Lee, Thomas W. (1999): Using Qualitative Methods in Organizational Research. Thousand Oaks: Sage.

Luo, Yadong/Shenkar, Oded (2006): The Multinational Corporation as a Multilingual Community: Language and Organization in a Global Context. In: Journal of International Business Studies, vol. 37, no. 3, 321-339.

Marschan, Rebecca/Welch, Denice/Welch Lawrence (1997): Language: The Forgotten Factor in Multinational Management. In: European Management Journal, vol. 15, no. 5, 591-598.

Marschan-Piekkari, Rebecca/Welch, Denice/Welch, Lawrence (1999): In the Shadow: The Impact of Language on Structure, Power and Communication in the Multinational. In: International Business Review, vol. 8, no. 4, 421-440.

Marshall, Helen (2002): What Do We Do When We Code Data? In: Qualitative Research Journal, vol. 2, no. 1, 56-70.

Miles, Matthew B. (1979): Qualitative Data as an Attractive Nuisance: The Problem of Analysis. In: Administrative Science Quarterly, vol. 24, no. 4, 590-601.

Penz, Elfriede/Sinkovics, Rudolf R. (2005): Formalisierung Qualitativer Internationaler Marketingforschung - Grundsätze und Anwendungsfall. In: Holzmüller, Hartmut H./Schuh, Arnold (Hrsg.): Innovationen Im Sektoralen Marketing. Heidelberg: Physica Verlag, 235-256.

Piekkari, Rebecca/Welch, Catherine (2004, May 26-28): Language Dynamics in Cross-Cultural Qualitative Interviewing. Konferenzbeitrag präsentiert bei Nordic Workshop in International Business, INSEAD, Fontainebleau.

Pike, Kenneth Lee (1966): Language in Relation to a Unified Theory of the Structure of Human Behavior. The Hague, NL: Mouton.

Poortinga, Ype H. (1989): Equivalence of Cross-Cultural Data: An Overview of Basic Issues. In: International Journal of Psychology, vol. 24, no. 6, 737-756.

Richards, Lyn (2005): Handling Qualitative Data - a Practical Guide. London: Sage.

Richards, Lyn (2002): Introducing NVivo: A Workshop Handbook. http://www.qsrinternational.com/resources/teachingmaterials/NVivo%20Workbook.pdf visited: Feb 06, 2004.

Rubin, Herbert J. (1995): Qualitative Interviewing: The Art of Hearing Data. Thousand Oaks: Sage.

Salzberger, Thomas/Sinkovics, Rudolf R./Schlegelmilch, Bodo B. (1999): Data Equivalence in Cross-Cultural Research: A Comparison of Classical Test Theory and Latent Trait Theory Based Approaches. In: Australasian Marketing Journal, vol. 7, no. 2, 23-38.

Sinkovics, Rudolf R./Penz, Elfriede/Ghauri Pervez N. (2005): Analysing Textual Data in International Marketing Research. In: Qualitative Market Research: An International Journal, vol. 8, no. 1, 9-38.

Spencer, Gary (1973): Methodological Issues in the Study of Bureaucratic Elites: A Case Study of West Point. In: Social Problems, vol. 21, no. 1, 90-103.

Strauss, Anselm L./Corbin, Juliet M. (1998): Basics of Qualitative Research: Grounded Theory Procedures and Techniques. Thousand Oaks, CA: Sage.

Suddaby, Roy (2006): From the Editors: What Grounded Theory Is Not. In: Academy of Management Journal, vol. 49, no. 4, 633-642.

Welch, Catherine/Marschan-Piekkari, Rebecca/Penttinen, Heli/Tahvanainen, Marja (2002): Corporate Elites as Informants in Qualitative International Business Research. In: International Business Review, vol. 11, no. 5, 611-628.

Yeung, Henry Wai-chung (1995): Qualitative Personal Interviews in International Business Research: Some Lessons from a Study of Hong Kong Transnational Corporations. In: International Business Review, vol. 4, no.3, 313-339.

Yin, Robert K. (2003): Case Study Research: Design and Methods. 3rd edition. Thousand Oaks, CA: Sage.

Arnold Schuh

Fallstudien in der Strategieforschung
Auf der Suche nach dem Strategiewandel
im Internationalisierungsprozess

1 Einleitung 1001
2 Forschungsprojekt: Strategiewandel im internationalen Unternehmen 1002
3 Ausgewählte Arbeitsschritte 1003
    3.1   Das longitudinale Untersuchungsdesign 1003
    3.2   Vergleich der Datengewinnungsverfahren 1006
    3.3   Datenanalyse durch Visual Mapping und Temporal Bracketing 1007
4 Abschließende Bemerkungen 1012
5 Literatur 1015

1 Einleitung

Die seit den 1970er Jahren beobachtbare neue Globalisierungswelle bewirkt einen fundamentalen Wandel der Weltwirtschaft, der sich in einer tief greifenden Restrukturierung der Produktions-, Distributions-, Vermarktungs- und Führungssysteme von international tätigen Unternehmen äußert (Dicken 2003). Die Forschung im Bereich des International Business und International Management hat sich bisher eher mit einzelnen Facetten dieses Phänomens beschäftigt: mit der Ermittlung der so genannten Globalisierungstreiber (Yip 1992), der Globalisierungslogik und den allgemeinen Auswirkungen der Globalisierung auf Unternehmensstrategien und -organisation (Bartlett/Ghoshal 1989, Meffert 1986, Ohmae 1990, Porter 1986), der Homogenisierung der Märkte (Levitt 1983), oder mit Fragen der Standardisierung versus Differenzierung von Marketingprogrammen (Douglas/Wind 1987, Jain 1989, Zou/Cavusgil 2002). Was die Untersuchung der strategischen Reaktionen der Unternehmen auf die veränderten internationalen Branchen- und Marktbedingungen betrifft, dominieren bisher eher statische Forschungsdesigns wie die Identifikation von unterschiedlichen Strategie- und Organisationstypen (Bartlett/Ghoshal 1989, Prahalad/Doz 1987, Porter 1986). Obwohl als Ausgangsbasis wichtig, lässt sich mit matrixgestützten Kontingenzansätzen nicht die in der internationalen Wirtschaftspraxis vorzufindende Komplexität und Dynamik im strategischen Verhalten von international agierenden Unternehmen erfassen (Morrison/Roth 1992, Roth 1992, kritische Anmerkungen bei Engelhard/Dähn 1997). Wenngleich vereinzelt Arbeiten zur Evolution von Strategie und Organisation in multinationalen Unternehmen im Zuge der Internationalisierung erschienen sind (Bäurle 1996, Douglas/Craig 1989, Kutschker 1996, Malnight 1996, Perlmutter 1969), ist die Inkongruenz zwischen dem Prozesscharakter des untersuchten Phänomens und den angewandten Untersuchungsansätzen, nämlich statischen Querschnittanalysen, im Bereich der Internationalisierungsforschung nicht zu übersehen (Andersen 1993). Die Erfassung der von den Unternehmen vorgenommenen strategischen und organisatorischen Anpassungen im Zuge der Internationalisierung ist mit Querschnittanalysen aber nur schwer möglich. Die Fallstudienmethodik, im Speziellen der Einsatz von longitudinalen Fallstudien, stellt einen Forschungsansatz dar, der die Untersuchung von Strategiephänomenen in ihrem realen sachlichen, räumlichen und zeitlichen Kontext sowie die Abbildung von komplexen Ursache-Wirkungszusammenhängen im Zeitablauf erlaubt (Pettigrew 1990).

In diesem Beitrag wird der Einsatz der Fallstudienmethode in der internationalen Strategieforschung vorgestellt. Ein empirisches Forschungsprojekt zum „Strategiewandel im internationalen Unternehmen" stellt den Hintergrund dar. Im Mittelpunkt der Betrachtung steht die Auswahl eines geeigneten Längsschnittdesigns und der Vergleich von zwei Datengewinnungsverfahren, bei dem die Nutzung von durch den Autor selbst erstellten Fallstudien der Auswertung von publizierten Fallstudien gegenüber gestellt wird. Im Beitrag werden der Gang der Untersuchung, die Auswahl des Untersuchungsdesigns, die Erfahrungen mit den beiden verwendeten Datenbanken bzw. Datengewinnungsverfahren sowie ausgewählte Studienergebnisse präsentiert.

2 Forschungsprojekt: Strategiewandel im internationalen Unternehmen

Im Mittelpunkt des Projekts stand die Frage, ob sich Veränderungen in der strategischen Ausrichtung eines Unternehmens während des Internationalisierungsprozesses beobachten lassen. Interne Gründe wie die Verlagerung von Produktionsstätten in Auslandsmärkte oder der Kauf eines ausländischen Mitbewerbers oder externe Gründe wie die Öffnung der Märkte Mittel- und Osteuropas oder die Schaffung des europäischen Binnenmarktes können Unternehmen dazu veranlassen, die bisherige Internationalisierungsstrategie, Konfiguration der Wertaktivitäten sowie Führungs- und Organisationsstruktur zu adaptieren. So war anzunehmen, dass die Vollendung des europäischen Binnenmarktes einen Wechsel von einer stark an einzelnen nationalen Märkten ausgerichteten Marktbearbeitung zu einer regionalen pan-europäischen Strategie bewirken wird (Schuh 1991). Einzelne ForscherInnen haben dazu Phasenmodelle entwickelt, in denen eine bestimmte Abfolge von Entwicklungsphasen postuliert wird (Douglas/Craig 1989, Heenan/Perlmutter 1979, Perlmutter 1969). Als wesentliche Phasen in der internationalen Marktbearbeitung werden dabei die frühe Internationalisierungsphase, die Phase der lokalen Marktexpansion, die Phase der Regionalisierung sowie die der globalen Rationalisierung unterschieden.

Ziel der empirischen Studie war es, das Auftreten solcher Phasen mit unterschiedlichen strategischen Orientierungen im Zuge des Internationalisierungsprozesses von Unternehmen zu prüfen und neben der inhaltlichen Bestimmung der Phasen die Auslöser der Reorientierung und die Art des Strategiewandels zu ermitteln (Schuh 2001). Gleichzeitig sollte als Forschungsdesign eine Längsschnittanalyse gewählt werden, um dem eingangs angesprochenen methodischen Defizit, nämlich der Dominanz von Querschnittanalysen bei der Untersuchung eines Prozessphänomens wie der Internationalisierung, zu begegnen. Die Studie war primär nicht theorieprüfend angelegt, sondern sollte im Wesentlichen der Weiterentwicklung der Theorien zur Internationalisierung dienen, also zum „Theory Building" beitragen (Eisenhardt 1989, Eisenhardt/Graebner 2007). Dies fordert und rechtfertigt zugleich den Einsatz von qualitativen Forschungsstrategien und –methoden (Eisenhardt 1989, Ghauri 2004). In Abbildung 1 sind verkürzt die wesentlichen Arbeitsschritte der Untersuchung dargestellt. Die Untersuchung begann mit der Entwicklung eines Untersuchungsmodells, das aus der vorliegenden Literatur abgeleitet wurde. Dann folgte die Auswahl des passenden longitudinalen Untersuchungsdesigns. Die Rohdaten wurden zum einen aus selbst erstellten Fallstudien, zum anderen aus publizierten Fallstudien gewonnen. Schließlich kamen Strukturierungsverfahren wie Visual Mapping und Temporal Bracketing zur Verdichtung der Daten, für den fallübergreifenden Vergleich und als Basis für die Interpretation der Ergebnisse zum Einsatz. In den folgenden Ausführungen wird der Schwerpunkt auf die Wahl des Untersuchungsdesigns und die Erfahrungen mit Datengewinnungsverfahren gelegt.

Abbildung 1: Gang der Untersuchung

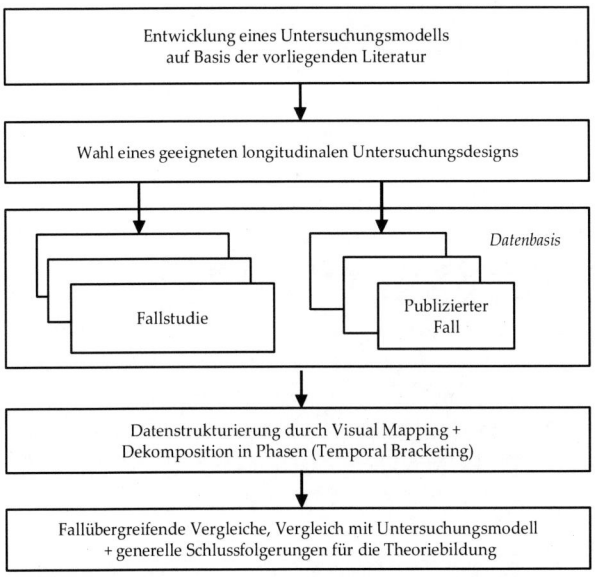

3 Ausgewählte Arbeitsschritte

3.1 Das longitudinale Untersuchungsdesign

Bei der Auswahl des Untersuchungsdesigns wurde darauf Wert gelegt, dass Unternehmensentwicklungen im Zeitablauf festgehalten werden können, also der Wandel in seinem prozessualen Kontext erfasst wird. Daher stellen Ereignisse bzw. Serien von Ereignissen und charakteristische Zeitperioden (z.B. kürzere Episoden wie Akquisitionen oder Epochen, das sind Phasen mit einzigartiger strategischer Ausrichtung) den Untersuchungsgegenstand dar, wobei vor allem die Betrachtung kritischer Ereignisse im Internationalisierungsprozess interessierte (Bäurle 1996, Kutschker 1996, Melin 1992). Zum Verständnis dieser kritischen Ereignisse ist es notwendig, neben der Beschreibung des Ereignisses auch Kontextdaten sowie, im Fall von Unternehmensentscheidungen, idealerweise auch Motive und Begründungen zu erfassen.

Zur Abbildung von Prozessen bieten sich grundsätzlich Längsschnittanalysen bzw. longitudinale Untersuchungsdesigns an (Pettigrew 1990). Abhängig von der Erhebungs- und Datenart (wiederholte Messung weniger ausgewählter Merkmale vs. Abbildung von Prozessen in Zeiträumen) und dem zeitbezogenen Blickwinkel (begleitende Analyse in der Gegenwart vs. rückblickend-historische Betrachtung) lassen sich vier Typen von Längsschnittanalysen unterscheiden: Panelstudien, Zeitreihenanalysen, Fallstudien, Unternehmensbiographien (Abbildung 2). Die isolierte Analyse von diskreten Erhebungsdaten im Zuge einer Zeitreihenanalyse gibt zwar einen komprimierten Überblick zur internationalen Unternehmensentwicklung, es fehlen aber Informationen, die einem die Internationalisierungsverläufe des untersuchten Unternehmens verstehen lassen. Die panelartige Erhebung von die Internationalisierung kennzeichnenden Indikatoren (z.B. bearbeitete Auslandsmärkte, Zahl der Tochtergesellschaften im Ausland, Anteil des Auslandsumsatzes am Gesamtumsatz, Beschäftigte im Ausland) oder gar von Strategietypen, die auf einer Kombination mehrerer Dimensionen beruhen, bei denselben Unternehmen in gleichen Zeitabständen (z.B. alle 5 Jahre) ermöglicht es, allfällige Veränderungen im Grad der Internationalisierung oder den Wechsel in einen anderen Strategie-Cluster zu entdecken (Colberg 1989, Swoboda 2002). Ohne Zusatzinformation über das strategische Verhalten der betrachteten Unternehmen (und des Branchenkontexts) zwischen den Messpunkten bleibt die Interpretation des Wandels aber spekulativ. Die isolierte Zeitreihenanalyse gibt somit keine Einblicke in den Wandel hervorrufende Mechanismen und Prozesse (Pettigrew 1990).

Abbildung 2: Typen von Längsschnittanalysen

Zeitbezogener Blickwinkel der Betrachtung Erhebungsart	Gegenwartsbezogene Analyse	Rückblickend-historische Analyse
Wiederholte Messung ausgewählter Merkmale	Panelstudie	Zeitreihenanalyse
Abdeckung von Ereignissen in Zeiträumen	Fallstudie	Unternehmensbiographie

Fallstudien in der Strategieforschung

Hingegen sind jene Methoden, die die Abdeckung von Ereignissen in Zeiträumen gewährleisten, ideal für den Studienzweck. Die begleitende Analyse des Phänomens in Form einer Fallstudie in Echtzeit erlaubt sicherlich die intensivste Beschreibung von Handlungs- und Entwicklungsprozessen. Bei der Fallstudienforschung handelt es sich um eine empirische Forschungsstrategie, die ein gegenwärtiges Phänomen innerhalb des realen Handlungsumfelds untersucht, sich dabei mehrerer Datengewinnungsverfahren und Datenquellen bedient und die erhobenen Daten in einem systematischen Analyse- und Interpretationsprozess verarbeitet (Yin 1994). Voraussetzung für den Erfolg dieses Forschungsdesigns sind der gesicherte Zugang zu den wesentlichen Akteuren und Dokumenten im Unternehmen und der rechtzeitige Einstieg mit der Analyse, also idealerweise vor Beginn des Wandlungsprozesses, und die wissenschaftliche Begleitung bis hin zum wahrgenommenen Ende dieser Episode in der Unternehmensentwicklung (z.B. von der Vorphase einer Akquisition eines ausländischen Unternehmens bis zur Integrationsphase). Von Vorteil bei der begleitenden Analyse ist, dass die Ergebnisse des beobachteten Wandlungsprozesses noch nicht bekannt sind und so eine Beeinflussung der Forschungsergebnisse durch die Kenntnis des Ausgangs vermieden wird (Van de Ven 1988). Die beschriebene Vorgangsweise kommt bereits der Aktionsforschung sehr nahe, bei der die ForscherInnen die Rolle der BeraterInnen oder Change Agents annehmen und den Entscheidungsprozess selbst mitgestalten, ihn manchmal sogar initiieren (Gummesson 1991). Da fundamentale Änderungen in den Internationalisierungsmustern leicht mehr als 20 Jahre dauern können, ist die Wahrscheinlichkeit, solche Wendepunkte mit begleitenden Fallanalysen, die üblicherweise über einen Zeitraum von zwei bis drei Jahren reichen, erfassen zu können, eher gering. Jedoch ist anzunehmen, dass die aktuelle Globalisierungswelle zu einer Beschleunigung des strategischen und strukturellen Wandels in Unternehmen geführt hat (Axinn/Matthyssens 2002).

Retrospektiv angelegte Fallanalysen – auch „retrospective case study" genannt –, die im Zusammenhang mit Unternehmensstudien oft den Charakter von Unternehmensbiographien haben, sind dann eine praktikable Lösung, wenn es um die Abbildung von längeren Zeitperioden wie der Abfolge von Epochen geht, die von der Vergangenheit bis in die Gegenwart reichen (Leonard-Barton 1990). Der Unterschied zur Fallstudie besteht in der Betrachtungsrichtung: Während bei Unternehmensbiographien historische Ereignisse im Mittelpunkt stehen, wird bei Fallstudien phänomenbegleitend untersucht. Der historische Rückblick erlaubt eine gewisse Distanz zu den Ereignissen, worunter zwar der Detailreichtum in der Beschreibung der Ereignisse leiden mag, dafür aber die Gesamtsicht auf die Internationalisierung an Prägnanz gewinnt. Die Analyse aus der zeitlichen Distanz erleichtert die Identifizierung von so genannten „Meilensteinen", also zentralen Ereignissen in der Internationalisierung, sowie von abgrenzbaren Entwicklungs- und Strategiephasen in der Evolution einer Geschäftseinheit oder eines Unternehmens. Die historische Analyse stellt ein Ereignis in seinen Kontext, erzeugt Kausalität durch die retrospektive Zusammenfassung von Ereignissen in einer Erzählung, die den Prozess mit Sinn belegt und Ordnung in die Datenmasse bringt (Gummesson 1991, Huberman/Miles 1994). Nachteilig ist, dass sich die Forscher durch die größere Zeitdistanz zu den Ereignissen stärker auf dokumentierte Evidenz verlassen müssen. Das Auffinden von GesprächspartnerInnen, die die früheren Ereignisse erläutern können, gestaltet sich oft schwierig. Selbst wenn es gelingt, ist man mit dem Problem der ex-post Rationalisierung der damaligen Entscheidungen und der möglichen Neuinterpretation des damaligen Geschehens konfrontiert.

Betrachtet man die Vor- und Nachteile der einzelnen Längsschnittanalysen für die Untersuchung von Internationalisierungsverläufen, dann zeigt sich, dass die Kombination von Forschungsdesigns in vielen Fällen eine sinnvolle Lösung darstellt. So können zum einen indikatorbasierte Zeitreihenanalysen um einzelne Fallstudien von repräsentativen Unternehmen, die für einen bestimmten Internationalisierungstypus stehen, oder – im anderen Fall – so genannte longitudinale Fallstudien um Internationalisierungsindikatoren ergänzt werden (Bäurle 1996, Wührer 1995). Mit longitudinaler Fallstudie werden hier Längsschnittuntersuchungen bezeichnet, die Veränderungsprozesse in den Mittelpunkt der Betrachtung stellen, sich der Form der Fallstudienforschung als Forschungsstrategie bedienen und sowohl historische als auch gegenwartsbezogene Betrachtung vereint (Leonard-Barton 1990; Pettigrew 1990). Das Forschungsdesign der vorliegenden Studie kann als longitudinale Fallstudie bezeichnet werden. Fallstudien sind anderen empirischen Methoden dann überlegen, wenn die Analyse von Handlungs- und Entwicklungsprozessen („Wie-Frage") sowie die Suche nach handlungsrelevanten Ursachen („Warum-Frage") im Mittelpunkt des Forschungsinteresses stehen und die Erklärung des Phänomens durch starke Kontexteinflüsse moderiert wird (Carson et al. 2001, Ghauri 2004, Yin 1994). Die Kombination von historischer Analyse mit zeitnaher Fallanalyse bietet sich ebenfalls an, da für die Erklärung gegenwärtiger Phänomene ein historischer Rückblick oft unvermeidbar ist.

3.2 Vergleich der Datengewinnungsverfahren

In einem nächsten Schritt war über die Gewinnung der Rohdaten zu entscheiden. Aufgrund des hohen Aufwands bei der Datenerhebung stoßen Längsschnittanalysen in Form von durch die ForscherInnen selbst erstellten Fallstudien in der Strategie- und Managementforschung noch immer auf eine geringe Beliebtheit. Gerade wenn ein Untersuchungsdesign gewählt wird, in dem die Internationalisierungsprozesse mehrerer Unternehmen über einen längeren Zeitraum untersucht und verglichen werden sollen, gilt es, den damit verbundenen Erhebungsaufwand zu beachten. Dies wurde in der vorliegenden Studie so gelöst, dass neben den selbst erstellten Fallstudien auch auf publizierte Fälle zurückgegriffen wurde. Auf den ersten Blick sind nur der Unterschied in der Art der Datenerhebung und der reduzierte Erhebungsaufwand erkennbar. Jedoch beeinflusst der Datencharakter nicht unwesentlich – wie noch gezeigt werden wird – die Ergebnisse der Studie.

Bei den vom Autor selbst erstellten Fallstudien wurden die notwendigen Daten über Interviews mit Führungskräften sowie über die Aufarbeitung vorliegender interner Dokumente (Strategiepapiere, interne Statistiken etc.) und Publikationen (Geschäftsberichte, Unternehmensbiographien, Investmentanalysen, Zeitschriftenartikel etc.) gewonnen. Es wurden Fallstudien zu fünf Geschäftsbereichen (GB) von drei international tätigen Unternehmen, nämlich der RHI-Gruppe (GB Feuerfest und GB Dämmen/Isolieren), der Wienerberger-Gruppe (GB Ziegel und GB Rohre) sowie dem Familienunternehmen Kotanyi, verfasst. Parallel dazu erfolgte der Rückgriff auf publizierte Fallstudien. In diesem Fall erspart man sich als ForscherIn die eigene aufwändige Datenerhebung in den Zielunternehmen. Stattdessen wird unter den veröffentlichten (Lehr-)Fallstudien nach jenen gesucht, die Internationalisierungsprozesse und – im Idealfall – auch Umbrüche in der strategischen Orientierung beschreiben. Diese Fallstudien sind entweder in Lehrbüchern, in eigens herausgegebenen Fallstudienbüchern oder bei den bekannten Fallstudienanbietern wie dem Harvard Business School Verlag oder dem European Case Clearing House zu finden. Unter insgesamt 30 thematisch passenden Fallstudien konnten drei (P&G, Nestlé, Heineken) identifiziert werden, die verwertbare Informationen zur Internationalisierung und zu strategischen Aspekten der Marktbearbeitung enthielten.

Tabelle 1 stellt die Stärken und Schwächen beider Datengewinnungsverfahren gegenüber. Dabei werden die Verfahren nach der Darstellungsqualität, also der Abbildbarkeit von strategischem Wandel, der Überprüfbarkeit der Authentizität der Angaben, der Flexibilität in der Analyse und dem Erhebungsaufwand beurteilt. Die Stärken-Schwächen-Bewertung geht auf eigene Erfahrungen im Rahmen des Projekts zurück und schließt in der Literatur vorgefundene Befunde mit ein (Ghauri 2004, Gummesson 1991, Larsson 1993, Leonard-Barton 1990, Miller/Friesen 1984, Pettigrew 1990).

3.3 Datenanalyse durch Visual Mapping und Temporal Bracketing

Um die in den Fallstudien gesammelten Daten einer sinnvollen Analyse und Interpretation zuzuführen, ist es notwendig, die Daten so zu strukturieren, dass sie einer den Forschungsfragen entsprechenden Prozessanalyse unterzogen werden können. Deshalb wurden die den Internationalisierungsprozess beschreibenden Daten in einem weiteren Arbeitsschritt in ein Prozessdiagramm übertragen, wobei wesentliche unternehmensinterne und unternehmensexterne Ereignisse zuerst in eine chronologische Folge gebracht wurden. Dann wurde versucht, sinnvolle Phasen in der Internationalisierung des Unternehmens zu unterscheiden.

Tabelle 1: Stärken-Schwächen-Vergleich der Fallanalyse auf Basis von selbst erstellten und publizierten Fallstudien

Beurteilungs-kriterien	Art der Datengewinnung	
	Verwendung selbst erstellter Fallstudien	Auswertung von publizierten Fällen
Darstellungsqualität	– Im Allgemeinen hoch, wenn der Zugang zu den Datenquellen, gute Dokumentation kritischer Ereignisse und Kooperationsbereitschaft des Managements gegeben sind. – Der/die ForscherIn kann aktiv nach kritischen Ereignissen suchen.	– Ist abhängig von der Informationsdichte, der vom/von der VerfasserIn des Falls eingenommenen Perspektive sowie der im Fall dargestellten Entscheidungssituation. – Hohe Zahl an potentiellen Fällen, aber die Zahl der verwertbaren Fälle ist niedrig.
Echtheit der Angaben	– Ist durch die direkte Datenerhebung gegeben (interne & externe Dokumente, Interviews, eigene Beobachtungen). – Die Darstellung der Ereignisse ist durch das Unternehmen beeinflussbar und die Publikation kann bei Missfallen untersagt werden.	– Die Darstellung durch den/die VerfasserIn der Fallstudie wirkt als vorgelagerter Filter auf die Interpretation durch den/die ForscherIn. – Der Grad der Einflussnahme durch den/die FallautorIn ist dem/der ForscherIn unbekannt; Triangulation durch Vergleich mit anderen Datenquellen kann zu einer verbesserten Einschätzung führen.
Flexibilität in der Analyse	– Ist hoch, der Fokus der Untersuchung kann von dem/der ForscherIn bestimmt werden und wird nur durch den Datenzugang beschränkt. – Die Nutzung verschiedener Methoden und Quellen erhöht die Konstruktvalidität.	– Ist sehr gering und auf die Auswahl der Fälle beschränkt.
Auswahl der Fälle	– Bereitschaft zur Kooperation sowie ein Vertrauensverhältnis zwischen ForscherIn und Unternehmen sind Voraussetzung für eine gute Fallanalyse. – Zusätzlich zur Kooperationswilligkeit können z.B die geographische und kulturelle Distanz, Sprachbeherrschung oder budgetäre Restriktionen die Auswahl verzerren.	– Die Auswahl der Fälle hängt davon ab, wie gut der Untersuchungsgegenstand in den Texten abgebildet ist. – Ermöglicht die Analyse von Fällen, die sonst aufgrund mangelnder Beziehungsnetzwerke, finanzieller Ressourcen und Sprachbarrieren nicht zugänglich wären.

Strukturierung der Daten	– Es besteht die Gefahr, in einer Überfülle an Daten unterzugehen.	– Die Fälle sind bereits vorstrukturiert. Es ist zu prüfen, ob Fall- und Untersuchungsperspektive vereinbar sind.
Aufwand der Datenerhebung	– Ist sehr hoch und hängt stark von der Kooperationsbereitschaft des Managements sowie der Art des Unternehmens ab (börsennotierte und damit publizitätspflichtige oder private Unternehmen).	– Ist stark themenabhängig – die Suche und Auswahl geeigneter Fälle kann ziemlich aufwändig sein. Dafür ist eine vergleichsweise rasche Analyse und Interpretation der Fälle möglich.
Gemeinsame Probleme	– Kognitive Variable sind kaum in einer validen Form zu erheben, schon gar nicht ihre Veränderungen im Zeitablauf. – Die Unterscheidung zwischen dem, was geplant war, und dem, was dann realisiert wurde, verschwimmt häufig in der historischen Analyse. – Die Herstellung von Kausalität ist aufgrund der meist knappen Datenlage bei historischen Analysen schwierig. – Unternehmen haben sich intern auf eine „offizielle Version" des Hergangs bedeutender Ereignisse in der Firmengeschichte geeinigt.	

Bei „Visual Mapping" und „Temporal Bracketing" handelt es sich um Forschungsstrategien der Datenstrukturierung bzw. „Strategies for Sensemaking" (Ghauri 2004, Huff 1994, Langley 1999, Yin 1994). Mit „Visual Mapping", also der Visualisierung und grafischen Darstellung von Ereignissen, wird eine starke Verdichtung und aufgrund des graphischen Charakters leichtere Interpretation einer umfangreichen Datenmasse erreicht. In einem weiteren Schritt wird das daraus resultierende Prozessdiagramm durch „Temporal Bracketing" in zeitlich aufeinander folgende, thematisch unterscheidbare Phasen der Internationalisierung (Epochen) unterteilt. Isoliert oder in Kombination verwendet, können diese Forschungsstrategien zur Theoriebildung aus Prozessdaten eingesetzt werden (Yin 1994, Pentland 1999). In Abbildung 3 ist ein Ausschnitt der Visual Map mit der Chronologie zur Internationalisierung der Division Dämmen/Isolieren des RHI Konzerns, der im Baustoffsektor tätigen Heraklith-Unternehmensgruppe, über den Zeitraum 1993-1996 wiedergegeben.

Die in Abbildung 3 gezeigten Felder mit durchgehender Linie stellen wesentliche Ereignisse bzw. Entscheidungen in der Internationalisierung der Baustoffdivision des RHI Konzerns dar und sind durch Pfeile, die durch die Ereignisse ausgelöste Wirkungen bzw. Konsequenzen anzeigen, verbunden. Die Felder mit unterbrochener Randlinie enthalten Hintergrundinformation. Hier konnte im Fallstudientext kein direkt aufgezeigter Zusammenhang gefunden werden, daher wurde keine Beziehung hergestellt. Diese Zusatzinformation wurde aber trotzdem eingefügt, da sie als meist branchen- oder performancebezogene Hintergrundinformation zum besseren Verständnis der Unternehmenssituation beiträgt und potentielle Zusammenhänge aufzeigt.

Arnold Schuh

Im Prozessdiagramm werden mehrere Analyseebenen (Kontext, Strategie, Organisation, Performance) unterschieden, sodass sich Wirkungsbeziehungen zwischen den einzelnen Ebenen und Ereignissen und Entscheidungen verfolgen lassen. In abgebildeten Beispiel werden Kontextfaktoren (Vollendung des europäischen Binnenmarktes, verstärkte Importe aus Osteuropa, Bestellung eines neuen Generaldirektors) als Auslöser von Strategiediskussionen (Europastrategie, Einführung des „Blue Chip"-Konzepts) sowie nachfolgender Einzelmaßnahmen sichtbar (Gründung von Vertriebstöchtern, Akquisitionen, Start eines Rationalisierungsprogramms). Auf Organisationsebene zeigt sich ein Bedarf, die richtige Führungsstruktur für die nun gewachsene Unternehmensgruppe zu finden. Hier trifft die bisher vorherrschende Eigendefinition als multinational agierendes Unternehmen mit relativ autonomen Tochtergesellschaften auf das Erfordernis, die Aktivitäten im Binnenmarkt stärker zu koordinieren und zu integrieren. Die in der Zeile Performance laufende Hintergrundinformation zeigt, dass zwar 1993-95 der Umsatz wächst, aufgrund der zunehmenden Konkurrenz die Ertragskraft aber schwach ausfällt. Es ist daher keine Überraschung, dass ein neuer Generaldirektor bestellt wird, der sich der Steigerung des Shareholder Value verschrieben hat.

Beim nachfolgenden „Temporal Bracketing", also der Bildung von nach ihrer strategischen Ausrichtung unterscheidbaren Phasen in der Unternehmensentwicklung, wurden in der Studie zwei Ansätze gewählt: ein induktiver und ein deduktiver Zutritt. Beim induktiven Zutritt wurde die Einschätzung der interviewten Führungskräfte zu markanten Ereignissen in der Internationalisierung, die potentielle Anlässe für Strategiewandel darstellen können, erfragt. Durch das Einbringen der Managementsicht kann die Validität der eigenen Analyseergebnisse verbessert werden oder – im Fall von Unterschieden in der Interpretation – können neue Sichtweisen auf das Phänomen gewonnen werden. Beim deduktiven Zutritt wurde, ausgehend von der Theorie zum Strategiewandel im Allgemeinen und dem Untersuchungsmodell im Speziellen, bewusst nach Anzeichen für Umbrüche in der Internationalisierung gesucht, die den Beginn und das Ende von Epochen kennzeichnen. Miller und Friesen (1980) empfehlen, bei der Suche nach fundamentalen Wechseln in der Strategie auf zentrale Ereignisse zu achten, wie beispielsweise die Bestellung eines neuen Generaldirektors, größere Akquisitionen oder Unternehmenszusammenschlüsse, die Einführung einer neuen Produktlinie und Marketingstrategie oder eine grundlegende Modifikation der Organisationsstruktur.

Für alle untersuchten Unternehmen konnten solche Phasen unterschieden werden, meistens handelte es sich um eine Abfolge von Wachstums- und Stagnations- bzw. Reorientierungsphasen. Beispielsweise konnte für Nestlé eine Wachstumsphase in der Nachkriegszeit, die bis 1974 dauerte, identifiziert werden, die dann von einer orientierungslosen Übergangsphase mit dem Titel „Under Pressure" (1974-81) abgelöst wurde und schließlich in eine globale Rationalisierungsphase unter der Führung von Generaldirektor Maucher mündete (1981-96). Das bedeutet aber nicht, dass diese auf der Einschätzung des Managements basierende Phaseneinteilung ident mit jener aus dem

Untersuchungsmodell ist. ManagerInnen sehen stärker die gesamthafte Unternehmensentwicklung – wie im Bewertungsmodell von Miller und Friesen (1984) angedeutet – und begreifen die Internationalisierung als integralen Bestandteil der Gesamtentwicklung.

Abbildung 3: Ausschnitt aus dem Prozessdiagramm zur Internationalisierung der Division Dämmen/Isolieren („Heraklith-Gruppe") des RHI Konzerns

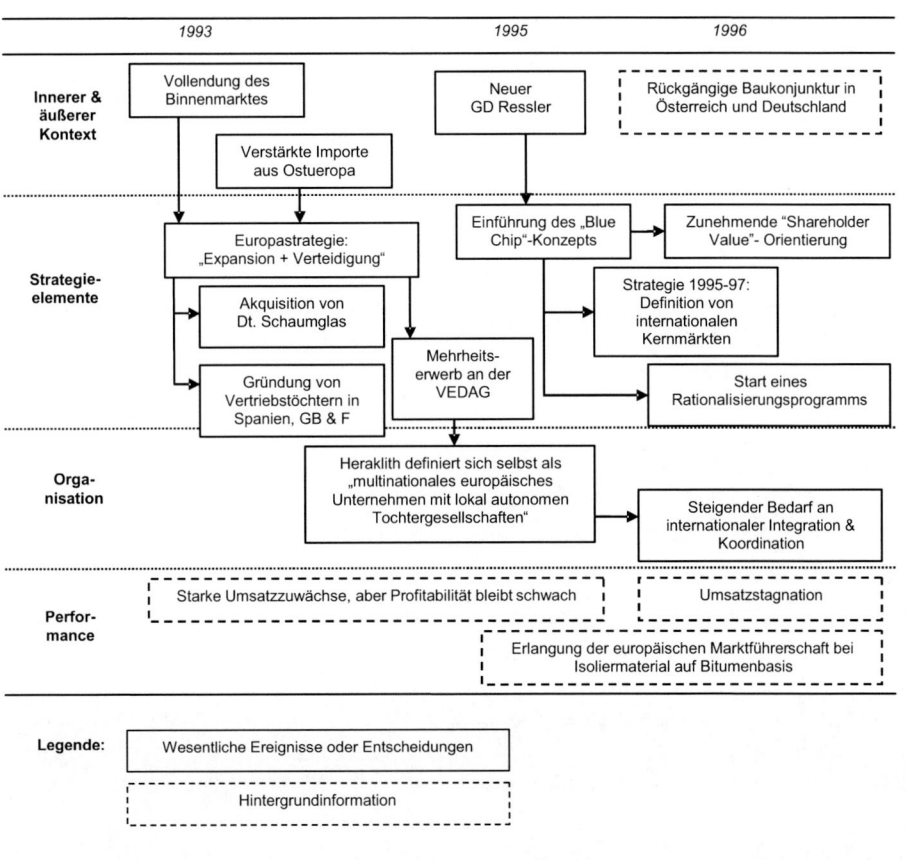

Was den Vergleich mit den Phasen des Untersuchungsmodells betrifft, konnte bei sieben der acht untersuchten Geschäftseinheiten zumindest eine Reorientierung in der Internationalisierungsstrategie gefunden werden, die jener im Untersuchungsmodell entsprach. Abbildung 4 skizziert den Strategiewandel bei der Europa-Organisation von Procter & Gamble in der Mitte der 1970er Jahre von einer dominant polyzentrischen Orientierung hin zu einer verstärkten Europäisierung in der Marktbearbeitung. Dargestellt sind die strategische Konstellation vor und nach dem Wandlungsprozess sowie die externen und internen Einflussfaktoren, die den Prozess angetrieben haben.

Aus Abbildung 4 wird ersichtlich, welche externen und internen Auslöser zu einer Strategieänderung führten, der dann rasch Anpassungen in der Organisationsstruktur und in den Managementsystemen folgten, um die rasche Implementierung der notwendigen Maßnahmen zu gewährleisten. Für fast alle im Untersuchungsmodell beschriebenen Neuorientierungen (bis auf den Übergang zur lokalen Marktexpansion) konnten Belege in den Fallstudien gefunden werden. Die Annahme, dass Unternehmen nach einer Phase der breiten Expansion in neue Ländermärkte eine Pause einlegen und beginnen, dem lokalen Wachstum in diesen neuen Märkten mehr Augenmerk als dem Eintritt in weitere Auslandsmärkte zu schenken, konnte nicht bestätigt werden. Die beiden Stossrichtungen in der internationalen Expansion schließen einander nicht aus, sondern erfolgen parallel. Weiters konnten auch Belege für die aktuelleren Phasen der regionalen und globalen Integration von Unternehmensaktivitäten gefunden werden. Es zeigt sich, dass vor allem die Kostensteigerungen und der Rückgang der Gewinnspannen für die zunehmende internationale Integration und Koordination ausschlaggebend sind. Hingegen spielt die oft angeführte internationale Angleichung der Nachfrage und Märkte als Auslöser der internationalen Integrationsbestrebungen keine wesentliche Rolle.

4 Abschließende Bemerkungen

Die vorgestellte Studie ist ein Beispiel dafür, wie die Fallstudienforschung zu tieferen Einblicken in Prozessphänomene verhelfen kann. So gelang es, die Auslöser und die inhaltlichen Veränderungen im Zuge von strategischen Reorientierungen bei der internationalen Marktbearbeitung aufzuzeigen. Die oft angeführte Regionalisierung und Globalisierung prägen ohne Zweifel die Internationalisierungsstrategien von Unternehmen und bewirken fundamentale Änderungen in der Strategie, Organisationsstruktur und Aktivitätenkonfiguration international tätiger Unternehmen.

Im Unterschied zu den markanten Phasen der frühen Internationalisierung und der regionalen/globalen Integration relativieren die Studienergebnisse die Bedeutung der lokalen Marktexpansion als eigenständige Entwicklungsphase.

Weniger erfolgreich war die Bestimmung der Art des Strategiewandels, also ob die strategische Reorientierung sprunghaft in einem revolutionären „Quantum Jump" oder eher inkremental erfolgt. Aus der Sicht der Konfigurationstheorie ist der Unterschied deshalb bedeutend, weil nur der rasche und umfassende Wandel die Fortsetzung des Unternehmenserfolgs sicherstellt (Miller/Friesen 1984). Neben der Schwierigkeit, den Beginn und das Ende einer solchen Übergangsphase zu bestimmen, stellte sich auch der Datencharakter als Hinderungsgrund heraus. Während bei den publizierten Fallstudien die Ermittlung von Beginn und Ende einer Phase leichter fiel, war das bei den selbst erstellten Fallstudien problematischer. Es zeigte sich, dass die Distanz zu den Geschehnissen bei der Analyse der publizierten Fälle höher war, man als ForscherIn daher stärker die Perspektive des externen Beobachters bzw. der externen Beobachterin einnahm, der/die außer dem Falltext und zum Teil begleitenden Zeitschriftenartikeln wenig bis keine Informationen über das Unternehmen besaß. Die Bestimmung der Phasengrenzen wurde auf Grundlage der (meist wenigen) vorliegenden Daten und einem Bewertungsschema folgend vorgenommen.

Abbildung 4: Procter&Gamble Europe – Beispiel für den Strategiewechsel von einer polyzentrischen Orientierung zu einer Europa-Strategie in der Mitte der 1970er Jahre

Strategische Konstellation in den frühen 1970er Jahren

- Starke Expansion von P&G in Europa von 1950-70
- Hoher Grad an Lokalisierung der Marketingprogramme aufgrund unterschiedlicher Marktgegebenheiten
- Keine Marktdominanz wie in den USA
- Landesgesellschaften werden als Profit-Centers geführt + haben hohe Entscheidungsautonomie
- Prozessstandardisierung durch Kultur, Prinzipien + Richtlinien

Externe + interne Auslöser des Strategiewandels

Externe Auslöser:
- Marktstagnation
- Starke Kostensteigerung bei Vorprodukten (Ölkrise)
- Zunahme der Wettbewerbsintensität

Interne Auslöser:
- Ende des Wachstums
- Verringerung der Gewinnspanne
- Neuer Leiter für das Europageschäft bestellt

Strategische Konstellation nach 1975

- Kostenreduktion und Gewinnerhöhung sind vorrangige Ziele
- Bessere Koordination der Aktivitäten innerhalb Europas
- Steigerung der Innovationsrate
- Abstimmung der europäischen Produkteinführungen
- Fokussierung der F&E-Aktivitäten auf Kernmarken
- Europaweite Standardisierung von Produkten, Verpackung + Positionierung bei neuen Produkten

Arnold Schuh

Bei den selbst erstellten Fallstudien ergab sich das Problem, dass der Autor aufgrund der höheren Involviertheit in die Erhebung und der vielen geführten Interviews stark die Sichtweise der ManagerInnen übernahm. Das hatte zur Folge, dass die Entdeckung von Phasengrenzen und zum Teil auch Strategiebrüchen schwierig wird (Snow/Hambrick 1980). ManagerInnen sehen sich selbst als „logische Inkrementalisten" (Quinn 1978). Aus ihrer TeilnehmerInnensicht ist der Management- und Strategieentwicklungsprozess ein evolutionärer Prozess, in dem abrupte Änderungen selten sind. Das, was Außenstehende als neue Elemente in der Strategiediskussion empfinden, war oft schon vorher präsent und Gegenstand von Diskussionen unter dem alten Strategieparadigma. Außerdem übersehen die ManagerInnen, dass sie selbst Teil des vorherrschenden Paradigmas sind, das ihr Verhalten prägt (Johnson 1987). Jedenfalls zeigt dieses Beispiel deutlich, wie der Datencharakter die Interpretation beeinflussen kann.

Die Studie bestätigt, dass die vielfach geforderten aber selten durchgeführten Längsschnittanalysen in Form von longitudinalen Fallstudien gute Einblicke in Prozessphänomene erlauben. Phänomene wie der Internationalisierungsprozess eines Unternehmens und der Strategiewandel können mit Hilfe von longitudinalen Fallstudien, gleichgültig ob diese vom Forscher bzw. von der Forscherin selbst erstellt wurde oder eine publizierte Fallstudie als Datengrundlage haben, dokumentiert und tiefgehend analysiert werden. Obwohl die selbst erstellte Fallstudie bei der Untersuchung von Ursache-Wirkungszusammenhängen der Auswertung von publizierten Fällen vorzuziehen ist, darf keinesfalls der damit verbundene enorme Erhebungsaufwand unterschätzt werden. Die Einbeziehung von bereits publizierten Fällen neben den selbst erstellten Fallstudien ist daher aus forschungspragmatischen Gründen sinnvoll. Damit kann die Fallzahl und Vielfalt bei den Unternehmenstypen (Herkunftsland, Branche, Firmengröße, Unternehmensalter) erhöht werden. Weiters wird die Aufnahme von Unternehmen in die Stichprobe möglich, die sonst nur schwer zugänglich sind, sei es aufgrund großer geographischer Entfernung, Sprachbarrieren oder dem Mangel an Beziehungsnetzwerken. Dafür bietet sich die Case Survey Methodology an, die eine methodische Vorgangsweise zur quantitativen (Meta-)Analyse von Fallstudien darstellt (Larsson 1993).

Generell gesehen eignen sich beide Fallstudientypen für die Internationalisierungsforschung. Wesentliche Ereignisse wie der Eintritt oder Rückzug aus Ländermärkten, die gewählten Präsenzformen bzw. Entwicklung der Präsenz und die im Auslandsmarkt ausgeübten Wertaktivitäten sind für gewöhnlich in den Unternehmen ausreichend erfasst und damit für den/die ForscherIn nachvollziehbar. Die gute Dokumentation der Internationalisierungsschritte erlaubt auch bei retrospektiver Betrachtung das Auffinden von kritischen Ereignissen in der Unternehmensentwicklung. Die Mischung von retrospektiver Aufarbeitung von Archivmaterial mit gegenwartsbezogener Fallstudienforschung bietet sich bei der internationalen Strategieforschung geradezu an. Eine generelle Vorteilhaftigkeit des vorgestellten Untersuchungsdesigns für die Strategieforschung kann daraus aber nicht abgeleitet werden. So weisen die Kooperations- bzw. Allianzforschung oder die Analyse von Interaktionen in Netzwerken eine weitaus schwierigere Datenlage auf, da Besprechungen und Entscheidungen kaum dokumentiert und publiziert werden und der Forscher bzw. die Forscherin im Wesentlichen auf die Befragung von Beteiligten angewiesen ist. Das passende Forschungsdesign ist dann im Einzelfall zu klären. Die aufgezeigten Stärken und Schwächen in den Datengewinnungsverfahren und die beschriebenen Auswirkungen auf die Dateninterpretation können jedenfalls Anhaltspunkte für das eigene Forschungsvorhaben bieten.[1]

5 Literatur

Andersen, Otto (1993): On the Internationalization Process of Firms: A Critical Aanalysis. In: Journal of International Business Studies, vol. 24, no. 2, 209-231.

Axinn, Catherine/Matthyssens, Paul (2002): Limits of Iinternationalization Theories in an Unlimited World. In: International Marketing Review, vol. 19, no. 4/5, 436-449.

Bartlett, Christopher/Ghoshal, Sumantra (1989): Managing across Borders. Boston.

Bäurle, Iris (1996): Internationalisierung als Prozessphänomen: Konzepte – Besonderheiten – Handhabung. Wiesbaden.

Carson, David/Gilmore, Audrey/Perry, Chad/Gronhaug, Kjell (2001): Qualitative Marketing Research. London.

Colberg, Wolfgang (1989): Internationale Präsenzstrategien von Industrieunternehmen. Kiel.

Dicken, Peter (2003): Global Shift – Reshaping the Global Economic Map in the 21st Century. 4th edition. London.

Douglas, Susan/Craig, Samuel (1989): Evolution of Global Marketing Strategy: Scale, Scope and Synergy. In: Columbia Journal of World Business, vol. 24, no. 3, 47-59.

Douglas, Susan/Wind, Yoram (1987): The Myth of Globalization. In: Columbia Journal of World Business, vol. 22, no. 4, 19-29.

Eisenhardt, Kathleen M./Graebner, Melissa E. (2007): Theory Building from Cases. Opportunities and Challenges. In: Academy of Management Journal, vol. 50, no. 1, 25-32.

Eisenhardt, Kathleen M. (1989): Building Theories from Case Study Research. In: Academy of Management Review, vol. 14, no. 4, 532-550.

Engelhard, Johann/Dähn, Mathias (1997): Theorien der internationalen Unternehmenstätigkeit – Darstellung, Kritik und zukünftige Anforderungen. In: Macharzina, Klaus/Oesterle Michael-Jörg (Hrsg.): Handbuch Internationales Management. Wiesbaden, 23-44.

Ghauri, Pervez (2004): Desiging and Conducting Case Studies in International Business Research. In: Marschan-Piekkari, Rebecca/Welch, Catherine (eds.): Handbook of Qualitative Research Methods for International Business. Cheltenham, 109-124.

Gummesson, Evert (1991): Qualitative Methods in Management Research. Newbury Park.

Heenan, David/Perlmutter, Howard (1979): Multinational Organization Development. Reading.

---

[1] Unterstützt wurde das Forschungsprojekt „Strategiewandel im internationalen Unternehmen" (Projektnummer P10646-SOZ) vom österreichischen FWF, dem „Fonds zur Förderung der wissenschaftlichen Forschung".

Huberman, Michael/Miles, Matthew (1994): Data Management and Analysis Methods. In: Denzin, Norman/Lincoln, Yvonna (eds.): Handbook of Qualitative Research. Thousand Oaks, 428-444.
Huff, Anne (1994): Mapping Strategic Thought. Chichester.
Jain, Subhash (1989). Standardization of International Marketing Strategy: Some Research Hypotheses. In: Journal of Marketing, vol. 53, no. 1, 70-79.
Johnson, Gerry (1987): Strategic Change and the Management Process. Oxford.
Kutschker, Michael (1996): Evolution, Episoden und Epochen: Die Führung von Internationalisierungsprozessen. In: Engelhard, Johann (Hrsg.): Strategische Führung internationaler Unternehmen: Paradoxien, Strategien und Erfahrungen. Wiesbaden, 1-37.
Langley, Ann (1999): Strategies for Theorizing from Process Data. In: Academy of Management Review, vol. 24, no. 4, 691-710.
Larsson, Rikard (1993): Case Survey Methodology: Quantitative Analysis of Patterns across Case Studies. In: Academy of Management Journal, vol. 36, no. 6, 1515-1546.
Leonard-Barton, Dorothy (1990): A Dual Methodology for Case Studies: Synergistic Use of a Longitudinal Single Site with Replicated Multiple Sites. In: Organization Science, vol. 1, no. 3, 248-266.
Levitt, Theodore (1983): The Globalization of Markets. In: Harvard Business Review, vol. 61, no. 3, 92-102.
Malnight, Thomas (1996): The Transition from Decentralized to Network-Based MNC Structures: An Evolutionary Perspective. In: Journal of International Business Studies, vol. 27, no. 1, 43-66.
Meffert, Heribert. (1986): Marketing im Spannungsfeld von weltweitem Wettbewerb und nationalen Bedürfnissen. In: Zeitschrift für Betriebswirtschaft, Bd. 56, Nr. 8, 689-712.
Melin, Leif (1992): Internationalization as a Strategy Process. Strategic Management Journal, vol. 13 (special issue), 99-118.
Miller, Danny/Friesen, Peter (1980): Archetypes of Organizational Transition. In: Administrative Science Quarterly, vol. 25, no. 2, 268-298.
Miller, Danny/Friesen, Peter (1984): Organizations: A Quantum View. Englewood Cliffs.
Morrison, Alan/Roth, Kendall (1992): A Taxonomy of Business-Level Strategies in Global Industries. In: Strategic Management Journal, vol. 13, no. 6, 399-418.
Ohmae, Kenichi (1990): The Borderless World. Glasgow.
Perlmutter, Howard (1969): The Tortuous Evolution of the Multinational Corporation. In: Columbia Journal of World Business, vol. 4, no. 1, 9-18.
Pentland, Brian T. (1999): Building Process Theory with Narrative: From Description to Explanation. In: Academy of Management Review, vol.24, no. 4, 711-724.
Pettigrew, Andrew (1990): Longitudinal Field Research on Change: Theory and Practice. In: Organization Science, vol. 1, no. 3, 267-292.
Porter, Michael (1986): Competition in Global Iindustries: A Conceptual Framework. In: Porter, Michael (ed.): Competition in Global Industries. Boston, 17-68.
Prahalad, C.K./Doz, Yves (1987): The Multinational Mission. New York.
Quinn, James (1978): Strategic Change: „Logical Incrementalism". In: Sloan Management Review, vol. 20, no. 1, 7-21.
Roth, Kendall (1992): International Configuration and Coordination Archetypes for Medium-Sized Firms in Global Industries. In: Journal of International Business Studies, vol. 23, no. 3, 533-549.

Schuh, Arnold (1991): Erfolgversprechende Marktbearbeitungsstrategien für österreichische Unternehmen im EG-Binnenmarkt. In: Griller, Stefan/Lavric, Eva/Neck, Reinhard (Hrsg.): Europäische Integration aus österreichischer Sicht. Wien, 159-178.

Schuh, Arnold (2001): Strategic Change during the Internationalization of the Firm. In: Chevalier, Alain (ed.): Proceedings of the 27th Annual Meeting of the European International Business Academy. Paris.

Snow, Charles/Hambrick, Donald (1980): Measuring Organizational Strategies: Some Theoretical and Methodological Problems. In: Academy of Management Review, vol. 5, no. 4, 527-538.

Swoboda, Bernhard (2002): Dynamische Prozesse der Internationalisierung. Wiesbaden.

Van de Ven, Andrew (1988): Review essay: Four Requirements for Processual Analysis. In: Pettigrew, Andrew (ed.): The Management of Strategic Change. Oxford, 330-341.

Wührer, Gerhard (1995): Internationale Allianz- und Kooperationsfähigkeit österreichischer Unternehmen. Linz.

Yin, Robert (1994): Case Study Research. 2nd editon. Thousand Oaks.

Yip, George (1992): Total Global Strategy. Englewood Cliffs.

Zou, Shaoming/Cavusgil, Tamer (2002): A Broad Conceptualization of Global Marketing Strategy and its Effect on Firm Performance. In: Journal of Marketing, vol. 66, no. 4, 40-56.

Thomas Wittkop

Interkulturelle Kompetenz deutscher Expatriates in China
Qualitative Analyse und Modellentwicklung

1 Ziele der Studie 1021
2 Problemaussage der Studie 1021
3 Das Drei-Faktoren-Modell der interkulturellen Kompetenz 1022
4 Datengewinnung 1025
5 Die GABEK-Methode: analytische Schritte 1027
    5.1 Der Gestaltenbaum 1028
    5.2 Die Häufigkeitsliste 1029
    5.3 Die Bewertungsliste 1030
    5.4 Die Kausalliste 1031
6 Dimensionen und Faktoren 1032
7 Zusammenfassung 1036
8 Literatur 1040

1 Ziele der Studie

Anhand der Analyse von Interviews mit deutschen Expatriates in China soll ein innovatives Dimensionen-Faktoren-Modell erarbeitet werden, das vom bekannten Müller-Gelbrich-Modell (Müller/Gelbrich 1999) ausgeht, dieses aber den tatsächlichen Anforderungen beliebiger verbaler Datenmengen anpasst. Der Beweis der Notwendigkeit der Erarbeitung eines solchen polyfaktoriellen und polydimensionalen offenen Analysemodells erfolgt anhand eines analysierenden Durchgangs durch eine Datenmenge, die aus den Interviews mit deutschen Expatriates gewonnen wurde. Zur Analyse wurde die von Josef Zelger entwickelte GABEK-Methode (siehe Punkt 5) verwandt. Insgesamt ergibt sich aus dem erweiterten Dimensionen-Modell die Möglichkeit beliebige Texte subjektiv individuiert als auch hoch abstrahiert darzustellen.

2 Problemaussage der Studie

In vielen deutschen Tochtergesellschaften, die ihren Sitz in China haben, arbeiten lokale Angestellte Seite an Seite mit deutschen Entsandten, den sog. Expatriates. Innerhalb der letzten Dekade hat sich ihre Zahl in China stark erhöht und mit ihr auch die finanziellen Aufwendungen der Muttergesellschaft, die sich im Durchschnitt auf rund 250.000 US$ pro Jahr und Expatriate belaufen. Die geschätzte Versagensquote der Expatriierten schwankt zwischen 10% und 50%.

Vor diesem Hintergrund muss der Forschung daran liegen, interkulturelle Kompetenz zu identifizieren, über die ein Expatriate verfügen sollte, wenn er seinen Auslandseinsatz erfolgreich meistern will[1]. Trotz allen Fortschritts in der Forschung, konnte interkulturelle Kompetenz bis heute nicht abschließend und einmütig operationalisiert werden. ForscherInnen im Feld der Kommunikation und speziell der interkulturellen Kommunikation haben große Anstrengungen auf sich genommen, die zersplitterten Annäherungen jahrzehntelanger Forschung in ein konsolidiertes integratives Modell, bestehend aus den drei Dimensionen Affekt, Kognition und Konation, zu überführen. Das Problem, welches sich hier stellt, ist ein dreifaches: Zu allererst ist ein allgemein anerkanntes Modell interkultureller Kompetenz noch inexistent. Zweitens verdecken alle Bemühungen, die die Fülle der Forschungsresultate der letzten Dekaden unter die oben erwähnten drei Dimensionen zu subsumieren versuchen, genau das, worum es der Forschung in erster Linie gehen sollte, nämlich interkulturelle Kompetenz als Ausdruck individuellen Lebens des Einzelnen in einer fremden Umwelt zu begreifen.

---

[1] Die folgenden theoretischen Überlegungen entstanden im Kontext der Dissertation „Interkulturelle Kompetenz deutscher Expatriates in China: Qualitative Analyse Modellentwicklung und Empfehlungen" (Wittkop 2006), in der Interviews mit deutschen Expatriates analysiert wurden.

Thomas Wittkop

Drittens erzwingen die reduzierenden und induktiven Prozeduren der qualitativen Methodik Abstraktionen, die auf der einen Seite unerlässlich sind, um zu modellierbaren und verlässlichen Ergebnissen zu gelangen, aber auf der anderen Seite reduzieren sie Individuationen, die keineswegs unterschlagen werden sollten.

3 Das Drei-Faktoren-Modell der interkulturellen Kompetenz

Müller und Gelbrich (1999) formulierten ein kohärentes Drei-Faktoren-Modell der interkulturellen Kompetenz, welches Dekaden vorausgegangener Forschungen in verschiedenen wissenschaftlichen Feldern berücksichtigt.

Abbildung 1: Drei-Komponenten-Modell (verkürzt) (Müller/Gelbrich 1999, 67)

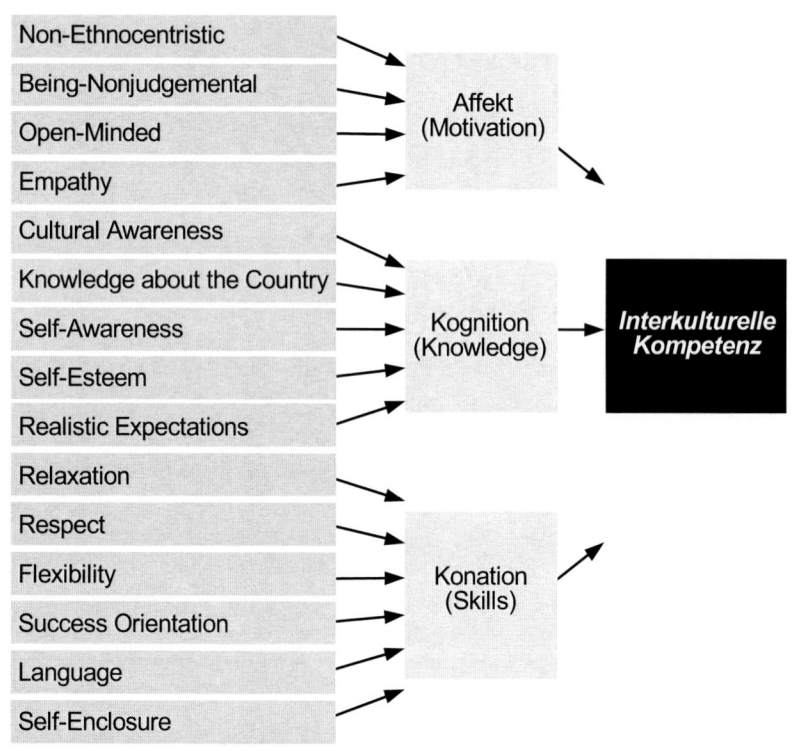

Das Drei-Faktoren-Modell markiert den theoretischen Ausgangspunkt unserer Überlegungen. Jedoch soll der inzwischen äußerst reduktionistische Status dieses faktoriellen interkulturellen Kompetenzmodells aus seiner Erstarrung gelöst und beweglich gemacht werden, indem einige weitere Dimensionen hinzufügt werden. Diese sollen zum einen dazu beitragen, individuelle Einschätzungen und Erfahrungen der Expatriates in China aufzunehmen. Zum anderen sollen durch diese Anreicherungen alle Dimensionen inhaltlich eindeutiger bestimmt und separiert werden. Der Reichtum der Erhebungen soll also detaillierter präsent sein, doch ohne, dass auf einen hohen Grad von Abstraktionen verzichtet werden müsste. Zu suchen ist somit nach einem Modell, das geschlossen und offen zugleich wäre, um Abstraktion und Leben miteinander verbinden zu können.

Dass in ein solches Modell immer auch ein statisches Element eingelagert sein muss, ist evident, da andernfalls die individuelle Dynamik in eine chaotische Unstruktur umschlagen könnte. Das notwendige statische Element in der selbstregulativen Flexibilität eines offenen Humankommunikationssystems besteht u.a. in den Rahmenbedingungen und in den Regularien[2], die dafür sorgen, die Kommunikation effizient zu praktizieren, Kommunikationsstörungen möglichst niedrig zu halten und die Verfehlung des Kommunikationsziels zu vermeiden. Allerdings kann es auch zur Durchbrechung der systemerhaltenden Regularien kommen, wenn schwere Kommunikationsstörungen eintreten, die dann zu Neukalibrierungen führen, und dies dadurch, dass die Interloquenten, oder zumindest einer derselben, bemüht sind/ist, den „'Unglücksfall' als fortschrittsträchtigen Ausgangspunkt für die Bildung neuer Systeme mit neuen Eigenschaften zu sehen" (Jourdan 1993, 106).

Wenn die bisherigen interkulturellen Faktorenmodelle als Subtexte eines solchen offenen, übergreifenden Humankommunikationssystems gelten, lässt sich auch ohne weiteres ein an Rahmenbedingungen und Regularien gebundenes und zugleich offenes, unabgeschlossenes, selbstregulatives und den jeweiligen individuellen, d.i. variablen Erfordernissen adäquates Modell vorstellen.

Nun läge es nahe, als systemsichernde Konstante die bei Chen und Starosta (1996) hervorgehobene Strukturdimension des Affekts in das Zentrum eines solchen geöffneten Modells einzusetzen. Da jedoch nicht auszuschließen ist, dass in einer individuellen kulturellen Kompetenzanforderung und -ausübung auch eine oder mehrere andere Strukturdimensionen dominant sein können, ist auf einen solchen Monozentrismus zu

---

[2] Als solche Rahmenbedingungen sind die individuellen und überindividuellen, mehr oder minder automatisierten und stereotypisierten Sozialisationsprozesse mitsamt den „in einer Gesellschaft (erlernten) sozial relevanten Normen, Werten, Überzeugungen und Verhaltensregeln" (Thomas 2003, 97) zu nennen. Das schließt auf einem „intuitiv gewussten, unproblematischen und unzerstörbaren holistischen" kulturellen Hintergrund die Beherrschung der interpersonal auszutauschenden Zeichen- und Symbolsysteme mit ein. Ebenso wird davon ausgegangen, dass beidseitig das Wahrheitspostulat, das Rationalitätspostulat, das Gerechtigkeitspostulat sowie das Universalitätspostulat beherrscht und angewandt werden.

Thomas Wittkop

verzichten und stattdessen auf alle drei Dimensionen (Affekt, Kognition, Konation) als systemsichernde Konstanten zurückzugreifen, wobei ausdrücklich nicht ausgeschlossen sein soll, dass im Einzelfall die eine Dimension die anderen an Gewicht weit überragt oder andererseits auch nur als Leerstelle fungieren kann. Durch ein solches Modell werden auch das Ein-, das Zwei- und das Drei-Komponenten-Modell miteinander verschmolzen.

Das gesuchte Modell hätte also im Einzelfall genauso viele Dimensionen und Faktoren abzubilden wie tatsächlich in einer bestimmten Datenmenge anfallen. Dies ist aber nur möglich, wenn das Modell zusätzlich zu den angenommenen Konstanten mit beliebig vielen Leerstellen ausgestattet ist, die dann ad hoc, d.h. nur soweit als gerade nötig besetzt werden. Dabei werden nie alle Leerstellen besetzt werden können, weil Dank der prinzipiellen Offenheit immer noch weitere Leerstellen vorhanden bleiben, worin ja das Prinzip der Unabgeschlossenheit des Systems gründet. Die Konstanz und die Variabilität der Besetzung entspricht der regulativ konstanten und variablen Individualität der sich je im Handlungsvollzug faktoriell manifestierenden interkulturellen Kompetenz. Die Unabgeschlossenheit des Modells mit seinen Leerstellen reflektiert die potentiell unendliche Menge der konkretisierbaren interkulturellen kompetenziellen Handlungsvollzüge.

Es muss uns nun angelegen sein, den Weg zu einem solchen Modell näher zu umreißen. Der erste Schritt besteht darin, ein einfaches Kommunikationsmodell mit einem interkulturellen Kompetenzmodell zu verbinden (Abbildung 2).

Wenn nun ein deutscher Expatriate in englischer Sprache mit einem chinesischen Geschäftspartner kommuniziert, eröffnet sich ein interkulturelles Feld[3], das die Spannung zwischen deutscher, englischer und chinesischer Sprachkultur und Kultur generell aushalten muss. Die Bewältigung dieser Spannung erfordert interkulturelle Kompetenz. Schematisiert liegt ein Kommunikationsmodell mit einem interkulturellen Kompetenzmodell vor, das postulierte Leerstellen (rechte Seite) ergänzt wird.

---

[3] Erläuterung zu Abbildung 2, linke Hälfte: Jeder Sprecher bzw. jede Sprecherin verfügt über ein in seiner/ihrer Kultur gegebenes Weltwissen. Mit diesem ist sein/ihr Sprachwissen verknüpft. SprecherIn 1 und SprecherIn 2 handeln in einer objektiv gegebenen Situation in einer bestimmten Intention und Motivation. Sie deuten die gegebene Situation gemäß ihrer jeweiligen kulturellen Prägung. Eine erfolgreiche Kommunikation kann nur dann stattfinden, wenn sich die Situationsdeutungen wenigsten partiell überschneiden. Und nur anhand solcher Überschneidungen können dann die jeweiligen Äußerungen sinnvoll ein und beidseitig verstanden werden. Die Situationsdeutungen von beiden Seiten setzt notwendig auch eine gewisse Schnittmenge beiderseitigen Weltwissens voraus. Die jeweiligen Schnittmengen bilden den Kern der interkulturellen Begegnung. „Das Interkulturelle" ist also die Frucht von Pluralitäten von mehreren Welt- und Sprachwissen, Situationsdeutungen und beidseitig verstehbarer Äußerungen.

Abbildung 2: Durch Leerstellen erweitertes Drei-Komponenten-Modell

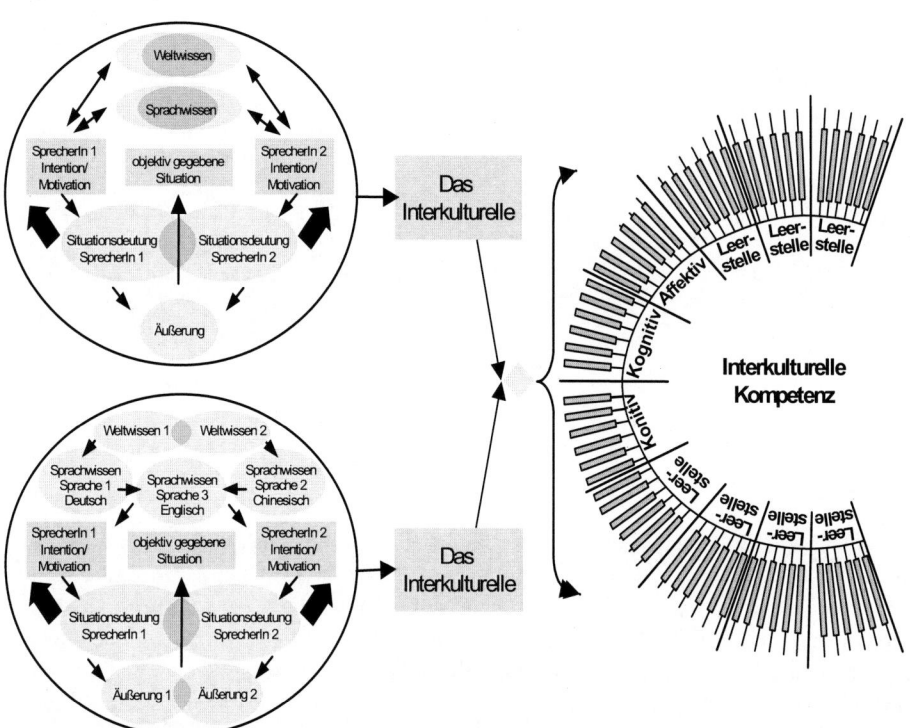

4 Datengewinnung

Die der Untersuchung zugrunde liegenden Daten wurden in China vor Ort in Interviews erhoben. Als ProbandInnengruppe wurden 19 Expatriates ausgewählt (darunter fünf Frauen) (Abbildung 3). Die Verweildauer der ProbandInnen erstreckte sich von einem Jahr bis 15 Jahre. Zugleich arbeiteten diese in China auf unterschiedlichen Hierarchieebenen. Diese Differenzierung war beabsichtigt, um trotz der reduzierten ProbandInnenzahl einen gewissen Meinungsquerschnitt durch die Problem- und Lebenslagen zu ziehen.

Abbildung 3: Mitglieder der ProbandInnengruppe

Mercedes	Henkel	ThyssenKrupp
➢ 2 Managers Human Resources ➢ Secretary to the President & CEO ➢ Vice President Strategy, Planning ➢ Vice President Controlling Northeast Asia	➢ Technical Department Manager ➢ Chief Executive Plant Manager (Hongkong) ➢ Chairman of the Board ➢ Regional Director Asia ➢ 2 Marketing Managers Detergent Shanghai ➢ General Manager-Industrial Adhesive China	➢ Marketing Director Shanghai ➢ AC Marketing Manager-Greater China (Shantou) ➢ Managing Director (Beijing) ➢ Chief Representative ➢ General Manager South China ➢ 2 Service Technicians Elevator

Das finanzielle Einkommen der ProbandInnen blieb dem Interviewer unbekannt, lag aber in jedem Falle weit über vergleichbaren chinesischen Verhältnissen und garantierte somit einen sehr auskömmlichen Lebensstil vor Ort. Der Kontakt zu den Expatriates war durch das Entgegenkommen der Firmen Daimler Chrysler, Henkel und ThyssenKrupp möglich. Überdies wurden dann die Expatriates durch persönlichen Kontakt um ihre Mitwirkung gebeten. Die Interviews wurden direkt vor Ort in Peking, Shanghai und Guangzhou HongKong durchgeführt. Es wurden die üblichen Anforderungen beachtet:

- Der Interviewer hat sich fachlich eingelesen.
- Der Interviewer steuert und überwacht den Gesprächsablauf, gibt jeweils einige Daten ein und sucht eine Balance zwischen non-direktivem und direktivem Stil einzuhalten. Die Interviews wurden digital aufgezeichnet.
- Als Dokumentation der Befragung wurden die Aufnahmen transkribiert. Die Transkription wurde mit wenigen Ausnahmen in Standarddeutsch durchgeführt. Dialektale Eigenheiten wurden stillschweigend redigiert. Nonverbales Verhalten wurde nicht aufgenommen. Die gesamte Transkription wurde anonymisiert, um die zugesagte Vertraulichkeit zu gewährleisten.
- Aufgrund entsprechender Irrelevanz wurden bei der Transkription keine Mikroverfahren angewandt (z.B. Intonation, Pausen, Akzente; Ehlich/Switalla 1976, 78ff).
- Als Technik der Einzelbefragung wurde das fokussierte Interview verwendet.

5 Die GABEK-Methode: analytische Schritte

Der nächste Schritt besteht darin, die von Zelger ausgearbeiteten Analysemethoden heranzuziehen. (Zelger 1982, 1994, 1995a, b; 1999a, b, c; 2000a, b; 2002, 2003, 2004; Buber/Zelger 2000, Zelger/Oberprantacher 2002). Die GABEK-Methode scheint für unsere Belange am geeignetsten zu sein, das sie es ermöglicht, mit großer Genauigkeit eine Fülle von Analyseschnitten durch kleine, aber auch große Datenmengen zu legen, individuelle Probleme herauszuarbeiten, und bis zu einer hohen Abstraktionsebene vorzudringen. Die durch GABEK zu erzielende analytische Variabilitätsbreite kommt auch der von uns angestrebten Füllung jeweiliger Leerstellen zugute und öffnet auch Möglichkeiten, faktorielle Dimensionen in Erscheinung treten zu lassen. Zelger hat die Abfolge des GABEK-Verfahrens[4] in zwölf Schritte unterteilt:

1. Der Einstieg erfolgt über die Erhebung des Wissens von MitarbeiterInnen durch Leitfadeninterviews mit offenen Fragestellungen
2. Der Forscher bzw. die Forscherin erstellt ein Netz lexikalischer Ausdrücke aus den durchgesehenen Texten. Mit Hilfe von WinRelan (Zelger 2000b, 2002; Zelger/Oberprantacher 2002) kann das Netz lexikalischer Ausdrücke in einzelnen Arbeitsschritten reduktionistisch seziert werden. Solche Arbeitsschritte sind unter anderem Texterfassung, gegliederte Sinneinheiten, objektsprachliche und metasprachliche Kodierungen, Analysen von Redundanzen, Clustern und Kohärenzen, Formung sprachlicher Gestalten und Hypergestalten, Gestaltenbäume, ferner Analysen von Bewertungen, von Kausalitäten, Relevanzen usw.
3. Aus individuellen Meinungen können dann sinnvolle Textgruppen entstehen, die sich als sprachliche Gestalt darstellen lassen, wobei die Regel gilt, dass jeweils nur drei bis neun Äußerungen gebündelt werden sollen. Aus einer solchen Textgruppe wird die ihr eigene semantische Implikation herausgearbeitet, woraus schließlich eine so genannte sprachliche Gestalt gebildet wird.
4. Aus dem Gesamttext werden weitere solcher sprachlichen Gestalten herausgearbeitet und diese wieder zu hierarchisch höher positionierten Hypergestalten zusam-

---

[4] Zelger geht exemplarisch von Überlegungen aus, wie z.B. in einer Organisation eruiert werden kann, was MitarbeiterInnen an Wissen und vielleicht auch die KundInnen im Laufe der Jahre an Meinungen und Bedürfnissen angesammelt haben. Dabei geht es nicht nur um das angesammelte Wissen einzelner Individuen, sondern um das Netz an Wissen möglichst vieler Mitarbeiternnen. Zur Eruierung dienen Verfahren, das entsprechende Wissen der MitarbeiterInnen zur verarbeiten, zu organisieren und zu repräsentieren. Im Idealfall verkettet sich das Wissen der MitarbeiterInnen mit dem Wissen derer, die Entscheidungen zu treffen haben, zu einem zusammenhängenden Ganzen. Aus dieser Vernetzung kann die Organisation und ihre spezifische Leistung verbessert werden. Inzwischen liegen zahlreiche Einzeluntersuchungen mit GABEK vor, so z.B. zur Gesetzesevaluierung, zur Qualitätssicherung, zu Schulen, zu Produktentwicklungen, zur Untersuchung eines Stadtteils, zur Strukturierung von Träumen, zu schuldidaktischen Problemen, zu universitären Leitbildern, zu ethischen Problemen der Medizin und zur Akzeptanzforschung (Buber/Zelger 2000).

mengefasst. Zusammengefasste Hypergestalten werden zu Obergruppen (Hyper-Hypergestalten) höher angesiedelter Ordnung zusammengestellt. Eine solche Zusammenstellung ergibt einen Gestaltenbaum (HyperHyperHypergestalten), der zu verstehen ist als hierarchisch strukturierte Summe und Gesamtübersicht über die Meinungen der interviewten Individuen.
5. Die einzelnen Interviewten werden nach ihrer Positiv- oder Negativbeurteilung hinsichtlich bestimmter Merkmale befragt und ihre Einschätzungen auf Listen erfasst. Daraus entstehen so genannte Bewertungsprofile. An ihnen lassen sich die dem bzw. der Interviewten wesentlichen Themen ablesen.
6 Zur Erfassung solcher Bewertungsprofile hinsichtlich der Bewertungen und Wünsche der Interviewten kommt auch die Erfassung von Ursachen und Wirkungen im Sinne von listenmäßig erfassten Kausalaussagen hinzu. Damit verfügt die auswertende Person über Einsichten in ein von den Interviewten ausgeführtes Wirkungsgefüge. In ihm verdichten sich die Meinungen über eingetretene und kommende Wirkungen.
7. Sobald im Gestaltenbaum ein besonders wichtiges Merkmal erscheint, wird ihm der Rang einer Kernvariablen zugewiesen. Solche Kernvariablen werden in einer Relevanztabelle erfasst, die wiederum Akzentuierungen und Schwerpunktbildungen des Gestaltenbaumes, aber auch des Bewertungsprofils und des Wirkungsgefüges indizieren und zusammenfassen. Dies erlaubt Rückschlüsse auf Grundwerte und Oberziele, die sich wiederum am Ausgangspunkt des Gestaltenbaumes, motivierend, inhaltlich, symbolisch und in der Art von Beispielen und am oberen Ende des Gestaltenbaumes in Zusammenfassungen und abstrahierenden Entscheidungen befinden.
8. Insofern Maßnahmen in Interviews genannt werden, kann ein nächster Schritt darin bestehen, sie zu den Grundwerten und Oberzielen hinzuzuordnen.
9. Der nächste Schritt besteht in der Abschätzung von Folgen und Nebenwirkungen der Maßnahmen.

Die Schritte 10-12 vermitteln, sofern gewünscht, Präsentationstechniken und auch die Möglichkeit, Gespräche zu simulieren, die bei den Betroffenen zu neuen Gesprächen und Entscheidungen führen können.

5.1 Der Gestaltenbaum

Nach dem GABEK-Modell und der Analysesoftware WinRelan können nun Interviews mit jeweils erwünschter Schwerpunktbildung analysiert werden. Wir wählen solche Analyseschnitte, die auf verbaler Datenbasis, d.h. über Sätze, Gestalten, Hypergestalten, Hyperhypergestalten bis zu den terminalen Hyperhyperhypergestalten (Zusammenfassung) abstrahierend aufsteigen. Dieser Aufstieg führt auch bis zur Herausbildung eines Gestaltenbaumes, in dem die untersuchten Äußerungen hierarchisch geordnet zutage treten. Eine solche hierarchische Struktur des Gestaltenbaumes ist dann in der Folge detailliert zu interpretieren und auszuwerten, um daraus zentrale, aus den Äußerungen gefilterte Aussagen abzulesen. Die Aussagen, die in den Gestaltenbaumspitzen erscheinen, können dann z.B. das tägliche Handeln von Expatriates unter dem Gesichtspunkt synchron und diachron[5] geprägter Unterschiede zwischen China und Deutschland sein.

5.2 Die Häufigkeitsliste

Die GABEK-Methode gibt dem Interpreten bzw. der Interpretin von Textmengen, begriffen als die Summe aller verbalen Rohdaten, die Möglichkeit, diese Textmengen in Sinneinheiten zu zerlegen. Unter Sinneinheiten ist eine Gesamtheit aus einem thematisch leitenden Lexem, verbunden mit dem entsprechenden Kontext zu verstehen. Die Kodierung der auf computerisierten „Karteikarten" festgehaltenen Sinneinheiten ergibt die Summe von einer bestimmten Anzahl von Einheiten. Anhand solcher „Karteikarten" werden Schlüsselbegriffe kodiert und in einer Häufigkeitsliste festgehalten. Analytisch ertragreich ist unter diesem Gesichtspunkt die Betrachtung der wichtigsten Schlüsselbegriffe. Ein solches aus der Häufigkeitsliste der Schlüsselbegriffe gewonnenes Ergebnis kann als ein erster Hinweis auf die thematischen Schwerpunkte, die in Interviews zur Sprache kommen, verstanden werden. Eine solche Häufigkeitsliste[6] kann z.B. folgendermaßen aussehen.

Die durch die Häufigkeitsliste gewonnenen Schlüsselbegriffe werden interpretiert und in einer Übersichtsliste nach der Summe aller positiven (+) und negativen (-) Bewertungen zusammengefasst.[7]

---

[5] Die Aussagen der Expatriates über ihren Chinaaufenthalt sind Momentaufnahmen der unmittelbaren, synchronen Erlebnisse, die aber nicht frei sind von Einflüssen des Wissens über China, wie es sich in den vergangenen Jahrhunderten, diachron, im europäischen Kollektivgedächtnis angesammelt hat. Um den nachfolgenden abstrahierenden Auswertungen der Interviews ihren Sitz im Leben zu geben, wendet sich die Aufmerksamkeit zunächst diesem kollektiven europäischen Chinawissen zu, das sozusagen das rudimentäre und fragmentierte ‚Hintergrundrauschen' der Aussagen, der Chinabilder, der China-Images und Klischees der Expatriates bildet.

[6] Die 30 häufigsten Schlüsselbegriffe, absteigend nach ihrer Häufigkeit, reichen von 151 bis zu 30 Belegen.

[7] Der Vollständigkeit halber können an dieser Stelle auch neutrale Bewertungen berücksichtigt werden, da es in der Auswertung mancher Schlüsselbegriffe von Belang sein kann, welch großen Anteil jene Schlüsselbegriffe haben, die weder positiv noch negativ aufgeladen sind. Ein hoher Anteil an neutralen Bewertungen lässt Rückschlüsse auf einen affektivisch gering besetzten kommunikativen Bewertungsmodus zu.

Thomas Wittkop

5.3 Die Bewertungsliste

Der nächste Schritt besteht in der Erstellung einer Rangliste mit Hilfe einer Positivliste, einer Negativliste und schließlich einer Bewertungsliste, in der sich ausgewogene Positiv- und Negativurteile finden lassen. Eine Übersicht über Bewertungspräferenzen ermöglicht eine erste grobe Einschätzung des jeweiligen Begriffs aus der Sichtweise der Expatriates im Umgang mit ihren chinesischen Partnern.

Abbildung 4: Schüsselbegriffe nach ihrer Häufigkeit

Abbildung 5: Schlüsselbegriffe nach positiver und negativer Bewertung

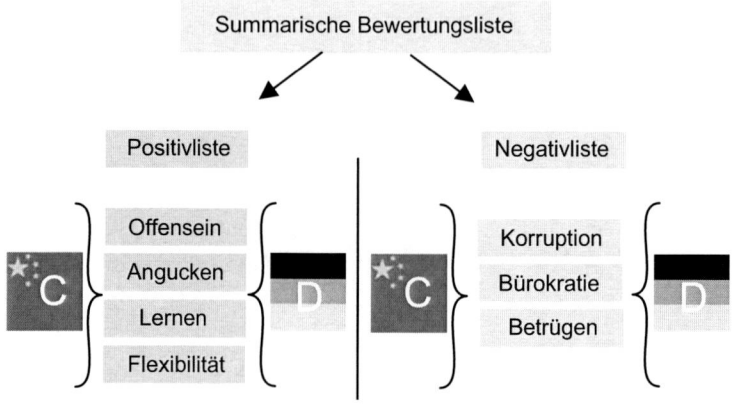

Die Spitze der positiven Befunde (Abbildung 4) wird von den Schlüsselbegriffen ‚Offensein', ‚Angucken', ‚Lernen', ‚Flexibilität' besetzt. Daraus folgt eine signifikante Präponderanz für eine Öffnung und Offenheit der Expatriates für ihr chinesisches Um-

Interkulturelle Kompetenz deutscher Expatriates in China

feld. Auf der Negativseite unterliegen ‚Korruption', ‚Bürokratie' und ‚Betrügen' einer scharfen Kritik von Seiten der Expatriates. In Abbildung 5 werden die Positiv- und die Negativliste als Ergebnis des Aufeinandertreffens von C (Chinesen/China) und D (Deutschen/Deutschland) schematisiert.

Abbildung 6: Kausalnetzgrafik „Aufenthalt in China"

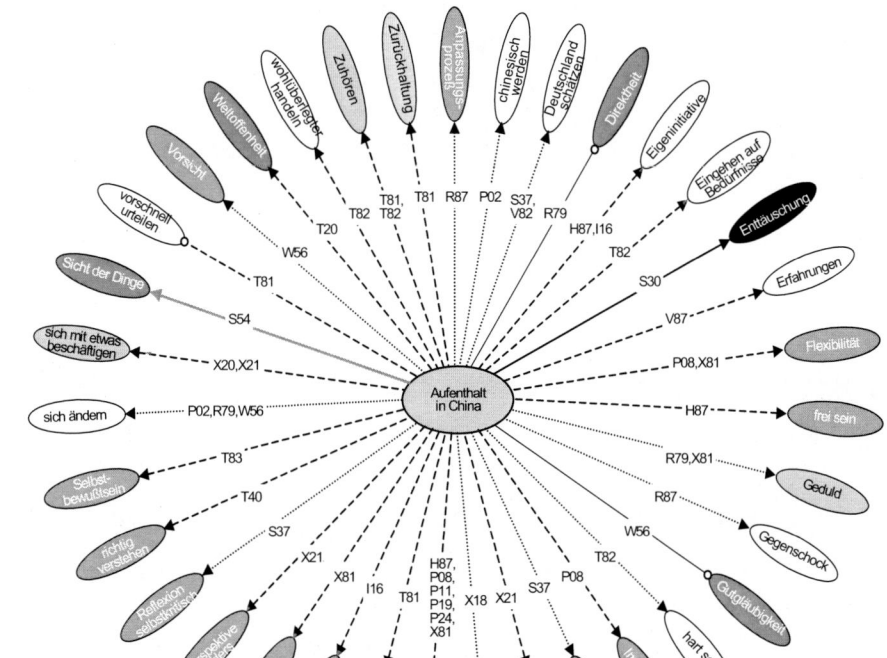

5.4 Die Kausalliste

Interviewtexte drücken nicht nur Bewertungen, sondern auch Kausalannahmen aus. Die SprecherInnen sind von Wirkungszusammenhängen überzeugt, die allgemeinen Lebenserfahrungen entsprechen und ihre Handlungen regeln. „Umgangssprachliche Texte bringen nicht nur Beschreibungen und Bewertungen zum Ausdruck, sondern auch Annahmen über Ursachen und Wirkungen. Das sind Meinungen über Wirkungszusammenhänge, die über empirische Zusammenhänge über längere Zeit gewonnen wurden, oder auch durch Gespräche mit anderen Personen. Solche Kausalannahmen können wir als Argumente zur vernünftigen Steuerung heranziehen" (Zelger 2004, 6) [8]. In dieser Absicht wird eine Anzahl der „kausaldichtesten" Schlüsselbegriffe analysiert. Zusätzliche Kausalnetzgrafiken zeigen im Mittelpunkt den jeweiligen Schlüsselbegriff und dazu die kausalen Wirkungsbeziehungen mit anderen Ausdrücken. Abbildung 6 zeigt die Kausalnetzgrafik „Aufenthalt in China". Die Auswertung dieser Grafik belegt z.B., dass der Aufenthalt in China manche der Expatriates sinisiert, innerlich reicher macht und weltoffener, dass er Ehepartner zusammenschweißt, ihr Bewusstsein verändert und dass die Errungenschaften des deutschen Sozialstaates im Wert steigen.

Wirkungszusammenhänge lassen sich als Kausalbeziehung zwischen ‚Einflüsse' und ‚Folgen' verstehen kann man aus dem Textkorpus sowohl positive wie auch negative Faktoren erheben. In diesen negativen Faktoren deutet sich nicht nur die negative Gegenwelt der positiven Faktorenwelt der erfolgreichen Expatriates an, sondern es ist anzunehmen, dass bei denjenigen Expatriates, die an ihrer mangelnden interkulturellen Kompetenz gescheitert sind, der negativ faktorielle Anteil den Positiven überwiegt und dadurch das Scheitern zwingend notwendig wurde. Somit kann die Analyse des Textmaterials in eine faktoriell positive ‚Oberwelt' und darunter liegende faktoriell negative ‚Unterwelt' einmünden.

6 Dimensionen und Faktoren

Indem also die GABEK-Methode erlaubt, mit einer Fülle von gröberen und feineren Schnitten das Textmaterial aufzubereiten, ist es auch möglich, die GABEK-Methode dadurch grundsätzlich zu erweitern, dass man sie um die Frage nach Dimensionen und Faktoren anreichert. Dies kann konkret dadurch geschehen, dass man z.B. das Drei-Komponenten-Modell von Müller-Gelbrich heranzieht und die Interviews zunächst auf die Präsenz der drei darin inhärenten Komponenten Affekt, Kognition und Konation befragt. Eine weiterreichende systematische Durchsicht der Interviewtexte belegt aber unter Umständen auch, dass das in den Interviews vorhandene Dimensionen-Vorkommen damit nicht erschöpft ist. Unsere Analysen des aus den Interviews

---

[8] „Kausalannahmen liegen vor, wenn im Text zum Ausdruck gebracht wird, dass die Veränderung eines Merkmals, Zustandes oder Prozesses A ein Grund dafür ist, dass der Zustand, das Merkmal oder der Prozess B zustande kommt, sich verstärkt, verbessert oder sich abschwächt bzw. verschlechtert. Beispiele für Kausalannahmen könnten etwa formuliert sein als quantitative Aussagen (z.B. ‚je mehr A desto mehr B'), als eigentliche Kausalzusammenhänge (‚A ist eine Ursache von B'), aber auch als qualitative Beziehungsangaben (‚Wenn sich A verbessert, dann nimmt die Qualität von B zu') oder als statistische Verallgemeinerungen (‚Wenn A, dann gilt meistens auch B')" (Zelger 2002b, 54).

gewonnenen verbalen Expatriates-Materials förderten auch die Dimensionen Motivation, Demotivation, Interaktion, Analytisch-Synthetisch und Volition zutage. Ein solches Ergebnis kann schließlich belegen, dass unsere obige theoretische Annahme, dass das Drei-Komponenten-Modell für die Analyse komplexer Texte nicht zureicht, sondern jeweils nach den vorliegenden Dimensionen erweitert werden muss.

Unter Dimensionen verstehen wir die Zusammenfassung aller derjenigen Faktoren einer verbalen Datenmenge, die durch mindestens ein wichtiges zentrales gemeinsames Merkmal miteinander verknüpft sind. Als Dimension gelten der Begriff und die inhaltliche und sachliche Gegebenheit, die geeignet sind, das durch ein oder mehrere Merkmale unierte Faktorenbündel aufzunehmen und auf einer semantisch höheren Ebene zu repräsentieren. Ausgangspunkt einer entsprechenden Untersuchung soll das Drei-Komponenten-Modell Müller/Gelbrich sein, anhand dessen zunächst die Präsenz der drei inhärenten Komponenten Affekt, Kognition und Konation zu eruieren ist.

Die textuelle Gegebenheit der emotionalen, der kognitiven und der konativen Dimension wird aus dem Durchgang durch den Text schrittweise, herausgearbeitet. Dieser Reduktionsprozess und die sich daraus entwickelnden Reduktionstabellen werden durch die von GABEK her möglichen Textzugriffe wesentlich erleichtert, akzeleriert und konnten mit wesentlich erhöhter Genauigkeit durchgeführt werden.

Tabelle 1 zeigt einen zur Dimension Konation aufsteigenden Reduktionsprozess. Die Gewichtsverteilung der herausgearbeiteten konativen Faktoren ergibt ein eindeutiges Bild: Entspannung, Toleranz und Self-Disclosure werden zwar nicht ganz ausgeblendet, jedoch nicht als vorrangig angesehen. Nur in vereinzelten Belegstellen wird auf ihre Notwendigkeit verwiesen. Ganz anders verhält es sich mit der Erfolgsorientierung und den Sprach- und Kommunikationsfertigkeiten. Diese werden als die zentralen Fähigkeiten festgelegt. Die Auffächerung der Belege unterstreicht ihre Wichtigkeit. Flexibilität erscheint als ein Instrument, um die Verbindung zwischen Expatriates und Locals herzustellen. Der Faktor Respekt ist einem humanen Menschenbild verpflichtet, dem einige der Expatriates in der Überzeugung nachstreben, dass die Fähigkeit zur Gleichbehandlung der Locals nicht nur keine Humanitätsduselei darstellt, sondern auch bessere Arbeitsergebnisse mit sich bringt.

Wenn nun aber, wie angedeutet, eine systematische Durchsicht der Interviews das Vorhandensein *zusätzlicher* Dimensionen belegt, dann erhärtet sich die theoretische Annahme, wonach das Drei-Komponenten-Modell für die Analyse komplexer Texte nicht zureicht. Die von uns durchgeführten Textanalysen zeigen in der Tat einen über die Dreidimensionalität hinausweisenden Reichtum an weiteren Dimensionen mitsamt deren Faktorenbündeln an. Damit ist klar, dass unser konkreter Text (so wie in der Theorie postuliert) dreidimensional nicht zu erschöpfen ist. Und mutmaßlich verfügt jeder Text über seine je eigene variable Anzahl überschießender (oder auch fehlender) Dimensionen und dass deshalb das Modell mit einer variablen Anzahl von Dimensionen gedacht werden muss, das, in sich beweglich, mehr oder minder viele Leerstellen füllt oder eben leer stehen lässt.

Tabelle 1: Reduktionstabelle der konativen Dimension

Bezugsfelder	Befunde	Abstrahierte Befunde
Fähigkeiten	Kommunikation mit Einheimischen und KollegInnen	Vielschichtige Kommunikation
	Keine Abschottung	Unsicherheitsvermeidung/-Entspannung
	Durchhaltevermögen	Erfolgsorientierung
	Anpassungsfähigkeit	Situationsbeherrschung
	Beherrschung der eigenen Verhandlung	Kommunikative Rituale
Offen_sein	Improvisationskunst	Situationsbeherrschung
	Beherrschung der chinesischen Sprache	Kommunikative Fähigkeit
	Strategische und analytische Fähigkeiten	Erfolgsorientierung
China	Hoher Toleranzlevel	Ambiguitätstoleranz
	Durchwursteln	Situationsbeherrschung
Chinesen	Beharrlichkeit und Ehrlichkeit	Erfolgsorientierung
	Beziehungen	Soziale Flexibilität
	Zuhören	Aufmerksamkeit/Respekt

In unserem Falle der Interviews der Expatriates ergaben sich als weitere Dimensionen die motivationale, die demotivationale, die interaktionale, die analytisch-synthetische und die volitionale Dimension.

So wie sich bei der Motivation eine positive Leistungsspirale im Radius von Individuen bis zu dem staatlichen Umfeld ergibt, so entwickelt sich auch eine Demotivationsspirale, die ihren Ausgang im Individuum nimmt und sich immer weiter verstärkt über die Expatriate-Community, den Betrieb, das Mutterhaus, das Joint Venture bis hin in den gesellschaftlichen und staatlichen Bereich. Was anfangs im individuellen Bereich an demotivierenden Einflüssen zu überwinden wäre, wird für einige Expatriates zum niederreißenden Gewicht, sobald die Konflikte mit den umfassenden Feldern von Betrieb, Gesellschaft und Staat hinzukommen. Dieser demotivationale Abwärtstrend lässt sich anhand der Reduktionsanalyse herausarbeiten. Aus dieser Reduktion lassen sich faktoriell ableiten: Frustration, Resignation, Ermüdung, Annihilation des Selbstwertes, Ohnmachtsgefühl der MitarbeiterInnen, Ohnmachtsgefühl der Nicht-Korrupten, Apathie.

Abbildung 7: Zusammenfassung der faktoriellen Fähigkeiten von Expatriates and Locals

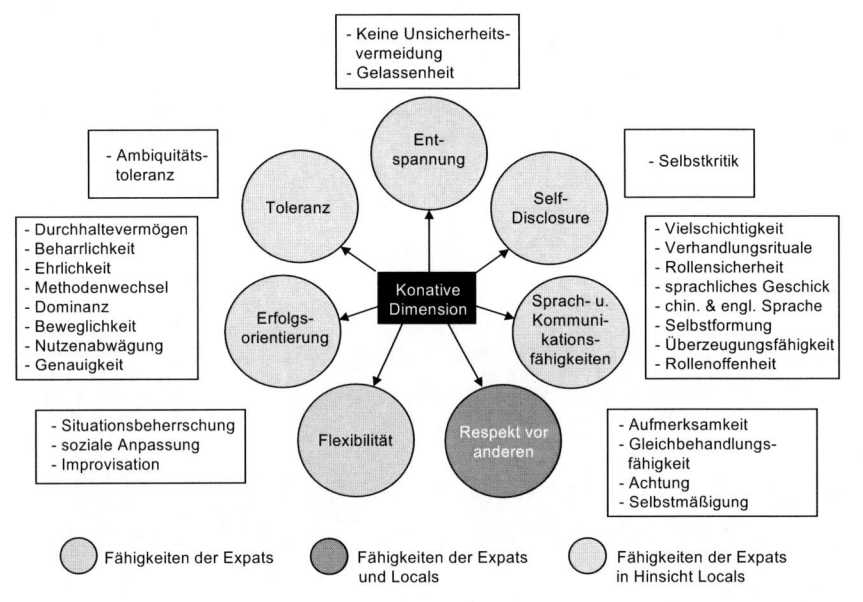

Die Demotivationsgrafik (Abbildung 8) fasst die verschiedenen Stufen bis zum Erlöschen der positiven Antriebskräfte über die verschiedenen Situationen vom Individuum bis zum Staat zusammen. Der Pfeil soll besagen, dass die Demotivation der Expatriates umso größer wird, je mehr der Widerstand sich aus dem individuellen Bereich in den öffentlichen und schließlich staatlichen Bereich verlagert. Die Allmacht des Staates führt schließlich zur gänzlichen Ohnmacht der Expatriates.

Thomas Wittkop

7 Zusammenfassung

Um die Interkulturelle Kompetenz nun insgesamt zu bestimmen, sind die Ergebnisse (hier auszugsweise) zusammenzuführen. In Hinsicht auf GABEK umfasst diese Zusammenführung die Auswertung des Gestaltenbaumes, der Häufigkeitslisten, der Bewertungslisten und der Kausallisten (Tabelle 2). Wenn man diese Ergebnisse in ihre inhaltlichen Zentralpunkte zusammenfasst, so sind kulturelle Sensibilität, psychische Stärke, Sprachfähigkeit, Geschichtskenntnisse, Kommunikationsfähigkeit und Lernbereitschaft als Schlüsselqualifikationen interkultureller Kompetenz zu nennen. Sie bestätigen die heutige Tendenz, im Spektrum interkultureller Kompetenz vor allem Anpassungsfähigkeit bzw. Sensibilität (Fritz et al. 2004) als „die wichtigste Qualifikation internationaler Führungskräfte [hervorzuheben] – wichtiger noch als Weitsicht, Durchsetzungskraft oder logisches Denkvermögen" (Müller/Gelbrich 2004, 793).

Abbildung 8: Dynamisches Modell demotivationaler Faktoren der Expatriates-Aktivitäten

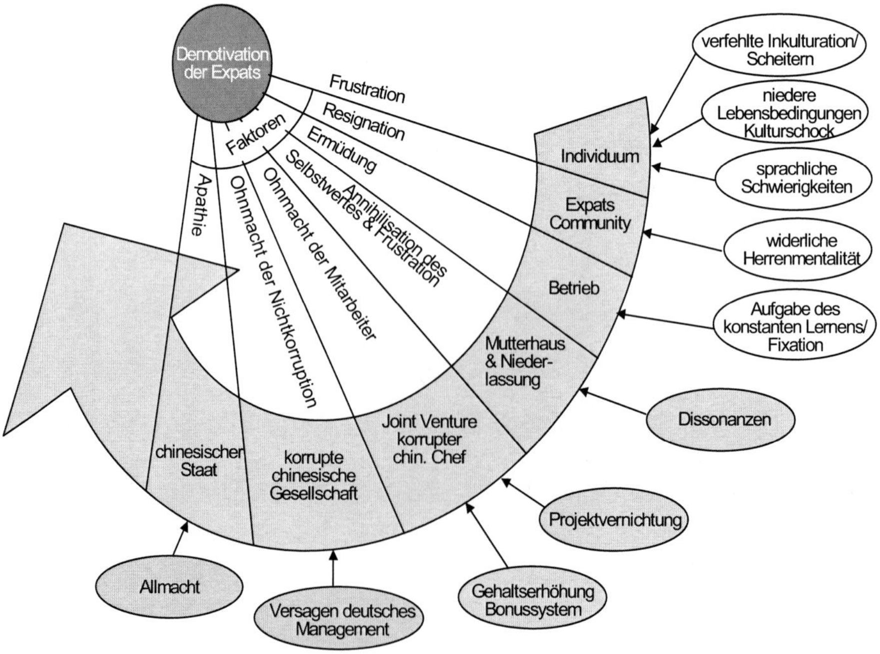

Tabelle 2: Ergebnisse

Gestaltenbaum	Häufigkeitsliste
▪ Einfühlen in die chinesische Zeitauffassung ▪ Kenntnis von chinesischer Arbeitswelt und Organisation ▪ Beherrschung chinesischer Verhandlungstechnik ▪ Knüpfen von Guanxi ▪ Psychische Stärke ▪ Geschichtskenntnisse ▪ Sprachkenntnisse ▪ Offenheit ▪ Flexibilität	▪ Fähigkeit zur Motivierung der chinesischen MitarbeiterInnen ▪ Fähigkeit zu lernen ▪ Fähigkeit, Schwierigkeiten zu überwinden ▪ Offen sein
Bewertungsliste	**Kausalliste**
Befähigung zu: ▪ Offenheit ▪ Lernwilligkeit ▪ Flexibilität ▪ Hörbereitschaft ▪ Ehrlichkeit ▪ Gelassenheit ▪ Fleiß ▪ Bewusstseinsentwicklung	Interkulturelle Kompetenz der Expatriates sollte umfassen: ▪ Arbeitskultur ▪ Fachwissen ▪ Ehrlichkeit ▪ Initiativfähigkeit ▪ Leidensfähigkeit ▪ Offenheit ▪ Flexibilität ▪ Selbstbewusstsein ▪ Kommunikationsfähigkeit ▪ Kompromissfähigkeit ▪ Sprachkenntnisse ▪ Geschichtskenntnisse ▪ Guanxifähigkeit ▪ Lernfähigkeit ▪ Motivierungsfähigkeit ▪ Freundschaftsfähigkeit ▪ Selbstorientierung

Die Befunde decken überdies auch weitergreifende Definitionen von interkultureller Kompetenz ab, so etwa die „Fähigkeit, mit Angehörigen anderer Kulturen effektiv und angemessen zu interagieren" (Müller/Gelbrich 2004, 793), um die selbst gesteckten Ziele unter Berücksichtigung der Ziele der Partner und unter angemessener Einhaltung seiner wesentlichen Umgangsregeln zu verwirklichen.

Diese Befunde werden durch die oben angedeutete Auswertung des multidimensionalen Modells interkultureller Kompetenz ergänzt.

Aus all dem ist zu schließen, dass Emotion, Kognition und Konation als unverzichtbarer Teil interkultureller Kompetenz bestätigt werden, wobei jedoch die einzelnen Faktoren individuiert erscheinen. Die Kerndimensionen werden überdies durch weitere, aus der Datenanalyse hervorgegangenen Dimensionen ergänzt. Dies ergibt folgenden Gesamtbefund:

- Die emotionale Dimension erweist sich als ein Raster ausdifferenzierter Gefühlslagen (Ereignisfundierung, Wertschätzung, Attribution, Beziehung, Erwartung, Attraktivität, Empathie, Unbewusstes und Wohlergehen).

- Die kognitive Dimension akzentuiert die Notwendigkeit, den Aneignungsprozess von Wissen (über China) stets offen zu halten. Gleichwohl fällt auf, dass zusätzlich zum Aneignungsprozess die kognitive Dimension auch die Notwendigkeit einschließt, nicht nur den Wissenserwerbsprozess in Gang zu halten, sondern über einen bereits erworbenen weit reichenden fixierten Wissensstand zu verfügen, Wissen also schon thesauriert zu haben. Der Aneignungsprozess verbindet sich somit mit einem fest gewordenen statischen Besitz an Wissen.

- Die konative Dimension steckt kommunikative Regeln und Verhaltensweisen der Expatriates zu den Locals ab. Zentraler Punkt ist dabei für alle anfallenden Faktoren die grundlegende Offenheit, der chinesischen Kultur vorurteilslos zu begegnen und sie sich durch eine Fülle kommunikativer Akte zugänglich zu machen und sich selber den einheimischen Gesprächspartnern zu öffnen.

- Die Expatriates sind sich dessen bewusst, dass Volition als Schubkraft interkultureller Kompetenz unverzichtbar ist. Dabei schreiben sich die Expatriates vor allem Willen als notwendige Kraft zu, um die Widerstände im beruflichen und privaten Umfeld zu überwinden.

- Die Expatriates geben zu Protokoll, dass sie in einem kontinuierlichen interaktionalen Prozess begriffen sind. Dabei fällt auf, dass die Interaktion seitens der Expatriates im Umgang mit den Chinesen zwei verschiedenen Wegen folgt. Einmal geht es darum, die Chinesen aggressiv zu dominieren oder sie assimilierend als gleichrangige Partner zu behandeln. Und eben dasselbe Spiel spielt auch die chinesische Seite. Zum einen ist den Chinesen daran gelegen, durch kommunikative Machtspiele die Expatriates zu erniedrigen oder nach Wegen zu suchen, auf gleicher hierarchischer Ebene aufzutreten und gemeinsame Unternehmensziele zu verfolgen. Insgesamt überwiegt aber ganz offensichtlich die Absicht, dominantes Verhalten durch assimilierendes Verhalten zu ersetzen.

- Die interkulturelle Kompetenz der Expatriates muss sich mit einem kontinuierlichen Analysieren und Synthetisieren verbinden. Damit wird die analytisch-synthetische Dimension als nie endender offener Prozess situiert, der die gesamte chinesische Wirklichkeit immer von neuem und immer vertieft auf individuellen, betrieblichen, gesellschaftlichen und staatlichen Ebenen zu durchdringen sucht. Die Unendlichkeit der Wirklichkeit begründet die Unabgeschlossenheit der entsprechenden Analysen und Synthesen.

- Die motivationale Dimension als Ausdruck des Energiestroms zur Initiierung von Entscheidungsentschlüssen/Dezisionen schlägt sich in entsprechenden Faktoren wie Aufgabenerfüllung, Vorbild sein, Ehrgeiz haben, Eroberer sein und Zukunftsvertrauen besitzen nieder. Die Initiierung von Dezisionen materialisiert sich in exemplarischem Handeln.

- Die demotivationale Dimension der Expatriates umfasst das Schwächerwerden und das schließliche Versiegen des Energiestroms zur Initiierung von Entscheidungsentschlüssen/Dezisionen. Dieser Energieabfall steht in enger Verbindung mit den jeweiligen Stärkegraden derjenigen Quellen, die den Energiestrom hemmen. Die demotivationale Dimension bringt die Gefahr zutage, die positiven Kräfte interkultureller Kompetenz zu überfordern und aufzuzehren. Insofern können alle anderen herausgearbeiteten Dimensionen als Gegenmittel gelten, der demotivationalen Dimension standzuhalten.

Der Kernbereich interkultureller Kompetenz (emotional, kognitiv, konativ) wird also ad hoc durch die konkreten Erfahrungen und Postulate gelebten Lebens jeweils ergänzt und individualisiert. So bestimmen die tatsächlichen Erfordernisse, und nicht ein exzessiv ausgedünntes, rudimentäres tripartites Modell, den Radius der Dimensionen. Wir sehen genau hierin eine wesentliche Erkenntnis unserer Arbeit. Die Öffnung des tripartiten Modells zum variablen multidimensionalen polyfaktoriellen Modell unter Beibehaltung des konstanten Drei-Komponenten-Kerns enthält genug Festigkeit und individuelle Biegsamkeit, genug Abstraktion und Derealisierung einerseits, und ebenso lebendige Subjektivität andererseits. Nur so ist es bspw. möglich, die komplexe psychisch-emotionale Befindlichkeit der Expatriates, wie sie in den Interviews zutage tritt, auszuloten. Und nur so gelingt auch der Zugriff etwa auf die demotivationalen Faktoren der Demotivations-Dimension.

Unser multidimensionales polyfaktorielles Modell beschneidet also nicht von Anfang an den Text um wesentliche Dimensionen, sondern es bringt diese sowohl individuell als auch abstrahiert zur Erscheinung.

In Abbildung 2 war angedeutet worden, wie das interkulturelle Spannungsfeld als eine Summe von Schnittmengen aus mehreren Weltwissen, Sprachwissen und verschiedenen Situationsinterpretationen und Äußerungen aufgefasst werden kann. Das multidimensionale, polyfaktorielle Modell erweitert und bestätigt werden. Die jeweils individuell gegebenen verschiedenartigen Spannungsfelder des „Interkulturellen" las-

Thomas Wittkop

sen sich in diesem Modell ohne Schwierigkeiten darstellen. Dies gilt auch für extreme Befunde, z.B. radikale Reduktionen oder aber auch für Extensionen der dimensionalen und faktoriellen Gegebenheiten.

Dieses multidimensionale, polyfaktorielle Modell mit dem Ertrag unserer spezifischen Analysen lässt sich schlussendlich wie in Abbildung 9 darstellen.

Abbildung 9: Übersicht über die aus den Interviews erhobenen Dimensionen und Faktoren interkultureller Kompetenz

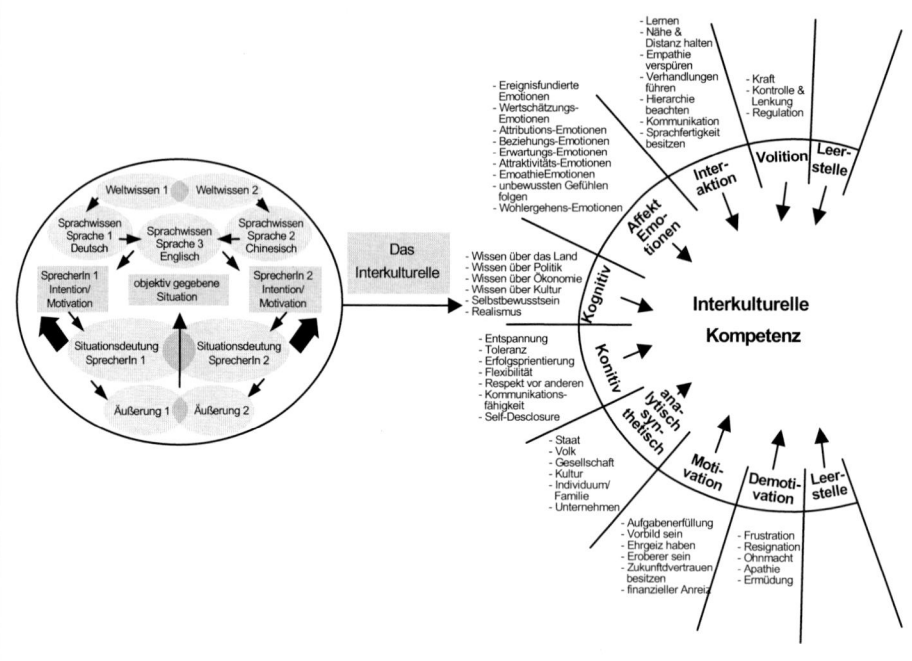

8 Literatur

Buber, R./Zelger, J. (2000): GABEK II. Zur qualitativen Forschung. On Qualitative Research. Innsbruck, Wien.
Chen, G.-M./Starosta, W. J. (1996): Intercultural Communication Competence: A Synthesis. Communication Yearbook, 19, 353-383.
Ehlich, K./Switalla, B. (1976): Transkriptionssysteme. Eine exemplarische Übersicht. In: Studium Linguistik, Jg. 2, 78ff.

Fritz, W./Möllenberg, A./Chen, G.-M. (2004): Die interkulturelle Sensibilität als Anforderung an Entsandte. In: Wiedmann, K.-P. (Hrsg.): Fundierung des Marketing. Wiesbaden, 231-258.
Jourdan, M. (1993): Grundlagen der Humankommunikation. Waldbröl.
Müller, S./Gelbrich, K. (1999): Interkulturelle Kompetenz und Erfolg im Auslandsgeschäft. Status Quo der Forschung. In: Dresdener Beiträge zur Betriebswirtschaftslehre, Jg. 21, 1-67.
Müller, S./Gelbrich, K. (2004): Interkulturelles Marketing. München.
Thomas, A. (2003): Interkulturelle Wahrnehmung, Kommunikation und Kooperation. In: Thomas, A./Kinast, E.-U./Schroll-Machl, S. (Hrsg.): Handbuch Interkulturelle Kommunikation und Kooperation. Göttingen, 97.
Wittkop, T. (2006): Interkulturelle Kompetenz deutscher Expatriates in China: Qualitative Analyse Modellentwicklung und Empfehlungen. Wiesbaden.
Zelger, J. (1982): Ideologien und Gruppenphantasien. In: Theorie und Praxis der Psychoanalyse, Jg. 2, Nr. 2, 1ff.
Zelger, J. (1994): Qualitative Auswertung sprachlicher Äußerungen. Wissensvernetzung, Wissensverarbeitung und Wissensumsetzung. In: Wille, R./Zickwolf, M. (Hrsg.): Begriffliche Wissensverarbeitung: Grundfragen und Aufgaben. Mannheim, Leipzig, Wien, 239-266.
Zelger, J. (1995a): Reise ins Traumland. Die fraktale Struktur dreier Tagträume. In: Materialien aus dem Sigmund-Freud-Institut. Traum und Gedächtnis. Neue Ergebnisse aus psychologischer, psychoanalytischer und neurophysiologischer Forschung. Sigmund-Freud-Institut, F., Münster, 283.
Zelger, J. (1995b): Sind Erkenntnisse über die Struktur von Phantasien nützlich bei der Wissensorganisation? In: Meder, N./Jaenicke, P./Schmitz-Esser, W. (Hrsg.): Konstruktion und Retrieval von Wissen = Fortschritte in der Wissensorganisation. Bd. 3. Frankfurt am Main, 246-256.
Zelger, J. (1999a): Der Gestaltenbaum des Verfahrens GABEK: Theorie und Methode anhand von Beispielen. In: Zelger, J./Maier, M. (Hrsg.): GABEK. Verarbeitung und Darstellung von Wissen. Innsbruck, Wien.
Zelger, J. (1999b): GABEK. A Method for the Integration of Expert Knowledge and Everyday Knowledge. In: De Tombe, D. J./Stuhler, E. A. (eds.): Complex Problem Solving. Methodological Support for Societal Policy Making. München, Mering, 20-45.
Zelger, J. (1999c): Wissensorganisation durch sprachliche Gestaltbildung im qualitativen Verfahren GABEK. In: Zelger, J./Maier, M. (Hrsg.): GABEK. Verarbeitung und Darstellung von Wissen. Innsbruck, Wien, 41-87.
Zelger, J. (2000a): Parallele und serielle Wissensverarbeitung: die Simulation von Gesprächen durch GABEK. In: Buber, R./Zelger, J. (Hrsg.): GABEK II. Zur Qualitativen Forschung. On Qualitative Research. Innsbruck, Wien, München, 31-91.
Zelger, J. (2000b): Twelve Steps of GABEKWinRelan. A Procedure for Qualitative Opinion Research, Knowledge Organization and System Development. In: Buber, R./Zelger, J. (Hrsg.): GABEK II. Zur qualitativen Forschung. On Qualitative Research. Innsbruck, Wien, München, 205-220.
Zelger, J. (2002): Das WinRelan Präsentationsprogramm Handbuch. Innsbruck.
Zelger, J. (2003): Können linguistische „Hypergestalten" als sozialwissenschaftliche Theorien verstanden werden? Zur qualitativen Theoriebildung durch GABEK. Innsbruck.
Zelger, J. (2004): GABEK. Ganzheitliche Bewältigung von Komplexität (Broschüre). Innsbruck.
Zelger, J./Oberprantacher, A. (2002): Processing of Verbal Data and Knowledge Representation by GABEK-WinRelan. In: Forum Qualitative Sozialforschung, vol. 3, no. 2.

Barbara Stöttinger

Internationale Pricing-Prozesse in der Unternehmenspraxis
Bestandsaufnahme und Implikationen aus ausgewählten Industriezweigen

1 Problemstellung und Zielsetzung 1045
2 Methodische Vorgehensweise 1046
   2.1 Erstellung des Interviewleitfadens 1046
   2.2 Fallauswahl 1047
   2.3 Kontakt zu den InterviewpartnerInnen 1048
   2.4 Durchführung der Interviews 1048
   2.5 Auswertung 1049
3 Ergebnisse 1049
   3.1 Festlegung preispolitischer Ziele 1050
       3.1.1 Zielfestsetzung und internationale Erfahrung 1050
       3.1.2 Zielfestsetzung und Distributionssysteme 1051
   3.2 Zentralisierungsentscheidung in der internationalen Preispolitik 1052
       3.2.1 Zentralisierungsgrad von Preisentscheidungen 1052
       3.2.2 Zentralisierung, strategische Preispositionierung und
            Unternehmensgröße 1053
   3.3 Standardisierung vs. Differenzierung von Preisen auf internationalen
       Märkten 1053
       3.3.1 Standardisierungsgrad von Preisentscheidungen 1053
       3.3.2 Differenzierung – Distributionssystem 1054
   3.4 Kalkulationsprinzipien in der internationalen Preispolitik 1055
       3.4.1 Kalkulationsansatz und internationale Erfahrung 1055
       3.4.2 Kalkulationsansatz und strategische Preispositionierung 1055
   3.5 Erfolgsbewertung der internationalen Preispolitik 1056
4 Diskussion und Implikationen für zukünftige Forschung 1057
5 Literatur 1059

1 Problemstellung und Zielsetzung

Die Festsetzung und das Monitoring von Preisen auf Auslandsmärkten zählen zu den kritischen Prozessen, mit denen sich Unternehmen im globalen Umfeld auseinandersetzen müssen, wie empirische Untersuchungen belegen (Gaul/Lutz 1994, Piercy 1981, Simon 1992). Dies erklärt sich aus der Bedeutung preispolitischer Aktivitäten für die finanzielle Situation von Unternehmen. Kein anderes Marketinginstrument hat derart unmittelbare Effekte auf die Prosperität eines Unternehmens wie die Preispolitik. Im Gegensatz zu den übrigen Marketing-Mix-Instrumenten zeigen sich die Auswirkungen von Preisänderungen unmittelbar in Reaktionen der KundInnen und zumeist auch der MitbewerberInnen (Lancioni 2005a). Da anzunehmen ist, dass die Preispolitik und ihr Einsatz als Wettbewerbsinstrument in Zukunft an Bedeutung gewinnen werden (Simon 2004), werden Unternehmen gefordert sein, verstärkt Augenmerk auf diese Entscheidungen zu lenken (Dolan/Simon 1997, Monroe 2003, Myers/Cavusgil/Diamantopoulos 2002, Sander 1997).

Im internationalen Kontext kommt zu der genannten Wichtigkeit noch die Komplexität, die Aktivitäten auf Auslandsmärkten mit sich bringen. Die Unterschiedlichkeit zum Heimmarkt hinsichtlich der Einflussfaktoren auf die Preisentscheidung, die Gestaltung und Durchsetzbarkeit von Preisen oder das Preiscontrolling erleichtern preispolitische Entscheidungen nicht unbedingt. Verschärfend kommt hinzu, dass Aspekte wie die wirtschaftliche Verflechtung von Märkten, wachsende Wettbewerbsintensität Kommunikationstechnologien, wie das Internet, oder Bestrebungen zur Implementierung einer gemeinsamen Währung, z.B. innerhalb der EU, die Dynamik rund um preispolitische Entscheidungen zusätzlich erhöhen (Myers/Cavusgil/Diamantopoulos 2002, Samiee/Anckar 1998).

Trotz ihrer ökonomischen Bedeutung für Unternehmen genießt die Preispolitik in der wissenschaftlichen Auseinandersetzung wenig Aufmerksamkeit. Dies trifft in besonderem Maß auf preispolitische Entscheidungen im internationalen Kontext zu. So sind es vorwiegend Sonderfragen der internationalen Preispolitik, wie das Entstehen grauer Märkte oder der Effekt von Umfeldvariablen wie Inflation oder Wechselkursschwankungen auf die Auslandspreise von Unternehmen (Chaudhry/Walsh 1995, Myers/Cavusgil 1996, Myers/Griffith 1999), die empirisch beleuchtet wurden.

Breiter angelegte Arbeiten, die den Pricing-Prozess auf Auslandsmärkten in seiner Gesamtheit betrachten, sind spärlich. Vorhandene Studien in diesem Bereich sind größtenteils konzeptionell (Rao 1984, Walters 1989) mit wenigen Ausnahmen (Cavusgil/Chan/Zhang 2003, Myers 1997a, b; Tzokas et al. 2000).

Vor dem Hintergrund dieses Forschungsdefizits hat sich dieser Beitrag das Ziel gesetzt, einen umfassenderen Blick darauf zu werfen, wie Unternehmen ihre Pricingprozesse auf internationalen Märkten gestalten. Durch die gesamthafte Perspektive, die der vorliegende Beitrag einnimmt, soll mehr Klarheit entstehen, wie preispolitische

Entscheidungen zustande kommen, welche Einflussfaktoren eine Rolle spielen, und welche organisatorischen Rahmenbedingungen auf die Entscheidungen einwirken.

2 Methodische Vorgehensweise

Wie bereits angesprochen ist der Wissensstand in der einschlägigen Literatur über die Pricingprozesse von Unternehmen wenig fortgeschritten (Aulakh/Kotabe 1993, Clark/-Kotabe/Rajaratnam 1999). Zwar wurden bislang Detailaspekte fundiert analysiert, Pricingprozesse in ihrer Gesamtheit allerdings wenig bis kaum empirisch untersucht. Das Forschungsanliegen des Beitrages ist daher eher theoriegenerierend als –testend. Sein Ziel ist es, die Pricingprozesse von Unternehmen zu explorieren und ein tiefer gehendes Verständnis zu entwickeln (Maxwell 1998, Patton 1990).

Ob ein quantitatives oder qualitatives Forschungsdesign eher geeignet ist, die vorliegende Forschungsfrage zu bearbeiten, wurde zugunsten eines qualitativen Ansatzes beantwortet. Das Verständnis qualitativer Forschung, Theorie in Auseinandersetzung mit dem Feld und der darin vorgefundenen Empirie als Ergebnis zu entdecken (Flick 1995), entspricht nicht nur stärker dem Kenntnisstand in der Literatur, sondern auch der Komplexität des untersuchten Phänomens, der Pricingprozesse in Unternehmen.

Wie ebenfalls in der Einleitung herausgestellt, sind Pricingprozesse von einer Vielzahl an Faktoren und einem Zusammenspiel von unterschiedlichsten Interessen und Personen bestimmt. Diese Aspekte greifbar und nachvollziehbar zu machen, sowie ein theoretisches Verständnis dazu zu entwickeln, entspricht stärker dem Grundverständnis qualitativer Forschung als der quantitativen. Das vorhandene Vorwissen über den Untersuchungsgegenstand kann in dem Fall herangezogen werden, um eine klare Vorstellung der Forschungsfrage zu gewinnen und mit dem Vorwissen, neue und überraschende Erkenntnisse zu generieren.

Vor dem Hintergrund der gegenwärtigen Auseinandersetzung in der Literatur und den Restriktionen hinsichtlich der Fallauswahl wurden fokussierte Interviews unter Zuhilfenahme eines Interviewleitfadens als Instrument ausgewählt (Flick 1995).

2.1 Erstellung des Interviewleitfadens

Auf der Basis der bestehenden Literatur zur internationalen Preispolitik wurde ein deduktiver Ansatz mittels eines vorstrukturierten Interviewleitfadens gewählt (Miles/Huberman 1994). Als theoretische Grundlage wurde auf den *strategy-environment co-alignment*- Ansatz (Aldrich 1979, Porter 1980, Venkatraman/Prescott 1990) zurückgegriffen. Dieser geht davon aus, dass die Abstimmung der Wettbewerbsstrategie eines Unternehmens auf kritische Umfeldfaktoren den Unternehmenserfolg positiv beeinflusst. Aus der Literatur abgeleitet wurden folgende Einflussgrößen als relevant erachtet und daher in den Interviewleitfaden aufgenommen: interne Faktoren (z.B. Erfahrung im Export, Unternehmensgröße, Produktkomplexität, Anzahl der Exportländer, Distributionssystem etc.) und Umfeldvariablen (z.B. staatlicher Einfluss, Wettbewerbsintensität auf Auslandsmärkten, Wechselkursschwankungen etc.), strategische Aspekte des Pricingprozesses (z.B. Kontrolle über den Entscheidungsprozess, Ansatz zur Preisfestsetzung, Standardisierung vs. Differenzierung von Preisen zwischen Märkten) und Erfolgsmessgrößen (Cavusgil 1996, 1988; Lancioni/Schau/Smith 2005, Myers/Cavusgil/Diamantopoulos 2002).

Nach einer ersten Runde von Interviews wurde der Interviewleitfaden auf der Basis vorangegangener Erfahrungen überarbeitet und geringfügig erweitert. Dieser mehrstufige Prozess erlaubte die entsprechende Flexibilität, um zusätzliche Aspekte zu berücksichtigen (Miles/Huberman 1994, Rubin/Rubin 1995, Strauss/Corbin 1998).

2.2 Fallauswahl

In einem nächsten Schritt wurden die Kriterien zur Fallauswahl festgelegt. Bei den auszuwählenden Unternehmen sollte es sich um Produktionsbetriebe handeln, die ihre Pricingprozesse selbständig gestalten und kontrollieren können. Tochtergesellschaften internationaler Unternehmen wurden aufgrund ihres üblicherweise eingeschränkten Handlungsspielraumes in preispolitischen Fragen ausgeschieden. Weiters erfolgte eine Beschränkung auf fünf Industriezweige (Elektro- und Elektronikindustrie, Maschinen- und Metallwarenindustrie, Anlagenbau, Kunststoff- und Möbelindustrie), in denen aufgrund der geringen Größe des Heimmarktes Auslandsaktivitäten für den ökonomischen Erfolg erforderlich sind.

Weitere Grundvoraussetzung war das seit längerer Zeit bestehende Engagement des Unternehmens auf Auslandsmärkten. Dies erschien aus zwei Gründen wichtig: zum einen gewährleistet die langjährige Erfahrung auf Auslandsmärkten eine gute Übersicht über die Herausforderungen und Chancen der internationalen Preispolitik (Forman/Hunt 2005). Zum anderen kann der historische Rückblick auf die internationalen Marketingaktivitäten eine ansatzweise longitudinale Betrachtung ermöglichen.

Zu Beginn wurde eine geringe Anzahl an Unternehmen ausgewählt, die den genannten Kriterien entsprachen. Nach einer ersten Interviewrunde wurden die Ergebnisse einer kritischen Reflexion unterzogen, um Hilfestellungen für die weitere Auswahl zu gewinnen. In der Realität erwies es sich jedoch als äußerst schwierig, vorab Unternehmen zu identifizieren bzw. auch zur Teilnahme zu gewinnen, von denen man sich für die Forschungsfrage besonders hilfreiche Erkenntnisse erwartete. Die Sensibilität des

Barbara Stöttinger

Themas und die Zurückhaltung potentieller InterviewpartnerInnen vorab erzwang eine größere Anzahl von Interviews (Strauss/Corbin 1998). Dass daher einzelne Interviews nicht wesentlich Neues beitragen konnten, musste in Kauf genommen werden.

2.3 Kontakt zu den InterviewpartnerInnen

Als Kriterien für die Auswahl geeigneter InterviewpartnerInnen in den identifizierten Unternehmen wurden Auslandserfahrung, längere Tätigkeit im Unternehmen in verantwortlicher Position sowie die Bereitschaft zum Interview herangezogen (Rubin/Rubin 1995). In den meisten Fällen wurde der Leiter bzw. die Leiterin des Auslandsvertriebs oder der Geschäftsführer bzw. die Geschäftsführerin ausgewählt und telefonisch kontaktiert. Die ersten Kontaktversuche gestalteten sich schwierig, da eine geringe Bereitschaft zur Teilnahme an der Untersuchung zu bemerken war. Bei näherer Betrachtung stellte sich heraus, dass der Widerwillen darin begründet war, dass die InterviewpartnerInnen fürchteten, sensible Daten über Kostenstruktur und Erträge preisgeben zu müssen. Die weiteren Interviews wurden mit dem Hinweis akquiriert, eine Kurzfassung der Fragen würde vor dem tatsächlichen Interview übersandt werden. Diese Änderung erhöhte die Bereitschaft, einem Interview zuzustimmen, deutlich.

In der Literatur wird vielfach die Forderung geäußert, mehrere Auskunftspersonen in einem Unternehmen in die empirische Arbeit mit einzubeziehen (Lancioni 2005b). Dies wird mit der Komplexität internationaler Pricing-Prozesse begründet, an denen mehrere Personen im Unternehmen entscheidend mitwirken. Dieser Versuch scheiterte, da in den meisten Fällen zeitliche Beschränkungen zusätzliche Interviews nicht erlaubten. Um das anfangs vereinbarte Interview nicht zu gefährden, wurden keine weiteren Versuche unternommen.

2.4 Durchführung der Interviews

Jedes Interview wurde durch ein Team aus zwei ForschungsassistentInnen geführt, um die Organisation der Fragen, die Dokumentation der Inhalte zu unterstützen und das Vertrauen in die Ergebnisse zu erhöhen. Vor der eigentlichen Feldarbeit wurden die ForschungsassistentInnen umfangreich über Ziel, Zweck und theoretische Hintergründe der Untersuchung aufgeklärt, um profundes Wissen und Verständnis für die Materie zu entwickeln. Zusätzlich wurde der Großteil der Interviews mitgeschnitten, um falls für die Auswertungen erforderlich auf die Originalaussagen zurückgreifen zu können. Einige wenige InterviewpartnerInnen verweigerten eine Aufnahme des Interviews. In diesem Fall wurden Informationen während des Gesprächs schriftlich dokumentiert. Die Dauer der Gespräche betrug zwischen einer und zwei Stunden. Unmittelbar nach dem Interview wurden die Interviews verschriftet. Als jede Kategorie von Variablen hinsichtlich ihrer Facetten und Dimensionen ausreichend dokumentiert schien und mit zusätzlichen Interviews kein Wissenszuwachs mehr erzielt wurde, wurde die Datengewinnung nicht mehr fortgeführt (Miles/Huberman 1994, Rubin/Rubin 1995, Strauss/Corbin 1998).

2.5 Auswertung

Die Transkripte der Interviews wurden zusammen mit den Sekundärdaten mit Hilfe des Softwarepakets ATLAS/ti analysiert (Muhr 1997, 1995). Dies ermöglichte die effiziente Administration des umfangreichen Datenmaterials aus den 45 Fällen. Weiters erwiesen sich die Möglichkeiten zur Visualisierung der Forschungsergebnisse als hilfreich für die Analyse (Muhr 1997, 1995).

Die transkribierten Interviews wurden zuerst offen kodiert, in dem schrittweise für die Thematik aufschlussreiche Textteile markiert und mit Kodes versehen wurden. Diese Kodes wurden dann gruppiert und wiederum kategorisiert. Mittels axialem Kodieren wurden in einem nächsten Schritt die gefundenen Begriffe und Kategorien zu einander in Beziehung gesetzt. Hier erwiesen sich sowohl die bestehende Literatur als auch das für die Unterstützung der Analyse verwendete Paket wie bereits angesprochen als hilfreich. Die in der Literatur verwendeten Begriffe ließen sich zum Großteil übernehmen und erleichterten damit die Systematisierung. Darüber hinaus unterstützte das verwendete Softwarepaket den Aufbau von Beziehungen und Hierarchien zwischen den Kategorien durch die graphische Unterstützung.

Neben den persönlichen Interviews wurde über jedes Unternehmen ein Profil aus Sekundärdaten (z.B. aus Branchenberichten, Presseinformationen zu den Unternehmen) angelegt, um ein möglichst umfassendes Bild über die einzelnen Fälle zu gewinnen (Eisenhardt 1989, Flick 1995, Yin 1994). Teilweise konnten damit die Daten aus den Interviews ergänzt werden bei Aspekten, zu denen die InterviewpartnerInnen keine Auskünfte geben konnten oder wollten. Zum anderen unterstützten diese zusätzlichen Informationen die Entwicklung und Interpretation von Kodes und Beziehungen.

3 Ergebnisse

In weiterer Folge werden die Ergebnisse vorgestellt und diskutiert. Zu Beginn eines jeden Abschnitts finden sich deskriptive Resultate, bevor beobachtete Zusammenhänge dargestellt werden. Einschlägige Erkenntnisse aus der Literatur ergänzen das Bild.

Barbara Stöttinger

3.1 Festlegung preispolitischer Ziele

Wie bei jeder strategischen Marketingentscheidung werden auch bei der internationalen Preispolitik Strategieentwicklung und die Allokation der Ressourcen von den gesteckten Zielen beeinflusst (Diamantopoulos/Mathews 1985, Samiee 1987). Grundsätzlich können sich Unternehmen für finanzielle und nicht-finanzielle Ziele entscheiden. Samiee (1987) identifizierte in seiner Untersuchung zufrieden stellenden ROI, die Erhaltung des Marktanteils, spezifische Gewinnziele, Marktführerschaft und Steigerung des Gewinns als die fünf wichtigsten Preisziele in der unternehmerischen Praxis.

Zur Messung ihres Erfolges auf Auslandsmärkten im allgemeinen und ihrer Preispolitik im speziellen wurden die InterviewpartnerInnen um ihre expliziten Ziele gebeten. Im Gegensatz zu der in der Literatur betonten Wichtigkeit (Diamantopoulos/Mathews 1985) zeigte sich in den ersten Interviews, dass Erfolg bzw. Misserfolg nicht mit Hilfe spezifisch preispolitischer Ziele, sondern anhand genereller Zielerreichung im Auslandsgeschäft gemessen wird. Letztere wird am häufigsten an der Stabilisierung bzw. der Ausweitung von Marktanteilen auf Auslandsmärkten gemessen. Beinahe zwei Drittel der Unternehmen im Sample verwenden nicht-finanzielle Ziele, während ein Drittel der Unternehmen den Erfolg anhand von finanziellen Zielen misst, wobei man sich ausnahmslos auf die Steigerung des Gewinns als Erfolgsindikator verlässt.

In einem nächsten Schritt wurden die vorhandenen Daten dahingehend untersucht, welche Einflussfaktoren auf die Selektion bestimmter Preisziele wirken. Es zeigte sich, dass zwei Variablen dabei eine kritische Rolle spielen: die Erfahrung und das Distributionssystem, das ein Unternehmen international einsetzt.

3.1.1 Zielfestsetzung und internationale Erfahrung

Um die unterschiedlichen Niveaus internationaler Erfahrung zu erfassen, wurde das Sample in drei unterschiedliche Kategorien eingeteilt. Diese Kategorisierung wurde anhand der Anzahl der Exportländer validiert. Unternehmen mit einer Exportquote unter 20% wurden als international unerfahren eingestuft. Ein Blick auf das Länderportfolio, in das exportiert wird, zeigte, dass die meisten dieser Unternehmen in sehr wenigen - vorwiegend EU-Staaten tätig waren. Man kann argumentieren, dass diese internationalen Aktivitäten durch die Vorteile der Europäischen Union eher einer Erweiterung des Heimmarktes als einer wirklichen, internationalen Erfahrung gleichkommen. Die zweite Kategorie von Firmen besteht aus jenen mit einer Exportquote zwischen 20 und 80%. Ein genauerer Blick auf die Länder, in die diese Unternehmen exportieren, rechtfertigt diese breite Kategorie. Firmen in dieser Kategorie sind in der EU und Osteuropa gut verankert und haben ihre Aktivitäten nach Nord- und Südamerika, Afrika oder Asien ausgedehnt. Dennoch operieren sie nur in ausgewählten Regionen. Die letzte Gruppe von Unternehmen ist jene, die mehr als 80% ihres Umsatzes im Ausland generiert. Sie betrachten den Weltmarkt als ihr Absatzgebiet und agieren dementsprechend.

In Bezug auf die Zielfestsetzung zeigte sich, dass unerfahrene Unternehmen ausnahmslos nicht-finanzielle Ziele als Kernziele im Export anführten. Wenn sie um den Grund dafür gefragt wurden, beschreiben sie sich als in der Situation, wo Wachstum am Heimmarkt limitiert ist. Aus diesem Grund sahen sie sich gezwungen, neue Chancen im Ausland zu suchen. In dieser Phase ihrer Internationalisierung hat es offensichtlich mehr Sinn, internationale Marktabdeckung statt unmittelbaren finanziellen Erfolg zu erzielen.

Sobald Unternehmen international aktiver werden, teilen sich die Ansätze. Die große Mehrheit an Unternehmen in dieser Kategorie verfolgt die Steigerung des Gewinns. Diese Unternehmen haben eine Phase erreicht, wo sie sich erfahren genug fühlen, das Engagement auf internationalen Märkten nicht mehr länger als Investition in die Zukunft zu sehen. Sie erwarten sich vielmehr Gewinn im selben Ausmaß wie am Heimmarkt. Unternehmen in dieser Kategorie, die nicht-finanzielle Ziele verfolgen, sind klar in der Minderheit. Diese Unternehmen finden sich ein einem sehr spezifischen internationalen Marktumfeld wieder. Marktsättigung und heftige Preiskämpfe haben dazu geführt, dass sie danach trachten, ihre Marktposition eher zu halten als ihre Profitabilität in den Vordergrund zu rücken.

Global agierende Unternehmen im Sample setzen sich nicht-finanzielle Ziele im Export. Als Weltmarktführer wollen diese Unternehmen in dieser Position bleiben.

Konzeptionelle Anhaltspunkte: aus den Ergebnissen lässt sich erkennen, dass der Zusammenhang zwischen gewählten Zielen und Erfahrung auf internationalen Märkten ein konvexer ist: bei gering und stark auslandsorientierte Unternehmen stehen nicht-finanzielle Ziele im Vordergrund – allerdings aus unterschiedlichen Motiven. Für jene Unternehmen, die als erfahren, jedoch nicht ausschließlich auslandsorientiert einzuschätzen sind, scheint die Entscheidung für gewisse Preisziele von spezifischen externen Bedingungen wie Marktsättigung oder heftigen Preiskämpfen moderiert zu werden.

3.1.2 Zielfestsetzung und Distributionssysteme

Die zweite dominante Verbindung zur Zielsetzung bezieht sich auf das internationale Distributionssystem des Unternehmens. Unternehmen, die ihr eigenes Personal in der internationalen Distribution einsetzen, verwenden nicht-finanzielle Ziele, um Erfolg zu messen. Im Gegensatz dazu wenden Unternehmen mit unabhängigen DistributionspartnerInnen finanzielle Ziele an. Man könnte argumentieren, dass finanzielle Ziele einfacher zu bestimmen und zu kontrollieren sind. Im Fall von externen DistributionspartnerInnen, wo die Kontrollspanne bei den operativen Aktivitäten eher gering ist, bieten finanzielle Erfolgsziele offensichtlich bessere Möglichkeiten der Steuerung. Einige Unternehmen im Sample verwenden ein Distributionssystem, das unternehmensinternes und –externes Personal kombiniert. In diesem Fall werden ebenfalls finanzielle Ziele verwendet, um Erfolg zu messen.

Konzeptionelle Anhaltspunkte: ein weiterer wesentlicher Aspekt, der die Wahl der Preisziele zu beeinflussen scheint, ist das Distributionssystem. Je stärker dieses in Richtung Integration externer Partner ausgelegt wird, desto eher scheinen finanzielle Ziele zum Einsatz zu kommen.

3.2 Zentralisierungsentscheidung in der internationalen Preispolitik

Der Standort der Preisentscheidung innerhalb der Organisationsstruktur spielt eine kritische Rolle für die Preisentscheidungen eines Unternehmens (Abratt/Pitt 1985, Myers 1997b). Baker und Ryans (1973) sehen zwei Kriterien als essentiell: (1) auf welcher hierarchischen Ebene die Preisentscheidung angesiedelt wird, und (2) wie autonom Preise außerhalb der Unternehmenszentrale getroffen werden.

3.2.1 Zentralisierungsgrad von Preisentscheidungen

Die Interviews ergaben interessante Einsichten. Alle Unternehmen im Sample bis auf drei entschieden sich für eine zentrale Preisfestsetzungsstrategie. Für jeden der drei Fälle, wo der lokale Distributionspartner für die Preisgestaltung verantwortlich ist, waren die Gründe sehr unterschiedlich. Ein Unternehmen erklärte seine dezentralisierte Preisstrategie mit der unterschiedlichen strategischen Position am lokalen und auf internationalen Märkten. Während das Unternehmen am Heimmarkt als Niedrigpreisanbieter am Massenmarkt bekannt ist, ist es international im Prämiumsegment positioniert. Das Unternehmen gehört zur Gruppe der wenig erfahrenen Exporteure und verlässt sich auf die Erfahrungen des internationalen Partners, was die Preisfestsetzung am Markt betrifft. Die beiden anderen Unternehmen, die die endgültige Preisentscheidung an ihre lokalen Distributionspartner delegieren, befinden sich in einem sehr spezifischen internationalen Umfeld. Die Unternehmen sind vorwiegend in osteuropäischen Ländern tätig, die nach wie vor in einer wirtschaftlich nicht einfachen Lage sind, wo – wie die InterviewpartnerInnen es formulierten, - tiefgehendes Wissen über die Marktsituation und die finanzielle Situation der Kunden für die Preisfestsetzung nach wie vor erforderlich sind.

Was die hierarchischer Einbettung der Preisentscheidung betrifft, so ließ sich erkennen, dass der Geschäftsführer bzw. die Geschäftsführerin in den Entscheidungsprozess involviert ist und die endgültige Entscheidung vornimmt. Sogar im Fall dezentralisierter Entscheidungen spielt das Top-Management eine wesentliche Rolle. Während die Preisentscheidung an die lokale Vertriebsorganisation delegiert wird, werden ungefähre Richtlinien für die endgültigen Preispunkte zentral vorgegeben.

3.2.2 Zentralisierung, strategische Preispositionierung und Unternehmensgröße

Nachdem die Zahl der Unternehmen, die dezentral über Preise entscheiden eher gering war, erschien eine nähere Betrachtung von Unterschieden zwischen Unternehmen, die zentralisieren, gegenüber jenen, die dezentralisieren, nicht sinnvoll. Nichtsdestotrotz ergaben sich einige wesentliche Unternehmenscharakteristika, die typisch für Unternehmen mit zentraler Preisentscheidung sind.

Je größer ein Unternehmen ist, desto eher wird es Preisentscheidungen zentralisieren. Das zweite zentrale Merkmale, das Unternehmen mit zentralisierten Preisentscheidungen gemeinsam haben, ist die strategische Preispositionierung des Unternehmens: wenn ein Unternehmen sich im Prämiumsegment befindet, wird es seine Preisentscheidung zentralisieren. Diese Erfahrung geht Hand in Hand mit den Ergebnissen über die hierarchische Ebene, auf der Preisentscheidungen getroffen werden. Um die strategische Preispositionierung nicht zu gefährden, bewahren diese Unternehmen offensichtlich strenge Kontrolle über ihre internationale Preispolitik.

Konzeptionelle Anhaltspunkte: aus den Ergebnissen lässt sich erkennen, dass Unternehmen tendenziell Preise für ihre internationalen Märkte zentral entscheiden vor allem dann, wenn es sich um Unternehmen einer gewissen Größe und jene im Prämiumsegment handelt. Dezentralisierte Preisentscheidungen werden nur aus lokal spezifischen Gründen getroffen (z.B. Nachfragebedingungen am internationalen Markt, Notwendigkeit des Know-how-Transfers von lokalen DistributionspartnerInnen).

3.3 Standardisierung vs. Differenzierung von Preisen auf internationalen Märkten

3.3.1 Standardisierungsgrad von Preisentscheidungen

Die Debatte über die Standardisierung und Differenzierung besteht bereits seit langer Zeit in der internationalen Marktforschung und –praxis. Während Standardisierung die grenzüberschreitend einheitliche Positionierung unterstützt, birgt sie das Risiko in sich, Unterschiede in der Nachfrage und den Marktbedingungen zu vernachlässigen. Indem ein Unternehmen standardisierte Preise über Ländermärkte hinweg ansetzt, schöpft es möglicherweise sein gesamtes Gewinnpotential nicht aus (Kreutzer 1989). Die Differenzierung erlaubt die Beachtung nationaler Besonderheiten und realisiert das Gewinnpotential zwischen verschiedenen Märkten. Die Preisunterschiede für dasselbe Produkt über Ländergrenzen hinweg kann jedoch DistributionspartnerInnen und KonsumentenInnen verärgern, wenn sie dies entdecken (Diller/Bukhari 1994). Empirische Untersuchungen zeigen gemischte Ergebnisse. Während in einigen Studien Unternehmen weitgehend angaben, dass sie Preise zwischen Märkten differenzieren würden, kamen andere Untersuchungen zu den gegensätzlichen Schlüssen (Diller/Köhler/Kneer 1991, Meffert/Bolz 1995, Piercy 1981).

Die Interviews ergaben kein klares Muster dazu. Bis auf eine Verbindung zeigten sich theoretisch formulierte Einflüsse wie die Art des Produktes, die Anzahl der Exportländer, die Branche, etc. als nicht wesentlich. Aus diesen Ergebnissen lassen sich zwei Schlussfolgerungen ableiten: eine ist, dass andere Faktoren als die, die theoretisch und empirisch postuliert wurden, die Entscheidung zur Standardisierung/Differenzierung beeinflussen. Die Interviews brachten allerdings dazu wenig Erkenntnisgewinn. Zweitens man muss vermuten, dass die Entscheidung, Preise über Märkte hinweg zu standardisieren bzw. zu differenzieren, nicht aus bestimmten Gründen getroffen wird, sondern situativ und zufällig entsteht.

3.3.2 Differenzierung - Distributionssystem

Eine Variable zeigte jedoch Auswirkungen auf die strategische Entscheidung zu standardisieren/differenzieren – das Distributionssystem eines Unternehmens. Wenn ein Unternehmen sein internationales Geschäft mit Hilfe einer unternehmenseigenen Vertriebsmannschaft betreibt, dann greift es häufiger auf Standardisierung zurück. Wahrscheinlich sind diese Unternehmen eher dazu geneigt, Preisdifferenzierungen zu akzeptieren, weil sie tiefer gehendem Markt-Know-how ihrer lokalen Distributionspartner mehr Bedeutung beimessen als dem ihrer eigenen VertriebsmitarbeiterInnen.

Konzeptionelle Anhaltspunkte: Die Ergebnisse implizieren einen Zusammenhang zwischen der Wahl der Distributionsorgane und der Differenzierung von Preisen am Markt. Externen, lokalen DistributionspartnerInnen scheint mehr Marktkenntnis zu geschrieben zu werden, was wiederum aus der Sicht des Herstellers differenzierte Preise zulässt.

3.4 Kalkulationsprinzipien in der internationalen Preispolitik

Die Literatur sieht drei verschiedene Ansätze vor, Preise auf internationalen Märkten zu kalkulieren, je nachdem in welcher Art Fixkosten in den Auslandspreisen Eingang finden, und wie die Preise an jeweilige Marktbedingungen angepasst werden (Cavusgil 1988, Hanna/Dodge 1995, Nagle/Holden 1995). Zwei umfeldbezogene Variablen zeigten sich als Einflussfaktoren auf den gewählten Preisfestsetzungsansatz: die Auslandserfahrung und die strategische Preispositionierung.

3.4.1 Kalkulationsansatz und internationale Erfahrung

Die Analyse ergab, dass unerfahrene Unternehmen (0 bis 20% Exportquote) einheitlich das starre Kostenaufschlagsverfahren verwenden, um durch umfassende Kostendeckung finanzielle Risiken zu vermeiden. Sobald ein Unternehmen sich stärker international engagiert, so ändert es auch seinen Ansatz. International erfahrene Unternehmen verwenden daher das flexible Kostenaufschlagsverfahren.

Global operierende Unternehmen setzen diesen flexiblen Weg der Preisfestsetzung fort. Auf der Basis dieses Know-how, das sie durch Erfahrung entwickelt haben, nutzen sie diesen Vorteil unterschiedlicher Nachfrage- und Marktbedingungen und passen ihre Preise entsprechend an. Bei jenen Unternehmen, die ihre Preise nicht an die Marktgegebenheiten anpassen, handelt es sich um solche, die eine entscheidende Position am Weltmarkt erreicht hatten. Aufgrund dieser Marktmacht können sie alle ihre Kosten ungeachtet der lokalen Marktbedingungen decken.

Konzeptionelle Anhaltspunkte: Die Wahl des Kalkulationsverfahrens scheint in engem Zusammenhang zur internationalen Erfahrung zu stehen. Die Sicherheit des starren Kostenaufschlagsverfahrens spricht Unternehmen, die wenig auslandserfahren sind, an, während international aktive Unternehmen die Möglichkeiten des flexiblen Kostenaufschlagsverfahrens schätzen. Nur unter ganz bestimmten Umständen (z.B. hoher Weltmarktanteil) bleiben Unternehmen, wenn sie international aktiver werden, beim starren Kostenaufschlagsverfahren.

3.4.2 Kalkulationsansatz und strategische Preispositionierung

Der zweite Einflussfaktor auf den Kalkulationsansatz ist die strategische Preispositionierung. Nachdem sich im vorliegenden Sample die überwiegende Zahl der Unternehmen selbst im Prämiumsegment sieht, waren Vergleiche mit anderen Preispositionierungen nicht möglich. Es zeigte sich jedoch deutlich, dass Unternehmen, die sich klar im Prämiumsegment sehen, das flexible Kostenaufschlagsverfahren im internationalen Geschäft verwenden. Es kann angenommen werden, dass sie damit genügend Flexibilität erreichen, um eine Prämiumposition in verschiedenen Märkten zu erreichen.

Konzeptionelle Anhaltspunkte: die Ergebnisse deuten darauf hin, dass ein flexibles Kostenaufschlagsverfahren am ehesten dazu geeignet ist, die strategische Positionierung eines Unternehmens im Prämiumsegment zu unterstützen und gleichzeitig an spezifische Marktgegebenheiten anzupassen. Aus dem Grund findet es wohl jene große Verbreitung bei Unternehmen im oberen Preisbereich.

Im Rahmen der Fragen zum Kalkulationsansatz wurden die Befragten auch gebeten anzugeben, welche Informationen und Daten sie zur Kalkulation der Preise verwenden. Die Ergebnisse waren durchaus überraschend. Die meiste Aufmerksamkeit erhielten die Kosten. Während ein kostenbasierter Preis von der Kalkulation her für die Unternehmen kein Problem ist, war der nächste Schritt, zu einem tatsächlichen Marktpreis zu gelangen, weniger eindeutig. Die vorherrschende Strategie bei fast allen Unternehmen ist, den Preis am Wettbewerb zu orientieren.

Ähnliche Ergebnisse wurden auch erzielt, als die Befragten die Informationsquellen nennen sollten, mit Hilfe derer sie ihre Preise berechnen. Die überwiegende Mehrheit bezieht sich auf Informationen, wie z.B. über Mitbewerb und Marktbedingungen, die aus Gesprächen mit Vertriebsmitarbeitern und unabhängigen Distributionspartnern entstammen. Nur eine geringe Zahl an Unternehmen sucht zusätzlich Informationen aus anderen Quellen (statistische Daten, Außenhandelsstellen, Internet, Zeitschriften, etc.). Eine verschwindend geringe Zahl von Unternehmen gab an zu untersuchen, was ihre KundInnen tatsächlich bereit wären zu zahlen.

Der Gesamteindruck, der sich aus den Interviews jedoch ableiten lässt, ist der, dass als Hauptinformationsquelle die eigenen Vertriebskanäle und nur sehr selten externe Informationsquellen herangezogen werden. Mit der Kostendeckung als Hygienekriterium richten Unternehmen ihre Preise beinahe ausschließlich an ihren MitbewerberInnen aus und nehmen dies als eine Indikation, was KundInnen bereit sind zu zahlen.

3.5 Erfolgsbewertung der internationalen Preispolitik

Ähnliches wie bei der Fragestellung zur Festlegung von Zielen in der internationalen Preispolitik zeigte sich bei der Messung deren Erfolges. Als pauschale Messgröße wird der Auslandserfolg generell herangezogen, die internationale Preispolitik wird nicht gesondert evaluiert. Wenn eine Bewertung erfolgt, dann wird auf subjektive Werte zurückgegriffen (Zufriedenheit mit dem Ergebnis der gegenwärtigen Preispolitik, Vergleich mit den Mitbewerbern, etc.). Überspitzt formuliert könnte man daher zu folgendem Schluss gelangen: nachdem Unternehmen sich keine klaren Ziele setzen, können diese auch nicht gemessen werden. Insofern ist die Zufriedenheit mit der eigenen Leistung wenig überraschend.

Unter den Problemen, die die Befragten nannten, fanden sich auch preisbezogene Aspekte wie Durchsetzung von Preisen auf den Auslandsmärkten oder der Wettbewerbsdruck und seine negativen Auswirkungen auf die Preise. Es wurde angenommen, dass diese preisspezifischen Probleme bis zu einem gewissen Grad von den Unternehmen selbst beeinflusst werden können. Aus diesem Grund würde die Unzufriedenheit das Ergebnis einer suboptimalen operativen Preisstrategie sein und könnte daher als inverses Erfolgsmaß herangezogen werden.

Eine Verbindung wurde hergestellt: Unternehmen, die mittels unabhängiger Distributionspartner international aktiv sind, tendieren dazu, weniger zufrieden mit dem Ergebnis ihrer internationalen Preisperformance zu sein.

Konzeptionelle Anhaltspunkte: die Ergebnisse implizieren, dass Unternehmen, die einen unabhängigen Distributionspartner für ihr internationales Geschäft wählen, weniger zufrieden mit ihrer internationalen Preispolitik sind als andere.

4 Diskussion und Implikationen für zukünftige Forschung

In einer Zusammenschau aller Ergebnisse zeigt sich, dass zahlreiche theoretisch und empirisch postulierte Einflüsse keine Auswirkungen auf die internationale Preisentscheidung von Unternehmen haben. Die in der Untersuchung entwickelten konzeptionellen Anhaltspunkte können dieses Bild ebenfalls nicht nachhaltig verändern.

Die Ergebnisse legen folgenden Schluss nahe: ausgehend von einer strategischen Preisposition (in diesem Fall Prämiumsegment) setzen die befassten ManagerInnen einen bestimmten Preisanker. Mit diesem als generellem Anhaltspunkt werden Preise kalkuliert. Der gewählte Kalkulationsansatz und die zu erreichenden Ziele sind ein Ergebnis der internationalen Erfahrung. Größe und Gestaltung des internationalen Distributionssystems beeinflussen die endgültige Entscheidung. Die Preisentscheidung wird am ehesten zentral unter der Kontrolle des Top-Managements getroffen, was die wahrgenommene Wichtigkeit der internationalen Preispolitik für den Erfolg eines Unternehmens widerspiegelt. Die Bedeutung der Preisentscheidung im Vergleich zu anderen strategischen Marketingentscheidungen wurde in den Interviews bestätigt. Die meisten Unternehmen reihten den Preis als einen Schlüsselerfolgsfaktor für ihr internationales Geschäft (mit der Produktqualität üblicherweise an erster Stelle).

Barbara Stöttinger

Angesichts dieser Tatsache erscheint es bemerkenswert, dass die befragten Unternehmen keine systematischeren Ansätze hinsichtlich preisbezogener Entscheidungen verwenden. Einige wenige allgemeine Eckpunkte, wie die strategische Preisposition oder die internationale Erfahrung, zusammen mit den Informationen durch die DistributionspartnerInnen oder die eigene Vertriebsmannschaft bestimmen die Preisentscheidung.

Die allgemeine Zufriedenheit der Unternehmen im Sample könnte damit darauf hindeuten, dass der Handlungsbedarf für die spezifische Gruppe von Unternehmen in diesem Sample gering ist. Ein genauerer Blick auf die Daten zeigt jedoch, dass die Probleme bislang möglicherweise noch nicht zutage getreten sind. Zum ersten sind die Unternehmen im Sample ausschließlich im Prämiumsegment tätig, wo Qualität, Markenimage, Erfahrung und andere nicht-preisliche Aspekte den Preis aus der Sicht des Kunden relativieren. Nichtsdestotrotz deuteten einige InterviewpartnerInnen den wachsenden Druck durch die KundInnen auf ihre Preise an, was zu einem Umdenken in der internationalen Preispolitik führen könnte.

Für zukünftige Forschungsbemühungen ergeben sich unterschiedliche Entwicklungslinien.

Wie bereits mehrfach angesprochen befanden sich in diesem Sample vorwiegend Unternehmen im Prämiumsegment. An dieser Stelle muss einschränkend festgehalten werden, dass Pricingprozesse in Unternehmen, die sich nicht im Prämiumsegment befinden, möglicherweise anders aussehen. Wie im Rahmen der Fallauswahl angerissen, erwies sich eine zielgenaue Auswahl der Fälle vorab aufgrund der sensiblen Thematik als äußerst schwierig. Die Identifikation derartiger Fälle ist nicht gelungen. Dies mag aber auch darin begründet sein, dass derartige Unternehmen nur in geringem Ausmaß international tätig bzw. erfolgreich sind. Da die Wettbewerbsvorteile österreichischer Unternehmen im Ausland generell eher im Bereich der Differenzierung (d.h. besondere Produktqualität, -vielfalt, Serviceaspekte etc.) liegen, bedeutet dies höhere Preise und damit eine Kategorisierung wiederum verstärkt im Prämiumsegment. Kostenführerschaft ist aufgrund der spezifischen wirtschaftlichen Rahmenbedingungen in Österreich (hohe Löhne, Lohnnebenkosten) üblicherweise nicht die Wettbewerbsstrategie, wie österreichische Unternehmen im Ausland bestehen. Möglicherweise erklärt dies also zusätzlich die Schwierigkeiten bei der Identifikation von Fällen in anderen Preissegmenten.

Gelingt es diese Schwierigkeiten in irgendeiner Form zu überwinden, d.h. lassen sich tatsächlich Unternehmen identifizieren, die den Auswahlkriterien entsprechen, international aktiv sind und im Mittel- oder Niedrigpreissegment angesiedelt sind, dann wäre eine Kontrastierung der vorliegenden Ergebnisse mit einer eventuellen Analyse in diesem Segment weiter aufschluss- und erkenntnisreich für die Forschungsfrage.

Doch auch die weitergehende Beschäftigung mit Pricingprozessen in Unternehmen aus dem Prämiumsegment erscheint sinnvoll. Wenn schon die spezifisch österreichischen Rahmenbedingungen, unter denen auf Auslandsmärkten erfolgreiche österreichische Unternehmen agieren, wenig Variation in die Forschungsfrage einbringen, so könnte eine länderübergreifende Untersuchung hier Positives bewirken. Unternehmen aus dem Prämiumsegment, die aus unterschiedlichen nationalen Kontexten heraus, auf denselben Märkten international bestehen, bieten ein weiteres Feld zur Erweiterung und Vertiefung theoretischer Erkenntnisse zu den Pricing-Prozessen von Unternehmen.

Die Auseinandersetzung mit Pricing-Prozessen auf Auslandsmärkten kann aus der Sicht dieses Beitrages als bei weitem nicht beendet gesehen werden. Das Thema hat weder aus wissenschaftlicher noch aus praktischer Sicht an Bedeutung verloren. Es bleibt daher zu wünschen, dass es mehr Beachtung findet als bislang.

5 Literatur

Abratt, Russell/Pitt, Leyland F. (1985): Pricing Practices in Two Industries. In: Industrial Marketing Management, vol. 14, no. 4, 301-306.

Aldrich, Howard (1979): Organizations and Environments. Englewood Cliffs: Prentice-Hall.

Aulakh, Preet S./Kotabe, Masaaki (1993): An Assessment of Theoretical and Methodological Development in International Marketing: 1980-1990. In: Journal of International Marketing, vol. 1, no. 2, 5-28.

Baker, James C./Ryans, John K. (1973): Some Aspects of International Pricing: A Neglected Area of Management Policy. In: European Marketing - A Guide to the New Opportunities. London: Richard Lynch, 264-270.

Cavusgil, S. Tamer (1996): Pricing for Global Markets. In: The Columbia Journal of World Business, vol. 31, no. 4, 66-78.

Cavusgil, S. Tamer (1988): Unravelling the Mystique of Export Pricing. In: Business Horizons, vol. 31, no. 4, 54-63.

Cavusgil, S. Tamer/Chan, Kwong/Zhang, Chun (2003): Strategic Orientations in Export Pricing: A Clustering Approach to Create Firm Taxonomies. In: Journal of International Marketing, vol. 11, no. 1, 47-72.

Chaudhry, Peggy E./Walsh, Michael G. (1995): Managing the Gray Market in the European Union - the Case of the Pharmaceutical Industry. In: Journal of International Marketing, vol. 3, no. 3, 11-33.

Clark, Terry/Kotabe, Masaaki/Rajaratnam, Dan (1999): Exchange Rate Pass-Through and International Pricing Strategy: A Conceptual Framework and Research Propositions. In: Journal of International Business Studies, vol. 30, no. 2, 249-268.

Diamantopoulos, Adamantios/Mathews, B. (1985): Making Pricing Decisions: A Study of Managerial Practice. London: Chapman & Hall.

Diller, Hermann/Bukhari, Imaan (1994): Pricing Conditions in the European Common Market. In: European Management Journal, vol. 12, no. 2, 163-170.

Diller, H./Köhler L./Kneer, A. (1991): Preismanagement im Exportgeschäft: Eine empirische Analyse. Nürnberg: Lehrstuhl für Marketing der Universität Erlangen-Nürnberg.

Dolan, Robert J./Simon, Hermann (1997): Power Pricing. New York: The Free Press.
Eisenhardt, Kathleen M. (1989): Building Theories from Case Study Research. In: Academy of Management Review, vol. 14, no. 4, 532-550.
Flick, Uwe (1995): Qualitative Forschung. Berlin: Rowohlt.
Forman, Howard/Hunt, James M. (2005): Managing the Influence of Internal and External Determinants on International Industrial Pricing Strategies. In: Industrial Marketing Management, vol. 34, no. 2, 133-146.
Gaul, Wolfgang/Lutz, Ulrich (1994): Pricing in International Marketing and Western European Economic Integration. In: Management International Review, vol. 34, no. 2, 101-124.
Hanna, Nessim/Dodge, Robert H. (1995): Pricing: Policies and Procedures. London: Macmillan Business.
Kreutzer, Ralph (1989): Globales Marketing - Konzeption eines länderübergreifenden Marketing. Wiesbaden: Gabler.
Lancioni, Richard (2005a): Pricing Issues in Industrial Marketing. In: Industrial Marketing Management, vol. 34, no. 2, 111-114.
Lancioni, Richard (2005b): A Strategic Approach to Industrial Product Pricing: The Pricing Plan. In: Industrial Marketing Management, vol. 34, no. 2, 177-183.
Lancioni, Richard/Schau, Hope Jensen/Smith, Michael F. (2005): Intraorganizational Influences on Business-to-Business Pricing Strategies: A Political Economy Perspective. In: Industrial Marketing Management, vol. 34, no. 2, 123-131.
Maxwell, J.A. (1998): Designing a Qualitative Study. In: Bickman, L./Rog, D.J. (eds.): Handbook of Applied Social Research Methods. Thousand Oaks: Sage, 69-100.
Meffert, Heribert/Bolz, Joachim (1995): Erfolgswirkungen der internationalen Marketingstandardisierung. In: Marketing ZFP, Bd. 17, Nr. 2, 99-109.
Miles, Matthew B./Huberman, Michael A. (1994): Qualitative Data Analysis. 2nd edition. Thousand Oaks: Sage Publications.
Monroe, Kent (2003): Pricing: Making Profitable Decisions. 3rd edition. New York: McGraw Hill, Irwin.
Muhr, Thomas (1997): ATLAS/ti Short User's Guide. Berlin: Scientific Software Development.
Muhr, Thomas (1995): ATLAS/ti Version 1.1.e. In: Kelle, Udo (ed.): Computer-Aided Qualitative Data Analysis. London: Sage, 199-200.
Myers, Matthew B. (1997a): The Pricing of Export Products: Why aren´t Managers Satisfied with the Results ? In: Journal of World Business, vol. 32, no. 3, 277-289.
Myers, Matthew B. (1997b): The Pricing Processes of Exporters: A Comparative Study of the Challenges Facing U.S. and Mexican Firms. In: Journal of Global Marketing, vol. 10, no. 4, 95-115.
Myers, Matthew B./Cavusgil S. Tamer/Diamantopoulos, Adamantios (2002): Antecedents and Actions of Export Pricing Strategy. In: European Journal of Marketing, vol. 36, no. 1/2, 159-188.
Myers, Matthew B./Cavusgil, S.Tamer (1996):Export Pricing Strategy - Performance Relationship: A Conceptual Framework. In: Madsen, Tage Koed (ed.): Advances in International Marketing. Greenwich: JAI Press, 159-178.
Myers, Matthew B./Griffith, David A (1999): Strategies for Combating Gray Market Activity. In: Business Horizons, vol. 42, no. 6, 2-8.
Nagle, Thomas T./Holden, Reed K. (1995): The Strategy and Tactics of Pricing: A Guide to Profitable Decision Making. 2nd edition. Englewood Cliffs: Prentice Hall.
Patton, Michael Q. (1990): Qualitative Evaluation and Research Methods. 2nd edition. Newbury Park: Sage.

Piercy, Nigel (1981): British Export Market Selection and Pricing. In: Industrial Marketing Management, vol. 10, no. 4, 287-297.

Porter, Michael E. (1980): Competitive Strategy. Techniques for Analyzing Industries and Competitors. New York: The Free Press.

Rao, Vithala R. (1984): Pricing Research in Marketing: The State of the Art. In: Journal of Business, vol. 57, no. 1, 39-60.

Rubin, Herbert J./Rubin, Irene S. (1995): Qualitative Interviewing: The Art of Hearing Data. Thousand Oaks: Sage.

Samiee, Saeed (1987): Pricing in Marketing Strategies of U.S.- and Foreign-Based Companies. In: Journal of Business Research, vol. 15, no. 1, 17-30.

Samiee, Saeed/Anckar, Patrick (1998): Currency Choice in Industrial Pricing: A Cross-National Evaluation. In: Journal of Marketing, vol. 62, no. July, 47-72.

Sander, Matthias (1997): Internationales Preismanagement. 1. Auflage. Heidelberg: Physica-Verlag.

Simon, Hermann (2004): Ertragssteigerung durch effektivere Pricing-Prozesse. In: Zeitschrift für Betriebswirtschaft, Bd. 74, Nr. 11, 1083-1102.

Simon, Hermann (1992): Pricing Opportunities - And How to Exploit Them. In: Sloan Management Review, vol. 33, no. 2, 55-65.

Strauss, Anselm/Corbin, Juliet (1998): Basics of Qualitative Research. Thousand Oaks: Sage.

Tzokas, Nikolaos/Hart, Susan/Argouslidis, Paris/Saren, Michael (2000): Strategic Pricing in Export Markets: Empirical Evidence from the U.K. In: International Business Review, vol. 9, no. 1, 95-117.

Venkatraman, N./Prescott, John E. (1990): Environment-Strategy Coalignment: An Empirical Test of its Performance Implications. In: Strategic Management Journal, vol. 11, no. 1, 1-23.

Walters, Peter G. P. (1989): A Framework for Export Pricing Decisions. In: Journal of Global Marketing, vol. 2, no. 3, 95-111.

Yin, Robert K. (1994): Case Study Research. 2nd edition. Thousand Oaks: Sage.

Christian Homburg und Ove Jensen

Qualitative Untersuchung von Organisationsstrukturen

1 Einordnung der Studie 1065
   1.1 Einordnung der Studie in die Literatur zum Wandel der
        Marketingorganisation 1065
   1.2 Einordnung der Studie in ein Forschungsprogramm 1066

2 Vorgehen der Studie 1068
   2.1 Datenerhebung 1069
   2.2 Dateninterpretation 1071

3 Ergebnisse der Studie 1074
   3.1 Aus der Studie hervorgehende Hypothesen 1074
   3.2 Die Entwicklung zu kundenorientierten Organisationsstrukturen 1075

4 Fazit 1076

5 Literatur 1077

1 Einordnung der Studie

Dieser Beitrag stellt den Hintergrund, das Vorgehen und die Ergebnisse einer qualitativen Organisationsstudie dar. Gegenstand der Untersuchung war die Entwicklung von Organisationsstrukturen in den marktbezogenen Unternehmensbereichen, vor allem in Marketing und Vertrieb. Die Studie wurde im Jahr 2000 veröffentlicht (Homburg/Workman/Jensen 2000). Der Beitrag ist wie folgt aufgebaut:

- Im weiteren Verlauf dieses Abschnitts wird der Hintergrund der Studie erläutert. Zum einen wird die Studie in die Literatur zur Marketing- und Vertriebsorganisation einordnet. Zum anderen wird darstellt, wie die Studie in ein Forschungsprogramm zur Marketing- und Vertriebsorganisation eingebettet war. Hier wird der Beitrag insbesondere darauf eingehen, wie qualitative und quantitative Empirie im Forschungsprogramm kombiniert wurden.

- Im zweiten Abschnitt wird das Vorgehen der Studie erläutert, gegliedert nach Datenerhebung und Dateninterpretation. Der Beitrag stellt hier auch die konzeptionellen Zwischenschritte dar, die später verworfen wurden.

- Im dritten Abschnitt werden die wesentlichen Ergebnisse der Studie erläutert. Im Zentrum steht dabei das Kernergebnis der Dateninterpretation: die Entwicklung zu kundenorientierten Organisationsstrukturen.

1.1 Einordnung der Studie in die Literatur zum Wandel der Marketingorganisation

In den 90er Jahren häuften sich in der Managementliteratur Hinweise, dass die Organisation der Marktbearbeitungsaktivitäten einem starken Wandel unterworfen war. Hervorgehoben wurde beispielsweise die Notwendigkeit von Organisationsstrukturen, die flexibler auf Kundenbedürfnisse reagieren können (George/Freeling/Court 1994). In diesem Zusammenhang wurde bezweifelt, ob klassische Organisationsformen im Marketing, z.B. Produktmanagement, noch adäquat sind („Death of the Brand Manager", Economist 1994; Sheth/Sisodia 1995, Thomas 1994). Einige Artikel stellten gar in Frage, ob es überhaupt noch einer Marketingabteilung bedürfe (Hulbert/Pitt 1995, Montgomery/Webster 1997).

In der wissenschaftlichen Literatur fanden sich zu dieser Zeit eine Reihe von Beiträgen, die sich mit innovativen Organisationsformen für Marketingaktivitäten beschäftigten. So entwickelte Achrol (1991) mit einem besonderen Blick auf die Umweltdynamik zwei Idealtypen: „marketing exchange" und „market coalition". Webster (1992) diskutierte die geänderte Rolle der Marketingfunktion und postulierte, dass das Management strategischer Partnerschaften und die Positionierung des Unternehmens zwischen Verkäufern und Kunden in der Wertschöpfungskette zum neuen Fokus des Marketing werde. Day (1997) prognostizierte die Entwicklung in Richtung einer hybriden Organisationsform, die Elemente einer horizontalen Prozessorganisation und Elemente einer vertikalen Funktionalorganisation kombiniert, um kundennäher zu sein.

Diese Arbeiten entwickelten wichtige Gedanken zur Evolution der Marketing- und Vertriebsorganisation. Gleichzeitig wiesen sie jedoch auch zwei zentrale Limitationen auf: Erstens waren sie rein konzeptionelle Artikel, keine qualitativen Studien. Ihnen lag keine systematische Feldstudie zu Grunde, insbesondere keine Phase einer neutralen, ergebnisoffenen Beobachtung. Zweitens konzentrierten sich diese Arbeiten auf innovative und außergewöhnliche Organisationsformen und lieferten wenig Aussagen darüber, ob sich diese auf die breite Masse der Unternehmen übertragen lassen. Ferner hoben diese Arbeiten jeweils auf einen zentralen Trend ab, ordneten diesen aber kaum in den Kontext anderer Entwicklungen ein.

Vor diesem Hintergrund verfolgte diese Studie fünf Ziele:

- Identifikation der fundamentalen Veränderungen in der Marketing- und Vertriebsorganisation und der dahinter stehenden Stoßrichtungen,

- Exploration der Verknüpfungen zwischen diesen Veränderungen,

- tiefgehende Beschreibung spezifischer organisatorischer Veränderungen,

- Exploration der Implementationsherausforderungen, die mit den organisatorischen Veränderungen einhergehen, sowie

- Formulierung von Hypothesen zu den Veränderungen.

1.2 Einordnung der Studie in ein Forschungsprogramm

Die beschriebene Studie ist Teil eines mehrjährigen Forschungsprogramms zur Marketing- und Vertriebsorganisation. Dieses Forschungsprogramm wird hier kurz dargestellt, um die inhaltliche Ausrichtung der Studie verständlich zu machen. Wir gebrauchen den Begriff Forschungsprogramm dabei nicht wie Lakatos (Lakatos/Musgrave 1970) im Sinne eines Forschungsparadigmas, sondern im Sinne einer Serie von Forschungsprojekten einer Forschergruppe, die inhaltlich durch ihren Forschungsgegenstand miteinander verknüpft sind. Wie Abbildung 1 zeigt, umfasst das Forschungsprogramm bis heute drei qualitative und vier quantitative Datenerhebungen mit 11 Teilstudien, die sich um vier zentrale Themen herum inhaltlich befruchtet haben. Alle 11 Teilstudien sind in englischer Sprache veröffentlicht worden, die Kästen in Abbildung 1 geben die Kurztitel der zugehörigen Veröffentlichungen an.

Der Beitrag der qualitativen Studien zu diesem Forschungsprogramm liegt zum einen in der dichten Beschreibung organisatorischer Phänomene. Zum anderen liegt ihr Beitrag im Entdeckungszusammenhang (Reichenbach 1938): In den qualitativen Arbeiten wurden Konzepte und Konstrukte identifiziert sowie Hypothesen entwickelt, die von den nachfolgenden quantitativen Studien aufgegriffen und überprüft wurden.

Abbildung 1: Einordnung der Studie in ein Forschungsprogramm zur Marketing- und Vertriebsorganisation

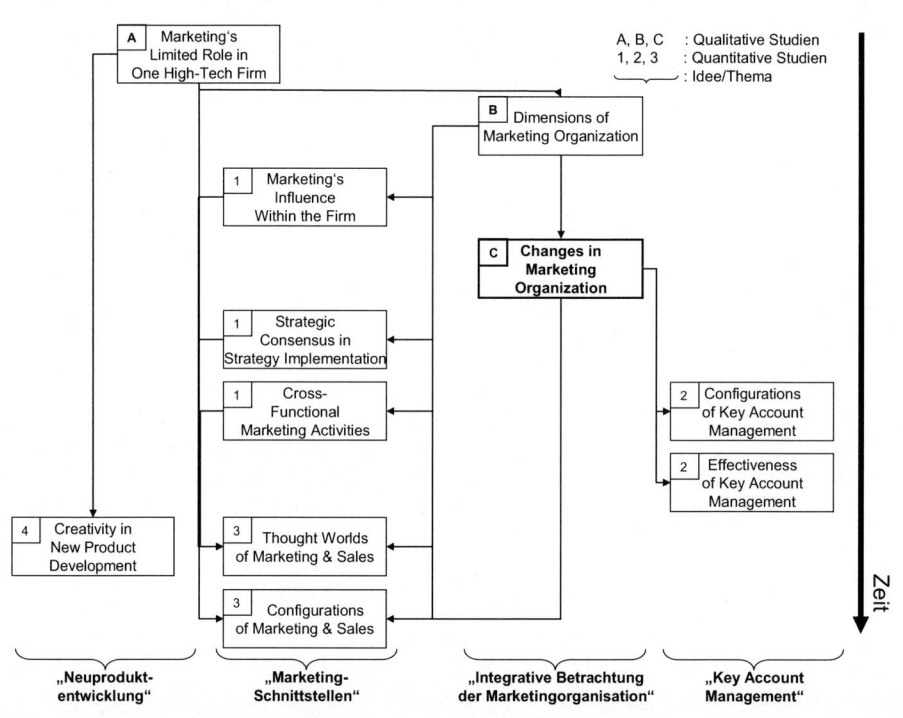

Die hier betrachtete Studie ist in Abbildung 1 hervorgehoben. Um ihre inhaltliche Ausrichtung einzuordnen, ist es hilfreich, wesentliche Inhalte der anderen Studien im Forschungsprogramm zu skizzieren: Ein Ausgangspunkt ist in einer ethnographischen Studie des Neuproduktentwicklungsprozesses eines IT-Unternehmens zu sehen (Studie A, Workman 1993). Diese zeigte, wie begrenzt der Einfluss der Marketingfunktion in manchen Unternehmen entgegen dem Postulat des Marketingkonzepts ist. Eine quantitative Studie (4) griff daraus später das Verständnis von Kreativität und Marktorientierung im Neuproduktentwicklungsprozess auf (Im/Workman 2004), ging also inhaltlich in die Tiefe. Inhaltlich in die Breite ging dagegen die qualitative Studie B, die einen integrativen Bezugsrahmen für die Dimensionen und die Determinanten der Marketing- und Vertriebsorganisation entwickelte (Workman/Homburg/Gruner 1998). Von deren Ergebnissen wurden zwei quantitative Studien (1 und 2) mit jeweils mehreren Teilstudien beeinflusst: So vertiefte Studie 1 das in Studie B definierte Konstrukt der „cross-functional dispersion of marketing" (Krohmer/Homburg/Workman 2001) und ging dem Einfluss der Marketingfunktion gegenüber anderen Funktionen, unter anderem dem Vertrieb, nach (Homburg/Workman/Krohmer 1999). Studie 3 fokussierte die Schnittstelle zwischen Marketing und Vertrieb (Homburg/Jensen 2006a, b).

Die hier vorgestellte Studie C konnte somit auf einem Vorverständnis aufbauen, das in den vorangegangenen Arbeiten gelegt wurde. Weil die qualitative Studie B eine statische Perspektive einnahm, war es die wesentliche Rolle dieser qualitativen Folgestudie C, eine *dynamische Perspektive* einzunehmen und die Entwicklungslinien in der Marketing- und Vertriebsorganisation zu verstehen. Ein Befund, den wir hier vorwegnehmen wollen, war die steigende Bedeutung des Key-Account-Managements. Deshalb wurde im Anschluss an die hier betrachtete qualitative Studie eine vertiefende quantitative Studie (Nr. 2) zum Key-Account-Management durchgeführt (Homburg/Workman/Jensen 2002, Workman/Homburg/Jensen 2003).

2 Vorgehen der Studie

Da der durch die Forschungsziele umrissene Betrachtungsgegenstand sehr breit und komplex war, wurde frühzeitig eine qualitative Studie als adäquates Mittel zur Wissensgenerierung ins Auge gefasst (Gephart 2004, Lee 2001, Tomczak 1992, Van Maanen 1979a). Das Forschungsziel, Entwicklungslinien zu entdecken, die sich über Unternehmens- und Branchengrenzen hinweg erstrecken, setzte dem empirischen Vorgehen weitere Rahmenbedingungen: So sind qualitative Ansätze wie Fallstudien (Bonoma 1985, Eisenhardt 1989, Haag 1994) oder Ethnographien (Arnould/Wallendorf 1994, Sanday 1979, Van Maanen 1979b), die viele Interviews und Beobachtungen in einer einzigen Organisation durchführen, wenig geeignet. Die angewandten Studien in der Marketingorganisationsliteratur, die dem hier diskutierten Ansatz am nächsten kommen, sind Kohli und Jaworski (1990) sowie Workman, Homburg und Gruner (1998). Beide Studien befragen eine breite Zahl von Unternehmen bei meist nur einem (hochrangigen) Ansprechpartner pro Unternehmen. In den Begriffen von Argyris und Schön (1974) versucht dieses Vorgehen, die „espoused theory" und die „theory-in-use" möglichst vieler Unternehmen zusammenzutragen. Im Einklang mit den Forderungen von Eden (2003), Eisenhardt (1989), Gephart (2004) und Spiggle (1994) ging der Feldarbeit eine ausführliche Bestandsaufnahme der Literatur voraus.

2.1 Datenerhebung

Wie oben dargestellt, basieren viele Aussagen über den Wandel der Marketingorganisation auf Beobachtungen in führenden Unternehmen und auf Beispielen aus bestimmten Branchen, die nicht repräsentativ für den breiten Wandel in der Unternehmenslandschaft sind. Für die Studie wurden daher deutsche und amerikanische Unternehmen aus einer breiten Branchenstreuung gewählt, die Industriegüterunternehmen genauso abdeckte wie Konsumgüterunternehmen und Dienstleistungsunternehmen. Zusätzlich wurden Unternehmen aus kurz zuvor deregulierten Branchen aufgenommen, wie Telekommunikation und Energieversorgung. In den Unternehmen wurden Manager befragt, die für Marketing und/oder Vertrieb verantwortlich waren, damit die Ansprechpartner einen Überblick der wichtigsten Veränderungen in Marketing und Vertrieb hatten. Um zusätzlich branchenübergreifende Perspektiven einzufangen, wurden Marketingprofessoren und andere Experten, wie Unternehmensberater und Zeitschriftenredakteure, aus Deutschland und den USA interviewt.

Potentielle Informanten wurden auf Basis von Branchenverzeichnissen, Veröffentlichungen und persönlichen Referenzen identifiziert. Die erste Kontaktaufnahme erfolgte per Brief. Mittels eines beigefügten Antwortbogens konnten die Ansprechpartner ihre Bereitschaft zur Teilnahme und einen Terminwunsch für ein Telefoninterview zurückfaxen. Insgesamt umfasste die Stichprobe 50 Personen: 30 Manager aus 30 Unternehmen, 12 Professoren und 8 andere Experten, 25 davon aus Deutschland und 25 aus den USA. Die Telefoninterviews dauerten ca. 30 Minuten und wurden in der Muttersprache der Autoren und Befragten geführt. Die Interviews liefen in semi-strukturierter Form ab und umfassten drei Teile:

- Zur Strukturierung des ersten Teils dienten die zentralen Dimensionen der Organisationsstruktur, die sich bei einer Literaturdurchsicht und in den vorausgegangenen qualitativen Studien herausgestellt hatten: formale Struktur (Berichts- und Weisungslinien), Koordination, Kultur und Einfluss. Für jede Dimension fragte das Interview zunächst nach den wichtigsten Veränderungen. Dann wurden in Nachfragen die Ziele der Veränderung, die treibenden externen Faktoren und die Herausforderungen der Implementation ermittelt. Das Vorgehen bei den Nachfragen orientierte sich an der „Laddering"-Technik (Durgee 1986) und der narrativen Technik nach Mishler (1986). „Laddering" bezeichnet ein Verfahren, bei dem Aussagen des Befragten immer wieder auf ihre Motivation und ihren Grund hinterfragt wurden.

- Der zweite Teil der Interviews fragte nach Veränderungen in vier zentralen Feldern der Marketing- und Vertriebsorganisation: dem Produktmanagement (nachfolgend PM), dem Key-Account-Management (nachfolgend KAM), der Neuproduktentwicklung und der Schnittstelle zwischen Marketing und Vertrieb.

Christian Homburg und Ove Jensen

■ Im dritten, letzten Teil des Interviews wurden die Befragten gebeten, die aus ihrer Sicht wichtigsten der angesprochenen Veränderungen hervorzuheben und wichtige Aspekte zu ergänzen, die im Interview bisher unerwähnt geblieben waren.

Abbildung 2: Auszug aus den Transkripten von Audiodaten

„Wir sind dazu übergegangen, einen Kreis namens MTV zu gründen (Marketing-Technik-Vertrieb), der sich regelmäßig (alle 2 bis 3 Wochen) an den verschiedenen Standorten trifft. Auch von den Mitarbeitern auf den unteren Ebenen wird erwartet, dass sie sich in MTV-Teams zusammenfinden, um Probleme zu lösen. Darüber hinaus gibt es eine Produktplanungssitzung, wo auch noch die Fertigung dazukommt, auf der über Neuprodukte, Reklamationen und Produkterfolge gesprochen wird. Wesentlicher Bestandteil ist also, dass sich bei allen Gelegenheiten ein MTV-Team zusammenfindet. Und so klappt es, dass ein Konstrukteur auch mal mit dem Verkäufer und dem Marketingmann zum Kunden geht. Früher war es so, dass der Verkäufer, sobald er beim Kunden ein Problem feststellte, irgendjemanden im Werk suchte, der dafür zuständig war, wobei er meistens beim PM landete. Dieser musste sich dann wiederum jemanden suchen, wenn er selbst nicht weiterkam. Heute weiß der Verkäufer dadurch, dass er von Anfang an dabei war, viel besser über ein Produkt bescheid als früher, wo er nur kurz geschult wurde. Treibende Kraft hinter der Bildung der MTV-Kreise war, dass man Wert auf die Bildung verantwortlicher Teams legte. Der Techniker sollte sich nicht mehr darauf zurückziehen können, dass er ja nicht gewusst habe, was der Kunde wollte. Jeder soll sich für den Gesamterfolg verantwortlich fühlen."

„Nun kommen wir zum Außendienst. Auch hier haben wir eine größere Veränderung vorgenommen. Erstens haben wir das klassische Geschäft. Dies ist das normale Labor. Dieses wird jetzt von einem Außendienstteam bedient. Früher hatten wir sehr stark den Einzelkämpfer, den Individualisten, die wenig miteinander kommuniziert haben. Aufgrund der Komplexität der Produkte ist dies heute nicht mehr möglich, kein Einzelner kann so viel wissen. Im Team sind die Kompetenzen verteilt. Team Selling ist auch durch die neuen Technologien möglich, die eine durchgehende Erreichbarkeit möglich machen (Mobilkommunikation, Laptops, Modems, Fax, Handys). Man kann den Außendienstlern tagesaktuelle Daten über die Kunden mitgeben und dadurch Entscheidungen viel stärker an die Front verlagern, schneller sein, rationeller arbeiten und im Team ohne große Steuerung durch eine zentrale schneller am Markt agieren. Heute kann vor dem Besuch des Außendienstlers die Hotline schon abklären, was die Probleme sind, zum Teil auch über Teleservice. Wichtig ist, dass im Team die betreuerische und die verkäuferische Komponente zusammengefasst wurden. Der Verkäufer kann dadurch leichter an den Service-Mann kommunizieren, dass der Kunde mit den Service Calls nicht zufrieden ist. Zweitens haben wir aufgrund der Veränderung im Markt neue Einkäufer beim Kunden. Früher war es der technische Leiter, der die Entscheidung traf, heute sind es aufgrund der Budgetrestriktion zunehmend die Einkäufer und Krankenhausverwalter, die Krankenhausadministrationen. Dadurch kommen viel stärker ökonomische Aspekte, Rationalisierungsaspekte ins Spiel - und hier spielt das KAM eine große Rolle. Besonders für Krankenhäuser und Universitätskliniken."

Während der Interviews wurden systematische Notizen mitgeschrieben oder, bei Einverständnis des Befragten, Mitschnitte gemacht. Kurz nach den Interviews wurden vollständige Protokolle erstellt. Abbildung 2 vermittelt Beispiele dieser Protokolle.

2.2 Dateninterpretation

Der Prozess der Dateninterpretation führte in mehreren Schritten von den Protokollen zu einem abstrakten Modell. Jeder dieser Schritte wurde unter intensiven Diskussionen der Autoren durchgeführt. Die Diskussionen fanden in englischer Sprache statt, weil zwei der Autoren sowohl deutsch- als auch englischsprachig waren, während der dritte nur Englisch sprach.

- Die erste Interpretationsstufe erfolgte primär innerhalb der einzelnen Interviews. In den Protokollen wurden mit Textverarbeitungsprogrammen die Passagen hervorgehoben, die von den Befragten selbst als besonders wichtig bezeichnet wurden. Dann wurden zusätzlich die Passagen hervorgehoben, die Themen besprachen, die in anderen Interviews besonders betont wurden. In die Protokolle wurden ferner Zwischenüberschriften eingefügt, die in Form von Trend-Aussagen formuliert wurden.

- In der zweiten Interpretationsstufe wurde eine neue Datei angelegt, die nicht nach Interviews, sondern nach den angesprochenen Themen des Interviewleitfadens sortiert war (Punkt 2.1). Die deutschsprachigen Aussagen wurden bei diesem Schritt ins Englische übersetzt, um allen Autoren zugänglich zu sein. Zu jedem Thema wurden die erwähnten Trends, deren Determinanten und deren Implementationsbarrieren erfasst. Mit jedem Eintrag wurden das zugehörige Interview und dessen besondere Akzentuierungen notiert. Das Ergebnis dieses Strukturierungsprozesses war eine Art Datenmatrix, deren eine Dimension die Interviews und deren andere Dimension die Themen und Trends waren. Abbildung 3 zeigt einen Auszug aus der Trenderfassung zum Themenbereich Organisationsstruktur. Das Kürzel D1...n steht für verschiedene Befragte.

- In einer dritten Interpretationsstufe rückten die Beziehungen zwischen den Trends und ihren Determinanten in den Mittelpunkt der Betrachtung. Die Diskussion abstrahierte in diesem Schritt von den einzelnen Interviews. Im Rahmen der Diskussion zwischen den Autoren wurden sehr viele graphische Visualisierungen entworfen. Abbildung 4 zeigt Beispiele dieser Zwischenüberlegungen. Zunächst wurden die wesentlichen Trends und ihre Treiber verbunden (Abbildung 4a). Dann wurde klar, dass die Trends und Treiber unterschiedlichen konzeptionellen Ebenen angehören, z.B. der Marketingorganisation oder der Gesamtorganisation (Abbildung 4b). Da Abbildung 4b recht komplex war, suchten die Autoren nach einer reduzierten graphischen Form. Eine interessante Erfahrung war hierbei, dass die Suche nach graphischer Klarheit auch die inhaltliche Klarheit beförderte.

Abbildung 3: Auszug aus der Trenderfassung zum Thema Organisationsstruktur

- Marketing and sales functions are becoming more integrated

Determinant: Bundling of competencies is required for competitive advantage (D1), information technology (D12). Barrier: Departmental cultures (D1, D18)

- Separation of marketing and sales department will persist

Determinant: Lack of mutual understanding and different departmental cultures (D15), Marketing has distinct skills, such as market research, design, communication, brand management (D1, D16), Marketing could not demonstrate its competency in sales in the past (D16). Disadvantage: loss and reinterpretation of information at interfaces (D14), duplicate work (D14)

- Profit and loss accountability (profit centers) are more decentralized

(D17, D10, D12, D13). Determinants: Leaner headquarters (D10)

- Organization around customer segments becomes more important

(D11, D10, D12, D3).

- Marketing disappears at corporate level and is moved into object-oriented divisions (customer- or product-oriented)

Within the divisions, marketing is not labelled marketing, but product management or target group management (D10). Determinant: Process organization (D2), Stronger segmentation (D11, D10), no synergies between businesses (D10)

- Sales decision structures are becoming more internationally centralized

(D14). Determinant: Customers are going abroad (D6), customers are becoming larger (D6), generation, dissemination and storage of customer information is easier than under decentralized structure (D9), customers are switching to centralized purchasing decisions (D9), Price transparency within Europe (D9), Global new product introduction took too long under decentralized structure (D9), Product variety needs to be controlled (D9), Brands are becoming internationally standardized (D5)

- Hierarchical levels in sales have been taken out

(D6, D7). Determinant: Customer concentration (D1), Speeding up decisions (D8). Problems: overcharged decision makers (D8). Category management is a trend in sales (but not in marketing)

- Organizations think more in terms of processes

(D1, D2, D3)

- Team selling is becoming more important

(D5). Determinant: product range becomes wider (D4). information technology enables team linking (D4)

Abbildung 4: Später verworfene graphische Visualisierungen aus dem Interpretationsprozess

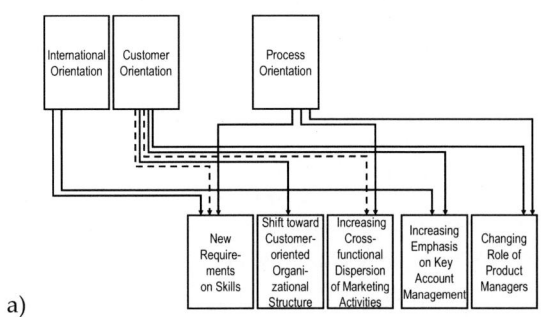

a)

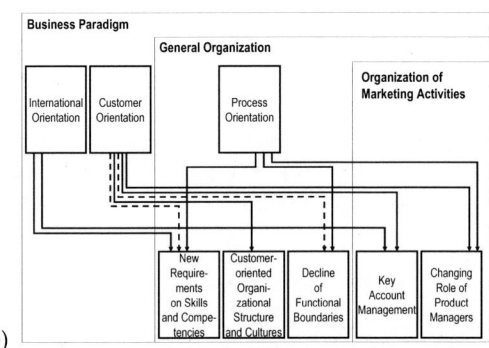

b)

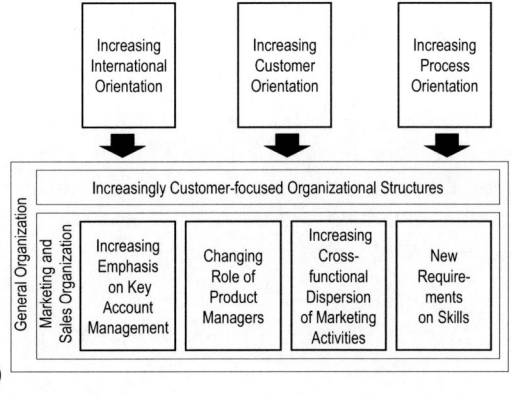

c)

Am Ende der dritten Interpretationsstufe schälte sich der fundamentale Trend in den Organisationsstrukturen heraus, welcher der Studie ihren Titel gab: „Fundamental Changes in Marketing Organization: The Movement Toward A Customer-Focused Organizational Structure". An den verworfenen Graphiken ist in diesem Zusammenhang eine interessante Entwicklung im Interpretationsprozess abzulesen: Das übergreifende Thema rangierte zunächst als ein Trend unter vielen (Abbildungen 4a und 4b). Erst später wurde es als übergreifender Trend identifiziert (Abbildungen 4c und 5), dem die anderen Trends zuzuordnen sind.

Das Ende des Interpretationsprozesses war durch ein sehr starkes Iterieren zwischen Daten und Visualisierungen gekennzeichnet, wobei nicht zuletzt sichergestellt wurde, dass die abstrahierten Trends durch die Aussagen der Befragten gedeckt wurden.

3 Ergebnisse der Studie

Wie aus Abbildung 4 ersichtlich, kristallisierten sich im Laufe des Interpretationsprozesses allmählich die Muster heraus, die später die Ergebnisse der Studie bildeten. Eine ausführliche Darstellung der Studienergebnisse findet sich bei Homburg, Workman und Jensen (2000).

3.1 Aus der Studie hervorgehende Hypothesen

Um einen Überblick der inhaltlichen Ergebnisse der Studie zu gewinnen, bietet sich insbesondere die Wiedergabe der Hypothesen an, die zu den einzelnen Entwicklungen formuliert werden:

- Die Bedeutung des Key-Account-Managements wächst, und zwar dadurch, dass die Unternehmen engere Beziehungen zu ihren Kunden anstreben, dass das Ausmaß logistischer Koordination zwischen Kunden und Anbietern steigt, dass Entscheidungsbefugnisse hierarchisch zentralisiert werden und dass multinationale Kunden ihre Einkaufsentscheidungen länderübergreifend zentralisieren.

- Im Zuge der gestiegenen Betonung des Key-Account-Managements werden die Positionen der Key-Account-Manager zunehmend mit Personen besetzt, die über große Erfahrung und Qualifikation verfügen. Ferner werden mehr funktionenübergreifende Teams eingesetzt, weil die Komplexität der Key-Account-Management-Aufgabe den fachlichen und zeitlichen Horizont einzelner Manager überschreitet. Gleichzeitig sinkt die relative Bedeutung der Produktmanager. Hier findet also ein Wechsel der primären Koordinationsperspektive statt: von einer produktbezogenen Koordination über Kundenbeziehungen hinweg zu einer kundenbezogenen Koordination über Produkte hinweg. Die Rolle des primären Marketingkoordinators wächst somit immer stärker Managern im Vertrieb zu, während sie früher bei den im Marketing angesiedelten Produktmanagern lag.

- Die Marketingaktivitäten werden im Unternehmen immer stärker verteilt, und zwar besonders in Unternehmen, die eine hohe Kundenorientierung anstreben, und solchen, in denen der Bedarf nach Marketingexperten zunimmt.

- Die Schaffung kundenorientierter Organisationsstrukturen ist umso wahrscheinlicher, je mehr die Geschäftseinheit Kundennähe betont, je mehr sie die kundenbezogenen Entscheidungen über Regionen hinweg zentralisiert und je mehr die Kunden über Informationen verfügen, die ihnen Leistungs- und Preisvergleiche über Regionen hinweg ermöglichen.

- Die Effektivität kundenorientierter Organisationsstrukturen steigt, je mehr Aufmerksamkeit die sozialen Aspekte bei der Implementation von Informationssystemen gegenüber den technischen Aspekten erfahren, je genauer die Zuschlüsselung von Umsätzen und Kosten zu kundenorientierten Geschäftseinheiten möglich ist, je stärker die Vergütung von Managern in kundenorientierten Geschäftseinheiten an der Profitabilität der von ihnen verantworteten Kundenbeziehungen ausgerichtet wird und je stärker teambasierte Anreize betont werden.

- Die Effektivität kundenorientierter Organisationsstrukturen steigt, je besser die Kenntnisse ihrer Manager auf den Gebieten Finanz- und Rechnungswesen sind, je besser ihre Manager die Wertschöpfungskette der Branche verstehen und je mehr funktionenübergreifende Erfahrung deren Manager haben.

3.2 Die Entwicklung zu kundenorientierten Organisationsstrukturen

Im Laufe des Interpretationsprozesses ließen sich in den Organisationsstrukturen und in den Führungssystemen der befragten Unternehmen immer wieder drei grundsätzliche Ausrichtungen feststellen: eine Ausrichtung an Kunden, eine Ausrichtung an Produkten oder eine Ausrichtung an geographischen Regionen. Zieht man als Beispiel die Integratorstellen in der Organisationsstruktur heran (Lawrence/Lorsch 1969), so finden sich kundenbezogene Integratoren, wie Key-Account-Manager, produktbezogene Integratoren, wie Produktmanager, und regionenbezogene Integratoren, wie Länderreferenten. Nimmt man die Kostenrechnung, so gibt es kundenbezogene, produktbezogene und regionenbezogene Deckungsbeitragsrechnungen. Betrachtet man schließlich, wie Geschäftseinheiten abgegrenzt werden, so finden sich Geschäftseinheiten, die auf Kundengruppen ausgerichtet werden (z.B. Geschäftseinheit Firmenkunden, Geschäftseinheit Papierchemikalien), Geschäftseinheiten, die auf Produkte ausgerichtet werden (z.B. Geschäftseinheit Styrolpolymere, Geschäftseinheit Bogendruckmaschinen) und Geschäftseinheiten, die auf Regionen ausgerichtet werden (z.B. Geschäftseinheit Spanien).

Als die zahlreichen Einzeltrends der Studie verdichtet wurden, wurde klar, dass sich die Ausrichtung in nahezu allen Teilbereichen verschiebt, und zwar in Richtung einer stärker kundenbezogenen Ausrichtung. Die Entwicklung zu kundenorientierten Organisationsstrukturen stellte sich also als ein grundlegender Trend heraus, der zwei Facetten hatte (Abbildung 5): Die erste Facette ist eine Gewichtungsverschiebung von einer regionalen zu einer kundenbezogenen Ausrichtung. Ein Beispiel hierfür ist der Bedeutungsverlust von „Landesfürsten" im Vertrieb und der Bedeutungsgewinn internationaler Key Account Manager. Die zweite Facette ist eine Gewichtungsverschiebung von einer produktbezogenen zu einer kundenbezogenen Ausrichtung. Ein Beispiel hierfür ist die Bildung von produktübergreifenden Vertriebsteams, die Kunden koordiniert ansprechen, wo früher jede Produktlinie den Kunden einzeln angesprochen hatte.

Die Entwicklung zu kundenorientierten Organisationsstrukturen macht Anpassungen in allen Systemen erforderlich. Bspw. kann eine auf Basis von kundenbezogenen Kriterien zugeschnittene Geschäftseinheit nur geführt werden, wenn im gleichen Zug kundenbezogene Erfolgsrechnungen vorliegen. So erklärt sich, warum in allen Teilbereichen der Organisationsstruktur nahezu gleichzeitig ein Umbruch auftrat. Dieser Umbruch fand in den befragten Unternehmen in der zweiten Hälfte der 90er Jahre statt.

Abbildung 5: Zentrale Entwicklungslinien in der Ausrichtung von Organisationsstrukturen

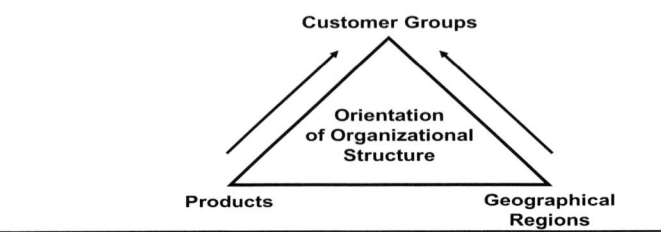

4 Fazit

Die Erstellung eines Berichts ist bei qualitativen Studien sehr viel aufwändiger als bei quantitativen. Der Grund hierfür sind neben den Diskussionen zur Interpretation der

Befunde die sehr viel größeren Freiräume, die bei der Gliederung der Dokumentation bestehen, sowie die Seitenzahlbegrenzung, die Kürzungen und Gewichtungen des Materials erforderlich macht.

Dem großen Aufwand steht jedoch ein großer Erkenntnisbeitrag qualitativer Studien gegenüber. Dieser Erkenntnisbeitrag ist nicht nur auf die unmittelbaren Ergebnisse der qualitativen Studie beschränkt, die in den vorausgegangenen Abschnitten skizziert wurden. Von der hier dargestellten Studie gingen darüber hinaus zahlreiche Impulse für weitere Forschung aus. So wurden das Key-Account-Management sowie die veränderte Rolle des Produktmanagements als bedeutende Forschungsfelder erkannt und in Folgestudien untersucht (Homburg/Workman/Jensen 2002; Jensen/Wellstein 2005). Auch in Details, z.B. bei der Formulierung von Fragebögen für spätere standardisierte Erhebungen, konnten die quantitativen Studien von den Einblicken der qualitativen Studie profitieren. Die Kombination von qualitativen und quantitativen Methoden im Rahmen eines Forschungsprogramms ist daher für zukünftige (Marketing-)Organisationsforschung nachdrücklich zu empfehlen.

5 Literatur

Achrol, Ravi S. (1991): Evolution of the Marketing Organization: New Forms for Turbulent Environments. In: Journal of Marketing, vol. 55, 77-93.
Argyris, Chris/Schön, Donald (1974): Theory in Practice: Increasing Professional Effectiveness. San Francisco.
Arnould, Eric J./Wallendorf, Melanie (1994): Market-Oriented Ethnography: Interpretation Building and Marketing Strategy Formulation. In: Journal of Marketing Research, vol. 31, 484-504.
Bonoma, Thomas (1985): Case Research in Marketing: Opportunities, Problems, and a Process. In: Journal of Marketing Research, vol. 22, 199-208.
Day, George S. (1997): Aligning the Organization to the Market. In: Lehmann, Donald R./Jocz, Katherine E. (eds.): Reflections on the Futures of Marketing. Cambridge, MA: Marketing Science Institute, 67-93.
Durgee, Jeffrey F. (1986): Depth-Interview Techniques for Creative Advertising. In: Journal of Advertising Research, January, 29-37.
Economist (1994): Death of the Brand Manager, April 9, 67-68.
Eden, Dov (2003): Critical Management Studies and the Academy of Management Journal: Challenge and Counterchallenge. In: Academy of Management Journal, vol. 46, 390-394.
Eisenhardt, Kathleen M. (1989): Building Theories from Case Study Research. In: Academy of Management Review, vol. 14, 532-550.
Gephart, Robert P. (2004): From the Editors - Qualitative Research and the Academy of Management Journal. In: Academy of Management Journal, vol. 47, 454-462.
George, Michael/Freeling, Anthony/Court, David (1994): Reinventing the Marketing Organization. In: McKinsey Quarterly, no. 4, 43-62.

Haag, T. (1994): DBW - Stichwort: Case Studies. In: Die Betriebswirtschaft, Bd. 54, Nr. 2, 271-272.

Homburg, Christian/Jensen, Ove (2006a): The Thought Worlds of Marketing and Sales: Which Differences Make a Difference. In: Journal of Marketing (forthcoming).

Homburg, Christian/Jensen, Ove (2006b): The Symbiosis of Markting and Sales: A Taxonomy. In: American Marketing Association, Proceedings. Summer Educators' Conference. Chicago, 328f.

Homburg, Christian/Workman, John P./Jensen, Ove (2000): Fundamental Changes in Marketing Organization: The Movement Toward A Customer-Focused Organizational Structure. In: Journal of the Academy of Marketing Science, vol. 28, no. 4, 459-478.

Homburg, Christian/Workman, John P./Jensen, Ove (2002): A Configurational Perspective on Key Account Management. In: Journal of Marketing, vol. 66; no. 2, 38-60.

Homburg, Christian/Workman, John P./Krohmer, Harley (1999): Marketing's Influence Within the Firm. In: Journal of Marketing, vol. 63, no. 2, 1-17.

Hulbert, James M./Pitt, Leyland (1995): Exit Left Center Stage? In: European Management Journal, vol. 14, no. 1, 47-60.

Im, Subin/Workman, John P. (2004): Market-Orientation, Creativity, and New Product Performance in High-Technology Firms. In: Journal of Marketing, vol. 68, no. 2, 114-132.

Jensen, Ove/Wellstein, Benjamin (2005): Organisation des Produktmanagements. Reihe: Management Know-How, M 102, Institut für Marktorientierte Unternehmensführung (IMU), Universität Mannheim.

Kohli, Ajay K./Jaworski, Bernhard J. (1990): Market Orientation: The Construct, Research Propositions, and Managerial Implications. In: Journal of Marketing, vol. 54, 1-18.

Krohmer, Harley/Homburg, Christian/Workman, John P. (2001): Should Marketing Be Cross-Functional? In: Journal of Business Research, vol. 55, no. 6, 451-465.

Lakatos, Imre/Musgrave, A. (1970, eds.): Criticism and the Growth of Knowledge. Cambridge.

Lawrence, Paul R./Lorsch, Jay W. (1969): New Management Job: The Integrator. In: Harvard Business Review, vol. 45, no. 3, 339-350.

Lee, Thomas W. (2001): From the Editors - On Qualitative Research. In: Academy of Management Journal, vol. 44, 215-216.

Mishler, Elliot G. (1986): Research Interviewing: Context and Narrative. Cambridge, MA.

Montgomery, David B./Webster, Frederick E. (1997). Marketing's Interfunctional Interfaces: The MSI Workshop on Management of Corporate Fault Zones. In: Journal of Market-Focused Management, vol. 2, 7-26.

Reichenbach, Hans (1938): Experience and Prediction. Chicago.

Sanday, Peggy R. (1979): The Ethnographic Paradigm(s). In: Administrative Science Quarterly, vol. 24, 527-538.

Sheth, Jagdish N./Sisodia, Rajendra S. (1995): Feeling the Heat - Part 1. In: Marketing Management, vol. 4, 8-23.

Spiggle, Susan (1994): Analysis and Interpretation of Qualitative Data in Consumer Research. In: Journal of Consumer Research, vol. 21, 491-503.

Thomas, Michael J. (1994): Marketing - In Chaos or Transition? In: European Journal of Marketing, vol. 28, no. 3, 55-62.

Tomczak, Torsten (1992): Forschungsmethoden in der Marketingwissenschaft - Ein Plädoyer für den Qualitativen Forschungsansatz. In: Marketing Zeitschrift für Forschung und Praxis, Bd. 2, Nr. 2, 77-87.

Van Maanen, John (1979a): The Fact of Fiction in Organizational Ethnography. In: Administrative Science Quarterly, vol. 24, 539-611.

Van Maanen, John (1979b): Reclaiming Qualitative Methods for Organizational Research: A Preface. In: Administrative Science Quarterly, vol. 24, 520-526.

Webster, Frederick E. (1992): The Changing Role of Marketing in the Corporation. In: Journal of Marketing, vol. 56, 1-17.

Workman, John P. (1993): Marketing's Limited Role in New Product Development in One Computer Systems Firm. In: Journal of Marketing Research, vol. 30, 405-421.

Workman, John P./Homburg, Christian/Gruner, Kjell (1998): Marketing Organization: An Integrative Framework of Dimensions and Determinants. In: Journal of Marketing, vol. 62, 21-41.

Workman, John P./Homburg, Christian/Jensen, Ove (2003): Intraorganizational Determinants of Key Account Management Effectiveness. In: Journal of the Academy of Marketing Science, vol. 31, no. 1, 3-21.

Michaela Pfadenhauer

Das Marketing-Event im Dienst der Kirche
Der XX. Weltjugendtag 2005 in Köln

1 Der Verkaufszwang der Kirche 1083
2 Forschungsanlage und Methoden 1085
3 Zwei konträre Event-Typen 1089
4 Weltjugendtag – ein Marketing-Event 1093
5 Das Marketingproblem der Katholischen Kirche 1095
6 Literatur 1099

Das Marketing-Event im Dienst der Kirche

1 Der Verkaufszwang der Kirche

Die Folge pluralistischer Bedingungen ist, „dass Religionen, die früher herrschten, heute ‚verkauft' werden müssen, und zwar an einen Kundenkreis, der zu ‚kaufen' nicht genötigt ist. (…) Die religiösen Institutionen sind ‚Werbeagenturen', und die Religion selbst zum ‚Gebrauchsgut' geworden." Diese Diagnose hat der Religionssoziologe Peter L. Berger bereits in den späten 60er Jahren des letzten Jahrhunderts gestellt.[1] Die ehemals regionalen Monopolisten müssten seither so umorganisiert werden, führt Berger weiter aus, dass sie im Wettbewerb mit anderen Sinnanbietern um ‚Konsumenten'[2] werben können. Und da man den ‚Verbrauchern' nicht mehr die eine (und ‚wahre') Religion befehlen könne und diese nicht unter Kaufzwang stünden, müsse das jeweilige Glaubensangebot attraktiv verpackt und zeitgemäß beworben werden.

Unter Marketingexperten wird nun seit den 1990er Jahren das *Event* als eine Werbemaßnahme diskutiert, die den permanent reiz- und reklameüberfluteten, zugleich aber erlebnishungrigen Konsumenten auf eine besonders eindrückliche Weise anzusprechen und dadurch wieder zu erreichen verspricht: eindrücklich deshalb, weil das Produkt hier nicht mit der ‚Kauf-mich!-Holzhammer-Methode', sondern auf eine besondere Weise ‚verpackt' präsentiert wird. Wie dies insbesondere in der TV- und Kinowerbung seit langem üblich ist, wird das Produkt in einer kulturellen Erlebniswelt in Szene gesetzt.[3] Die Werbeintention wird auch beim Marketing-Event nicht verschleiert, der Anbieter tritt vielmehr in der Regel offensiv als Veranstalter auf. Das Produkt, das beworben werden soll, fügt sich im Idealfall allerdings wie selbstverständlich in die Szene ein oder tritt völlig in den Hintergrund der Gesamtinszenierung.

Mit den 1985 von Papst Johannes Paul II. initiierten Weltjugendtagen bedient sich auch die Katholische Kirche der Veranstaltungsform ‚Event'. Nicht wenigen Einschätzungen zufolge weisen zwar schon die großen (Fronleichnams-)Prozessionen und Wallfahrten, die seit Jahrhunderten einen festen Bestandteil der katholischen Tradition bilden, Elemente von Events auf (Ebertz 2000).[4] Ein offensiver Umgang mit Eventformen lässt sich vor

---

[1] Berger 1973: 132. Die Erstausgabe von „The Sacred Canopy", wie das Buch im Original wesentlich ‚griffiger' betitelt ist, ist 1967 erschienen.

[2] In diesem Beitrag wird durchgängig diese Schreibweise gewählt. Damit sind keine konkreten Personen gemeint, deren Geschlechtszugehörigkeit benannt werden sollte; bezeichnet werden vielmehr Personen- bzw. Handlungs*typen*

[3] Von ‚Erlebniswelt' ist hier im Sinne (des Korrelats) einer Bewusstseinsenklave, d.h. von ‚Welt' ist hier im Sinne eines egologischen Gebildes die Rede. Alle (Korrelate von) dem Subjekt als ‚außergewöhnlich' erscheinenden Ausschnitte(n) des Erlebens aus dem Insgesamt des subjektiven Erlebens sind Erlebniswelten. *Kulturelle* Erlebniswelten sind solche ‚außergewöhnlichen' Bewusstseinsenklaven, deren Rahmenbedingungen von anderen „mit der Intention vorproduziert und/oder bereitgestellt werden, vom erlebenden Subjekt benutzt, also im weitesten Sinne konsumiert zu werden" (Hitzler 2000, 402).

[4] Das Fronleichnams-‚Fest' wurde im 13. Jahrhundert von der Kirche eingeführt, um zu erkennen zu geben, dass der katholische Glaubenskern der Transsubstantiation, der leibhaften Ge-

allem aber bei den Papst-Messen nachweisen, die im Pontifikat von Johannes Paul II. entwickelt worden sind (Knoblauch 2000). Demzufolge könnte die Katholische Kirche zu recht als „Mutter aller Event-Agenturen" (Gerhards 2002, 86) bezeichnet werden.

Vor dem Hintergrund der – infolge von Pluralisierung und zumindest in Westeuropa überdies von Säkularisierung – *prekären* Situation der Kirchen erscheint es nicht abwegig, den Weltjugendtag als ein Marketing-Event der für neue gesellschaftliche Formen immer schon aufgeschlossenen Katholischen Kirche einzustufen. Schon seit längerem nutzen bekanntlich nicht nur privatwirtschaftliche Unternehmen, sondern zunehmend auch Städte und Kommunen sowie eben Non-Profit-Organisationen Events als „Plattform zur Unternehmenskommunikation" (Bruhn 1997, 777).[5]

Eine Kategorisierung des Weltjugendtags als ein Marketing-Event setzt jedoch eine Klärung der Frage voraus, welcher Zweck mit diesem Event, das inzwischen über eine immerhin zwanzig jährige Tradition verfügt, tatsächlich verfolgt wird: Dient der Weltjugendtag der veranstaltenden Katholischen Kirche als eine probates, weil zeitgemäßes Kommunikationsinstrument? Oder besteht die Intention des Veranstalters, der Katholischen Kirche, und/oder die der Organisatoren, d.h. den Mitarbeitern des Weltjugendtagsbüros in Köln, vor allem darin, den Teilnehmern mit dieser Veranstaltung einen Rahmen für ein besonderes, ja einzigartiges religiöses Erleben bereitzustellen?[6] Im letzteren Fall wäre dieses Event – wie in Punkt 3 aufgezeigt werden wird – analytisch nicht als Marketing-Event einzustufen. Die Mitteilungen des Veranstalters, d.h. die kirchlichen Verlautbarungen, und die Auskünfte der Organisatoren sind diesbezüglich ausgesprochen zurückhaltend und überdies uneinheitlich – was vor Augen führt, dass sich die Intentionen des Veranstalters und der Organisatoren hier wie bei Event-Produktionen generell nicht in Deckung befinden müssen.

Die Frage, welche Art von Event intendiert ist bzw. welchen Zweck seine Veranstalter und Organisatoren mit dieser Veranstaltungsform tatsächlich verfolgen, soll am Beispiel des *XX. Weltjugendtags* geklärt werden, der im August 2005 eine halbe und zur Abschlussmesse mit dem Papst über eine Million überwiegend junge Menschen nach Köln bzw. auf das Marienfeld geführt hat. Dieses Event ist Gegenstand einer Untersuchung, die im Rahmen eines von der DFG finanzierten Forschungsverbunds aus drei Teilprojekten durchgeführt wird: Im an den Universitäten Trier und Koblenz angesiedelten soziologischen Teilprojekt werden insbesondere die Erwartungen und Erfahrungen der so genannten „Pilger", d.h. der überwiegend jugendlichen Teilnehmer des

---

genwart Christi in der Eucharistie, „nicht auf den Innenraum der Kirchen oder gar den Tabernakel beschränkt ist" (Ruster 2006, 7f), wäre ein lohnenswerter Gegenstand im Rahmen einer vergleichenden Untersuchung religiöser ‚Events' für Historiker, Theologen und Soziologen.

[5] Zu diesem Befund in Deutschland kommt eine Studie, die an der Universität Hohenheim durchgeführt worden ist (Buß 2004). Grundlegend zum Non-Profit-Management: Badelt/Meyer/Simsa 1997, Buber/Meyer (1997).

[6] Im Folgenden sollte deutlich werden, dass es sich bei diesen beiden Zielsetzungen *nicht* um Sowohl-als-auch-Varianten handeln kann.

Weltjugendtags, einer Analyse unterzogen. Ein an der Universität Bremen angesiedeltes kommunikationswissenschaftliches Teilprojekt widmet sich der Frage, wie der Weltjugendtag in kirchlichen und ‚weltlichen' Medien, d.h. in Beiträgen öffentlich-rechtlicher und privater Fernsehsender, in Radiosendungen und in regionalen und überregionalen Zeitungen, präsentiert und kommentiert worden ist. Im Mittelpunkt des an der Universität Dortmund angesiedelten soziologischen Teilprojekts schließlich stehen Fragen der Organisation dieses 100-Millionen-Euro-Projekts und damit auch die Frage nach dem Ziel und Zweck, d.h. (handlungstheoretisch betrachtet) nach den Intentionen der mit der Vorbereitung und Durchführung des Weltjugendtags betrauten und befassten Personen. Nach einigen methodischen Bemerkungen zur Forschungsanlage des letztgenannten, auf die organisatorischen Aspekte bezogenen Teilprojekts (Punkt 2) wird das Marketing-Event zur Schärfung dessen Konturen idealtypisch mit einem als „Szene-Event", etikettierten Gegenmodell kontrastiert (Punkt 3), um anhand dieses Kontrasts eine Bestimmung des Weltjugendtags vornehmen zu können (Punkt 4). Überlegungen zur Frage, inwieweit der Weltjugendtag zur Lösung des aktuell beobachtbaren Grundproblems der Katholischen Kirche beiträgt, schließen den Beitrag ab (Punkt 5).

2 Forschungsanlage und Methoden

Im Zentrum des Analysefokus stehen die Intentionen der Personen, die den XX. Weltjugendtag 2005 in Köln geplant, vorbereitet und durchgeführt haben. Den organisatorischen ‚Kern' des Weltjugendtags bildet das Personal des Weltjugendtagsbüros in Köln, weil hier die ‚Fäden' zusammengelaufen sind, d.h. weil hier die mannigfaltigen, (auch) andernorts getroffenen Entscheidungen in Handlungsschritte und Aktivitätsabläufe umgesetzt und diese wiederum koordiniert, delegiert und legitimiert werden mussten. Da diese – im Weiteren als „Organisatoren" bezeichneten – Akteure die ‚Gestalt' des Events maßgeblich beeinflusst haben, ist zu fragen, welche Absichten sie in Bezug auf das Event explizieren und welche Absichten in ihren Vorbereitungsmaßnahmen und Inszenierungsleistungen zu erkennen sind.

Das Weltjugendtagsbüro war eine von der Deutschen Bischofskonferenz und dem Erzbistum Köln gegründete gemeinnützige Gesellschaft mit beschränkter Haftung: die ‚Weltjugendtag GmbH' mit Sitz in Köln, die von einem dreiköpfigen Team geleitet wurde. Es war über verschiedene Gremien (Bischöfliches Leitungsteam, Lokales Organisationskomitee, Aufsichtsrat) in die Organisation der Katholischen Kirche – in Rom und in Deutschland – eingebunden und war ihr in theologisch-inhaltlicher und in finanzieller Hinsicht rechenschaftspflichtig. Dennoch wäre ein alleiniger Zugriff auf die offiziellen Verlautbarungen der veranstaltenden Kirche, d.h. auf Verlautbarungen des Papstes, von Vertretern des Päpstlichen Rats für die Laien, des Erzbistums Köln, der

Michaela Pfadenhauer

Deutschen Bischofskonferenz und der Diözesen Deutschlands, zur Klärung der Frage nach der Zielsetzung des Weltjugendtags keineswegs hinreichend.

Zum einen ist aufgrund der in Kirchenkreisen üblichen Vorbehalte gegenüber Marketing diesbezüglich eine ‚Verbrämung' bzw. freundlicher formuliert: eine ‚Überhöhung' des Veranstaltungszwecks zu gewärtigen.[7] Zum anderen ist – handlungstheoretisch begründet – von einer Diskrepanz zwischen den Intentionen der Veranstalter und deren Deutung durch die Organisatoren auszugehen: weil Akteure immer auch Eigeninteressen verfolgen, und weil fast jede Entäußerung – verbaler Natur allzumal – mehrdeutig ist bzw. mehrere Deutungen zulässt. Und schließlich ist auf Abweichungen zwischen Absichtsbekundung und Handlungsvollzug zu achten: d.h. das Ergebnis der Handlung kann – aufgrund beabsichtigter ‚Kurswechsel' oder unbeabsichtigter Nebenfolgen[8] – erheblich von der ursprünglich (geäußerten) Absicht abweichen.

Die empirische Basis, auf der eine Bestimmung des intendierten Events vorgenommen werden soll, bilden organisationsbezogene Dokumente sowie Gesprächs-, Beobachtungs- und Teilnahmedaten, die im Vorfeld, während und nach dem XX. Weltjugendtag 2005 in Köln erhoben worden sind. Der Erhebungsfokus war wesentlich auf die Aktivitäten des Weltjugendtagsbüros in Köln gerichtet, weil dieses – unseren im Laufe des Erhebungszeitraums bestätigten Vorannahmen zufolge – als Organisationszentrale des Weltjugendtags einzuschätzen ist.

Im Zeitraum von März bis November 2005 wurden explorative, leitfadengestützte Gespräche mit dem Generalsekretär, den drei Mitgliedern des Leitungsteams und (fast) allen Bereichsleitern dieses Weltjugendtagsbüros geführt.[9] Das leitfadengestützte In-

---

[7] Angesichts der prekären Lage der Kirchen hierzulande schwinden aber offensichtlich in Kirchenkreisen die Vorbehalte gegenüber Marketingüberlegungen Eine Untersuchung am Betriebswirtschaftlichen Seminar der Universität Freiburg (Tscheulin/Dietrich 2003), in deren Rahmen eine landesweite Befragung zur Einstellung zu und zum Einsatz von Marketingtechniken unter Pfarrern und Pastor(inn)en in katholischen und evangelischen Kirchengemeinden durchgeführt worden ist, fördert zutage, dass die Vorbehalte gegenüber Marketing zumindest auf dieser Organisationsebene geringer sind als angenommen, allerdings lediglich in Bezug auf eine (verbesserte bzw. zu verbessernde) Informationspolitik von Pfarrgemeinden. Die Bereitschaft zu einer zielgruppenspezifischen Ansprache (z.B. durch Programmvielfalt) oder gar zu offensiven Mitgliedergewinnung (z.B. durch anziehungskräftige Inhalte und Formen) ist demgegenüber gering ausgeprägt. D.h. im Klartext: man unternimmt gern Anstrengungen, diejenigen zu informieren, die sich (warum auch immer) von sich aus interessieren. Alle anderen geraten nicht in den Fokus der Aufmerksamkeit.

[8] Eine unserer Gesprächspartnerinnen im Weltjugendtagsbüro hat hierfür den treffenden Begriff der „Planungs-undenkbarkeiten" (I_21: Z_358) geprägt.

[9] Damit konnten Gespräche mit der kompletten oberen und mittleren Führungsebene des Weltjugendtagsbüros realisiert werden. Um diese Daten, anhand derer sich die Binnenperspektive der Weltjugendtagsorganisation rekonstruieren lässt, mit einer Außenperspektive kontrastieren zu können, wurden Gespräche mit Kirchenfunktionären (in Diözesen, Verbänden und Einrichtungen der Jugendpastoral) geführt, die aufgrund ihrer jeweiligen Position einen guten Einblick in die Arbeit des Weltjugendtagsbüros hatten.

terview hat sich bei einem ‚unbürokratischen' und situationssensiblen Einsatz, d.h. dann, wenn der Leitfaden keine Antwortvorgaben vorsieht und wenn er hinsichtlich der (vom Forscher bzw. der Forscherin aus betrachtet) anzusprechenden und (vom Interviewpartner) angesprochenen Themen generell, aber auch im Hinblick auf ihre Reihenfolge und ihre Ausführlichkeit flexibel gehandhabt wird, in der empirischen Sozialforschung als Instrument bewährt, um einen Zugang zur Perspektive der Akteure im Feld zu eröffnen (Spradley 1979, Honer 1994).[10] Anliegen der Interviews war es, die jeweiligen Aufgabenbereiche und Zuständigkeiten, Interessen und Wichtigkeiten der Gesprächspartner, kurz: ihre Perspektive zu erfassen. Alle Interviews wurden digital mitgeschnitten und sorgfältig transkribiert, womit die Daten den Standards der empirischen Sozialforschung entsprechend einer Auswertung unterzogen werden konnten. Die Datenauswertung ist an den Maßgaben der wissenssoziologischen Hermeneutik orientiert (Soeffner/Hitzler 1994).

Entgegen unseren Erwartungen hat der uns eröffnete Feldzugang nicht erlaubt, die Prozesse des Organisierens (im Sinne von „negotiation") ‚vor Ort' und ‚in situ' zu begleiten, da wir weder an Meetings, Besprechungen, Sitzungen teilnehmen noch uns – außerhalb vereinbarter Interviewtermine – im Weltjugendtagsbüro aufhalten konnten, um kommunikative Vorgänge und andere organisatorische Abläufe zu beobachten. Das Vorhaben einer beobachtenden Teilnahme im Zuge einer ehrenamtlichen Mitarbeit im Büro wurde negativ beschieden, obwohl hier zu Beginn unseres Erhebungszeitraums bereits über hundert so genannte Langzeitfreiwillige beschäftigt waren. Organisationsbezogene Beobachtungs- und Teilnahmedaten konnten infolgedessen nur während dem Weltjugendtag gesammelt werden. In Anbetracht der Fülle an Einzelveranstaltungen konnte unser dreiköpfiges Forscherteam nur sehr ausgewählte Beobachtungen durchführen. Unser Beobachtungsfokus war dabei vor allem darauf gerichtet, wie die uns in den Interviews als beabsichtigt geschilderten Maßnahmen in der Situation vor Ort umgesetzt worden sind. Bei der Auswahl der Beobachtungsgelegenheiten haben wir sowohl darauf geachtet, eine möglichst große Bandbreite an Einzelereignissen – kleine Kulturveranstaltungen ebenso wie Großliturgien, die Essenausgabe in Schulen ebenso wie die Organisation der Ankunft des Papstes am Flughafen – als auch nach Möglichkeit einen Querschnitt durch die Organisationshierarchie – die Durchführung von Pressekonferenzen ebenso wie der Einsatz der Freiwilligen am Marienfeld – in Augenschein nehmen zu können. Im Zuge des durchgängigen Feldaufenthalts bis hin zur open-air-Nächtigung der Forscher bei der Abschlussveranstaltung auf dem Marienfeld konnte die Qualität der Organisations- und Inszenierungsleistungen sozusagen ‚am eigenen Leib' erfahren werden. Die Beobachtungen und Erlebnisse wurden in Forschungstagebüchern protokolliert, womit auch diese Daten einer systematischen Auswertung unterzogen werden können.

---

[10] Zur Konzeption der Interviewleitfäden wurde die laufende Medienberichterstattung zum jeweils aktuellen Stand der Event-Vorbereitungen verfolgt und wurden alle Dokumente als Informationsgrundlage herangezogen, die uns vorab von den Gesprächspartnern zur Verfügung gestellt worden waren.

Michaela Pfadenhauer

Der Korpus der so genannten ‚natürlichen', d.h. nicht von uns Forschern initiierten Daten, umfasst darüber hinaus eine umfangreiche Dokumentensammlung: Einer Auswertung zugänglich sind zentrale offizielle Verlautbarungen der Katholischen Kirche zum ‚Charakter' des Weltjugendtags, sind alle Seiten der offiziellen Homepage des Weltjugendtags sowie mannigfaltige interne Arbeitspapiere, die uns vor oder während unserer Gespräche im Weltjugendtagsbüro von unseren Interviewpartnern ausgehändigt worden waren. Als besonders informativ haben sich die in einem Intranet eingestellten Informationsbriefe erwiesen, die im Laufe der dreijährigen Vorbereitung an die Adresse der so genannten Diözesandelegierten, d.h. an die Haupt-Verantwortlichen für den Weltjugendtag in den Diözesen der katholischen Kirche gerichtet worden waren, weil diese Materialien eine Art ‚natürliche' Dokumentation der (die Diözesen betreffenden) Organisations(fort)schritte darstellen. Die in diesem Intranet eingestellten Protokolle der insgesamt neun Delegiertenversammlungen liefern ein eindrucksvolles Bild zur Stimmung und zum Stimmungswandel in den Diözesen ‚draußen' im Land, da dieses Material die Debatten mit einzelnen Wortbeiträgen dokumentiert.

Der ethnographischen Forschungspraxis entsprechend haben wir bei der Datenerhebung also eine Methoden-Kombination aus teilnehmender Beobachtung, Interviews und Dokumentensammlung angewendet. Da – stärker als ursprünglich projektiert – ein deutlicher Akzent auf die Gespräche gesetzt werden musste, neigt die Studie in ihrer Ausrichtung demjenigen Pol des Kontinuums ethnographischer Forschungspraxis zu, den Herbert Kalthoff (2006, 153) als „Informantenethnographie" bezeichnet: „Der Informantenethnograph stellt Kontakt zu den Teilnehmern [im Feld; M.P.] her, lokalisiert zentrale und willige Informanten und befragt diese zu kulturellen Ereignissen und Praktiken. In diesem Fall beobachtet der Ethnograph weder selbst diese Praktiken, noch nimmt er an ihnen teil." Die Problematik besteht darin, dass sich die gelebte Wirklichkeit dem Forscher als erzählte Wirklichkeit darbietet. Allerdings kommt ihm damit das zu Ohren, was sich nicht beobachten lässt: das diskursiv verfügbare Wissen seiner Informanten.

Die zentrale Frage an die Daten lautet, wie, auf welche Art und Weise dieser ‚deutsche' Weltjugendtag organisiert worden ist und wie die gezielt ausgewählten Gesprächspartner ihre organisatorischen Maßnahmen begründen, das heißt, wie sie diese vor sich und anderen legitimieren. Bei der Analyse darf – methodologisch – nicht außer Acht gelassen werden, dass es sich bei den Explikationen immer nur um Darstellungen eines Sachverhalts, nicht aber um den Sachverhalt selber handelt. Die erhobenen Daten werden nicht nur daraufhin analysiert, welche Gründe und Motive von Verantwortlichen für die Veranstaltung und Organisation dieses Weltjugendtags geäußert werden, sondern auch, inwieweit ihre Aktivitäten ihres Erachtens eine Fortführung oder aber eine Neuerung gegenüber der Weltjugendtagstradition darstellen. Trotz dieses – auch in Bezug auf die Dokumente vorgenommenen – Analysefokus lassen sich die Erkenntnisse in Ermangelung tatsächlicher Vergleichsmöglichkeiten nur bedingt für die Weltjugendtage schlechthin generalisieren. Für diesen einen, den XX.

Weltjugendtag ermöglicht das Forschungsdesign allerdings eine solide Einschätzung des beabsichtigten ‚Charakters' dieses Ereignisses.

3 Zwei konträre Event-Typen

Unter Marketing-Events können der einschlägigen, überwiegend betriebswirtschaftlichen Literatur zufolge „inszenierte Ereignisse in Form von Veranstaltungen und Aktionen verstanden werden, die dem Adressaten (...) firmen- oder produktbezogene Kommunikationsinhalte vermitteln und auf diese Weise der Umsetzung der Marketingziele des Unternehmens dienen" (Zanger 2001, 833).[11] Als Gegenmodell zum Marketing-Event wird in der einschlägigen Literatur mitunter das Publikums-Event bzw. Public Event behandelt, weil dieses auf einen weiten, nicht näher spezifizierten Kreis von Teilnehmern ausgerichtet ist, während das Marketing-Event typischerweise auf eine (eng) definierte Zielgruppe abgestimmt sei (Bischof 2004, Christen 2002). Bei einer *weiten* Auffassung vom Marketing-Event, wie sie etwa vom Agenturverband ‚Forum Marketing Eventagenturen' (FME)[12] vertreten wird, wird das Public Event demgegenüber als eine Unterform des Marketing-Events beschrieben (Lucas/Matys 2003).

Allen Ausprägungen des Marketing-Events (Corporate Events, Public Events, Charity bzw. Social Events, Consumer Events, Exhibition Events) ist gemeinsam, dass ihnen ein Zweck zugrunde liegt, der *nicht* das Event selber ist. Demgegenüber haben unsere Untersuchungen in Jugendszenen gezeigt, dass hier das Event ‚an sich' Zweck der Unternehmung ist, weil und insofern es die typische Fest- und Feierform dieser posttraditionalen Gesellungsform darstellt.[13] Idealtypisch soll dem Marketing-Event als an einem fremden Zweck orientierter Veranstaltungstypus deshalb das jugendkulturelle Event bzw. kürzer: das Szene-Event gegenübergestellt werden, das – pathetisch ausgedrückt – ‚um seiner selbst willen' bzw. – flapsig, aber dem Gegenstand angemessen ausgedrückt – der ‚geilen Party' wegen veranstaltet wird.[14]

---

[11] Eine frühe Systematisierung bzw. Typologisierung von Events allgemein und Event-Marketing im Besonderen hat Bruhn (1997, 776ff) vorgelegt.

[12] http://www.famab.de/eva/startseite.html [Zugriff: 20.08.06]

[13] Analytisch gesehen ist eine Szene – als der Prototyp posttraditionaler Gesellungsformen – ein prinzipiell globales, thematisch fokussiertes, sozio-kulturelles Netzwerk von Personen, die bestimmte materiale und/oder mentale Formen der kollektiven Selbststilisierung teilen und diese Gemeinsamkeiten an typischen Orten und zu typischen Zeiten interaktiv stabilisieren und weiterentwickeln.

[14] Zu beachten ist hier, dass dieser Kontrastierung *nicht* die Erwartungen oder Erlebnisschilderungen aus Teilnehmersicht, sondern die Ambitionen der Veranstalter bzw. Organisatoren zugrunde liegen. Die Erkenntnisse zum Szene-Event beruhen auf einer langjährigen intensi-

Michaela Pfadenhauer

Mit dieser Zentralunterscheidung soll nicht etwa der kommerzielle Antrieb zur Veranstaltung eines Szene-Events in Abrede gestellt werden: Ein kommerzielles Interesse ist nicht selten die einzige Antriebskraft für den Entschluss, ein Szene-Event zu organisieren.[15] Demgegenüber werden selbst solche Marketing-Events, in denen die Absatzförderung das erklärte Ziel der Veranstaltung ist, in der Regel ohne direkte Gewinnabsichten bzw. Gewinnchancen durchgeführt.[16] Im Gegenteil: Events belasten das Werbebudget eines Unternehmens in hohem Maße, da die Kosten aufwändig inszenierter Ereignisse nur schwer kompensiert werden können. Denn lediglich bei Public Events ist eine Refinanzierung in größerem Ausmaß – etwa über Teilnahmegebühren, Merchandising, Verkaufserlöse, Vergabe von Lizenzen und Sponsoring – denkbar. Bei allen Marketing-Events im engeren Sinne würden derlei Maßnahmen die Aufmerksamkeit vom veranstaltenden Unternehmen und seinen (Marken-)Produkten abziehen, was sich als kontraproduktiv für die Realisierung des mit dem Event angestrebten Ziels erweisen würde. Demgegenüber machen die genannten Posten, insbesondere die Finanzierung der Veranstaltung über Eintrittsgelder und den Vertrieb von Merchandise-Artikeln, einen Gutteil der Einnahmen bei Szene-Events aus.

Marketing-Events und Szene-Events sind gleichermaßen ressourcenintensive Angelegenheiten, weil für ihre Herstellung auf die *gleichen* Inszenierungs-Mittel zurückgegriffen wird: eine klar erkennbare Dramaturgie mit Vorlauf, Höhepunkt und Ausklang, eine multisensitive Emotionalisierung durch choreographierte visuelle Reize und technisch perfekte Musik-Darbietungen und eine sowohl im Hinblick auf den kommunikativen Vorlauf als auch auf die diskursive Nachbereitung langfristig angelegte Medialisierung über unterschiedliche ‚Kanäle' erweisen sich in beiden Fällen als probate Maßnahmen zur Erzeugung eines dergestalt inszenierten Ereignisses mit außeralltäglichem Erlebniswert. Die Anziehungskraft von Szene-Events allerdings resultiert wesentlich aus dem ‚Versprechen' eines *szenespezifischen*, typischerweise verschiedene kulturelle Äußerungsformen und Handlungskomplexe übergreifenden hohen Erlebniswertes.

Gerade bei solchen Events, die als Mittel zur Realisierung eines eventfremden Zwecks dienen, wird die Gesamt- oder zumindest die Teilplanung und deren Umsetzung in die Hände professioneller Event-Agenturen gelegt. Deren zentrale Aufgabe besteht darin, die Zielsetzung(en) ihres Auftraggebers, der i.d.R. als Veranstalter firmiert, zu

---

ven Forschung zu Jugendszenen, insbesondere der Techno-Szene (Pfadenhauer 2000, Hitzler/Bucher/Niederbacher 2005).

[15] Kommerzialität ist ein Wesensmerkmal von Events schlechthin. In solchen Szenen aber, in denen die kollektiv geteilte Weltanschauung ‚Kommerz' (in welcher Form auch immer) problematisiert, dürfen jedoch sowohl für die Event-Teilnehmer als auch für die Event-Produzenten selber Umsatz- und Gewinnaspekte bzw. – individuell betrachtet – Verdienstmöglichkeiten nicht allzu vordringlich erkennbar sein.

[16] Zanger und Sistenich (1998, 41) zufolge zeichnen sich Marketing-Events durch eine kommerzielle Motivation ohne Verkaufscharakter aus.

eruieren und ein Event zu planen, vorzubereiten und durchzuführen, das (der Überzeugung des Auftraggebers nach) zur Realisierung dieser Zielsetzung(en) als möglichst geeignet erscheint.[17] In den letzten Jahren hat sich die Erfolgskontrolle mittels nicht standardisierter Verfahren (z.B. Stimmungsbild), vor allem aber mittels standardisierter Evaluationsinstrumente (Teilnehmerbefragungen) als fester Bestandteil des Eventmarketings etabliert.[18] Da die Zufriedenheit des Auftrag gebenden ‚Kunden' vom positiven und nachhaltigen Eindruck abhängt, den das Event (augenscheinlich oder wie auch immer sonst ‚überprüfbar') bei den als Zielgruppe definierten Event-Adressaten hinterlässt, ist die Zufriedenstellung der Event-Teilnehmer indirekt ein relevanter Faktor für die Event-Organisatoren. Wesentlich für das im Wortsinne ‚professionelle' Selbstverständnis des in einschlägigen Event-Agenturen tätigen Event-Organisators ist die emotionale Distanz zum Event-Veranstalter einerseits, zum Event-Teilnehmer bzw. Teilnehmerin andererseits.

Damit ist nun ein entscheidender Unterschied zwischen den Organisatoren von Marketing-Events und von Szene-Events angesprochen: Szene-Event-Organisatoren fungieren in der Regel zugleich als Veranstalter ‚ihrer' Events, weshalb in ihrem Fall ‚Event-Produzent' die treffendere Bezeichnung sein dürfte (Pfadenhauer 2000). Dem Event-Produzenten obliegt als In- oder Teilhaber des Unternehmens die Geschäftsleitung des Betriebs, in dem neben Angestellten für die Buchführung, PR-Abteilung etc. oftmals Mitarbeiter ganzjährig beschäftigt sind, die aufgrund ihrer fachlichen Kompetenzen, insbesondere aber aufgrund eines ganz speziellen Kriteriums einen oder mehrere Aufgabenbereiche (wie z.B. Werbung, Merchandising, Versorgungs- und Entsorgungs-Catering, Sicherheitsgewährleistung) federführend betreuen: sie sind selber in der Szene ‚zuhause' und mit den (Konsum-)Gewohnheiten und Vorlieben, Verhaltensweisen und Umgangsformen der Szenegänger hochgradig vertraut. Und die eigenen Mitarbeiter, Freunde und Bekannten, kurz: *seinesgleichen* sind bzw. repräsentieren den idealen Adressatenkreis des Szene-Event-Machers. Deren Interessen und Neigungen, ja im Grunde die *eigenen* Präferenzen sind Ausgangspunkt und Grundlage der Event-Produktion.[19] Mit der Organisation von Events realisiert der Szene-Event-Produzent gelingender weise die Integration des Lebensziels ‚Selber-Spaß-haben' in die Erwerbsidee ‚Anderen-Spaß-bereiten'.

Der wesentliche Unterschied zwischen einem Marketing-Event und einem Szene-Event besteht folglich darin, dass beim Marketing-Event das Erlebnispotential lediglich das Mittel zu einem (wie auch immer gearteten) Fremd-Zweck darstellt, während

---

[17] Ein Großteil der betriebswirtschaftlichen Literatur zum Eventmarketing ist deshalb Beratungsliteratur von und für diese Branche.

[18] Der Fragebogen ist das beliebteste Instrument der Erfolgskontrolle. Einer Befragung von Eventmanagern an der Universität Hohenheim zufolge wird es derzeit allerdings nur zur Messung der Publikumsresonanz unmittelbar nach der Veranstaltung und nicht zur Überprüfung von deren langfristiger Wirkung eingesetzt (Buß 2004, 28f).

[19] Das bedeutet nicht, dass nur dieser eine Kundentypus angesprochen werden soll: der „Idealkunde" mit den gleichen Interessen und Lebensstilorientierungen steht im Fokus der Aufmerksamkeit, der „Normalkunde" füllt die Eventkasse (vgl. Euteneuer/Niederbacher 2006).

Tabelle 1: Event-Typen

Event-Merkmale \ Event-Typen	Marketing-Event	Szene-Event
Veranstalter	Privatwirtschaftliche Unternehmen, Städte/Kommunen, Non-Profit-Untenehmen	Profitorientierte Szene-Unternehmen
Teilnehmer	- Endkunden (enger Kreis) - Endkunden („breite' Öffentlichkeit) - Absatzmittler, Händler, Multiplikatoren - Mitarbeiter	- Szene-Insider (Ideal-Kunden) - Szenegänger (Normal-Kunden)
Finanzierung	Unternehmensressourcen (Eigenmittel); evtl. in Kombination mit Sponsoring	Eintrittspreise, Sponsoring, Merchandising, Rechteverwertung (bedingt)
Organisatoren	Mitarbeiter einer Marketing-Agentur und/oder Marketing-Abteilung des veranstaltenden Unternehmens	Eine von kommerziellen oder von Weltanschauungsinteressen angeleitete Szene-Organisationselite
Selbstverständnis der Organisatoren	Profis; weder Teil der Veranstalter noch Teil der Teilnehmer	Veranstalter und – mental – Teil der Teilnehmer (mitunter unter punktueller Hinzuziehung von Profis)
Versprechen/Erwartung	Hoher Erlebniswert mittels Inszenierung, Dramaturgie, Emotionalisierung	Szenespezifisch hoher Erlebniswert (typischerweise verschiedene kulturelle Äußerungsformen und Handlungskomplexe übergreifend)
Ziel, Intention, Zweck der Veranstaltung	- Direkter Kontakt zwischen Unternehmen und Kunden - Kommunikation (einer Botschaft, eines Images) - Dank/Belohnung für Mitarbeiter (kurzfristig intendierte Wirkung) Kundenbindung; high involvement; Mitarbeitermotivation (langfristig intendierte Wirkung)	Spaß (intendierte Wirkung) Befestigung der emotionalen Zugehörigkeit zur Szene; Reproduktion szenischen Wir-Gefühls (beiläufige Wirkung)

Das Marketing-Event im Dienst der Kirche

beim Szene-Event die Ermöglichung eines (szenespezifisch) hohen Erlebniswerts selber der Zweck der Unternehmung ist.[20] Anders formuliert: Der (materielle und immaterielle) Benefit für Produzenten von Szene-Events liegt darin, den Teilnehmern ein deren, d.h. szenespezifischen Erwartungen entsprechend erlebenswertes Ereignis zu bieten. Der materielle und immaterielle Nutzen für Veranstalter von Marketing Events besteht darin, mittels eines erlebenswerten Ereignisses ein unternehmerisch wertvolles Ziel zu erreichen. Die (langfristig) intendierte Wirkung von Marketing-Events ist Produkt-Aufmerksamkeit, Kundenbindung, Imagegewinn für den Veranstalter usw. Der nicht-intendierte (beiläufige) Effekt von Szene-Events ist (individuell) die Befestigung der emotionalen Zugehörigkeit zur Szene und (kollektiv) die Reproduktion szenischen Wir-Bewusstseins.

4 Weltjugendtag - ein Marketing-Event

Ohne in diesem Rahmen nun die empirischen Daten detailliert ausbreiten und die Analyse ausfalten zu können,[21] lässt sich der XX. Weltjugendtag – im Rekurs auf Verlautbarungen des Veranstalters und der Organisatoren zum einen und der Deutung von organisatorischen und Inszenierungsmaßnahmen zum anderen – eindeutig als ein Marketing-Event kategorisieren.

1. Den Verlautbarungen des sog. „Memorandums", dem vom Päpstlichen Rat für die Laien formulierten Grundkonzept für den Weltjugendtag zufolge, sollen mit dieser Veranstaltung junge Leute weltweit, vor allem aber nicht nur kirchennahe, sondern dezidiert auch Personen angesprochen werden, die der Kirche fern stehen. Die Werbemaßnahmen aus dem Kölner Weltjugendtag waren demgegenüber vor allem an bereits kirchlich sozialisierte Jugendliche gerichtet, und genau dieser enge Adressatenkreis, d.h. eine spezifische Zielgruppe, wurde auch erreicht.

2. Das Event wurde von einer ‚temporären Organisation' vorbereitet und umgesetzt, deren personelle Besetzung deutliche Parallelen zu derjenigen aufweist, die für die Organisation von Marketing-Events typisch ist: eine Kombination aus ‚hausinternem' Fachpersonal (d.h. Priestern und Laientheologen) und externen Fachkräften (Organisations-, Logistik- und Finanz-Experten). Das Selbstverständnis dieses Per-

---

[20] Marketing-Events werden – insbesondere auch gegenüber klassischer Werbung – als „below the line"-Maßnahme bezeichnet, sowohl deshalb, weil die Aktivität nicht unmittelbar als Marketingmaßnahme wahrnehmbar ist, als auch aufgrund der beabsichtigten, sozusagen ‚subkutanen' Wirkung eines Erlebnisses, das ‚unter die Haut' zu gehen trachtet.

[21] Nachgelesen werden können die bereits durchgeführten Analysen in meiner Habilitationsschrift, die 2007 erscheinen wird.

sonals entsprach durchwegs nicht dem von Szene-Event-Produzenten, welche sich typischerweise zugleich selber als Veranstalter und – zumindest mental – als Zielgruppe begreifen. Vielmehr verstanden sich die Hauptamtlichen des Weltjugendtagsbüros dezidiert als *Professionals*, die im Auftrag eines Veranstalters ein Event für eine bestimmte Zielgruppe organisieren, wobei den Ambitionen der Veranstalter nachweislich Vorrang gegenüber den Präferenzen der Teilnehmer eingeräumt wurde: Ein eindrückliches Beispiel hierfür ist die Planung des logistisch hochsensiblen Bereichs der Essensverpflegung, bei der nicht etwa der aus Eventstudien bekannte und damit vorhersehbare Impuls der jugendlichen Teilnehmer veranschlagt wurde, sich nach dem Vormittagsprogramm dorthin zu begeben, „where the action is" (Goffman 1967). Statt einiger zentraler Essensausgabepunkte wurden die Verpflegestellen vielmehr an die über die gesamte Region verstreuten so genannten „Katecheseorte" (Kirchen mit einem Fassungsvermögen von mindestens 500 Menschen) im Großraum Köln, Bonn und Düsseldorf angebunden. An Stelle des erwartbaren Pilgerverhaltens war für diese Planung die Intention der Veranstalter maßgeblich, den Jugendlichen mit dieser Maßnahme die Teilnahme an den Katechesen, dem religiösen Vormittagsprogramm des Weltjugendtags, ‚nahe zu legen'.

3. Zunächst untypisch für ein Marketing-Event erscheint der Umstand, dass ein Großteil der Kosten für den Weltjugendtag über Teilnehmerbeiträge gedeckt wurde. Allerdings ist hierbei einem Spezifikum Rechnung zu tragen: während sowohl bei Publikumsevents als auch bei Szene-Events eine Gebühr für die schlichte Teilnahme erhoben wird, wird beim Weltjugendtag – analog zur Praxis beim Katholikentag – ein Leistungspaket für Verpflegung, Unterkunft, kostenlose Nutzung öffentlicher Verkehrsmittel und, für ausländischer Teilnehmer, eine Krankenversicherung ‚verkauft'. Im – ausgesprochen ‚zurückhaltenden' – Sponsoring entspricht die Finanzierung wiederum derjenigen, die für Marketing-Event typisch ist.

4. Die Veranstalter haben – zumindest auch – das verfolgt, was in der Literatur zum Eventmarketing als ‚Kontaktziel' bezeichnet wird: die unmittelbare Nähe zu (750 Bischöfen, 54 Kardinälen) zahlreich vertretenen hohen geistlichen Würdenträgern und zum Oberhaupt der Katholischen Kirche. Die Organisatoren haben mit dem Event offensichtlich und offensiv eine Reihe von Kommunikationszielen verfolgt, unter denen – wie sich dem in der PR-Abteilung des Weltjugendtagsbüros entwickelten „Kommunikationskonzept" entnehmen lässt – die Nutzung des Events zum Imagegewinn für den Veranstalter an erster Stelle steht. Insbesondere diente das Event dem mit hohem dramaturgischem Einsatz realisierten Zweck, jene religiöse Sinnwelt ins Zentrum zu stellen, die von der Katholischen Kirche als Institution verwaltet und gepflegt wird: das Geheimnis des (katholischen) Glaubens.

5. Dieses Glaubensangebot wurde – dezidiert konkurrenzlos – im Rahmen einer sakralen Erlebniswelt präsentiert und in einer Atmosphäre des Geheimnisvollen inszeniert, deren außergewöhnliche Erlebnisqualität ein starkes ‚Involvement' bei den Teilnehmern vor Ort und ein hohes Aktivierungspotential bei den Zuschauern vor

den Fernsehbildschirmen erzeugen sollte.²² Paradoxerweise konnte das Glaubensangebot, gerade weil es kein kommerzielles ‚Produkt' ist, im Rahmen des Weltjugendtags wesentlich ‚unverblümter' beworben werden als dies bei einem klassischen Marketing-Event möglich ist. Im Gegenteil: während ein ‚säkulares' Event, das eine direkte Produktwerbung in die Veranstaltung integriert, bei den Teilnehmern und Zuschauern auf Ablehnung stößt, konnte das ‚sakrale Produkt' beim Weltjugendtag explizit angepriesen (tatsächlich: gepredigt) werden, ohne damit dem Charakter dieses Events einen Abbruch zu tun.

Die ‚Katholische Kirche' als Glaubensverwalterin beherzigt eine ganze Reihe von Marketing-Grundsätzen: sie pflegt – erstens – in Gestalt des Papstes ein Marken-Etikett, das unverwechselbar für das ‚Produkt' steht, das sie anzubieten hat, und das aufgrund dieser ‚Etikettierung' unter der Fülle an sichtbaren und unsichtbaren Religionen auf den ersten Blick erkennbar ist. Sie veranstaltet – zweitens – ein Event, das hinsichtlich einer ganzen Reihe von Kriterien – spezifizierte Zielgruppe, Finanzierung, Kommunikationsbotschaft, konkurrenzlose Produktpräsentation, Inszenierung einer Erlebniswelt – alle Züge eines Marketing-Events aufweist. Und sie ist bestrebt, der Institution Kirche mit diesem Event das Image „einer lebendigen Kirche" zu verleihen.²³

5 Das Marketingproblem der Katholischen Kirche

Wenn nun dieses Marketing-Event eine nicht nur situative, sondern nachhaltige Vergemeinschaftung befördern sollte, dann wäre damit – drittens – der Boden für die Herausbildung einer posttraditionalen Gesellungsform bereitet, die sich unter Individualisierungsbedingungen spätmoderner Gesellschaften als eine (nicht nur für junge Gläubige) attraktive Alternative zur Traditionsgemeinde erweisen dürfte, da sie das Gemeinschaftsbedürfnis der individualisierten Einzelnen befriedigen könnte, ohne diese (formal oder moralisch) zur Mitgliedschaft zu verpflichten, sie vielmehr dazu ‚ver-

---

[22] Das Fernsehpublikum ist inzwischen ein fester Bestandteil der bei Großveranstaltungen von der katholischen Kirche angesprochenen Zielgruppe. Das macht z.B. auch die Mitteilung des Pressesprechers der für den Besuch von Papst Benedikt XVI. im Herbst 2006 in Bayern verantwortlichen Erzbistums München-Freising deutlich, der darauf hinweist, dass der Papst bei diesem Anlass „mit mehr als einer Million Menschen direkten Kontakt haben [werde], dazu kämen mehrere Millionen Fernsehzuschauer" (ZEIT, 31.8.06, 11).

[23] Da die Katholische Kirche mit dem Papst schon ein Gesicht hat (und zusätzlich mit einer Fülle an lebenden, toten, normalsterblichen, seligen und heiligen Vorbildern aufwarten kann), scheint es nur folgerichtig, hierfür keine (weitere) Person, sondern ein einzigartiges, sozusagen ‚individuelles', gleichwohl aber wiederholbares Ereignis zum Ausdruck „einer lebendigen Kirche" zu machen.

Michaela Pfadenhauer

führt'. Aufgrund der Ausrichtung des Weltjugendtags auf den Papst und in Folge der Begeisterung der Teilnehmer für den Papst könnte sich das entwickeln, was im Marketing-Jargon als ‚Brand Community' diskutiert wird.

Abbildung 1: Das Marketingkonzept der Katholischen Kirche

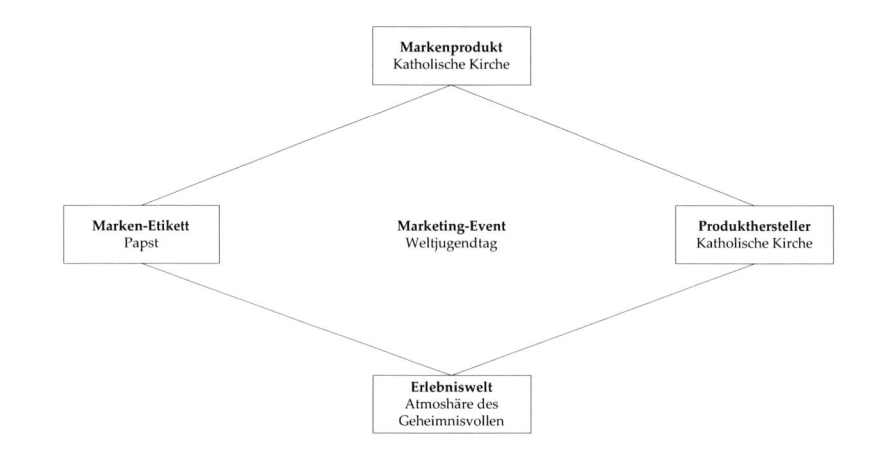

Auch wenn die Entstehung, Entwicklung, Dynamik und Beständigkeit von Brand Communities noch weithin unerforscht ist: ihr Marketing-Nutzen ist bereits erkannt worden (von Loewenfeld 2006). Die Mitglieder von Brand Communities sind ein Stimmungsbarometer für Produktneuerungen und -veränderungen, sie sind ideale Testpersonen, weil kompetent, interessiert, geduldig und in ihrem Testurteil unbestechlich, und sie sind glaubwürdige Fürsprecher des Produkts gegenüber noch unentschiedenen Käufergruppen. Aus Marketing-Gesichtspunkten erweist sich die Investition in eine Brand Community deshalb als eine Investition in die Zukunft des Produkts ebenso wie in die des Produktherstellers.

Allerdings wissen wir von den wenigen Beispielen ‚funktionierender' Markengemeinschaften, unter denen die „Harley Davidson Group" nach wie vor das Flaggschiff zu sein scheint, dass diese keineswegs vom Produkthersteller einfach ‚gemacht' werden können. Produktorientierte Gemeinschaften basieren vielmehr – auch – auf der bedingungslosen Leidenschaft der Konsumenten für *ihr* Produkt, auf der unerschütterlichen Überzeugung von der Besonderheit, der Einzigartigkeit, der Qualität, der konkurrenzlosen Leistungsfähigkeit dieses *einen* Produkts gegenüber allen Produktalternativen. Außer von Harley Davidson-Bikern (Schouten/McAlexander 1995, Hellman 2005a) wird ein solcher ‚Glaube' z.B. auch von Käufern des Apple-Computers (vgl. Muniz/-Schau 2005), von Anwendern der Linux-Software und – wenn man amerikanischen

Fernsehserien Glauben schenken darf – von Manolo Blahnik-Schuh-Trägerinnen – berichtet.[24]

Das zentrale Problem der Katholischen Kirche hierzulande und generell im säkularisierten Europa ist das, was der Pastoraltheologe Karl Schlemmer (2006) „religiöse Unbekümmertheit" nennt: ein höchst individueller und in der Regel nachlässiger Umgang mit den Kirchengeboten (z.B. dem Gebot der Sonn- und Feiertagsruhe, des sonntäglichen Kirchgangs, der Einhaltung der Fast- und Abstinenztage und der Beichtpflicht), ebenso wie mit zentralen Glaubensinhalten (z.B. den Glauben an die Auferstehung, an ein Leben nach dem Tod, aber auch mit dem Glauben etwa an die Transsubstantiation während der eucharistischen Wandlung[25]). Während die Nichteinhaltung von Kirchengeboten noch als Aufkündigung des von Max Weber so bezeichneten „Anstaltsgehorsams" und damit als Ausdruck der gesamtgesellschaftlich grassierenden Institutionenschwäche (weg-)interpretiert werden kann, trifft die Indifferenz gegenüber dem Wahrheitsanspruch der Glaubensinhalte ins ‚Mark' einer jeden Religion.

Diese Unbekümmertheit zeigt sich durchaus auch beim Weltjugendtag, wenngleich die Programmangebote – Gottesdienste, Katechesen, Beichte – durchaus angenommen werden, identifizieren sich die „Pilger" keineswegs mit den hier und anderswo verlautbarten Glaubenssätzen und Dogmen der Katholischen Kirche. Ein zentrales Ergebnis der Untersuchung des an den Universitäten Koblenz und Trier angesiedelten Teilprojekts zum Weltjugendtag ist vielmehr die große Bandbreite der Religiositäten bzw. der religiösen Idiosynkrasien unter den Teilnehmern. Und die Katholische Kirche hat keinen Einfluss darauf (oder macht diesen derzeit jedenfalls nicht geltend), dass sich die jugendlichen Teilnehmer massenhaft individuell diese ihre je idiosynkratischen Religiositäten in ein Gefäß der Marke ‚katholisch' mit dem Etikett ‚Papst' füllen.

Auch die Teilnehmer des Weltjugendtags legen ein Verhalten an den Tag, das dem jener Luxus-Schnäppchenjäger verwandt ist, die sich an der Fälschung eines Markenprodukts erfreuen, wenn nur das Markenzeichen gut sichtbar an der richtigen Stelle angebracht ist. Selbst von den Teilnehmern des Weltjugendtags nimmt nur ein kleiner Teil das Glaubensangebot als ‚Gesamtpaket' in Anspruch, wie es von der Katholischen Kirche vertreten wird. Vielmehr basteln sie sich wie heutige Gläubige generell ihr ganz persönliches Set an Glaubensüberzeugungen – vergleichbar jenen Konsumenten, die sowohl bei Prada als auch bei H&M, sowohl bei Aldi als auch bei Feinkost Käfer ihren Kleiderschrank und Kühlschrank füllen, und die in der Konsumforschung nicht ohne

---

[24] Da die empirische Forschung zu Brand Communities aber noch in den ‚Kinderschuhen' steckt, sind diese Angaben ohne Gewähr und ohnehin alles andere als vollständig (Cova 1997, Muniz et al. 2001, Hellmann 2005b). Am ehesten vermuten darf man Entsprechungen dieses ‚Käufertypus' in den Neuen Geistlichen Bewegungen – Jugend 2000, Legionäre Christi, Redemptoris Mater, Marienthal usw.

[25] Ruster 2006; Der Unbedarftheit hinsichtlich Transsubstantiation ist nicht zuletzt ein Grund dafür, warum vielen Katholiken die kirchliche Zurückhaltung gegenüber Ökumene unverständlich bleibt (Schlemmer 1991).

Michaela Pfadenhauer

Grund als „unmanageable consumers" (Gabriel/Lang 1995) etikettiert werden. So scheint die Kombination des christlichen Glaubens an die Auferstehung mit der in ostasiatischen Religionen Glauben an die Wiedergeburt im Diesseits für viele Katholiken kein Widerspruch zu sein (Sachau 1998).[26]

Wenn sich die Kirche aber nicht als ein Sinnanbieter u.a., bzw. als Versatzstücklieferant für idiosynkratische Religiositäten missbraucht sehen will, muss sie an der Abnahme des von ihr vertretenen einzig ‚wahren' und vor allem vollumfänglichen Sinnangebots interessiert sein – ohne Wenn und Aber und ohne eklektizistische Abstriche. Aus Sicht von Marketing-Experten sind Kirche und Marketing durchaus vereinbar. Ein kirchliches Marketing erfordere allerdings, dass die Kirche den Balanceakt bewältigt, „veränderbare Merkmale des kirchlichen Angebots im Einklang mit den religiösen Inhalten und dem kirchlichen Auftrag an eventuelle Erfordernisse der Nachfragerseite anzupassen, die aus religiösen Gründen nicht veränderbaren Angebotsteile angemessen, aber wirkungsvoll zu vermitteln, diese beiden Dimensionen des Angebots möglichst eindeutig zu definieren und abzugrenzen und dabei eine Kommerzialisierung des Angebots der religiösen Werte auszuschließen" (Tscheulin/Dietrich 2003, 4).

Das heißt: Das Rahmenprogramm kann an den Wünschen der Kunden ausgerichtet werden, die Kernbotschaft aber ist ‚glaub-würdiger' zu vertreten als dies bislang getan wird – im doppelten Wortsinn: überzeugender und auf die ‚Würde' des Glaubens-(kerns) pochend. Da diese ‚Würdigung' unter den heutigen, pluralistischen Bedingungen aber nicht von den Gläubigen erzwungen werden kann, muss ihnen die Idee der *reinen* Lehre, d.h. die Faszination der *wahren* Religion attraktiv vermittelt werden, um sie dergestalt zur Abnahme tatsächlich des *Marken*produkts zu verführen. Als ein Schritt in diese Richtung kann möglicherweise die Vorlesung Benedikts XVI. an der Universität Regensburg gewertet werden, die aus Gründen der impliziten Islamkritik hohes Aufsehen erregt hatte: weniger breite Aufmerksamkeit hat der Umstand erfahren, dass hier zwischen den Eckpfeilern ‚Vernunft' hie und ‚(christliche) Religion' ein weiter Sinnkosmos aufgespannt wird, den, so die Botschaft des Papstes, letztlich *nur* das Sinn-Angebot der katholischen Kirche abzudecken in der Lage sei. Unverkennbar ist diese in eine akademische Vorlesung verpackte Botschaft an die Adresse der europäischen Intellektuellen gerichtet. Es bleibt abzuwarten, ob noch unter dem dezidiert theologisch akzentuierten Pontifikat Benedikts XVI. Versuche unternommen werden, diese Marketing-Strategie massenkompatibel umzusetzen.

---

[26] Zur Unvereinbarkeit der personalen mit der impersonalen Gottesidee: Berger (2004).

6 Literatur

Badelt, Christoph/Meyer, Michael/Simsa, Ruth (1997, Hrsg.): Handbuch der Nonprofit Organisation. Stuttgart: Schäffer-Poeschel.
Berger, Peter L. (1973): Zur Dialektik von Religion und Gesellschaft. Elemente einer soziologischen Theorie. Frankfurt am Main: S.Fischer.
Berger, Peter L. (2004): Questions of Faith. A Skeptical Affirmation on Christianity. Malden, MA: Blackwell.
Bischof, Roland (2004): Event-Marketing. Emotionale Erlebniswelten schaffen–Zielgruppen nachhaltig binden. Berlin: Cornelsen.
Bruhn, Manfred (1997): Kommunikationspolitik. München: Vahlen.
Buber, Renate/Meyer, Michael (1997, Hrsg.): Fallstudien zum NPO-Management. Stuttgart: Schäffer-Poeschel.
Buß, Eugen (2004): Die Eventkultur in Deutschland. Eine empirische Bestandsanalyse in Unternehmen, Non-Profit-Organisationen und Event-Agenturen. Hohenheim, http://www.eventkultur.net/new/infopool/pdf/eventkultur.pdf [Zugriff: 14.8.06].
Christen, Thomas (2002): Kundenevents im Marketing für komplexe Leistungen. Unveröff. Dissertation an der Universität St. Gallen.
Cova, Bernard (1997): Community and Consumption: Towards a Definition of the Linking Value of Product of Services. In: European Journal of Marketing, vol. 31, no. 3/4, 297-316.
Ebertz, Michael N. (2000): Transzendenz im Augenblick. Über die ‚Eventisierung' des Religiösen – dargestellt am Beispiel der Katholischen Weltjugendtage. In: Gebhardt, Winfried/Hitzler, Ronald/Pfadenhauer, Michaela (Hrsg.): Events. Soziologie des Außergewöhnlichen. Opladen: Leske + Budrich, 345-362.
Euteneuer, Matthias/Niederbacher, Arne (2006): Unternehmer spielen: Überlegungen zur Figur des Unternehmers bei Joseph Schumpeter. In: Carell, Angela/Herrmann, Thomas/Kleinbeck, Uwe (Hrsg.): Innovationen an der Schnittstelle zwischen technischer Dienstleistung und Kunden. Heidelberg: Physica (im Erscheinen).
Gabriel, Yiannis/Lang, Tim (1995): The Unmanageable Consumer. Contemporary Consumption and its Fragmentation. London: Sage.
Gerhards, Klaus (2002): „God is a DJ". Zur pop- und jugendkulturellen Religionsproduktivität von Events. In: Hobelsberger, Hans/Hüster, Paul (Hrsg.): Event im Trend. Beiträge zu einem verantworteten Umgang mit einer neuen Sozialform der Jugendpastoral. Düsseldorf: Haus Altenberg, 75-90.
Goffman, Erving (1967): Where the action is. In: Goffman, Erving: Interaction Ritual: Essays on Face-to-Face-Behavior. New York: Pantheon, 149-270.
Hammerthaler, Ralph (1998): Die Weimarer Lähmung. Kulturstadt Europa 1999 – Szenisches Handeln in der Politik. Berlin: Lukas.
Hellmann, Kai-Uwe (2005a): Die Magie einer Marke. Harley-Davidson als prototypische „brand community". In: Fischer, Wolfgang/Eckstein, Manuela/Blenk, Georg (Hrsg.): Markenmanagement in der Motorradindustrie. Die Erfolgsstrategien der Motorradhersteller. Wiesbaden: Gabler, 67-86.
Hellmann, Kai-Uwe (2005b): Funktionen und Folgen von Brand Communities. In: Münsteraner Diskussionsforum für Handel, Distribution, Netzwerk- und Markenforschung, 50-66.
Hitzler, Ronald (2000): „Ein bisschen Spaß muss sein!" Zur Konstruktion kultureller Erlebniswelten. In: Gebhardt, Winfried/Hitzler, Ronald/Pfadenhauer, Michaela (Hrsg.): Events. Soziologie des Außergewöhnlichen. Opladen: Leske + Budrich, 401-412.

Hitzler, Ronald (2002): Trivialhedonismus. Eine Gesellschaft auf dem Weg in die Spaßkultur. In: Göttlich, Udo/Albrecht, Clemens/Gebhardt, Winfried (Hrsg.): Populäre Kultur als repräsentative Kultur, Köln: Halem, 244-258.

Hitzler, Ronald/Bucher, Thomas/Niederbacher, Arne (2005): Leben in Szenen. Opladen: Leske + Budrich.

Honer, Anne (1994): Das explorative Interview. In: Schweizerische Zeitschrift für Soziologie, 623-640.

Hubschmid, Claudia (2002): „Vertrauen" im komplexen organisationalen Arrangement – der Fall „EXPO". Unveröff. Dissertation an der Universität St. Gallen.

Kalthoff, Herbert (2006): Beobachtung und Ethnographie. In: Ayaß, Ruth/Bergmann, Jörg (Hrsg.): Qualitative Methoden der Medienforschung. Reinbek: Rowohlt, 146-182.

Knoblauch, Hubert (2000): Das strategische Ritual der kollektiven Einsamkeit. Zur Begrifflichkeit und Theorie des Events. In: Gebhardt, Winfried/Hitzler, Ronald/Pfadenhauer, Michaela (Hrsg.): Events. Soziologie des Außergewöhnlichen. Opladen: Leske + Budrich, 33-50.

Loewenfeld, Fabian von (2006): Brand Communities. Erfolgsfaktoren und ökonomische Relevanz von Markengemeinschaften. Wiesbaden: DUV.

Lucas, Rainer/Matys, Thomas (2003): Erlebnis Nachhaltigkeit? Möglichkeiten und Grenzen des Eventmarketing bei der Vermittlung gesellschaftlicher Werte. Wuppertal Papers Nr. 136.

Muniz Albert M. Jr./O'Guinn, Thomas C. (2001), Brand Community, Journal of Consumer Research, vol. 27 (March), 412-432.

Muniz, Albert M. Jr./Schau, Hope Jensen (2005): Religiosity in the Abandoned Apple Newton Brand Community. In: Journal of Consumer Research, vol. 31 (March), 737-747.

Pfadenhauer, Michaela (2000): Spielerisches Unternehmertum. Zur Professionalität von Event-Produzenten in der Techno-Szene. In: Gebhardt, Winfried/Hitzler, Ronald/Pfadenhauer, Michaela (Hrsg.): Events. Soziologie des Außergewöhnlichen. Opladen: Leske + Budrich, 95-114.

Ruster, Thomas (2006): Wandlung. Ein Traktat über Eucharistie und Ökonomie. Mainz: Grünewald.

Sachau, Rüdiger (1998): Weiterleben nach dem Tod? Warum immer mehr Menschen an die Reinkarnation glauben. Gütersloh: Gütersloher Verlagshaus.

Schlemmer, Karl (2006): Religiöse Unbekümmertheit in areligiöser Umgebung. Unveröff. Manuskript.

Schlemmer, Karl (1991, Hrsg.): Gemeinsame Liturgie in getrennten Kirchen? Freiburg, Basel, Wien: Herder.

Schouten, John W./Mc Alexander, James H. (1995): Subcultures of Consumption. An Ethnography of the New Bikers. In: Journal of Consumer Research, vol. 22(1), 43-61.

Soeffner, Hans-Georg/Hitzler, Ronald (1994): Hermeneutik als Haltung und Handlung. Über methodisch kontrolliertes Verstehen. In: Schröer, Norbert (Hrsg.): Interpretative Sozialforschung. Opladen: Westdeutscher, 28-54.

Spradley, James (1979): The Ethnographic Interview. New York: Holt, Rinehart and Winston.

Tscheulin, Dieter K./Dietrich, Martin (2003): Zur (Un-)Vereinbarkeit von Marketing und Kirche – Eine anbieterorientierte Analyse des kirchlichen Marketing. Freiburg: Freiburger Betriebswirtschaftliche Diskussionsbeiträge Nr. 48/03.

Zanger, Cornelia (2001): Event-Marketing. In: Tscheulin, Dieter/Helmig, Bernd (Hrsg.): Branchenspezifisches Marketing. Wiesbaden: Gabler, 833-853.

Zanger, Cornelia/Sistenich, Frank (1998): Theoretische Ansätze zur Begründung des Kommunikationserfolgs von Eventmarketing – illustriert an einem Fallbeispiel. In: Nickel, Oliver (Hrsg.): Eventmarketing. Grundlagen und Erfolgsbeispiele. München: Vahlen, 39-60.

Ursula Breitenfelder und Eva Zeglovits

Der Einsatz qualitativer Methoden im Forschungsdesign für wahlwerbende Organisationen

1 Einleitung 1103
2 Forschungsphasen 1103
3 Forschungsdesigns und Methoden 1104
    3.1   Kampagnenphase 1105
    3.2   Nachwahlphase 1111
    3.3   Zwischenwahlphase 1112
4 Quantitative und qualitative Methoden: Eine perfekte Ehe 1114
5 Fallbeispiel 1116
6 Literatur 1119

Der Einsatz qualitativer Methoden im Forschungsdesign für wahlwerbende Organisationen

1 Einleitung

Dieser Artikel beschreibt den Einsatz von qualitativen Methoden für die Forschung und somit auch für die Beratung wahlwerbender politischer Organisationen. Darunter sind sowohl politische Parteien als auch politische Fraktionen in Interessenvertretungen und -verbänden (Wirtschaftskammer, Arbeiterkammer, Gewerkschaftsbund, Hochschülerschaft etc.) zu verstehen. Ob eine politische Organisation sich einer Wahl stellt oder stellen muss, bestimmt maßgeblich die Forschung und Beratung für diese Organisation. In dem Moment, wo eine politische Organisation sich für eine Wahl zur Verfügung stellt, wird sie in der einen oder anderen Form versuchen, WählerInnen für sich zu gewinnen. Daraus entsteht die Notwendigkeit der Kommunikation mit den potenziellen WählerInnen. Dies wiederum führt zur Planung und Durchführung einer Kampagne, die als Grundlage Beratung und Forschung benötigt.

Die Wahl bestimmt damit auch die Zyklen einer politischen Organisation, wenn sie eine wahlwerbende ist. In diesem Beitrag beschreiben die Autorinnen die unterschiedlichen Funktionen und Aufgaben von sozialwissenschaftlicher Forschung in den verschiedenen rund um das Zentrum der Wahl gelagerten Phasen einer politischen Organisation aus einem anwendungsorientierten Blickwinkel.

Ob für die Forschung qualitative oder quantitative Methoden angewandt werden, ergibt sich aus dem jeweiligen Bedarf und der Fragestellung und kann auf keinen Fall kategorisch entschieden werden. Sozialwissenschaftliche Forschung für politische Organisationen benötigt das gesamte Methodenrepertoire. Nur dann kann ein dem jeweiligen Bedarf adäquates Forschungsdesign konzipiert werden – eine sinnvolle Abstimmung unterschiedlicher Methoden und Forschungsschritte über einen längeren Zeitraum hinweg. Die Autorinnen geben einen Überblick, welche Methoden wann und für welchen Erkenntnisschwerpunkt zum Einsatz kommen sollten. Auf den Einsatz von qualitativen Methoden – Fokusgruppen und qualitativen Interviews – wird vertiefend eingegangen. Schließlich rundet ein Fallbeispiel eines Forschungsprojekts für eine wahlwerbende politische Organisation den Beitrag ab.

2 Forschungsphasen

Die *Kampagnenphase* einer wahlwerbenden politischen Organisation ist aus der Erfahrung der Autorinnen die forschungs- und beratungsintensivste. Aus Sicht der Forschung sollte diese Phase bereits relativ früh beginnen, abhängig von der Art der Wahl und vom Wahlzyklus. Es macht für Dauer und Umfang der Vorbereitungen selbstverständlich einen Unterschied, ob alle zwei oder alle fünf Jahre gewählt wird, ob es sich

Ursula Breitenfelder und Eva Zeglovits

um eine HochschülerInnenschaftswahl oder um eine Nationalratswahl handelt. Für letztere etwa setzen wir den Beginn der Kampagnenphase eineinhalb bis zwei Jahre[1] vor der Wahl an. Diese Zeit braucht es, um die strategische Beratung, die Kampagnenplanung und die Briefings von Agentur, FunktionärInnen und KandidatInnen auf fundierten Forschungsergebnissen aufzubauen. Die Forschung in der Kampagnenphase beginnt zunächst mit explorativen, eher offen und breit angelegten Forschungselementen, um in einem nächsten Schritt entwickelte Hypothesen zu überprüfen und zu verfestigen. Auch die Überprüfung von Partei- und KandidatInnen-Images findet von Anfang an statt. Im weiteren Verlauf steht das Testen von Themen, Botschaften und Werbemitteln im Zentrum der Forschung. In der „heißen" Phase des Wahlkampfs bieten unterschiedliche Formen von Wahlkampf-Monitorings Feedback und Korrekturmöglichkeiten.

In der *Nachwahlphase* steht die Reflexion des Wahlergebnisses im Mittelpunkt der Forschung. Hier geht es einerseits darum, Wählerwanderungen, Motivlagen der WählerInnen und andere Einflussfaktoren auf das Wahlergebnis zu analysieren und daraus Schlussfolgerungen für die Konzeption der politischen Arbeit der Organisation in der Zwischenwahlphase zu ziehen. Andererseits ist Forschung und politische Beratung in der Nachwahlphase vor allem auch auf die Positionierung der politischen Organisation in die neuen und oftmals stark veränderten Machtverhältnisse ausgerichtet.

Die *Zwischenwahlphase* beginnt nach der Konstituierung der neuen Machtverhältnisse. Einerseits wird in dieser Phase, wenn notwendig, an grundlegenden Image-Veränderungen und Neu-Positionierungen gearbeitet, andererseits bilden die thematische Orientierung und Schwerpunktsetzung in dieser eher „kampagnenärmeren" Zeit einen möglichen Forschungsfokus. Hier findet sich auch am ehesten sozialwissenschaftliche Forschung, die bestimmte gesellschaftliche Themen oder Interessenlagen untersucht, was einerseits als Grundlage für die politische Arbeit herangezogen wird, andererseits aber öffentlichkeitswirksam in die Pressearbeit oder in Zwischenkampagnen einfließt. Auch an innerorganisatorischen Strukturen wird am besten in der Zwischenwahlphase gearbeitet, um für den nächsten Wahlkampf besser gerüstet zu sein.

3 Forschungsdesigns und Methoden

Am Anfang relevanter Forschung steht das Forschungsdesign, das einzelne Erkenntnisziele in Forschungselemente übersetzt und diese zeitlich und inhaltlich aufeinander

---

[1] Kossdorf und Sickinger (1996, 50) nehmen einen kürzeren Planungszeitraum von einem halben Jahr bis zu einem Jahr an, der wohl meist der Realität entspricht. Wünschenswert aus Sicht von Forschung und Beratung ist allerdings ein längerer Planungshorizont.

abstimmt. Da die verschiedenen Phasen im Zyklus einer politischen Partei oder Fraktion unterschiedliche Schwerpunkte haben, sehen auch die Forschungsdesigns entsprechend anders aus. Wir präsentieren im Folgenden drei Modelle für Forschungsdesigns in den entsprechenden Phasen, um anhand dieser die einzelnen Forschungselemente und im speziellen die unterschiedlichen Einsatzmöglichkeiten qualitativer Methoden zu beschreiben. Diese Modelle sind aus zweierlei Gründen „idealtypisch": Einerseits, weil Forschungsdesigns, die auf die aktuelle Situation der politischen Organisation und ihrer Rahmenbedingungen zugeschnitten sind, selten komplett gleich sein können. Andererseits, weil nicht immer alles, was an Forschung sinnvoll erscheint, finanziert wird oder werden kann. Reduzierungen aufgrund von budgetären Einschränkungen sind der Regelfall, und bei der Entscheidung, auf welche Teile der Forschung verzichtet werden kann und auf welche nicht, spielen die Expertise des Forschers bzw. der Forscherin und die Prioritätensetzung bei den Erkenntnis- und Umsetzungszielen eine große Rolle. Ein konziser Einsatz der richtigen Methode(n) für das jeweilige Forschungsziel bestimmt letztendlich die Relevanz der Ergebnisse für die auftraggebende Organisation. Ob es sich dabei nun um quantitative oder qualitative Methoden, um Fokusgruppen oder um qualitative Interviews handelt, ist keine Frage der verfügbaren Fachkompetenz oder eventueller methodischer Vorlieben des Forschers bzw. der Forscherin, sondern der Erkenntnisinteressen und Umsetzbarkeit der Forschungsergebnisse (Behnke/Baur/Behnke 2006, 18ff).

Wir möchten an dieser Stelle darauf hinweisen, dass wir Fokusgruppen synonym mit dem in der Literatur ebenfalls gängigen Begriff „Gruppendiskussion" verwenden, und zwar auch dann, wenn sie Merkmale von „Gruppeninterviews" beinhalten. Dies ist bspw. dann der Fall, wenn die DiskussionsteilnehmerInnen einzeln Assoziationen zu Bild- oder Textmaterial vornehmen oder standardisierte Kurzfragebogen ausfüllen. In der Praxis erweist es sich als sinnvoll, je nach Forschungsinteresse sowohl Interview- als auch Diskussionselemente in den Fokusgruppen zum Einsatz zu bringen, auch wenn in der Theorie diese beiden Methoden klar voneinander abgrenzbar sind.

3.1 Kampagnenphase

Bei der Kampagnenberatung steht die Entwicklung und die Ausgestaltung von Botschaften, das Wissen um die unterschiedlichen Zielgruppen und deren unterschiedliche Bedürfnisse sowie eine auf diesen Erkenntnissen aufbauende Strategie im Vordergrund. Die Forschung in diesem Bereich zielt vor allem auf Optimierung von Kommunikation und Ressourceneinsatz, auf Strategieentwicklung und Außendarstellung.

Abbildung 1 zeigt, welche Methoden in einem 18 Monate dauernden, die politische Beratung unterstützenden Forschungsprozess zu welchem Zeitpunkt eingesetzt werden können. Die Forschung erhebt auf Seiten der WählerInnen Meinungen, Einstellungen, Interessen und Erwartungen (rote Pfeile) und analysiert diese. Die Ergebnisse werden gemeinsam mit strategischen Empfehlungen durch die Beratung der politischen Organisation präsentiert (schwarze Pfeile Richtung Partei). Gemeinsam mit dieser werden neue Fragestellungen und Erkenntnisinteressen definiert und die entsprechenden Forschungsschritte vorbereitet (schwarze Pfeile Richtung Forschungsschritte). Dann werden die Erhebungen auf Seiten der WählerInnen fortgesetzt. Bei der FunktionärInnenbefragung findet die Erhebung auf Seiten der Partei statt (roter Pfeil von der Partei zur FunktionärInnenbefragung). Auch diese Ergebnisse werden über die Beratung der politischen Organisation rückgespiegelt. Bei Sekundär- und Aggregatdatenanalysen, ExpertInneninterviews und Medienbeobachtung stehen andere Quellen als WählerInnen oder FunktionärInnen zur Verfügung.

Abbildung 1: Forschungsprozess in einer Kampagnenphase

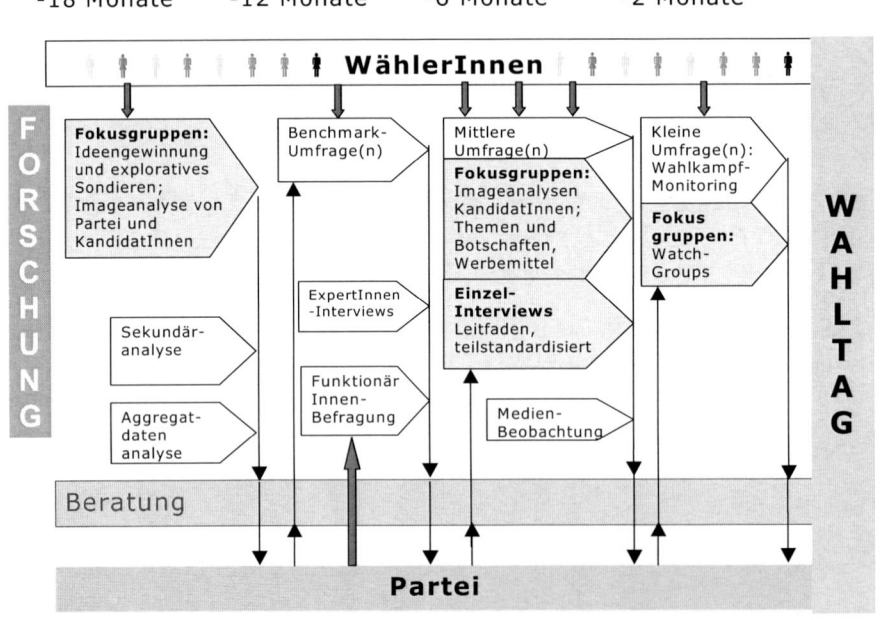

Zu Beginn eines auf eine Wahl bzw. eine Kampagne ausgerichteten Forschungsprozesses steht im Mittelpunkt oft das explorative Sondieren bezüglich Interessenlagen, Themenprioritäten, Erwartungen und Einstellungen der WählerInnengruppen, ihre Wahrnehmung der politischen und gesellschaftlichen Situation, der politischen RepräsentantInnen, Parteien, Fraktionen.

Der Einsatz qualitativer Methoden im Forschungsdesign für wahlwerbende Organisationen

Für diesen ersten Schritt der Exploration werden in der Forschung häufig Fokusgruppen eingesetzt (Lamnek 2005, 475). Im Gegensatz zu quantitativen Erhebungen kommen Fokusgruppen mit wesentlich weniger Vorgaben durch die ForscherInnen aus und können somit auch neue und überraschende Erkenntnisse hervorbringen, die bisher außerhalb des „Tellerrands" der ForscherInnen, aber auch der PolitikerInnen gelegen sind. Fokusgruppen haben hier eine starke „Rückhol-Funktion"[2] – sowohl die ForscherInnen als auch FunktionärInnen und MitarbeiterInnen von politischen Parteien führen über Politik meist Eliten-Diskurse, die mit der Art und Weise, wie die WählerInnen politische Themen wahrnehmen und reflektieren, oft wenig gemeinsam haben. Durch offen angelegte Fokusgruppen erhalten die ForscherInnen und PolitikerInnen einen Einblick darin, wie Politik bei der großen Mehrheit derjenigen diskutiert wird, für die Politik nicht das Alltagsgeschäft ist.

Fokusgruppen können im Vergleich mit quantitativen Erhebungen auch die Bedürfnisse, Meinungen und Einstellungen der Befragten breiter und umfassender erheben, indem sie nicht nur aufzeigen, welche Bedürfnisse und Einstellungen es gibt, sondern auch, wie diese artikuliert und im Gruppenkontext verarbeitet, in welche Begründungen und sonstige Kontexte sie eingebettet und welche Zusammenhänge und Argumentationslinien hergestellt werden.

Den Vorteil, Meinungen und Einstellungen im Gruppenkontext zu erfassen, bieten Fokusgruppen auch gegenüber qualitativen Interviews. So erschließt sich beispielsweise die Polarisierung eines Themas einschließlich der damit einhergehenden Emotionalität in der Gruppendiskussion wesentlich deutlicher.

Ebenfalls zu Beginn der Kampagnenphase wird das Image der KandidatInnen und der Parteien bzw. Fraktionen – der eigenen und der gegnerischen – untersucht. Zu diesem Zeitpunkt kann das Image von wahlwerbenden Gruppen oder Personen zwar meist nicht mehr grundlegend verändert werden, dennoch können eigene Imagestärken und gegnerische Schwächen genützt sowie eigene Schwächen kompensiert werden.

Die Positionierung der KandidatInnen spielt in der Kampagne eine zentrale Rolle, weswegen das Image auch im weiteren Forschungsverlauf ein relevanter Beobachtungspunkt bleibt. Die Untersuchung des aktuellen KandidatInnen- und Parteienimages kann in die Fokusgruppen zu Beginn des Forschungsprozesses eingebaut werden. Wir wählen dazu häufig die Methode des „freien Assoziierens" der Fokusgruppen-TeilnehmerInnen zunächst auf schriftlicher Basis. Dabei schreiben die TeilnehmerInnen vor dem Diskussionsteil spontan auf, was ihnen zu den unterschiedlichen Stimuli (KandidatIn, Partei) einfällt. Dadurch erhält man von der Gruppe unbeeinflusste Meinungen und gleichzeitig mit relativ wenig Zeitaufwand eine Fülle an „Assoziations-Material". In der anschließenden Diskussion sind dann die TeilnehmerInnen schon auf das Thema eingestimmt. In diesem zweiten Schritt lässt sich untersuchen,

---

[2] Funktionen von Fokusgruppen in der Politikforschung: Breitenfelder et al. (2004).

wie die individuellen Wahrnehmungen von KandidatInnen und Partei im Gruppenkontext verarbeitet werden.

In Fokusgruppen lässt sich herausfinden, wie bestimmte Zielgruppen KandidatInnen wahrnehmen und wo Stärken und Schwächen ihrer Positionierung liegen. Diese Ergebnisse können in quantitativen Umfragen auf zielgruppenspezifische Besonderheiten, Verteilung und Effekte auf das Wahlverhalten untersucht werden. Auf dieser Basis kann die Positionierung der KandidatInnen in der Kampagne aufbauen.

Oft liefern Fokusgruppen aber auch auf sprachlicher Ebene wertvolles Material für die Kampagne und für die Positionierung der KandidatInnen – Formulierungen, Beschreibungen und Begriffe, die oft wörtlich für die politische Kommunikation bzw. für die Erarbeitung der Kommunikationsstrategie eingesetzt werden können. Wie Probleme oder Anliegen formuliert werden, welche sprachlichen Wendungen von den WählerInnen benützt und verstanden werden, ist ein wichtiger Erkenntnisgewinn in Hinblick auf eine zielgruppengerechte Kommunikation. Bei der Analyse können dementsprechend „in-vivo-Codes" verwendet werden, also „Bezeichnungen und Interpretationen [...], die von den Befragten selbst gebraucht werden, weil sie im Kontext eine bestimmte Konnotation haben" (Behnke/Baur/Behnke 2006, 346f).

Wie aus dem Gesagten bereits hervorgeht, sind Fokusgruppen zu Beginn des Forschungsprozesses eher breit und offen anzulegen. Hier geht es um die Fülle des Materials, was durch eine größere Anzahl von Gruppen und durch einen sehr offenen Leitfaden gewährleistet wird. Daraus ergibt sich natürlich auf der anderen Seite in der Auswertung der Fokusgruppen ein nicht unerheblicher Aufwand. Der beratende Forscher oder die forschende Beraterin müssen in der Lage sein, die Materialfülle einerseits auf vermittelbare Kernergebnisse und strategische Empfehlungen zu reduzieren und andererseits daraus die für die weitere (quantitative) Forschung relevanten Fraugestellungen zu generieren. Je nach Erkenntnisinteresse und zur Verfügung stehenden Ressourcen wird die Analysetiefe zwischen einer reinen Deskription und einer Feinanalyse variieren. „Die Forscher müssen sehr viel Zeit mitbringen", heißt es bei Behnke, Baur und Behnke (2006, 332) im Zusammenhang mit qualitativen Analysemethoden in der Politikwissenschaft. In der anwendungsorientierten Forschung und Beratung ist diese Bedingung meist nicht gegeben. Die ForscherInnen und BeraterInnen müssen vielmehr zwischen „für den Kunden bzw. die Kundin relevant" und „für den Kunden bzw.die Kundin irrelevant" unterscheiden können und jene Ergebnisse aus dem Datenmaterial extrahieren, die das gewünschte Ziel des Kunden bzw. der Kundin (etwa: die Wahl zu gewinnen) ein Stück näher bringen.

Kurz gesagt: Fokusgruppen sind nicht nur eine Informationsquelle für sich, sondern bilden eine wesentliche Grundlage für die weiterführende quantitativ-empirische Arbeit. Aus den Fokusgruppen-Ergebnissen heraus können neue Hypothesen gebildet und die Fragestellungen für die quantitativen Umfragen entwickelt werden.

Der Einsatz qualitativer Methoden im Forschungsdesign für wahlwerbende Organisationen

Neben Fokusgruppen sind zu Beginn eines Forschungsprozesses in der Kampagnenphase auch Sekundäranalysen und Aggregatdatenanalysen hilfreich. Sowohl Sekundäranalysen als auch Aggregatdatenanalysen können der ex ante Definition von thematischen Prioritäten der WählerInnen, aber auch Problemfeldern oder Problemgruppen dienen, für die in Hinblick auf eine zukünftige Wahl eine Gegenstrategie entwickelt werden soll. Auch dies steht für eine Vorauswahl von Inhalten oder eine Fokussierung auf Teilpopulationen für folgende quantitative Erhebungen zur Verfügung. Aggregatdaten können beispielsweise Informationen über die tatsächliche Wahlbeteiligung auf der kleinsten auswertbaren Ebene (z.B. Wahlsprengel) liefern und so Gemeindetypen (aber auch je nach Datenlage: Branchen, Fakultäten oder andere Wählergruppen) mit niedriger Wahlbeteiligung aus den Wahlergebnissen der letzten Wahl identifizieren, die dann ins Zentrum der weiteren Forschung gestellt werden.

Nach dem explorativen Einsatz von Fokusgruppen, Image-Analysen und eventuellen Sekundär- und Aggregatdatenanalysen bieten sich quantitative Erhebungen in größerem Umfang an. In diesen können die in den Fokusgruppen gewonnenen Erkenntnisse quantifiziert, aber auch Hypothesen der ForscherInnen und AuftraggeberInnen über Zusammenhänge zwischen Einstellungen oder Einflussfaktoren auf die Wahlentscheidung auf statistische Signifikanz und Relevanz überprüft werden.

Neben der Befragung der WählerInnen kann zu diesem Zeitpunkt auch eine Befragung der FunktionärInnen von Vorteil sein. Der Wahlerfolg ist nicht unmaßgeblich von der Mobilisierung und dem Engagement der „eigenen Leute" abhängig. Deren Erwartungen, Vorstellungen und Einstellungen zum Wahlkampf zu kennen ist wichtig, um bei der Kampagnenplanung nicht über deren Köpfe hinweg Entscheidungen zu treffen, die im ungünstigsten Fall zu innerparteilichen Querelen in einer Zeit führen, wo geschlossenes Auftreten nach außen am wichtigsten ist. FunktionärInnen sind politische MultiplikatorInnen. Wie politische Botschaften und Inhalte von diesen verstanden und weitertransportiert werden ist relevant – insbesondere für jene Parteien oder Organisationen, deren Wahlkampf stark auf genau ihrer Mitarbeit aufbaut.

Die Befragung der FunktionärInnen kann – je nach Erkenntnisinteresse – sowohl mittels quantitativer Verfahren als auch mit Fokusgruppen oder qualitativen Interviews vorgenommen werden. In Fokusgruppen mit FunktionärInnen kann die Akzeptanz politischer Botschaften bzw. die Bereitschaft und das Engagement diese mitzutragen überprüft werden. Qualitative Befragungen einzelner FunktionärInnen können auch als ExpertInnen-Interviews angelegt werden, wobei in diesem Fall die FunktionärInnen nicht so sehr in der Rolle von Betroffenen fungieren, sondern statt ihrer Bedürfnisse und Erwartungen eher ihre politisch-fachliche Expertise im Vordergrund steht. ExpertInnen-Interviews mit anderen, der politischen Organisation nicht integrierten Personen, tragen zu diesem Zeitpunkt wiederum dazu bei, „systemfremde" Sichtweisen und Beurteilungen in die Wahl- und Kampagnenvorbereitung einzubinden.

Auf Basis der bisher generierten Forschungsergebnisse werden nunmehr Wahlkampfstrategie, Kommunikationslinie, zentrale Botschaft, Argumentationslinien sowie die

Themen entwickelt, die im Mittelpunkt der Kampagne stehen sollen. Die Forschung übernimmt in einem zunehmenden Ausmaß eine Testfunktion. Auch wenn man nun schon weiß, welchen Zielgruppen welche Themen wichtig sind und welche eine hohe Relevanz für das jeweilige Wahlverhalten haben, ist es empfehlenswert, das entwickelte Kommunikationspaket in regelmäßigen Abständen Tests zu unterziehen. Üblicherweise sind diese Tests quantitativer Natur – in Umfragen wird die Entwicklung von Themenpräferenzen, Kandidatenimage, Wahlpräferenzen etc. überprüft.

Aber auch in Fokusgruppen zeigt sich sehr schnell, wie sich entwickelte Kommunikations- und Argumentationslinien bewähren, wie die Themen im Gruppenkontext diskutiert werden, welche Widersprüche, Fragen, Polarisierungen sich auftun. Dies alles bietet wertvolle Hinweise für weitere Entwicklungsschritte und für das KanndidatInnen-Briefing – letztendlich werden sich die KandidatInnen mit denselben Widersprüchen und Fragen im Intensiv-Wahlkampf konfrontiert sehen. Ebenso werden Fokusgruppen für das Testen von Botschaft(en) genutzt. In der Gruppe zeigt sich sehr deutlich, ob die Kriterien einer guten Botschaft – glaubwürdig, für die WählerInnen relevant, präzise, klar, unterscheidbar und (be)zwingend (Bradshaw 1995, 42-43) – erfüllt werden oder nicht.

Noch eine Test-Funktion haben Fokusgruppen bei der Überprüfung von Werbemitteln. Sobald die Entwürfe der Werbeagenturen konkrete Formen angenommen haben, aber für die Auswahl einer endgültigen Linie, einzelner Sujets oder Slogans noch Entscheidungen getroffen werden müssen, können Fokusgruppen als Grundlage für die Entscheidungsfindung herangezogen werden. Dabei wird untersucht, wie das vorbereitete Material auf die Menschen wirkt, welche Assoziationen, Eindrücke, Gefühle, Wahrnehmungen diese bei ihnen auslösen und wie diese im Gruppenkontext verarbeitet werden. Auch hier ist es hilfreich, die TeilnehmerInnen zu Beginn alleine am Papier frei assoziieren oder schriftliche Fragebögen ausfüllen zu lassen, um einen ersten, spontanen, unbeeinflussten Eindruck zu erhalten.

Alternativ zu Fokusgruppen bieten sich in dieser Forschungsphase auch teilstandardisierte face-to-face Interviews an, quasi eine Mischform aus qualitativen und quantitativen Methoden. Der Interviewer/die Interviewerin legt hier den Befragten Sujets oder Slogans vor und erhebt Assoziationen. Dies ist wichtig, um zu überprüfen, ob die gewünschte Botschaft durch das Sujet, den Plakatentwurf oder den Slogan transportiert wird. Er/sie erhebt aber auch quantifizierte Bewertungen (auf einer Skala) zu Einzelmerkmalen (wie etwa Gesamteindruck, Bild, Farben, Übersichtlichkeit, aber auch Slogans, inhaltliche Bewertung der Forderungen). So werden sowohl manifeste als auch latente Kommunikationsinhalte überprüft. Vorteil dieser Einzelinterviews kann die durch andere unbeeinflusste Assoziation (die dem tatsächlichen Wahrnehmen von Plakaten eher entspricht) sein, es können hier aber auch finanzielle Überlegungen mit einfließen.

Die Plakate sind geklebt, die Auftaktveranstaltungen haben die „heiße" Phase des Wahlkampfs eingeleitet. Auch in dieser Phase ist es für eine wahlwerbende Partei

Der Einsatz qualitativer Methoden im Forschungsdesign für wahlwerbende Organisationen

wichtig, neben den über Massenmedien verbreiteten Einschätzungen, Umfragen, Prognosen und Kommentaren Rückmeldungen direkt aus dem Umfeld der WählerInnen zu erhalten. Dies versorgt die betroffenen PolitikerInnen mit zusätzlicher Information abseits von ExpertInnen-Meinungen und ermöglicht noch kleinere Korrekturen in der Performance.

Für Wahlkampf-Monitoring eignen sich neben quantitativen Umfragen auch Fokusgruppen, sogenannte „Watch-Groups". Beim Einsatz solcher „Watch-Groups" muss man allerdings darauf achten, dass sowohl die Organisation und Zusammenstellung der Gruppen als auch die Auswertung oft sehr rasch geschehen müssen. Hier dominieren deshalb stärker strukturierte Leitfäden, einfachere, deskriptive Auswertungsverfahren und die Konzentration auf „Top-Line-Reports" und mündliche Berichterstattung des Forschers und der Forscherin an die EntscheidungsträgerInnen.

Geschwindigkeit spricht in dieser Phase auch für Online-Fokusgruppen. Eine Online-Fokusgruppe funktioniert wie ein „Chat" – die TeilnehmerInnen loggen sich über das Internet ein und diskutieren unter der Leitung eines/r Moderators/in vorgegebene Fragen und Themen. Die aufgezeichnete Diskussion liegt unmittelbar nach Ende der Fokusgruppe vor, die Transkription entfällt. Die Auswertung kann somit sofort beginnen und innerhalb kürzester Zeit fertiggestellt werden. Online-Fokusgruppen haben auch den Vorteil, dass der Aufwand für die TeilnehmerInnen gering ist und dass Personen aus unterschiedlichen Städten, Ländern und Regionen in die Diskussion miteinbezogen werden können.

Beim Einsatz von Online-Fokusgruppen sollte jedoch bedacht werden, dass das hervorgebrachte Material sich von jenem realer Fokusgruppen unterscheidet. Die Ausdrucksweise der TeilnehmerInnen wird knapper, Meinungsbildungsprozesse finden kaum statt. Tiefer gehende Analysen, z. B. auf sprachlich-begrifflicher Ebene, scheinen mit Online-Fokusgruppen kaum möglich zu sein. Hingegen für einen schnell lieferbaren Überblick, wie es in Wahlkampfphasen manchmal notwendig ist, ist diese Methode gut geeignet.

3.2 Nachwahlphase

Die Wahl ist geschlagen. Eine mittels Regressionsanalyse durchgeführte und auf Sprengelergebnissen basierende Wählerstromanalyse (Hofinger/Ogris 1996) zeigt der an der Wahl teilgenommenen politischen Organisation, wie sich die WählerInnen verhalten haben; was ihre WählerInnen der letzten Wahl diesmal gewählt haben, wie viele StammwählerInnen sie behalten konnte, wie viele sie an die NichtwählerInnen verloren hat und wie viele von dort oder von anderen Parteien dazu gewonnen. Außerdem hat die Partei oder Fraktion bei den ForscherInnen noch eine Wahltagsbefragung in Auftrag gegeben. Diese quantitative Umfrage, die am Wahlwochenende durchgeführt wurde (oft als „Wahltagsbefragung" bezeichnet), gibt bereits am Tag nach der Wahl Auskunft über die Motive der WählerInnen und andere Ursachen, die zum Wahlergebnis geführt haben.

Zusätzlich können nach dem Wahltag auch Fokusgruppen verwendet werden, um in einer Nachwahlanalyse Motive für Wahlentscheidungen zu untersuchen oder Hypothesen für Wählerbewegungen zu generieren oder zu bestätigen. Im Gegensatz und als Ergänzung zu repräsentativen Umfragen kann qualitative Forschung hier wiederum Details erkennen, Zusammenhänge sichtbar machen und den Blick auf Aspekte lenken, die neu und überraschend sind, weil sie außerhalb der Vorstellung oder des Erfahrungshorizonts der Forscherin oder des Politikers liegen. Nachwahlanalysen auf der Basis von Fokusgruppen ermöglichen beispielsweise zu verstehen, warum eine bestimmte Gruppe von WählerInnen sich für die eine Partei und nicht für die andere entschieden hat und welche Gründe, Motive und Einflüsse dafür ausschlaggebend waren. Dabei empfiehlt sich, bei der Auswahl der Fokusgruppen-TeilnehmerInnen das Wahlverhalten als Kriterium aufzunehmen.

Sollen Erkenntnisse über Wahlenthaltung (etwa Motive für Nichtwählen, Wissenslücken über die Wahl, organisatorische Hürden) gewonnen werden, ist eine Gruppensituation für die Erhebung eher ungünstig, da Nichtwählen ein sozial unerwünschtes Verhalten ist. Hier sind Einzelinterviews die geeignetere Methode. Als Ursachen für Wahlenthaltung nennen die Befragten oft vordergründige Motive wie „Desinteresse", „war verhindert". Im Erkenntnisinteresse der wahlwerbenden Gruppe und damit der Forschung steht aber das dahinterliegende Motiv, warum das Interesse so niedrig ist, respektive wie man es steigern und damit den Befragten zur Wahlteilnahme motivieren könnte.

Nach der Wahl wird die Macht neu verteilt. Forschung und Beratung können im Auftrag von Parteien Koalitionsverhandlungen begleiten, um Kommunikationsstrategien für Verhandlungsergebnisse zu entwickeln, aber auch um die Auswirkungen eines möglichen Scheiterns der Verhandlungen abschätzen zu können. Quantitative Methoden überwiegen nun, da meist für die Wahlberechtigten repräsentative Ergebnisse erzielt werden sollen. Dennoch sind auch hier Einsatzmöglichkeiten für qualitative Methoden denkbar, etwa Fokusgruppen, um die Glaubwürdigkeit von Argumentationslinien der wahlwerbenden und nun verhandelnden Gruppen zu überprüfen.

3.3 Zwischenwahlphase

Zwischen Wahlen ist der geeignete Zeitpunkt, um an grundlegenden Imageveränderungen und Neupositionierungen wahlwerbender Gruppen oder Personen zu arbeiten. Imageveränderungen brauchen Zeit und müssen behutsam angegangen werden und laufen oft in einem vierphasigen Prozess ab:

- Erhebung des IST-Zustandes,
- Definition des SOLL-Zustandes,
- Entwicklung und Implementierung von Wegen, die Diskrepanz zwischen IST und SOLL zu überbrücken,
- Überprüfung, ob die gewünschte Imageveränderung stattgefunden hat.

Viele Arten qualitativer Methoden sind für die Erhebung von Images geeignet, auch das Erfassen von Text- und/oder Bildmaterial: Reden von ParlamentarierInnen, Parteiprogramme, transkribierte Interviews mit Abgeordneten oder Presseaussendungen einer wahlwerbenden Gruppe können (mit inhaltsanalytischen Methoden) auf das von der wahlwerbenden Gruppe nach außen transportierte Image untersucht werden.

Auch das „draußen ankommende" Image wird unter die Lupe genommen. So gibt die Analyse von Zeitungsartikeln usw. Aufschluss darüber, welches Image durch die Medien tatsächlich weiterkommuniziert wird. Um schließlich das von den WählerInnen wahrgenommene Image zu erheben, bieten sich wiederum Fokusgruppen an.

Im Beratungsprozess werden dann in enger Absprache mit der betroffenen Person oder wahlwerbenden Gruppe Imagekorrekturen, also ein Image-Soll, entworfen. Wege zu finden, dieses neue Image zu kommunizieren, ist dann oft, aber nicht zwingenderwiese, die Aufgabe von Werbeagenturen. Diese möglichen neuen Inszenierungen müssen dann erneut auf Glaubwürdigkeit etc. und natürlich auch darauf, ob sie das gewünschte Image überhaupt transportieren, getestet werden, bevor es an die Umsetzung oder Implementierung gehen kann. Imagekampagnen sind zwischen den Wahlen keine Seltenheit.

Auch thematische Neuorientierungen oder Positionsveränderungen werden am besten in der Zwischenphase vorbereitet. Wahlwerbende Gruppen haben zwischen den Wahlen Zeit, neue Themen aufzugreifen und sich ein Kompetenzprofil zu erarbeiten.

ExpertInnen-Interviews geben Aufschluss darüber, welche Trends für die Zukunft erwartet werden, welche Themen wichtiger oder unwichtiger werden könnten, welche neuen Probleme sich für die WählerInnen auftun usw. Die Sichtweise der WählerInnen kann wiederum in Fokusgruppen erhoben werden. Leitfäden zu diesen Fokusgruppen sind sehr offen gestaltet, um hier nicht durch Vorgaben des Forschers oder der Forscherin genau das Erkenntnisziel der Gewinnung neuer Ideen einzuschränken.

Die sozialwissenschaftliche Analyse von Themen oder Problemfeldern fällt auch, sofern sie überhaupt von wahlwerbenden Gruppen oder Organisationen beauftragt wird, am ehesten in die Phase des Zwischenwahlkampfes. Neuidentifizierte Themen benötigen möglicherweise einer tiefergehenden Problemanalyse, um konstruktive Lösungsvorschläge zu erarbeiten. Auch ist die Präsentation von Ergebnissen wissenschaftlicher Studien zwischen den Wahlen eine Möglichkeit, in der Öffentlichkeit mit

Ursula Breitenfelder und Eva Zeglovits

einem bestimmten (und strategisch gut ausgewählten) Thema präsent zu sein, und so am Kompetenzprofil der wahlwerbenden Gruppe zu arbeiten.

Zuletzt sei noch die Arbeit an innerorganisatorischen Strukturen genannt, die auch von Forschung und Beratung begleitet werden kann. Auch der Aufbau einer Datenbank (der Mitglieder, der WählerInnen, der FunktionärInnen etc.), die meist von quantitativen Erhebungs- und Analysemethoden begleitet wird, gehört zu diesem Prozess. Der politische Berater Blaemire bezeichnet diese Phase als „permanent campaign" (Blaemire 2003) und betont die Wichtigkeit derartiger Datenbanken.

4 Quantitative und qualitative Methoden: Eine perfekte Ehe

Wie aus den bisherigen Ausführungen hervorgeht, setzen wir für die Forschung und Beratung für wahlwerbende politische Organisationen sowohl qualitative als auch quantitative Methoden ein. Im Mittelpunkt der Entscheidung, welche Methode gewählt wird, steht ausschließlich die Funktionalität im Hinblick auf die erwarteten Ergebnisse. Das heißt, weder quantitative noch qualitative Methoden sind per se besser oder schlechter. Sie sind ausschließlich im Hinblick auf das Forschungsziel besser oder schlechter geeignet.

Zusammenfassend möchten wir an dieser Stelle deshalb noch einmal aufzeigen, wann unserer Meinung und Erfahrung nach eher quantitative und wann eher qualitative Methoden das Mittel der Wahl sind und was die einzelnen Methoden können bzw. nicht können.

Qualitative Erhebungsmethoden bieten umfassende Möglichkeiten, über einen wenig erforschten Bereich Wissen zu erwerben bzw. vorhandenes Wissen zu vertiefen. Sie werden eingesetzt zur Ideengewinnung und zum explorativen Sondieren, zum Erkunden von Detailwissen (z.B. ExpertInneninterviews), zur Erforschung von Argumentationsmustern und -ketten, zur Erhebung spezifischer sprachlicher Ausdrucksformen zu einem Bereich oder zur Erforschung von Reaktionen auf Stimuli (z.B. auf Begriffe, Artikel, Produkte).

Fokusgruppen sind gegenüber Einzelinterviews unter anderem dann vorzuziehen, wenn zusätzlich erforscht werden soll, wie Einstellungen und Argumente in einem Kleingruppenkontext generiert und verarbeitet werden. Sie zeigen „wie Meinungen im sozialen Austausch gebildet und vor allem verändert, wie sie durchgesetzt bzw. unterdrückt werden. Die Erhebung verbaler Daten lässt sich in Gruppendiskussionen stärker kontextualisieren. Aussagen und Meinungsäußerungen werden hier im Gruppenzusammenhang getätigt, möglicherweise auch kommentiert und sind Gegenstand

Der Einsatz qualitativer Methoden im Forschungsdesign für wahlwerbende Organisationen

eines mehr oder weniger dynamischen Diskussionsprozesses." (Flick 1996, 138). Ausgehend von der Annahme, dass politische Meinungsbildung in einem sehr hohen Ausmaß in Gesprächen über Politik in Kleingruppenkontexten – Familie, Freunde, Bekannte, ArbeitskollegInnen – stattfindet, kann durch Fokusgruppen diese Realität „simuliert" und der Meinungsbildungsprozess über Themen, Images, Botschaften oder Werbemittel dargestellt werden. Die Abbildung dieses Prozesses kann weder durch Einzelinterviews noch durch quantitative Verfahren bewerkstelligt werden.

Im Kontext der Forschung für wahlwerbende Organisationen oder Gruppen ist der Diskussionscharakter in Fokusgruppen daher eigentlich immer relevant. Trotzdem werden in die Fokusgruppen auch Elemente von Gruppeninterviews integriert, etwa schriftliche Kurzfragebögen oder Fragestellungen, die explizit an jede/n einzelne/n gerichtet werden, um zusätzlich auch Einzelmeinungen zu erheben. Wie bereits erwähnt findet also die theoretische Unterscheidung zwischen Gruppendiskussion und Gruppeninterview in der Praxis nicht immer Anwendung, da Elemente aus beidem kombiniert verwendet werden.

Einzelinterviews sind dann vorzuziehen, wenn der thematische Fokus ein sozial unerwünschtes Thema behandelt (wie zum Beispiel Wahlenthaltung) oder wenn die Organisation schwierig ist (etwa weil die potenziellen TeilnehmerInnen sehr weit voneinander entfernt wohnen).

Was qualitative Verfahren dagegen nicht können: Sie geben keine Auskunft über die Verteilung von Einstellungen in der Bevölkerung. Weder in Fokusgruppen noch in qualitativen Interviews können Erkenntnisse darüber gewonnen werden, welche Themen welche Bevölkerungsgruppen – betrachtet nach soziodemographischen Merkmalen wie Alter, Geschlecht, Bildung, Berufstätigkeit etc. – mehr ansprechen und welche weniger, wie hoch die Zustimmung zu Botschaften in welchen gesellschaftlichen Segmenten ist und wie sich all das auf das Wahlverhalten auswirkt. Je größer und heterogener die Grundgesamtheit ist, desto weniger können hier valide Aussagen aus ausschließlich qualitativem Material getroffen werden. Bei kleinen homogenen Grundgesamtheiten dagegen kann der Einsatz von Interviews und Fokusgruppen auch ausreichend sein – quantifizierende Aussagen sind meist dennoch nicht möglich bzw. nicht sinnvoll. Deshalb ist eine Kombination von quantitativen und qualitativen Verfahren fast immer empfehlenswert, weil sie einander ergänzen und in dieser Gesamtheit ganzheitlichere Ergebnisse produzieren.

Nun muss eine wahlwerbende politische Organisation ebenso mit ihren begrenzten finanziellen Ressourcen umgehen können wie jede andere Organisation auch. Das bedeutet natürlich auch immer limitierte Budgets für die Forschung. Hier ist es auch Aufgabe des Forschers bzw. der Beraterin, den Organisationen jene Forschungsdesigns und -methoden anzubieten, die die Erkenntnisziele innerhalb der finanziellen Rahmenbedingungen bestmöglich abdecken, und somit bei der Ressourcenoptimierung behilflich zu sein. Manchmal ist es dann aus rein finanziellen Gründen nicht möglich, alle angedachten und konzipierten Forschungsschritte durchzuführen. Die Kompetenz des Forschers bzw. der Forscherin und der Beraterin bzw. des Beraters, durch die Wahl der richtigen Methoden und die Konzeption des richtigen Designs auch mit reduzierteren Mitteln ein Optimum an aussagekräftigen Ergebnissen zur Verfügung stellen zu können, kann diesbezüglich nicht hoch genug bewertet werden.

5 Fallbeispiel

Im Folgenden soll zur Illustrierung ein Fallbeispiel vorgestellt werden, das vor wenigen Jahren von den Autorinnen durchgeführt wurde. Der Kunde, eine wahlwerbende Gruppe innerhalb einer Interessenvertretung, formuliert das Wahlziel, Stimmen zu gewinnen und dabei die Wahlbeteiligung zu steigern. Dazu sollen neue Themen gefunden werden, die mittel- bis längerfristige Relevanz haben und dazu geeignet sind, neue Zielgruppen zu erreichen.

Etwa zweieinhalb Jahre vor der Wahl wird der Startschuss für Forschung und Beratung bis zur Wahl gegeben. Wir befinden uns zu diesem Zeitpunkt also in der Zwischenwahlphase. Das Forschungsdesign umfasst:

- Zwischenwahlphase
    - Explorative Phase: 3 ExpertInneninterviews, 6 Fokusgruppen (5 davon mit Mitgliedern der Organisation, eine mit FunktionärInnen),
    - Quantifizierung der Ergebnisse: Umfrage.
- Kampagnenphase
    - Agenda-Setting: Umfrage,
    - Werbemitteltest (n = 70 face-to-face-Interviews).

In einem ersten Schritt werden *Interviews mit ExpertInnen* durchgeführt. In diesem Fall sind die ExpertInnen jene drei leitenden Angestellten der Organisation, die inhaltlich die Ausrichtung der Organisation maßgeblich mitbestimmen, jede/r in seinem/ihrem Bereich.

Der Leitfaden besteht nur aus wenigen Fragen, die das Erkenntnisziel, Themen von mittel- bis längerfristiger Relevanz zu explorieren, abdecken, nämlich: Welche Entwicklungen, die den Fachbereich des/der Befragten betreffen, sind für die kommenden Jahre abschätzbar? Welche davon treffen die Mitglieder (und damit die Wahlberechtigten) direkt oder indirekt und in welchem Ausmaß?

Parallel dazu werden *Fokusgruppen* mit den Mitgliedern der Interessenvertretung organisiert. Bei der Rekrutierung von vier der insgesamt sechs Fokusgruppen werden Unterscheidungen nach Geschlecht und Bildung getroffen, um eine gewisse Homogenität bei Problemlagen und politischen Interessenslagen zu erzielen und eine Diskussion frei von bildungs- oder geschlechtsbedingten Hierarchien zu ermöglichen. Eine weitere Fokusgruppe wird mit Mitgliedern durchgeführt, die einer Gruppe angehören, bei der aufgrund der aktuellen tagespolitische Diskussion spezifische Problemlagen vermutet werden. Die TeilnehmerInnen der letzten Fokusgruppe sind FunktionärInnen der wahlwerbenden Gruppe, die einerseits die Problemlagen der Mitglieder aus „ExpertInnensicht" diskutieren, andererseits durch ihren besonderen Kontakt zur Interessenvertretung wichtige Image-MultiplikatorInnen sind und daher eigens in die Analyse eingehen.

Die Leitfäden sind in den fünf Mitgliedergruppen gleich, in der Gruppe der FunktionärInnen gibt es einige kleinere Adaptionen, um das größere Wissen der FunktionärInnen über die Organisation zu berücksichtigen sowie Unterscheidungen zwischen eigener Meinung oder Erfahrung und der erlebten Meinung oder Erfahrung der von den FunktionärInnen vertretenen Mitgliedern zu ermöglichen.

In den Fokusgruppen werden Elemente des Gruppeninterviews mit jenen der Gruppendiskussion kombiniert: Nach einer kurzen Vorstellungsrunde werden die TeilnehmerInnen dazu aufgefordert, die positiven und negativen Aspekte seines/ihres Berufslebens auf kleinen Kärtchen aufzuschreiben. Jede/r TeilnehmerIn kann sich so auf das Thema der Diskussion einstellen und erst einmal unbeeinflusst durch andere seine/ihre Meinung zu Papier bringen. Die Moderatorin sammelt die Kärtchen ein und hängt sie für alle sichtbar auf, wobei sie eine thematische Ordnung vornimmt. Im Anschluss werden jene Themenbereiche, die besonders oft genannt werden, mit den DiskussionsteilnehmerInnen genauer diskutiert, um festzustellen, was genau die Probleme und Anliegen sind, und welche Art von Hilfe oder Unterstützung sich die Betroffenen erwarten und von wem. Aus diesen Antworten kann das Kompetenzprofil der Interessenvertretung bereits implizit abgelesen werden. Explizit wird aber abschließend noch nach dem Image der Interessenvertretung im Allgemeinen und den persönlichen Erfahrungen im Speziellen (etwa: Inanspruchnahme von Serviceleistungen und Zufriedenheit damit) gefragt.

Die Analyse erfolgt in erster Linie deskriptiv. Die Kärtchen der TeilnehmerInnen, auf denen die positiven und negativen Aspekte des Berufslebens aufgeschrieben sind, sind ein erstes Ergebnis. Sie bieten Erkenntnisse über mögliche Problemlagen der Mitglieder und damit mögliche neue Themenfelder für die Interessenvertretung, die der Kunde, die wahlwerbende Gruppe, aufgreifen kann. Für die Themen, die eingehender diskutiert wurden, können konkrete Ansatzpunkte und Handlungsoptionen formuliert werden. Letztlich ermöglicht die Analyse des Images der Interessenvertretung und der wahlwerbenden Gruppe, erste Zielgruppenstrategien für die Kommunikation zu entwickeln.

Die Ergebnisse der Fokusgruppen und der ExpertInneninterviews sind die Basis für die Erarbeitung eines Fragebogens für eine *repräsentative Befragung* unter den Mitgliedern. Diese Befragung ist relativ umfassend angelegt. Die verschiedenen angesprochenen Themen werden in dieser Befragung quantifiziert (Wie viele Betroffene gibt es?). Zudem wird erhoben, ob dieses Thema aus Sicht der Mitglieder zur Interessenvertretung und zur wahlwerbenden Gruppe passt. Fragen über Wahlpräferenzen ergänzen die Umfrage.

Die Auswertung der Umfrage erfolgt nach statistischen Kriterien, wobei immer das Ziel der Organisation, neue WählerInnengruppen zu erreichen, im Fokus steht.

Die Erkenntnisse der bisherigen Forschungsschritte fließen in neue Kommunikationsstrategien der wahlwerbenden Gruppe ein.

Etwa sechs Monate vor der Wahl werden nach einer erneuten, *kleiner dimensionierten quantitativen Erhebung* die konkreten Themen für den Wahlkampf bestimmt. Diese thematische Auswahl wird gemeinsam mit einem „Soll-Image" der wahlwerbenden Gruppe in ein Agentur-Briefing eingearbeitet. Mehrere Agenturen liefern daraufhin Vorschläge zur Umsetzung.

In rund 70 *face-to-face Interviews* werden nun die konkurrierenden Werbelinien abgetestet. Im Mittelpunkt stehen freie Assoziationen zu den vorgelegten Sujets, die Beurteilung von Bildern, Schrift, Farben, Klarheit usw. Die Befragten führen auch eine paarweise Bewertung durch (gefällt A oder B besser, gefällt A oder C besser usw.). Im Sinne eines quantitativen Charakters werden auch einige geschlossene Fragen gestellt, etwa welche Eigenschaftswörter wie gut auf einzelne Sujets zutreffen. Neben der qualitativen Auswertung erfolgt dann auch eine quantitative Auswertung (mit all den Einschränkungen, die eine derart kleine Stichprobe mit sich bringt), wie die Beurteilung einzelner Sujets und Images mit Wahlwahrscheinlichkeit und allgemeiner Beurteilung der Interessenvertretung bzw. der wahlwerbenden Gruppen innerhalb der Interessenvertretung zusammenhängen. So wird jene Werbelinie identifiziert, die für die Erreichung der Ziele des Kunden am vielversprechendsten ist.

Zusammenfassend kann festgehalten werden: Im Fallbeispiel wurde ein Forschungsdesign entwickelt, das einige, aber nicht alle Elemente eines „idealtypischen" Designs enthält, aber dennoch für den Markt der Forschung für wahlwerbende politische Parteien und Organisationen verhältnismäßig langfristig und komplex ist.

Nach Erfahrung der Autorinnen[3] ist es oft leichter, quantitative als qualitative Erhebungsmethoden zu verkaufen, da die AuftraggeberInnen den Nutzen von quantitativen Methoden oft besser verstehen (z.B. repräsentative Zahlen über Einstellungen, Wahlpräferenzen). Auch hier waren die quantitativen Studien in der Zwischenwahl- und der Kampagnenphase der ursprüngliche Wunsch der auftraggebenden Organisation. Es ist aber gelungen, den Nutzen der qualitativen Schritte zu verdeutlichen.

---

[3] Die Autorinnen sind Forscherinnen und Beraterinnen am Institute for Social Research and Analysis (SORA) in Wien, aus dessen Forschungs- und Beratungstradition die beschriebenen Forschungsdesigns und Praktiken in der Methodenanwendung sowie die Beispiele stammen.

6 Literatur

Behnke, Joachim/Baur, Nina/Behnke, Nathalie (2006): Empirische Methoden der Politikwissenschaft. Paderborn. München, Wien, Zürich : Schöningh.
Behnke, Joachim/Gschwend, Thomas/Schindler, Delia/Schnapp, Kai-Uwe (2006): Qualitative und quantitative Zugänge. Eine integrative Perspektive. In: Behnke, Joachim/Gschwend, Thomas/Schindler, Delia/Schnapp, Kai-Uwe (Hrsg.): Methoden der Politikwissenschaft. Neuere qualitative und quantitative Verfahren. Baden-Baden: Nomos, 11-26.
Blaemire, Bob (2003): Database Management and the Permanent Campaign. In: Facheux, Ronald (ed.): Winning Elections. Political Campaign Management, Strategy & Tactics. New York: M. Evans and Company Inc., 144-147.
Bradshaw, Joel (1995): Who Will Vote for You and Why: Designing Strategy and Theme. In: Thurber, James/Nelson, Candice (eds.): Campaigns and Elections American Style. Boulder: Westview Press, 29-45.
Breitenfelder, Ursula/Hofinger, Christoph/Kaupa, Isabella/Picker, Ruth (2004): Fokusgruppen im politischen Forschungs- und Beratungsprozess. In: Forum Qualitative Sozialforschung, Bd. 5, Nr. 2, Art. 25 (Mai).
Flick, Uwe (1996): Qualitative Sozialforschung. Theorie, Methoden, Anwendung in Psychologie und Sozialwissenschaften. Reinbek bei Hamburg: Verlag.
Hofinger, Christoph/Ogris, Günther (1996): Wählerwanderungen. Ein Vergleich fünf verschiedener Wählerstromanalysen anläßlich der Nationalratswahl 1995. In: Plasser, Fritz/Ulram, Peter A./Ogris, Günther (Hrsg.): Wahlkampf und Wählerentscheidung. Analysen zur Nationalratswahl 1995 (Schriftenreihe des Zentrums für angewandte Politikforschung, 10). Wien: Signum Verlag, 315-341.
Kossdorf, Felix/Sickinger, Hubert (Jahr): Wahlkampf und Wahlstrategien: Eine Biographie der Kampagnen 1995. In: Plasser, Fritz/Ulram, Peter A./Ogris, Günther (Hrsg.): Wahlkampf und Wählerentscheidung. Analysen zur Nationalratswahl 1995 (Schriftenreihe des Zentrums für angewandte Politikforschung, 10). Wien: Signum Verlag, 47-84.
Lamnek, Siegfried (2005): Qualitative Sozialforschung. Weinheim, Basel: Beltz.

Die Autorinnen und Autoren

■ Anahid Aghamanoukjan

Mag., wissenschaftliche Mitarbeiterin und Doktorandin an der Abteilung für Nonprofit Management, Institut für Organisation und Verhalten in Organisationen der Wirtschaftsuniversität Wien. Studium der Betriebswirtschaft an der Wirtschaftsuniversität-Wien, danach Beraterin bei Wagner, Elbling&Co. und Contrast Management Consulting sowie Controllerin am Institut für Soziale Ökologie, IFF. Forschungsschwerpunkte: Innovationen im Nonprofit Sektor - soziale Konstruktion und Wahrnehmung, Karrieren in NPOs, Methodologie und Methodik der qualitativen Sozialforschung, insbes. computerunterstützte Datenanalyse und Interpretation.

■ Thomas Angerer

Dr., Geschäftsführer und Gründer des IRM–Institut für Relationship Marketing Forschungs- und BeratungsgmbH, Graz. Fünfjährige Tätigkeit als Universitätsassistent an der Universität (1999 bis 2004), Autor zahlreicher Fachartikel in Zeitschriften und Büchern, Vortragender an Universitäten, in Lehrgängen und MBA-Programmen, allgemein beeideter und gerichtlich zertifizierter Sachverständiger für die Fachgebiete Betriebswissenschaft, Betriebswirtschaft, Meinungsforschung sowie Wirtschafts- und Werbepsychologie.

■ Katharina J. Auer-Srnka

Dr., a.o. Univ.Prof. am Lehrstuhl für Marketing der Universität Wien. Studium der internationalen BWL an der Universität Wien und der Ecole Superieure de Commerce, Paris, wissenschaftliche Mitarbeiterin am Institut für die Wissenschaft vom Menschen, Wien; Universitätsassistentin am Lehrstuhl für Marketing der Universität Wien, 2001/2002 einjähriger Forschungsaufenthalt am Institut für Marketing und Handel, Universität St. Gallen; 2003 bis 2006 Gastprofessorin für Marketing an der Solvay Business School der Université Libre de Bruxelles; 2005: einmonatiger Forschungsaufenthalt an der University of Otago, NZL; 2006: Gastvortragende am Coggin College of Business der University of North Florida, USA. Forschungsschwerpunkte: lebensqualitätsorientiertes Marketing, Marketingethik und Kultur, integrierte Forschungsmethoden.

■ Ingo Balderjahn

Univ.Prof. Dr., studierte 1975 bis 1981 Wirtschaftsingenieurwesen an der Technischen Universität Berlin und promovierte dort 1986. 1992 habilitierte er an der Universität Hannover und seit März 1993 ist er Inhaber des Lehrstuhls für Betriebswirtschaftslehre mit dem Schwerpunkt Marketing an der Universität Potsdam. Forschungsschwerpunkte: nachhaltiges Marketingmanagement, Standortmarketing und Stadtmarketing, Konsumentenverhalten, Innovationsmarketing, quantitative und qualitative Methoden der Datenanalyse, Dienstleistungsmarketing und internationales Marketing.

■ Suzanne C. Beckmann

Dr., seit 2002 Professorin für internationales strategisches Management am Department for Intercultural Communication and Management, Copenhagen Business School, Dänemark; vorher zwei Jahre als Strategic Planning Director für Saatchi & Saatchi Copenhagen tätig; davor, seit 1996

Die Autorinnen und Autoren

Forschungsprofessorin für Konsumforschung am Department of Marketing, Copenhagen Business School. Forschungsschwerpunkte: integriertes Kommunikationsmanagement, brand management, Konsum- und Marktforschung, corporate social responsibility.

▪ Ralf Bohnsack

Dr.rer.soc., Dr.phil.habil., Dipl.-Soziologe, Universitätsprofessor. Leiter des Arbeitsbereichs qualitative Bildungsforschung, Freie Universität Berlin. 1981: Promotion an der Universität Bielefeld bei Jochim Matthes und Niklas Luhmann, 1987: Habilitation an der Universität Erlangen-Nürnberg. Seit 1990 Professur an der Freien Universität Berlin; zunächst verantwortlich für die Organisation des transdisziplinären Graduiertenstudiengangs: Qualitative Methoden in den Sozialwissenschaften. 2001: Gründung des Arbeitsbereichs qualitative Bildungsforschung am Fachbereich Erziehungswissenschaft und Psychologie. 2005: Gründung des ces (centrum für qualitative evaluations- und sozialforschung). Arbeitsschwerpunkte: rekonstruktive Sozialforschung, praxeologische Wissenssoziologie, dokumentarische Methode, Gesprächsanalyse, Bildinterpretation, Evaluationsforschung, Milieu-, Jugend- und Devianzforschung.

▪ Ursula Breitenfelder

Mag.phil., MSc., Studium der Germanistik sowie Publizistik- und Kommunikationswissenschaft an der Universität Wien, Universitätslehrgang „Organisationsentwicklung in Dienstleistungsunternehmen" (IFF, Universität Klagenfurt). 1987/1998 freie Journalistin und Lektorin, seit 1993 in der Sozialforschung, 1995/1996 Mitarbeit an einem Forschungsprojekt der Österreichischen Akademie der Wissenschaften. Seit 1996 Mitarbeiterin des Institute for Social Research and Analysis (SORA), Projektleiterin im Bereich Wahlen und Politik, seit 2003 Leiterin für Personal, PR und Organisation. Arbeitsschwerpunkte: politische Beratung, Fokusgruppen, Wählerströme.

▪ Eva Brunner

Dr., Studium der Psychologie, von Mai 2002 bis März 2008 am Institut für Psychologie an der Alpen-Adria-Universität Klagenfurt beschäftigt, zuletzt Assistenzprofessorin an der Abteilung für Angewandte Psychologie und Methodenforschung. Seit April 2008 zuständig für die Professur für Angewandte Sozialwissenschaften an der Fachhochschule Kärnten, Studienbereich Gesundheit und Pflege. Mitarbeit in psychosozialen Einrichtungen und Landeskrankenhäusern. Forschungsschwerpunkte: Jugendgesundheit mit dem Schwerpunkt sexuelles Risikoverhalten, betriebliche Gesundheitsförderung im Setting Krankenhaus, Evaluation im Gesundheitsbereich, qualitative Inhaltsanalyse.

▪ Renate Buber

Dr., Assistenzprofessorin am Institut für Handel und Marketing der Wirtschaftsuniversität Wien, ist Mitglied des Leitungsteams und Dozentin im MBA Programm Sozialmanagement (ISMOS) der WU-Executive Academy, ständiges Mitglied der Visiting Faculty des IIS-Institute for International Studies an der Ramkhamhaeng University Bangkok, Thailand, war Gastprofessorin an der Bond University Gold Coast, Australia und unterrichtete an mehreren Universitäten im In- und Ausland. Sie leitet qual_rcat: qualitative research, consulting and training und ist u.a. Mitherausgeberin des Methodenbuches Gabek II. Forschungsschwerpunkte: Methodologie und Methodik qualitativer Marktforschung, KonsumentInnenverhalten, Persönlicher Verkauf, Schenken, NPO-Management.

Die Autorinnen und Autoren

■ Silvana di Gregorio

PhD., Soziologin, hat seit etwa 1970 in vielen verschiedenen Bereichen der angewandten Sozialwissenschaften als qualitative Forscherin gearbeitet und war Direktorin des Graduate Research Training an der Cranfield School of Management, UK. In den 90er Jahren hat sie dort das Forschungsfortbildungsprogramm aufgebaut. 1996 gründete sie SdG Associates, das sich auf das Training und die Beratung von qualitativer Software-Pakete spezialisiert hat. Auf zahlreichen Konferenzen hat sie Vorträge über die Verwendung qualitativer Software-Pakete gehalten.

■ Thomas Dyllick

Prof., Dr., geboren 1953 in Freiburg im Breisgau, studierte Betriebswirtschaftslehre an der Universität St. Gallen (1982 Promotion, 1988 Habilitation). 1983-85 Visiting Fellow an der Harvard Business School, seit 1987 an der Universität St. Gallen vollamtlicher Dozent, seit 1994 außerordentlicher Professor, seit 1996 ordentlicher Professor für Betriebswirtschaftslehre mit bes. Berücksichtigung des Umweltmanagements. 1987/88 Gastprofessor an der Wirtschaftsuniversität Wien, 1995/1996 an der Universität Innsbruck. 1979-83 Strategieberater am Management Zentrum St. Gallen, 1988/89 Programmdirektor des European Centre for Entrepreneurship in Colmar (F). Seit 1993, der Gründung, geschäftsführender Direktor des Instituts für Wirtschaft und Ökologie, Universität St. Gallen, 2001 bis 2003 Abteilungsvorstand der betriebswirtschaftlichen Abteilung, seit 2003 Prorektor der Universität St. Gallen. Forschungsschwerpunkte: Nachhaltigkeitsstrategien und -managementsysteme.

■ Thomas S. Eberle

Prof. Dr., Co-Leiter des Soziologischen Seminars an der Universität St. Gallen seit 1989. Studium der Wirtschafts-, Rechts- und Sozialwissenschaften an der Hochschule St. Gallen, der Soziologie und insb. der Ethnomethodologie an der University of California, Santa Barbara. Habilitation für Soziologie an der Universität St. Gallen. Präsident der Schweizerischen Gesellschaft für Soziologie 1998-2005 und Co-Präsident des Forschungskomitees „Interpretative Sozialforschung" seit 1998. Mitglied des wissenschaftspolitischen Rats für die Sozialwissenschaften an der Schweizerischen Akademie für Geistes- und Sozialwissenschaften 2000-2005. Vorstandsmitglied des Research Networks „Qualitative Methods" der European Sociological Association seit 2000 (Präsident von 2001 bis 2003). Mitglied der Sektion „Ethnomethodology and Conversation Analysis" der American Sociological Association. Forschungsschwerpunkte: Phänomenologische Wissenssoziologie und Ethnomethodologie, Kommunikations- und Kultursoziologie, sozialwissenschaftliche Methodologie, interpretative Sozialforschung und qualitative Methoden.

■ Thomas Foscht

Dr., Universitätsprofessor für Betriebswirtschaftslehre, insbesondere Marketing, Handel und Käuferverhalten, Department of Marketing and Entrepreneurship, California State University East Bay, USA. Er ist Autor bzw. Herausgeber zahlreicher Fachbücher sowie von wissenschaftlichen und praxisorientierten Aufsätzen, Referent bei Fachkonferenzen in den USA, Europa, Australien und Asien, Gutachter für verschiedene Fachzeitschriften, allgemein beeideter und gerichtlich zertifizierter Sachverständiger sowie Mitglied des Editorial Board des Journal of Retailing and Consumer Services. Er war Gastprofessor an der Johannes-Kepler-Universität Linz, Gastreferent u. a. an der Columbia Business School, New York, USA, der Temple University in Philadelphia, USA sowie an der City University of Hong Kong.

Die Autorinnen und Autoren

▪ Susanne Fuchs

Dr., Wirtschaftswissenschafterin. Seit 2004 Senior Researcher bei der Vereinigung High Tech Marketing Wien. Geschäftsführende Gesellschafterin der Brimatech Services GmbH (Bridging Markets and Technologies). Lektorin an der Technischen Universität Wien und an der Wirtschaftsuniversität Wien. Forschungsschwerpunkte: Business Development und Innovationsbegleitforschung in nationalen und internationalen Hochtechnologieprojekten, Erhebung von Nutzeranforderungen und -akzeptanz sowie Identifikation neuer Anwendungsfelder innovativer Technologien, Produkte und Services, Coaching von Start-up Unternehmen.

▪ Johannes Gadner

Dr., Geschäftsführer des Instituts für Wissensorganisation Wien. Nach dem Studium von Philosophie, Ethnologie und Psychologie an der Universität Wien, der Freien Universität Berlin und am University College London (UCL) arbeitete er als Forschungsassistent am UCL und am Institut für Philosophie der Universität Innsbruck. Forschungsschwerpunkte: Grundlagen der qualitativen Forschung, Wissensverarbeitung, angewandte Wissensorganisation.

▪ Stefanie Gauert

Diplom-Sozialwirtin, Studium der Sozialwissenschaften an der Universität Göttingen mit den Schwerpunkten Sozialforschung, Wirtschaftspsychologie und Marketing. Neben dem Studium arbeitete sie vier Jahre freiberuflich im Bereich Marktforschung und Beratung für interaktive Medien bei der eResult GmbH, Göttingen, seit 2005 im Bereich Website-Optimierung bei der psychonomics AG, Köln. Arbeitsschwerpunkt: Umsetzung qualitativer Usability-Analysen.

▪ Katja Gelbrich

Prof. Dr., seit 2006 Leiterin des Fachgebiets Marketing an der Technischen Universität Ilmenau und darüber hinaus Lehrbeauftragte für Marketing an der Universität Stuttgart. Sie studierte Asienwissenschaften in Berlin und Betriebswirtschaftslehre in Dresden, promovierte 2001 an der Universität Stuttgart und habilitierte sich dort 2006. Außerdem arbeitete sie zwei Jahre im Bereich Data Mining der DaimlerChrysler AG. Während eines Forschungsaufenthaltes in Südkorea untersuchte sie Markteintrittsstrategien deutscher Unternehmen. Forschungsschwerpunkte: interkulturelles Marketing, Emotionen und Kaufverhalten, interkulturelle Kompetenz und Auslandserfolg, Kundenwert, Anwendung qualitativer und quantitativer Marktforschungsmethoden.

▪ Andrea Gröppel-Klein

Prof. Dr., seit 2006 Inhaberin des Lehrstuhls für Marketing und Direktorin des Institutes für Konsum- und Verhaltensforschung an der Universität des Saarlandes. Zuvor war sie Inhaberin des Lehrstuhls für Internationales Marketing, Konsum- und Handelsforschung an der Europa-Universität Viadrina in Frankfurt (Oder) und organisierte 2001 die European Association for Consumer Research Conference in Berlin. Einen Ruf an die Universität Trier lehnte sie 2001 ab. Als Gastprofessorin war sie an den Universitäten Stockholm, Basel, Innsbruck und Wien sowie am Collegium Polonicum in Slubice aktiv. Forschungsschwerpunkte: Konsumentenverhaltensforschung, insb. das Einkaufsverhalten am Point of Sale.

Die Autorinnen und Autoren

■ Thorsten Gruber

Dr., ist seit November 2006 als Lecturer in Marketing an der University of Manchester, Manchester Business School tätig. Zuvor wirkte er als Postdoctoral Research Assistant an der University of Birmingham. Er publizierte im Journal of Marketing Management, Journal of Product and Brand Management, Journal for Quality Assurance und ist Mitherausgeber des Sammelbandes „Hochschulmarketing".Forschungsgebiete: Kunden(un)zufriedenheitsforschung, qualitative Onlineforschung, Dienstleistungsmanagement.

■ Peter Heimerl

Mag. Dr., Programm- und Organisationsentwicklung an der Fachhochschule Wiener Neustadt; bis 2007 Professor für Organisation an der PEF-Privatuniversität für Management, Wien; Lektor an der Wirtschaftsuniversität Wien und anderen Hochschulen, Unternehmensberater und Managementtrainer; Publikationstätigkeit zu den Themen Organisationstheorie und Organisationsentwicklung. Forschungsschwerpunkte: Organisationsentwicklung und Management-Development.

■ Vanessa Hessenkamp

Dipl.-Kffr., studierte Wirtschafts- und Sozialwissenschaften mit Fachrichtung Betriebswirtschaftslehre an der Universität Dortmund. Seit 2004 ist sie wissenschaftliche Projektmitarbeiterin und Dissertantin am Lehrstuhl für Marketing der Universität Dortmund. Forschungsschwerpunkt: Vertrauen und Kundenbindung im Dienstleistungsmanagement.

■ Ronald Hitzler

Prof. Dr., Lehrstuhl für Allgemeine Soziologie am Fachbereich Erziehungswissenschaft und Soziologie und an der Fakultät Wirtschafts- und Sozialwissenschaften der Universität Dortmund. Studium der Soziologie, politischen Wissenschaft und Philosophie an der Universität Konstanz, Promotion an der Universität Bamberg, Habilitation an der Freien Universität Berlin. Arbeitsgebiete: dramatologische Anthropologie, Lebensweltanalyse, hermeneutische Wissenssoziologie, Modernisierung als Handlungsproblem, materiale Kultursoziologie, Soziologie des Politischen, Konsumsoziologie. Vielfältige Forschungen in und Veröffentlichungen zu Jugendszenen mit anderen – u.a. Leben in Szenen (mit Arne Niederbacher und Thomas Bucher, 2001, 2005) und Kompetenzen durch Szenen (mit Michaela Pfadenhauer, 2008) sowie das Internet-portal www.jugendszenen.com (mit anderen, seit 2001).

■ Regina Höld

Mag., Studium der Wirtschaftspädagogik an der Wirtschaftsuniversität Wien. Ehemalige Mitarbeiterin am Institut für Handel und Marketing, betraut mit der Erstellung von Online-Lernunterlagen für Studierende im Marketing. Diplomarbeit zu Qualitativer Evaluation computerunterstützten Lernens im Marketing. Derzeit Lehrerin für kaufmännische Fächer, Digital Business und Wirtschaftsinformatik an der Bundeshandelsakademie Eisenstadt, Mitarbeiterin am Pädagogischen Institut Burgenland und verantwortlich für die Betreuung und Weiterentwicklung der Lernplattform learn@bildungsserver.com. Mitglied des Instituts für Wissensorganisation (IWO). Forschungsschwerpunkte: Focus Groups, computerunterstütztes Lernen, qualitative Interviews.

Die Autorinnen und Autoren

▪ Nicole Hoffmann

Dipl.-Päd., Dr., Studium der Psychologie, Pädagogik und Soziologie an den Universitäten Regensburg und Bamberg; ab 1992 Weiterbildungsbeauftragte und wissenschaftliche Mitarbeiterin am Leibniz-Institut für Regionalentwicklung und Strukturplanung in Erkner bei Berlin, freie Trainerin und Moderatorin, 1999 Promotion zum Thema Weiterbildungsmanagement, seit 1999 akademische Mitarbeiterin am Institut für Pädagogik der Universität Koblenz-Landau, Campus Koblenz, Abteilung Erwachsenen-/Weiterbildung. Interessenschwerpunkte: historische und allgemeine Erwachsenenbildung, Weiterbildungsmanagement, neue Medien und Lernformen.

▪ Hartmut H. Holzmüller

Professor für Marketing an der Universität Dortmund, Studium der Betriebswirtschaftslehre, Promotion und Habilitation an der Wirtschaftsuniversität Wien, Studium der Psychologie an der Universität Wien. Gastprofessuren: Baruch College, City University of New York, NY; Darla Moore School of Management, University of South Carolina, Columbia, SC; Universität Hohenheim, Stuttgart; Boise State University, Boise, ID; IECS Strasbourg, Université Robert Schuman; Universität Wien und Université Nancy II, Nancy, Frankreich. Publikationen u.a. im Journal of the Academy of Marketing Science, Journal of International Marketing, International Marketing Review, Management International Review, International Business Review und Advances in International Marketing. Forschungsinteressen: interkulturelle KonsumentInnenforschung, Marktforschungsmethodik, Schnittstelle Marketing und Technik in Dienstleistungsunternehmen, Kundenanforderungsmanagement bei Industrieanlagen.

▪ Christian Homburg

Prof. Dr.Dr.hc. (CBS), Direktor des Instituts für Marktorientierte Unternehmensführung, Universität Mannheim, Autor zahlreicher Bücher und Artikel im nationalen und internationalen Bereich und Herausgeberbeirat von sechs Fachzeitschriften in den USA und Deutschland an. Für seine wissenschaftliche Arbeit wurde er mehrfach von der American Marketing Association ausgezeichnet. Im November 2005 belegte er den ersten Platz in einer forschungsbezogenen Handelsblatt-Rangliste aller BWL-Professoren deutscher Universitäten. Er erhielt zahlreiche Rufe an deutsche und internationale Universitäten. Vor seiner Hochschullaufbahn war er in einem weltweit tätigen Industrieunternehmen Direktor für Marketing, Controlling und strategische Planung. Er ist Vorsitzender des wiss. Beirats von Homburg&Partner. Spezialgebiete: marktorientierte Unternehmensführung, Kundenbeziehungsmanagement, Vertriebsmanagement.

▪ Ove Jensen

Dr., Habilitand am Lehrstuhl für Marketing I der Universität Mannheim. Davor arbeitete er in der Marketing- und Vertriebsberatung, zuletzt als Geschäftsführer der Unternehmensberatung Prof. Homburg&Partner. Er studierte BWL an der WHU Koblenz, Emory University, Atlanta sowie der Ecole des HEC, Nizza und promovierte an der Universität Mannheim. Seine Dissertationsschrift über Key-Account-Management gewann zwei Forschungspreise, darunter den Dissertationspreis des Zentrums für Marktorientierte Unternehmensführung an der WHU Koblenz. Seine Arbeiten wurden im Journal of Marketing, Journal of the Academy of Marketing Science und der Zeitschrift für Betriebswirtschaft veröffentlicht. 2000 wurde ein Beitrag zum Thema Marketing- und Vertriebsorganisation in den USA als bester Artikel im Journal of the Academy of Marketing

Die Autorinnen und Autoren

Science ausgezeichnet. Arbeitsschwerpunkte: Industriegütermarketing, Vertriebsmanagement, Marketingimplementation.

■ Vanessa Klein

Mag., Studium der Publizistik und Kommunikationswissenschaft, Universität Wien und der BWL mit Schwerpunkt Marktforschung und Personalmanagement, Wirtschaftsuniversität Wien. Neben der Tätigkeit als PR-Assistentin bei FCB Events&PR diverse Praktika (ORF, UNO, McDonald´s Österreich, Außenhandelsstelle der Wirtschaftskammer Österreich in London). Seit 2007 Mitarbeit bei der Planung, Koordination, Betreuung und Umsetzung von Kommunikations-, Informations- und Servicemaßnahmen im Zuge der Einführung von DVB-T in Österreich.

■ Monika Knassmüller

Dr., wissenschaftliche Mitarbeiterin am Institut für Public Management der Wirtschaftsuniversität Wien. Forschungsschwerpunkte: Public Management, Organisationstheorie, Methoden interpretativer Sozialforschung.

■ Hubert Knoblauch

Prof. Dr., Professor für Allgemeine Soziologie an der TU Berlin. Forschungsschwerpunkte: Wissenssoziologie, Kommunikations- und Sprachsoziologie, Religionssoziologie, qualitative Methoden, visuelle Soziologie. Jüngere Veröffentlichungen (hrsg. mit B. Schnettler, J. Raab und H.-G. Soeffner): Video-Analysis. Methodology and Methods. Qualitative Audiovisual Data Analysis in Sociology (2006).Wissenssoziologie (2005), Qualitative Religionsforschung (2003), Religionssoziologie (1999).

■ Jörg Königstorfer

Dr., wissenschaftlicher Mitarbeiter am Institut für Konsum- und Verhaltensforschung an der Universität des Saarlandes. Als diplomierter Sportökonom war er zunächst an der Universität Bayreuth beschäftigt, ehe er 2004, zunächst an der Europa-Universität Viadrina und anschließend an der Universität des Saarlandes, sein Promotionsstudium aufnahm. 2008 schloss er seine Dissertation mit dem Titel „Akzeptanz von technologischen Innovationen" ab. Forschungsschwerpunkt: Akzeptanz von technologischen Innovationen aus Konsumentenperspektive, Sportökonomie und –management, Gesundheit und Ernährungsverhalten.

■ Veronika Koller

Doktorat (2003) in Anglistik von der Universität Wien. 2000 bis 2004: Universitätsassistentin am Institut für Englische Wirtschaftskommunikation an der Wirtschaftsuniversität Wien. Seit September 2004 Lecturer mit dem Schwerpunkt kritische Diskursanalyse am Institut für Linguistik und Englische Sprache an der Universität Lancaster (GB), seit 2008 Senior Lecturer. Forschungsinteressen: kritische Diskursanalyse, kognitive Semantik, soziale Kognition. Derzeit arbeitet sie zu Unternehmensdiskursen im öffentlichen Raum, wobei sie sich besonders für die Kommunikation von Firmenmarken interessiert.

■ Udo Kuckartz

Professor für empirische Pädagogik und Forschungsmethoden an der Philipps-Universität Marburg. Er studierte Soziologie und Politikwissenschaft an der RWTH Aachen (MA-Abschluss),

Die Autorinnen und Autoren

promovierte an der Technischen Universität Berlin und habilitierte an der Freien Universität Berlin. Forschungsgebiete: Methoden, insbes. computergestützte Analyseverfahren für qualitative Daten, sozialwissenschaftliche Umweltforschung, Innovationsforschung. Veröffentlichungen: Trends im Umweltbewusstsein (2006, mit Anke Rheingans-Heintze); Qualitative Datenanalyse: computergestützt. Methodische Hintergründe und Beispiele aus der Forschungspraxis (2004, hrsg. mit Heiko Grunenberg und Andreas Lauterbach); Einführung in die computergestützte Analyse qualitativer Daten (2005).

- Andrea Kurz

Mag., Dipl.Ing., Betriebswirtin, technische Chemikerin. Mitbegründerin der Brimatech Services GmbH, die sich mit Business Development beschäftigt. Seit 1999 wissenschaftliche Mitarbeiterin bei der Vereinigung High Tech Marketing Wien. Betreuung von Start-ups, universitären und außeruniversitären Forschungsinstitutionen in Fragen des Technologietransfers. Mitarbeit bei nationalen und internationalen Forschungsprojekten. Arbeitsschwerpunkte: Erhebung von Nutzeranforderungen, Marktchancen neuer Technologien, Produkte und Services; qualitative Erhebungsdesigns.

- Jörn Lamla

Dr., wissenschaftlicher Assistent am Institut für Soziologie der Justus-Liebig-Universität Gießen, bis Sommer 2007 beurlaubt und im Rahmen des DFG-Projekts „CyberCash – Konsumpraktiken in der virtuellen Alltagsökonomie" am Zentrum für Medien und Interaktivität der Uni Gießen beschäftigt. Studium der Sozialkunde/Wissenschaft von der Politik, Mathematik, Erziehungswissenschaft und Psychologie in Marburg, anschl. Tätigkeit als wissenschaftlicher Mitarbeiter am Lehrstuhl für allgemeine und theoretische Soziologie an der Friedrich-Schiller-Universität Jena (Promotion mit einer Arbeit zur Sozialpolitik von Bündnis 90/Die Grünen). Arbeitsschwerpunkte: soziologische Theorie, Kultur- und Konsumsoziologie, politische Soziologie, hermeneutische Sozialforschung. Jüngste Veröffentlichungen: Schlüsseltexte der Kritischen Theorie (2006, Mithrsg.); Politisierter Konsum – konsumierte Politik (2006, Mithrsg.).

- Roy Langer

PhD., seit 2003 Professor für interne und externe Organisationskommunikation am Department for Communication, Business and Information Technologies, Roskilde University, Dänemark. Er war zuvor zehn Jahre lang an der Copenhagen Business School tätig. Gastprofessuren in Neuseeland, den USA und Großbritannien. Forschungsschwerpunkte: Kommunikations- und Medienforschung - hier insbesondere Schleichwerbung, Wirtschaftsjournalistik und Kommunikationsethik.

- Anja Leuteritz

Dipl.-Kffr., Ausbildung zur Bankkauffrau bei der Landeskreditbank Baden-Württemberg (Karlsruhe). Studium der Betriebswirtschaftslehre an der Technischen Universität Dresden. 2000 bis 2002 Projektmitarbeiterin bei der DaimlerChrylser AG, Forschung und Technologie (Ulm). Seit 2003 wissenschaftliche Mitarbeiterin und Doktorandin am Lehrstuhl für Betriebswirtschaftslehre, insbesondere Marketing, Fakultät Wirtschaftswissenschaften, Technische Universität Dresden. Forschungsschwerpunkt: soziale Funktionen von Marken.

Die Autorinnen und Autoren

▪ Daniela Lobin

Nach Abschluss des Studiums der Betriebswirtschaft an der Universität Dortmund als wissenschaftliche Mitarbeiterin tätig. Promovierte über die Bedeutung der Disneyization für die Gestaltung von Erlebniswelten. Seit Februar 2003 leitet sie die Unternehmenskommunikation der International School of Management in Dortmund und ist dort als Marketingdozentin tätig.

▪ Manfred Lueger

Dr., a.o. Univ.-Prof. am Institut für Soziologie und empirische Sozialforschung an der Wirtschaftsuniversität Wien. Arbeitsschwerpunkte: Methodologie und Methoden interpretativer Sozialforschung, Organisationsanalyse, Gründungsforschung, Entrepreneurship.

▪ Christoph Maeder

Prof. Dr., Pädagogische Hochschule Thurgau in Kreuzlingen. Nach Berufslehre und Zweitwegmatura Studium an der Universität St. Gallen (Volkswirtschaftliche Vertiefungsrichtung Wirtschaftssoziologie). 1991 bis 1996 Assistent im Soziologischen Seminar UNISG. 1996 bis 2000 Dozent mit Schwerpunkt Forschung an der HFS Ostschweiz in Rorschach. 2000 bis 2004 Leiter Forschung im Institut für Soziale Arbeit an der FHS St. Gallen. Gastprofessor für qualitative Forschungsmethoden, Organisationssoziologie und Evaluationsforschung an der Universität Wien im Wintersemester 2001 und 2002. Lehrbeauftragter für Soziologie und Forschungsmethoden an der Universität St. Gallen seit 1996. Präsident der Schweizerischen Gesellschaft für Soziologie (www.sagw.ch/soziologie) 2006 bis 2007. Seit dem März 2005 Mitglied des Forschungsteams der PH Thurgau. Arbeitsschwerpunkte: Wissenssoziologie und ethnographische Organisationsforschung, qualitative Methoden.

▪ Herlinde Maindok

PD, Dr., lehrte nach ihrer Habilitation über professionelle Interviewführung in der Sozialforschung (1996) an der Fakultät WiSo der Universität Dortmund im Bereich qualitative Sozialforschung. Seit 1999 Kooperation mit dem dortigen Lehrstuhl für Marketing zu den Themen qualitative Forschung und Konsumsoziologie, mit dem Schwerpunkt „thematisierte Erlebnisangebote".

▪ Wolfgang Mayerhofer

Dr., a.o. Univ.Prof. am Institut für Werbewissenschaft und Marktforschung, Department Marketing, Wirtschaftsuniversität Wien, Fachkoordinator für Marketing der Studieneingangsphase, stellvertretender Schriftleiter und Leitung der Rubrik MAFO-Splitter in der Fachzeitschrift transfer-Werbeforschung und Praxis, zahlreiche Veröffentlichungen zu den Themen Werbe- und Markenforschung, Forschungsschwerpunkte: Methoden der Marktforschung, Handelsmarktforschung, Erhebung und Nutzung von Paneldaten, Werbeforschung, insbes. apparative Verfahren der Werbewirkungsmessung, Markenforschung, verbale und nonverbale Imagemessung.

▪ Valerie Mayr-Birklbauer

Mag., Studium der Handelswissenschaften an der Wirtschaftsuniversität Wien, Spezialisierung auf drei Fremdsprachen, Handelsmarketing und KonsumentInnenverhalten. Nach dem Studium als Junior Produktmanagerin bei Renault Nissan Österreich tätig. Seit 2004 bei Statistik Austria beschäftigt, zuerst in der Stabsstelle für Internationale Beziehungen, derzeit im Bereich Unternehmensregister.

Die Autorinnen und Autoren

■ Philipp Mayring

Studium an der Universität München, Promotion (1985), Habilitation (1990) im Fach Psychologie an der Universität Augsburg, Berufung zum Professor für Pädagogische Psychologie an die Pädagogische Hochschule Ludwigsburg (1993), Gastprofessuren für qualitative Forschungsmethoden an den Universitäten Klagenfurt, Fribourg und Wien. Berufung auf eine Professur für qualitative und quantitative Methoden der Psychologie an die Universität Klagenfurt (2002); Leitung der Abteilung für Angewandte Psychologie und Methodenlehre des Instituts für Psychologie; Aufbau und Leitung des Zentrums für Evaluation und Forschungsberatung (ZEF). Forschungsschwerpunkte: Methodenlehre (qualitative Inhaltsanalyse, mixed methodology), Evaluation (neue Medien, Gesundheitsbereich), pädagogische Psychologie (Lernemotionen), Entwicklungspsychologie (Wohlbefinden im Alter, Pensionierung).

■ Dieter Meinhard

Dr., Betriebswirt, Dissertation im Themenfeld Innovationsnetze. Seit 1999 wissenschaftlicher Mitarbeiter bei der Vereinigung High Tech Marketing Wien, seit 2004 geschäftsführender Gesellschafter bei der Fluidtime Data Services GmbH. Mitbegründer der Brimatech Services GmbH. Mitarbeit bei nationalen und internationalen Forschungs- und Entwicklungsprojekten in unterschiedlichen Technologiefeldern.

■ Günter Mey

Dr., Psychologe. Er hat bis 2005 an Technischen Universität Berlin das Fach Entwicklungspsychologie vertreten, ist Mitbegründer und Herausgeber der Open-Access-Zeitschrift „Forum Qualitative Sozialforschung/Forum: Qualitative Social Research" (FQS) und in viele andere Zeitschriftenprojekte mit Fokus auf qualitative Forschung eingebunden. Er ist wissenschaftlicher Geschäftsführer des Instituts für Qualitative Forschung in der Internationalen Akademie der Freien Universität Berlin, Organisator des jährlichen Berliner Methodentreffens Qualitative Forschung und weiterer Ausbildungs-/Beratungsangebote zu qualitativen Methoden (u.a. Workshops zu „Qualitative Interviews" und „Grounded Theory Methodologie" bei ZUMA/GESIS). Forschungsschwerpunkte: qualitative Forschung, Open Access, Wissenschaftskommunikation, Identitätsforschung, Kulturpsychologie.

■ Michael Meyer

Dr., Univ.Prof. für Betriebswirtschaftslehre am Institut für Organisation Studies und Organisational Behaviour, Arbeitsbereich Nonprofit-Management, an der Wirtschaftsuniversität Wien (WU). Nach dem Studium der BWL an der WU lehrte und forschte er dort am Institut für Handel & Marketing und am Institut für Kulturmanagement der Musikuniversität Wien sowie in zwei interdisziplinären Projekten. Er absolvierte eine Ausbildung zum systemischen Organisationsberater (G. Schmid, Heidelberg) und habilitierte sich 2002 im Fach BWL. Seit 2005 ist er wissenschaftlicher Leiter des ISMOS-Sozialmanagement-MBA-Studiums der WU und des Forschungsinstitutes für Nonprofit Organisationen. Arbeitsschwerpunkte: Organisationsanalyse, Public-Private-Partnerships, Karrieren, neuere Systemtheorie, Zivilgesellschaft und die Funktioen von Nonprofit Organisationen.

Die Autorinnen und Autoren

▪ Renate E. Meyer

Dr., a.o. Univ.Prof., Vorständin des Instituts für Public Management an der Wirtschaftsuniversität Wien. Arbeitsschwerpunkte: Organisationstheorien, Neoinstitutionalismus, Public Governance.

▪ Katja Mruck

Dr., Psychologin. Sie hat in verschiedenen Forschungsprojekten (Jugendarbeitslosigkeit, Versorgungsforschung) gearbeitet und war an der Freien Universität Berlin als wissenschaftliche Mitarbeiterin für die Ausbildung in „Forschungsmethoden und Evaluation" verantwortlich. Seit 1999 ist sie geschäftsführende Herausgeberin der Open-Access-Zeitschrift „Forum Qualitative Sozialforschung/Forum: Qualitative Social Research" (FQS) und im Center für Digitale Systeme der FU Berlin für den Arbeitsbereichs „E-Publishing/Open Access" zuständig. Sie leitet das Institut für Qualitative Forschung in der Internationalen Akademie der FU Berlin. Forschungsschwerpunkte: qualitative Forschung, elektronisches Publizieren, Open Access, netzbasierte Forschung.

▪ Debra Neumann

Dipl.-Kff., seit 2005 wissenschaftliche Mitarbeiterin am Lehrstuhl für Marketing der Universität Dortmund. Sie schloss ihr Studium im Herbst 2005 mit einer qualitativen Arbeit über die Entstehung von Innovationsanstößen im KundInnenkontakt ab. Internationale Erfahrungen sammelte sie bei einem Auslandssemester an der Dublin City University, Irland und als Teilnehmerin am Global Village Programm des Iacocca Institutes an der Lehigh University in Bethlehem, Pennsylvania. Arbeitsschwerpunkte: qualitative empirische Forschung, kundenorientierte Innovationsforschung.

▪ Elisabeth Niederer

Mag., studierte Medien- und Kommunikationswissenschaft an der Alpen Adria-Universität Klagenfurt, zur Zeit Doktorandin und Mitarbeiterin im Forschungsprojekt „Fashion as a Cultural Practice".

▪ Elfriede Penz

Dr., a.o. Univ.Prof. am Institut für Internationales Marketing und Management der Wirtschaftsuniversität Wien, promovierte Psychologin, erhielt 2001 den EuroPhD on Social Representations and Communications der Universitäten Rom, Lissabon und Helsinki sowie den MAS für Kulturmanagement der Hochschule für Musik und Darstellende Kunst in Wien. Forschungsschwerpunkte: KonsumentInnenverhalten und –fehlverhalten, Theorie der sozialen Repräsentationen.

▪ Michaela Pfadenhauer

Dr. phil., war nach dem Studium der Soziologie und Politologie an den Universitäten Erlangen, Bamberg und München wissenschaftliche Mitarbeiterin von Ulrich Beck (Lehrstuhl für Soziologie II) an der Ludwig-Maximilians-Universität München und anschließend als wissenschaftliche Mitarbeiterin von Ronald Hitzler (Lehrstuhl für Allgemeine Soziologie) an der Universität Dortmund tätig. Sie absolvierte einen einjährigen Lehr- und Forschungsaufenthalt an der Universität St. Gallen. Seit 2003 ist sie im Arbeitsbereich Konsumsoziologie an der WISO-Fakultät der Universität Dortmund tätig. Publikationsschwerpunkte: Soziologie professionellen Handelns, materiale Kultursoziologie, Eventforschung und qualitative Methoden.

Die Autorinnen und Autoren

■ Aglaja Przyborski

Mag.rer.nat., Dr.phil., Psychologin, Universitätsassistentin am Institut für Publizistik- und Kommunikationswissenschaft der Universität Wien, seit 1995 Freie Beraterin (u.a. für „tpm" sowie Weeger und Partner). Arbeitsschwerpunkte: Führung, Konfliktsteuerung, AC. 1997 bis 1999 wissenschaftliche Mitarbeiterin an der FU Berlin, 1994 bis 1996 Graduiertenweiterbildung qualitative Methoden in den Sozialwissenschaften, FU Berlin; 1993 bis 1994 wissenschaftliche Mitarbeiterin an der Universitätsklinik Wien; 1989 bis 1993 PR-Managerin für Hill Int.; Studium der Psychologie an der Universität Wien, Ausbildung in personenzentrierter Gesprächsführung sowie personzentrierter Psychotherapie. Forschungsschwerpunkte: qualitative resp. rekonstruktive Methoden der Sozialforschung, Gesprächs- und Interaktionsforschung, interkulturelle Kommunikation und Milieuforschung, Jugendforschung, Medienforschung, Bild- und Filminterpretation.

■ Jo Reichertz

Prof. Dr., Studium der Germanistik, Mathematik, Soziologie und Kommunikationswissenschaft. Dissertation zur Entwicklung der objektiven Hermeneutik. Habilitation mit einer soziologischen Feldstudie zur Arbeit der Kriminalpolizei. Seit 1993 Professor für Kommunikationswissenschaft an der Universität Duisburg-Essen - zuständig für die Bereiche strategische Kommunikation, qualitative Methoden, Kommunikation in Institutionen, neue Medien. Mehrere Gastprofessuren in Wien, Lehraufträge in Hagen, Bochum, Witten/Herdecke, St. Gallen und Wien. Arbeitsschwerpunkte: Medienwirkungen, Werbung, Markenführung, Mediennutzung, qualitative Text- und Bildhermeneutik, Kultursoziologie, Religionssoziologie. Jüngste Publikation: Akteur Gehirn oder das vermeintliche Ende des handelnden Subjekts (hrsg. mit Nadia Zaboura, 2006).

■ Horst Reiger

Studium der Soziologie, Geschichte, Politikwissenschaften und Ethnologie an der Universität Wien, arbeitet derzeit am Institut für Soziologie und empirische Sozialforschung an der Wirtschaftsuniversität Wien; Forschungs- bzw. Lehrschwerpunkte sind soziologische Theorien, Umweltsoziologie, empirische Sozialforschung.

■ Alexander Reppel

Lecturer im Fach Marketing in Royal Holloway, University of London. Zuvor war er Doktorand an der Universität Birmingham. Arbeitsgebiete: Anwendung und Weiterentwicklung qualitativer Online-Befragungsmethoden, Entwicklung von Untersuchungskonzepten und Instrumenten. Themenschwerpunkte: Einbeziehung des Konsumenten in die Neuproduktentwicklung von Unternehmen sowie die Verwendung von Konsumentendaten im Marketing, insbesondere im Kundenbindungsmanagement. Seine Arbeiten wurden u.a. im European Journal of Marketing und dem Journal of Service Industry Management veröffentlicht.

■ Thomas Reutterer

Dr., a.o. Univ.Prof. am Institut für Handel und Marketing der Wirtschaftsuniversität Wien. Promotion und Habilitation an der Wirtschaftsuniversität Wien. Er war Gastprofessor an der University of Sydney und verbrachte ein Praxis-Sabbatical bei der internationalen Marketing- und Strategieberatung Simon-Kucher&Partners. Forschungsschwerpunkte: Preis- und Category-Management im Handel, Sortimentsverbundanalyse, Customer Relationship Management, dynamische Segmentierungsansätze. Er ist Verfasser zahlreicher Publikationen in internationalen Fachzeitschriften. Seine Forschungsarbeiten wurden mit mehreren Preisen ausgezeichnet; u.a. war er 2005 als Mitglied eines WU-Forscherteams Finalist für den INFORMS Marketing Society Practice Prize für herausragende Implementierungen von Marketing-Science-Methoden.

■ Andreas Riege

Dr., Studium der Betriebswirtschaft an der Friedrich-Alexander-Universität in Erlangen-Nürnberg. 1994 bis 1996 Doktorand und wissenschaftlicher Mitarbeiter an der Queensland University of Technology in Brisbane, Australien; 1997 bis 2007 in diversen Marketing- und Managementpositionen und als Unternehmensberater in Australien tätig. 2001 bis 2006 unterrichtete er zudem an der Griffith Business School in Brisbane, Australien, 2007 an der Hochschule München. Seine Forschungsarbeiten wurden in diversen internationalen Fachjournalen, Fachzeitschriften und bei Tagungen veröffentlicht. Seit Anfang 2008 arbeitet er als Manager für die MCG Management Consulting Group GmbH, der internen Beratung der E.ON AG.

■ Bernhart Ruso

Studium der Verhaltensforschung und der Warenlehre in Wien und Manchester. 2004 promovierte er zum Thema „Savannen und Einkaufszentren–Mechanismen der Landschaftswahrnehmung. Forschungsschwerpunkte: KonsumentInnenverhalten, Konditionierung zu sozialem Erfolg, Schenkverhalten und Evolution der Kultur. Lehrtätigkeit am Institut für Handel und Marketing der Wirtschaftsuniversität Wien, am Institut für Landschaftsplanung der Technischen Universität Wien und dem Institute for International Studies der Ramkhamhaeng University, Bangkok.

■ Bernt Schnettler

Dr. phil., wissenschaftlicher Assistent am Institut für Soziologie der TU Berlin. Forschungsschwerpunkte: Wissenssoziologie, Religionssoziologie, interpretative Methoden. Veröffentlichungen: Zukunftsvisionen. Transzendenzerfahrung und soziale Wirklichkeit (2004); Thomas Luckmann zur Einführung (2006); Methodologie interpretativer Sozialforschung (2004, hrsg. mit J. Strübing); Video-Analysis. Methodology and Methods. Qualitative Audiovisual Data Analysis in Sociology. (2006, hrsg. mit H. Knoblauch, J. Raab und H.-G. Soeffner).

■ Arnold Schuh

Dr., Assistenzprofessor am Institut für Marketing-Management der Wirtschaftsuniversität Wien. Er war Gastprofessor am College of Business and Economics an der University of Kentucky, Lexington, USA und Visiting International Business Scholar, Moore School of Business der University of South Carolina, Columbia, USA. Er ist Adjunct Associate Professor of International Business Studies an der Carlson School of Management, University of Minnesota, Minneapolis, USA und akad. Direktor des International MBA der Wirtschaftsuniversität Wien. Forschungsschwerpunkte: Strategiewandel im internationalen Unternehmen, Einfluss der Globalisierung/Europäisierung auf Marketingstrategie und Marketingorganisation, Marketing in Mittel- und Osteuropa.

■ Rudolf R. Sinkovics

Senior Lecturer in International Business an der University of Manchester, Manchester Business School, England. Er promovierte 1998 an der Wirtschaftsuniversität Wien. Forschungsinteressen: interorganisationales Management, Rolle von Informations- und Kommunikationstechnologien im International Business, Forschungsmethodik.

Die Autorinnen und Autoren

■ Ines Steinke

Dr., Studium der Psychologie, Promotion zu Qualitätskriterien qualitativer Forschung. Sie war wissenschaftliche Mitarbeiterin an der Universität Leipzig, beim Senat von Berlin/ Stadtbezirk Prenzlauer Berg, der FU Berlin und im Norddeutschen Forschungsverbund Public Health. Forschungs- und Beratungsschwerpunkte: qualitative Methoden, Public Health, zukünftige Technologien. Nach dem Master of Business Administration in London war sie sowohl Auftragnehmerin als auch Auftraggeberin von Marktforschung in verschiedenen Bereichen: als Consultant für E-Recruitment bei Centre Point Group London, als Produktmanagerin in der Medienindustrie (Beta Research/KirchGruppe), als Managerin für Zielgruppenmarketing der älteren Generation (Generation Consulting GmbH) und derzeit als Senior Consultant für Unternehmensforschung im Technologieumfeld (Siemens AG: Corporate Technology–Information and Communication).

■ Constanze Stockhammer

Mag., Handelswissenschafterin (Schwerpunkt Hochtechnologiemarketing und Operations Research). Von 2000 bis 2006 wissenschaftliche Mitarbeit als Innovationsbegleitforscherin bei HiTech Marketing Wien im Rahmen von EU/ESA-Technologieforschungsprojekten und nationalen Forschungsvorhaben. Seit 2006 Referentin im Rat für Forschungs- und Technologieentwicklung mit Fokus auf anwendungsorientierter Forschungsförderung. Forschungsschwerpunkte: soziale Netze im Marketing, innovative Geschäftsmodelle, Nutzereinbindung bei technologischen und organisationalen Innovationen, sozioökonomische Evaluierung, qualitative Erhebungsdesigns, vorbereitende Studien zu Forschungsprogrammen.

■ Barbara Stöttinger

Dr., a.o. Univ.Prof. am Institut für Internationales Marketing und Management der Wirtschaftsuniversität Wien, arbeitet seit Jahren in der Beratung und als Lehrbeauftragte im In- und Ausland. Forschungsinteressen: Internationalisierung von Klein- und Mittelbetrieben, Exporterfolg und Erfolgsfaktorenforschung, internationale Preispolitik von KMU. Ihre Arbeiten sind veröffentlicht in Journal of International Marketing, Advances in International Marketing, International Business Review, Management International Review, Marketing Education Review, International Marketing Review und sie ist Ko-Autorin des Buches Globales Marketing-Management – Eine europäische Perspektive (mit W. Keegan und Bodo B. Schlegelmilch).

■ Bernhard Swoboda

Dr., seit 2002 Universitätsprofessor für Marketing und Handel, Universität Trier. Studium der Betriebswirtschaft an den Universitäten Gießen und Essen, Promotion und Habilitation in Saarbrücken. Er war Scholar an der Berkeley University, Gastprofessor an der Clark University, Worchester USA sowie Gabriela Mistral, Santiago Chile und ist Referent an den Universitäten Basel, St. Gallen sowie WHU. Forschungsfelder: Handelsmanagement, Konsumgütermarketing, internationales Marketingmanagement. Er war an einer Reihe von Projekten mit Unternehmen beteiligt wie COOP, Goodyear, Karstadt, Kaufhof, Lekkerland, REWE, SAP, Textilwirtschaft usw.

■ Torsten Tomczak

Professor Dr., studierte Betriebswirtschaftslehre an der Freien Universität Berlin, wo er 1989 auch promovierte. 1992 habilitierte er sich an der Universität St. Gallen, die ihn 1993 zum Extraordinarius und 1995 zum Ordinarius wählte. Seit 1994 ist er Direktor des Instituts für Marketing und

Handel an der Universität St. Gallen. Praktische Erfahrungen sammelte er in einem Handelsunternehmen (1984-86) und in einer internationalen Werbeagentur (1989-90). Forschungsschwerpunkte: Marketingplanung und –controlling, Distributions-, Kommunikations- und Markenmanagement. Seine Publikationsliste umfasst ca. 30 Bücher sowie ca. 200 Artikel im Themengebiet Marketing.

Eva Vetter

1986 bis 1990 Lehramtsstudium Französisch und Geografie in Wien, 1993 Abschluss des Dissertationsstudiums zum Thema Sprachkonflikt in der ländlichen Bretagne, wissenschaftliche Mitarbeit an Projekten des Instituts für Sprachwissenschaft und Romanistik (Wien) mit den Schwerpunkten Text- und Diskursanalyse und Sprach– bzw. Kulturkonflikt, seit 1998 Lehraufträge zur „civilisation francophone" am Institut für Romanistik, seit September 2004 Assistentin am Institut für Romanistik der Universität Wien.

Oliver Vettori

Leiter des Bereichs für Evaluierung und Qualitätsmanagement in der Lehre an der Wirtschaftsuniversität Wien und Lehrbeauftragter für Hermeneutische Interpretation und Qualitative Evaluationsforschung an der Universität Wien. Forschungsschwerpunkte: Evaluationsforschung, individuelles/organisationales Lernen, Hochschul- und Medienforschung, Methoden interpretativer Sozialforschung.

Rödiger Voss

Dr., seit 2003 Akademischer Rat für Bildungsmanagement an der Pädagogischen Hochschule in Ludwigsburg. Er ist Autor des Standardwerkes „BWL kompakt" und des Grundlagenlehrbuchs „Handelsmarketing" (gemeinsam mit K. Birker). Forschungsschwerpunkte: Zufriedenheits- und Erwartungsforschung, Management von Bildungsinstitutionen, Onlineforschung, Wirtschaftsdidaktik und hat zahlreiche Fachaufsätze veröffentlicht, z.B. in Empirische Pädagogik, Quality Assurance in Education, Management Services oder QZ (Qualität und Zuverlässigkeit). Auf der Summer Marketing Educators' Conference der AMA 2006 wurde er mit dem Best Paper Award für exzellente Forschung im Bereich „Services Marketing" ausgezeichnet.

Kritsadarat Wattanasuwan

Associate Professor für Marketing an der Faculty of Commerce and Accountancy, Thammasat University, Bangkok, Thailand. Lehrtätigkeit: consumer behaviour, interpretive research methods, brand management. Sie veröffentlichte zahlreiche Marketing-Fallstudien für die Marketing Association of Thailand und Beiträge in nationalen und internationalen Publikationsorganen, wie Thammasat Review, International Journal of Advertising and Advances in Consumer Research. Forschungsschwerpunkt: symbolic consumption. Nach dem Bachelor of Business Administration in Marketing (Thammasat University) erwarb sie den MSc an der Oxford University in England und den MBA an der Eastern Michigan, USA. Sie promovierte an der University of Oxford in England.

Thorsten H. Wilhelm

Geschäftsführender Gesellschafter der eResult GmbH, Experte für Werbewirkungsstudien und Blickregistrierung im Rahmen von Usability-Tests.

Die Autorinnen und Autoren

■ Rainer Winter

Univ. Prof. Dr., studierte Psychologie, Soziologie und Philosophie in Trier, Frankfurt am Main und Paris, cultural studies an der Universität von Illinois in Urbana-Champaign und an der Universität von Wisconsin in Madison. Er ist seit 2002 Professor für Medien- und Kulturtheorie an der Alpen-Adria Universität Klagenfurt.

■ Thomas Wittkop

Dr., studierte BWL an der Wirtschafts- und Sozialwissenschaftlichen Fakultät der Universität Dortmund. 2000 bis 2006 arbeitete er dort als wissenschaftlicher Mitarbeiter am Lehrstuhl für Marketing. Schwerpunktmäßig beschäftigte er sich mit der Anwendung qualitativer Forschungsmethoden im Marketing und Fragestellungen zu interkultureller Kompetenz. Er promovierte mit einer Arbeit zum Thema Interkulturelle Kompetenz am Beispiel deutscher Expatriates in China.

■ Stefan Wünschmann

Dipl.-Kfm., 1995 bis 2000 Studium der Betriebswirtschaftslehre an der Technischen Universität Dresden. Seit 2000 wissenschaftlicher Mitarbeiter und Doktorand am Lehrstuhl für Betriebswirtschaftslehre, insbesondere Marketing, Fakultät Wirtschaftswissenschaften, Technische Universität Dresden. Forschungsschwerpunkt: Beschwerdeverhalten und Kundenwert.

■ Miriam Yom

Professorin für Marketing und Prozessmanagement an der Hochschule für angewandte Wissenschaften und Künste in Göttingen, Gründerin und wissenschaftliche Leiterin der Usability-Agentur eResult GmbH.

■ Eva Zeglovits

Mag., Studium der Statistik an der Universität Wien und der Università degli Studi di Padova. 1998 bis 2000 Mitarbeiterin am Europäischen Zentrum für Wohlfahrtspolitik und Sozialforschung, Wien. Seit 1999 Mitarbeiterin des Institute for Social Research and Analysis (SORA), Wien, seit 2003 Leiterin des Bereichs Wahlen und Politik. Mitarbeit an zahlreichen Forschungsprojekten im Bereich der politischen Beratung, Schwerpunkt quantitative Methoden. Seit 2000 Lehrtätigkeiten an der Universität Wien und der Wirtschaftsuniversität Wien, derzeit Statistik am Lehrgang für Markt- und Meinungsforschung des Instituts für Publizistik der Universität Wien.

■ Josef Zelger

Univ. Prof. Dr., Studium der Theologie, Physik, Philosophie und Psychologie in Innsbruck. Nach der Promotion (Konzepte zur Messung der Macht) und Habilitation (Konflikte und Ziele) Professor für Philosophie an der Universität Innsbruck. Er war 1967 Mitbegründer und fast drei Jahrzehnte Mitherausgeber der Zeitschrift für Philosophie CONCEPTUS. Die Frage, wie Gemeinschaftsbildungs- und Entscheidungsprozesse in großen Gruppen unterstützt werden können, führte ab 1990 zur Entwicklung und Anwendung des Verfahrens GABEK® und des PC-Programms WinRelan®. Zurzeit befasst er sich mit der Entwicklung eines e-learning Systems für GABEK®. Interessengebiete: Entscheidungs- und Handlungstheorie, Wissenschaftstheorie, Ethik, qualitative Forschungsmethoden, Sprachphilosophie.

Stichwortverzeichnis

Abduktion 233, 267
abduktive Haltung 119
Abkürzungsstrategie 269, 273, 280f.
Aggregatdatenanalysen 1109
Akquisition 56
Akzeptanz 849f.
Alltag 271f.
Alltagsgeschehen 267
Alltagsleben 405
Alltagsnähe 266
Alltagsökonomie, virtuelle 781f.
Alltagsverhalten 362
Alltagsverstand 88
Alltagswissen 267, 712
Ambiguität, produktive 976
Analyse 250
  – komparative 327f., 958
  – narrative 359, 364, 367, 369
Analyseeinheit 169
Analysemethoden, qualitative 876
Anerkennung 791
Angebotsgestaltung 707
Anthropologie, kognitive 683
Anwendung problemzentriertes Interview 465
Anwendungsfelder 420
Appraisal Theories 851
Äquivalenzbedingungen 981
Äquivalenzproblematik 983
Artikulation 406
Assoziationen 510
Attributes/Classifications 991
Auftraggeber 277
  – Akzeptanz 474
Ausgestaltung, authentische 945
Ausgestaltungskomponenten 947

Ausmaß des vorhandenen Wissens 162
Aussagekraft 287f.
Auswahl einer Interviewtechnik 424
Auswertungssoftware, qualitative 870
authentisch 940
Auto-driving 366
Autoethnographie 408
Autonomie 785

Basiskriterien der Wissenschaftlichkeit 391
Bedeutung 123, 142
Bedeutungsrekonstruktion 305
Bedeutungsstrukturen 303
Bedürfnisse 275
Befragung 417
  – halbstrukturierte 465
  – offene 465
  – online 49
Begriffsnetz 520
  – Interpretation 513
Begründung(s) 163
  – -zusammenhang 162
Behaglichkeit 826, 833
Beobachtung 892, 1088
  – beobachtende Teilnahme 214, 1087
  – nicht teilnehmend 532
  – subjektive 894
  – teilnehmend 532
Best-(/Worst-)Practice-Analysen 278, 390
Bestätigbarkeit 287f.
Beurteilungsfall 387
Bewertungen 511, 513, 700
Bewusstsein(s) 85, 89
  – -gegebenheiten 87, 89

Stichwortverzeichnis

– -gegenstände 88
Bild, authentisches 936, 945
Bilderskalen 545f.
Bildinterpretation, dokumentarische 951
BildproduzentInnen 956
  – abbildende 956
  – abgebildete 956
Biographie, Medien- 788, 792
Blickverlaufsmessung 641
Blogs 603
  – Blogosphäre 604
  – Corporate Blogging 604
  – Weblogs 603
Blueprint(ing) 620, 911, 936f.
Bricolage 404

CAQDAS 981
Cartoon-Test 543ff., 853, 855
Choreografie, szenische 967
CI-Methode 439f., 442f., 445
Circuit of Culture 406
Co-Moderator 829
Codes 717
Collagetechniken 366, 545f.
Comic-Strip-Test 543
Computereinsatz 677
Confirmation/Disconfirmation-Paradigma 906
Conscious pluralism 371
Consumer Research 301
Convergent Interviewing (CI) 439
Conversation Analysis 334
Critical Incident Technique (CIT) 472, 624, 875, 912
Cultural Studies 403, 783
Customer Relations Management 606
Cyberkultur 221

Darstellung 279
Darstellung von Forschung 36

Daten 214
  – -auswertung 214
  – -erhebung 165, 211, 213f., 249f., 337, 362, 1069
  – Erlebens- 83, 214
  – fixierte 214
  – konversationsanalytische 337
  – visuelle 586
Datenanalyse 166, 340, 734
Datendisplays 724
Datenexploration 717
Datengewinnungsverfahren 1007
Dateninterpretation 1071
datenkonvertierende Vorgehensweise 255f.
Datenmanagement 717, 733
Datensorten 590
Datentransformation 338
Dedifferentiation of Consumption (Dedifferenzierung des Konsums) 932, 947
Deduktion 167, 233, 811ff.
Dekonstruktion 307, 362
Delphie-Befragung 362, 395
Denke-Laut-Protokolle 555
  – -schemata 215
  – Begriff 557
  – Arten 559
  – Durchführung 560
  – Artefakte 562
Deskription 163
  – phänomenologische 214
Deutung(s) 215
  – -schemata 215
  – -technik, quasisokratische 215
Dezentrierung 784
Dimensionen qualitativer Interviews 428
  – Freiraum 428
  – Informationsunterstellung 429
  – Medien 430
  – Redundanz 428
  – Rollenerwartungen 428

- technische Unterstützung 430
- Textsorten 429
- Varietät 428
- Zuschreibungen 428

Dimensional Analysis 193, 933f.
Dimensionen zur Differenzierung der Befragungstypen 423
Diskurs 349, 351
- -gemeinschaft 349
- Marketing- 352

Diskursanalyse 224f., 272, 350
- Interdiskursivität 349, 355

Diskursorganisation 502
Diskussionsleitfaden 482
Diskussionsleitung, reflexive Prinzipien der 499
Disneyization 932f., 937, 941, 944f.
disziplinäre und nationale Perspektiven 25
Divergenzen 441, 443, 445
Dokumentation 35, 168, 268, 277f.
Dokumente 457, 1086
Drei-Faktoren-Modell 1022f.
- Affekt 1021
- Dimensionen 1032
- Kognition 1021
- Konation 1021
- Leerstellen 1024
- Strukturdimension 1023

Drittvariablen 642
Dummheit, künstliche 210
Durchführung problemzentriertes Interview 472

Ebene 960
- ikonografische 960
- vor-ikonografische 960

Eigensinn 405
Eigensinnigkeit des Bildes 954
ein/mehrere Kulturkontext(e) 983
eine/mehrere Referenz-/Unternehmenssprache(n) 983

ein/mehrsprachige ForscherInnenteams 983
Einflüsse 707
Einstellung(s) 210
- -änderung 210

Einstiegsmethode 287
Einverständniserklärung 876, 878
Einzelfallanalysen 304
Einzelfallrekonstruktion 786
Einzelfallspezifik 211
Einzelinterviews, leitfadengestützte 872
elektronisches Schwarzes Brett 752
Emotional Labor (emotionale Arbeit) 932, 946
Empfehlungen für die Anwendung qualitativer Interviews 417, 430
Empiriephase 249
empirische Verankerung 274, 280
Entdeckung 163
Entdeckungszusammenhang 162, 1067
Entscheidungen 35
Entscheidungsfall 387
Erfahrungen 509, 515, 517, 520
Erfahrungsraum 328
- konjunktiver 323

Erfolgsgebiete 522
Ergebnisdarstellung 269
Erhebungsfortgang 473
Erkenntnis, eidetische 87f.
Erkenntnisgewinn 162
Erkenntnisinteresse 452
Erkenntnisziel 67
- Erklärungsziel 67
- Gestaltungsziel 68
- Verstehensziel 68

Erklären 705
Erkundung 209
- ethnographische 209
- teilnehmende 209

Erleben 89
Erlebnisangebote, disneyisierte 932
Erlebniswelt 945ff., 1083

Stichwortverzeichnis

– kulturelle 1083
Erzählung 364f.
ethisch 268, 365
ethisches Vorgehen 279
Ethno-Theorie, Bedeutungsfiguren 683
Ethnograph 210
Ethnographie 102, 106, 209, 211f., 215f., 221f., 224, 270, 455, 589, 786, 1088
 – ethnographische Fallstudie 90
 – existentielle Innensicht 458
 – exotische 211
 – fokussierte 211, 587
 – Informanten- 1088
 – komparativ 211
 – lebensweltanalytische 214
 – Teilnahme 460
Ethnomethoden 100ff.
Ethnomethodologie 95, 100ff., 334
ethnomethodologische Indifferenz 102, 105
Ethnowissenschaften, Ethnosemantik 684, 686
etic Ansatz 993
Evaluationsforschung 503
Event 1083ff
Evidenz 87f.
Evolutionspsychologie 887f.
Expatriate 1021
Expectancy-Value-Einstellungsmodell 571
Experience-far-Haltung 370
Experiential Approach 935
Experimentalgruppe 642
Experte(n) 452
 – Expertise 452
 – Nicht- 453
 – Quasi- 454
 – -status 454
Expertenerfahrungen 712
Expertenwissen 272
ExpertInneninterviews 50, 272, 451, 869f., 1109
 – Interviewsituation 453

Explizierung des Vorwissens 168
explizite Regeln 938
Exploration 151, 163, 209, 479, 488, 807f.

Face-to-face-Interaktionen 116
face-to-face Interviews, teilstandardisierte 1110
Fachgesellschaften 27
Fähigkeit zur Verbalisierung 646
Fairness 267
Fallanalysen 267, 393
Fallkontrastierung 276
Fallrekonstruktionen 177
Fallstruktur 179
Fallstudien 287, 383, 1005, 1007, 1013f.
 – beschreibende (illustrative) 388
 – critical-instance 390
 – didaktische 386
 – erforschende 390
 – erklärende 389
 – falsifizierende 390
 – longitudinale 1006, 1014
 – multiple-case-study 244
 – publizierte 1007
 – single-case-study 244
Fallstudienergebnisse 288
Fallstudienforschung 287, 1005f., 1012
Falsifikation 268, 274
Feinanalyse 182
Feld 210, 213f.
Feldarbeit 221
Feldforschung 272
Fokusgruppen (Focus Gruppe, Focus Group) 353, 481, 484, 488, 491, 496f., 727, 751, 871, 1107
 – Auswertung 483f.
 – Empfehlungen 487
 – Gruppengröße 481
 – Homogenität 482
 – kritische Aspekte 486
 – Moodboard 484

Stichwortverzeichnis

– Online 484
– Vorteile 486
Fokusgruppeninterview 479, 665, 826, 828, 831, 871
– Ablauf 828
– Durchführung 831
Folgenabschätzung 705
Formalismus
– Russisch linguistisch 368
Formalstruktur des Bildes 957
Forschen als iterative Strategie 33
Forscher 213
– Subjektivität des Forschenden 213
Forschung(s) 209
– ethnographische 683
– -interesse 213
– -konzepte 212
– -prozess 213
– qualitative 152, 483, 486, 488
– quantitative 73, 485
Forschungsberichte 764
Forschungsdesign 252, 255, 891, 1104
– experimentelles 890
– integriertes 257
Forschungsethik 225
Forschungsfallstudien 388
Forschungsfrage 72, 370, 389
Forschungslogik 194
Forschungsmethoden 73
– interpretative 83
Forschungsparadigma 73
– konstruktivistisches 73
– positivistisches 73, 75
Forschungsphasen 288
Forschungsproblem(en) 439
– Eingrenzung von 439
– Entwicklung von 439
– Präzisierung von 439
Forschungsprogramm 1066
Forschungsprojekt 443, 445
Forschungsprozess 35, 249f.
– eingleisiger 251
– in einer Kampagnenphase 1106

– mehrgleisiger 251
Forschungsschwerpunkt 444
Forschungsziel 162
Forschungszugang, multidisziplinärer 890
Fragebögen 273, 350
Fragen 472
Fragestellung 268
Freizeit- und Berufskultur 688
– Bergsteigen 688
Fremde 210
FunktionärInnen, Befragung der 1109

G ABEK(-Methode) 509, 522, 699, 1027
– Bewertungsliste 1030
– Gestaltenbaum, 702, 705, 1028
– Häufigkeit 1029
– Kausalbeziehung 1032
– Kausalliste 1031
– Kausalnetzgrafiken 1032
– Kodierung 1029
– Schlüsselbegriffe 1030
game 147
Gattungen, kommunikative 336
Gedankenexperiment 276
Gegenstandsangemessenheit 267, 271
gemeinsames Erzählen 272
Gemeinschaft 1095
– Brand Community 1096
– Marken- 1096
– mitgliedschaftsbedingt 223
– verbraucherinitiiert 223
– Vergemeinschaftung 1095
– virtuell 221ff.
Gemütlichkeit 836
Generalisierung 276f., 328, 814
Geschichte 362ff., 374
Geschlecht 649
Gesprächsaufzeichnung 470
Gesprächsvorbereitung 469
Gestaltenbaum 702, 705, 1028

Stichwortverzeichnis

Gestaltung, authentische 945
Gestaltungsaspekte, praktisch-technische 945
Gestaltungselemente 945
Gestaltungskomponenten 944
– ästhetische 943, 945f.
– praktisch-technische 943, 946
Gesten 142
Gewichtung 700, 705
Glaubwürdigkeit 287f., 290
Globalisierung 1001, 1012
Grounded Theory (Methodologie) 34, 167, 180, 241, 715, 786f., 876, 933, 987
– axiales Kodieren 877
– offenes Kodieren 120, 198, 876
– selektives Kodieren 877
Grundstrukturen 83
Gruppen
– Kaufentscheidungen 12
Gruppenbefragungen 479
Gruppendiskussion (Group Discussion) 272, 419, 423, 445, 480, 487, 491, 493, 496, 1105
Gruppenexperiment 494
Gruppeninterviews 1105
Gruppenmeinung, informelle 494
Gültigkeit 263, 266, 275, 278, 287, 295
Güte qualitativer Forschung 55
Gütekriterien 263, 270, 287, 370, 673
– Intercoder-Reliabilität 673
Gütestandard 266, 270, 274f., 278

Handlung 87, 142
Hauptmethode 287
Hermeneutik 86f., 90, 166, 175, 214f., 302
– Hermeneutischer Zirkel 166, 302, 370
– Sozialwissenschaftliche 118, 456
– strukturale 175
– wissenssoziologische 1087

hermeneutische Wissenssoziologie 113, 302
– Einsatzgebiete 114
– Forschungslogik 120
– Grundfrage 116
– Prämissen 118
Hierarchie Value Map 943
Hintergrundsannahmen 98
Hintergrundserwartungen 99
Hinweise für Fallstudienforschende 397
homo oeconomicus 96
homo sociologicus 96
Hypothese 163, 265, 280, 807, 820, 1074
– ex-ante 161

Ideenmanagement 733
Identität 9, 141
– narrative 363
Ikonik 955
Ikonologie 954f.
Image 1107, 1113
Imageforschung 54
Implikationsmatrix 943
Indexikalität 101, 107, 335
Indikation 270, 280
individuelle Welttheorie 122
Induktion 167, 233, 267
inevitability of bias 37
Informationsfall 387
Informationsverarbeitung 643, 645
informed consent 588
Inhaltsanalyse 224, 371, 671, 718, 811, 820
– Kategorienbildung 224
– Kodierung 224
– Kontextualisierung 224f.
– qualitative 167, 807, 811, 827, 938
– quantitative 167
– zusammenfassende 856
Innovation 278
Innovationsmarketing 467

Inspektion 152
Institutionen 337
Inszenierung 1090
Intention 1086
Interaktion 141f.
- nicht-symbolische 142
- soziale 141
- symbolische 142
Interaktionismus, symbolischer 139, 683
interkulturelle Kompetenz 1021
Internationales Phonetisches Alphabet 660
Internationalisierung(s) 1001, 1004, 1009
- -prozess 1002, 1004, 1007
Internet 781
Interpretation 83, 139, 215, 530, 534, 810
- formulierende 325, 501, 960, 965
- ikonografische 965
- ikonologisch-ikonische 968
- reflektierende 326, 501, 961, 966
- vor-ikonografische 965
Interpretationsgruppe 594
Interpretationsprozeduren 98, 107
Interpretativität 586
Intersubjektivität 121
Interview 83, 87, 214, 891f., 894f.
- episodisches 272
- ethnographisches 272
- fokussiertes 272, 421
- halbstandardisiertes 272
- leitfadengestütztes 166, 422, 1086f.
- narratives 166, 272, 359, 362, 364, 421, 788
- offenes 365, 421, 700
- problemzentriertes 421, 465
- qualitatives 152, 417, 509, 808
Interviewbegriffe 421
Interviewereinfluss 263
Interviewformen 421
- Critical-Incident-Technik 422
- cultural interview 423
- depth interview 422
- ExpertInneninterview 422
- exploratives Interview 422
- Fokusgruppeninterview 423
- fokussiertes Interview 272, 421
- Gruppendiskussion 272, 419, 423, 445, 480, 487, 491, 493, 496, 1105
- Gruppeninterview 423
- in-depth-interview 422
- Laddering-Interview 422, 572
- Leitfadeninterview 166, 422, 1086f.
- narratives Interview 166, 272, 365, 421, 788
- offenes Interview 365, 421, 700
- problemzentriertes Interview 421, 465
- standardisiertes Interview 421
- strukturiertes Interview 421
- Tiefeninterview 422
- topical interview 423
- unstrukturiert 365
Interviewleitfaden 471, 809, 875, 936
Interviewmethode
- iterative 440
- zyklische 440
Interviewort 365
InterviewpartnerInnen, Anzahl und Auswahl von 467
Interviewserie 443
Interviewzeit 365
Iterieren 1074

Judgmental dopes 96

Kampagnenberatung 1105
Kampagnenphase 1103, 1105
Kanoisierung der Methoden 30
Kategorie(n) 717, 811, 814
- Haupt- 813
- Sub- 813

Stichwortverzeichnis

– -system 811
kategorienbasierte Analyse 722
Kategorienbildung 811f.
  – deduktive 811
  – induktive 812
Kategorienschema 167
Kategoriensystem 721, 811
  – semantische Netzwerke 684
Kategorisierung 473
Kaufentscheidung, Einflussfaktoren auf die 825
Kaufverhalten 895
Keyword-in-Context (keywords in context, KWIC) 719, 987
Kirche, Katholische 1084
Knoten 756
Kodes 742, 939f.
  – deskriptive 939
Kodieren 192, 198, 814
  – axiales 198
  – offenes 120, 198, 876
  – selektives 199
Kodierparadigma 197
Kodierpraktiken 98
Kodierung 939
  – natürliche 939
Kodierungsplan 939
kognitive Algebra 906
kognitive Persönlichkeitstheorie 571
kollaborative Verifikation 275
Kombination der Methoden 652
Kombination von quantitativen und qualitativen Methoden 277
kombiniertes deduktiv-induktives Vorgehen 167
Kommunikation(s) 129, 221f., 453
  – computervermittelt 221
  – non-direktive 453
  – internetbasiert 222
  – öffentlich zugänglich 226
  – -situation 453
  – -stil 454
  – textuell 223

Kommunikationstheorien 426
kommunikative Gattungen 593
kommunikatives Handeln 134
kommunikative Validierung 274f.
Kompetenz 454
Komposition, formale 961, 966
Kompositionsvariation 958
Konstitution(s) 85
  – -analyse 86
  – -leistungen 86
Konstruktfehler 981
Konstruktion(en) 85f., 89, 210, 212ff.
  – erster Ordnung 98
  – zweiter Ordnung 89, 98
Konstruktionismus 132
Konstruktivismus 129
  – empirischer 132
  – kommunikativer 134
  – psychologischer 130
  – radikaler 130, 133
  – wissenschaftstheoretischer 130
Konstruktvalidität 990
Konsum 785, 931, 933f.
  – erlebnisorientierter 931, 933f.
  – kompensatorischer 785
  – sozialhistorisch geprägt 10
KonsumentInnenverhalten 934
Konsumforschung 9ff., 83, 209, 373, 934
  – kognitive Wende 557
Konsumpraktiken 781f.
Kontaktaufnahme 468
Kontaktpunkte 631, 916
Kontext 267, 372, 403
Konvergenzen 441, 443, 445
Konversation 333
Konversationsanalyse 101, 103f., 272, 333, 349, 351, 368
  – ethnomologische 333
Konzeptionsphase 249
Kosten und Nutzen 269
Kostenaufschlagsverfahren
  – flexible 1055

– starre 1055
Kriminologie 25
Krisenexperimente 99
Kultur 210
— Binnensicht 683
— -muster 210
kulturelle Modelle 686
— Attribute 686
— Domäne 686
— kulturelles Thema 686
— Segregat 686
— Taxonomie 686
kulturelle Praktiken 406
kulturelle Themen, Gebrauchskontexte 685
Kulturvermittler 410
KundInnenwünsche 700, 702, 705
KundInnenzufriedenheit 905

Laddering(-Technik) 571, 943
— Hierarchical Value Maps 572
— Online-Laddering-Fragebögen 576
— (Online) Laddering-Interview 422, 572
LADDERMAP 578
Laien 453
Längsschnittanalyse 1004, 1006, 1014
Lebensstile, symbolische Ausdrucksform 687
Lebenswelt(en) 84ff., 97, 210, 212, 214
— -analyse 84, 86
— -analyse, phänomenologische 97
Lehr- und Lernbarkeit qualitativer Methoden 38
Lehrbücher 26
Leitfaden 455
Leitfadeninterview 894
Leitung durch Theorien 938
Lifestyle 971, 973
Line of Implementation 621
Line of Interaction 621
Line of Order Penetration 621

Line of Visibility 620
literarische Umschrift 660

Märchen 368
Making sense 96
Marken 356
Marketing 67, 517
— conversational 607
Marketing-Mix 827
Marketingforschung 5, 350
— angewandte 68
— qualitative internationale 981
Marketingstrategie 287, 517
Marktbeobachtung 606
Marktforschung 104, 350, 509, 606, 687, 712
— Marketing 688
— spraxis 47
— sbereiche 54
— qualitative 95, 105, 107, 479
Marktplatzintelligenz 10
Marktplatz-Kultur 9
Marktprognose 606
Matrizen 740
Means-End Chain (Analyse) 935, 938, 943
Means End Theorie 571
Mehrsprachigkeit 981
Meinungsnetze 711
member check 275
Memos 199, 665, 723
Mentalität, analytische 339
Merchandising 932, 948
Merchandisingprodukte 948
Messfehler 981
Meta-Fragestellung 257
Meta-Kognitionen 10
Meta-Schlussfolgerung 258
Methode(n) 86ff., 214
— Analyse- 215
— -Arsenal 213
— dokumentarische 319, 495, 954

Stichwortverzeichnis

- eidetischer Reduktion 85
- Forschungs- 214
- Narrative 361
- qualitative 152
- -repertoire 211
- Spektrum 53
- -Triangulation 885f.

Methode der kritischen Ereignisse 624
Methodendesign 252, 255
Methodenkombination 32
Methodenvergleich 642
Methodenvielfalt 57
Methodenwahl 33
Methodik 212
Methodologie 89, 212
Mikrostudien 211f.
Mind Mapping 471
Mixed design-Forschung 165
Mixed-Method(-Ansatz; mixed method approach) 32, 247, 249, 276, 677, 852, 903
Mixed-Model Design 883
Mixed-Model-Projekte 898
Mobile Commerce 849
Modell 511
- ontologisches 520
- partielles ontologisches 511, 513, 515, 518

ModeratorIn 480, 482, 829
Modernisierung 216
Motivation 542, 547f., 888
Motive 547
Motivforschung 54
Multiattributiv-Modelle 619
multidimensionales polyfaktorielles Modell 1039
- analytisch-synthetisch 1034
- demotivational 1034
- interaktional 1034
- motivational 1034
- volitional 1034

Multimethodenansatz 474
multinationales Management 981

Nachfragen 500
- exmanente 500
- immanente 500

Nachvollziehbarkeit 277, 280, 370f.
Nachwahlphase 1104, 1111
Narrationsanalyse 352
narrative Analysen 272
Naturalismus von Videodaten 594
Natürlichkeit 586, 588
negative Fälle 274
Netnographie 221ff.
- Auto- 224
- multimethodisch 223
- observierend 223
- partizipatorisch 224

Netzeffekt 785
Neutralität 288
Nodes 991
Nonprofit Marketing 14
Notation 661
Notationszeichen 661
Nutzen 268, 278
Nützlichkeit 267

Oberfläche 7
Objektivation 214
Objektive Hermeneutik 113, 273, 302f.
Objektivität 264f., 267, 288
offenes Kodieren 120, 198, 876
Offenheit 167f., 267, 934, 938
Ökonomie 267
Online-Fokusgruppen 1111
Online-Kommunikationsmedien 27
Ontologien, regionale 509
Open Access 25
Optimierung der Website 638, 651
Organisation 1065, 1085
- Organisatoren 1084
- temporäre 1093

Organisationsforschung 350

Orientierungsmuster 325

Paradigma, interpretatives 86, 322, 494f.
Paradoxien 785
parallele Vorgehensweise 255f.
parametrisches Testverfahren 167
paraphrasiert 814
Partitur 662
Partiturschreibweise 338
Passivhaus 825
　– Marketingstrategie 843
Passungsverhältnis 795
performance turn 404
Perspektivität 967
Phänomen 88f.
Phänomenologie 83, 86ff., 97
　– Existenzial- 83, 85
　– existenzialphänomologische Interviews 83
　– Mundan- 85ff.
Picture-Frustration-Test (PFT) 543, 853
Pilotfallstudien 390
Planimetrie 966
Plausibilitätsabfolge 990
play 147
PLD-Erfahrung 648
Pleasure-Arousal-Dominace Modell 889
Pluralität 24ff.
politische Organisationen 1103
polydimensional 1021
polyfaktoriell 1021
Polysemie 405
Polyvokalität 408
Populärkultur 408
Posieren 968f.
Positivity Bias 921
Poststrukturalismus 783
Potenzialfaktoren, ästhetische 943
practical sociological reasoning 98
Pragmatismus, amerikanischer 140

Praktiken 98ff., 215
　– der Geschlechtsdarstellung 100
　– seen but unnoticed 98
　– verkörperte 103, 106
praktische Relevanz 70
Präsentation 764
Präzisierung, kontinuierliche 441
Preis
　– Differenzierung 1053f.
　– Standardisierung 1053
Preisfestsetzung
　– dezentral 1053
　– zentral 1052
Preispolitik, Bedeutung der 1045
Preisziele 1050
　– internationales Distributionssystem 1051
　– internationale Erfahrung 1050
Pricing-Prozess 1045
　– Einflussgrößen 1047
　– Informationsquellen 1056
　– strategische Aspekte 1047
　– wissenschaftliche Auseinandersetzung 1045
Prinzip der Offenheit 37
Pro-Veränderungsbias 850
ProbandInnen 935
Problemdefinition 162, 164
Problemfelder 520
Problemfindungsfall 386
Problemlösungsangebote 509
Produktentwicklung 517
Produktforschung 54
Prognosefallstudien 390
Projektionen 541f., 854
　– klassische 541
projektive Verfahren 539f., 849
　– Bilderskalen 545f.
　– Cartoon-Test 543ff., 853, 855
　– Collagetechniken 545f.
　– Comic-Strip-Test 543
　– Picture-Frustration-Test (PFT) 543, 853

Stichwortverzeichnis

- Satzergänzungs-Test 544f.
- Thematischer Apperzeptionstest (TAT) 542f., 853
- ZMET (Zaltman Metaphor Elicitation Technique) 546f.

Projektphasen 439
Protokoll 663
- Kategorienschema 663
- selektives 663
- zusammenfassendes 663

Protokoll lauten Denkens 637
Prototypen 651
Prozesswirklichkeit 100

QDA-Software 715, 731ff.
qualitative Beobachtung 527
- Entstehung 528
- Probleme 529
- Strukturierung 531

qualitative Forschungsmethodik 75
qualitativer Forschungszugang 807
qualitative Inhaltsanalyse 272, 671, 811
- deduktive Kategorienanwendung 671
- Explikation 811
- induktive Kategorienbildung 671
- Strukturierung 811
- Zusammenfassung 811

qualitative Verfahren 115
Qualitätssicherung 287f., 370
Quellen von Plausibilität 990
Questioning Route 829
quick and dirty methods 105

Raumluftqualität 826
Reaktanz 588
Reaktivität 588
Rechtfertigungs- und Verwertungszusammenhang 268
reflektierte Subjektivität 280
Reflexivität 267, 335

Regeln 179f.
Rekonstruktion 89, 209, 212
- phänomenologische 88

(Re-)Konstruktion von Sinn 28f.
Relation 685
- Domäne 685
- semantische 685

Relevanz (relevance) 71, 213, 215, 268, 278, 280, 453, 705ff.
- -strukturen 453
- -system 85, 213, 453

Reliabilität 264, 267, 549
Reporting 761
- Anforderungen an das 765
- Hypertext 769
- modularer Aufbau 770
- Multimediaeinsatz 767

Reportingfelder 763
Repräsentativität 233, 266, 277
Retest-Reliabilität 265
Reziprozität 800
rigour 71
role distance 146
role making 146
role taking 145
Rolle 145

Sample 808, 819
- convenience 808

Sampling 231, 271, 274, 278, 872
- purposive 871f.

Samplingstrategie 268
Satzergänzungs-Test 544f.
Schein-Quantifizierung 36
Schema 249
Schlüsselbegriff 510, 513
Schlüsselkategorien 941
Schlussfolgerungsphase 250
Screendesign 651
Sekundäranalysen 1109
Sekundärforschung 250
Selbst 149, 366

- saturated 362
- narrative 362

Selbstläufigkeit 499
(Selbst-)Reflexion 38
Selbstreflexivität 408
Selbstverwirklichung 797
Semantik, ethnographische 683
Sense-making 95, 101f., 105
sensitizing 166
Sequentialisierung 307
Sequentialität 182, 586
Sequenzanalyse 178f., 181, 326, 594
   - Verfahrensprinzipien 181
Sequenzielle Ereignismethode 623, 911, 936f.
sequenzielle Vorgehensweise 255f.
Serendipity 718
Service Mapping 620
SERVQUAL 936f.
Simultanstruktur des Bildes 957
Sinn 86, 210, 215
   - -deutung 85, 87
   - -rekonstruktion 85
   - -schichten 215
   - stumpfer 975
   - subjektiv gemeinter 84
Sinneinheiten 510
Sinnkomplexität des Übergegensätzlichen 974, 976
Sinnstrukturen, latente 175ff., 184
Site Coverings 641
Situational Analysis 193
Situationsdefinition 89, 143
Skihalle 935
   - künstliche 942, 947
Skiort, idealer 940
Skiwelt, künstliche 940, 943, 945ff.
Soft-Laddering 938
Software 733, 872
   - ATLAS.ti 735, 770
   - MAXmaps 735
   - MAXqda2 735
   - N6 735

- NUD*IST 735
- NVIVO 2 735
- NVIVO 7 735, 981
- QSR XSight 735, 743, 750
- Transana 737

soziale Erwünschtheit 986
soziale Ordnung 97
Sozialforschung 213, 215
Sozialkonstruktivismus 131
Soziologie 84
soziologische Gattungsanalyse 593
Spezialisten 451
Split-Half Technik 265
Sprache 143, 981
Spracherkennungssoftware 666
Sprachgebrauch, Mitgliedschaft 683
Sprachkategorien, Segregate 684
Sprecherwechsel 341
SPSS 994
Stabilität 288, 293
Standardisierung qualitativer Forschung 30
Standortgebundenheit 327
Stichprobe(n) 231, 444, 808
   - Ad-hoc- 237
   - -auswahl 444
   - Auswahl aufs Geratewohl 235
   - Auswahl besonders typischer, informationsträchtiger Fälle 240
   - Auswahl extremer bzw. abweichender Fälle 240
   - Fallstudien 235
   - Fischen gehen 235
   - geschichtete Zufalls- 235
   - Klumpen- 235
   - Klumpungseffekt 238
   - mehrstufige Zufallsauswahl 235
   - multiple-case-study 244
   - nicht zufällige 235
   - Quotenauswahl 235
   - reine Zufalls- 235
   - sample matching 165
   - Schichtungseffekt 238

Stichwortverzeichnis

- Schneeballprinzip 240
- single-case-study 244
- starke theoretische Annahmen 235
- theoretical sampling 35, 165, 180, 195f., 306, 786f.
- theoretisches Sample 235
- theoriegeleitete Auswahl 165
- -ziehung 236
- Zufalls- 235

Stimmung 649
Stimulus-Fehler 986
Story-Telling 625
strata of people 990
Strategiewandel 1002, 1010, 1012
strategische Preispositionierung 1053, 1055
Struktur(en) 86, 88, 90
- eidetische 89
- Erleben 90
- semantische 512

Struktur der Interviewsituation 427
Strukturalismus 783
Strukturgeneralisierungen 177
Strukturiertheit 168
Strukturierung 782f.
Strukturmodelle 838
Studies of Work 103f., 106
subjektive Theorien 272
Subjektivität 38, 370
subsumieren 813
Suchmaschinen 222, 608
Supervisionen 280
Suspendierung des textlich-narrativen Vor-Wissens 956
Switching Path Analysis Technique (SPAT) 625
Symbole, signifikante 142
symbolischer Interaktionismus 196
Systematiken 417, 423
Systemtheorie 13
systematische Kombination 249
Szene(n) 1089
- -Forschung 209, 214f.

- Jugend- 211

Tagebuch 372
Technologische Innovationen 849
Technology-Based Service Encounters 631
Temporal Bracketing 1003, 1009f.
Terminvereinbarung 468
Test-Funktion 1110
- Fokusgruppe 1110

Textgruppe 513, 702
- konsistente 705

Textinterpretation 671
Thematischer Apperzeptionstest (TAT) 542f., 853
thematisches Kodieren 272
Themenmatrix 726
Theming (Thematisierung) 932, 944f.
theoretisches Datensammlungsverfahren 988
theoretisches Kodieren 272
theoretisches Sampling (Theoretical Sampling) 35, 165, 180, 195f., 306, 786f.
theoretische Zugänge 68
Theorie(n) 85, 197, 213
- Bildung von 213
- erkenntnistheoretisch 85
- formale 197
- gegenstandsorientierte 197

Theoriebildung 267
Theorieentwicklung 265, 278
theoretical sampling 35, 165, 180, 195f., 306, 786f.
Theoriegenerierung 34, 278
Theorieintegration 168f.
thick description 270
Think aloud 555, 637
Thomas-Theorem 89
Tiefeninterview 445, 486
Transkript 1070

Stichwortverzeichnis

Transkription 273, 278, 592, 657, 673, 809, 831
– inhaltsanalytische 662
– kommentierte 660, 831
– praktische Tipps 664
– wörtliche 660
Transkriptionsform, konversationsanalytische 338
Transkriptionskonvention 338
Transkriptionssoftware 665
Transkriptionssysteme 658
Trendanalysen, qualitative 395
Triangulation 32, 252, 276, 371, 404, 786
– Daten- 899
– Investigator- 898
– Methoden- 883, 898
– Theorie- 898
Typen von Interviews 423
Typenbildung 327, 502
Typisierung 87, 394
Typologie 328, 502

Übertragbarkeit 288, 291
Umschreibung(en) (gloss(es)) 99, 101, 104
Universalmatrix 86
Unterkategorien 940
Unternehmensbiographien 1005
Untersuchungsdesigns 247, 274
– eingleisige 251
– mehrgleisige 251
– parallele 257
– sequenzielle 257
Untersuchungsfall 387
Usability 637, 643

Validierung 474
Validität 264, 267, 549f., 561, 860
– externe 266, 277, 913
– interne 265

Verallgemeinerbarkeit 231, 263, 266, 268, 270, 275
Verbalisierung 639f.
– kontinuierliche 637, 645
– Kontinuität der 643
Verbesserungsvorschläge 518
Verfahren, Erhebungs- 215
Vergleich 587
– diachroner 587
– synchroner 587
Vergleichshorizont 326
Verhaltenspartituren 593
Verkaufsargument 828
Verlust-Aversion 921
Vernetzung 513, 699, 703
Verschriftung 338, 533
Verständigung, kommunikative 324
versteckte Kamera 893
Verstehen 84ff., 215, 369, 512, 702, 705
– Fremd- 89
– unmittelbares 323
Verstrickung 785f., 788
Vertrauen 785
Verwertungskontexte 269
Videoanalyse 591, 675, 892
Videoethnographie in Konsumentenstudien 595
Videographie 893, 896
Virtualisierung 782
Visual Mapping 1003, 1009
Visualisierungen 724
Vollzugwirklichkeit 335
Vorkenntnisse 443
Vorverständnis 164
Vorwissen 273
– allgemein-theoretische Konzepte 163
– allgemeines Vorverständnis 163
– gegenstandsbezogen-theoretisches Wissen 164
– InterviewerInnen 469

Stichwortverzeichnis

Webkompetenz 647
Website 638
Welt(en) 210, 215f.
– fremde 215
– -sichten 212
– Sinn- 210
– Sonder- 209
Weltjugendtag(s) 1084
– -büro 1085
Werbeforschung 54
Wesensschau 88
WinRelan 513, 519, 522, 703, 707
Wirklichkeit 85f., 89, 212
Wirkungen 707
Wissen(s) 87f., 215, 451
– Allgemein- 451
– atheoretisches 324
– -bestand 459
– Betriebs- 454
– Experten- 451
– explizites 451
– handlungsleitendes 321
– Hintergrund- 457
– implizites 102, 105f., 321, 451
– Meta- 459
– non-diskursives 102, 105
– Sonder- 451
– Sonderwissensbereich 452
– Sonderwissensbestände 451
– theoretisches 457
– Überblicks- 459
– -vorrat 456
Wissensnetz, begriffliches 510
Wissensorganisation 509
Wissenssoziologie, praxeologische 322
Within-case analysis 473
Wohlfühlen 838
Wohnkomfort 826, 835
Wohnqualität 835
Wünsche 275

Zeichen 85
– Anzeichen 85
Zeitreihenanalyse 1004
Zeitschriften, Fach- 26
Zielgruppe 517
Zielgruppenforschung 54
Zielsprache 984
Zirkularität 267
Zirkulation von Bedeutungen 407
ZMET (Zaltman Metaphor Elicitation Technique) 546f.
Zufriedenheitsmanagement 919
Zufriedenheitsmessung 629, 903
– ereignisorientierter Ansatz 911
– merkmalsorientierter Ansatz 906
– qualitativer Ansatz 910
– quantitativer Ansatz 906
Zukunft 59
Zuverlässigkeit 263, 287, 295
Zwischenwahlphase 1104, 1112

Mit einem Klick alles im Blick

- Tagesaktuelle Informationen zu Büchern, Zeitschriften, Online-Angeboten, Seminaren und Konferenzen

- Leseproben - z. B. vom Gabler Wirtschaftslexikon -, Online-Archive unserer Fachzeitschriften, Aktualisierungsservice und Foliensammlungen für ausgewählte Buchtitel, Rezensionen, Newsletter zu verschiedenen Themen und weitere attraktive Angebote, z. B. unser Bookshop

- Zahlreiche Servicefunktionen mit dem direkten Klick zum Ansprechpartner im Verlag

- *Klicken Sie mal rein: www.gabler.de*

Abraham-Lincoln-Str. 46
65189 Wiesbaden
Fax: 06 11.78 78-400

KOMPETENZ IN
SACHEN WIRTSCHAFT

Mehr wissen – weiter kommen

Andreas Herrmann | Christian Homburg | Martin Klarmann (Hrsg.)
Handbuch Marktforschung
Methoden – Anwendungen – Praxisbeispiele
3., vollst. überarb. und erw. Auflage 2008
XVIII, 1206 S., Geb. EUR 99,00
ISBN 978-3-8349-0342-6

Das „Handbuch Marktforschung" vermittelt den „State of the Art" der quantitativen und qualitativen Marktforschung. In über 40 Beiträgen geben namhafte Wissenschaftler und Praktiker einen detaillierten Einblick in methodische und umsatzorientierte Fragen der Marktforschung. Neben Grundlagen und dem Prozess der Marktforschung werden insbesondere quantitative Verfahren der Datenanalyse vorgestellt (Regressanalyse, Kausalanalyse, Verianzanalyse und Conjoint-Analyse aus dem Bereich der Dependenzanalyse sowie Beiträge zur Clusteranalyse, Faktorenanalyse und zur mehrdimensionalen Skalierung aus dem Bereich der Interdependenzanalyse). Bei der Anwendung von Marktforschungsmethoden auf bestimmte praktische Probleme finden sich unter anderem Beiträge zur Messung von Kundenzufriedenheit und Kundenbindung, zur Bestimmung von Preisbereitschaften und zur Wettbewerbsanalyse. Bekannte Unternehmen, wie die Deutsche Bank, Audi und Henkel stellen ihre spezifische Herangehensweise an bestimmte Marktforschungsfragestellungen in ihrem Haus vor.

Das „Handbuch Marktforschung" ist die vollständig überarbeitete 3. Auflage von „Marktforschung". Zahlreiche Beiträge zu neueren Marktforschungsmethoden (Finite Mixture-Modellen, der wahlbasierten Conjoint-Analyse und zu Multilevel-Modellen), zu statistischen Grundlagen der Marktforschung, zu Besonderheiten internationaler Marktforschungsprojekte und zu experimenteller Marktforschung wurden aufgenommen.

Änderungen vorbehalten. Stand: November 2008.
Erhältlich im Buchhandel oder beim Verlag.
Gabler Verlag . Abraham-Lincoln-Str. 46 . 65189 Wiesbaden . www.gabler.de

Printed by Books on Demand, Germany